“十二五”国家重点出版物出版规划项目

中国船舶检验史

交通运输部海事局　编

人民交通出版社股份有限公司
China Communications Press Co.,Ltd.

内 容 提 要

我国早期船舶检验伴随着华夏先民对航行安全的重视而产生,伴随着量船征税制度的确立而拓展,伴随着造船航海技术的提高而深化,逐渐融入船舶监造过程,以至延伸到船舶日常修理与查验中。中华人民共和国成立后,随着经济发展和社会进步,我国船舶检验工作翻开了新篇章,取得了令人瞩目的成就,为我国船舶事业的发展和水上安全的维护做出了极大的贡献。《中国船舶检验史》记录了远古至2010年期间,我国船舶检验事业的发展历史。既是留存史料,以便后人更好地了解船舶检验发展的历史脉络,也是提炼总结,以史为鉴,助推我国船舶检验事业更好发展。

图书在版编目(CIP)数据

中国船舶检验史/交通运输部海事局编.—北京:人民交通出版社股份有限公司,2017.9

ISBN 978-7-114-14041-9

Ⅰ.①中…　Ⅱ.①交…　Ⅲ.①船舶检验-历史-中国

Ⅳ.①U692.7-092

中国版本图书馆CIP数据核字(2017)第178075号

Zhongguo Chuanbo Jianyanshi

书　　名:中国船舶检验史
著 作 者:交通运输部海事局
责任编辑:陈鹏　徐菲
出版发行:人民交通出版社股份有限公司
地　　址:(100011)北京市朝阳区安定门外外馆斜街3号
网　　址:http://www.ccpress.com.cn
销售电话:(010)59757973
总 经 销:人民交通出版社股份有限公司发行部
经　　销:各地新华书店
印　　刷:北京盛通印刷股份有限公司
开　　本:880×1230　1/16
印　　张:47.5
字　　数:1224千
版　　次:2017年9月　第1版
印　　次:2017年9月　第1次印刷
书　　号:ISBN 978-7-114-14041-9
定　　价:180.00元

鄂君启节（左为“舟节”）

1974 年 8 月于福建省泉州市后渚港水下出土的沉船遗迹，是一艘南宋末年三桅尖底海船。从船上的出土文物看，这是一艘远洋贸易返航归国的海船

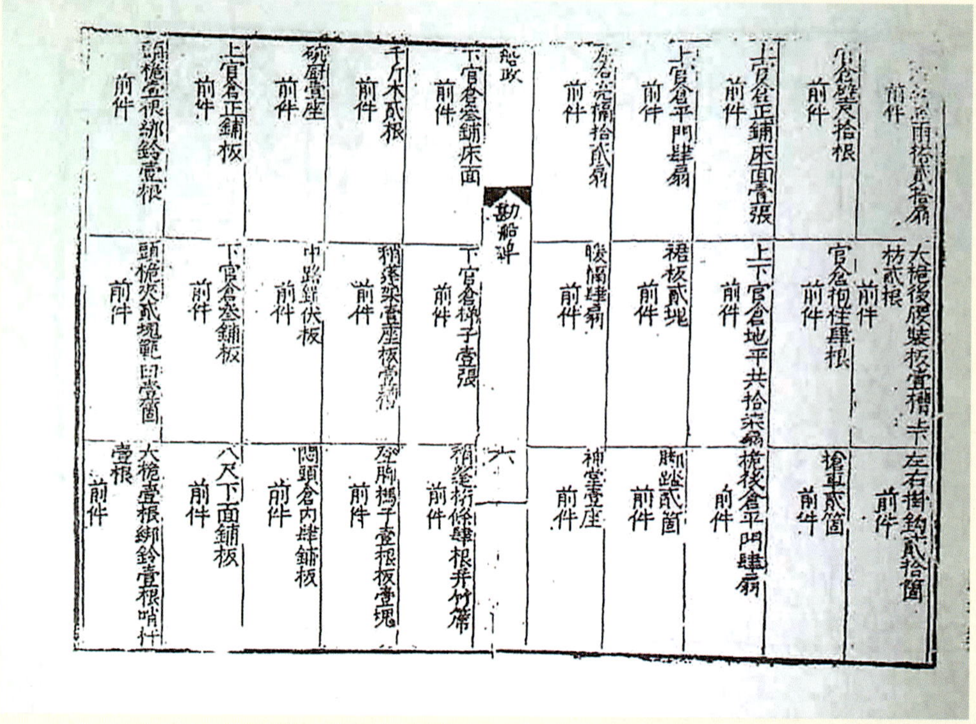

▲明嘉靖刻本《船政》之“勘船单”（部分）

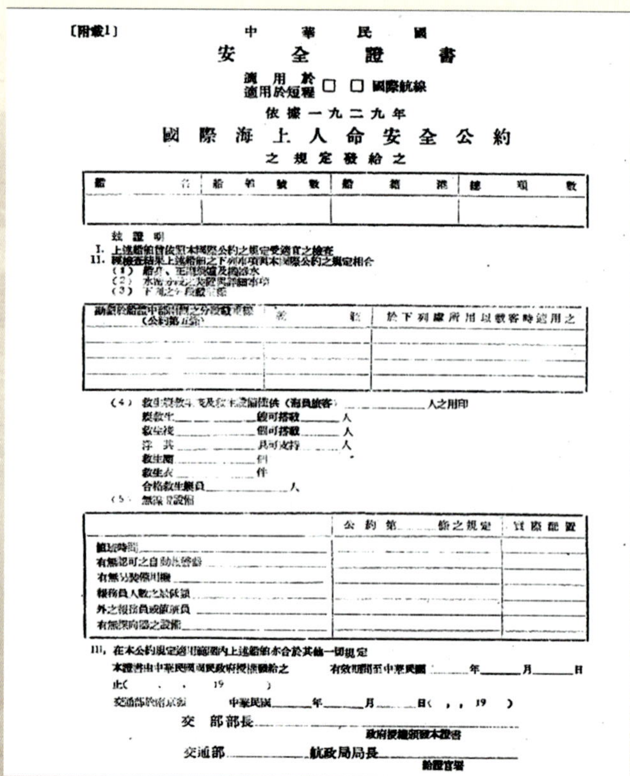

〔附载1〕

中　華　民　國

安　全　證　書

適用於 □ □ 國際航線

依據一九二九年

國際海上人命安全公約

之規定發給之

III，在本公約規定適用範圍內上述船舶亦合於其他一切規定

交通部 ________ 航政局局長 ________

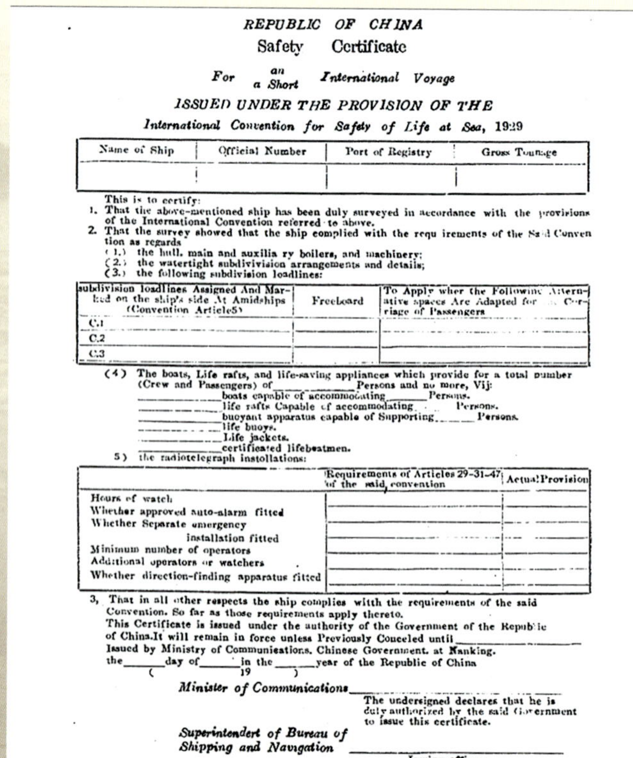

REPUBLIC OF CHINA

Safety Certificate

For an / a Short International Voyage

ISSUED UNDER THE PROVISION OF THE

International Convention for Safety of Life at Sea, 1929

Name of Ship	Official Number	Port of Registry	Gross Tonnage

This is to certify:

1. That the above-mentioned ship has been duly surveyed in accordance with the provisions of the International Convention referred to above.
2. That the survey showed that the ship complied with the requirements of the Said Convention as regards
   (1.) the hull, main and auxiliary boilers, and machinery;
   (2.) the watertight subdivivision arrangements and details;
   (3.) the following subdivision loadlines:

subdivision loadlines Assigned And Marked on the ship's side At Amidships (Convention Article5)	Freeboard	To Apply when the Following Alternative spaces Are Adapted for Carriage of Passengers
C.1		
C.2		
C.3		

(4) The boats, Life rafts, and life-saving appliances which provide for a total number (Crew and Passengers) of ________ Persons and no more, Vij:
________ boats capable of accommodating ________ Persons.
________ life rafts Capable of accommodating ________ Persons.
________ buoyant apparatus capable of Supporting ________ Persons.
________ life buoys.
________ Life jackets.
________ certificated lifeboatmen.

5) the radiotelegraph installations:

	Requirements of Articles 29-31-47 of the said convention	Actual Provision
Hours of watch		
Whether approved auto-alarm fitted		
Whether Separate emergency installation fitted		
Minimum number of operators		
Additional operators or watchers		
Whether direction-finding apparatus fitted		

3, That in all other respects the ship complies witth the requirements of the said Convention. So far as those requirements apply thereto.

This Certificate is issued under the authority of the Government of the Republic of China.It will remain in force unless Previously Conceled until ________

Issued by Ministry of Communications. Chinese Government. at Nanking.

the ______ day of ______ in the ______ year of the Republic of China (19)

Minister of Communications ________

The undersigned declares that he is duly authorized by the said Government to issue this certificate.

Superintendent of Bureau of Shipping and Navigation ________ Issuing officer

▲中华民国政府为国际航行船舶颁发的船舶《安全证书》式样

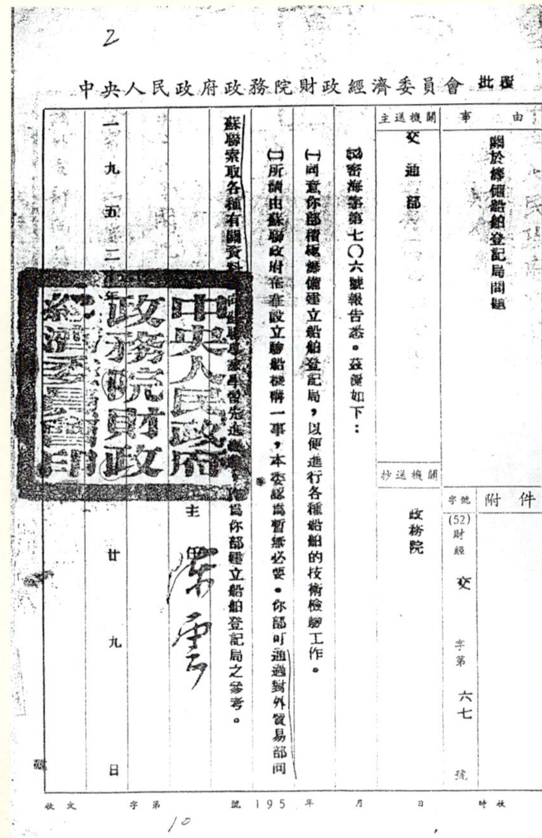

中央人民政府政務院財政經濟委員會 批復

事由：關於籌備船舶登記局問題

主送機關：交通部

抄送機關：政務院

字號：(52)財經交字第六七號

附件

52密海筆第七〇六號報告悉。茲復如下：

㈠同意你部積極籌備建立船舶登記局，以便進行各種船舶的技術檢驗工作。

㈡所請由蘇聯政府推薦設立驗船機構一事，本委認爲暫無必要。你部可通過對外貿易部向蘇聯索取各種有關資料 [illegible] 你部建立船舶登記局之參考。

主任 陳雲

一九五二年 [illegible] 廿九日

收文 字第 號 195 年 月 日 時收

▶1952 年，政务院财经委员会主任陈云批示交通部筹备建立船舶登记局

▲1954 年，上海港务监督船舶检验科执行建造检验发证的第一艘川江客货船“民众”号，载客 936 人，载货 500 吨，江南造船厂建造

▲2010 年，亚洲船级社协会在印度尼西亚成立。中国船级社社长李科浚（前排右三）担任主席

▲中华人民共和国海事局成立至 2010 年颁布的《船舶与海上设施法定检验规则》中部分法定检验技术规则

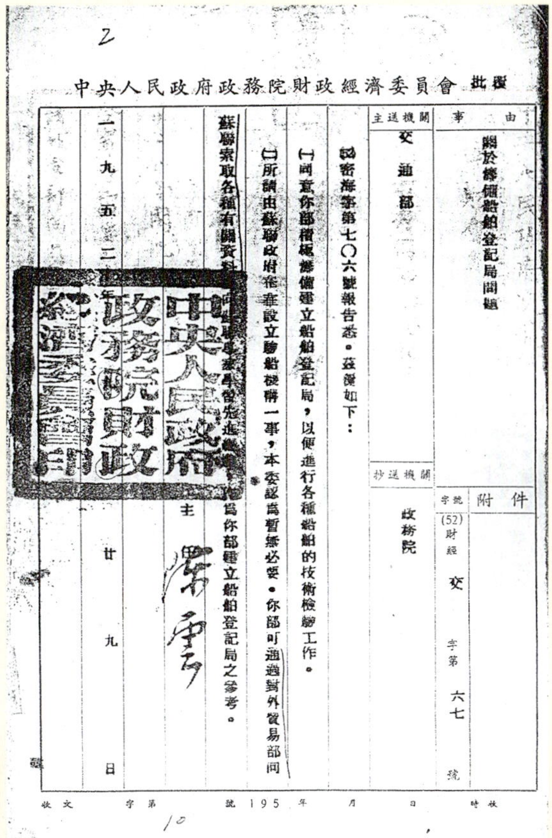

2

中央人民政府政務院財政經濟委員會 批復

事由	主送機關	抄送機關	字號
關於籌備船舶登記局問題	交通部	政務院	(52)財經交字第六七號

52密海等第七〇六號報告悉。茲復如下：

(一)同意你部積極籌備建立船舶登記局，以便進行各種船舶的技術檢驗工作。

(二)所請由蘇聯政府派員設立驗船機構一事，本委認爲暫無必要。你部可通過對外貿易部向蘇聯索取各種有關資料 [illegible] 爲你部建立船舶登記局之參考。

主任 陳雲

一九五二年 [illegible] 廿九日

收文 字第 號 195 年 月 日 時收

▶ 1952 年，政务院财经委员会主任陈云批示交通部筹备建立船舶登记局

▲ 1954 年，上海港务监督船舶检验科执行建造检验发证的第一艘川江客货船“民众”号，载客 936 人，载货 500 吨，江南造船厂建造

◀1955 年，上海港务监督船舶检验科执行建造检验发证的我国自行设计建造的第一艘沿海客货船“民主十号”，载客 525 人，载货 500 吨，江南造船厂建造

▶1955—1956 年，在苏联船舶登记局驻华验船处培训的中国验船实习生听取苏联专家授课

◀1959 年，中华人民共和国船舶检验局首次颁布实施的海船规范和入级章程

▲1959 年，中华人民共和国船舶检验局首次执行制造检验的 6ESDZ43/82 型船用低速柴油机，2000 马力，沪东造船厂制造

▲1960 年，中华人民共和国船舶检验局首次执行入级检验发证的我国第一艘远洋客船“光华”号，14216.28 总吨，载客 653 人

▲1962 年，中华人民共和国船舶检验局大连办事处接管苏联船舶登记局大连验船处的签字仪式

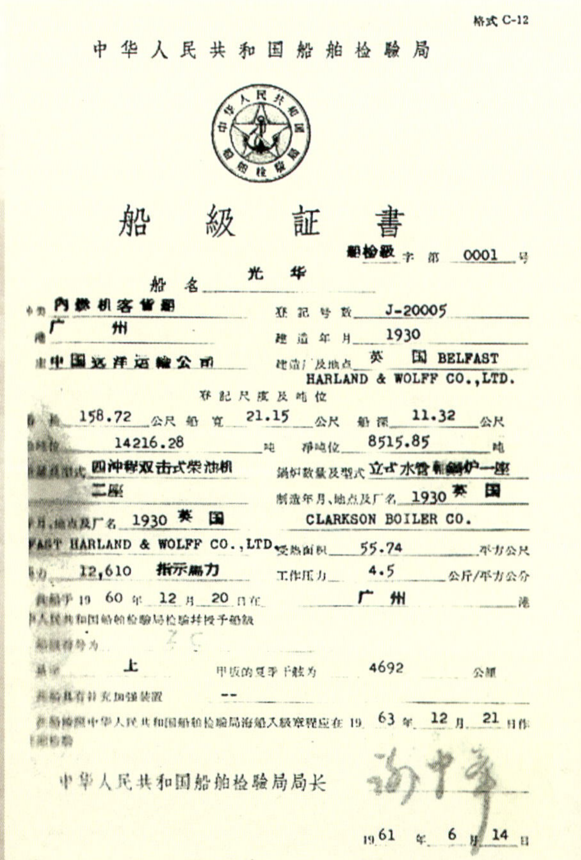

格式 C-12

中华人民共和国船舶检驗局

船級証書

船检級字第 0001 号

船名 光华

内燃机客貨船

登記号数 J-20005

广州

建造年月 1930

中国远洋运输公司

建造厂及地点 英国 BELFAST HARLAND & WOLFF CO.,LTD.

登記尺度及吨位

158.72 公尺 船寬 21.15 公尺 船深 11.32 公尺

14216.28 吨 净吨位 8515.85 吨

四冲程双击式柴油机 二座

鍋炉数量及型式 立式水管辅鍋炉一座

制造年月、地点及厂名 1930 英国 CLARKSON BOILER CO.

1930 英国 HARLAND & WOLFF CO.,LTD.

受热面积 55.74 平方公尺

12,610 指示馬力

工作压力 4.5 公斤/平方公分

19 60 年 12 月 20 日在 广州 港

上

甲板的夏季干舷为 4692 公厘

--

19 63 年 12 月 21 日

中华人民共和国船舶检驗局局长

19 61 年 6 月 14 日

▲“光华”号船级证书

▲1963 年国务院批准颁布的《船舶检验局章程》

▲1964 年，中华人民共和国船舶检验局执行建造检验发证的我国建造的第一艘千吨级国际航行入级杂货船“团结”号，5000 载重吨，大连造船厂建造

▲1973 年，中华人民共和国船舶检验局执行建造检验发证的我国第一座自升式钻井平台“滨海”，后改为“渤海 1 号”，大连造船厂建造

▲1983 年，中华人民共和国船舶检验局颁布实施的《钢质海船入级与建造规范》

▲1984 年，中华人民共和国船舶检验局与美国船级社合作开展建造检验发证的我国第一座半潜式钻井平台“勘探三号”，上海船厂建造

◀1985 年，中华人民共和国船舶检验局颁布实施的我国第一部《钢质海洋渔船建造规范》

▲1990 年，中国船级社执行建造入级检验发证的第一艘液化石油气船“鲲鹏”号，3000 立方米，2404 载重吨，江南造船厂建造

▲20 世纪 90 年代渔船分局检验登记的渔业船舶

▲1992 年，中华人民共和国船舶检验局颁布实施的《海船法定检验技术规则》

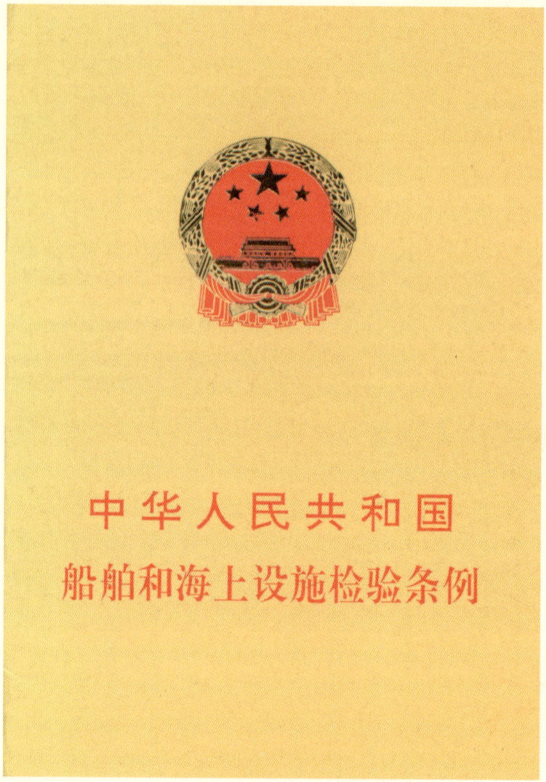

▲1993 年，中华人民共和国国务院令第 109 号发布的《中华人民共和国船舶和海上设施检验条例》

▲1997 年 5 月，中国船级社社长董玖丰（前排左起第七人）在北京主持召开国际船级社协会第 35 届理事会。图为会议代表合影

▲2001 年 7 月，中华人民共和国海事局在哈尔滨首次组织召开全国船检管理工作会议

▲2002 年，中国船级社执行建造入级检验发证的第一艘超大型原油船“COSGREAT LAKE”（远大湖）号，298833 载重吨，南通中远川崎造船重工建造

▲2003 年，农业部召开《中华人民共和国渔业船舶检验条例》新闻发布会

▲2003 年，中国船级社执行建造入级检验发证的半潜式重货运输船“康盛口”号，17860 载重吨，广船国际股份有限公司建造

▲2003 年，中国船级社执行建造入级检验发证的第一艘超大型集装箱船“新浦东”号，69303 载重吨，载箱量 5668 标准箱，沪东中华造船（集团）有限公司建造

▲2004 年，中国船级社首次进行建造入级检验发证的 FPSO“海洋石油 112”号，CCS/DNV 双船级，156571 载重吨，大连造船厂建造

▲2005 年，中国船级社执行建造入级检验发证的 3000 吨级海事巡逻救助船“海巡 31”号，广船国际股份有限公司为中国海事局建造

▲2005 年 7 月，云南省船检处检验的“洱海一号”双体旅游船，2858 总吨，属于我国高原湖泊豪华大型旅游船，云南思茅乐山船业有限公司建造

▲2007 年 11 月 19 日至 23 日，交通部副部长徐祖远（左四）率团出席在英国伦敦召开的国际海事组织（IMO）第 25 届大会，会上中国再次当选为 IMO A 类理事国

▲2007 年，中国船级社验船师检验大连中集集装箱有限公司（CIMC）生产的船用集装箱

▲2008年，中国船级社执行建造入级检验发证的147000立方米液化天然气船“大鹏月”号，73275载重吨，沪东中华造船集团建造

▲2008年，中国船级社检验发证的长江旅游船“世纪钻石”号，7142总吨，重庆东港船舶产业有限公司建造

▲2009 年，中国船级社执行建造入级检验发证的 18 万吨散货船 “AMITY”号，是当时中国建造的满足 IACS 共同规范的最大散货船，大连船舶重工集团建造

▲2010 年，上海市船舶检验处检验的“尚德国盛”号太阳能电力混合动力船，该船是中国第一艘将太阳能动力及太阳翼装置运用于船舶推进及控制的新能源船舶，278 总吨，上海申佳船厂建造

▲2010年，亚洲船级社协会在印度尼西亚成立。中国船级社社长李科浚（前排右三）担任主席

▲中华人民共和国海事局成立至2010年颁布的《船舶与海上设施法定检验规则》中部分法定检验技术规则

《中国海事史籍丛书》编纂委员会

办　公　室

主　任　张双喜　郑和平　徐津津

成　员　于树海　王如政　王志贤　王宝宏　邓少彪　田为民
白　刚　宁　波　曲义江　朱可欣　孙大斌　苏本征
杜国光　李文华　李恩洪　李雪松　杨善利　吴克彪
邱　铭　宋永强　张九新　张志刚　张显平　张重阳
陆立明　陈永忠　陈洪国　周　旻　赵凤龙　胡　伟
段彦仁　钱　闵　徐斌胜　徐新中　曹　鹰　鄂海亮
梁　军　葛同林　韩杰详　曾　晖　戴厚兴
（注：人员依姓氏笔画排名）

《中国船舶检验史》编委会成员

主任委员 林　波

副主任委员 邢士占　李光辉　徐文兴　唐金龙

顾　　问 江立群　杨　春　信德利　徐津津

委　　员 邓少彪　王永滔　白　刚　孙　广　张九新　宋永强　杨　光
胡　伟　钱　闵　陶　新　黄　清　韩　庆

秘 书 处

秘书长 白　刚

成　员 丁　伟　王永滔　张　伟　胡　伟　黄　清

《中国船舶检验史》编写组成员

主　　编 李青平

副 主 编 丁　伟　于凤波　黄　清　韩　庆

执　　笔 丁　伟　于凤波　毛永平　孙德辉　吴昊洲　孟繁洲　逄文昱
郭　江　倪常宇　黄　清　韩　庆

《中国船舶检验史》编审组成员

主　　审 张　壮

成　　员 吕希安　杜广东　唐伟明　袁林新　熊惠军

（注：人员依姓氏笔画排名）

前　　言

依偎富饶大地，结伴江河湖海，华夏民族生生不息，绵延不断。据考古证明，早在7000多年前，华夏先民便有了使用独木舟辅以划桨的渡水方法。自上古时期官制出现后，水政监管与车船监造律制也随之产生。经过源远流长的历史演进、积淀、继承和发展，舟船逐渐成为人们水上活动必不可缺的重要工具，船只监造也成为保障船舶品质与水运安全的重要一环。

我国早期船舶检验伴随着华夏先民对航行安全的重视而产生，凭借着量船征税制度的确立而拓展，因造船航海技术的提高而深化，逐渐融入船舶监造过程，以至延伸到船舶日常修理与查验中。明清两代积累形成的“粮船九验之法”，标志着我国古代船舶检验具备了很高的专业水准。18世纪以后，航海贸易推动了西方以第三方公证为特征的船舶检验模式的确立及发展。而在近代中国，随着西方列强的侵入，船舶检验权连同航政权一并被剥夺，我国造船业丧失了维护与航运业健康发展的合法权益，为船舶质量和航行安全保驾护航的权利也长期得不到保障。新中国成立后，随着经济重建和社会进步，我国船舶检验工作翻开了新篇章，焕发出前所未有的活力，为我国造船航运事业的发展和水上交通运输安全的维护发挥了重要作用，并做出了极大的贡献。

20世纪80年代，交通部组织编写《中国水运史丛书》时，曾于1998年编写出版了一本《中国船舶检验史》。该书记录了自远古时期至1997年期间我国船舶检验的历史发展，为后人留下了宝贵的资料。

时间进入21世纪，我国水运事业在国家深化改革开放的进程中飞速发展。到2010年，虽然距上一部《中国船舶检验史》出版只有十几年时间，但中国造船业、航运业都取得了前所未有的巨大成就，成为名副其实的造船大国和航运大国。造船方面，我国新接订单、手持订单、造船完工量等三大造船指标均已跃居世界首位；航运方面，中国远洋船队规模快速壮大，并走向世界前列，在国际航运界中地位不断提升；中国在国际海事组织中连续当选为A类理事国。当前，中国正在全力拼搏，奋发图强，努力向造船强国、航运强国迈进。在这个历史进程中，自始至终伴随着船检人的倾心奉献，凝聚着船检人的心血。同时，我国船检体制也发生了深刻变化，对整个行业发展产生了深远影响。对这一新的历史发展时期，我们当代人有责任详实记载，既是留存史料，以便后人更好地了解船舶检验发展的历史脉络，也是提炼总结，以史为鉴，助推船舶检验事业更好地向前发展，有利于增强我国航运造船与水路交通的软实力和竞争力。

为弘扬与传承水路交通文化，总结和记载水路交通事业发展的历史经验，交通运输部海事局和中国船级社共同编撰新版《中国船舶检验史》，由辽宁海事局负责组织推进和落实编写任务。该部史书被国家新闻出版广电总局列入“十二五”国家重点出版物出版规划项目。

2012 年,新版《中国船舶检验史》编写工作进入具体实施阶段。交通运输部海事局联合中国船级社、农业部渔船检验局、大连海事大学等相关单位组成编写组,分工合作,共同开展新版《中国船舶检验史》的编写。为了完整准确地记载历史,真实反映自古以来中国船检业者的历史功绩,编写组在充分利用好 1998 年出版的《中国船舶检验史》珍贵史料基础上,补充了新的历史史料,做了进一步深入挖掘,重新进行了修纂与编写,并将史书的记载年份延续到 2010 年。

本书的编写,力求史实记录完整,发展脉络连贯,内容详实准确。但由于编者水平所限,加之史料收集困难,致使本书难免存在不足,恳请读者批评斧正。

凡　例

一、指导思想:本书以辩证唯物主义和历史唯物主义为指导思想,坚持实事求是的原则,力求全面、客观地记述我国船舶检验从古至今的发展历程。

二、体例体裁:为专业史,采用叙、论、图、表、录等题材,以叙为主。为篇章体,设篇、章、节、目 4 个层级。

三、时限范围:本书收集资料自上古时期至 2010 年,分为古、近代篇和现代篇。收集史料为全国范围,但不包含港、澳、台地区。

四、纪年方式:古代部分用历史朝代年号括阿拉伯数字为公元纪年,涉及某单独政权时,用代不用朝,如唐代。

五、引文方式:引文采取脚注式,所收史料注明出处。

六、行文标准:采用规范化语体文,文字、标点符号、数字用法按照国家统一标准。中华人民共和国海事局简称为"中国海事局",中华人民共和国船舶检验局简称为"船舶检验局"。

目　录

现代篇（1949—2010年）

绪　论

中国的船舶检验，作为水运安全之保障，具有悠久的历史。在我国数千年的历史长河中，它经过古代漫长的磨砺，到近代开始起步，并于现代得到了长足的发展。

一、古代船舶检验的萌发

中华民族的造船与水运历史悠久，先民早期的水运活动可以追溯到新石器时代，当时已经意识到船舶使用安全的重要，因而在船舶建造之初就开始了船舶检验。

考古发现，在我国原始社会和阶级社会早期，古人所称的“舟楫”，也就是船和桨（泛指船舶）虽然对于生产、生活的作用还相当有限，但人们已把舟楫的安全看作是重要的指标。商代甲骨卜辞中关于“渡河”“用舟”之辞不胜枚举，《怀特氏等藏甲骨文集》1456号有“省舟”二字，专家释义为“省察用舟”，也就是对舟船进行安全查验。

西周立国，周武王设立管理全国舟楫的职官“舟牧”，每当出行，先“命舟牧覆舟，五覆五反，乃告舟备，具于天子焉，天子始乘舟”。“五覆五反”，即是对舟船的适航性能以及船体状况进行反复检查。1957年在安徽寿县出土的“鄂君启节”，其中的“舟节”反映了战国时期楚国的水运管理及其舟船的安全检验。

西汉设立“楼船官”，主管船舶监造。公元前119年，汉武帝为向商人征税颁布的“算缗告缗令”，规定车、船都需要按照一定的标准缴税，叫做“算缗”，其中所定的“船五丈以上一算”，成为我国有文字记载以来最早的量船征税办法，也萌发出现代意义上的船舶丈量。

三国时期，吴国把专门建造海船的工场称为“船屯”，设置了管理造船的官员“典船校尉”，其职责之一便是对造船安全质量进行过程控制。

唐代以法律的形式对验船制度加以规定，《唐律疏议》之《杂律》规定：“诸船人行船，茹船、写漏、安标宿止不如法者，若船栰应回避而不回避者，笞五十；以故损失官私财物者，坐赃论，减五等。”“茹船”即茹塞船缝，“写漏”即泻除漏水，成为验船的核心内容。

宋元两代，随着航海事业的发展，对出海船舶的检验同样极大加强，这也成为船舶航海安全的重要保障。其中，宋代设市舶司、转运司、发运司、拨发司和排岸司等机构，管理外贸航运和内河漕运，对船舶进行检验，正是这些机构的职能之一。元承宋制，设市舶司掌管出海贸易。内河漕船检验归漕运司掌管，海运漕船归万户府及其下属机构管理。

明代造船厂实行一系列造修和检验的标准化管理，使其保障航运安全的作用更加明显，成就了它在我国古代船检史上极为重要的地位。其中，当时南京各船厂的管理十分规范严格，设有专门的机构与官吏，制订了明确的制度规章，而船舶造修过程更有一套完备标准的管理办法，以保证节省投入、造修质量和完工期限。其船舶检验的过程体现在船舶造修过程中，共分为“定损定料检验”“造修工艺检验”和“完工检验”三个环节，形成了一套完整的标准化制度。

清代中前期，除了短暂的两次“禁海”之外，大部分时间实行的是开放政策。但政府对航海贸易有所限制，集中体现在对民间造船的监管和检验，制定了一套完善的制度，包括提出申请、核发“料照”、完工检验、颁发“牌照”或“船照”四道手续。除民船外，清政府还开厂造修战船和漕船，也有了完善的造修和检验制度。尤其漕船造修实行“九验之法”，“一曰验木，二曰验板，三曰验底，四曰验梁，五曰验栈，六曰验钉，七曰验缝，八曰验舱法，九曰验头艄”，达到我国古代以来验船的最高水平。

上述我国古代的验船发展，虽说是中华航海文明的重要组成部分，但从现代意义上的船舶检验来说，还只是出于船舶建造与使用的需求，而非以第三方公证为特征的检验。然而，历史上形成的船舶安全检查、船舶丈量、颁发船照、船舶凭船照行运，以及其中的检验方式、方法和制度，却也萌发出现代船舶检验的雏形。

二、近代船舶检验的起步

（一）丧失航权，外国垄断我国的船舶检验

1840 年鸦片战争以后，西方殖民者强迫清政府签订一系列不平等条约，内容涉及割地、赔款、治外法权、领事裁判权等多个方面，航权亦被侵犯。随之，外国航运势力大举进入中国，以致在东南沿海许多大口岸，轮船排挤了中国传统木帆船，侵占了木帆船的航运业务，尤其是沿海贸易权的丧失，沉重地打击了中国帆船业。随着外国轮船大量涌入中国水域，西方的船舶检验理念被引进，我国现代意义上的船舶检验开始起步。

晚清时期对轮船的检验工作，多由外国人控制的海关把持。在海关成立之初，各项章程主要针对海关税收和海务管理两大海关职能制定，船舶丈量的目的主要是收取吨位税。同治六年（1867 年），总理衙门颁发《华商置用火轮夹板等项船只章程》，规定华商购买船只，须先由税务司派人查明能出海使用，才准许买卖，购买旧船或新建船只，经丈量吨位后才发给牌照，等等。甲午战争后，我国所有水域被迫对外开放，清政府取消了华人买船的限令，华商购置小轮船十分踊跃。为保证航行安全，1898 年制定了《查验官商各小火轮章程》《查验官商小轮续订之验船师规条》《查验官商小轮续订之管轮人诫程》和《查验小轮船办法》，这 4 个江海规定详尽明确了对小轮船的检验。关于木船的检验则由各地成立的“商船公会”负责。

民国时期，北京政府计划解决中外不平等条约问题，但对航权问题没有足够重视，致使我国航政事务（包括船舶检验）仍然为外国人控制的海关掌握，其间虽然成立交通部航律委员会拟定航政法规，终因军阀混战不断，加上列强阻挠而未果。1921 年 1 月，海军部航律委员会公布了《官用轮船检查条例》，明确了官用轮船的主管检查机构为海军部，为我国收回船检权发出了声音。

（二）回收航权，开展我国的船舶检验

1927 年 4 月南京国民政府成立，依据交通部组织法设立交通部航政司，主管全国航政。随后，国民政府在 1930 年 12 月公布《交通部航政局组织法》，该法经 1931 年 9 月修订后规定航政局的 8 项职责。据此，交通部按照分区设立航政局的规定陆续在各地设立航政局：1931 年 6 月首先成立上海航政局，同年 7 月先后成立了汉口、天津、哈尔滨航政局，1936 年 9 月成立广州航政局等。这些航政局又在各自管辖区域内下设办事处从事船舶检查，由此建立起我国最早的政府验船机构。

在此期间，南京国民政府开展了轰轰烈烈的收回航权运动。与历次收回航权运动不同，此次南京国民政府采取先立法、后谈判的方案，经过不懈努力，终于收回了包含船舶检验在内的大部分航政事务。同时，国民政府先后公布了一批船检法规规章，其中 1930 年国民政府公布的《船舶法》第 42 条规定：船舶检查章程、船舶丈量章程及船舶国籍证书章程由交通部定之。根据这一条款，交通部于 1931 年公布了《船舶国籍证书章程》《船舶检查章程》和《船舶丈量章程》，于 1937 年 7 月 23 日公布《船舶检查技术规程》和《船舶丈量技术规程》，这些规定成为我国早期船舶检验的依据。1933 年 2 月，国民政府接受并加入《1929 年国际海上人命安全公约》。

1937年“七七事变”后，抗战全面爆发，刚刚露出曙光的我国航运业面临空前劫难，大部分船舶被毁。随着战事发展，东南沿海全面沦陷，国民政府开始了史上最大规模的西迁行动，刚刚发展起来的我国船检机构被迫西迁。

1945年抗战胜利后，在接收敌伪和购买外国船舶的基础上，我国轮船航运发展迅速，曾一度极力开辟远洋航线。在这种情况下，船检部门开始制定符合国际规范标准的法律法规，以方便在国际航线航行。但随着内战爆发，此项工作进程被迫耽搁，反而利用船检权力加强了对航商的盘剥。期间，交通部在1947年10月成立船舶技术规范设计委员会，通过了《船舶技术规范设计委员会组织章程》；1948年4月，国民政府派出代表团出席国际海上安全会议，会后将会议通过的《1948年国际海上人命安全公约》译成中文，并向国人推介。同时，为在我国建立具有独立第三方性质的验船机构，1948年4月由招商局发起，造船航运界专家以及上海航政局代表40余人在招商局召开筹备会议，拟组建中国验船协会。同年7月20日，中国验船协会在上海正式成立，但由于战事发展，该协会工作难以开展。然而，它的成立却凝聚了业界的意志，也给新中国创建船舶检验事业留下了骨干人才。

三、现代船检事业的创建与发展

中华人民共和国成立后，立即废除一切不平等条约，清除帝国主义势力，彻底收回我国航权。从此，中国船检事业沿着独立自主、自力更生的社会主义方向迈进，为保障船舶及海上设施的安全运行与作业，防止水域污染做出了重要贡献。

（一）新中国成立初期的船舶检验机构

随着解放战争的推进，解放军军管会陆续接管了国民政府交通部航政局。新中国成立后，各地航运、港口管理机构相继设立船舶检验部门或验船人员，船检工作逐步启动。其中，沿海五大港口——大连、天津、青岛、上海、广州成立区港务局，为交通部所属机构，负责辖区内船检工作；长江、黑龙江、珠江三大水系组建航务管理机构，拥有船检职能；各省市船检机构附属在各级地方的内河航务和航运企业内部，后来又隶属于各地方的港航监督部门。

1951年，交通部第二次航务会议议定并报政务院批准，决定成立交通部船舶登记局。同年7月20日，交通部将航运管理总局改组为海运管理总局、河运管理总局、航运工程管理总局，同时成立船舶登记局筹备组，挂靠海运管理总局，开始筹备组建船舶登记局。1952年中央政务院财经委员会主任陈云，对船舶登记局的筹备工作做出批示，推进了船舶登记局建立。1954年4月经交通部特别批准，开始启用交通部船舶登记局印章，1956年8月1日交通部船舶登记局正式成立，10月23日启用“中华人民共和国船舶登记局”及其英文名称。由此，诞生了中国历史上第一个全国性的专职船舶检验机构。

其后，1957年6月交通部对我国船检部门的职权、责任、任务，以及船舶登记局与交通部直属区港务局船检部门和省市地方检验部门之间的业务分工做了规定，从而形成了由船舶登记局和地方船检机构组成的两支验船队伍。

同年，交通部与水产部协商，将渔船的检丈、登记管理移交水产部门办理。嗣后，山东、河北、广东等省，先后着手接办当地渔船检丈登记工作。

（二）完善机构，建章立制，发展我国船舶检验

1958年8月，船舶登记局更名为船舶检验局，对外启用“中华人民共和国船舶检验局”，统一领导和管理全国船舶检验工作。同年10月，交通部在上海召开第一次全国验船工作会议，确定了沿海大港、长

江干线、沿海中小港和各内河港口的船检机构体制、分工及检验工作范围。据此，交通部将上海、广州、大连、天津、青岛五大港口验船部门改为船舶检验局办事处，同时又设立船舶检验局长江区办事处。各办事处的业务归船舶检验局领导，行政仍属当地港务或航运部门领导。各省、市船检业务受船舶检验局指导。从此，在我国初步形成了由船舶检验局对直属船检机构业务领导、对地方船检部门业务指导的管理体制。

其后，交通部在其内部机构调整中，将船舶检验局在1960年改组为安全监督局，到1963年再改组为船检港监局，而船舶检验工作始终以“中华人民共和国船舶检验局”名义进行。

船舶检验局在1959年以苏联规范为基础，结合我国国情首次制订公布了11种船舶规范，同时制定船舶检验规则规程以及编制船舶证书和检验文件，建立起了我国船舶检验的规章制度。这些规章制度随着我国航运和造船的发展，不断地予以修订、补充。其中，在1965年合编11种规范中的船体、轮机、电气、货物冷藏、消防、材料与焊接等，形成一部完整的钢质海船建造规范。在内河船舶规范建设方面，船舶检验局在1962年公布了第一部长江干线钢船建造规范和长江船舶乘客定额与舱室设备规范，并从1964年起，陆续提出长江船舶法定要求。

与此同时，国务院在1963年批准颁布《中华人民共和国船舶检验局章程》，确立船舶检验局对我国船舶实施检验的法定地位。据此，船舶检验局在1965年发布第一份法令性文件《船舶检验工作条例》，为我国船检工作的开展奠定了基础。

在检验业务方面，船舶登记局在1954年首次对“民众”号长江客货船进行建造检验，1955年首次对“民主十号”沿海客货船进行建造检验，开辟了新中国对长江和沿海船舶建造检验的先河。之后，船舶检验局又在1957年开始进行千吨级沿海油船建造检验，于1958年开始千吨级沿海杂货船建造检验，到1964年开始对万吨级国际航行杂货船进行建造检验。在此期间，在接运印度尼西亚华侨归国任务中，船舶检验局于1960年对大型客货轮“光华”号首次办理初次入级检验，签发了第一张临时入级证书和国际航行船舶证书。同年，随着我国国际航运船队建设的需要，船舶检验局开始办理船舶入级检验，各省市地方船检也开始起步，我国的船舶检验工作陆续全面展开。

为了保证新船建造安全质量，船舶检验局在“东风”号万吨船国产化装备制造中，于1960年会同交通部海河总局、一机部九局在上海成立“船用产品检验试点工作组”，进行船用产品制造检验的试点，取得经验后推广，开始了我国对船用产品的制造检验。

在国际交往中，船舶检验局于1962年和1963年分别同苏联船舶登记局、波兰船舶登记局签订了相互代理船舶技术检验协议，开启了我国船舶检验的国际合作。同时，为发展我国国际航运，我国政府在西方国家封锁情况下，与一些友好国家建立起了船舶证书互认关系。

（三）20世纪70年代我国船舶检验的复兴

1966年席卷全国的“文化大革命”爆发，已经建立起来的船舶检验正常工作秩序，被当作“管、卡、压”受到批判。船检机构被撤销或合并，船检人员被大批下放农村和基层，规章制度和技术规范被破坏，船检技术监督检验制度和秩序被打乱，船舶建造质量下降，船舶航行不安全因素增加。

1970年12月，中共中央发出《关于加强安全生产的通知》，船检部门立即予以贯彻，各地下放人员陆续返回工作岗位，船舶检验工作开始恢复。船舶检验局于1970年开始对万吨级海洋油船进行建造检验，于1971年开始对万吨级海洋散货船进行建造检验。1973年交通部调整机构，成立船检港监局，负责船检、港监、救捞三方面任务，船检工作仍以“中华人民共和国船舶检验局”的名义开展。为了解决“文革”造成的船检专业人员流失致使验船技术力量缺乏问题，船舶检验局于1974—1975年，委托武汉水运工程学院为直属办事处和地方船检人员举办两期船检专业进修班，培训船检人员，充实验船技术队伍，既解决了船检专业人员断线问题,也为我国船舶检验的后续发展储备了人才。

1973 年 3 月,中华人民共和国政府恢复在政府间海事协商组织(IMCO)的合法席位,其后,多次派代表出席各届大会、理事会。1975 年 11 月,在政府间海事协商组织第九届大会上,我国第一次竞选理事,并当选为 B 类理事国,同时本次会议还通过并批准中文作为该组织的官方语言。

与此同时,船舶检验局积极发展国际合作,分别与朝鲜、罗马尼亚、南斯拉夫,以及法国、德国和英国的船舶检验机构签订了检验合作协议,推进了我国船检事业走向世界的步伐。

(四)形成三支检验队伍,全面发展检验业务

1978 年 12 月,中国共产党十一届三中全会作出了把全国工作重点转移到社会主义现代化建设上来的战略决策。全会后,中共中央提出了"调整、改革、整顿、提高"的方针,制订了以经济建设为中心,坚持四项基本原则,坚持改革开放的基本路线,由此揭开了我国改革开放的历史新篇章,中国的船检事业得以迅速发展。

1978 年 3 月,交通部撤销船检港监局,恢复船舶检验局,延用"中华人民共和国船舶检验局"从事船舶检验,并于 1982 年 1 月将双重管理的下属办事处由港务局划归船舶检验局直接领导,从而建立起船舶检验局自上而下直接领导的管理体系。与此同时,1978 年国家成立水产总局,其内设的渔船检验机构在 1979 年开始启用"中华人民共和国船舶检验局渔船分局"(简称渔船分局),统一管理省市水产部门的渔船检验机构,开展渔业船舶检验,形成了我国船舶检验中的渔船检验队伍。随后,1982 年和 1986 年两次全国地方船检工作会议讨论通过,并经交通部同意,在全国各省、自治区、直辖市设立船舶检验处,领导地方船检业务,在专区设检验所、县设检验站,负责船舶检验工作,各省、自治区、直辖市船舶检验处的业务由船舶检验局领导,行政工作由当地交通厅(局)领导,地方船检体系得以完善。

至此,我国的船舶检验形成了在船舶检验局管理或协调下,由船舶检验局直属机构、各省市区地方船检及其双重管理下属机构、国家水产总局渔船检验机构及其双重管理下属机构组成的我国船舶检验三支队伍,肩负起我国船舶和海上设施安全航行和作业的重任。

1984 年船舶检验局申请加入国际船级社协会(IACS)受阻,为了解除国际社会对船舶检验局检验服务公正性的质疑,经交通部批准,船舶检验局于 1986 年 1 月在局内设立中国船级社,建立船检局/船级社"一个机构、两块牌子"工作机制。同时,为加强船舶检验的基础建设,船舶检验局在 1985 年先后成立审图中心、验船人员培训中心和河船规范科学研究所,于 1986 年增设技术委员会的专业分委会,进一步完善了内部管理和运作机制。

在规范体系建设上,船舶检验局在 1978 年修订长江干线规范,编制长江水系钢船建造规范,发展了我国内河船舶规范体系。随之,船舶检验局参照国外船级社规范做法,合编入级规则、建造规范和检验规程。1982—1983 年,船舶检验局分别公布了我国首部海上移动平台入级与建造规范、海船入级与建造规范和海上固定平台入级与建造规范,推进了我国船舶与海上设施技术规范建设与发展。1991 年,船舶检验局又将长江水系船舶规范扩展为内河钢船建造规范,实现了我国内河船舶规范的统一。其后,出于我国国内船舶入级业务需要,中国船级社在 1996 年公布了首版钢质内河船舶入级与建造规范。同时,为统一法定要求编制,船舶检验局在 1992 年根据《国际海上人命安全公约》,公布了第一部船舶法定检验技术规则,其中包括了检验内容、技术规定和证书格式等,1998 年船舶检验局将其发展为船舶与海上设施法定检验规则,由此形成了由入级规范与法定规则组成的我国船检规范体系。

随着计算机技术应用的发展,船舶检验局开始船舶工程计算软件开发。于 1983 年开发成功"COMPASS 船舶审图计算机系统",1987 年 10 月又完成"SSMIS 船舶检验管理信息系统"开发,一年后经过试

运行，开始正式使用，从此计算机技术在船舶检验方面有了更广泛的应用。

在此期间，我国的船舶检验在发展传统的船舶安全监督、入级检验和公证检验的同时，开始了海上设施检验和防污染检验。其中，随着我国航运造船事业的发展，船舶检验局于1978年开始对我国出口远洋货船进行建造入级检验，1980年开始与外国船级社合作对出口船舶进行联合建造检验，1983年开始对远洋集装箱船进行建造入级检验；在产品检验方面，于1979年开始派员对国外生产的船用产品进行产品认可检验；在集装箱检验方面，于1978年开始对船运集装箱进行制造检验。随着我国海洋石油开发的兴起，船舶检验局继1973年完成对第一座海上移动平台建造检验之后，在1981年开始对浮式储油装置进行建造检验，于1982年开始对海上固定平台进行建造中检验。

各省市地方船检机构为有效地保障地方水运安全，依据本地区实情，制订有关区域性的规定和实施细则，作为船检规范规章的补充，并在地方航运造船发展中发挥积极的作用；为保障地方老龄船舶安全，着手对当地老旧船舶进行专项检验，加强安全监督；为解决航运市场出现的不轨行为，在交通部组织下对航运市场中的伪造证书、篡改证书等不良现象进行清理整顿，规范证书签发，从而推动建立健康有序的水上安全秩序。

水产系统渔船检验机构，在1979年以渔船分局名义从事渔船检验后，于1985年委托船舶检验局制定并公布渔船专门规范，并于1987年开始，自行制订渔船检验规定规则。同时，加强对沿海新造机动渔船进行修造检验；对民众现用渔船进行安全管理和安全设备检验；后来随着我国远洋渔业的发展，开始对远洋机动渔船进行初次检验和制造检验，推进了渔船检验的发展。

这个时期，船舶检验局在推进我国船舶检验走向世界方面迈出了可喜步伐。1978—1986年间，船舶检验局先后与意大利船级社、日本海事协会、美国分别签订了检验合作代理检验协议，又同美、英、法三国船级社分别签订了海上设施或近海工程的合作检验协议。1986年后，船舶检验局以中国船级社名义推进国际化发展，于1988年加入了国际船级社协会(IACS)，成为该协会正式会员，并在1996年轮任该协会主席。同时，船检局/船级社继续扩大我国参与国际海事组织(IMO)的各项活动，努力在国际海事公约议案审议中发挥作用；加强与国外海事当局联系，扩大授权检验，到1998年底，中国船级社签署的法定检验授权协议已有17个国家和地区；扩展海外服务网点，发展国际业务，到1998年中国船级社在海外服务网点已达到16个；加强与有关国际组织联系，中国船级社的最高船级在1994年6月被纳入伦敦保险商协会的船级条款，1996年中国船级社加入了国际干货船船东协会(INTERCARGO)；同期，中国船级社通过欧盟审核，成为符合欧盟法令要求的船级社之一。

(五)政事分开，推进我国船检事业深入发展

20世纪90年代初，为了理顺和完善水上交通安全监督管理体制，以进一步适应经济发展的需要，交通部将水监体制改革与船检体制改革提上了日程。1996年，国务院组织召开了水运体制改革座谈会，交通部根据会议结果，形成了水监体制改革、船检体制改革和长航体制改革的基本方案和具体原则。1998年6月，国务院办公厅颁发了关于交通部职能配置、内设机构和人员编制规定的通知，由此全国船检体制改革正式启动。

此次船检体制改革的核心是：中华人民共和国船舶检验局与中国船级社实行“局社、政事分开”，同中华人民共和国港务监督局合并组建中华人民共和国海事局(以下简称中国海事局)，主要负责行使国家水上交通安全监督管理和防止船舶污染、船舶及海上设施检验、航海保障的管理职权，中国船级社作为社团组织，承担船舶及海上设施的具体检验业务。

1998年10月，中国海事局正式成立。为加强对全国船检机构的管理，中国海事局于2000年设立大

连、天津、上海、广州和武汉5个片区船舶检验管理处，业务上直接对中国海事局负责。经交通部与各地方协商，原广东省、福建省地方船检机构交给广东、福建海事局管理，原中国船检局黑龙江分局交给黑龙江海事局管理。自此，中国海事局有了一支直属船检队伍。

1999年，农业部渔船检验局对外名称改为“中华人民共和国渔业船舶检验局”，履行对渔船检验系统的管理。

各级地方政府水监体制也进行了对应的改革和调整，船检队伍不断发展壮大。2001年和2005年，北京市船舶检验所和西藏自治区地方海事局两个地方船检机构相继成立，分别负责当地的船检工作。

由此，在全国范围内形成了由中国海事局统一管理或协调，由中国船级社及其直属机构、中国海事局直属船检机构、省自治区直辖市地方船检机构以及农业部渔船检验机构组成的船舶检验格局，使我国船舶检验的组织机构由改革前的3支队伍演变成4支队伍。

船检体制改革后，中国海事局作为主管机关，履行行业管理职能，对各级船检机构开展资质认可，以提高其验船质量和管理能力；相继建立起验船师适任考试和注册验船师制度，实行验船人员持证上岗；针对船舶检验中存在的问题，开展船检质量监督检查和责任追究，对于违规机构和人员给予暂停资质、吊销证书等处罚；组织制定并更新《船舶与海上设施法定检验规则》，公布证书格式，完善各项管理规定；规范气胀式救生筏检修站的管理，建立并规范检修程序、强化监督检查、加强从业人员培训；针对低质量船的问题，深入持续地开展低质量船舶整治，通过多种手段推进我国船舶法定检验工作的开展和提升。

中国船级社根据形势和环境的变化，调整工作思路，深入市场研究，改变旧的管理机制与经营模式，专注技术和业务发展，确立了“技术立社、诚信为本、与众不同、国际一流”的建社方针，推进中国船级社向着创建国际一流船级社的目标前进。在1999—2010年期间，中国船级社从“风险管理”的业务属性出发，完成了“一个业务核心、三条业务主线、两个支持保障系统”的组织结构调整，完善了工业服务的垂直管理体制建设，进一步充实管理层，推行“用人、分配、激励、约束”四项机制改革。

1999年中国船级社启动了VCBP拓展计划。之后，依据国际防污染动向，开展了船舶压载水污染、船体涂层污染，以及节能减排和绿色规范等方面的防污染研究。同时，汲取“入级服务是建造与使用全过程的服务”的国际理念，研发和修订海船入级与建造规范，补充、编制单项专门规范、指南等，将其完善为船舶建造和使用全过程的技术标准，并于2006年公布了新版《钢质海船入级规范》，形成了包括入级规范、专门规范、指南、计算软件在内的“规范体系”。

在此基础上，中国船级社大力拓展船舶、海上设施、船用产品和集装箱的检验业务以及有关工业服务业务，并且开始获得对超大型船、高性能船、高附加值船的建造入级检验业务。2003年开始30万吨级超大型油船的建造检验，2005年开始8530标箱大型集装箱船和14万立方米大型液化天然气船的建造检验。中国船级社入级船队总量在2005年突破2000万总吨后，到2010年达到3912艘、5048万总吨；在海洋工程检验方面，开始进入市场投标承揽业务，于2008年包揽了渤海海域油田的固定设施第三方检验项目；在集装箱检验方面，开始了多种集装箱的制造检验和营运检验，到2010年检验的各类集装箱达到29万余标准箱，为1999年的7.8倍。

中国海事局直属船检机构在对国内航行船舶监督检验的同时，为了保障我国水运安全，在中国海事局组织下于2001—2006年间进行了检验质量专项检查，重点对“四客一危”船舶和“四区一线”水域船舶，进行检验质量督察，对查出的船舶检验质量问题追究责任，对发现的“大船小证”虚假行为给予严厉处罚。

各省、自治区、直辖市地方船舶检验机构，针对当时在我国沿海和内陆盛行的“滩涂造船”热，于1999年配合中国海事局对“滩涂造船”进行整治，强调船舶建造必须严格按照建造检验程序进行，不得随意免除规范标准和减免检验程序，严禁检验机构异地执行检验；新建船舶不得使用旧设备和旧材料进行拼装；要求各船检机构加强对船舶建造检验的监督。

2000年《渔业法》修订中，写进了渔业船舶检验职责，为我国渔船检验确立了法律依据；2003年国务院颁布《渔业船舶检验条例》，使我国渔船检验走上了法制轨道，由此推进渔船检验的规章规范建设以及渔船检验新发展。期间，随着我国远洋渔业的发展，农业部渔船检验局开始对大型鱿鱼钓船、大中型渔政船以及渔业资源与环境科学调查船等高技术、大型渔船进行建造检验。

1998年后，我国船舶检验的国际交流日益活跃。其中，中国海事局成立伊始，就加大国际交流力度，与各国海事主管机关、国外船级社建立联系，学习国际先进的船舶检验管理经验和管理模式，引导国内船检机构发展。

中国船级社在争创国际一流船级社中，积极参与国际海事组织（IMO）各项议案审议和技术研究，并结合我国国情积极提出提案，其提案的数量与质量不断提升。在2002年国际海事组织第45届分舱稳性、载重线和渔船安全分委会会上，由上海规范所依据其“船首最小高度和储备浮力”研究成果提出的提案，被国际海事组织接受，纳入《国际载重线公约》的修正案，形成了该公约新的第39条规定。同时，中国船级社积极推进船东、船厂和船级社的三方交流合作，在国际船级社协会（IACS）的地位和作用越来越大，在2006—2007年轮值IACS主席期间，参与主导了IACS的重大决策，推行了IACS理事会会议制度等一些重大改革，解决了一系列敏感而棘手的问题。通过在国内、国外广泛交流合作，中国船级社取得了国际海事舞台上的话语权，推进了我国船舶检验的国际化发展。

农业部渔船检验局加强国际间渔船检验技术交流与合作，参与国际海事组织有关公约审议，发展与斐济、南非、韩国等国的渔船检验技术交流与合作。同时，在我国远洋渔业发展中，农业部渔船检验局建立起由其统一管理的检验体制，加强在境外作业渔船检验，加快境外设点，在2002—2007年间先后在加蓬、斐济、塞内加尔等国建立了境外检验点，解决了在渔船集中海域的检验问题，到2010年，渔船检验局对远洋渔船的检验服务已扩大到30多个国家和地区。

历史的车轮驶入21世纪，中国已然作为世界第二大经济体屹立在世界的东方。伴随着经济的高速增长，我国的航运业、造船业也得到了巨大的发展，船队规模和造船业务量已跨入世界前列。作为航运业和造船业的重要支撑，中国船检事业面临着新的机遇和挑战。面对这一形势，船检工作要与时俱进、开拓创新，不断改革完善船检管理体制，强化船检法制建设，进一步研究完善相关检验法规规范，以适应发展的需求。同时，要不断推进船检科技进步，增强船检发展实力，在我国船舶工业由大变强的进程中，积极发挥专业技术优势，主动作为，促进船检事业更好更快地发展。

古、近代篇

（远古—1949 年）

第一章　中国古代船舶检验的产生与发展演进(远古—1840 年)

中华民族的航海历史极为悠久,原始先民早期的航海活动可以追溯至新石器时代。① 由于水上航行是一项危险性高、操作性强的复杂活动,对航行工具的安全性要求必然十分严格,其建造之时即是检验之始,从这个意义上说,人类自从有了航海活动,就有了船舶检验活动。在近代西方船检制度形成与传入之前,我国古代的船舶检验活动渗透于船舶监造、验船定料、定式成造、报竣检验以及量船收税等各个环节,自成体系,逐渐完善。

我国古代的船舶检验从简单到复杂,从无序到规范,经历了一个客观的发展演进过程,这个过程每个阶段的发展状况都与两大背景因素密切相关,一是水上交通整体发展规模,二是造船业和造船工艺发展水平。水上交通的发展意味着航运规模的扩大和航行水域的拓展,因而对航行安全的要求必然越来越高,以保障航运经济的良好运行;造船业和造船工艺的发展,意味着船舶建造数量更多、船体更大、结构更加复杂,因而要求船舶检验逐渐走向专业化、科学化乃至制度化。而且,随着水运经济在整个国家经济中占有越来越重要的地位,船舶检验的功能也随之更加丰富。因此可以说,我国古代船舶检验是随着水上交通和造船业的发展进步而不断循序演进、丰富完善的客观历史过程,具有鲜明的历史规律和时代特色。

第一节　远古至隋唐船舶检验的萌发

从原始社会到隋唐五代漫长的历史时期,中国的水上交通事业逐渐建立并取得了巨大成就,造船业也取得了巨大进步,但船舶检验却还处在萌芽阶段。这个阶段对中国古代船舶检验来说至关重要,一方面它奠定了船舶检验的制度基础,另一方面它基本形成了船舶检验的各项内容。

一、水上交通事业的形成与发展

有直接而充分的证据表明,中华民族的水上航行活动早在原始社会的新石器时代就开始了。在缺乏知识和技术的远古时代,人类在茫茫大海面前是极其渺小的,促使原始先民们勇敢走向大海的直接动机无疑是生存的需要,而更重要也更宝贵的,是人类与生俱来的一种本能——探索精神。原始先民们走向海洋之初,由于生产力极其低下,航海工具也是极其简陋的,正是凭借着简易的原始航行工具,中华先民开始了向海洋深处的不断探索。

(一)先秦时期水上交通事业的初步形成

考古发现表明,原始社会晚期,以渔猎为生的中华沿海先民已开展了近岸航行和跨岛航行,但由于航海工具制作水平的低下,其成功率也很低。从夏启废除"禅让"制开始,中国社会进入国家时代。夏商周三代,生产力较史前有了长足的进步,各种性质的水上交通也开始发展起来。夏时,臣服于王朝的夷族由于久居海滨,擅长航海活动。帝芒时,曾"东狩于海,获大鱼"②,可见当时已经可以组织较大规模的出海

①2002 年 11 月,考古人员在浙江萧山跨湖桥遗址发掘出独木舟及相关遗迹,经碳 14 测定,其年代达 8000 年左右。

②王国维,罗继祖:《今本竹书纪年疏证》卷上,帝芒,民国刻本,1940 年,第 9 页。

捕鱼活动。原属东夷的殷人，本居住在现东北西南部和河北省东北部，为扩大生存空间，越渤海南下，到达山东半岛，再进入豫、陕，说明殷人已有能力进行横渡海峡的航行。甚至，夏代可能还开始了海外经略和航行。《诗经·商颂》载，"相土烈烈，海外有截"。相土为商汤的十一代祖，据专家推测，其统治区域可能跨山东半岛、辽东半岛和朝鲜半岛，靠海上航线进行有效治理。

商朝建立后，统治者将航运作为立国大计之一，甲骨文中有关涉渡之辞颇多，如"王其涉河"①"涉羌于河"②"涉师"③等等，不胜枚举，由此可知涉渡之人甚众。涉渡多用舟楫，卜辞中舟楫之用亦为习见，如"寻舟"④"出舟"⑤"乍王舟"⑥"省舟"⑦"析舟"⑧等，不一而足。其中"省舟"，专家释义为"省察用舟"，或为船舶检验最早的文字记载。商代水运利用广泛，包括征伐、迁徙、贸易等。据甲骨卜辞，末代商王帝辛（纣王）为征讨人方叛乱，两度渡淮水至山东沿海，并循海南行。军队渡河航海，规模之大自不待言。商前期曾屡次迁都，舟船作为主要交通工具发挥了重要的作用，盘庚迁殷时就动用了大量舟船。在海外贸易方面，殷墟出土大量产于南海、东海和南洋一带的鲸鱼、贝类、大龟等海洋生物遗体，或许说明沿海居民已经与海外地区进行贸易。

西周时期，水上交通随着生产力的提高而进一步发展。据《诗经》《尔雅》等古籍记载，舟船和水上交通已经渗透到统治者生活的各个方面。特别是居住在东部海滨的夷族都擅长航海，东南沿海的吴人和越人更是形成了"断发文身"的习俗，"水行而山处，以船为车，以楫为马，往若飘风，去则难从"⑨。另据《周书》记载，"周成王时，于越献舟"，由此推断，其时东海至黄海沿岸部分航路已经开辟。据后世文献记载，周成王时，海外的"越裳氏"和"倭人"都曾来贡，若所载属实，至成王时与南方的"越裳"和东方的"倭国"之间的海上交通或已开展。

春秋战国时期，诸侯割据，攻伐不绝，并且从陆地延伸到海上，出现了齐、吴、越等几个"依海做强"的航海大国，海上争霸成为该时期航海活动的主要特征之一。同时，为军事和政治航海服务的水运贸易也有所发展，楚怀王赐给鄂地封君启的通关符节——鄂君启金节，其"舟节"对水运贸易进行了若干规定，反映了楚国对水上航运业的有效管理。在海外探索方面，齐威王、齐宣王、燕昭王等国君多次派船队出海探寻"三神山"，或已探明经由朝鲜半岛的渡日航路。越国甚至凭借强大的航海能力，开拓了海外属地，勾践"徙治山北，引属东海，内、外越别封削焉"⑩。在南海贸易上，越人也有所作为，番禺（今广州）已成为"珠玑、犀、玳瑁、果布之凑"⑪的商业中心。

至战国末期，水上交通事业已经初步形成，必然要求包括船舶检验在内的保障性工作协同发展，虽然不可能形成连续性和制度化，但对于初兴的水上交通事业来说，依然不可或缺。

（二）秦汉时期漕运的肇端与远洋航路的开辟

嬴政扫灭六国，我国第一个统一的中央集权王朝秦朝建立。秦帝国疆域辽阔，为保障军事和经济的需要，漕运作为我国古代一种重要的运输方式和经济制度，自此开端。秦代的漕粮大都来自巴蜀和关中

①《甲骨文合集》第3册，中国社会科学院历史研究所，1979年，第5225号。

②《甲骨文合集》第1册，中国社会科学院历史研究所，1982年，第536号。

③《甲骨文合集》第3册，中国社会科学院历史研究所，1979年，第5812号。

④《甲骨文合集》第8册，中国社会科学院历史研究所，1981年，第24609号。

⑤《小屯南地甲骨》，中华书局，1983年，第4547号。

⑥《甲骨文合集》第5册，中国社会科学院历史研究所，1979年，第13758号。

⑦许进雄：《怀特氏等藏甲骨文集》，加拿大皇家安大略博物馆，1979年，第1456号。

⑧《甲骨文合集》第11册，中国社会科学院历史研究所，1982年，第32834号。

⑨《吴越春秋·勾践伐吴外传》。

⑩《越绝书·越绝外传记地传》。

⑪《史记·货殖列传》。

地区,采取水运和陆运相结合的方式,称为"飞刍挽粟"。公元前 214 年,为开拓岭南,秦始皇命史禄自零陵(今湖南零陵)凿渠至桂林(今广西桂林),史称"灵渠"。灵渠的凿成沟通了珠江水系和长江水系,方便了中原与岭南地区的交通运输,对有效管辖南方地区以及开发南海航运与贸易也起到了重大作用。秦始皇在位的 12 年间,为宣扬功德和显示武力,先后 5 次江海巡游,视察了芝罘、琅琊等北方重要港口,表现出发展航海事业的强烈愿望。著名的徐福东渡就发生在始皇巡察北方沿海期间,不仅成为中日航海交通史上的标志性事件,也是我国古代航海史上的壮举,至少显示在秦代,中国已经具备了远洋航行的能力。

西汉代秦后,随着国力的日益强盛,航海事业得以全面迅速地发展。汉武帝扫清海道,打通了我国东部沿海从南至北的全部航路,横渡渤海海峡的航行十分频繁;而从长江口北上的沿黄海航路也畅通无阻,并且与淮河、黄河等构成联运航线,往京城运输木材、粮食等重要物资;同时,东南沿海航运也十分活跃,"交趾七郡,贡献转运,皆从东冶(今福州)泛海而至"①,直至东汉末年,这条海路依旧畅达。汉武帝肃清海道,还为开辟远洋航线创造了条件。为扩大汉王朝与海外各国的贸易和交通联系,汉武帝统一南越后,中国历史记载的第一条印度洋远洋航线诞生。这条航线以徐闻(今广东徐闻)、合浦(今广西合浦)或日南(今越南广治省)为出发点,到达印度沿海和斯里兰卡,因货物以"杂缯"(各种丝绸织物)为主,并与陆路丝绸之路相对应,故学者称之为"海上丝绸之路"②。东汉时期,这条"海上丝路"又有所发展,延熹九年(166 年),"大秦王安敦遣使至日南徼外,献象牙、犀牛、瑇瑁,始乃一通焉"③。这被认为是大秦④与中国建立海上交通联系的开端。三国时期成书的《魏略·西戎传》记载,"大秦道既从海北陆通,又循海而南,与交趾七郡外夷比,又有水道通益州永昌,故永昌出异物。"⑤据考,这段文字指出了大秦通中国的两条主要海道,其一"由地中海东部的大秦,经非、亚两洲间的古运河,又循红海而南,转向东方以通交趾七郡";其二"以今缅甸南部的海口为海行终点,再经伊洛瓦底江等河谷北上,以达我国西南部"。⑥ 汉代开辟的"海上丝绸之路"为后世所继承,并不断发展,成为东西方海上交通的大动脉,增进了中国与东南亚、印度洋沿岸以及红海、地中海广大地区的经济、文化交流,具有重大的历史作用和深远的历史影响。

两汉时期,中日海上交通已然成熟。据日本史籍称,"秦汉百济内附之民,各以万计"⑦。而我国官方史籍也开始了对日本列岛的正式记载。

秦汉时期水上交通事业的发展,特别是远洋航业的开辟,对航行安全提出更高的要求,而为保障航行安全而进行的船舶检验的重要性就不言而喻了。

(三)三国、两晋、南北朝时期海外交通的拓展

三国时期,东临大海的曹魏和孙吴政权,充分利其地理优势,开展近海和远洋的军事和外交航海。

蜀章武二年(222 年)夷陵之战后,吴蜀重修旧好,孙权即把目光瞄向了曹魏的后方——辽东公孙渊

---

①《后汉书·郑弘传》。

②德国地理学家李希霍芬于 1877 年提出"丝绸之路"的概念,而"海上丝绸之路"则由法国汉学家沙畹(Edouard Chavannes,1865—1918)于 1913 年在其著作《西突厥史料》中首次提出:"丝路有陆海两道,北道出康居,南道为通印度诸港之海道。"1973 年,日本学者三杉隆敏在《探索海上的丝绸之路》一文中正式使用该名词。1974 年,中国香港学者饶宗颐在《蜀布与 Cinapatta——论早期中、印、缅之交通》一文最后《附论:海道之丝路与昆仑舶》,专门讨论了以广州为转口中心的海道丝路。中国大陆学者最早研究"海上丝绸之路"的,为 20 世纪 80 年代以后的北大教授陈炎,他先后出版了《陆上和海上丝绸之路》(1989 年)和《海上丝绸之路与中外文化交流》(1996 年)两部专著。自此,"海上丝绸之路"一词逐渐为中国学者所使用。

③《后汉书·西域传》。

④指当时的罗马。

⑤《三国志·魏志·东夷传》引裴松之注。

⑥章巽:《丝绸之路的西端——三世纪前我国对地中海东部地理情况的认识》,《世界地理集刊》,1981 年第 1 集。

⑦《古语拾遗》。

政权，大规模的官方航海随即展开。东吴嘉禾元年（232 年）春三月，孙权“遣将军周贺、校尉裴潜乘海之辽东”①，船队浮舟百艘循海北上，至辽东半岛南端的沓津（今辽宁大连）登陆，受到公孙渊的隆重接待。当年十月，公孙渊遣使东吴。次年春三月，孙权又趁送辽东使臣回国之便，派万人船队前往辽东，企图威逼利诱，使辽东完全臣服。不料，公孙渊迫于曹魏压力，又觉得东吴“弱不足凭证”，因此对登陆后的东吴船队突然发动袭击。幸免于难的使臣逃到高句丽，竟然说动高句丽王来东吴称臣。经此，东吴意外地建立了与高句丽的航海交往关系。后公孙渊为曹魏所破。虽然孙权与曹魏争夺辽东失败，但其与高句丽建立的海上交往具有重要的意义，它开辟了从长江口抵辽东往朝鲜的航路，显示了其在北方海区的航海能力。

在东南沿海，吴国更是以“舟楫为舆马”②，造就了一时航海之盛。黄龙二年（230 年），孙权遣将军卫温、诸葛直浮海求夷洲及亶洲。夷洲即台湾岛。东吴船队横渡台湾海峡到达夷洲，这是正史上第一次关于台湾海峡两岸通航的明确记载。赤乌五年（239 年）七月，孙权又遣将军聂友、校尉陆凯讨珠崖、儋耳，以图加强对海南岛的经略。最值得称道的是，孙权还派遣朱应、康泰远航南洋。据专家考证，朱应、康泰约在黄武五年（226 年）与黄龙三年（231 年）间出航，南洋之行历时一二十年，航迹相当广泛，回国后，二人将航行经历与异域见闻分别撰成《扶南异物志》与《吴时外国传》，可惜两本文献散佚已久，仅在《水经注》《通典》等文献中存有一鳞半爪，然据此亦可窥见当时东吴与南洋航海贸易之兴盛。

与吴国相比，地处中原的曹魏虽然在航海能力上稍逊一筹，但其与日本列岛的航海交往开展得有声有色。魏景初二年（238 年）六月，倭女王卑弥呼遣大夫难生米等来献“生口”“班布”，魏明帝诏封卑弥呼为“亲魏倭王”，并赐给印绶、金、珠、刀、铜镜以及各色丝绸织品。两年后，魏帝遣使“奉诏书印绶诣倭国，拜假倭王，并赍诏赐金、帛、锦罽、刀、镜、彩物。倭王因使上表答谢恩诏”。从 238—247 年的 10 年间，魏国与倭国之间共有 6 次使节往来，可见当时中日航路已经很成熟了。

两晋以降，尤其是南北朝时期，统治者因为经济、政治以及宗教等需要，对海外交通采取了较为积极的态度，与朝鲜半岛、日本列岛以及南洋诸国的航海交往日益频繁，并比前代有所进展。在此阶段，朝鲜半岛处于三国时期，高句丽、百济和新罗为了各自利益，都想借重于中国，遂主动开展航海外交。东晋末年，高句丽王高琏遣使奉表称藩，获得东晋皇帝加封，延至宋、齐、梁，海上往来不绝；百济也于东晋末年入贡，并累受东晋、宋、梁册封；新罗亦于梁时遣使与中国通好。其时，日本列岛上的大和国为了政治需要，也通过航海与南朝结交。从刘宋永初二年（421 年）到齐建元元年（479 年），倭王 8 次遣使通贡，其政治要求基本得到满足。南朝与朝鲜半岛及日本列岛的往返，促进了新航路的开辟，从建康（今江苏南京）出长江口，循东海、黄海北上至山东半岛，再分赴朝鲜、日本各地，形成多条航路，便利了东北亚地区的海上交通联系。

而南朝各政权与海南诸国的交往更具重要意义。刘宋立国后，林邑（今越南中部）、扶南（今柬埔寨）、呵罗单（位于爪哇岛）、师子国（今斯里兰卡）、天竺迦毗黎国等纷纷遣使贡献，进行通好与贸易活动。中国帆船航迹遍布北印度洋，开辟了由广州直达阿拉伯海和波斯湾的远洋航线。齐、梁政权继续与海南诸国保持着密切的航海交往，海外贸易的发展，使广州成为中国最大的贸易中心和港口，从广州起航直达南海与印度洋各国的商船络绎不绝。此外，南朝时期，中外宗教人士的海上往来，也成为一时之盛。陈朝时期，虽然与海南诸国的航海交往有所衰减，但仍未断绝。

（四）隋唐五代时期的漕运与海外贸易的繁荣

隋唐五代，特别是盛唐时期，由于经济富庶，政治安定，科技发达，为亚非各国向往之中心，以互通贸

①《三国志·吴书·孙权传》。

②《太平御览》卷七六八，舟部一，舟，引《吴志》。

易和文化传播为目的的海外交往日益活跃,开创了中国航海事业的新时代。

581年,杨坚建立隋朝;589年,隋灭陈,全国重归统一。炀帝即位后,为加强对全国各地的控制,开凿了举世闻名的大运河。大运河南起余杭(今浙江杭州),北至涿郡(今北京西南),西至长安(今陕西西安),把江、淮、黄、海四大水系联成一个巨大的内河交通运输网,成为后世王朝漕粮运输的主要通道,在相当长的历史时期内,维系着国家经济命脉。

大运河凿成后,穷兵黩武的隋炀帝大搞政治、军事航海,发动了3次对高丽的战争,均告失败。在东征高丽之前,隋炀帝至少3次派船队航达流求(今台湾)。隋代与日本的航海交往则更多体现的是和平外交,从600—614年,隋朝和日本五度遣使互访,中日之间进入了一个睦邻友好的航海交往时期。在远洋航海方面,隋朝也有所成就,炀帝派遣船队出使南洋,加强了和南洋各国的交往。大业三年(607年),炀帝派常骏出使赤土国,受到赤土国王的隆重欢迎。隋代出使南洋的航海活动,为唐代海上丝绸之路的繁荣拉开了序幕。

唐代全面继承并发展了隋朝的航海事业。大运河已经成为国家经济的大动脉,江南漕粮及物资由扬州启运,经通济渠、永济渠,到今天天津西南的独流口折向西北,再通过永定河故道抵达涿郡(今北京)。此外,唐代的海漕航线也十分重要,这条航线起于江浙,沿海北上,绕过山东半岛西行,经渤海的莱州湾和渤海湾,循沧州沿岸入今海河,至军粮城卸漕仓储,以待转运。唐代海漕规模相当可观,所用水手数量甚至超过河漕,就其运力而言,已与后世元代海漕相当。为保障海漕顺利进行,唐政府采取措施严格管理,统筹运量,量船限航,颁布了包括船检在内的一系列规定。

唐朝与东北亚各地保持着密切的航海交往,黄渤海水域帆樯交织,一派繁忙景象。唐王朝平定高丽、百济,与新罗一直保持着政治、经济和文化的友好交往,新罗大海商张保皋成为唐、日、新罗间贸易的传奇人物。唐朝和日本的友好往来,集中体现在遣唐使的派遣。在文化交流的基础上,唐、日贸易也有所发展,至唐末,民间商船已经取代官船,成为中日航线上的主角,高超的造船技术和严格的检验制度,成为中国商船在中日航线上安全航行的必要保障。

唐代远洋航业全面兴盛,据贾耽归纳的"广州通夷海道",唐代中国与西亚、东非以及南洋地区的远洋航路基本可分为三段:第一段由中国广州出发,循中南半岛东岸下行,过暹罗湾,缘马来半岛东岸,至苏门答腊岛东南部,再至爪哇岛;第二段由新加坡西北行,经马六甲海峡,取尼科巴群岛,横渡孟加拉湾至印度半岛南端,再沿半岛西岸东北行,经霍尔木兹海峡达波斯湾,溯底格里斯河至巴格达;第三段由波斯湾复出霍尔木兹海峡,沿阿拉伯半岛南岸西航至红海口,越曼德海峡,南下至东非海岸。这条"通夷海道"将东亚、东南亚、南亚、波斯湾和东非等地区联结起来,无论航程之长还是航区之广,均比汉代"海上丝绸之路"大为拓展,在中外航海史上占有重要地位。唐代"海上丝绸之路"的贸易通道性质更加突出,对其后的宋元远洋航海产生了深刻的影响。

五代时期,北方战乱不休,无暇南顾,这让东南沿海一些政权得到了一个相对安定的发展航海事业的黄金时期。北方移民的不断涌入,和当地传统航海族群一起,促进了闽南地区海贸习俗的形成,为宋元航海事业高峰的到来奠定了基础。同时,包括船检在内的一系列工作,也随着航海事业的发展而稳步向前推进。

二、造船业的发展与造船技术的进步

航海事业的繁荣离不开造船业的发展,中国古代的造船技术长时期处于世界领先地位,发明了具有中国船舶特色的橹、碇、帆、舵等构件,以及船模放样、按图施工、榫接钉连、水密捻缝、防摇浮板、滑坡下水、船坞造船等先进工艺。这些先进而复杂的工艺和技术,正需要与之相称的严格的船舶检验提供保障。

(一)先秦时期造船技术的积累

原始先民利用木或竹制造桴筏,开始了人类的水上航行时代。但桴筏毕竟是一种原始的水上运载工具,除了操纵性能和航行速度受到很大限制外,简单捆扎的制作工艺也很难保障航行安全,这对于进一步提高航行能力是很不利的。为了获得更为理想的适航性、操纵性和安全性,原始先民“变乘桴以造舟楫”①。

原始先民通过对自然的长期观察,渐渐明白了卷翘的落叶和中空的“窾木”更容易浮起来的道理,于是开始了作舟的尝试。航海文明史上最早出现的独木舟,具备了船只应有的最基本的特征——干舷,从而使航海者完全避免了水浸之苦。对于远古人类来说,独木舟的制作工艺相当复杂,劳力费时,所谓“刳木为舟”,应该是这样的:将大树伐倒,剪除枝叶留取主干,用石斧、石刀等原始工具在树干上开凿出一条长槽,再一点点凿削使其中空。由于树木坚硬,直接用石器凿削很难完成,制作者便将需要保留的部分涂上湿泥巴,把需要挖去的部位用火烧焦,使凿挖变得容易些。如此循环烧挖,即所谓“刳”,一艘独木舟就这样制成了。

随着航行区域不断扩大,桴筏和独木舟的缺点逐渐被人们发现,于是对其进行改造,将独木舟和桴筏分别改造为不同船底样式的木板船。为了增强独木舟的稳定性,增大装载空间,人们在其四周加装木板,原本作为主体的独木舟实际上就成了船底板或龙骨。于是,费时费力的刳空工艺便被取而代之,一根原木树干即可取代独木舟,成为木板船的底部结构,一艘尖底或圆底木板船就这样诞生了。桴筏演进为平底木板船的过程大致与此相类似,为了改善其透水性,先在桴筏上平铺木板,然后在其四周竖装木板,其底部木排的形状,决定其最终演变为平底木板船。

殷墟甲骨文已经有“舟”的象形文字,从其字形分析,商代的船已经演进为木板船了。这种木板船左右对称,平底、方头、方尾,首尾略上翘,前后两端有甲板,并且有了横梁或横隔板结构。可以看出,商代的木板船已经有了很成熟的形制,并作为一种固定样式推广使用。

春秋战国时期,造船水平获得了极大的提高,表现在以下几点:一是造船规模扩大,数量激增;二是船舶类型各异,用途不一;三是载重量增加,船体趋于大型化;四是工艺先进,结构坚固。1978 年在河北平山县中山国一号墓附近发现 5 艘战国时期木船,采用铁箍拼接船板,并用铅皮、麻布、油灰等填塞缝隙,工艺十分先进。这一时期,地处长江中下游的吴国和东南沿海的越国设置了专门的造船工场——船宫,越国称造船工匠为“木客”,自此出现了专门从事船舶制造的人员。据《太平御览》记载,春秋时期吴国的战船有“三翼”,其“大翼一艘广一丈六尺,长十二丈”,可“容战士二十六人,棹五十人,舳舻三人,操长钩矛斧者四,吏、仆、射、长各一人,凡九十一人”。吴国还有一种战船名曰“艅艎”,作为旗舰专供吴王乘坐,体势更加硕大。在船体增大的同时,二层或超过二层的重甲板船也出现了。

(二)秦汉时期航海工具的成熟

秦汉时期,由于航海事业大发展的需要,造船业空前兴盛,出现了很多造船中心,技术水平也明显提高。特别是汉代制造的船舶体势高大,《汉书》上说:“治楼船,高十余丈,旗帜加其上,甚壮。”②而且汉船结构先进,较大的船舶已经使用横隔舱技术,以增加船体的抗风浪强度。这对于远洋航行,在船体结构强度上提供了保证。

汉代船舶的操纵与推进设备日臻齐备,标志着航海工具已然成熟。

---

①《太平御览》卷七六九,舟部二,叙舟中。

②《汉书·食货志》。

桨是最原始最古老的船舶推进设备,随着船舶形制的发展变化,桨的形态也不断随之改进。最早的桨为短桨,即“楫”。由于短桨入水较浅,难以产生足够的推进力,人们就不断地将之加长加宽,短桨变为长桨,而划桨的姿势也由坐姿变成站姿。由于长桨较短桨重,提在手里不方便,于是又在船舷设置了桨柄孔或支架作为支撑点,这样长桨就具备了杠杆的性质,划动时更加省力且高效。由于长桨可以推进大型船只,在秦汉时期应用十分普遍,从出土的西汉船模可以看得很清楚。在出土的江陵西汉船模的墓葬中,还发现了一些竹简,其中一片上有“大舟皆□二十三桨”的字句。

橹是汉代船舶推进工具中的一项重大发明,比桨具有更高的效率,因为橹可以连续性工作,避免了桨出水一次所做的虚功。东汉刘熙在《释名》中说:“在旁曰橹。橹,膂也。用膂力然后舟行。”从文献记载看,“摇橹”的操船技术首见于西汉扬雄的《方言》一书,可以推断其在秦汉以前就已出现,至汉代已经成为一种成熟且普遍运用的驾船术。

中国最古老的风帆始于殷商时期,经过春秋战国时期的发展演进,到秦汉时期已经十分成熟了。可以想见,秦皇汉武的海上巡游、徐福东渡以及海上丝绸之路的开辟,如果不是利用风帆获取巨大的自然界动力,是不可能完成的。文献方面,成书于汉元初二年(115年)的《广成颂》及稍后的《说文解字》已经有了关于“帆”的明确记载,《释名》对“帆”做了定义:“帆,泛也。随风张幔曰帆,使舟疾,泛泛然也。”有学者明确指出:“最晚从汉代起,在中国就有相当成熟的驶帆技术,从而使中国的帆船能够跨越海洋,领先于全世界。”①

舵是控制和操纵航向的属具。在小船阶段,划桨手可以同时较为轻易地控制航向,但发展到多桨的大船阶段,众多桨手兼顾控制方向难以协调完成,促使船舶推进和掌握航向进行分工,出现了位于船尾专事操纵航向的桨手。操纵桨不断演化,增加桨叶的面积便于控制航向,逐渐产生了船尾舵。从古代文献考查,《释名》中对舵的位置和作用做了明确说明:“其尾曰柂。柂,拖也,在后见拖曳也。且言弼正船使顺流不使他戾也。”

此外,秦汉时期,一种更为有效的木石锚取代原始的“碇”,大大提高了大型船舶抛泊时的稳定性。

(三)三国、两晋、南北朝时期造船业的兴旺

三国时期,出于军事、政治乃至经济的需要,临海的曹魏和孙吴都对造船业的发展极为重视。在曹魏统治的山东半岛和渤海沿岸,设有多处海船建造基地,而东吴的造船业则更为兴盛,造船基地遍布东南沿海。这些造船基地在严格的监督管理下,生产能力惊人,为吴国装备了一支强大的水师。各类战船各得其用:有攻守兼备的大型主力战舰“蒙冲”“斗舰”,有以快取胜的“走舸”“赤马”,有波涛如平地、以稳见长的“舫船”,还有冲锋船“先登”和侦察船“斥候”等等,大者体势庞硕,望之如山,小者结构奇巧,制作精良。至于孙权乘坐的“飞云”“盖海”等御船,有数层甲板,十分雄伟,装饰华丽,如水上宫殿。值得一提的是,东吴的民间造船业也有很大发展,民船种类亦很丰富。

西晋代魏,造船能力也维持了很高水准。灭蜀后,大将王浚在蜀中制造“大船连舫”,以为灭吴之主力战舰,体势庞大,方百二十步,能容二千人。其他战船还有《晋令》中提到的飞云、苍隼、金舡、飞鸟等。东晋的造船业比西晋更为发达,孙恩、卢循起义时,“作八槽舰九枚,起四层,高十余丈”②,这表明民间造船已经达到很高的水平和规模,而官方造船能力自然可想而知。

南北朝时期,为与南方王朝抗衡,北朝各政权也保持了相当的造船能力。430年,北魏太武帝拓跋焘

①席龙飞:《中国造船史》,湖北教育出版社,2000年,第90页。

②《太平御览》卷七七〇,舟三。

“乃诏冀定相三州，造船三千艘”①。货物转输，也多赖造船。这一时期，南朝各代的造船业十分发达，沿江临海处遍布造船工场，仅“荆州作部”短期内便可造战船千艘。民间造船也很兴盛，以致引起后来隋文帝杨坚的担忧，“吴越之人，往承敝俗，所在之处私造大船，因相聚结，致有侵害”②。南朝船舶大者可达二万斛，而且南朝所造舰船航速也极快。

（四）隋唐时期造船行业的发达与造船技术的突破

隋唐五代时期，在各种航海活动空前发展的背景下，造船行业十分发达，航海工具工艺先进，居于世界领先水平。

隋统一全国后，为征讨江南，隋文帝杨坚令行军元帅杨素于永安大造战舰。到了炀帝执政时期，为满足巡游江南和东征高丽的需要，更于濒海沿江处大肆造船。大业元年（605 年），隋炀帝“遣黄侍郎王弘、上仪同于士澄往江南采木，造龙舟、凤艒、黄龙、赤舰、楼船等数万艘”③。大业七年（611 年），隋炀帝又派人于东莱海口，昼夜催督赶造海船三百艘，以为征高丽之用。隋代造船体势之雄伟，足为当世之冠。杨素所造“五牙”大舰，“上起楼五层，高百余尺”；而隋炀帝游幸江南所乘龙舟也有四重，“高四十五尺，长二百尺”④。为增加龙舟的稳性，在舱底密排压铁以降低重心。

唐代的造船业更盛，造船基地遍布全国。设知官监督造船，对质量和工期进行有效管理，因此唐代造船工场生产效率大为提高。唐太宗伐高丽时，发杭州、绍兴、临海、金华、丽水等江南 12 州工匠，一次性制造大型海船数百艘。刘晏担任江南盐铁转运使时，在扬子一地就设置了 10 个造船工场。舟船成为维系庞大帝国的主要交通工具，“且如天下诸津，舟航所聚，旁通巴、汉，前指闽、越，七泽十薮，三江五湖，控引河、洛，兼包淮、海，弘舸巨舰，千轴万艘，交贸往还，昧旦永日”⑤。

唐代的造船技术比前代大有突破，居于世界领先地位。当时以及后来很长一段时期，航行于印度洋至中国南海航线的外国船，主要是缝合式木船，不用钉鏶，以橄榄糖灌塞船板缝隙，船体强度较差；而唐船已普遍采用“榫合钉接”技术，大大增强了船体的抗风浪能力。1960 年江苏扬州施桥镇出土的唐代木船，所用铁钉长达 17 厘米，钉帽直径就有 2 厘米。1973 年江苏如皋出土的唐代木船，亦采用钉榫工艺。钉榫技术又推动了水密隔舱技术的发展，从而进一步增强了海船的横向强度和抗风浪能力。由于船体结构更为坚固，便可相应多设帆、桅，从而更适于远航。为了克服横漂，增加稳性，唐代一种叫“海鹘”的海船，在船舷左右各置一块“浮板”，这在当时亦属先进技术。由于唐船体势高大，航行安全性高，航迹遍及东南亚及印度洋海域。

唐代对造船业另一个很大的贡献是，我国古代几种主要船型如沙船、广船、福船等均已成形，按照适航水域和用途，结构上各有不同。

三、水运管理及船舶检验实践

水上交通的发展必以安全航行为前提。为保障航运安全，古代管理者进行了一系列的尝试，并且形成了法规和制度。船舶检验活动即是在此基础上发展起来的，因此，早期的船舶检验与水运管理不可分割。

---

①《魏书·世祖纪上》。

②《隋书·高祖纪下》。

③《隋书·炀帝纪》。

④《资治通鉴·隋纪四》。

⑤《旧唐书·崔融传》。

(一)商、周时期的船舶检验萌芽

原始社会以及阶级社会早期,舟楫对于生产、生活的作用还相当有限,但从考古发现以及载运工具最初的发展过程来看,人们早就将安全性作为舟楫最重要的指标之一。到了商代,随着社会的进步和生产力水平的提高,水运得以充分利用,成为立国之大计,征伐、迁徙、贸易等均赖舟楫以行。甲骨文卜辞中关于渡河、用舟之辞不胜枚举,而最早关于船舶检验的文字记载或见于此,《怀特氏等藏甲骨文集》1456 号有“省舟”二字,专家释义为“省察用舟”,即船舶检验。舟楫作为如此重要的交通工具,对其进行质量检验以保障航运安全,无疑殊为必要,这是在航运行舟实践中自然萌发的实际需求。

西周立国之初,生产力不断提高,经济得到发展,水上交通的作用日益凸显,船舶制造逐步行业化。为保障水运动脉的正常、安全运转,势必要加强航运管理和舟船检验。周武王设立了管理全国舟楫的职官“舟牧”,每当出行,先“命舟牧覆舟,五覆五反,乃告舟备,具于天子焉,天子始乘舟”①。东汉经学家郑玄注曰:“舟官覆反舟者,备倾漏也。”②可见,“五覆五反”,就是多次检验之意,很明显即是对舟船的适航性能以及船体情况进行反复检查。西周有着严格的舟楫使用等级,周武王的“五覆五反”制度,很大程度上只是保障贵族集团的行舟安全,但即便如此,在中国古代船检史上也具有重要意义,因为这代表着统治阶级对航运安全及船舶检验的重视。然而,对于船舶检验重要性的更深刻认识,还是从经验教训中来获得的。《史记正义》引《帝王世纪》载“昭王德衰,南征,济于汉,船人恶之,以胶舟进王,王御船至中流,胶液船解,王及祭公俱没于水中而崩”③。这段引文说的是昭王曾率一万五千余众渡汉水伐楚,当地人以鱼胶简单粘合木板而成的舟船进献,渡河到中流时,河水泡开鱼胶,船瞬间解体,昭王与许多随军贵族以及士兵溺亡水中。这样的重大事故,势必使统治阶级对航运安全及舟船检验更加重视。

应该指出的是,西周虽设有“舟牧”,但并非专管船舶检验,更无专属衙门。船舶检验存在于航运和造船管理之中,发展十分缓慢。

(二)“鄂君启节”与春秋战国的水运管理

春秋战国时期,诸侯争霸,为提升国力和发展经济,齐、楚、吴、越等濒海临江的诸侯国都很重视航运的作用。舟船不仅是这些诸侯国武力争霸的基本军事装备,也是必不可少的交通和生产工具,甚至在一定程度上掌握着经济命脉。因此,舟船检验以及包括征税在内的水运管理,无疑十分重要。从 1957 年出土于安徽省寿县的“鄂君启节”,可以一窥战国时期楚国的水运管理以及船舶检验。

该符节由青铜制成,形似剖开的竹节,是公元前 323 年楚怀王发给鄂地封君(今湖北鄂城)启的水陆通行凭证,共分为 4 件,其中车节 3 件,舟节 1 件,每件均有错金篆书铭文,分别记述水陆两路由鄂至楚郢都所经过的城邑。其铭文反映了楚国严格的关卡税制,对车船数量、行程期限、所经城邑、运载物类等方面都有详细规定。

舟节有铭文 165 字,规定使用船只的限额是 150 艘,以 3 艘为一组,编队而行,自鄂出发,一年往返一次。航区涉及今汉水、长江、湘江、资水、沅水、澧水等。凭此节通过各处关卡可以免税,否则必须征税,但如载运马、牛、羊入关,则不可以完全免税。

“鄂君启节”的“舟节”作为水路通关免税凭证,反映了水运在国民经济中的重要作用,也在一定程度上反映了楚国的水运管理水平。铭文中对船队规模以及船只编队的要求,包含了保障航运安全的意图。

---

①《礼记·月令》。

②《太平御览》卷七百六十八,舟部一。

③《史记·周本纪》。

（三）汉代船舶监造与量船“算缗”

西汉时期，航业空前发达，不仅内河运输十分繁忙，还开辟了联通印度洋的远洋航路。为加强航政管理，西汉在太常、少尉、司农等衙门中设有“都水官”一职，以及左右“都水使者”各1名，管理全国河渠、水运政令；地方设“都水长”“都水丞”，管理地方水运及河渠。东汉设“都水使者”管理水利和航政，后改为“河堤谒者”，地方设“都水参军”。

汉代设于长江和沿海的官营造船工场主要建造楼船。为保障工期及工艺质量，汉中央政府专设“楼船官”进行管理。汉武帝时又设水衡都尉，其下属辑濯令主管造船。为保障造船的原料供应，汉政府在蜀地设置掌管木材的“木官”征催物料；在蜀、广汉、河南、河内等郡设置“工官”10处，其中长江流域3处，主工税物，以供造船之需。三国时期，吴国专门建造海船的工场称为“船屯”，设置了管理造船的官员“典船校尉”，其职责之一便是对造船工艺质量的过程控制，即船舶制造检验。

“量船算缗”是汉代船舶检验的一项标志性事件。汉武帝即位以后，由于频繁的拓边战争以及各项工程建设，国库逐渐枯竭，汉初“休养生息”积累的财富消耗殆尽，政府濒于破产。为了解决这一危机，巩固王朝统治，元狩四年（前119年），汉武帝采纳御史大夫张汤和侍中桑弘羊的建议，颁布了向商人征税的“算缗告缗令”。根据这项法令，车、船都需要按照一定的标准缴税，叫做“算缗”，其中规定“船五丈以上一算”①，为我国最早的有明文记载的量船征税办法。如有隐瞒不报或呈报不实，没收财产，其一半归告发者，叫做“告缗”。汉武帝的“算缗告缗令”在杨可等官吏的主持下，收到了既定效果，政府获得的财物以亿计以及大量的奴婢和田产。其对于船税的征收，以船体大小为标准，这种方法在现代船舶检验中仍然适用。

（四）唐代水运管理、船舶监造与检验

1.水运管理设官与安全行船规定

唐代的水运职官由前代沿袭而来。三国时，魏设监运谏议大夫，并设专官管理漕运。东晋设大司农统管漕运、河渠，下设都水台，又设监运中大夫和督运御史巡视各地漕运。南朝宋、齐两代设都水使者管理河渠和漕运。梁设大舟卿，主管舟船建造和航运。隋朝工部下设屯田、虞部、水部侍郎等官，改都水台为都水监，设都水使者及丞、都水参军、河堤谒者、都水尉等；大业三年（607年）设舟楫、河渠2署，隶都水监，舟楫署设令、丞各1人，又设少监以助都水监，掌管公私漕运及船舶安全。唐初沿用隋制设都水监，武德初年改都水监为都水署，贞观六年（632年）复改为都水监，其主管官称都水使者；龙朔二年（662年）改都水监为司津监，主管官称都尉；开元时废舟楫署，由朝廷派水陆发运使、诸道转运使，并在各重要渡口及水运要冲设地方管理机构及诸津令等；开元二十六年（738年）裴耀卿任江淮河南都转运使，从此漕运设官专管，都水监不再参理水运。这些机构和职官都担负着部分船舶检验职能。

为保障航运业的持续发展，全面推行以安全为主题的水运管理，除了设置机构和官吏进行管理以外，还根据航运实践中遇到的实际问题，制定相应的法规条文加以解决。《唐律疏议》关于行船的各种规定，集中体现了唐代安全航行以及船舶检验的理念。

对于船舶检查和行船宿泊，《唐律疏议》之《杂律》规定：“诸船人行船，茹船、写漏、安标宿止不如法者，若船栰应回避而不回避者，笞五十；以故损失官私财物者，坐赃论，减五等”。“茹船”即茹塞船缝；“写漏”即泻除漏水；“安标宿止”即宿泊须在规定地点，并按规定设置标志。如果因船缝漏水，或违规宿泊而造成事故的，要受到“笞五十”“坐赃论”等严厉处罚。“茹船”“写漏”“安标宿止”的规定是船舶检验的核

①《史记·平准书》。

心内容。

此条法令中还规定了船舶避让规则:“若船栰应回避者,或沿溯相逢,或在洲屿险处,不相回避,覆溺者多,须准行船之法,各相回避;若湍碛之处,即溯上者避沿流之类,违者各笞五十。”即在急流和险要地段行船要相互避让,溯流船要避让顺流船,违者要受杖笞五十的惩处。这个规定应当是我国最早见于文字记载的内河航行避碰规则。

唐代对内河行船航速也作出规定,除了保证在期限内抵达外,也是出于安全考虑,“水行之程,舟之重者,溯河日三十里,江四十里,余水四十五里;空舟溯河四十里,江五十里,余水六十里;顺流之舟则轻重同制,即河一百五十里,江一百里,余水七十里”①。

为保证上述规定的有效落实,政府设官于水运要冲,对来往船只进行检查,这类职官担当着具体的船检职能。

2.船舶监造

唐代官营造船基地遍布全国。朝廷设知官监督造船,在建造过程中对工艺质量进行严格把关,因此,唐船坚固耐久。由于唐船工艺复杂,客观上也需要对每一项技术指标进行严格控制。唐代宗广德二年(764年),刘晏主持漕政,在扬子一地就设置了10个造船工场,均派专官督造,逐渐形成了船舶监造制度。刘晏对于造船质量颇为重视,不惜投入巨额成本,“每艘给钱千缗”。有人质疑成本虚高,实际花费不及一半,刘晏解释说:“不然,论大计者固不可惜小费,凡事必为永久之虑。今始置船场,执事者至多,当先使之私用无窘,则官物坚牢矣。若遽与之屑屑校计锱铢,安能久行乎!异日必有患吾所给多而减之者,减半以下犹可也,过此则不能运矣。”②50年后,有司果然把刘晏定的造船费用减到一半,到咸通年间,更是严格核算成本,再无羡余,如此低成本所造漕船脆薄易坏,漕运于是衰败。刘晏造船不计投入质量第一的理念,虽然有悖于成本控制原则,但取得了非常实际的效果。对于漕船这种关系国家经济命脉的交通工具,其建造质量可谓国之大计,投入不可不高,检验不可不严,这即是船舶监造制度的意义所在。

3.外贸船舶检验

唐朝以前,历代政府没有专门管理航海贸易的机构与职官,航海贸易事务由地方官员兼管。到了唐代,随着海上丝绸之路的繁荣,统治阶级开始认识到航海贸易在经济上的重要性,于是设官加强管理,称“市舶使”。市舶最初由地方长官兼任,但由于市舶获利多被地方侵夺,于是朝廷派太监专任市舶使。但市舶太监一样侵吞舶利、为非作歹,朝廷不得已,又将市舶事务由地方长官和市舶太监共管。然而,地方官吏与市舶太监相勾结,清白者罕有。

市舶使的基本职能是掌管从事进出口贸易的船舶和货物,主要有如下几个方面:①征收“船脚”,即船舶税,以载货船舶体量为征收标准,需要对船舶进行丈量;②“阅货”,即登船检查是否夹带违禁货物;③收市,即代表政府向舶商收购珍异商品;④“进奉”,即接受舶商向朝廷或地方政府进贡的礼物;⑤抽解,即抽取货物的商税。

除市舶使外,还有“押蕃舶使”之设,专门对外来船只进行管理,包括查验文书、进出港安排以及航行安全等事宜。

从上述市舶使和押蕃舶使的职能来看,唐代的船舶检验涵盖于航运管理之中,成为其重要的组成部分。

4.内河检覆纳税

唐代内河航运亦施行“量船纳税”,并且一度过于频繁。武则天长安三年(703年),崔融进谏:“今若

---

①《唐六典》卷五,户部度支郎中。

②《资治通鉴·唐纪四十二》。

江津河口，置铺纳税，纳税则检覆，检覆则迟留。此津才过，彼铺复止，非唯国家税钱，更遭主司僦赂。船有大小，载有少多，量物而税，触途淹久。统论一日之中，未过十分之一，因此壅滞，必致吁嗟。"①可见，到武则天时期，在江津河口设置收税机构的现象非常普遍。这些税收机关主要的业务就是量船收税。所谓"纳税则检覆"，一是以运量为标准，二是以船体容积为标准。过于频繁的停船检查，无疑干扰了航运的正常进行，甚至对整个国家经济产生重大负面影响。

据现有史料，隋唐以前涵盖于水运管理中的船舶检验，尚难以形成一个连贯的历史过程，一些标志性事件孤立存在，也正符合这一历史时期水上交通的发展程度，船舶检验还处在萌芽和逐步形成时期。

第二节　宋元时期船舶检验的加强

宋元两代，无论内河航运还是远洋航海都远胜前代，包括取得巨大成就的盛唐，中国古代航海事业在这一时期达到鼎盛，其原因是多方面的。船舶检验随着航海事业的发展得到极大的加强，同时也成为航海事业发展的重要保障。

一、船舶检验加强的历史背景

（一）海外贸易鼎盛

1.两宋海外贸易

960年，北宋立国后，积极对外开放，促进了航海事业发展，招徕远人，绥抚蕃商。宋太宗"雍熙四年五月，遣内侍八人，赍敕书金帛，分四纲各往海南诸蕃国，勾招进奉，博买香药、犀、牙、真珠、龙脑，每纲赍空名诏书三道，于所至处赐之"②。这并非只是一时的行为，北宋政府对于海外招商的过程和效果一直相当重视，在以农业经济为本的传统社会里，这种主动招徕外商、发展贸易的政府行为是前所未有的。

南宋时期，统治集团对于航海贸易有了更高层次的认识。宋高宗曾说，"市舶之利最厚"③，又说，"市舶之利，颇助国用"④。在统治集团核心人物的高度重视下，招商贸易的基本国策得到了具体而有效的贯彻执行。绍兴年间，大食商人蒲亚里在广州娶妻定居，不再从事航海贸易，高宗即委派知广州连南夫"劝诱亚里臣归国，往来干运蕃货"⑤。南宋政府还积极鼓励有实力的豪族大姓，打造海船，招聘船员，前往海外经营。为了加快远洋船舶周转，宋孝宗于隆兴二年（1164年）制订了"饶税"奖惩政策，规定："商贾由海道兴贩诸蕃及海南州县，今立限回舶……，自给公凭日为始，若在五月内回舶，与优饶抽税；如满一年内，不在饶税之限；满一年之上，许从本司根究责罚"⑥。其时，中国与东亚的高丽、日本，与东南亚及南亚的三佛齐、婆国保持着密切的海上往来，商船络绎不绝。据《诸蕃志》记载，宋朝商人带着大量的青瓷器，到达了非洲的埃及和索马里。

2.元代海外贸易

元灭南宋后，全面接管了两宋开创的航海贸易事业，并使之得以继续保持鼎盛的发展势头。至元十四年（1227年），江南初定，元世祖忽必烈即招降并起用南宋泉州提举市舶使蒲寿庚，目的是利用其大海

①《旧唐书·崔融传》。
②《宋会要辑稿》职官四四之二。
③《宋会要辑稿》职官四四之二〇。
④《宋会要辑稿》职官四四之二四。
⑤《宋会要辑稿》职官四四之二〇。
⑥《宋会要辑稿》职官四四之二七、二八。

商的身份和在海外的巨大影响力，招诱海外商人前来朝贡和贸易。次年八月，忽必烈诏行中书省蒲寿庚、唆都等人，宣布了海外招商政策："诸蕃国列居东南岛屿者，皆有慕义之心，可因蕃舶诸人宣布朕意，诚能来朝，朕将宠礼之，其往来互市，各从所欲。"①并令唆都奉玺书"诏谕南夷诸国"②。此后，亦黑迷失、杨廷璧、孛罗、杨枢、周达观等频频代表政府出使南洋与印度洋地区，进行招商活动，取得了很好的效果。第一批来元通商的有占城、马八儿等国，南洋及西域诸国纷纷效仿，航海贸易很快繁荣起来。

同南宋一样，元朝在"请进来"的同时，也积极推行"走出去"的航海贸易政策。至元二十二年（1285 年），元政府推出"官本船"赴海外贸易。所谓"官本船"，即由政府准备船只并提供本钱，选择合适的民间船商到海外进行贸易，所得利润，官家取七成，船商得三成。这种"官民合作"的经营方式一直持续到元末，官僚贵族趋之若鹜，"巨艘大舶，帆交番夷中"③。对于民间航海，元政府一直采取较为宽松的政策，虽然曾经几度罢禁，但旋即复开，并没有打断航海贸易的连续性。由于获利丰厚，民间船商不远万里，出没风涛，前赴后继，络绎不绝。这必然对船舶工艺质量提出越来越高的要求。

（二）内河漕运发达

1.宋代内河漕运

漕运始于秦朝，国家物资特别是粮食调运赖此以行，为后世历代统治者所重视。但在唐以前，无论从货物规模、运输里程还是管理手段、组织体系等方面，都处在发展阶段。唐代，漕运规模逐渐扩大，到唐代宗时，刘晏通过改革弊端，"以盐利为漕佣"④雇募民间船夫，以军将押运，将粮船十只编为"一纲"，此即纲运的由来。刘晏根据各漕河通航能力不同，制订了"江船达扬州，汴船达河阴，河船达渭口，渭船达太仓，其间缘水置仓，转相受给"⑤的"转般法"，保障了漕粮运输的顺利进行。沿至宋代，漕运已成为国家调集物资的最重要手段，其中以粮饷运输为主。随着经济重心的逐步南移，漕运的作用更加凸显，征调数量之大，涉及范围之广，都远超过唐代，赵宋政权视之为"国计"。

宋初沿用唐代的"转般法"进行漕粮运输，称为"转般纲"。但由于都城东迁，而且河道通航情况也发生了很大的变化，于是北宋政府重新设计了转般路线。宋代漕粮多仰给于江南各路，政府征收漕粮，水路运抵真、扬、楚、泗四州（今江苏仪征、扬州、淮安，安徽泗县等地）转般仓卸船，空船载食盐返回。再由汴河上的漕船到转般仓装船，运往京师。根据水程远近，一年四运或五运。这种分段运输的方法，大大提高了漕船的使用效率，而漕船的安全检验必须加强，以适应这种繁忙的运输方式。

到北宋后期，转般法弊端渐现：一是转般仓多潮湿，漕粮不宜久存；二是经转般仓装卸，虽然不用"推舟过堰"，但粮食损耗严重，"侵盗"事件屡禁不绝；三是设仓置官，政府开销非常大。因此，宋徽宗崇宁三年（1104 年），"臣僚建言直达京师"，开始尝试"直达法"，即东南漕粮直接运至京师而不再经过真、扬、楚、泗四大转般仓转般。到政和八年（1118 年），"尚书省言：直达之法事法详备，有补无损，今妄有改，更徒为劳费"⑥，"直达法"遂成为北宋后期主要的运输方式。宋室南渡后，建都临安（今杭州），与漕粮产地距离大为缩短，"直达法"更为便利。而且，由于与金国交战，"淮南转般仓敖烧毁殆尽，其江湖粮纲，自合权宜，直达赴行在"⑦，南宋时期的漕粮主要通过"直达法"运输。

---

①《元史・世祖本纪》。

②《元史・唆都传》。

③陶宗仪《辍耕录》卷五，宋张。

④《旧唐书・食货志》。

⑤《资治通鉴・唐纪四十二》。

⑥《宋会要辑稿》食货四六之一三。

⑦《宋会要辑稿》食货四七之一六。

宋代内河漕运的发达，也赖于政府的重视和管理。由于内河行船受水文状况影响较大，为保障纲运的安全，政府采取了一系列措施：船只通过堰闸必须遵守秩序，依次而行；尽量顺风行船，既保证行速，又防止风水坏船；沿河州军排岸、催纲、巡检使臣须审看风色，以预防风浪之险；沿河道修建多处避风港澳，在水险河段派专人对漕船进行疏导；如有事故发生，排岸、催纲各官须招募附近民夫合力援救，并根据搜救货物多少予以奖励等等。宋代政府对漕河行船秩序与安全的有效管理，保证了河道通畅，使内河通航能力大为提高。

2.元代内河漕运

元初，内河漕运继续发挥着巨大的作用，早在蒙哥汗时期，就因袭宋、金漕运制度和路径，建立了比较完备的漕粮征集运输制度。忽必烈统治时期，内河漕运成为为军队提供后勤保障的重要手段。这一时期，漕河运量逐步上升，从至元二十年（1283 年）的 24 万石左右增加到至元二十六年（1289 年）的 30 万石。①

元初江南漕粮北运的主要路线为：粮船从浙江杭州等地经江南运河汇集于扬州；再经运河淮南段过高邮，抵淮安，进入淮水；更转入黄河，逆流上行，直达中栾旱站；至此水路不通，须转为陆运，车载牛运北至淇门镇（今河南省卫辉市境）；重新入御河（今卫河），东北经临清，过直沽，再经白河漕渠，到达通州。

虽然元初漕粮多仰给于江南，但西北黄河漕运也具有重要地位。元世祖称帝之初，即开始关注宁夏的粮食生产和运输，中统二年（1261 年）七月，“命西京宣抚司造船备西夏漕运”②。从中统初年到至元初年，朝廷逐步创造条件，黄河漕运逐步发展成熟。

元代在利用已有漕河的同时，新开运河也发挥了很大的作用。如山东省西北部的会通河，从至元二十六年（1289 年）正月开凿，半年凿成，长 250 余里。次年开始修筑闸坝等设施，到泰定二年（1325 年）终告完成，历时 37 年。会通河的凿成，使汶河和御河（今卫河）相连，漕运更加便利。另一条新运河是郭守敬所建议和设计的通惠河，从昌平白浮村引神山泉，西折南转，过双塔、榆河、一亩、王泉诸水，到大都和义门（今西直门）北入城，南汇为积水潭，东南出文明门（今崇文门），东到通州高丽庄，流入白河，总共 164 余里。至元二十九年（1292 年）秋开凿，一年完成。通惠河通航后，免去了入京漕粮于通州陆运进城之苦。

值得一提的是，终元一朝，御河漕运一直不废，河北地区税粮由此征调入京，在元代经济生活中发挥着重要作用。

（三）元代北洋漕运的开辟

海运漕粮，最早可以追溯到秦代，其后汉、隋、唐等朝代也偶有军粮海运的尝试，但规模小、数量少，仅为一时权宜之计。大规模有组织的、作为国家大计的海漕则始于元代。由于元代海漕的经行海域为长江口以北，因此称为北洋漕运。

元代开辟北洋漕运，并非出于统治者的一时冲动，而是历史的必然。忽必烈定都大都（今北京市）后，政权中心地区巨大的粮食供应是亟需解决的问题，其即位之初就很关心漕粮运输。元初，因循前朝的内河漕运发挥了很大的作用，然而随着时间的推移，问题日益显现。首先，需要转运的漕粮数量庞大，河漕不堪重负；其次，漕渠年深日久时常崩坏，或水源不足，或水灾淤塞，难以保持畅通。因此，开辟海漕势在必然。

海运漕粮由丞相伯颜提出，他的这一建议来自于此前一次海道转运物货的经验，“平江南时，尝命张

①默书民：《元代的内河漕运》，《漕运文化研究》，学苑出版社，2007 年，第 52-78 页。

②《元史 · 世祖本纪》。

瑄、朱清等,以宋库藏图籍,自崇明州从海道转入京师”①。至元十九年(1282年),伯颜旧事重提,“以为海运可行,于是请于朝廷,命上海总管罗璧、朱清、张瑄等,造平底海船六十艘,运粮四万六千余石,从海道至京师”②。第一次海漕尝试虽然也遇到了较为复杂的情况,但最终顺利抵达京师,于是元政府下决心罢河漕,行海运。海运漕粮逐年增加,第二年即增至290500石,两年后几乎又翻一翻,达到578520石;到至元二十八年(1291年),起运量猛增至1407400石。此后某个时段虽有所回落,但总体在增长,最高值达到至正元年(1341年)的380余万石,比最初的运量翻了80倍。

随着漕粮运输的逐年递增,船队规模也在逐年扩大。初行海运时仅平底船60艘,到延祐元年(1314年),“浙西平江路刘家港开洋一千六百五十三只,浙东庆元路烈港开洋一百四十七只”③,到至顺元年(1333年),一直维持“用船总计一千八百只”④的规模。如此庞大的船队,必然要有一套行之有效的管理办法。元代海漕采取官雇民运的方式,政府成立专门机构管理海运事宜,船队建立了严格的编制、旗号制度。而且,为了从根本上保证航行安全,对船舶的勘验必不可少。

(四)航海技术的突破

宋元时期,中国帆船频繁抵达西太平洋和北印度洋的港口城市,与广大亚非国家和地区的海上交往十分频繁。在丰富的航海实践中,中国船员的航海技术取得了具有世界意义的重大突破。

其一,宋元船舶体势高大、结构复杂、属具齐备,操驾时需要各类船员分工协作。经过在航海实践中的不断磨合,宋元船员的驶帆、操舵、测深、用锚等船艺技术十分高超。其二,宋元船工由于常年航行于西太平洋与北印度洋海域,航海地理、水文、天文以及气象知识愈加丰富和深化,对季风的认识更加科学准确,尤其对西太平洋和北印度洋的季风规律相当熟悉,在航海中应用也更加娴熟。

宋元航海技术突破最具标志意义的事件是航海罗盘的应用。在罗盘未应用到船舶上时,船上以熟悉海道的海师(舟师)指引航向,但仅能作近岸航行。⑤ 海师凭借所掌握的地文、水文、天文、气象等知识以及多年航海实践所积累的经验为船舶导航,此为模糊航海阶段。当罗盘应用于航海之后,开辟了定量航海的新纪元。

航海罗盘由两部分构成:一是由指南针,二是表示方位的栻盘,即在标记方位的栻盘上安装指南针。栻盘为圆形,先以十二地支(子、丑、寅、卯、辰、巳、午、未、申、酉、戌、亥)将圆周等分,十二地支之间再取天干八字(甲、乙、丙、丁、庚、辛、壬、癸)和八卦四字(乾、艮、巽、坤)填入,即形成二十四方位罗盘。使用时先以子、午定北、南,再看方位字以调整航向。

北宋宣和元年(1119年)朱彧在所著的《萍洲可谈》中说:“舟师识地理,夜则观星,昼则观日,阴晦观指南针。”⑥这是指南针应用于航海的最早记载。宣和五年(1123年),徐兢随船队奉使高丽,后在其所撰《图经》中说:“是夜,洋中不可住,维视星斗前迈,若晦冥,则用指南浮针,以揆南北。”⑦南宋人赵汝适在《诸蕃志》中强调了指南针导航的重要性:“舟舶来往,惟以指南针为则,昼夜守视惟谨,毫厘之差,生死系焉。”⑧上述记载虽然只有针而未提到盘,是因为强调指南针的重要,并未涉及其构造和使用方法,以实际

①《元史·食货志》。

②同上。

③《大元海运记》卷下,艘数装泊艘数泊所。

④同上。

⑤刘义杰:《“火长”辩正》,《海交史研究》,2013年第1期。

⑥朱彧:《萍洲可谈》卷二。

⑦徐兢:《宣和奉使高丽图经》卷三十四,海道一,半洋焦。

⑧赵汝适:《诸蕃志》,卷下,海南。

推考,若指南针不安装于罗盘,则无法应用于船上。而针盘的结合见于另一个南宋人吴自牧的记载:"风雨晦冥时,惟凭针盘而行,乃火长掌之,毫厘不敢差误,盖一舟人之命所系也。"①元代,航海者对于针盘的依赖更大,"子午针人之命脉所系"②,若"计(针)迷舵失,(人)舟就(孰)存?"③随着针盘的长期应用,元代导航人员已掌握从一地到另一地的转向针位点技术,这些针位点的集合,即针位航路,简称为针路。如周达观在《真腊风土记》有记:"自温州开洋,行丁未针,历闽、广海外诸州港口,过七洲洋,经交趾洋到占城;又自占城顺风可半月到真蒲,乃其境也;又自真蒲行坤申针,过昆仑洋入港。"④在北洋漕运中,也使用航海针盘导航,"好风一日一夜,依针正北望,便是显神山;好风半日,便见成山;自转瞭角嘴未过长滩,依针正北行使,早靠桃花班水边"⑤。这种准确的、可定量的航路更为稳定、安全和便捷,自此,海上航行完全进入"惟凭针路定向行船"⑥阶段,这是中国航海史上的重大技术进步,开辟了中国航海的新纪元,中国古代航海自此进入更为安全、快捷的定量航海阶段,宋元航海高峰的形成以及明初郑和下西洋的伟大壮举,莫不与此密切相关。

二、造船业的兴旺与造船技术的进步

(一)造船业的兴旺

宋代航运业的发展促进了造船业的兴旺,所造船舶种类齐全,有漕船、座船、战船、马船等各种用途的船型。宋代造船工场遍及内陆和沿海港埠,官营船厂资金雄厚、管理严格,承担着战船以及大部分漕船的造修任务。随着海外贸易的发展,南宋时期东南沿海地区的民营造船工场也逐渐发展起来,"漳、泉、福、兴化,凡滨海之民所造舟船,乃自备财力,兴贩牟利而已"⑦。对于民间造船,政府出于"备边""防北"的考虑,总体上采取鼓励的态度,"间藉定其数,更番以备防北",就是政府定期对民间海船进行统计,轮流征用以防金国入侵。

宋代官营造船场具有很强的造船能力。北宋真宗末年每年所造纲船近3000艘,其中江西路虔州(后改为赣州)和吉州即占三分之一强。至哲宗时期,温州、明州造船数量渐增,"岁造船以六百只为额"⑧。南宋初期,由于从直达纲又改为转般纲,纲船缺额较大,因而加大造船力度。高宗建炎二年六月五日,发运副使吕源说,"近于江湖四路沿流洲(州)县打造粮船一千只,并潭、衡、虔、吉四州两年拖欠舟船八百三十九只,江东路打造未到船二百五只,乞限至年终,一切了毕;缘潭、衡、虔、吉四州今年年额又合打造船七伯(百)二十三只,共二千七伯(百)六十七只。"⑨八月九日,吕源又重申:"措置江湖四路打造粮船二千七百余只,责限来年六月了毕。"⑩仅江湖四路沿流20余州、军,不足1年的期限就须造船2700只,实在惊人。绍兴末年,江西路洪、吉、赣三州的官营造船场,"立定格例,日成一舟,率以为常"⑪。如此大规模的造船,"若不选差强干官催督点勘,必致违悮"⑫,因此,朝廷向造船场派专员监督勘察,以保证工期和

①吴自牧:《梦粱录》,卷十二,江海船舰。
②汪大渊:《岛夷志略》,万里石塘。
③汪大渊:《岛夷志略》,昆仑。
④周达观:《真腊风土记》,总叙。
⑤《海道经》,海道。
⑥《永乐大典》卷一五九五,经世大典,海运。
⑦《宋会要辑稿》刑法二之一三七。
⑧《宋会要辑稿》食货五〇之四。
⑨《宋会要辑稿》食货五〇之九。
⑩《宋会要辑稿》食货五〇之一〇。
⑪《宋会要辑稿》食货四四之七。
⑫《宋会要辑稿》食货五〇之九。

质量。

元代造船业是在四方征服与开辟海漕过程中发展起来的。在与南宋、日本、占城以及爪哇的战争中，除掠夺大量敌方船只外，自造船舶数量也十分惊人。早在至元五年(1268 年)，就诏命高丽“当造舟一千艘，能涉大海可载四千石者”①。与南宋战争爆发后，至元七年到至元十年(1270—1273 年)，南宋叛将刘整两次奏请并督造战舰 7000 艘，从基本装备上一举扭转了对南宋水军的劣势。平宋后，元朝亦开场造船，主要基地有扬州、广州、泉州、湖南、汴梁、赣州、襄阳等。从至元十一年(1274 年)出兵日本到至元二十九年(1292 年)，共造船 9900 余艘。② 其中包括：“至元十九年(1282 年)九月壬申，敕平滦、高丽、耽罗及扬州、隆兴、泉州，共造大小船三千艘”③；至元二十二年(1285 年)，为济州河运粮，造漕船 3000 艘。至元三十年(1293 年)海漕肇兴后，遂大量建造海船，船型有“遮洋船”“海运船”“大福船”“开浪船”“沙船”“钻风船”等，其中以遮洋船和钻风船为海漕运输的主要船型。《海道经》记“延祐以来，合造海船，大者八九千石粮，小者二千石”“每橹需十人至三十人始得摇动之”。可见，元代船舶构造、适航性和装载能力均为世界造船之冠。此外，元朝邮递业发达，大量开设水陆驿站，其中水站 424 处，共有邮递专用船 5921 艘。

(二)造船技术的发展与成熟

在继承和总结前代的基础上，宋元两朝的造船技术和工艺又有了新的提高，并已臻成熟，加之管理水平的提升和质量检验的严格，对世界造船技术的发展也做出了巨大贡献。20 世纪 70—80 年代，全国以及境外相继出土了几艘宋元古船，包括 1974 年福建泉州湾出土的宋代海船，1978 年天津静海县出土的宋代河船，1978 年上海嘉定县出土的南宋木船，1979 年浙江宁波出土的宋代海船，1976 年韩国全罗南道光州市新安郡海底出土的元代海船，以及 1984 年山东蓬莱县出土的元代战船等。从这些古沉船的相关研究以及参考文献记载来看，宋元造船技术与工艺的先进与成熟，表现在以下几个方面。

1.船体结构科学

宋代船舶船体巨大，海商之舰“大者五千料，可载五六百人；中者二千料至一千料，亦可载二三百人”④。时人又有记，“舟如巨室，帆若垂天之云，柂长数尺，一舟数百人。”⑤元代海船与宋船相比犹有过之，“每一大船役使千人，其中海员六百，战士四百”⑥，犹如水上殿宇。

宋船“舟大载重，不忧巨浪，而忧浅水也”⑦，说明其适航性能极强，其原因在于结构设计上的科学合理，“上平如衡，下侧如刃，贵其可以破浪而行也”，稳性与速度兼得。之所以有如此优越的性能，与以下几个方面有关：首先，主要构件精选优质木材，比如对船舶纵向强度起决定性作用的龙骨，选用樟木或杉木，“以全木巨枋搀叠而成”⑧；其次，为保证船体坚固并具有良好的水密性，大型海船船体往往用二重甚至三重板加固，船板之间采用对接与鱼鳞式搭接相结合的结构，以钉榫连接，并用桐油、石灰、麻丝等捻缝；其三，采用水密隔舱技术，即使遇险破损几个隔舱，一般也无倾覆之虞，使船舶“抗沉性”大大增强，同时增加了船体的横向强度。

对于水密隔舱技术的优点，意大利旅行家马可·波罗有这样的描述：“若干最大船舶有大舱十三所，

①《元史·高丽传》。

②席龙飞：《中国造船史》，湖北教育出版社，2000 年，第 185 页。章巽：《中国航海科技史》，海洋出版社，1991 年，第 79 页。

③《续资治通鉴》卷一百八十六，元纪四，至元十九年。

④吴自牧：《梦粱录》卷十二，江海船舰。

⑤周去非：《岭外代答》卷六，器用门(舟楫附)，木兰舟。

⑥伊本·白图泰著，马金鹏译：《伊本·白图泰游记》，宁夏人民出版社，1985 年，第 490 页。

⑦周去非：《岭外代答》卷六，器用门(舟楫附)，木兰舟。

⑧徐兢：《宣和奉使高丽图经》卷三十四，海道一，客舟。

以厚板隔之，其用在防海险，如船身触礁或触饿鲸而海水透入之事，其事常见……，至是水由破处浸入，流入船舶。水手发现船身破处，立将浸水舱中之货物徙于邻舱，盖诸舱之壁嵌甚坚，水不能透。然后修理破处，复将徙出货物运回舱中。”①从出土古船看，马可·波罗所言不虚。对于结构如此优越的船舶，其水密性必然是监造检验的重点，包括船板连接方式、捻缝工序以及隔舱的框架系统等。

2.工艺技术创新

宋元船舶在船体结构设计科学的基础上，其工艺和技术也有所创新，比如外板与舱壁的连接，起初采用的是木钩钉（或称舌形榫头），后来则用钩钉挂锔，工艺简单而实用；而更具代表性的工艺技术创新为船模放样造船和船渠修船法。

所谓船模放样造船，即在造船之前，先按照设计制作成比例缩小的船模，所有工艺和工序与欲造之船无异，工匠以此船模作为施工标准。这是我国古代造船工艺的重大创新。此前，宋代造船沿用传统的“按图施工”法，宋真宗咸平三年（1000年），“造船务匠项绾等曾献海战船式”②，就是将海战船的设计图样编缀成册，以供承造新船时使用。至金正隆年间（1156—1160年），张中彦创造了模型造船法，“舟之始制，匠未得其法，中彦手制小舟才数寸许，不假胶漆而首尾自相钩带，谓之‘鼓子卯’，诸匠无不骇服”③。实际施工时，工匠按需要拆开船模各部，查看其工艺方法，然后按比例放大各部件尺寸，从而造成实船。与张中彦几乎同时代，宋朝处州知州张觷，“尝欲造大舟，幕僚不能计其值，觷教以造一小舟，量其尺寸，而十倍算之”④，这同样是运用了放样原理。这种船模造船法不仅是造船工艺上的一大突破，也使船舶检验有所凭据。

船渠修船法是宋代在修船实践中创造出来的。宋神宗熙宁年间，为修复金明池大龙舟的水下部分，宦官黄怀信献计，“于金明池北凿大澳，可容龙舟，其下置柱，以大木梁其上，乃决水入澳，引船当梁上，即车出其澳中水，船乃笐于空中，完补讫，复以水浮船，撤去梁柱”⑤，然后再引船入金明池。这是我国古代干船坞造（修）船的开始。这一方法的产生或许是受了渠池泊船法的启发，宋太宗时，供奉官张平负责办理造船木料，兼管造船场，因河水湍急，新造船只常被冲走，“遂穿池引水，系舟其中”⑥。船渠修船法不仅方便了船舶的修复，同时也方便了对船舶的检验。

3.设备、属具齐备而先进

宋元船舶的成熟还表现在设备和属具的齐备先进。首先在动力设备方面，以帆和桅的改进最大。以“可载二千斛粟”的普通海船为例，“大樯高十丈，头樯高八丈，风正则张布帆五十幅。稍偏则用利篷，左右翼张，以便风势。大樯之巅，更加小帆十幅，谓之野狐帆，风息则用之。然风有八面，唯当头不可行”⑦。可见，为了充分利用自然动力，宋船帆和桅的设计相当复杂精巧，硬帆和软（布）帆配合使用，硬帆之上又加野狐帆。船行之时，“帆若垂天之云”⑧，毫不夸张地说，宋元海船将风帆使用到了极致。除风帆外，橹、桨、篙等人力驱动装置也有很大改进，例如，马可·波罗所乘中国海船，“无风之时，行船用橹，橹甚大，每具须用橹手四人操之。每大舶各曳二小船于后，每小船各有船夫四五十人，操櫂而行，以助大舶”⑨。

除需要足够的动力外，行船还必须有效控制航向，并保证操纵灵活。宋元海船为适应不同水深，在船

①沙海昂校注，冯承钧译：《马可波罗行纪》，商务印书馆，1936年，第619—620页。

②《宋史·兵志》。

③《金史·张中彦传》。

④《宋史·张觷传》。

⑤沈括、胡道静：《梦溪笔谈校证》，上海古籍出版社，1987年，第954—955页。

⑥《宋史·张平传》。

⑦徐兢：《宣和奉使高丽图经》卷三十四，海道一，客舟。

⑧周去非：《岭外代答》卷六，器用门（舟楫附），木兰舟。

⑨沙海昂校注，冯承钧译：《马可波罗行纪》，商务印书馆，1936年，第620页。

尾设“大小二等”①的正舵和三副舵,舵的取材十分讲究,最好的是钦州出产的铁棱或乌婪木。而宋代出现的平衡舵,使转舵省力快捷,操纵航向更加灵活。

船有行则有止,泊船须下碇。宋代木石结合碇已经广泛用于海船,徐兢记载:“船首两颊柱中有车轮,上绾藤索,其大如椽,长五百尺,下垂矴石,石两旁夹以二木钩。”②泊船时,放碇入水,“当石碇垂到海底时,如果任一木钩均未抓入海底泥土,则石碇必有一端支撑在海底并成为不稳定态势,只要碇索稍有摆动,则碇将翻转并必将使一只木钩抓入海底泥,碇石将有助于木钩抓泥并使碇的抓力增加数倍”③。宋代铁锚也已用于船上,“大者重数百斤”④;元代铁锚更为习见,《元典章·新集至治条例》记载了这样一个案例,贼人钱庆三纠合蒋阿三等,三次偷盗铁锚四个,变卖分赃。而宋代对于航海另外一个重大贡献是水罗盘用于导航,从而由模糊航海进入定量航海阶段。

宋元船舶在船体构造、工艺技术以及属具设备等方面的先进和成熟,使船舶检验更加细化和科学,共同推进了航海事业的发展。

三、宋元政府的船舶检验管理

宋元时期,随着中国古代航海事业高峰的来临以及造船业的进步与成熟,船舶检验得到了极大的加强,具体表现在管理机构与职官的设立,管理法令与制度的出台,统治者的认识与重视以及船舶检验活动持续开展等方面。这些为航运及造船的宏观管理而设置的政府职能部门和出台的法令,尽管只是部分针对船舶检验,并非专管和专属,但对于船舶检验的发展来说,无疑具有重大意义。

(一)宋代船舶检验机构、职官及法令

宋朝水运管理最高权力在工部,工部设尚书、侍郎各 1 人,掌管全国营缮、水利、河渠和舟车等政令。工部下设水部,水部设郎中、员外郎各 1 人,掌河渠、渡口、桥梁、船舶与漕运。朝廷于地方各路设转运司,掌一路财赋,并监察地方官吏。发运司,亦为朝廷派设于地方的机构,负责将各转运司运至转般仓的粮纲财赋卸纳、装船,并运抵京师。市舶司,掌管对外航海贸易事务。此外,还设有一些水运管理机构。这些机构都具有部分船舶检验职能,至于具体船检业务管理,外贸船舶和内河漕运船舶分属不同的机构。

1.外贸船舶检验管理

北宋立国,在平定南汉与吴越政权后,承袭五代旧制,先于广州置市舶司,掌管岭南地区对外航海贸易;后又于杭州置司,管理两浙路航海贸易。淳化年间,杭州市舶司曾迁往明州定海县,随即又迁回原址。咸平二年(999 年),于杭州、明州分别置司,与广州市舶司并称“三司”。直至神宗元丰三年(1080 年),市舶司事务由“州郡兼领”,即市舶使由地方长官兼任。但与唐五代旧制有所不同的是,宋初市舶司名义上由“州郡兼领”,但宋太祖为了加强控制,尝试以“转运使司掌其事”⑤,宋太宗“又遣京朝官、三班、内侍三人专领⑥”。后虽有反复,总体上维持“州郡兼领”的模式。这一时期,市舶司设官大致如下:市舶使 1 员,由知州兼领;勾当市舶司(又称管勾市舶司)2 员,由“通判兼监”,故常称为“市舶监官”,负有财、物、账目监督之责;提点市舶司(又称提举市舶司)1 员或 2 员,由转运使兼,对市舶官吏进行稽察考校;勾当市舶使臣(简称“市舶使臣”)3 员,由朝廷临时差遣,并非常守其职,主要掌管对舶货进行抽解、和买。

---

①徐兢:《宣和奉使高丽图经》卷三十四,海道一,客舟。

②同上。

③席龙飞:《中国造船史》,湖北教育出版社,2000 年,第 181 页。

④周密:《癸辛杂识》续集上,海蛆。

⑤《宋会要辑稿》职官四四之一。

⑥同上。

北宋中期,中央集权已空前巩固,但是庞大的官僚队伍和军队开支,使政府财政日益陷入危机,国用入不敷出,在此背景下发生了著名的王安石变法,其中,海外贸易被视为富国的重要途径。“讲求市舶之利,以助国用”,成为统治者发展海外贸易的明确目标。为了适应这一形势发展的需要,元祐二年(1087年)与三年(1088年),增设泉州和密州板桥镇两处市舶司。同时,对市舶制度进行改革,以提高行政效率。改革的核心是创立法规和官制改革,两者相辅相成。

自立国以来,北宋朝廷对市舶的管理无一定成法,因时而制,临事相宜,敕令愈繁,流弊甚多。鉴于此,宋神宗认识到,市舶管理宜先“创法讲求之”①。经过多年筹议,终于在元丰三年(1080年)制订了《市舶条法》。为更好推行《市舶条法》,神宗下诏罢“州郡兼领制”,改以转运使(副、判官)兼提举市舶,即“漕臣兼领”。“漕臣兼领”不同于“州郡兼领”,因不受州郡官吏的牵制,直接听命于朝廷,从而加强了朝廷对市舶的控制;更为重要的是,“漕臣兼领”使市舶司开始成为一个常设的专门机构。② 这一时期,市舶司设官大致如下:提举市舶司,转运使(副)兼任,为市舶司之首长;监官,主管抽买舶货,收支钱物;勾当公事,又称干办公事,简称“舶干”,主持市舶司的日常事务;监门官,主管市舶库财、物的收支、检察。此外,另有“吏”若干员,包括“主管文字”“孔目”“手分”“贴司”“都吏”“专库”“专秤”“客司”“前行”“后行”等,其中“孔目”的职责为对海商的船、货进行审验,然后发给公凭,是为具体的船检业务。

徽宗即位后,继续对市舶制度进行改革,“崇宁初,三路各置提举官”③,改“漕臣兼领”为“专置提举”,进一步加强了朝廷对航海贸易的控制。此前,杭州、明州两市舶司曾一度停罢,崇宁元年(1102年)得以恢复。政和二年(1112年),又“诏两浙、福建路依旧复置市舶”④;三年(1113年),于秀州华亭县设置市舶务。这样,市舶司的机构更加完善,职能也更加强化,形成了中央控制下的专职管理体制。⑤ 但是由于以宋徽宗为代表的统治阶级为满足奢侈挥霍的需要,疯狂掠夺,竭泽而渔,严重损害了海外贸易的健康发展。南宋建立后,宋高宗吸取了宋徽宗的教训,对市舶制度又进行了调整,改谋私利为“助国用”,但“专置提举”被继承下来,一直到南宋灭亡,几乎再无变动。

市舶司的主要职责有二。其一,“掌蕃货、海舶、征榷、贸易之事,以来远人,通远物”⑥,即进口贸易管理,主要方式是“抽分”和“博买”。所谓“抽分”,即根据蕃舶载货量按照一定的比例向蕃商收取实物税;所谓“博买”,即官府以低价向舶商征购部分舶货。可见,“抽分”和“博买”都是以蕃舶载货量为基准的,因此首先需要对船舶进行丈量和登记。

其二,“籍定海舟应有买贩入蕃,先具名件,经官给据,委官检实,方得出海,巡警官司必看验公凭,方许放行”⑦,即出口贸易管理。具体而言,海船出海前,须将船上人员的职责姓名、船载货物数量种类等,详细开列,呈报市舶司;市舶官员查验属实后,给予公凭(公据),即出海贸易许可证;临出发前,当地治安部门还需上船点检复查,才可起航;商船返回,须到原给公凭市舶司“抽分”。

2.内河漕船检验管理

宋代内河漕运发达,成为国家粮食调配的最重要手段,可以说掌握着国家经济命脉。宋初沿用唐朝旧制,实行“转般法”。北宋后期,开始实行“直达法”。对于漕船而言,“转般法”意味着漕船使用频率高,“直达法”意味着航行里程长。因此,所有漕运管理机构都必须加强船舶检验,以保障漕运任务的顺利

①《宋史·食货志》。

②廖大珂:《试论宋代市舶司官制的演变》,《历史研究》,1998年第3期。

③朱彧:《萍洲可谈》卷二。

④《宋会要辑稿》职官四四之八、九。

⑤廖大珂:《试论宋代市舶司官制的演变》,《历史研究》,1998年第3期。

⑥《宋史·职官志》。

⑦《宋会要辑稿》食货三八之四三。

完成。

(1)转运司

宋代管理地方漕运以及船舶检验的机构,首推转运司。转运使之设始于唐代,主管漕粮、盐铁等重要物资运输事务。宋初,四处征战,设随军转运司,负责粮草等战略物资供应,事毕即罢。太宗太平兴国二年(978年),于各路设转运司,于是成为常设机构,俗称"漕司",设有转运使、副使、判官等职官,品高秩重或需兼领数路财赋者称"都转运使"。据《文献通考》:"转运司所职催科征赋、出纳金谷,应办上供,漕辇纲运数事而已。"①《宋史・职官志》云:"都转运使、转运使、副使、判官,掌经度一路财赋,而察其登耗有无,以足上供及郡县之费……"②可见,转运司主要负责"经度"各路财赋以及漕运事宜,将上供漕粮以及其他物资办理完毕后,"以本路纲输真、楚、泗州转般仓,载盐以归,舟还其郡,卒还其家"③。为此,转运司必须征集、监造足数漕船,定期检验修整,以供纲运使用。南宋时期,转运使平时"掌一路财赋之入""有军旅之事,则供馈钱粮,或令本官随军移运,或别置随军转运使一员"④。

(2)发运司

除转运司外,朝廷设发运司"总其漕运之事"⑤。宋初设有三门白波发运司,负责陕西漕米水运入京事宜;而更为重要的是统管东南六路漕粮、财赋入京的江淮荆浙发运司,其前身为宋初临时差遣的京畿东面水陆发运使,"其所领六路七十六州之广,凡赋敛之多少,山川之远近,舟楫之往来,均节转徙,视江湖数千里之外,如运诸其掌"⑥,职权很大。后,朝廷又于江、淮、两浙等路设发运使,专管茶、盐之事,又置茶盐兼都大发运使,都是临时差遣或兼领性质。直至"淳化四年始建官焉"⑦,才有了固定官署,其衙门设于真州,有发运使、副使、判官等职。其后又屡罢而复置,宋仁宗皇祐年间才基本定型,即"发运一司,其制始于淳化而备于皇祐之后"⑧。江淮荆浙发运司的最主要职责,是保证各路上供财赋及时运达京师,具体而言,东南各路转运司将漕粮以及财赋运抵真、扬、楚、泗以及淮甸转般仓,再由发运司负责统一经汴河运往京师。如此看来,发运司与转运司在"转般法"下为分段运输、分工协作的关系,或者说,转运司侧重于收,发运司侧重于运,因此,发运司必须组织好汴河纲船,定期检验修整,以保证运力。自崇宁三年(1104年)实行"直达法"之后,发运司的运输组织职能不复存在,仅对直达纲船负有催督之责,对纲船的检验必然废弛,于是"舟人逃散,船亦随坏"⑨。因此当宣和年间议复"转般法"时,不得不面临着"三州七仓及七百转(般)之船皆坏"⑩的困难局面。这也反映了发运司对于纲船检验的重要性。

(3)催纲司

为了保障各路漕粮及时运达京师,除设置江淮荆浙发运司以及三门白波发运司外,还于其他重要漕河设置催纲官或催纲司(亦称"拨发催纲司"或"拨发司")。广济河、御河、蔡河、汴河以及江淮、荆湖、两浙均设有催纲官或拨发官,以京朝官三班以上充任。上述两发运司也设有催纲官,或者发运司员弁兼有催纲职责。⑪ "拨发司、辇运司各掌以时起发纲运,而督其滞留,以供京师之用也"⑫,可见,催纲司的主要

---

①《文献通考》卷六一,职官考。

②《宋史・职官志》。

③《宋史・食货志》。

④《宋史・职官志》。

⑤《宋会要辑稿》职官四二之五。

⑥《欧阳修全集・居士集》卷四十,海陵许氏南园记。

⑦《宋会要辑稿》食货四二之二引《墨庄漫录》。

⑧《玉海》卷一八二,食货,漕运,建隆发运使、绍兴经制发运使。

⑨《文献通考》卷二十五,国用三。

⑩陈均:《九朝编年备要》卷二十七,崇宁三年九月。

⑪《宋会要辑稿》职官四二之五。

⑫《宋会要辑稿》职官四二之一八。

职责是催促纲船及时启运，不得无故滞留。为了达到这一目的，拨发官（司）负有对纲船的检验管理之责。英宗治平三年（1066年），由于催纲官（司）"所管纲船其人员纲官，多不用心，钤辖梢工，爱护舟船，容纵偷卖钉锔"，造成纲船"动使遇有损坏，相验不堪修补，遂恣拆拽散失"的严重后果，因此三司提议，"今后乞据少数估价，令人员纲官承认陪纳，欲依所申，并诸河纲船准此"①。英宗采纳了这一建议，从此，船舶检验成为催纲官（司）的法定职责。

（4）排岸司

催纲司的职责是催驱过境纲船及时行运入京，而在纲船启运地和抵达京师后，货物装卸以及纲船驱离事宜，则归排岸司执掌。宋初，即于京畿设京东、京西、京南、京北四排岸司，"掌水运舟船送纳雇直之事"②。"东司在广济坊，掌汴河东运江淮等路纲船输纳及粮运至京师分定诸仓交卸""西司在顺城坊，领汴河上锁""南司在建宁坊，领惠民河、蔡河""北司在崇庆坊，建隆三年置，领广济河"③。京东排岸司因所管事务"最为烦要"，由"京朝官二人勾当"，其余三司均由"京朝官一人勾当"。"勾当官"下设"指挥""手分""装卸"等职事。排岸官除"专一管干津遣纲运"外，还负有"整葺舟船，应副装发御前物色"④之责，即对已经卸纳船货的纲船进行检验，不敷使用的及时修理，以装货回运。可见，船舶检验亦是排岸司重要职能之一。熙宁三年（1070年）四排岸司地位提升，"直属三司管辖"⑤；四年（1071年），将京北排岸司并入京西排岸司，四司变为三司；五年（1072年），因"京南、京西事务甚简，只差文臣一员勾当"⑥，唯东排岸司"所差武臣奏举文臣一员同共勾当"⑦；九年（1076年）应广济河催遣辇运张士澄所请，"复置京北排岸司"⑧。

京畿四排岸司负责入京纲船卸纳、催离事宜，而在江淮、荆湖、两浙等漕粮起发州军，亦设排岸司，负责东南六路漕粮财赋装船，催驱启运，并配合转运司组织、检验纲船。

南宋初，由于金军屡次南下，朝廷被迫到处流亡，为保证粮饷供应，从朝臣梁汝嘉所请，"专置行在排岸司"⑨，行在排岸司追随宋高宗临时驻跸地点，分别在临安府、扬州、建康府设立。与金议和后，排岸司作用越来越小，并且弊端百出。孝宗乾道六年（1170年），有朝臣指摘，排岸司"下卸兵士"，借到各仓"卸纳纲运"之机，"搀筹争斛，乘势作弊，欲乞尽行废罢"⑩。淳熙十四年（1187年），孝宗下诏对排岸司军士进行裁减。宁宗开禧三年（1207年），因排岸司对"欠纲运而不纳者"滥施刑狱，被收回刑讯处置权，权力进一步缩小，至南宋末再无多大作为。

综上，宋代内河漕船的检验，由发运司、催纲司与排岸司分别执掌，目的是保证运力，使粮纲和财赋输纳不致延误。

3.南宋统治者对战船检验的重视

特别值得一提的是，南宋几代统治者出于军事需要，对船舶的检验都相当重视。孝宗即位，矢志北伐，认为"舟楫我之所长，岂可置而不问"⑪。乾道八年（1172年）二月六日，"诏鄂州、荆南、江州差荆南守

①《宋会要辑稿》职官四二之一四。

②《宋会要辑稿》职官二六之二。

③《宋会要辑稿》职官二六之二八。

④《宋会要辑稿》职官二六之一七。

⑤《宋会要辑稿》职官二六之二八。

⑥《宋会要辑稿》职官二六之二九。

⑦同上。

⑧同上。

⑨同上。

⑩《宋会要辑稿》职官二六之三一。

⑪《宋会要辑稿》食货五〇之二五。

臣姜诜,池州以下差枢密都承旨叶衡,点检诸军战船,具数奏闻,仍令逐军疾亟修整"①。淳熙元年(1174年)五月二十九日,"诏应有战船去处,每年一次委官检计修整"②。淳熙三年(1176年)十月十二日,根据建康都统郭刚奏折,"本司应管车战等船,内有损烂已行补填,依海船样制造到多桨飞江战船",孝宗指出,"车船古之艨冲,辛巳岁用以取胜,岂宜改造?可令郭刚具折,并约束沿流诸军,遇有损坏,随即修葺,不得擅有更易。其多桨船止许逐军自行创造,并不得用充新管车战船数"③。淳熙六年(1179年)九月二十二日,因湖广总领刘邦翰、周嗣武,鄂州江陵府驻扎郭钧"检视参修战船灭裂(即草率)",孝宗下诏给予处分:"邦翰去官日久,特与放罪,周嗣武展三年磨勘,郭钧特展二年磨勘。"④淳熙十年(1183年)正月二十八日,"诏沿海制置司于系省钱拨二万贯修整海船,仍自今须制置司与水军同共任责,稍有损坏随即修整,毋致积压重费官钱"⑤。

光宗受孝宗禅位,虽然朝政转向腐败,却继承了孝宗对战船检验的重视。绍熙二年(1191年)三月十三日,光宗指示:"诸处战船须是别差官检视,损者与修。"⑥绍熙三年(1192年)八月二十七日,"诏殿前司行下泉州左翼军,将创造到海船三只,常切爱护,毋致损坏"⑦。同年十月二十五日,三省枢密院申请,欲造双桅多桨海船二百只,光宗指示,"且造一百支,务要坚壮,毕工日更加审验"⑧。绍熙五年(1194年)闰十月十九日,沿海制置司申请拨款修船,"诏令封桩库依数支降"⑨。

宁宗前期,任用韩侂胄,对金朝持对抗态度,检修战具,积极准备北伐。嘉泰三年(1203年)七月五日,殿前副都指挥使郭倪奏议:"诸军所管舟船,年深损漏,虽有堪用者,亦难重载,窃虑缓急关误,今于保德门外本司后军教场侧,起造船厂一所,委官监督,造到八百料马船四只,五百料六只,乞差官检视大印;兼造到五十料小船一百二只,除已发一百只往平江嘉兴牧放去处打割马草外,船厂现有二只,就乞检视。"⑩宁宗准奏。嘉泰四年(1204年)二月九日,建康都统制董世雄"乞依别司体例,拨赐钱五万贯,付本司计置木植物料,修造战船使用""诏支钱三万贯,令封桩库以金折支"⑪。开禧二年(1206年),韩侂胄北伐战败,次年被杀。嘉定元年(1208年),宋金再次达成和议,即所谓"嘉定和议",自此宋金之间再无大的战事,对水军战船的检验遂日渐废弛。

宋代战船往往兼做运输船,而部分战船征调自民间,南宋统治者对战船检验的重视,客观上促进了运船和民船的检验。

(二)元代船舶检验机构、职官及法令

元代水运管理在宋代基础上进一步规范,分工更细。海外贸易承袭宋制,设立市舶司管辖。内河漕运由漕运司管理,漕运司下设分司,另立提举司,不隶漕运司管领;各地又设茶盐转运司,负责茶、盐的办理与督运。海运管理的最高机构为隶中书省左司科粮房下设的"海运科";具体操办机构,南方为"海道运粮万户府",下设"千户府"与"百户府",北方为"都漕运使司"。元代内地关津要冲设置水驿站,管理

---

①《宋会要辑稿》食货五〇之二五。
②《宋会要辑稿》食货五〇之二七。
③同上。
④《宋会要辑稿》食货五〇之二八。
⑤《宋会要辑稿》食货五〇之二八、二九。
⑥《宋会要辑稿》食货五〇之三一。
⑦同上。
⑧同上。
⑨《宋会要辑稿》食货五〇之三二。
⑩同上。
⑪《宋会要辑稿》食货五〇之三三。

官员迎送以及货物递运等事宜。这些机构都有船舶检验职能。

1.外贸船舶检验管理

(1)市舶司与市舶法则

元代外贸船舶的检验由市舶司负责。攻取闽浙后,至元十四年(1277 年),元朝先于泉州设市舶司,继设庆元(今宁波)、上海、澉浦三地市舶司,“每岁召集舶商,于蕃邦博易珠翠香货等物”①,后又增设广州、温州与杭州三处市舶司。至元二十三年(1286 年),以市舶司隶泉府司(后升为泉府院);至元三十年(1293 年),“并温州舶司入庆元,杭州舶司入税务”②,同年,设立海南博易提举司,大德四年(1300 年)即罢之。大德二年(1298 年),澉浦、上海两市舶司并入庆元市舶司。至大二年(1309 年)罢泉府院,以市舶归属行省。延祐元年(1314 年),“改立泉州、广东、庆元三市舶提举司。每司提举二员,从五品;同提举二员,从六品;副提举二员,从七品;知事一员”③。但随即又罢。至治二年(1322 年),“复置市舶提举司于泉州、庆元、广东三路”④,从此,泉州、广州、庆元三处市舶司基本稳定。

市舶司机构与称谓变化不一。例如,泉州市舶提举司曾隶福建市舶总管府,至元二十年(1283 年),“罢福建市舶总管府,存提举司”⑤;翌年,“并市舶司入盐运司,立福建等处盐课市舶都转运司”⑥;至元二十四年(1287 年),“改福建市舶都漕运司为都转运盐使司”⑦。再如,广州市舶司初名为广东转运市舶提举司,至元二十三年(1286 年)改为“盐课市舶提举司”。虽然如此,但其掌管航海贸易的基本职能始终未变。

元初,各地市舶司依照宋代旧法管理,但因制度不严,导致宿弊丛生。至元二十八年(1291 年),元政府以“亡宋市舶则例”为基础着手制定新法,至元三十年(1293 年)颁布“市舶则法二十三条”。后经修改,又于延祐元年(1314 年)颁布新的“市舶法则”二十二条。此新、旧二法为元代市舶司行使职权的依据。

元代市舶法则的内容,可分为出海贸易监管、进口货物征税、抑制权贵舞弊、奖励优待舶商等几个方面。其中前两项内容涉及船舶检验。

(2)出海贸易监管

出海贸易船只起航前,须“经所在舶司陈告,请领总司衙门元发下公据、公凭,并依在先旧行关防体例填付”。大船请公验,“开具本船财主某人,纲首某人,直库某人,梢工某人,杂事某人,部领等某人,人伴某人,船只力胜若干,樯高若干,船面阔若干,船身长若干”“每大船一只止许带小船一只,名曰柴水船,合给公凭”“所载柴水船于公凭内备细开写,亦于公验内该写力胜若干,樯高若干,船面阔若干,船身长若干”“所有公凭小船并照公验一体施行”。公验、公凭必须随船,如果仅有公验而无公凭,即作走私处理。除此之外,出海船只必须由“物力户”和“保舶牙人”作保,出海人员亦须互相结甲作保。公验内还需填明,“所往是何国土经纪,不许越过他国”。公验后附空白纸 8 张,泉府司用印信于上,纲首亲自填写船货清单。出海手续办结完毕,起航前,还须经市舶司官员登船检查,如无违禁之物,即令开洋。海船在外贸易,必须严格遵守公验所规定的范围。从国外贩运货物回国,亦须在公验后附空白纸内开列购买到的货物清单,作为市舶司抽分的凭证,如果中途转卖或抄填不完全,即按“漏舶法”处置。为防止回航商船私

①《元史·食货志》。
②《元史·世祖本纪》。
③《元史·百官志》。
④《元史·英宗本纪》。
⑤《元史·世祖本纪》。
⑥《元史·世祖本纪》。
⑦《元史·世祖本纪》。

自转卖舶货,除许人告捕给赏外,“仍行下沿海州县,出榜晓谕屿岙等处,责在官吏巡检人等,常切巡捉,催赶船只随即起离,彼处不许久停”。返航商船只能回“元请验、凭发船舶司抽分,不许越投他处舶司”。抵港后,市舶司派官“封堵坐押”商船赴元发船市舶司,“又行差官监搬,上舶检空船只,搜检在船人等,怀空,方始放令上岸”。如果商船在回舶途中“有遭风被劫事故”,经查属实,“方与消落元给凭、验、字号”,“若妄称遭风等搬捵船货,送所属究问,断没施行”。如果遭遇恶劣天气无法按照公验规定日期返回,不得已在海外越冬者,“次年回帆,取问同船或同伴船只人等是实,依例抽分”“若便妄称风水不便,转指买卖,许诸人首告,依例断没,告人给赏”。①

根据市舶法则,虽然市舶司主要管理对象是“人”和“货”,但对于“船”也有了明确的管理规定,公验内“船只力胜若干,樯高若干,船面阔若干,船身长若干”的说明,具有船舶检验证书的性质。对公验的随检,即是对船舶的例行检验。出航前和归港后市舶司官员的登船检验,应该亦包含对船舶状况进行的检验。

(3)抽分与舶税

元代通过市舶司对从事海外贸易的商船征收实物税,名目与宋代有所异同。相同者为对舶货进行抽解,亦称抽分。与宋代不同者,元代取消了博买,增加了舶税。舶税征收最初始于泉州市舶司,至元“市舶则法”将其推行于其他市舶司,规定舶货抽分完税后,“以三十分为率,抽要舶税钱一分”。延祐新法对舶税征收未有变化,“依旧例于抽讫货物内以叁拾分为率,抽要舶税壹分”。虽然同样是征收实物税,但舶税与抽分税本质有所不同,舶税是以船舶为对象而征收的税种,具有船钞的性质。

2.内河漕船检验管理

元初,为保证军粮供应以及京都粮食需求,于北方地区开展漕运,并设置机构进行管理。中统二年(1261年),立军储所,寻即改为漕运所;至元五年(1268年),升漕运所为漕运司,秩五品;十二年(1275年),又升为都漕运司,秩四品。灭宋后,经伯颜提议,开始南粮北运。至元十九年(1282年)试行海运,但效果不理想,朝廷仍然更重视河运,“是年十二月立京畿、江淮都漕运司二,仍各置分司,以督纲运”②,并且升京畿都漕运使司为正三品。为提高效率,朝廷调整了各漕运司职责权限,“大都漕运司止管淇门运至通州河西务,中滦至淇门,通州河西务至大都陆运车站,别设提举司,不隶漕运司管领。扬州漕运司止管江南运至瓜州,至中滦水路纲运副之,押运人员不隶漕运司管领”③。至元二十年(1283年)进入海运、河漕并行时期,广开新河以济运。在此期间,因漕河路线多变,漕运管理机构亦随之变化不一。至元二十年(1283年),新开济州河后,设立济州都漕运司;“至元二十四年(1287年),内外分立两运司”“于河西务置总司,分司临清”④;通惠河开通后,至元三十一年(1294年),置通惠河运粮千户所,掌管通惠河的粮运。

漕运司为保障漕粮运输及时、顺利,必须组织夫役,雇佣船只,并对船只进行检验维修。元代还于各路设茶、盐转运使司,负责茶课与盐课办理,或独立,或合署,或与漕运司、市舶司合并,机构亦变化不一,亦负有对管下船只检验之责。元代驿站遍布全国,迎送官员,递运官物,形成密集的交通网络,其中水驿站424处,拥有站船近6000艘,驿站负责对这些船只定期检验和维修。

3.海运漕船检验管理

海运肇兴后,元政府建立了相应的管理体制。元代中书省“左司”所属“科粮房”,其下设六科之一的“海运科”,为海运管理最高机构。至元二十年(1283年)置“海道运粮万户府”“掌每岁运粮供给大

---

①《元典章》户部卷之八,典章二十二,课程,市舶,市舶则法二十三条。

②《元史·食货志》。

③《大元海运记》卷上。

④《元史·百官志》。

都"①,初"立万户府二"②;二十四年(1287年),"始立行泉府司,专掌海运,增置万户府二,总为四府"③;二十八年(1291年),"并四府为都漕运万户府二,止令(朱)清、(张)瑄二人掌之。其属有千户、百户等官,分为各翼,以督岁运"④。后屡次减并裁员,至大德七年(1303年)并为一府,"设万户六员,其属镇抚所一,官二员;海运千户所十一,每所官三员"⑤;至大四年(1311年),又将"千户所一十一处并作七处"⑥,后经进一步减并,"止设六处"⑦。

"海道运粮万户府"及其下辖的"千户所""百户所"组织漕粮运输,必须要"和顾"(即"租用")大量民船。为了使民户"争趋造船",就得使之有利可图。为此,万户府及所属部门往往预支给船户"脚价"(即"租船费"),以便船户"趁时买物,修造海船",要求"每年船只必须修粘,浮动贡具必合添办",并且随时"取勘船只""督并修理""庶使船身、贡具得以坚壮,不致损失作弊,亏损官粮"。⑧ 可见,船舶检验是"万户府"及其下辖部门的重要职责,也是海漕安全的必要保障。

四、船舶检验的开展

宋元时期,航海事业的发展以及造船业的兴旺,推动船舶检验走向规范化和系统化,各航运管理部门各司其职,分工协作,对管下船舶进行较为频繁和严格的检验。宋元船舶检验大致有以下几个方面。

(一)船场督造监修检验

宋元两朝对船舶的检验,渗透于建造和修理的各个环节之中。各地设场造修船只,监造官员赴场监督检查,如发现"工课不等"等弊端,"遂具奏章,乞行查勘",⑨这在北宋初期即成定例。元代的相关规定和制度则更加严格:"诸营造皆需视其时月,计其工程,日验月考,勿使有废。惟夫匠病疾,雨雪妨工者除之。其监造官仍须置簿常切拘检,当该上司时至点校,不致虚延日月,久占夫工","如违限不纳及造作不如法者,量情断罪"。⑩ 船场监官对船舶造修的原材料投入,造修工艺以及完工验收等环节都一一检视,即所谓"点勘工料。"⑪

1.原材料投入控制

宋代造船物料来源,主要由地方州、军或转运司、发运司等机构出钱购买,或抽取竹木实物税提供给造船场。造船的物料投入,既要保证足敷使用,又要防止"虚破"太多,造成浪费。仁宗时期,参知政事范仲淹举荐天章阁待制许元为江淮两浙荆湖发运判官,办理江淮漕运。到任后,许元发现,"官造船多虚破",但"钉锯已入木,不可称盘"。为精确计算造船所用钉锔数量,许元"乃取新船焚之,火过,得其钉锯之数,校所破才十之一,自是立为定额"⑫。此外,旧船拆料也是重要来源之一。宋仁宗曾下诏,"自今有落水舟船,须画时出取相验、修补,如必然不堪装载盐粮,亦使驾送合属去处,修充杂般;委实不任修补,即

①《元史·百官志》。
②《元史·食货志》。
③同上。
④同上。
⑤《大元海运记》卷上。
⑥同上。
⑦同上。
⑧同上。
⑨张咏:《乖崖集》卷十一,奏郑元祐事自陈状。
⑩《通制条格》卷三十,营缮,造作。
⑪《宋会要辑稿》食货五〇之九。
⑫罗愿:《新安志》卷六,先达。

差官监拆板木,量定长阔,钉锔秤计斤重,因便纲船附带赴船场交纳,修打盐粮舟船,不得擅将支使”①。可见,对于旧船首先必须进行检验,若能修补则修补使用,修补后如不足以运粮运盐,就作为“杂般”船使用;如果确实不可修补,须在监官监督下进行拆解,船板量体积,钉锔称重量,交付船场作为造新船原料。

元代海漕多租雇民船,如果船户财力不足,运粮机构则向船户预支船租,以供其打造船只。脚价按照物价浮动,如遇物价上涨,“必合添支脚价,资给船户,修造船只”。而且,为了调动船户造船的积极性,政府往往优给脚价,“如造船一千料,所用工料价不过一百定,运粮一千石,随得脚钱一百七十定,为有余利,争趋造船,专心运粮”。但因“物重钞轻,造船物料十倍价高”“所得不偿所费,船户艰辛”,政府便进一步添支脚价,“资给船户,修理船只,庶使船身、贡具得以坚壮,不致损失作弊,亏损官粮”②。可见,元政府对于造船船户的优恤,目的是建造坚壮堪用之船。

2.船舶造修工艺检验

宋元船舶检验的重点还是对船舶监造、维修工艺质量的检验。对于新造之船,须“用堪好着色材木,如法打造”“并委宪臣点检催促”③。特别强调“务要如法,并工造办不得苟简灭裂”④。“务要如法”,即是要严格按照工艺流程和方法操作;“并工造办不得苟简灭裂”,即不许偷工减料。“按图施工”为宋代船场常用工艺方法,北宋真宗咸平三年(1000年),“造船务匠项绾等曾献海战船式”⑤;南宋高宗绍兴三年(1133年),“鼎州画到大军船小样,并长阔、高卑、步数”,诏令“江南东西、荆湖南北路帅司,依样打造”⑥。在“按图施工”方法的基础上,宋代还发明了“船模放样造船”。造船之前,先按照既定工艺制造船模,工匠以此作为施工标准,监官也以此作为工艺质量和程序的检验依据。孝宗乾道元年(1165年),江西运判朱商卿和史正志反映,“赣、吉州船场每岁额管造船五百艘,近岁所造粮船,殊极简蔑,皆造船官吏通为奸弊”,由于“本司相去地远,难以稽查”,故“欲乞将赣、吉两州船官见今四员于内各省罢一员,所存留一员,自今止差文臣”;又由于“赣州造船多阻于滩碛”,“今乞移赣州一所就隆兴府制场打造,本司朝夕可以稽察”;此外,“仍乞降旨,自今两船场各监官到罢,并就本司批书,庶几专以可以督责”。⑦ 可见,为了保证造船工艺流程不因官吏作弊而“简蔑”,对造船场监官的选派极其慎重,而且,相关部门督查甚严。

(二)船舶使用监督检验

船舶修造完毕,投入使用过程中的检验,由转运司、发运司等船舶所有部门负责,而催纲司、排岸司等漕运管理机构亦有督查检验权。

1.爱惜舟船,损毁有责

首先,使用者必须爱惜舟船,精心维护,如果故意损毁舟船,或拆卸变卖船材者,一经有司查实,即进行严厉处罚。神宗熙宁元年(1068年),京东排岸司官员举报,发运司存在扣留转运司船只以为私用的舞弊行为,“内有量般官物为名,乘载官员,迫闭汴口方始到岸,只就居止,避见僦屋”,如此把纲船当做临时房屋使用,“遂使人船于乾汴内负重,致船缝开绽,多有损坏”,为此规定,“今后应乘载官员,到岸限五日内般下,及不许将守冻舟船,经冬般家居止”⑧。英宗治平三年(1066年),催纲官员反映,有关机构“所管

①《宋会要辑稿》食货五〇之二。
②《大元海运记》卷上。
③《宋会要辑稿》食货五〇之七。
④《宋会要辑稿》食货五〇之三四。
⑤《宋史·兵志》。
⑥《宋会要辑稿》食货五〇之一五。
⑦《宋会要辑稿》食货五〇之二〇、二一。
⑧《宋会要辑稿》食货五〇之三、四。

纲船其人员、纲官，多不用心钤辖梢工爱护舟船，容纵偷卖钉锔，动使遇有损坏，相验不堪修补，遂恣拆拽散失”，鉴于此，“今后乞据少数估价，令人员、纲官承认陪纳”[①]，经皇帝批复，此后所有河运纲船都需按此规定检验追责。即便如此，因非正常使用导致船舶损坏的情况仍相当严重。乾道六年（1170年）西浙路转运判官吕正己反映：“行在百司等处见占本司座船，并不承受差使，往往要闹处舣泊，私酝沽卖，酒气熏蒸，日渐损坏，却经由所占官司，陈乞于本司船指名对换，如此则依倚昨过坏官船之人，常得遂志，委实非宜。”[②]各衙门配置的船只，往往并不作公用，而是停泊在热闹去处，私下酿酒沽卖，酒气熏蒸，致使船舶日渐损坏，但却由衙门承受损失，以旧换新，如法炮制，让官船私用者常常得逞。为此吕正己提议：“欲自今应百司占破舟船，如实损动，即关本司检计修整，或不堪乘，则发元船并梢工，以凭选换，庶机惩劝小人爱惜舟楫。”[③]各衙门下的船舶，由该衙门负责检验、修整；如果经检验不堪使用，则需要将原船与船上梢工一并更换，目的是惩罚、劝诫非法使用者爱惜舟船。

2.随检随修，保证运力。

船舶检验的根本目的在于完成运输任务，因此，经检验发现有损坏的船舶，必须及时修理。为保证损坏船只能够及时得以修复，政府往往预先抽取修船专项资金。北宋宣和六年（1124年），发运判官卢宗原建议，“应出纳钱物，每钱百文别收头子钱一文，应副修船、招至人兵籴米支用”[④]。南宋高宗建炎三年（1129年），工部勘会，“欲将两浙路州军抽税竹木，依嘉祐敕，以十分为率，三分应副发运司，修整纲船”[⑤]。绍兴二十四年（1155年），知临安府曹泳奏请，“准敕禁钱塘私渡，察视舟楫，时加修治，今欲检举见行私渡条法晓示外，其所差官，系朝廷使臣，本府难以约束，欲专令本府差官一员，主管济渡，度得逐时检察，不致阙事；其渡船乞下转运司，体元降指挥修整，每月差本司官一员点检，保明堪与不堪济渡，所有绍兴府萧山渡，乞下本路依此施行”[⑥]。绍熙五年（1194年），朝臣奏议：“西兴渡船，乞令转运司并临安府日下契勘，如有损坏船只，即行修整，庶几行都之下，大江往来，人人得以安济。”[⑦]元代对船舶的日常检修也相当重视，大德四年（1300年），户部规定，“诸纲运盐船只，每岁往运之后，督责船主趁时修船，整办浮动，不许擅自离纲”[⑧]；大德七年（1303年）工部规定，“随路铺驿及关津渡口舟楫、桥梁，若修治不如法者，及刁蹬行旅一切违枉等事，并可纠察”[⑨]；大德九年（1305年），中书省规定，黄河渡口收取的“船钱”，“内一半官为取贮，遇船损坏修理”[⑩]；延祐四年（1317年），中书省亦规定，扬子江渡口收取的“船资”，“内一半修理船只物件，须要如法，牢壮完备，无致损坏”[⑪]。

3.查处超限，安全行船

在满足航运需要前提下，船舶载货率往往决定了经济效益，而漕河通航能力也是安全航行必要条件，不能不予以考虑，因此，对于特殊船型和特殊航段，往往有所限制。这也是宋元航运部门日常船舶检验的内容之一。高宗建炎二年（1128年），发运副使吕源奏请：“乞严降指挥，应诸路运司七百料暖船，并发赴行在，非旧有场处，不许制造暖船，止许造五百料以下，不得过为添饰，其长不过十丈，及依做旧制，立定年

①《宋会要辑稿》职官四二之一四。
②《宋会要辑稿》食货五〇之二三。
③同上。
④《宋会要辑稿》职官四二之四七。
⑤《宋会要辑稿》食货五〇之一一。
⑥《宋会要辑稿》方域一三之九。
⑦《宋会要辑稿》食货五〇之三一、三二。
⑧《元典章》户部卷之八，典章二十二，课程，盐课，新降盐法事理。
⑨《元典章》工部卷之二，典章五十九，造作二，船只，禁治河渡取要。
⑩《元典章》工部卷之二，典章五十九，造作二，船只，黄河渡钱例。
⑪《元典章》工部卷之二，典章五十九，造作二，船只，扬子江渡江资。

额。”①所谓“暖船”，应为各运司“公务船”，若船大且装饰繁复，则浪费太多，因此需要限定规模以及装饰标准。乾道三年(1167 年)规定，渡船“如不依则例，多装人数，及将添置船橹，藏匿不尽行使，及不于装发船处，躬亲点检人数、舆马、担物，依时装发，纵容梢工水手，于大江半途邀阻横索，或致差失潮候，损溺人船，乞将监渡官重置于法，梢工配隶，篙手杖一百”②。可见，对于渡口运船，不仅要检查人、货数量是否超标，还要检查渡船的船橹数量，添置超标者将被治罪。元代，出于行船安全的考虑，一些河段对大船限行。延祐元年(1314 年)，省臣反映，“江南行省起运诸物，皆由会通河以达于都，为其河浅涩，大船充塞于其中，阻碍余船不得来往。每岁省台差人巡视，其所差官言，始开河时，止许行百五十料船，近年权势之人，并富商大贾，贪嗜货利，造三四百料或五百料船，于此河行驾，以致阻滞官民舟楫”，对于此种情况，解决办法是在适当地点设置小闸，“禁约二百料之上船，不许入河行运”③。后经进一步议定，“梭板等船乃御河、江、淮可行之物，宜遣出任其所之，于金沟、沽头两闸中置隘闸二，各阔一丈，以限大船。若欲于通惠、会通河行运者，止许一百五十料，违者罪之，仍没其船。其大都、江南权势红头花船，一体不许来往”④。但是，商船为牟利作弊，“改造减舷添仓长船至八九十尺，甚至百尺，皆五六百料，入至闸内，不能回转，动辄浅阁，阻碍余舟，盖缘隘闸之法，不能限其长短”。为此，都水监官员经过向造船作头请教，掌握了“过闸船梁八尺五寸船，该长六丈五尺，计二百料”的标准规格，于是，“于隘闸下岸立石则，遇船入闸，必须验量，长不过则，然后放入，违者罪之。闸内旧有长船，立限遣出”⑤。

(三)船舶入籍与量船收税

1.*船舶入籍*

宋元两代，为管理方便或满足漕运、军事等需要，有司须掌握辖区民船的数量、尺寸等基本情况，将其检验登记，作为“系籍之舟”，以备征用或进行管理。元祐六年(1091 年)，哲宗皇帝根据刑部奏议，“诏广、惠、南、恩、端、潮等州县濒海船户，每二十户为甲，选有家业，行止众所推服者二人，充大小甲头，县置籍，录生名年甲，并船橹棹数，其不入籍，并橹棹过数，及将堪以害人之物，并载外人在船，同甲人即甲头知而不纠，与同罪”⑥。政和三年(1113 年)徽宗皇帝“诏应今来补造到汴纲舟船，及招到人兵，并仰所属，交割付贾伟节专一管干，仍逐船雕凿字号，打造州军年月、记验，常切桩管，听候朝廷指挥支使”⑦。绍兴三年(1133 年)，侍御史江跻反映，“福建路海船频年召募把隘，多有损坏，又拘縻岁月，不得商贩，缘此，民家以有船为累，或低价出卖与官户，或往海外不还，甚者至自沉毁，急可悯念”，鉴此，“乞令本路沿海州县，籍定海船，自面阔一丈二尺以上，不拘只数，每县各分三番应募把隘，分管三年，周而复始”，“如本州县纲运，即轮差不及一丈二尺海船，其系籍把隘船户，本州县纲并不得差使”⑧。绍兴四年(1134 年)，由于政府随意征用，船户不敢置办新船，纲船不敷使用，“欲令两浙江东西路各造船二百只，专充运粮使用”，高宗皇帝亲自指示，“须于船上分明雕刻字号，诸处不得占执”⑨。乾道七年(1171 年)正月十八日，“诏平江府守臣，将已到当番海船，照年例给犒，其所发州军海船只数、丈尺及格与否，并船主职次、姓名、乡贯、年

①《宋会要辑稿》食货五〇之一〇、一一。

②《宋会要辑稿》方域一三之一一、一二。

③《元史·河渠志》。

④同上。

⑤同上。

⑥《宋会要辑稿》食货五〇之四、五。

⑦《宋会要辑稿》食货五〇之五。

⑧《宋会要辑稿》食货五〇之一三。

⑨《宋会要辑稿》食货四七之一七。

甲,保明申枢密院推赏"①。后据当地官员奏明,这些征用海船参与防务并不多,因此赏赐减半。淳熙五年(1178年)二月三日,孝宗皇帝下诏,各路"籍定"海船,须于规定时间地点集中"教阅","仍委逐州军守臣核实,支散钱米起发,通判专一点检,并要已印号元,籍定面阔丈尺,堪好壮船,及强壮梢碇水手,随船绳帆扛具一切足备"②。庆元六年(1200年)为保证钱塘江安全渡运,监察御史施康年奏请,"乞行下两浙转运司,并临安府、绍兴府,将所管济渡舟楫,籍为定数,其间稍有损漏,重行修制;每一渡舟量其大小,为措置水手一二十人,籍定姓名,各与请给,不得妄有差拨。至如合用维楫之属,亦合委官,常切点检预办,以备不虞"③。嘉定五年(1212年),朝臣奏议,漳州、泉州、福州、兴化等地滨海民众造船"兴贩牟利","朝廷以备边之务不可弛,间籍定其数,更番以备防托"④,然而当地州县却巧立名目收税,为此,朝廷下令,上述以及温、台、明州等有海船地方,除海防差使外,其余捐税一律免除,同时规定,"若水居小船不应丈尺,不得拘籍骚扰"⑤。嘉定十年(1217年),因为私自下海贸易案件频发,有司"乞行下沿海州军,各敕所属县镇,籍定海舟,应有买贩入番,先具所载名件,经官给据,委官检实,方得出海;巡警官司看验公凭,方许放行"⑥。可见,宋代的民船入籍,须对船进行检验,测定尺寸,雕刻字号,保证船体状况良好,目的是为了征用和管理方便。

元初,对于从南宋缴获的各种船只,为防止被"隐占、兑换、借使、损坏",都要进行检验登记,"尽数印烙,挨次立号,具数开申行省行院,差官交领,常切修理,一切浮动完备,听候不测用度",同时规定,"亦不得因而将新附官民船只赖作官船"⑦。就是说,缴获的船登记后作为官船使用,主动归附的船不入官籍,归原所有人使用。起初,朝廷规定,合法行船须经有司出给"文引",并于船上"搠立绥枪、旗号、锣鼓",然而地方官府为谋私利,与商人勾结"滥放文引",而且这些夹带私货的船只滥用绥枪旗号,以至严重影响了正常的航运秩序。为此,延祐元年(1314年),政府规定,行运船只必须经官方检验,"明置文簿销照",然后才可发给"文引",否则,各衙门官司不许擅自发给"文引",并且,"行船搠立绥枪、旗号一就禁止"⑧。所谓"文簿销照",即为船舶证书。而船舶证书也是出海贸易商船必备。根据市舶法则,元代出海贸易商船必须将"力胜若干,樯高若干,船面阔若干,船身长若干"等情况书写明,市舶司检验登记后,发给公验方可出海。

2.量船收税

宋代对海外贸易商船征收的实物税叫做"抽分",而对于内河船只的征税名目繁多,"虚舟往来谓之力胜,舟中本无重货谓之虚喝,宜征百金先抛千金之数谓之花数"⑨,其中"力胜"最为普遍,征收时间贯穿两宋。所谓"力胜",即指船舶的装载能力,"力胜钱"或者"力胜税",即是根据船舶运载量而计征的船税,"计舟筏阔狭纽算力胜钱"⑩。其实,宋代船舶以"料"为单位,就是对其容量的丈量和描述。从"虚舟往来谓之力胜"来看,"力胜税"的征收往往与实际运货量无关,即使空船行运,也要收税。"力胜税"承袭自五代,由纲船所经过的沿江榷关、场务收取,往往重复计征,累计数额不小,给广大船户造成极大负担,并影响到日常生活用品的流通及价格,宋朝政府基本上倾向于取消或者免除。大中祥符五年(1012年)正

---

①《宋会要辑稿》食货五〇之二四。

②《宋会要辑稿》食货五〇之二八。

③《宋会要辑稿》方域一三之一五。

④《宋会要辑稿》刑法二之一三七。

⑤同上。

⑥《宋会要辑稿》刑法二之一四一。

⑦《元典章》兵部卷之一,典章三十四,军役,正军,省谕军人条画。

⑧《元典章》工部卷之二,典章五十九,造作二,船只,海船阻碍官船。

⑨《宋会要辑稿》食货一八之五。

⑩《宋会要辑稿》食货一八之二七。

月二十八日,真宗下诏"除沿汉江州军渡船力胜钱"①,然而毕竟"力胜钱"是国家财政重要来源之一,天禧五年(1021年)二月,真宗又下诏:"从汴上京更不令依宿州、亳州、南京三处税则例送纳,随船行货物色,力胜、头子、包角等钱,即逐处依例收纳。"②仁宗朝发布《天圣附令》,免除粮食、柴草、农具等日常生活生产资料的"力胜"等税钱,然而也没得到很好的贯彻,因此哲宗时苏轼上《乞免五谷力胜税钱札子》,建议执行《天圣附令》的免税规定。从中可以看出,"力胜税"有时也与所运货物相关。南宋时期,"力胜钱"一度愈发繁重,"力胜(虚)喝花(数)税"③,名目繁多,令广大民众不堪承受。为此,朝廷连续发布免除命令,但执行力依然不够。在"收"与"免"的博弈中,"力胜钱"一直存在至南宋灭亡。元代,"力胜若干"仍然作为征收船税的标准之一。

宋代除全国普征的"力胜税"外,海南等地方"收税用船之丈尺量纳,谓之格纳"④,"于舶舟之中分三等,上等为舶,中等为包头,下等名蜑舶,至则津务申州,差官打量丈尺,有经册以格税钱,本州官吏兵卒仰此以赡"⑤。但"格纳法"的收税标准有失公允,元丰三年(1080年),"琼管体量"宋初平指出其弊端所在:其一,"假如五丈三尺为第二等,则是五丈二尺遂为第三等",二等和三等船"减免才一尺,而纳钱多少相去十倍"⑥;其二,来自不同州郡的船所载船货的价值差异巨大,"而用丈尺概收税,甚非理也"⑦;其三,"格纳"收税法造成的后果是,经营贵重货物的泉州、福州等地客商争相趋利而至,而经营一般货物的高邮、兴化客商因为税重逐渐不来,导致海南日常生活、生产资料日渐紧缺。因此,宋初平建议:"今欲立法,使客船须得就泊琼、崖、儋、万四州,不用丈尺,止据物货收税讫,官中出与公凭,方得于管下出卖。"⑧这个建议得以采纳实施,海南地方遂废除"格纳法",改为按货抽税。

宋元两朝,航运业和造船业均达到了很高的水平,在其带动下,船舶检验亦得到了大大加强,表现在统治集团重视、管理形成体系、法规逐渐完善、内容日益丰富等诸多方面,而船舶检验的加强又成为航运业及造船业的有力推动。

第三节　明代船舶监造与检验的标准化管理

明代航海事业的发展颇为曲折,明初的郑和下西洋标志着中国古代航海事业达到顶峰,在世界航海史上产生重大影响。然而,随着这一航海壮举的落幕,明代官方航海一度走向衰落。明中晚期,在严酷禁海与有限开关政策下,民间航海蓬勃兴起。就船舶检验而言,由于明代造船厂实行了一系列造修和检验的标准化管理,使其在保障航运安全上作用明显,成就了其在中国古代船检史上极为重要的地位。

一、郑和下西洋与船舶检验

永乐三年(1405年)至宣德八年(1433年),伟大的航海家郑和先后七次率船队远航西太平洋与北印度洋的广阔水域,访问亚非几十个国家与地区,创造了我国古代航海最辉煌的业绩。这一壮举的出现,与明初的历史条件、造船技术以及船舶检验水平不可分割。

---

①《宋会要辑稿》食货一七之一五。
②《宋会要辑稿》食货一七之一八。
③《宋会要辑稿》食货一八之一五。
④《宋会要辑稿》食货一七之二五。
⑤赵汝适:《诸蕃志》,海南。
⑥《宋会要辑稿》食货一七之二六。
⑦同上。
⑧同上。

(一)郑和下西洋的历史条件和动因

明初,朱元璋为恢复元末战乱对社会经济的破坏,采取了一系列措施,使农业和手工业有了较快发展,为郑和下西洋提供了强大的经济后盾。在手工业发展的基础上,造船业更趋发达。明代造船厂遍及全国滨海临江地区,特别是明初都城南京,马船厂、快船厂、龙江船厂和宝船厂等,或并立或相沿,与有明一代相始终。明代所造船舶数量巨大、工艺先进、种类丰富,并实行严格的质量检验,为郑和下西洋提供了最切实的基础条件和技术保障。

宋元的航海思维和航海文明遗产,成为郑和下西洋的又一基础性条件。首先,宋元时代大量的航海实践,使远洋航海成为时人思维中的一种常态,这种思维常态以惯性的方式传递给明初的人们,使之自然接受。其次,宋元大量的航海文明遗产为新的航海高峰提供了很高的起点。譬如,开辟了"定量航海"时代航海罗盘的应用,有关海外风土及航行指南书籍的大量出现,驶帆、操舵、用锚等船艺的成熟与总结,以及船舶检验的思想和方法等等。

郑和下西洋的直接原因是明成祖朱棣的政治需要。朱棣推翻建文帝夺取皇位,于宗法和伦理所不容,因此急于树立威望以证实自己的合法地位,而诏谕国外、营造万邦臣服的外交盛况,是最好的途径之一。而且,专制帝王的"天朝大国"思想,在其制定国策时也发挥了重要作用。其次,建文帝的不知所终也一直是朱棣难除的心病,有传言建文帝蹈海而去,因此访查建文踪迹也成为一项重要的政治任务。再者,北方蒙元残余势力威胁犹在,若南方安定,则可避免腹背受敌的局面。此外,海外的奇珍异物对统治阶级有着无穷的吸引力。总之,郑和船队是奉皇帝之命到海外进行重要政治、外交与经济活动的官方船队,因此能够得以毕集当时最好的航海资源,从而成就了这一航海壮举。

(二)郑和宝船的监造与检验

远航异域,最重要的物质基础是船舶。郑和船队规模惊人、建制完备,每次船员均27000多人,各种海船200余艘。郑和船队中最重要的大型海船叫宝船,其体势巨大,"篷、帆、锚、舵,非二三百人莫能举动"①,第七次下西洋所用宝船63艘,"大者长四十四丈四尺,阔一十八丈;中者长三十七丈,阔一十五丈"②。除主力船型宝船外,还有其他辅助船型,如马船(兼作战、运输之用)、粮船(运输粮食与物资)、座船(指挥船)、战船(专司护航与作战)以及水船(汲取淡水)等。

明代官方设厂造船,上述主要船型均为专厂专造。据《明实录》,朱棣下诏指明建造宝船的就有两处:永乐六年(1408年)正月,"命工部造宝船四十八艘"③;永乐十七年(1419年)九月,"造宝船四十一艘"④。据刘义杰先生考证,宝船厂创建的时间应该是明永乐三年(1405年),并于永乐六年(1408年)开始奉命建造宝船,其地理位置应在南京城西三汊河(下新河)汇入长江的河口处。郑和第七次下西洋后,宝船厂被封存待用。嘉靖年间,宝船厂已经荒废,但仍有人看守。万历后期,宝船厂尚依稀可辨,可见宝船厂曾存在了200多年。

明朝官营船厂的管理十分严格,朝廷派员监督检验,以保证工期和质量;而对于宝船的建造与检验,无疑更加严格。由于郑和是下西洋的统帅,因此理应是宝船监造的主要负责人之一。应该说明的是,郑和所监造的船舶,并不只局限于宝船等下西洋船只,还有其他用途的船。宣宗皇帝曾因造船得法给予郑

---

①巩珍著,向达校注:《西洋番国志》,自序,中华书局,1982年。

②马欢著,万明校注:《明钞本〈瀛涯胜览〉校注》,宝船与人员,海洋出版社,2005年。

③《明太宗实录》卷七五。

④《明太宗实录》卷二一六。

和奖赏:"敕太监郑和:尔以所造龙船,乃差内官高定住进来,果然造得平稳轻妙,足见尔忠敬之心,朕甚嘉悦。"①这里所说的"龙船"显然是皇帝御用之船。其实有明一代,在南京设黄船厂专造皇家御用之船——黄船,但这黄船多为向北京皇宫递运器物、食品之用,与皇帝御乘的"龙船"不可同日而语。郑和可以监造工艺质量标准最高的"龙船",可以推知,一定是在监造下西洋宝船中积累了丰富的经验。而且,因为监造"龙船"得法,直接促成了宣宗朝唯一一次也是最后一次下西洋,可见,船舶监造与检验是下西洋的一个重要环节。

(三)七下西洋与船舶检验

仅从航海的角度而言,郑和下西洋船队如此之庞大,航程如此之辽远,航路如此之复杂,航期如此之漫长,却没有因为船的质量问题而发生大的航行事故,不能不称为奇迹,由此可以推知,船舶检验的严格是其重要原因之一。

永乐三年六月十五日(1405 年 7 月 11 日),郑和奉命第一次出使西洋,船队自刘家港启航,经福建休整,同年冬趁季风南下,历占城、爪哇、旧港(今苏门答腊巨港)、南巫里(今苏门答腊班达亚齐)、锡兰山(今斯里兰卡),最后抵古里(今印度卡利卡特);返航途中,擒获海盗陈祖义,于永乐五年九月二日(1407 年 10 月 2 日)回到南京。仅 11 日后,九月癸亥(十三日)郑和即率船队第二次下西洋,历时近两年,访问占城、爪哇、暹罗(今泰国)、满剌加(今马六甲)、柯枝(今印度柯钦)、古里(今印度西南部)等国,约于永乐七年(1409 年)七八月间回国。第三次下西洋始于永乐七年秋九月(1409 年 10 月),前期航路与第一次下西洋大同,至锡兰山船队分䑸,分别访问印度半岛沿岸各地;返航至锡兰山时,擒获屡屡作乱的国王亚烈苦奈儿,于永乐九年六月(1411 年 7 月)回京复命。前三次下西洋,间隔时间非常短暂,可谓马不停蹄,船不歇帆,刚刚返归,又奉诏命。此时在建宝船尚未使用,所用船只多为明初建造的各类海船,其严格的工艺质量要求和检验标准,使之能够满足前三次下西洋的需要,返回后只要稍作检验修整,即可再次出航。

由于前三次下西洋影响显著,郑和船队增加了接送和保护各国贡使的任务,原来的船只已经不能满足需要了,因此第三次下西洋返回后,郑和船队经过了较长时间的休整,历时两年多,一个重要原因是等待永乐六年(1408 年)开始建造的 48 艘宝船完工。这期间,郑和亲自参与宝船的督造事宜。据明人祝允明记载,宝船建造完毕经检验合格,又进行了两项工作,一是定序号,按一、二、三、四排序,反映船的大小;二是取船名,如"清和""长宁""惠康""安济""清远"等。② 一切准备工作就绪后,永乐十一年(1413 年)冬十月,郑和四下西洋,远航波斯湾、红海与东非海岸,于永乐十三年七月(1415 年 8 月)回国。永乐十五年(1417 年)冬,郑和第五次出航,遍访南亚、西亚各国,于永乐十七年七月(1419 年 8 月)返回。永乐十九年正月(1421 年 3 月),为送各国使臣返国及至各国封赐,郑和第六次出使西洋,历时 1 年半,于永乐二十年(1422 年)八月回国。这三次下西洋,西洋各国派出的使团人数愈增,所贡方物愈多,加之向西洋各国大量采购香料等物,需要更多更大、安全性更高的宝船来载运。因此,永乐十七年(1419 年)又造宝船 41 艘,并进行严格的督造和检验。

六下西洋之后,时隔 8 年,宣德五年(1430 年)六月,郑和再次奉诏,筹备最后一次下西洋。据《瀛涯胜览》记载,第七次下西洋船队规模更胜以往:"宝船六十三只:大者长四十四丈四尺,阔一十八丈;中者长三十七丈,阔一十五丈。"如此巨型海船,如果没有高超的工艺技术和严格的检验水平是不可想象的。据《前闻记》载,船队于奉诏当年十二月六日龙湾起航,宣德七年(1432 年)十二月二十五日到忽鲁谟斯

---

①《明宣宗实录》卷六八。

②祝允明:《前闻记》,下西洋。

(今霍尔木兹海峡格什姆岛),八年(1433年)二月十八日回洋,七月六日到京。① 在返航古里时,伟大航海家郑和与世长辞。

郑和下西洋作为中国古代的航海盛举,集中展示了我国悠久的航海传统、先进的航海文明和勇于探索的航海精神,无论在船队和人员规模、航区范围、航路里程、航海技术能力,以及航海工具发展水平上,在当时都无与伦比。而如此规模大、次数多、历时久的远洋航行,竟然没有发生一次大的事故,每次都按计划顺利完成航行任务,原因也是多方面的,其中标准化、制度化的船舶监造和检验发挥了至关重要的作用。

二、民间航海政策变化与船舶检验

明代在创造了郑和下西洋这一航海壮举的同时,却对民间实行严格的"海禁"。然而,历史潮流和世界航海发展大势毕竟不可阻挡,民间航海在官方的严格制约下顽强生存,乃至勃兴。至隆庆朝,在各方条件共同作用下,官府不得不宣布"开禁"。明代对于民间船舶的管理与检验,随着"禁"与"开"的变化,内容亦有所不同。

(一)"海禁"政策对民船的限制

缘于"防海御倭"等原因,明代立国之初,朱元璋就规定"片板不许入海"②。这一政策可谓严酷,即禁绝一切航海活动。终洪武一朝,明太祖一直在厉申禁海,没有松动。"禁海"令除了以政策的形式颁布外,明政府又在《大明律》中以法律的形式加以规定,有对"人"和"货"的规定,如"敢有私下诸番互市者,必置之重法,凡番香、番货皆不许贩鬻,其现有者限以三月销尽";"番货到来,私买贩卖苏木、胡椒至一千斤以上者,……发边卫充军"等等。也有对"船"的规定,"擅造三桅以上违式大船,将带违禁货物下海,前往番国买卖,……正犯比照已行律处斩,仍枭首示众,全家发边卫充军。其打造前项海船,卖与夷人图利者,比照将应禁军器下海者"。可见,当时的船舶,"三桅以上"即为"违式",当在查处之列。

永乐时期,朝廷举全国之力大搞"赍赐航海",派郑和下西洋,创造了空前的航海盛举,然而对于民间航海依然"遵洪武事例禁治"③。永乐二年(1404年),明成祖朱棣发布诏令,"禁民间海船。原有民间海船悉改为平头船,所在有司防其出入"④。小型平头船因为抗风浪能力较差,不适宜远洋航行,这一改造,目的是从航海工具上禁绝海外贸易。宣德年间,针对沿海官民私造海船的现象,宣宗皇帝诏谕严禁。值得一提的是,宣德四年(1429年),于内河创设钞关,对商船"除收商税外,量舟之梁头修广,而差其额,按尺征钞,寻以钞一贯折银三厘,谓之船钞"⑤。"船钞"一词为清代所沿用。

正统、景泰、天顺、成化、弘治、正德六朝,统治集团内部对于民间航海形成两派意见,部分官员特别是沿海地方官员,主张开海禁,抽取市舶税收以充实国库,而保守派则力主严海禁,并且占据上风。

正德六年(1511年),葡萄牙舰队强行闯关,标志着所谓的"朝贡贸易"事实上破产。另一方面,至嘉靖末,民间航海贸易在严禁下逐步壮大,以武装走私的形式,频繁活动于东南海疆,专事劫掠的"倭寇"和"海盗"也乘机为祸。为应付此种局面,朝廷一再强化"海禁",以整肃海疆。除对"人"和"货"一律严查外,对"船"的限制尤为严格。嘉靖三年(1524年),刑部官员奏议,对于"如会同馆内外军民例,揽造违式

①祝允明:《前闻记》,下西洋。

②《明史·朱纨传》。

③《明太宗实录》卷一〇。

④《明太宗实录》卷二七。

⑤应宝时:《上海县志》卷二,建置,城池。

海舡私鬻番夷者”,“宜严定律例”①。嘉靖四年(1525年)八月,诏“浙福二省巡按官,查海船但双桅者即捕之”②,明初颁布的《大明律》规定,“三桅以上”的船舶为“违式”,而至此时,“双桅”即为“违式”,可见对海船尺寸的限制更严了。嘉靖八年(1529年),针对有沿海备倭军官接受牙行贿赂,“纵令私船入海为盗,通易番货,劫掠地方”的事件,嘉靖皇帝“令巡视都御史亲诣地方勘审”,“并出给榜文,禁沿海居民毋得私充牙行,居积番货,以为窝主。势豪违禁大船,悉报官拆毁,以杜后患,违者一体重治”③。嘉靖十二年(1533年),重申“一切违禁大船,尽数毁之”,并命“各巡按御史,速查连年纵寇及纵造海船官,具以名闻”④。至此,对海船的限制达到最严苛的地步,“违禁大船”直接拆毁,以釜底抽薪的方式杜绝民间航海者下海贸易的可能。及至嘉靖中期,连一般的出海捕鱼与航运都不允许。然而,如此严酷的“海禁”并没有真正禁绝民间的航海贸易活动,相反,官方的海外贸易却日渐萧条,已成为日常生活必需品的“番货”供应困难,因此不得不派人到沿海通番地方,设法从黑市购买。这说明朝廷事实上承认了“海禁”政策的失败。因此,官僚集团特别是闽、广地方官员中一直有人主张开海贸易。及至嘉靖后期,“倭患”逐渐平息,朝廷也有人主张开禁了。嘉靖三十五年(1556年),兵部尚书赵文华奏:“宜令督抚等官,止禁通番大船,其余各听海道官编成排甲,稽察出入,照旧采捕。”⑤赵文华的奏议,虽然对海外贸易船只依旧禁止,但对采捕小船“编甲”管理后允许出海,表明“海禁”政策开始松动。

综上,从明初到嘉靖末,在“海禁”的总基调下,政府部门对于民间船舶的管理重点在于对通番海船尺寸的限制,目的是剥夺民间的航海贸易自由。

(二)隆庆“开禁”与船舶检验

隆庆改元(1567年),在福建巡抚都御使涂泽民等建言下,穆宗皇帝正式下令开海,明初以来的“海禁”政策至此告一段落。发生这种变化可谓大势使然,其一,“倭患”逐渐平息,海防形势好转;其二,明政府财政困难,需要新辟财源;其三,海外贸易禁之不绝,而且日渐做大,不如因势利导;其四,国际航海贸易新秩序已然形成,中国不可避免地被裹挟其中。

然而,所谓“开禁”,只是有限的开放,民间海商并不可以自由赴海外贸易,一切都要在政府严格控制之下。因此有时人评价,隆庆“开禁”,不过是“于通之之中,申禁之之法”⑥,集中表现在对出海商船的严格限制上。

商船欲出海贸易,必须申请“引票”,“原给引时商船量报梁头登引”,即将商船梁头尺寸在“引票”上注明,以为抽取“水饷”(即“船税”)的依据。此外,对于船货,海商须填写“印信官单”送官查验,“如所报有差错,船没官;货物斤数不同,货没官”,后为防止官员改单作弊,“将道印官单于请引时发下商人,令诸在船散商亲填货物多寡,如不能书者即写代笔某人,与主商梁头阔狭,备造官册,随送随验,隐报者如律究治”⑦。

隆庆时,官发“引票”才50张,万历时才增至100张,这对于广大海商来说无异于杯水车薪,因此,私贩者仍大有人在。为防止无“引”下海的现象,开海伊始,明廷将福建漳州的月港定为海商请“引”出海的唯一合法地点,商船要在这里经过盘验后才可放行。原属军事机构的海防馆,与海澄县治共同管理民间

①《明世宗实录》卷三八。
②《明世宗实录》卷五四。
③《明世宗实录》卷一〇八。
④《明世宗实录》卷一五四。
⑤《明世宗实录》卷四四二。
⑥许孚远:《敬和堂集》卷五,疏通海禁疏。
⑦张燮:《东西洋考》卷七,饷税考。

航海贸易。至万历初,海防馆易名督饷馆。督饷馆批准的出海商船还须“于厦门盘验,始放开驾”。万历四十五年(1617年),通判王起宗以“厦门无驻扎处”为由,“议于圭屿再建公馆一区,于验船为便”。这样,商船“随至随验,以便起货”。这可以说是开明官员体恤海商的一项“仁政”,因为“海舟入澳跋涉,久而几坏,装载重而甚危,而巨飓时作,覆没堪虞,乃衙门吏胥不饱欲壑,不为禀验,以致风水叵测,阁破湿漏”,因而规定“船至即行抽验,限以三日为期,不得踰期刁难,违者究治”①。“随至随验”不仅为海商赢得了宝贵时间,对船舶安全也大有好处。

设置督饷馆的主要目的是向海商收税。“开海”后,明政府对海商课以重税,名目繁多。一是“引税”,即办理“出海许可证”所缴纳的税金。二是“水饷”,即船税,“以船广狭为准”,向船商征收。原本“以梁头尺寸为定,载在成册”,后为防止船商“克减尺寸”的作弊行为,“以十月修船时,饷官躬诣,从腹阔处看量尺寸,编记天、地、玄、黄字号,以某船往某处给引,其同澳即照字号规则依纳水饷,不必复量梁头,其约省商费,固无量也”②。万历三年(1575年),根据海防官员议定,实施了《东西洋船水饷等第规则》,船税按船舶宽度逐级递加,“船阔一丈六尺以上,每尺抽税银五两,一船该银八十两;一丈七尺以上阔船,每尺抽税银五两五钱,一船该银九十三两五钱”,以此类推,至“二丈六尺以上阔船,每尺抽税银十两,一船该银二百六十两”。这是贩西洋船的抽税标准,“贩东洋船每船照西洋船丈尺税则,量抽十分之七”③。三是“陆饷”,即按照货物数量、种类、等级等,折成银两,向铺商征收。除此三大固定税种外,针对从吕宋归国商舶只有银钱而无其他船货的情况,征收银两,叫做“加增饷”。另还有“菓子银”“头鬃费”等各种名目。

隆庆“开禁”后对出海贸易船舶的检验,主要功能在于两个方面,一是对出海商船加以限制,以达到“名为开海,实则禁海”的目的;二则抽取船税,在以经济手段限制船商发展的同时,增加朝廷的财政收入。在开明官员的建议下,“随至随验”制度对保障商船安全起到了积极的作用。

三、官营与私营船厂船舶造修与检验

明代造船业较之宋元更为发达,官营造船厂遍布濒海临江地区,规模之大,配套之全,质量之高,检验之严,均达到历史最高水平。船舶造修从原材料的审核,到造修过程的监督,最后到交付时的勘验等,也都有一套严格的、标准化的管理制度。正是因为有如此技术先进、管理科学的造船业,才会有郑和下西洋的航海壮举。而私营船厂的工艺质量要求和检验标准甚至高于官营船厂。

(一)发达的造船业

明代的造船业最初兴起于防海备倭和海运漕粮的需要。立国之初,水上军事活动频繁,与陈友谅、方国珍残部海上争夺,转运军饷北征蒙元,以及防御从洪武初年就开始的“倭患”。洪武元年(1368年)二月,朱元璋“诏御史大夫汤和还明州造海舟,漕运北征军饷”④。但此时,明水军的舟船多是缴获而得。从洪武五年(1372年)以后的六七年间,为抵御倭寇对东南沿海的不断袭扰,朱元璋多次下诏在浙、闽两省建造“备倭”海船。洪武十三年(1380年)六月,朱元璋又重新起用一批已赋闲的将领前往江南诸府州县督造海船。洪武十七年(1384年)八月,荥阳侯郑遇春、东川侯胡海“于金吾诸卫造海船一百八十艘”⑤,

①张燮:《东西洋考》卷七,饷税考。

②同上。

③同上。

④《明太祖实录》卷三十。

⑤《明太祖实录》卷一六四。

以“运饷辽东”①。从此,南京成为明代最重要的造船中心。

洪武后期,造船厂分布愈加广泛,洪武二十六年(1393 年)规定,“如或新造海运船只,须要量产木、水便地方差人打造”②。随后,官营造船厂遍布全国南北濒海临江地区,除南京造船中心外,江苏的太仓、仪征和清江,福建的漳州、泉州和福州,浙江的明州,山东的临清、登州,河北的直沽,辽东的金州、海州,以及广东的广州、潮州等,都是造船厂集中分布地区。

明代造船厂所造船舶种类齐全,各擅其用,“凡舟车之制,曰黄船,以供御用;曰遮洋船,以转漕于海;曰浅船,以转漕于河;曰马船、曰风快船,以供送官物;曰备倭船、曰战船,以御寇贼”③。当然,还有为郑和下西洋专门建造的宝船。据《明会典》,官造船舶分为黄船、马船、快船、海运船、供应船、后湖船、备倭船、战船和粮船,其中粮船又分为浅船和遮洋船两种。《筹海图编》与《武备志》所述战船,以产地分为广船、福船和沙船。《漕船志》所述漕船,以长江以北海运沙船和内河漕船为主。还有一种大型海船——册封舟,为出使琉球而专门打造。明中叶后,以葡萄牙战船为代表的西方战船开始活动于我国东南沿海,日益威胁海疆的安全,有识之士仿其形式,制造了蜈蚣船。

明代官营造船厂设施完备,管理规范,船舶的造修从原材料投入,到造修过程监控,最后到交付使用,有一套完整的、严格的标准化制度。南京作为终明一朝的造船中心,其造船厂的船舶造修及检验管理最为规范。

(二)南京造船厂概况及隶属关系

这里所谓的“南京造船厂”,并非为某一造船厂的专名,而是明代南京地区不同时期各个官营造船厂的总称。关于南京造船厂,有明人所作并流传于后世的 4 部专著,分别为沈啓的《南船纪》和李昭祥的《龙江船厂志》以及未署专名的《船政》和倪涑的《船政新书》。沈啓和李昭祥均为南京工部营缮清吏司主事,倪涑为南京兵部车驾清吏司主事,而《船政》亦为南京兵部车驾清吏司主持修撰。

根据这 4 部专著,除册封舟外,上述几乎所有船型都曾在南京建造,而黄船和宝船更是只在南京打造,并且各船种都是专厂专造。对于南京各造船厂沿革情况及其隶属关系如下④:

1.造船厂(马船厂)和拨船厂(快船厂)

属南京兵部车驾清吏司(即船政分司)管辖,初设时分别称“造船厂”和“拨船厂”:造船厂负责造船,拨船厂负责修船。后因造船厂主要建造马船,拨船厂主要修造快船,万历十四年(1586 年)四月,经皇帝审批,“其拨船厂改为快船厂,造船厂改为马船厂”。至于两厂直接管理者,“快船厂于锦衣等四十卫拣选贤能掌印指挥一员带管,马船厂以江济二卫掌印官带管”⑤。两厂实为江淮、济川两个卫所的船厂,“今马船厂为江淮船厂,快船厂为济川船厂”⑥。据《船政》“议造样船”一章载明造、拨二厂所造修的船舶的型制,“南京兵部车驾清吏司照得造、拨两厂造修南京锦衣卫等四十卫,快、平船只”⑦。造船厂和拨船厂以及后来的马船厂和快船厂均隶兵部。

2.黄船厂

《南畿志》载:“黄船厂、宝船厂、拨船厂并在城西,以充运载。”⑧又据《船政新书》:“照得船政,设三厂

①《明史·郑遇春传》。

②《明会典》卷二〇〇,河渠五,船只。

③《明史·职官志》。

④参见刘义杰:《南京造船厂探微》,《海交史研究》,2010 年第 1 期。

⑤倪涑:《船政新书》卷一,题稿部咨。

⑥倪涑:《船政新书》卷四,客问。

⑦明南京兵部车驾清吏司:《船政》,议造样船。

⑧闻人诠修,陈沂纂:《南畿志》卷一。

把总，岁终，会同科道举劾，盖所以专事权而示激励也。然黄船厂专管黄船是矣。"很明显，黄船厂为只管打造黄船的专门船厂。因其皇家船厂的特殊地位，管理也较为特别，"黄船厂官，亦由该部（按：指南京工部）径自选补"①，而且"黄船之编审由兵科，修造由工部，拨差由外守备，驾司第移文知会而已"②。

3.龙江厂

龙江厂位于南京城西北，于洪武初年开设，与龙江提举司均隶南京工部营缮清吏司管辖，联署办公，且主事者常为一人。龙江厂所造修船舶随着时间而有所变化："国初设厂以来，厂外原有田地塘埂，递年召人佃种。比照税粮，计亩出办桐油、黄麻，收贮司库，以待修造黄、战等船之用。不敷，又将瓦屑坝、抽分场空地俱拨提举司召佃，亦照前例征办油麻。后因海运等大船渐次裁减，厂地空闲数多，正统、天顺间，附近居民侵占耕种，冒认上元县及各卫所税粮、屯粮。"③可见，龙江厂最初造修的船种有黄船、战船以及海运大船等。此外还有漕船，据《漕船志》，从洪武元年（1368 年）诏办漕运至洪武三十年（1397 年）"议海运辽东以给军饷"，"当时，每年会计粮运应用船只，俱派湖广、四川诸省产木近水州县，军民相兼成造，亦有造于龙江关者"④。后由于黄船、战船均由专厂专造，海运又逐渐废弛，万历间，龙江厂开始专事内河漕船的修造。

4.宝船厂

郑和宝船型制为海船，南京兵部车驾清吏司专门负责海船建造，因此宝船厂隶南京兵部当无疑问。郑和之后，宝船停造，宝船厂或继续建造其他各类海船。在停止下西洋的 20 多年后，宝船厂建制犹在，景泰元年（1450）九月，"修造遮洋船，乞于宝船厂见卸木料支用"⑤。后随着海运终止，宝船厂亦被废弃不用，至嘉靖中后期已经破败不堪，"今厂库鞠为茂草"，只因"该厂有宝库，故取拨匠丁赴厂看守"⑥。

以上各厂行政上各有隶属，各自为政，造修的船舶种类各有侧重，有时又相互交叉，共同形成了南京造船中心。

（三）南京造船厂船舶造修与检验的标准化

南京各船厂的管理十分规范严格，有专门的机构与官吏，有明确的制度规章，而船舶造修过程更是有一套完备的、标准化的管理办法，以保证节省投入、造修质量和完工期限。如上所述，南京各造船厂分隶南京兵部车驾清吏司和南京工部营缮清吏司掌管，两部司长官称"主事"，统管船舶造修及检验等相关事宜。此外，从"成本投入"到"造修监督"最后到"交付验收"，各环节另有船厂相关官员以及职事人等参与管理，可以说船舶造修过程即船舶检验过程，因而此三个环节亦可称为"定损定料检验""造修工艺检验"和"完工检验"。

1.定损定料检验

各船厂都承担造新船和修旧船的业务，造修船只分为"成造、拆造、大修、中修、小修五项"⑦，所谓"成造"，即为造新船。造新船的第一环节是"依例计造木料等项"⑧，对成本进行严格控制。《南船纪》将所录各船型工料数目详细备载，以为标准。

①倪涷：《船政新书》卷四，黄船续集。

②倪涷：《船政新书》卷二，船政弊害缘由。

③李昭祥：《龙江船厂志》卷五，敛财志，地课。

④席书：《漕船志》卷一，建置。

⑤《明英宗实录》卷一九六。

⑥李昭祥：《龙江船厂志》卷三，官司志，杂役附。

⑦明南京兵部车驾清吏司：《船政》，造修事宜。

⑧李昭祥：《龙江船厂志》卷一，训典志，典章。

自“拆造”以下四项都是对旧船的翻修。翻修旧船首先须验船定损,“合用工料多寡,俱照船身损坏剂量”①。验船定损十分重要,“若勘验不精,致被小甲通同匠作,虚捏开报,或是委官、匠作故生弊端,有应小修者勘作大中修,应大中修者勘作拆造;又有应拆造者止勘大中修,应大中修者止勘小修。捏勘则亏官,减勘则害甲,似此深为不便”②。

验船定损分为两步,第一步由“厂卫初验”,最初参与者“既有该卫厂指挥、把总矣,又有别卫指挥、经历”,后因这些官员“钻求重勘,索诈多端”而“尽禁革”,“止该厂把总,带该船委官、小甲、木匠、识字各壹人,将本船周围损坏去处,逐一量记丈尺,填注勘册,估定等则,总具揭帖送部,以凭亲临覆勘”。③ 初检要求十分细致,船体上一切部件,甚至包括各种缆绳、水缸、水桶、淘米盆等“浮动什物”,均须“逐一眼同查验,务要周到”④,然后,按照检验结果填具“勘船单”。“勘船单”为事先“刊刻印定”,上面开列“卫分委官、小甲、帮甲、余丁姓名,曾否造修,远近年分”等项,而主要项目是“备将船身处所长短广狭,并一应什物空立前件”。验船完毕,“于(勘船单)前件项下,批注损坏长短阔狭、丈尺多寡”,同时“在船坏处,仍油灰抹书号”⑤以为标记。“勘船单”填写完毕,作为验船报告的主要部分呈送部司。

部司接到厂卫验船报告后,派官员亲到船厂“覆勘”,即为第二步,“部司复检”。对于赴厂检验的部司官员人数、伙食费用和工作纪律都有严格规定,“旧例本司勘船,皆多带官从,以示体面,又发官银贰钱与快船厂,使之办饭。贰叁日内,所用不下伍陆金,而官役乘机科派,殊非法纪。今止带夫皂肆伍人,每人日给俸钱拾文,使自买饭食,亦不许跟上各船”。部司官员到船厂后,“即带该厂人役,将原造勘册,所开损坏去处,随意点出,亲验有无相同、增减等则”⑥。可见,“部司复检”重点在查看“厂卫初检”报告是否真实,以给出最终的定损等级。然而“估船定等,奸弊最多,向无定准,致奸甲专事夤缘。且损多等重,反以船损为利,不复爱惜”,针对此种弊端,万历后定等“大约以年分为主,如年分未及,而船已多朽,势不得不从重者,虽依其等则,而仍须酌量减其料价。庶各甲以船为命,自知爱惜,木料不堪者,必不肯领,各厂亦不敢收矣”。⑦

“验船不多委官役”,并使用“勘船单”,体现了制度设计上的严密,因为“各官钻求委用,其心岂真欲除奸剔蠹,竭力公家耶?祇令各甲,多分例几倍耳。把总举刺所关,分委他官,反使得逃其责矣。等则高下,由损坏多少,据册抽验,尚有可凭。不犹愈他官之口报耶!要之此事。不能无弊。但使弊少害苏,则善矣”⑧。

“部司复检”完毕,按照确定的成造、拆造、大修、中修、小修等级拨给物料。

南京兵部车驾清吏司勘船单⑨

南京兵部车驾清吏司为造修船只以备差拨事:照得南京锦衣等四十卫,快平船只虽经题奉明例,验估给银,官修官造,不许科扰帮甲,但觅利之徒已成槽局,船一兴工,便登垄断,官甲因而派价,匠作利于冒工。材犹可用,指摘瑕类而斩为爨薪;工尚未完,假托弃余而取为私器。祇图科敛之多,全无撙节之意。

①明南京兵部车驾清吏司:《船政》,造修事宜。
②同上。
③倪涷:《船政新书》卷三,造修船只之法。
④明南京兵部车驾清吏司:《船政》,造修事宜。
⑤同上。
⑥倪涷:《船政新书》卷三,造修船只之法。
⑦同上。
⑧倪涷:《船政新书》卷四,客问。
⑨据宁波市天一阁博物馆藏明嘉靖刻本《船政》制作。

再照成造快船，先年议有式样，如遇损坏，止据拨船厂揭帖，开报年分浅深，损坏多寡，定与成造，并大中修理。本司俱是临时查验，未经细勘，将船车绞上岸，该厂称说损坏数多，给领官价之外，不免派甲陪补。工完之日，亦止据该厂申报工料银两数目揭册查照。其间科害花销之弊，难与核实，此贫甲所以愈困，德意所以不流也。为此，除禀堂外，今置文册，开立卫分委官、小甲、帮甲、余丁姓名，曾否造修，远近年分，备将船身处所，长短广狭，并一应什物，空立前件，刊刻印定发仰。会同拨船厂把总等官，先将各卫嘉靖贰拾伍年分轮拨船只，顺序湾泊坞内，登船逐一细勘，于前件项下，批注损坏长短阔狭，丈尺多寡。在船坏处，仍油灰抹书号，候本司覆勘的实，酌量工程大小，定其成造、大、中修理，庶事无遁情，而人难欺蔽矣。须至单者。

右　附　讫

嘉靖贰拾肆年捌月　十五　日给

司　押

卫委官千户 第　　号快船 小甲	帮甲　　名	余下拾肆名
底板 前件	左右帮底板 前件	左右拖泥板 前件
左右栈板 前件	左右插稍板 前件	左右广东当板 前件
左右出脚 前件	左右康 前件	搪浪板 前件
猪嘴梁壹座 前件	提头梁壹座脚梁加梁拐梁 前件	头桅后第壹座班头梁脚梁加梁 前件
第贰座满梁脚梁加梁 前件	第三座马口仓梁脚梁加梁拐梁 前件	第肆座马口仓梁脚梁加梁拐梁 前件
第伍座马口仓梁脚梁加梁拐梁 前件	第陆座使风梁脚梁加梁 前件	第柒座满梁脚梁加梁 前件
第捌座太平仓梁脚梁加梁拐梁 前件	第玖座水仓梁脚梁加梁拐梁 前件	第拾座神堂仓梁脚梁加梁拐梁 前件
第拾壹座下官仓梁脚梁加梁拐梁 前件	第拾贰座下官仓梁脚梁加梁拐梁 前件	第拾三座正铺梁后梁脚梁加梁 前件
第拾肆座断水梁脚梁加梁 前件	大龙骨贰根 前件	夹桅龙骨贰根挑稍龙骨贰根 前件
伏狮头壹根 前件	铺头板壹副托梁肆根 前件	左右厰堂板 前件
闷头小厰板 前件	左右稍小厰板并子口贰根 前件	将军柱贰个 前件
将军柱面梁壹块 前件	头桅面梁壹块 前件	大桅面梁壹块 前件
挽脚梁壹根 前件	土墙板贰块 前件	头拿狮贰根撒当板贰条 前件

续上表

左右头护腮板贰块 前件	左右拦水 前件	稍伏狮壹根挑稍板壹块 前件
稍拿狮贰根撇当板贰条 前件	左右稍护腮板 前件	左右稍接脚板 前件
开稍板陆块 前件	花梁板三块壹字梁板壹块 前件	草鞋底贰块 前件
皂门梁壹座 前件	眠肘贰根 前件	左右竖肘陆根 前件
落仓柱拾贰根 前件	管头枋壹块地脚枋壹块 前件	管头照面板壹槽 前件
左右挂枋贰根 前件	左右地脚枋四根 前件	左右平盘板贰块 前件
长楼板壹副 前件	长弯梁伍根 前件	左右老鼠桥贰根 前件
神堂仓云头板贰块靠背梁壹座 前件	闷头锁伏板并子口枧槽 前件	日晒锁伏板 前件
枧槽拾贰块 前件	夹桅锁伏板 前件	八尺锁伏板 前件
铺稍板壹副托梁肆根 前件	梳背梁壹座柱子贰根 前件	狗脑梁壹块 前件
□□□□雨搭贰拾扇 前件	大桅后腰装板壹槽上下枋贰根 前件	左右挂钩贰拾个 前件
官仓壁尺拾根 前件	官仓抱柱肆根 前件	抢车贰个 前件
上官仓正铺床面壹张 前件	上下官仓地平共拾柒扇 前件	桅后仓平门肆扇 前件
上官仓平门肆扇 前件	裙板贰块 前件	脚踏贰个 前件
左右亮槅拾贰扇 前件	暖槅肆扇 前件	神堂壹座 前件
下官仓三铺床面 前件	下官仓梯子壹张 前件	稍篷桁条肆根并竹席 前件
千金木贰根 前件	稍篷架壹座板壹槽 前件	登脚杩子壹根板壹块 前件
碗厨壹座 前件	中路□伏板 前件	闷头仓内肆铺板 前件
上官仓正铺板 前件	下官仓三铺板 前件	八尺下面铺板 前件
头桅壹根绑铃壹根 前件	头桅夹贰块范臼壹个 前件	大桅壹根绑铃壹根哨杆壹根 前件
大桅夹贰块范臼壹个 前件	头大桅拴贰根桅点壹根 前件	头大桅挨亶贰根 前件

续上表

舵扇板 前件	舵杆壹根舵牙壹根 前件	舵中夹下夹 前件
舵搭脑□夹 前件	更蓬壹座 前件	替狮木壹根登脚杩子贰根 前件
随船浮动什物	大跳壹块 前件	小跳壹块 前件
头篷壹扇 前件	大篷壹扇 前件	橹贰张 前件
橹跳板肆块 前件	槁子拾伍根连拐罇 前件	招杆壹根 前件
挽子贰把 前件	稍棍肆根 前件	铁锚壹口 前件
戽斗壹个 前件	水牌壹面 前件	水桶壹副 前件
吊桶壹个 前件	淘米盆壹个 前件	板凳贰条 前件
牌架壹座 前件	浇管壹个 前件	榔头壹个 前件
水楲贰个 前件	梆子壹个 前件	党□壹副 前件
铁攀头壹副 前件	大黄旗壹面 前件	夜不收旗壹面 前件
旗杆贰根 前件	明瓦灯笼贰个 前件	水缸壹口 前件
锅灶贰个 前件	走三叁挂 前件	揎撩贰根 前件
迎□壹根 前件	上马索壹根 前件	橹崩绳一根 前件
锚本身壹根 前件	锚□壹根 前件	吊舵绳壹根 前件
箍头绳壹根 前件	攀头绳壹根 前件	脚索贰副 前件
旗线索壹根 前件	度力贰根 前件	牵亶贰根 前件
□披贰根 前件	攸篷贰根 前件	本船 年成造 年大修 年中修 年小修
带缆贰根 前件	□□旗枪并架 前件	

2.造修工艺检验

定损定料完毕，船厂即领取物料开工造修。整个工程由部司派员监督，连同船厂委官等，对用料多寡以及工艺质量进行即时检验，以保证按期“如样”完工。

《南船纪》《船政》和《龙江船厂志》刊载了各种船型图式,并将尺寸、规制、用料等项详细载明,目的是让承担造修任务的匠作按图施工,以免偷奸使弊。据《船政》,造修船只均须"尊定式","照得马、快、平船,长短广狭俱有原定丈尺。近访得,积年匠作或多通同夫甲,妄意增减,预图揽载之利者,使大其量而有容,间存省料之心者,虽小其材而亦用事,属固违,法难轻贷。今次造修船只,匠役务要恪遵原定丈尺,如法造作。本职每日诣原厂看工,即带原画图样,随将船身前后内外,板木对象,长短、广狭、厚薄、尺寸,逐一查对。如有违式增减,定将匠作治罪,仍追工食,官甲连坐。"①可见,船舶造修期间,部司官员以原定图样为准,每日赴厂验工,如果发现不按"定式"造修,即将各责任人一并治罪。

"定式"从何而来?以造、拨两厂为例,"先年系是各船帮甲领银承认造修,合用一应匠作工费俱无定规,任凭甲匠人等科派花消。船工紧急,将故板稀钉苟且完事"。为革除此种弊端,南京兵部车驾清吏司组织匠作,"拆造、大中修样船七只,照依勘定拆造、大中修理等第,造修样船。自兴事之日至于竣工,凡寸木个钉之用,一夫半食之费,备细登记,发去钤印官簿稽考"②。样船造成后,其船式和各种数据指标即作为造修同类船只的定式和标准。

如此"按图索骥"式的规定,主要目的是"慎修理以节财用",因为造修环节往往存在很大的弊端,"每大中修,该厂匠作希图修舱日久,破冒工银,不顾船身好歹,恣意拆毁;各卫委官小甲人等,只要多派帮银,全不省惜,以致工料倍费,船不坚牢,深为未便"。为杜绝人为浪费工料现象,修船时要填写"修船单","照对勘单(勘船单),责令委官督率小甲匠作人等,从实拆修,逐一填注前件项下,中间损坏有勘单未注拆动才知者,有因修坏处傍及别板者,具揭呈禀填注",此外,还要注明大木匠、细木匠等各种匠作人数、"工食"和"工价"以及"用过木植、油灰、钉锔、麻觔并搭棚费用银两的确数目",而且"匠作姓名亦要书记",如果"修不坚牢,责追工银陪舱"。③ 可见,"修船单"是对船舶用料以及工艺质量检验的直接凭据。

南京兵部车驾清吏司修船单④

南京兵部车驾清吏司为慎修理以节财用事:照得南京锦衣等四十卫快平船只,每大中修,该厂匠作希图修舱日久,破冒工银,不顾船身好歹,恣意拆毁,各卫委官、小甲人等,只要多派帮银,全不省惜,以致工料倍费,船不坚牢,深为未便。为此,除禀堂外,仰该厂把总官将发去修船单,照对勘单,责令委官督率小甲、匠作人等,从实拆修,逐一填注前件项下。中间损坏有勘单未注拆动才知者,有因修坏处傍及别板者,具揭呈禀填注。并计算大修船用大木匠若干,细木匠若干,舱匠若干,锯匠若干,打灰、拽钻、帮工各若干,拽船上岸下水用人若干,该作工食若干,及油画匠工价若干,中修者分照各色所用工食亦若干。其估定工食,不论限内工完早晚,任从各匠添人帮造,但有先完者,一并准给原定工食,仍将用过木植、油灰、钉锔、麻觔并搭棚费用银两,的确数目开报,以凭稽考。匠作姓名,亦要书记,修不坚牢,责追工银陪舱。该厂把总官,务体部堂节财至意,严加觉察,毋沿旧习视作泛常,查访得出,一体参究不恕。须至单者。

右　附　讫

嘉靖二十四年　　月　日给

司　押

①明南京兵部车驾清吏司:《船政》,造修事宜。

②同上。

③同上。

④据宁波市天一阁博物馆藏明嘉靖刻本《船政》制作。

卫委官千户 第　号快船 小甲	匠作	
底板以下前件同勘船单		
合用各色匠作人役		
大木匠 前件	细木匠 前件	艌匠 前件
锯匠 前件	打灰匠 前件	拽钻帮工 前件
拽船上岸下水 前件	画匠 前件	油匠 前件
合用木植钉灰油蔴等项料物		
楠木 前件	榆木 前件	杉木 前件
柏木 前件	桐油 前件	钉 前件
锔 前件	黄蔴 前件	苘麻 前件
石灰 前件		

南京造船厂的船舶造修工艺检验，体现了明代船舶检验的核心制度——标准化。部司以原有船型图式作为标准，每日按图验工，监督匠作务必“如法造作”。“修船单”与“勘船单”对照使用，详细开列工、料额数，是船舶检验标准化得以实现的具体手段。

3.完工检验

船舶造修完毕，“该厂呈报部司，即会同科道，知会运官，一同验装”①。所谓“验装”，即对船舶的装配性能进行检验。如果修完的船只为预备船只，也要先验装，再拨给各运输单位。船厂和部司作为船舶造修责任单位和主管部门，理应派官参与检验；“运官”作为船舶接收和使用单位的代表，参与检验也在情理之中。而“科道官”也参与其中，足见朝廷对船舶检验的重视。“科道官”是明代对六科给事中与都察院十三道监察御史的总称。朱元璋定鼎南京后，设吏、户、礼、兵、刑、工六科给事中，侍从皇帝左右随时谏言，其职守为推举人才、纠劾官吏、督察六部、评议政事。又设都察院，下分十三道，置监察御史等官，其职守为巡按京城和地方，纠察百司、考课官吏、整肃风纪。迁都北京后，南京科道官制依然保留。可见，科道官职掌风纪督察，事关吏治，虽然品秩不高，但责任不轻。张居正《请宥言官以彰圣德疏》言，“窃以为科道乃朝廷耳目之官”②。科道官参与船舶检验，除表明船舶检验事关重大外，更为重要的是，作为“第三方”，能最大程度地保证船检结果的客观公正，体现了明代船舶检验制度的合理性和先进性。

经过“验装”，如各项指标合格，则还有最后一项工作——验烙字号和姓名。“船完之日，编为字号，次第验烙；仍将经造官匠姓名刻于船尾。如无故早坏一年，于官匠名下追补一分，二年递加。”③可见，验烙字号和姓名，首先出于追责的考虑，此外，还另有原因：“各差先后原有定期，旧因船号错乱，无可凭据。

①倪涷：《船政新书》卷三，差拨验装之法。

②《张文忠公奏疏抄》卷一。

③《明会典》卷二〇〇，河渠五，船只。

又运官多先期咨讨,图夫役之用。而奸甲寅缘推就,以致奸弊多端。今船号既定,次序昭然。”①这道检验完成之后,造修之船才可以出厂使用。

综上,明代造船厂的船舶检验,可以总结为管理有序、操作有章、方法科学、制度严密,其核心为标准化。

(四)私营造船厂的船舶造修与检验

在东南沿海的福建、浙江和广东等地,航海习俗早已形成,沿海居民多以从事渔业和航海贸易为生,因此他们不但航海经验丰富,造船技术也十分高超。迨至明代,“即在严行‘海禁’时期,民间往往贿赂官吏,倚托权势,或是选择执法弛疲地方,造船出海”②。隆庆“开禁”以后,以福州为中心,东北至明州,东南至广州,随着航海贸易的越发繁盛,更多的私营船厂也相继建立起来。

私营船厂按照资本来源方式可分为两种:一种是大海商独资经营,“湖海大姓私造舰,岁出诸番市易”③,其实力相对雄厚,如嘉靖十三年(1534年),海商林昱的出海船队有商船50余艘④。另一种是中小海商共同出资,合伙经营,“商船则土著民醵钱造船,装土产,径望东西洋而去,与海岛诸夷相贸易”⑤,这种方式为私营船厂的主要经营方式,造船数量也较多。

私营船厂虽然总体上不如官营船厂资本雄厚,但也有自身的优势,就是不必担心造修过程出现贪污浪费现象,因而就单船而言,成本投入较之官船更多。“或谓水军战舰,其坚致不及贾客船,不知贾舶之取数多,若兵舰所需县官金钱,仅当三之一耳。”⑥因为船主、舶商的性命和财产完全系于一船,因此对船舶的工艺质量、设备的配置情况以及货仓的容量大小等都是高标准、严监督。因此“造舶费可千余金,每还往岁一修辑,亦不下五六百金”⑦。从造到修,各个环节的投入都远远高于官船,其质量也自然比官船好得多。

私营船厂灵活、务实的经营和更高的工艺质量与检验标准,为明代民间海外贸易的兴盛提供了最为重要的物质基础。

四、漕运发展变化与漕船造修及检验

漕政是明代一项根本的经济制度,是国家机器赖以运转的基础。特别是永乐迁都北京以后,每年都需要从江南调运大批粮食以供北方之需,因此明政府对漕船的修造及检验一直十分重视,成为其立国之大计。

(一)明代漕运的发展变化

朱元璋定都南京,由于有长江的便利,各地运船均由长江抵达京师,但为了向北方输送军饷,从洪武元年(1368年)就开始兴办海运。终洪武一朝,大规模的海运有11次,起运量少则数万石,多则70余万石,很多重要将领都担任过提督海运之职,“先后转辽饷,以为常”⑧。明成祖迁都北京后,北方地区对江

①倪涷:《船政新书》卷三,差拨验装之法。

②方楫:《明代的海运和造船工业》,《文史哲》,1957年第5期。

③何乔远:《闽书》,文莅。

④《明世宗实录》卷一六六。

⑤顾炎武:《天下郡国利病书》卷九十三,洋税考。

⑥张燮:《东西洋考》卷九,舟师考。

⑦同上。

⑧《明史·河渠志》。

南的漕粮需求更多,永乐元年(1403年),“平江伯陈瑄督海运粮四十九万余石,饷北京、辽东”①。

但由于海道艰难,常有漂没事故发生,随着年运量迅速增加至百万石,明政府开始筹备内河漕运事宜。永乐四年(1406年),议定海陆兼运,“命江南粮一由海运,一由淮、黄,陆运赴卫河,入通州,以为常”②。永乐六年(1408年),“令遮洋海船运粮八十万石于京师,其会通河、卫河以浅船转运”③,河海兼运施行。“十年(1412年),尚书宋礼以海船造办太迫,议造浅船五百艘,拨运淮、扬、徐、兖等处岁粮一百万石,由会通河攒运,以补海运一年之数”④,河运已为海运的必要补充。“十二年,令湖广造浅船二千艘,岁于淮安仓支运,赴京交纳”⑤,内河漕船数量和运量大大增加。“十三年,始罢海运,增造浅船三千余艘,一年四次,悉从里河转运”⑥。至此,内河漕运已经取代海运,成为明代漕运的主要方式。

明代内河漕运分为征收、运输、交仓三个环节,重在运输;而如何通过运河挽运,先后几易其法。最初,朝廷在淮安、徐州、临清、德州等地设仓收囤漕粮,由官军分段接运,终达京通交仓,名为“支运”。宣德六年(1431年),为解决粮户运输负担,改行“兑运”,江南粮户运粮到瓜洲和淮安,河南粮户运到小滩,山东粮户运到济宁等仓,兑与卫所,并给予路费耗米,由官军运至北京。然而此法施行后,粮户非但并未解除运输劳役,反而纳粮更多。成化七年(1471年),应天巡抚滕昭议行“改兑”,令运军直接到江南水次兑运;十年(1474年),原交淮安、徐州、临清、德州四仓支运的漕粮,也改在水次交兑,自此完全以军运代替民运,漕粮直接从征漕州县运至北京,因而又称“长运”。漕粮由各地卫所军负责运输,明朝先后设立总督漕运总兵官、督运参将和漕运都御使等官职,管理漕运事务,设有十三总,辖运军127000余人。

大行河运后,海运并没有完全废罢,“惟存遮洋一总,运辽、蓟粮”⑦。正统七年(1442年)五月,“命南京造遮洋船三百五十艘,给官军由海道运粮,赴蓟州等仓收贮”⑧,海运还承担着蓟辽地区部分军粮的运输。至正统十三年(1448年),登州卫海船由百艘锐减为18艘,已不足原有五分之一,“以五艘运青、莱、登布花钞锭十二万余斤,岁赏辽军”⑨,其作用几近于无了。成化弘治年间,以丘浚为代表的一批有远见的大臣力求恢复海运,但未被皇帝采纳。嘉靖二年(1523年),遮洋总漂粮二万石,溺死官军五十余人⑩,这更给了保守派废罢海运的理由,于是“五年停登州造船”⑪。此后,总河王以旗、辽东巡抚侯汝谅等,一再建言恢复海运,朝廷也有所松动。嘉靖四十五年(1566年),顺天巡抚耿随朝主持勘测海道,得出了可以恢复海运的结论,起初朝廷已经同意其建议,但由于以御史刘翾为代表的反对派声音过于强烈而最终作罢。而且,“是年,从给事中胡应嘉言,革遮洋总”⑫,连最后一个海运机构也革除了。

隆庆四年(1570年),河决宿迁,损失八百艘漕船,次年,徐州、邳州河段淤塞,河漕遭遇危机,在给事中宋良佐建言下,“复设遮洋总”⑬,表露出恢复海运的意向。同时,山东巡抚梁梦龙趁机极论海运之利,得到批准,就地筹集漕粮12万石,以海运达京师,获得成功。隆庆六年(1572年),御史王宗沐再督运12万石漕粮自淮入海,运抵京师。然而万历元年(1573年),海漕船队在山东即墨福山岛洋面发生事故,“坏

①《明史·河渠志》。

②同上。

③席书、朱家相:《漕船志》卷六,法例。

④同上。

⑤同上。

⑥同上。

⑦《明史·河渠志》。

⑧《明英宗实录》卷九二。

⑨《明史·河渠志》。

⑩同上。

⑪同上。

⑫同上。

⑬同上。

粮运七艘,漂米数千石,溺军丁十五人"①,反对派借机大肆攻讦,明廷又罢海运。直至万历四十六年(1618年),山东巡抚李长庚从辽东战局考虑奏行海运,朝廷批准"特设户部侍郎一人督之"②,而海运仅在渤海水域小范围恢复。崇祯时也曾试行南北海漕,但终究王朝大势已去,明代海漕和河漕一起走到了尽头。

(二)漕船厂建置及设官

明代漕船有遮洋船(海船)和内河浅船两种,海运既罢,主要是内河浅船。明代设置专门机构督造漕船,实行官造官修制度。洪武朝的国家航运主要是以南京为中心的长江漕运和往辽东输送军粮的海运,"是时,河海运船俱派造川、湖诸省及龙江提举司"③。朱棣夺位后,谋划迁都北京,南粮北运的任务更重,于是于淮安、临清"肇建清江、卫河二厂,督造运船","南京、直隶、江西、湖广、浙江各总里河浅船俱造于清江;遮洋海船并山东、北直隶三总浅船,俱造于卫河,大约造于清江者,视卫河多十之七"④。宣德年间,水次支运改于卫所兑运,于是"议造江西、湖广、浙江、江南直隶各总浅船俱归原卫,惟南京、镇江、江北直隶诸卫隶于清江"⑤。之后,"各船虽归原卫",但"计料修造,仍归清江",后因耗费时日,成化十年(1474年)以后,"议令各司府自行估计修理"⑥。

成化二十一年(1485年),原造于卫河厂的海船和浅船,"听官军领价,从便成造"⑦,自此多在仪真打造,虽名义上由卫河厂主事代管,但却难以有效控制,卫河厂名存实亡。正德十六年(1521年),刑科给事中田赋建议,"欲将卫河总运船俱归隶清江厂",这一奏议至嘉靖三年(1524年)终获工部题准,"卫河总运船俱归清江厂团造"⑧,卫河厂衙门不久即被裁革。此后,漕船造修多由清江一厂。

清江漕船厂位于山阳、清河二县之间,京卫、中都、直隶、卫河四总厂,其下各设有分船厂,其中京卫厂有三十四厂,中都厂有十二厂,直隶厂有十八厂,卫河厂有十八厂,总计八十二分船厂。另外,清江漕船厂还辖有草场、闸坝等附属设施。

二厂初建时,永乐十三年(1415年)"命工部差都水司官一员,督理清江船厂"⑨。此后,或差主事、郎中不定,到景泰后,差主事1员才成为定例,3年一任。永乐十三年工部差官督理清江船厂时,还设置了工部厂和工部分司。正统元年(1457年)置提举司管理造船厂,次年主事胡臻请设提举司官2员。嘉靖九年(1530年)邵经济任主事时,复建清江造船总厂和卫河造船总厂,设把总官5员,清江厂4员,卫河厂1员,管理厂务。各总厂官40员,其中清江厂官36员,卫河厂4员,各造船厂"船数多者,特设专官管理,少者附各厂兼摄"⑩。清江造船厂、卫河造船厂行政上隶属漕运衙门,提举司及其主事则隶属工部。为保障造船厂的物料来源,还设有抽分厂,置税课司大使1员专理商税,副使1员专理抽分。此外,还有闸官、人役若干。主事和提举司官负责漕船的监造和检验,把总、厂官具体执行。

(三)漕船的造修与检验

明代漕船也多由船厂造修,有严密的组织管理和严格的技术标准。就船舶检验而言,也形成了一套

---

①《明史·河渠志》。
②同上。
③席书、朱家相:《漕船志》卷一,建置。
④同上。
⑤同上。
⑥同上。
⑦同上。
⑧同上。
⑨同上。
⑩席书、朱家相:《漕船志》卷五,公署。

完整的标准化制度，具体体现在以下几个方面：

1.遵船式

洪武、永乐两朝，河、海运船均是按照运量多寡临时派造，既无定式也无定数。“天顺以后，始定天下船数为一万一千七百七十五艘”①。其后每年裁汰增造，船数有所变化，至嘉靖时总体呈增长趋势。

工部根据河运和海运对运船要求的不同，分别颁定内河浅船和遮洋船的尺寸、式样、用料和工价，称之为“船式”，下发船厂，作为监造和检验的标准。“船式”的规定特别详细，甚至包括锅、水桶、竹瓦、芦席等附属什物。以内河浅船为例：

浅船每只：底长五丈二尺，头长九尺五寸，稍长九尺五寸，底阔九尺五寸，底头阔六尺，底稍阔五尺，头伏狮阔八尺，稍伏狮阔七尺。

梁头十四座：底栈每一尺四钉，龙口梁阔一丈、深四尺，两厫共阔七尺六寸，使风梁阔一丈四尺、深三尺八寸，后断水梁阔九尺、深四尺五寸。

每船合用料物：底板厚二寸；栈板厚一寸七分。（共用大中小楠木九根。）

以上共该“民七”木价银六十两。

杂木一根（银二两六钱五分）；草鞋底一付（银八钱）；脚夫（工银一钱五分）；拆船匠（工银三钱）；大木匠（工银五两）；细木匠（工银三钱）；雇牛拽木（工银一钱二分）；锯匠（工银一两七钱）；皮条四根（银八分）；艌匠（工银七钱）；牙人（用银五钱）；宣打黄钉（工银五钱）；攀头稍铁叶（银三钱）；桐油三十斤（银六钱）；画匠（工银一钱）；菜蔬等项（银七钱七分）；油灰五百五十斤（银三两）；黄麻一百七十斤（银二两四分）；钉局六百二十斤（银十两二钱三分）；饭米八石六斗（银五两一钱六分）

以上共该“军三”料银三十五两。有底船者，准银二十两。

什物（附）

大桅一根，头桅一根，大篷一扇，头篷一扇，绋索三付，度绋三条，铁猫缆一条，猫顶绳一条，系水一条，縴簟一条，箍头绳一条，八皮四条，牵簟三条，抱桅索二付，橹四枝，脚索二付，招头木一根，篙子十条，桅子一把，水橛二根，榔头一个，跳板一块，橹跳四块，橹绳四条，戽斗一个，铁猫一个，吊桶一个，挨□木二根，竹水斗一个，舵一扇，舵牙一根，舵关门棒一根，锅二口，水桶一个，前后衬仓、盖篷、水基、竹瓦、芦席。

以上系纲运三修等银给买。②

如此详细而严格的规定给监造和检验提供了量化的标准和依据，保证了漕船的造修质量。此外，严格遵照“船式”进行造修及检验，对于杜绝“迩来各船身长厫阔，多添梁头，运军利于私载，运官敢于公占”的弊端，也是一个必要的办法。

2.定船限

所谓“船限”，即船舶的使用和造修年限。因漕船由楠木、杉木、松木、杂木等各种不同木料打造，使用及修理年限均各不同，明政府对此有明确规定。正统以前的漕船多由杉木和杂木打造，按照损坏情况，小坏则修理，大坏则改造。景泰以后，规定松木船五年一造，杉木船十年一造，株木、楠木和杂木船七年一造。成化十六年（1480年）以后，清江厂造船俱用楠木，十年一造。

明代漕船使用年限还根据地域有所不同。“里河浅船、遮洋海船俱十年一造”，而“江南船俱五年一造”。这是因为“清江、卫河二提举司成造浅船、遮洋船，每年俱于瓜、仪二处湾泊，各雇江船于各州县水

①席书、朱家相：《漕船志》卷三，船纪。

②同上。

次兑运,回至瓜、仪,上载不经过坝,故十年一造”,而“江南直隶并浙江、江西、湖广卫所,为外江船,因其往回经坝二次,故五年一造”①。少量保留的遮洋海船“十五年一次改造”②。万历十九年(1591 年),“覆准浙省运船改限九年一造”③。

对于漕船使用和造修期限,执行得非常严格,必须满限才能造修。“如嘉靖元年造船,至嘉靖十年,首尾算作十年,其实止得九年。今后嘉靖元年正月造过船只,须至嘉靖十一年正月,方作十年,准其改造可也”④。

3.严勘验

对于意外事故造成的漕船损坏,要对其进行严格的勘验。“天顺八年(1457 年),令运军或遇风水不测,损坏船粮,若在百里内者务要府州县正官;在百里外者,许所在有印信官司勘实结,申总兵等官处,如有诈妄,罪坐勘官”⑤。可见,漕船损坏要就近报官勘验,以防谎报。

对于损坏的漕船,严禁擅自拆毁变卖,必须经过勘验后才能处理。成化九年(1473 年),工部规定,“将运粮官民料造船只,每只出印信文凭一纸,开写原编字号、料力、打造缘由,付与驾船旗军收执运粮。如遇粮完,某船损坏,不堪驾使,明白告知亲管官,赍执前项文凭,并不扶结状,赴大同关提举司,告委拨官匠相看是实,就将文凭收销附卷,官船着令拆卸,带回该卫或清江提举司交收。自造船只,听从发卖,仍送通州抽分竹木局,照例拆卸抽分。并行张家湾巡检司常川巡视,但有擅自拆卖官、私船只,捉获到官,转送法司问罪,追船并板片入官”⑥。正德十五年(1520 年),户部议准御史杨百之的题奏,“漕运衙门如遇运船回空之时,务照前查理,验实放行”,如果“其间果系损坏船只应该变卖者,许赴所在官司告验,出给印信执照,方许变卖。所卖价银送赴本管官员验封,转送修船处所,以备造船公用”⑦。为进一步防止拆卖官船的行为,万历二十一年(1593 年)规定,“押空官务要随船尾押,候船只到厂报修,方许赴督粮道投单”⑧。可见,明代对于营运漕船的检验十分重视。

4.清船号

漕船完工后都编有船号。永乐、宣德时期,按照造船地区编号,“造于湖广者为湖字几号,造于江西者为江字几号,造于浙江、徽州等府者仿此”⑨。天顺后,开始实行分类编号,“原系民造者为民字几号,旗军自造者为军字几号,又有运字号者,则造于提举司者也”⑩,到嘉靖时“船只军、民、运字号虽存,而皆造于提举司矣”⑪。

但这项制度并未得以严格落实,至嘉靖时出现了船号不清的状况,对此,工部主事张絅所提出“创造挨年号册”⑫的办法,即对船舶进行书面登记,使有关部门对漕船的造修管理有所凭据。嘉靖三十九年(1560 年)进一步规定,各厂造船完工之日,“将委官匠作人等姓名、打造年月,刻凿船尾。漕运衙门验明印烙,给军领驾。湖广等厂随帮过淮一体查验印烙,或有板薄钉稀,造不如式,侵费料价,底板船不能完

①席书、朱家相:《漕船志》卷三,船纪。

②王在晋:《通漕类编》卷三,漕运,漕运船只。

③同上。

④席书、朱家相:《漕船志》卷三,船纪。

⑤席书、朱家相:《漕船志》卷六,法例。

⑥同上。

⑦同上。

⑧王在晋:《通漕类编》卷三,漕运,漕运船只。

⑨席书、朱家相:《漕船志》卷三,船纪。

⑩同上。

⑪同上。

⑫席书、朱家相:《漕船志》卷七,兴革。

者,坐赃从重问拟,干碍提调官一体参究"①。湖广等地船厂船舶造修主管官员须随漕运船帮到淮安,同漕运主管官员一起对漕船进行检验。可见,清理船号,含有对漕船进行检验追责的意图。

综上,明代官营船厂的船舶造修和检验非常严格,形成了标准化管理,这对保证船舶质量起到了决定性的作用,因此,明代大规模的官方航海活动几乎没有发生海难事故,比如郑和下西洋和册封琉球等。另一方面,由于明代大部分时间对民间实行"禁海"政策,官方对民船的检验,更多体现在限制尺寸以及量船收税上,隆庆"开关"以后,一些开明官僚也从航行安全角度,考虑调整检验办法。总之,明代的船舶检验标准明确、方法具体、执行得力、效果明显,在中国古代船检史上具有重要地位。

第四节　清中前期船舶检验制度的完善

1644年清兵入关,标志着清王朝开始正式统治中国。清初,为打击东南沿海人民特别是台湾郑氏集团的反清活动,朝廷严格实行"海禁"和"迁海"政策。1683年收复台湾后,康熙谕令"开禁"。官府对民间船舶的管理和检验政策也随之发生变化。同时,为维护帝国政权的稳固和正常运转,清政府开厂造修战船和漕船,并实行严格的造修和检验制度,使中国帆船时代的船舶检验制度渐趋完善。

一、航海政策的变化与船舶检验

满清入关后,遭到了中原人民和南明政权的强烈抵抗,特别是以东南海上为活动中心的郑成功武装集团,不断利用航海优势,深入江浙一带和长江下游,给立足未稳的清王朝以严重威胁。为阻绝沿海人民与郑氏集团的联系,清初屡次颁布"海禁"与"迁海"法令。

(一)从"禁海"到"迁海"

郑成功起兵海上后建立了一支强大的海师,屡屡出没于闽、浙、广等沿海地区,不断地给清军以沉重打击。为此,顺治十二年(1655年),清王朝不得已效法明朝颁布禁令,"寸板不得下海"②。次年(1656年),更详细的政策出台:"海船除给有执照许令出洋外,若官民人等擅造两桅以上大船,将违禁货物出洋贩卖番国,并潜通海贼,同谋结聚,及为响导,劫掠良民;或造成大船,图利卖与番国,或将大船赁与出洋之人,分取番人货物者,皆交刑部分别治罪。至单桅小船,准民人领给执照,于沿海附近处捕鱼取薪,营讯官兵不许扰累。"③从这个政策来看,仅部分有执照的海船准许出洋,除此之外,无论官民,造船两桅以上即为违禁,而单桅小船则不在禁止之列。对比明初"三桅以上"为"违式",清顺治的海禁更严。同年规定:"今后凡有商民船只私自下海,将粮食、货物等项与逆贼贸易者,不论官民,俱问奏处斩,货物没官,本犯家产,尽给告发之人。"④目的很明确,以限船而禁商,以禁商而禁"盗"。

然而,"禁海"令虽下但效果却不明显,郑氏愈发坐大,于是清廷酝酿进一步的严厉措施,"迁海令"逐渐出台。顺治十三年(1656年),就在清廷两下"禁海令"时,郑氏集团海澄守将黄梧降清,献上"剿寇五策",并说:"金、厦两岛弹丸之区,得延至今日而抗拒者,实由沿海人民走险,粮饷、油铁、桅船之物,靡不接济。若从山东、江、浙、闽、粤沿海居民尽徙入内地,设立边界,布置防守,不攻自灭";接着又给出具体办法:"将所有沿海船只悉行烧毁,寸板不许下水;凡溪河竖桩栅,货物不许越界,时刻瞭望,违者死无赦。"⑤

①王在晋:《通漕类编》卷三,漕运,漕运船只。

②《钦定大清会典事例》卷六二九,兵部,绿营处分例,海禁一。

③同上。

④《钦定大清会典事例》卷七七六,刑部,兵律关津,私出外境与违禁下海二。

⑤江日升:《台湾外纪》卷一一。

为阻绝郑氏与大陆的联系,竟不惜将船全部烧毁,严苛之极。

顺治十八年(1661年),郑成功进兵台湾,清政府即正式下令“迁海”,“沿海居民,以垣为界,三十里以外,悉墟其地”①;康熙朝“迁海”令更严,三年(1664年)“令再徙内地五十里”②;十八年(1679年),在与台湾隔海相望的福建,“上自福宁,下至诏安,赶逐百姓重入内地,或十里或二十里”③。“迁海”的同时,烧毁房屋和船只,造成滨海千里无人烟的荒凉景象,内外隔绝,商旅不通,对航海贸易造成灭绝性的破坏,自然也就谈不上船舶检验了。

(二)康熙“开禁”与船舶检验

好在最严酷的“禁海”和“迁海”随着康熙二十二年(1683年)清廷收复台湾而告一段落。中国重归一统,海防暂不是紧要问题,于是,为安抚沿海民心,同时为增加政府收入,清廷决定解除海禁。康熙二十三年(1684年)九月,康熙正式谕令“开禁”。二十四年(1685年),清廷于云台山、宁波、厦门、黄埔四地置江、浙、闽、粤四海关,经雍正至乾隆朝,又增设山海关与津海关。六大海关管理航海贸易的一切事务,包括船舶检验。

当然,康熙“开禁”并不是无限度的自由开放,实际上对航海贸易加以诸多限制,根本目的是维护专制统治的稳固。这些限制除了针对人和货物之外,更多是针对船,对船舶的检验即以限制为目的。但这些限制随着时间的推移逐步放松。

初开“海禁”时,双桅大船仍在违禁之列,“如有打造双桅五百石以上违式船只出海者,俱发边卫充军”④。康熙四十二年(1703年),对船式的限制开始放宽,但对梁头及配备的船员又有限定,“其梁头不得过一丈八尺,舵水等人不得过二十八名;其一丈六七尺梁头者,不得过二十四名”⑤,如果梁头和船员超过限定,罪名和处分皆比渔船加一等。康熙四十六年(1707年),又放宽了对渔船的限制,准许照商船样式,许用双桅。

康熙五十九年(1720年)规定,“出洋船只初造时,先报明海关监督及地方官,该地方官确访果系殷实良民,取具澳甲里族各长并邻伍保结,方准成造。完日,地方官亲验,梁头并无过限,舵水并无多带,取具船户不得租与匪人甘结,将船身烙号刊名,然后发照。照内将在船之人年貌、籍贯分析填明。及船户揽载开放时,海关监督将原报船身丈尺验明,取具舵水连环互结。客商必带有资本货物,舵水必询有家口来由,方准在船。监督验明之后,即将船身丈尺,客商姓名、人数,载货前往某处情由及开行日期,填入船照”⑥。可见,清廷对出洋船只检验管理之严,形成了“申报审核——完工检验——烙号刊名——填发船照——开航复检——完填船照”等一套固定程序,标志着清代船舶检验制度的完善,此项制度将在下文作详细探讨。

乾隆朝对船的限制进一步放宽,允许造船出租,这实际上取消了对船主造船数量的限制。至嘉庆时,对船式大小的限制也已名存实亡,嘉庆二十三年(1818年),对船式的限制正式解除,“嗣后商民置造船只,梁头丈尺,照前听民自便,免立禁限”⑦。

总之,在清中前期大部分时间里,政府不禁止民间造船,造船数量和船式大小的限定也逐步放宽,民

---

①陈寿祺,魏敬中:《重纂福建通志》卷八七,海防。
②阮元:《广东通志》卷一二三,海防略一。
③江日升:《台湾外纪》卷二十二。
④《钦定大清会典事例》卷七七六,刑部,兵律关津,私出外境与违禁下海二。
⑤《钦定大清会典事例》卷一二〇,吏部,处分例,海防。
⑥《钦定大清会典事例》卷六二九,兵部,绿营处分例,海禁一。
⑦《清仁宗实录》卷三四七。

营造船厂获得了合法的存在，民间造船业很快发展起来。

二、民营船厂的兴旺与官府对民船检验的强化

清中前期，特别是康熙"开禁"以后，由于政府并不禁止民间造船，对造船数量和船式的限定也逐步放宽，民间船厂很快呈兴旺之势。同时，政府对民间造船也并非放任不管，而是制定了一套完善的造修检验制度，虽然对民营船厂的发展有所羁绊，这也一定程度上提升了民船的工艺质量，保障了航运安全。

（一）民营船厂的勃兴

由于官方政策的允许，清中前期的民间造船业很快遍及全国沿海临江地区。闽、粤、江、浙、川、湘、鄂、吉等地遍布私营船厂，闽、粤、江、浙以造海船为主，也兼修造内河船只，川、湘、鄂、吉主造内河船。

1.福建

福建沿海地区从五代以来就是中国的造船中心，民船建造以此为重要基地。福州、兴化、泉州、漳州、福宁等地居民多以操舟为业，"造报商渔业船只"①极为踊跃。尤其是泉州和漳州，"一直是民间造船的集中地"②。泉州府下辖的同安、惠安、晋江、厦门都有很多私营船厂分布，聚集了大量的造船工匠。为利用这一优势，雍正七年（1729年）增设泉州官船厂，将原属福州和漳州官船厂修造的部分船只于此修造。同安造渔船俗称钓艚，有船员20人；同安造梭式商船，比官军的赶缯船还轻快，因此，乾隆六十年（1795年）将已届大修的战船仿照梭式商船重新改造。晋江造商船也很多，康熙"开禁"后，"晋江县双桅洋船"③在海外贸易商船中占有相当大的比例。惠安的西坊乡，自明代就专事造船，至清代规模更盛。厦门造船业始于雍正，盛于乾隆初年，至嘉庆元年尚"有洋船商船千余号"④。由于厦门造船业的发展，乾隆元年（1736年）又将泉州官船厂移设于厦门。漳州府的造船业也很发达，海澄县（明代称月港，嘉靖后置）由于是明代隆庆"开海"的港口，造船业一向繁荣。至清代，虽然其港口地位有所下降，但由于自然条件以及航海传统，"是以请造船只，较多他县"⑤，附近各县居民也常来此造船。诏安县也是漳州府重要的民船建造地，除商船外，"凡力能造船者则自造渔舟，乘潮捕鱼"⑥。由于福建民间造船业的日益发达和官方造船业的逐渐衰微，出现了由官府出资委托民营船厂打造战船的现象。嘉庆初年，定海镇总兵李长庚派人带钱到福建造捕盗的艇船，"艇成，名霆船，最坚壮，加以大炮，兵威大振"，而海盗为了对抗官军，"厚贿闽商更造船之大于霆者"⑦。可见福建民间造船的能力之强，技术之高。

2.广东

广东是清代民间造船的又一集中地区，擅造海船、江船和各种渔船。其海船船身厚、吃水深，不惧风涛掀簸，又不费人力。江船灵巧轻快，在状况复杂的内河航道中回旋自如。渔船种类很多，其中出产于番禺、顺德、东莞等地的一种叫"大洲龙船"的大型渔船长达十余丈、宽八尺。广东作为航海贸易发达地区，民间造船最主要的还是商船。广州、汕尾、澄海、潮州、海口、乐会等地，都有新造商船的收税处，显然这些地方是造船业集中之地。尤其是广州，本就是历代航海贸易繁盛之地，清代开海后，又成为四大通商口岸之一，乾隆后更是唯一的通商口岸，"大量远洋与内海商船往来贸易，在广州停泊修理，促进了这里修造船

---

①《福建省例》，船政例。

②徐建青：《清代前期的民间造船业》，《中国经济史研究》，1992年第4期。

③《宫中档案康熙朝奏折》，第七辑，"国立故宫博物院"，1982年，第116页。

④道光《厦门志》卷五，船政。

⑤《福建省例》，船政例。

⑥康熙《诏安县志》卷三，方舆。

⑦民国《同安县志》卷三四，人物。

业的发展"①。据宣统《番禺县续志》载，市桥、新洲等地都是民营船厂集中地，而以珠江以南俗称"河南"地方最盛，造船工厂80间，另有制作桨、橹等辅具工厂40间，以及葵蓬、茭葦等原材料加工工厂20间。黄埔港作为明清以来的新兴港口，随着地位的不断提升，船舶造修业也逐渐发展起来。乾隆时，黄埔已经有了一些中国人经营的泥船坞，不仅造修中国帆船，还承修外国帆船，等候修理的船只经常多达百艘，绵延三英里。澄海县滨海土地贫瘠，"民少恒产，惟以泛海为生"②，"农工商贾皆藉船为业"③，这里所造的"牵风船"总是成对出海，每对造价数百两白银。此外，潮州府的民间造船业也较发达，往来兴贩于大埔和三阳（海阳、潮阳、揭阳）之间有一种稳底船，还有罾子船、罛船、运艚船等海渔船，舶艚船则可以远航各省。海口是官营船厂所在地，同时也分布着民营船厂。鸦片战争前，海口所造商船每年前往日本、安南、柬埔寨、暹罗、新加坡等地贸易，仅往安南和暹罗的商船就有近百艘。同福建相比，广东的造船技术毫不逊色。有一种叫"米艇"的运输船，船式、性能都优于官造战船，因此乾隆五十九年（1794年），特命添造米艇93只作为战船使用。

3.江苏

江苏作为明代官方造船的重要基地，拥有南京这样全国最大的造船中心，培养了一批又一批成熟的造船工匠，形成了悠久的造船传统，加之自然条件便利，至清代民间造船业应时而起，崇明、江宁（南京）、苏州、仪征、太仓、扬州等都是民营船厂密布之所。崇明因建造著名的沙船而闻名，刚开海时，即有"双桅巨舰数千艘"④，待船式宽限后，五桅七桅大船尚且不足为奇，三桅两桅都是小船了。⑤ 嘉庆时，"沙船聚于上海约三千五六百号，其船大者载官斛三千石，小者千五六百石，船主皆崇明、通州、海门、南汇、宝山上海土著之富民"⑥。仅崇明东乡一地，"沙船盛时多至百余艘"⑦。沙船运输业的兴盛造就了许多大船商，"每造一船，须银七八千两。其多者，至一主有船四五十号，故名曰船商"⑧，其财力之雄厚实在惊人。道光初年，漕粮改雇商船海运，上海各地大船商出力尤多。如施彦士、谢占壬、陆昌言、王揆等，自置沙船领运漕粮，颇为踊跃。当时规定，5只船以下的船主无资格领运，可见领运者皆资本雄厚。鸦片战争前夕，上海黄浦江两岸修造船业也逐渐发展起来，传统的船坞、船厂以及制作辅具的铁铺林立，承修承造沙船、驳船和渔船等。上海开埠一段时间后，外资船厂的部分工作还要委托这些老式船厂来承担。苏州是另一个重要的民营船厂分布地，康熙时造船业就很发达，"每年出海贸易者，多至千余"⑨。除海船外，还打造多种内河船。濒太湖的吴江县，康熙时即有专门的"船作"，其同里镇专造内河船，"造作之属曰船厂，在辽浜，居民多于此设厂造船"⑩。太湖中习见一种六桅渔船，"船身长八丈四五尺，而梁宽一丈五六尺，落舱深丈许；中立三大桅，五丈者一，四丈五尺者二；提头一桅，三丈许；梢桅二，皆二丈许，以四船相联为一带，而以梢桅分左右为雌雄"⑪。这种大型渔船，仅属苏、常两府就有100余号，"其造船在胥口之下场湾，西山之东村，五龙桥之蠡墅，光福之铜坑"⑫，另外在冲山设有制造篷、缆等辅具的配套工厂。

---

①徐建青：《清代前期的民间造船业》，《中国经济史研究》，1992年第4期。

②嘉庆《澄海县志》卷二三，物产。

③乾隆《澄海县志》卷一九，生业。

④《古今图书集成》职方典，卷六七六，苏州府部风俗考。

⑤民国《崇明县志》卷四，物产。

⑥包世臣《安吴四种》卷一，海运南漕议。

⑦民国《崇明县志》卷四，风俗。

⑧包世臣《安吴四种》卷一，海运南漕议。

⑨聂宝璋：《中国近代航运史资料》第一辑上册，上海人民出版社，1983年，第47页。

⑩嘉庆《同里志》卷八，物产。

⑪光绪《苏州府志》卷一四八，杂记五。

⑫同上。

4.浙江

浙江地区的造船业也具有悠久传统，历来是官船修造之地，至清代民营船厂也发展起来。其地出产的蛋船、三不像船，航行于南北洋，远近闻名；又有多种内河货、客船。宁波和乍浦是民船厂集中之地，利用地利优势从福建运杉木于此造船。宁波鄞县的东乡和南乡各擅胜场，“东乡善造浙西诸郡各帮粮船及出海大小对渔船，南乡段塘善造南北洋商用蛋船及江河行走百官船、乌山船”①。乍浦于清代代杭州而起，成为浙江沿海重要港口，中外船舶于此驻泊，造船业很快发展起来，“居民或造巨舰出洋贸易”②。乌程县擅造内河船，康熙时该县小湖、织里等地即以造船为业，出产农船、渔船、装船、沙飞船等。乌青镇设有船厂，“凡客船、驳船、田庄船等均能制造”③。此外，富春江上客货均载的江山船，道光时有 1000—2000 号，其船主多为两岸的义乌和建德人，这两地民间造船能力也当不弱。

闽、粤、江、浙为清代民船建造最为发达之地，实际上，除此 4 省外，许多沿海临江州县都有造船能力。明代长江沿线的湘、鄂、赣等省，民间造船业即已发展起来，清代为官府代造粮船剥船，动辄成百上千只。江西的赣州、吉州，宋代即设有官营船场，南昌制造的著名江船——红船，又稳又快。湖北的造船能力也很强，乾隆时，自仪征往汉口的运盐船“皆系楚省有力民人自行制造”④。湖南的洞庭湖和湘江沿岸也有相当的造船能力，善化和宁乡都是造船之所，特别是零陵县，所造一种运盐船——艖舟，“大于粮艘，本赀甚巨，获利致富者甚多”⑤。四川在宋代就有船场，至清代也是造船业集中之地。在北方，山东莱州湾，东北松花江、辽河流域，也有相当规模的民船制造业。

清代船商资本雄厚，造船资金向有保证，加之有一套完善的造修检验制度，因此就工艺质量而言，达到了中国帆船制造业的顶峰。

（二）官方对民间造船的管理和检验

清代中前期，除了短暂的两次“禁海”之外，大部分时间实行的是开放的政策。但政府对航海贸易有所限制，集中体现在对民间造船的监管和检验上，制定了一套严密而完善的制度，包括提出申请、核发“料照”、完工检验、颁发“牌照”或“船照”四道手续。

1.造船申请

清中前期，政府不禁止民间造船，但必须按规定向地方官府提出申请，“凡沿海各县居民造报商渔船只，定例赴地方官呈明，讯取澳甲、户族、邻保各供，十船互保甘结，详奉批允”⑥。造船申请要形成书面材料，阐明以下几点内容：一是申请人的基本情况。“造船者必令各报实在姓名”⑦，还要注明职业和居住地等，“寒薄无赖之人”没有申造资格，亦不许势家大户造船出租，申造者须具备一定的经济实力，并“亲身出洋”⑧。二是资本形式。申造者自备资本，按财力分为独自和合股两种形式，势家富户财力雄厚，多独资造船，而一般船户则实力有限，只能合股造船。三是船式和用途。民间船只按用途一般可分为商船和渔船两种，用途不同，对船式的规定也有不同。比如，“海禁”时，商船两桅以上即为违式，而太湖渔船可以达六桅。因为梁头（即船宽）与船长和舱深存在着一定的比例，政府一般通过控制梁头尺寸来限制船只的大小。如康熙时政府规定，福建商船的梁头不得超过一丈八尺，渔船梁头不得超过一丈。申请书后，

①光绪《鄞县志》卷二，风俗。

②光绪《平湖县志》卷二，风俗，引乾隆志。

③民国《乌青镇志》卷二一，工商。

④道光《重修仪征县志》卷一五，食货志。

⑤光绪《零陵县志》卷五，风俗。

⑥《福建省例》，船政例，渔船饬令照式书写分别刊刻船户姓名字号。

⑦中国第一历史档案馆：《雍正朝汉文朱批奏折汇编》第二册，江苏古籍出版社，1989 年，第 935 页。

⑧道光《厦门志》卷五，船政略，船商。

要附上甘结和物料册。甘结即造船工匠、户族、邻里以及另外九户的担保文书,物料册即将造船所需要的原材料编制成册,这两份材料随申请书一同上报。

上述为造船申请的一般情况,如果跨州县造船,则手续更加复杂,“定例隔县别府之人欲造船者,必于各该州县呈明查确,该州县申详督、抚各宪,转饬沿海造船之地方州县成造”①。后来,由于国内造船木料紧缺,大批船户赴东南亚造船,这也需要向有关衙门申报,例如,“福建商船往番置造船只,应向厦门同知衙门给照,前往夷邦置造”②。

2.核发“料照”

州县衙门收到船户的造船申请后,首先要对申请船户的基本情况进行审查,若财力殷实,家世清白,造船是为自己出海使用,即可获得造船资格。这些信息往往通过问讯为该申请人担保的澳甲、邻里以及造船匠人等获得,并记录在案,若申请人造船违式,比如梁头尺寸超标,或出海后违法,或不能足额缴纳船税,则向担保人追责。其次,官府要审核申请人编制的物料册。清代造船物料由官府垄断,官府依据所申请船式的标准审批物料,既要保证足敷使用,又要防止申请人用剩余的木料打造别船。嘉庆十二年(1807 年),福建同安船户申请打造一艘梁头一丈八尺的商船所需物料如下:“杉一枝,中吉木十五枝,橹枋十五片,什木十三枝,樟枋十二片,樟极八付,含檀一个,尾坐一块,下全一个,舵一门,桅大小二枝,篷大小二领,碇二门,另梁一个,鹿耳一付,铁钉二百斤,网纱二百斤,桐油二百斤,黄麻二百斤,松木枋十片,棕丝一百二十斤。”造船工匠须对此出具甘结,证明“所开料件俱系实须应用,并无浮冒”,官府审查后批示“此系新造船只,料件照后开数”。③ 如此,申领“料照”的程序才算完成。

虽然地方官府严控民间造船用料,但在实际操作中却很灵活,弹性还很大。例如,嘉庆十四年(1809 年),厦门同安县金瑞隆打造梁头一丈八尺的船只,用“铁钉”“棕丝”“黄麻”等项都是 250 斤;而同安另一家商号金瑞益打造同样梁头的船只,这 3 项物料仅是 150—200 斤不等;而泉州晋江的金义和造梁头一丈四尺的船只,所需铁钉等项多达 350 斤。④ 可见,造船物料由地方官府掌握,并无统一标准,如此难保没有官府串通船户作弊之事。

此外,地方政府还规定,船舶造竣,剩余物料和“料照”须一并缴回,以防止船户“影射置造别船”⑤。

3.完工检验

船户请得“料照”,按规定买料造船,“一经完竣,呈请地方官验量实在船头”⑥,即在船舶造成之后,船户须向颁发“料照”的地方官府报告,由地方官府派员进行验量,查看新造之船是否违式以及相关规定是否落实。

(1)验明梁头

由于船舶的大小规格是由梁头决定的,因此对船舶形制的检验主要就是“验明梁头,船身长阔丈尺”⑦。清前期“海禁”对船的限制即是通过限制梁头尺寸来实现的,因此对梁头的验量首先为“海禁”提供了一个重要依据。此外,梁头尺寸也是政府征收船税的直接依据。以福建为例,地方政府将船舶按梁头尺寸划分为上中下三“则”:梁头七尺以上为上则船,由海关征税;七尺至五尺为中则船,五尺至四尺为下则船,均归各县征税;四尺以下称小艇,予以免税。

---

①嘉庆《福建沿海航务档案》。

②同上。

③同上。

④龙超凡、祁开龙:《论清代前中期福建民间造船管理制度——以〈福建沿海航务档案〉为例》,《龙岩学院学报》,2012 年第 6 期,第 30 卷。

⑤嘉庆《福建沿海航务档案》。

⑥同上。

⑦同上。

对于梁头的验量方法,起初并没有统一的标准,海关的丈量方法是把船两侧的水沟统一计算在内,而地方官府丈量时则不计水沟的尺寸。乾隆元年(1736年),兴泉永道佥事朱叔权提出了梁头丈量的统一方法:"无论关县,总以含檀与船傍内面接连之处丈起,不除䑺堂含檀,实长若干,即为梁头实在数目,不得以船傍外之两舦算作梁头丈量。"①这种方法即计算梁头的净长,相对更为合理,因此得以推行,嘉庆十二年(1807年)进一步申明:"嗣后新造、拆造大小船只完竣,地方官亲诣查验,必须照议自含檀与船傍内面左边接连之处丈起,至右边船傍内面接连之处止,实在若干长短,据实开填照内。"②经过官方验量,如果梁头尺寸超过规定,则要"拆改削小"③。实际上,后来对梁头尺寸的查验逐渐放宽,因为"海船报料,原有折算之法,海关据之以输课,台湾据之以配榖,皆用折算尺寸,并不以实在尺寸为凭",因此"梁头丈尺,不必过于拘泥,以免纷扰也",况且造船时多"以大报小",丈量方法又参差不一,以致"现在通计海中商渔船只,并无一船符合实在尺寸,治以捏报之罪,则罚不及众,令其尽数换照,亦太涉纷更",鉴于此,"船身丈尺,不必过于苛求"④乃务实之举。

(2)刊书油饰

船舶形制经"验明梁头"合乎规定后,还要对"刊书油饰"进行检验。所谓"刊书油饰",即按照官府的规定,将文字、色彩刊刻和漆饰于船身,作为船舶辨识的标记。"刊书油饰"的规定出于官府方便管理的需要,通过"刊书油饰",即可将船舶的基本信息一览无余。官府对"刊书油饰"也有严格的规定。关于油饰船身,雍正年间规定,"自船头起至鹿耳梁头止并大桅上截一半,各省分油漆饰",这是对"油饰"部位和面积的规定,而对于油漆的颜色则规定如下:"福建船用绿油漆饰红色钩字,浙江船用白油漆饰绿色钩字,广东船用红油漆饰青色钩字,江南船用青油漆饰白色钩字。"⑤

较之"油饰",官府对"刊书"的规定更为详细,字体、字号以及刊刻位置都有明确规定。起初,"刊书"要求,"船头两舦刊刻某省某州县,某字某号字样",具体样式为:"其篷上大书州县、船户姓名,每字俱径尺;又省例:篷上书字,四边止许空一尺。"⑥后为更易于辨识,自乾隆二十五年(1760年)起规定:"嗣后福建省商、渔船帆樯编号字迹,不必拘定颜色:如帆樯本色青黑者,即书粉字;如帆樯黄白色者,即书黑字。务依船照原编字号,书福建省某府某号某商、渔船户字样,于船樯两披大书深刻,每字长阔一尺,帆上每字长阔二尺。漆以黑白颜色,饰以桐油。"⑦此外,由于最初只要求"刊书"于船头两舦及船篷,易于遮挡作伪,于是福建地方官府进一步规定,民船篷面、篷被、两旁贝青及头尾都要"刊书",几乎覆盖全船身,这样,"掩于东者不能掩于西,四顾照明,不难认识"⑧。

除验明梁头丈尺是否超标以及"刊书油饰"是否符合规定外,完工检验还包括核查造竣甘结,以铺户、邻里、族人与所雇水手提供担保或船户连环互保的形式,确认造船过程无违例行为。

4.验烙给照

船舶完竣,经地方官府查验,若梁头丈尺未超标准,"刊书油饰"符合规定,甘结手续齐全规范,则进入到最后一步——验烙给照。

所谓"验烙",即"验烙编号",民船经地方官府检验合格,由地方官府统一编号,烙印于船身。"验烙编号"与"刊书"字号存在着明显的区别:其一,主体不同,"验烙编号"由地方官府实施,"刊书"字号由船

①《福建省例》,船政例,附刊乔前司议详情照前兴泉永道原议丈量船只例案。

②同上。

③嘉庆《福建沿海航务档案》。

④《福建省例》,船政例,洋政条款。

⑤道光《厦门志》卷五,船政略,船商。

⑥同上。

⑦《钦定大清会典事例》卷六三〇,兵部,绿营处分例海禁二。

⑧《福建省例》,船政例,渔船饬令照式书写分别刊刻船户姓名字号。

户自行实施;其二,内容不同,“验烙”之“编号”为地方官府为民船统编的序列号,这个序列号是唯一的,而“刊书”之“字号”为民船所属商铺名号,一般该商铺所有船只都用这一个字号;其三,存在形式不同,“编号”是烙印于船身的,一般不可更改,而“字号”是书写于船身的,按规定可以随时更改;其四,作用不同,“刊书”字号是为了易于辨识和管理,而“验烙编号”是为了颁发“船照”或“牌照”。此外,关于“验烙”的一个重要规定是,“商渔船只,报造买卖归籍,方许验烙一次。知县新任及按年期满换照,概不许重复验烙,违即报参”①,并且在实际操作中反复重申,“凡有已编之船不许重复验烙”②。这表明,一般而言,“验烙”之“编号”是终身的,不可随意更改,但有一种情况例外,即通过买卖易主后,需要“改烙”。这是因为买卖易主后,船籍发生改变,需要重新入籍,原给编号自然也要发生改变。

新造和买来的船舶一经“验烙编号”,即视为“归籍”,官府就须“给照”。福建地方官府所给之“照”分为“牌照”和“船照”两种:梁头七尺以上的外洋船,由海关发给“牌照”;七尺以下的内河和近海小船,由辖县发给“船照”。“船照”或“牌照”均须载明造竣验船各项指标。取得了“牌照”或“船照”,才有了合法的营运资格。船舶发生越州县买卖时,两地地方官府要对买卖双方进行调查,如符合相关规定,卖船州县销照,买船州县“再行改烙给照”③。

“船照”或“牌照”的注销有两种情况:一种是买卖易主,原照注销,发给新照;一种是损坏、被劫或船龄老旧等因不能继续营运,则可通过申请注销“船照”或“牌照”。后一种情况手续比较复杂,首先必须缴清船税,原给照官府派员调查属实,并取得有关人员担保,才准许销照。

由于清代民间造船合法,因此政府对民船的管理和检验得以完善和强化,虽然其初衷是对民间航运进行掌控和限制,但实际操作中的宽限和变通客观上有利于民间航运的发展。通过“完竣检验”和“验烙给照”,政府对民船检验的内容和程序进行规范,形成了制度化。

三、官方造船的衰落与船舶检验制度的完善

清代中前期,官方亦设厂造船,主要造修战船和漕船两大类。由于逐步放开对民间造船的限制,加之后期物料紧缺等原因,官方造船相应地逐步收缩以致衰落。然而,官营船厂的造修检验制度却更加完善,达到传统帆船时代的顶峰。

(一)战船的造修与检验

战船的修造是清代官营船厂的一大主要任务。由于担负着防卫海疆的重任,清政府对战船的造修和检验相当重视,形成了一套完善的制度。

1.战船修造的发展与衰落

清代的战船修造工业是在同郑成功对抗中发展起来的。清初,在与郑氏水师的较量中,朝廷水师常处于被动地位,光凭“海禁”和“迁界”政策,不足以达到消灭郑氏的战略目的,因此必须发展造船业以取得水师实力上的优势。顺治十六年(1659年),户部尚书车克就受朝廷委派“赴江南督造战船”④。然而起初困难重重,沿海居民和船匠以消极怠工抵制清廷,加之物料供应不敷,因此效率极低。缴获郑氏战船却因一时无人驾驶,只能就地烧毁。到康熙十八年(1679年)情况发生逆转,一方面“禁海令”与“迁界”政策效果显现,郑氏战船因缺乏物料而无法补充损失,另一方面清廷水师战船的数量却逐步增加。当年,

①《福建省例》,船政例,严禁勒索船只验烙给照陋规。

②《福建省例》,船政例,凡有大小已编之船只不得重复验烙、商渔船只设立循环填注送核。

③《福建省例》,船政例,商渔船只买卖立定章程。

④《清史稿·车克传》。

福州即造大战船400艘,加之从外省调拨入闽的战船,清水师实力已经超过台湾郑氏,因此才得以于康熙二十二年(1683年)一举收复台湾。

清政府收复台湾后,福建即成为海防前哨和重要的战船修造基地,福建官营船厂的兴衰即反映了清中前期战船修造业的兴衰。从收复台湾至鸦片战争前夕,福建通省额设战船在240—350艘之间,对其维护、补充以维持额定数量就成为一个现实问题,因为日常训练、巡逻和捕盗以及自然老化等因都会使战船发生损坏,"夫海上无两载不修之船,亦无一年不坏之杠料"①。因此,官方设立造船厂修理损坏船只,建造全新战船就至为必要。雍正三年(1725年),福州、漳州、台湾分别设立官方船厂。雍正七年(1729年),由于福州船厂工匠不敷,不得不经常调用泉州船匠,道远不便,于是又设泉州船厂,以利用其地丰富的技术人才资源。及至乾隆元年(1736年),由于厦门港口地位的提升,且有废旧船厂可以利用,遂将泉州厂移设厦门,并将原属漳州厂承修的26艘战船拨归泉州厂承修。至此,福建沿海的几个主要地区都设有官方造船厂。各船厂遵循就近原则承修水师各营战船,按规定需完成额定的修造战船任务。

清初,福建省额定战船为350艘,后几经裁汰,至道光初年减少了近三分之一,仅为242艘,官方船厂的承修数量也呈逐步下降趋势。乾隆元年(1736年),福州厂承修战船76只,泉州厂承修53只,漳州厂承修99只,台湾厂承修96只,②至道光年间,四厂承修战船的数量分别缩减为46只、48只、52只和90只。③ 承修数量的下降并非全因政策性裁减,各官船厂承修能力的下降也是其中重要的原因,福州、泉州和漳州3大船厂每月只能维修战船1只,④造成大量战船无法按时修造,"自道光六年至二十年,积压各船至三十艘之多"⑤。

清中前期战船修造业逐渐衰落的原因,除管理制度逐渐废弛以致效率低下外,造船物料紧缺和造船费用上涨是其主要原因。民间和官方造船业的竞相发展,使船材消耗殆尽,并致价格飞涨。清初,购买一根大木不过数两,到乾隆年间,一根桅木已需四五百金。⑥ 清政府财政渐趋困难,已无力加大投入,各官方船厂不得不经常性的"停工待料"⑦,衰微之势已无力挽回。在此种情势下,清政府不得不在某种程度上依赖民间船厂添造战船,如福建的"霆船"和广东的"米艇"。

2.战船的造修管理与检验制度

清代战船修造业呈逐步衰落之势,但其管理和检验却愈加严格,形成了一套完善的制度。因为船舶归属不同,与民船相比,在检验环节更注重造修质量而不是梁头丈尺,因此,官船的检验更能反映清代的船检规则和水平。

(1)造修设官

清代战船造修资金大部分来自于国家财政,小部分来自民间摊派、放贷生息、官民捐赠以及旧料变价等。造船资金落实后,政府委派官员专门负责造修事宜。清初,各省战船由水师和地方分别或共同承修承造。雍正二年(1724),朝廷收回地方文官的战船修造权,规定原"其战船向由地方官修造者,改归营员修造"。雍正六年(1728年),"令水师船厂附近省城者,凡战船造成,在城之督、抚、提、镇会同验看",可见,水师负责修造战船,督、抚、提、镇自然负有检验之责。但由于营官统修统检,渐生弊端,"各省水师营

---

①严如熤:《沿海团练说》,收于《皇朝经世文编》卷八十三,兵政一四,海防上。

②道光《厦门志》卷五,船政略,泉厂设置。

③同治《重纂福建通志》卷八四,船政,各厂承修船只。

④道光《厦门志》卷五,船政略,修造例限。

⑤《清史稿·兵志》。

⑥德福:《闽政要领》卷中,各营战船。

⑦社科院历史所清史研究室编:《清史资料》第3辑,中华书局,1982年,第141页。

承修造船之员,逐层需索,迨交收后,复盗卖损毁,各营皆然”,于是,雍正十年(1732 年),“各省战船设承修官,以董造船之役。由督、抚、提、镇委副将、参将,会同文职道、府,领价督修;委都司会同文职府佐,办料修造。隶将军标者,委参领等官办理”,即地方文职官员与水师武官共同造修和检验,“各水师船之船身大小,木板厚薄,咸遵定制,令道员会同副将等监视督造”①。

福建的战船造修初由朝廷派员监督,闽省各道、厅承造承修。台湾统一后,由道、厅委派各府、州、县官员及当地营弁承修承造。康熙三十九年(1700 年),福建战船的修造权由督抚交给府一级的官员,水师各将军、提镇配合地方官员监修。② 可见,清初福建战船造修主要由道、厅、府、县等各级地方文官负责,然而监修检验权却在水师武官手中,这种体制造成了“文员不谙修造,营官格外吹求”③的矛盾。为解决这一矛盾,从康熙五十二年(1713 年)起,福建战船由地方道、府官员会同水师参将、游击共同监造。福、漳、台、泉等地官方船厂设立后,其管理制度也随之确立,船厂由各道负责,后又仿照江南官营船厂体制,“每年委道员一人监修,遴选副将或参将一人,公同监修,会同布政使确估兴工。道员许遴委同知、通判每厂各一人;副将许遴委都司、守备每厂各一人,分司其事”④。至此,文武官员共同修造检验即成定制。

(2)勘验申报

战船在服役时难免发生损坏或自然老化,因此就需定期修补添造以维持额定数量。顺治八年(1651 年),“定师船修造年限,三年小修,五年大修,十年拆造”,康熙二十九年(1690 年),“更定修造战船之制,外海战船哨船,自新造之年为始,三年后,以次小修大修,更阅三年,或大修,或改造;内江战船哨船,则小修大修后,更阅三年,仍修治用之”⑤,后又改为,“外海定限三年小修,六年大修,九年再大修,不堪修者更造;内河定限三年小修,八年大修,十一年再小修,十四年再大修,不堪修者更造”⑥。

战船修造要履行严格的申报程序。首先是届满勘验,即战船到修造之年限,将军、督抚、提镇等各级官员会同稽查所辖各营应修应拆船数,“各委员确加验勘”⑦。其次,逐级上报。战船勘验完毕,“各该营于五月前将应小修、大修、拆造分晰呈报该上司,照例咨承修官”⑧,再由承修官向督抚、水师提督呈报。再次,二次勘验。督抚、水师提督接到承修官申报后,派员对所申报造修船只进行二次勘验,若所报属实,负责查验的官员须“出具印结”⑨,以备案待查。最后,奏报待复。经二次勘验后,督抚将材料汇总奏报朝廷,等待批复。

(3)办料修造

获得朝廷批复之后,承修官就开始“领银备料”。雍正十年(1732 年)规定,“江南、江西、湖广、福建、浙江、广东等省于届修两月前领银备料,台湾、琼州于四月前备料,天津、山东于八月前备料”。备料完毕,“各营驾船赴厂,承修官即于次月兴工,如期修竣,违则惩之”。根据雍正十一年(1733 年)所定修造战船期限,“直隶限四月,福建、台湾限十月,山东限六月,江西大修、拆造限三月,小修限两月,江南限四月,湖广大修、拆造限六月,小修限四月,浙江限四月,广东、琼州限六月,其余各厂均限四月”⑩。

①《清史稿·兵志》。
②道光《厦门志》卷五,船政略,泉厂设置。
③中国第一历史档案馆:《康熙朝汉文朱批奏折汇编》,第 3 册,档案出版社,1985 年,第 355—356 页。
④《钦定大清会典事例》卷九三六,工部,船政,战船一。
⑤《清史稿·兵志》。
⑥席裕福、沈师徐:《皇朝政典类纂》卷三六四,兵四二,船政,战船。
⑦台北故宫博物院:《宫中档乾隆朝奏折》第 54 辑,台北福美印刷文具行,1982 年,第 73 页。
⑧席裕福、沈师徐:《皇朝政典类纂》卷三六四,兵四二,船政,战船。
⑨台北故宫博物院:《宫中档乾隆朝奏折》第 61 辑,台北福美印刷文具行,1982 年,第 821 页。
⑩《清史稿·兵志》。

战船修造过程中，要求“船身大小，木板厚薄，咸遵定制，令道员会同副将等监视督造”，即须严格按照既定船式修造战船，道员、副将等则以船式规定作为验工依据。清代战船一如明制，有标准制式，如雍正六年(1728 年)，“定浙江战船用木之丈尺，及船身深广之制。奉天水师亦如之”①。清代战船造修规定至为详尽，整体船式及各部件尺寸、用料、用工、银价都有定额，是为“则例”。例如，福建船厂为金州水师营打造的大赶缯船，其“则例”共 1 万余字，每一个部件都规定甚详，仅录引一段：

“船身两旁走马二条，水蛇二条，各长七丈四尺，宽八寸，厚四寸，做净每折见方尺四十尺，用舰匠一工。走马钉缝凑长十四丈八尺，每丈用长一尺钉三十个。水蛇钉缝凑长十四丈八尺，每四尺用长一尺钉三个。艌缝凑长五十九丈二尺。共核用围大三尺二寸、净长四丈二尺大吉木三根二丈二尺，长一尺钉五百五十五个，灰五十九斤三两，桐油二十三斤十两九钱，网纱二十二斤三两二钱，竹丝二十二斤三两二钱，舰匠十七工七分六厘，锯匠五工七厘，艌匠八工四分六厘，舂灰夫二名七厘。”②

清代官船厂对战船“则例”的规定可谓达到极致。

(4)报竣检验

战船修造完毕，承修官报于总督，总督会委任“大员亲往验收”③。但由于负责勘验的官员往往以权力向承修官勒索“规例”，不能如实反映战船的修造情况，因此，雍正六年(1728 年)规定，“嗣后船厂附近省城者，在城之督抚、提镇及布、按两司，于承造完工之日，公同验看”④。即新船造竣，应由地方军、政及司法部门共同检验。新船检验完毕，承修官还须将所修造船只各部件尺寸以及船内器械装备登记造册，由督抚盖印后存档，以备上级的例行年检。⑤

综上可见，清代战船修造虽然总体呈衰落之势，但其管理方式却很有效，从“申报勘验”到“办料修造”再到“报竣检验”，每一个环节都很严密，体现了官营船厂管理和检验制度的完善。

(二)漕船的造修与检验

漕船造修是清代官营船厂的另一大主要任务。漕运作为清代的国家大计，虽然逐渐走向没落，但也在很大程度上决定了传统社会末期的经济发展。漕船作为实现漕运的基本工具，清政府对其造修和检验极为严格，形成了最为完善的制度体系。

1.清中前期漕运的发展变化与漕船修造业的衰落

清代漕运主要通过京杭大运河，实现南粮北运。为保障漕运的顺利进行，清政府建立了严密的管理体系。顺治初，设河道总督 1 名，以维护运道畅通；设漕运总督 1 名，以负责漕粮运输。漕运总督下设巡漕御史、督粮道、管粮同知等职，有专门军队称为“漕标”。漕粮征收由各省粮道办理，各州县设有专门机构和各级官吏。

清代漕运在顺治时就多弊政，经康熙、雍正两朝整肃，一定程度上得以改善。乾隆中期以后，漕政又趋败坏，至嘉庆朝，已是机构臃肿，人浮于事，腐败丛生，具体表现为：征收漕粮不断加派，甚至超过应征额的七八倍；漕船所到之处官员兵丁勒索受贿；征漕官员与地主士绅勾结，中饱私囊等等。

除各种弊端积重难返外，嘉庆后，漕运还面临着一个客观难题，就是大运河河道经常阻塞不通。至道光年间，河道淤积更为严重，加之水患频发，冲毁运道，“借黄济运”“盘坝接驳”等办法均不能根本解决问

①《清史稿·兵志》。

②《钦定福建省外海战船则例》卷首，奉天外海战船做法。

③刘锦藻：《皇朝续文献通考》卷二三二，兵考三一，船政，水师船。

④席裕福、沈师徐：《皇朝政典类纂》卷三六四，兵四二，船政，战船。

⑤《钦定大清会典事例》卷七一二，兵部。

题,于是有识之士开始着眼于海运。

其实至道光朝,海运已经不是个新问题,康、雍、乾、嘉年间屡次有人提及,但由于一方面反对的声音过于强烈,另一方面运河尚能勉力维持而搁置。道光时,反对派依然势力强大,但协办大学士户部尚书英和、江苏巡抚淘澍、两江总督琦善等力主海运,获得道光帝支持,于是道光六年(1826 年)开始了第一次海漕尝试。

由于当时政府没有海运船只,即雇民间沙船 1500 艘,以应海运之需。当年运输 2 次,第 1 次用沙船 1000 余艘,于二月从上海出发沿海北上,十余日即达天津,四月二十六回空离津,五月二十二日返回上海。第 2 次沙船数百艘,于六月五日起运离沪,亦顺利抵达天津。这两次试行海运效果明显,不仅改变了传统的漕运方式,使各种漕弊得以革除,而且运期缩短,费用和损失大为减少,时人总结海运之“四利”“六便”,即“利国、利民、利官、利商”,“国便、民便、商便、官便、河便、漕便”①。

海运试行的成功令海运派踌躇满志,当年秋即于上海增造海船 300 余艘,以备来年海运之需。然而,河漕的废罢侵犯了大批漕运官僚的利益,他们群起而对海运进行激烈的反对和阻挠,道光帝最终动摇,于道光七年(1827 年)“以近年河湖渐臻顺轨,军船可以畅行”②为由,叫停了刚刚试行即大获成功的海运。然而漕运毕竟已经不适于时代的发展,随着清王朝逐渐走向没落,漕运也逐渐废止。

清代漕船专门设厂打造。漕船大致分为三种,江西、湖南、湖北三省的漕船叫江广船,江南、浙江的漕船叫江浙船,山东、河南的漕船叫浅船。江广船船身最大,江浙船次之,浅船最小。各种漕船均有定制,但也不断变化。③

漕船分属 121 个漕帮,每帮船数不等,多至 90 余只,少至 10 余只。随着运河通航能力不断下降,漕船屡经裁汰,各船厂造修数量也不断萎缩。康熙以前全国共有漕船 10455 只,至雍正四年(1726 年)已减为 7168 只,乾隆十八年(1753 年)为 6969 只,嘉庆十七年(1812 年)为 6384 只,道光九年为(1829 年) 6326 只,比之最初已削减近 4 成。④

2.漕船的造修管理与检验制度

与战船一样,漕船的造修管理和检验也有一套完善的制度,以保障其工艺质量,延长使用年限,并且尽量节省物料。

(1)佥造制度

所谓“佥造制度”,即由运丁签书画押领价造船,并承担责任的制度。清代漕船设专厂打造,由船政同知管理。较大的船厂,有江苏的淮安、清江、江宁,湖北的武昌、汉阳,山东的临清,浙江的仁和、钱塘等,这些船厂根据政府下达的任务造船,以供各卫所使用。运船较多的卫所,如安庆、新安、宣州、建阳、金山、镇江、苏太、镇海等卫,并江西省各卫所船只,定例给各丁料价,在本地方设厂成造。湖广省各卫所船只,定例由粮道将料价分发给武昌、汉阳两粮厅设在武汉的两家船厂成造。江淮、兴武、庐州、凤阳、滁州、徐州、淮安、大河、扬州、仪征等卫船只,旧例赴清江、江宁等船厂成造,令船政同知管理,康熙二十八年(1689 年)将清江、江宁二厂裁革后,发给各丁料价,自行成造;三十三年(1694 年)复设清江、江宁二厂,雍正二年(1724 年)将两厂船政同知一并裁去,统归粮道管理。浙江省各卫所船只,原在仁和、钱塘两厂成造,康熙三十四年(1695 年)添设船政同知专管造船,于雍正二年(1724 年)裁去,统归粮道管理,发给运丁银

①《清史稿·淘澍传》。

②《清史稿·食货志》。

③李文治,江太新:《清代漕运》,社会科学文献出版社,2008 年,第 160 页。

④李文治,江太新:《清代漕运》,社会科学文献出版社,2008 年,第 154 页。

两，自行成造。山东省各卫所船只，原在淮安山东厂打造，雍正二年(1724年)裁撤淮厂，归粮道管理，给各丁银两，自行成造。协运河南省漕粮的徐州卫河南前后两帮船，原在淮安清江厂打造，乾隆十四年(1749年)和十六年(1751年)分别改在临清坞和戚城打造，运丁自备银两，在相关官员的协同下先行购料，然后由江安粮道发给料价银两，并派卫所低级武官监造，再派守备官督催，竣工后报河南粮道验看印烙。① 可见清代漕船多是在卫所监督下由运丁自行打造，运丁与政府签署画押订立造(修)船"合同"后即成为"佥丁"，须如期按要求完成造修任务。

(2)勘验册报

漕船使用期限规定为十年，满限后，按照康熙四年(1665年)定例，"嗣后必须严查确实，应打造者打造，应修舱者修舱，仍将每年修造船只若干造册题报"。又规定"嗣后务须总漕亲身查验，委实不堪者方许改造。倘有可用旧船不行验明驾运，该督抚查明题参，其有过号旗船，自行造买，赴厂领银者，概行禁止"。康熙七年(1668年)，又"题准漕船改造司造之官，亲身查验，如有仍可加修再运者，即于岁征造船料价内量给加修银两，仍令出运，照年扣算"。若"官员奉委修造船只，或谎报朽烂，或修造未竣报称已完，或将朽烂船只册报掩饰者，俱降二级调用"。② 可见，清代满限漕船勘验申报制度之严，本着能修则修的原则，实在无法修理才进行改造。如果旧船不进行检验，运丁自行处置，船厂不给料价银两。官员有谎报行为，降两级调用。

(3)照式成造

漕船进入造修阶段，须在责任官员监督下"照式成造"。康熙前，漕船的大小规制各异，康熙六年(1667年)规定，"浙江、江西、湖广等省悉照淮式一律成造"。康熙十七年(1678年)又规定"漕船载米不得过四百石，入水不得过六捺，空船以四捺为度"。康熙十九年(1680年)开始"酌定新式"漕船，康熙二十一年(1682年)颁令"各省遵照新式长七丈一尺一律成造"。康熙二十六年(1687年)又因新式船小，可以"量加宽大"。雍正二年(1724年)规定"江西、湖广漕船以十丈为率，短不得过九丈，其宽深丈尺，酌量合式，其余各省仍照式成造"③。但造船运丁为多带私货，擅自将船身加大，监官又监督不严，致船大不便，极易搁浅。为此，乾隆五年(1740年)议定，"江浙漕船，长八丈，深六尺，入水三尺四寸为度；江广漕船，长九丈五尺，深六尺九寸，入水以三尺九寸为度。并将入水尺寸逐一量明分晰，横刊于浅板之上，俾得众目昭彰，易于查验"④。嘉庆间，私弊又起，漕船日益增大，动辄搁浅，于是下令再次缩减船身尺寸。道光四年(1824年)在两江总督魏元煜疏请下，再定漕船吃水尺寸，湖广船为四尺三寸，江浙船为三尺八寸，较乾隆定制增加四寸。⑤ 可见，清代漕船虽有定式，但总在变化。不过，船厂监官须按照时颁定式监督检验。

(4)新船检验

漕船造修完竣，须将监造官员和匠作姓名以及打造年月刻凿于船尾，上报后，漕运衙门派员检验，并加印烙。如果先期损坏，则追究监官及匠作的责任。⑥ 乾隆后还规定，还须将吃水线刻在浅板上，以便查验。清代漕船有"九验之法"，规定至为详尽：

"一曰验木，二曰验板，三曰验底，四曰验梁，五曰验栈，六曰验钉，七曰验缝，八曰验舱法，九曰验头

①《钦定户部漕运全书》卷十九，通漕运艘，佥造漕船。
②同上。
③《钦定户部漕运全书》卷二十，通漕运艘，浅船额式。
④阿桂：《申明粮船定式疏》，收于《清朝经世文编》卷四十七，户政二十二，漕运中。
⑤《清史列传》卷三十五，魏元煜传。
⑥《钦定户部漕运全书》卷十九，通漕运艘，佥造漕船。

艄。验木者,木取良材,毋杂恶质,毋间旧料,长短有规,大小有准。验板者,板有厚薄分寸,原有漕规定制,如㡯板厚五寸,搪浪底板厚二寸,拖泥脚栈栈板厚一寸七分,而奸匠包造,挪薄大料以充里料,每每分寸差池,今后下墨之时,即当查验锯路,解板下锯即当比较分寸,如不合式,立刻严究另换。验底者,船之大小始基于底,如浅船底长不过五丈二尺,中间阔不过九尺五寸,匠受旗贿,改长增阔,不依漕规,今欲造办合式,当于铺垫底板,验量尺寸少差,即勒改造。底完安梁,梁阔则船腹宽,梁高则船腹深,容受多而利装私载,故旗匠通同,每每溢额,浅船龙口梁阔不过九尺,高不过一丈四寸,使风梁阔不过一丈四尺,断水梁阔不过九尺,高不过五尺,细细量验,一不合式,即勒令减削。梁完上栈,浅船栈长七丈一寸,深三尺六寸,其顺身既长,非短小之料可用,栈板之力,把持通船,须择长材以图坚久,潦草安置零碎斗凑,则把持无力,不久绽裂矣。用钉之法,一尺四钉未上两栈,钉眼在外,上栈之后,钉眼在内,有等恣意侵渔而匿钉不用,虚派钉眼而眼内无钉,务宜逐眼稽查,内外审眡。缝口何以用验?盖挪减大料,每每迁就板边,板边不净,是以缝口不合,虽极力窒艌,隙终不满,漏终不止,全在合板之时,早为查验。艌法何以用验?盖艌之法,以斧入凿,以凿入麻,缝满然后固以油灰,今奸匠侵渔,麻少缝阔,不能受灰,甚至油少灰生,旋上旋落,祗可谓之涂抹了事,安得云艌!逐节严查,麻少灰生,立行究处。头艄何以用验?盖封头封艄,船工将完,人心草率,每见厂造旧船,船身无恙,而头艄先脱,职此之故,铁叶扒锔,所以攀护此头艄者,不许折干短少,铺头铺艄里料,所以骨干此头艄者,不许滥恶充数,用钉必处处周到,窒艌必处处完全,头艄坚实,船自经久。"①

可见,此"九验之法"贯穿从船舶入厂造修到完竣的每一道工序,每一个检验项目都细致入微地阐明检验要求及其原因,并指明弊端所在,以便监督检验官员有的放矢。清代漕船的"九验之法",集宋、元、明以来船舶检验之大成,达到了帆船时代船舶检验的最高水平,是中国造船史上的宝贵遗产。虽然轮船时代的到来令传统帆船业不可避免地走向衰落,但中国古代劳动人民在造船管理及船舶检验上取得的成就永远光耀史册。

四、船税则例

清代税关分为海关和内陆税关。海关的量船收税办法前文已经论及,故此不再赘述。②

内陆税关,"清代前期人或称榷关,或称钞关,或称某某关,称谓各异,原无一定"③,这里姑且统称为税关。税关向船户收取船税,亦称船料。顺治元年(1644年),刚入关的清政府全面免税,次年沿用明代税则开始征税。明代的船税"以装载货物多寡为率,后从简便,乃验船梁阔狭,定收料银重轻。大抵自五尺以上榷其料至有一二丈者",并规定"各钞关止收船料,惟山东临清、杭州北新关兼收商税"④。

(一)浒墅关船税变化

清初虽袭明制,但计征方式逐渐发生变化,改梁头则例为签量计石征收,这在浒墅关船税变化中表现得最为典型。梁头则例即"量船之广狭,以定税之多寡"⑤,具体征收方式为"以量船之宽阔,所载货物分平、加平、补、加补四项征收钱粮"⑥。所谓的平料、加平料、补料、加补料是向商人征收货物税以补船税之

①《钦定户部漕运全书》卷二十,通漕运艘,浅船额式。

②见本节"民营船厂的兴旺与官府对民船检验的强化"目下"官方对民间造船的管理和检验"。

③邓亦兵:《清代前期税关的设置》,《清史研究》,2007年第2期。

④嘉靖《浒墅关志》卷十一,禁令。

⑤康熙二十四年十二月初三日监察御史吴震方题本,见钞档。

⑥康熙《浒墅关志》卷七,则例;亦见道光《浒墅关志》卷五,货物则例。

不足。康熙二十五年(1686年)内务府慎刑司郎中桑格提出,“不论货物多寡,惟量船之宽阔七尺至一丈八尺止”,这种征税方法是不合理的:“货物自有贵贱,绸缎等物价值,与豆鱼货物价值,大有分别,俱以加补一例征收,甚是不均。应将无论船只大小,计所载货物多寡贵贱作何征收,重复定例,庶奸宄之徒不得侥幸作弊,收税均匀,有益于守分之商人。”①但户部议复:“高璜(原浒墅关监督,已离任)等称,浒墅关原系量船征收,年久商民已知量船征收之例,仍量船收税,则商民不致苦累等语。相应仍照前量船收税。”②同年四月,颁行新的量船则例,仍以梁头尺寸为准。

雍正五年(1727年),高斌再次奏请改变计征方式,“查浒墅关则例轻重悬殊,如豆税一项,名曰加补料,有梁头、小贩之分”,“小贩则例,每石税银七分,(大船)梁头止收二分六厘,相去悬殊,甚属偏枯,以致以前小贩豆货虽宽至五分一石,仍不抵关,多被梁头包揽”,因而建议“将小贩豆船照现收米税之例,每石收银四分”,对大船“逐船签量,多者依数,每石二分六厘递加,所刮余豆,每石亦止二分六厘”③。这个建议经户部议准,税则改为贩运豆货,小贩每石改征银四分;大船“令循例签量,多者依数每石二分六厘递加”④。雍正六年(1728年)五月以后,浒墅关新税则对粮食、豆类商品改原来的梁头计征为签量计石征收,规定每石征收四分,不论大船、小贩一律如此。

(二)其余各关船税的变化

浒墅关船税改则后,户部又根据各地的不同情况,审议并重新颁发各关税则。临清关粮船“向来止照梁头丈尺纳钞”,雍正六年(1728年)十一月以后获得允准照浒墅关之例,一体签量计石征收。⑤

淮安关监督杜琳早在康熙二十五年(1686年)即自行修改税则,对粮食签量计石,对货物按数论石征收。⑥ 但杜琳之后,采取了量船与签量计石相结合的征收方式。乾隆年间才落实对粮食等商品税则改量船征收为签量计石征收。

夔关总税为康熙六年(1667年)由四川巡抚张德地请设。雍正五年(1727年)川陕总督岳钟琪奏请:“四川夔州一关,照江南淮安之例,凡遇米船到关,即令该府盘查量榷税银,以裕国课,其有别项货物,仍照例收税,统归正项。”⑦户部议复:“川省运贩米船,向无船料,客商或夹带私盐违禁之物,无可稽查,而沿途地方官往往借端需索。请照淮关船料尺寸则例,抽报料税,所输无几,稽查甚便。”⑧于是夔关“杂税之外,于雍正六年内,奉文增有米粮船料”⑨,即以量船方式征收米税。而仅一年后,“雍正七年内,经前任监督隆生始奏称改论石输课,每米一石,征银四分,以折船料”⑩,至此,夔关税则也改量船计征为签量计石征收。

北新关“粮食向来止征船料,所有嘉湖二府解省南粮,并民间进关完纳漕粮,以及租米等项,原非商贩,其船料一概免征”⑪。乾隆七年(1742年)议定,“经过米船照旧征收梁头课银,不必计石科税”⑫,即

---

①康熙《浒墅关志》卷六,岁额;亦见道光《浒墅关志》卷五,货物则例。

②同上。

③雍正五年二月十五日高斌奏折,见《宫中档雍正朝奏折》第7辑,“国立故宫博物院”,1977年,第491页。

④《钦定大清会典事例》卷二三九,户部,关税。

⑤雍正六年十月二十八日山东布政使岳浚奏折,见《宫中档雍正朝奏折》第11辑,“国立故宫博物院”,1977年,第650页。

⑥乾隆《淮关统志》卷六,令甲。

⑦雍正五年八月十九日川陕总督岳钟琪奏折,见《宫中档雍正朝奏折》第8辑,“国立故宫博物院”,1977年,第721页。

⑧《清世宗实录》卷六二。

⑨乾隆二年正月二十九日四川巡抚杨馝题本,见钞档。

⑩同上。

⑪光绪《浙江通志》卷八六,榷税。

⑫《钦定大清会典事例》卷二三九,户部,关税。

只对运米的船户征收船料,不对商人征收米税。

应该说明的是,在船税征收方式的变化过程中,各关监督并未严格遵守部颁则例执行,但是,量船征税改为签量计石征税的大趋势没有改变。

综上所述,清中前期由于政府对民间造船实行开放政策,并进行严格的管理和检验,客观上有利于民间航运业的发展。官方造船业虽然逐渐走向衰落,但其管理和检验却形成了完善的制度,达到了帆船时代的顶峰。然而,鸦片战争后,轮船迅速取代帆船成为中国近代航运业的主宰,船舶检验也随之进入到轮船时代,业已完善的传统帆船检验制度失去了其存在的基础。但我国古代的船舶检验始终是中华航海文明的一个重要组成部分,凝聚着劳动人民的智慧和心血,其科学性和制度化对现代船舶检验依然具有借鉴意义。

第二章 中国近代船检的建立和发展(1840—1949 年)

第一节 晚清时期中国船舶检验权的丧失

1840 年第一次鸦片战争爆发,清政府战败,被迫于 1842 年签订了中英《南京条约》,这是中国近代的第一个不平等条约,此后法、美、俄、瑞典、挪威等国竞相效仿,逼迫清政府签订了一系列不平等条约,中国主权受到了严重侵犯,逐步进入半殖民地半封建社会。这一阶段,一方面中国的船舶检验工作和其他航权的丧失一样,由外国人把持的海关具体操纵;另一方面,随着外国轮船大量涌入中国水域,近代船舶检验的理念得到引进,并在中国逐步建立了新式的船舶检验体系。

一、中国航权的丧失

西方殖民者强迫清政府签订的一系列不平等条约,内容涉及割地、赔款、开放通商口岸、允许外国来华传教、治外法权、领事裁判权等多个方面,其中涉及侵犯航权方面的有以下几项:①口岸开放权;②江海航行权;③沿海(江)运输权;④引水特权;⑤港口管理权;⑥船舶检验检疫权。

以上种种特权的实现,主要是通过外籍税务司管理的中国海关来执行的。此时的中国海关,与鸦片战争之前不同,业务非常庞杂。除了以征收对外贸易关税为核心的业务外,兼办港务、航政、气象、船舶的检验检疫、引水、灯塔、航标等海事业务,还经办外债、内债、赔款和外交等业务。

在近代海关管理的诸多业务中,船舶的检验起初并不重要。船检发源最早的英国在 1834 年才协调船舶所有人和保险商的关系,建立了统一的劳氏船级社(Lloyd' s Register of Shipping),1835 年成立船级委员会;《铁质轮船标准》在 1855 年才订立。1869 年,劳氏船级社在上海设立办事处,1875 年 11 月 1 日,英国正式把上海作为船籍登记港。所以在鸦片战争后的一段时间里,中国海关关于船舶的检验,无论是轮船还是帆船,只是象征性的流程,并无实际内容。

但随着更多口岸的开放,越来越多的外国船舶涌入中国水域,特别是 1869 年苏伊士运河通航后,中欧航程缩短了四分之一,同时轮船的性能不断改进,使轮船和帆船在数量上发生了根本变化。英国的轮船吨位 1860 年为 454327 吨,1870 年为 1112934 吨,而 1880 年则增长为 2723468 吨。① 从进出中国口岸的船舶统计来看,1870—1876 年,中国内贸航线和远洋航线的船舶总数从 14136 艘(697828 吨)增加到 17946 艘(10226421 吨),这一增长完全由轮船实现,而帆船却从 6412 艘(1849300 吨)下降到 5905 艘(1513424 吨)。在船只总吨位中,轮船所占的比例快速增长:1870 年为 73.19%,1874 年持续增长到 86.89%。② 当然,与此同时,帆船所占的比例则相应地下降,轮船的大量出入加速了中国船检工作的近代化。

促使中国的船检工作近代化还有其他几个原因:

第一,外国轮船在垄断了中国的远洋航线后,又随之垄断了中国的内贸航线(沿海和江河)。外国航

①Report of Royal Commission on Shipping Rings, , House of Commons Parliamentary Papers, 1909, p11.

②Trade Reports, 1876, 中国, pp96-97, 转引自聂宝璋:《中国近代航运史资料》第一辑, 中国社会科学出版社, 2002 年, 第 647 页。

运公司纷纷在中国创办专业轮船公司,经营内贸客货运输,保障乘客安全和避免船舶超载成为海关面临的新问题。

第二,部分大的洋行企业开始在中国设厂造船。以上海为例,见表 2-1。

1850—1864 年外国在上海开办的船舶修造厂 表 2-1

序号	厂名(中文)	厂名(英文)	开办年份	厂籍
1	伯维	Geo Purvis & Co.	1850	美国
2	杜那普	J.Dews Nap	1851	美国
3	那蒙	M.Lamond & Co.	1851	英国
4	美里的士	R.Meredith	1851	英国
5	彼得刚果	Peter Gough	1851	英国
6	罗去士	Jame Rogers	1852	英国
7	贝利斯	Baylies	1856	美国
8	包德	M.L.Potter	1856	美国
9	密契尔	Mitehell	1856	英国
10	丹拿克	Trannack	1857	英国
11	浦东	Pootung Dock	1859	英国
12	虹口造船厂	Honque Boatbuilding Yard	1860	英国
13	宾夺船厂	Pinder&Co.G.H	1861	英国
14	柯立·兰巴船厂	Collyer Lambert	1861	
15	祥生船厂	Nicholson Boyd Co.	1862	英国
16	卢德船厂	G.H.Drew	1863	英国
17	旗记船厂	Thos Hunt&Co	1863	美国
18	耶松船厂	S.C.Farnham&Co.	1864	美国
19	莫里斯船厂	Morrice&amp Co.	1864	美国
20	莫莱船厂	Bulley&amp Co.	1864	美国

注:1.资料来源:孙修福,近代中国华洋机构译名大全,中国海关出版社,2003 年。

2.外国人在中国造的第一艘轮船是“先锋”号(The Pioneer),1856 年 7 月,旗昌洋行船长尼古拉斯·贝利斯(Nicholas Bavlies)雇佣中国人,用木材建造了该艘蒸汽机船,12 马力,40 总吨。[①]早期的船厂以维修为主。

第三,清政府在 1864 年镇压了太平天国运动之后,开始了以“求强”“求富”为目的的洋务运动,也开办了一些造船厂,如福州船政局和江南制造局。福州船政局在晚清共造了 34 艘轮船,主要是兵舰;江南船坞从江南制造局中分离出来后,1905—1911 年的 6 年间就造船 136 艘。

于是,船检工作的重要性逐渐显现,海关开始引进并接受各国近代船检的制度和理念,逐渐建立了有浓重半殖民地半封建色彩的中国船检体系。

二、近代轮船检验体制的建立

鸦片战争后不久,海关的组织管理还很粗略,各项章程主要是针对海关税收和海务管理这两大海关职能而制定,并无多少有关船检的内容。1863 年赫德接任总税务司后,海关理船厅的职权不断扩大和细化,逐渐建立了中国近代的船舶检验体制。

①关瑞麟:《上海之水陆交通与我国航业之关系》,《航业月刊》,1930 年第一卷第五期。

(一)轮船检验机构的设立

1.领事代检制度

鸦片战争以后,初期对外国商船的管理和征税问题,清政府显示出外交上的幼稚性,仍然坚持“官”与“官”打交道,官方不跟外商直接接触,而由各缔约国家驻华领事代为查验。

1843年10月8日(道光二十三年八月十五日)中英《五口通商章程·海关税则》第三款规定:“英国商船一经到口停泊,其船主限一日之内,赴英国管事官署中,将船牌、舱口单、报单各件交与管事官查阅收贮;如有不遵,罚银二百元。若投递假单,罚银五百元。”①“船牌”即船舶证书。按照这一规定,英国商船船舶证书的查验,由英国驻华领事代为执行,此后美、法、瑞典、挪威等国和清政府签订条约时,先后援引了这一条款。

在第二次鸦片战争结束以前,中国海关的主权还未丧失,由各口海关监督掌管,海关关于船舶证书的查验并无实际内容,基本都是按照船方(领事)的报告而加以认可的。船方在向领事交送船牌时,还要呈交前一口岸的放行证件和航海日志,由于这些单证上载明了船舶的基本情况,基本可以防止舞弊的发生。

2.聘用洋员管理

后来,清政府发现各国领事报关时有袒护本国商民之嫌,也就是少报关税,于是从咸丰元年(1851年)开始,清政府与各国交涉,试图废除这个“领事报关制度”,而由清政府直接征收关税。但此时海关仍旧沿袭鸦片战争前的老一套办法,管理混乱,一切弊窦原封不动,贪污纳贿仍然盛行。例如,虽然明确了税率,但在领事报关后,中国查验官员往往借口拖延,迫使外商不得不行贿,以争取早日开舱交货。再如,外商在向领事报关前,先在锚地通过贿赂中国官员,用小船先将部分货物卸下走私入关,然后再向领事报关。种种舞弊行为不胜枚举,耆英曾于五口通商后两年奏称:“海关稽察征收,假手书役,监督一人耳目难周,不惟易起通同隐蔽之端,且恐别滋征多报少之弊。”②直到1851年,他仍奏称:“海关经理不善,用度太烦”“加以奸商之偷漏,丁蠹之卖放,种种侵耗……此关税之弊,不可不除。”③清政府虽有心直接管理海关,但已经无能为力。

此时上海的外商也想改变这个状况,因为各国领事繁忙,无暇顾及这类业务。1851年8月14日,英国驻上海领事阿礼国(Rutherford Alcock)照会上海海关监督吴健彰:“近奉英王陛下政府训令,指示五口领事官员今后容许英国臣民和美国公民以及其他国家臣民一样,按同样的方式,在同样的情况之下进行贸易。因此,从本日起,停止本口英国领事为保障中国关税所作的一切干预。阁下作为海关监督,应自行采取征收海关关税一切必要措施,毋须期待本领事提供任何违章行为或走私的情报。贵道台将明确地了解英国政府并不为英国商人要求任何特权。”但是他们要求“英国商人在严格按照我们各项条约规定之下获得和各国商人同等的待遇。因此,中国官员不能准许或者纵容各国商人规避完纳关税,而对英国臣民则采取不同的方针。”他表示:“在船舶到达及时申报和递交进口货物清单之后,本领事便不再做什么,而只是保管船牌,直到呈验大印……退还船牌,船舶就得离开时为止。”④这就是说,英国领事除了查验船牌以外,不再对关税的征收负责。

英国虽然通过条约获取了大量特权,但无法按照条约规定建立必要的贸易秩序,看起来英国政府是想放弃条约已经获得的特权,而实际上他们认为清政府靠自己的力量已经无法管理海关,于是采取以退

①王铁崖:《中外旧章约汇编》,三联书店,1957年,第40页。

②《筹办夷务始末补遗》,道光二十六年九月初四日耆英等奏。

③《筹办夷务始末补遗》,咸丰元年正月十一日裕瑞奏折。

④《北华捷报》,1851年8月31日。

为进的方针,意图索取更进一步的特权。领事们认为既然清政府把查验和报关的责任交到自己这边,为了便于工作的开展,所以希望上海海关监督委派外国人担任海关管理船舶和船员的职务。1851 年 9 月 24 日,在美、英、丹麦、葡萄牙和荷兰等五国领事的压力下,吴健彰被迫任命美国人、旗昌洋行的船长尼古拉斯·贝利斯(Nicholas Bavlies)担任上海港务长(Harbour Master)职务,并随即公布了一套管理船舶和船员的章程。贝利斯是中国海关正式任用的第一位洋员,他负责代替领事对船方报告的内容加以查验,但此时还只在上海港一口实施。

3.上海海关为外国人控制

上海海关聘用洋员管理海关事务,只是个别事例,还没有作为一种规定载入正式文件。整体上来看,中国海关的独立性虽然受到了侵害,但还没有发生根本的变化。

1853 年 9 月 7 日,上海小刀会在太平天国胜利进军和闽南小刀会攻占厦门的鼓舞下,一举占领了上海县城。署上海道吴健彰逃出县城,避难于租界;接着,外滩的海关被群众捣毁,上海海关行政停顿。9 月 9 日,英国驻沪领事阿礼国"在本埠海关机构及合法当局尚付缺如的状态之下",以履行"庄严条约""保障中国关税的征收"为由,和美国驻沪副领事金能亨(E.Cunningham)迫不及待地自行公布了一个内容大致相同的《海关行政停顿期间船舶结关暂行章程》(Provisional Rules for the Clearing of Ship in the Absence of a Custom-house Establishment)。英国公布的共六条,美国公布的五条。现将英国领事馆公布的《章程》主要两点摘录如下:

(1)"进口商、运货人和船舶受托人应缴的税额,应向本领事馆缴纳;或按各海关银号收受税款时他们使用的缴款办法,以现银缴纳;或是以各该当事人的票据缴纳:不过所出票据限四十日内在上海向中国海关监督凭票付款;但此条有待于女王陛下政府的核准"。

(2)"上述手续经英国领事认为满意,受托人即可申请,随即领取船舶证件及加盖领事印信的结关准单。在点验结关准单之后,船舶方得自由离口。"①

这就是只要交进限期 40 天向上海道缴纳现款的期票,英船就得离港。此时领事关于船舶检验的情况并不再向中国海关报告,而是"代为中国征税后"直接将船舶证件发还船方。

《海关行政停顿期间船舶结关暂行章程》的公布,英、美领事以代替上海官员征税的名义,取得了海关洋税的代征,这原是一时权宜之计,可是英、美领事取得这项代征特权之后,便多方刁难,致使江海关一直无法恢复关税征收权。

同时英美领事也想把这个特权形成制度加以明确。1854 年 6 月 29 日,英国领事阿礼国、美国领事马辉(Robert Murphy)、法国代理领事伊担(B.Eden)和吴健彰在上海根据阿礼国提出的方案,商谈了具体执行条款,最重要的内容就是由道台委派一个或一个以上真正公正的外籍人员担任税务监督,开始时英、美两国领事同意由法国人担任,因为这可以节约经费,而法国在华贸易额最小,最有可能公正地处理税务问题。但是法国领事不愿意担任这个职务,最后决定设置由英、美、法各派一员,由三国领事提名并经上海道加以任命,组成税务监督委员会。在决定权上,道台有两个投票权,但是外国领事却占有三票。这样在 1854 年 7 月间,英、美、法驻沪领事接管了江海关洋税征收权。

最初三个税务监督是法国的史亚实(Arthur Smith)、美国的贾流意(Leuis Carr)和英国的威妥玛(Thomas Francis Wade)。这三个人中间只有威妥玛一人懂汉语及海关程序,繁重的日常事务落到了威妥玛②的头上,他发觉工作太繁重,以至无法进行汉学研究,于是在一年后辞了职。随后,在 1855 年 6 月 1

①《北华捷报》,1853 年 9 月 17 日。

②威妥玛,Thomas Francis Wade(1818—1895),英国外交官、著名汉学家,曾在中国生活四十余年,因发明用罗马字母标注汉语发音系统——威妥玛注音而闻名,此方法在欧美广为使用,现逐渐被汉语拼音取代。

日,英国驻上海代理副领事、时年23岁的李泰国(Horatia Nelson Lay)担任了这个职务。

李泰国担任江海关的税务监督以后,上海港的船检工作发生了重要变化,改变了以前领事向中国人负责的做法,而变成了领事实际直接负责,因为外籍税务监督是需要由领事提名的。

4.各口海关的船检工作全部交由外国人把持

外籍税务监督委员会最初只是在江海关执行,但是,西方殖民者一直想把上海这种模式扩大到其他口岸。这就导致了外籍总税务司制度的确立。

1858年中英《通商章程善后条约:海关税则》签订,根据第十款之规定:“通商各口收税,如何严防偷漏,自应由中国设法办理,条约业已载明;然现已议明,各口画一办理,是由总理外国通商事宜大臣或随时亲诣巡历,或委员代办。任凭总理大臣邀请英人帮办税务并严查漏税,判定口界,派人指泊船只及分设浮桩、号船、塔表、望楼等事,毋庸英官指荐干预。其浮桩、号船、塔表、望楼等经费,在于船钞项下拨用。至长江如何严防偷漏之处,俟通商后,察看情形,任凭中国设法筹办。”“各口画一办理”“任凭总理大臣邀请英人帮办税务并严查漏税”,外人帮办海关税务的制度终于在上海以外的其他口岸也执行了。

1859年5月,两江总督兼各口通商大臣何桂清任命李泰国为“总管各口海关总税务司”。1861年1月,清政府设立总理各国事务衙门后,总理衙门大臣奕䜣又把海关事务划归总理衙门管辖,并进而把选募、考核、监督海关外员的权力全盘交给了李泰国,并札饬授权,“如有不妥,惟李国泰是问”。① 李泰国成为总管新关的第一任总税务司。

同治三年(1863年),恭亲王奕䜣上奏清廷:李泰国“办事刁诈,以致虚靡巨款,实难姑容。现由臣等将其革退,还准经理税务。该夷狡狯异常,中外皆知,屡欲去之而不能,今因办船贻误,正可借此驱逐”“其总税务司一缺,即由赫德(Robert Hart)办理。”②1863年11月16日(同治二年十月初六日),上谕批准李泰国革职,派赫德继任总税务司。从此,年仅28岁的赫德就成为清朝中国海关的总税务司,而且连续任职48年一直到清朝灭亡。

赫德接任总税务司后,对海关进行了一系列的改革和整顿,其中就有对船检工作规章制度的逐步建立,形成了从船钞部到海关理船厅为主管船舶检验工作的官方机构。

船钞,鸦片战争以前,英文译为 Measurement Fees,即丈量费;鸦片战争以后改为 Tonnage Dues,即吨位税。1868年4月,总税务司发布了建立船钞部(Marine Department)的通札,海关船钞部正式成立。船钞部成立的主要任务是对往来中国港口的船舶吨位进行检丈,收取吨位税。船钞部的最高负责人是海务税务司(Marine Commissioner),直属总税务司,直接对总税务司负责。

船钞部的组织,到19世纪80年代以后逐步形成营造司、理船厅和灯塔处3个部分。营造司专管灯塔、浮标和附属建筑物的设计、工程建筑事宜,提供先进技术、仪器设备等;灯塔处负责管理灯塔的发光,灯塔人员的给养,维持灯塔和海关间的运输交通等;理船厅管理船舶的适航检查、领海和港口内的船舶行政管理。理船厅的任务庞杂,工作重要。它的具体工作是查验船舶证书,指定航船的停泊地段,维持泊船界内航船的秩序,规定灯塔、浮标的限界,制定指示行船章程、海船免碰章程以及引水、检疫等工作。

由于条约的限制,这一时期船舶证书的查验仍旧是由和中国缔结条约国家的驻华领事执行的,但总

①《筹办夷务始末》,咸丰朝,卷二十二。

②办船贻误,是指“阿斯本舰队事件”。阿斯本舰队事件是在奕䜣主持下,清政府购买西方坚船利炮,建立近代海军的一次尝试。清政府委托回国休假的李泰国负责此事。李泰国擅自与帮助办理购舰具体事宜的英国皇家海军上校谢拉德·阿斯本签订合同十三条,规定由阿斯本担任舰队的总司令,阿斯本只执行由李泰国转达的中国皇帝的命令,而不执行“经由其他途径传达之任何谕旨”,企图控制中国海军。消息传出朝野哗然。1863年11月2日,清政府决定遣散舰队,全部舰船由英国负责变价出售,所得款项交还中国,并承担阿斯本以下官兵600余人九个月的月薪工银和回国路费共375000两白银以及阿斯本赏银10000两。清政府这次购买西方舰船改善旧式水师的努力经营近两年,耗银近四十万两,到头来却一无所获。

税务司由中国总理大臣任命,改变了以前领事提名的做法,领事的船检工作需要对中国任命的总税务司负责,海关有权查验各国领事的船检报告。此外还存在 4 种情况:

第 1 种是有约国在港口所在地没有驻华领事,海关规定可以由其友好国家同时又是有约国的领事代为查验,或者直接将船牌交海关查验。

第 2 种是针对葡萄牙船舶,在 1887 年 12 月 1 日《中葡和好通商条约》签订之前,葡萄牙虽然属于无约国,但获得清政府认可在中国各港口设有领事,其领事可以代检葡萄牙船舶。

第 3 种是对无约国家的船舶,或者交由有约国领事代检,或者直接交海关查验(各地方海关有不同规定)。

第 4 种是针对暹罗国船舶,如果船上有洋人作为船长,则按照洋人所属国家船舶对待;如果暹罗人作为船长,则按照华船对待。

在这期间,总税务司和各口税务司针对船检工作分别出台了一系列的规章,船检体系逐步建立。

5.清政府邮传部参与船舶检验

最早认识到船检工作重要性的中国人,是近代著名思想家郑观应①。1895 年甲午战争后,有感于中国战败,郑观应将《盛世危言》由五卷本增订为十四卷本。在“商船上”中详细介绍了英国的船舶检验工作,“同治十三年,英下议院议员以沉船之弊有十:水手过少,其弊一;载货轻重不均,其弊二;舱面重载过多,其弊三;船用马力过少,其弊四;瞒买保险过于原数,其弊五;造船时未得善法,其弊六;旧船更新继长增高,其弊七;载货浮于吨数,其弊八;年久失修,其弊九;贪行忘险,其弊十。故商部派员查访,设法禁止。由商部经验注册者,谓之上等。商政视其工程坚固与所用木之良楛、铁板厚薄、机器何如,必皆如式而后定其行海年限;不如式者不得往来。

其处新船放行之日,往来其国各埠者,须设有验船官:一船主,一机器司。船主稽查舱面各件,机器司稽查舱内机器各件。如有损伤,嘱即修理。视其船之房槅、舢板、舱位阔窄,定其载货载人多寡之数。如人逾其额、货逾其数者,皆罚之。

每岁复禀请船政,遣国家机器匠至船详验机器有无损伤、铁板有无破坏。稍有不坚,定必修固。其行海所募水手,所带食米,必使足数;不足数者禁不得行。当船主者必有船主凭照,其船出海则船上人等一切皆听指挥。”②

作为长期经营航运的实业家,郑观应对英国船检工作的认识是全面而深刻的。他对船检工作的作用、内容、流程做了详细的介绍。该书影响力很大,初印 500 本,供不应求,1896 年光绪皇帝命令总理衙门加印 2000 册,分送各大臣阅读。

鉴于海关业务庞杂,清政府也逐渐认识到海关管理的权限过大,自 20 世纪初期开始逐步限制海关的业务权限。

1901 年,总理衙门改称外务部,海关也随之归外务部管辖。1906 年 5 月 9 日,外务部发给海关总税务司一个札文,宣布海关由督办税务大臣铁良和会办税务大臣唐绍仪管辖。7 月 22 日,两大臣宣布成立税务处,取代了外务部管辖海关,实际上也就是切断了总税务司和外务部的联系,限制了海关的外交职能。

光绪三十二年九月二十日(1906 年 11 月 6 日),清政府颁布官制改革方案,谕令设立邮传部:“轮船铁路电线邮政应设专司,著名为邮传部,原拟各部院衙门职掌事宜及员司各缺仍著各该堂官自行核议,悉

---

①郑观应(1842 年 7 月 24 日—1921 年 6 月 14 日),原名官应,字正翔,号陶斋,又号居易、杞忧生,别号待鹤山人,广东香山县三乡雍陌人,中国近代著名文学家、思想家、教育家和实业家。

②夏东元:《郑观应年谱长编》,上海交通大学出版社,2009 年,第 411—412 页。

心妥筹,会同军机大臣奏明办理"①。光绪三十三年六月二十三日(1907年8月1日),朝廷批准了军机处和邮传部一起上奏的《军机处邮传部会奏拟议邮传部官制折》,奏折中说明邮传部下设5个司,分别是船政司、路政司、电政司、邮政司和庶务司。其中船政司"掌全国船政,凡轮船应行考覈(同"核")调查及筹划扩充,并审议船律各项事件"。② 船政司设筹度和核计2科。筹度科职掌航务的调查,航道的开通,航业的推广及保护,章程的审核,船会的管理,船舶的失险检查,灯旗信号、码头、军运、漕运,船员及各轮船公司的立案等事项。核计科职掌各公司的轮船表册、账簿、注册给照、购买、估复、减费、救难和航务裁判等事项。

1909年9月,邮传部获准咨请税务大臣将邮政和理船厅代管的船(航)政职务移交邮传部接管。③ 1910年宪政编查馆奏定行政纲目,其中有"理船厅事宜,应划归邮传部,以期统一",于是邮传部咨行税务处税务大臣照此办理。但税务大臣以咸丰八年(1858)中英《通商章程善后条约:海关税则》第十款有规定:"任凭总理大臣邀请英人帮办税务并严查漏税,判定口界,派人指泊船只及分设浮桩、号船、塔表、望楼等事,毋庸英官指荐干预。其浮桩、号船、塔表、望楼等经费,在于船钞项下拨用。"④总税务司坚持认为征收船钞用来修建灯塔等事,与税关互相关联,关系密切,不能划分,且以条约上海事工程与船钞有关,决不能移交华人为由,不允移交。⑤

1910年1月,邮传部制定了《各省大小轮船注册给照暂行章程》,规定所有华商大小轮船一律须向该部注册,并取得执照;否则,海关不得发给"船牌""国家牌照"或海关执照。这实际是部分地参与了船舶管理工作,华商购买轮船只是需要先在邮传部注册,取得执照后再由海关理船厅进行船舶检验,邮传部并不参与实际船检工作。根据统计,截至1911年,邮传部注册轮船总数为597艘、114478总吨⑥。

(二)船舶检验制度的制定

1."镇江照"制度

该制度的形成源于长江对外开放。第二次鸦片战争结束后,咸丰八年五月初三日到十七日(1858年6月13日—27日),清朝政府代表东阁大学士桂良,吏部尚书花沙纳在天津先后和俄、美、英、法四国政府代表分别签订了《天津条约》。同年11月,桂良、花沙纳在上海和英、法、美三国分别签订了《通商章程善后条约·海关税则》。

中英《天津条约》第十款规定:"长江一带各口,英商船只俱可通商。惟现在江上下游均有贼匪,除镇江一年后立口通商外,其余俟地方平靖,大英钦差大臣与大清特派之大学士尚书会议,准将自汉口溯流至海各地,选择不逾三口,准为英船出进货物通商之区。"⑦答应镇江一年后开放通商,并允许英国在汉口以下选择三个口岸作为进一步开放的商埠。1861年5月10日,镇江正式开埠。1861年6月5日,镇江海关设立,归常镇道管辖。1861年12月2日在汉口设江汉关,英国人狄妥玛(Dick Thomas)和爱普顿分别担任江汉关税务司和汉口港务长。1862年元月1日,江汉关正式开关。12月21日,九江海关正式开关。

---

①刘锦藻:《清朝续文献通考》,第4册,商务印书馆,1936年,第11037页。

②《军机处邮传部会奏拟议邮传部官制折》,《东方杂志》,1907年第12期。

③海关移交代管邮政事宜经反复谈判,1911年5月30日才正式移交。见黄胜强:《旧中国海关总税务司署通令选编》,第二编,中国海关出版社,2003年,第9页。

④王铁崖:《中外旧约章汇编》,三联书店,1957年,第18页。

⑤关赓麟:《交通史航政编》,交通铁道部交通史编纂委员会,1935年,第14页。

⑥同上书,第4页。

⑦王铁崖:《中外旧章约汇编》,三联书店,1957年,第97页。

1862 年 12 月 5 日,赫德发布海关总税务司署第二号通令——《附送长江章程》(修订),并自 1863 年 1 月 1 日起施行,其中:

第 2 条规定,任何船舶遇有中国政府巡船检查,应出示其船舶证件备查。

第 3 条规定,若此类船舶驶往镇江以外口岸,如九江和汉口,船主必须将其证件交存于驻镇江领事馆,并将舱单递交镇江关检验。海关监督接到领事正式申请书后,印会将名为"镇江照"之证书发给船方。"镇江照"当载明船上所有武器、火枪、炮、剑等之数量以及船员人数、船舶吨位和航旗国籍。海关有权加封其货舱,并派遣一名海关人员驻船。船舶驶抵九江,不论其上行或下行,船主必须向海关出示其"镇江照"以备检查。

第 4 条规定,江轮,经常沿长江各口经营贸易之任何英国轮船。其船舶证件应交存于英国驻上海领事馆,海关接到英国领事馆之申请后,即掣发长江专照或江轮照,有效期为六个月。①

该条约以后为各国援引,所有进出长江的轮船都照之执行。

2.1867 年针对华商购造轮船的船检制度

为了抵制外国轮船对中国航运的垄断,两江总督曾国藩建议清政府取消对华商购买船舶的限制。同治六年九月初六日(1867 年 10 月 3 日),总理衙门颁发了《华商置用火轮夹板等项船只章程》。

该章程共四款,其中第一款计 12 条,规定了华商购买或制造火轮夹板船舶时所应遵循的手续。第 1 条规定华商如果欲购船,首先应该到本口海关监督衙门请领买船准单。第 2 条规定华商领有买船准单后,"遇有合式船只,先应由税务司派人前往查明实系能出海堪用之船,俟议明价值带同卖主赴该国领事官衙门将准单呈验,由该领事查明并无假冒借名等弊,即准立据将船契画押盖印发交华商收领,其原领外国船牌由领事立即查销"②,只有经过各口海关税务司派人验船后才能购买。第 3 条规定:"凡领船契者应赴新关由税务司查验挂号该船宽阔若干、吨位若干及本船式样详细开单,请由监督将牌照填注送回照填英文,发给华商收执一面饬缴牌费三百两",属此种情况者,船舶的吨位和尺度,江海关仍使用原来的吨位和尺度,不再重新丈量吨位。第 12 条规定:"凡华商如有情愿自造夹板等项船只,亦应一律先赴监督衙门请发造船准单,赴关填注英文,俟船造毕,由税务司派员勘量,开具清单照请发给牌照",属此种情况的船只,须由海关给予吨位丈量。

此项章程虽然由清政府正式颁布,但规定船长应用华人充当,而当时中国并无驾驶轮船的船长,且手续繁琐,需要同时与中国官员充当的海关监督和外国人把持的海关打交道,加上托庇洋商可免去诸多苛捐杂税,实际在轮船招商局成立以前,华人仍旧采用"诡寄经营"③的方式,并不直接将船注册到自己名下。

3.1870 年《各关征免洋商船钞章程》

1868 年船钞部成立的主要任务是利用船钞改善通航条件,疏浚港口,建立灯塔浮标等助航设施,其经费来源于征收船舶的吨位税。但由于关于船钞的征收还没有统一的规章,只是各国在和中国订约时在条约里有所提及。由于各国在船舶注册时使用的计量单位不同,为船钞的征收造成了一定程度的混乱。鉴于此,1870 年 12 月 31 日,海关制订了《各关征免洋商船钞章程》,首先就对各国的吨位制订了折算成英吨的标准,内容整理如表 2-2:

---

①黄胜强:《旧中国海关总税务司署通令选编》,第一卷,中国海关出版社,2003 年,第 12—13 页。

②同上书,第 173 页。

③诡寄经营是由外商特权泛滥引发出来的现象,清末华商为了逃避繁重的税课与勒索,往往由洋人出面担任法人。航运业的诡寄经营一般是中国船主为了取得洋旗庇护,在购买了外国船只后,向外国领事馆交纳注册费,用 100 元左右聘请一个洋人出面充当"船主",为了保护原船东的利益,挂名船主再和真正的船主(华商)签订一个借款契约,以船舶作抵押,通常借款的数额要高于船舶的实际价值。这样,假设挂名船主想把船据为己有时,真正的船主可以根据借款契约索要借款,不会遭受损失。

各国船舶吨位折算表 表 2-2

国　别	折算系数	国　别	折算系数	国　别	折算系数
奥国	0.82	美国	1.0	Lubeck	1.89
法国	1.0	不莱梅	1.89	Oldenburg	1.5
意国	0.89	西班牙	1.0	布国	1.5
土耳国	0.01625	希国	0.76	昂布尔	2.25
俄国	吨位 1.08 拉司 1.89	丹国	吨位 1.02 拉司 1.96	Mecklenburg	吨位 1.09 拉司 2.44
比国	吨位 0.95 拉司 1.81	汉诺威	吨位 0.98 拉司 2.25	荷兰	吨位 0.89 拉司 1.75
挪威	吨位 0.98 拉司 2.08	The United Prineipalifies	Galatz0.25 Braila0.332	瑞典	吨位 1.02 拉司 1.98

注:1.本表根据海关总署编:《旧中国海关总税务司署通令选编》,第一卷,中国海关出版社,2003 年,第 104—105 页编制。

2.英文名称系北德意志联邦国家。

由于最早关于船舶吨位折算的争议是由布国(普鲁士)和北德意志联邦驻华公使提出的,总税务司在颁发此章程的同一天,还发布了第十八号通令:北德船只船钞之缴纳及有关两项报表。通令中说明,根据北德公使关于海关退还 500 两多收的吨位税的要求,海关进行核算后发现,不但不应退还,还要追缴少交的吨税,两个报表就是要统计 1862 年 1 月 1 日—1870 年 12 月 31 日期间,各口往来北德船只的情况,便于追缴欠费。客观地说,外人控制的海关还是公正地履行其职责的。

4.1882 年《通商海关征免船钞章程》

1870 年的《各关征免洋商船钞章程》11 条颁布以后,清政府在关于船钞的征收上与各国签订新条约时,部分条款有所改动,为了统一政策执行,1882 年 12 月 15 日,海关总税务司署发布第二〇三号通令,颁布了新拟定的汉英文本《通商海关征免船钞章程》9 条。

关于船检制度条款,第 9 条规定:"量船办法也。凡有船只欲度量其吨数者,均准赴关请派人度量,按照海关向办之法度量。其吨之总数,系照英国管理商船章程第一条量算,于所得总数内,欲求除净下存应纳钞课之实数,系照通商海关比择,该章内之专条并美国所订应扣除与船身相连上舱以上所设房屋之专章办理。其量船时已经该关派人外,若仍须另觅人会同度量者,其会同量船之费,应由该船商按照通行之例自备"。①

需要丈量的船只可向海关申请,船舶的总吨位依据英国规则计算,纳钞吨位的扣除额是依据美国的方法计算。

5.1885 年《通商口岸华商小火轮船暂行章程》

1885 年,天津海关税务司德璀琳(Gustav von Detring)禀称,最近几年,有部分华商购买小型轮船专营拖带帆船事宜,而这些小轮船并不搭货和载客,对于这些船只,应该加强管理。同时指出,按照《华商置用火轮夹板等项船只章程》的规定,华商购造出洋船舶领取牌照时应缴牌费 300 两,对于这些小轮船,费用过重,应该予以降低牌费。

海关总税务司对德璀琳的意见进行了研究,1885 年 6 月 22 日,海关总税务司署发布了第三〇六号通令,颁布了经总理衙门批准的《通商口岸华商小火轮船暂行章程》,共 7 条。第 1 条规定,勘量船只吨数由海关理船厅派人负责,发放牌照由中国海关监督负责;第 2 条规定,船只在 5000 两以下的缴纳牌费 20

①黄胜强:《旧中国海关总税务司署通令选编》,第一卷,中国海关出版社,2003 年,第 251 页。

两,5000 两以上的缴费 50 两。牌费的降低,减轻了这些小轮船船主的负担。

6.1898 年各海关《查验官商各小火轮章程》《查验官商小轮续订之验船师规条》《查验官商小轮续订之管轮人诫程》

甲午战争之后,首先是日本在《马关条约》中提出了内河航行的要求,随后各国相继和清政府签订了一系列条约,中国的内河航运被迫向东西方的侵略者敞开了大门。

根据 1895 年 4 月 17 日中日《马关条约》第 6 款第 2 条:"日本轮船得驶入下开各口,附搭行客、装运货物:一、从湖北省宜昌溯长江以至四川省重庆府。二、从上海驶进吴淞江及运河以至苏州府、杭州府"。[①] 由于上海到大运河和上海到苏杭并不属于长江流域范围,而是中国的内河,这样,日本打破了清政府禁止外国轮船驶入长江以外内河的限制。

在《马关条约》即将签字时,在京会试的一千多名举人举行"公车上书",在他们建议的立国自强之策中,就包括废除限制人民兴办新式企业的禁令,准许商人在内河通航轮船等各项要求。[②] 清政府迫于形势,不得不在华商兴办轮船航运业的问题上作出让步。

1895 年,清政府先后电令各省督抚,准许"内河行小轮以杜洋轮攘利"[③]。1896 年,在日本轮船即将行驶苏杭前,9 月 5 日清政府由江海关颁布《华轮暨华商挂号民船往来苏杭沪贸易试办章程》,9 月 8 日江海关又颁布了《洋轮暨洋商雇佣民船或自制船只往来苏杭沪通商试办章程》,允许华洋轮船均可往来(苏杭沪)贸易,接着 10 月又发出上谕"饬令购置内河小轮,苏、杭、淮、扬及江西、湖南均准开办"[④]。

禁令一开,华商购置小轮船十分踊跃,为了保证航行安全,1898 年 3 月 1 日,江海关特制订《查验官商各小火轮章程》《查验官商小轮续订之验船师规条》《查验官商小轮续订之管轮人诫程》和《查验小轮船办法》,4 个规定详尽明确了对小轮船的检验。

《查验官商各小火轮章程》规定船只在"请领船牌之先,由本关特派之验船师到船,将该船身以及机器锅炉等件逐一查验,实属坚固,堪以行驶,方准给牌"。船牌期限最长为 12 个月,到时应缴牌到关,申请复验。如遇海损机损,"应即报由本关特派之验船师详加察看"。[⑤]

《查验官商小轮续订之验船师规条》类似船舶检验规程,虽是初订未免简略,但对查验船体、锅炉、机器以及锚泊系泊设备、灯号、救生、救火设备等项目,都有规定,对船舶状况进行技术监督,以保证航行安全;而《查验官商小轮续订之管轮人诫程》则指导船上轮机人员如何正确操作、维护保养锅炉设备,如有违犯,"除酌量罚办处,还应将该轮船牌吊销示惩"。[⑥]

此外,镇江关也同时公布了《查验小轮船办法》《小轮船给发验照事》和《挂号往来内港小火轮管轮人诫程》;闽海关也公布了《验视小轮机器示谕》《查验官商小轮续订之验船师规条》和《查验官商小轮续订之管轮人诫程》。这些规章制度内容基本与江海关相同。

1898 年 7 月 13 日清政府颁布《华洋轮船驶赴中国内港章程》(《内港行轮章程》),同意"将通商省份所有内河,无论华洋商均可行驶小轮船,藉以扩充商务,增加税厘",[⑦]允许华洋轮船往来内港贸易。从此,华商开办轮船航运,终于在内河、内港向外国轮船开放的同时,获得了政府的允许。

1898 年 9 月 5 日,海关总税务司署发布第八四六号通令,"为颁发内港行轮续补章程及有关指令

---

①王铁崖:《中外旧章约汇编》,三联书店,1957 年,第 616 页。

②见康有为:《上清帝第二书》,《戊戌变法》,第 2 册,神州国光社,1953 年,第 132—133,139—146 页。

③王树楠编:《张文襄公全集》,北平文华斋,1928 年,第 147 卷,电牍 26,第 4 页。

④钟琦:《皇朝琐屑录》卷八。同见樊百川:《中国轮船航运业的兴起》,四川人民出版社,1985 年,第 322 页。

⑤《验船规则》,《湘报》第二十号(光绪二十四年三月二十九日)第七十九页,第二十一号(光绪二十四年三月三十日)第八十四页。

⑥关庚麟:《交通史航政编》,交通铁道部交通史编纂委员会,1935 年,第 830—833 页。

⑦王彦威、王亮:《清季外交史料》,书目文献出版社,1989 年,第 130 卷,第 15 页。

事”,其中附件四关于“领牌挂号”规定:凡非出海式华洋轮船,除了应具有本国船牌外,还要到税务司申请“关牌”,注明业主姓名、籍贯、船名、船式及水手人等,并且规定每年申领一次。

7.1901 年通商口岸所有常关的船检工作划归海关管理

义和团运动之后,1901 年《辛丑条约》规定:中国赔款白银 4.5 亿两,分 39 年还清,年息 4 厘,本息共计 9.8 亿两,以海关税、常关税和盐税作担保。为了保证偿付赔款,中国的“所有常关各进款,在各通商口岸之常关,均归新关(即海关)管理”①。这样通过海关,列强又控制了中国通商口岸的常关。原来由常关负责管理的中国帆船的检验、注册、发证工作也交由海关管理。从另一方面分析,不可否认的事实是,海关接管常关之后,对常关进行了改革,对原来弊端的治理效果是显著的。如三都澳“正税之外又有例规,不止一端抽收,且分数处,留货耽延,莫此为甚。当税务司接管之初,该关用人至六百名之多。每年报款,不过一万一千两;经税务司先将在事之六百人,可者留之,不可者去之,计留七十余,已足敷用,又将一切例规,统行核计,与正税一并征收……至光绪三十二年,该关税项年征之数,已及八万余两”。② 这种明显功效,正是由于海关引进西方先进的管理办法取得的成果。这说明在当时的中国,确实需要引进资本主义的新事物,改造传统落后的旧事物。

8.商船公会负责船舶检验工作

光绪三十二年(1906),由于“关卡胥吏任意刁难,航业既无团体而政府又无管理机关,以致商情涣散,日益凋敝,”且见挂洋旗者“出入内地,沿途厘卡照单放行,从无留难,华船见悬挂洋旗之便利,纷纷趋就洋商请求旗照。就镇江至淮河一带,约计悬挂洋旗之船几及二千余艘。”③鉴于此,镇江内河招商局委员朱冯寿禀陈商部请设商船公会,以期联络商情,保持航业,并拟具办法 8 条,呈请商部核办。商部将朱冯寿所拟章程交江北提督、轮船招商局、江海关和镇江关先后讨论,于该年三月初二日(3 月 26 日)具奏颁布《商船公会章程》。该章程共计 18 条,原本应该为行业性质的公会组织,但从其组织办法、人员任命、办事职责来看,又远远超出了行业公会应有的特点,如第 4 条规定商船公会的总理、协理由商部任命;第 5 条规定了商船公会的职责:①调查船只之种类、籍贯、编列号数;②检查船只之良窳;③编制航业商人名簿;④计划航业之发达、航路之扩张。

不难看出,此时商船公会还有检查船舶的职责,但主要是检查民船,不包括小轮船,第 12 条规定小轮船仍旧由海关查验。章程公布后,各地纷纷成立商船总会和分会,情形十分复杂,有的跨省设立分会、有的按照河流设立总会,其中央主管机构又由商部(后改为农工商部)负责,光绪三十四年(1908)农工商部将轮船事宜划归邮传部管理,民船事宜归农工商部管理。

为了规范商船公会的权责,宣统三年七月(1911 年 8 月),农工商部会同邮传部重新制订了《商船公会章程》,计 50 条,第 17 条关于商船公会的职责仍旧有“查察船只之良窳并检验船面需用防险物件”④条款,但同时第 31 条规定轮船仍旧按照邮传部颁布的《各省大小轮船注册给照暂行章程》办理。商船公会的船舶检验职权直到 1922 年 6 月 27 日国民政府公布了《航业公会暂行章程》后才予以正式取消。

三、船舶检验工作的作用

(一)征收船钞、改善航道及航标

早期海关理船厅进行船舶检验工作的主要任务是核实船舶吨位,以便于征收船钞。1858 年 10 月签

①王铁崖:《中外旧章约汇编》,三联书店,1957 年,第 1006 页。

②户部奏《整顿关税折》。户部度支部侍郎亦奏称:“一经改良,明效昭著”(陈璧奏语)。

③《商部奏筹办商船工会酌拟章程折》,《东方杂志》,1906 年第 3 卷第 5 号。

④关赓麟:《交通史航政编》,交通铁道部交通史编纂委员会,1935 年,第 109 页。

订的《通商章程善后条约:海关税则》第 10 款规定:“……任凭(清朝)总理大臣邀请英(美、法)人帮办税务并严查漏税,判定口界、派人指泊船只及分设浮桩、号船、塔表、望楼等事。其浮桩、号船、塔表、望楼等经费,在于船钞下拨用。”①据此规定,则清政府必须“邀请”海关洋员征收关税,查缉走私,并赋予管理各口船舶、设置助航设备的任务。这就把海关办理海务,以船钞提供助航设备经费两事,以条约形式强制规定下来了。从此,不但船钞的征收数额确定了,而且连船钞的使用也受条约的限制。

但这个时候,正是太平天国运动处于鼎盛时期,清政府军费紧张、需款孔急,“就利用那些欧洲人叫做‘吨税’的大部分款项和他们所掌握的为了进行公共工程借以增进沿海和内河航行便利而构成的特殊经费”,充作镇压太平天国革命的军费。这就妨碍了助航设备的设置。外商们强烈抨击清政府,认为“中国没有对条约国家守信”,“中国全然不顾外国航船的利益”。因此,各国对华贸易商人叫嚣组织国际委员会,从海关接管船钞。

总税务司为了维护海关对船钞的保管权,申呈总理衙门,要求抵制外商的倡议。总理衙门上奏船钞使用和各国争夺船钞情况时说:洋船进口出口及复进口,均按 4 个月纳船钞 1 次。这项船钞按照条约,原为建造塔表、望楼之用。“同治元年七月间,由臣衙门设立同文馆,......因筹款无着,即于船钞项下酌拨三成应用,以一成交付赫德,为沿海各口兴办一切之需;余六成存储各关,按照条约为洋人在各口分设浮桩、号船、塔表、望楼等项经费,历经照办有年。现因各口所留六成船钞往往挪作别用,未能将塔楼等一律修建。洋人私议:拟怂恿各国驻京公使出头,向臣衙门辩论,将此项船钞悉数交与领事馆收办。”法国公使伯尔德密(Jules Berthemy)甚至照会总理衙门把历年所收船钞 100 余万两发还该国,自行修建塔楼。总理衙门认为:与其交给领事致使中国不能过问,不如径交总税务司,“中国尚可稽察,公同商酌。”②(总理衙门奏折)因此,奏准除同文馆所提三成照旧提用外,其余七成,从同治五年(1866 年)第三十一结(季度)起,交由总税务司收领。按照条约规定,为建造塔楼等项之费。

(二)保障航行安全,禁止超载

1898 年 7 月 13 日清政府颁布《华洋轮船驶赴中国内港章程》,解除了华商购买轮船的禁令,从此商民兴办轮船十分活跃。长江流域除了上海地区外,下至苏杭地区,上及镇江、芜湖、九江、汉口以至江西、湖南等地,珠江流域的两广地区,都先后办起了轮运业。

但随后出现了航商贪多超载的现象,船难屡有发生。1904 年 4 月,镇江海关税务司雷乐石(Louis Rocher)建议,就测量小轮及搭客船载客面积制定通用章程,以限制贪多载客而杜绝不测。雷乐石感觉直接沿用英国贸易部的规章于某些方面有所不合,于是经过修改,在镇江地区试行,并呈请总税务司核准。总税务司仍然感觉他制定的计算方法过于复杂,饬令雷乐石加以简化,于完成后呈南洋大臣核夺并报呈外务部。

光绪三十年五月十一日(1904 年 6 月 24 日),雷乐石重新制定了《酌定小轮暨拖船载客额数免险试办章程》,共计 5 条:

轮船

(1)量明该船之舱面计长若干尺(所谓舱面者凡舱顶平面坐客之处皆是),其居中之宽处计若干尺,宽长相乘得若干尺,以九除之得若干尺,所得之数即为舱面容客之数(譬如舱面长六十八尺四寸,宽十四尺三寸,以一四三乘六八四得九百七十八尺有奇,再以九除之,可得一百九尺,则舱面可容一百九人,以此类推)。

①王铁崖:《中外旧章约汇编》,三联书店,1957 年,第 118 页。

②《筹办夷务始末》,同治朝,卷四十八。

(2)量明该船舱计长若干尺,其居中之宽处计若干尺,宽长相乘得若干尺,以六除之得若干尺,所得之数即为舱中容客之数。

(3)凡轮船有上层楼面者,若距水面相悬,在此坐客,船易倾倒,上层楼面不准载客(按船舱本较船身稍小,舱外两旁留有余地,便人行走,现在凡自一吨至八吨之小轮往往将船舱展开,宽与船身相等,另于船身两旁架设跳板以为行走之路,此等小轮最为危险,该船舱面不准载客)。

拖船

(4)该船舱或搭客居坐之处量明计长若干尺,其居中之宽处计若干尺,宽长相乘得若干尺,以六除之得若干尺,所得之数即为该船容客之数。

(5)凡拖船之有烟篷者,在此坐客,船易倾侧,最为危险,烟篷之上不准载客。

总税务司认为这个办法核定载客人数简便准确,11 月 15 日,通令各口施行。但雷乐石制定的办法只是明确了轮船的载客人数,并没有制定违章处罚措施。

1905 年 5 月 15 日,宁波发生了小轮严重超载导致 339 人死亡的海难事件。当日镇海有都神大会①,前往参会者众多,该船载客大约 400 多人,但按照定章只能载客 135 人,开航时风浪一起,小轮因载客过多随即倾覆,溺亡 339 人。浙江海关税务司辛盛(Clare Lenox Simpson)认为原来制定的章程应该加上处罚措施。7 月 14 日,总税务司发布第一二六四号通令,添加第 6 条章程,即:凡中国小轮暨拖船载客超过额定人数者,一经查出应罚钱 500 两。若因此发生事故时,其责任方(即船主、代理人及高级船员)将被予以严办。

(三)保障华商购买船舶的质量

按照《华商置用火轮夹板等项船只章程》的规定,华商购买外国轮船须由海关"由税务司派员勘量,开具清单照请发给牌照"。中国第一例"退订船舶"案就是因为船检不合格发生的。

1872 年李鸿章筹备组建中国第一家轮船公司——轮船招商局,最初任命朱其昂担任总办,朱其昂在担任总办期间订购了 5 艘轮船,都是向英国购买的。作为传统的沙船业主,朱其昂管理沙船有丰富的经验,但是对于轮船来说,则显得知识匮乏,上海琼记洋行的股东费伦对朱其昂从英国购买船只的评论是"所有到达的船据说都是保证载货 18000 石时吃水 14 英尺,耗用少量的煤即可达时速 10 海里,但是除了载重量可能达到指标外,其余条件都是空话。并且由于官员们的无知,在大部分情况下,事情搞得十分糟糕,给外界的普遍印象是似乎轮船招商局不得不盘出他们的轮船"。② 1873 年 5 月,朱其昂"自知才力不及",③主动辞去招商公局总办一职,轮船招商公局改归商办;6 月 4 日,李鸿章任命唐廷枢接手总办一职,

唐廷枢接手轮船招商局后,8 月,时值朱其昂在 1 月份订购的第五艘船"拉泰克"号(Laptek)到达上海,唐廷枢会同验船师史伯丁(R.Spedding)亲自对该船进行了验收,发现这艘船根本达不到订购时的要求,于是拒绝接收。负责代办购船的洋行是英国人立德开的阿奇博尔德·立德洋行(Archibald John Little & Co.),由于唐廷枢拒绝接收"拉泰克"号,立德将招商局告上了上海工部局法庭。唐廷枢英文熟练,亲自到庭辩护,他在法庭上说:"我们不能买"拉泰克"号,因为它的载重量没有达到能够满足我们的要求,……我与史伯丁先生到船上检查过,我到过船的各个部位,我不知道它属于哪一级,但是如果我是劳埃德船级社的验船师,我不会将它划为 90a 级。"④最后法庭宣判招商局胜诉,可以不接收"拉泰克"号。这是

①属于浙江地方的庙会活动,主要目的是祈求平安,祈求风调雨顺。

②费伦致赫德函,1873 年 2 月 13 日。琼记洋行档,HM-43.

③《刘坤一遗集》,中华书局,1959 年,第 601 页。

④《北华捷报》,1875 年 3 月 18 日。

中国第一起由于交船检验不合格而退订的案例。

第二节　北京政府时期中国船舶检验的发展

民国建立以后,北京政府计划解决中外不平等条约问题,但对航权问题没有足够重视,导致交通部虽然设立了航政司,仍旧属于一个虚设机构,航政事务(包括船舶检验)仍然为外国人控制的海关掌握;其间虽然成立了交通部航律委员会拟定航政法规,终因军阀割据,战乱不断,加上列强的阻挠而未果。

一、北京政府在收回国权运动中对航权的忽视

(一)北京政府对收回航权的忽视

民国肇造不久,国务会议议决:"嗣后对满清遗留之各不平等条约不得延续,亦不得再订相似条约。"北京政府坚持通过外交途径解决不平等条约,其基本策略可以概括为两个方面:一方面,积极与列强交涉修改条约,废止不平等条款;另一方面,积极与原无约国签订互惠的平等条约,对列强形成舆论和道义压力。但在此期间,北京政府专注于对领事裁判权、协定关税、片面最惠国待遇、租界以及在中国领土驻扎军警、设置邮政及电报局等方面与列强谈判,关于航权方面并不是重点,甚至采取了妥协措施。

1914 年,欧洲爆发了第一次世界大战,列强在华特权链条随之松动。北京政府抓住有利时机,展开"收回国权"运动,但对航权的收回,仍未予以足够重视。

1919 年 1 月,巴黎和会召开,中国政府及各界对和会都抱有较大期望。北京政府为代表团规定了 4 个方面的任务,其中即包括取消外国人在中国的特殊权益,如领事裁判权、协定关税等内容。4 月,中国代表团向和会提交了《中国希望条件说帖》,正式提出了中国希望废除的外人在华特权,内分 7 大方面:①废弃势力范围;②撤退外国军队、巡警;③裁撤外国邮局及有线无线电报机关;④撤销领事裁判权;⑤归还租借地;⑥归还外国租界;⑦关税自由权。这是中国政府第一次系统地提出取消列强在华特权的要求,它涉及到列强特权的各个主要方面,但是关于收回航权的有关内容并未提及。

1922 年华盛顿会议时,英国代表鲍腾爵士(Sir John Bradbury)在中国关税分股委员会第 3 次会议中提出:"现时海关之行政制度不加变更",我国代表顾维钧关注于"关税自主",于是对英国的提议予以支持并作如下声明:"中国代表团兹向限制军备会议远东委员会声明,中国政府并无变更中国海关现行制度之意,致生纷扰。"在这种情况下,1922 年 7 月 10 日,交通部裁撤了设立的航律委员会,北京政府收回航权运动告一段落。

(二)交通部航政司的虚设

1912 年 1 月 1 日,中华民国临时政府在南京成立,在制定的《交通部职官令草案》中,交通部计划下设路政、邮政、电政和航政 4 个司。随后时局发生变化,2 月 12 日,清朝皇室接受了中华民国的优待条件,正式退位。3 月 10 日,袁世凯在北京宣誓就任临时大总统。3 月 12 日,北京政府国务院公布机构设置,交通部取代了晚清邮传部,主管全国交通事务。最初下设总务、路、邮电 3 股,航政事务划归邮电股管辖。8 月 21 日,正式公布交通部官制,设路政、邮政、电政和航政 4 个司,9 月 19 日,交通部公布了《交通部厅司分科暂行章程》,航政司下设总务、航务、航业和港务 4 科,其中港务科掌管"关于检查船舶事项"。

1913 年 12 月 23 日,北京政府修改交通部官制,取消航政司,设立邮传司,将原来的航政司变为邮传

司下的航务科。随后邮传司派员赴津、沪、皖、赣等处详细调查江海各海关理船厅暨民船各种情形,作为设置航政局收回管理权的准备。1914 年 5 月 13 日,呈明大总统设立航政管理局。在所拟《航政管理局职掌暂行章程》中规定职掌为:①船只检查及登录;②保护航业;③航路标识;④船只装载及停泊;⑤引水人考试;⑥航务诉讼;⑦水上救护;⑧其他航务上一切事项。[①] 经批准后,交通部于当年 6 月即与税务处联系,请将理船厅管辖权移交交通部管理。税务处则复函称根据 1902 年《中英续议通商行船条约》(《马凯条约》)第 5 款之规定:"整顿广东珠江阻碍行船及宜昌一带水道各工程,皆归海关办理",声称"理船厅隶其管辖,似于事势较便",一切"尚须从长计议妥善办法"。

1916 年 9 月 24 日,北京政府公布《交通部厅司分科章程》,交通部下设总务厅、路政司、邮船司、电政司和航政司,其中航政司下设总务、管理、航业、工程 4 科,工程科掌管"关于造船及检查船舶事项"。关于收回海关代管航政管理权问题,交通部与税务处函文往来,各执一词,终无结果。最后,1917 年税务处以"事关变更外人职权,未便擅自定议,业由本处呈明国务院核议,应俟如何解决,再行照办"。交通部于是说明 5 大理由呈行政院,请并案讨论议决。可是行政院对于此事迄未讨论决定。[②]

1922 年 9 月,交通部向国务会议提出,现在航政事项均暂由海关兼管,而其他航务皆由海关监督呈请交通部核办或者由交通部命令海关监督遵办。而各江海轮船集聚的港口,交通部向无分设的航政机关,所以海关监督自应兼隶属于交通部,以资发展而便指挥。因此要求各海关监督由交通部兼辖,此后大总统任免海关监督的命令,交通总长亦应副署。交通部的意见经国务会议议决照行,从此,交通部与海关理船厅仅加强了联系而已,海关理船厅的职能未有丝毫变更,交通部航政司实质上是一个虚设机构。

(三)交通部航律委员会的短暂设立

交通部航律委员会的设立缘于"江宽"号事件。1918 年 4 月 25 日,在长江丹水池附近江面,轮船招商局的江轮"江宽"号被"楚材"号军舰撞沉。"楚材"号舰护送段祺瑞乘坐的"楚泰"号舰,晚上 11 时由汉口开出,全速向下游行驶,由于天黑雨大,江雾弥漫,拦腰撞在正在上驶的"江宽"号上,导致"江宽"号当场沉没。而"楚材"号不但不停下救援,舰上士兵反以刺刀将攀附舰旁的落水者一一驱离,导致船上船员 105 人和乘客 1200 人中,罹难船员 53 人(包括 3 名外籍海员)、乘客约 900 人。事后法院多次发传票,"楚材"号舰长赵进锐拒不到庭,官司最后不了了之。

"江宽"号事件发生后的处理过程充分暴露了我国航政法规极为不完善,追究责任出现了无法可依的局面,海关总税务司安格联与交通部商议补救之法,认为首要的是请中央明定航船法律,以利于管理中外船舶。

1919 年 3 月 28 日,交通部制订了《航律委员会章程》;4 月 9 日,交通部成立航律委员会,聘请江海关巡工司英国人戴理尔(William Ferdinand Tyler)为航政顾问,任命交通部参事陆梦熊为会长,王世澂、张恩寿、张铸和戴理尔为会员,并请海军部加派马焜钰、博顺为会员,1919 年 5 月 28 日获得大总统批准。[③]

根据交通部的《航律委员会章程》规定,交通部航律委员会负责"编订商船航行及其他关系各法规",而对各省的官用轮船和巡防舰船以及水警用船没有涉及,海军部于是也相应成立航律委员会,编订官用轮船航行法规,1919 年 5 月 21 日,获得大总统批准。[④] 海军部航律委员会成立后,编定了《官用轮船检查条例》,1920 年 1 月 21 日,北京政府以教令第 1 号令公布施行。《官用轮船检查条例》第 3 条规定"官用

---

①关赓麟:《交通史航政编》,交通铁道部交通史编纂委员会,1935 年,第 19—20 页。

②同上书,第 27—34 页。

③《政府公报》,1919 年 6 月 1 日第 1194 号。

④《政府公报》,1919 年 5 月 26 日第 1188 号。

轮船由海军部按期检查”,第8条规定了实行船舶检查的内容包括:①船体锅炉汽机之状况;②救生救火及航海器具等类之设备;③载重水线之规定。由于官用轮船的特殊性,《官用轮船检查条例》以法令的形式排除了由海关负责实行船舶检查,明确了主管检查机构为海军部,为中国收回船检权的先声。

但商用轮船的检查权收回工作仍旧受到海关的阻挠和干扰,相关法令也迟迟未制定公布。到1922年华盛顿会议期间,我国代表提出了“中国政府并无变更中国海关现行制度之意”。鉴于此,航律委员会的工作已无实际意义,1922年7月10日,交通部裁撤了航律委员会,申明所有未尽事宜归航政司继续办理。

二、海关仍旧把持中国的船舶检验工作

北京政府期间,由于航权没有收回,船舶检验工作仍然由海关负责。这期间的船检管理体制与晚清时期相比没有太大变化。

清政府灭亡后,1912年5月,北京政府交通部公布了《各省大小轮船公司注册给照章程》,这个章程实际就是晚清邮传部的《各省大小轮船公司注册给照暂行章程》,只是对部分的文字称谓加以修改:

(1)标题“邮传部”改为“交通部”及删去“暂行”两字;

(2)第1条删去“暂行”两字;

(3)第2条“禀”改为“报”,“海关道”改为“海关监督”;

(4)第3条增加第2项:关于前项旧设之公司,尝补报注册领照时仍准一面行轮,毋庸停轮候照,以免延搁;

(5)第5条“禀”改为“呈”,又7项“立”改为“列”;

(6)第7条增加第2项:新设之公司,如船已购成,亟待形式,深恐静候部照拖延时日,可呈请该关海关监督先将公司及轮船名称电达本部,由部存案,电复准予该关给发暂行船牌。该公司随即按第5条内开各项报部领照,呈关验明,换取永远船牌。倘所报事项经部驳斥不准,应由关将已发船牌吊销;

(7)第8条“札行”改为“行”,“海关道”改为“海关监督”;

(8)第11条、第12条、第13条“呈”改为“报”;

(9)第15条“禀”改为“报”,“海关道”改为“海关监督”,“详报”改为“呈请”;

(10)第16条“呈报”改为“报部”;

(11)第17条“禀”改为“应”;

(12)第19条删去“钦定大清”四字,“禀”改为“报”;

(13)第20条“奏请更改颁布奉行”改为“酌改颁布”。

可以看出,这个章程,只是对晚清邮传部的章程进行了一下文字的修改,其主要内容没有什么改动,原章程中“关于理船厅一切章程均仍照旧办理”,一字未动,仍保留在修改后的章程中。关于船检工作还是采用老办法,华商购买轮船需要先在交通部注册,取得执照后再由海关理船厅进行船舶检验。

1912年6月20日和1914年5月24日,交通部又先后两次经修改,公布了《轮船注册给照暂行章程》,在《各省大小轮船公司注册给照章程》的基础上做了少量改动,增加了发证收费条款,原来的船检条款仍旧没有变化。

三、船检业务的开展情况

(一)注册船舶数量快速增长

民国建立后,对工商业的发展采取了积极扶持的政策,中国进出口贸易持续增长,1912年中国进出

口贸易总额为 8 亿 4986 万海关两,1926 年达到了 20 亿 80 万海关两。① 进出口贸易的大幅增长为航运业的繁荣带来了有利契机。1914 年 8 月,第一次世界大战爆发,为了支援战争,各国政府相继征用本国轮船为大战服务,撤出了中国航运市场,英国、法国、德国等国家的轮船公司相继在中国停航,这就使原来受外国航运公司垄断的中国航线出现了运力短缺的局面,为中国航运企业的发展提供了难得的发展机遇。这一时期,中国航运业获得了较快发展。1914 年在交通部注册船舶总数为 1059 艘,160992 吨;1915 年当年注册船舶为 507 艘,28535 吨;截止 1919 年,注册船舶总数为 2215 艘,284691 吨。5 年间船舶总数增长了一倍多,总吨位增长 76.84%。但是应该看到,由于我国航运基础薄弱,5 年间增长部分船舶的平均吨位为 107 吨,大部分为内河小轮船,能够从事沿海航运的仅占少部分,远洋航行的更是有 1 艘。另外,大战期间倒是有中国轮船公司航行中美航线,1915 年 2 月美国国会通过了罗伯特·拉福莱特(Robert La Follette)的《海员法》(Seamen's Act)提案,主要是限制华人海员在美国轮船上工作,这个法案遭到了美国太平洋邮轮公司(Pacific Mail Steam Ship Company,PMSS)总经理伦涅·施威林(Rennie P.Schwerin)的强烈反对,他列举航行太平洋的日本和加拿大的轮船公司可以 100%雇佣中国人,并在 1915 年 8 月宣布撤出太平洋航线。10 月,陆润卿、邓晋卿发起成立中国邮船公司,购买了太平洋邮轮公司的"中国"号航行中美航线。该轮船没有在中国注册,而是在美国注册,但资本全部为华人所有。

(二)加强对内河小轮船的检验

辛亥革命后,各地航商对 1905 年修订的《小轮暨拖船载客额数免险试办章程》中的罚则意见纷纷,普遍认为处罚过严。1913 年初,两湖商轮协会更以"取消满清陋章,重订平允法律","呈请取消轮船载客限制人数及违限罚金与额外赔偿坐罚等处理"。交通部慎重考虑后,指令在新规章未颁布前,原订章程应仍继续有效。

违章超载仍时有发生,险情常有。1920 年,江汉关拟订《汉口小轮限制章程》,严加限制以资警惕。航商反映强烈,一再具呈请愿,要求酌量修改。几经周折,于 1923 年 6 月,完成修改续订工作,报交通部查照备案。修改后的罚则改为按超载人数分级罚款,超载越多罚款越多,但最多罚至 500 元为止。《汉口小轮限制章程》还规定"轮船每年须检验一次,以确定其锅炉机器与船身是否坚固","遇有损坏时,务须立即修理",并立即呈报理船厅。"至修竣后,应将验船凭照呈由原验船师批明修理坚固字样,方准该轮照章行驶。"②总之,较之原章程详尽完善。后来芜湖关、长沙关都订出本关的小轮限制章程。

1922 年 12 月,江苏省议员多人以外江内河各小轮往往装载过量,致遭沉没,特拟具取缔小轮办法 6 条,函请江苏省长采择施行。当时中国无法律规定船只两旁应有限制载货重量的标志,因此无法从法律上禁止其超载。江海关实际上仅仅是查见甲板上货物堆积过多,危急时妨碍操作放艇及救生器具时才加以干涉,或者加以罚办。所以江海关监督复称:限制装载未订专章,实属无凭取缔。次年 2 月,江苏省将情况反映给交通部,要求制订限制装载专章。3 月,交通部通令各海关监督详细研究,呈复核夺。先后呈复的有江汉关、梧州关、江海关、南宁关、山海关、苏州关、杭州关、津海关和瓯海关等。江海关理船厅的意见最具代表性,开始就说船只装载货物"其最要者系载货时吃水深度之标准应如何订定专章,理船厅对于此节学识浅薄,不能详细说明"。谈到制定专章时,声称"此等人材现在海关中并无其人,即中国国内亦不过仅有二三"。建议仿照日本,在外国聘请专门验船师来华教授,并为之订定专章,"而政府订定此项专章,亦当与他国所订者不甚相差,方可适用",还告诫"万不可草率从事"。北京政府交通部虽进行了征询调查,最终还是重视安全不够和技术上原因,未见有何实施办法。

---

①Hsiao Liang-lin,China's Foreign Trade Statistics,1864-1949.East Asia Research Center Harvard University,1974,p269.

②关赓麟:《交通史航政编》,交通铁道部交通史编纂委员会,1935 年,第 1207—1213 页。

(三)沿海轮船超载问题

内河小轮违章超载严重,外海轮船亦是同样情况。1919 年,山海关税务司伟克非(Wakefield,C.E.S.)鉴于航行渤海的华轮载客过多,危险性极大,报请总税务司核办。总税务司认为保护旅客安全,世界各国皆在船舶航行法律中有所规定,中国现在尚无此项法律,所有限制载客定额章程应先由海关规定施行,以免发生危险。因此,拟订《渤海各口轮船搭客简章》,于 1922 年分令山海、津海、东海、安东各关税务司切实遵行。《渤海各口轮船搭客简章》对船上各部位旅客应占有的体积或面积有明确规定,并对舱室布置和设备、消防设备、航行设备、救生设备、遇险信号等都有较详细规定。像内河限制章程一样,本章程也遭到了各轮船公司议论反对,但海关坚持贯彻执行,且声称外国船只在中国航行的,应遵照中国的航行法律办理,其驻在中国的各国领事即负有实行此项法律的责任。如有航行渤海航线的外国船只向中国海关请领搭客执照,海关亦按《渤海各口轮船搭客简章》办理。

(四)船舶适航水道问题

民国建立以后,中国轮船业发展迅速,但随着中国轮船日趋增多,竞争愈加激烈,导致各类船只竞相在并不适航的水道上经营,当时的船舶检查证书并没有标明该船所应适航的水道,船舶事故频频发生,而当理船厅报告某船不宜在某水道航行时,由于并没有相关法律,航商往往专横威胁管船人员。鉴于此,海关总税务司署发布第二六二〇号通令,“要求在签发或续签内港行船执照之前先对船舶检查证书加以批注,无论证书系国家机关所发(及交通部)或海关测量师所发均须办理,其中应包括下列内容之一:(1)证明适于公海航行;(2)证明适于港湾航行;(3)证明适于内河湖泊航行;(4)证明适于小湾与运河航行”,同时说明了 1904 年副总税务司第五十九号通令,对船舶检验测量事项虽然只涉及“确保锅炉与机械安全检查证书”,但此后同样适用于所测量之船体。① 这样区分了船舶适航水道,避免航商贪利将船舶冒险航行于不适合该船航行的水域。

(五)加强船舶检验登记,甄别盗匪轮船

民国初期由于军阀内战,无暇顾及水上治安,东南沿海海盗越发猖獗,许多海盗本来都是农民或渔民,因为生计困难而结成团伙,利用熟悉地形海域的优势,打劫过往船只,而且是整个村子男女老少都参与,所以很难分辨海盗与良民的区别。香港总督府在 1914 年颁布《防范海盗章程》(Piracy Prevention Regulations,1914)中,具体指出海盗活动的高风险水域以及尝试规范具体的防盗措施。根据此章程,危险水域包括香港往来两广河川、澳门、广州湾、厦门、汕头、海口、海防以及两广沿岸等各港口航线。鉴于广东洋面海盗盛行,盗贼往往驾驶小轮船劫掠过往商船,并且这些小轮船经常伪装成一般民船,不容易分辨。1926 年 5 月 28 日,广东航政局先布告通知各轮船上交轮船照片一张备案,6 月 11 日,通令省内各航政分局对辖区内轮船进行调查登记,严禁无牌照轮船航行。

第三节 南京国民政府收回船舶检验权

南京国民政府成立后,开展了轰轰烈烈的收回航权运动,与历次收回航权运动不同,南京国民政府首先采取了先立法、后谈判的方案,经过不懈努力,终于收回了包含船舶检验工作在内的大部分航政事务,并先后出台了一批中国自主制定的船检法律法规,逐步建立起中国自主船舶检验体系。

①黄胜强:《旧中国海关总税务司署通令选编》,中国海关出版社,2003 年,第 200—201 页。

一、南京国民政府收回航权的过程

（一）收回航权的社会背景

1927年4月18日，南京国民政府宣告成立。5月11日，南京国民政府外交部长伍朝枢发表了《国民政府将采取正当手续废除一切不平等条约之宣言》。南京国民政府决定先从废除协定关税入手，自行宣告中国关税自主。7月20日，南京国民政府发布关税自主布告，宣布自本年9月1日起，将江苏、安徽、浙江、福建、广东、广西6省境内的各种通过税，全部裁撤，同时宣告关税自主，将进口货物改照国定税率征税。同日，南京国民政府公布了与此相关的法规，如《裁撤国内通过税条例》《国定进口关税暂行条例》等。

南京国民政府的立场受到列强的抵制。各国驻华公使团决定，不对南京政府的布告做正式表示。有关国家还进行武力威胁，调集军舰分驻中国各海关。此时，北伐作战也遭到挫折。在内外均遭不利的情况下，南京国民政府于8月29日发布布告，决定暂缓实行《裁撤国内通过税条例》《国定进口关税暂行条例》等，同时宣布"关税自主为独立国家主权之行使"，因此，关税自主的政策仍然不变，自本年9月1日起，全国陆海关税一律自主。

1928年6月8日，北伐军占领北京，北京政府彻底垮台，南北政权互相对立状态的消失和中国基本统一局面的形成，使南京国民政府在对外交涉中，比此前历届政府拥有了更大的权威性。修约进程由此而进入了一个全面展开的时期。

1928年7月7日，南京国民政府外交部就重订条约事发表宣言，宣布三条原则："一、中华民国与各国间条约之已届满期者当然废除，另订新约。二、其尚未满期者，国民政府应即以相当之手续解除而重订之。三、其旧约业已期满而新约尚未订定者，应由国民政府另订适当临时办法，处理一切。"9日，南京国民政府颁布了《中华民国与各外国旧约已废新约未订前适用之临时管理办法》，其中规定："在华外人之身体及财产应受中国法律之保护""在华外人应受中国法律之支配及中国法院之管辖。"①

关于废除不平等条约从何着手，外交部认为：中外间所订条约，内容繁复，综其不平等之要点，主要为协定关税、领事裁判权、租界租借地、内河航行权、陆海军驻屯权5种，其中最关重要而足制中国命脉者，为协定关税和领事裁判权。可以看出，此时对于航权已经有所涉及。

随后在与日本的修约谈判期间，收回航权的呼声越来越高。1929年8月，止涯在《海事》（第三卷第二期）上发表《不平等条约势力下之我国江海主权》，1930年4月，蔡可成在《国立中央大学半月刊》上发表《航权收回运动应有之认识》，韦以黻在1930年《航业月刊》（第一卷第二期）上发表《中国航业现状与收回航权问题》，陈柏青在《航业月刊》（第一卷第三期）上发表《关于航权收回之商榷》，尤光先在《航业月刊》（第一卷第六期）上发表《收回航权之方策》。上海永埠航业公会主席虞洽卿也于1929年10月致函国民政府外交部长王正廷，代表航业界呼吁国民政府在对外修约谈判中要注意收回航权问题。1930年，蔡元培在中央广播电台发表了航政实施方案的演说，提出航权、航政、港政管理权应完全收回。除通商口岸外，沿海沿江禁止外轮航行，并提倡造船，扩充航业等爱国主张。各地专家学者和航业经营者纷纷献计献策，收回航权运动情势高涨。

（二）收回航权的过程

1927年5月，南京国民政府任命王伯群担任交通部部长，早在1920年，王伯群曾追随孙中山担任广

---

①国民政府秘书处编辑：《中华民国国民政府公报》，1928年，第74期，第1页。

州护法军政府交通部部长,对交通行业比较熟悉。

南京国民政府成立后即组织人员对内政部、外交部、财政部、交通部、司法部、农矿部、工商部和大学院各个政府部门原来的组织法进行修订。1928 年 5 月 25 日,国民政府公布了各部门修订后的组织法。王伯群负责组织人员对 1926 年的《国民政府交通部组织法》进行了修订,新修正的《国民政府交通部组织法》将原来的邮电航政处改为邮政司和航政司,新列了航政司的八项管理职责。其中,将原来的"关于监督造船、船舶及水上运输业事项",修订为"关于管理及监督造船、船舶、船员并其他一切航政事项",这就表明了交通部要从海关手中收回航政管理权,自己直接管理。

1929 年 7 月 15 日,王伯群以国民党中央委员的名义,在国民党中央政治会议第 187 次会议上提出了两个提案——《确定航政根本方针案》和《海关兼管航政移管大纲》。《海关兼管航政移管大纲》要求把航政管理权从外国人控制 80 年的海关中部分接管过来,英美等国闻讯后,向国民政府提出质询,认为此举有违中外已有条约,总税务司也以外轮停止驶华将影响中外贸易和船钞收入进行威胁,蒋介石和宋子文也认为王伯群的提案不合时宜,因此会议没有通过。8 月 24 日,国民政府行政院第二七九八号训令,公布了修改后的《航政根本方针》,共计 4 条:

第一,(甲)遵照党纲,确立航路国有政策;凡属港政,应归中央主管机关主持负责实施,以昭统一。(乙)凡属港务,如埠头、仓库港内航行标识、船坞等,均归地方管理;惟仍应受中央主管机关所派委员指挥监督。至埠头、仓库等处之收入,应全数作为港务之用。

第二,向由海关代管航政各部分,暂行仍旧;惟须同时受中央主管机关之指挥监督。其关于海关代管海政部分,已归海军部指挥者不在其内。

第三,确定航政范围、航政法规,亟应由立法院从速制定颁布。

第四,沿海岸及本国境内之外船航行权,应速收回。

《航政根本方针》重申了海关仍旧代管原来的航政部分,但同时也提出要迅速编订各种航政法规,解决收回航权的立法问题。① 王伯群深知清廷和北京政府两次欲收回航政权未果,在于海关总以条约为理由予以托词。交通部要管理航政,必须制定出自己的航律法规。为此,交通部与立法院院长胡汉民商议,决定两个部门合作进行——《海商法》由立法院商法起草委员会起草,交通部参加审议;《船舶法》和《船舶登记法》由交通部起草,商法起草委员会参加审议;至于其他有关海员、航业、港务和航政机构的法规,由交通部根据轻重缓急分别自行颁布,或者拟具草案,送立法院审议,完成立法程序。

在两个部门的合作努力下,1929 年 12 月 30 日,《海商法》公布;1930 年 12 月 4 日,《船舶法》公布,其中第 11 条规定"船舶检查由主管航政官署委派检查员于船舶所在地施行之",第 42 条"船舶检查章程、船舶丈量章程、船舶国籍证书章程由交通部定之"。12 月 5 日,《船舶登记法公布》。

在这期间,发生了上海航业界要求江海关增加中国验船师事件。原来江海关所聘用的验船师,全部为外国人,每逢检验船舶时,百般挑剔,上海航商深受其苦,但根据江海关的规定,必须由海关指定的验船师检验才有效力。1930 年,上海航业公会两次致函江海关税务司,要求允许航商自由雇佣验船师检验,均被拒绝。江海关的说法是目前海关聘任的外国验船师合同没有到期,不便改动现有规则。随后,华商发现江海关雇佣的英籍验船师麦氏的雇佣合同即将到期,上海航业公会遂呼吁以华人递补,并向江海关推荐刘福培、黄绍三、李允成和王珪 4 人为递补候选人。同时,上海航业公会致函交通部,希望交通部能够明确,今后凡是各海关外国验船师合同到期,一律由华人递补,交通部正在谋求收回航权事宜,对上海

①《航政根本方针》公布后,上海特别市提出疑义,认为第 1 条(乙)款条文与《特别市组织法》第 5 条、第 9 条、第 10 条有关条款相违背,提请交通部修改,后经中央政治会议第二〇二次会议议决,1929 年 11 月 23 日,国民政府第一一三四号训令,将《航政根本方针》第 1 条(乙)款"所派委员"4 字删除。

航业公会的主张予以支持。

1930 年 11 月 29 日，国民政府立法院第 119 次会议通过了交通部制订的《航政局组织法》，1931 年 1 月 5 日由行政院公布施行，根据该法案，航政局直属于交通部，下设第一、第二两科，其中第二科执掌“船舶检验及丈量事宜”。1931 年 6 月 5 日，交通部又公布了《船舶丈量章程》和《船舶检查章程》，规定自 1931 年 7 月 1 日施行。

至此，从海关理船厅收回船舶检验丈量事宜已经势在必行，1931 年 7 月 1 日，财政部发布关务署令政字第五六〇五号，“自本年七月一日起，凡海关对于中外船舶检验丈量等事项即行分别移归各该航政局办理”。交通部规定：未领有船舶国籍证书的船，不准结关，限定在 1932 年底以前必须领取国籍证书（后又延期 4 个月）。

1931 年 1 月 5 日公布的《航政局组织法》第 3 条规定航政局管理的船舶范围不包括总吨不及 200 吨及容量不及 2000 担之船舶。与《海商法》中规定的不包括“总吨数不及二十吨或容量不及二百担之船舶”相违背，于是 1931 年 9 月 26 日，交通部公布了修订后的《航政局组织法》，将此项条款予以取消。

1933 年 12 月间，交通部重定各司分科职掌规则。此时，各地航政局已成立有年，根据情况，航政司分设航务、船舶、海事三科。船检工作为船舶科主要业务之一，具体有监督造船、编订船舶规章，复核船舶丈量检查登记、船舶注册及证书执照的核发等。

二、中国自主船舶检验体制的建立

按照《交通部组织法》的规定，交通部航政司为交通部的辖属部门，但是如果没有直属机构在地方上为之执行规章命令，则航政司如同虚设，将失去作用。当时海关兼管航政，虽然海关名义上属财政部管理，但因对外条约和历史原因，海关自总税务司以下自成系统，实际上是独立王国，所以交通部如果要主管全国航政，必须在各地设立航政局，在各地收回海关兼管航政的工作。

（一）船检主管机构的设立

1.交通部航政局的设立

《交通部航政局组织法》颁行以后，交通部长的王伯群即组织人员编订《航政局组织条例》，设立航政局，计划于 1931 年 6 月 1 日正式成立，并于 1931 年 1 月以交通部呈字第十三号文呈请行政院批准，行政院随后以四六三号训令公布施行。与此同时，交通部将方案提交立法院审查。而在这期间，浙江省政府向立法院提出：应划分中央与地方航政局职权，对于航行海洋及两省以上及容量 200 吨以上之船舶，由中央航政局办理登记及其他事宜，此外则由地方航政局办理。立法院也认为当时广东、湖南、浙江等省份已经设立航政局或港务局管理航政事务，应该由地方自行设立，反对交通部在各地设立航政局。

交通部为此据理力争，认为《交通部航政局组织法》由立法院起草并颁布施行，第 2 条明确规定“其设置处所及管辖区域由行政院定之”，此时立法院又反对设立各地方处所，其实质自相矛盾，要么立法院应该重新修改《交通部航政局组织法》相关条款，否则不应反对交通部的规划。后经过沟通，由交通部补充说明设立理由，再提交立法院重新讨论。关于已经设立航政管理机关的各地单位，则由交通部统一加以任命。

因海关此时归财政部管理，经与财政部协商，达成海关理船厅应移交航政局之事项如下：①监督航业；②查验船只；③濬深河道；④修筑管理港埠；⑤考验及审判船员。

此外 1928 年 5 月 25 日公布的《交通部航政局组织法》第 10 条规定，航政局执掌“关于管理航路及航路标识”，原来修建航路标识的经费是海关在船钞项目下拨款修建的，但海关拒绝将船钞征收权移交交通部,交通部不得不于 1930 年 7 月修改该条款为"由航政局监督航路标志"。总体来说,经此次划分职权,海关理船厅的职权大为缩小,但仍旧掌管管理航路标志、指泊船只和码头管理等事宜。

按照交通部第十三号呈文,"拟就上海、汉口、广州、天津、哈尔滨五重要港埠现行分设五局,各就地域范围分定管辖区域,即以上海局兼辖江浙皖各埠,汉口局兼辖湘鄂赣川各埠,广州局兼辖闽粤桂各埠;天津局兼辖直鲁辽东沿海各埠,哈尔滨局兼辖松黑两江各埠",共在地方设立五大航政局,其中哈尔滨航政局刚设立不久,即发生九一八事变,1932 年 2 月被迫停办,广州航政局因地方割据的关系,也未由交通部设立,1936 年政治形势变化,广州航政局始于同年 9 月 1 日正式成立。

(1)上海航政局

国民政府交通部以接管江海关理船厅代管的航政事宜,于 1931 年 6 月 11 日正式成立上海航政局。交通部咨请财政部转饬各海关自 1931 年 7 月 1 日起移交海关理船厅所办船舶丈量检查等事宜。江海关管理的除船舶检丈以外的航政事务,海关要求"须先指定事项,再行协商办理"。上海航政局提出的接管事项系关于船舶检验、丈量、登记、注册、给照、造船并记载船舶失事、裁判、船舶互撞、接受船舶肇事的报告备案、管理船员注册、考核船员资历等,均系海关理船厅职掌。财政部认为只可令海关限期卸除责任、不存在有移交等手续。至同年 7 月 21 日,江海关才奉财政部令,经上海航政局与江海关洽商议定,于 22 日起,上海航政局实行接管船舶检查丈量等事务,江海关亦于同时卸除该事务的责任,双方并于该日中外报刊上刊登布告周知。从此,江海关理船厅结束对中国商船丈量、检查、注册、登记等工作,上海航政局对辖区内的中国船舶担负主管的责任。

由于海关认为停止船舶检丈等工作只是卸除责任,并非移交,故对上海航政局要求将"关于中外船舶检查、船舶丈量注册、船员注册及其他各办理手续一切记载档案文件"移交一事,未予允办,仅准需要时可前来抄录。

在正式接办海关理船厅船舶检丈工作前,上海航政局遵交通部指示训令,拟定了今后开展工作的若干措施。上海航政局英文名称用 Bureau of Shipping and Navigation, Shanghai。验船技术员对外名称暂沿用海关办法,用交通部上海航政局验船师名义,并定英文名称为 Governmental Marine Surveyor。验船工作的各种表格式样,海关向来使用英文,今后改为中英文合用。至于过去船舶进出口必须向海关呈验的丈量、检验执照,或由海关发给,或由海关承认的外国验船师或船级社发给,海关都承认有效,现在海关卸除责任,将丈量检验事务交由航政局办理,交通部决定"此后中外船只入港应向该管航政局呈验该船丈量检验执照",原海关承认的执照尚在有效期内者,均准照旧通行。但有效期间届满后,应由航政局丈量检验发给执照,俾便通行。

当时江海关设有外籍验船师 3 人,对中国船舶进行检验丈量事务。上海航政局接办,曾洽商借用其中 2 人,为期 2 个月协助办理未结束事务。上海除有外国船级社派驻机构人员办理船舶入级检验业务和接受船籍国政府委托办理检验等业务外,尚有经海关许可营业的私人验船师,执行验船业务,并对外国船舶兼办丈量。此时,私人验船师计有美敦洋行美籍验船师 2 人,文派嘉洋行英籍验船师 1 人和上海海务所日籍验船师 1 人。上海航政局接办海关理船厅丈量检验工作后,海关公告私人验船师所办证书自发给之日起,1 年后均失效。此后,上海的中外船舶丈量检验等事,统一由上海航政局办理。但是事实上直至 1935 年 10 月,外籍商船尚不受航政局管辖。上海航政局还在"呈请交通部咨外交部咨行各国驻华使节转饬各该国驻华领事通知在华各该国商轮公司,一律遵章来局声请"检验丈量事项。

上海航政局成立时按《交通部航政局组织法》设两科分科办事。第一科分设文书、统计、庶务、会计 4 股,第二科分设验船、登记、考核、造船、航路、给证 6 股。人员共计 44 人,内技术员 8 名。技术员中朱天奎,曹守廉、周厚坤、黄绍三 4 人为验船师。

上海航政局接办江海关理船厅的船舶检验丈量工作后，除进行常规例行工作外，还根据交通部所颁办法、规程，结合工作实践，制订有关规程等上报交通部核定，以及对交通部拟定的有关规程签注意见，以求更为完善。如上海航政局技术讨论会通过的《国际、国内贸易船舶救生设备暂行规程》《检查船舶暂行程序》和《乘客居住及卫生设备规程》等呈报交通部。并对交通部航政司 1931 年 9 月 18 日下达的《船舶丈量技术规程》和《船舶检查技术规程》，于 1934 年 4 月 30 日签注意见上报。该两技术规程最终于 1937 年 7 月 23 日由交通部公布施行。

上海航政局于 1931 年 6 月 11 日成立后，即着手拟订《办事处组织规则》及经费概算书，于 7 月 3 日呈交通部核示，打算在商务繁盛、船舶集聚的重要口岸设置航政办事处。交通部批复对《办事处组织规则》未予同意，但同意在镇江、宁波、芜湖等处设立办事处。至年底，已设有宁波、温州、台州、兰溪、海州、杭州、苏州、南通、镇江、南京、芜湖、安庆、蚌埠 13 个办事处。后又在各河道重要口岸分设登记所，其中有预先呈请设立的，亦有未经呈准而权宜设置的，累计达 23 个登记所。登记所本应依法检丈登记为其职责，但开办时经费没有着落，完全依靠检丈收费来维持，而各机构大多又以收入多寡相较量，且当时所任办理航政人员，并未予以充分培养训练，结果办理航政的处所演变成类似税收机关。船舶因检丈滞留，必遭损失，所以对检丈的执行，或者试图规避，或者以其他方法履行登记手续，结果难免发生不法职工敲诈勒索之事。航政局成立初期，中央与地方的关系尚未理顺，船舶经航政局检丈之后，各省政府建设厅又复重行检丈登记，商船又多一次留难与多一重负担。在这种情况下，航商未见航政之利，而先受其害，各方纷纷表示不满，视航政为秕政。在此情况下，交通部令饬各登记所一律裁撤，如果原设立地点确属航运要冲，必不可少，即改设船舶登记所以便管理，并限令于 1932 年 7 月 1 日前一律办竣。上海航政局遵令裁并结束后，设有 22 个登记所，分别设于吴淞、闵行、苏州、无锡、镇江、海州、清江浦、杭州、温州、宁波、嘉兴、芜湖、正阳、华阳、石浦、吴兴、三河、运漕、台州、南陵、大通、十二圩。

1933 年 1 月 27 日，交通部将航政局的组织与管辖范围及其经费切实加以整顿改革。各局附设的登记所一律裁撤，上海航政局设宁波、温州、镇江、海州、芜湖 5 个事处。除交通部决定应设立的办事处外，不得再设立其他任何名目组织机关，或派员前往内地各处办理检丈登记事宜。至 1934 年 1 月，增设海门兼理办事处，由宁波办事处兼理。当时宁波办事处设主任 1 人，下有技术人员 1—2 名，主要负责船舶吨位丈量与检验等事宜。

1933 年 6 月，交通部公布了《全国各船籍港名称疆界表》，规定全国共设船籍港 46 个，其中属上海航政局管辖的有上海、南京、镇江、海州、南通、宁波、海门、温州、芜湖、安庆 10 个港口。交通部又规定凡办事处必设于船籍港，所有未设办事处的船籍港，则由邻近航政局或办事处兼理。

1937 年八一三事变后，上海航政局处境危难，10 月，所属海州、宁波、温州办事处停止办公。11 月 9 日，上海南站沦陷，上海航政局停止办公。12 日，上海沦陷。16 日，所属镇江、芜湖办事处亦停止办公。至此，上海航政局本部及所属 5 个办事处工作全部停顿。上海航政局成立保管处，所有文卷档案均存储于英商茂泰洋行仓库内，关防及官章等另行妥善保管。直至抗战胜利，由交通部京沪区交通接收委员接收。

（2）汉口航政局

汉口航政局于 1931 年 7 月 1 日正式成立，管辖湖南、湖北、江西、四川 4 省航政、船检事宜。7 月 18 日接收江汉关原兼管的船舶检验丈量业务。9 月又将九江、长沙、宜昌、重庆各海关兼管的检丈工作先后接收。并就地设置机构办理业务。根据《航政局组织法》规定的职掌进行工作。

1931 年 11 月，汉口航政局重庆办事处成立，从此，川江各段轮船木船的检丈登记事宜由重庆办事处负责。翌年 7 月 1 日，重庆办事处改为重庆船舶登记所。1933 年 4 月 1 日，又恢复为重庆办事处，该处有职工 12 人,其中检验技术员 4 人,辖区自川鄂交界处起,沿长江上溯至重庆。该处一度经济困难,自行设法维持;自 1933 年起,由中央统收统支,月经费 700 元。除检验丈量本国轮船外,重庆办事处曾拟开拓业务,挽归权益,对外籍轮船进行检验丈量,结果仅永丰,永游两轮接受了检丈,其他都未获结果。永丰轮船长 194 英尺,3600 马力,1002 总吨,系上海合兴厂造。

1932 年 6 月 25 日,交通部指示汉口航政局负责辖区 4 省内 20 总吨以上的轮船及容量 200 担以上的帆船的检丈登记事项,以下者由各省建设厅负责。但重庆办事处成立以来,与四川省的川江航务管理处并存,因受地方势力的抵制,致使该处开展工作甚难。如容量 200 担以上木帆船的检丈登记事宜,始终由川江航务管理处把持不放。

中国航运业在川江的发展,带动了重庆办事处船检业务的进展。民生机器厂于 1935 年 4 月胜利完成原太古公司的沉船“万流”轮的接长修复工程。该工程经汉口航政局重庆办事处审核批准,并派技术员进行特别检验。修复后新船接长 14 英尺,船长增为 219 英尺 8 英寸,总吨位增为 1191.78。更名为“民权”轮,是重庆港改建的第一艘行驶渝申线的大型客货轮。

泸县亦曾设船舶登记所办理船舶检丈登记事宜,工作整两年,又奉令裁撤,仍由重庆办事处兼办。

1933 年初,交通部整顿航政局组织机构后,汉口航政局确定为两科制。第一科设文书、事务 2 股和会计室;第二科设登记、海事、监理、验船四股和技术室。局下属重庆、宜昌、长沙、九江 4 个办事处。

全面抗战前夕,汉口航政局设有重庆、宜昌、沙市、长沙、岳阳、九江、湖口等 7 个办事处。

(3)天津航政局

天津航政局于 1931 年 7 月成立,主管河北、山东两省和辽东沿海各埠航政,下设青岛、烟台、威海卫、秦皇岛 4 个办事处。

天津航政局设两个科,第一科主管总务,包含文书、会计及一切庶务工作,人事系由局长亲自掌管;第二科主管航政船检工作。

大连在天津航政局的辖区内,但当时大连是日本租借地,中国政府没有行政权。因此,交通部和财政部在联系接办海关理船厅工作时,财政部特别咨询交通部称:“在大连海关有验船师一人专管检验船只,中国航政局在大连恐不能执行职务,此后在大连之海关验船师是否仍应照旧办理,抑应一律撤销。”交通部经研究复称:“拟请暂由该验船师继续办理。”后来天津航政局与在大连的 1 位日本验船师签订合约,聘他为特约技术员,凡中国籍船舶在大连进埠或修理,都由他担任检验,代发中国的检查证书,所收检查费由双方分成。对于新登记船舶的吨位丈量,则在该日籍验船师协助下,由天津航政局派人去大连进行丈量。这是天津航政局有别于其他局的一个特殊工作情况。

全面抗战爆发后,天津航政局于 1937 年 9 月 19 日奉命解散,下属各办事处亦相继撤销。

2.地方航政机构

(1)广东省

1929 年 12 月 6 日,广东省撤销广东航政总局,改组为省河航政局,隶属于省建设厅,所有航政事宜,其征收饷费、发给船牌、查验保结、勘验轮船等事,仍旧暂时由省河航政局办理,12 月 18 日,广东省政府任命何治伟为建设厅省河航政局局长,同时在广东设立了潮梅、东江、西江、北江、陈佛、江门、中山、阳江、琼崖、廉钦、高雷等 12 个省河航政分局,建设厅设立第五科直接监督指挥各局。

1930 年,广东省建设厅厅长邓彦华认为要加强航政建设,必须撤销海关理船厅兼管航政事宜,经第 66 次广东省务会议议决,呈请国民政府核准,同时分别致函上海和青岛两处港务局,咨询有关问题,商请一同办理,但未能成功。

1931 年,海关理船厅将所管航政事宜移交交通部,广东省原来按照交通部的计划,应该设立广州航政局,但此时两广事务属于西南政务委员会,实质上处于半独立状态,如果按照交通部的计划设立广东航政局,则意味着其管辖权隶属于南京中央政府,于是西南政务委员会于10月22日设立广东全省港务管理局筹备处,10月26日任命胡雄为主任,筹备接收海关理船厅事宜。11月7日,正式成立广东港务管理局。

1933年2月14日,广东港务管理局正式接收粤海关代办船舶检验丈量及发给证照等事宜;3月1日,广东省建设厅将省河航政局裁撤,归并于港务管理局,利用省河航政局地址办公。随后,又设立潮汕、琼崖两个港务分局,分别于3月30日、4月4日接管潮海关和琼海关量船验船一切事宜;5—6月,又派员分别接收三水、江门、拱北等海关代办管理船舶事项。广东港务管理局下设管理课和总务课,其中船舶的检验丈量、取缔与发给牌照事宜由管理课负责。具体接收事宜见表2-3。

广东港务局接收海关丈量及检验船舶事宜表 表2-3

海关名称	接收事项	接收日期	备注
粤海关	丈量船舶	1933年2月14日	客船准由轮船拖带专照6月移交
三水关	丈量船舶	1933年5月15日	
江门关	丈量船舶	1933年6月1日	
九龙关	九龙关原本没有船舶丈量及检验事项		
拱北关	客船准由轮船拖带专照	1933年6月19日	
潮海关	丈量、检验船舶	1933年3月30日	潮汕港务分局接管
琼海关	丈量、检验船舶	1933年4月4日	
北海关	因地处偏僻,当地轮船均由他处检验丈量		

资料来源:《广东全省港务管理局施政业务兴革之经过报告》,《广东建设月刊》,1933年,第1卷第12期。

1933年8月25日,广东省政府发布建字第二六九四号文件,命令各地航政局于1933年9月1日全部改为船务管理所。

1936年7月13日,国民党五届二中全会决议撤销西南政务委员会,直接导致"两广事变"发生,9月随着事件和平解决,两广宣布服从中央。其间1936年8月4日,交通部发布航务字第八三一号文,委任姚伯龙为广州航政局新局长(系中央任命),筹备重新设立广州航政局;8月14日,广东省政府发布建字第十九号文,宣布将所属航政事务移交广州航政局;9月1日,交通部广州航政局正式成立。不久,将潮汕与琼崖两个港务局接收,分别改组为汕头、海口航政局办事处,分别任命吴性节、符和琚为两处办事处主任。

1927年初,广西在梧州设立航政总局,隶属于广西省建设厅,2月1日,任命罗汉馨为局长,4月5日罗汉馨呈请设立南宁、柳州、桂平、桂林、龙州、百色等分局,5—6月间各分局分别成立。1928年8月,改组航政机关,裁撤南宁分局,将航政总局迁往南宁,原梧州总局降格为航政分局,其他原航政分局均改为航政办事处。1928年底,将航政局裁撤改为船舶征收处,由梧州中关统税局接收。1929年粤军入桂,恢复了广西航政局。1932年7月又改为船舶征收处并入中关统税局。

福建省航政事务,按照交通部五大航政局的设立规划,隶属于广州航政局管辖,而福建省当时隶属于中央政府,不属于西南政务委员会管辖范围,于是交通部在福建先后设立厦门航政办事处和泉州航政办事处,属于交通部航政局直辖。1934年11月15日,交通部委派李时霖为福州航政办事处主任。12月29日福州航政办事处成立,也属于交通部直辖,随即与闽海关办理了船舶检验丈量等事项移交手续。1936年9月1日,广州航政局成立后,按照交通部关于广州航政局管辖粤桂闽三省航政事务的原则,交通部航务字第一一二〇号发文,自1936年11月1日起,厦门、福州2个直辖航政办事处,改名为交通部广州航政局厦门、福州办事处。

(2)浙江省

1927 年 2 月,浙江省临时政务委员会成立,即有设立浙江省航政局的提议。7 月 20 日浙江省政务委员会通过浙江省航政局组织大纲和预算草案,后因经费困难,暂缓设立。10 月,浙江省政府改组,设立浙江省建设厅,确定建设厅为分管全省航政的最高机关。当时浙江省建设厅认为航政局已缓设,而管理船舶、查验给照等事项不容拖延,拟先按省内河流航行情况,选择航务繁要港埠设立管理船舶事务所,负责船舶管理、取缔及给照、查验、征费等事宜。1927 年 11 月,浙江省建设厅下设管理船舶事务所,共分 8 个区,具体职责为:船舶管理,公共码头灯塔和浮标的设立管理。每个区又下设 3—5 个不等的分所。

1928 年 7 月 5 日,省建设厅为了加强航政管理,召开了第一次全省航政会议。这次会议也是中国的第一次航政专业会议。参加者除各区管理船舶事务所所长,有关县、市政府代表外,还特邀了省内外研究航政的专家。会议涉及机构、经费和检验丈量的议案有:①再次督促及早建立浙江省航政局,改进各区管理船舶事务所工作效率;②航政规费应尽先航政支用,如有不足请省政府拨补;③拟先从修改海关理船厅制度入手以收回航政;④加强航务管理,办理船舶注册给照、检验丈量等各项。

1930 年 2 月 6 日,浙江省政府公布了《浙江省航政局章程》,决定设立浙江省航政局,管理全省船舶并兼营内河航业。全省划分区域设立分局及流动办事处,航政局直隶建设厅。2 月 13 日,浙江省航政局正式成立,将原来的 8 个区管理船舶事务所,一、七合并为航政局第一区分局,二、三合并为第二区分局,四、八合并为第三区分局,五、六合并为第四区分局,共设 4 个区分局,原有各区船舶事务分所改为区分局办事处。

1930 年 12 月间,浙江省长和建设厅长都调离浙江,新任建设厅长以航政开支浩大"虚糜公帑"为由,对航政机构进行压缩。1931 年 2 月 7 日,将航政局裁撤改为航政处,隶属于浙江省建设厅,四区航政分局恢复为四区管理船舶事务所。同年 7 月 1 日,以财政再度紧缩为由,又将航政处改为航政股,隶属于浙江省建设厅第一科,1933 年 4 月改隶于第二科。

1931 年 6 月,交通部直属上海航政局成立,管辖江苏、浙江、安徽 3 省航政,在浙江设立下属机构,按《海商法》规定对船只进行检验、丈量、给照等管理工作。但浙江省政府和主管航政的省建设厅及各区管理船舶事务所不予合作。建设厅以"上海航政局在本省各地设立办事处,征费奇重,办理欠善,激成船户纠众滋事,影响本省治安"为由,报请省政府将上海航政局所设航政机构逐出浙江。浙江省政府遂于 1932 年 5 月,一面通知上海航政局在浙机构当日起暂停工作,一面将此事咨文交通部备案。省建设厅也令各区管理船舶事务所布告各航商船户周知。上海航政局宁波、温州两航政办事处的职权仅限于自当地海关理船厅收回的部分航政管理工作。对于浙江省当局不合作的局面,交通部也无可奈何。

1936 年 12 月 1 日,国民政府任命朱家骅担任浙江省主席,而朱家骅曾经担任过交通部部长,赞成航政事权统一。1937 年 3 月,朱家骅和建设厅长王征联名发布命令,"以本省设立各区船舶事务管理所,与中央统一航政之旨,似有未合,为特提省府会议,决议将全省各区船舶管理所,一律撤销,并明令将船舶牌照费一律免除"。① 同时提出三项善后办法:①凡合《船舶法》规定之船舶,统由交通部航政局依法登记管理;②不属上项之各项船舶,管理事项,由当地各县市政府督同水陆警察机关负责办理;③建设厅现在进行之船舶编组,拟办至结束时止,嗣后统归并于水上保甲,以免纷歧。至此,浙江航政事务纳入交通部统一管理。

(3)四川省

1929 年 6 月,交通部商准四川省政府于 7 月在重庆成立川江航务管理处。这是四川第一个水上航政

①中央社杭州十八日电,1936 年 3 月。

和治安的专管机构。川江航务管理处成立以后,先后在涪陵、万县、宜宾、泸州、奉节、广元、合川等地设办事处或派出所。

川江航务管理处积极支持重庆民生轮船公司“化零为整”统一川江航业,利用联合起来的集体力量与外轮抗衡的方针,振兴我国航运业,并出于爱国热忱和民族义愤,为争夺川江航权进行了一些斗争。其斗争方法和策略是始终把斗争锋芒对准外商轮船,而不直接与外人控制的海关发生冲突。如对外轮的检查监督权,对外轮的海事裁判权,对船员的任用权,调遣外轮运兵差等。

在交通部筹设汉口航政局前后,1930 年 6 月 1 日,刘湘曾致电交通部请设立川江航政局,几番联系终未获准,刘湘心中甚感不快,以致汉口航政局重庆办事处成立后,不但不予支持,反而在检丈登记工作上予以抵制。

1935 年 6 月 1 日,川江航务管理处升格为川江航务管理总处。该处仍设重庆,所辖万县、奉节、宜宾 3 个办事处改为分处,在泸县设办事处,在涪陵、广元等处设派驻所,并兼办全省水上公安事宜,省里不另设水警机关。① 川江航务管理总处通过四川省政府颁布了一系列船检、港监法令,如《川江木船注册给照章程》《管理长航木船章程》《管理揽载木船章程》以及《重庆大小河各码关渡船接送轮船旅客规则》等,对维护船舶航行安全都起到了一定作用。

1936 年 5 月 8 日,四川省政府公布《川江航务管理总处组织条例》,规定该处受四川省政府的监督指挥,并受川康绥靖公署的命令指挥。该处设航政、保安、总务等 3 科。

(4)湖南省

湖南省的近代船检工作是随着开埠设关,设立航政管理机构而逐步发展起来的。1912 年,在推翻清王朝建立民国的声势下,湖南省都督府民政部设立交通司及其所辖航政局,拟议举办帆船登记,后因政局变化未成事实。至 1913 年 1 月,都督府又令裁撤交通司航政局,航政管理交都督府军事厅与财政厅。1915 年,湖南省设立全省水上警察厅,除自身业务外,还负责船舶检验发证等多项航运的组织与管理工作。

1929 年 8 月,湖南省政府颁布《航政基本方针》共 4 条。1930 年 6 月,省政府建设厅拟订《航行安全视察人员注意事项》,分甲、乙两部分,甲为对船舶部分,乙为对船员旅客部分。湖南省政府虽多次设置机构管理航政,但受经费、人员,主要是不平等条约的约束,至 1931 年 9 月,汉口航政局接管长沙、岳州两关理船厅船舶检丈、登记工作前,湖南的内河小轮船检工作全为洋人控制的海关所把持。

1936 年间,湖南省建设厅仿照福建、江苏等省的办法,在建设厅内附设航政机关管理船舶事宜,并由全省水上警察局及各县、市政府辅助执行,旨在取代汉口航政局长沙办事处的职权,后未能完全实现。

(5)湖北省

1926 年北伐军攻克武汉,湖北省政务委员会成立航政局,颁布《湖北省航政局暂行职掌章程》,收回内港小轮航政管理权。从此结束了江汉关理船厅历时 64 年的管理湖北内港小轮的权力。

1927 年春,湖北省航政局开始登记检验小轮和办理木帆船注册发照,在武汉皇经堂、下新河、宝塔洲、虾蟆矶和沙市、宜昌、武穴、老河口设立办理木帆船注册发照的派出所。是年冬,湖北省航政局改组为湖北省航政委员会,置专员 1 人,管辖 1 个 10 人巡查队,专门管理小轮查验及出港签证,并将各地派出所扩充为兼理小轮和帆船航政的船舶查验注册给照办事处。办事处设专员 1 人,按业务量配置人员 7—10 人不等(包含巡丁 4—5 人)。

1928 年春,湖北省建设厅鉴于航政委员会组织庞大无所建树予以撤销,改在厅内设航政处。该年底,湖北省成立江防局,帆船的检验、登记、给照工作划归该局沿江各派出所,至 1930 年江防局撤销为止。

---

①四川省档案,全宗 018-341 卷,转引自丁奇中主编:《中国船舶检验史》,人民交通出版社,1998 年,第 106 页。

在此期间,航政处各办事处改为小轮查验事务所,各设置查验员 1 人。1933 年,各事务所撤销,只保留汉口小轮检验办事处。1936 年 2 月 21 日,湖北成立内河航轮管理局,洪雁宾①担任局长,负责湖北省内小轮船管理事务。1937 年 3 月,省建设厅航政处与省内河航轮管理局,汉冶萍轮驳事务所和武昌机器厂合并,组建成湖北省航业局。

1931 年 7 月,交通部汉口航政局成立,在管辖范围上,地方与中央航政机构间的矛盾呈现。湖北省政府坚持按原规定,即总吨不及 20 吨、容量不及 200 担的船舶由地方航政机构管理。1932 年,湖北及江苏、安徽、江西省政府联合呈请行政院,列述理由,不同意将地方航政管辖船舶范围限制在 20 总吨和容量 200 担以下,反对交通部航政局接管小轮未果,1933 年,省航政处停办小轮检验。

自 1926 年省航政局成立到 1937 年全面抗战爆发,湖北航政(船检)机关制订了《湖北境内小轮管理章程》《湖北境内小轮检验注册给照规则》《湖北境内汽船管理暂行章程》和《湖北境内木帆船注册给照规程》,1928—1932 年共检验小轮 635 艘,其中新增 172 艘,停修 482 艘,还对湖北境内的木帆船进行了注册发照。

(6)东北地区

奉张时代。1924 年 5 月,东北三省交通委员会成立,张作霖在东北设立了东三省交通委员会,主管东三省铁路、公路、邮电、航运等交通事宜。1928 年 6 月,张作霖被炸身亡后,经过谈判,1928 年 12 月 29 日,张学良通电全国,宣布“东北易帜”,实现了当时中国在形式上的统一。1929 年 1 月 12 日,国民政府批准成立了东北政务委员会,根据《东北政务委员会暂行组织条例》第 7 条之规定,东北政委会内设秘书厅,掌理各项政务,厅下置 6 处:最初为机要、总务、行政、财务和蒙旗 5 个处,后添设航政处。1929 年 12 月 16 日,国民政府公布了《东北交通委员会暂行组织条例》。其第 1 条规定:国民政府为行政利便起见,设立东北交通委员会,由铁道部和交通部委托监督辽宁、吉林、黑龙江省路、电、航行政事宜。第 4 条规定:东北交通委员会下设总务、路政和电航 3 个处。1931 年交通部收回航政管理权时,拟在哈尔滨设立哈尔滨航政局,曾广钦为哈尔滨航政局局长,1931 年 6 月哈尔滨航政局正式成立,刚设立不久,即发生九一八事变,1932 年 2 月被迫停办。

(二)各项船检制度

1.中央颁布的各项船检法律

(1)《船舶法》

1930 年 12 月 4 日,国民政府公布了《船舶法》,共分六章 43 条,第一章总则,第二章船舶检查,第三章船舶丈量,第四章船舶国籍证书,第五章罚则,第六章附则。这是中国政府首次自主制定的关于船舶的法律,其主要核心内容是保障船舶的航行安全,规定了船舶应具备以下 10 种证书:船舶国籍证书、船舶登记证书、船舶检查证书、船舶吨位证书、海员证书、海员名册、旅客名册、运送契约及装载货物之数额、属具目录。

《船舶法》第 42 条规定:船舶检查章程、船舶丈量章程及船舶国籍证书章程由交通部定之。根据这一条款,1931 年 6 月 5 日,交通部制定公布了《船舶国籍证书章程》《船舶检查章程》和《船舶丈量章程》。1933 年 10 月 28 日又对《船舶检查章程》和《船舶丈量章程》进行了修正。1937 年 7 月 20 日又对《船舶检查章程》第 6 条、第 9 条和第 64 条进行修正,并删除第 8 条。1937 年 7 月 23 日,又公布了《船舶检查技术规程》和《船舶丈量技术规程》。

1934 年 8 月 8 日,针对《船舶检查章程》和《船舶丈量章程》中没有规定关于遗失、损毁等需要变更检

①曾任招商局船务科科长。

查船舶证书的收费标准，交通部发布第三九二一号训令，下发《补发换发更正检丈书据应否收费表》，对各种情况作了补充规定，通令各航政局执行。

随着中国航运的发展，有部分航运公司开始在东南亚一带经营定期或不定期航线，并不包括中国港口，但这些船舶的注册船籍港是中国，如果每次请领和换发国籍证书需要驶回国内，对航商来说极不方便。关于这些船舶的请领和换发国际证书问题，交通部1937年5月26日制定公布了《交通部核发和印①华籍船舶国际证书办法》，规定这些船舶可在当地请具有资质的验船师先施行丈量检查，领取合格证书后，可由当地中国领事馆转呈交通部核发船舶国籍证书。

(2)《船舶登记法》

1930年12月5日国民政府公布了《船舶登记法》，共六章68条。第一章总则，第二章所有权登记程序，第三章抵押权及租赁权登记程序，第四章注销登记程序，第五章登记费，第六章附则。其中第2条规定："船舶登记由船籍港主管航政官署行之"；第67条规定"本法实施细则由交通部定之"，根据这一原则，1931年7月1日，交通部制定公布了《船舶登记法实施细则》，共五章48条。

(3)《轮船注册给照章程》

1931年5月2日交通部制定公布，原章程1927年7月颁布，仅仅是对北京政府时期原章程在收取执照费用上加了一倍，添加了机器种类，船舶建造年月日、船厂名称及地点作了修改，其余不变。但第12条规定了船舶需要更换执照的几种情况：①推广行驶航线；②开辟码头；③更换轮船名称；④其他变更执照中所载事宜。而上海航业公会认为在实际执行中，除了第3项为更换证书的必要条件外，其余3项存在问题，认为航商除了改变船舶名称外，其他情况没有必要更换船舶证书，呈请交通部在修订时将此条款修改，但交通部仍旧坚持原来的意见，认为扩充航线、开辟码头等事项关系船舶的适航水域问题，必须报部更换证书。

(4)《小轮船丈量检查及注册给照章程》

1932年1月20日交通部制定公布。《船舶法》和《船舶登记法》中所指船舶是依据《海商法》规定的船舶，不包括未满20总吨的小轮船和帆船，这些小轮船的船检业务，有的地方已经从海关移交给航政局，有的一直归地方航政机构负责，管理比较混乱。为了解决未满20总吨小轮船的丈量检查问题，交通部制定颁布了《小轮船丈量检查及注册给照章程》，共计五章52条，第一章通则，第二章丈量及检查，第三章注册给照，第四章丈量费检查费及册照费，第五章附则。全国未满20总吨的所有小轮船(包括渔船)，由交通部委托当地航政官署或地方官署或专员办理船检事宜，小轮船经过检验合格后才能办理注册和颁发执照。

此外，当时还有一种划船，为木质结构，但是以机器为动力，多为20总吨以下，关于这类船舶的检验，交通部于1934年5月28日制定公布了《机器划船取缔规则》，规定"机器划船应比照《小轮船丈量检查及注册给照章程》之规定声请丈量检查。"②

2.加入的国际公约

国民政府于1933年2月14日接受加入《1929年国际海上人命安全公约》，同时公布外交部翻译的公约全文，交通部亦令各航政局和各航业同业公会知照，声称"以后实旋办法由本部拟定再饬遵"。《1929年国际海上人命安全公约》于1935年7月1日生效。

《国际船舶载重线公约》于1930年5月签订，1933年1月1日生效。交通部认为我国航运正在力图发展，为谋国际航行便利及维护海上人命财产安全起见，实有必要加入该项公约。乃于1934年11月间译就公约全文呈行政院，转咨立法院审议可以加入。遂于1935年8月19日，依例办理加入公约手续，同

①和印，即荷属东印度群岛殖民地。

②韩庆，王大鹏：《民国航政法规汇编》，中国民主法制出版社，2017年，第104页。

年 11 月 19 日《国际船舶载重线公约》对我国生效。

我国自加入上述两公约后,交通部即积极行动以履行对公约的义务和维护我国权利。如依照公约规定,制就各种证书样本送经缔约各国政府承认。我国轮船行驶香港,港英当局向来不承认华籍船员证书、乘客证书等证书有效。我国加入安全公约后,经外交部与港英当局交涉,最终,香港总督来文称:香港将于 1935 年 7 月 1 日起施行《1929 年国际海上人命安全公约》,自该日起,中国政府所发给的公约有关证书,港英当局将认为与其所发给的无异,维护了中国应有的权利。

交通部又根据《国际海上人命安全公约》,并参照《国际电信公约》及其附件规则,拟订船舶无线电台条例草案凡 18 条,于 1933 年 10 月,呈请行政院核转立法院审议通过,1935 年,国民政府公布施行。

当时国际航行船舶须具备的国际航行证书有安全证书(客船)、无线电安全证书(货船)、特许免除证书(客船和货船如有此情况时)、国际船舶载重线证书(客船和货船)。当时签发这些证书的具体做法是:

(1)安全证书(国际航海安全证书)

交通部于 1936 年 3 月 28 日公布请领国际航海安全证书临时办法。请领证书应向上海航政局声请。上海航政局接到声请后应照证书规定的各项办理。其中第 1 项船体、主辅锅炉和轮机等的检验和第 2、3 项有关分舱载重线的事项,暂由上海航政局委托英国劳氏船级社办理,第 4 项救生设备,第 5 项无线电设备,由上海航政局派员检验。事实上,上海航政局没有检验船舶无线电设备的技术员,向来委托上海电信机关(亦属交通部管辖)办理。待各项手续办理完毕,填妥临时办法所附表格后,连同各项证明文件的副本转呈交通部核发正式证书。证书由交通部长、航政司长和电政司长具名签发。1936—1937 年间,上海航政局对招商局所属国际航行客船“海元”“海亨”“海利”“海贞”4 轮均根据上述办法按照《1929 年国际海上人命安全公约》规定检验后,由交通部核发国际航海安全证书。

(2)国际船舶载重线证书

国民政府早于 1931 年 12 月 5 日公布《船舶载重线法》,规定总吨数满 100 吨,或容量满 1000 担的营运客货船舶,经主管航政机关测定后,应在船体两旁画明载重线,船舶航行时,其载重不得超过该线,违纪者将课以最高 1 千元的罚金。但后来交通部没有公布过施行细则,各航政局亦从未开展过船舶载重线的检验勘划工作。随着《1930 年国际船舶载重线公约》对我国生效,交通部于 1937 年 1 月 16 日以航海字第一五四号训令航政局,对国际航行船舶的载重线可委托国际公认的测量船舶载重线公司(即外国船级社)代为检验和勘划,航政局在其签发的国际船舶载重线证书上加盖关防和局长签字,作为中国主管机关签发的国际船舶载重线证书。

(3)无线电安全证书

船舶无线电台的检验工作由交通部所属电信机关根据《船舶无线电台条例》办理,核发无线电安全证书。

3.地方有关的船检法规

(1)两广地区

海关自 1931 年 7 月 1 日起向各地航政局移交船舶检查丈量登记事项,而广州因政治原因,迟至 1933 年 2 月 14 日,广东港务管理局正式接收粤海关代办船舶检验丈量及发给证照等事宜。在此期间,海关发布第四三九二号通令:在广东、广西及福建,海关仍按向例,继续施行船舶丈量、检测与检验职责。第四四五九号通令:一俟交通部航政局在广州成立,广东、广西及福建之海关立即停止执行船舶之检测、检验及丈量职责。①

在此期间,广东地方政府也为接管船舶检验登记丈量事宜做了一些准备工作,制定出台了一些管理办法。

1932 年 7 月 23 日,以广东省政府建字第三四四一号训令发布《核准建设厅举办船舶登记》,确定广

①海关总署:《旧中国海关总税务司署通令选编》,第三卷,中国海关出版社,2003 年,第 247 页。

州、汕头、海口和北海 4 处为船籍港，先从广州开始试行船舶登记；同年 11 月 14 日，以建字第四四八七号训令发布《核准港务局各种证照样式》；11 月 15 日，以建字第四四八七号训令发布《核准轮船载客执照及拖带专照收费丈量吨数收费等表》；11 月 22 日，以建字第四五七五号训令规定船舶登记改由港务局兼办；11 月 28 日，以建字第四六三五号训令发布《核准港务局改发轮船检验等牌照》。

1927 年 2 月 22 日，广西航政局编制《广西航政暂行条例》，呈送广西省建设厅提交省务会议，经讨论修正后通过。该条例共分十章 69 条，第一章总则，第二章管理船舶，第三章检验船舶，第四章取缔船舶，第五章请领牌照，第六章船公司登记，第八章轮船船员注册，第九章河道管理，第十章附则。4 月 2 日，广西建设厅通令各航政局执行。

（2）上海市

上海航政局拟具《镇江区域之轮船设备救生带办法》，经交通部修改后，定为《沿海港湾及内河轮船救生设备暂行办法草案》，1934 年 10 月 15 日交通部训令第五一六七号发天津汉口航政局和厦门航政办事处讨论。1935 年 6 月经修改后正式施行。

1937 年 2 月 4 日，上海市经交通部批准公布了《上海市水上交通管理规则》，规定航行于上海市区内的水上船舶须经上海市公用局船务处检验登记，合格后才能发给牌照。

（3）湖北省

1935 年 5 月 9 日，湖北省委员会第 141 次会议议决《湖北省船舶取缔暂行规则施行细则》，规定船舶登记由湖北水上公安局各分局办理；8 月 2 日，湖北省政府以省秘一字九九一号指令公布施行《湖北水上公安局各分局办理船舶登记暂行办法》。因湖北规定的船舶登记没有明确船舶种类，容易造成混乱，经交通部修改，1936 年 2 月 9 日，湖北省政府发布了《修正湖北省船舶取缔暂行规则》，明确凡总吨 20 吨以上的轮船和容量 200 担以上的帆船不在此规定范围内。

（4）东北地区

1929 年东北政务委员会成立后，当年制定了《东三省商船注册给照及检查暂行章程》，第 1 条第 3 款规定：凡营业之大小商船均需呈请东三省保安总司令部注册给照；第 4 条规定：凡商船非经东三省保安总司令部核准给照不得向海关领取船牌。这与 1927 年 7 月交通部颁布的《轮船注册给照章程》相抵触，《轮船注册给照章程》规定轮船应该先向交通部注册，再向海关领取牌照。再者，其第二章第一条规定：所有商船均应由东三省保安总司令部施行检查，此条又与应由海关派员检查相抵触。滨江关税务司巴润森（Barentzen P.G.S.）向总税务司汇报此种情况应如何办理，总税务司随后函请交通部应如何解决。交通部接到报告后，经过研究，1929 年 6 月 28 日，以交通部咨四三〇号文件函告东三省政务委员会："值兹全国统一，凡中央规定之各项章制，各省自应一致奉行。即或各该省地方情形容有不同，必须另订单行专章以资补助者，似亦应先与中央主管机关商酌妥善规定施行，以免抵触"①。同时交通部也做出了妥协，说明本部正在拟定船舶检查章程，在新章程未公布之前，东三省政务委员会公布的《东三省商船注册给照及检查暂行章程》可以暂时施行，等部新章程公布后，该项章程则即行废止。

三、船检业务的开展情况

（一）整顿各地船舶登记所

天津、上海、汉口三大航政局设立以后，各局之下设置一、二、三等办事处，共计 31 处，各办事处之下又设立登记所，共计 70 所。而原来的各船舶登记所主任人员素质参差不齐，不能充分履行职责，于是交

①《交通公报》，1929 年，第 53 号，公牍，第 19 页。

通部首先制订了《船舶登记所主任任用标准》:①曾在海军或商船学校毕业并具有行政经验者;②曾在各省航政机关服务三年以上者。航政局登记所主任管理征收船舶管理、丈量检查、登记船牌等各项费用,而在实际工作中,各登记所主任任意挪用经费,卸任后又移交不清,追缴困难。鉴于此,1932 年 10 月 6 日航政局制定了《航政局登记所主任征收保证金规则》,计 10 条,规定各船舶登记所主任在任命后需要交纳一定数量的保证金。

1932 年 11 月,交通部航政司司长许龄筠辞职,由高廷梓接任。高廷梓接任以后,着手对航政局进行整顿,1933 年 3 月 1 日,将各地登记所一律裁撤,各航政局办事处缩减为 14 处,计上海航政局下设 5 处:宁波、温州、镇江、海州、芜湖;天津航政局下设 4 处:青岛、烟台、威海卫、秦皇岛;汉口航政局下设 4 处:九江、长沙、宜昌、重庆;另有厦门直辖航政办事处。各航政局及办事处辖区见表 2-4。

各航政局及办事处管辖区域表　　表 2-4

局处别	管辖区域
上海航政局	自钱塘江口起沿海而北经扬子江口至吕泗以南止,又自扬子江口起入江经崇明南通港而至江阴以东止,又自吴淞口起溯黄浦江至上海市区止
海州办事处	自苏鲁交界点起沿海而南经青口连云港陈家港而至吕泗以南止
镇江办事处	自江阴以东起西经江阴镇江南京至苏皖交界点止
宁波办事处	自曹娥江口起沿海南经镇海宁波舟山苇岛象山石浦三门湾至海门以南止
温州办事处	自海门以南起沿海南经坎门温州瑞安平阳而至浙闽交界点止
芜湖办事处	自苏皖交界点起西经采石芜湖大通安庆至赣皖交接点止
天津航政局	自滦河口以西起沿海西经北塘清河口白河口入山东省至羊角沟以西止又自白河(海河)至天津市区止
秦皇岛办事处	自辽冀交界点起沿海西经秦皇岛北戴河至滦河口以西止
烟台办事处	自姜革庄起以西起沿海西经烟台登州龙口至羊角沟以西止
威海卫办事处	自姜革庄起沿海东经姜革庄威海卫绕荣城石岛至乳山口以东止
青岛办事处	自乳山口以东起经乳山口青岛石臼所至苏鲁交界点止
汉口航政局	自鄂东富池口以下起溯江而上经富池口蕲州黄石港黄州武汉金口新堤至监利以西止
宜昌办事处	自监利以西起溯江经藕池口沙市荆州宜昌巴东至川鄂交界点止
长沙办事处	自城陵矶以下起经城陵矶沿洞庭湖入湘江上溯至长沙止
九江办事处	自赣皖交界点起西经湖口九江至富池口以下止
重庆办事处	自川鄂交界点起沿川江上溯经巫山夔州万县而至重庆止
直辖厦门航政办事处	自闽粤交界点起沿海而北经东山厦门金门而至泉州以北止

同时,核定各办事处的人员和经费。航政局办事处分甲、乙两等:甲等办事处职员 8 人,月经费 970 元;乙等办事处职员 6 人,月经费 700 元。[①] 1933 年 3 月 7 日,又制订了《交通部各航政局办事处主任征缴保证金规则》,其中第二条规定甲等办事处主任缴纳 500 元押金,乙等办事处主任缴纳 300 元押金。

(二)船舶检验业务统计

航政局办理船检业务大体分为 3 部分:

①《交通杂志》,1933 年,第 1 卷第 5 期。

1.船舶检验

《船舶法》规定，凡总吨位在20吨以上的船舶和容量200担以上的木帆船，均须由航政机构检查。所谓船舶，包含轮船、渔船、驳船、趸船及木帆船（军用船舶除外）。检查费按船舶总吨位分档收取。

开始时，检验工作依据《船舶检查章程》进行，《章程》除规定检查类别外，没有技术标准要求，因此这时的检查只能是粗略的，主要凭验船人员的个人经验和工作态度进行工作，监督船舶的技术状况，从而保护船舶的安全营运。

1937年7月23日，交通部公布施行《船舶检查技术规程》。《规程》共五章37条，对船舶检查分为特别检查、定期检查和临时检查3种。特别检查中又分为甲、乙、丙、丁4种，甲种适用在本国新造的船舶；乙种适用在国外新造或购买的船舶；丙种适用船体、机器的全部或一部分经过修改的船舶；丁种适用于曾受甲、乙、丙3种特别检查中任一种检查的船舶，其船龄在25年以内者，每达4年进行1次；超过25年的，每达3年施行1次，于该年份船舶航行期间届满时施行。定期检查于航行期间届满施行。临时检查则在船舶遭受海损或认为需要进行检查时施行。《规程》还对船体、机器、锅炉、船具的检查项目作出规定，但对技术标准要求仍乏明确详细规定。虽然如此，较之《章程》还是前进了一步，对船舶检验工作的改进提高是有作用的。但由于全面抗战开始，沿海沦陷，航业萎缩，《规程》未充分起到它应有的作用。

对于新造船舶的监督检验，当时我国尚无船舶建造规范等法规作为依据，需要时参考国外船级社的规范，对日常工程技术问题进行处理。为改善造船监督工作，交通部于1931年10月28日公布《造船技师呈报开业规则》，规定造船技师的资格，非经开业登记，不得从事造船工作。至1933年4月，在上海开业登记的造船技师计7人，大都毕业于国外大学造船专业，分别在国内任过外国船级社验船师，船厂总工程师等职。1937年2月，交通部公布《船图种类》和《船舶设计细目》，对新建船舶的送审图纸和内容作出规定，对新船的检验又完善了一步。

2.船舶丈量

航政局接管海关代管检丈工作后，即根据部颁《船舶丈量章程》和《船舶丈量技术规程》开展工作。海关的吨位丈量规则系采用英国的吨位丈量体制，交通部实际上仍采用海关的吨位丈量规则。最初航政局开展船舶检丈业务后，对海关已丈量过的船舶如持有吨位证书的，均予承认，不重新丈量。海关颁发的检丈证书到期后，由航政局负责重新检丈。

3.船舶登记

1931年6月公布《船舶国籍证书章程》规定，凡适用《海商法》的轮船，均须依国民政府公布的《船舶登记法》和交通部公布的《船舶检查章程》《船舶丈量章程》，由各该轮船所有人，向其所认定的船籍港主管航政机关申请检查丈量及登记，分别领收船舶检查证书、船舶吨位证书及船舶登记证明书，再由主管航政机关将各证书副本报送交通部，呈请核发船舶国籍证书。

几经确定修改，1933年8月，交通部公布了全国船籍港，有上海、南京、海州、镇江、南通、宁波、海门、温州、芜湖、安庆、天津、秦皇岛、滦河口、青岛、威海卫、烟台、龙口、营口、葫芦岛、安东、广州、三水、江门、汕头、安东、北海、海口、梧州、南宁、福州、厦门、泉州、三都澳、汉口、沙市、宜昌、长沙、岳州、九江、湖口、万县、重庆、哈尔滨、虎林、龙江、大黑河等46处；各船籍港中，除已设有航政局或办事处者外，所有未设局处之船籍港航政事宜，与各局处距离较远，兼顾既有不便，放任又所不可，若添设办事处，则经费开支过钜，不能持久，故规定由邻近之航政局或办事处兼理，其办法如下：

（1）未设办事处之船籍港，该处航政事宜，仍由兼辖之航政局或办事处酌量情形，呈准交通部派员前往办理。

（2）此种机关，仍定名为办事处。例如在湖口者，称为“汉口航政局湖口办事处”。

(3)前项办事处,应另发钤记由派出之局处长官用兼理某处主任名义,对外行之。

(4)此等办事处,开支经费一百元。

1932—1934 年交通部检验、大量、登记船舶统计见表 2-5。

1932—1934 年交通部检验、丈量和登记船舶统计　　表 2-5

年度	丈量船舶				检查船舶				登记船舶			
	轮船		帆船		轮船		帆船		轮船		帆船	
	艘数	吨数	艘数	担数	艘数	吨数	艘数	担数	艘数	吨数	艘数	担数
1932	647	135615	8362	3919406	1420	324850	8316	3748319	697	156744	8276	3604484
1933	335	87007	4744	1918935	1678	561513	4688	1868866	340	137602	4757	1923562
1934	444	103076	5724	2270603	1796	598867	5735	2273566	423	166829	5715	2266320

截至 1936 年 9 月,核发轮船国籍证书 1796 张、帆船国籍证书 14600 张、小轮船执照 442 张、拖驳船执照 4200 张、甲种码头执照 19 张、乙种码头执照 63 张。① 国民政府资源委员会统计显示,截至 1937 年 3 月底,全国各船籍港共注册登记轮船:100 吨以下的(含 100 吨)1203 艘,38887 吨;100 吨以上的,458 艘,580933 吨。②

(三)核定小轮船搭载客货限制办法

1933 年 8 月 9 日,交通部制订公布了《小轮船搭载客货限制办法》。在部令中说:“查内河小轮,从前向由海关管理,关于搭载客货,均有定章,近年以来,内河航运日趋发达,对于客货之搭载,渐多不守定章,似此漫无限制,特殊与安全有碍。”兹经交通部厘定办法如下:

(1)小轮船经该管航政官署检查丈量核定搭载客货地位及数量后,即填发搭载客货准单一纸,由该船所有人将单内划定各部搭客载货处所分别标示舱口,并将所定搭载范围,一并用油漆标明于该处明显地方。

(2)客货并载之小轮,其下舱应禁止搭客,舱顶头棚炉棚均不准载货,两旁或中间行道及锅炉间、机器间、司舵室及其他重要地位,均不准载客载货。

(3)船身两舷,不准架设跳板,船首及两舷不得悬挂包裹禽笼及其他障碍物。

(4)小轮船应备下列各种单照,并带置船上。

(甲)小轮船执照　(乙)吨位证书　(丙)检查证书及检查簿　(丁)搭载客货证单

随后,交通部命令上海航政局制定具体的测算载货容量标准,上海航政局随即制定了测算四项原则:①20 总吨以下小轮载客者,若无货舱设备者,不得载货,但客人携带行李不以货物论;②20 总吨以下小轮,专载货者,可依其载重线,制定其载重吨数,同时丈量其货舱,设备是否可以容纳;③20 总吨以下小轮,若客货兼载者,当先测定其载重线,再审查某货轮容量后,规定其载货限制;④20 总吨以下小轮欲运货者,可使用拖驳船。

交通部认为上海航政局所拟四项原则①④两项,尚为可行,应由该局先行试办。至于百吨以上之轮船,并无测绘载重线之规定,所拟②③两项,未便施行。通令上海航政局照办。但是,这些小轮船的日常检查却依赖于海关,而海关对于这些小轮船的查验往往敷衍了事,交通部对此也无可奈何。

---

①《交通部核发证书执照统计》,《航业月刊》,1936 年第四卷第三期,航讯,第 18 页。

②数据根据中国第二历史档案馆:《民国档案史料汇编》,第五辑,第一编,财政经济(九),江苏古籍出版社,1994 年,第 318—320 页,整理所得。

（四）将外籍拖驳船和20总吨以下外籍小轮船纳入管理

关于拖驳船的管理。拖驳船是指本身没有动力装置，完全依靠他船拖带。但该种船也装载客货，按照《海商法》的规定，也应该向航政局登记，由交通部发给国籍证书。但在实际检查过程中，由于没有机器和风帆，不适合《船舶登记法》，于是交通部特别制定了《拖驳船管理章程》，经行政院核准，1933年6月5日公布，全国大小拖驳船，由航政局依照规定，施行丈量检验，再由交通部注册给照，计划1934年4月1日起施行。

当时这种拖驳船有不少悬挂外旗，海关提出对于这些外籍拖驳船，《拖驳船管理章程》是否适用，交通部回复："该项章程，关于丈量检查各条之规定，外籍拖驳船应一律适用。但拖驳船执照，外籍船舶不必请领，以免流弊。嗣后海关对于外籍拖驳船，应查验其曾否在该管航政局领有丈量检查证书，如无上项证书，应即不予结关，以维主权"。这里交通部说明了对于外籍拖驳船，由各航政局负责丈量检查，但并不负责发给拖驳船执照，而此时海关方面又宣布自1933年12月1日起停发外籍船的拖驳船执照，造成外籍拖驳船请领执照遇到问题。交通部航政局经过与海关沟通，将海关停发执照日期延期到1934年6月1日，此后包括20总吨以下的外籍小轮船，都由各航政局发给执照。

但此举遭到了英国和日本的反对。原来按照海关理船厅的章程，对于航行内港的外国拖驳船，凡具有英国劳氏船级社或者船籍国本国主管机关发放的船舶检验丈量证书，中国海关予以承认，但自新的规定出台后，英国太古轮船公司向汉口航政局呈报劳氏船级社的检验证书时，汉口航政局不予承认。为此英国领事馆秘书赫勒曼向外交部提出交涉：英国同意航政局颁发内港拖驳船执照，但对领有江照的外籍拖驳船，劳氏船级社颁发的检验证书，中国各口航政局应该予以承认。而在天津的日籍船舶根本不领会交通部航政局的规定，抗不遵办。交通部为避免纠纷，不得不令各航政局暂缓执行外籍拖驳船证书的发放以及承认劳氏船级社的检验证书。

1934年3月，交通部召开航政讨论会。上海航政局提出，关于外籍轮船请领内港专照问题，以前归海关管理，现在应移交交通部，并提出《变更发给外轮内港照办法》三项：①外轮请发内港照，应向当地航政局声请施行检丈领取证书持往海关转请或迳向该地航政局声请核给之。②领有内港照之外轮，应将行驶线及其时期报请当地航政局酌量情形核准后，方得行驶。③外轮行驶内港，应与华轮同样遵守中国航政法令。

1936年，航政局福州办事处禀称，在福州港内有一种专门装卸货物的洋驳，容量大多在200担以上，一直由海关检验发照，请示交通部对这种洋驳应如何管理。交通部认为此项船舶按照《海商法》的规定，属于航政局管辖，于是咨请财政部下令海关将此项检丈登记职权移交航政局福州办事处。

（五）取消各地关于船舶检验的不合理收费

1933年3月，交通部公布了改革各航政组织及管辖范围的办法后，对规定的由交通部航政局负责检验丈量的甲乙丙丁四类船，通令各地方不得重复丈量检验。具体四类船为：

（甲）20总吨以上之航海轮船。

（乙）容量200担以上之航海帆船。

（丙）在与海相通能供海船行驶之水上航行之20总吨以上轮船。

（丁）在与海相通能供海船行驶之水上航行之200担以上帆船。

附注：船但以橹棹为主要运转方法者，不在此限。

对此，浙江提出异议，认为浙江与其他省份不同，属于沿海省份，大部分省河与海相通，如果按照交通部规定的四类船舶除去后，本省没有多少船可以管辖，势必影响浙江省的财政收入，提请交通部予以变通。但交通部认为其所定法规，业已经立法院批准，难以更改变通，同时进一步明确关于船检方面航政局与浙江省建设厅管理船舶事务所的权限：关于适用《海商法》规定之船舶检查事宜，由交通部航政局主管，不在地方政府权限范围之内。

至于“在与海相通能供海船行驶之水上”这段文字做了具体规定。“为长江自海口至重庆之一段，海河自海口至天津之一段，珠江自海口至梧州之一段，湘江自汉口至长沙之一段，黄浦江自吴淞口至上海之一段，闽江自海口至南台之一段，及其他沿海各港湾，能通海船之水道均作为与海相通，能供海船行驶之水上所有船舶适用海商法之规定，由各航政局办理，其余概归地方政府管辖以清界限”。但各县政府及管理船舶事务所，对行驶各该管辖地段航海之船舶，如果发现船身不固、设备不周，或其他事由足使航行上易发生危险或障碍时，自可函请当地主管航政官署施行检查，以防事变。①

浙江省政府于是仍旧向船商征收“船舶牌照费”，一年两次，航商不胜负担，1935 年联名上书恳请交通部予以撤销，交通部咨立法院后，责令撤销，但浙江省政府随即改征“航捐”，名义上取消了“船舶牌照费”，但实际航商负担并未减轻。为此，交通部呈请行政院令饬各省停征“轮船牌照捐”。但浙江省政府不同意裁撤“轮船牌照费”，仍旧征收一直到 1937 年新任省主席朱家骅取消地方航政机构为止。

(六)船舶检验存在的问题与整改

1.船舶丈量改用公吨制问题

为了改变我国度量衡混乱的局面，1929 年 2 月 16 日，国民政府公布了《度量衡法》，决定 1930 年 1 月 1 日开始施行，规定采用“万国公制”为标准制，并暂设辅制“市用制”作为过渡，即 1 公尺为 3 市尺，1 公升为 1 市升，1 公斤为 2 市斤。改革后的市制适应民众习惯，又与公制换算简便，逐渐为民众接受。但船舶丈量所用单位仍然沿袭海关旧制。

1934 年实业部第一二四号文咨交通部，船舶丈量的使用单位，请根据全国度量衡局所拟原则施行，交通部通令各航政局，自 1935 年 4 月 1 日起施行新的度量衡单位。全国度量衡局拟定了航政度量衡划一原则六项，后交通部根据各航政局在实际检验过程中提出的意见和建议，详细制订了《检丈船舶改用新制补充办法》，以交通部航政司全字第一一九三六号文发布，该办法共 11 条(1935 年 5 月 1 日起施行)：

(1)检查船舶，如其设计图样及构造方法，均系英制，一时不能全部更改者，可将重要部分先行折算公制(1 英尺等于 0.3048 公尺)，至填送书表时，公制尺寸之外，准附注英制尺寸。

(2)气压计算，原用每方吋之磅数，今改为每平方公分之公斤数，在气压表未更换之船舶，可将计算结果，再行折合公斤，并准附注磅数(附气压计算表)。

(3)丈量船舶，均用公尺，计算吨位，以公尺为单位，小数以下 3 位为止。

(4)船舶之容积，以 2.83 立方公尺为 1 吨，以担数表示容量之船舶，以 0.283 立方公尺为 1 担，载货吨以 1.13 立方公尺为 1 吨。

(5)航程计算，自依海图为依据，惟船舶速率于各项书表栏内，仍应将海里折合公里(1 海里等于 1.852公里)，以归一律，但仍准附注海里数目。

(6)船舶吃水以公尺计，于入坞时逐渐更正。

(7)丈量第一法长度分节，应修正如下：

船舶长度	公尺	15 及以下	15—37	37—55	55—69	69
	英尺	50 及以下	50—120	120—180	180—225	225 以上
分节数		4	6	8	10	12

①《咨复航政监督责权》，《浙江省建设月刊》，1933 年第 6 卷第 12 期。

(8)丈量第一法深度分节表,应修正如下:

船舶深度	公尺	5 及以下	5 以上
	英尺	16 及以下	16 以上
分段数		4	6

(9)丈量第二法,原用系数 0.0017(0.17 除 100),应该为 0.06(0.17 除 2.83).原用系数 0.0018(0.18 除 100),应该为 0.053(0.15 除 2.83)。

(10)推进机所用地位之吨位,所有百分数及系数,均毋庸变更;航船之系数,亦不必变更。

(11)乘客定额,应照所颁计算表折算;吨位证书,应照所附书式修改。

2.客船乘客安全问题

除了规范小轮船搭载客货限制以外,当时航行于中国沿海内河的大轮船也存在航运公司贪多超载的问题,船上的救生设备达不到要求:1933 年,江海关理船厅查处大通仁记公司"鸿大"号抵达上海时,船上搭载乘客 1469 人,而该轮船的核定人数为 819 人,超载 650 人;1934 年,又查出大达轮船公司"大穌"号搭载乘客 1318 人,超载 645 人,此种情况不一而足;而这些船舶又往往受到军队的骚扰,军队随意征用运输兵员,强行驱赶乘客,往往造成船舶严重超员,航商和乘客意见很大。鉴于此,1934 年 7 月 6 日,交通部制定公布了《保障旅客安全办法》,共 3 条:

(1)嗣后各航政局对于发给乘客定额证书时,应视该船船身、机器、锅炉构造之能力于最低限度内酌予核定其救生设备,缺少者得停发检查证书。

(2)载客轮船经过各海关应呈验船舶检查证书及乘客定额证,如无上项证书或发现所载人数有超过定额时,海关得照章代为处罚,但事后应将处罚情形函知该管航政局转报交通部查核。

(3)前项轮船在发航前或航行中,如遇军队强力搭乘致超过定额时,该船长或管船员应予拒绝,倘因遭受武力无法抵抗时,应即报告所在地或最初经过口岸之航政机关或海关,听候处置。

1935 年 6 月 12 日,交通部又制定公布了《沿海港湾及内河轮船救生设备暂行办法》,详细规定了各项船舶应配备的最低救生设备。

3.船舶检验重收费轻标准问题

各航政局或办事处从海关将船舶检验工作接管过来后,原海关负责船检的技术人员只留了一部分,很多地方根本没有专业检验人员,只是以收税为目的。全面抗战爆发前,上海航政局主管船舶检查的人员仅有 4—5 人,天津、汉口、广东三局每局仅 1—2 人,人员极为短缺,不得已使用非技术人员担任,造成船检工作流于形式。例如当时评论天津航政局,在所发的吨位证书上有 5 项内容,即船舶的长、宽、深、总吨位和登记吨位,检验人员根本不知道如何检验,任意填写,"坐耗国帑和扰民"①。1936 年 5 月,交通部部长俞飞鹏在《交通杂志》(1936 年第四卷第五期)发表《招商局及航政上几个重大问题》一文,提到了航政管理上的三个问题,首先就是"船舶检丈问题",认为目前航政局办理船舶检验事宜,不如原来海关理船厅办理时认真负责,"在他们(海关理船厅)办理的时候,检查非常认真,认为不能再走的船,非停航不可。今年移归航政局办理以后,往往困于环境,间或通融,因而不免肇事。以本人所知的,有一条叫茂利的船,原系极其老旧之船,略加粉饰,蒙准营业,后来果然沉没了。这种事实是惨极,航政人员,实负重大的责任,所以以后对于检验船舶,必须格外认真。"这里俞飞鹏作为交通部部长,能够在刊物上坦诚本部工作的弊端,是难能可贵的,同时他也指明了下一步船检工作的方向。1936 年 9 月交通部第二七九八号训令重申要加强船舶检验工作,严禁船舶不入坞就检查的事情发生。

①《华北航政之回顾与前瞻》,《航务月刊》,1937 年第 1 卷第 3 期。

4.渔船多机构重复检验问题

《海洋渔业管理局组织条例》规定渔船应由海洋渔业管理局实施检验,实业部颁发执照,而这些渔船大多为帆船,交通部航政局又有关于“民船”的管理规定,于是存在着多重管理的问题。1933 年 3 月,实业部重申渔船需持有实业部颁发的执照,方准航行,否则,各海关予以查扣。

制定《时渔时货之帆船按时存换检查证书暂行变通办法》。1936 年,交通部烟台航政局办事处接到烟台特区渔业同业公会和行栈同业公会的申请,烟台邻近的各岛居民多以捕鱼为生,其中有在渔汛期捕鱼、渔汛后载货的船户,这些船民既要受到实业部的检验,装货时又要受航政局办事处的检验,两个同业公会申请免于检查或者暂行免费。烟台航政局办事处呈请交通部如何办理,为此交通部航政局特别制定了《时渔时货之帆船按时存换检查证书暂行变通办法》,以方便渔民。

第四节　全面抗战时期中国船舶检验的变化

七七事变后,抗战全面爆发,刚刚露出曙光的中国航运业面临空前劫难,大部分船舶被毁,随着战事发展,东南沿海全面沦陷,国民政府开始了中国历史上最大规模的西迁行动,我国刚刚发展起来的船检机构也被迫西迁,在非常时期,因地制宜地制定各项法规,服务于抗战大局,为抗战的胜利做出了突出贡献。

一、日寇全面侵华时期中国船舶检验遭受严重破坏

(一)各地船检机构被迫停办、撤销或迁移

七七事变后,在日本的封锁下,国民政府先后将天津和上海 2 个航政局撤销,另外还有秦皇岛、威海卫、烟台、龙口、青岛、海州(连云港)、宁波、海门、温州、福州、厦门、汕头、海口 13 处航政办事处停顿。后来随着日军进驻长江,又先后将镇江、芜湖 2 个航政处撤销。

1937 年 8 月 15 日,日本宣布封锁我国海岸,自上海到汕头范围内沿海各港处于日本海军威胁之下。9 月 5 日,日军将封锁范围扩大,北至秦皇岛,南到北海,我国港口贸易几乎禁绝。由于日本的封锁,中国轮船无法开航,于是在 1937 年 11 月间,广州航政局先后裁撤了福州、厦门、汕头和琼崖 4 个航政办事处。

1938 年,日军暂时停止南下,重点进攻武汉,华南航线尚可通航,于是交通部航政局在 3 月恢复福州、厦门、宁波、温州和汕头①五个航政处。1938 年 5 月 10 日,日军由金门渡海进攻厦门,厦门航政办事处主任宋建勋奉命将办事处迁往泉州继续办公。为策应进攻武汉,日军大本营于 1938 年 9 月 17 日下达对广州的攻击令。10 月 12 日日军进攻广州;22 日广州沦陷,广州航政局被迫迁往梧州。

七七事变以前,汉口航政局有宜昌、沙市、长沙、岳阳、九江、湖口及重庆 7 个办事处。随着战事变化,先后将长沙、岳阳、九江、湖口 4 个航政办事处撤销。随着南京、上海相继沦陷,武汉成为全国的航运中心。1938 年 2 月,交通部任命王洸担任汉口航政局局长,王洸到任后,对内部管理机构进行了调整。1938 年 3 月,设立航务咨询处,恢复长沙办事处;6 月,恢复九江办事处,此时湖南常德成为国民政府的水上交通要道;9 月,增设常德航政办事处;10 月,增设绞滩管理委员会。广州失守后,粤汉铁路被打通,再坚守武汉已失去意义,国军遂撤出武汉;11 月,汉口航政局亦迁往重庆。

(二)国民政府允许沿海远洋航运公司申请第三国船籍

七七事变后第六天,1937 年 7 月 13 日,国民政府军事委员会发出“执字第 870 号”密令,共 8 项,其中

①汕头航政处由广东派人组建。

一项要求交通部长兼军委会后勤部长俞飞鹏就如何在战时控制船舶等事宜核办具报。交通部据此拟定了《船舶战时控制计划》，主要有：①外海船舶必要时努力驶入长江或粤海各港；②长江、珠江两流域之轮船无论国营民营，届时均令各就原航线停驶，听候政府调遣，不得擅自出海，外籍商轮之停驶听其自便。计划还规定了轮船招商局和三北公司应驶入长江或香港的船只名单。

1937 年 8 月 11 日，国民政府交通部鉴于淞沪局势危急，令各航政局及轮船公司速将航行中的海轮驶入长江或停泊在香港等安全地带以免资敌，其不及驶入长江的准予改变国籍，使其能继续维持沿海运输。同时，交通部拟订了《非常时期轮船转移外籍办法》，由交通部呈奉行政院公布。该项办法规定：凡未及退入长江之海轮及避泊香港与海外之商轮，准许暂时移转中立国籍，以免被敌人利用，惟须于战后恢复中国国籍。转移船籍之办法发布后，各轮船公司纷纷报告要求转籍。经交通部批准转籍之船舶共计 130 艘，14 万 5 千总吨。其中，转意大利籍 18 艘，转德籍 17 艘，转葡萄牙籍 37 艘，转希腊籍 16 艘，转巴拿马籍 7 艘，转挪威籍 3 艘，转荷兰籍 2 艘，转英籍 5 艘，转其他国籍的还有 20 余艘。① 同时规定所有转籍船舶不得直接或者间接出售敌人，待战事平定后即行恢复中国国籍。

日本发动的全面侵华战争给中国航运业带来空前浩劫。七七事变后，特别是八一三淞沪战役以来，日军出动大批飞机对长江船岸设施进行狂轰滥炸，妄图一举切断中国战时运输动脉，摧毁中国战时经济基础。中国航运企业遭受到极其严重的损失。

仅据轮船招商局统计，1937 年 8 月至 1943 年 9 月先后被敌机炸毁的轮船有“锦江”号、“江天”号、“江襄”号、“津通”号、“江建”号、“江大”号、“快利”号、“江靖”号、“海祥”号、“澄平”号、“江华”号、“招商 5 号”、“江庆”号共 13 艘、2.03 万总吨，另有大量被炸驳船、趸船未计在内。民生公司先后被炸沉没的船舶有“民元”号、“民俗”号、“鹦鹉”号、“民俭”号、“民平”号、“民生 4 号”驳、“民生 5 号”驳、“民主”号、“民太”号共 9 艘，另有“民宪”号、“民政”号、“民权”号、“民享”号、“民康”号、“民勤”号、“民众”号共 7 艘轮船和趸船、驳船 18 艘被炸损。三北、鸿安、兴业等公司也有多艘轮船被炸沉没。据三北公司统计，战时被敌掳劫 44781 吨，敌机炸沉 9425 吨，经施救未修复 4575 吨，当局征用阻塞港口 16516 吨，载运公物沉没 3665 吨，合计损失船舶 78962 总吨，约占公司战前 91694 总吨的 86.1%，船舶损失殆尽。三北公司几条大轮如“凤浦”号（2725 吨）、“新宁兴”号（2600 吨）、“清浦”号（2534 吨）、“长安”号（1659 吨）等 4 艘轮船均在川江被炸沉没。大达、大通仁记也有多艘轮船被炸损毁。

由于受战局变动影响和航道水深限制，还有一些航运企业的相当一部分轮船未及疏散，为日军所获：其中轮船招商局被敌掳掠船只 42 艘、3.4 万总吨，包括长江客轮“巴江”号、“岷江”号、“大业”号、“大运”号、“大载”号和海轮“海瑞”号等千吨以上级客货轮及一批小轮、方船、趸船和驳船。三北集团（含鸿安、宁兴公司）被掠船舶 12 艘、3.9 万余吨，连同被掳驳船共达 4.48 万吨。民生公司被敌掳掠轮船 6 艘、铁驳 4 艘。仅据上述三家不完全统计，抗战期间为敌掳掠船舶即达 64 艘、约 8 万总吨（三北公司驳船未计）。肇兴、直东、北方航业、大通兴、中国合众、达兴等公司均有船舶被敌掳掠。其他航运企业特别是地方航运企业所失船舶更难以计数。

二、中国船检体制的变化

（一）中央管理机构的变化

为了统一战时的交通运输，国民政府对交通行政机构进行了改组，力图提高交通管理效率，以适应抗战的需要。抗战前，国民政府在交通运输管理方面存在的最大弊端就是交通运输管理机构多，造成管理

①王洸：《中国水运志》，中华大典编印会，1966 年，第 228 页。

不善,影响交通运输的效率。关于这一点,蒋介石也深有感触,他曾说:“我们从前交通运输最大的一个缺点,就是事权不统一,以致组织散漫,统制缺乏,流弊所及,予国家军事以很大之障碍”①。国民政府于1938 年 1 月 1 日将交通部和铁道部正式合并,原铁道部长张嘉璈任交通部部长,彭学沛为政务次长,民生公司总经理卢作孚为常务次长,何墨林任航政司长。

1938 年 7 月 30 日,国民政府公布了修正后的《交通部组织法》,其中第 4 条规定,交通部下设 9 个司局处,分别为:总务司、人事司、财务司、材料司、路政司、电政司、航政司、邮政总局、公路管理处。国民政府管理船检事务的中央机构是交通部航政局,分设航务科、船舶科和空运科 3 科。②

1943 年 7 月 14 日,交通部又对《交通部组织法》进行修正后公布,将原来 9 个司局处缩减为 6 个,分别为:路政司、邮电司、航政司、材料司、财务司和总务司。

(二)长江区航政局和珠江区航政局的成立

1.长江区航政局

1938 年 6 月 30 日,日军突破长江马当要塞,武汉会战开始。汉口航政局于 7 月 15 日至 10 月 22 日分三批由汉口迁往重庆,并于 10 月 20 日在汉口航政局重庆办事处原址挂牌办公,直接管理重庆地区航政船检业务。11 月 1 日,汉口航政局重庆办事处移驻万县,后迁泸县。1940 年夏,日军沿长江西进,6 月 13 日,宜昌失守,汉口航政局宜昌办事处及绞滩管理委员会移设万县。

战前,汉口航政局重庆办事处与四川省川江航务管理处的大致分工是:20 吨以上的轮船和 200 担以上帆船的检验、丈量与登记由重庆办事处负责;川江轮运治安、船舶纠纷处理、码头及轮运秩序维持、航业指导、嘉陵江标杆水表的设置以及险滩的排除等由川江航务管理处负责。

自汉口航政局入川后,汉口航政局与川江航务管理处的业务冲突时常呈现,交通部于 1939 年初公布了《汉口航政局与川江航务管理处划分职权办法》,7 月 28 日交通部又公布了《四川木船丈量检查登记暂行办法》,进一步明确了凡是行驶四川省各江 200 担以上的木船由汉口航政局或其办事处负责实施丈量、检查、登记以及发给证书,以求消除矛盾,但纠纷仍不断存在。1940 年 5 月,交通部曾决定,将川江航务管理处管理航政的职权交给汉口航政局,川江航务管理处专门负责川江水上治安一项。但在实际执行中,治安又涉及航政,航政也要负责安全,两家仍然时有冲突。

随着形势发展,战时后方水运十分繁重,航政的管理范围有较大延伸,为了进一步明确职权范围,维护川江航行秩序,1941 年 5 月 31 日,行政院决定撤销川江航务管理处,航政由交通部统一管理,全川航政及船检业务从此由汉口航政局统一管理;水上治安则由四川省另设水上警察局负责,并且管理200 担以下的木船。

同年 8 月 1 日,交通部指令该局改组为长江区航政局,统一管辖苏、皖、赣、鄂、湘、川六省航政。9 月 20 日,交通部经国防最高委员会批准,公布了《长江区航政局组织规程》,扩大其编制,加强其职权。规定该局设 2 科 2 室及绞滩管理委员会,称监理科、总务科及技术室、会计室,年后又增设统计室。

至 1943 年底止,长江区航政局下属有宜宾、泸县、万县、巴东、广元、南充、合川和常德共 8 个办事处。绞滩管理委员会下设川江、嘉陵江、沅江和乌江 4 个绞滩总站。局技术室分船体检验、轮机检验及海事 3 个股。船体股有造船及驾驶技术员 7 人,轮机股有轮机技术员 6 人,海事股有驾驶技术员 1 人,共有技术员 14 人,占局本部职员 68 人的 20.6%。局本部及所属 8 个办事处的职员总数为 153 人,其中船检技术员 48 人,占总人数的 31.4%。船检技术员以商船及海军学校毕业的轮机、驾驶人员为主体,造船及机械专业

①蒋介石:《运输统制与运输运动》(1940 年 4 月 20 日对运输统制局高级职员训话),收于秦孝仪主编《中华民国史料丛编 · 战时交通》,“中央文物供应社”,1976 年,第 161 页。

②何墨林:《抗战以来全国航政概况》,收于《抗日战争期刊汇编》第 16 册,《抗战与交通》,1940 年,第三十三期。

人员次之。

2.珠江区航政局

1937年11月间,广州航政局所管辖的福州、厦门、汕头和琼崖4个航政办事处相继停办。1938年初,汕头市航业公会呈请广州航政局恢复船舶检验工作;2月,广州航政局决定由局兼办,遂派人赴汕头转办船舶检验工作;3月,又恢复了福州和厦门2个办事处。1938年10月,日军逼近广州;同月26日,广州航政局移设广西梧州。同时,江门办事处迁至肇庆,称肇庆办事处,主管西江下游及南路沿海一带航政。同年12月,日军侵占海南岛,广州航政局海口办事处名存实无。1939年5月,广州航政局汕头办事处移置河源,改称河源办事处,专管东江、韩江航政。

国民政府交通部为统一两广航政,维持大后方水运秩序,并从当时实际情况出发,1943年1月1日将广州航政局改称珠江区航政局,仅管辖两广航政,不再管辖福建省的航政,福州、厦门办事处由交通部直辖。珠江区航政局成立时局机构并无变动,仍保留广州航政局2科1室的体制,同时设立桂平、曲江、河源、肇庆4个办事处,桂平办事处管理广西各江航政,曲江办事处执掌北江航政。4月1日,广西省航务管理局停办,珠江区航政局正式接管广西全省航政。

1944年10月,日军进犯梧州前夕,珠江区航政局移设广西百色。因无航政可管,机构实际瘫痪,只留7人看守局本部。至12月,珠江区航政局结束,下属肇庆、河源、曲江、桂平等办事处也因日军占领该地而解体。广东省政府北迁韶关后,对广东的航务管理曾一度陷入停顿状态。

1945年7月,随着抗战形势的好转,交通部在百色设立粤桂航政办事处。8月,粤桂航政办事处进驻南宁。

三、日伪政权的船检管理体制

(一)伪满洲国的船检体制

1.伪满洲国船检管理机构

1931年日本发动九一八事变,在短短几个月内,占领了我国东北,国民政府在东北的一切政权机构被迫停止执行职权。在日本的扶植下,1932年3月1日成立了伪满洲国。从此,东北在名义上由伪满洲国统治,直至抗战胜利,日本投降,主权才回归中国。

1932年3月9日,伪满洲国公布了《国务院各部官制》,决定设立民政部、外交部、军政部、财政部、实业部、交通部和司法部8个部。1932年5月14日,伪满洲国公布了《交通部分科规程》,交通部内设4个司,分别是总务司、铁道司、邮务司和水运司,水运司下设4个科:庶务科、港湾科、河川科和管船科,负责管理水路、港湾、船舶、船员、航标以及制定水运法规、水运规划等项事宜,船检事宜由管船科负责。水运司于1933年6月改为路政司,于1936年4月改为航路司,后又改为水路司,机构名称虽经多次变动,但其隶属关系和掌管范围一直没变。

交通部水运司下设营口、安东、哈尔滨等3个航政局,分别掌管各地区水运行政。1933年6月14日,附教令第四十五号公布了航政局的编制。航政局设局长3人、事务官6人、技正6人、属官18人、技士23人,共计56人。

营口航政局管辖辽河及渤海区域的航政事务,下设大连及葫芦岛办事处。葫芦岛办事处于1938年改设为葫芦岛分局。安东航政局管辖鸭绿江及黄海区域的航政事务,在三道沟、浪头等处派驻人员。哈尔滨航政局管辖黑龙江、松花江、嫩江、乌苏里江、额尔古纳河等江河的航政事务,下设黑河分局,在吉林、虎林、漠河设办事处,并在富锦、依兰派驻人员。1933年7月1日,东北水道局、滨江关港务部并入哈尔滨航政局,合并后的哈尔滨航政局设总务、航务及水路等 3 科。航务科负责原哈尔滨航政局的事务,下设 3 股:登记股负责船舶登记、船舶证书等业务;检丈股负责船舶检查、船舶积量测度、造船监督及海难救助等业务;船员股负责管理船员,后哈尔滨航政局易名为哈尔滨航务局。

2.伪满洲国制定的船检法规

1932—1945 年,伪满洲国政府先后公布的船检法规依次有:

(1)1932 年 5 月 25 日《船舶检查暂行规程》

(2)1934 年 4 月 13 日《船舶输入许可规程》

(3)1937 年 6 月 24 日《海商法》

(4)1937 年 11 月 25 日《海商法施行法》

(5)1937 年 11 月 29 日《船舶法》

(6)1937 年 11 月 30 日《船舶登记法施行规则》

(7)1937 年 12 月 1 日《船舶登记补偿审查委员会官制》

(8)1940 年 6 月 6 日《船舶积量测度法》

(9)1940 年 11 月 2 日《船舶积量测度规程》和《船舶积量改测规则》

(10)1941 年 8 月 18 日《临时船舶管理法》和《临时船舶管理法施行规则》

伪满洲国时,地方交通事宜由各县实业科、行政科或建设科管理,有的县由警察署承办。松花江、黑龙江等内河船舶以及沿海小船由交通部所属各地航政局负责检验丈量和管理,而伪满洲国籍的入级船舶则由日本帝国海事协会检验。伪满洲国政府各级机构的重要职位均由日本人充任,例如伪满洲国刚成立时,交通总长由丁鉴修担任,但下面四个司的司长全部为日本人,总务司、铁道司和水运司由森田成之担任,邮务司由藤原保明担任①,所以实际上是由日本控制着伪满洲国的航政。

3.大连地区的船检问题

1898 年沙俄租借旅大,将旅大地区改为关东州。1904 年日俄战争后,日本仍旧沿用“关东州”的名称,其主管航政的管理机构是关东州海务局。1907 年 11 月 29 日,关东都督府制订了海务局管理规程,同日公布了《关东州船舶检查规则》(1907 年 12 月 10 日施行);1908 年 10 月 31 日,日本公布了海务局官制;11 月 1 日,正式设立海务局,其职能是:统一掌管大连港口行政事务,包括港务、航路标识、海港检疫、船舶检验丈量、船籍登记及引水监督等。此后,1911 年 8 月 1 日,公布了《关东州船舶特种检查规则》;1912 年 1 月 1 日,公布了《关东州船籍法》和《关东州船舶登记法》;1914 年 1 月,公布了《关东州船舶管理规则》;1914 年 7 月 1 日,公布了《关东州船舶税规则》等一系列涉及船舶检验登记的法规,日本全面控制了大连地区的船检事宜。

1931 年 7 月 1 日,海关理船厅将船舶检验丈量移交交通部航政局之后,按照交通部的计划,大连在天津航政局的辖区内。但大连当时属于日本的租借地,不属于国民政府管辖,无法在大连设立航政局接管理船厅移交事宜。总税务司梅乐和请示财政部咨询交通部如何办理,交通部回复鉴于大连海关的特殊情况,仍旧请大连海关验船师掌管船舶检验丈量事项。1931 年 7 月 21 日,财政部发文关务署发布政字第五七三六号令,大连海关按照交通部意见执行。后来天津航政局与在大连的一位日本验船师签订合约,聘他为特约技术员,凡中国籍船舶在大连进埠或修理都由他担任检验,代发中国的检查证书,所收检查费由双方分成。对于新登记船舶的吨位丈量,则在该日籍验船师协助下由天津航政局派人去大连进行丈量。伪满洲国成立后,大连地区的船检业务纳入到伪满交通部统一管理。

①陈彬龢:《满洲伪国》,日本研究社,1933 年,中编,第 25 页。

（二）汪伪政权的船检体制

1.汪伪政权的船检管理机构

1938 年 12 月 18 日，汪精卫、曾仲鸣、周佛海等逃离重庆，到达越南河内后发表降敌“艳电”。1939 年 4 月，汪精卫由日本特务秘密护送进入上海，着手组织伪中央政府。经日本策划，北平和南京两地伪政权取消。1940 年 3 月 30 日，南京举行所谓“国民政府”还都仪式，正式成立傀儡政权，任命诸青来为交通部长。

1940 年 5 月 21 日，汪伪政权公布了《交通部组织法》，规定交通部下设 4 个司，分别是：总务司、电政司、邮政司和航政司，船舶检验事项由航政司负责。

1941 年 10 月 9 日，又对《交通部组织法》进行了修正公布，交通部下设 6 个署司，在原来 4 个司的基础上增加了铁道署和公路署。

1941 年 12 月 8 日太平洋战争爆发后，汪伪政府参加了所谓“大东亚战争”。汪伪参战后，为实行战时统制，首先对统治区的经济机构重新作了调整和设置。1943 年 1 月 13 日，最高国防会议通过改组全国经济委员会的决议。1 月 20 日，修订了《全国经济委员会组织条例》。其改组要点有二：一是加强该委员会的职能，即由原来的经济政策审议扩大为设计、计划、咨询、审议和调查。二是增加该组织机构的人选，改组粮食管理委员会为粮食部；将水利委员会与交通部合并，改设建设部。建设部掌办“全国”路政、邮电、航政、水利及都市建设事宜。内设路政、水利两署及总务、邮电、航政、都市建设 4 个司，船检业务由交通部航政司改为建设部航政司管理。

2.汪伪政权制定的船检法规

（1）1940 年《交通部航政局管理船舶暂行章程》

（2）1940 年《交通部航政局船舶登记暂行章程》

（3）1941 年 7 月 30 日《清乡委员会清乡地区船舶车辆登记暂行规则》

（4）1941 年 10 月 9 日《交通部组织法》

（5）1941 年 12 月 13 日《修正交通部组织法》第十七条第十九条条文

（6）1943 年 11 月 2 日《修正船舶登记法》第六十二条六十三条条文

（7）1943 年 11 月 27 日《修正船舶检查章程》第四、十八、二十三、二十四、六十、六十一、六十二、六十四条条文

（8）1943 年 11 月 27 日《修正船舶丈量章程》第四、十、三十一条条文

（9）1943 年 11 月 27 日《修正码头船注册给照章程》第一、九、十三、十九、二十四、二十五条条文

（10）1943 年 11 月 27 日《修正拖驳船管理章程》第三、四、十九、二十五、二十六、二十八、三十三、三十四、三十九、四十、四十一条条文

（11）1943 年 11 月 27 日《修正小轮船丈量检查及注册给照章程》第二、三、二十五、二十九、三十三、三十四、三十五、四十三、四十四、四十五、四十九条条文

（12）1943 年 12 月 30 日《建设部航政局暂行章程》

（13）1944 年 1 月 15 日《建设部组织法》

（14）1944 年 2 月 18 日《修正轮船业监督章程》第五、六、七、八、九、十二、十六、十七、十八、十九、二十、二十一、二十二、二十四条条文

（15）1944 年 3 月 1 日《上海舟山间往复船舶征收通行税办法》

（16）1944 年 3 月 8 日《修正商办造船厂注册规则》第一、五、六、八条条文

(17)1944 年 3 月 8 日《修正造船技师呈报开业规则》第八条条文

四、船检业务的开展情况

(一)将汉口作为主要船籍港,方便船舶管理

七七事变爆发前,汉口作为船籍港,注册轮船为 450 艘、42682 吨。战争开始后,大批轮船随政府西迁,1938 年 2 月,在汉口的轮船就激增为 645 艘、143790 吨。这些增加的轮船,绝大多数的注册港属于汉口以外的港口,在抗战军兴、交通中断的情况下,航商涉及船舶买卖、租赁等业务,按照以前的规定,需要到原注册港办理相关手续,极为不方便。为了方便航商,汉口航政局呈报交通部,提出所有外港船舶都应改变船籍港,重新登记。交通部在 1938 年 4 月批复即行办理,汉口航政局船舶检验人员昼夜不停,根据各个船舶登记的情况,于 6 月初编制了辖区内的轮船名录,便于政府西迁工作统一调度。

为了保证运输安全,汉口航政局还增订《轮船检查报告表》,分为船体检查、轮机检查和船舶设备检查三种,检查人员必须详细记载,并签注意见,送技术室主任审查后转呈局长核定,这项工作对保证船舶安全起了重要作用。

抗战爆发后,为了避免船只被日军俘获,船舶所有人在航行时往往将船舶标志(船名、船号)隐匿或涂抹,为的是使敌舰分辨不清。这种情况在江河尤为普遍,但造成的问题是虽然避过了危险,大部分船舶并不将船舶标志恢复,以至于航政机关在管理船舶时分辨不清。鉴于这种情况,1938 年 7 月 30 日,交通部公布了《船舶隐匿标志取缔办法》,明确规定了船舶为避免被捕获起见,不得不毁坏、涂抹标志时,应该随后立即恢复,并规定了书写船舶标志的大小尺寸等。后来随着军事形势的发展,武汉危在旦夕,为了最大限度保存船舶,1938 年 11 月 18 日,行政院修正通过了《修正办理船舶转籍及限制办法》,规定海轮和不适合川江航行的轮船准予暂行移转非敌对国家外籍,并且规定一旦武汉由国军光复后应立即恢复原籍。

(二)组织造船专家和船检技术人员设计水泥船替代轮船沉塞航道

抗战初期,为了阻止日军的进攻,从 1937 年 7 月到 1939 年初,国民政府先后进行了 8 次大规模沉船阻塞航道的行动,除了征用部分老旧军舰和木船外,大部分为商船,具体情况见表 2-6。

抗战期间沉塞航道商船情况表　　表 2-6

地点	江阴	闽江口	黄浦江	连云港	镇海	乌龙山	珠江口	马当
艘数	24	12	10	6	7	4	6	18
吨位	43948	7562	18642	10747	6657	2063	1979	24994

这八次沉船阻塞航道的行动共征用了商船 87 艘、近 11.6 万吨。当时征用沉塞航道的船,交通部规定了两个基本原则,一是船龄较大的老船,二是不适合行驶内河的海船。

在 1938 年 6 月的马当沉船后,国防部认为还不足以阻止日本舰队进攻武汉,决定在田家镇再沉船 16 艘阻塞航道。鉴于商轮已遭惨重损失,此次征用的商轮大部分不算老旧船舶,汉口航政局局长王洸遂向第九战区司令长官①建议:用钢骨水泥船代替轮船,保存所剩无几的商轮,以应对空前繁重的抗战运输。最高统帅部采纳了这一建议,责令交通部尽快建成 4 艘水泥船,交通部接到命令后,决定成立钢骨水泥船试验委员会,由王洸兼任“钢骨水泥船试验所”主任,聘著名造船专家叶在馥、杨青藜为设计组正副组长,

①王洸当时想去面谒第九战区司令长官陈诚,但不巧的是陈诚去前线督战,王洸见到了第九战区参谋长施北衡。

桥梁专家钱昌淦、唐文悌为工程组正副组长，及王洸胞弟王治任总务组组长。各专家会同航政局船检技术人员，经多方努力，建造4艘水泥船的任务如期完成，16艘大轮船得以保留。同时钢筋水泥船的沉江，有效阻碍了日本海军溯江而上的进犯，延缓了武汉的陷落，为武汉撤退赢得了宝贵时间。

（三）监造木船抢运物资

主办贷款监造四川改良木船事宜。1939年1月23日，交通部制定公布了《交通部制造木船贷款章程》《交通部监造木船章程》及《交通部监理木船运输章程》，令移设重庆的汉口航政局主办。汉口航政局分别制定了《交通部汉口航政局介绍木船租用办法》（1939年4月27日部令发布）和《交通部汉口航政局监理四川贷款木船运输办事细则》（1939年6月13日部令发布），航政局技术室分析总结了旧式木船的缺点，设计绘制了改良木船各种船图，然后依图放样，发交贷款，船商照样制造。改良后的木船有两大特点：一是船身灵活，速度较旧式木船提高30%以上；二是船身构造坚固，设置完备，可以防险，各舱隔板可以抽动，便于装置巨型货物。1939—1940年汉口航政局监造四川改良木船完成数见表2-7。

1939—1940年汉口航政局贷款监造四川省改良木船完成数量表　　表2-7

区　别	艘　数	吨　位
长江区	96	1722
嘉陵江区	159	3772
培江区	53	948
綦江区	57	456
黔江区	26	660
总计	391	7558

资料来源：王洸，四年来之交通部川江造船事业，《中国航业—1942年川江航业专号》，1942年，中国航业学会，第53-54页。

为了保证建造木船的质量，1939年1月23日，交通部制定公布了《交通部航政局派驻各地管理员章程》，向指定造船地点计10处派驻管理员，进行新造木船的贷款、监造、检验、登记、发证等事宜。

1941年，国民政府施行《粮食征实办法》，四川省的粮食运输日趋繁钜，各河流对船舶运力的需求大大增加，于是交通部汉口航政局设立川江造船处，初期受全国粮食管理局的委托，承造渠江及培江大批运量木船，截至年底，共建造木船587艘、6132吨。①

（四）组织专家制定适合川江航行的浅水轮船标准

全面抗战爆发后，油价飞涨，大部分柴油机船除了保证军运以外，大部分停航，交通部在建造改良木船期间，于1939年夏，即计划增造浅水蒸汽动力轮船，邀请在重庆的造船专家叶在馥等作技术上的商讨，确定原则后即令汉口航政局设立川江造船处着手设计制图。第1批造木质蒸汽机客货轮两艘，主尺度总长106英尺，两柱间长100英尺，船宽18英尺，船深7英尺，吃水3.5—4.5英尺，两座主机360马力，人字型水管锅炉1座，航速约11海里，载客100余人，载货90吨。后又造煤气机浅水轮船10艘，利用汽车引擎，加装煤气炉，航行嘉陵江，可达南充、广元等地。新船建造都由航政局进行建造检验，以保证建造质量，从而保障航行安全。

由于新建船舶颇获成功，对发展水运功效显著，1939年12月1日交通部决定在柳州设立西江造船处，负责制造广西、广东、江西、湖南4省船舶。1940年3月16日，由汤仲明设计的第一艘6吨重的蒸汽

①王洸：《四年来之交通部川江造船事业》，收于《中国航业—1942年川江航业专号》，1942年，中国航业学会，第54页。

动力浅水明轮试航成功。依靠蒸汽机驱动的轮船,因为机器本身庞大笨重,加上燃料煤所占空间较大,造成船舶吃水一般较深,并不适合航行于浅水航道。汤仲明新设计的浅水轮船,船身用木材建造,机器重量轻,舵效快,且以木材作为燃料,吃水仅一尺三寸,非常适合在内河航行。1943 年 1 月,交通部将川江造船处和西江造船处合并成立交通部造船处,由部直接指挥,同时增设重庆工厂,专门负责修理机器动力船只。从 1943 年 1 月至 1945 年 8 月,交通部造船处共建造机器动力船 9 艘、106 吨;木船 369 艘、14784 吨。①

(五)设计机械绞滩设备

川江滩险多水流急,以前大小船舶遇到急滩必须依靠滩民拖绞才能上驶,所需滩民少则数十人,多则数百人。随着国民政府西迁,宜昌堆积了大量物资急需运往重庆,另外还有百余艘轮船需要撤退重庆港,这些轮船吨位较大,无法自行开往重庆,依靠传统的人力拖拽也十分困难。

1935 年,主管航道建设的海关,曾在川江成立了打滩委员会,除了炸除礁滩之外,还提议过在航道滩涂装设机械绞缆的建议,可惜没有实施。1938 年 10 月 21 日,汉口航政局在宜昌组设绞滩管理委员会,主任由汉口航政局宜昌办事处主任曾白光担任,组织人员设计绞滩设备。11 月 1 日,兴隆滩绞滩站首先建成。11 月 11 日,最凶险的青泄滩绞滩站建成以后陆续在沅江、嘉陵江、乌江各处设立绞滩站。自 1938 年 11 月至 1939 年 6 月,机械绞滩共绞上轮船 571 次,木船 11225 次,随船西撤的物资 10 余万吨。② 后来曾白光回忆说:"诚有出人意料之外者,非全体员工勤奋工作,曷克至此!"。③ 到 1940 年底,共施绞轮船 1258 艘、木船 62426 艘,使四川本省及西南、西北地区的水上交通通畅无阻,有力地支持了抗日战争和内地建设。

(六)非常时期制定特殊办法保证运输

经过上海、武汉、宜昌三次大撤退,我国船舶在撤退中起到了决定性的作用,但船舶损失巨大。为了保证大后方的战时运输,最大限度地使用船舶的运力,交通部船检部门不得不对船舶运载客货标准进行调整。1939 年 10 月 17 日,交通部制定公布了《交通部汉口航政局短程航行轮船乘客定额增加办法》,规定凡是轮船航线不足 12 小时的,可在原来规定夜间航行乘客计算标准的额度上增加 50%,为了保证乘客安全,都是规定救生设备应同时按比例增加,并发给"短程轮船乘客定额证书"。

1941 年 2 月 28 日,又公布了《交通部航政机关核发小轮船临时注册证暂行办法》,规定未满 20 吨的小轮船在依照《小轮船丈量检查及注册给照章程》声请当地航政机关丈量检查,并已由航政机关转呈交通部注册给照者,在未颁发执照前,航政机关可免费先颁发"临时注册证",有效期 2 个月,航商拥有此证即可进行营运,在营运期间等待颁发正式执照,为航商节省了等待时间。

为了方便在航政局未设办事处的各地办理船舶登记检丈事宜,1941 年 6 月 9 日,又公布了《交通部部辖航政事项委托代办暂行规程》,规定"交通部在未设航政官署之地方,得将部辖航政事项委托该地之省市政府或指定其他地方机关代为办理",委托办理事项 7 项:①关于适用《海商法》规定之船舶之登记、检查丈量、发给牌照事项;②关于小轮船之注册检查丈量及发给牌照事项;③关于拖驳船、码头船之注册给照及管理事项;④关于轮船业之注册监督及航线竞争事项;⑤关于上列船舶之通行证书核发事项;⑥关

①《交通部造船处抄送该处抗战期间工作状况节略至航政司笺函》,收于中国第二历史档案馆编,《民国档案史料汇编》,第五辑,第二编,财政经济(十),交通邮电,江苏古籍出版社,1997 年,第 473 页。

②王洸:《抗战以来之汉口区航政》,收于《抗日战争期刊汇编》,第 16 册,《抗战与交通》,1940 年,第三十三期,第 153 页。

③曾白光:《内河绞滩建设概况》,《交通建设》,1943 年第 7 期。

于载重线标识事项;⑦关于航路标识之监督事项。

1941 年 4 月 19 日,温州第一次沦陷,日本严密封锁浙江沿海,不许任何船只出入,但在鳌江方面却封锁不严,主要是鳌江本来属于不通商口岸,往来船只只是本地区内短途航线,根据海关管理章程,外国大船也不允许直接进出该口岸。温州航政局办事处主任陈继严请示交通部核准将鳌江列为通商口岸,便于船舶进出该港。同时按照原有规定,吨位不足 100 吨的船舶也不能直航香港,业经请示后也相应修改。1941 年 10 月,温州航政局办事处在鳌江设立监理办事处,负责船舶管理事宜。

(七)船舶检验丈量统计

抗战时期,航政局除对新造木船、轮船做了大量检验丈量登记工作外,对营运船只亦做了大量常规性的检验工作。1938 年 10 月,宜昌危急时,积压宜昌的军品器材、油料、谷物等近 20 万吨,旅客 3 万余人,急待抢运入川。由于运力不足,汉口航政局重庆办事处奉命会同军事委员会水运处重庆分处及四川省船舶总队,短期内征集木船 1000 余艘。为了方便木船检验,在重庆港附近设立了 3 处船舶检验座船,分别是黄沙滩座船、唐家沱座船和相国寺座船①,由重庆办事处全部检验技术人员紧急检验,可用者 882 艘。后又征集千余艘,再经突击检验,可用者 1200 艘,先后发证编队下驶宜昌,共抢运物资 6 万吨,为抗战做出了贡献。②

1939 年 7 月,交通部公布《四川木船丈量检查登记暂行办法》,作为推进川江木船检查丈量登记的法规依据。汉口航政局在泸州、合川又增设了 2 处座船,全面办理 20 总吨以上和容量 200 总担以上船舶的检丈登记工作。同时针对重庆港内的趸船大部分没有经过丈量检验,汉口航政局饬令各轮船公司按照规定声请丈量检查、注册给照。

1939—1942 年,共检丈登记船舶计:轮船丈量 300 艘、27336 吨,检查 1715 艘、227462 吨,登记 398 艘、63049 吨,帆船丈量 10784 艘、301804 吨,检查 11047 艘、364513 吨,登记 10739 艘、353416 吨。③

招商局的江新、江汉、江安、江华等长江大型客货班轮入川后,在洪水季节曾航行泸县至巴东、三斗坪之间,往返装运军工物资,这是史无先例的创举。这些船只在每季开始航行前,都是经航政局检验人员根据战时的特殊需要,打破常规进行特别检验后批准放行的。船检工作既保障航行安全,又服务于抗战运输需要,博得了声誉。

太平洋战争爆发之前,英、美、法对于中日来说尚属于中立国,轮船可往来于中日战区。为了规范这类船舶的管理,防止运送战略物资资敌,1939 年 2 月 16 日,交通部制定公布了《核发外国轮船通行证书办法》,外国轮船声请核发通行证书时应依据《船舶法》第 17 条、第 22 条之规定呈验检查证书、吨位证书或施行检查丈量。汉口航政局(长江区航政局)曾对外籍轮船检验发证。当时英商太古公司的“万流”号、“康定”号两艘轮船滞留川江。1940 年 5 月 3 日至 1943 年 1 月 26 日,经交通部批准两轮往返行驶重庆—古林沱—巴东及重庆—叙府航线,由航政局检验发证通航,先后有 5 次定期和临时检验。

太平洋战局的发展,促使国民政府考虑准备战后复员运输的需要。1944 年 9 月,国民政府拨发建设专款 1.4 亿元,令轮船招商局修理停航的七大江轮(江新、江汉、江安、江顺、江华、建国、江大)。民生实业公司亦同时获得专款 9000 万元,作修复停航江轮之用。三北、大达等公司亦分获拨款。停航轮船全面修复,使航政局船检业务骤增。翌年 5 月 28 日,交通部公布《造船监督委员会组织规程》,设立委员会督修川江停航的船舶,对长江中下游 40 艘轮船提前修理,此项修复计划由长江区航政局控制,并派船检技术

---

①王洸:《抗战以来之汉口区航政》,收于《抗日战争期刊汇编》第 16 册,《抗战与交通》,1940 年,第三十三期,第 152 页。

②张祁,近代重庆船检及管理机构发展史略,编史通讯第 10 期;四川省船检史料,编史通讯第 13 期。

③五洸:《五年来之长江区航政》,《交通建设》,1943 年第 1 卷第 13 期。

人员逐艘进行检验发证。船检工作一时紧张忙碌,自不待言。

第五节 抗战胜利后中国船舶检验的恢复

抗战胜利初期,随着接收敌伪和购买美国等国大量船舶,中国轮船航运业迅猛发展,一度致力于发展远洋航线。在这种情况下,船检部门开始制定符合国际规范标准的法律法规,以方便航商在国际航线航行。但随着内战爆发,此项工作进程被迫耽搁,反而利用船检权力加强了对航商的盘剥。

一、抗战胜利后中国船舶数量快速增长

(一)接收大量敌伪船舶

日本投降后,将大量船舶撤回本土,并对在华港航设施进行了疯狂破坏。由于时间仓促,日本在华航业与军事机关仍有30万吨船舶未及撤走或破坏,并留下一批码头、仓库等不动产。

急于复员还都的国民政府1945年8月中旬匆忙通知日方,将所有船只集中于上海、沙市、宜昌等地,听候接收。8月25日,招商局奉命起草《接管敌伪船只办法》共21条,由交通部核准执行,并报陆军总司令部和行政院备案。1945年9月12日,交通部以航字第一三三一五号指令发布了修订后的《接管敌伪船只办法》12条,其第1条规定:所有敌伪现在我国内河及沿海之商船,一律由交通部派员,商请各地接收军事长官派员协助,接受管理。第4条规定:长江敌船集中沙市、宜昌,吃水较深不能上驶者,集中上海。沿海敌船在海口以北,福州及福州以南者,集中广州;在福州以北,连云港及连云港以南者,集中上海;在连云港以北,营口及营口以南者,集中烟台或威海卫,听候接收。① 随后,交通部在沪、汉两埠派驻特派员,专司接收敌伪航产事宜。10月,京沪区航业整理委员会成立。同时,交通部和陆军总司令部分别发文(交通部部人字第一二三三一号和陆军总司令部接字第九号),任命石志仁为平津区交通特派员,负责接收华北铁路、邮政、电信、公路、航政等交通事宜(航政事宜1945年10月3日开始接收)②。

按照国民政府和交通部的安排,对长江水域敌伪船舶的接收处理分两大区进行,京沪区(辖苏、浙、皖三省和沪、宁两市)由轮船招商局负责,武汉区(辖湘、鄂、赣三省)由长江区航政局主办。后经轮船招商局与敌伪产业处理局商定,所有敌伪航产均由招商局统一接收。不久,国民政府命轮船招商局直接主持上海敌伪产业处理局。被接受敌伪航业单位主要有东亚海运株式会社、日本邮船会社、上海运输株式会社、上海内河运输会社、三光洋行株式会社、中华轮船公司、中支航运会社、日本制铁会社中支总局、日军碇泊场、扬子福利公司、昭和海运公司、天津艀船会社、华北轮船联益社、船舶运营所、共和造船所、黄浦造船所、山下特殊帆船输送株式会社及双龙、黑谷、国际、北岛、武汉交通公司等数十家公司和军事机关。截至1947年,京沪区、武汉区分别接收敌伪船只1234艘和751艘,合计1985艘。③ 平津区接收日本艀船运输会社驳船39艘,19815吨;拖轮13艘,1858吨。④ 截至1946年9月,国民政府在京沪、武汉、平津、广东等区共接收船舶2131艘,334155吨,其中轮船516艘,77028吨。⑤

轮船招商局受国民政府及交通部委托,实际主持接收敌伪航产事宜,理事长刘鸿生、总经理徐学禹、

---

①中国第二历史档案馆编,《民国档案史料汇编》,第五辑,第三编,财政经济(七),交通邮电,江苏古籍出版社,2000年,第8页。

②《交通部平津区特派员办公处编平津区交通事业接收报告》,国民政府行政院档案,1946年1月。

③行政院新闻局:《战后接收敌伪航业》,1947年10月;《复员以来长江航业与航政》,表53。转引自黄强、唐冠军:《长江航运百年探索》,武汉出版社,2009年,第306页。

④交通部平津区特派员办公处编:《平津区交通事业接收报告》,国民政府行政院档案,1946年1月。

⑤交通部编:《交通复员工作报告》,国民政府行政院档案,1946年9月。

副总经理沈仲毅分别担任各接收机构的主管官员。轮船招商局接收的敌伪船舶艘数占全国接收日伪船舶总艘数的82.3%。据1945年9月至1946年底统计,轮船招商局共接收敌伪船舶2358艘,24.4万总吨,并接收或收回了大批航产,共计码头34座,总长4744.5米;仓库162座,总容积67.2万立方米;地产4390亩;敌伪船厂11家。船舶是所接收的敌伪航产的主要部分。轮船招商局对所接收的日伪船舶按其产权所属,区别情况进行了处理。凡产权关系清楚并得到有关部门确认的船舶均于1947年底发还原主。凡敌伪产业或无人认领的船舶一部分进行标卖,代管机关可优先承购;另一部分由代管机关留用或拨、租给其他机关使用。这既为轮船招商局和部分民营航业的振兴与发展提供了一次良机,也给一些实权人物提供了各种生财之道。

(二)美国拨赠和企业购买大量船舶

第二次世界大战结束后,一批退役船舶在美国人心目中已成废铁。这些大量向国外倾销的剩余物资为中国航业购置船舶提供了机会。与此同时,中国航业也在美、加等国订造了一批新船。

1946年8月5日,中、美两国政府在华盛顿签署《购买轮船贷款合约》,中方以260万美元,在美国购买轮船16艘。

同年8月30日,中、美两国政府在南京签署《剩余物资购买合约》,由中国购买存放在中国、冲绳岛、塞班岛及其他诸海岛的美国剩余物资,包括总值为5亿美元的可移动物资和8400万美元的固定设备,但不包括军机、舰只等军用品。

1947年7月15日,中、美两国政府在华盛顿签署《售购战时建造船舶合约》,中方购买美方下列船舶:

Josiah P·Cressy、Justin Poane、Northern Master、Northern Chieftain、Iosiah A.Mitchell、Northern Traveller、Northern Pioncer、Northern Warrior、Ephraim Harding、James Miller、John Lecher、Allen H.Knowlees、Judiah P. Baker、Otis White、Robert H.Waterman。每条船售价468817美元。

1947年7月15日,中美双方在华盛顿签署《售让船舶合约》,中方向美方购战时建造的船舶159艘,美国则同意向中方出售船舶10艘。

1947年12月8日,中美在南京签订“转让海军船舰及装备之协定”,美国将总数不超过271艘的第二次世界大战期间建造的海军舰艇转让给中国。

据不完全统计,中国战后向外国购船共达62.9万吨。招商局所购船舶数量居公私航业之首。从1946年1月第一艘美国“大湖”轮抵沪到1948年6月,是招商局购买外国船舶的高峰期,累计购买外国船舶144艘,30.2万总吨,达到战后购买外国船舶的最高峰,①其中包括自由轮、澳菲旧轮、特快班轮、各类货轮、各类登陆艇、大小油轮、远洋拖轮、小拖轮、铁驳、木驳、机帆船及各类特种船只。这些不同吨位、不同船型、不同用途的船只,组成一支所谓“伟大的商船队”,其中用于内河的轮船12艘,1万余吨;小拖轮2艘,1000余吨;铁驳30艘,3万余吨,合计54艘,43550总吨。“剩余”船舶吨位占招商局船舶总吨位的73.8%,构成了该局船舶的主体。②

国外船舶的质量参差不齐,有的质量堪称上乘,有的则差强人意。特别是用于内河的一些登陆艇,原系军用船只,航速虽快,但油耗高,舱位小,装载量有限,航行时偶遇风浪,即剧烈颠簸。

民营航业战后也从国外购买了大量船舶。1946年5月至1947年12月,民营公司从国外购船144艘,326570总吨。这些船舶大多来自美、巴拿马、英、加、澳、挪等国,耗资3200万美元。其中购买外轮超

①《交通部统计年报》,1946年;招商局汉口分局档案:国营招商局船舶统计表,1947—1948年。转引自黄强、唐冠军:《长江航运百年探索》,武汉出版社,2009年,第308页。

②招商局汉口分局档案:本局现有船舶一览表,1948年6月。转引同上书。

过万吨的有复兴、民生、中兴、中国航运、益祥、华商、上海实业7家公司;购买5000—10000吨的有三北、太平洋、海鹰、中元、太平等6家公司。截至1948年,全国航业公司已达116家,其中规模较大的民营公司16家,民营船舶达921艘,410851总吨。①

除此之外,战时我国沿海内河,因被炸及其他原因,沉没的我国和同盟国敌伪船只,根据调查有237艘,48万余吨,有些船只阻塞航道,必须加以打捞,有些船只经打捞维修后,尚可加以利用。1947年1月7日国民政府公布了《打捞沉船办法》,鼓励各公司对原有沉船进行打捞维修后加以利用,并与1947年3月19日,由交通部、外交部、财政部、经济部和海军总司令部各派代表组织成立了"江海沉船打捞委员会",负责打捞指导工作。在这种情况下,一时间中国船舶数量和吨位直线上升,也给船舶检验工作带来不小的压力。

二、中国船检体制的变化

(一)船检主管机构的演变

抗战胜利,交通部遂开展沦陷区交通事务的接收工作,将全国分为京沪、武汉、平津、广东、东北和台湾6个区。1945年8月31日,交通部公布了《交通部各收复区特派员办公处组织规程》,规定各收复区特派员办公处下设4个接收组:总务组、路政组、航政组和邮电组,其中航政组"掌水运、空运机关事业之接管任务"。② 国民政府交通部即派出上海、广州、天津及东北4个地区的交通接收委员,分赴各区恢复原办的航政局机构。交通部迁返南京后,1946年6月7日,交通部公布了新修订的《交通部组织法》,仍旧设立路政司、邮电司、航政司、材料司、财务司和总务司6个司。航政司负责的事项由4项增加为7项,增加了海事、海员和港务的管理3项,航政局的组织亦有扩充,司内各科及其业务如下:

(1)航务科:承办轮船业注册给照,航业管理及不属于其他科的事务。

(2)船舶科:承办核发船舶国籍证书及有关船舶修造、船厂、打捞沉船等事务。

(3)海事科:承办核发船员证书、船员考试及海事处理等事务。

(4)港工科:承办港口工程建设及港务管理等事务。

(5)空运科:承办有关航空公司及空运事务。

(6)引水科:承办统筹引水管理事务。③

(二)地方船检机构

1.东北地区

东北系我国工业重地,国民政府对战后复员工作尤其重视,早在日本投降前夕,1945年8月10日,蒋介石就给交通部长俞大维指令(侍秘字第二八九三九号):"关于东北方面金融与交通复员计划,及负责主持人选,及其组织,务于本月二十日以前筹备完毕"。④ 国民政府交通部原拟在东北设立东北航政局,后因时局关系.未能照原定计划全面恢复。1946年8月,营口、葫芦岛设置航政机构,经东北行营派员在营口组设东北航政局,只是设立了营口和葫芦岛两个航政办事处。东北民主联军进驻东北后,先后对敌伪航政机关进行了接管。大连港于1945年8月接管;松花江内河航道,于1946年4月由东北民主联军

①本书编写组:《上海海员工人运动史》,中共党史出版社,1991年,第149—150页。

②中国第二历史档案馆编:《中华民国史档案资料汇编》,第五辑,第三编《财政经济》(七),江苏古籍出版社,2000年版,第5页。

③收回引水权后于1948年增设。

④中国第二历史档案馆编:《中华民国史档案资料汇编》,第五辑,第三编《财政经济》(七),江苏古籍出版社,2000年版,第1页。

总部派员接管。

1946 年 8 月 7 日,东北各省代表联席会议在哈尔滨第一中学礼堂开幕,15 日闭幕。会议讨论通过了关于东北民主建设的施政纲领,选举产生了东北解放区最高行政领导机构——东北各省行政联合会办事处行政委员会,简称东北行政委员会。东北行政委员会下设交通部,1947 年 5 月,松花江航务局改组为东北航务局。1949 年 2 月 7 日,经东北行政委员会交通部批准,将原驻哈尔滨的东北航务局改组为东北行政委员会交通部东北航政总局,由哈尔滨迁到沈阳。

1949 年 4 月,东北航政总局正式成立,总局下设哈尔滨、营口、安东(丹东)3 个航政局和葫芦岛办事处。东北航政总局局址设在营口,东北航政总局辖区,北起黑龙江、松花江、嫩江、乌苏里江,东至鸭绿江及辽东半岛两侧的黄、渤海沿岸,西至葫芦岛、山海关,南至复州湾的所有内河及沿海水运及港口。东北航政总局下属的各航政局,按区域划分管理范围,下设分支机构。东北航政总局是人民政权管理全东北水运事业的领导和管理机构,为东北地区的内河及北洋海区各港口水运事业的恢复和发展奠定了组织基础。5 月,东北航政总局改称"东北航务总局",同时将营口和安东航政局改称为营口港湾管理局和安东港湾管理局。原东北航政局改称为哈尔滨航政局。

哈尔滨航政局由原航运机构改为兼管航政以后,加强了对航政方面的管理,1949 年,哈尔滨航政局主要开展了以下一些工作:安设航道标志;航道与港湾疏浚;船舶检丈;水位气象观测;监督船舶修造。

日本投降后,苏联红军解放和留驻旅大地区。1945 年 11 月 8 日成立了大连市政府。同年 12 月成立了大连中苏自由港,由大港区、寺儿沟和甘井子等 3 处码头组成,由苏军代管。经中共大连市委和大连市政府与苏军大连警备司令部议定,进出大连中苏自由港的苏联船舶由苏方管理,中国和其他国籍的船舶由中方管理。

1946 年 4 月 1 日,大连市政府财政局船舶管理处正式成立。经过 3 次大调整,至 8 月 1 日,船舶管理处由 3 股 1 室组成,即船舶管理股、总务股、航运股及秘书室。工作人员自 70 余人减至 45 人。船舶管理股下设 3 个组,即船舶管理组、丈量检查组及注册登记组。全股共有 13 人。丈量检查组负责船舶吨位丈量及技术检查工作,全组共 4 人。①

1946 年 10 月,旅大行政联合办事处将黑嘴子、旅顺、金县等地的海口检查所、工商管理局贸易运输股及船舶管理处统编为大连海口管理处,该处下设船政科,船政科主要职责是船舶行政和安全管理及海员训练。船舶安全管理工作包括:船舶的定期检查、年修检查及修造检查、船舶载重量勘定,实施修船工场登记办法等。

大连海口管理处于 1946 年 12 月 11 日以大连市政府名义发出通知,加强修造船舶的管理及检验工作,要求大连各修造厂进行修造船时,应向大连海口管理处提出申请,经批准后方可开工,修造船舶经大连海口管理处检验合格后,才能出坞放航。

1946 年 10 月至 1947 年 11 月,大连海口管理处负责管理大连地区船舶期间,船政科完成的船舶检验工作有:

船　　舶	定期检查(艘)	年修检查(艘)	修造检查(艘)
机动船	88	2	35
帆船	188	—	3
合计	276	2	38

1947 年 4 月 4 日,大连地区最高行政机关关东公署成立。大连海口管理处也相应改为关东海口管理

①《船舶管理处工作总结报告》,1946 年 10 月 23 日。转引自丁奇中主编:《中国船舶检验史》,人民交通出版社,1998 年,第 126 页。

处。为确保关东地区安全,加强海上治安起见,关东公署于 11 月 18 日以治安三号文发布通告,规定将关东地区各海口的船舶管理工作由关东海口管理处移交给关东公安总局统一管理,并入关东公安总局治安科。同日,关东公署还发布了《船舶管理暂行规则》;规则第 39 条为船舶丈量检查,将船舶检查分为 5 类:

(1)定期检查:每 4 年 1 次,由关东公安总局负责。

(2)年修检查:机动船由关东公安总局负责。

(3)修船检查:机动船由关东公安总局负责。

(4)制造检查:新造船和新造主机必须先向关东公安总局呈送图纸,审查批准。建造时分开工、中间、竣工、试航等 4 个阶段检查。

(5)出港检查:凡设备不合格或超载,均禁止出港。

在关东公安总局管理期间,按照《船舶管理暂行规则》的规定,对大连关东船厂修理的"宣怀"轮进行了修船检查。"宣怀"轮修复后,改名为"东方二号"轮。1948 年 6 月 20 日,关东造船公司举行 6 艘钢质船舶和 2 艘大铁驳的开工典礼。大连市公安局按《船舶管理暂行规则》的规定进行了检验。

2.天津航政局

天津航政局于 1945 年 10 月恢复设置,仍按《航政局组织法》设第一科、第二科 2 科,后奉部令先后增设会计室、人事室、引水股及统计股等机构。天津航政局先后在青岛、秦皇岛、烟台、威海卫 4 处设办事处。当时人员定额,局内 40 名,青岛、烟台各 11 名,威海卫 9 名,秦皇岛 7 名。

1946 年 4 月,烟台办事处初始设于塘沽。1947 年 10 月始移往烟台,烟台解放后,该处复迁返天津。秦皇岛办事处亦于 1948 年 4 月 15 日奉命裁撤。威海卫办事处设于葫芦岛,后移设于杨柳青,旋改驻塘沽,迄至 1948 年 12 月,塘沽解放。

3.广州航政局

1945 年 9 月,广州航政局恢复建制,仍设在广州,管理两广航政。除保留原有的桂平办事处外,恢复设置梧州、江门、汕头、海口、北海办事处又增设广州湾(湛江)办事处。1946 年 3 月,交通部又将福建省航政划归该局管辖,重新在福州、厦门设立办事处。此时,广州航政局下属共 9 个办事处。①

广州航政局恢复建制时仍为 2 科 1 室,第一科专管行政事务,第二科专管航政监督和技术业务。1948 年元旦起,新设引水科,又增设人事室,至此,广州航政局分 3 科 2 室。局内人员 48 人,其中技术人员 7—8 人。

广州航政局下属办事处人员定额,福州、广州湾、海口、北海各 11 人,厦门、汕头各 9 人,江门、梧州、桂平各 7 人。与业务相比较,人员显然不足,亦反映出航政、船检人才的匮乏。②

随着战争形势的变化,解放军势若破竹,国民党统治区域各机关团体人心惶惶,1949 年 1 月 25 日,交通部长俞大维给各航政局和办事处发了《关于各航航政局办事处不准撤退以维交通》的密电:"上海、广州航政局,密。查各办事处主持航业行政,关系重要,一律不准撤退,以维交通。特电遵照,并转饬遵照为要,部长俞大维"。③ 中华人民共和国成立前夕,广州航政局在 1949 年曾迁海口办事处办公。海南解放,广州航政局及海口办事处主要人员撤往台湾。

4.长江区航政局

1945 年日本投降后,交通部决定恢复航政局战前体制,长江航政由上海航政局和汉口航政局分管。上海航政局于 1945 年 9 月在上海恢复办公,之后成立了南京办事处,掌管南京长江水域和安徽长江水域

①齐易:《广东航运史》(近代部分),人民交通出版社,1989 年,第 330 页。

②高廷梓:《中国航政建设》,商务印书馆,1947 年,第 135 页。

③中国第二历史档案馆编:《中华民国史档案资料汇编》,第五辑,第三编《财政经济》(七),交通,江苏古籍出版社,2000 年,第 507 页。

的航政。

汉口航政局方面,为了处理大量的复员疏散工作,设在重庆的长江区航政局于9月20日派遣部分人员赴武汉主持航政工作,至11月27日始正式返回武汉办公,同时增设重庆办事处,接办原重庆区域的业务,派朱复炎为主任。

长江区航政局迁返武汉后,对机构的布局作了调整。先后撤销合川、南充、广元、泸县、万县、常德等各地办事处,恢复、移设、新设的有重庆、宜昌(由巴东移设)、长沙、沙市、九江(由吉安迁回)等办事处。

交通部于1946年3月8日批准决定以江阴为界,划分上海航政局与长江区航政局的辖区,将原属上海航政局管辖的江苏、安徽两省航政工作,划归长江区航政局管辖。至此,原由上海、汉口两局共管长江航政的局面告终。长江的航政管理工作由长江区航政局统一管理。3月16日,原上海航政局的镇江、南京两办事处移交长江区航政局管辖。镇江办事处辖区为江阴至瓜州的长江段和苏北长江的支流;南京办事处辖区为瓜州至芜湖的长江段,以及安徽境内的长江支流。年底,长江区航政局又恢复成立芜湖办事处。

此时,交通部核准的长江区航政局组织机构为4科4室,即设监理、船员、引水、总务4科,技术、人事、会计、统计4室;局下设宜宾、重庆、宜昌、长沙、九江、芜湖、南京、镇江8个办事处,另设川江绞滩总站。当时下达的编制,局机关79人,重庆办事处17人,其余各办事处7—9人不等,由于航政管理工作的扩展,南京办事处和九江办事处分别于1947年6月和1949年4月,增设驻蚌埠和驻南昌技术员办公处。

长江流域的航政工作虽由交通部长江区航政局统一管理负责,终因地域浩大和时局关系,常鞭长莫及,大量地方小轮和木帆船处于失管状态。

随着人民解放战争的胜利进展,长江区航政局及下属各办事处已人心惶然浮躁,在处理疏散问题上,航政局早已"焦头烂额、茫然无序"。1949年3月28日,长江区航政局局长在全局职工大会上宣布去川江巡视。后经交通部批准,将该局迁移重庆,自5月20日起在原重庆办事处地址正式办公,在此期间作紧急部署如下:

(1)镇江、南京、芜湖3个办事处暂时撤销。

(2)原汉口的长江区航政局改为汉口办事处。

(3)原重庆办事处建制不动。

(4)局本部科室机构基本不变,为4科3室,即监理、技术、船员、总务4科,会计、统计、人事3室。船舶检验工作由技术科主管。

同年9月2日,重庆发生震惊中外的"九·二"火灾,历时16小时,从水面到岸上,连成一片火海。两江一带的码头趸船20余艘及其附属设备大部焚毁,烧毁街巷30条,仓库被焚22家,航政局及重庆办事处全部被焚,职工5人及家属11人被烧死,受灾员工44人。长江区航政局及重庆办事处于9月7日,迁至林森路(现解放东路)西三街口原招商局营业大楼合署恢复办公直至解放。

5.上海航政局

日本投降后,交通部于1945年8月16日派定交通部京沪区交通接收委员,接收委员于9月18日致函交通部上海航政局保管处,通知接管事项。保管处保管的卷宗簿册什物等63箱,连同关防、官章、局戳等,均于9月28日交接竣事。

汪伪政府上海航政局已于8月中旬结束。所有文卷器具等亦于10月3日交接竣事;另外接收了日伪管理进出口帆船的戎克协会和管理引水人员的水先协会。

上海航政局于1945年9月24日奉交通部令正式恢复成立,设2科4室。第一科设庶务、文书、出纳3股,第二科设登记、考核、监理3股,4室分别为技术室、会计室、人事室、统计等室。年底时,全局人员共计 49 人,其中技术人员 13 人。除了上海航政局之外,上海市公用局对市内水域的船舶管理设置了船舶登记所,1945 年 10 月 25 日,分别公布了《上海市公用局设置船舶登记所组织通则》和《上海市公用局船舶登记办法》。公用局共设置了沪南和沪北两个船舶登记所,负责上海市内水域航行船舶的丈量检验及发证事宜。由于《上海市公用局船舶登记办法》只是载明了在上海市内水域航行的船舶适用,并没有规定具体吨位,而按照交通部航政局的相关规定,超过 20 总吨的轮船和 200 担以上的帆船应该由航政局负责检验。针对这种情况,1948 年 3 月 6 日,上海市政府以第五一〇七号令公布了《上海市船舶登记办法》,将与交通部航政局有关规定相抵触的条款加以修改。

1947 年 5 月,黄慕宗接任局长。当时,上海航政局实有人员 54 名,其中技术人员 7 人。经交通部同意,上海航政局积极向有关单位借得技术人员 11 人,以应付繁重的船检业务。1947 年 7 月时,上海航政局组织机构人员如下:局办 3 人(含局长);第一科(文书、出纳、庶务)18 人;第二科(船舶登记、船员考核、海事处理、航线运价)23 人;技术室 23 人,人事室 4 人,统计室 3 人,会计室 6 人,共计 80 人。当时技术室主任为朱天秉,齐熙任顾问。全室技术员 15 人中借用人员 11 人,本局技术员仅 4 人。

由于解放战争形势胜利的发展下,上海航政局的人事变动频繁。黄慕宗于 1948 年 12 月 5 日辞职离任时,职员名册共计 68 人,实际仅 57 人。技术室主任朱天秉亦于 12 月 5 日辞职离去,借用的技术员亦退回原服务机关。

上海航政局恢复成立后,即着手恢复建立下属办事处。首先成立的是南京航政办事处,于 1945 年 11 月 16 日正式办公。辖区为南京地区和安徽境内。人员共计 7 人,其中技术员 3 人。镇江航政办事处亦于同年 12 月 1 日恢复办公,当时设有总务、技术、监理、会计 4 个股,技术股分管船检业务。1946 年 3 月,交通部令长江流域航政由长江区航政局统一掌管,上海航政局镇江、南京两办事处因此于 3 月 16 日由长江区航政局接管。宁波、温州、海州 3 个航政办事处 1945 年 12 月成立,宁波办事处成立后,经上海航政局的同意于 1946 年筹设海门兼理办事处。宁波办事处成立时在编人员 11 人,其中技术员 1 人,助理技术员 1 人;温州办事处共 9 人;海州办事处人员共 9 人。

宁波、温州航政办事处恢复成立时,浙江省存在的交通管理处亦管理航政航运事宜。交通部认为浙江省一切航政应由宁波、温州航政办事处办理,浙江省交通管理处于 1946 年 3 月 1 日起停止航政业务。但事实上宁波、温州两航政办事处均在浙东沿海,无法全面顾及浙西航政工作,各县呈文仍送浙江省交通管理处,以免延误时间。至 1947 年,浙江省交通管理处撤销,改为浙江省公路局,而在浙江省建设厅内设航政股,浙江省的航政管理才最终归由宁波、温州航政办事处具体担负。

因解放战争形势胜利进展,海州办事处于 1948 年 5 月 19 日奉交通部令迁设无锡,改为上海航政局无锡办事处,所有海州方面航政事宜由交通部陇海铁路管理局连云港港务管理处代办。无锡办事处成立后,宁波办事处建议原由其负责的杭州、嘉兴、湖州一带船舶检验丈量登记事宜,改由无锡办事处就近兼管,经上海航政局批准同意。

三、船舶技术规范设计委员会和中国验船协会成立

抗战胜利后,中国航运业呈跃进式发展,截至 1948 年底,商船吨位达到 115 万吨。当时我国虽然已加入《1929 年国际海上人命安全公约》和《1930 年国际船舶载重线公约》,但因国内验船制度基础薄弱,实施细则迟迟未予颁布,也没有给船舶核发安全证书以及载重线证书,致使我国轮船航行国外,甚至去广州而经过香港的,都不得不请英、美验船师检验。航行香港的客船,还要通过外交手续,请港英当局的验船师检验,请领港英当局的证书。例如,轮船招商局向江南造船所订造的“伯先”号轮船,因为准备航行香港和南洋诸港,不得不把设计图纸送请美国船级社审核,并由美国验船师在上海监督建造检验。而船

只没有国际航行证书的，抵达香港后都遭到扣留，被迫在香港进行修整。有鉴于此，我国航业界、造船界和保险界等有识之士积极酝酿筹建验船组织，以图改观局面。

1947年10月，交通部成立船舶技术规范设计委员会，通过了《船舶技术规范设计委员会组织章程》，11月28日，在招商局举行了第一次会议，由交通部航政司司长李景潞主持，会议推举各位专家负责拟定相关法律规条。

为了仿照英国劳氏船级社，在我国建立具有独立性质的验船机构，1948年4月29日，由轮船招商局总经理徐学禹等发起，各界专家40余人在轮船招商局召开筹备会议，拟组建中国验船师协会，会议推选魏文瀚等六人起草组织章程，辛一心等六人起草验船规范。1948年7月20日召开了中国验船协会成立大会，到会会员70余人，交通部亦派朱复炎科长莅会监导。大会通过中国验船协会章程，并选出理监事人士，在随后举行的第一届理监事联席会议上，通过该会技术委员会章程。

中国验船协会的宗旨为："增强船舶安全及效率"。其任务有8项："（一）审定船级；（二）审核造船图样；（三）检验各种造船材料；（四）检查船壳、机械、船具及各种设备；（五）检验锚链钢索等项；（六）受政府或其他机关委托办理特定事项，例如勘划载重线等；（七）发给各项证书；（八）与国际其他验船团体相互合作"。

技术委员会组织规程规定的技术委员会的义务与权利如下："（一）制订及修改验船规范；（二）审定船级；（三）审核造船图样；（四）决定验船规范所未规定之各项问题；（五）解决总验船师、总验机师所不能决定之各种技术事项；（六）检验船舶费率之规定及验船师资历待遇任免之审核事项；（七）确定政府或其他机关委托办理有关验船事项；（八）审核其他有关验船技术事项。"

中国验船协会为求业务基础及经济基础稳固，曾决定协会验船工作最迟于1949年1月开始实行。围绕这个目标，技术委员会按工作性质分设3个小组，即法规小组、人事小组和财务小组，分头负责做了大量工作。

当时人民解放军攻势凶猛，国民政府已溃散在即，协会的外部工作实难开展，然有识之士仍十分关心我国验船事业的创建和发展。在解放初期1950年的《中国造船》刊物上陆续发表辛一心著《谈验船问题》和蔡梓松著《船级协会》的文章，及杨俊生、辛一心、朱天秉、龚应曾编订的《中国钢船规范草案》，分别论述验船的重要性和特点，验船工作的内容，验船机构的方式和建议，并介绍各国船级协会的历史概况与任务，与政府间的关系及对中国船级事业的希望。直到1951年4月中央人民政府交通部决定筹备中华人民共和国船舶登记局，从此我国船检事业开始进入新纪元。

四、船检业务的开展情况

（一）恢复执行船检法规

经过多年抗战，原有的航政法规被敌伪破坏殆尽，"即最基本之船舶丈量检查登记办法，亦以荡焉无存"。长江区航政局首先依据相关航政法规予以整顿，其中涉及船检方面的有：

（1）船舶丈量检查。接收敌伪的船舶，为航行安全考虑，在没有实行检查丈量之前，一律不准航行。

（2）船舶证书的悬示。按照船舶检查章程的规定，船舶检查证书及乘客定额证书都应该悬挂在船上的明显处。但在实际中，航商往往以证书需要送海关办理结关手续，多数并不悬挂。经长江区航政局提议，交通部批准，该项证书增发副本，专门用于悬示。

（3）航行日记簿签证。抗战复员工作开始后，由于运输繁钜，船舶进出港口频繁，船方为图省事，往往不将航行日记簿送航政官署签证，后经严格要求，乃恢复执行。

（4）船舶登记的整理。全面抗战期间，船舶损毁很多，抗战胜利后残存的船舶仅为原来的十分之一二,但损毁的船舶并未办理注销登记,同时有的航政局保存的船舶登记簿毁于战火,所以各航政局发出公告,重新办理船舶登记。

(5)船舶标识的恢复。全面抗战期间,很多船舶因战事起见,并未绘画船舶标识,战后航政局要求全部按照规定标绘。

(二)进行战时船舶损失统计和协助制定《战时船舶损害补偿救济办法》

日本投降后,1945 年 11 月,国民政府成立民营船舶战时损失赔偿委员会,据该委员会的统计,具体数字如下(不含轮船招商局):征用封港船舶 63 艘、119906 吨,在军公运输中被损毁的船舶 33 艘、15981 吨,被日本俘去船舶 67 艘、111006 吨,被日军炸沉炸毁的船舶 43 艘、49357 吨,共计损失 206 艘、296250 吨。① 日本投降时民营航业的全部船舶仅剩下大小江轮 58738 吨,海轮已荡然无存。

从航政局整个船舶登记的情况来看,1937 年七七事变之前,中国自有 20 吨以上商船共 3457 艘、57.6 万吨,其中海轮 124 艘、367383 吨,江轮及内河轮船 3333 艘、208617 吨。战时我国轮船直接损失,海轮 47 艘、250271 吨,江轮及内河轮船 2790 艘、99248 吨;间接损失海轮 77 艘、117112 吨,江轮及内河轮船 86 艘、28689 吨。直接和间接损失合计 3000 艘,495230 吨,②损毁率高达 86%。

为了补偿我国航运业在抗战中遭受的损失,交通部组织专家制定了《战时船舶损害补偿救济办法》,1946 年 3 月 21 日,行政院以节肆字第八六六号文发布,由交通部组织专家组成"补偿金评定委员会",负责对在战争中损失的船舶价值进行评定,首批确定了政府征用沉船阻塞航道的船舶赔偿吨位为 12 万吨,按美金计算,共应赔偿 360 万美元。

(三)组织专家研究改装美国拨赠或我国购买的美国登陆舰艇

第二次世界大战期间美国造的登陆艇共有十几种,美国在战后剩余了大量此种类型的舰艇,除了部分赠予国民政府军用外,因价格便宜,我国航商还大量购买。为了指导哪种舰艇适合商用,航政局组织长江区航政局验船师汪应寿等专家对这些舰艇性能进行技术上的分析,共各方参考。

(1)可用于我国军用的有:LCD、LCV、LCV(P)及 LCS(S)4 种型号。

(2)适合我国作战并能改造为商船的有 8 种:

①LST 型(Landing Ship Tank):适合航行于沿海航线,可改装为客货船。如将上层舱改装,拆掉装甲枪炮,还可多装客货。

②LCI(L)型(Landing Craft Infantry[Large]):适合航行川江航线及湘江下游,可改装为旅客船。如果拆掉装甲枪炮,还可多装客货。

③LCT(2)(Landing Craft Tank)型:适合航行长江,可改装为货船。如果拆掉装甲枪炮,还可多装客货。

④LCM(3)型(Landing Craft Medium):适合航行嘉陵江、岷江、湘江、沅江、赣江、汉水及江浙内河,可改装为客船或快速货船。

⑤LCV(P)型(Landing Craft Vehicle[Personnel]):此类艇最小,适合航行于合川、乐山以上航线,可改装为客船。

⑥LCT 型(Landing Craft Tank):适合作为渡船或短程运输用。

⑦LSM 型(Landing Ship Medium):适合长江航线,如加隔舱后,可作为客舱使用。

---

①《银行周报》,1946 年第三十卷第 5—6 期。

②王洸:《中国水运志》,中华大典编印会,1966 年,第 316 页。

⑧LSD 型(Landing Ship Dock):适合川江航线,可装载车辆及笨重机器,在港口时可兼做浮船坞使用。①

(四)制定《航商购买旧船标准》和《轮船船员配额表》

抗战胜利后,按照战争期间我国与英美等国签订的新约规定,我国收回了沿海和内河航权,外国航运公司不得再经营我国内贸航线的航运,而外轮退出后,我国航商经战争破坏,轮船保有数量不足以为航运市场提供充足的运力,除了政府增购补充外,航商开始大规模购买旧船,有的船况老化严重,甚至船龄超过 40 年,船舶设备也不合标准。为此,交通部组织相关船舶检验专家制订了《航商购买旧船规范之最低标准》,以部令航船字一二〇二六号文发布,自 1946 年 10 月 20 日施行。

由于船舶大量增加,航海人才缺乏,各航运公司在任用船员时,出现了使用不符合资质的人员担任船舶职务,导致船舶事故激增。为了规范这种现象,1946 年 9 月 21 日,交通部以部航京字第九八一一号训令下发《轮船船员配额表》,分别对航行于远洋航线、近海沿海航线、江湖航线的轮船确定了船员应配备的标准和资质,见表 2-8。

航商购买旧船规范之最低标准　　表 2-8

船　类	船　龄	载重吃水	速　率	机　器
货船	28 年以下	18 呎以下	10 海里以上	蒸汽机
客货船	25 年以下	17 呎以下	12 海里以上	柴油机或蒸汽机

同时,各航运公司还大量雇佣外籍船员。为了规范对这些外籍船员的管理,1946 年 9 月 19 日,交通部公布了《雇佣外籍船员暂行办法》,除了明确外籍船员应具有相关资质外,第 5 条还规定:中国船舶雇佣外籍船员,应按照交通部颁发之船员配额表。沿海船舶不得超过中国船员三分之一,远洋船舶不得超过二分之一。而在后来的实际施行中,有的航运公司任意曲解该项条款,以该公司船员总数计算,任意在船舶上加雇外籍船员。1947 年 6 月 12 日,中国商船驾驶员总会向交通部提出呈请,应明确该条文的具体标准,交通部随后加以明确“查本部制定之船员配额表,系指每一轮船所任用之船员表量而言,照用外籍船员暂行办法,第五条条文中之三分之一及二分之一,即按照船员配额表数量比例规定”。

(五)修订各项法规

全面抗战期间,国民政府迁都重庆,重庆不仅成为中国的政治中心,同时随着大批工厂、学校内迁,也成为经济和教育中心。抗战胜利后,大量部队要沿江东下接防,公务人员要去沦陷区恢复管理,原来内迁的企业要回原址开工,学校要复校,所以水路运输异常繁忙。而我国航运历经战火摧残,所剩轮船寥寥无几,承担不了如此繁钜的复员工作。鉴于抗战期间在从武汉转移宜昌物资时,木船发挥了重要作用,交通部决定再次大量使用木船。为了安全起见,长江区航政局重庆办事处制定了《木船参加复员运输管制办法》,规定凡是沿江东下的木船必须经航政机关检验其船身构造是否安全。据重庆办事处统计,共检验核发木船证书 637 艘,这些木船对复员运输工作发挥了重要作用,自 1945 年 12 月起至 1946 年 11 月,仅在川江木船共运送人员 44588 人、物资 32551 吨②。

按照 1943 年国民政府与美英等国签订的新条约的规定,废除了外国的沿海贸易及内河航行权,外国

①王洸:《适宜航行中国之登陆舰艇》,《海事》,1947 年第 1 期。

②王洸:《复员期间之长江区航运与航政》,收于中国第二历史档案馆编:《中华民国史档案资料汇编》,第五辑第三编《财政经济》(七),交通,江苏古籍出版社,2000 年版,第 450、454 页。

轮船不得往来于中国内河,但抗战胜利初期,水运繁忙,部分外商呈请国民政府能否准许运送公务人员的小轮船在内河航行,交通部根据实际情况,制定了《外国人所有小轮船驶内河规则》,交外交部、军政部和财政部三部讨论同意后,提交行政院审议后核准。1946 年 1 月 8 日,交通部以航船渝字第三四三号部令公布。该规则初始共 18 条,其第 2 条规定:"外国人所有之小轮船,在内河行驶,不得经营有收益之客运货运业务",第 5 条规定:"外国人所有之小轮船在内河行驶,声请核发通行证书时,应由船长向主管航政官署呈验检查证书吨位证书,如所呈证书业已失效,应由该官署施行检查丈量"。1946 年 12 月 11 日,又对该规则进行了修订,增加了一条"外国人所有之小轮船行驶各开放港口仍应受本规则之限制。"

解放战争时期,关于各项法规的制定,初期集中于达到国际标准,利于我国航运公司拓展国际航线,但因内战的原因,进展缓慢,出台的法规也仅是调整了各项检查、丈量、登记的收费标准。

(1)1946 年 12 月 7 日公布《船舶登记等事部定收费标准》,按 1932 年各项标准加 100 倍征收。

(2)1947 年 9 月公布修订的《未满 200 担帆船丈量检查注册给照办法》,将 1942 年章程规定的收费标准按 1000 倍征收,其余条款不变。

(3)1948 年 1 月公布修订的《未满 200 担帆船丈量检查注册给照办法》,将 1947 年章程规定的收费标准按 5 倍征收,其余条款不变。

(4)1948 年 1 月 28 日公布《轮船载重逾量处罚办法》。

(六)拟定全国航政会议船检法规草案

1947 年 7 月 7 日,交通部在南京召开全国航政会议,出席者有全国航业界代表及航政局、港务局各首长等 60 余人,讨论问题分航务、船舶、海事、港务及航业政策等五组。当时因船舶燃料飞涨,航运业并不景气,困难日剧,航业界的恳切呼吁之一,便是航政及其他管理船舶机构,应请协助保护航权,执行查验务使不误船期。广东航政局提案中提请交通部迅速订定《船舶载重线测划办法》;核发《船舶载重线证书》《国际安全证书》;确定船舶检验标准等,以利于我国轮船在国际航线上竞争。关于海关仍管理的灯塔、航行标识及港务行政等事项,现已收回航权,有关航运的工作,应由交通部主管,可仿效接管台湾港务局的做法,断然收回。会议还决定港务航政本属一体,一地不应设立两局。

考虑到我国国际航运的发展以及对外国船舶的管理,交通部航政司于 1947 年 11 月拟定《船舶国际证书施行办法草案》,下发航政局征求意见。《办法》作为发给船舶国际证书的依据。待各项航政法规、技术规范修订完备,再行调整。草案共 50 条,所谓船舶国际证书包括:安全证书(客船);无线电安全证书(大于等于 1600 吨货船);特许免除证书;国际船舶载重线证书(大于等于 150 吨)。船舶检验由航政局施行。但无线电部分的检验,由该主管航政局委托所在地的电信机关派技术人员办理,经检验合格后,通知航政局作填发证书依据。关于载重线的计算及勘划,则从客观实际出发,不得不暂由外国船级社代为办理此项业务,而航政局予以适当的考核督导。具体办法由船级社将计算检验结果送航政局核对后,填发交通部印制的证书,或可就各该船级社证书上注明由中国政府授权办理,并加盖航政局关防即可。

(七)参加 1948 年第三次国际海上人命安全会议

第二次世界大战后,各国即酝酿再次召开国际海上安全会议,总结历史经验,尤其是战时积累的丰富经验教训,结合科技进步发展,以进一步保障海上人命安全。中国政府于接获会议确讯后,即由交通部通知各航政机关和有关厂校团体,分别研究公约所包含的各项内容,拟具议案,送交通部参考。并分造船、航海、无线电各组,指定专人负责联络,并汇编议案。经将各方面意见归纳,认为中国虽然加入公约,但对所有规定尚未完全付诸实施,且战时沿海沦陷,船只损失甚多,现抱残守缺,于航业技术上殊难有所贡献,乃决定在此次会议中以维护本国权益为主要目标,对提高安全标准方面,就我国经济及工业能力可承担实现的予以支持,不在于多提方案。至于出席人员,原拟就外交、航政、造船、轮机、航海、无线电等各派专人参加,后行政院为节约费用,决定仅由驻英大使及海军武官与交通部专门人员1人出席。然本会议范围广泛,各项问题皆分组讨论,我国代表团人数过少,无法应付,后临时在英国加聘数人协助。代表团全体人员如下:首席全权代表:驻英大使郑天锡;代表:陈粹昌、王世铨:专门委员:朱世衷、郑天杰;秘书长何思可,秘书赖恬昌;专员沈岳瑞。

会议最终签订的《1948年国际海上人命安全公约》,于1952年11月19日生效。

(八)船舶检验丈量统计

通过没收敌伪船舶、接受和购买美国余船、打捞沉船等多项途径,一时间我国航运船舶大增。

对这些船舶的检验丈量工作的工作量也大得惊人。仅1946年度,航政局共检查各种船舶608艘、47783吨、98597担,丈量船舶444艘、20586吨、92139担。航政局船检人员为保障船舶安全,他们还深入到船舶建造过程中,审查新造船舶的设计图纸,并在建造过程中进行特别检验。

抗战结束后,各地航政局相继恢复工作,上海是我国最大的经济商业中心,中外船舶进出频繁,船检业务更是繁忙。

上海航政局自抗战胜利后至1947年6月止,办理业务如下:轮船业登记计317家,超过战前3倍多,其中200家已领有执照,40家尚未奉命核准给照;已登记船舶744艘、634766.83吨(战前6年中共计502艘,392353吨),其中国外购进115艘、257337吨;接收敌伪264艘、51025吨;盟国赠予139艘、298696.57吨;未办妥手续者129艘、97650吨,总计873艘、732416.83吨,其中百吨以上船舶371艘、340063吨;检验轮船1825艘、帆船598艘、拖驳船603艘;丈量轮船1208艘、帆船570艘、拖驳船548艘。每月平均检丈255艘,每日平均检丈8.5艘。根据统计,上海港70万吨船舶中,船龄在20年以下的计332149吨,仅占50%,可见船舶技术状况的陈旧,船舶检验任务的繁重。长江区航政局1946年度共检查各种船舶608艘、57783吨,98597担;丈量船舶444艘、20586吨、92139担。① 此外还不定期进行联合检查和视察。

截至1948年6月底,全国共有轮船4288艘,总吨数为1083560吨,②在振兴我国航运的宏业中,船检工作为不可少的支柱之一。

---

①王洸:《复员期间之长江区航运与航政》,中国第二历史档案馆编:《中华民国史档案资料汇编》,第五辑,第三编《财政经济》(七),交通,江苏古籍出版社,2000年,第479页。

②中国第二历史档案馆编:《中华民国史档案资料汇编》,第五辑,第三编《财政经济》(七),交通,江苏古籍出版社,2000年,第505—506页。

现代篇

（1949—2010 年）

第三章　新中国船检事业的开创(1949—1957 年)

中华人民共和国的成立,开创了中国历史的新纪元。从此,我国的船舶检验事业开始在国家水运体制建设中改造旧体制,建立社会主义新体制。全国各地先后接管了国民政府的航政机构,并对其进行了必要的改造,建立起新中国的航务、港务管理机构,由这些机构承担起新中国成立初期的船舶检验与管理。在国家经济恢复和建设中,它们在船舶普查、船舶登记、沉船打捞、旧船修复、进行各项船舶检验和安全管理等方面做了大量的工作,对保障船舶航行安全,支援前线,恢复经济和安定人民生活起到了重要作用。与此同时,为适应我国造船、航运事业发展的需要,交通部听取国内造船、航运界知名人士呼吁,采纳苏联专家的建议,在 1951 年 4 月召开的第二届全国航务会议上决定成立船舶登记局。经过几年的人员、规章制度等筹备,1956 年 8 月 1 日船舶登记局正式成立,统一领导和管理全国船舶检验工作,揭开了新中国船舶检验事业发展的新篇章。

第一节　新中国成立初期的船检机构和队伍建设

一、接管国民政府交通部航政局

抗战胜利后,国民政府交通部陆续恢复上海、天津、广州、长江区航政局,各航政局共下辖 24 个办事处;并在营口设立东北航政局,下设营口和葫芦岛办事处。

1948 年 11 月东北全境解放,东北行政委员会交通部接管了国民政府交通部设在营口的东北航政局。

1949 年,随着人民解放战争的胜利进程,原国民政府航政局及其设在各主要港口的航政办事处,陆续由中国人民解放军各城市军事管制委员会接管。接管后,即由各大行政区、省、市人民政府的交通主管部门按其所辖范围实行管理。

1949 年 3 月,天津市军管会接管天津航政局。该局验船股是专事船舶检验工作的部门,起初仅有工作人员 4 人。5 月,航政局调整机构,局内设航务科和技术科等机构,验船股设于技术科内,有工作人员 5 人。

1949 年 5 月,上海市军管会财经接管委员会航运处接管了上海航政局,该局技术室为专门从事船舶检验的部门,共有工作人员 6 人。同年 10 月,以上海航政局为基础,成立了华东区航务管理局,下设航政处,技术室划归航政处领导。

1949 年 10 月,广州市军管会交通委员会航务处接管广州航政局。该局航务处内设验船股,负责船舶丈量、检验工作。原设在汕头、湛江、肇庆、江门、海南等地的航政办事处,亦相继由当地军管分会航运处或工交组接管。

1949 年武汉解放前夕,长江区航政局再次迁往重庆,原在汉口的长江区航政局改为汉口办事处。同年 5 月,武汉解放。武汉市军事管制委员会交通接管部航运处接管了长江区航政局汉口办事处。同年 9 月 1 日,中原临时人民政府在交通接管部航运处的基础上成立了华中航政管理局,负责管理湖北、湖南、江西三省航政事宜。在该局内设船舶科,负责船检工作。

1949 年 12 月,重庆市军管会下设交通接管委员会航运部,开始接管由汉口迁往重庆的长江区航政局及其所属重庆办事处。万县解放后,由万县市军管会下设的交通部接管了在万县的长江区航政局宜昌办事处,并采取保持原机构、维持现有业务的方针。

二、船检机构与队伍的初创

新中国成立后,自 1949—1957 年间,船检事业处在开创时期,船检机构经过接管、整顿、调整和人员充实,逐步恢复了各沿海地区、内陆各大水系及各省市的船舶登记、检验、丈量、发证等业务工作。

(一)沿海主要港口的船检机构设置

为适应新中国航运事业恢复和发展的需要,1950 年 7 月 26 日,中央人民政府政务院财政经济委员会发布《关于统一航务、港务管理的指示》,决定在天津、广州、上海、大连、青岛五大沿海港口,成立交通部直属的“区港务局”,负责港务、航务管理,内设专门机构从事船舶检验。

1950 年 9 月,天津区港务局成立。局内设航政处船舶科,负责天津、塘沽及秦皇岛的船舶检验业务。1951 年 6 月,船舶科划归港务处,同时改称船舶登记科,有工作人员 5 人。1953 年 12 月,船舶登记科改称船舶检验科。1957 年 12 月,天津区港务局将港务监督科、船舶检验科、海事科合并成立港务监督室,船舶检验科缩编为船舶检验组。

1950 年 9 月,广州区港务局成立,内设检查室,下设船舶科,负责广州港的海、河船舶检验业务,全科有工作人员 10 名。1953 年 8 月,广州区港务管理局设立广州港务监督室,下设船舶登记科。1956 年 2 月,广州区港务管理局与广州区海运管理局合并,成立华南区海运管理局,广州港务监督室同时改称广州港港务监督,隶属交通部海运总局和华南区海运管理局双重领导。1957 年 7 月,广州港港务监督划归黄埔港务局,改称黄埔港务监督,船舶登记科改称船舶检验科。

1950 年 10 月,上海区港务局成立,内设航政处,处下设船舶科。1951 年 8 月,航政处与港务处合并,成立上海港务监督,船舶科改称船舶检验科。1952 年 12 月,船舶检验科有工作人员 16 人。船舶检验科自 1956 年 10 月至 1958 年 8 月先后补充由苏联船舶登记局代为培训分配来的验船师共 19 人。至 1957 年底,上海港务监督船舶检验科共有工作人员 42 人。

1949 年,大连地区的机动船与非机动船的登记、检验发证等工作由当时公安系统的旅大水上公安局船舶检查股负责管理。1950 年 4 月,旅大海关管理处货运监管科接管水上公安局的航政管理工作。同年 9 月,大连航务局接管旅大海关管理处的航政管理工作,设置技术检查科,负责船舶吨位丈量、船舶检验、船舶航行许可证书的签发工作。1951 年 7 月 1 日,东北航务总局与大连航务局合并,在大连成立北洋区航运管理总局,不久又改为北洋区海运管理局,原大连航务局技术检查科也转入北洋区海运管理局,负责船舶丈量及检查工作。为了适应航政工作的需要,增加了数人。1952 年 1 月 7 日,根据交通部电令,大连港湾管理局改为大连区港务局(1953 年 6 月 15 日更名为大连区港务管理局)。1952 年 3 月,大连区港务局组建了船舶登记科,6 月 1 日接管了北洋区海运管理局所负责的船舶检验工作及部分工作人员,负责木帆船、渔船、地方运输船及海上客货轮的登记、检验、丈量等项工作。1954 年 3 月,船舶登记科将木帆船登记、检查、丈量工作移交给旅大市公用局。1957 年 11 月 10 日,船舶登记科改名为船舶检验科,全科共有工作人员 12 人。

1951 年 1 月,青岛区港务局成立。4 月,该局航政处下设船舶登记科,负责青岛地区的船舶检验和丈量工作,有工作人员 3 人。1951 年 10 月航政处改称港务监督处,船舶登记科仍是其下属部门。1957 年

11月,青岛市水产管理局接办了渔船检验工作,船舶登记科工作人员只剩下3人。

(二)长江水系的船检机构设置

为了统一长江的航务管理,根据政务院《关于1950年航务工作的决定》,中南区交通部在华中航政管理局的基础上,于1950年4月1日组建长江区航务局,内设航政处,下设船舶科,负责船舶检验工作。同年10月,长江区航务局更名为中央人民政府交通部长江航务管理局。1952年下半年,长江航务管理局进行机构改革,在该局机务处内设技术检查科(后改称船舶检验科),对长江干线各主要港口的船检工作,实行统一管理,首次建立了长江船检垂直管理系统。长江航务管理局所辖的各分局及办事处改组为港务局以后,船检部门由各港务局的监督科分管。

在开头几年内,由于缺少船检技术人员,除重庆港务局监督科设有船舶技术检查组共5人和宜昌港务局有专职验船师1人外,其他各港船检工作均由驻港轮机长兼办。1954年9月,由长江航务管理局船舶检验科抽调4人在汉口港务局内设立船舶检验组,担负武汉地区现场检验工作,以便于长江航务管理局船舶检验科集中精力抓好长江全线船舶检验管理工作。

从1956年6月起,长江各港船检机构与港航监督合并,长江航务管理局船舶检验科划归港航监督室,改称船舶检验组。长江航务管理局重庆分局机务科船检组改属分局港航监督科,宜昌、汉口、九江、芜湖、南京、镇江等港的验船组或验船人员,也都划入各自港务局的港航监督科。

(三)黑龙江水系的船检机构设置

1950年1月,哈尔滨航政局与松江轮船公司合并,成立东北内河航务局,下设机务处,船检业务由机务处负责。1951年8月,东北内河航务局改称东北人民政府内河航运局,下设航监科,负责港监、船检各项业务。当年,内河航运局设立合江办事处,下设航政股,负有船检职能。1953年4月,东北人民政府内河航运局改称中央人民政府交通部东北内河航运管理局。同年10月,成立了辽河分局。1954年9月,辽河分局改称辽宁省交通厅航运管理局营口航运分局。1955年3月,东北内河航运管理局改称黑龙江航运管理局,下设港航监督科,船检业务由港航监督科负责。

(四)珠江水系的船检机构设置

1950年2月,广州市军管会航务处改名为广东省航政局。3月,又改称粤桂内河航务管理局。1951年2月,根据中央交通部关于海河分管的通知,广州区港务局将内河运输业务移交给广东省交通厅,并成立广东省内河航运管理局,下设东江、西江、江门、潮梅办事处和北海、湛江、海南航运管理处。广东省内河航运管理局内设航政管理科,管辖珠江的虎门、崖门、横门以内的内河航线船舶,执行内河港监与船检的职能。1953年6月,广东省内河航运管理局设立北江办事处。10月,成立粤西办事处。

1949年12月,广西省梧州市解放后,由中国人民解放军军事接管委员会接管原广州航政局梧州办事处。1950年1月,广西省人民政府在梧州成立广西省航政局,并在南宁设立办事处。1951年8月,广西省航政局改称广西省内河航运管理局,设于南宁市,并分别在梧州、柳州、北海设立办事处,内设航监股或航管股,统管安全监督、船舶检丈等。1952年,梧州粤桂内河航务联合办事处划归广西省内河航运管理局。

1954年6月,在两广内河航运管理局的基础上成立交通部珠江航运管理局,管理两省内河及沿海航运。同时,该局在南宁、梧州、柳州、汕头、湛江设立分局,分局内设航监科,统管港航监督、船舶检丈工作。在钦州、海南、东江、北江设立航管处。1955年初,在珠江航运管理局机务科内,设有船舶检验组,负责组织开展珠江水系船检工作。1955 年 7 月 1 日，广东省交通厅航运局成立，管理原归珠江航运管理局管辖的广东沿海 500 总吨以下的海船及非珠江水系船舶。1957 年 2 月，珠江航运管理局下放给地方，于是两广船检实行分管，原珠江航运管理局管辖的广东部分与省交通厅航运局合并，成立了省航运厅，厅内设立港航监督科，负有船舶检验职能。1957 年 5 月，珠江航运管理局撤销，6 月成立广西省内河航运管理局，原属梧州、柳州、南宁、北海的航监、船检工作改归广西省内河航运管理局领导。

（五）各省（市）地方的船检机构设置

在 1949—1957 年间，各省（市）的地方船检机构的演变，大体上经历了以下过程：解放初期，接管国民政府航政机构；20 世纪 50 年代初，船检机构附属在各级地方的内河航务、航运企业内部；50 年代中期，船检机构隶属各地方的港航监督部门。

1.辽宁省

1954 年 9 月，辽宁省交通厅航运管理局成立。同年 11 月，辽宁省决定航运管理局下设营口、安东、旅大等 3 个航运分局，各分局行政上受当地政府领导。1955 年 2 月，辽宁省旅大市人民委员会同意将公用局所属的旅大航运公司改称旅大航运分局，同时将公用局航政科撤销。1956 年 9 月，安东航运分局并入旅大航运分局，在安东设旅大航运分局安东办事处。该分局还管辖长海县、石河、皮口 3 个办事处。1957 年 7 月，大连区港务管理局管辖的营口港、安东港划归交通厅航运管理局；大连区港务管理局安东办事处移交给交通厅航运管理局后，改称安东港务处；大连区港务管理局营口分局与航运管理局营口航运分局合署办公。1958 年 4 月，辽宁省交通厅决定撤销旅大航运分局，旅大市航政管理工作移交旅大市公用局。

2.河北省及天津市

1948 年 5 月，华北人民政府财政办公室成立卫运河管理委员会，内设航政科，负有船检职能。1949 年 2 月，卫运河管理委员会改组为华北人民政府交通部卫运河航政管理处，驻地德州。同年 4 月，华北人民政府决定，在接管国民政府航政机构的基础上，建立华北人民政府交通部内河航运管理局，下设航监科，负责卫运河及河北省内河的航政管理。同年 8 月，河北省人民政府成立交通局，下设航政处。1951 年 3 月，省交通局更名为交通厅，航政处改组为内河航运处。1953 年 6 月，华北人民政府交通部内河航运管理局与河北省航运机构合并成立新机构，8 月 11 日，定名为“卫运河系河北省内河航运管理局”，隶属于河北省交通厅。1957 年 8 月，河北省交通厅成立河北省航运局，内设航政处，统一管理河北省的船检和港监工作。

天津市民用内河船舶的检验业务，从 1955 年开始。当时的检丈、给照业务，由运输公司、船民协会、税务局协同办理。

3.山东省

1950 年 7 月，山东省交通局设立航政处。1952 年 10 月，山东省交通厅航务管理局改为航运管理局，并在台儿庄成立运河航务管理办事处，负责对运河私有运输船舶的检丈等工作。同时，山东省交通厅成立黄河航务管理办事处，内设船舶科。1953 年 3 月，成立山东省航运公司青岛分公司，7 月，改称山东省航运管理局青岛分局，下设航政科。1954 年 3 月，航政科从青岛港务监督接管山东沿海（除青岛、烟台、威海、龙口、石岛外）的木（渔）帆船的检丈业务。1957 年 7 月，卫运河实行三省分管，卫运河办事处内设港航监督科，负责航政、船检工作。

4.江苏省

1949 年 6 月，以原苏北支前司令部航运干部为基础组成苏北行署航务局，下设 4 个甲级办事处、3 个乙级办事处、5 个丙级办事处,有船舶检丈员 24 人。同月 12 日,苏南行署交通运输管理局在无锡成立,下设无锡、镇江、常州、淞江、苏州 5 个航政办事处。1949 年 7 月,将原长江区航政局南京办事处改属南京市建设局,并启用南京市航政局名称。1953 年 1 月,苏南、苏北行署合并成立江苏省交通厅,厅内设航政科负责管理全省航政、船检工作。同年 7 月 1 日,江苏省交通厅航运管理局成立,下辖 8 个航政办事处、22 个航管所。1956 年 9 月,江苏省交通厅改组为省交通厅和航运厅,在航运厅内设置港航监督处,全省先后成立镇江、泰州、南通等 10 个航运管理局,江南各县设航管所,苏北按水系重点地区设置航政办事处,全省船检工作有所加强。

5.上海市

1949 年 6 月,上海市军管会航运处接管国民政府上海市政府公用局三处,同时成立苏西船舶码头管理所和苏东船舶码头管理所,负责办理木帆船登记、检验、丈量及维护码头秩序。1950 年 7 月,苏东、苏西船舶码头管理所划归上海港务监督。同年 10 月,上海区港务局将苏东、苏西船舶码头管理所改组成立苏州河办事处。1955 年 4 月,上海市内河航运管理局成立,上海区港务局将苏州河办事处和黄浦江、吴淞船舶管理所,移交给内河航运管理局。同年 6 月,内河航运管理局苏州河办事处,改称内河港务管理处。1956 年 7 月,在内河航运管理局的基础上,成立上海市交通运输局,内河港务管理处归属交通运输局。

6.浙江省

1949 年 5 月 30 日,宁波市军事管制委员会财经部派军代表进驻上海航政局宁波办事处,于 6 月 28 日完成接管工作。8 月,杭州军管会将国民政府交通部所属第一区局与浙江省公路局改组成浙江省交通管理局,下设航政科,负有船检职能。10 月温州市军管会财经部交通处接管了上海航政局温州办事处。12 月省交通管理局航政科划归浙江省实业厅航务局。1950 年 12 月,浙江省航务局内设船舶科,有验船人员 4 人。1951 年 1 月,航务局组成船舶检丈登记工作队,共 20 多人。同年 10 月,浙江省航务局更名为浙江省人民政府交通厅内河航运管理局,内设船舶科,有验船人员 10 人。1953 年 6 月,省交通厅内河航运管理局改称省交通厅航运管理局,内设航管科,有验船人员 4 人。1954 年 6 月,航运管理局下设嘉兴、钱江、宁波、舟山、台州、温州 6 个管理处,9 个管理所、1 个分所、38 个管理站和 70 个工作组。各管理处、所内均设有航管股,负责航政、船检工作。航运管理局内成立港航监督科,共 6 人,科内设有船检专职人员。年底,全省共有验船人员 13 人。

7.福建省

1949 年 8 月,福建省军管会将国民政府交通部广州航政局福州航政办事处改组成福建省航务局,负责管理沿海与内河的航务工作,下设技术股,负责船舶检验工作,有验船人员 11 人。1951 年 9 月,福建省航务局在涵江、马江、南平三地设办事处,分别办理内河船舶及木帆船的检验工作。1953 年 7 月省航务局撤销,成立福州港务局和福建省航运管理局,实行海河船舶管理机构分设。海船检验业务由港务局港务监督室兼管,有验船人员 4 人;内河船舶检验业务由省航运管理局航行监督科兼管,有验船人员 2 名。福州港务局下设厦门港务局和三都、涵江、泉州办事处。厦门港务局港务监督室负责兼办船检业务,有验船人员 3 人。三都、涵江、泉州办事处内设港监股办理木帆船检验。1957 年 12 月,福州港务局与福建省航运管理局合并,成立福建省港航管理局,船检工作由港航管理局港务监督室统一领导。海船检验业务由港务监督室分管,河船检验由福建省港航管理局闽江分局航监股分管,各有验船人员 3 人。

8.安徽省

淮海战役胜利后,淮河沿线各城市先后解放。1949 年 1 月 29 日,蚌埠市军管会和市人民政府设立蚌埠市船舶管理局，作为淮河水系航管机构。2月，因支前运输需要，改称华东支前司令部船管部淮河管理处。6月，支前任务结束，管理处恢复原称，仍属蚌埠市编制。7月，更名为蚌埠市航政局。

解放初期，安徽境内以长江为界，分设皖南、皖北两个省级行政公署。1949年7月，皖南行署由屯溪迁往芜湖。10月上旬，将皖南交通管理局改为皖南行署交通处。同年12月11日，在合肥成立皖北行署交通处，后更名淮河航务管理局，局内设航政科，负责航政、船检业务。1950—1952年，皖南、皖北的航政、航运机构几经变动。皖南交通处将航务分局划属长江区航务局，同时交通处下设航政科，专管皖南地区内河航务工作。皖北地区航运局曾撤销所属之淮河、巢湖两分局，调整为蚌埠、阜阳、正阳关、六安、巢县、无为、三河7个办事处及合肥等6个管理站，还筹建安庆分局及增设界首航运管理站。1952年7月，为贯彻华东交通部“局与有关公司合署办公，使行政与业务走向两位一体的方向”的精神，各航运局与轮船公司进行自上而下的合署办公。8月7日，中央人民政府委员会第十七次会议通过决议，其中决定成立安徽省人民政府，撤销皖南、皖北行署。于是皖南、皖北行署交通处合并改组为安徽省交通厅，同时成立安徽省内河航运管理局，并在蚌埠、巢湖、安庆、芜湖、屯溪等地设立分支机构。1953年8月5日，经安徽省编制委员会、省人民政府批准，省交通厅将安徽省内河航运管理局撤销，按淮河、皖江(长江安徽段)水系成立淮河、芜湖航运局，另在省交通厅内成立内河航运管理处。当时的地方航运机构，基本上是省(市)、专区、县三级管理，各地船检工作与港航监督部门合在一起。

9.江西省

1949年6月，南昌、九江两市军管会交通接管部会同接管了国民政府交通部长江区航政局九江办事处。10月，成立南昌市航运局。11月，改组成立江西省人民政府航务管理局。1950年2月，航务管理局改称内河航务管理局，同时成立南昌、九江、波阳、吉安、赣州航务办事处，以及吴城、临州、袁州、永修、乐平、众埠街、景德镇等航务所。省局设航政科，负责管理全省的地方航政和船检业务，并担负轮、驳船检验工作；各办事处设航政股，负责开展木帆船检丈登记及有关航政管理工作。1955年2月，江西省内河航务管理局改称江西省交通厅内河航运管理局，各航务办事处改为其所属分局。省局及各分局内设航监科，明确规定了省与各地区对航政和船检工作的职责范围，建立了船检工作汇报联系制度。省船检部门负责对全省轮、驳船的建造和营运中的检验，领导管理地方的船检业务技术；各地区主要负责木帆船的检验和航政工作，着重抓了木帆船的建造和检验管理。1956年5月19日，根据江西省人民委员会决定，在原省航运管理局的基础上成立江西省航运厅，航运厅下设江西省航运公司，原各航运分局改为“江西省航运厅××专区航运局”，同时设立各地区航运公司。省航运厅及各专区航运局分别设船检、港监合一的港航监督科。

10.湖北省

1949年7月，宜昌市人民政府内设航政科，初步开展了船舶检验工作。同年11月16日湖北省航政局正式成立，隶属于省交通厅。省航政局内设轮船管理科和帆船管理科。1950年3月，省航政局帆船管理科组织对木帆船巡回检丈、登记等工作。1951年10月，根据交通部统一全国航务机构名称的规定，省航政局更名为湖北省交通厅内河航运管理局。1952年7月，省内河航运管理局正式成为政企合一的机构。同时将局内的轮船管理科改称港航监督科，负责湖北地方轮船检验、港航安全监督业务。帆船管理科人员扩编到7个组，每组3人。1953年9月，帆船管理科与省民船联合运输社合并成立省民船运输管理处，成为“运管合一”的机构体制。黄冈、孝感、荆州、宜昌、襄阳5个专区也设立民船运输管理处，县设管理站，实行地方交通主管部门与省航运局双重领导。1954年，对木帆船检丈组作了调整，除武汉和孝感检丈组仍属省局帆船管理部门直接领导外，其他检丈组隶属当地处、站管理。

11.湖南省

1949年8月21日，长沙市军管会交通接管部航运处组成，正式成立湖南省航务局，隶属省建设厅。9

月,省航务局接管了国民政府交通部长江区航政局长沙办事处、招商局办事处及长沙、岳阳海关等单位和轮船39艘。10月,省航务局改隶省交通厅领导。局设航政科,该科内设管理、技术、船员三股,船检工作由技术股负责,有船检人员7人,当时全省轮、驳船检验集中于长沙一地。1950年5月,省航务局设立帆船科,全省试行木帆船检验、丈量及签证工作,有专职木帆船检验人员4人。自此,轮船、帆船检验分别归口管理。同年9月,省航务局更名为湖南省人民政府交通厅内河航运管理局。1952年11月,省轮船公司并入省内河航运管理局,其下属机构也做了相应的调整与归并。合并后的湖南省内河航运管理局下设的机构有常德、津市、益阳、南县4个办事处;长沙营业所,汉口分公司;衡阳中心管理站,湘潭、城陵矶管理站及长沙统一检查站。后又在常德、益阳办事处和衡阳中心管理站下设基层管理站。当时在局内仍设航政科,分管轮、驳船检验与港监工作;帆船科改称民船科。1953年,民船科撤销,成立省木帆船运输管理处,统管全省的帆船检丈、登记等业务。内河航运管理局下设常德、津市、益阳、长沙、衡阳、汉口6个办事处,各办事处内均设有航监组负有船检职能。1954年11月,省内河航运管理局航政科改称港航监督科,内设船检股,负责全省机动船舶的检验工作。各地办事处内设港航监督组负有船检职能。1956年4月,省内河航运管理局撤销,成立湖南省航运厅,航运厅下设轮船运输局、木帆船运输管理处等机构,轮船运输局内设港航监督科,科内设船舶检验股,负责全省轮、驳船检验事宜。

12.四川省

1949年11月30日重庆解放后,由长江航务局重庆分局统一管理川江轮船运输及航政、港务工作,并在长江黄沙溪、唐家沱、嘉陵江磁器口设3个木船管理站,对木船进行管理。1950年10月,西南交通部内河航务管理局在重庆成立,并接管了长江航务局重庆分局的木船管理业务及设置的木船管理机构,将木船管理站改为内河航运管理站,同时还增设朝天门管理站。西南交通部内河航务管理局负责管辖川东、川南、川西、川北4个行政公署和云南、贵州、西康3省的内河航务工作。各行署交通厅都设立了内河航务管理机构,并在主要港口设立航管站,开展木船检丈等工作。1951年6月,将设在重庆的4个航运管理站交由川东行署交通厅领导,改朝天门管理站为重庆航运管理站。1952年1月,4个航管站的行政、人事改由重庆企业局领导,业务仍由川东行署交通厅领导,同时黄沙溪、唐家沱、磁器口航管站的业务受重庆航管站领导,为后来组建重庆中心航运管理站奠定了基础。1952年7月,为加强地方航运的统一管理,西南内河航务管理局决定将原以行政区划分的管理体制改为按水系管理。在涪陵设西南内河航务管理局第一分局,在泸州设第二分局,合川设第三分局。

1952年12月,西南军政委员会交通部撤销,西南内河航务管理局改为四川省内河航运管理局,仍设在重庆。三个分局亦改由四川省内河航运管理局领导。1954年7月,成立重庆、宜宾、乐山、内江、江津、南充、遂宁、达县、绵阳、涪陵、万县、新津、自贡等13个中心航管站,分属3个分局。1955年,四川省内河航运管理局更名为四川省交通厅内河局,撤销分局,各中心航管站由所在地(市)政府与省内河局实行双重领导。同年10月,西康省建制撤销,四川省内河局接管了原西康省航务局的工作。1957年11月,省内河局撤销,在四川省交通厅内改设内河、航道两处。同时,将各级航管机构下放各专区(市)、县交通局领导。

13.云南省

1949年12月9日,云南省和平解放。由于当时陆路交通不发达,故利用水运为最现实的选择,但起初除滇池有少量明轮机动船以外,主要是木帆船运输。此间,在水运发展较快的地方,相继建立了航管机构。1950年在金沙江支流关河建立了盐津县航管站;1953年建立大理洱海航管站;1955年建立昆明市内河航运管理站。这些航管站均开展了船舶登记和检丈工作。1956年2月,经云南省人民委员会批准,成立了云南省交通厅航务处，负责全省航运管理工作，处内设专人负责船舶管理，包括对各地方开展船舶登记、检丈工作的指导，贯彻交通部有关船舶技术监督检验法规。

14.贵州省

1950年7月，贵州省人民政府交通厅成立，其航务工作受西南军政委员会交通部内河航务管理局指导。1951年1月，省交通厅召开首届贵州省交通会议，明确各主要通航水道由所在专区分管，专署交通科筹划航务管理工作，开展航运调查。同年3月，省交通厅设航务科，管理全省内河航运。随后，各专署交通科着手筹建航务管理站及分站。1952年在赤水河的赤水县，锦江的铜仁县，乌江的思南县、沿河县，清水江的锦屏县，都柳江的榕江县，以及舞阳河的玉屏县、镇远县建立航务管理站，并在茅台、重安江两地设航务管理分站。1952年12月，西南大区撤销，由贵州省交通厅负责管理本省航务工作。1954年1月，各通航河段的联运站与航务管理站合并，改称内河航运管理站。同年4月，省交通厅航务科扩编改称内河航运管理处，成为交通厅的职能处，船检工作由航运管理处内的航运管理科分管。经过合并、调整及增设机构后，1954年末，全省共有21个航运管理站。1956年5月，省政府将内河航运管理处扩编为内河航运管理局，为交通厅的二级机构。同年11月，成立乌江河系航运中心管理站。1957年2月，分别设立清水河河系、都柳江河系、舞阳河河系航运中心管理站。又设立赤水河河系航运办事处。1957年12月，省交通厅宣布撤销内河航运管理局，在厅内设内河航运管理处，主管航运、航政业务，初步建立了贵州省的船舶检验工作制度。

15.河南省

1950年4月，河南省人民政府航务局在周口成立，隶属于省交通厅。9月，迁往漯河。10月，改称河南省内河航运管理局，下设航政科。同年12月，航政科为在全省开展船舶检丈工作，成立了沙河船舶检丈组，并以沙河为试点，对参加运输的民船进行登记，对载重在3吨以上的木帆船进行检丈和核发证书。1951年，成立了唐白河、丹江检丈组和淮河、洪河检丈组。1953年，各船舶检丈组撤销，船舶检丈业务交给淮河、沙河、南阳航运办事处，各航运办事处均设航政股，与省内河航运管理局航政科对口，设有专职船舶检丈员。这种体制一直延续到1957年。

16.山西省

1956年3月，山西省交通厅设立了内河航运科，具体组织黄河、汾河的水上运输与管理。交通厅下设航运管理委员会，1957年又先后改组为晋南航运管理所和办事处，隶属于晋南专署，下设7个航运站。

17.陕西省

1950年1月，陕西省交通厅内设运务科，负责全省航运、船检等业务工作。同年，陕南行政公署在安康成立汉(中)白(河)船舶运输管理所，关中地区在潼关成立船舶管理处，均有船检职能。1952年8月，交通厅在安康成立陕南内河航运管理局，下设技术检查股，负责船检业务的技术人员有4人。内河航运管理局在汉中设有航运办事处；在石泉、紫阳、旬阳、白河、泽县、西乡等地设航运管理所；在榆林地区设4个航管站。1954年，省交通厅运务科改为航运处，负有船检、港监职能。1956年，陕南内河航运管理局技术检查股改为航行监督科，负有港监、船检职能。

18.吉林省

1948年3月9日吉林市解放，东北航务局设吉林办事处管理松花江上游包括松花湖在内的航运业务。1950年4月，吉林办事处移交给吉林省林业水产局。1951年吉林办事处又由吉林省林业水产局移交至吉林省交通厅。1953年2月，根据吉林省政府批复，吉林办事处更名为吉林省航运公司。1953年4月，吉林省航运公司的航政机构，改由省公路局直接领导，并改名为吉林省公路局丰满航运管理所，负责对全省船舶进行检验、丈量、登记、注册、发证等业务。

三、船舶登记局的筹建与成立

1951年4月,交通部第二届全国航务会议提出成立船舶登记局。会后,交通部在《一九五一年方针任务》中,正式提出交通部设立船舶登记局,主管船舶技术检查工作。这一机构设置方案于1951年5月25日经中央人民政府政务院第86次会议批准。

据此,交通部在1951年7月从上海调中国油轮公司总工程师朱天秉作为骨干,又从上海交通大学等院校应届毕业生中挑选沈肇圻、叶恒蕃、许乾、陈志荪4名大学生作为成员,成立了船舶登记局筹备组,挂靠在交通部海运管理总局。有关筹建船舶登记局事宜在海运管理总局局长于眉的领导下进行,具体管理由该局机务处处长王化民协助。

为了充实筹备工作的技术力量,于眉局长在1951年年底左右从大连调来北洋区海运管理局工程师朱复炎,又在1952年从上海调来油轮公司工程师邵良和招商局船长陈天骏,使船舶登记局筹备组形成了以朱天秉、朱复炎、邵良、陈天骏为骨干,以沈肇圻、叶恒蕃、许乾、陈志荪为成员的船舶登记局最初的技术队伍。

1952年9月29日,政务院财政经济委员会主任陈云署名签发《关于筹备船舶登记局问题》,批复同意交通部筹建船舶登记局,以开展对各种船舶的技术检验;并指出可通过对外贸易部向苏联索取资料,学习苏联先进经验,作为建立船舶登记局之参考,以"自力更生为主"推进船舶登记局的筹备和建设。

1953年3月,为推动船舶登记局筹备工作的开展,交通部将船舶登记局筹备组改组为船舶登记局筹备处(简称船筹处),并规定船筹处的主要任务是:筹划船舶登记局的体制和机构设置;制定船舶检验规章制度和技术规范;培训船舶检验技术骨干;建立对各地船检部门的业务指导关系。船筹处仍由海运管理总局局长于眉领导,内设船体组、轮机组、设备组、规范组、翻译组。从大连区港务局船舶登记科抽调刘义德担任船筹处负责人,朱天秉任轮机组组长,邵良任船体组组长,陈天骏任设备组组长,朱复炎任规范组和翻译组组长,分工负责,按计划推动各项筹备工作,筹备工作大有起色。

到1956年初,成立船舶登记局的基本条件已经成熟。1956年8月1日交通部党组开会研究部机构由总局制改为职能局制,讨论中认为船舶登记局经过多年筹备,已符合成立条件。8月11日交通部发布"关于机构改组的通知",船舶登记局和机务局等均在机构表中。

船舶登记局为交通部的职能局,代表国家对船舶执行安全技术监督与检验,负责处理船舶技术监督的日常业务,同时兼有船级社职能,办理船舶入级业务。其职权是:制订船舶检验规章制度和规范;对建造新船和营运中船舶执行技术监督检验;办理船舶入级业务;办理技术鉴定和公证检验业务。船舶登记局设立了办公室、技术监督科、规范科,其技术干部由1953年船筹处的13人,增加到1956年船舶登记局的21人。

1957年,交通部以交船〔57〕章字第48号文发出《关于建立船舶检验机构加强船舶技术监督工作的指示》,将大连、天津、青岛、上海、广州5个沿海直属港务局内的船舶检验机构纳入船舶登记局业务管理,成为接受港务局与船舶登记局双重领导的区域船舶检验机构。

与此同时,1957年,交通部对船舶登记局与省(市)地方船检部门各自的业务工作首次做出明确分工,规定:船舶登记局负责对申请入级的船舶,在建造、修理和使用中执行技术监督与检验,并对非入级的铁驳船、专用船以及隶属中央管辖港口的船舶承担检验工作;隶属地方管辖港口的船舶检验工作,由各省、自治区、直辖市交通厅(航运厅)负责,同时承担对所有海、河木帆船和地方运输木质驳船的监督及检验工作。

四、渔船检验机构的初建

中华人民共和国成立初期，水产系统没有成立渔船检验机构，机动渔船检验业务，由交通主管部门兼管。随着渔业的发展，机动渔船大量增加，且大多数渔船吨位小，分布广，生产季节性强，航行作业工况恶劣，坞修时间短。为了保障渔业船舶航行和作业安全，1957 年 5 月，交通部向山东省、河北省交通厅，天津、青岛、秦皇岛港务局发出《关于山东、河北两省渔船技术监督和检查丈量等工作暂移交各该省水产部门接管的通知》。1957 年 7 月，水产部以《关于接办渔船登记检丈工作的函》，致河北省、山东省水产局，要求水产局即与交通厅联系，着手办理接管业务。8 月，山东省水产局下发《关于接办沿海渔帆船登记检丈工作的函》，9 月，山东省水产局又下发《关于接管沿海渔轮登记检丈工作的函》。10 月，青岛港务管理局、青岛市水产管理局发出《关于渔船技术监督和登记检丈工作交接的联合通知》，经青岛港务管理局与青岛市水产管理局双方研究决定，对水产系统的船舶（如渔船、辅助工作船、运鱼船等）的技术监督和登记检丈工作，自 1957 年 11 月 1 日起由青岛市水产管理局正式接办，青岛港务管理局不再受理。于是青岛市水产管理局渔政科遂办理渔船检验，并启用“青岛市水产管理局船舶检验专章”，自此开始，渔船检验工作由水产部门负责。

五、船检技术人员的培训

新中国成立后，我国海上和内河运输及船舶修造业都有较快的发展，由于船检部门对船舶航行安全所起的保障作用，引起了各级领导对船舶检验工作的重视和有关方面的关注。

1949 年下半年，武汉市解放不久，中南交通学院（武汉水运工程学院的前身）成立，所设置的航业系中包括造船、轮机、驾驶、航政 4 个专业，其中航政专业是培养航运管理干部，尤其侧重于培养船舶检验专业人才的一个专业。

1953 年船舶登记局筹备处成立前后，随着形势的发展，逐步开展了人才培训工作。筹备处根据不同时期的情况和要求，采用不同方式进行培训，其中包括以老带新的现场见习、配合国家对地方木帆船的整顿和管理而举办的木帆船检丈人员培训班、1955 年开始的委托苏联船舶登记局驻华验船处对我国验船师的实习培训等，都取得了预期的效果，使新中国成立初期的船检工作得以顺利开展。

（一）组织现场培训

新中国成立初期，随着国民经济的迅速恢复，由船检技术人员不足带来的不能满足航运、造船事业日益发展需要的矛盾逐渐突出。当时船舶登记局筹备处尚未成立，各基层的船检工作大多隶属于航运企业内部或港航监督部门，本身尚不具备条件解决船检人才培训的问题。当时的中南军政委员会交通部对此极为重视，曾由中南交通学院利用两次暑期，安排该院航政专业的部分学生到长江航务管理局机务处船舶检验科，在验船师的指导下见习船检业务，学员随验船师到船上或船厂学习各种检验技能和处理技术问题的方法，熟悉各种技术项目的计算和有关证件的编写。这种带有一定培训性质的实习，对学员巩固在学校所学的理论知识，为后来参加实际工作打好基础都有所帮助。1952 年，该学院航政专业毕业生有多人被分配到船检部门，都能较快地独立胜任工作。

1952—1953 年，中南军政委员会交通部为了加速中南地区各省地方船检工作的开展，决定培训地方船检人员。武汉是长江和内河航运的枢纽，各类船舶集中，修、造船工业也正方兴未艾，船检工作虽仍隶属于企业内部,但随着业务的不断扩大,其技术力量在原有的基础上也已有所加强,比较具备培训内河船检人才的条件。因此,中南军政委员会交通部从湖南、江西、广东、广西抽调具有一定文化程度的年轻在职干部共 8 人到武汉,由长江航务管理局机务处船舶检验科组织他们进行了为期半年的现场培训,培训内容有船舶吨位丈量、船舶倾斜试验、锅炉检验以及船舶试航等常规检验业务。由于当时条件的限制,这类方式的培训尚不够完善和系统,但仍取得了一定的效果,对解决当时地方船检人员奇缺的矛盾起了一定作用,成为后来普遍开展现场培训的良好开端。

(二)对地方木帆船检验人员的培训

木帆船是我国传统的水上运输工具,历史悠久,其数量多、分布广,在长江水系、珠江流域的水网地区更加密集。在国民经济恢复时期和“一五”(第一个五年计划,1953—1957 年)期间,木帆船在水上运输事业中起着重要的作用。但由于都是个体经营,处于极度落后和分散的状态,船舶破旧失修,盲目超载而引发的安全事故屡有发生。新中国成立初期,各级人民政府要求各地加强对木帆船的整顿和管理,制订颁发相应的《木帆船管理办法》。

船检部门的任务是开展对木帆船的登记和检丈。为了做好这项工作,有的地区曾组织人员进行了木帆船检丈业务的短期培训,有的则派人到外省学习或聘请直属部门验船师指导。其中规模较大、时间较长的是中南军政委员会交通部于 1951 年 10 月在武汉组织的一次培训班,有湖北、湖南、广东、广西、河南、陕西等地派人参加。通过培训后,对所辖区内的木帆船分期分批地进行检验、丈量,核发检验证书,促使木帆船的营运逐步走上正轨,使其有章可循,安全得到保障。

浙江省航务局于 1951 年组织人员培训,讲授木帆船检丈技术。江苏、安徽两省则根据华东地区颁布的有关木帆船的管理办法,自行培训检丈人员。湖北省是抽调一批年轻干部随当时该省的“木帆船巡回检丈小组”,用边工作、边学习的方式培训检丈人员。广东省由于木帆船的数量多,检丈时间持续较长,因此人员培训是分阶段、分地区进行的。50 年代,由广州区港务局江门办事处和韶关地区航务管理部门,先后举办了两期较为正规的木帆船检丈人员培训班。

当时各地区在条件很简陋的情况下,克服困难,培训了一批检丈人员,为配合各地完成繁重的木帆船检丈任务起到了积极的作用。

(三)委托苏联船舶登记局驻华机构培训验船人员

1951 年船舶登记局筹备组成立时,便把人员培训作为筹备工作的重点来抓。当时,国家提倡向苏联学习,而且苏联船舶登记局在大连和上海设有验船处,于是委托苏联船舶登记局大连和上海验船处为我国培训验船人员成为最便捷的途径。

1953 年 3 月,刘义德被调到北京负责船舶登记局筹备处(以下简称船筹处)工作,按照工作计划,当即着手委托苏联船舶登记局培训我国验船技术人员之事。同年 7 月,船筹处派俞成林去大连向苏方验船处探询能否为我国培训验船人员,当时苏方表示同意,但提出要通过外交途径办理,于是交通部呈报政务院主管交通的财经委员会第三办公室。12 月初,第三办公室批复:“船舶登记工作当前尚未急需”。故此事只得暂缓进行。

1954 年 5 月,苏联船舶登记局局长安东诺夫访问上海。交通部海运管理总局局长于眉指派刘义德等赴沪陪同。在陪同参观期间,上海船检部门负责人再次就代为我国培训验船人员之事与安东诺夫局长交换了意见,苏方仍然表示同意。同年 7 月,交通部将此事再次呈报政务院财经委员会,很快得到了批复同意。8 月，我国外交部就此事照会苏联驻华大使馆，9 月初苏联大使馆复照同意。于是交通部立即指示船筹处进行准备工作。船筹处从沿海和长江的验船部门、航运单位、船厂中选择部分年轻的工程技术人员，并从上海交通大学、大连海运学院、上海船校挑选应届毕业生，共计 30 余人集中到北京，组建了“验船实习队”。为了解决实习中的俄语听说能力，验船实习队组建后首先学习俄语。1955 年 3 月俄语学习结束。

1955 年 2 月，船筹处分别与苏联船舶登记局大连验船处和上海验船处商谈实习方案。同年我国对外贸易部成套设备处告知船筹处，对外贸易部副部长孔原已与苏联驻华使馆经济处代表米古诺夫就此事正式换文，这是办妥此事的最后一道外交程序。

委托苏联船舶登记局培训的第一期验船师分为两个实习队，上海实习队学员 9 人，大连实习队学员 19 人。海运管理总局分别责成上海区港务管理局副局长袁子清和大连区港务管理局副局长谭松平对实习队就地领导，并代表船舶登记局筹备处与苏方联系解决实习期间的有关问题。大连实习队于 1955 年 5 月开始实习，上海实习队因联系实习船厂等原因，直至同年 8 月才开始实习。

两个实习队的实习期限均为一年，分成船体、轮机、电气三个专业，由一名苏联验船师同时指导数名中国学员。在开始的一段时间里，主要是结合现场检验学习苏联船检方面的规范和有关制度。当时大连验船处就设在大连造船公司，而上海验船处办公室设在上海市建国西路，主要船检业务在江南造船厂，沪东、中华、上海船厂也有部分业务。两地所检验的船舶大部分是进厂修理的苏联籍远洋大中型货轮，新建船则多为中小型远洋拖轮。检验中执行的是苏联的驻厂检验制度和有关的程序，由苏联验船师根据船厂检验科提交的检验项目单，安排实习生随他们到船坞、车间或船上，边执行各种检验，边对实习生进行讲解。

通过一年的实习，学员都有较大的收获。大连实习队结束后，集体编写了一本《验船实习技术汇编》，后来发给各基层验船部门，很有参考价值。上海实习队实习中整理翻译了国际船舶证书样本，将其编辑成册提供检验部门使用。大连实习队于 1956 年 5 月结束，上海实习队于 1956 年 11 月结束。

大连实习队结束时，离船舶登记局成立为时不远，故有一部分学员留船筹处协助做有关准备工作，其余学员则被分配去上海、大连、天津、广州等地船检部门工作。上海实习队结束后，大部分学员被分配到上海船检部门，部分学员被分配到北京和其他地方。

船舶登记局成立后，百事待兴，如规范的编写，有关制度的建立，各基层船检业务的扩大，都需要有与其相适应的技术力量，因此船检队伍的建设与加强，仍然极为迫切。在第一期实习队成功的基础上，船舶登记局决定再次委托苏联船舶登记局培训第二期验船人员。由于已经有了组建第一期实习队的经验，这方面的工作相应简单和方便得多，仅由船舶登记局函请对外贸易部成套设备处与苏联驻华使馆经济代表处联系同意后，就能办理各项手续。

1956 年 10 月，船舶登记局从基层船检部门、部属航运单位、船厂抽调年轻工程技术人员、高级船员等共 30 余人，组建了第二期验船实习队。同年 11 月，学员到北京集中后即去大连学习俄语。1957 年 7 月，俄语学习结束。

1957 年 9 月初，学员分别到苏联船舶登记局大连和上海验船处实习，“实习大纲”与第一期大致相同，实习期限仍为一年。指导第二期实习队的是新调来的几位苏联验船师，但指导方法基本相同。另外从 1957 年下半年开始，苏联驻华的两个验船处分别聘请了参加过第一期实习的几位中国验船师担任验船工作，有时他们也代表苏方对实习生进行指导，为第二期实习队的实习提供了较多的方便。

第二期的大连实习队于 1958 年 9 月如期结束，上海实习队推迟至 12 月结束。此时船舶登记局已改为船舶检验局。船舶检验局根据各地工作需要及时对实习生进行了分配。这次除沿海各港外,长江地区船检部门也需要充实力量,故大连实习队中有 4 人、上海实习队中有 2 人分配到了长江地区,其中有 1 人分配到了安徽省船检部门。

1958 年 12 月经交通部呈报国务院批准,船舶检验局委托苏方代培第三期验船人员。这次培训从 1959 年 4 月开始,学员共 10 人。与前两期不同的是,这次派去的都是各地船检部门的在职人员,实习前也没有集中学习俄语。学员来源除直属船检外,福建和湖北的地方船检也各派了一名实习人员。实习期限为 1 年,在大连实习的有 8 人,在上海实习的有 2 人。1960 年 4 月结束,学员均返回原单位。

自 1955—1960 年的 5 年时间内,我国委托苏联船舶登记局驻华验船处代培了三批验船师,共计 63 人(表 3-1),为中国船检局的技术队伍建设奠定了基础,同时对促进中国船检事业的发展起到了极为重要的作用。

委托苏联船舶登记局代培验船人员名单 表 3-1

期别及时间	大连验船实习队		上海验船实习队		合计
	姓　名	人数	姓　名	人数	人数
第一期 1955.5—1956.5 (大连) 1955.8—1956.11 (上海)	陆汝明、吴晞初、黄劲、王惠临、陈彭高、童隆坪、彭垂游、戴钟圣、钱培英(女) 张辑、谭永贤、李杰、马钟相、赵本浦、蒋希源、瞿峻福、周旦华、李生春、张颖耐	19	沈肇圻、陈长兴、沈宝生 朱伯骏、楼恩地、韩杭成、周洪喆 梁善庆、李富来	9	28
第二期 1957.9—1958.9 (大连) 1957.9—1958.12 (上海)	许乾、张奇、陈之敬、陈贻海、史斯云、陈保聪、汤强魁、方树林、庄惠杰、陈传玖、罗天炳、谭明璋、陈一鸣、陈叔麒、郭感恩	15	冯锡洲、陈宏志、马震英、叶士雄、张英豪、文馨奋、陈志荪、蒋恩康、官孝德、陈永根	10	25
第三期 1959.4—1960.4	程小川、段寿岭、林启鹄、沈金林、陈泰挺、钟嵩山、余卓文、梁剑峰	8	董博义、戴兆伦	2	10
合计		42		21	63

第二节 新中国成立初期船检规章制度的建立

一、沿海与长江船检规章制度的初步制订

新中国成立初期,沿海和长江各船检部门起初都沿用旧航政局留下的有关船舶技术检查及吨位丈量等规章制度,以利船检工作不间断地开展和保障船舶安全航行。从 1950 年下半年起,各地区开始结合自己的船检工作实际情况,对旧有船检规章制度进行修改与补充。当时以营运船舶检验为主,对船体修理、锅炉汽压、主机检测、吨位丈量、乘客定额及救生、消防设备等安全技术问题作出暂行规定,由当地或上级航务、港务主管机关陆续公布新的船检规章,逐步建立新中国的船检工作制度。

20 世纪 50 年代初,上海区港务局船检部门在改进船舶申请检验制度的基础上,着手研究检验技术标准,制订了一套供船检内部掌握的检验工作程序和安全技术要求。其中的《沿海与长江船舶壳板、舱壁、骨架蚀耗标准》(最小厚度曲线图),以及船舶锅炉等各种检验技术规定,对当时船检工作起了重要的技术指导作用。上海区港务局船检部门又通过调查研究,专门制订了《江船壳板、舱壁板厚度标准》。当

时，在没有专门研究机构情况下，港务局组织验船师通过调查研究和统计分析，为长江干线船舶修造解决了不少验船技术问题。

1950年，天津区港务局技术科制订了《船舶检查丈量办事细则》，初步建立船检工作制度。同时提交《天津港出海帆船载重吃水线勘划办法(草案)》，经交通部审批试行。1951年起，天津区港务局船检部门逐步建立各项岗位职责。1956年开始在新港船厂实行驻厂验船师工作制度。1957年根据当时工作情况，拟订了《天津港船舶监修条例暂行规定草案》和《新建钢制船舶技术监督暂行规定草案》，并报请船舶登记局备查，作为天津验船工作中的依据。

1952年底，大连区港务局船舶登记科结合大连的实际情况，草拟了《船舶吨位丈量办法》《救生、消防设备制造检验暂行办法》，并加强了对木帆船的管理。1954年3月，大连区港务管理局将船舶登记科负责的木帆船登记、检丈工作移交旅大市公用局后，着重建立正常船检工作秩序。船舶登记科起草上报《大连区新造船申请技术监督暂行办法》，经交通部海运管理总局批准，由大连区港务管理局公布，自1956年5月17日起实行。该《暂行办法》适用于大连、营口、安东等地区的新造船舶检验。

1955年2月2日，青岛区港务局发布300总吨以下《海轮安全设备定额》，并加强各项技术监督检验工作。

1950年4月，长江区航务局船检部门首先对旧航政局留下来的船检规章进行清理，并着手制订新的船检规章制度。在1950年10月召开的长江区第一届航政会议上，对《长江区船舶申请检验丈量暂行办法》《长江区船舶检验技术暂行规则》等9部长江船检规章进行讨论和修改，经报中南军政委员会交通部审查批准，于1951年2月28日由长江航务管理局公布试行。

1953年，我国第一个五年计划开始。为使船舶合理装载，船检部门开始对长江船舶干舷进行专题调查研究。先选择若干有代表性的船型，要求调度部门按试验方案进行配载，由船检人员多次随船队仔细观察船舶在下游风浪大及川江急流险滩中的航行情况，并对到港船舶进行调查和测算，通过三个阶段的试验总结，制订出《长江区钢质船舶干舷核定暂行办法(1953)》，于1953年12月25日经交通部批准试行。在该办法中，首次按风、浪、流等条件划分长江航区等级，当时分为甲、乙、丙级“航道”及川江特殊规定，有一定的创造性。接着制订公布《长江区木质船舶干舷核定试行办法(1954)》。1955年，珠江航运管理局学习和推广长江船检工作经验，并结合珠江船舶实际情况，首次制订了《珠江区木质船舶干舷核定试行办法》，于同年12月经交通部批准试行。

1953—1957年，长江航务管理局船检部门陆续制订和修订的长江船检规章还有：《长江区船舶申请检验规定(1954)》《长江区船舶丈量技术暂行规程(1950)》《长江船舶装运汽油检验暂行规定(1954草案)》《长江区船舶散席客额丈量临时办法(1955)》《长江区船舶救生设备暂行定额(1956)》《船壳铆接结构及铆接质量检验暂行规定(1957)》等8部。这些船检规章虽然还不完善，但却是我国内河船检规章和规范工作的起步，使船检工作得以正常开展，并为后来制订配套的规范提供了经验。

在1954—1955年间，为了解决沿海船舶的干舷勘划标准，船舶登记局筹备处(简称船筹处)安排有关人员到上海、广州等地进行调研，他们在当地海运管理局的协助下，通过与船员等多方面访谈调查，了解航线分布和沿海航线风浪的情况，经过综合分析与测算，提出了划定沿海航行船舶干舷的试行标准。此外，为了摸清救生、信号设备在沿海船上的配置，船筹处责成专人赴青岛、上海进行调研，到当地救生设备厂和上海海运局调研，进而制定了救生圈、救生衣的检验标准。根据北方沿海航线和岛屿分布情况，编制了沿海航行船舶的救生和航行信号设备定额，为在全国开展救生和信号设备检验提供了依据。

二、地方颁布的有关船检规章制度

1949 年 7 月,旅大公安总局颁布了《船舶、船员暂行管理办法》。其中规定了船舶登记、丈量检查的内容。在当时的《吉林省木帆船管理规则》中规定:凡 3 吨以上的木帆船,均应申请当地交通机关转报省交通厅航政管理所进行检查、丈量、登记、注册,并核定乘客定额及载重量,发给船照和证书后方准航行。

新中国成立初期,长江、珠江流域及东南沿海各省、市,由华东、中南和西南等军政委员会实行分区、分段管辖。一般都在清理旧航政规章制度的基础上,吸收其技术方面的合理部分,结合本地区实际情况,制订新的有关船舶技术监督检验和安全管理暂行办法,以应急需。

1950—1951 年,华东军政委员会交通部颁发《华东区内河轮船管理暂行办法》《华东内河木帆船管理暂行办法》《华东内河木帆船检查丈量登记给证暂行实施细则》及《华东区内河轮船丈量实施细则》等规章制度,上海、江苏、浙江、安徽、山东、福建等省、市的木帆船检丈工作全面开展。1952 年 7 月 20 日,华东军政委员会交通部发布限期检丈公告,特规定在 1953 年 2 月底前,凡参加营运的木帆船,一律自行决定船籍港,申请登记检丈,领用航行证件,否则,不准营运。浙江省航务局为推动本省船检工作的开展,于 1951 年初编制了《关于船舶吨位计算方法的答询》和《出海帆船载重水线勘划办法》,作为技术指导性文件。该办法计入因船舶甲板厚度、船龄及船型的不同而影响干舷的系数,适用于温州、宁波地区的“绿眉毛”“大捕”“沙飞”船、绍兴帆船、福建船及山东帆船。载重线标志为一长 300 毫米、宽 30 毫米的白色水平线。1950 年 6 月 24 日,苏北航务局颁布了《木帆船申请登记须知》和《木帆船申请检丈须知》。苏南交通处于 1951 年结合本地区具体情况制订颁布《木帆船管理实施细则》。同年,皖南行署交通处亦颁布了《木帆船管理细则》,建立了相应的申请检丈、登记和颁发证书、牌照等制度。此后,华东区各省、市还加强了对渡口船舶的安全管理,制订《渡船管理暂行规则(办法)》,按规定核定客位及发给“渡船证书”。1957 年,上海市交通运输局公布实施《上海市内河机动船、铁驳检验放行期限》及《核定轮驳客位计算规定》,加强船舶技术监督。

1950 年中南军政委员会交通部颁布《中南区帆船丈量检验暂行办法(草案)》。同年 11 月 17 日,中南交通部颁布《中南区帆船管理暂行办法》,规定“凡三吨以上之帆船,须依据本办法受各省内河航运管理局或其所属机构管理,均须申请检丈登记手续,经检丈合格发给牌照及帆船证后,方准航行”。1952 年 2 月,中南军政委员会交通部对《中南区帆船丈量检验暂行办法(草案)》做了修改与补充,对中南六省(湖北、湖南、江西、河南、广东、广西)的典型帆船示以宽、深量法图和具体规定。湖北省航政局于 1950 年 7 月制订了《湖北省帆船管理暂行办法》及《帆船丈量检验规则》。1952 年,湖南省内河航运管理局拟订了《木帆船检验丈量勘定干舷方法》,发至全省试行。该《方法》将各种帆船归类为 28 种船型,简化丈量,统一规定木帆船各部位的名称,特别是总结出“木帆船检验十四法”,共列 14 项检验要点。1954 年 4 月,湖南省人民政府颁布《湖南省内河木帆船建造管理办法》。1956 年,湖南省航运厅先后颁布《湖南省内河船舶装运汽油补充暂行规定》《湖南省木帆船报废管理办法》,以及“航次前检验”(也称“配载检验”),是对营运中木帆船的一种补充检验规定,有效地保障了船舶安全生产。河南省航运局于 1954 年 4 月颁发《河南省帆船检丈管理暂行办法(草案)》,规定凡行驶河南省境内,载重量在 1 吨以上的营运船只,应一律由当地航管机关检查、丈量后,发给帆船证,持证航行。江西、广东、广西也都根据本地区船舶特点和实际情况制定了相应的船检规章制度。

1950 年 3 月 23 日,长江航务局重庆分局颁布《川江木船管理办法及吃水线勘划办法》。同年 10 月,西南交通部内河航务局在重庆成立,接管了长航重庆分局的木船管理业务及木船管理机构。同年 12 月,西南交通部颁布《西南区内河木船检验丈量及勘划载重吃水线暂行办法草案》,规定木船检验种类分为6种,其检验内容分为:检验船身结构及质料性能,检验上舱支架及棚板,检验舵、梢、橹桡、桅、帆、纤等,并有具体要求。川江木船种类很多,各类木船的结构和性能不尽相同。因此根据其类型、大小而制定"木船勘划载重吃水线表",同时采取试装与丈量相结合的方法来核定载货、载客定额,按照最小干舷划定载重吃水线。1954年8月4日,四川省交通厅公布《四川省内河木船登记给证暂行实施细则》。该《细则》对木船检验丈量的内容和方法作了新规定,虽与原西南交通部之规定有相同之处,但丈量与计算采用公制,改变了英制的旧标准。贵州省交通厅为贯彻西南交通部的法规,对登记、检丈及勘划载重线等作出补充规定,正式开始船检、港监工作。

1950年6月12日,河北省人民政府颁发《河北省内河航政管理暂行办法》;华北内河航运管理局颁发《华北内河船舶及船舶业管理暂行办法》,船检工作初步展开。1956年4月,河北省交通厅公布《卫运河系河北省船舶检验丈量技术规程》,使检验丈量工作得以改进。

陕西省以抓陕南地区航运管理为开端,于1949年制定了《陕南区汉江航运管理办法》。1950年1月,陕西省交通厅公布了《木帆船管理暂行办法》。对船舶登记、检验、签证、安全监督等作了明确规定。1951—1957年,该省逐步建立与调整航运管理机构,加强渡口船舶的安全管理。1957年6月陕西省交通厅公布《陕西省渡口船舶管理办法》,规定了船舶检验的六项要求。

三、交通部颁布的有关船检规章制度

1953年,为了保障航运安全,交通部海运管理总局通过调查研究起草并公布实施《船舶起重装卸设备检验试验办法》,同时在上海港成立"船舶起重设备鉴定委员会",对海上运输船舶的吊杆装置进行强度计算、试验和检验,核定其安全工作负荷,合格后发给"船舶起重设备试验证书"和检验簿,使上海港籍船舶的吊杆起重设备的双杆联吊安全工作负荷平均提高了一倍左右。

1953年交通部召开全国航务机务会议,贯彻当时制订的《修船条例》和《船舶预防检查制度》,促使船舶和各种设备保持正常的技术状态,以保证航行安全和运输计划的完成。而船检工作与机务管理密切相关,于是在"一五"期间,由交通部和交通部海运管理总局相继颁布和批准公布了一批有关安全技术监督管理的暂行、试行的规章。主要有:

(1)1953年12月交通部批准公布《长江区钢质船舶干舷核定暂行办法》。

(2)1954年8月交通部颁布《船舶监督检查暂行办法》。

(3)1954年8月交通部海运管理总局颁布:

《海轮安全设备定额》(试行);

《海上轮船乘客定额规则》(试行);

《船舶电器设备管理保养试行规则》;

《船舶蒸汽锅炉和主蒸汽管技术监督规程》;

《本国轮船锅炉安全汽阀管理暂行办法》。

(4)1954年10月交通部海运管理总局批准公布《长江区木质船舶干舷核定试行办法》。

(5)1955年交通部颁布《船用救生衣、救生圈标准》。

(6)1955年交通部批准《珠江区木质船舶干舷核定试行办法》。

(7)1956年1月交通部海督〔56〕字第9号通令:1956年3月1日起全国航海机动船内部使用《1948年国际海上避碰规则》。

(8)1956 年 3 月交通部批准公布《长江区船舶救生设备暂行规定》。

(9)1956 年 7 月交通部颁布《内河船舶乘客定额暂行规则》。

(10)1957 年交通部颁布《船舶技术及施工设计图纸送审暂行规定》。

(11)1957 年交通部船舶登记局颁布《木制、钢质救生艇验收标准》。

以上这些安全规章,在当时对江、海、内河船舶在基本方面起到了保障安全航行的作用。

四、中国民间版本的《中国钢船规范》

1953 年 11 月,中国造船工程学会印发了我国造船、航运界知名人士杨俊生、辛一心、朱天秉和龚应曾署名的《中国钢船规范》(船体部分)。此书的船体和轮机部分曾于 1950 年 3 月—1951 年 6 月在中国造船工程学会会刊《中国造船》上连载,系以英国验船协会(BC)规范为蓝本,结合我国情况编译而成,供我国船舶修造与检验参考,受到业内人士的重视。

五、船舶检验证件的签发规定

新中国成立初期,沿海和内河船检部门参照旧中国"证书簿"制定一种"船舶证书簿"格式,核发国内航行船舶的法定证件。该簿由"船舶检查簿"和"船舶检验合格证"两部分组成。其中"船舶检查簿"内页白纸印有船舶主要参数、吨位丈量、乘客定额等项目。每次检验后,船检部门在"船舶检查簿"和"船舶检验合格证"内填写检验种类、航行区域(或航线)、乘客和载重定额及航行有效期限,并扼要记载船舶及其救生、消防设备的安全技术状况。具体做法,各地不尽一致。

1951 年 2 月,长江航务管理局为加强长江区船舶的检验管理,制定了新的"船舶检验证书簿"格式,簿内将"船舶吨位证书"单列一页。自 1951 年下半年起,长江航务管理局及沿江各省所属船检部门都先后换发了"船舶检验证书簿"。至 1952 年底,长江水系各船检部门对轮船、驳船签发的船舶检验证书已逐步趋于统一。

1952 年,长江航务管理局又根据码头船的实际情况,制定了"码头船检验证书簿",簿内除一般船舶应填写项目外,特详细列出锚泊、系固设备等内容。

在 1953 年和 1954 年相继公布的《长江区钢质船舶干舷核定暂行办法》和《长江区木质船舶干舷核定试行办法》中,同时规定了有关"船舶干舷证书"格式,由船检部门按规定核发单页的"船舶干舷证书"。

20 世纪 50 年代初,广东、广西船检部门参照长江区的"船舶检验证书簿",结合两广内河船舶实际情况,制定了适用于珠江水系的三种颜色检验证书簿格式,分别用于蒸汽机船、内燃机船(电船)、非机动船(驳船、花尾渡)。其主要项目和记载较长江区的格式要具体实用些,更便于技术监督检验工作。

1949 年东北航政总局制发了"船舶执照",是当时东北区船舶检验和办理航行签证的法定证件。1954 年以后,黑龙江水系将船舶证书统一改成红色、绿色和褐色封面三种,分别用于蒸汽机船、内燃机船、驳船,封面上只印"船舶检验证书"字样。

新中国成立初期,华东、中南、西南、华北等大行政区及有些省市交通主管部门先后制定颁布了《木帆船检验丈量暂行办法》,在各大行政区内,统一制发了"木帆船检丈合格证书"或"船舶执照",初步建立了地方船检工作制度。

1957 年,交通部和水产部协商,将渔船的检丈、登记、管理工作移交水产部门办理,并先在山东、河北两省进行试点。

青岛市水产管理局接办渔船技术监督和登记检丈工作后,开始仍使用原"船舶检验簿",1957 年 12

月印制了新的"渔业船舶检验证书簿",并对旧的"船舶检验簿"逐步予以换发。"渔业船舶检验证书簿"的主要特点是:将船舶吨位证书和检验证书合订在该簿内,不再另发单页的证书,简化了办证的手续。这是水产部门接办渔船检验工作后,首次制发渔船检验证书簿。

新中国成立以后,受到西方世界的封锁。由于中国在联合国的一切合法权利尚未恢复,中国不参加政府间海事协商组织公约,尚未接受他们签订的《国际海上人命安全公约》。航行于香港地区和国外的中国船舶,只能使用外国船检机构颁发的船舶证书。例如香港招商局起义的"海汉"轮(后改名"南海169")、"海康"轮(后改名"南海162")于1951年在香港领了美国船级社的船舶证书而航行于广州至香港航线;稍后民生公司的"龙门""雁门"等轮领了法国船级社的证书加入此航线。

1955—1957年间,购自波兰、芬兰、匈牙利等国的"南海136""南海158""南海159""和平18""和平43"等20多艘新船,当时均持苏联船舶登记局的证书航行。

后经研究,中国参照《国际海上人命安全公约》等规定的证书格式和当时苏联船舶登记局所发的证书格式,根据我国的法律规定签发国际航行船舶证书。船舶登记局在1956年10月编制出包括国际载重线证书、国际安全设备证书、无线电报安全证书、无线电话安全证书和国际免除证书的中国第一套国际航行船舶证书。为了妥善处理,采取先在国际间建立相互承认的双边关系的做法。例如1958年与苏联签订的通商航海条约,就有相互承认对方主管机关签发的船舶证书的条款。

第三节 新中国成立初期船检业务的开展

在新中国成立初期,为支援前线和恢复生产,运输任务很繁重。各地船检部门按照当地军管会和航务主管机关的统一部署,围绕恢复航运、支援前线以及保障人民生活和生产需要,积极投入船舶普查和有关安全技术监督检验的工作,在配合航运部门修复旧船、打捞沉船的修理和促使营运船舶具备安全航行的技术条件等方面做了大量工作。第一个五年计划期间,全国造船业的发展已初具规模,各地船检部门开始投入船舶建造检验工作中去,使船检业务逐步走向正规。

一、营运船舶各项检验工作的开展

(一)我国水运及船舶检验状况

新中国成立初期,西方国家遏制中国发展,对我国实行经济封锁,发展航运业举步维艰。作为水上运输交通工具的船舶或被劫持到台湾,或被炸沉江中,即使从国民政府接管下来的船舶和留在内陆的私营企业船舶,也处于破烂不堪的状态。在这种形势下,各地人民政府通过接管国民政府官僚资本企业,打捞沉船,接受招商局起义船队建立国营船队,以及鼓励民族资本企业经营私营船队恢复国内沿海和内河运输。在1950—1952年的三年国民经济恢复时期,我国水上运输主要由交通部和地方交通部门直接领导的国营运输企业、公私合营运输企业、部分私营运输企业的机动钢船和遍布全国江河湖海的个体木帆船承担,其中木帆船的运输量约占内河运输总量的74%。据统计,1952年沿海航行的500总吨以上的船舶73艘、17.9万吨、8483客位,其中北洋航区49艘、137760吨、4564客位,南洋航区24艘、41300吨、3919客位;长江干线航行的机动江船865艘、16.9万吨、42445客位。1955年,据船舶登记局筹备处对大连、天津、青岛、上海、广州5个港口的到港船舶统计,沿海航行的机动船为3671艘、9.7万总吨;非机动海船19279艘、156.3万总吨。远洋运输方面,1951年成立中波轮船公司,拥有10艘船舶、10万吨,全年运输量为 40 多万吨,占当年进出口货运量的十分之一。

1956 年,在国家完成对私营企业的社会主义改造之后,我国的运输船队全部变成国营企业或集体企业,由中央或地方分别经营。这些船队中的钢质机动船舶,原本多是从旧中国接收的,按外国规范在国外建造的,持外国船级社证书的客船、客货船和货船,其中多为蒸汽机船,较少内燃机船。船龄老化,技术状况较差,锅炉爆炸事故是当时最大的安全隐患。其中,内河船舶吨位较小,木船、木质机帆船较多;沿海船舶吨位较大,千吨级钢船较多,对于这些船舶的监督检验当时主要依靠各地港务和航务单位的船检部门执行。1951 年交通部船舶登记局筹备组成立后,开始引进苏联船舶登记局经验开展船舶监督检验。1955 年船舶登记局筹备处制订《船舶登记局施行船舶检验的种类与范围概要》,规定了船舶登记局实施船舶检验的检验对象、检验种类,以及为保障船舶安全质量需要进行的“建造检验”“初次检验”“定期检验”“年度检验”和“临时检验”及其检验周期和内容,指导各地船检部门的现场检验。

(二)开展常规和超常规检验

由于国家经济恢复时期对运输船舶的急需,全国各地船检部门都采取措施保护运力。其中,沿海地区船检部门针对船舶技术状况较差而国家又急需运力的矛盾,决定在保障航行安全前提下尽量放宽要求,保护运力。根据当时实际情况和鼓励航运业的恢复和发展的需要,天津船检部门颁布了要求较宽的《船舶检查丈量办事细则》,以利船舶常规检验的开展。同年,上海、广州解放后,为了配合迅速恢复航运的需要,两地的船检部门对现有船舶的技术状况进行调查登记,并进行初步的常规检验,检验工作一般沿用原国民政府航政局的少量航政法规和习惯做法,有时也参考国外船级社的规范。对营运船舶规定了检验项目和工作制度。对修理中检验,一般在船舶进坞(或上排)后开始,检验项目大致有船体除锈后锤击检查,海底阀检查;出坞(或下排)前再申请复验。机械部分则重点检查锅炉、空气瓶和主机的主要零部件,对辅机仅对其检修情况作一般了解,此外,还对锅炉水压试验、船舶试航和救生、消防设备进行检查。至于船用材料和工艺等则过问甚少。1954 年以后,由于印发了苏联船舶登记局规范和规程的翻译本,由苏联船舶登记局驻上海和大连验船处培训的验船人员分配到各地工作后,开始参照苏联船舶登记局验船的一些做法,使船检工作逐步有了发展,但整个检验内容和工作制度变化不大。

为了保护运力,复苏航运,上海、广州、武汉等地规定,私营船舶若要报废,必须先申请船检部门检验,经检验确无修理价值的,方可批准,以防止私营业主为图私利而将船舶任意报废。由于船检部门认真执行此项任务,从而保护了一大批运力,得以在经济恢复时期发挥作用。

1949 年,长江沿线各城市先后解放。为了适应支前,恢复运输生产和确保安全的需要,船检部门及时拟订了长江区船检规章,明确规定申请检验手续、船舶检丈程序及基本的安全技术要求。面对大多数船舶老旧、技术状况差,而国家在各方面又急需运力,于是在实际检验工作中要做到认真细致,既检又帮,实事求是,区别对待。对于技术状况极差,严重威胁安全的船舶予以严格把关,未经修复,不准航行;对于技术状况较差而情况并不严重,采取措施后尚能安全航行的船舶,一般都与船方、机务部门共同研究,提出限制条件和整改落实措施,准予继续航行。对于某些私营船舶,技术条件差、盲目超载、超压、超转速航行,在加强检验技术措施的同时,并对船员进行安全教育,坚决纠正违章行为。为了保证有足够的运力,根据当时的船舶技术状况,船检部门采取勤于检验及缩短检验间隔期的超常规检验办法,把检验周期压缩到每 3 个月或更短的时间检验一次,并要求船方在航行中多观察,注意缺陷的变化及扩展情况,有时一个航次一检验。频繁的临时检验或船舶展期签证,几乎成为当时主要的检验种类。船检部门为保障船舶航行安全,恢复和发展运输生产做出了积极的贡献。长江沿线各船检部门,还配合运力调查工作,逐船进行技术鉴定,供航政机关核准船舶航行或修船,以及作为对私营航运企业的贷款意见。对确有严重缺陷的船舶,即令停航。在此期间,武汉船检部门还参加"武汉市水上联合检查站",沿江其他主要港口也有类似规定,各船检部门均积极参加联合安全检查工作。1949 年 9 月 1 日,华中航政管理局成立后,船检部门曾配合船舶登记工作,认真核查和整理船舶技术资料,编制了"船舶录",供有关部门了解掌握现有船舶的概况,对促进安全生产起到重要作用。

有关这一时期的船舶检验业务,据船舶登记局筹备处调查,交通部直属主要港口船检部门对营运船舶执行临时、特别和定期检验的船舶检验量,在 1953 年上海地区为 1655 艘次、741358 总吨,天津地区为 958 艘次、69127 总吨,广州地区为 565 艘次、139614 总吨。交通部直属港口船检部门检验发证的交通部所属沿海货船,1952 年有 11 艘、54800 吨,1953 年有 21 艘、64239 吨,1954 年有 26 艘、68781 吨。

(三)复查营运船舶吊杆安全工作负荷

对接管的船舶的吊杆负荷均未进行技术测定,曾一度硬性规定每根吊杆负荷量为 1 吨,但实际有许多船舶经过大修,设备条件和性能都得到不同程度的改善,船员和码头装卸工人的操作水平亦有提高,这种硬性规定显然偏于保守,对生产不利。为了挖掘吊杆潜力,1953 年交通部海运管理总局颁布《船舶起重装卸设备检查试验暂行办法》,规定船舶在大修后应施行吊杆举重试验。同时在上海成立了船舶起重设备鉴定委员会,要求对营运船舶的吊杆装置进行强度计算,并进行试验和检验,核定安全工作负荷。上海港船检部门作为船舶起重设备鉴定委员会的成员,于 1954 年全面开展对营运船舶的起货装置吊杆进行强度测算和各项试验,核定其安全工作负荷,合格后核发船舶起重设备试验证书和检验簿。经过一年多的努力,全面完成此项工作,上海港的船舶起重设备吊杆双杆联吊的安全工作负荷平均提高了一倍左右。同年,广州港船检部门派人前往上海了解和研究吊杆试验情况,学习上海港的经验,于 1955—1956 年间,结合船舶修理对海船全面施行吊杆检查、举重试验及对计算、试验结果进行审核,合格后发给证书。1956 年,天津港船检部门对天津区港务管理局全部驳船的吊杆负荷量进行审核计算,在保证安全的基础上,部分吊杆提高了工作负荷。后来,天津港船检部门提出了计算吊杆强度的改进方法,经过计算,驳船吊杆安全负荷量又有了适当提高。

(四)核查营运船舶干舷

船舶干舷是限定船舶吃水的标准,关系到船舶装载和运输能力。测定船舶干舷,勘划载重线,以确定许可的载重定额是船检部门的主要检验项目之一。新中国成立初期,我国沿海航行的船舶仍沿用旧中国时勘划的载重线。1955 年,船舶登记局筹备处派出工作组在上海选择 3 艘客船、8 艘货船和 7 艘油船进行海船载重线重新审定工作,经过精确计算及实船检验发现,其中,有 12 艘船的载重量尚可增加,有 6 艘则须减少,合计可增加载重量 1000 吨。与此同时,参考苏联船舶登记局的干舷标准,结合我国沿海航行特点,制定并公布试行了我国北洋航区航线及南洋航区航线船舶的基本干舷表。

长江船检部门对长江船舶的干舷勘测始于 1953 年。当时,先后三次组织配载和随船航行调查,对船舶干舷进行观测试验,并参考苏联河船干舷标准制订了《长江区钢质船舶干舷核定暂行办法》,将长江航线划分为甲、乙、丙三个等级。随后,长江船检部门在 1954 年开始按照规定全面勘划船舶载重线标志,核发干舷证书,在当年 10 月完成了对长江航行船舶的载重线标志勘划,核发了"船舶干舷证书"。通过这次干舷核定,长江航务管理局所属船舶不仅解决了船舶装载混乱的现象,还增加运力 1 万多吨。其间,长江船检部门在总结上述经验基础上,拟定了《长江区木质船舶干舷核定试行办法》,经交通部海运管理总局批准后,于 1954 年 10 月公布试行。其后,长江船检部门按照该办法规定对于船长不超过 30 米的木质客船,货船和驳船(木帆船除外),重新勘划了载重线标志,核发了“木质船舶干舷证书”。

珠江水系由于多为木质船舶,船检部门在针对珠江、西江、东江和北江各种船型特点的调查后专门拟定了《珠江区木质船舶干舷核定试行办法》,1955 年 12 月经交通部海运管理总局批准后试行。该《办法》在干舷核定方面考虑了珠江“花尾渡”(客驳船)的特点,使其勘划的载重线标志与长江船舶相同,对统一全国内河船舶载重线标志起到促进作用。

沿海各港船检部门从 1954 年起开始参照苏联船舶登记局规范、规程,对港口所属铁壳驳船的干舷进行重新核定,分别勘划了内河和出海两种载重线。其中,广州船检部门在 1954 年对航行于广州港区内的驳船确定内河浅水载重线,后于 1955 年参照苏联内河和海船的干舷表,对其进行修订,使驳船的载重量有所增加。

1956 年船舶登记局成立后,为了摸清现有船舶的安全技术状态,船舶登记局推广船筹处时期的船舶干舷核定经验,在沿海各港深入开展有关沿海船舶的干舷核查。其间,天津港船检部门在 1956 年对部分驳船进行载重线重新核定,增加船舶载重量 1800 吨;上海港和广州港的船检部门在 1956—1957 年间,结合船舶修理检验协助当地海运局收集整理有关资料,重新核算海船干舷,使不少船舶不同程度地提高了载重量,在保证安全前提下增加了沿海运力。据统计,在这个时期,经过干舷重新核算后,上海区海运管理局所属船舶的货物装载量增加了 8576 吨,华南区海运管理局所属船舶的货物装载量增加了 2500 吨。

(五)加强对重点船舶的技术监督

1.对营运客船安全进行重点检验

保障人命财产的安全,加强对客船的检验,是船舶检验中的一项重要工作。新中国成立初期,随着长江各航线的复航和客运量不断增长,船舶客运超载现象时有发生,有关营运客船的乘客定额核定,便成为当时船检部门的一项重要工作。为了保障客船营运安全,长江船检部门在 1951 年初,根据《长江区船舶乘客定额核定办法》(草稿),在长江全线开展客船可载散席乘客处所的丈量和计算,并结合船舶稳性及有关设备配备等情况,逐船核定乘客定额和建立检丈记录。1955 年 1 月,长江航务管理局公布《长江区船舶散席客额丈量临时办法》和《长江区轮船乘客定额暂行规则》,船检部门进一步加强了对客船乘客定额的检验,其中特别注重春节集中客运的安全检查。当年春节,芜湖港船检部门派员参加工作组,对港内的客船进行春节前检查,重点对救生、消防设备及舵装置、锚泊设备进行检查,发现大部分救生衣和救生圈不符合浮力标准要求,便责令更换,保障春节客运的安全。后来,这种吸收船检部门参加的“春节客运安全检查”成为一种制度长期执行。

1956 年 8—9 月,大连港船检部门先后派出验船人员随船复查了“民主一号”等 6 艘客船的客舱面积,纠正了由于客舱面积变更造成的乘客定额不符合规定的情况,并检查了各船的安全设备配备情况,加强了对沿海客船的安全技术监督。

新中国成立初期,华南地区尚无沿海客船,所以广州至华南主要海港间没有海上客运。1952 年,广东省急需开辟沿海客运航线。为解决该航线的运力问题,船公司对航行于珠江的船舶“民俗”进行适应沿海航行的改造,广州港船检部门对其进行改装检验,首航湛江港顺利成功。其后,民生公司将航行于川江的 4 艘小门字号长江客船陆续改造为沿海航行船舶,增加防浪设备和航行安全设备,按照海船规定核算船舶的稳性和抗沉性,广州港船检部门对其进行改装检验,致使这批船投入营运后,安全航行于广州至湛江、广州至海口航线,解决了该地区客运紧张的难题,开创了改装江船航行沿海航线的先例。1955 年,为了保障这批客船的航行安全,广州港船检部门根据交通部海运总局指示,对这些出海江船的稳性、抗沉性及其安全设备再度进行全面核查，以确保满足有关规定，保障航行安全。

2.对拖船锅炉加强检查并重新核定工作汽压

新中国成立初期，各港的旧拖船锅炉工作汽压管理仍然很乱，一般都没有通过强度计算，只是根据以往使用经验确定锅炉工作汽压。1953年，在船舶登记局筹备处派人指导下，召开有关部门会议，帮助广大船员明确认识了锅炉汽压与安全的关系。如天津港船检部门开始对天津港轮驳队的所有拖船的锅炉进行全面检查，根据强度计算，重新核定工作汽压。广州港船检部门也对拖船的锅炉工作汽压进行了复核，从而促进了拖船的安全生产。1958年，广州港船队个别拖船的船员又提出将已核定的汽压再次提高的要求，对此，广州港船检部门主持召开有专家和船员代表参加的会议，对锅炉工作汽压的强度计算和核定工作的情况进行了介绍，提供会议讨论。经过这次会议，使船员认识到锅炉安全的重要性后，没有再随意提出提高核定工作汽压的要求。

二、船舶修造检验的开展

（一）新中国成立初期船舶修造业状况

新中国成立后，中央政府的相关主管部门随即着手组建船舶修造行业的工业体系，于1951年在重工业部设立船舶工业局，1952年8月又改制为第一机械工业部九局（船舶工业管理局），随后国家建立起由一机部九局领导的“以军品为主、兼顾民船”的船舶建造工业系统，由交通部航务总局领导的水运船舶修造工业系统。

随之，我国的船舶修造及其设备配套业开始发展，其中在船舶建造方面，1952年上海交通大学利用室内游泳池加装重力式拖曳设备开始进行小型船模试验；1952年武昌造船厂建成1000吨级船舶纵向弧形下水滑道，实现了平地修造船的纵向下水；1954年一机部九局在上海708研究所建成长70米、宽5米、深2.5米，最高时速6米/秒的单轨悬臂式船模拖曳试验水池，开启了我国船舶力学性能试验；1954年沪东船厂引进苏联技术建成1500吨级船舶横向高低轨下水滑道，实现了平地修造船舶的横向下水；1954年中华造船厂引进苏联和匈牙利的X射线焊缝探伤技术，开始对船舶焊缝质量进行无损检查；1956年江南造船厂自行设计制成我国最大吊重40吨、最大工作幅度30米的造船用门座式高架起重机；1957年大连起重机厂试制成功起重能力140吨的大型造船用起重机，把我国的船舶修造能力推进到一个新的水平。

在船用产品配套方面，1954年上海求新造船厂制成6187C型军船用柴油机，开始了新中国国产船用柴油机主机的研究制造；1955年鞍山钢铁公司试制成功CT3C、CT4C造船用钢材，改变了当时使用打捞沉船钢板建造新船的困难局面；1956年广州协同和机器厂制成147千瓦渔船用柴油机；1956年上海新中动力机厂试制成功8L350Z型增压船用柴油机；1957年沪东船厂制成1765千瓦5缸单流式蒸汽机。这些船舶建造基础装备的技术进步，为我国船舶修理和新船自行设计建造及其发展奠定了技术基础。

新中国成立初期，我国新船建造没有全国统一的建造标准和检验技术规定，有关船舶修造及其检验，主要依靠各大行政区公布的船检规章和内部掌握的检验技术标准，以及可供使用的苏联船舶登记局规范。

（二）旧船和打捞沉船的修理检验

新中国成立初期，恢复航运，保障城乡物资运输是当时一项重要而紧迫的任务，而修复旧船则是迅速增加运输能力的主要手段。1949年上海港有运输能力的船舶（包括驳船）中，待修理的吨位占了总数的

41%。同时,在解放战争中破坏的沉船、废船也很多,在黄浦江中就有凿沉的江海船舶 59 艘,因此打捞和修复的任务十分繁重。首先打捞“大生”,然后将被凿沉的原中国油轮公司的“永汉”等 5 艘油船打捞出水,经过修复,很快就投入营运。据统计,仅在 1949 年的 6—7 月,从黄浦江中打捞起大小沉船 67 艘,14 万余吨。以后又陆续打捞不少船舶,其中较大的船舶有 1957 年打捞的“东山”和“济南丸”,修复后改名为“和平九号”和“民主十三号”。因此,配合沉船的打捞和旧船的修复而进行的修理检验,是当时船检部门一项重要而紧迫的任务。为此,上海船检部门派出验船人员,对这些修复的船舶进行检验,为保障安全航行做出了贡献。

1948 年 11 月 2 日,国民党军队在营口港搭乘“宣怀”轮撤退时,该船起火爆炸,船体严重变形,于 1949 年拖至大连关东船厂修理,由大连船检部门进行修理检验,修复后改名为“东方二号”。1950 年,广州港打捞“美葆”“普罗”拖船,修复后改名“南方一号”“南方二号”。1952 年,榆林港打捞“汉口”绞吸式挖泥船,拖回广州修复后改名为“新广东”。1955 年,“查浦林”万吨货船被台风吹搁在榆林港外礁石上,经拖救出浅后,拖至湛江港偏滩修理,修复后改名为“南海 143”。以上打捞的船舶,修复工程都相当大,属于基本恢复修理范围,是当时广州船检部门的重点检验工作。20 世纪 50 年代前期,广州尚无较大的船坞,千吨以上船舶遇有触礁等紧急海事,只能采用打水泥箱的临时救急措施。当时广州的船舶,不少已数年未能进坞,对水线以下部分技术状况严重恶劣者,只好在湛江偏滩,进行检查修理。1957 年,广州建造了首座 5 千吨级船坞,但仍无法满足坞修需求。在此期间,广州船检部门克服修船缺乏船坞等困难条件,认真进行修船监督检验工作,有力地保障了华南沿海船舶的安全航行。

20 世纪 50 年代初,长江各修船基地刚开始建立,技术基础十分薄弱,长江干线船舶的大修、改建及新建大多安排在上海进行。对汉申线十大班轮,除“江汉”“江德”两船未大拆大改外,其余的都是在只保留船体骨架和部分壳板的基础上改建而成的。川江近 10 艘客货船也先后在上海船厂和重庆民生船厂进行大修或改建后投入营运。仅在 1950—1952 年间,长江航务管理局就改建干线船舶共计 55 艘,20272 吨。船检部门对改建船舶的船体结构强度、稳性和救生、消防设备等安全技术问题特别重视,在长江船舶规范未制定前,对于这些船舶的修理检验主要根据上海船检部门拟订的《江船壳板、舱壁板厚度标准》(曲线图)和长江航务管理局公布的《长江区船舶检验技术暂行规则》。当时对于大修的客船,经做倾斜试验后,仅核算初稳性高度,结合试航情况及实际经验来判断其稳性。检验中,验船人员经常与船厂、机务部门共同研究解决有关船舶安全质量问题,促使船舶具备适航条件。

(三)初步开展船舶建造检验

随着国民经济的恢复和发展,为缓解运输的紧张局面,新建船舶的数量开始逐渐增加,船舶的吨位、功率由小到大,种类也逐渐增多。为适应形势,船检部门逐步开展了新建船舶的检验工作。1956 年以前,全国还没有统一的审图和检验制度,也没有自己的船舶建造规范可循。当时上海等沿海船检部门及长江船检系统主要是依据各大行政区颁布的有关船检规章和内部掌握的技术检验标准,同时参照外国船级社规范,对新建船舶实施技术监督检验。在审图和建造检验工作中,对重大技术问题,一般都采取船检部门、设计部门、船厂三结合的方式,共同研究解决。1956 年后,我国的船舶建造检验逐步形成统一的审图和检验制度。其中,1957 年 9 月 10 日,交通部颁布《船舶技术及施工图纸送审暂行规定》,确定了船检部门是船舶设计图纸资料的技术审查和批准部门。1958 年 3 月 2 日,交通部颁布了《船检部门在执行船舶建造技术监督中应检验的重要零件与工序试行项目表》的通知,初步明确了船舶建造检验的项目和内容。从 1956—1957 年,上海、天津、大连、广州、武汉、南京、重庆等地的船检部门,陆续开始实行了对船舶设计图纸的审批和驻厂检验制度,初步开展了正规的船舶建造检验工作,促进了船舶建造质量的逐步提高。

1949年上海解放，为迅速恢复航运，保证人民生活、工农业生产的急需和支援解放战争，上海市军管会船舶建造处，在一年多时间内，设计建造了一批220千瓦的“建”字号（T1型）和110千瓦“新”字号（T2型）内河拖船。上海船检部门参考苏联内河船舶技术标准，对设计图纸进行审查及在建造中进行检验。

招商局重庆分公司将接管国民政府的几艘兵舰改建成适航川江的客货船。1950年，民生公司在中华造船厂，利用旧客货船改建成“巫峡”“夔峡”“巴峡”3艘蒸汽机拖船。后于1954—1957年，以“巫峡”为母型，由中华造船厂和民生船厂分别承建一批1470千瓦蒸汽机拖船。1954年，交通部河运总局设计适于长江上游急流浅水型1470千瓦蒸汽机拖船，于1956年在新港船厂试制成功，随后又在中华造船厂等陆续建造了一批。1955年还设计建造一批388千瓦及515千瓦半单流式蒸汽机拖船，成为当时长江中下游运输的骨干拖船。

20世纪50年代初、中期，长江沿线各船厂修船任务繁重，同时也建造一定数量的小型船舶。如武汉市轮渡公司新建了“湖北”“延安”“井冈山”“武康”4艘钢质客渡船，重庆市新建了编号201至210的木质轮渡10艘。这些船舶由船厂所在地的船检部门对其进行了建造检验。

自20世纪50年代中期起，我国开始批量生产长江和沿海航行的中型船舶。当时的造船任务，基本集中在上海。上海船检部门积极开展了船舶建造中的检验和发证工作。1955年开始，对我国自行设计建造的第一艘乙型沿海客货船“民主十号”执行新建船舶设计图纸的审批工作。上海船检部门在1954—1956年间，对各类船舶进行建造检验的情况如下：

1954年，江南造船厂建造第一艘大型长江客货船“民众”，载客936人，载货500吨，并建造为中央领导视察长江及接待外宾的专用客船“江峡”，载客400人。沪东造船厂建造的新型川江货船“人民一号”，载货1000吨，并批量建造同型船“人民十四号”“人民十六号”“人民十七号”“人民十八号”等。

1955年，江南造船厂建造乙型沿海客货船“民主十号”及1956年建造的“民主十一号”，载客525人，载货500吨。中华造船厂建造川江货船“大众”，载货1500吨。江南造船厂建造火车轮渡“上海号”，装载火车车箱20余节，并陆续建造“浦江号”“金陵号”，是长江火车轮渡船型中的最大者。1956年，中华造船厂批量建造“峡”字号系列长江中上游1470千瓦蒸汽机拖船共22艘。

20世纪50年代，大连也是中国主要造船基地之一。1956年，大连船检部门实行《大连区新造船申请技术监督暂行办法》，对大连造船厂建造的3700吨沿海油驳进行建造检验。同年6月，交通部和一机部联合主持召开我国第一艘自行设计的4500吨油船技术设计审查会议，大连船检部门派5名验船师参加会议，开始了对中型船舶技术设计审查工作。其后，陆续审查了“和平25”“和平57”等货船设计图纸。1957年开始，对大连造船厂开工建造的中国第一艘4500吨沿海油船“建设九号”进行建造检验，并对该厂建造的883千瓦远洋拖船进行建造检验并签发证书。

20世纪50年代，广州地区只能建造小型机动船和驳船，如300吨油船、367.5千瓦拖船及1000吨货驳等，广州船检部门也开展了新建船舶的监督检验和发证工作。

1956年交通部在“易货贸易”框架下，通过中国机械进出口公司为广州海运管理局在民主德国的罗斯托克船厂（VEB Neptunwerft Rostock）订造一艘4457吨蒸汽机杂货船“DULOK”，建成回国后改称“南海155”投入营运。该船总长102.6米、型宽14.4米、型深7.9米；主机为DMT2450/90型船用蒸汽机，功率1800千瓦，航速11节。合同规定该船依据苏联船舶登记局规范设计建造，由苏联船舶登记局进行建造检验与发证。为了保障船舶建造质量，交通部决定由船舶登记局派出专业人员以船东身份进行监造。

三、船用产品检验工作的起步

20 世纪 50 年代初,中国修造船工业处于恢复和初步发展阶段,很少有正规的生产船用设备的工厂,船用设备一般在修造船时由船厂进行单件或小批量生产。船检部门也没有船用产品的专职检验人员,都由现场船舶检验人员兼管,而且也没有制订专门的船用产品检验规章,检验和试验的内容比较简单,要求也不尽一致。有鉴于此,结合中国的具体情况,开始探索在中国开展船用产品检验的途径。

20 世纪 50 年代中期,有些地区开始建造沿海和长江中小型船舶,船检部门在检验新建船舶的同时,对与其配套的船用锅炉、受压容器、主辅机、救生艇、刚性救生筏等重要船用产品也进行了检验。

为使开展船用产品检验工作有所依据,1953 年,交通部颁布《船用救生衣、救生圈规格标准暂行规定》。1954 年 8 月交通部海运管理总局发布《海轮安全设备定额》《船舶蒸汽锅炉和主蒸汽管的技术监督规程》等 4 个技术规则和规程。1955 年 6 月交通部颁布《船用救生衣、救生圈标准》。1957 年交通部船舶登记局颁布《木制、钢质救生艇验收标准》,促使各地区船检部门逐步开展了部分重要船用产品检验工作。

1956 年,在中华造船厂成批建造"峡"字号系列 1470 千瓦蒸汽机拖船,其主机由沪东造船厂制造,而锅炉和辅机则由中华造船厂制造,这些产品均由上海船检部门进行检验。

广州船检部门从 1956 年起,对广州协同和机器厂制造的小型柴油机,由陆用改为船用的某些重要部件进行设计图纸审核和材料试验、水压试验等检验工作。同时对义隆锅炉厂、广州造船厂制造的小批量锅炉和空气瓶进行图纸审核和主要部件的检验。

1956 年 7 月,大连船检部门对分别在大连造船厂和抚顺市机电厂制造的为 147 千瓦、367.5 千瓦、735 千瓦船舶配套的锅炉进行监督检验。

此外,沿海和长江各地船检部门验船人员按照交通部颁布的船用救生衣、救生圈标准,对当地各生产厂的救生衣、救生圈的材料、外型尺寸、重量和浮力进行外观检验和浮力试验。通过检验,促使生产厂按照工艺程序和技术标准生产而达到质量要求。

四、地方船检工作的开展

20 世纪 50 年代初,全国各大行政区及省(市)航务主管机构设置了港监、船检合一的港航监督部门,负责办理船检及航政方面的业务,并在下属的办事处配置专职或兼职验船人员,开展对船舶的检丈、登记发证工作,促使航行秩序的恢复和正常化。当时,沿海和内河地方船检的检验对象,主要是木帆船和驳船,为了做好木船的检丈工作,促进安全生产,各大行政区(或省、市)都发布了地区性木帆船检查丈量规则,不少省、市还举办了检丈人员的培训班。

浙江省航务局于 1951 年 1 月 21 日成立了木帆船登记丈量工作队。3 月 1 日起,首先在绍兴对木帆船进行登记、丈量、发证工作,至 1953 年 5 月,前后共 26 个月时间内,该工作队在全省共完成了木帆船 18463 艘的检丈工作。1950 年 3 月,湖北省航政局帆船管理科组织了 4 人的巡回检丈组赴长江沿线对省辖木帆船开展检丈,同时在汉口设置检丈组对在汉和来汉的木帆船进行检丈。1952 年在此基础上,增加为 7 个检丈工作组,每组 3 人,在全省范围内开展工作,截止 1953 年,全省检丈的专业运输木帆船共 30993 艘。河南省航运局于 1950 年成立了沙河船舶检丈组,1951 年对省内 3 吨以上的木帆船进行了检丈。1950 年安徽省淮河航运管理局航政科开始组织人员按照华东交通部颁发的《木帆船管理暂行办法》和相关的检丈业务,先对淮河地区的木帆船进行检丈,随后,在巢湖、芜湖、安庆、阜阳、六安、正阳关、田家庵等主要港口普遍开展。1950—1952 年,苏北航务局先后制定了《木帆船管理及丈量方法》《木帆船检丈纲要》等规定，但由于老船很多、船型很杂，在检丈中遇到一定困难，计算吨位和检丈方法曾遭到船民反对，而不得不中途停顿。后来根据上述几个办法结合实际情况，重新组织学习，改进了检丈方法，工作才继续进行。广东省木帆船检丈工作持续时间较长。1951 年 2 月，广州区港务局江门办事处根据中南区颁布的《木帆船管理办法》，开始在该地对木帆船进行巡回检丈。20 世纪 50 年代，韶关专区航运管理局在清远县等地也开展了木帆船检丈工作。

当时各地区根据所制订的木帆船管理办法和检丈的有关规定，在船多人少、条件简陋和任务量大的情况下，仍然完成了木帆船的检丈任务，对加强木帆船的整顿和管理，保障木帆船运输安全，起到了积极的作用。

据统计，1950 年，全国共有木帆船 29.8 万艘，310 万吨，完成货运量占当时全国水运总量的 75%，周转量的 43%，在支援前线和国民经济恢复时期有着重要的作用。20 世纪 50 年代后期，木帆船运输比重虽有所下降，但仍然是沿海和内河的地方主要运力，广大地方验船人员为保证木帆船的安全营运，进行了大量的工作。1956 年以后，地方轮驳船运输开始得到一定发展，各地方船检部门开展了机动船舶的检验工作。

20 世纪 50 年代，全国省、市地方造船的力量比较薄弱，一般只能建造几十吨至百余吨的木船或钢质驳船、机动船。1953 年，湖北省内河航运局修船厂首次建造 205 吨 350 客位小型钢质客货船，继而分别于 1954 年和 1955 年建造 2 艘 110 千瓦拖船。1957 年该厂又建造成功 0.58 米的浅水客货船，载客 120 人，载货 5 吨。从 1953—1957 年，湖北省船厂共建造客货船 19 艘，货船、机动驳船 3 艘，拖船 13 艘，货驳 39 艘，工作船 15 艘，由该省船检部门进行检验发证。1955 年，湖南长沙船厂建成该省第一艘钢质客轮，274 总吨；1956 年，该厂又试制 100 吨级驳船 2 艘，经省船检部门审图、检验和发证。1951 年，安徽蚌埠船舶修理厂试制 120 客位木质客船两艘。1952 年该厂又首次批量建造木质拖船 7 艘。同年，芜湖铁工厂首次建成钢质 55 立方米/小时抓斗式挖泥船及 36.75 千瓦拖船各 1 艘，这是安徽省建造钢质船舶的开端。1957 年，芜湖市船舶厂开始建造钢质趸船，安徽省淮河、芜湖航运管理局派验船人员对上述船舶进行检验发证。1955 年，江苏镇江航政办事处检验了镇江船舶修造厂建造的 320 客位的木质客船，并帮助其设计制造了 110 千瓦 153 吨排水量的钢质客船和 40 立方米/小时的钢质链斗式挖泥船。1956 年，江西省建造 52 艘煤气机拖船，由省航运厅港航监督科进行了检验发证，该船吃水较浅，航速较快，成本也较低，是当时江西内河的主要运输力量。1952 年，广州船舶修造厂首制 147 千瓦钢质铆钉结构蒸汽机拖船“建运 222 号”。1955 年，福州地区各造船厂曾建造各种木质机动船 23 艘，其中最大的是 270 总吨 176 千瓦的货船。上述建造的船舶，分别由广东和福建地方船检部门进行了检验、发证工作。

五、渔船检验工作的开展

中华人民共和国成立初期，山东省的渔船数量较少，船舶的总吨和功率也较小，除青岛、烟台两个港口附近的部分渔船由当地交通主管部门受理监督检验外，绝大部分渔船无人检验。为了加强沿海各地渔帆船的管理，山东省人民政府于 1954 年颁布了《山东省渔船登记暂行办法》，由各县（市）水产行政部门对沿海帆船和各地水产养殖业船舶进行登记发证。

1949 年，辽宁省大连地区的机动船与非机动船的登记、检验发证等工作由当时公安系统的旅大水上公安局船舶检查股（后改称船政股、行政股）进行检验管理。1950 年 4 月，旅大海关管理处货运监管科接管水上公安局的航政管理工作。9 月，海关又将此项工作移交给大连航务局（后改为北洋区海运管理局）的技术检查科。1952 年 5 月又由北洋区海运管理局移交给了大连区港务管理局的船舶登记科。这个时期的机动与非机动小型渔船的检验,就由该科负责。当时尚没有渔船规范,该科和水产船厂协商、调研,草拟了《44 千瓦机帆船试验规程》《147 千瓦、185 千瓦渔船试验规程》,并补充《132 千瓦渔轮系泊和航海试验规程》,以后又逐步补充了船体工艺、配电系统、电源系统安装工艺、船舶电气设备试验大纲及焊接工艺等技术文件作为检验渔船的依据。

福建省交通主管部门由于自身力量不足,对水产系统渔船仅限于福州、厦门等几个主要港口渔业运输船和部分渔轮的管理;至于广大渔区数以万计的群众渔船则无人管理。

1954 年,河北省沿海有小型渔船 3000 艘左右,由天津区港务管理局负责管理。同年 3 月由该局移交给河北省海港航运管理处。当时天津区港务管理局对渔船管理的重点要求是:明确以安全管理为主,为促使其安全航行,在检查丈量的基础上颁发产权登记及检丈证书。

1953 年,广东省水产局在广州市建立国营南海水产公司从事开展海洋捕捞生产。开始设计建造木质机动渔轮 4 艘,其中 100 吨 147 千瓦单拖 1 艘,并改装 90 吨 110 千瓦和 400 吨 59 千瓦木质机动延绳钓船各 1 艘。这些渔轮于 1954 年初先后投产。

1954 年以后,广东省的海洋捕捞生产有很大的发展,建成国营南海水产公司以后,又增建了国营西南沙调查队,后称湛江渔业公司和北海捕捞公司。先后建造了 100 吨级木质机动拖网和延绳钓渔轮 25 艘,钢质渔轮 1 艘;其中南海水产公司 18 艘,西南沙调查队 3 艘,北海捕捞公司 5 艘。

在此期间,广东省所属国营渔轮,都是由广州港港务监督进行建造检验和营运检验,签发船舶证书。广东省私营的渔船改建为机帆渔船,当时还在试验推广阶段,绝大部分仍是风帆渔船,港务监督还没有进行检验和管理。

1956 年 7 月,江苏省连云港海洋渔业公司筹备处成立。同年 11 月,接收北海舰队退役的美式旧单拖渔轮和澳式旧钓渔轮各 1 艘(后并入江苏省海洋渔业公司船队)。1957 年 8 月,江苏省海洋渔业公司在上海复兴岛成立,接收东海舰队退役的日式旧对拖旧渔轮 2 艘,主机功率分别为 85.3 千瓦及 117.6 千瓦,命名为"苏渔 301"和"苏渔 302",投入捕捞生产。这是新中国成立后,江苏渔轮事业的起步。

根据交通部和水产部的有关通知,青岛市水产管理局于 1957 年 11 月 1 日正式接办渔船检查、丈量和登记工作。由水产部门对第一艘渔船"山东 151"号,进行了制造检验。当年,青岛市水产管理局共检验机动船舶 12 艘,其中制造检验 3 艘,丈量 3 艘,办理船舶产权登记 5 艘;检验渔帆船 115 艘,丈量 5 艘。

六、船检工作对解放战争的支援

解放战争时期,中共中央东北局及华北局在大连分别创办了同利公司、大华公司等轮船公司,共有船舶近 80 艘,负责东北与华北地区的海上运输任务,承运了晋察冀边区、山东军区、辽南军区、渤海军区在大连开设的数家商号所筹集的军用物资,大连船检部门对这些船舶进行了检验发证。为支援前线,保障船舶安全航行,做出了应有的贡献。

武汉解放后,百万解放大军云集江南,大批部队和军用物资需经武汉运往华南、西南等地区。为此,四野后勤司令部、华中航政局(筹)及华中支前司令部运输处在 1949 年 8 月联合组成了华中支前运输处。当时以汉口为中心的支前驳船、木帆船有 3000 余艘,其中汉口轮船业同业公会所属的 300 吨以下的船舶 140 多艘全部参加了支前运输,公私合营船舶从武汉运出的部队有 38.8 万人,军用物资 32 万吨。船检部门将船舶运力调查及技术鉴定作为首要任务来抓,必须对每艘支前船舶的技术状况做出鉴定,有时为了对一艘船做出结论,往往反复检验,并与有关部门协商,做出决定。

1950 年 2 月,江苏省苏南交通管理局抽调 40 多名航务干部和船检人员,并动员与组织了 519 艘木船投入解放舟山群岛的支前运输。1950 年 7 月初,为克服敌人封锁,保证进出上海港航行南北沿海航线船舶的安全，上海区航务局船舶科派出6名技术人员参加中国人民解放军步兵第98师渡海解放嵊泗列岛的支前工作。他们负责渡海船舶的征用、检修、管理和船员调配。共征用中小型登陆艇等多种船舶约30艘。经过10余天的准备工作后，于7月15日登轮启航，随军出发。到7月18日，大羊山、小羊山等岛屿相继解放，我军解放嵊泗列岛的任务宣告完成。

1950年，广东汕头地区组织了450艘机动船和民船，参加了解放南澳岛的战役。1952年，在收复南澎岛的战斗中，广东汕头地区组织了各种船舶78艘(其中机动船29艘)支前参战。同年，在解放海南岛时，广东及山东等地组织了大量的支前木帆船。在解放万山群岛时，广州曾派出“南方一号”“南方二号”拖船支援战斗。在上述的支前运输和战斗中，为了保障船舶安全航行，广东、山东等地的验船人员积极参加了各类船舶的检查，发挥了应有的作用。

第四章　新中国船检事业地位的提高(1958—1965 年)

在第一个五年计划时期,随着我国经济建设和造船、航运事业的发展,开创了新中国的船检事业。进入第二个五年计划后,国家开始自力更生,“多、快、好、省”地进行社会主义建设,新中国船检行业随着国家水运发展逐步形成。1958 年 8 月,中华人民共和国船舶登记局更名为中华人民共和国船舶检验局。同年 10 月,交通部在上海召开第一次全国验船工作会议,明确了船检工作方向,确立了以船舶检验局为主导的国家船舶安全监督体系。在三年经济建设“大跃进”中,安全与生产的矛盾突出,各地船检部门依然坚持安全质量原则,实事求是地配合生产部门解决和处理一些有关船舶安全方面的技术问题,基本保证了船舶航行安全。

1961—1965 年,船检部门认真贯彻执行国民经济“调整、巩固、充实、提高”的八字方针,抓紧整顿船检工作秩序,积极推进船检建设,特别是 1963 年 10 月 7 日经国务院批准颁布《中华人民共和国船舶检验局章程》,对船舶检验局的机构性质、任务、职权范围及管理等做出规定,为船舶检验局开展国内、国外船舶检验提供了依据。

在 1958—1965 年这八年中,伴随着国家精简机构、权力下放对全国船检机构做了调整和加强,船舶检验局首次制定颁布了 11 种海船规范,公布了第一套国际和国内航行船舶证书,建立起双重管理的国家船舶检验体系,开始了船用产品制造检验,为我国建造的第一艘万吨级远洋船舶签发了国际航行船舶证书。由此,建立起较为完善的国家船检机构,形成了较为健全的船检规章、规范和检验制度,为我国船舶检验的发展奠定了坚实基础。

第一节　船检新体制的确立与船检机构变迁

一、船检机构性质任务的明确和分工

1958 年 10 月 16—21 日,交通部在上海召开了第一次全国验船工作会议,出席这次会议的正式代表 42 人,来自沿海各大港、长航局和部分省、市船检部门。会议由船舶检验局局长谢中峰主持,交通部副部长孙大光做了报告。这次会议明确了船检机构的性质、作用和任务,讨论了船检机构的体制、分工及检验工作的范围,确定了健全船检规章制度和规范,培训干部,全面开展船检业务等项问题,各地交流了船检工作经验。

这次会议的文件指出:“船舶检验机构是国家对船舶的技术立法和技术监督的机关,同时对外又起着船级社的作用。它的工作是为了保证船舶具有良好的技术条件,以保障船舶、人命和货物的安全,并提高船舶使用效能,发挥船舶的经济效果,从而促进航运和造船事业的发展。船舶检验机构的主要任务是:负责制定海、河航区;制定各种船舶规范和技术标准;对建造和营运中的船舶进行技术监督,并对船舶的技术状态进行定期和不定期的检查或抽查;处理海事中有关船舶检验方面的工作;办理船舶入级业务;与外国验船机构建立联系订立协议,相互服务;参加有关验船方面的国际活动,执行各有关国际公约所赋予的权力及应承担的义务;交流国内外有关的各种经验等。所以验船工作是很重要的工作,是航运事业中不

能缺少的一环”。

会议期间，代表们围绕主要议题进行了热烈的讨论并充分发表意见。根据当时的实际情况，会议总结报告第二部分谈到关于船检工作体制和分工问题：“船检工作体制和分工，必须贯彻权力下放和交通工作‘地、群、普’的方针。各地船检部门是各地港航内部的一个工作单位，都由各地港航行政部门领导。由于船舶航行区域、船舶大小和现代化程度等不同情况，所以在体制分工方面应有所区别”。会议认为应采取下述方法进行船检体制分工：

（一）沿海大港的船舶检验工作

沿海大港系指大连、天津、青岛、上海、广州等港口，直属交通部管理。对于这些港口的船检机构设置，交通部规定：

（1）沿海大港的船检机构是各大港的内部工作单位，行政上由各大港领导，在业务和技术上接受船舶检验局的指导，建立双重领导模式。为了对外工作方便，大连、天津、青岛、上海、广州的船检部门对外在形式上作为船舶检验局的分支机构，可称为“船舶检验局××（地名）办事处”，对内仍为港务局建制。

（2）船舶检验局负责划定沿海航区，制订规范、船检工作制度、检验证书格式和检验费率等。各港应提供资料和意见，并可制定实施细则或补充办法。

（3）入级船舶建造的技术设计，由船舶检验局或由其委托适当港口进行审核。入级证书和国际载重线证书，由船舶检验局发给，其余业务和非入级船舶的一切监督检验业务，均由各港负责进行。

入级船舶和定型船舶的技术资料、海事资料及与规范有重大出入问题的有关资料应送船舶检验局一份，其余船舶的资料均由各港自行管理。对于非入级船舶的技术设计图纸，原则上应由业主单位送建造所在地的船检部门审查。目前有些港口审图力量不足，设计部门大部分设在上海，故暂由上海船检部门负责协助审查。施工设计图纸审查，则由建造所在地船检部门负责。沿海各大港对附近的中小港在业务和技术上予以协助。

（二）长江水系的船舶检验工作

长江是我国第一大河，流经我国七省一市，因此在交通部所属的长江航务管理局内设立一个船检机构统一管理长江水系的船舶检验工作，它是长江航务管理局的内部工作单位，由长江航务管理局领导，船舶检验局原则上采取与沿海大港相同的模式管理，在业务和技术上予以指导。长江航务管理局船检机构的主要任务是：划分长江航区，制定长江船舶规范及检验制度，在业务和技术上指导沿江主要港口的检验工作。沿江主要港口应提供制定规范和制度的资料及意见。有些长江支流的船检部门也希望长江船检机构在技术上加以协助，长江船检机构应尽可能予以协助。

（三）沿海中小港口和各省内河港口的船舶检验工作

各省可根据具体需要设置适当的船检机构或人员，负责制定省境内的船舶检验标准和制度，并进行各种验船工作，以保证航行安全，促进运输生产事业的发展。

船舶检验局要加强对各省船检工作的指导，组织各省力量搜集水文气象资料和划分内河航区，协助各省制定适应于各航区的验船技术标准。沿海中小港口可以参照执行船舶检验局的海船规范。

船舶检验局对全国船检工作提出方针和规划，协助各省研究解决沿海中小港口和内河在检验工作中的重大技术问题，协助地方培训验船人员，组织进行地方船舶检验工作的经验交流。各省的验船机构应定期向船舶检验局报告业务工作情况。

这次会议是我国船检事业发展历史上的一次重要会议。会议后,船舶检验局和各地船检部门,按照会议要求,采取了有力的措施,整顿和加强了各级船检机构,颁发了首批全国统一的规章制度和规范,抓紧培养干部,促进了全国船检工作的发展。

二、交通部船检机构的名称调整与性质确定

1958 年 8 月,交通部船舶登记局改称船舶检验局,同时其对外名称中华人民共和国船舶登记局改称中华人民共和国船舶检验局(以下简称船舶检验局或船检局),并确定船舶检验局的机构性质是交通部领导下的国家技术监督机构,兼办船舶入级业务。它作为交通部的国家事业单位,实行经济上的独立核算。船舶检验局本部设在北京,内设船体科、机电科、技术监督科和办公室,编制 45 人。

1960 年交通部进行精简机构,将汽车监理处、港航监督室与船舶检验局合并,于 1960 年 11 月 28 日成立交通部安全监督局。局内设船舶检验处、港航监督处、汽车监理处和办公室。其中,船舶检验处负责船舶检验、船舶规范、船舶技术监督等原船舶检验局的全部技术业务管理工作,对外仍使用中华人民共和国船舶检验局名称;港航监督处负责原港务监督和航行监督的技术业务工作,对外使用中华人民共和国港务监督名称;汽车监理处负责原汽车监理的有关工作。

1963 年,交通部针对上述机构精简带来的弊端进行机构体制调整,撤销安全监督局,划出汽车监理业务,于 1963 年 4 月 1 日改组成立交通部船检港监局。局内设办公室、海船检验处、内河检验处、规范科、海港监督处、内河监督处,海船检验处内再设船体科和轮机科,船检与港监合署办公。其中海船检验处、内河检验处、规范科对外以中华人民共和国船舶检验局名义工作;海港监督处、内河监督处对外以中华人民共和国港务监督名义工作。

到 1965 年底,属于中华人民共和国船舶检验局的职工有 33 人,其中专业人员 23 人,非专业人员 10 人;在专业人员中有工程技术人员 20 人,非工程专业技术人员 3 人。

三、交通部直属沿海及长江船检机构的调整与充实

1959 年 1 月,交通部以交船〔59〕字第 23 号文通知上海、大连、天津、青岛港务局和广东省航运厅,其所属船检机构在机构设置上列为各港务局(航运厅)的工作单位,有关检验业务由船舶检验局领导,对外启用“中华人民共和国船舶检验局××办事处”名称从事船舶安全技术监督检验业务,以此建立对沿海各大港口船检机构的双重管理体系。1960 年 7 月,交通部决定在长江航务管理局设立船检局长江区办事处。1962 年,船检局上海办事处和大连办事处分别接办苏联船舶登记局上海验船处和大连验船处的业务。1963 年 12 月 5 日,交通部以交船河〔63〕字第 524 号文《关于船舶检验局长江区办事处成为独立核算单位的决定》,将船检局长江区办事处(包括沿江直属港的船检部门)改由长江航务管理局和船舶检验局实行双重领导。通过采取这些组织措施,为船舶检验局实施对现场检验机构的管理,同时也为逐步形成船舶检验局直属系统奠定了基础。

(一)中华人民共和国船舶检验局大连办事处

1959 年 6 月,大连区港务管理局船舶检验科对外称中华人民共和国船舶检验局大连办事处,对内仍为大连区港务管理局领导的科级单位。1961 年 11 月,船舶检验科升格为船舶检验处,大连港务管理局副局长高毅兼任船检局大连办事处主任,陈志芳任副主任。1963 年 11 月,营口港验船组启用中华人民共和国船舶检验局大连办事处营口港验船组印章。1965 年 8 月,船检局大连办事处将渔船检验业务和 9 名技术人员移交给辽宁省渔业船舶管理站。同年 10 月将地方所属运输船舶检验业务移交给辽宁省船检

局旅大办事处。到1965年年底，船检局大连办事处有职工28人，其中专业人员23人，非专业人员5人。

（二）中华人民共和国船舶检验局天津办事处

1959年2月，天津港务局港务监督室船舶检验组恢复为船舶检验科，对外称中华人民共和国船舶检验局天津办事处。1962年，船舶检验科与港务局船舶管理科合署办公，内部分为船舶检验组和船舶管理组，分别负责天津地区的船舶检验和对港务局所属拖轮和驳船的管理，对外各使用原名称。1963年，两科又分开，各自行使职权。船舶检验科直属天津港务局领导，对外称中华人民共和国船舶检验局天津办事处，天津港务局局长冈森兼任办事处主任，王秀贞任副主任。1964年，船舶检验科升格为船舶检验处。1965年底，船检局天津办事处有职工23人，其中专业人员18人，非专业人员5人。

（三）中华人民共和国船舶检验局青岛办事处

1958年秋天，青岛港务局并入山东省交通厅海运局，青岛港务监督船舶登记科也随港务监督一起隶属山东省交通厅海运局。1959年3月，青岛港务监督船舶登记科对外称中华人民共和国船舶检验局青岛办事处。1961年3月，青岛港务局又从山东省交通厅海运局划出，直属交通部领导，该办事处对内成为青岛港务局的港务监督船舶登记科。1963年7月，该科从港务监督中划出，晋为船舶登记处，行政上由青岛港务局领导，业务上接受船舶检验局领导，对外称中华人民共和国船舶检验局青岛办事处，由青岛港务局局长王文录兼任办事处主任。1965年底，船检局青岛办事处职工6人，其中专业人员5人，非专业人员1人。

（四）中华人民共和国船舶检验局上海办事处

从1959年3月起，上海港务监督船舶检验科对外称中华人民共和国船舶检验局上海办事处，对内仍是上海港务局下属的上海港务监督内的一个科。1962年4月，上海港务监督船舶检验科改为船舶检验处，从港务监督中分出，实行内部独立经济核算，直属上海港务局领导，对外仍称中华人民共和国船舶检验局上海办事处，由上海港务局副局长袁子清兼任办事处主任，邵丹卿、毕剑桥任副主任。到1965年底，船检局上海办事处有职工115人，其中专业人员112人，非专业人员3人。

（五）中华人民共和国船舶检验局广州办事处

1958年8月，广东省航运厅将原珠江航运管理局和广州港务局的验船业务及部分验船技术人员合并，组建广州港务监督船舶检验科。1959年3月，广东省航运厅按照交通部要求，以广州港务监督船舶检验科为基础，成立船舶检验处，对外称中华人民共和国船舶检验局广州办事处，由庄敬民任办事处主任。1961年3月，广东省航运厅撤销船舶检验处建制，做实船检局广州办事处，实行内部独立经济核算，直属广东省航运厅领导。1963年，船检局广州办事处受广东省航运厅和船舶检验局双重领导。1964年6月，船检局广州办事处改为交通部领导的直属事业单位，受交通部广州海运局和船舶检验局双重领导。1965年底，船检局广州办事处有职工53人，其中专业人员41人，非专业人员12人。

（六）中华人民共和国船舶检验局长江区办事处

1958年1月，交通部将长江部分港航单位下放到地方，下放地方的各港船检部门均设在各港务局的港航监督科内。长江航务管理局在其港航监督室内设立船舶检验组，对长江干线的船检业务实行统一管理。1960年7月，长江航务管理局船检机构对外称中华人民共和国船舶检验局长江区办事处，由长江航务管理局总监督长许得所兼任办事处主任。该办事处对内仍为港航监督室的船舶检验组。1963 年 12 月,交通部批准船检局长江区办事处为经济独立核算单位,长江干线的船检人员由 30 人扩编为 60 人。1964 年 6 月,长江航务管理局按照交通部指示,将船检局长江区办事处及沿江各直属港的船检部门划归船检局业务管理。9 月,武汉港务管理局船检组并入船检局长江区办事处,统一负责管理长江干线重庆、宜昌、芜湖、南京的船检业务。1965 年 9 月,交通部对长江航运体制进行改革,设立长江航政管理局,统一管理长江干线的航政和船检工作。同时局内设船舶检验处,对外仍称中华人民共和国船舶检验局长江区办事处,对在长江航行的非省市工矿企业直辖的各种船舶进行检验发证。同时,长江航政管理局又接管了湖南省航运局驻武汉办事处及城陵矶的船检业务和验船人员。1965 年底,船检局长江区办事处有职工 46 人,其中专业人员 44 人,非专业人员 2 人。

四、地方船检机构的变迁

(一)辽宁省

1958 年 1 月,辽宁省交通厅撤销航运管理局,在交通厅内设航务管理处。其后,港航企业全部下放,旅大航运分局改为旅大航运公司,航政管理工作移交旅大市公用局,旅大航运分局安东办事处并入安东港务处,船检工作由该处航运股负责。营口航运分局改为营口航务局。1959 年 6 月,旅大市成立交通运输局,撤销公用局。1962 年 7 月,旅大市交通运输局改称旅大市公用交通局,负责木帆船检验业务。1962 年,营口港验船组设在营口航务局港务监督科内,负责营口地区的船检工作。1963 年 9 月,营口的港务与航运分开,分别设立营口港务管理局及营口航运管理局。1964 年 1 月,营口港务管理局负责营口港内轮船及驳船的检验,并以船检局大连办事处营口验船组名义工作。营口航运管理局负责锦州、抚顺、沈阳、鞍山市县的船舶检验及营口地区除营口港内轮船、驳船以外的船舶检验,并以辽宁省船检局营口办事处名义工作。1965 年 7 月,旅大市公用交通局并入旅大市基本建设委员会,内设航政科负责地方船检工作。9 月,辽宁省船检局成立,下设旅大、营口、丹东 3 个办事处。10 月,旅大市基本建设委员会将木帆船检验业务移交给辽宁省船检局旅大办事处,船检局大连办事处将地方所属运输船检验业务移交给省船检局旅大办事处。

(二)天津市及河北省

1960 年,天津市成立交通运输管理局,内设航政处航监科,负责船舶检丈、换发牌照等业务,共有 13 人。1961 年,天津市成立内河航运管理局,同时将船检业务划归港务局港务处,港务处下设港航监督科,不久改名为港航监督室,负责内河船舶签证和办理登记、检丈等业务。1963 年,天津市航运局港航监督成立,即港航监督科,负责对木帆船进行检丈、登记等业务工作。

1964 年 9 月,河北省航运局和天津市航运局合并,改称河北省交通厅航运管理局,内设航政处,对外称“中华人民共和国船舶检验局天津办事处内河组”,负责直属省、市的沿海、内河船舶检验业务工作。

(三)山东省

1958 年,山东省交通厅撤销省航运管理局,将航运业务并入交通厅运务处,另设航政处负责航政管理工作。1962 年航政处又改为航运管理局。1963 年山东省交通厅决定对沿海、内河港航监督机构与业务领导关系进行调整,海运局和各内河航运局在原有监督部门的基础上成立港航监督机构。分别在青岛和卫运河、黄河、小清河及运河等地设置了港航监督,并在石岛、富国、龙口、威海、临清等地设置港航监督办事处。各港航监督在业务上实行以省交通厅航运管理局为主和省海运局、内河各航运局为辅的双重领导体制。

(四)江苏省

1958 年 2 月,江苏省交通厅与航运厅合并,成立省交通厅。1960 年 5 月,省交通厅设置航运局,下设港航监督科,负有船检职能。1961 年 12 月,省交通厅内改设安全监督处,掌管全省航政(含船检)工作,省辖市、县设车船监理所,负责辖区内的船舶、车辆的检验发证工作。1962 年 1 月,全省交通机构和管理体制进行调整,省交通厅设航运管理局,下设无锡、盐城、南京、淮阴航运局,同时将镇江、南通、江阴等地的地方船检工作划归省航运管理局领导。1965 年 6 月,江苏省交通厅航运管理局与公路管理局合并成立运输管理局。

(五)上海市

1958 年 7 月,上海市交通运输局所属上海市内河港务管理处划归上海区港务管理局领导。12 月,上海港下放地方,改称上海市港务管理局。1959 年 10 月,上海市港务管理局分别将原由苏州河港务管理处港监科办理的机动船检丈、登记、发证和内河木帆船、海帆船的检丈、登记、发证等业务及船舶检验档案和检验人员(3 人)全部移交上海港务监督船舶检验科。1960 年 3 月,上海市第二交通运输局成立,接管由上海市港务管理局管理的本市内河运输、市内轮渡等业务。原上海市交通运输局,改名为上海市第一交通运输局。1961 年 4 月,上海市港务管理局将苏州河港务管理处划归上海市第二交通运输局领导。1962 年 5 月,苏州河港务管理处又改称上海市内河港务管理处,负责主管苏州河的港监、船检等业务。同年 9 月 1 日起,上海市港务管理局将有关市属的船舶登记、检丈及船员管理工作,由船检局上海办事处移交给上海市第二交通运输局,共计移交 4626 艘各类船舶及资料,4 名检丈人员亦随同调去。同时,上海市第一、第二交通运输局合并,改称上海市交通运输局。1966 年 5 月,上海市交通局内河航运管理处成立,负责内河船舶检验业务。

(六)浙江省

1958 年 1 月,浙江省交通厅航运处组建杭州航运局和钱江航运局,各专区成立民船管理处,负责各县的民船组织管理工作,并办理木帆船检验。浙江省轮船公司成立了湖州和嘉兴区分公司,下设港航监督科,办理本企业的船舶检验业务。7 月,上海区港务管理局宁波分局下放与宁波市交通局合并。1959 年,浙江省各专区民船管理处与专署交通局、公路运输局合并,成立各专署交通运输管理局,下设航管科。1963 年 5 月,省交通厅航运管理局港航监督科配有 3 名专职船检干部。1963 年 12 月,省航运管理局所属嘉兴、浙西、钱江、宁波、舟山、台州、温州、金华 8 个航运管理处以及宁波和温州港务管理局等机构均配有专职船检人员。1964 年底,全省共有船检人员 50 余人。

(七)福建省

1960 年,福建省港航管理局设闽江分局和厦门分局,并在泉州、涵江、三都、南平等港口设立办事处。闽江分局设航监股,负责闽江的内河船舶检验业务,并兼管三明、洋口、顺昌等地的检验工作。同年,成立南平航运总站,下设航监股,办理闽江干线木帆船检丈工作。1962 年,南平航运总站航监股撤销,成立福州港务监督南平监督站,办理机帆船及港区小型轮船的检验工作。1964 年 6 月,福州港务监督成立闽东监督站,执行闽东地区的船检职责。

(八)广东省

1958年7月,黄埔港务局、广州港务局、广州港务监督归广州市领导,组成广州港务局,下设港务监督,由船舶检验科负责广州地区船舶检验工作。同年8月,交通部广州海运管理局、交通部第一航务工程局一处、省交通厅航运局、省打捞公司等单位合并组成广东省航运厅。1959年,广州港务监督船舶检验科划归省航运厅,并改为船舶检验处。同年,汕头、湛江、海口原有的港务、航运系统两个船检部门合并,分别由各地区专署(市)航运局领导。1960年前后,湛江、绥江(河口)、东莞等地区(市)分别成立了港航监督机构,并配有专职船检人员。1963年9月,广东省航运厅在安全监督室下设船舶检验科,负责领导和管理全省的船检工作。1964年3月经交通部批准,船检局广州办事处与省航运厅安全监督室船舶检验科的检验业务范围做了分工。

(九)广西壮族自治区

1958年,广西省航运厅撤销,航运体制变革,机构全面下放各地、市、县接管,原设于航运管理机构的航监(航政)管理部门也下放各地、市、县。1961年,广西恢复成立航运管理局,各航区的航监(航政)部门随同航运企业收回区下属管理,并在柳州、梧州、南宁三个航区的航运分局内设立航监科,统管港航监督、船舶检验工作。

1963年,广西召开第一次验船工作会议,讨论和制定了《船舶检验细则》,进一步加强船检工作的领导,明确船检工作是航政业务管理的重要部分。1965年12月,自治区交通厅发出《关于将各级港航监督机构划归航道处领导的通知》,全区港航监督机构从各个航区航运分局中分离出来,挂靠各航道工程区,直属广西交通厅航道处领导。

(十)安徽省

1958年,省交通厅决定将皖江和淮河航运局的木帆船管理工作下放给各专区、市、县。1962年8月,又恢复皖江、淮河两水系的航运管理体制。1964年8月,皖江航运局下设安庆、巢湖、芜湖分局和徽州、南京办事处。1965年5月,安徽省航运管理局在合肥正式成立,加强了全省的地方航政、港政和运政管理。同年,在蚌埠成立淮河港航监督所,后又在芜湖组建皖江港航监督所,均冠以省交通厅所属,实是省航运管理局的派出机构,受省航运管理局领导,负责各自辖区内的船检和安全监督等工作。

(十一)江西省

1958年2月,江西省人民委员会精简机构,撤销省航运厅和公路运输厅,合并成立省交通管理局。九江港务局与省属九江航运分局合并成立九江专区航运局,内设船检、港监合一的航监室。1959年,省交通管理局又改为省交通厅,内设安全监督室,厅下设赣江航运局。5月,赣江航运局改为江西省航运管理局,内设船检、港监合一的航监室,负责全省船检和航政业务。1962年3月,江西省交通厅分别在九江、波阳、南昌、樟树、吉安、赣州等港口设立港务安全监督站,负有船检和港监职能。1965年10月,省交通厅撤销安全监督室,其职能归省航运管理局负责,各专区所在地的港务安全监督站则与当地航运局港航监督科合署办公。其中南昌港务安全监督站,划由省航运管理局直接领导和管理。

(十二)湖北省

1958年1月,湖北省人民委员会决定,撤销省航运管理局,恢复交通厅建制,在交通厅下设汉口和汉江两个轮船运输管理局。同年9月,汉口和汉江轮船运输管理局合并为省交通厅航运管理局,局内设轮船管理(港航监督)科和帆船管理科,分别对地方所属轮驳船和帆船的检验业务进行管理。从1960年起,为加强航政管理的需要,各地区交通局相继设立了港航监督所,部分县设了港航监督站,负责地方的港监、船检工作。1962年,全省港航监督(含船检)人员达126人。1963年5月,省交通厅民间运输管理局成立,内设安全科,负责各地帆船、驳船检验发证及海损事故处理等工作。

(十三)湖南省

1958年,省航运厅与公路厅合并,恢复湖南省交通厅,同时,省轮船运输局与省航道工程局合并,恢复内河航运管理局,局内设港航监督科,科内仍设船检股。4月,随着全省各地、市、县运输合作社政企合一体制的建立,大量的木帆船不再申请船检部门检验,亦不办理进出口签证登记,各地航管站工作逐渐瘫痪,机构并入当地人民委员会的工交科或交通科,并在衡阳、湘潭、长沙、益阳、常德、津市等地区办事(港务)处设港航监督股(组),开展机动船舶的建造和营运检验。1961年9月,全省各地区、市航管站逐渐恢复机构,充实人员,恢复对帆船的检验职能。11月,省内河航运管理局所属的衡阳、湘潭、长沙、岳阳、益阳、常德、津市各办事(港务)处港航监督股(组),改称港航监督科。1963年9月,省内河航运管理局的港航监督科对外使用湖南省港航监督名称,同时启用"湖南省港航监督"(船舶检验)印章。各地、市港务局的港航监督科也使用××港航监督名称。各县航管站的船检业务,仍属各辖区内的港航监督领导。

(十四)四川省

20世纪50年代末,四川内河运力基本是人力木船,由各级航管机构负责管理。省内极少数机动船舶的检验等工作委托长江航政机关管理。1961年底,省内河航运管理局的机构职能得到恢复,在各地区(市)、县的各级航管机构和对非机动船舶的检验工作等也得到恢复。1962年以后,四川内河机动船舶发展迅速。为此,省交通厅在重庆、宜宾、泸州、南充相继成立了港航监督站,开始对省内机动船舶实施航政(船检)管理。

(十五)云南省

从1958年起,云南省在滇池、洱海、金沙江下游和澜沧江下游逐步发展机动船。由于当时船舶工程技术人员缺乏,少数从专业院校毕业的学生都安置在船舶修造厂内,而船检机构和检验技术力量很不相适应。在60年代,该省各地方航管站负责进行船舶吨位丈量、乘客定额和载重量核定,以及一般性的检验发证工作。

(十六)贵州省

1958年,省交通厅撤销内河航运管理局,改为交通厅航运管理处,下设航务科。港监、船检等航政业务实行以专区(州、市)交通部门为主的管理体制。1959年,各河系先后设置航务(运)管理站,船检、港监职责由航管站兼管,航管站属当地政府管辖,业务由省交通厅航务科领导。12月,省交通厅航运管理处又恢复为内河航运管理局,下设港航监督科,对全省船检、港监等安全工作实行管理。各河系木船的港监、船检业务,仍以专区(州、市)、县交通部门为主管理。1965年,省交通厅调整管理体制,将乌江、赤水河、清水江、都柳江、舞阳河、锦江等跨省(区)的河系改归省交通厅管理,实行"条块结合,以条为主"的体制。省内其余的各支流小河则以"条块结合,以块为主"的管理体制。当年,全省船检人员共12人。

(十七)河南省

1958 年 3 月,省交通厅内部机构精简、调整,撤销内河航运局,船检部门并入省交通厅路(航)政处。1960 年 1 月,恢复内河航运局,船检工作回归省航运局的航政科,继续开展船检业务。1962 年 7 月,船检工作划归省交通厅安全监督处。1963 年 12 月,省交通厅设立港航监督,在白河、丹江、淮河、洪河各河系成立港航监督,称"河南省交通厅×河系港航监督",设专职港航监督员,负责办理船舶检验、丈量、核发航行证书以及对报废船舶进行技术审核等业务工作。

(十八)陕西省

1958 年,省交通厅航运处与民运处合并,成立运输处。4 月,交通厅陕南内河航运管理局下放安康专署,业务仍归省交通厅领导。1959 年,交通厅汉中办事处划归汉中专署领导;关中内河航运处改为交通厅关中内河航运公司,兼有船检职能。榆林专署交通局成立航运处,负有船舶检丈、安全监督等职能。1961 年 8 月,在关中成立航运联合办公室,管理辖区内的航运、港监、船检等工作。

1962 年,下放安康的陕南内河航运管理局又归属省交通厅,内设航监科,负有船检职能。同年,汉中专署航管处撤销,船检等业务由汉中地区交通局航运股负责。1965 年,榆林专署工交局撤销,成立专署工交办公室,航运管理(含船检)业务名义上由工交办公室负责,实际上处于无人管理状态。1966 年 3 月,安康航运管理局并入安康专署交通局,交通局内设航监科,负有船检职能。

(十九)吉林省

1958 年 9 月,吉林省交通厅组织机构变更,监理科负责全省的航运安全管理及船舶检验工作。1961 年监理科升格为监理处,同时在地区一级设交通监理所。水运发达的白城、吉林地区监理所设专职人员,负责本地区的港监船检工作。

(二十)黑龙江省

1958 年 7 月,黑龙江航运管理局下放到黑龙江省,改称黑龙江省交通厅航运管理局,船检业务划归该局港航监督科。1962 年,航运管理局港航监督科划归交通厅监理处,负责全省的港监、船检业务。各地区港监、船检业务则由各地区的交通监理所兼管。1964 年,交通厅监理处设船舶检验组,负责全省新造船舶和大修船舶检验等业务,并在哈尔滨、绥化、合江、嫩江、牡丹江、黑河、伊春、大兴安岭等地(特)区,设交通监理所,在辖区有水运的县设有港监机构,负有船检职能。1965 年,监理处船检组负责合江航运局的船检工作。

五、渔船检验机构的组建与变迁

(一)辽宁省渔业船舶管理站

1965 年 8 月,辽宁省渔业船舶管理站在大连成立,编制为 25 人,暂配 18 人,内设行政、海务管理、船舶检验 3 个科室,隶属辽宁省水产局直接领导。

(二)河北省黄骅县及秦皇岛市渔船检验(查)站

1962 年,河北省黄骅县设立渔船检查站,隶属黄骅县水产局。1965 年,河北省秦皇岛市水产局内设立秦皇岛渔船检验站，共4人。

（三）天津市区渔船检丈站

1964年8月，天津市汉沽区水产局建立渔船检查站。后又建立了塘沽区渔船检查站。1965年，各站配备检丈人员1—2名。

（四）山东省渔船管理站

继青岛市水产管理局在渔政科设船舶检验建制后，烟台水产局和荣成水产局先后于1958年5月和1962年7月接管所在港渔轮的技术监督和检丈工作。1963年7月，山东省渔船管理站在济南正式成立，下设青岛、石岛、烟台、羊口4个渔船管理站，负责机动渔船检丈、登记等渔船安全监督管理。省站及其下属4个港口站，由山东省水产厅、省站实行行政与业务的垂直领导。1965年10月，省渔船管理站由济南迁往烟台。

（五）福建省渔业船舶管理总站

1963年5月，福建省水产系统所有渔业船舶统一划归水产局管理，1964年4月，福建省水产局渔业船舶管理总站正式成立。省渔业船舶管理总站对内系省水产局机关内职能处室，对外独立行使职权。至1965年上半年，先后建立福州、厦门、三沙、平潭、崇武、琬头6个船管站。

（六）广东省水产厅渔船监督

1958年8月，广州港港务监督将广东省国营渔轮的检验业务移交广东省水产厅。从此，广东省水产厅开始筹建渔船监督机构，开展对广东国营渔轮的检验及监督管理。1959年底建立广东省水产厅渔船监督，下设广州、湛江、白马井、北海渔轮监督站，分别负责当地渔轮和辅助船舶的监督检验，以及渔轮进出港签证、船员管理、海事处理等工作。并在沿海地区的市、县设渔船管理部门，由当地水产局领导，负责当地渔船检丈、登记、发证以及海事处理等业务。1960—1965年，广东省水产厅所属各渔轮监督站内，均有专职渔船检验人员。

第二节　船检人员培训工作的推进

1958年10月，在上海召开的第一次全国验船工作会议上，加强船检队伍建设、培训船检人员被列为重要议题之一。当时我国高等院校毕业生分配到船检部门的数量有限，特别是地方船检部门为数更少，在短时期内还不可能依靠此种途径来解决船检人才来源问题。会议结束后，船舶检验局抓紧研究，根据需要与可能，采取时间短、见效快的培训方法，培养了一批能够掌握日常船检技能的现场检验人员。对新分配来的院校毕业生也用这种方法进行上岗前的培训。

一、船舶检验局人员队伍的学历、资历结构变化情况

1958年8月船舶登记局改称船舶检验局，当年船舶检验局的职工队伍保持船舶登记局21人的规模，其中工程专业技术人员15人，非工程专业技术人员1人；具有大学本科学历的12人；具有高级专业技术职称的2人，中级专业技术职称的9人。到1959年，沿海和长江港航单位的船检部门由船舶检验局实行业务管理，作为船舶检验局双重管理体系的职工队伍，迅速扩大到112人。到1965年，船舶检验局双重

管理的职工队伍增加到 304 人,其中从事船舶检验技术工作的工程技术人员增加到 256 人。

这支验船队伍的学历和资历结构,自 1951 年船舶登记局筹备组接收由大学和专科学校分配的 4 名应届毕业生之后,主要是从交通部所属单位抽调具有造船、航海、轮机专业经验的技术人员到船检部门工作,他们的学历都较高,有的是留学英国的专业技术人员,或在船上工作多年的船长,并具有高级或中级工程技术职称。随着我国高等教育的发展,船舶检验局从 1960 年起开始从相关专业院校接收大学和专科应届毕业生,使船舶检验局专业技术队伍的学历结构和资历结构发生变化,在学历上开始以大学本科为主要成分,大学本科学历人员所占专业人员的比例,从 1958—1966 年"文革"前始终保持在 75%的水平。在资历上,高级专业技术人员则从 1958 年的 2 人增加到 1966 年的 7 人,中级专业技术人员从 1958 年的 9 人增加到 1966 年的 45 人。

二、船舶检验局组织强化现场培训

现场培训不仅是在船舶检验局未建立正规培训基地之前培训船检人员的一种较为可行的方式,而且也是对大学毕业生进行上岗前的入门培训和提高其他在职人员技术素质的一个重要途径。因此,船舶检验局在 1958—1966 年间采取这种方式进行了多期培训,对提高验船师队伍的整体验船技术水平起到了良好作用。

(一)举办第四期验船实习队

在 1955 年 5 月至 1960 年 4 月苏联船舶登记局驻华验船处为培训中国验船师举办三期实习培训之后,船舶检验局总结苏联培训经验,于 1960 年 9 月决定对分配来的应届毕业生,在大连组织第四期验船实习队自行培训,时间从 1960 年 10 月到 1961 年 12 月,学员共 12 人,其中 11 人是大学及中专应届毕业生。实习队由大连港务管理局副局长郑道济负责领导。实习内容参照苏联船舶登记局代培中国验船师所用的实习大纲。第一阶段在大连造船厂检查科,在检查人员的帮助下,了解船厂修造船的各项工艺、技术和有关安全质量的要求以及检查方法。第二阶段在船检局大连办事处验船师的指导下,熟悉规范、规程和有关国际公约,审查图纸,参与现场检验和各类检验报告与证书的填写。当时正值大连造船厂建造 4500 吨级油船"建设 12"号和万吨级远洋入级货船"跃进"号,学员们参与了较多的新工艺、新技术、新设备的检验。通过考核和鉴定,学员们在 14 个月的实习中,取得了很好的效果。实习结束后,分配到船检局大连、天津、青岛、上海、广州办事处工作。

(二)上海验船实习小组

1963 年 10 月,船舶检验局要求上海办事处代培 5 名应届大学毕业生,时间 1 年,从 1963 年 11 月至 1964 年 10 月。培训方式由办事处安排学员随验船师上船和到船厂学习现场检验技能,每周安排三个晚上由多位资深验船师讲授专业知识。实习内容涉及的面较广,除日常检验业务外,还安排他们侧重学习国际检验业务的有关知识。又由于学员人数少,文化程度齐,便于验船师的指导和帮助,学员学习都很认真,故一年中通过两次考试,都取得了很好的成绩,船检局上海办事处在结业鉴定中给予了较高的评价,实习结束后学员返回船舶检验局工作。

(三)上岗前的培训形成制度

1963—1965 年的三年间,设有船舶专业的大连海运学院、武汉水运工程学院、交通大学、华南工学院、大连工学院等都有一些大学毕业生分配到各地船检部门,仅上海、长江区两办事处各有数十人之多。

船舶检验是一项专业性、技术性、政策性都很强的工作,与很多部门都有直接的工作关系。对新来船检部门的人员,需要有一个较长时间的实践过程,才能适应工作。根据国家对大学生毕业后要参加生产劳动一年的规定,结合船检工作的特点,对新来的大学生,一般都按所学专业先安排到船厂有关车间劳动学习,或跟随现场验船师边学习,边工作,培养他们逐步掌握船检业务基本技能和工作方法。这种培训的具体方式由各办事处根据具体情况决定,不做统一安排,但对新来的大学毕业生在正式上岗前,都安排了一定方式的入门培训,形成"先培训,后上岗"的验船师上岗前培训制度。

三、地方船检人员各类培训

(一)武汉验船培训班

为培训各省、自治区、直辖市地方船检人员,船舶检验局先后于1959年初和1960年初,派专人赴武汉河运学校和长江航运学校洽商举办验船培训班事宜,得到两校的同意和支持。这两个验船培训班由船舶检验局确定名额和对学员的文化程度等要求,通知各省、自治区、直辖市交通主管部门报送。1959年在武汉河运学校学习的有49人,1960年在长江航运学校学习的有46人,共计95人,分别来自辽宁、吉林、天津、河北、山东、山西、内蒙古、江苏、浙江、安徽、湖北、湖南、广东、广西、河南、四川、云南、陕西、甘肃、宁夏、新疆等21个省、自治区、直辖市,直属船检系统也有7人参加。

为了便于教学和管理,具体商定由船舶检验局与学校双方联合举办,时间均为1年。前半年为课堂教学,开设了船舶原理、船体结构与强度、金属材料与焊接等基础课和船检各项专业课共10门。基础课程由校方老师任教,船检课程由船舶检验局及武汉船检部门的验船师任教。后半年由船舶检验局将学员分别安排到上海、天津、广州、武汉、重庆等地船检部门进行现场实习,每地7—8人,按照各地情况制定实习大纲,指定验船师负责指导,实习方式与时间各地大致相同。

通过近半年的实习,学员们都能将课堂教学阶段所学到的各类专业知识在实习中结合运用,效果很好。每期结束后,要求每个学员写出实习小结,由实习地船检部门做出鉴定,连同考试成绩上报船舶检验局颁发结业证书。大部分学员均回原单位从事船检工作,有的还成为当地的技术骨干,为发展船检事业做出了应有的贡献。

(二)上海验船培训班

1959年,船舶检验局委托上海办事处为地方船检部门举办"上海验船培训班",时间为1年,自1959年1—12月,学员来自上海市12人,江苏省9人,浙江省4人,江西省6人,山东省5人,湖南省2人,广东省4人,广西壮族自治区3人,四川省4人,共49人。根据当时各方面的条件,由船检部门自行举办这样规模的培训班,是有一定困难的。船检局上海办事处经过认真研究,各方面精心安排,并取得了有关单位的支持,帮助解决学员的食宿问题,确保了培训班的顺利开班。

根据上海地区船厂集中,船舶数量多,船检技术力量相对较强的情况,采取了教学和见习同时进行的培训方法。首先制订了统一的培训大纲,对培训内容和时间作了具体布置,明确每一培训项目应达到的要求。按照该办事处日常检验业务的验船人员分工范围,将学员分成若干小组,随验船师下厂或上船学习检验技能。并定期交替轮换各实习小组的指导验船师,使得每个学员能接受到多位验船师的指导,广泛接触不同的船厂和船舶种类。每周还安排3个晚上,由马家骥、江树德、陆赞能、章志澄及各有关专业的资深验船师讲授各类规范、规程和有关专业的理论知识。对培训学员定期进行考试、考核,记载学习成绩。

一年中,在验船师的指导下,学员们刻苦学习,较好地完成了学习任务。基本上学到了审图、现场检验、编写证书等一整套船检工作程序和处理问题的方法,以及验船人员坚持原则、实事求是的工作作风。49 名学员中,除有 1 人因故中途退学外,其余都以较好成绩通过了考试,获得了船舶检验局颁发的结业证书。

(三)湖南省船舶检验班

1964 年 2 月,湖南省航运局委托湖南省交通学校开办了一期船舶检验班,学制 1 年。抽调省局航监科、长沙、衡阳、常德、益阳、津市等港航监督的一批青年技术人员参加学习,由郑传业验船师主讲船检专业课。这批学员结业后,加强了该省的船检技术力量。

(四)现场培训

继武汉、上海验船培训班之后,有的地方船检部门又要求船检局上海办事处、长江区办事处代培船检人员,这两个办事处通过现场培训的方式继续为地方船检部门培训验船技术人员。

1961 年,上海办事处应沿海各省船检部门要求,培训了 8 名学员,时间是 4 个月,自 1961 年 8—12 月,内容以国内船舶的检验业务为主。上海办事处根据学员的具体情况,制订实习计划,指定指导验船师,完成了这项培训任务。

1964 年长江区办事处应江西省交通厅要求,为其代培了 4 名学员。培训分两个阶段,在两个地区进行。第一阶段从 1964 年 5 月至 1965 年 1 月,由重庆港船检部门负责安排,在重庆长航民生船厂(后更名为东风船厂),以学习新建船舶的检验项目为主。第二阶段从 1965 年 2 月至年底,由长江区办事处安排在长航青山船厂,以学习各类船舶的修理检验项目为主。两个阶段的培训时间共 18 个月,接触了长江地区两个规模较大的船厂,得到了两地验船师的指导。在重庆民生船厂时,正值该厂承建长江第一艘 800 吨级油轮,学员学习了有关油船的建造要求;在长航青山船厂学习了长江客货轮和多种类型的中小型船舶的修理检验,收获比较全面。

四、渔船检验人员培训

1963 年 7 月 1 日,山东省渔船管理站正式成立,下设青岛等 4 个机动渔船管理站,全部接管了该省渔船检验业务后,各站积极开展渔船检验工作,但熟悉此项业务的人员很少,山东省水产厅研究决定着手培训渔船检验人员。同年 11 月,该省选派 8 名学员,委托船检局上海办事处培训,时间为 8 个月,在上海渔轮厂及沪东、中华、求新船厂随该办事处验船师进行现场实习,并定期安排资深验船师辅导,熟悉船舶规范、图纸审查,证书填写等船检业务。这批学员后来都成为山东省渔检部门的业务骨干。

1964 年 4 月,福建省水产局渔业船舶管理总站成立后不久,即抽派 7 名学员去当时的福建省航管局,参加该局所举办的验船培训班学习,时间 6 个月,前 3 个月学习船舶规范、规程等技术资料,后 3 个月,学习审图,参加实船检验,培训结束后都回原单位工作,充实了福建省渔检部门的力量。

第三节　制订船舶规范健全船检规章

一、颁布《中华人民共和国船舶检验局章程》

1963 年 10 月 7 日,中华人民共和国国务院国经字 671 号文批准公布《中华人民共和国船舶检验局章程》。《中华人民共和国船舶检验局章程》规定：船舶检验局是国家的船舶技术监督机构，负责对船舶执行监督检验，使船舶具备保证安全航行的技术条件；船舶检验局直属中华人民共和国交通部；船舶检验局根据工作需要，可以在主要港口以及船舶和船用产品制造厂设置办事机构或者派驻验船师；船舶检验局对于省、自治区、直辖市设立的验船机构，在业务上进行指导。

该章程具体规定了船舶检验局的性质、隶属关系、职权，为开展船舶检验工作建立了法规依据。该章程授予船舶检验局的主要职权为：

（一）制订有关船舶检验、船舶入级、船舶证件、船舶检验费等事项的规章制度和船舶建造、吨位丈量、载重线、乘客定额、各种航行安全设备、各种机械设备等规范，经交通部批准后公布施行；

（二）对建造、修理和营运中的船舶执行监督检验，技术条件符合规定要求的，发给船舶适航的证件和运用各种机械设备的证件；

（三）对制造中的船用主要产品和材料执行监督检验，技术条件符合规定要求的发给检验合格证件；

（四）对到达中国港口的外国船舶执行监督检验；

（五）对申请入级船舶进行入级检验，符合入级条件的，授予船级并发给船级证书；

（六）接受申请办理有关船舶的鉴定、公证检验业务；

（七）根据中华人民共和国参加的有关国际公约和国际协议，代表政府签发公约或协议所规定的船舶证书。

二、开展海船规范及船检规章制订工作

（一）首次制订并公布海船规范及船检规章

1958 年 5 月，船舶登记局（同年改称船舶检验局）会同一机部九局及中国造船工程学会发出联合通知，对拟订的 11 种海船规范草案在全国范围内广泛征求意见，在北京组织多次讨论，并在上海组织专题讨论。海船规范专题讨论会由上海造船学会组织，学会干事林惠平负责具体组织工作。会议在上海科学会堂举行，请上海交通大学王世铨教授主持会议，与会代表有上海市各航运、船舶设计、科研单位、修造船厂、大专院校。还结合专题邀请上海钢铁公司、材料应用科学研究所、上海消防处、上海锅炉厂、上海柴油机厂、新中柴油机厂、四方锅炉厂、绳缆厂、辅机仪表厂等共 39 个单位。从 6 月 15—6 月 27 日共举行大小会议 49 次，出席代表 891 人次，征得意见 1096 条。其后又在北京邀请交通部海河运输局、技术局、财务材料局、电讯处并邀请一机部、水产部、海军司令部、冶金部等最后讨论通过。这 11 种海船规范以及《海船入级章程》经报交通部批准，由船舶检验局于 1958 年 10 月 11 日公布，1959 年 1 月 1 日起施行。所公布的 11 种海船规范为：《钢质海船建造规范（1959）》《船舶吨位丈量规范（1959）》《海船载重线规范（1959）》《海船救生设备规范（1959）》《海船消防设备规范（1959）》《海船航行设备规范（1959）》《海船信号设备规范（1959）》《海船无线电设备规范（1959）》《海船电力设备规范（1959）》《船舶材料试验规范（1959）》《船舶焊接规范（1959）》。其中，《船舶吨位丈量规范（1959）》《船舶焊接规范（1959）》《船舶材料试验规范（1959）》，同时适用于内河船舶检验。

1959 年 2 月，交通部颁布《船舶检验规则（1959）》（报国务院备案），5 月起施行。同年，船舶检验局又继续公布施行《海船抗沉性规范（1959）》《船舶起重设备规范（1959）》《海船入级章程（1959）》《沿海限定航区钢船建造暂行规定（1959）》《使用〈航经苏伊士运河船舶专用吨位丈量规则〉的办法》。1960 年公布施行《海船稳性规范（1960）》《营运中海船技术检验须知（1960）》。1961 年公布施行《海船乘客定额与舱室设备规范（1961）》。至此，船舶检验局初期制订海船规范及船检规章基本齐全，我国海船检验有了

全国统一的检验技术标准。

1.海船规范

(1)《钢质海船建造规范(1959)》

根据当时的形势和情况,该规范基本上是引用苏联船舶登记局《钢质海船建造规范(1956)》,只包括船体、轮机和货物冷藏装置三部分,合计 47 章。船体结构适用于干货船、油船、拖船、渔船和载运矿石及散装重货等几种船型。

(2)《船舶吨位丈量规范(1959)》

船舶吨位丈量国际上有统一规定,因此,该规范实质是应用《1947 年奥斯陆公约》,既适用于国际和国内航行的海船,亦可适用于内河航行船舶。该规范合计 4 章,依次为"总则""总吨位""净吨位""丈量和计算"等。同时作为该规范附件,还公布有单行本《航经苏伊士运河船舶专用吨位丈量规则》和《使用〈航经苏伊士运河船舶专用吨位丈量规则〉的办法》。

(3)《海船载重线规范(1959)》

国际航行船舶的载重线勘划规定系按照《1930 年国际载重线公约》制定,中国政府已于 1957 年接受该公约。有关国内沿海航行船舶载重线,系参照苏联国内沿海干舷标准结合中国沿海航区特点核定干舷。1955 年,船舶登记局筹备处勘划载重线工作组来上海对上海海运管理局所属船舶开展干舷核定工作。根据对 18 艘沿海货船核算干舷的结果,制订出航行于北洋和南洋沿海航区船舶的基本干舷表,作为国内沿海海域船舶的基本干舷,纳入《海船载重线规范(1959)》。该规范合计 4 篇 9 章,其中第 1 篇"总则"分为"适用范围及一般要求""名词的定义"等 2 章;第 2 篇"国际航行船舶"分为"总则""勘定国际船舶载重线"等 2 章;第 3 篇"国内航行船舶"分为"总则""勘定国内船舶载重线""干舷计算"等 3 章;第 4 篇"不载运客货的海船"分为"总则""勘定安全干舷"等 2 章。另附有"国际航行船舶的地区及季节性区域"(附图)、"国内航行船舶的沿海分区及季节分区"。

(4)《海船救生设备规范(1959)》

该规范以《1948 年国际海上人命安全公约》为国际航行船舶的基本准则,结合 1954 年 8 月交通部海运管理总局公布适用于国内沿海船舶《海轮安全设备定额(试行)》有关救生设备部分,纳入《海船救生设备规范(1959)》。国内航行船舶采用比国际航行船舶低的标准配备。该规范合计 7 章,依次为"总则""救生艇""救生筏""救生浮具""救生衣""救生圈及其属件""救生用抛绳设备"等。

(5)《海船消防设备规范(1959)》

该规范以苏联船舶登记局的相关规范为蓝本,参考《1948 年国际海上人命安全公约》和我国相关规定编制。有关国内航行船舶,可以按照实际情况,采用较低的定额与标准。1966 年该规范被纳入《钢质海船建造规范(1967)》,于 1967 年 2 月 1 日停止使用。该规范合计 3 章,依次为"总则与定义""消防设备""为预防火灾对船舶结构方面的要求"等。

(6)《海船航行设备规范(1959)》

该规范参照苏联船舶登记局相应规范制订,符合《1948 年国际海上人命安全公约》有关规定。该规范总计 11 章,依次为"总则""海船的分类与分组""罗经与其从属仪器""无线电助航装置""速度与航程记录器""深度测量仪与记录器""天文仪器与工具""光学仪器与工具""气象仪器""附属工具""航海参考资料与图纸"等。

(7)《海船信号设备规范(1959)》

1956 年 3 月 1 日,我国政府决定内部执行《1948 年国际海上避碰规则公约》。船舶登记局决定以苏联船舶登记局相关规范为蓝本,按照《1948 年国际海上避碰规则公约》和《中华人民共和国非机动船海上安全航行暂行规则》有关规定,编制我国的海船信号设备规范。该规范规定了除海军舰艇以外的一切海船应使用的号灯、通讯灯、号型、信号旗、烟火、声响等信号工具的技术标准、定额和安装规则,以及检验方法等。该规范合计4章,依次为“总则”“信号设备的组成及其技术要求”“信号设备装置规则”“信号设备的检验”等。

(8)《海船无线电设备规范(1959)》

该规范参照苏联船舶登记局相应规范制订,对国际航行船舶,符合《1948年国际海上人命安全公约》有关规定。该规范合计2篇25章,其中第1篇“海船无线电设备”,设“海船分类与分组”“无线电设备的定额及其基本技术要求”“对安装无线电设备舱室的基本要求”等6章;第2篇“对新制造的海船无线电设备的基本技术要求”,设“对无线电器具的一般要求”“应急发讯机”“应急收讯机”“营运发讯机”“营运收讯机”“无线电测向仪”“救生艇可携式应急无线电台”等19章。

(9)《海船电力设备规范(1959)》

该规范是参照苏联船舶登记局的相应规范制订的。该规范合计2篇17章,其中第1篇“船舶电力设备”,设“船舶电力装置的主要参数”“电机”“电力驱动”“配电装置”“电能系统”等15章;第2篇“船舶的电力推进装置”,设“电力推进装置的主要参数”“备件和供应品”等2章。

(10)《船舶材料试验规范(1959)》

该规范是参照苏联船舶登记局相应规范制订的。该规范设“试验方法和试样”“船用钢材”“锅炉用钢材”“铆钉材料”“钢锻件”“有色金属材料”等15章。

(11)《船舶焊接规范(1959)》

该规范以苏联船舶登记局的《船舶焊接规范》为蓝本编制的。该规范合计3篇16章,其中第1篇设“对于焊缝接头及结构的一般要求”“焊件的准备及装配”“焊接”等6章;第2篇设“船壳建造”“制造蒸汽锅炉及受压0.5大气压以上的容器”“制造及修理管系与附件”等7章;第3篇设“检查焊接工作的组织与程序和方法”“焊缝的缺陷修正”“关于焊接质量检查的特殊要求”等3章。

(12)《海船抗沉性规范(1959)》

船舶检验局在1958年公布实施第一批船舶规范后,于1959年参照《1948年国际海上人命安全公约》有关规定编制船舶抗沉性规范。该规范合计7章,依次为“总则”“定义”“一般分舱(分段)标准”“对载客超过救生艇容量的国际短程客船的特别规定”“分舱(分段)的特别规定”“破舱后的稳性”“对客船船体结构及排水设备的特殊规定”等。

(13)《船舶起重设备规范(1959)》

该规范系按照《1932年船舶在装卸作业中防止工人工伤事故公约》的有关规定制订的。《船舶起重设备规范(1959)》船舶检验局于1959年公布,自1960年1月1日起施行。它仅适用于安装在船上的一切装卸及搬运货物用的起重设备。该规范合计5章,依次为“总则”“对一般结构的要求”“技术检验与试验”“印记与标志及文件”“起重设备的使用和养护”等。

(14)《海船稳性规范(1960)》

该规范于1959年开始起草,稳性规范成稿后,与苏联船舶登记局《1948年暂行稳性规定》的1956年修正案、民主德国稳性标准、日本稳性规则和美国标准进行核算对比,共核算各种类型船舶40艘的装载工况共278种。在此基础上调整基本衡准,完成了《海船稳性规范(1960)》编写工作,船舶检验局公布并于1960年10月起施行。

该规范将海域划分三个航区,即:I类航区(无限航区)——包括台湾东海岸、海南岛南海岸、东沙、西沙、南沙三群岛距岸超过25海里的海域,但不包括成山头至佘山间航线;Ⅱ类航区——距岸不超过100

海里及台湾东南岸、海南岛海岸、东沙、西沙、南沙三群岛距岸不超过 25 海里的海域;Ⅲ类航区——距岸不超过 25 海里的沿海限定海域。该规范是在上海交通大学杨槱教授指导下,经上海船舶运输科学研究所、船舶工业管理局第二产品设计室、上海渔轮修造厂、上海港务局和上海造船工程学会等 11 个单位协作而成。

(15)《海船乘客定额及舱室设备规范(1961)》

为保证海上乘客安全,船舶检验局于 1960 年公布《海船乘客定额及舱室设备规范(1961)》,自 1961 年 2 月 1 日起试行。

该规范合计 8 章,依次为"总则""载运乘客的条件""乘客舱室的分类与定额标准""乘客居住舱室的设置""公共处所及服务处所的设置""医务卫生处所的设置""供排水管系与通风及照明以及暖气设备的装置""栏杆与舷梯和其他装置"等。

(16)《沿海限定航区钢船建造暂行规定(1959)》

1959 年 3 月 25 日,船舶检验局以船字第 99 号文公布《沿海限定航区的钢船建造暂行规定(1959)》,自 1959 年 5 月 1 日起试行。

该规定合计 5 章,依次为"基本定义和一般规定""外板""船体骨架""内底板和隔堵""甲板"。该规定适用于钢质干货船(不包括矿砂船)、拖船和渔船,其限定航区的定义是:离岸 100 海里以内的沿海区域(包括佘山至成山头的沿海区域),有关钢质船舶的基本类型定义为机舱位于舯部的钢质船舶,其中拖船和渔船还应遵守《钢质海船建造规范(1959)》第一部分第 35 章对于拖船及渔船的有关规定。有关船舶主尺度比值,该规定适用于下列比值船舶:①船长与型深比值(L/H)为 10—18;②船宽与型深比值(B/H)不大于 2.5,对于主尺度比值超出此范围的船舶,其船舶结构的强度及尺寸应取得船检部门的特别批准。此外,该规定还对船底板、船体骨架、舷侧外板、平板龙骨、舷侧顶列板的厚度和宽度以及剖面模数均给出具体的数值规定。

2.海船船检规章

(1)《船舶检验规则(1959)》

1959 年,为了规范我国船舶检验工作制度,船舶检验局公布了首版《船舶检验规则(1959)》。

该规则合计 9 章 65 条,其中第一章"总则":明确规定船舶检验局是代表国家对船舶执行技术监督的机构。第二章"检验种类及吨位丈量":确定检验种类为"制造检验""初次检验""定期检验""年度检验""特别检验"5 种。第三章"检验相隔的期限":按照海船、河船分开列表说明检验周期。第四章"申请检验的手续":规定船舶所有单位、代理人或租用人或船长均可作为申请人向船检部门提出检验申请,同时规定在船厂建造或修理的船舶可以由船厂或制造厂向船检部门申请。第五章"验船范围":规定建造船舶的检验项目包括船体 21 项、轮机 33 项、电力设备 3 项、无线电设备 2 项、冷藏设备 1 项。第六章"船舶修建送审图纸的规定":规定送审图纸目录。第七章"船检部门对船舶所属单位的要求"。第八章"船检部门对船厂或制造厂的要求"。第九章"附则"。

(2)《海船入级章程(1959)》

该章程是参照苏联船舶登记局相应规则制订的。《海船入级章程(1959)》共设 4 章。第 1 章"总则":规定船舶入级的申请办法,船级的授予、保持和取消。第 2 章"船级符号":将中华人民共和国船舶检验局的"中船"二字汉语拼音字头"ZC"作为船舶检验局入级船舶的船级符号。对于船体、轮机均在船舶检验局监督下建造的船舶,授予船级符号"★ZC";对于船体在船舶检验局监督下建造,而轮机不在船舶检验局监督下建造的船舶,经检验符合入级条件者,以在船级符号中的"C"字下面加注"·"标示;对于轮机在船舶检验局监督下建造,而船体不在船舶检验局监督下建造的船舶,经检验符合入级条件者,以在船级符号中的“Z”字下面加注“·”标示；对于限定航区船舶或专门用途船舶，在船级符号右侧用括弧加注相应条件汉语拼音的第一个字母，如（X）表示限定航区船舶，（Y）表示油船等；对于个别情况下船舶状况有某些不足的船舶，则所授予的船级符号不加“★”。第3章“检验程序”：规定了在船舶检验局监督下建造（改造）的船舶入级、未在船舶检验局监督下建造的船舶入级、恢复船级的船舶的检验程序。第4章“冷藏货船冷藏设备的入级”：有关冷藏设备的入级检验，与船舶类相似。

（3）《营运中海船技术检验须知（1960）》

船舶检验局为加强对营运船舶的监督检验，参照苏联船舶登记局及波兰船舶登记局的营运船舶技术监督规程制订《营运中海船技术检验须知（1960）》。该须知规定了船体、机械、锅炉、电力和冷藏等设备的重点检查部位，以及船体、锅炉钢板耗蚀极限标准等，指导验船师做好营运船舶检验工作。

（4）《木帆船检验规则（1965）》

1965年，针对当时国内水上运输主要依靠木帆船的形势，船舶检验局从保障水上运输安全出发参照《日本木船建造规范》编制我国木帆船检验规则，于当年5月公布实施《木帆船检验规则（1965）》，为对我国木帆船进行监督检验提供技术依据。

（二）修订海船规范及船检规章

1.修订海船规范

（1）依据业界意见修订海船规范

1959年公布实施的11种海船规范，历经三年的实践，反映出不少意见，主要是在文字表达、执行和理解以及适应造船技术进步等方面存在的问题，还指出少数不适合的规定。1961年船舶检验局组织船检部门、航运单位和造船厂有关人员开会，听取有关修改的意见。同年又在上海市科学会堂召开专家研讨会进行规范修订。修订后的规范在大的构架上没有改变，仅在条文上做了一些增减或修改。船舶检验局于1961年公布了《钢质海船建造规范（1962）》《船舶材料试验规范（1962）》《船舶焊接规范（1962）》。

①《钢质海船建造规范（1962）》

《钢质海船建造规范（1959）》在实践中发现与当时的造船技术有差距。针对规范实施中的问题，船舶检验局听取各方意见，对该规范进行修订。修订后的规范为《钢质海船建造规范（1962）》，自1962年4月1日开始施行。

②《船舶材料试验规范（1962）》

《船舶材料试验规范（1959）》公布施行后，在船舶建造过程中经常发生船板裂纹现象。对此，船舶检验局组织技术力量进行调查研究，发现1958年“大跃进”全民大炼钢铁中生产的船用钢板，普遍存在质量问题，其硫、磷含量过高是导致钢板质量差的主要原因。基于这种情况，船舶检验局于1961年组织科研人员对该规范进行修订。修订后的规范为《船舶材料试验规范（1962）》，自1962年4月1日起施行。该规范特别规定了国产船用钢材的化学成分和力学性能，以及必须限制钢材硫、磷、碳含量的要求。

③《船舶焊接规范（1962）》

20世纪60年代初，我国船舶修造工业还没有完全摆脱铆接加工，手工电弧焊接工艺尚处于积累经验阶段。而《船舶焊接规范（1959）》是以苏联船舶登记局规范为蓝本制订的，业界提出了不少修改意见。由此，船舶检验局在对业界提出的意见分析研究后，对《船舶焊接规范（1959）》进行修订。修订后的规范为《船舶焊接规范（1962）》，自1962年4月1日起施行。

（2）执行人大提案补充修订海船规范

1963年，我国造船专家、人大代表萨本炘、杨俊生在第二届全国人大第四次会议上就海船规范实施中存在的问题,联合提出有关修订船舶规范的建议。他们认为这些规范多为外国引进,与中国现有造船技术水平差距较大,实施中问题较多。会议接受二位专家意见,将全面修订规范列为这次会议的第 32 号提案并获得通过。

根据这份提案,中国造船工程学会、六机部科技司、中国人民解放军总字 906 部队一部(科研设计单位)、船舶检验局、交通部水运总局、交通部远洋运输局于 1964 年 3 月 3 日,联合发出"关于调查钢船建造等规范贯彻执行情况的联合通知",同时组建船舶规范修改领导小组和专业工作小组,对规范的修订制定了 3 项原则和 5 项要求,开始了对现行规范的全面普查与修订。按照规定,这次规范修订仅限于海船规范,并且在规范修订中要求新版规范公布前,现行规范继续执行;规范执行中的问题要通过协商合理解决;对于修改意见不多的规范,可采取发布"规范修改通报"方式处理。同时,要求各地的船舶设计、制造、使用、科研和船检部门组织本单位技术力量,对实施中的船舶规范规则进行分析,提出修改意见。通过普查在全国共征求修改意见 1812 条,其中有关《海船电力设备规范(1959)》修改意见 584 条,《钢质海船建造规范(1962)》修改意见 448 条,《船舶材料试验规范(1962)》修改意见 118 条,《海船稳性规范(1960)》修改意见 114 条,《船舶焊接规范(1962)》修改意见 108 条,《海船救生设备规范(1959)》修改意见 83 条,《海船消防设备规范(1959)》修改意见 79 条等。

针对这些修改意见,规范修改专业工作小组分门别类进行分析研究,对规范进行修改,船舶检验局自 1965 年 4 月起,相继公布了《海船救生设备规范(1959)》《船舶起重设备规范(1959)》《钢质海船建造规范(1962)》《船舶材料试验规范(1962)》《海船稳性规范(1960)》《海船消防设备规范(1959)》的修改补充通报。

1965 年船舶检验局公布上述 6 种规范的修改补充通报后,考虑到 1965 年开始的设计革命化有关海船规范的整合,而决定将《海船电力设备规范(1959)》及《船舶焊接规范(1962)》的修订工作列入当年 6 月进行的规范革命化中处理。《海船电力设备规范(1959)》及《船舶焊接规范(1962)》修订后将其纳入《钢质海船建造规范(1967)》,于 1967 年 2 月 1 日公布实施,随之《海船电力设备规范(1959)》及《船舶焊接规范(1962)》失效。

(3)以设计革命化精神整合海船规范

20 世纪 60 年代中期,国家在经济工作革命化中开展"设计革命化"运动,船舶检验局依据中共中央提出的设计工作革命化要求,以及交通部有关船舶检验规章制度革命化的规定,于 1965 年 5 月对 1959 年以来公布的海船和河船规范进行检查,同时提出船舶规范制订的革命化原则。其中强调,要从中国实际情况出发,立足国内,自力更生,总结自己的实践经验,制订符合中国国情的船舶规范;贯彻安全质量第一方针,确保船舶具备安全航行的技术条件;走依靠"领导、技术人员和工人"三结合以及"制造部门、使用部门和船检部门"三结合的群众路线;反对内容繁琐,规定过细过死而限制人的创造精神。当年 6 月,船舶检验局在上海成立"海船规范革命化工作组",在对现行规范普查的基础上,按照船检规范革命化原则,将《钢质海船建造规范(1962)》《船舶材料试验规范(1962)》《船舶焊接规范(1962)》《海船消防设备规范(1959)》《海船电力设备规范(1959)》5 种规范及其补充修改通报合并,压缩文字,将 5 种规范 80 万字压缩成 30 万字,避繁就简地整合修订为《钢质海船建造规范(1967)》(草案),自 1967 年 2 月 1 日参考试行。随之,宣布《钢质海船建造规范(1962)》《船舶材料试验规范(1962)》《船舶焊接规范(1962)》《海船消防设备规范(1959)》《海船电力设备规范(1959)》及其补充修改通报对国内船舶同时失效,而对按协议执行代理检验的外轮,仍按协议规定的规范执行。

《钢质海船建造规范(1967)》为上下两册总计 16 章,其中上册 6 章,下册 10 章。下册分为"泵及管系""轮机装置的一般规定""锅炉及受压容器""汽轮机及往复蒸汽机""柴油机""轴系及螺旋桨""电气设备及其附表”“冷藏装置”等10章。该规范仅适用于新建的我国钢质海船，有关船用材料规定，可供长江船舶参考试用。

2.修订海船船检规章

(1)《船舶检验规则(1962)》

1962年船舶检验局从本国国情出发修订《船舶检验规则(1959)》，于11月1日开始实施修订版的《船舶检验规则(1962)》。该规则合计9章63条，适用于所有本国民用船舶，但运动竞赛艇除外。木帆船的检验，按《木帆船检验规则》办理。外国船舶可参照该规则进行检验。凡适用于该规则的船舶，应向船检部门申请检验，经检验合格按照《船舶证书及技术文件的规定》签发各项证书后方可参与营运。明确规定钢质海船每年进行一次年度检验，每4年进行一次定期检验；木质海船每年进行一次年度检验，每2—3年进行一次定期检验；钢质河船每年进行一次年度检验，每4—6年进行一次定期检验；木质河船每年进行一次年度检验，每2—4年进行一次定期检验。并列表规定了修造船舶的检验项目、检验内容、检验证件等。

(2)《船舶检验工作条例(1965)》

在国家经济工作革命化中，船舶检验局总结多年工作经验，在广泛征求意见基础上对《船舶检验规则(1962)》进行修改。船舶检验局于1965年8月1日公布《船舶检验工作条例》(试行)，自1965年9月1日起试行。

该条例对于船舶检验的性质、任务、范围、工作关系和工作方法等做出原则规定，还增加了船舶检验的工作作风和部门间的工作关系等内容。该条例合计8个部分30条，依次为“总则”“监督检验”“入级检验”“公证检验”“工作关系”“工作方法”“附则”“主要船用产品名称”等8部分。

(3)《营运船舶检验规程(1966)》(海船)

《船舶检验工作条例(1965)》公布后，为了明确船检部门对营运船舶的检验范围、内容和技术要求，建立海船营运检验的正常工作秩序，保障船舶航行安全，船舶检验局组织有经验的现场验船师组成编写组，在《营运中海船技术检验须知(1960)》的基础上，编写了营运船舶检验规程，于1965年9月14公布《营运船舶检验规程(1966)》(海船)，自1966年2月1日起试行。

该规程适用于远洋、近海、沿海的运输船舶和工程船舶。地方沿海船舶、渔船可参照执行。对外轮使用该规程时，应按有关规定办理。该规程规定了监督检验的范围和内容。至于入级船舶的船体、机械、锅炉、电力和冷藏等设备的入级检验范围和内容，应按照《1959年海船入级章程》及有关规定办理。它凝聚了验船师多年的现场检验经验，具有较强的实用价值。

该规程合计6章21节，依次为“总则”“检验种类与检验项目”“船体及设备的检验”“蒸汽锅炉装置的检验和试验”“机械装置和轴系的检验”“电气设备和无线电设备的检验”6章。

三、开展长江船舶规范及船检规章制订工作

1958年10月船舶检验局在上海召开的第一次全国验船工作会议，明确了长江航运局船检部门负责划分长江航区和制订长江船舶规范及有关检验制度。从此，长江船舶规范工作列入议事日程，开始以船舶建造、稳性、载重线等规范为主，先后完成并公布15种规范、规程、规定，加上海、河通用规范3种及内河船舶检验办法，到1965年，凡常规船舶所需的规范和规章，已基本具备，改变了过去船舶设计、建造检验长期无章可循的局面，为河船检验工作奠定了基础。

(一)制订长江船舶规范

1.《长江钢船建造规范(1962)》

1958年，船舶检验局委托上海交通大学对40多艘长江船型的总纵强度和各项骨架强度进行统计和

分析研究,依此确定规范船体部分,写成长江钢船建造规范的草稿。同年 11 月及 12 月,长江航运局在武汉和上海,召集有关单位对规范草稿进行讨论,再由交通部上海船研所、长航局上海分局、六机部九局第二产品设计室组成“规范修改组”,对规范草稿进行补充和修改。1959 年初,长航局船检部门在修订稿基础上补充舾装、铆接、焊接、管系和动力装置内容,形成长江钢船建造规范第二稿,报送船舶检验局审核批准。船舶检验局在 1959 年 10 月中旬邀请造船、航运、设计等方面的 7 个有关单位专家在北京对规范进行审查、定稿。船舶检验局公布《长江钢船建造规范(1962)》,自 1962 年 4 月 1 日起施行。

该规范适用于内河 3 种机动船型和 4 种非机动船型,其中除船体骨架参照苏联规范规定外,其他外板配板按照总纵强度计算得出;川江船舶的操舵系统是总结我国实践经验编写的。国内其他水系也把该规范作为设计、建造和检验的依据。

该规范总计 3 部分 8 篇 59 章,其中,第 1 部分“船体”合计 3 篇 25 章:第 1 篇“总则”、第 2 篇“机动船”、第 3 篇“非机动船”;第 2 部分“管系”合计 6 章;第 3 部分“动力装置”合计 5 篇 28 章,第 1 篇“总则”、第 2 篇“蒸汽锅炉”、第 3 篇“往复式蒸汽机”、第 4 篇“内燃机”、第 5 篇“备件定额”。

2.《长江船舶乘客定额与舱室设备规范(1962)》

自 1958 年起,长航局开始批量建造“江蓉型”客船,同时对长江旧有大型客船进行改建。新建和改建大型客船的舱室布置与生活服务设施与以往大不相同。主要是着重改善旅客的乘船安全和必要的生活条件,以及提高普通船员舱室的舒适性。原拟取消五等散席,但由于长期客运紧张、运力不足而始终取消不了。船检部门通过深入调查研究,广泛征求船舶设计、机务、客运部门和船员的意见,在确保乘客安全的前提下,根据国情和实际需要,制订了《长江船舶乘客定额与舱室设备规范(1962)》,船舶检验局于 1962 年公布施行。

3.《长江船舶救生设备规范(1964)》(草案)及《长江船舶消防设备规范(1964)》(草案)

船检局长江区办事处于 1964 年编写了《长江船舶救生设备规范(1964)》(草案)及《长江船舶消防设备规范(1964)》(草案),并在长江区内部公布试行,后因种种原因未能正式公布使用。

两草案对长江船舶有关救生、消防设备的配备、技术条件及其检验与试验方法和要求做出具体规定,同时针对长江油罐驳和内河船舶桶装汽油等的安全技术问题提出专门要求。

4.《长江钢船载重线规范(1965)》

1958 年“大跃进”中,长江全线纷纷挖掘船舶装载潜力,突破原有载重线。当时长航局所属轮驳一年内三次加载,共增加载重量 9 万多吨,各类驳船比原定额增加 25%至 50%。这样的加载,在安全上是否有问题,其船体强度更使人们担心。为了检查驳船受载变化情况,1958 年 12 月至 1959 年 1 月船检部门派出 2 个工作组,分驻上海、南京,利用装卸空隙,测量 7 种类型驳船空、满,或不平衡相互变形情况,共测 36 艘,测得挠度与船长之比在 1/570—1/1000,变形最大的是千吨甲板驳,达 1/330。1960 年后,部分船舶陆续反映出一些船舶强度、装载及管理上的问题,有的甚至造成严重事故。经过不断总结经验,1963 年下半年着手拟订《长江钢船载重线规范(1965)》,1965 年 5 月 10 日经船舶检验局批准公布施行。

5.《长江船舶稳性规范(1967)》

以前内河船舶多凭经验和用初稳性高度来衡量船舶的稳性。50 年代后期,自引进苏联《内河船舶稳性标准(1959)》,新建内河船舶才开始借用苏联内河规范衡量船舶稳性。

1959 年船检局上海办事处制订《核定内河小船稳性暂行办法》,但只适用于旧有的非客船,且内部掌握,未公布过。制订长江船舶稳性规范,须先掌握长江现有船舶的稳性实情和进行一些课题研究。为此,交通部将“长江船舶稳性标准与强度标准”列入 1960 年科研计划,下达船舶检验局、长航局、上海交大及上海船研所 4 个主办单位。同年 3 月,长航局船检部门提出稳性研究方案和强度研究项目。其后,船检局、长航局和上海造船工程学会共同组织，在上海科学会堂召开研讨会，讨论了课题研究方法和分工协作问题。会后，根据会议分工方案，由长航局发出委托书。

1961 年 3 月 8 日船舶检验局下达了制订规范的基本原则是在苏联内河船舶稳性标准基础上，结合我国具体情况进行制订。船舶检验局根据一些单位所提意见，对船检局长江区办事处拟订的“长江船舶稳性规范编制方案”初稿的稳性衡准条件进行了部分修改，并选定 12 艘船舶请交通工业设计院协助进行稳性计算。1961 年 11 月船舶检验局先后在武汉和北京邀请有关单位进行座谈讨论，对编制方案作了一些修改，并选定 28 艘不同类型的船舶进行稳性计算，以便最后确定编制方案的衡准条件。

为解决当时船检工作中时常遇到的稳性问题，船检局长江区办事处将编制方案中的小船近似计算式整理成《小型船舶稳性计算临时办法》，于 1962 年 3 月 22 日公布先行实施。作为规范尚未正式公布前，对稳性资料不全的营运小船估计稳性用，但不作为设计新建船舶的稳性依据。

当时的稳性编制方案，还没有解决航行川江船舶的稳性校核方法，国外规范也无可借鉴。1962 年洪水季节，汉渝客班船“荆门”在青滩上滩时出现船舶倾侧 20 余度，可移之物全部倾倒一舷，上甲板左侧外走道浸水，幸该船稳性好，才化险为夷。船检部门从“荆门”事件中得到启发，认识到急流与横流作用在船体上的外力偶是造成船舶倾侧的重要原因。因此通过分析制订出“水流倾侧力矩计算式及其衡准”，又于 1963 年 6 月拟订了“航行川江船舶稳性的补充方案”，在武汉造船工程学会进行研讨，以填补稳性方案中的空白。

28 艘船舶的稳性计算结束后，整理成 84 种工况进行分析比较。1963 年 5 月及 6 月，船舶检验局在北京召开两次会议，确定了编制方案。1963 年 12 月，长江船舶稳性规范第一稿编写完成。1967 年 6 月 14 日完成第四稿。《长江船舶稳性规范(1967)》由船舶检验局公布参考试用。

6.《长江船舶电气设备规范(1967)》(参考试用)

《长江钢船建造规范(1962)》缺少电气方面的规定。1964 年 5 月，船舶检验局在上海组织有关单位修改《海船电力设备规范(1959)》时，决定将长江船舶的特点考虑进去，修订为江海通用的船舶电气设备规范。当完稿时，正值中央提出开展设计革命化运动，故又根据革命化精神重新修改，1965 年 3 月完成第一稿，发文征求意见。以后，为了便于使用和对外工作需要，而将海船、河船规范分别制订。为此，单独编写《长江船舶电气设备规范》，于 1965 年 10 月 6 日完成初稿，1966 年 3 月 11 日完成修改稿上报。船舶检验局于 1967 年 6 月 14 日公布《长江船舶电气设备规范(1967)》参考试用。

(二)制订长江区船检规章

1.《长江区船舶锚泊设备检验规则(1958)》

1958 年前，长航局曾制订《长江船锚标准》，但据反映锚重偏大，其原因是原标准生搬海船标准，未能结合内河情况。1958 年 6 月，长航局船检部门在武昌一纱锚地做船队抛锚抓力实地试验，并搜集长江下游风速及上游水流资料，通过理论计算和以往实际使用相比较，制订《长江区船舶锚泊设备检验规则(1958)》。同年 11 月由长航局公布试行。

2.《长江区船舶检验规则(1959)》

长航局根据第一次全国验船工作会议的决定，本着为安全生产服务的精神，制订了《长江区船舶检验规则(1959)》，于 1959 年 2 月经船舶检验局批准公布。该规则明确了船舶检验的种类、范围、方法和一些必须遵守的制度。

3.《长江区船舶救生设备暂行定额(1959)》

长航局船检部门于 1958 年下半年对船舶救生配置与使用情况进行调查后，制订了《长江区船舶救生设备暂行定额(1959)》。1959 年 1 月 31 日,由长航局公布试行。该暂行定额,本着“安全、合理”的原则,较全面地考虑了营运船舶的现状,主要是设备定额尽可能减少,并结合长江船舶实际情况将“宜昌式舢舨”纳入检验规定。

4.《长江区船舶消防设备暂行定额(1959)》

1958 年长航局船检部门对长江船舶消防设备的配备和使用情况进行调查,在保障安全的前提下,尽量减少消防设备的配备。调查后,编制《长江区船舶消防设备暂行定额(1959)》,于 1959 年 1 月 31 日由长航局公布试行。

5.《关于加强长江区验船工作的若干规定》

1958 年“大跃进”中,片面强调生产,以致规章制度难以执行,安全质量有所下降。当时,违章超载,无证航行,事故多发,船检工作受到干扰。中共中央于 1961 年提出“调整、巩固、充实、提高”八字方针,并颁布“工业七十条”狠抓整顿。船检局长江区办事处制订了《关于加强长江区验船工作的若干规定》(四十条),经交通部安全监督局批准后于 1962 年 4 月公布试行,对整顿长江区船检工作秩序,加强管理起了积极作用。

6.《长江油罐驳装运汽油的安全技术规定》

长江在未建造专用油船之前,主要靠一批油罐驳装运汽油。在货驳的甲板上设置油罐,配上有关安全设施而成为兼运汽油的油罐驳。1963 年第 4 季度,船检局长江区办事处根据船检局上海办事处在检验油罐驳中发现的安全隐患和所提意见,及时对该型油罐驳进行专门调查研究,针对有些油罐的透气管内呼吸阀失灵、防火网失效、船舶消防设备不齐及未安装避雷针等问题,制订公布了《长江油罐驳装运汽油的安全技术规定》。

7.《长江区营运中船舶技术监督暂行规程(锅炉部分 1963)》

20 世纪 60 年代初,长江和内河船舶多为蒸汽机船,且多属老龄船舶,其锅炉大多是铆接,存在老化现象。在洗炉、检修时,经常发现有裂纹、腐蚀、热疲劳、凸凹变形、渗漏等。为了确保锅炉的安全使用,在船检局上海办事处和有关部门的积极配合与帮助下,船检局长江区办事处通过“江亚”轮、“长江 401”轮等锅炉典型事例的调查,制订了《长江区营运中船舶技术监督暂行规程(锅炉部分 1963)》,经船舶检验局批准,由长江区办事处公布,自 1963 年 5 月 1 日起试行。

8.《营运船舶检验规程(长江船舶 1965)》

船舶检验局于 1963 年召集船检局上海、广州和长江区办事处在上海组成营运船舶检验规程编写组,并邀请有关机务部门人员参加,着手编制海船与河船通用的“检验规程”。但在初稿完成后,在征求意见中从方便使用角度考虑,采纳了将海船检验规程与河船检验规程分开编写的意见。1965 年 3 月,交通部抽集机务、船检人员组成“修船革命化长江工作组”修订《修船制度》,并草拟了“长江营运船舶检验规程建议稿”。船舶检验局在综合分析和研究长江实际情况之后,公布了《营运船舶检验规程(长江船舶 1965)》,自 1966 年 2 月 1 日起施行。

(三)制订内河船检规章

1.《内河航区划分等级标准(试行 1961)》

我国江河纵横交错,湖泊星罗棋布,各水域的水文、气象等自然条件相差悬殊,船舶条件亦有很大差异。为了抓好规范基础工作,合理划分我国内河航区等级,船舶检验局组织搜集有关气象资料,从对航行有影响的季节风的分析中,将我国划分为两个风区,即风速在 17.1 米/秒等速线以外的地区划为八级风区;以内的划为七级风区。又结合航道河床宽深所处风区等因素,将全国可通航的内河航道划分为 A、B、

C 三个航区等级。制订成《内河航区划分等级标准(试行 1961)》,于 1961 年 1 月 30 日由船舶检验局公布试行。它将我国各通航河流都划定了航区等级,是我国内河第一本航区划分等级标准。

2.《内河小船动力装置检验办法(1961)》

为了加强对内河小船动力装置的安全管理,船舶检验局针对内河小船易发生的锅炉爆炸以及有关机械事故,制订并公布了《内河小船动力装置检验办法(1961)》,自 1961 年 6 月 1 日起试行。

该办法总计 7 章,依次为“总则”“锅炉装置”“蒸汽机装置”“内燃机(含煤气机)装置”“煤气发生炉装置”“空气瓶与空气管系装置”“系岸试验和航行试验”等。适用于蒸汽机功率不大于 110 千瓦、内燃机功率不大于 147 千瓦,航行于内河或内河长江之间的专业运输船、客船、交通船、农副业船、渡口运输船。

3.《内河木质船舶载重线规则(1961)》及《内河船舶乘客定额规则(1961)》

船舶检验局制订并公布了《内河木质船舶载重线规则(1961)》及《内河船舶乘客定额规则(1961)》,自 1961 年 6 月 1 日起施行。上述规则适用于蒸汽机功率不大于 110 千瓦、内燃机功率不大于 147 千瓦,航行于内河或内河长江之间的专业运输船、客船、交通船、农副业船、渡口运输船。

4.《内河水泥船制造检验规程(1964)》(草案)

我国第一艘钢丝网水泥船“联盟一号”小艇和“复兴东路轮站”钢丝网水泥码头趸船分别于 1958 年 9 月 16 日及 10 月 16 日在上海建成。到 1959 年底,上海、福建、浙江、黑龙江、山东、广东、湖南等省市先后试制成功各种类型的水泥运输船舶。1960—1961 年间,上海建造了水泥驳船约 2 万吨,全国共建约 4 万吨。1962 年开始建造钢筋混凝土工作船,主要品种有趸船、水泵船、打桩船、起重船、挖泥船、自来水厂船及浮坞等。为便于对内河水泥船进行制造检验,通过对建材部九江水泥船试验厂及一些生产水泥船的厂点情况调查,船舶检验局于 1964 年制订了《内河水泥船制造检验规程(1964)》(草案)。该规程适用于整体或预制装配建造的内河水泥船,但不适用于水泥农船。

四、地方船检规章的制订

为了更好地贯彻执行船舶检验局公布施行的船检规章,有些省、自治区、直辖市交通主管部门还结合本地区的实际情况制订了有关船舶检验规则、管理办法或补充规定。

(1)江苏省交通厅在 1958 年 11 月制订《江苏省船舶检验技术规则(草案)》,经过三年多的试行和总结经验后,于 1962 年重新公布了《江苏省船舶检验规则》。1963 年还制订和公布《江苏省客运车船应急乘客定额暂行规定》。

(2)湖南省交通厅和省航运局在 1958—1965 年间,先后制订《湖南省内河驳帆船装载标准》《机帆船经营客运规定事项》《关于加强船用锅炉和受压容器的维修保养及安全操作规定》《锅炉主要资料表》《湖南省轮拖木驳、帆船检验补充规定》《内河钢丝网水泥船船体检验须知》《关于修改客驳乘客定额的通知》等。

(3)陕西省人民委员会和省交通厅在 1958 年先后公布《陕西省木帆船管理办法》《陕西省木帆船检验、丈量细则》和《陕西省木帆船建造、买卖、管理规则》。1961 年,陕西关中航运处发布《关于检丈木帆船吨位的要求》及《船舶内燃机中、小修工作范围》。

(4)浙江省在 1959 年公布全省第一部地方船舶监督检验法规《浙江省船舶管理监督暂行办法》后,于 1962 年又制订了《钢船检验标准》和《木质机动船舶船体修理技术标准》。

(5)四川省交通厅于 1962 年公布《非机动船舶检验丈量办法》。

(6)广西壮族自治区交通厅于 1962 年 10 月公布《关于地方机动船、木帆船检验的补充规定》。

(7)上海市内河港务管理处于 1962 年 11 月公布了《机动船舶放行期限试行规定》及《船舶检验费收

取办法的几点说明》。

(8)黑龙江省航运局在 1964 年制订《黑龙江省船舶消防和救生设备暂行规定》的基础上,经过试行和修改后,于 1966 年正式公布了《黑龙江省船舶消防和救生设备规定》。

(9)山东省交通厅于 1964 年 3 月颁发《山东省内河船舶救生设备暂行定额》和《山东省内河船舶消防设备暂行定额》。

五、船舶及船用产品检验证件的改进

(一)首次制订统一格式的船舶检验证件

为加强对船舶的技术监督和检验管理,船舶检验局公布《船舶证书及技术文件的规定》,首次制订了统一格式的船舶检验证件及有关规定,自 1959 年 6 月 1 日起试行。

1.国际航行客船与总吨位满 500 及以上的国际航行货船应发给的证书与技术文件

——证书种类与格式编号:

(1)适航证书(C—1);

(2)吨位证书(C—2);

(3)苏伊士运河专用吨位证书(C—3,只发给航行该区的船舶);

(4)巴拿马运河吨位证书(C—4,只发给航行该区的船舶);

(5)国际船舶载重线证书(C—5);

(6)临时国际船舶载重线证书(可用 C—5 加盖“临时”字样的印戳);

(7)乘客定额证书(C—6);

(8)船舶安全证书(C—7,用于客船);

(9)船舶安全设备证书(C—8,用于货船);

(10)免除证书(C—9,用于按规范受免除者);

(11)船舶起重设备检验簿(C—11);

(12)船级证书(C—12,用于入级船舶);

(13)临时入级证书(C—12/A,用于临时入级船舶及冷藏设备临时入级的船舶);

(14)蒸汽锅炉检验簿(J—1);

(15)二氧化碳灭火装置检验簿(J—2,用于设有此项装置的船舶);

(16)冷藏设备入级证书(J—3,用于冷藏设备入级船舶);

(17)船舶无线电报安全证书(D—1);

(18)船舶无线电话安全证书(D-2)。

国际船舶载重线证书与船级证书,系由各港船检部门将有关资料报送船舶检验局,由船舶检验局核发;在证书未核发前,由各港船检部门发给临时证书,临时证书的有效期限一律不得超过 6 个月。

——技术文件种类与格式编号:

(1)检验鉴定书(Z—1);

(2)船体及设备初次/定期检验鉴定书(Z—2);

(3)轮机初次/定期检验鉴定书(Z—3);

(4)空气瓶检验鉴定书(Z—4);

(5)冷藏设备初次/定期检验鉴定书(Z—5);

(6)无线电设备检验鉴定书(Z—6)。

2.国内航行船舶与总吨位未满500的国际航行货船,应发给的证书及技术文件

——证书种类与格式编号:

(1)船舶检验证书簿(C—10),但对国际航行总吨位满150及以上的船舶仍发给国际船舶载重线证书(C—5),本簿内载重线证书注销;

(2)船舶起重设备检验簿(C—11);

(3)蒸汽锅炉检验簿(J—1);

(4)二氧化碳灭火装置检验簿(J—2,发给设有此项装置的船舶)。

——技术文件:

国内航行、总吨位未满500的一切船舶,根据各地具体情况,认为按本规定所附之格式为不必要或不实际时,可由各地船检部门参照本规定自拟适当格式使用。

1962年,船检局长江区办事处结合长江船检工作实际,对C—10证书簿格式进行修改,拟订了适合长江船舶编号为C—10/A的船舶检验证书簿,主要是调整船舶"主要项目"内容及完善河船载重线证书,另还订有"船舶检验临时合格证书"。在技术文件方面,平时使用最多的是检验鉴定书(或检验报告Z—1),其他专用检验报告格式很少使用。

3.关于技术文件的使用概要

(1)初次检验(包括对新建和基本恢复修理船舶的制造检验)完成后填写船舶资料簿(Z—9),资料簿不发给船方,只作为船检部门的内部资料;

(2)在修理前或修理过程中检验时所发现的缺陷,其必须通知船方加以修复者,一律都填检验鉴定书(Z—1);

(3)对蒸汽锅炉、二氧化碳灭火装置,则在每次检验后均应填写检验报告(Z—7)、(Z—8),同时报告内容载入船上的检验簿内(J—1,J—2),但对修理前或修理过程中所填写的检验报告,不必载入检验簿内,可将报告的副本一份交给船方,作为对修理的要求;

(4)船舶吨位计算表(Z—10与Z—10/A)与客位丈量检查记录(Z—12)也是船检部门的内部资料,不发给船方。干舷计算表(Z—11)由船舶所有单位填写,报船检部门审核。

各项证书及技术文件纸面的规格除吨位丈量计算表规定为300×420毫米、二氧化碳灭火装置检验簿为150×210毫米外,其他一律规定为300×210毫米。证书的正本用适当厚度的纸张印刷,如需副本,可用较薄的纸张印刷。所需副本的份数,可根据需要决定。所发证书副本上必须印有"副本"字样;证书英译本的副本上印有"COPY"字样。

各地方船检部门在付印所需各种证书及技术文件时,对证书及技术文件尾款所列发证机关名称,印各该地方船检部门的名称。

对于国内航行船舶检验证书采用"船舶检验证书簿"(格式C—10),将主要项目及船舶吨位、载重线、乘客定额、检验合格证书等合订一本。其中,船舶载重线证书按海船与河船所依据的规范不同而分别规定应填写的内容。长江各直属船检部门在船舶进行各种检验后,都及时换发了新的船舶证书。20世纪60年代初,各地方船检部门也参照船舶检验局有关规定,由各省交通厅或省航运管理局拟订适当格式的船舶检验证书簿,先后换发新的证书,其幅面一般为270×200毫米,比C—10证书簿尺寸稍小,封面上印有发证主管机关的名称。

(二)船舶检验证件的修订与补充

《船舶证书及技术文件的规定(1959)》经过5年的实践,对加强船检技术管理起了一定的促进作用,

但也发现存在一些问题,除国际航行船舶证书须作改进外,国内航行船舶证书主要是对海船、河船,所填写内容应适合各自的实际需要情况。船舶检验局通过总结经验,于 1964 年 11 月 30 日发出修改后的《船舶证书及技术文件目录》和有关证书格式。其中,国际航行船舶的法定证书和入级证书共 15 种(C—1 至 C—12 及 C—1/A,C—5/A,C—12/A);检验证书簿有 7 种(B—1 至 B—6 及 B—5/A),除船舶检验证书簿(B—1)为国内航行船舶专用外,其他几种检验证书簿则根据具体情况,分别发给国际和国内航行船舶使用;还规定了 6 种检验鉴定书格式(J—1 至 J—6),按照各种检验规定,随同船舶证书一起发给船方;同时还新制订船舶起货设备检验簿及其设备、双杆使用、活动零部件和试验证书,以及检验报告、资料簿、计算表等共 13 种(Z—1 至 Z—12 及 Z—10/A)。船舶检验证件有了较大改进,证书证件格式由 1959 年的 31 种增加到 1964 年的 45 种。

(三)船用产品证件的制订与补充

20 世纪 60 年代初,为适应船用产品检验工作开展的需要,船舶检验局陆续制订与补充了船用产品证件。

1960 年 3 月 30 日,公布了船用产品检验鉴定书(Z—13),供船用产品检验发证用。1962 年 3 月,公布了中英文版的船用产品检验证明书(Z—13/A),供出口船用产品检验发证用。

1964 年 11 月,新制订中英文通用格式的船用产品检验证书(J—7)及 3 种专用格式的船用产品检验证明书,即船锚检验证明书(J—8)、锚链检验证明书(J—9)、救生艇检验证明书(J—10)等。

1965 年船舶检验局公布了《关于船用产品监督检验办法的暂行规定》,自 1966 年 1 月 1 日起施行。该规定中附有船用产品认可证(ZC301)及船用产品检验证明书(ZC302)式样。船用产品检验证明书中注明,本证明书代替船用产品检验鉴定书,既适用于第一类船用产品,也适用于本规定中第七条所述特殊情况的船用产品。当年,船检局大连办事处在对大连灯具厂批量制造的 40 瓦、60 瓦、100 瓦船用防爆灯的检验中,首次签发船用产品认可证(ZC301)。

1966 年 1 月 13 日,随着产品质量的提高及其检验方式的改变,船舶检验局公布中文版的船用产品检验证明书(ZC302B)和中英文版的船用产品检验证明书(ZC302A)两种产品检验证书格式。当年,船检局大连办事处在对大连柴油机厂批量制造的船用 14.7 千瓦两缸立式四冲程柴油机的检验中,首次签发中英文版船用产品检验证明书(ZC302A)。船检局上海办事处也在对上海电机厂批量制造的直流电机检验中开始签发中文版船用产品检验证明书(ZC302B)。

(四)地方船舶检验证件的改进

1965 年,船舶检验局第一次对全国地方船舶检验证书制定统一格式,即"船舶检验证书簿"(C—10/AG)。封面为蓝色,印有船舶检验局局徽及证书簿编号、船名、船舶种类、船籍港、船舶所有单位、填发单位等填写项目。封面二供贴船舶照片,再依次为船舶资料(主要数据)、吨位证书及改丈记录、乘客定额证书、船舶检验合格证书等。各省、自治区、直辖市所属地方船检部门都按照统一规定印制和换发了新的船舶检验证书簿,从而加强了对船检工作的技术管理。

(五)渔船检验证件的改进

1958 年 5 月 15 日,山东省烟台市在试办渔船检验工作时印制了渔船检验证书。由于全省有了统一的渔船检验机构,充实了专业检验人员,制订了相应的渔船检验规章,印制了全省统一使用的"渔业船舶检验证书簿",较好地开展了各项渔船检验业务。

山东省渔船管理站“渔船检验证书簿”(格式为:证 Y—1)共有 15 页,第 1 页为封面,第 2、3 页为船体资料和轮机资料,第 4、5 页为安全设备记录,第 6 页为吨位证书,第 7 页为吨位改丈记录,第 8 至 15 页为检验证书。

1959 年,广东省水产厅成立渔船监督。初期,船舶证书仍使用交通部广州区港务局印制的船舶检验证书簿。随后制订了“广东省水产厅船舶检验证书”,证书内容有:吨位证书、船舶检验资料和船舶适航证书。

1964 年 4 月 1 日,福建省水产局渔业船舶管理总站为了及时开展渔船检验工作,根据渔船的特点制订了渔业船舶证书。

1965 年 8 月 25 日,辽宁省渔业船舶管理站制订了“船舶检验证书簿”。该证书簿主要内容有:主要项目、起重设备检验证书(包括起重设备安全负荷)及船舶检验合格证书。

上述各渔船管理站制订的检验证件均较适合渔船的特点,比较适用。

六、船舶检验局主持落实船检规范科研十年发展规划

自 1958 年船舶检验局公布首批海船规范以来,在三年实施过程中发现一些问题,有的是理论问题,有的属规定尚不完整,需要进行研究和补充。1963 年国家科委下达“船舶科学技术十年发展规划”,其中编号“专 22—船 106—3”有关船舶规范的研究项目为 1963—1972 年需研究解决课题,明确船舶检验局为研究主持单位,并列出负责研究的协作单位。这些负责研究的协作单位有:交通部上海船舶设计院、上海船舶运输科学研究所、上海电机综合研究所、六机部造船工艺研究所及有关船舶产品设计室、广州电器科学研究所、江南造船厂、沪东造船厂、大连造船厂、上海交通大学等 20 个单位。1964 年 7 月 23 日,船舶检验局在北京召开协调会议,邀请上述单位参加,讨论船舶规范中需要研究的课题,以及这些研究课题的分工。其研究课题的主要内容为:

(一)有关钢质海船建造规范的研究:

(1)高复板骨材本身尺度与带板宽度的关系;
(2)甲板纵骨剖面如何计入甲板总剖面面积;
(3)采用高强度钢时的等强度换算方法;
(4)研究改进舱壁扶强材尺度的要求;
(5)研究改进对油轮舷侧顶列板及舷侧板的规定;
(6)研究单纵舱壁油轮的纵舱壁构件尺度要求;
(7)研究上层建筑围壁采用压筋围板时有关规定和要求;
(8)研究舱盖板强度的计算方法等。

(二)有关海船稳性规范的研究:

(1)进一步研究横摇角计算公式;
(2)沿海小型客货船稳性衡准的研究;
(3)修改倾斜试验的检查方法;
(4)研究确定渔船在各种装载情况的油水量及冰盐量;
(5)小型船舶及渔船静稳性力臂的最小值等。

(三)有关海船抗沉性规范的研究:

研究以概率理论来代替旧的方法。

(四)有关船舶材料试验规范的研究:

(1)造船钢板宽冷弯合理要求;
(2)冶金因素对宽冷弯的影响;
(3)造船钢材宽冷弯对工艺性能的影响;
(4)奥氏体晶粒度对低温(-40℃)冲击韧性的影响;
(5)对断口纤维的影响,对热加工敏感性的影响等。

(五)有关海船救生设备规范的研究:

(1)按《SOLAS60 公约》建议公式,研究改进我国救生设备规范对救生艇稳性的要求。
(2)铝质救生艇的技术要求等。

(六)有关海船消防设备规范的研究:

研究 CO_2 充装率、压力、温度之间的关系。

(七)有关起重设备规范的研究:

(1)双杆联合操作的计算规定;
(2)吊杆直径与壁厚的关系;
(3)研究分析规范附录吊杆设备各部分受力;
(4)起重设备零件的允许磨耗标准。

(八)有关海船无线电设备规范的研究:

(1)研究改进海船无线电设备的基本技术要求;
(2)在船上的配置定额及安装试验要求。

1965 年 1 月 21 日,船舶检验局与有关单位协调“船舶规范十年科技发展规划”,编号“专 22—船 106—3”的课题计划任务书报送国家科委船舶交通运输及特种工程船舶分组。这些课题为:

研究改进海船建造规范(106—03—1)、研究改进海船稳性规范(106—03—2)、研究改进海船抗沉性规范(106—03—3)、研究改进船舶载重线规范(106—03—4)、研究改进船舶材料试验规范(106—03—5)、研究改进海船救生设备规范(106—03—7)、研究改进海船消防设备规范(106—03—8)、研究改进船舶起重设备规范(106—03—11)、研究改进海船无线电设备规范(106—03—12)、研究改进海船电力设备规范(106—03—13)。

作为课题主要负责单位的船舶检验局,指派蔡梓松副总工程师任课题总负责人。后因“文革”影响,“十年发展规划”有始无终。但随着水运事业和造船工业的发展,船舶规范和科研工作也不断发展。“十年发展规划”中提出的许多问题,有的在船舶检验局历次规范修改和修订中先后得到解决,有的随着科技的发展已不复存在。此外,还提出了许多在“十年发展规划”未列入的新问题。当然在船舶规范发展、完善和研究过程中,仍得到上述许多单位的协作。科学在发展,技术在进步,船舶规范和科学的发展也是无尽的。

第四节　船检各项业务的开拓性发展

1958—1965 年间，是我国船检各项业务开始拓展的时期。1958 年 10 月，在上海召开第一次全国验船工作会议后，船舶检验局和各地船检部门贯彻会议精神，采取了有力措施，整顿和加强了各级机构，颁布了首批全国统一的船检规章和船舶规范，人员得到充实和培养，为船检工作的全面发展奠定了基础。在此期间，船检业务范围由修船和营运船检验发展到新船建造检验，由国内航行船舶检验发展到国际航行船舶检验，由国内验船业务逐步向国际验船业务推进。

在"大跃进"期间，航运主管部门为了挖潜力夺高产而忽视安全，普遍要求船检部门对营运船舶减小干舷，增加载重量，提高锅炉工作压力和吊杆起重负荷等，一度给船检部门形成压力，干扰了船检的正常工作秩序。但船检部门基本能坚持安全质量原则和实事求是的科学态度，经过调查研究和技术资料核算及必要的试验合格后，适当地处理问题，缓解了当时与航运部门的矛盾，保障了船舶航行安全。1961 年，中央提出了对国民经济实行"调整、巩固、充实、提高"的八字方针以后，航运部门针对船舶严重失修的情况，开始安排大量船舶进行较大范围的维修，以提高船舶完好率。船检部门面对繁重的船舶修理的检验任务，及时采取得力措施，整顿船检工作秩序，加强现场检验，把好修船质量关，取得了明显的成效。同时开展船用产品检验，促进了船舶技术状况改善和修造船质量的提高。因此，1963 年在总结"跃进"轮沉没事故的经验教训中，交通部及国家科委领导都肯定了船检工作的重要作用，给了船检部门很大鼓励和支持。

一、拓展船舶审图和建造监督检验业务

为了保障船舶建造质量，交通部在 1957 年 9 月 10 日公布《船舶技术及施工图纸送审暂行规定》，明确船检部门为船舶设计图纸资料的技术审查和批准部门，要求"500 马力以上机动船和 500 吨以上非机动船的新船设计图纸送交船舶登记局审查"。同年，船舶登记局执行《船舶技术及施工图纸送审暂行规定》，并指定船体、轮机、电气专业各一名验船师专事有关新船设计图纸和技术资料审查。1959 船检局上海办事处设立审图组承担船舶检验局的船舶技术设计图纸审批业务，船舶检验局也可委托有审图能力的办事处审批技术设计图纸。船舶施工设计图纸由船舶检验局各办事处的现场验船师审查。在此期间，船舶检验局就船舶技术设计图纸和施工设计图纸的审图批准章使用、批准号授予和批准图纸签署等问题做出规定，由此建立起建造船舶的审图制度，规定设计图纸审查后由主任验船师对技术设计图纸签字，验船师对施工设计图纸签字。其中图纸批准号由船舶检验局代号、审图单位简称、图纸类别和顺序号 4 部分组成。顺序号由审图单位代码及四位流水号组成。规定审图单位代码：1、2、3、4、5，分别代表船检局上海、广州、大连、天津、青岛办事处。船舶技术设计图纸、施工设计图纸及船用产品设计图纸由各审批单位统一混编，如 ZC 连（施）30053 为 2LN16 型船用倒顺车减速齿轮箱施工设计图纸批准号；ZC 连（技）30055 为万吨级油船技术设计图纸批准号。1959 年，船舶检验局公布实施新中国第一部《钢质海船建造规范》，为我国新船建造提供技术标准，使我国的新船设计与建造有了自己的规范作依据。

船检局上海办事处审批了专为申甬航线设计的 700 人/800 吨沿海客货船设计图纸。还审批了 3000 吨沿海柴油机货船设计图纸、3000 吨沿海蒸汽机货船设计图纸、5000 吨国际航行杂货船技术设计图纸。

船检局大连办事处 1960 年审批 650 吨冷藏船施工设计图纸。1963 年审批杂货船"团结"施工设计图纸。1963—1964 年间，船检局大连办事处完成了有关工程船的设计图纸审批工作。其中包括，水利电力部为支援农业生产，解决河北、河南、山东等省农田盐碱化问题，经国家批准安排在大连造船厂建造 11

艘90立方米/小时绞吸式挖泥船。还完成了水利电力部马颊河疏浚工程局在大连造船厂订购的120立方米/小时抓斗式挖泥船及航务工程部门订购的容泥量为280立方米开底驳船等工程船舶的设计图纸审批工作。1965年审批了4500吨油船“建设24”及“建设25”的施工设计图纸。

1959年2月28日交通部公布试行《船舶检验规则》,明确规定了各种检验工作程序和要求,使船舶设计图纸审查、建造与营运中的技术监督检验,以及签发各种船舶证书和技术文件等,都逐步走向制度化、规范化。对促进船检部门的自身建设和适应造船与航运事业发展的需要具有一定的作用。

建造船舶的监督检验是从船检部门审查船舶设计图纸开始,使其符合船检规范、规程等规定的安全技术条件。在船舶施工前,验船师首先要查明审图中所提出的意见是否已在施工图纸中得到解决,然后按照有关规定及结合船舶实际情况拟定检验项目表。在实行驻厂检验制度初期,一般都由验船师向船厂发出检验项目表。后来,各船厂逐步熟悉了船检部门规定的要求,则由船厂提出检验项目表,征得验船师同意后执行。检验项目表除按《船舶检验规则》要求应提交验船师现场检验的项目外,还包括船厂检查员负责检验后的有关材质证明、测试记录和试验报告等应提交验船师审阅和认可。此外,对船厂编制的重要新工艺文件,也必须由验船师进行审查。在施工过程中,建立了明确的报检制度,驻厂验船师在施工现场发现问题,可通过联系制度及时向船厂检验科提出处理。因此,驻厂验船师基本上能及时配合生产进度要求,做到检验到位,较好地完成检验工作。在全船检验工作结束后,由船厂检验科提交完整的质量证明书,作为验船师签发船舶证书的依据之一。随着我国各种船舶规范和船检规章的公布实施和验船师驻厂工作制度的落实,使得船舶审图和建造监督检验工作逐步走上正轨,对促进船厂质量管理和缩短造船周期都起到一定的作用。

(一)运输船舶建造检验

1.万吨级远洋船舶建造检验

我国交通运输和船舶工业主管部门决定采取“引进技术”和“自行开发”两条腿走路方针,在大连和上海两大造船基地开始建造万吨级远洋船舶。

1958年7月22日,大连造船厂引进苏联“567”型船舶设计图纸和成套设备,按照苏联船舶登记局规范开工建造15000吨蒸汽轮机远洋杂货船,于1962年12月建成“跃进”,1964年建成同型船“红旗”。苏联船舶登记局大连验船处对其进行建造入级检验。1962年6月30日依据中苏相互代理船舶技术检验协议,船检局大连办事处接管“跃进”“红旗”两船建造入级检验工作。“跃进”建成并经国内试运营后,由国家科委主任韩光为主任委员的国家验收委员会鉴定验收,船舶检验局谢中峰局长为验收委员,丁奇中为技术鉴定组组员。该船于1963年4月取得苏联船舶登记局签发的全套国际航行船舶证书。同时也取得了中国船舶检验局的船级证书和依据船舶检验局规范为其签发的国际航行船舶安全证书。1964年3月5日中国远洋运输公司将建造中的“红旗”由苏联船舶登记局船级改为中国船舶检验局船级,船检局大连办事处完成了该船的建造检验工作。“红旗”取得了中国船舶检验局签发的船级证书和国际航行船舶安全证书。“红旗”于1971年7月16日从大连港出发首航智利开辟南美航线,其后在国际航行中经受住了好望角狂风巨浪考验,服役20年后由于船舶状况老化于1983年10月报废拆解。

同一时期,江南造船厂按照国内设计图纸,采用国产设备,1959年1月13日开工建造11000吨柴油机远洋杂货船“东风”,于1965年12月建成。“东风”的建造过程,基本上是一个新产品试验研制过程。船检局上海办事处在其建造过程中只对涉及船舶安全的关键部分进行建造检验。该船取得了中国船舶检验局的船级证书和国际航行船舶安全证书,成为船舶检验局独立完成的第一艘万吨级建造入级检验的船舶。该船经国内试运营,并于1967年通过国家验收后,投入国际航线运营。70年代我国自行开发万吨级远洋船舶设计中,“东风”被选为母型船进行改进设计建造,发展出一系列万吨级远洋杂货船、散货船。该船在国际航线服役16年后,于1983年6月退役拆解。

2.千吨级沿海船舶建造检验

新中国初期,由于西方国家对我国实行经济封锁,船舶主机进口困难,新船建造多以拆解旧船主机、利用库存产品或从香港进口少量小型主机安排生产,有关海船设计只能“依机配船”。1958年后,随着我国往复蒸汽机和大型低速柴油机的研制成功,我国的海船设计建造开始从“依机配船”转变为“依船配机”,进入正常船舶设计程序。

其中,为了满足近海国际运输需要,交通部上海海运局在1956年委托一机部船舶工业管理局第二产品设计室设计载货量5000吨,可航行中日、中越乃至东南亚的货船。第二产品设计室依据船舶设计提出装船机电设备的技术要求,设备制造厂据此进行设计制造有关配套机电设备。1958年大连造船厂建成5000吨杂货船“和平25”,江南造船厂建成同型第二艘船“和平28”,随后安排大连造船厂和江南造船厂批量建造,陆续建成“和平57”“和平58”“和平71”“和平73”等4艘船舶。上述6艘船舶分别由船检局大连办事处及上海办事处进行建造检验。其后,船检局大连办事处在1960年完成4500吨油船“建设九号”建造检验,1962年完成4500吨油船“建设十二号”建造检验,1964年完成5000吨国际航行杂货船“团结”建造入级检验。

为了满足大连—烟台客运的需要,天津新港船厂于60年代中建造完成Ⅱ类航区短途客货船“民主2”,排水量4000吨,船检局天津办事处对该船进行建造检验。与此同时,为了满足国内沿海客货运输需要,一机部船舶工业管理局第二船舶产品设计室按照载重量和载客量分级,定型系列设计甲、乙、丙、丁4种沿海客货船船型。1958年船检局上海办事处检验了沪东造船厂建造的乙“I型”客货船“民主14”“民主15”“民主16”。1959年检验了乙“Ⅱ型”客货船“民主17”。同年船检局上海办事处检验了江南造船厂建造的丙型客货船“普民101”及沪东造船厂建造的“普民102”。1959—1960年间,还检验了沪东造船厂建造的3000吨沿海柴油机货船“和平59”等5艘。在1961年依据上海海运局要求,按照上海至宁波航线客货运输以及宁波港口条件专为申甬航线设计773人/800吨沿海客货船,由沪东造船厂建造“民主18”“民主19”,船检局上海办事处对其进行建造检验。

3.长江内河船舶建造检验

在第二个五年计划期间,长航局贯彻“修造并举”的方针,扩建或新建了所属船厂,逐步加强了造船能力。为了改善长江航线的区间客运条件,1958年建造了上游区间客货船“江都”及中游区间客货船“小跃进”6艘。1964年建造了长江下游苏北区间客货船“新中”。这些船舶把以客货兼载或客货并重的船型逐渐向载客为主,兼载少量货物的长江客班船方向发展,为设计与建造长江客船积累了宝贵经验。其间,船检部门通过图纸审查和建造检验等工作中的具体实践,为制订长江船舶规范创造了条件。此外,1960年芜湖港船检部门对芜湖造船厂建造的长江第一艘水翼艇“水翼1”进行了检验和发证。该艇当时为试验性船型,对促进船检技术和船舶科技进步及开发高速船型具有重要的意义。

1963年,长航局为适应西南地区供油需要,由重庆民生船厂承建长江第一艘800吨级运载一、二级易燃液体原油和石油产品的油船“建华801”。由船检局长江区办事处重庆船检站进行建造检验。船舶检验局对此非常重视,抽派船检局大连办事处较有经验的4位验船师到重庆承担并指导此项工作。在审图和船检管理工作方面,船检局长江区办事处也投入了一定的力量。根据川江航道的特点,该船首次采用了双层底结构。在整个建造检验过程中,验船师认真执行规范和规定的要求,经常深入现场,既检又帮,对发现的问题及时予以处理,获得厂方的赞许。通过船检局大连办事处验船师承担并指导工作,使得重庆船检站对新建油船的检验从图纸审查、建造中的监督检验到签发证书,进行了一次全过程的正规化实践,为提高检验技术和管理水平打下了良好的基础。对保证建造质量和促进建造水平的提高,也起到很大的作用。该船从 1963 年 11 月动工,1966 年 5 月进行满载试航,经船检部门检验合格和签发了证书,于同年 11 月正式投入营运。

(二)各类专业船舶建造检验

水上从事各种作业的工作船舶,种类繁多,这里按其作业类型分为拖推作业船舶、工程作业船舶、调查测量船舶、渔业生产船舶等。1958 年后,随着我国水运和江、河、湖、海工程建设发展,以及水产资源的利用开发,国家在“大跃进”和度过经济困难时期后,陆续建造多种作业船舶。为了保障这些新建船舶作业安全,船舶检验局按照船舶建造规范和有关作业船规定对其进行建造检验,为其签发有关航行和作业安全船舶证书。

1.拖推作业船舶建造检验

1957 年沪东造船厂在长江驳运拖船建造经验基础上设计建造沿海港作兼工程蒸汽机拖船“航工 3”,开始了我国海港拖船的设计建造。大连造船厂给苏联批量建造 883 千瓦远洋拖船,1958 年开始转向国内。船检局大连办事处检验了“沪救 4”“连港 5”等数艘 883 千瓦远洋拖船。随后,一机部船舶工业管理局第二产品设计室采用回转导管设计新型拖船,由东海船舶修造厂在 1959 年建成港作拖船“妇女”,自此我国在各种拖船设计中开始采用回转导管装置,提高拖船的操纵灵活性。

1958—1965 年间,随着水上拖带作业范围的扩大,我国各种用途、不同功率拖船开始发展。其间,船检局上海办事处检验了 441 千瓦港作拖船“海港 2”、99 千瓦船厂拖船“江南 10”、588 千瓦渡口拖船“蚌铁 6”、370 千瓦蒸汽机拖船“上电 501”、382 千瓦海河驳运拖船“长江 508”、176 千瓦内河浅水驳运拖船“新逢 201”、764 千瓦内河推船“航拖 1003”、794 千瓦沿海工程拖船“交工 2”、390 千瓦破冰型工程拖船“津航拖 5”等。船检局大连办事处对 441 千瓦拖船“海缆 1”“建基 801”“大沽化 1”“津港轮 15”“云港 2”等进行了建造检验。船检局大连办事处还完成了 1456 千瓦“浙拖 1”“津港轮 1”等拖船的建造检验工作。长江船检部门检验了沿江各船厂建造的 1470 千瓦拖船及小功率“85 型”拖船。

2.工程船舶建造检验

船检局上海办事处检验了 40 立方米/小时内河非自航绞吸式挖泥船、40 立方米/小时非自航链斗自扬式挖泥船、500 立方米/小时链斗式挖泥船、非自航起重船“大桥 7”、50/60 吨自航式全回转起重船、1000 千瓦内河非自航电站船“跃进”、4000 千瓦非自航电站船“跃进 2”、压桩兼打桩船等。

船检局大连办事处检验了 90 立方米/小时绞吸式挖泥船、120 立方米/小时抓斗式挖泥船、600 吨钢质整体式浮船坞。

船检局天津办事处检验了 400 立方米/小时绞吸式挖泥船“津航浚 204”。

3.调查测量船舶建造检验

船检局上海办事处检验了海洋渔业气象专项调查船“气象 1”、海洋地质专项调查船“海燕”及“燎原 1”、海洋综合调查实习船“东方红”、海洋地质专项调查船“奋斗 1”、专用航道测量船“航测 7”、两翼推进航标船“海建”以及海上监察执法船“中国海监 75”。

4.渔业船舶建造检验

船检局上海办事处检验了渔业指挥船“海星 601”、渔政执法船“中国渔政 21”、船底曳网渔船“江渔 101”、880 千瓦近海捕鲸船。船检局上海办事处还检验了“旅大 501”型混合式捕鱼船、“宁渔”8101 型双拖渔船。船检局大连办事处检验了以“辽旅南”命名的渔船 200 余艘。船检局青岛办事处检验了渔业加工船“延安 1”。

二、开始办理船舶入级业务

办理船舶入级业务是适应我国国际航运和造船业发展的需要。根据船舶所有人或船厂的申请，船舶检验局及其办事处按照有关入级规则和规范的规定，执行各项入级检验，保证船舶符合安全可靠的入级标准。1958 年船舶检验局公布第一批船舶规范及《海船入级章程》，并相继公布船舶证书及技术文件格式，从而具备了办理船舶入级业务的条件。20 世纪 60 年代，随着我国远洋运输船队的建立和上海、大连等地几家大的造船厂开始建造国际航行船舶，促使船检部门开始办理船舶入级业务。

1958 年，我国在大连造船厂开工建造第一艘 15000 吨货船“跃进”。当时由于我国尚未加入有关的国际公约，而委托苏联船舶登记局驻大连验船处进行法定检验和建造入级检验。1962 年该验船处撤走，由船检局大连办事处依据协议接管“跃进”后续检验工作。1963 年，该船取得中国船舶检验局和苏联船舶登记局的船级证书。

1959 年印度尼西亚掀起反华动乱，为了保障在印度尼西亚的华侨安全，中国政府决定派船接运印度尼西亚华侨归国。交通部决定使用悬挂中国旗的客船接运华侨，于 1959 年 3 月 31 日请示国务院从国际二手船市场购买合适的旧客船承担接侨任务。经国务院批准后，交通部远洋运输局及其广州办事处于 1960 年从希腊购进一艘旧客船“高地公主”，到香港修理改装后，改名成为我国第一艘万吨级远洋客船“光华”；随后又从挪威购进一艘旧客船“西姑加”，经修理改装命名为“新华”远洋客船。

船检局广州办事处依据《1959 年海船入级章程》《1959 年钢质海船建造规范》和有关国际公约，对“光华”及“新华”两艘远洋客船进行了初次入级检验，于 1960 年为“光华”签发了第一张船舶检验局的船级证书，由此开始了船舶检验局的船舶入级检验业务。1961 年 4 月，“光华”首航印度尼西亚，成为我国第一艘远航东南亚、中东国际航行的大型客船。至 1962 年底，船检局广州办事处办理入级检验的船舶增加到 12 艘，其中包括越南籍和阿尔巴尼亚籍船各 2 艘。

1960 年，为了发展我国国际航运，交通部开始组建我国远洋运输船队，决定选择一批从事国内沿海运输的船舶进行改装，其间选择“和平 25”作为第一艘改装船，由上海船舶修造厂进行改装修理，将其烧煤的主锅炉改造成烧油主锅炉，并进行船体内部装饰改造和加装相关设备，更名为“和平”，船检局上海办事处对其进行初次入级检验，为其签发船级证书和有关国际航行船舶证书，同时委托苏联船舶登记局为其颁发了国际公约证书，持中国和苏联两套船舶证书出航东南亚和非洲，成为船舶检验局入级船队中我国建造的第一艘初次入级货船。同年，上海船舶修造厂依据交通部决定再将该型船的“和平 58”等 4 艘沿海货船改装成远洋杂货船，如“友谊”“星火”“燎原”等航行于国际远洋航线。由此，交通部在 1960—1962 年间先后改装 11 艘沿海杂货船、客货船投入国际航线。1963 年 9 月，经船舶检验局登记的入级船舶增至 16 艘。

1963 年，经中国舰船研究院 708 研究所设计，由大连造船厂建造 5000 吨国际航行远洋杂货船“团结”，船检局大连办事处按照我国船舶规范对其进行建造入级检验。1964 年 5 月为其签发船级证书和国际航行船舶安全证书，“团结”成为船舶检验局入级船队中的第一艘建造入级检验船舶。

随着我国对外贸易的快速发展，我国的远洋运输船队已经远远不能满足不断增长的国际贸易运输的需要。1963 年 11 月，国务院决定利用贷款买船的办法来发展我国的远洋船队。据此，中国远洋运输公司本着订造新船与采购旧船并举原则，相继在法国、英国、德国、波兰等国船厂订造一批新船。承建船厂按照惯例申请外国船级社检验发证。中国远洋运输公司从全国各地借调一批技术人员，组成数个监造组驻厂监造。待这批新船建成回国后，船舶检验局依据我国《海船入级章程(1959)》及海船规范，参照外国船级社签发的证书和检验技术文件对其进行初次入级检验，授予船舶检验局船级，签发船级证书。并按照我国《船舶证书及技术文件的规定(1959)》换发我国的国际航行船舶证书。船舶检验局为了做好外购船的初次入级检验工作,于 1963 年 11 月 4 日发出《关于办理营运中海船入级的暂行规定》,指导验船师做好现场检验工作。

随后,1964 年 1 月 27 日交通部与中国人民银行签订贷款协议,中国远洋运输公司利用这笔 2000 万美元贷款从国外购进一批“二手船”,扩充我国远洋运输船队。船舶检验局在进行初次入级检验中发现这批“二手船”存在不同程度的各种缺陷,但考虑当时情况而以最低航行安全标准对其进行灵活处理,授予较低船级,签发了相应的船级证书和国际航行船舶证书。船检局广州办事处对数十艘从国外购进的新旧船舶进行了初次入级检验。船舶检验局的入级船队随着我国远洋运输业和造船业的发展不断壮大。

三、国际航行船舶的法定检验

为了保障国际航行船舶的安全,20 世纪初起,经过各国政府的协商,签订了共同遵守的国际海事公约,如《1929 年国际海上人命安全公约》《1930 年国际船舶载重线公约》《1948 年国际海上人命安全公约》《1948 年国际海上避碰规则》等。这既是国际航行船舶法定检验的依据所在,也是颁发国际航行船舶法定证书的依据所在。

1957 年,我国政府承认了《1930 年国际船舶载重线公约》,但未承认《1948 年国际海上人命安全公约》,因此不能签发该公约规定的证书。1961 年,中国远洋运输公司成立,第一批远洋船舶(包括 500 总吨以上航行香港的部分船舶),委托苏联政府代发该公约规定的安全证书、安全设备证书、无线电报(话)安全证书。1961 年 4 月“光华”轮第一次使用由我国颁发适用于国际航行客船的安全证书,由黄埔港开往新加坡、印度尼西亚等东南亚国家,得到各港口当局的承认。以后,我国的远洋航行船舶逐步使用我国签发的国际航行船舶法定检验证书,顺利地远航世界各国港口。

1960 年初,越南籍船舶“和平”“友谊”先后在广州造船厂修理。该两轮原持有的苏联政府签发的证书到期,依据越南政府的委托,船检局广州办事处对其进行检验并代发我国的各项证书,这是船舶检验局首次接受外国政府委托而进行的法定检验。

1962 年 7 月 18 日,阿尔巴尼亚驻华大使馆致电中国外交部,请中国船舶检验局为中阿轮船公司的阿尔巴尼亚籍船舶签发有关国际航行船舶安全证书。同年 8 月 18 日,中方答复:中国船舶检验局将应船长或其代理人的申请,根据中国船舶规章制度进行检验并发给相应的船舶证书。其后由船检局广州办事处对停泊在广州的阿籍“都拉斯”轮进行检验后代发我国的法定证书,并于 1964 年首次派验船师到阿尔巴尼亚对该轮进行年度法定检验。1967 年,船舶检验局又派验船师赴阿尔巴尼亚对“利亚利”轮作定期检验。同年,还接受坦桑尼亚政府委托,由船检局广州办事处对停泊在广州的该国籍两艘货船进行检验,代发我国法定证书。

四、加强国内航行营运船舶检验

1957 年 9 月 12 日交通部制订《交通部关于中央与地方分立管理交通企业体制方案》,将国际远洋运输、沿海长途运输和内河主要河流的干线运输纳入交通部统一管理;将沿海短途运输和内河主要河流的支线运输及内河次要河流运输划归地方管理,由此建立起由交通部直接领导管理中央直属航运企业和地方领导管理的地方航运企业,同时责成中央和地方分别负责这些船舶的航行安全管理和监督检验。船舶检验局则作为国家船舶技术监督机构,对中央航运企业船舶进行监督检验及对地方船检部门进行业务指导。

在“大跃进”期间,船舶失修失养的情况比较普遍。1961 年中央提出“调整、巩固、充实、提高”的八字方针以后，航运部门把扭转船舶技术状况下降、提高船舶完好率作为一个突出问题摆在重要议事日程。船检部门为把好船舶的安全质量关，也加强了对国内航行营运船舶的检验工作。当时，蒸汽机是国内船舶的主要推进动力，特别是锅炉的技术状况对船舶安全至关重要，因此把营运船舶的锅炉列为重点检验项目之一。

早在20世纪50年代末，船检局上海办事处在检验中发现引水船“港申”和挖泥船“建设”的锅炉苛性脆化，情况极为严重。由于得到及时补救抢修，避免了危险事故的发生。1962年2月，长江大型客班船“江亚”的锅炉，发现有若干铆钉自动脱落，事关全船千余人的生命财产安全，船检局长江区办事处极为重视，及时上船进行了认真检查，将脱落的铆钉取下做了冲击试验、硬度试验和金相分析，对未脱落的铆钉也做了超声波和r射线重点抽查，并邀请了院校、科技、航运等单位近百名科技人员座谈分析原因，一致认为系“苛性脆化”问题，必须修理。但时值春运高峰，为减轻运输部门的压力，船检局长江区办事处与航运部门又再次进行研究，决定采取用螺栓紧固和降低汽压等措施，并要求船方航行中随时加强检查防范，同意继续投入春运，待春运结束，立即停航修理。考虑到当时武汉尚不具备对大直径铆钉修理的技术能力，故决定到上海进一步扩大检验和落实修理方案。1962年11月，船抵上海，由船检局上海办事处继续检验，对锅炉铆钉边检查、边拆除、边试验，在情况查明后，报请船舶检验局批准同意“拆除暂停”，并要求在修理中加强检验。1963年5月，该船被安排在上海长航局白莲泾船厂修理。在修理中，船检部门进一步精心检查和在保证安全的前提下，采取局部换新和加强安全措施，使得该轮维持营运，在营运中还继续加强观察和监督检验，以确保航行安全。

1962年广州海运局所属南海173、174、175、180、181等5艘沿海航行货轮，因年久失修，近4年未入坞，水线以下船壳板和焊缝严重锈蚀，以致出现锈穿漏水现象。当时广州地区缺乏大型船坞，又因运输任务繁重，这些船是该局的运输主力，全部停航安排修理，对生产确有一定影响。经船检局广州办事处与该局机务等部门慎重研究，密切配合，安排各船陆续在湛江偏滩抢修。船检局广州办事处派出验船师在抢修中密切配合，对船体水线以下部分进行认真检验，对于发现的问题，均及时要求采取修理措施，使船舶技术状况得到一定改善，保障了继续营运的航行安全。根据统计，船检局上海办事处在1962年共检验船舶6546艘次，总吨位1529928。其他各船检部门的检验工作量，也都有很大的增长。

自1962年起，武汉、南京、重庆等港船检部门实行驻厂检验制度，使得现场检验工作得到加强。1964年第4季度，长航局青山船厂在修船舶26艘，其中客班船5艘，修船任务繁重。根据当时正在该厂蹲点的交通部于眉副部长的指示，由交通部、长航局联合组成修船工作组，以“荆门”轮为试点开展工作。船检局长江区办事处驻厂验船人员也以该轮为重点，加强修理检验工作。通过70天的奋战，在各方的密切配合下，圆满完成了“荆门”轮的修船及检验的试点工作。在确保质量的前提下，使“荆门”“江华”等13艘船舶均如期完工出厂，同时也为船检部门驻厂检验工作摸索了经验。1963年3月，交通部还先后发出“关于长江直属港口安全监督检验工作统一管理试行方案”及“关于加强各省区船舶检验工作的指示”，进一步明确了长江直属港船检部门与地方船检部门的分工，加强了船检行业管理。

五、开展对来华外轮的检验业务

新中国成立初期我国的国际贸易主要依靠外籍船舶和我国租用的外籍船舶运输。在外籍船舶中多为苏联、波兰等东欧社会主义国家船舶，少量是越南、日本等周边国家船舶。1951年中国与波兰合组“中波海运公司”后增加了我国参与运输的成分。交通部在1957年3月13日公布《对外国籍船舶进出港口管理办法》，加强对外籍船舶管理，船舶检验局开始对外国籍船舶执行检验。国务院在1960年前有限度地批准几个港口对外籍船舶开放，其后，随着我国国际贸易发展，国务院批准上海、大连、广州、天津、青岛等沿海港口对来华外轮开放,船舶检验局的外轮检验业务逐年增加。到 1962 年已有英国、希腊、苏联、索马里、巴拿马、新加坡、波兰、越南等十几个国家的船舶申请船舶检验局检验。根据统计,船检局上海办事处外轮检验 1959 年为 90 艘次,1963 年增至 140 艘次。船检局大连办事处在 1961—1963 年间,检验外轮 146 艘次。船检局广州办事处在 1959—1964 年间,检验外轮约 240 艘次。

船检局大连办事处在 1962 年 6 月 30 日接管苏联船舶登记局驻大连验船处后,依据《中华人民共和国船舶检验局和苏维埃社会主义共和国联盟船舶登记局关于相互代理船舶技术检验的协议》对其移交的“伊里万”“谢娘维”“敖德萨”等 6 艘大修船,以及后来陆续来大连进行大修、中修、小修的苏联船舶进行了代理检验。这些苏联船舶多数是二战中建造的“自由轮”型简易货船,也有油船和其他杂货船。检验中船舶检验局严把安全质量关。如货船“谢娘维”的辅助锅炉在试航后进行内部检查,船方、厂方一致认为状况良好,而验船师检查发现有漏水痕迹,要求在 1.8MPa 工作压力下做检查,结果证实该锅炉烟管漏水严重,致使普通烟管全部换新,保证了锅炉运行安全。当时由于中苏两国、两党关系进一步恶化,苏联船舶停止来我国修理,1965 年完成最后一批苏联船舶修理检验后,中断了苏联船舶的代理检验业务。

有关对外轮的监督检验,系指依据外国政府授权或委托对外轮执行的法定检验。然而,20 世纪 60 年代,船舶检验局对外联系较少,外国政府尚没有授权船舶检验局执行有关法定检验,在这种情况下船舶检验局接受申请的监督检验多为来港外轮为解决其法定证书到期,船长主动申请检验或港口当局强制船长申请进行检验,船舶检验局依据申请对其进行检验,检验合格后签发检验鉴定书,证明船舶处于适航状态。外轮持船舶检验局签发的检验鉴定书离开中国港口,在返回船籍港或驶离中国后到达的第一个国外港口,再正式办理有关法定证书事宜。

六、拓展船用产品检验业务

1958—1965 年间,造船工业日益发展,但作为与造船配套的船用产品却由于品种和质量不能保证,往往影响造船进度与船舶航行安全。船用产品的使用条件有别于陆用产品,它要经受振动、倾斜、潮湿、浸水、盐雾、高温和高压等影响,质量上有较高的要求。通过生产和工作实践,各船厂、船东和保险等有关部门都要求船舶检验局全面开展船用产品的检验和发证。然而,当时我国修造船工业中所采用的船用设备,仍然存在着不少陆用产品,未能完全符合船舶规范要求。而且有些造船厂之外的其他船用设备制造厂,分属于不同的工业部门管理,对船用产品的特殊性不了解,对装船使用的船用设备需由船检部门检验及应满足船舶规范要求难以接受,因此在这些工业领域拓展船用产品检验工作十分困难。特别是冶金系统各钢铁厂,由于船用钢材量相对较少,按船舶规范单独安排生产困难较大。对此,船舶检验局一方面组织力量研究制订必要的船用产品检验技术标准,另一方面,针对当时的国内客观条件和工业生产水平研究有关对策,确定了当时船用产品检验的原则:即所有船用产品均应符合船舶规范要求;对于船舶规范未作明确规定,而在有关专业标准中规定了的船陆通用产品,可按有关专业标准检验;对于有关专业标准涉及船用要求,但低于船舶规范要求的船用产品,应按船舶规范要求检验;凡经过努力确认达不到船舶规范要求的项目,在确保船舶航行安全前提下,可适当放宽要求。与此同时,船舶检验局各办事处积极深入调查研究,向产品制造厂宣传船用产品检验的必要性,帮助解决有关技术问题,并在中央有关部委的大力支持下,船用产品检验工作才逐步打开局面。

(一)按照船舶规范执行船用产品检验

20 世纪 50 年代末,为了促进船用产品制造质量和保障船舶航行安全,上海、广州、大连等沿海船检部门按照《船舶检验规则》和有关船舶规范的要求,在加强与扩大对各船厂生产的船舶配套产品检验范围的同时,逐步建立船用产品检验工作制度。1958 年,上海港务监督船舶检验科在对沪东造船厂制造的 1100 千瓦四缸三胀式往复蒸汽机和 1765 千瓦单流式蒸汽机的检验中,加强了对其材料质量、主要机件加工检测、装配质量、水压试验等环节的检查。

为解决大型船用柴油机问题,1958 年一机部、交通部决定联合组成船用主机技术专门委员会,负责主机技术任务书的拟订、设计图纸的审查、试制产品鉴定等工作。专门委员会由 20 多个单位组成,委员中有船舶检验局朱天秉、上海港务监督船舶检验科邵丹卿。船用主机技术专门委员会在大连、上海两地设试车试验工作组,对大连造船厂制造的 2205 千瓦柴油机,上海船舶修造厂和沪东造船厂分别制造的 1470 千瓦柴油机,做出鉴定所需要的各种有关的性能测定资料,提供专门委员会讨论,以便做出鉴定。沪东造船厂制造的中国第一台 6ESDZ43/82 型 1470 千瓦柴油机经过一年时间的调试和改进,于 1959 年 10 月由船检局上海办事处进行了检验和发证。同年底,该机安装于沿海货船“和平 60”使用。1959 年,船检局大连办事处开始对大连造船厂设计的中国第一台 6ESD60/106 型 2205 千瓦柴油机进行了制造检验。检验中发现该机主要存在高负荷时冒黑烟、曲轴质量不符合规范要求等问题。经交通部与一机部商定,要求曲轴必须重新制造,并争取于 1959 年内解决。在经近一年时间的调试和改进后,由船检局大连办事处检验合格后发证,该机安装于 1958 年下水的沿海油船“建设九号”使用。船检局上海办事处参加了 6EDZ43/67 型低速船用柴油机技术鉴定,并经检验合格后发证,该机用作长江高级客船“昆仑”的主机。1961 年 11 月,国家科委组织对上海柴油机厂制造的 4135G 柴油机进行鉴定,船舶检验局主任工程师朱天秉作为国家鉴定委员会委员参加了鉴定。

1958 年,广州港务监督船舶检验科对新造的船用锅炉和受压容器,向工厂提出了报送设计图纸、计算书,以及材料的化学成分和机械性能试验证明的要求,经按船舶规范的规定进行审核批准后,才能施工。此后,船检局广州办事处对义隆锅炉厂、广州造船厂制造的小批量船用锅炉和空气瓶,进行了图纸审核和主要部件检验。还对广州协同和机器厂由陆用柴油机改为小型船用柴油机后的产品质量进行跟踪技术监督和重点把关。1959 年,船检局大连办事处在与大连柴油机厂商谈有关 12 台 4175 型和 8 台 4110 型船用柴油机的产品制造检验时,签订了第一份船用产品检验合同。该合同确认上述船用柴油机由船检局大连办事处执行制造检验,在检验时间安排、检验工作条件、争议处理时限及检验费支付方式等问题上,规定双方要相互配合并对双方作了必要的制约。

为了促进船用产品质量的提高,推进相关制造业逐步向专业化方向发展,交通部于 1959 年 4 月会商一机部对其所属工厂生产的船用机电设备按船用技术条件执行产品检验。同年 7 月 16 日,一机部通告所属企业在设计制造船用设备时,需按船舶规范和技术标准进行,并申请船检部门进行必要的检验,具体检验方法由双方协商确定。船舶检验局在颁布《船舶材料试验规范(1959)》的基础上,多次与有关部门接触,积极宣贯规范。曾于 1959 年通过冶金部指令其下属企业按船舶规范标准要求组织有关船用钢材生产,申请船检部门检验,对检验合格的产品,按船舶检验局的规定打上检验钢印标记。此项工作,从 1960 年开始逐步推行。

(二)开展船用产品检验试点工作

为了全面推行船用产品检验工作,船舶检验局于 1959 年 12 月邀请有关单位专家就全面开展船用产品检验工作的问题进行座谈。会议认为,一机部应指定一些工厂专门生产船用产品,或将船用产品集中在某些工厂制造,也就是建立船用产品的专业生产厂和定点生产厂;同时建议一机部九局与交通部共同组成检验组进驻钢厂进行船用钢材检验。1960 年 1 月 9 日,船舶检验局又在此次座谈基础上,就开展船用机械、电力和无线电设备以及船用钢材的检验问题,致函一机部、水产部、冶金部、交通部有关专业局,以及船检局上海、天津、大连、广州、青岛办事处和长江航运局。同年 3 月,交通部海河局、船检局、一机部九局联合发出通知,拟共同组成船用产品检验试点工作组,下厂进行船用产品检验的试点工作。8 月 22 日,来自工厂、航运部门和设计单位的专业技术人员在上海成立试点工作组,并决定由船舶检验局领导,先在上海地区进行船用产品检验工作试点,然后推向全国。9 月初,船用产品检验试点工作组分专业进驻上钢三厂、东亚电焊材料厂、斌城电焊材料厂、彭浦机器厂、新中动力机厂、上海柴油机厂、南洋电机厂、华生电机厂 8 家企业进行有关船用钢材、船用柴油机和船用电机等船用产品检验工作的试点。经过一年多的工作,该试点工作组于 1961 年 12 月 29 日在上海召开船用产品检验试点工作总结会议,总结了试点工作的经验,提出了今后在上海地区开展船用产品检验工作的意见。试点工作组认为当时承担船用钢材和机电设备的制造厂还存在如下问题:①船用产品的品种、数量较少,工厂难以单独组织生产,并希望仍按陆用标准验收;②工厂对船用条件下的试验设备不齐全;③船厂订货时船用技术条件要求不明确;④工厂需要的原材料和外购件质量不稳定。针对这种情况,试点工作组依据不同的生产条件和产品生产特点将上海地区制造厂划分为 8 种类型,采取不同的方式进行船用产品监督检验,规定了不同的检验内容。

与此同时,为了适应船舶修造工业发展的需要,便于正常开展船用产品检验工作,船舶检验局于 1961 年提出了“船用产品制造检验分区负责及检验范围”,强调首先在全国几个重点地区对船用锅炉、受压容器、机电设备、救生设备、铸锻件、电焊条等产品进行产品检验,并对所属各办事处的船用产品检验分管地区进行了划分。其中,上海办事处负责上海地区生产的船用产品,以及无锡、宁波两地中央配套系统和中央直属企业生产的船用产品;大连办事处负责旅大地区生产的船用产品,以及沈阳地区中央配套系统和中央直属企业生产的船用产品;天津办事处负责天津地区生产的船用产品;广州办事处负责广州地区生产的船用产品;青岛办事处负责济南和潍坊地区生产的船用产品;长江区办事处负责武汉地区生产的船用产品,以及重庆、南京两地区中央配套系统和中央直属企业生产的船用产品。由于船用产品检验经验不足、技术力量有限,故早期实施船用产品检验的范围也有一定的局限性。

1962 年 4 月,船舶检验局、交通部工厂管理局和三机部九局联合发出通知,结束上海船用产品检验试点工作,船用产品监督检验开始转入正常运行。随后,船舶检验局要求下属各办事处结合本地区实际学习、吸取上海试点工作经验,在对本地区产品厂的生产设备、技术水平、产品购销及使用情况进行分门别类调查研究的基础上,依据生产需求和产品条件选择几个工厂进行试点,取得经验后逐步推广。同时依据本地区需要监督检验的船用产品生产数量及其产品厂分布和生产情况,组织技术力量,指定专人负责从事船用产品检验。于是船检局上海办事处首先成立了船用产品检验组,正式开展船用产品检验业务。同年,船检局大连办事处、广州办事处也先后成立了船用产品检验组。其他各办事处则依据各自的产品检验业务量,指定专人负责此项工作,推进船用产品检验业务的开展。

(三)船用产品检验工作全面铺开

随着船用产品检验工作的试点和推广,船舶检验局在建立专职机构、培养和充实专业技术人员的同时,也逐步建立和健全船用产品检验的规章制度,确定船用产品检验技术标准,采取多种方式,拓展船用产品检验业务。

1963 年 8 月 24 日,船舶检验局公布了《船用电机产品技术监督暂行办法》。该暂行办法规定主发电机及应急发电机、电力推进设备的电机,以及舵机、锚机、起货机、绞缆机的电机,均需经船检部门检验,合格后签发船用产品检验鉴定书,并在相应的产品上打上船舶检验局的钢印。

1963 年 8 月,船舶检验局、三机部九局、海军装备部联合发文,首次公布《民用船舶电机、电器若干技术要求的暂行规定》。同年 9 月 16 日,再度联合发布《舰船普航仪器、低压电器产品技术监督和出厂验收办法》。该办法规定了民用的船用号灯、测深仪、计程仪、电动车钟须经当地船检部门按批抽验，并发给合格证件后，方可出厂。

1964年3月17日，船舶检验局召开了《船用柴油机产品检验工作座谈会》。会议通过了《船用柴油机产品技术监督暂行办法》及《对船用柴油机检验中若干技术问题的处理意见》，并于1964年5月25日正式公布施行。同年4月26日，船舶检验局公布《关于船用产品监督检验范围的暂行规定》，自1964年5月10日起施行。该暂行规定所附“船用产品监督检验项目表”中，包括锅炉、主辅机、电机、压缩机、无线电通信设备、救生设备、锚、锚链、电缆、电焊条、钢板等8类24种。从产品技术标准、设计图纸、制造中检验、证件等四个方面，规定了检验内容。

1965年8月1日，船舶检验局公布试行《船舶检验工作条例》。同时发给一机部、四机部、六机部、八机部、水产部、冶金部、外贸部以及各省、自治区、直辖市政府等单位。该条例第11条中规定对主要船用产品进行监督检验。根据产品的特点及其生产条件分为四类，并采取不同的监督方式。

第一类船用产品：主、辅蒸汽锅炉；1100千瓦（1500马力）以上的内燃机、蒸汽机、汽轮机、电力推进电机；1100千瓦以下单独制造的主机。对上述产品应进行制造检验，检验合格后发给合格证书，方可安装上船。

第二类船用产品：1100千瓦以下成批生产的内燃机、蒸汽机、汽轮机、发电机及电动机。对上述产品应审查技术条件，参加试制产品鉴定，鉴定合格后签发认可证书。在制造过程中进行抽验，当产品质量稳定后，可由制造厂自行检验，必要时船检部门可进行抽查。

第三类船用产品：锚及锚链、信号设备、航行灯、烟火信号及自燃灯浮、救生艇、救生筏、救生圈、救生衣、无线电通信设备、收信机、发信机、救生艇电台、自动拍发机、自动报警器、油轮防爆灯。对上述产品进行技术条件审查，参加试制产品鉴定，鉴定合格后签发认可证书。在制造过程中由制造厂自行检验，必要时船检部门可进行检查。

第四类船用产品：船用钢材、电缆、电焊条。对上述产品只进行技术条件的会审。

1965年底，船舶检验局公布《关于船用产品监督检验办法的暂行规定》。同时强调船检部门对船用产品的监督检验，根据《船舶检验工作条例》规定的范围和方式分四类进行，其检验内容和要求，将在《船舶制造检验规程》中具体规定，在该规程尚未公布前，特制订《关于船用产品监督检验办法的暂行规定》。该暂行规定要求对第一类船用产品审查设计图纸及技术文件，参加试制产品的鉴定（包括定型鉴定），对出厂产品进行逐台检验。对于成批制造的工作压力在7千克/平方厘米以下的辅锅炉，其检验内容可根据具体情况简化。检验合格后发给船用产品检验证明书。对第二类船用产品审查技术条件，参加试制产品的鉴定，包括样品试制鉴定、定型鉴定、转厂工艺鉴定以及因修改设计等其他原因进行的鉴定。在定型鉴定合格后发给船用产品认可证。但有些产品试生产和试用期较长，或因其他原因暂无定型鉴定计划者，在产品定型前的适当时期也可发给认可证，并在认可证内说明情况。在该产品定型鉴定合格后，应重新发给认可证。对第三类船用产品审查技术条件，参加试制产品鉴定，其内容与第二类产品相同。第三类船用产品的品种较多，繁简不一，生产条件也各不相同。从试制到定型，有的分两次鉴定，有的只作一次鉴定，有的甚至不正式组织鉴定。对于不组织鉴定的产品，船检部门可自行进行检验鉴定，鉴定合格后发给认可证，但应尽可能征求使用部门的意见。对第四类船用产品，船检部门只参加产品技术条件的会审，不收检验费，不发给认可证。该暂行规定自1966年1月1日起实施。船舶检验局1963年8月24日公布的《船用电机产品技术监督暂行办法》和1964年4月26日公布的《关于船用产品监督检验范围的暂行规定》同时废止。

国家计划委员会积极支持船用产品检验工作，于1962年4月13日向一机部、冶金部、交通部、外贸部等11个部及华东局、东北局、中南局的计委发出《关于船舶制造和船用器材设备的生产贯彻执行船舶规范的通知》,强调指出当时修造船舶用的机电产品,多为陆用产品,不能经受振动、倾斜、潮湿、浸水以及高温、高压等影响,对船舶安全航行构成威胁。要求船用产品制造厂应向当地船检部门申请检验,在生产中应严格遵守船舶检验局公布的船舶规范和船舶检验规则,以便保证修造船舶质量和船舶的安全航行。接着,交通部转发了国家计划委员会的文件,对开展船用产品检验起了很大的推动作用。

船舶检验局各办事处积极开拓船用产品检验工作,召集有关产品制造厂、船厂举行座谈会,或发文给有关产品制造厂,要求严格执行船舶检验局的规定,重申船用产品应申请船检部门检验,经检验合格后,方可出厂安装上船。

船检局上海办事处在1962年4月成立产品检验组时,其产品检验项目已扩大到锅炉、受压容器、柴油机、增压器、齿轮箱、电机、螺旋桨、锚、锚链、电焊条、救生设备、信号设备和救生艇用手提发信机等13项。1965年我国第一艘柴油机动力远洋货船"东风",主机即采用沪东造船厂制造的7ESDZ75/160大型低速柴油机,船检局上海办事处参加了该机的试制、鉴定和检验工作,引起了造船和航运界的重视。该办事处从1965年起,还协助上海爆竹厂生产出中国首批船用烟火信号,开始了对船用烟火信号的产品检验和发证,从而使我国船用烟火信号由依赖国外进口逐步转向采用本国产品。

船检局大连办事处于1962年10月发出《关于船用产品应贯彻执行船舶规范的函》,要求船厂、产品制造厂及航运部门在今后安装上船的船舶机械及船用器材设备,均应经船检部门检验合格,并取得《船用产品检验鉴定书》。随后,大连造船厂通过其采购供应部门同产品厂联系,敦促各产品厂向船检局大连办事处申请产品检验。于是,该处相继收到大连灯具厂的航行灯、大连电机厂的船用直流电机、大连第二电机厂的7.35千瓦热球式柴油机及大连港务局机修厂的船用热球式柴油机等产品检验申请,都及时进行了检验和发证。还收到了安东无线电厂生产的CYF-1型船用应急发信机和CYS-1型船用应急收信机的审查技术条件的申请,对技术条件进行了审查,对产品进行了检验发证。

船检局天津办事处积极推行船用产品检验,在对天津钢厂开展船用钢板检验的基础上,于1962年编写了《船用手工电弧焊条检验暂行标准》,经船舶检验局批准在天津地区施行,以此为据检验了天津焊条厂的船用焊条。在1963—1964年间,该办事处对北京重型电机厂生产的小型渔船用的柴油机齿轮减速离合器进行了检验发证。

船检局广州办事处于1962年5月召开了"推行广州地区船用产品工作会议",邀请广州市机电局、广州协同和机器厂、义隆锅炉厂、广州造船厂、黄埔船舶修造厂、广州船用仪表厂及远航帆篷社参加。同时制订了船用产品检验工作计划,并于1963年致函有关制造厂,敦促其申请船用产品检验,相继检验了广州市柴油机厂制造的4160、6160、6300型船用柴油机;新洲渔轮厂仿苏290千瓦柴油机;义隆锅炉厂制造的锅炉;广州造船厂、文冲船厂以及义隆锅炉厂制造的空气瓶;第一重型机厂的曲轴及1100千瓦柴油机的缸盖、缸套;远航帆篷社生产的救生衣、救生圈等船用产品检验。1965年开始对华南机械厂制造的XFC-100型船用无线电应急发信机进行检验发证。

船检局青岛办事处于1958年后,开始对潍坊柴油机厂和济南柴油机厂生产的船用柴油机进行检验。1962年,船用产品检验开始有专人负责,对潍坊柴油机厂和济南柴油机厂的柴油机的检验才渐趋正规化。检验方式是采取批量抽查的检验方法,单机发给船用产品检验鉴定书。

船检局长江区办事处于1960年派员赴上海办事处学习开展船用产品检验工作的经验,推广上海办事处创造的"宣、摸、议、贯、帮"工作方法,即宣传船检规章制度和规范的有关规定与要求;深入调查研究,摸清工厂实际情况;共同商议有关产品的生产技术条件及检验注意事项;贯彻落实检验工作制度,认真执行规范及有关技术标准,确保产品质量;帮助工厂解决疑难问题,为正常开展产品检验工作创造条件。学习结束后，首先在武汉地区开展了锚链、救生圈、救生衣及803B型船用齿轮箱等产品检验。

南京船检站从1964年开始在南京地区开展了产品检验业务。主要为救生设备、电焊条、分油机和空压机等。

在这个时期，各地船检部门在开展船用产品检验工作的同时，积极帮助工厂建立内部检验制度，成立检验科，筹建试验室，为控制产品质量提供手段，培养和锻炼了工厂的质检人员，使工厂的生产程序逐步走上正轨，从而提高了产品质量。如南洋电机厂、上海第三钢铁厂、青岛潍坊柴油机厂等产品厂，由于建立了正常的检验制度，具备常规测试设备，配备专职检验人员，而使产品质量大大提高，获得了用户的好评。

七、开始办理船舶公证检验业务

船舶的公证检验业务内容很广，主要为有关海损、机损和为履行某种合约条款而进行的第三方检验，在船东或货主与保险商之间起到一种在国际惯例上必不可少的公证作用。国务院1963年10月7日批准颁布的《中华人民共和国船舶检验局章程》第四条六款明确规定："接受申请办理有关船舶的鉴定、公证等检验业务"。

20世纪50年代中期，我国国民经济得到恢复和发展，对外贸易也逐渐增长。随着外轮和我国租用的外籍船舶来我国港口日益增多，应船方或其他有关方面的申请或要求，船舶检验局各办事处对停泊港口的外籍船舶逐步开展了公证检验业务。在对外轮检验中，公证检验占了很大的分量。如船检局上海办事处在1959年所进行的公证检验为69艘次，占当年外轮检验的76%。船检局大连办事处在1961—1963年间检验的外轮中，有111艘次属于公证检验，占外轮检验的76%。船检局广州办事处在1959—1964年间，在每年的外轮检验中有80%属于公证检验。1958年，应中国外轮代理公司广州区公司的书面要求，船检部门开始承担广州地区我国租用外轮的起、退租公证检验，也经常接受委托，对外轮的属具、设备的损坏进行公证检验。1962年，船检局上海办事处根据外轮检验业务大量增加的情况，还制订了《外轮检验工作暂行细则》，对公证检验工作作出了规定。

1961年10月，苏联籍货船"贝可夫"在大连港装锌金矿石时，第4舱中间甲板由于舱口围板折断而发生塌陷，造成千吨矿石连同中间甲板舱盖坠落下层货舱的严重事故。该船船长认为是由于装卸工人在装载过程中未及时平舱导致负荷集中而造成事故。对此，大连港务管理局申请船检局大连办事处进行公证检验。经验船师对事故现场的认真检验和对损坏构件强度的理论计算，出具了该船舱口围板折断事故是由于焊接质量不合格所造成的公证检验报告，正确地解决了事故责任问题。

1964—1965年间，我国与东欧国家的易货贸易中开始选购远洋货船，在波兰订购"前进""济宁""兴宁"等货船，在民主德国订购"江门""玉门"等货船，在罗马尼亚订购"长安"等货船。同时开始利用银行贷款在法国订购"耀华"客船及"镇江""九江"等货船，在英国订购"敦煌""金沙"等货船。在国外订购的船舶，由于制造厂的责任而引起船体、轮机和设备的损坏或缺陷，在合同期内，申请我国船检部门进行保赔或保修的公证检验日益增多。如1962年波兰为我国建造的货船"国际"，在营运中发现轮机设备存在一些缺陷。1963年该船修理时，船检局广州办事处应船方要求，派验船师进行公证检验。经检验查明，这些缺陷为建造厂的责任所引起。建造厂根据公证检验报告，给予赔偿。又如1965年波兰什切青船厂建造的货船"前进"在保修期内也发现一些问题，经公证检验后向建造厂进行索赔。另外，也有部分船舶是从国外购买的二手船，应买方的委托，进行买船前的勘验。如1964年10月29日至11月5日，船检局大连办事处接受中远广州分公司委托，对停泊在大连港的联邦德国的货船"瑞喀麦"进行买船前的勘验，检验后船检局大连办事处为其签发了检验鉴定书。该船购入后命名为"友好"。

同时,远洋船舶按国际惯例向保险公司投保,营运船舶的保险索赔项目的检验工作也时有发生,为公证检验增加了大量的新业务。

八、“跃进”号沉没对船舶监督检验工作的促进

1963 年 5 月 1 日,中国万吨级远洋货船“跃进”号首航日本门司港,在济州岛西南公海水域触苏岩暗礁而沉没,全体船员获救回国。这是新中国成立以来,最大的一次海损事故。国务院和交通部领导对这次事故非常重视,及时组织事故调查船队前往出事地点进行勘察,周恩来总理亲临现场检查事故调查船队的出航准备工作。交通部组织各部门专家参加的专门工作组对事故进行调查研究,查明了事故原因,认真吸取经验教训和加强安全措施,确保安全生产。同年 5 月 20 日,船舶检验局发出关于“接受跃进号教训,加强船检工作”的电文。要求各办事处认真贯彻“安全质量第一方针”,教育职工严肃认真贯彻船检规章制度和规范,建立验船师责任制,健全档案管理,做到事事有记录,船舶有档案;同时配合各航运单位解决有关船舶安全检查中所存在的技术问题,切实改善船舶安全技术状况。同年 5 月 24 日,交通部发出“关于加强安全生产的紧急指示”的电文,提出确保安全航行,机动船舶必须做到“十不开航、五不拖带、十二项注意(后补充为十四项注意)”。

按上述两电精神,船舶检验局所属各办事处,积极参加各地组织的安全大检查。船检局上海办事处在检查在航船舶中,曾一度通知停航消除隐患者有 10 余艘,首先制止了 3 艘货船长期载客的不正常现象。并通过安全大检查将查出的问题分为:①即可解决的问题;②需要结合修理解决的问题;③要向国外订货才能解决的问题。根据具体情况,予以分别处理。船检局大连办事处参加了安全检查组,对客货班船和港作船开展了全面检查,并根据被检查船舶的技术状况,分为技术状况较好;有一般缺陷;严重影响航行安全;运油船影响防火安全等四类。采取对一、二类船加强维修保养,三、四类应进厂修理等相应的措施。该办事处还重点对“跃进”号的建造检验工作以及所签发的船舶证书和技术文件进行认真复查。同时以“跃进”号沉没事故为鉴,研究了提高船检工作质量的措施,又对尚未出厂交付使用的同型船“红旗”,进行全面和彻底的检查,确认其情况正常后再进行系泊试验和航行试验,结果该船一次交船成功,顺利通过了国家验收。船检局长江区办事处和沿江各港船检部门,在积极参加各地组织的船舶安全大检查中,重点对客班船、油拖船和各类油船进行抽查,全面了解“四机一炉”(即主机、辅机、锚机、舵机和锅炉)及救生、消防设备等安全技术状况,并采取相应的措施,如要求配齐设备,有的要求加强维修保养,对严重影响安全航行者,责令其停航修理。同时要求驻厂验船师加强对修造中船舶的监督检验。

1963 年 8 月 10 日,交通部又针对现有老旧船舶的实际情况,发出《关于目前营运船舶执行十不开航的若干技术问题的临时规定》的通知。随后长航局和船检局长江区办事处联合发出《公布长航局所属船舶执行“十不开航,五不拖带”规定的具体措施和执行办法》,促使船舶单位和广大船员做到有章可循,保障船舶航行安全。

船舶检验局及所属各办事处认真执行交通部的有关规定,采取积极的措施,促进了船舶技术状况的改善,保证了船舶安全航行的技术条件。如 1964 年 3 月,船检局长江区办事处查明长航局青山、民生两船厂购进的二氧化碳瓶系上海耐酸搪瓷厂生产的氧气瓶的降级次品,原系供陆上工厂和医药部门使用,其结构和容积均不符合船用产品要求,除及时进行了处理外,还严格规定了新建油船安装灭火装置二氧化碳瓶的数量和要求,保证设备齐全,使用可靠。全国各地船检部门每逢春运期间,对客船都要进行安全大检查,对各种营运船舶的安全技术状况作重点抽查。有的船检部门还组织力量对客船和老旧船进行干舷与稳性的复查,使得船舶安全质量检查工作逐步深入,做到经常化和制度化。

九、地方船检工作的随势发展

经过三年国民经济恢复和第一个五个计划，全国水上运输得到了较大的发展。虽然很多地方水上企业当时仍然以木帆船运输为主，但已开始出现拖轮、其他机动船及驳船，而且逐步由钢质船壳取代木质船壳。如广东省水运公司至1960年底，已发展拖轮325艘，1万千瓦，机帆船117艘，3305千瓦，加上国营轮木结合的木帆船队7.2万吨，船舶机械化程度已占全部地方船舶的30%。1961年上海全市登记的内河机动船已达498艘，29962千瓦。长江流域及其他水系的内河机动船也有不同程度的发展。为了适应这一形势发展的需要，不少省、市船检部门开始由原来办理木帆船检验扩展到机动船的检验业务，同时着手加强船检队伍建设。1959—1964年，有些省、市曾派出人员到航运中专学校进修，或参加船舶检验局及其办事处举办的各类船检技术业务培训班，不断提高验船人员的技术业务水平。20世纪60年代初期，不少省、市的船检机构已初具规模，按照船舶检验局颁布的有关规范、规章，进行各项船检工作。为了有利于开展工作，有些省、市已开始与船检局各办事处明确了检验分工范围，从而使地方船检工作逐渐趋向正规。

20世纪60年代初期，木帆船检验仍为各省、市地方检验的一项主要工作。1961年，广州市对40%以上的木帆船干舷进行调研，总结经验，结合船舶检验局的规定，拟定了一套无围板木帆船干舷要求，经过全面勘查整顿以后，使该地区的木帆船提高了安全适航性能和抗风能力，没有发生因干舷核定不当而导致沉船事故。1961年8月，四川省交通厅公布《四川省内河船登记、检验丈量办法》后，重庆市内河航运管理站及北碚、长寿、巴县分站，组织5个木帆船检验丈量组，根据上述办法的规定对1100艘木、驳船，25057.1吨，进行登记和检验丈量。对合格的748艘、17254吨，核发了证书；对其余352艘、7803吨不合格者，督促船舶所有单位进行修理，保障了木船的航行安全。1963年，江西省对292艘木质驳船勘划干舷，保障了营运安全。同年天津市航监科共检验木帆船658艘次；广州市航运管理局共检丈木帆船、木驳船等13499艘次。此外，1963年，四川省共检验轮船104艘次，12770总吨，21384千瓦；驳船19艘次，2833总吨。至1965年，该省以重庆、宜宾、泸州、南充等港航监督站为基础，对省内机动船进行检验和监督管理。

全国沿海及内河各省、市，为了适应航运发展的需要，在“二五”期间，因地制宜，开始就地兴办造船工业，从建造木质船到钢质船，从建造非机动船到机动船，促使地方造船业得到相应的发展。广东省新中国造船厂是由47家私营小厂组成的新中国机器厂与广东省航运厅船舶保养场合并，于1962年成立的。1956年，广西各地、市、县的木帆船组织了运输合作社、水运社，并自行组织成立船厂，担负修理和建造地方木帆船任务。1958年，广西交通厅投资扩建梧州船舶修造厂，新建南宁船舶修造厂，并在梧州、柳州、桂平新建三个船舶修理厂。梧州船舶修造厂首次建造广西第一艘160马力木质拖轮“西江四”号获得成功。1963年，南宁船厂又自行设计和建造广西第一艘160马力钢质拖轮和300客位钢质客货轮“桂宏号”，结束了广西只能造木船的历史。

随着1964年国民经济全面好转和对外贸易的增加，船舶运力日趋不足，当时广东省担负港澳运输的船舶多为拖轮拖带木驳或铁驳，迫切需要建造钢质沿海货轮。因此，新中国造船厂成立后即开始批量建造50—100吨级货轮。1965年起又批量建造了6艘150吨级货轮。此外，广州渔轮厂也为广东的外贸运输部门建造了5艘300吨级钢质沿海货轮。1958年，江苏省无锡船厂试制成功30千瓦钢丝网水泥拖轮。1962—1963年，江苏省镇江船厂建造110千瓦蒸汽机钢质拖轮及60吨驳船。1959年，江西省赣南船舶修造厂将57艘木帆船改为机帆船，交通部贺电指出这是木帆船技术革命的一个良好开端。同年，江西船舶修造厂建造500吨钢质货驳，这是当时该省建造最大吨位的船舶；1961年该厂又建造了该省第一艘航行长江的 600 客位的短途客船。1963 年九江水泥船试验厂试制成功该省第一艘 88 千瓦水泥拖轮。1964 年,江西船舶修造厂建造该省第一艘最大钢质深水拖船;同年,都昌县造船厂建造该县第一艘 136 千瓦钢质拖轮。1958 年起,湖北省船舶修造厂建造长江 550 客位的“跃进”号型客轮 6 艘及 368 千瓦的拖轮“谷城”号、300 吨级油驳等一批新船。据不完全的统计,湖北省交通部门船厂 1958—1965 年造船 188 艘、2.1 万吨,修船 2001 艘次。1962 年,湖南省航运局船检部门除加强船舶建造监督检验和严格审图,以及认真进行出厂前的船舶倾斜试验与系泊、航行试验外,还结合轮、驳船普查,对全省轮船 760 艘,39950 千瓦及驳船 1294 艘,85830 吨的船舶技术状况进行分类排队后,采取了相应的技术监督措施。1958 年,陕西省安康县成立红旗造船厂,建造 100 客位木质机动客船 4 艘。福建省各船厂自 1960—1965 年,据不完全统计,共建造机动货船 13 艘,2957.4 总吨,1947.25 千瓦,其中具有悠久历史的马尾造船厂,已具备建造 500 总吨以上钢质货轮的能力,为发展该省造船工业提供了条件。

上述大量的新建船舶,由有关省、市地方船检部门从图纸审查到建造完工,进行建造检验和发证工作。1961 年船舶检验局陆续颁布了内河小船和木质船舶的有关规定和办法,使得地方船检部门对内河船舶的检验工作有了统一的技术依据,使建造检验从审图、现场检验直至交船发证,逐步向正规化方向发展。地方船检部门的各级验船人员通过建造检验,积累了工作经验,提高了工作水平,为保障船舶航行安全,促进地方航运、造船的发展,起到明显的作用。

十、渔船检验工作试点及渔船检验工作的初步开展

1957 年水产、交通两部协商,将渔船检验工作移交水产部门,并先在山东、河北两省试点。这个时期的渔船检验工作基本上还是参照交通系统船舶的检验项目进行的,后来各省才各自制订了一些有关渔船的检验规定。

(一)山东、河北两省渔船检验工作试点

青岛市水产管理局 1957 年 11 月 1 日接办渔船检验工作后,进行渔船检验工作试点。该局在水产部还没有制订有关渔船检验规范和规定以前,经报请上级批准,于 1958 年 1 月 27 日发布了《关于渔船检验工作仍执行交通部的规范和标准的函》。以后结合渔船的具体情况和工作需要,先后制订和公布了有关渔船检验的暂行规定 10 余项。当时对渔业船舶检验种类的规定是:制造检验、初次检验、定期检验、年度检验和临时检验 5 种。检验的范围,除办理所在港籍渔船的检验外,还办理外地到达青岛港修理和航期届满渔船的检验,包括机动和非机动渔船以及属于水产系统的渔业辅助船舶在内。该局 1961 年全年共检验各种机动渔业船舶 304 艘次,非机动渔船 744 艘次。

1958 年 5 月 15 日,烟台水产局与烟台港务局正式办理烟台港渔轮检验丈量、登记工作的交接手续。1962 年 7 月 1 日,山东省荣成县水产局也接办了渔船检验工作。

河北省在部分地区进行了渔船检验工作试点后,1958 年 6 月 17 日,该省农林厅决定:“今后船舶检丈登记工作一律下放到专县办理,省里仅负责督促检查和业务指导”。随后,渔船检验工作在全省范围逐步开展。

(二)渔船检验工作的初步开展

20 世纪 50 年代后期,随着广东省海洋捕捞渔业生产的发展,广东省的渔船发展很快,设计建造了大批机动渔轮以及海洋机帆渔船。由于机动渔船大量增加,需要加强渔船航行安全的检验监督工作,但是当时广东省航运系统检验监督部门的技术力量,已不能适应当时形势发展的需要。因此,广州港港务监

督于1958年8月22日将广东省水产厅所属生产渔轮以及南海水产公司西南沙水产资源调查队的辅助渔船的检验、登记、海事处理、船员考试及管理工作移交给广东省水产厅负责。该厅渔船检验部门首次执行建造检验的钢质渔船，是1960年5月广州渔轮厂建造的南海水产公司单拖网渔轮“南渔108”，142.4总吨、294.2千瓦。检验合格后，签发了该厅制订的船舶检验证书。

1963年7月1日，山东省渔船管理站及青岛、石岛、烟台、羊口4个派出站同时建立，专门负责办理机动渔船的检验；沿海各县、市水产行政部门负责办理非机动渔船的检验。至1965年，该省共检验机动渔船3314艘次，比1961年增加了10倍以上。

1964年4月1日，福建省建立水产局渔业船舶管理总站后，据1965年统计共办理检验给证的渔船948艘，其中机动渔船102艘、机动帆渔船449艘、木帆渔船397艘。

1965年，组建的辽宁省渔业船舶管理站，于同年8月25日正式开始办理辽宁省渔业船舶检验工作，主要为营运船舶，其检验项目和要求，基本上参照船舶检验局的有关规定，但检测手段比较落后，加上当时尚未制定统一的渔船检验规范和技术标准，而在检验过程中，主要凭验船师的经验来判断和处理问题。

第五节　船舶检验局的早期国际活动

一、国务院授权船舶检验局颁发国际航行证书

船舶登记局（船舶检验局前身）成立后，确立了我国船舶检验事业的独立自主与合法权益的地位，为配合我国远洋运输的发展和国际航行船舶顺利驶往世界各地起到了积极的作用，标志着中国船舶检验事业开始面向世界起步发展。

20世纪50年代末到60年代初，为了打破西方国家的经济封锁，发展我国经济，我国积极开拓国际贸易与海上运输。在这种形势下，首先要解决的是我国国际航行船舶的检验发证问题。在国务院和交通部的领导下，船舶检验局开展了多方面的外事工作，积极推动有关国际海事公约在我国的执行。

1957年10月23日，全国人民代表大会常务委员会第82次会议审查了1930年7月5日在伦敦签署、以中华民国名义加入的《1930年国际船舶载重线公约》，决定予以承认；同时决定接受《1930年国际船舶载重线公约》的附件二《澳大利亚联邦政府的修正案建议》。

1957年12月23日全国人民代表大会常务委员会第88次会议上，有保留地接受了《1948年国际海上避碰规则》，决定我国机动船执行该规则，非机动船则执行我国有关规定。

至于《1948年国际海上人命安全公约》，由于涉及“两个中国”问题，我国没有承认，也就不能签发该公约规定的国际航行船舶安全证书。

1959年5月13日，交通部向国务院呈交《关于颁发证书和委托苏联政府代发船舶安全证书的报告》。其中建议：国际船舶载重线证书、吨位证书、苏伊士运河专用吨位证书和巴拿马运河吨位证书，由国务院授权交通部船舶检验局代表政府签发。对于《1948年国际海上人命安全公约》规定的国际航行船舶安全证书的签发，船舶检验局提出如下两种解决办法：

（1）由我国按照我国的船舶规范，签发中国的船舶安全证书，并且通过外交部将证书式样和有关的船舶规范送交与我国建交的有关国家，在平等互利的原则下，互相承认。同时由外贸部在今后与相关国家签订或修订贸易协定时，将互相承认船舶证书的内容列入有关条款；

（2）考虑到上述办法不会立即得到有关国家承认，而建议暂时把签发船舶安全证书及其检验工作，委托该公约的参加国苏联执行。

此报告于1959年7月8日由陈毅副总理签批实施。

随后,我国外交部为解决国际航行船舶检验与发证问题开展了双边和多边的外交活动。1959年7月30日我国外交部照会苏联驻华使馆,委托苏联政府根据《1948年国际海上人命安全公约》的有关规定,由苏联验船部门为在中华人民共和国登记的国际航行船舶代发船舶安全证书、安全设备证书、无线电报(话)安全证书或免除证书。1959年11月28日苏联大使馆答复外交部的照会称:“苏联政府已命令有关机关为中华人民共和国在国外航行的船舶签发国际安全证书。”

1959年外交部函告中国驻英代办处:“自我国承认《1930年国际船舶载重线公约》后,我国交通部已制定并公布施行了《海船载重线规范》和《国际船舶载重线证书》,该证书已经中华人民共和国国务院批准由交通部船舶检验局代表我国政府颁发并要求我驻苏使馆将《海船载重线规范》和《国际船舶载重线证书》文本转交英国外交部,请英国政府转交给缔约国政府。”1960年2月24日英国外交部照转了上述两种文件。

1959年11月,外交部致函越南民主共和国驻华大使馆:“中华人民共和国是《1930年国际船舶载重线公约》的参加国,中华人民共和国船舶检验局根据该公约的有关规定,制定了《海船载重线规范》和《国际船舶载重线证书》。鉴于中华人民共和国的船舶经常驶往越南民主共和国港口,现特送去上述两种文件各一份,请大使馆转交越南民主共和国有关部门,以供参考”。1959年12月23日外交部照会阿拉伯联合共和国驻华大使馆:“中华人民共和国船舶检验局已于1959年1月公布《使用〈航经苏伊士运河船舶专用吨位丈量规则〉的办法》,即将颁发使用《苏伊士运河专用吨位证书》,并附上述文件请转交阿拉伯联合共和国有关当局。”

交通部于1961年6月3日和12月29日在向国务院的报告中再次建议,由我国自行签发国际航行船舶的安全证书,并同已与中国建立外交关系的国家以换文或协议方式互相承认船舶证书,而同中国尚无外交关系只有贸易往来的国家,则通过当地运输机构与对方主管机关取得联系,然后派船前往,逐步形成惯例。这一方案经国务院批准后,交通部会同外交部于1962年布置中国驻阿联、也门、印度尼西亚、锡兰、缅甸、柬埔寨等国使馆与驻在国接触。经过双方交涉,1962年2月和5月中国驻外使馆先后同锡兰、印度尼西亚、柬埔寨正式换文,1963年8月同缅甸政府正式换文,互相承认船舶证书。而阿联官方也表示,持有中国船舶证书的船舶可以前往。同我国内地来往船舶较多的香港地区和与我国无邦交而有贸易往来的国家与地区(如新加坡)通过当地运输代理机构与对方主管机关取得联系后,持有我国船舶证书的船舶前往也顺利通行。

至此,船舶检验局在有关部委的支持下,采取双边和多边合作的方式,同与中国关系友好的国家互相承认国际航行船舶证书。到1963年底,悬挂中华人民共和国国旗、持有船舶检验局签发的船舶证书的远洋运输船已能在亚、欧、非三大洲的十多个国家的港口顺利进出。

二、接办苏联船舶登记局大连、上海验船处

苏联船舶登记局大连验船处,是1945年苏军进驻大连接管大连船渠铁工株式会社(大连造船厂前身)后,为解决对苏联修造船舶的技术监督工作而设立的。1952—1954年在该厂中苏合营期间,该验船处未曾变动,按照《苏联船舶登记局技术监督合同》对苏联的修造船进行技术监督工作。1954年底合同结束时,由于当时客观形势需要,该验船处仍然留在造船厂内。苏联船舶登记局上海验船处系苏联驻华使馆于1953年向我国外交部提出,经外交部征求交通部意见后同意设立的。其工作范围原则上规定对当时苏联及其他社会主义国家的船舶在上海进行修理后的检验,或在证书到期、船舶发生海损时要求保持苏联船级的检验。

1961 年 6 月 3 日交通部呈国务院《关于接办苏联驻华两验船处的请示》称:1957 年以来,苏联船舶登记局正副局长曾先后向我交通部船舶登记局/检验局表示,鉴于中国已成立了船舶登记局/检验局,苏方正考虑撤销在中国的验船机构。1959 年 11 月 26 日苏联驻华使馆参赞苏达利柯夫又向我国外交部苏欧司作了同样表示。船舶检验局曾于 1960 年 7 月 21 日邀请外交部等 10 个单位就此事进行讨论。外贸部又于 1960 年 12 月 14 日邀请外交部、一机部和交通部等有关单位共同商讨,认为应予接办。后经交通部和外交部研究,提出了具体的接办方案:即由外交部依据 1959 年苏达利柯夫参赞的谈话,向苏联驻华大使表示中方已做好接办这两个验船处的准备,可以安排具体接办事宜;确定委托苏联船舶登记局为我国代发国际航行船舶安全证书;并拟同苏联船舶登记局签订相互代理检验的协议。随后,经国务院总理周恩来批示,同意在准备好的前提下开始实施接办工作。1961 年 8 月 14 日,外交部就接办苏联驻大连、上海验船处一事同苏联驻华使馆接触,共同商讨了有关接办的工作安排和苏联商船在我国修理时,我国验船机构如何进行技术检验,以及苏联政府今后为我国国际航行船舶代发安全证书的方式等问题。1962 年 1 月 24 日,苏联驻华使馆通知我国外交部:苏联政府同意移交两个验船处,并通知其参加移交工作谈判的成员。1962 年 3 月 13 日,中方将谈判的时间、地点和中方成员通知了苏方。中苏双方交换意见后,决定 1962 年 4 月份在北京举行正式会谈。后苏方因故推迟到 5 月 6 日来北京。

1962 年 5 月 7 日,船舶检验局在做好一切准备工作后,以局长谢中峰为团长的中方 4 人代表团,接待了苏联船舶登记局局长雷卡乔夫为团长的苏方 4 人代表团,双方举行正式会谈,商定了苏联船舶登记局驻华两验船处撤走工作的交接事宜,规定如下:

(1)苏方在华的船舶技术检验工作告一段落,并将在短期内修理完工的“巴杜米”轮等 10 艘苏轮检验完毕后,苏联驻华两验船处即行撤销。

(2)今后中方的国际航行船舶由中方检验合格,提供证明文件后,苏方即可代发安全证书,但苏方认为必要时,仍可进行必要的检验。

(3)苏方商船今后在中方修理时,有关检验问题,将在双方签订的相互代理船舶技术检验协议中规定。

当天,中国船舶检验局局长谢中峰与苏联船舶登记局局长雷卡乔夫在北京签订了《中华人民共和国船舶检验局和苏维埃社会主义共和国联盟船舶登记局关于相互代理船舶技术检验的协议》。

同时,中国交通部代表谢中峰与苏联海运部代表雷卡乔夫签署了《委托苏联政府代发国际航行船舶的安全证书的协定书》和《关于苏维埃社会主义共和国联盟船舶登记局驻中华人民共和国验船处业务移交中华人民共和国船舶检验局的议定书》。

苏联船舶登记局驻大连验船处和驻上海验船处的接办工作自 1962 年 5 月 18 日开始,在当地外办主持下,由大连港务管理局代表和上海港务管理局代表分别在 1962 年 6 月 30 日和 1962 年 7 月 8 日签订了苏联船舶登记局的在华业务交接和具体工程交接的协议,最后完成了两个办事处交接工作。至此,苏联船舶登记局在大连、上海的验船业务分别由船舶检验局大连办事处和上海办事处接办。

三、初步开展国际船检业务合作

1960 年 4 月 10 日船检局广州办事处接受越南政府委托,对越南籍货船“和平”“友谊”代行法定检验,签发彼此承认的船舶法定证书。由此开始了船舶检验局接受外国委托,进行专项代理法定检验,签发相应的法定检验证书和技术文件。

1962 年 7 月 18 日阿尔巴尼亚驻华大使馆致电中国外交部,要求对已加入或即将加入中阿轮船股份公司的、在阿尔巴尼亚登记的船舶,请中国船舶检验机构代发国际船舶载重线证书、船舶安全设备证书、船舶无线电报(话)安全证书、免除证书。我国外交部在与交通部协商后,于 8 月 18 日答复阿尔巴尼亚:中国船舶检验局将接受船方或代理人的申请,依据中国船舶规范对其进行检验并签发相应的船舶证书。

1962 年 11 月 26—12 月 10 日,船舶检验局第一次接待了英国劳氏船级社代表访华,双方介绍了各自的情况,交换了进行合作的意见,增进了互相了解。这是船舶检验局成立以来首次与西方国家的船级社接触。

1963 年 6 月 12—26 日,船舶检验局接待了以波兰船舶登记局局长为首的代表团来华访问,交通部副部长于眉接见了波兰代表团。6 月 14—17 日,中华人民共和国船舶检验局局长谢中峰和波兰船舶登记局局长符・米来夫斯基就双方相互代理船舶技术检验和入级业务进行会谈,双方于 1963 年 6 月 25 日在北京签订了《中华人民共和国船舶检验局和波兰船舶登记局关于相互代理船舶技术检验和入级业务的协议》。同时双方还签署了会谈纪要,就该协议的具体执行问题,做出明确的规定。

1964 年 9 月 29 日至 10 月 31 日,以船舶检验局局长谢中峰为组长的中国船舶检验考察组,根据中波科学技术合作联合常任委员会第十一届会议第 11210 号合作项目赴波兰考察。考察的部门主要是波兰船舶登记局及其所属分局、办事处以及试验站。此外,还考察和访问了格但斯克海洋局、修造船厂;格丁尼亚修造船厂、产品厂、格丁尼亚航海学院等 12 个单位。通过考察比较系统地了解了波兰船舶登记局在规范编制工作、船舶入级检验工作、船用产品检验工作、国际验船业务、船舶技术资料管理等船检技术业务方面的情况和经验,同时密切了船舶检验局与波兰船舶登记局的业务联系。

1965 年,船舶检验局为适应国际检验业务日益发展的需要,经征得中阿轮船股份有限公司的同意,决定委任该公司冯赞统工程师为船舶检验局驻阿尔巴尼亚代表,对兼办船舶检验局有关船检业务做了如下规定:①负责办理具有中华人民共和国船舶检验局 ZC 船级的船舶(包括“国际”轮和“都拉斯”轮)的年度检验与签证工作;对具有波兰船舶登记局 PRS 船级的阿方船舶暂不代理;海损检验因涉及经济纠纷也不办理。②办理我国签发的国际船舶载重线证书和安全证书的展期检验,有关签证按国际惯例仍由使馆签署。③检验只限于阿尔巴尼亚国内,如随中阿轮船公司船舶在他国修船,不得以验船师名义执行工作。这是中国首次在国外委任兼职验船师。

第五章 艰难前行中的船舶检验工作（1966—1976年）

正当我国船舶检验部门开始走上正轨，加强基础性建设工作，着手调整机构、建立制度、培养人才之际，1966年发生了“文化大革命”（简称“文革”）。船检部门被斥为“管、卡、压”而受到严重冲击，机构一度被削弱，人员大批下放，船检工作基本处于半瘫痪状态。

1970年12月11日，中共中央发出《关于加强安全生产的通知》，船检部门立即予以贯彻，抓紧整顿船检工作秩序。此后，根据交通部的指示，船舶检验局和各地船检机构相继恢复并进行调整，积极推进船检业务发展，及时组织修订船舶规范和开展科研，举办船检专业培训班，进一步改进船检工作。特别是自1973年我国恢复在政府间海事协商组织的合法席位以后，船检部门努力提高检验技术和检验管理水平，发展国际合作，使船检工作走出了低谷，并以新的面貌，在维护国家权益，保障船舶航行安全等方面发挥了积极的作用。

第一节 船检机构的裁并与恢复

1966年“文革”开始后，在全国各行各业停产闹革命以及随后掀起的干部和知识分子接受再教育的下放劳动大潮中，船舶检验局机关及其下属办事处机构被裁并缩小，人员大幅度缩减。1970年1月从事验船工作的人员仅剩70余人，他们只能对到港的外轮和我国远洋航行的入级船舶应付一些必要的检验，而对于国内沿海和内河航行船舶的检验则基本处于停止状态。

1970年，国家开始恢复生产，船舶检验局双重管理的职工队伍于1972年基本恢复到1965年的水平，其在册的全员职工恢复到292人，其中干部职工289人，工人职工3人。到1976年，船舶检验局双重管理的职工队伍发展到485人，其中干部职工464人，工人职工21人。

一、船检机构的裁并和人员下放

（一）船舶检验局机关

1967年6月，交通部成立军事管制委员会（简称军管会）实行军事管制，内设生产指挥部负责组织生产。生产指挥部下设立水运组、陆运组、综合组、行政组4个工作组，留下少量干部负责日常业务处理，其余大批干部按原机构人员编制下放劳动，接受再教育。其中，原船检港监局只留1人进入水运组内的航政小组，负责船舶检验业务管理，对外仍以“中华人民共和国船舶检验局”名义开展工作。

1970年6月，国务院将交通部、铁道部、邮政总局合组成立新交通部，成立由军代表、原交通部领导干部和群众代表组成的交通部革命委员会。同年7月，新交通部革命委员会改组军管会生产指挥部，设立办事组、政工组、运输组、计划基建组，军管会生产指挥部的水运组划归交通部运输组，航政小组在运输组的水运组领导下，负责船舶检验和港航监督管理，以“中华人民共和国船舶检验局”名义执行船舶安全技术监督。

（二）交通部直属港、航系统船检机构

1.大连港

1968年8月19日，船检局大连办事处成立“三结合”革命领导小组，负责领导处内全面工作。大部

分人员进学习班脱产学习,留下7人维持日常检验工作。1969年12月,大连办事处的人员下放到农村和大连港务管理局基层劳动,仅留下5人继续维持船舶检验工作,与港务监督海务科的3人组成船检海务班,由大连港船舶队革命委员会五连领导,仅负责外国船舶、建造船舶及国际航行船舶检验工作。1970年5月2日,大连港务监督革命委员会成立,船检海务班划归大连港务监督革命委员会领导。

2.天津港

1968年2月,天津港务管理局革命委员会将港务监督、引水、船检三个职能部门合并组成涉外组,船检人员由原27人缩减到8人,仅负责远洋入级船舶的检验发证,以及到港外轮的临时检验工作。

3.青岛港

1967年,船检局青岛办事处的船检工作基本上处于勉强维持状态。1969年5月,船检局青岛办事处仅留2名验船师应付工作。

4.上海港

1968年1月,船检局上海办事处成立"中华人民共和国船舶检验局上海办事处革命委员会",下设办公组和生产组,生产组负责船检业务工作。1970年1月,上海办事处下放船检技术人员约80人至上海工交"五七干校"劳动,留下约50人维持日常船检发证工作。

5.广州港

1968年11月,交通部广州海运局和广东省航运厅等机构裁并,船检局广州办事处只留下3人维持对远洋航行船舶和到港外轮的检验发证工作。1969年1月,华南水运公司军管小组安排广州办事处8人应付日常船检发证工作,其余人员全部下放到英德茶场劳动和学习。

6.长江干线

长江航政管理局于1969年5月被撤销,船检局长江区办事处只留有3人在武汉长江航运公司革委会生产指挥组安全小组内处理日常船检工作。重庆港船检机构也只留3人,而其他各港船检工作濒临瘫痪状态,大多数干部进了"学习班"或到"五·七干校"劳动。

(三)各省、直辖市地方船检机构

1.辽宁省

1969年,辽宁省航运局撤销,省船检机构也随之撤销。旅大、营口、丹东办事处分别改为船舶检验小组。不久,旅大、丹东等地的船检机构瘫痪,人员下放,船检工作中断。

2.江苏省

1967年,江苏省交通厅实行军事管制。交通厅以及省属市、地的船检机构,仅各留1名技术人员留守,其余人员全部下放。

3.上海市

1966年11月,上海市内河航运管理处在"文化大革命"高潮中,废除了市、县境内内河航行船舶进出口签证制度,船舶检验工作也受到影响。

4.浙江省

1970年,浙江省交通厅撤销,成立省革委会生产指挥组交通邮政局。12月,宁波、温州地区的港监、船检机构与地区车辆监理所合并,成立地区交通管理所,隶属于地区交通邮政局。

5.福建省

1966年6月,福建省福州港监(船检)人员下放农村,海船检验仅留1人留守,内河船检也只剩1人。厦门港监(船检)留1人坚持工作。南平监督站(船检)人员全部下放,船检业务停顿。

6.广东省

1966 年 6 月，广东省船检机构受“文革”影响，船检工作陷于瘫痪。1968 年 10 月，广州船检处暂时停止对广州地区国内沿海航行船舶检验发证工作。

7.安徽省

1968 年 11 月，安徽省航运局机构解体，大多数干部下放农村或工厂劳动，船检、港监等业务工作停顿。

8.江西省

1966 年 6 月，江西省交通厅航运局的船检等业务开始受到“文革”影响。1969 年 10 月，撤销省航运管理局和汽车运输局，成立省交通邮电局，内设车船监理所，负责船检业务。各地区相应成立交通邮电局，内设车船监理组，对外称“江西省交通邮电局××地区车船监理所”，具有船检职能。

9.湖北省

1966—1970 年，湖北省各级船检机构受到“文革”运动很大的影响，职能被大大削弱，船舶签证、检验制度、安全管理处于失控状态。

10.湖南省

1966 年 7 月，湖南省各市、地港口的进出船舶签证及有关船检港航法规均被取消，船检机构的正常工作秩序被打乱。1969 年 3 月，内河航运管理局实行军事管制，省港航监督、船舶检验职能基本处于停顿状态。

11.四川省

“文革”初期，四川省的船检工作，一方面受到严重的影响，一方面又迎难而进，由于川江船舶航行安全至关重要，仍旧保留各港航监督机构，同时抓紧开展本省的机动船舶检验工作。

12.云南省

该省船检机构原来就不够健全，在“文革”初期，船检工作流于形式。

13.贵州省

1967 年 3 月，贵州省航运局各科室业务工作陷于半瘫痪状态。1968 年 5 月，省航运局撤销，改设交通运输办公室，船检、港监业务停顿。

14.陕西省

1968 年 5 月，陕西省交通厅撤销，省革委会成立交通组（后改为交通局）。省船检和榆林地区船检业务，实际上处于瘫痪状态。

15.黑龙江省

1967 年 3 月，黑龙江省交通厅实行军事管制。1968 年 8 月，全省船检机构一律撤销，全部人员下放劳动，船检工作中断。

（四）渔船检验机构

渔船检验机构因受“文革”影响，大多数被裁并或下放给国营渔业公司自行管理。1970 年 12 月，山东省农业局撤销了青岛等 4 个港口机动渔船管理站，只在烟台保留了山东省渔船管理站，其他各省、市渔船检验工作亦处于困境之中。

二、船检机构的恢复、调整和充实

1970 年 12 月，中共中央发出《关于加强安全生产的通知》。《通知》强调了安全生产的重要性，要求各单位必须坚持行之有效的安全制度和质量检查制度,“文革”中被废除的安全生产管理单位要迅速恢复和建立。1971 年 7 月,交通部水运组在北京召开全国航政船检工作座谈会,总结交流经验,明确了任务。1973 年 10 月,船舶检验局为贯彻执行国务院《关于口岸工作的情况和意见》的指示,在天津召开外轮检验工作会议。同年 11 月,根据会议精神,交通部发出《关于改进外轮检验工作的通知》,强调要加强对外轮检验工作的领导,加强验船队伍建设。指出:专业技术人员不足的矛盾日益突出,必须迅速予以补充,原有的验船人员应尽快归队;要健全沿海港口验船组,在未设立船检局办事处的对外开放港口,均应设立不少于 3 人的验船组,对外统一称中华人民共和国船舶检验局××办事处××验船组。这个通知不仅对外轮检验工作,而且对交通部直属系统的船检业务工作和机构建设都有很大的推动作用。此后,受到“文革”冲击的船检工作及船检机构陆续恢复,并依据工作需要予以调整和充实。

(一)船舶检验局机关

1972 年 12 月 1 日,经国务院批准,交通部调整部机关组织机构,将水运组的航政小组改组为船检港监局,负责船检、港监、救捞三方面业务,内设综合组、船舶检验组、规范组、港务监督组、救捞组,又在我国加入政府间海事协商组织后于 1974 年 5 月增设了海事公约组,9 月增设了环境保护办公室。其中船舶检验组、规范组、海事公约组沿用中华人民共和国船舶检验局名称开展工作。

1975 年 1 月,第四届全国人民代表大会第一次会议决定交通部与铁道部分开,解散交通部革命委员会,撤销军事管制委员会,恢复交通部建制。1 月 27 日,铁道、交通两部正式分开。同年 2 月 1 日,交通部内设立船检港监局等 12 个部门,其中的船检港监局负责船舶及海上设施技术监督以及防止船舶造成水域污染的管理。船检港监局设有综合处、船舶检验处、规范处、港务监督处、救捞处、海事公约处和环境保护办公室,其中的船舶检验处、规范处、海事公约处,沿用中华人民共和国船舶检验局名称开展工作。

(二)交通部直属港、航系统船检机构

1.大连港

1972 年,船检局大连办事处的人员脱离大连港务监督革命委员会领导下的船检海务班,下放劳动的船检人员也陆续调回,成立了船舶检验组,对外以船检局大连办事处名义开展检验工作,实有职工 15 人。1973 年 5 月 25 日,船舶检验组恢复为大连港务管理局船舶检验处。1974 年内设营运组、驻厂组、调研组,职工总数 23 人。1976 年,大连新港 10 万吨级原油泊位建成投产,于是在新港设立船检局大连办事处新港验船组,全处职工总数增至 40 人。

2.秦皇岛港

1972 年以前,秦皇岛港的营运船舶检验工作,由船检局天津办事处负责。后来,鉴于秦皇岛港外贸运输量激增,船厂修造船业务发展,由船检局天津办事处派验船师担当检验工作已不能适应这种增长需要。经船舶检验局与秦皇岛港协商,并经交通部军管会批准,1972 年 2 月,秦皇岛港建立验船组,隶属于秦皇岛港务局港监室,对外称“中华人民共和国船舶检验局秦皇岛办事处”,船检业务受船舶检验局领导,当时共有 4 人。1972 年 8 月成为港内独立核算单位。为适应船检业务发展的需要,1974 年 2 月,秦皇岛港务局抽调了 10 名大学毕业生,参加船舶检验局在武汉举办的船检业务培训班,充实了船检技术力量。1975 年职工人数达到 14 人。

3.天津港

1970 年 7 月,天津港务局革委会涉外组内的船检部门,重新启用船检局天津办事处名义从事国内外船舶的检验工作。随着业务量的增加,被下放的验船师陆续归队,天津港务局在 1972 年 12 月调整内部

机构,在港务监督内恢复船舶检验处,实有职工 17 人,经过努力逐步恢复验船师驻厂检验制度。其后,船舶检验处在 1974 年 12 月从港务监督中分出,成为由天津港务局直接领导的港内独立核算部门,职工总数 29 人,1975 年增加到 36 人。1975 年 8 月 27 日设立产品组。1976 年 5 月,与西北橡胶厂合作建立了国内第一个专门检修气胀式救生筏的"天津港气胀式救生筏检修站"。

4.青岛港

1971 年,船检局青岛办事处被下放"劳动锻炼"的验船人员相继归队,开始以船检局青岛办事处名义恢复工作,内设大港验船组和黄岛验船组,仍属青岛港务监督领导。1974 年,青岛办事处对烟台港的验船组实行业务领导。1976 年职工总数增加到 16 人。

5.上海港

1972 年 10 月,船检局上海办事处下放"五七干校"劳动的人员,除个别留干校外,全部归队。同年 12 月,上海办事处职工人数恢复至 93 人。办事处内设验船一组、二组、三组、规范组、产品检验组、内勤组和技术资料室。1974 年,又增设"船舶安全技术研究试验站",并对福州、厦门、温州、连云港的验船组实行业务领导。职工总数 1975 年增加到 146 人。

6.广州港

1972 年,广州海运局陆续调回船舶检验处的职工,开始以船检局广州办事处名义恢复船舶检验工作,实有职工 21 人。1973 年,船检局广州办事处设立船体、机电、技术、综合 4 个科,职工总数 49 人。1974 年,又增设"船舶安全技术研究试验站",并对汕头、湛江、八所、海口、北海等港的验船组实行业务领导。职工总数 1975 年增至 68 人。1976 年,交通部在广州成立"交通部广州电子计算站"由其代管。

7.长江干线

1970 年 6 月,交通部就船舶安全问题,向长江航运公司军管会、革委会发出通知,决定恢复长江航政管理工作,同意各级长江航政、船检部门由长江航运公司及各港军管会、革委会领导,自 1970 年 8 月 15 日起,恢复使用长江航政管理局及其分支机构的名称。于是下放"五・七干校"的干部和船检人员陆续返回岗位,长江航政管理局船舶检验处及时与沿江各船检部门取得联系,重庆航政分局船舶检验科很快调整和充实技术力量,迅速开展检验工作。1973 年 7 月,南京、芜湖航政分局重新组建了船舶检验科。至此,长江全线船检机构得到全面恢复。

1974 年 7 月 1 日起,恢复长江航政管理局为事业单位,由交通部直接领导,业务归口于船检港监局,各航政分局、处的人事、财务、劳动工资等均由长江航政管理局统一管理。为对出口船用产品检验方便,仍保留中华人民共和国船舶检验局长江区办事处的名义。同年,船舶检验局决定在长江航政管理局船舶检验处内设立船舶规范组,1975 年 4 月,船舶检验局指示在武汉设立"船舶安全技术试验站"。同年,长江航政管理局还在船舶检验处内首次设立了产品检验组。1976 年 5 月,南京航政分局将张家港、江阴、南通的船检业务划归江阴航政处承担,并成立了江阴验船组。此后,长江干线的船检机构随着检验业务的发展而不断地得到充实和加强。

(三)各省、自治区、直辖市地方船检机构

1.辽宁省

1972 年 5 月,辽宁省旅大市交通局革委会生产组内设船检小组。6 月,正式恢复旅大地区运输船舶检验工作。12 月,旅大交通局设置航政科,负责船检和航政业务工作管理。1973 年 11 月,成立辽宁省船舶检验局,船检日常业务,由省交通厅航运处负责。为统一名称,省船检局将新设的旅大、丹东、营口船舶检验小组,改为省船检局旅大、丹东、营口办事处。其他地、市的船检工作,则分别由辽宁省船检局旅大、

丹东、营口办事处负责。

2.山东省

1972 年 2 月,山东省革命委员会交通局召开了“全省港航监督工作座谈会”,进一步强调了港航监督工作的重要性。1973 年 11 月交通局公布自 12 月 1 日起启用“山东省港航监督”以及山东省青岛、黄河、小清河、卫运河和运河港航监督印章。1976 年 5 月,山东省交通厅设立车船监督处,领导全省海、河港监、船检工作。

3.江苏省

1969 年 4 月,省交通厅改称省交通公司。9 月,江苏省革命委员会又宣布成立省交通局,局内设政工、运输等四个科,运输科内设安全组,负责全省航政管理工作,直到 1976 年。

4.上海市

1971 年 1 月,上海市恢复市、县境内内河船舶进出口签证制度,船检工作亦逐渐恢复。同年,内河航运管理处革委会决定将全市 3000 多艘非机动船技术检验权下放到各有船单位,实行“三结合”自检。

5.浙江省

1971 年 10 月,宁波地区建立县、市交通管理站。11 月,钱江航运管理处和杭州地区内河航运管理处合并成立杭州港航管理处。12 月,嘉兴地区航运管理处和车辆监理所合并成立嘉兴地区车船管理所。1973 年 8 月,温州地区交通邮政局被撤销,成立温州地区交通运输管理局。上述地区的交通、港航管理机构,均负有船检职能,负责船舶检验发证工作。各地区所辖的县分别成立管理站。

6.福建省

1973 年 3 月,福州港监(船检)机构又迁回福州市,下放农村劳动的船检人员调回船检岗位。1975 年 5 月,厦门船检归省航运管理局厦门分局港监室领导。12 月,福州港务局从福建省航运管理局内分出,福州港的海船检验工作,隶属福州港务局。

7.广东省

1971 年 6 月,广东省恢复广州地区部分国内沿海航行船舶的检验发证工作。1972 年,广东韶关地区航运局内设港监港务科,对外称韶关地区港航监督,宝安县港务所内设港务监督,均受理船检业务。12 月,广东省港务监督内从事船检工作的人员有 10 名。1973 年 3 月,恢复广东省航运局,内设监督室,管理原省航运厅所辖的港务监督和各地区航运局的港监、船检工作。1974 年 3 月,广东省航运局内设广东省港务监督。

8.广西壮族自治区

1971 年,梧州、南宁、柳州的港航监督所复归各航区的航运分局直接管理,在各分局内设航监科,对外增挂“××港航监督”牌子。1973 年 3 月,广西交通厅设监理处,统一管理广西的车辆交通监理和航政监督(船舶检验)工作。

9.安徽省

1970 年 9 月,成立安徽省淮河航运局和巢湖航运局,局下均设港航监督所,负有船检职能。淮河航运局在阜阳、六安、宿县、滁县设专区航运局,在蚌埠、淮南、正阳关设办事处。巢湖航运局在合肥设办事处。此外,在长江、新安江沿线的安庆、池州、芜湖、徽州等地设专区航运局(处)。1973 年 10 月,在省交通局机关内设航运管理组,但不能代替航运管理局的全部职能。为了加强对全省航运工作统一管理,于 1975 年 4 月第三次组建安徽省航运管理局,撤销原淮河、巢湖航运局,改设蚌埠市和巢湖地区航运管理局以及芜湖地区航运管理局,并增设合肥市航运局和芜湖市、安庆市港务管理处。船检工作受各地区航运局领导。

10.江西省

1973 年 3 月,省交通邮政局车船监理所改称省交通局车船监理处,统管全省车船监理(含船检、港监)业务。同时决定地、市单独设立船舶监理所。1974 年,省交通局车船监理处所属的各地、市船舶监理所和各县港航监理站,划归各级交通行政主管部门直接领导。

11.湖北省

1971—1972 年,湖北省各地港监、船检机构得以恢复,队伍逐渐扩大,人员得到充实。1974 年 3 月,省汉江航运管理局恢复“湖北省交通厅航运管理局”原称。同年,全省各地、市、县港监、船检人员达 330 名,船检工作有所加强。

12.湖南省

1971 年 11 月,黔阳地区航运公司改称黔阳地区交通邮政局民间运输管理处,全区港监、船检工作归其领导。1972 年 6 月,省交通邮政局航运公司恢复湖南省港航监督机构(对内仍为港航监督科),恢复对全省各地港航监督和船舶检验工作的领导。1973 年 7 月,湖南省交通与邮政分开,成立省革委会交通局,原省交通邮政局航运公司,更名为湖南省航运公司,内设港航监督(含船检)科,统管全省各地县 17 个航管站。

13.四川省

1970 年 7 月,恢复航运管理机构,成立四川省交通厅内河管理处,加强对船检、港监工作的管理。1974 年起,省交通厅决定将全省集体航运企业的机动船和港航监督站所在地以外的全民所有制的机动船的检验工作交由各中心航管站办理,开始形成全省船舶检验等管理体制的格局。

14.云南省

1971 年 7 月,景洪县航运站“东风”轮在澜沧江发生翻沉事故,造成 50 余人失踪、死亡,引起了国务院和省有关领导的重视,要求加强船舶安全管理。经过一段时间的筹备,于 1972 年成立了云南省交通局航监组,该组由 5 人组成,设在航务处内,负责办理船舶检验和安全监督工作。1974 年 3 月,航监组更名为船检港监科,仍属航务处领导。1975 年 9 月,经省交通局批准,成立省直属的金沙江航务管理站和澜沧江航务管理站。其中有关船检工作,由省航务处船检港监科实行归口管理,并逐步得到加强。

15.贵州省

1971 年 5 月,兴义地区设立岩架航运中心站,恢复锦屏、榕江、镇远航管中心站以及铜仁航管站。在乌江、赤水设立木帆船管理中心站,隶属乌江、赤水航运分局。1972 年,省交通局重新布置开展船检工作。1974 年 8 月,赤水航运分局收归省交通局管理。1976 年,黔东南州交通局将沅阳河和清水河航运中心管理站业务划归当地交通运输站管理。

16.河南省

1974 年 3 月,河南省革委会交通局恢复安全监督处,同时恢复船舶检验工作。

17.陕西省

1974 年 8 月,省交通局设立安全监理处,船检、港监业务由该处负责,但因“文革”影响尚未消除,船检、港监业务仍基本上处于停滞状态。

18.吉林省

“文革”初期,吉林省的船检工作基本处于无政府状态,先后发生多起水上交通事故。1970 年 8 月,吉林省革命委员会交通邮政局成立,内设交通监理组,负责全省船舶检验和安全监督工作,水上交通安全工作才得以恢复,港监船检人员数量也开始不断增加。1973 年 5 月,中共吉林省委发出《关于执行〈全省各级党政机关机构编制调整方案〉的通知》,规定交邮分设,成立吉林省交通局,下设安全监理处,负责全省船舶检验和安全监督工作。

19.黑龙江省

1970 年,省交通局设监理组,恢复省、地、县船检工作。1975 年 3 月,省航运管理局从省交通局划出,由省革委会直接领导。6 月,省交通局监理组所属船检机构和人员移交给省航运管理局新设的黑龙江省港航监督,内设船检组。1976 年 5 月,黑龙江省港航监督改称港航监督处,负责全省船检工作。

第二节　加强船检人员的专业培训

加强船检队伍建设,抓紧船检人员培训,是一项重要的战略任务。为了促进安全生产和适应涉外检验业务发展的需要,船检港监局在交通部的领导下,以及有关院校的协助和基层船检部门的努力下,从 1973 年开始,克服各种困难,仍然坚持对船检人员的技术培训。1973—1976 年,通过各种形式,共培训船检人员 300 余人。

一、委托院校举办或合办培训班

(一)船检专业培训班

1.船检人员业务培训班

1973 年 7、8 月份,针对船检专业人员缺少、船检队伍断代问题,交通部船检港监局领导研究制定了一个船检人员培训方案,准备从当时正在交通部下属企业或船厂劳动的 1968、1969、1970 三届理工科大学毕业生中抽调 100 人左右,委托武汉水运工程学院进行为期一年的专业课程培训后,再安排到船厂或船上进行半年现场实习,以充实船检技术力量。该方案很快就获得交通部的支持,也征得了武汉水运工程学院的同意。

1973 年 9 月上旬,船检港监局从上海办事处、长江航政管理局船舶检验处抽调陆赞能、陈一鸣等人组成培训筹备组,同时承担培训班的验船业务教学。经与武汉水运工程学院商谈具体办班事宜,双方商定开设船体、机电两个专业,每个专业 50 人左右,时间约一年,自 1974 年 3 月起至 1975 年 1 月结束。

1973 年 10 月,船检港监局召集武汉水运工程学院人员及筹备组成员到北京,就培训目的、课程安排、学时以及教材、授课人等问题进一步交换意见和编制教学大纲,确定前一学期以专业基础课为主,由院方负责安排授课老师和教材;后一学期为船检专业课程,由船检港监局负责安排授课老师和教材。每门课程通过考试或考核记载成绩,结业后发给证书。

同年 11 月 7 日,交通部发文给各港务局、海运局、长江航运公司、船厂等 26 个单位,要求选送学员。为取得地方当局的重视,交通部人事局还函请湖北省教育局给予支持。

1974 年 3 月中旬,培训班开学,来自全国沿海和长江各地的学员 100 余人齐聚一堂,为将要成为我国船检战线上新的一员开始了这次学习任务。两个学期的课堂教学结束后,由船检港监局将学员安排到上海、广州、大连、武汉等地,在资深验船师指导下进行半年左右的现场见习。见习结束后,除个别学员因特殊原因未到船检部门工作外,绝大多数都于 1975 年下半年分配到船舶检验局各办事处担任验船师,成为船舶检验局队伍中的新生力量,缓解了因“文革”造成的技术队伍断代问题。

这次船检业务培训班,不仅成功地培养了一大批人才,也为后来开展船检业务培训积累了经验。

2.地方船检人员进修班

武汉水运工程学院成功地举办了 1974 年船检业务培训班,积累了这方面的经验,各省地方船检也迫切要求培训人才。1975 年,船检港监局再次委托该院举办一期以地方船检人员为主的培训班,当时称为第二期船检进修班。双方研究决定,自 1975 年 9 月开班,期限 1 年。这次只开办船体专业,人数 35 名左右,学习结束后回各省船检部门工作。

1975 年 9 月下旬开学,学员共 30 余人,来自江西、安徽、江苏、浙江、四川、云南、山东、河北、辽宁、黑龙江、广西等地。课程包括船体结构与强度、船舶稳性、船体及设备的检验等。1976 年 5 月课堂教学结束,由授课老师带领学员赴宜昌、沙市等地区的船厂进行实习,实习项目包括修造船舶的焊接质量检验、船体密性试验、倾斜试验及各种设备检验等,要求学员写出实习报告,作为成绩考核的依据。同年 7 月,该进修班结业,学员按计划返回原单位从事船检工作。

(二)船舶和机械强度电测技术培训班

为适应我国造船工业和水运事业的发展,以及研究有关国际公约、船舶技术规范等工作的需要,船检港监局于 1974 年在广州、上海、武汉等地建立船舶安全技术研究试验站。出于试验站工作的开展,需要培养一批专业测试人员,因此决定委托天津大学举办"船舶和机械强度电测技术培训班",对在船舶检验系统内抽调的具有相当实践经验的验船技术人员,进行以仪器操作和强度测算为主的专门技术培训,学习期限 3 个月,于 1975 年 4 月初开学。

1975 年 2 月,船检港监局通知上海、广州、长江区办事处各派 4—6 名,大连、天津、青岛、秦皇岛办事处各派 1—2 名具有中专以上文化程度及 2 年以上工作经验的在职人员参加学习。

该培训班于 1975 年 4 月上旬如期开学,由天津大学基础课部抽调授课老师和选定教材,采取理论教学与仪表的实际操作相结合的教学方法。参加学习的 20 余名学员中,大部分是具有大学文化程度和实际经验的验船师。实习中选用新港船厂设计的 1 艘 7000 吨客船作为模拟测试的试验船,最后阶段又在老师指导下,对停靠新港的一艘万吨级货轮进行实船强度测试,将学员分成若干个小组,分部位负责测算,并写出专题测试报告,以巩固理论知识和掌握实际操作技能。

(三)船检英语培训班

随着中国国际地位的不断提高,与中国建交的国家越来越多,对外贸易日益发展,外轮进出中国港口的数量增多,而外轮船员多讲英语,船舶证书和检验报告也都以英语写成。交通部为了提高部属有关单位涉外工作人员的英语水平,1974 年委托上海港湾学校(该校"文革"中曾改名为"七二一"工人大学)举办英语培训班。

该培训班按船检、港监、理货专业,分班上课。每期时间为 8—10 个月,由交通部按各单位的工作和人员的情况分配名额,教材和师资均由校方解决,经费由各学员单位自行负担。根据当时各地学员的英语基础参差不齐,以及今后日常工作性质所需的情况,教学原则确定为"听说领先、读写跟上",半年学基础英语,半年学专业英语。除主要学习外语外,并辅以政治课、劳动课,还定期分批登外轮见习,以提高学员的学习兴趣和锻炼听、说能力。自 1974 年上半年至 1980 年 12 月,持续办了 6 期,船检系统每期都按交通部通知抽调人员参加,6 期共培训了 113 人。关于培训的效果,学校曾会同学员单位组成调查组赴南方港口作了一次调查,普遍认为效果较好,通过培训后的学员基本上能用英语处理涉外工作中的问题,成绩比较显著。

二、继续开展地方船检人员现场培训

(一)长江航政管理局培训云南省船检人员

1973 年 3 月至 9 月,云南省派出 4 名学员到长江航政管理局实习船检业务,由船舶检验处负责安排学员的实习事宜。这批学员均系部队转业至云南省船检港监部门的干部,实习前已从事过几年船检港监的一般性业务工作。为了能取得较好的实习效果,长江航政管理局结合云南省船检的实际情况及这次的实习时间,制定了实习计划,将整个实习过程分成三个阶段进行。第一阶段一个半月:分别由船、机、电专业验船师向他们讲解有关规范、规程等船检技术法规及有关的理论知识。第二阶段三个月:跟随验船师参加驻厂检验和营运检验,重点掌握现场检验中的各项技术要求和发现问题、处理问题的方法。第三阶段一个半月:首先选择几艘小型内河船舶图纸学习审图,从学会看图到如何运用规范,掌握审图要点以及怎样编写审图意见书等;其次是学习船舶吨位丈量、核定干舷及船舶倾斜试验等,掌握计算方法和检验要点;最后是熟悉各种检验证书和检验报告的填写方法及签发制度等。并安排适当时间,组织他们讨论,集中提出问题,由验船师负责解释答疑,使他们尽量学会和掌握船检过程中的基本技能和要求,以及验船师处理问题的实践经验。

此外,同年末,云南省自行组织了一期船检、港监人员培训班,学习内容为船检港监及船舶方面的基本知识,学员22人,充实了该省的基层队伍。

(二)船检局上海办事处培训浙江省船检人员

浙江省于1973—1975年间,曾先后采取"派出去"和"请进来"的方法,请船检局上海办事处培训船检人员。1973年4月,由浙江省航运局在全省船检人员中选调14人(其中水产系统2人)前往上海,在船检局上海办事处验船师的指导下进行现场见习,其方式和内容与1959年该办事处为其他省、市举办的培训班大致相同,培训时间9个月,于1974年1月结束。

1975年10月又集中全省船检人员约40人,在该省宁海地区举办培训班,聘请船检局上海办事处有关专业的3位验船师授课,主要内容为500吨沿海货船的稳性、船用钢材、焊接以及轮机、电气等方面的审图要点、检验程序和检验要求等。

(三)四川省组织开展机动船检验技术培训

1973年四川省各中心航管站即将受理机动船航政管理时,省交通厅内河管理处组织重庆、宜宾、南充等港航监督站为其所属各中心航管站培训机动船检验人员。主要学习有关船检规章制度及现场检验等基本技能,以便统一全省对内河轮、驳船的技术监督和检验要求。

三、渔船检验人员的培训

"文革"期间,渔船检验业务分别由各地水产行政部门和国营渔业公司自行办理。渔船安全生产与检验技术力量薄弱等矛盾日益突出,当时在自身尚不具备条件开展培训工作的情况下,仍然需要由船检局有关直属办事处予以协助。

1972—1973年间,上海市水产局、江苏省农业局、浙江省水产系统先后抽调技术人员委托船检局上海办事处代培,时间都为9个月至1年之间,基本上都安排在上海渔轮厂,在该办事处驻厂验船师的指导下学习渔船修造中检验的各种技能。上海市水产局所派出的4名学员,由于已具有一定基础,则采取边学习、边工作的方式,在学习一段时间后,就承担部分一般性的检验任务,帮助处理日常工作中的一些问题,这种培训方式效果也很好。以上3次共代培学员14名。1973年船检局天津办事处也以类似的方式为天津水产局培训了一批渔船检验人员。

1971年11月,山东省渔船管理站自行举办了1期为时1个月的渔船管理人员培训班,全省各县、市的渔检部门抽调人员参加,这是渔检系统自行开展培训工作的先例。

通过以上几次培训,使渔船检验人员不足的问题得到一定的缓解,同时促进了检验人员技术水平的提高。

第三节　制订和修订船检规章和船舶规范

1970年中共中央发出《关于加强安全生产的通知》后,船舶检验局随即修订《船舶检验工作条例》,整顿船检工作秩序。70年代亦是中国急需发展远洋船队和增加水上运力,造船工业得到新发展的一个时期。1973年中国政府接受《1960年国际海上人命安全公约》和《1966年国际船舶载重线公约》,促使船舶检验局对海船规范作大范围的修订,注重提高船检科技水平。同时对长江船舶规范抓紧修订和补充,逐步扩大其使用范围。各项规范工作得到船舶科研、设计、院校、航运和船厂等单位的协作和支持。通过这次规范的修改,基本摆脱了苏联船舶规范的模式,较为适合中国自己的实际情况。

一、修订《船舶检验工作条例》

1971年初,为贯彻中共中央《关于加强安全生产的通知》精神,船舶检验局成立《船舶检验工作条例》修改工作组,对1965年公布施行的《船舶检验工作条例》进行修订。修改工作组经过调研及征求船舶设计、建造、使用和检验等方面意见,反复斟酌修订,新的《船舶检验工作条例》于1971年11月23日经交通部批准,自1972年1月1日起试行。

该条例合计11部分27条,依次设"总则""船舶制造检验""船舶初次检验""船舶定期及年度检验""船舶临时检验""入级船舶检验""外国船舶检验""船用产品检验""工作关系""工作方法""附则"等。在第10部分工作方法中规定,船检部门在工作中应切实贯彻两个"三结合"即设计制造、使用、检验三结合和工人、技术人员、领导干部三结合;验船人员要正确处理"需要与可能""质量与数量"的关系;同时提出了船检工作必须坚持"质量第一,保障安全"的原则。

二、修订和制订船舶规范

(一)全面修订海船规范

20世纪70年代起,由于对外贸易的需要,急需发展中国远洋船队,同时国内水上运力亦需补充和更新,因此70年代中国造船工业得到较大发展,尤其在上海和大连。由于《钢质海船建造规范(1967)》已不能适应造船工业的发展,船舶检验局决定予以修订,并将此任务交给船检局上海办事处。1971年,船检局上海办事处成立规范组,同年组成规范修改工作组。1972年,根据交通部、六机部、四机部联合通知,船舶检验局在上海对9种海船规范进行全面修订。规范修改工作组由科研、设计、院校、航运、船厂和船检等单位的90余人组成,修改工作历时3年完成。在此次修改规范期间,正值1973年10月5日中国政府参加《1960年国际海上人命安全公约》和《1966年国际船舶载重线公约》并于1974年1月5日起对中国生效,因此修订这9种海船规范恰逢其时,具有特别重要的意义。规范修改后,经交通部批准由船舶检验局公布施行。其中,修订后形成的《钢质海船建造规范(1973)》,于1973年12月1日起施行,在1974年1月出版;《海船稳性规范(1974)》《海船抗沉性规范(1974)》《海船救生设备规范(1974)》《海船信号设备规范(1974)》《船舶起货设备规范(1974)》《海船无线电设备规范(1974)》6种规范均自1974年12月1日起施行;《海船航行设备规范(1975)》《海船载重线规范(1975)》2种规范均自1975年1月15日起施行。

这些规范的主要修改情况如下：

1.《钢质海船建造规范(1973)》

第一篇“船体”：有关船体结构在与各国规范比较中取中上水平；有关船舶类型增加了标准散货船，即设有顶、底边水舱的散货船的补充规定，以及增加普通干货船装载重货对船体建造补充规定；有关舵设备的计算方法做了较大的修改和补充；有关锚和锚舾装数的计算和配重亦做了较大修改。第二篇“轮机”：增加了柴油机轴系扭转振动和螺旋桨强度计算，以及锅炉结构高温强度计算，即锅炉元件使用钢材高温许用应力计算。第三篇“电气设备”：增加半导体装置的附加要求。第四篇“冷藏装置”：没有多大变动。第五篇“消防”：增加卤化物液体灭火装置、空气泡沫灭火装置、高膨胀泡沫灭火装置、惰性气体灭火及防火装置等。第六篇“焊接及铆接”：变动不大。第七篇“材料”：提出船用钢材分为Ⅰ至Ⅳ级，以及各钢级在船体结构上的使用范围，同时提出各钢级钢材V形缺口冲击试验的规定，限于当时情况，作为U形缺口冲击试验的并用规定。

2.《海船稳性规范(1974)》

该规范在大量收集中国沿海风浪资料(1958—1970年)基础上重新划分航区。与《海船稳性规范(1960)》航区划分的主要差别为：(1)东海、黄海的Ⅱ类航区由距岸不超过100海里扩大至不超过200海里；(2)台湾海峡两岸Ⅲ类航区缩小至距岸不超过10海里；(3)南海Ⅱ类航区由距岸不超过100海里扩大至不超过120海里；(4)海南岛南海岸25海里Ⅱ类航区改为海南岛东海岸和南海岸不超过50海里；(5)取消东沙、西沙、南沙三群岛的限定航区；(6)除台湾海峡两岸及海南岛东、南海岸外，其他沿海Ⅲ类航区均由距岸不超过25海里改为不超过20海里；(7)台湾东海岸Ⅱ类航区由距岸25海里改为20海里。

有关船舶稳性衡准的修改：(1)在已掌握中国沿海风浪资料的基础上，对各航区的计算风速进行调整，略有降低；(2)在系列船模试验基础上，修正横摇角计算公式，修正结果较《1960年海船稳性规范》降低10%至20%；(3)对初稳性高度和稳性曲线进行修正，初稳性高度改为GM≥0.15米(原为GM≥0)，最大静稳性力臂GZm按航区类别和船长作合理调整，除20米及以下的小船外，总的均有所降低，静稳性曲线消失角由原规定60°改为55°。

3.《海船抗沉性规范(1974)》

依据《1960年国际海上人命安全公约》修订《海船抗沉性规范(1959)》，成稿后于1974年11月22日公布实施《海船抗沉性规范(1974)》。

4.《海船救生设备规范(1974)》

对国际航行船舶完全按照《1960年国际海上人命安全公约》修订，增加了油船需配备全封闭式救生艇；取消传统式救生筏，增添气胀式救生筏的配置；增加了玻璃钢救生艇的技术要求等内容。对国内海船的救生设备配备定额根据航区、船舶种类和船长作出合理规定，确保安全。该规范共分8章，依次为“总则”“救生设备的配备定额”“救生艇”“气胀式救生筏”“塑料救生浮具”“救生圈”“救生衣”“救生用的抛绳设备”等。

5.《海船信号设备规范(1974)》

该规范是按照国际公约规定进行修订的。由原规范按船舶吨位大小确定信号设备配置定额，修订为按船舶长度大小确定信号设备配置定额。将小船放宽的模糊概念，明确定义为船长小于19.8米的小船可以放宽。进一步明确对声光信号的检验和试验要求，测量声信号的“声压”大小，确定声信号的传播距离。增加了配备避碰闪光灯的要求，其可视距离为5海里。该规范共设6章，依次为“总则”“号灯”“闪光灯”“号型与旗号”“烟火信号与救生圈用自亮浮灯”“音响信号器具”等。

6.《船舶起货设备规范(1974)》

该规范在吊杆装置方面，增加双杆操作及其受力计算工况规定，以确定保险稳索受力、吊杆压力和确定吊杆长度。增加钢索通过滑轮的摩擦系数规定，对桅等结构件的强度安全系数按吊重量（安全工作负荷）进行调整和降低。增加起重机一节，包括计算工况和计算载荷、结构强度安全系数、杆件细长比、杆件稳定性和机构制动安全系数等。该规范共设7章，依次为“总则”“计算”“吊货杆和绞车”“起重机”“零部件和绳索”“检验和试验”“标记和证书”等。

7.《海船无线电设备规范（1974）》

国际航行船舶按照《1960年国际海上人命安全公约》及《国际电信公约》的《无线电规则》修订。增加单边带通信设备的一般技术要求及增设超短波无线电话台。原规范中的无线电助航设备删除。对国内海船的无线电设备根据航区和船舶总吨位分组的组别，按安全航行需要配备。该规范共设6章，依次为“总则”“船舶无线电设备的配备定额”“船用无线电设备的基本技术要求”“对安装无线电设备舱室的基本要求”“海船无线电设备的安装”“备品及技术文件”等。

8.《海船航行设备规范（1975）》

国际航行船舶按照《1960年国际海上人命安全公约》的要求进行修订。增加了“劳兰”的配备要求，扩大了雷达、测深仪的配备范围。将原列在《海船无线电设备规范（1959）》中的有关“助航设备”规定纳入本规范。国内海船的航行设备根据航区和船舶总吨位按安全航行的需要配备。该规范共设7章，依次为“总则”“各类海船航行设备的配备”“罗经及其从属仪器”“无线电助航设备”“计程仪”“测深设备”“天文航海仪器及其他”等。

9.《海船载重线规范（1975）》

国际航行船舶，根据《1966年国际船舶载重线公约》进行修订。由于该公约提高货舱口和上层建筑开口关闭装置的要求，因此除小船外，对海船的干舷对照《1930年国际船舶载重线公约》普遍有所降低，得益最多的为大型船舶，如大的油船、矿砂船、散货船，可减少干舷达10%—20%，对大的干货船可减少干舷约10%，对小船则少量增加干舷以改善稳性和其他安全性。对国内沿海船舶基本干舷亦作相应调整减少。该规范共设2章，依次为“国际航行船舶”“国内航行船舶”等。

（二）海船规范的早期科研工作

20世纪70年代初，船舶检验局在上海成立规范修改工作组，修改《钢质海船建造规范（1967）》和海船稳性、抗沉性和载重线等8种规范。在这次规范修订工作中，对某些问题进行专题研究，有的取得一定的成就，有的逐步完善。这和当时所采取的方式、方法与当时具备的技术状态和条件以及科技进步有密切关系，并在以后规范修改或修订中反映出来。70年代的海船规范修订过程中，对下列问题进行了专题研究：

1.船体结构强度衡准

采取对各主要船级社规范有关规定作综合比较，当时在这个专题上投入较大的技术力量。在还未建立起船体结构强度体系时，这是个不可少的研究方法。最后将比较结果取中上线作为《钢质海船建造规范（1973）》船体结构强度的衡准。在规定实施过程中反映比较保守，故《1977修改通报》对此作了适当调整。

2.柴油机轴系扭转振动

船舶使用柴油机作为推进动力后，随之出现轴系扭振问题，当时各主要船级社规范对此都作有相应规定。船舶检验局在此次修订规范时，研究了柴油机轴系扭振，并在该规范轮机篇第六章增加一节“扭转振动”，对扭振计算、扭振测量、许用应力和转速禁区等作出规定。在实际应用中，对轴系扭振许用应力察觉出过于保守，在测量中经常出现超过规范规定情况。《1977修改通报》对此问题进行调整。

3.修正横摇角计算公式

1972—1973年间收集大量中国沿海1958—1970年的风浪资料，绝大多数为中国沿海台站和船舶实测资料，根据这些资料汇总分析结果，重新划分中国沿海限制航区的风速衡准。1973年在上海交通大学水池作系列船模试验，试验内容包括在静水中的船舶横摇衰减试验和在波浪的横摇试验，根据试验所测得的数据进行分析回归，修正《海船稳性规范（1960）》规定的横摇角计算公式，通过这次科研工作确定了以后对海船稳性规范进行补充和修订的方向。

4.双杆联合操作受力分析

它是这次修订船舶起货设备规范的主要课题。当时通过对万吨级、五千吨级和三千吨级等几种货船吊杆装置和货舱布置，分析出受力工况衡准要素，规定吊杆长度，决定保险稳索等受力工况和吊货杆稳定性理论计算等专题。通过这次规范修订，对双杆联合操作作出系统规定，确保装卸作业安全。

通过这次规范修订，对“船检科技十年发展规划”中提出的问题已多数得到解决，当然还有些专题需留待以后解决及随着科学技术的进步和发展，需要不断完善和修正。

（三）长江船舶规范向长江水系扩展

长江船舶规范制订和颁布，受到我国内河航运与造船界的重视，而且各水系均广泛应用，为内河船舶设计、修造、使用和检验提供了重要依据。随着形势的发展，各方面要求制订全国性河船规范的呼声渐高，但考虑到当时条件还不够成熟，而决定先以制订长江水系船舶规范为主，同时为兼顾其他水系创造条件，逐步向内河船舶规范过渡。为争取时间，尽可能制订包括船体结构、性能、机电装置、舾装及安全设备在内的综合性规范。从1966年起，以长江航政管理局船检部门为主，五次组织“三结合”的船舶规范工作组，将长江船舶规范扩展为长江水系船舶规范。

1.《长江水系小型钢船建造规范（1973）》

根据规范革命化和大小船区别对待的原则，以及各地船检及有关部门的要求，船舶检验局先着手制订比较简单实用的小船规范。1966年3月6日，邀集沿江六省船检、船厂及航运部门共12个单位组成“小船规范工作组”。同年4月，分上、下游两个小组赴各地调查和搜集资料。由于“文革”开始，只能半天工作，因此，匆匆编写出第一稿。9月工作组解散，致使规范制订工作一度中断。

1971年12月31日，交通部下达再次组织修订“长江水系小船规范”工作组的通知，要求对原草稿进行修订和定稿。长江航政管理局邀请沿江六省20个单位，于1972年3月10日再次组成小船规范工作组，并分船体结构、船舶性能、舾装设备、轮机四个小组进行工作。

工作组先后分赴长江水系7省30个地区、100多个单位进行调查，召开座谈会150余次，察看实船近200艘。经对实船资料及各方面的意见进行统计分析后，编写出“小船规范讨论稿”，于同年9月在武汉召开初审会。按船舶检验局指示将该规范分为小型钢船建造规范和营运小船检验规程两个单行本。定稿后由船舶检验局公布，自1973年12月1日起施行。这是长江船舶规范向长江水系扩展的重要一步。在该规范中，首次明确提出了“急流航段”的概念和有关要求，充分考虑了小船的结构特点及国产柴油机的技术条件等。

2.《长江水系营运小船检验规程（1973）》

小船规范工作组在编写《长江水系小型钢船建造规范（1973）》的同时编写了该规程，并同时公布施行。该规程合计5篇，依次为“总则”“船体”“船舶设备及乘客定额”“动力装置”“机帆船”等。

3.《内河小型钢丝网水泥船建造规范（1974）》

钢丝网水泥船是结合我国国情，因地制宜而发展起来的。具有节约钢材、木料，建造和维修方便，经济实用等优点，特别适用于乡镇小型船舶。进入20世纪70年代后，小型钢丝网水泥船已遍地开花，但质量参差不齐，急需制订规范，加强检验，提高质量。上海船舶运输科学研究所依据其对实践经验的普查和总结，及其所收集的全国大量板梁实验资料基础上进行分析归纳，对总纵强度和剖面模数计算问题，进行大尺度模型试验和其他一些专门试验研究。1971年完成内河小型钢丝网水泥船建造规范第一稿。为验证规范的可行性，特按规范尺度设计试制40吨和60吨的钢丝网水泥驳船各一艘。通过实践，证明船体强度足够，且节约钢材，由此证明规范是可行的。1973年4月18—28日，船舶检验局在无锡召开审查会。通过后，《内河小型钢丝网水泥船建造规范(1974)》于1974年3月1日公布施行。该规范为钢丝网水泥船的设计、建造和检验提供了依据，提高了建造质量。

(四)补充制订地方船检规章

各省船检部门除统一执行船舶检验局颁布的长江水系和内河船检规范外，还因地制宜制订了一些加强检验管理的办法和补充规定。

上海市航运管理处于1970年颁发《上海市小型机动船管理试行办法》；1972年公布试行《上海市内河船舶管理办法》；1976年发出《关于“国产陆用小型内燃机用在船上时马力的标定办法”的通知》。

浙江省革命委员会于1975年颁发了《浙江省农用船、农副业船安全管理暂行规定》和《浙江省渡口安全管理暂行规定》两项法规，对农用机动船、从事客货运输的农副业船及渡船均明确了应经检验合格，核定装载定额，发给证件，才准航行的要求。

四川省交通局于1973年10月公布了《四川省内河轮、驳船港航监督管理办法》；1976年10月，省交通局内河处发出《关于挂机船安全管理的通知》，其中规定按“〔73〕小船规范”进行审图、检验、发证，以及有关救生、消防设备等安全技术要求。

湖南省航运公司船检部门于1975年3月17日发出《关于针对今后新建船舶有关事项要求的通知》，对送审船舶设计图纸、船舶建造完毕应按规定进行倾斜试验和系泊、航行试验等，作了四项具体要求。同年7月21日，又发出《关于船检、港监工作中几个问题的决定》，对船舶技术检验、装载定额普查鉴定、航区核定、新造船舶检验等问题做出了规定。

贵州省革委会交通局于1973年2月15日公布了《贵州省船舶检验试行规则》，对新建和营运船舶检验作了较具体的规定。

河南省革委会交通局于1975年3月31日颁发《河南省非机动船舶检验丈量办法(试行)》。

云南省交通厅于1976年公布了《云南省船舶检验试行规则》，初步建立本省船检工作制度。

三、船舶检验证件的整顿

“文革”初期，船检工作受到严重的干扰，有些国内航行船舶不按规定申请检验，未取得法定检验证书而擅自航行。因国际航行船舶必须持有船舶检验证书，故一般都按照国际公约的要求和船舶检验局的规定，进行检验并核发有关的检验证书。

有的地方船检部门自行更改船舶检验证书格式，甚至将检验证书与内河船舶航行签证簿合订成一个“小红本”，使原来统一格式的地方船舶检验证书簿面目全非。1967年长江航政局通知所属船检部门暂停使用《船舶吨位丈量规范》，也使长江船舶吨位证书一度比较混乱。

中共中央发出〔70〕71号文件《关于加强安全生产的通知》以后，经过整顿船检工作秩序，船检部门对船舶证书及技术文件的签发逐步正常并加强检验管理。

1971年，为贯彻落实“全国航政工作座谈会”有关加强船检工作的要求，长江航政局布置长江直属船检部门进行换发检验证书工作,并完善了有关船舶技术文件。

1973年,有些省、市水产部门的渔船检验站相继修订、印制了"渔业船舶检验证书簿"逐步恢复渔船的检验、发证(换证)工作。

1976年8月31日,交通部船舶检验局发出《使用新的船舶适航证书和吨位证书的通知》,新的两种证书是修改原两种证书后再版的,分沿海和长江两种格式。1977年,长江航政局在南京召开长江全线验船工作会议,对船舶检验证书方面存在的一些问题进行讨论。会后,长江航政局发出"关于船舶证书的有关问题的通知",并附有"船舶检验证书簿和检验鉴定书的填写说明",重申长江船舶按船舶检验局规定的现行证书格式使用。对于沿海船舶经长江船检部门检验后,应签发新的适航证书和吨位证书。全国各地船检部门也作了类似的布置,使船舶的检验发证工作得到较好的整顿。

第四节　排除干扰开展船检业务

1966年,"文革"极"左"思潮波及全国,船检部门很快受到冲击,行之有效的技术监督检验制度被斥为"管、卡、压",船检工作不能正常开展。1970年,中共中央《关于加强安全生产的通知》下达后,情况有所好转,船检部门审时度势,迎难而进。1974年下半年,船检港监局派出调查组赴沿海与长江各大港口,向设计、航运、船厂等单位广泛收集情况和意见,一致认为船检部门是对船舶执行技术监督检验、保障船舶安全质量的部门,只能加强,不可削弱。通过这次调查,肯定了船检的作用,明确了发展方向。

一、船舶和船用产品检验工作的开展

(一)船舶检验从乱到治求发展

"文革"期间,船检部门受到运动的影响,船舶审图和监督检验工作不能正常进行。造船厂的造船质量也受到严重干扰,检验规定和程序也未得到严格遵守和执行,甚至有些新造船因严重质量问题而不能投入正常营运的情况也时有发生。1969年2月,天津新港船厂首次建造万吨级散货船"天津"号。1970年船检局天津办事处派验船师进厂对该船进行检验时,该船已经下水,在图纸和质量记录等资料未完整提交的情况下,只能进行后期的补救性检验工作,使船舶建造质量受到很大影响,造成该船1971年1月交船后,同年10月即返厂整修,并于1972年7月完成返修再出厂。1973年又不得不再回厂进行返修。又如该厂首次建造的万吨油船"大庆40",于1971年11月下水,在停靠码头时,发生了舷弧板横向断裂600毫米的质量事故。1974年,船检局天津办事处提出了对该船两舷加装0.4L长的止裂带的措施,问题才基本解决。1971年,湖南长岭炼油厂建成投产,所需原油主要来自大庆,经水路运至南京中转湖南。长江航运公司于1968年委托长江船舶设计院设计,大连造船厂批量建造3000吨级油驳,设计图纸未经审核即开工建造。1971年陆续完工交船时,才向船检局大连办事处报检并要求发证,由于存在若干不符合一级油驳的要求,在大连已无法解决。经船舶检验局决定,将驳船拖往武汉后由长江航政局船检部门作"初次检验"处理,限期将缺陷修复,经复验合格后,才发给船舶检验证书。"文革"期间开展船舶检验工作极度困难,不满足规范要求的设备,一定要安装上船使用;不具备试航条件的船舶,一定要出海试航;不符合测试条件的船舶,一定要进行测试。如油船"大庆27"的舵机系泊试验时,没有达到试验规程规定的技术指标,在舵机系泊试验没有验收的情况下,于1969年9月27日出海试航,连续几个晚上交验舵机,一直没有成功。后经1969年11月6日再次出海试航,1969年12月14日至1970年1月11日重载试航,直至1970年4月11日,已投入营运的"大庆27",其舵机在第5次海上试验时才通过。1969年,货船

“向阳”进行倾斜试验时，风力为4到5级，船检部门和设计单位都认为不符合做倾斜试验的气象条件，同时准备工作也不够充分。厂方坚持要做。试验结果，误差大得惊人。只好另选时间重做倾斜试验。油船“大庆29”设计时发电机组的原动机型号为6250CD、600转/分柴油机3台。由于供货拖期，船厂将6300C、400转/分柴油机进行改装，将转数提高50%作为发电机组的原动机使用。该型柴油机为小型船舶主机，调速性能不能满足发电机组要求。虽经反复调试，发电机组仍无法实现并联运行，船检部门不予验收。直至交船前夕，被迫将3台柴油机拆除，更新后经试验船舶电站运行正常。

1966年下半年至1970年这段时间，营运船舶检验工作秩序被打乱，即使是远洋营运船舶有的也不按时检修和申请定期检验，致使船舶航行的不安全因素增加，有的情况严重，很容易发生事故而造成损失。如1967年1月，广州远洋运输公司从法国购进万吨旧客船“建华”，由于购进后第一次坞修时未按规定对螺旋桨进行定期检查，也未按船检规定的间隔期拉出尾轴进行检查，以致1971年1月该船在航行中，右尾轴和最后一道中间轴承出现严重跳动现象，不得不采取低速航行的措施。该船抵达广州后，当即进坞检查，发现右尾轴铁梨木轴承严重磨耗，右尾轴铜套离空并出现裂纹，右螺旋桨严重变形，因此只得换新右螺旋桨和右尾轴。1968年以后，船检部门由于人员大批下放劳动，对国内沿海航行船舶的营运中检验工作已无法按规定正常进行，安全质量下降。如1968年，广州地区客船“红卫八”的舵机、锚机尚未修好即载客开航，结果舵机、锚机均发生故障，危及航行安全，被迫停航修理。天津地区有些船舶救生、消防设备长期不进行检查，如二氧化碳瓶不按规定时间称重，救生设备不按时维修保养，致使救生艇起落失灵，救生衣腐烂不堪，航行安全存在严重隐患。

“文革”初期，长江各船检部门同样受到很大的冲击和干扰。1966年冬，掀起“红卫兵”到各地串联高潮，长江上、下游客班船完全处于失控状态，有的船每个航次载客量高达3000人，比正常定额超出2—3倍，一旦发生事故，后果不堪设想，航运、船方、船检等部门都感到事态严重。在这种情况下，长江航政局船检处会同各有关部门反复研究，商定对客班船的稳性状态逐艘摸底，并采取了固定压载、回航减速、封闭部分舷侧走道等防范措施。对“东方红1号”“东方红3号”“民权”等稳性差的班船，则广泛宣传，耐心说服，坚决不予超载，确保了长达3个多月的“红卫兵”运输任务的安全。1967年下半年起，无政府主义思潮泛滥，船检部门的工作已无法正常开展。1969年长江航政局被撤销后，长江全线船检部门几乎处于半停滞状态，船检工作大为削弱。设计部门的设计图纸不能按规定送审，常以“会审”代替或不通知船检部门参加，航运主管部门对涉及到船舶安全的重大技术问题也不向船检部门报检，而擅自决定，以致带来后患，甚至造成严重事故。如1970年11月，“东方红3号”将锅炉烧煤改烧油，未经船检部门同意，就贸然违章在航行中进行改装工程，结果由于施焊不当而发生火灾，造成烧死、烧伤船员、旅客17人的恶性事故。又如“东方红38号”采取“边设计、边施工”的做法建造，该船于1971年3月出厂后只航行几个航次，便出现船体严重变形，船底板10多处破裂，3个油、水舱渗漏，舵机多次失灵，只得返厂重新加固船体和进行全面修理。长江航运公司武汉分公司所属船舶，仅1971年8—11月就连续有11艘船舶发生地轴折断事故。在此期间长航在芜湖船厂建造一批1500吨分节驳，也是未经审图和报检的情况下建成的，结果存在不少质量问题。重庆船检部门，虽然仍能坚持工作，为确保川江航行安全做了大量的工作，但无法在根本上对船舶起到应有的监督检验作用。

“文革”期间地方船检部门的工作基本处于停顿状态。有些省撤销了港航监督机构，验船人员也大部或全部被下放。有的地区明文通知废止内河船舶进出港口的签证制度，从而也停止了对内河船舶的监督检验。由于水上交通安全机构和船检工作基本陷于瘫痪，致使船舶事故不断发生。如1968年9月17日，黑龙江省镜泊湖北头发生一起拖船严重违章载客，导致翻船，造成56人落水，17人死亡的恶性事故。

1970年6月，中央发出《关于健全产品质量检验和验收制度的通知》，同年12月又发出《关于加强安全生产的通知》,强调产品质量和安全生产的重要性,要求各单位必须坚持行之有效的安全制度和质量检验制度。从1970年下半年开始至1971年,沿海各港的直属船检部门先后恢复了对国内沿海航行船舶的检验发证工作,并加强了对远洋航行船舶的监督检验工作。1971年7月21日至8月7日,交通部水运组在北京召开了全国航政船检工作座谈会,总结交流了经验,明确了今后的工作任务。会议指出:要加强船舶检验工作,当前着重要抓好新造船舶的设计审查和制造检验工作,做好入级船舶的检验工作。对营运船舶要加强调查研究按时进行定期检验和不定期的抽查。会议并转发了《关于船舶检验工作中几个具体问题的意见》,要求各港航单位对所在港的船检部门加强领导,根据需要配齐船检人员,对技术骨干要保持相对稳定,认真解决存在的问题,切实做好船舶检验工作。同年11月,交通部公布了新的《船舶检验工作条例》,该条例强调船检工作必须贯彻"质量第一、保障安全"的原则,在条文和检验项目表的主要内容方面进一步体现了加强船舶技术监督的重要性,明确了检验的范围和要求,对整顿船检工作秩序起了重要作用。

1973年,交通部调整机构成立船检港监局,交通部各直属港、航部门的船检机构也逐步恢复和建立,下放的验船人员相继调回,并积极培训船检人员,各地船检部门的人员逐步得到充实,对规章制度和规范结合形势的发展进行了较大范围的修订和补充,船舶和船用产品检验工作逐步得到恢复和发展。

1973年,我国参加了政府间海事协商组织,并接受了《1960年国际海上人命安全公约》和《1966年国际船舶载重线公约》,1974年起,该两公约对我国生效,船舶检验局代表中国政府对国际航行船舶进行检验并签发该两个公约规定的证书。这对"文革"中船检工作的发展,起到了很大的促进作用。同时,国际间船舶技术检验的合作开始得到发展。1973年10月,船舶检验局为贯彻执行国务院《关于口岸工作的情况和意见》的指示,在天津召开了外轮检验工作会议。会议讨论了外轮检验办法和我国国际航行船舶履行国际公约进行检验发证的暂行办法,推动了我国的国际航行船舶的检验工作,使"文革"中受到冲击的船检工作开始出现转机,并为大力开展远洋船舶的检验和推进国际船检合作业务打下了基础。

为了整顿长江船检工作秩序,交通部于1970年6月15日下文要求恢复长江航政管理工作,接着长江航运公司通知从8月15日起恢复原有长江全线各港的航政机构,启用原有印章,健全组织,开展工作。此后,下放劳动的干部和技术人员陆续调回,船检工作开始逐步恢复正常。为了加强安全生产,长江航运公司又于1971年6月15日发出《关于新造船舶主动申请船舶检验的通知》,该通知要求长江航运公司所属各船厂、航修站修造船时应主动向当地船检部门申请检验,对不符合船检要求而未取得船舶证书的船舶,长江航政局有权停止该船航行。船检部门也积极宣传、贯彻上级有关安全质量的指示精神,主动与船厂、船舶设计、航运单位取得联系,促使各项检验工作的开展。1971年下半年,为解决"东方红38号"船建造质量问题,长江航政局派出船检工作组进驻长江航运公司青山船厂,经过全面调查、审查图纸和对该船的勘验后,会同有关方面共同研究,提出了船体结构加强及舵系、轴系等修理方案,结果使该船以线型优、稳性好,布置合理而成为设计"新江蓉型"的母型和长江第一艘在五等客舱设有三层固定卧铺的客班船,受到群众的欢迎。

1971年7月全国航政船检工作座谈会以后,各省、市先后恢复了港航监督机构,地方船检工作也逐步开展。并对船检工作的内部管理,作了明确和具体的规定,逐步形成了船检管理体制,使得各项船检工作得以正常开展。有的省、市船检部门加强了机动船舶设计图纸的审批和建造中的监督检验工作。天津市港监部门还与船检局天津办事处商讨并签订了分工协议,凡属天津地方所属沿海航行船舶,全部由市港监检验发证。当年,市港监首次对万吨沿海货船"津海105"进行检验发证,从而结束了天津市港监只检验内河船舶的历史。随着内河和沿海船舶运输日益增长和水上运输的基本实现机械化,不少省、市调回了原有的验船人员,还补充了新人和开展人员培训,以加强对机动船舶的检验工作。黑龙江省20世纪

70 年代以来建造了大量船舶，由于“文革”影响，片面追求船舶设计简化，边设计、边施工，船舶技术档案残缺不全。为了解决这些问题，黑龙江省港航监督处于 1976 年成立船舶普查和船舶丈量工作组，到全省各地区站、点，指导和帮助开展此项工作。山东省交通局于 1976 年，举办内河船舶稳性检验学习班，对全省船舶进行了一次稳性普查工作。陕西省也组织力量按照“稳性规范”的要求，对该省所有客渡船进行一次稳性资料复核，没有稳性资料的，进行测绘计算。以上这些工作都取得了一定的效果，从而使各地方船舶航行安全得到进一步保障。

(二)船用产品检验迎难而进

“文革”开始不久，全国船用产品检验工作基本处于停顿状态。当时船用产品制造质量下降，直接影响修造船舶质量和航行安全，其后果很严重。例如：沪东造船厂建造的货船“战斗 81”，1969 年 1 月出厂，11 月交上海海运局大连分局使用。不久因锚机机座裂纹，换机座，停航 52 天。原来是上海先锋电机厂生产的电动机以及电机开关不灵，吊货属具质量也有问题，导致船舶到港卸货时，吊货杆失控滑落损坏，只好用港口机械卸货。中华造船厂建造的货船“安源”，在救生艇正在安装，消防设备、压载泵还未装上船，尤其是 6ESDZ76/160 型主机未经座台试验，就装在船上试车，此后在根本不具备试航条件的情况下，于 1970 年 9 月 25 日进行试航，结果主机负荷达到 50%时，十字头瓦合金就熔化了。货船“风庆”由于江南造船厂制造的 6ESDZ76/160 型主机活塞环和喷油嘴质量差，在从广州开往欧洲途中多次停车，换活塞环和喷油嘴，最后把船上所有备件都用完仍不能续航，只好将急需的备件空运到中途港口应急安装使用。

1970 年，中共中央《关于加强安全生产的通知》及交通、水产、农业、农垦、公安等五部联合发出的《关于加强运输船、渡轮、渔船安全管理的规定》两个文件下达后，各地贯彻中央的指示精神加快了船用产品检验工作的恢复。

1971 年 11 月 23 日船舶检验局公布新修订的《船舶检验工作条例》，于 1972 年 1 月 1 日起试行。此新条例将船用产品划分为三类，并采取下列的检验方式：

第一类：锅炉、非成批生产的内燃机、汽轮机、推进电机、空气瓶。

对上述产品进行制造检验，检验合格后发证。

第二类：成批生产的内燃机、增压器、换向离合器、空气瓶、汽轮机、电机、配电和控制电器、信号设备、救生设备、防爆灯、起货滑车和卸扣、锚及锚链。

对上述产品审查技术条件，参加新产品的试制检验和定型鉴定。定型鉴定合格后签发“船用产品认可证”，在成批生产过程中，由制造厂自行检验。

第三类：钢材、电焊条、电缆。

对上述产品只参加产品技术条件的审查和新产品的鉴定。

这样，产品检验工作有了新的依据，在此期间，各地船检部门已基本开展了船用产品检验工作。

1972 年上海各船厂开始批量建造 3000 吨货船、13000 吨的“风”字号与“阳”字号货船、25000 吨的“州”字号货船、7000 吨的“长”字号客货船和长江客货船、拖船等船舶，这种形势带动了配套产品种类及数量的猛增，大型船用柴油机的制造从沪东造船厂扩大到上海柴油机厂、上海船厂、江南造船厂，其他机电产品也在增加。在上海地区生产的船用产品，由船检局上海办事处进行检验发证。20 世纪 70 年代中期，中华造船厂首次建造出口马来西亚的 3700 吨货船“红花”，入 ZC 船级。船检局上海办事处应中华造船厂和中国机械进出口公司的申请，派验船师去各地为该船配套的产品制造厂进行产品检验，签发了该船整套船用产品证书。

1972 年，船检局大连办事处对大连造船厂生产的铸钢锚链、大连柴油机厂生产的 2100 型柴油机、哈尔滨船厂生产的 6200Z 型柴油机、旅顺农机厂生产的 ZF16 型齿轮箱等产品进行了检验发证。

1973 年,船检局大连办事处在 15000 吨油船建造检验过程中,发现该船危险区域内安装未经船检部门检验的 DF5 型防爆灯。按《船舶检验工作条例》规定,防爆灯应具有船检部门签发的“船用产品认可证”。立即通知船厂,DF5 型防爆灯在取得“船用产品认可证”前不得装船使用,要求灯具厂申请检验。事后得知 DF5 型防爆灯在南阳防爆电器研究所做过防爆试验,防爆性能不合格,灯具结构方面也存在问题。该所将防爆灯的试验及检查结果,已发文通知相关单位。船检局大连办事处督促厂家送审修改后的设计图纸,并进行了审查。对防爆灯样品进行电性能测试及结构检查。并派员赴南阳防爆电器研究所参加防爆试验,完成了 DF5 型防爆灯的检验工作,使油船装上合格产品,消除了由 DF5 型防爆灯引起爆炸的隐患。

船检局广州办事处自 1972 年起对救生衣、救生圈、柴油机、锅炉、锚链等产品开始恢复检验。

1974 年,船检局天津办事处承担了由救生艇标准集编小组设绘的 15 个档次玻璃钢救生艇施工图纸的审查任务。

1976 年,船检局长江区办事处受理湖北柴油机厂 290C 型柴油机出口检验任务。同时,还受理江西南昌柴油机厂 210 型柴油机出口检验任务。同年,又受理国营 404 厂 6ESD58/100 型大型低速柴油机的检验任务。

二、航运及造船业的发展对船检工作的促进

(一)海船检验业务的扩展和工作改进

1968 年,南北航线的开通,使长期阻隔的南北沿海运输得到贯通,而且大大促进了沿海运输的发展。如广州海运局投入南北航线的运力,由 1972 年的一艘船开始而逐年增加,其间在补充一部分远洋退役的老旧船的同时,还增加了一些新船。1969 年以后,国内建造船舶有了较大的发展,但仍不适应海运业务的需求,特别是我国外贸海运量增长很快,1970 年,我国远洋船舶仅能承运外贸海运量的 21.3%。为扭转我国外贸运输依赖外轮的局面,国务院总理周恩来在 1970 年全国计划工作会议上提出,力争到 1975 年基本结束我国远洋运输依靠租用外轮的局面。中国远洋运输公司经国务院批准于 1971 年再度利用国际贷款,通过国外采购“二手船”、国外订购新船和国内建造新船多种举措发展我国远洋运输船队,使我国远洋运输船队从 1972 年的 77 艘、94.8 万吨,增加到 1974 年的 118 艘、156 万吨,到 1975 年达到 500 多万吨,比 1970 年增加了 420 万吨。我国远洋船队承运的外贸海运量到 1976 年已达到我国外贸海运总量的 70%,基本改变了我国外贸运输依靠外轮的局面。

在世界航运市场购买二手船达数百艘之多,船籍港大多在上海和广州。这些船舶大都为万吨级远洋干货船和数万吨级的散货船,多数为德国、英国和日本建造。这些船舶都持有国外船级社的证书和图纸资料,购进回国后,经过我国船检部门初次入级检验,改入 ZC 船级并核发相应的证书。20 世纪 70 年代,沿海各港口的船检局办事处开展对远洋船舶的初次入级检验已成为当时的主要检验内容之一。据统计,1972—1974 年的 3 年时间内,仅船检局广州办事处对远洋船舶进行初次入级检验的就有 40 艘,502517.56 总吨。对营运船舶进行船级检验的为 107 艘次,877446.85 总吨。

这一时期,还向国外订购了一定数量的新船,如南斯拉夫的 40000 吨级散货船及 10000 吨级的干货船、联邦德国的 10000 吨级干货船、罗马尼亚的 5000 吨级油船及 3000 吨级干货船、保加利亚的 8000 吨级散货船及 4000 吨级干货船等。这些新船都分别委托当地 LR、GL 船级社及南斯拉夫、罗马尼亚、保加利亚等国船舶登记局进行建造入级检验并发给有关航行证书。待这些船舶回国后,再申请中国船检部门进

行初次入级检验,换发有关的证书。

20世纪60年代末至70年代中期,虽然还处在"文革"的环境之中,但沿海各地较具规模的船厂,开始承建沿海和远洋的各类大型船舶,其中万吨级船舶占有相当比例,标志着我国造船能力有了新的突破。造船行业的发展,促使船检部门要进一步提高船检技术,扩展船检业务,以适应新形势的需要。

其中,在对万吨级远洋干货船的建造入级检验方面,上海地区,1967年以远洋货船"东风"为基础不断进行改进设计,陆续建造一批万吨级远洋货船。其中江南造船厂在1968年建造了万吨级远洋货船"朝阳",1970年建造了远洋货船"岳阳",1971年又建造了远洋货船"庆阳"。1974年全国船舶标准化委员会选用"庆阳"为尾机型远洋货船的定型船型之后,又有上海船厂建造同型船"丹阳""绍兴"和"高阳"等3艘。与此同时,1970年上海船厂采用"岳阳"技术图纸,建造了远洋货船"风雷",该型船后来又分别由多家船厂小批量生产,到1976年上海船舶修造厂建造了10艘,江南造船厂建造了5艘,中华造船厂建造了7艘。船检局上海办事处对上述船舶进行了建造入级检验。

在大连和广州地区,船检局大连办事处在1969年对大连造船厂建造的远洋货船"向阳"进行了建造入级检验;于1971—1974年间,还对大连造船厂设计建造的装运援建坦赞铁路机车、钢轨的大舱口、重吊货船"大理"等4艘进行建造入级检验。船检局广州办事处在1974—1976年间,对广州造船厂建造的远洋货船"辽阳"等3艘进行了建造入级检验。

在万吨级散货船建造检验方面,上海海运局出于国内矿煤运输需要在1969年提出建造装载量1.5万吨的运煤船,由中华造船厂在1970年设计建成大舱口、长舱散货船"安源",成为我国第一艘万吨级散货船。其后,江南造船厂在1970年自行设计建造2万吨级运煤船"长风";在1974年又建造1.6万吨级矿煤船"长春"。沪东造船厂在1973年设计建造了当时最大尺度散货船"郑州",排水量为3.26万吨。船检局上海办事处对上述船舶进行了建造检验。此外,新港船厂在1970年利用长年搁置的蒸汽轮机设计建造万吨级蒸汽轮机散货船"天津",船检局天津办事处对其进行了建造检验。该船虽性能稳定,但能耗过大而未能续建。

在万吨级油船建造检验方面,大连造船厂在1970—1973年间建造了1.5万吨级油船"大庆27"等5艘;在1973—1975年间建造了改进型的1.5万吨级油船"大庆45"等9艘;在1974—1976年间建造了2.4万吨级油船"大庆61"等12艘;在1976年建造了5万吨级油船"大庆254"。船检局大连办事处对这些万吨级油船进行了建造检验。同期,船检局天津办事处在1974年对新港船厂建造的万吨级油船"大庆40"进行建造检验。

在客货船建造检验方面,1970年文冲船厂建造了华南地区第一艘排水量1800吨、载客317人、载货200吨的沿海客货船。在1975年及以后的几年中,文冲船厂和广州造船厂先后建成排水量2235吨至2340吨、载客525人至532人、载货250吨的沿海客货船共11艘。在1971年沪东造船厂建造排水量7500吨、载客960人、载货2000吨的沿海客货船"长征"。1974年,为解决短途客运需要,江南造船厂建造了载客447人、载货290吨的经济型客货船"浙海401"至"浙海404"等4艘。新港船厂为了解决渤海与黄海区间短途客货运输的需要,于1974—1975年建造排水量5900吨、载客1200人、载货400吨的沿海客货船"天山"和"天华"。船舶检验局所属广州办事处、上海办事处和天津办事处对上述客货船分别进行了建造检验。

除此之外,在这一时期,我国船舶工业界按照国家计划和船东需要建造了大量的沿海运输船舶、各类工程作业船舶以及拖船、科学调查船等。对于这些多种不同用途的船舶,船舶检验局依据有关规定对其执行建造检验,为其签发有关航行与作业安全的船舶证书。

在此期间,船舶检验局公布了《船舶检验工作条例》,并对海船规范进行全面的修订,于1973—1975年先后公布实施了修订后的规范,这就使得船舶检验局沿海各办事处对船舶建造和修理中的监督检验工作有了新的法规和技术依据,逐步做到正规化。同时由于各地建造国际航行船舶数量有明显增加,船舶检验局各办事处的检验工作重点也逐渐转向入级船舶。为了保证入级船舶的技术安全质量,要求船检人员更加严格认真地完成各项检验任务。为此,船检局上海办事处及时总结经验,制订了《柴油机动力海洋船舶系泊及航行试验通则》,以进一步做好重点船舶和新建船舶的检验工作。这一时期,还通过业务培训大大增强了各基层办事处的技术力量,使船舶建造和修理的检验工作,在正规化的基础上逐步得到加强和完善。

(二)长江船检工作的相应发展

长期以来,长江客运一直处于紧张状态。而且"文革"前后,沿江的南京、安庆、九江、武汉和湖南城陵矶5家炼油厂相继建成,并都建有相配套的油运码头,油运任务十分繁忙,同时分节驳船队正逐步推广,长航迫切需要批量建造客货船、油船、油拖(推)船、大功率推船以及油驳、分节驳等。对此,1967年江南造船厂建造了"长江3001"型长江上游用的2500千瓦推船4艘。1968年沪东造船厂建造了2400吨级长江油船"大庆407"。1969年该厂又建造了"长江1009"型长江上游用的1470千瓦柴油机推船。同年,中华造船厂大批量建造了1000吨级油驳,大连造船厂建造了3000吨级原油驳30余艘及1764千瓦推船12艘。1971年江南造船厂建造了"长江1022"型长江中下游用的1470千瓦或1970千瓦的港作拖船。1975年起,上海船舶修造厂建成"东方红11"型载客1180人、载货450吨的汉申线客货船,先后共建造18艘,使长江船型和运力都大为改观。对于这些船舶,船检局长江区办事处在"文革"后期恢复工作之后,对其中已建成的船舶进行监督检验,检验后为其补发了有关船舶证书;船检局上海办事处对其中建造中的船舶进行建造检验,检验后为其签发了有关船舶证书。

20世纪70年代,为了贯彻交通部的"江船江造"方针,长航所属各船厂便开始批量建造各种吨位和功率较大的定型船舶。其中,长航青山船厂在1970年4月建成长江第一艘双体客货船"东方红117"。为满足川江客运需要,长航重庆东风船厂1974年建造"东方红119"。武昌造船厂在长航青山船厂设计建造"东方红38"的基础上,进一步做了改进,建造"东方红46",即"新江蓉型"首制船,并批量建造"东方红40"至"东方红56"共17艘。同时还在湖北省船厂和芜湖长航江东船厂建造了一批"小跃进"型区间客货船。1975年经国务院批准,在长航青山船厂仿照毛主席曾多次乘坐过的"江峡",对稳性和舱室布置作了改进后建成新的"江峡"。1976年,长航金陵船厂建成长江下游航线的"东方红411"型区间客货船,以后又批量建造8艘。以上几种船型,均以柴油机为动力,性能和设备都有较大的改进,成为长江干线第二代客货船船型。

除此之外,长江沿线地区各船厂还建造了大批推船和驳船。1970年,长航东风船厂建造2940千瓦型推轮共4艘。长航青山、金陵、江东船厂等建造1000吨级和1500吨级分节甲板驳一批。1972—1976年间,长航金陵船厂先后建成3000吨原油驳31艘和部分1000吨级油驳。1973—1975年间,长航宜昌船厂也建造了1500吨级及1000吨级分节甲板驳一批。当时,长江油运任务十分繁重,迫切需要大量油驳。为此,长航局还将一部分1000吨级油驳,安排到湖北省船厂、南京市船厂、江苏镇江船厂和新华船厂等地方船厂建造。对于这些内河船舶,船舶检验局及其下属办事处在"文革"后期恢复工作后按照有关规定对其执行监督检验,为其签发船舶证书。

1971年以后,长江全线各船检部门已基本恢复了图纸审查和驻厂检验制度,加强与船厂和船方的配合,认真开展对修造船舶的监督检验。在建造一级油驳的过程中,起初因设计、使用、船厂等部门都不同程度地存在片面追求进度的偏向,故图纸和施工质量都存在一些问题,加上很多船厂都是初次建造一级油驳,缺乏经验,对船检规范理解不深,各方面与船检部门之间存在一定分歧。交通部工业局为了协调这一问题,于1972年初,召集设计、使用、船厂和船检部门在南京召开会议,会议初期各单位代表一致认为“船检要求过高,而影响造船进度”。后经船检代表在会上进一步强调了油船安全的重要性,并对各项要求作了详细解释,当时主持会议的交通部工业局认为船检部门的意见是正确的,会上当即责成设计部门按船检部门要求修改图纸,在图纸未修改前,各厂暂停施工,保证了这批油驳的建造质量。长江各船检部门在检验其他船舶时,同样都按照规范要求,认真进行技术监督检验,对促进船舶安全质量起到了应有的作用。

(三)船舶技术咨询业务初步开展

20世纪70年代初,船检部门在检验中发现船舶柴油机断轴、轴承烧损、调速器动态失稳、机架震裂、船体振动及仪器仪表失效等与轴系扭转振动有关的事故。船检局上海办事处组织力量开展新造船舶柴油机动力装置的轴系扭转振动的测试和计算分析工作,查明事故原因,提出减低扭振的措施,不仅保障了船舶航行的安全,并促使了轴系设计水平与质量的提高。

20世纪70年代中期,到达我国港口的外籍船舶日益增多,在其停泊期间发生临时性修理时,船方要求第三方对修理的油舱进行可燃气体测爆并出具气体消除证明书,然后方同意施工。船舶检验局根据此情况,于1975年2月,将该项工作交给船检局广州办事处进行。同年,该办事处派人到有关方面进行调查和学习,并购置测爆仪器,开展了此项工作。1976年,船舶检验局在青岛召开了有关会议,介绍此项工作并向其他办事处推广。

1974年5月,停靠在大连港卸棉花的英国籍货船“雷其沃斯”第6货舱失火,该轮船长认为是装卸工人造成的,申请船检局大连办事处查明失火原因。验船师检查第6货舱内外的电气设备正常。反复仔细勘察发现该舱靠岸侧舱口围板有3处微弱的熔痕。在该舱作业的岸吊吊货钢索距吊货钩9米处亦有数处熔痕。经检测吊货钢索熔痕处,正是开始起吊时与舱口围板接触之处。经现场验证试验证明,该船第6货舱失火原因是岸吊起吊时,吊货索与舱口围板接触所产生的火花所致。该船失火原因实属罕见,船长表示认同,港方表示满意。

1975年6月,广州远洋运输公司购进的10万吨级油船“丹湖”,因中内龙骨复板设计仅12.5毫米而发生皱折,拟将该船报废。1976年3月,结合该船的年度检验,船方委托船检局广州办事处对其船体总强度进行校核。该办事处接受委托后,派出多位经验丰富的验船人员在华南工学院的协助下,根据我国规范并参考有关外国规范,对该船舯剖面模数进行理论计算和校核,并与其测板厚度计算的舯剖面模数对比。得出结论,认为该船在中内龙骨复板修复前,如参照校核报告装载工况配载,仍可继续在无限航区营运,避免了停航待修或报废的损失。该项校核报告还为我国制订10万吨级船的规范和设计提供了实测资料。

(四)地方船检开展船舶建造监督检验工作

20世纪70年代,地方水上运输情况有所好转,急需增加运力,由此推动了地方造船业的发展,各地方船厂的规模扩大,开始批量建造多种类型的船舶,从而促使地方船检部门的检验业务得到扩展。

1969年,湖南省建造了第一艘176.52千瓦、327客位内河浅水双体客船后,1971年又成批建造了400客位客船及150客位浅水简易客船等新型客船。1975年,湖北省为适合汉江航道的特点,由该省航运局与武汉水运工程学院联合组成“分节驳顶推船队研制小组”,设计建造了300吨级半分节驳,以及与其相配套的采用“倒车舵+固定导流+襟翼舵”的新型推轮,推航效果良好,获湖北省科技成果一等奖。

1974—1975年,广州新中国船厂建造600吨油船及600吨水船以及400吨沿海货船若干艘。江门船厂、粤中船厂及珠江船厂也批量建造载客180—350人的内河客船,最大排水量为960吨。20世纪70年代,广东省部分中小型船厂还批量建造载货量从500—1800吨的沿海货驳。1970年,广西梧州船舶修造厂、南宁船舶修造厂和北海船舶修理厂接受国家援外任务,首次建造出口沿海油轮和货轮100多艘。1973年北海海运公司船厂和北海水运公司船厂与华南工学院造船系等单位合作,采用新材料、新工艺设计,建造出玻璃钢壳、钢丝网水泥骨架组合结构拖轮—“北拖10号”和“北拖16号”,在国家尚无建造规范的情况下敢于开拓、创新,并取得成功。截至1977年,共建造钢质船700多艘,8万多吨;水泥船250艘,1万多吨。

1974年,河南省开封黄河船厂自行设计、自行建造了载客250人、载货25吨的客货船“汴京”,主机为4135型柴油机3台,是当时河南省唯一的3轴客货船。1975年,该省淅川县船民公社船厂建成载客588人、载货50吨的客货船“胜利号”,是当时航行于丹江水库较大的船舶之一。1969年,安徽省蚌埠船厂建成250客位、功率176千瓦客船,是航行于淮河中下游的主要客船,后来陆续建造了13艘。1974—1976年间,芜湖造船厂和江东船厂为安徽省批量建造8艘车渡船,用于该省长江水域和淮河各汽车渡口。

1970年6月,浙江省宁波港务局船厂建成排水量777吨的沿海货船。1975年12月,浙江船厂建成第一艘载货990吨、主机功率662千瓦柴油机沿海货船,在建造检验中得到船检局上海办事处验船师的协助和指导。1973—1975年间,福建省马尾船厂建成1600总吨货船、1000吨油船、400吨货船多艘。1970—1974年间,上海市东沟船厂建成2000客位双体客船“沪航8”及578千瓦港作拖船。周家渡船厂建成1000客位对江渡船“沪航客52”。闵行船厂建成145千瓦工作船。西渡船厂建成198千瓦港内巡逻艇。1974年,天津市新河船厂建造1000立方米/时吹泥船。1975年新港船厂建造294千瓦拖船。

1966—1971年间,重庆市船厂建造了176千瓦钢质拖船、30米客货船及挖泥船“川疏”。泸州长航运输社船厂建成352千瓦拖船“泸航202”,并为泸州天然气化工厂承建了300吨密封氨水驳2艘。南充市船厂建造了198千瓦钢质拖船“前进201”及客货船“前进102”、“前进103”。1967年开始,贵州省由建造木质船舶进展为建造钢质船舶。1967—1975年间,思南船厂及赤水船厂分别建造了80—100吨钢质驳船8艘,并为满足“赤天化厂”大件设备运输所需,设计和建造了150吨专用甲板驳2艘以及与其配套的拖船“志气1”及“志气2”。1974年是贵州省造船高峰期,在本省和委托外省地方船厂承建的船舶共计拖船21艘,驳船94艘。1975年,思南船厂建造的第一艘客货船“东风11”投产,促进了乌江船型更新。而赤水河则以1970年由赤水船厂建造钢质客货船“红卫2”至“红卫5”为启端,随后又建成“遵义1”至“遵义4”等适合赤水河四季通航的浅水型客货船。

20世纪60年代后期,国家的钢材、木料、桐油等造船材料供应紧张,部分省、市地方船厂开始利用水泥修造船舶。由于水泥船具有建造简便,价格低廉,周期较短、维修方便等优点,很受地方水运企业特别是广大农村的欢迎。江苏、江西、广东、福建等地水泥船厂较多,也颇具规模。如江苏省江扬船厂建造了58.8千瓦的水泥船和100吨钢骨架货驳和原油驳,无锡船厂也建造了60吨水泥驳。江西省都昌县造船厂建成长江第一艘387.5千瓦、600客位的钢骨架水泥客船。广东省水泥船厂及广州市水泥船厂建造300客位内河水泥船及500吨沿海水泥货船。广东省水泥船厂还建造500吨水泥甲板驳和100吨水泥甲板货船。汕头船厂也建造424客位的水泥客货船。福建马尾船厂建成2800总吨的沿海水泥货船。泉州船厂先后建造190总吨水泥货船。1970年10月,交通部和国家建委在江苏无锡联合召开了“全国水泥船经验交流会”,充分肯定了建造水泥船的方向,交流了各地的经验,要求进一步改进工艺和提高质量。随后四川、湖北、安徽、河南、浙江、上海等省、市也相继建造了各种水泥船,对缓解当时地方水上运力紧张的情况起到了重要的作用。船舶检验局颁布了《1974年内河小型钢丝网水泥船建造规范》,为设计、建造、检验水泥船提供了依据,各地船检部门在检验水泥船的过程中,通过实践掌握了检验水泥船的技能,促使水泥船的质量逐步得到提高。

各省、市地方造船业的发展,促使地方船检部门开展对船舶执行建造检验工作。为了做好这项新的工作,各有关地方船检部门,通过建立正规的检验程序,严格按照规范和规则的规定,从设计图纸的审查到现场的监督检验以及各项试验,船检人员都坚持深入现场,发现问题、及时处理问题,并帮助船厂建立有关的检验制度,共同把好新船的建造质量关。地方船检部门通过船舶建造检验的实践,积累了这方面的经验,逐步提高了检验技术水平。

三、海洋工程检验业务的开发

我国海洋石油勘探开发始于20世纪50年代末,当时针对海南岛附近存在的浅海油气苗推论出来自海上的生油凹陷。60年代初,我国在海南岛莺歌海村附近的海面上,先后用驳船安装旋转钻机和自制浮筒式钻机进行海上钻探的尝试。其后,1964年1月石油工业部成立海上石油开发指挥部,做出“石油下海”部署,依据地质矿产部航空物探资料和油气远景评价,开始筹备渤海的海洋石油钻探,俗称“641工程”。接着,1965年2月在大港油田建立海洋石油勘探室;1966年8月在天津塘沽建立大港油田海洋石油勘探指挥部。

为了对渤海沿海油田延伸入浅海海区的油层进行钻探作业,石油部委托六机部研制自升式钻井平台。1967年7月,船检局大连办事处收到了第七研究院708所三室送审的30米自升式海上移动钻井平台“滨海”设计图纸。当时世界上各发达国家的政府和船级社刚开始制订海上钻井平台规范,中国尚未制订海上钻井平台规范。“滨海”设计图纸只能按照《1967年钢质海船建造规范》进行审查,没有审查钻井设备、升船装置以及为其服务的高压配电系统。“滨海”是中国自行设计、自行建造的第一座自升式海上移动钻井平台,1969年由大连造船厂开工建造,船检局大连办事处将其作为海上作业船按照国际惯例对其执行建造检验与发证,1973年6月7日,船检局大连办事处完成建造检验工作。该平台总高78米,总重4428吨,设有4根圆柱型升船桩腿,每根桩腿长72米,直径2.5米,结构举力6400吨,拖航时桩腿升高,平台满载排水量5700吨,吃水3.31米,工作时桩腿降落海底,将平台抬离海面净空9米,最大工作水深30米,钻井深度4000米,升起后满载重量4600吨,其中可变载荷1400吨,适用于渤海浅滩作业。该平台建成后更名为“渤海1号”投入使用,钻了30多口井,经受住了10级左右大风和唐山地震的严峻考验,1978年获全国科技大会奖。

1971年为了勘探东海油气盆地资源,国家计委提出研制浮动式钻井平台。对此,六机部在1971年2月编制关于建造勘探平台的“627”工程方案,沪东造船厂组织708研究所、海洋地质调查局和上海交通大学进行联合设计,由上海沪东造船厂对2艘20世纪60年代建造的总长60米、型宽13.6米、型深6.6米的3000吨级同型货船“战斗62”和“战斗63”进行搭桥拼接,于1973年改装成一座双体自航半潜式式钻井船“勘探一号”,成为我国第一艘自行设计改装建造的半潜式海洋地质勘探船。该平台工作水深30—100米,适用于我国东海深水水域作业,船检局上海办事处将其作为特殊海上作业船执行监督检验,为其签发了通用的“船舶检验证书簿”。它在1974年1月航行试验中经受住了8级风6级浪的考验,于同年

12 月 31 日在黄海南部海区成功地打出了第一口石油地质普查井,同时在固定井位从事钻井作业时经受住了 9 级阵风的考验,为我国在深海地区进行海洋地质勘探摸索了初步经验。

第五节　恢复在政府间海事协商组织合法席位和发展国际合作

20 世纪 70 年代初,随着我国在联合国合法席位的恢复,世界各国对中国这个具有悠久历史的海运国家十分关注。1973 年 3 月 1 日,中国恢复了在政府间海事协商组织(IMO)的合法席位,出席该组织的有关会议,承认和接受有关的国际海事公约,同时扩大发展国际间船检业务合作与交流,使中国船检走向世界,为发展我国远洋运输和维护国家权益发挥了重要作用。

一、恢复在政府间海事协商组织合法席位

(一)恢复在政府间海事协商组织合法席位的经过

《政府间海事协商组织公约》于 1948 年 3 月 6 日在日内瓦召开的联合国海事会议上通过,1958 年 3 月 17 日生效。1959 年 1 月 6 日政府间海事协商组织成立,总部设在英国伦敦。凡联合国会员国和 1948 年日内瓦国际海事会议参加国,可按公约规定手续参加。其他国家需要提出申请,经大会三分之二会员国通过,可成为该组织会员国。该组织由正式会员国和准会员国组成,其中准会员国无选举权、被选举权和表决权。该组织每两年召开一次大会,休会期间由其理事会行使该组织的一切职权。理事会最早由大会选举的四类理事国组成,1964 年改为由大会选举的三类理事国组成。其中 A 类理事国从对国际海运有最大利害关系的国家中选产生;B 类理事国从对国际海上贸易有最大利害关系的国家中选举产生;C 类理事国从对航运服务和海上贸易具有重大利害关系的国家中选举产生。

1971 年 10 月 25 日,联合国大会第 26 届会议上通过的第 2758(XXVI)号决议承认中华人民共和国政府是中国在联合国的唯一合法代表。相隔半年许,政府间海事协商组织于 1972 年 5 月 23 日召开第 28 届理事会,通过了 C.53XXVIII 号决议。在该项决议中,决定承认中华人民共和国政府是有权在政府间海事协商组织中代表中国的唯一政府。要求政府间海事协商组织秘书长把以上决定通知中华人民共和国,并同中华人民共和国政府进行适当的磋商。

1972 年 5 月 24 日,政府间海事协商组织秘书长科林・戈德致函中华人民共和国外交部部长,转交了第 28 届政府间海事协商组织理事会的 C.53XXVIII 号决议,并告知参加该组织的法律程序和会费等具体事项。1972 年 9 月 20 日,应我国交通部邀请,科林・戈德来华访问,由船舶检验局接待并举行了会谈。会谈中科林・戈德介绍了政府间海事协商组织的性质、宗旨、任务、组织机构、秘书处人员以及负责保管有关的国际海事公约等情况,着重商谈了中国政府参加该组织和接受该组织保管的有关国际海事公约的法律程序等问题。

1973 年 2 月 1 日,外交部部长姬鹏飞致函联合国秘书长库尔特・瓦尔德海姆,宣布"中华人民共和国政府决定接受 1948 年 3 月 6 日在日内瓦签订的政府间海事协商组织公约,包括 1964 年 9 月 15 日及 1965 年 9 月 28 日政府间海事协商组织大会通过的修正案。"并被授权声明:蒋介石集团"用中国名义对政府间海事协商组织公约及其他有关公约与规则所作的接受和签字均属非法无效。"

1973 年 3 月 7 日,科林・戈德致函中国驻英国大使馆转交中华人民共和国外交部长:"中华人民共和国关于政府间海事协商组织公约的接受书于 1973 年 3 月 1 日交存于联合国秘书长的通知已经收到。"

并表示热烈欢迎。由此,中华人民共和国政府于 1973 年 3 月 1 日恢复在政府间海事协商组织的合法席位,开启了新中国船舶检验工作的新篇章。

(二)出席政府间海事协商组织各种会议

政府间海事协商组织每两年召开一次大会,每年召开两次理事会会议,以及海上安全委员会、海上环境保护委员会、法律委员会、技术合作委员会和各种专业分委员会会议。我国自 1973 年参加该组织活动之后,多次派代表出席各届大会、理事会,有选择地出席多种委员会及其分委员会会议,认真执行中国外交方针政策,团结第三世界国家,反对霸权主义,达到了预期的效果。

1973 年 5 月 30 日,经国务院批准,船舶检验局丁奇中、沈肇圻以观察员身份赴英国伦敦列席政府间海事协商组织第 30 届理事会。

1973 年 11 月 13 日,以交通部副部长于眉为代表(代表团团长),李清、丁奇中、刘耕源等为副代表的中国代表团,出席了政府间海事协商组织第八届大会。这是政府间海事协商组织恢复我国席位后,中国首次正式参加的该组织全体大会,大会特别安排了中国代表团团长的发言。于眉团长在发言中阐述了我国对国际海上安全事务一贯重视的方针,重申"在国际事务中,大国、小国一律平等,各国的事务由各国管,国际的事务应平等协商"的主张,并表示"中国愿意在互相尊重、平等互利的原则下,促进双边和多边的国际海事合作"。发言受到与会代表的关注,特别是第三世界国家代表的赞赏。会议期间,中国代表广交朋友,平等待人,多听少讲,坚持原则,热情友好的态度,给大会代表和工作人员留下较好的印象。

1974 年 10 月 16 日,中国代表丁奇中、副代表刘耕源、顾问沈肇圻等出席了政府间海事协商组织第五届特别大会。会上中国代表与第三世界国家代表密切合作,并争取到法国、联邦德国、加拿大等第二世界国家代表的赞同,通过了 A·315(特 V 届)号决议对政府间海事协商组织公约的修正案,主要内容是理事国由 18 个增加到 24 个,其中,地区代表由 6 个增加到 12 个,扩大了发展中国家在理事会中的名额。同时,海上安全委员会、海上环境保护委员会、法律委员会和技术合作委员会都向全体会员国开放,促进了该组织为发展中国家提供更多活动机会和合法的权利。

1975 年 3 月 30 日,中国外交部部长乔冠华照会联合国秘书长库尔特·瓦尔德海姆:"中华人民共和国政府决定接受 1974 年 10 月 16—18 日在伦敦召开的政府间海事协商组织第五届特别大会通过的对政府间海事协商组织公约第 10、16、17、18、20、26、31 和 32 条的修正案"。修正案的主要内容是扩大理事会,由大会选出 24 个理事国和海上安全委员会向全体会员国开放等有关条文的修正。

1975 年 6 月 10—18 日,应交通部邀请,政府间海事协商组织副秘书长奎吉纳尔夫妇来中国访问。此行介绍了政府间海事协商组织第 34 届理事会的情况,包括为将在 11 月召开的第九届大会做准备的情况;政府间海事协商组织公约的修正;大会将改选理事会,中国政府可竞选。

1975 年 11 月 13 日,以交通部副部长曾生为代表(代表团团长),船舶检验局丁奇中、沈肇圻为副代表的中国政府代表团出席了政府间海事协商组织第九届大会。会上,我国第一次竞选理事,并当选为 B 类理事国。此外,我国与发展中国家一起,经过同多数海运发达国家的充分讨论,通过了"对政府间海事协商组织公约的修正",以及若干有关海上安全和海洋环境保护的公约、规则、建议案的决议。会议还通过并批准中文作为该组织的官方语言,并相应修改大会议事规则。

1975 年 12 月 5 日,政府间海事协商组织秘书长照会中国外交部长称:中文作为政府间海事协商组织官方语言,已经第九届全体大会决议通过。同时决定采用逐步和循序渐进的方法来实现,并经中国代表团同意。除全体大会议事规则已作修改外,理事会和各委员会也将适时修改各自的议事规则。

1973 年后,在由船舶检验局归口管理的政府间海事协商组织工作中,除上述作为中国政府代表团成员出席政府间海事协商组织大会外,还于 1976 年派于凤波出席第 16 届无线电通信分委会会议,派蓝树鹏出席第 10 届救生分委会会议,派董博义、周宗仪出席第 21 届消防分委会会议,由此开始逐步扩大对政府间海事协商组织专业委员会和技术分委会的参与范围。1976 年经交通部批准,船舶检验局指派沈肇圻去我国驻英国使馆常驻,负责政府间海事协商组织相关事务。

(三)出席有关国际海事公约的外交大会

政府间海事协商组织负责起草有关海上安全和防止海上污染方面的国际公约和协议等文件,经其召开外交大会,供各国代表审议通过并签字。最后提供各缔约国政府批准接受。

1974 年 10 月 21 日至 11 月 1 日,以中华人民共和国驻英国大使宋之光为代表(代表团团长),丁奇中、沈肇圻为副代表,董博义、安子玉为顾问的中国政府代表团,出席政府间海事协商组织在伦敦召开的国际海上人命安全会议,审查《1974 年国际海上人命安全公约》,这是新中国第一次出席制定国际海事公约的外交大会。会议接受中国代表团的主张,对公约草案作了几处重大修改,其中包括公约生效条件,将草案原拟的至少有 15 个国家接受,其中 7 个国家商船吨位不少于 100 万总吨即可生效,改为至少有 25 个国家接受,它们的商船吨位合计不少于世界商船总吨数的百分之五十即可生效,初步实现了国际海事公约应体现普遍性的原则。

此外会议决定公约的中文文本与英、法、俄和西班牙文等四种文本同为有效文本。这是具有中文文本的第一个国际海事公约。

会议的最后一天,11 月 1 日,中国代表团团长宋之光与其他代表团一起在会议最终议定书上签署,并注明“有待接受”。

二、新中国接受有关国际海事公约

1973 年 10 月 5 日,外交部部长姬鹏飞致函政府间海事协商组织秘书长科林·戈德,决定参加 1960 年 6 月 17 日在伦敦签订的《1960 年国际海上人命安全公约》和 1966 年 4 月 5 日在伦敦签订的《1966 年国际船舶载重线公约》,并宣布退出 1930 年 7 月 5 日在伦敦签订的《国际船舶载重线公约》。同时对《1966 年国际船舶载重线公约》作如下保留声明:

“关于中华人民共和国沿海区域的划分,不受该公约附则二第 49 条和 50 条有关规定的约束”。

并被授权声明:蒋介石集团“用中国名义,对此两公约的接受是非法的、无效的”。

自 1973 年 10 月 5 日起,中华人民共和国船舶检验局代表中国政府进行船舶检验并签发上述两个国际公约所规定的有关证书。

三、发展国际间船检业务技术合作

20 世纪 70 年代开始,在周恩来总理指示和关怀下,中国远洋船队发展很快,来往中国对外开放港口的外轮数量也迅速增加,船舶入级业务和国际检验业务日益繁重。为此,船舶检验局加紧与外国船检机构技术业务交流和合作,先后与一些国家或其船检机构签订合作协议。

(一)与朝鲜民主主义人民共和国政府签订合作协定

在中朝两国的交往中,为了发展两国船舶检验技术交流与合作,两国政府首先签订合作协定,然后两国船检机构根据政府间的合作协定签订工作协议,实施船舶安全技术检验交流与合作。

1971 年 11 月 17 日,中朝两国政府在平壤签订《关于在船舶技术检验和船级规定工作中相互合作协定》。规定了缔约双方互相交换并承认与船舶技术检验及船级规定工作有关的现行规定、标准和船舶文件;确定了技术通报和科学技术交流工作;明确了互相代理船舶技术检验和船级规定的业务,互相代理签发有关船舶证书。

1972 年 7 月 21 日至 8 月 9 日,船舶检验局邀请朝鲜船舶检验代表团来北京,参加根据中朝两国政府《关于在船舶技术检验及船级规定工作中相互合作协定》商定的第一次协商会议。经双方协商,于 8 月 9 日签订了《中华人民共和国船舶检验局和朝鲜民主主义人民共和国海事局合作协议》,具体规定了互相代理船舶技术检验的范围、审查船舶设计图纸的办法、检验所依据的规定和标准,代发船舶证书的范围和办法以及有关的手续,同时互相交换了与船舶技术检验有关的现行规定、标准和船舶文件样本,并就有关船舶检验的具体技术问题进行了交流。

(二)与罗马尼亚船舶登记局签订合作协议

为了解决中罗两国"易货贸易"中我国在罗马尼亚新船建造的检验发证,船舶检验局起草协议开展与罗马尼亚船舶登记局的交流合作,1972 年 5 月 8 日,国务院批准了中罗船舶检验合作协议中方草案。在此基础上,中罗双方就协议的内容进行协商,在基本取得一致意见后,中方于 1973 年 1 月 6 日邀请以罗马尼亚船舶登记局局长为首的代表团来华访问。同年 5 月 22 日在北京正式签订《中华人民共和国船舶检验局和罗马尼亚船舶登记局关于船舶技术检验合作的协议》。协议主要规定了双方互相代理海、河船舶的建造和修理工程的技术检验,船用材料和设备在供应工厂制造过程中的监督检验以及营运中船舶的各种检验。1974 年 3 月,中国驻罗马尼亚大使馆通知罗马尼亚外交部:中华人民共和国政府委托罗马尼亚社会主义共和国政府接受中国船舶的船东、船长或其代理人的申请,为在罗马尼亚建造的和在罗马尼亚港口的中国船舶签发《1960 年国际海上人命安全公约》和《1966 年国际船舶载重线公约》的证书。

(三)与南斯拉夫船舶登记局签订合作协议

1971 年 5 月 30 日和 8 月 30 日,南斯拉夫船舶登记局局长先后致函中国船舶检验局和对外经济联络部办公厅,建议两国验船部门签订相互代理船舶技术检验合作协议。经国务院批准,1973 年 5 月 20 日中国外交部、交通部致函中国驻南斯拉夫大使馆,转交中国船舶检验局给南斯拉夫船舶登记局表示同意签订协议的信件和协议草案。双方在充分协商的基础上,于 1973 年 9 月 27 日在北京签订了《中华人民共和国船舶检验局和南斯拉夫船舶登记局关于船舶技术检验合作的协议》。

(四)与法国船级社签订合作协议

为加强在船舶的技术检验和入级业务方面的交流与合作,1972 年 10 月,法国船级社航运部代表应船舶检验局邀请来华访问。双方互相交流了规范、检验、管理和新技术等方面的情况。并就签订验船合作协议进行了协商。1974 年 11 月 7—26 日,应法国船级社邀请,船舶检验局代表团赴法国巴黎访问,11 月 21 日签订了《中华人民共和国船舶检验局和法国巴黎国际船级社关于船舶技术检验合作协议》。合作协议中双方同意互相代理营运中船舶的各种检验,互相代理新建船舶的检验,以及用于这些船舶的产品和材料的检验,相互代理签发相应的船舶证件,互相承认对方签发的各种检验证件,明确双方在其职权范围内进行各种合作。这是船舶检验局首次同西方国家船级社签订的协议。

(五)帮助阿尔巴尼亚建立船舶检验机构

阿尔巴尼亚交通部为了建立船舶监督检验机构,于 1968 年 2 月致函中国交通部,请求派遣船舶检验专家到阿尔巴尼亚为其培训验船师,并帮助其建立船舶检验机构。船舶检验局接受交通部指派的任务,依据协议从船舶检验局广州办事处选派富有经验和接受过苏联船舶登记局培训的 2 名资深验船师赴阿尔巴尼亚工作两年,在执行阿方规定任务的同时,承担了到达阿尔巴尼亚港口的中国船舶的有关检验与签证。

第六章　改革开放后中国船检事业的变革与壮大（1977—1998年）

1978年12月，我国进入改革开放新的历史时期，中国现代化建设事业开始了全面深入的地发展。中国船检事业以“加强基础，健全体系，适应发展，面向全国，走向世界”为目标，积极推进船检改革和建设。通过体制改革，改变了多年来有些船检部门依附于港、航企业的旧体制，建立起自主管理体系的船舶检验局直属系统和政企分开的地方船检系统以及国家统一管理的渔船检验系统，建立了较为健全的我国船舶检验服务网络，形成了完整的科研和人才培养机制，颁布了一系列适应发展需要的规范和规则，基本建立起我国海船、河船规范体系，全面发展了船检业务，扩大了国际交往与合作。中国船检踏上了符合国情和国际潮流的发展道路。

第一节　全国船检机构的壮大与发展

船检机构和管理体制必须适应社会经济的发展，才能促进安全生产和科技进步，充分发挥船检部门应有的作用。

在改革开放不断深入发展的新形势下，船舶检验局直属系统与地方船检系统、渔船检验系统相辅相成，共同推进改革，在全国逐步形成了一个完整的船舶监督检验体系。

1993年2月14日，国务院颁布实施《中华人民共和国船舶和海上设施检验条例》，明确了船舶检验局、船级社和地方船舶检验机构对船舶、海上设施及其设备材料执行安全技术监督与检验的法定地位。

一、国家船舶检验机构的变革与发展

1978年3月，交通部恢复船舶检验局及其对下属机构的双重管理。到1978年底，船舶检验局双重管理体系的职工队伍，由1977年的497人增加到546人，其中干部职工由476人增加到525人，专业业务人员由439人增加到480人，他们成为船舶检验局“改革开放”后人才队伍建设与发展的基础。到1998年职工总数为1749人，其中专业技术人员为1524人（工程技术人员1296人、非工程技术人员228人）。

（一）交通部恢复船舶检验局建制

改革开放后，为了适应我国造船、航运、外贸、保险等行业发展的需要，交通部在机构改革调整中，于1978年3月29日撤销船检港监局，恢复船舶检验局，对外称中华人民共和国船舶检验局（简称船舶检验局或船检局）。由此结束了自1960年以来船舶检验局与相关部门合署办公，对外以中华人民共和国船舶检验局名义开展业务的历史，恢复了中华人民共和国船舶检验局的独立实体。船舶检验局将原船检港监局内设的综合处、船舶检验处、规范处，作为船舶检验局机关的内设机构。随后，在开发船用产品检验中，船舶检验局机关于1979年8月27日增设了产品检验组，到1980年5月产品检验组改为船用产品检验处。

（二）船舶检验局自主管理体系建设

在深化交通水运系统改革中，船舶检验局为解决对下属办事处双重管理的弊端，提出将隶属港航单

位的船检机构(船检局办事处)划归船舶检验局直接领导,建立船舶检验局自上而下直接领导的管理体系,遭到港航单位的极力反对。后经船舶检验局上下多方沟通,在交通部有关领导和相关单位支持下,经国务院批准,交通部于 1981 年 11 月 30 日发出《关于改革船舶检验管理体制的通知》,决定从 1982 年 1 月 1 日起,部直属船检系统实行由船舶检验局直接领导的管理体制。船舶检验局由交通部的职能局改变为全能局,为部属一级事业单位。沿海原隶属港、航单位的船检部门和原隶属长江航政管理局的船检部门改由船舶检验局直接领导。经交通部批准,1985 年 3 月船舶检验局将其下属的办事处改为分局,检验站改为检验处,由此建立起由船检验局直接领导的船舶检验局、分局、检验处三级管理体制。作为船舶检验局直属的二级管理分支机构,在沿海有大连分局、秦皇岛分局、天津分局、青岛分局、上海分局、广州分局、湛江分局、海南分局、蛇口分局;在长江沿线有武汉分局、南京分局、芜湖分局、宜昌分局、重庆分局。

(三)设立中国船级社,实施“一个机构、两块牌子”

1985 年,船舶检验局申请加入国际船级社协会受阻。为了解除国际海事界对船舶检验局作为政府机构有碍独立、公正的疑虑,船舶检验局决定设立中国船级社,以中国船级社名义创造条件重新申请加入国际船级社协会。为此,经国务院批准,交通部在 1985 年 12 月 4 日向船舶检验局发出《关于成立中国船级社的通知》,称“①中国船级社是一个非官方的公益团体,其主要任务是承办国内外船舶和海上设施的入级检验、公证检验,接受中国和外国政府授权代行法定检验,并接受国内外有关单位的委托或按照协议规定进行各种代理检验等,凡悬挂中华人民共和国国旗的各种国际航行船舶及海上设施的入级检验均由中国船级社办理;②中国船级社设在北京,根据工作需要,可在国内外的主要港口设立分支机构;③原则上同意《中国船级社章程》,中国船级社设立董事会和技术委员会;④批准丁奇中(船检局局长)任中国船级社董事会董事长,冯锡洲、王惠临(船检局副局长)分别任中国船级社社长和副社长”。《中国船级社章程》明确规定:中国船级社的前身是中华人民共和国船舶检验局内的一个部门及其下属的入级检验机构,该入级检验的机构、人员、设施及其工作历史是船级社的基础和历史。

据此,船舶检验局按照交通部《通知》要求,在 1986 年 1 月 1 日设立中国船级社,构筑起以交通部船舶检验局为实体,以中华人民共和国船舶检验局履行《中华人民共和国船舶检验局章程》赋予的船舶安全监督职责,以中国船级社(简称船级社)履行《中国船级社章程》赋予的船舶入级检验、授权法定检验、公证检验和国际合作等业务的,所谓船检局/船级社“一个机构、两块牌子”工作机制。

船舶检验局在 1986 年将其下属的 13 个分局,定为船检局/船级社双重身份的下属二级分支机构,冠以分局/分社称谓;将分局下属检验处中具有船检局/船级社双重功能的检验处,定为船检局/船级社双重身份的下属三级分支机构,冠以检验处/办事处,其他与船级社业务无关单位仍为船检局下属三级单位,冠以船检局检验处;对于中国船级社在海外设立的验船机构,定为船级社的海外办事处,由此形成了船检局/船级社“一个机构、两块牌子”机制在海内外的检验服务网络。

作为船检局/船级社附属组织机构,船舶检验局在 1986 年将其技术委员会,以及与船级社业务密切相关的海船规范科学研究所、海船检验人员培训中心、上海审图中心划定为中国船级社的附属组织机构。

(四)船检局机关/船级社总部机构演变

船舶检验局机关在 1982 年 1 月取消综合处,设立办公室、人事处、财务处,将规范处改为规范科研处,形成由办公室、人事处、财务处、规范科研处、船舶船检处、船用产品处六个部门构成的局机关,共有职工 45 人。

船舶检验局于 1983 年 1 月 3 日设立平台检验处,同年 5 月改称为海洋工程处;1983 年 2 月 17 日设立情报资料处;1984 年将船舶检验处分组为海船检验处与河船检验处;为了筹备设立中国船级社加入国际船级社协会,于 1985 年设立了船级社秘书处。

船检局机关的内部机构,在 1986 年 1 月 1 日传承 1985 年的机关设置,设有办公室、人事处、财务处、船级社秘书处、规范科研处、海船检验处、河船检验处、产品检验处、海洋工程处、情报资料处。随后,在船检局/船级社“一个机构、两块牌子”组织机构的对应设置中,于 1986 年 6 月 28 日将船级社秘书处改为国际事务处,将财务处改为计划财务处,将情报资料处改为情报开发处。其中,挂上两块牌子作为中国船级社的总部内设机构,在 1986 年 6 月 28 日定为:办公室、人事部、计划财务部、国际事务部、规范科研部、海船检验部、河船检验部、产品检验部、海洋工程部、情报开发部等 10 个部门。同年 12 月 31 日,交通部批准船检局机关增设党委办公室,负责船检局全系统的党务工作。1986 年局机关职工 110 人,全局系统职工总数 1277 人。

1987 年 7 月 27 日,海船检验处更名为入级船舶处,负责入级船舶检验;河船检验处更名为海河船舶处,负责非入级的海船与河船检验。至此,船检局机关的内部机构设有:党委办公室、办公室、人事处、计划财务处、入级船舶处、海河船舶处、海洋工程处、产品检验处、规范科研处、国际事务处、情报开发处等 11 个处室。其中,挂上两块牌子作为中国船级社的总部内设机构的有:办公室、人事部、计划财务部、入级船舶部、海洋工程部、产品检验部、规范科研部、国际事务部、情报开发部等 9 个部门。

1989 年 3 月 6 日,船检局机关的行政办公室改组为局办公室和行政管理处。5 月 22 日,交通部批准船检局将海河船舶处改为技术监督处,负责对地方船舶检验的管理;5 月增设计算机室;8 月 30 日,交通部批准船检局机关增设纪检室、监察室、审计室,其中纪检室与监察室合署办公,审计室与办公室合署办公。至此,1989 年 10 月 17 日船检局机关内部机构被调整为:党委办公室、局办公室/审计室、纪检室/监察室、计算机室、人事处、计划财务处、行政管理处、技术监督处、入级船舶处、产品检验处、海洋工程处、规范科研处、国际事务处、情报开发处等 16 个部门。其中,挂上两块牌子作为中国船级社的总部内设机构的有:办公室、计算机室、人事部、计划财务部、行政管理部、入级船舶部、产品检验部、海洋工程部、规范科研部、国际事务部、情报开发部等 11 个部门。

1991 年 1 月 24 日船检局情报开发处设立《船检信息》编辑部;1991 年 5 月 8 日,船舶检验局扩充计算机室职能,将计算机室改组为技术发展处,承担有关发展规划和计算机管理职责;1991 年 8 月 14 日为实施国际船级社协会(IACS)的质量体系认证计划,船舶检验局机关设立质量体系建设办公室,组织实施船级社质量体系建设。

其后,在质量体系建设中,船舶检验局依据质量体系建设需要,于 1992 年 6 月 23 日将计划财务处更名为财务处,将情报开发处更名为信息档案处,将行政管理处更名为总务处,将技术发展处更名为发展处和计算中心,同时增设质量管理处,将审计室从局办公室中分出。调整后,1992 年 9 月 2 日交通部批准的船舶检验局机关内部机构为:党委办公室、局办公室、纪检监察室、审计室、人事处、财务处、总务处、技术监督处、入级船舶处、船用产品处、海洋工程处、规范科研处、质量管理处、国际事务处、发展处、信息档案处、计算中心,共 17 个部门。其中,挂上两块牌子作为中国船级社总部内设机构的有办公室、人事部、质量管理部、规范科研部、入级船舶部、船用产品部、海洋工程部、国际事务部、信息档案部、发展部、总务部、计算中心等 12 个部门。

1993 年 3 月 19 日,交通部批准船检局机关设立总工程师室,负责处理有关重大技术问题。

1994 年 4 月 25 日,船舶检验局调整局机关部门设置,增设机关党委和总工程师室,确定船检局机关的内部机构为:党委办公室/机关党委、纪检监察室、审计室、局办公室、总工程师室、质量管理处、人事处、财务处、总务处、技术监督处、入级船舶处、产品检验处、海洋工程处、规范科研处、国际事务处、发展处、信息档案处、计算中心,共18个部门。

1995年1月6日船检局机关增设船舶安全管理认证处,组织实施ISM审核发证工作;5月5日为接任国际船级社协会轮值副主席、主席做准备,设立IACS室;1月10日撤销发展处;12月26日,为适应建造船舶检验及其审图业务需要,增设建造船舶处。1996年,将工会工作由办公室分出,设立机关工会。

1997年2月27日,交通部批准船检局设立机关党委办公室,与党委办公室合署办公;5月5日,设立港澳台办公室,与国际事务处合署办公,负责有关港澳台事务的处理与联系;6月24日,设立科研处,将规范科研处更名为规范处;7月15日,将IACS室改为国际海事室,全面处理IMO/IACS以及亚洲船级社非正式会议各项事务。

到1998年,船检局机关的内部机构发展为:党委办公室/机关党委办公室、纪检监察室、审计室、局办公室、总工程师室、质量管理处、人事处、财务处、总务处、技术监督处、入级船舶处、建造船舶处、船舶安全管理认证处、产品检验处、海洋工程处、科研处、规范处、国际海事室、国际事务处/港澳台办公室、信息档案处、计算中心和机关工会,共24个部门。其中,挂上两块牌子作为中国船级社总部内设机构的有:办公室、总工程师室、质量管理部、人事部、财务部、总务部、入级船舶部、建造船舶部、船舶安全管理认证部、产品检验部、海洋工程部、科研部、规范部、国际海事室、国际事务部/港澳台办公室、信息档案部、计算中心等18个部门。

在此期间,船舶检验局于1990年12月在北京建起第一座总部办公楼。1991年5月船检局机关(包括计算中心)全部迁到新建的北京市东城区东皇城根南街40号办公楼工作。

(五)船检局/船级社下属分支机构演变

船舶检验局下属二级管理分支机构,在1985年更名的大连、天津、秦皇岛、青岛、上海、广州、湛江、海南、蛇口、武汉、南京、芜湖、宜昌、重庆14个分局基础上,交通部于1992年9月4日批准,将这些分局更名为"××船舶检验局",各分局同年10—11月正式对外更名;再于1995年1月1日增设了福州船舶检验局。这些船舶检验局下属的二级管理单位均同时以"中国船级社××分社"名义作为中国船级社的下属分支机构。

到1998年底,作为中国船级社下属国内现场检验机构已有:大连、秦皇岛、天津、青岛、上海、福州、厦门、广州、深圳、湛江、海南、南京、芜湖、武汉、宜昌、重庆16个分社;以及丹东、营口、锦州、烟台、日照、连云港、宁波、温州、舟山、汕头、北海、防城、江阴、镇江、南通、泰州、安庆、九江、黄石19个办事处。

1.大连分支机构及其演变

1979年10月,船检局大连办事处列为大连港务管理局的直属处,对内称港务局船检处,在经济上实行内部独立核算;对外仍称中华人民共和国船舶检验局大连办事处。1980年8月27日,营口港务监督验船组改为中华人民共和国船舶检验局大连办事处营口验船组。从1982年1月1日起,船检局大连办事处行政、业务工作改由船舶检验局直接领导。6月,营口验船组改名为船检局大连办事处营口检验站。1983年9月1日,船检局大连办事处营口检验站正式划归船检局大连办事处直接领导。1985年3月1日,船检局大连办事处改为中华人民共和国船舶检验局大连分局,升格为副局级单位,同时营口检验站改为营口检验处(科级)。1991年6月,成立丹东检验处(副处级),由大连分局领导。1992年9月,交通部批准船检局大连分局更名为中华人民共和国大连船舶检验局(副局级),营口检验处更名为中华人民共和国营口船舶检验局(处级),隶属关系不变。交通部在1992年12月10日批准设立船检局大窑湾检验处(处级),隶属于大连船检局,以适应大连大窑湾港口岸检查检验机构建设需要。为此大连船检局进行了相应的筹备工作,但大窑湾检验处并未实际独立运作。到1996年底大连船检局有职工136人,其中技术人员107人。

其间,1986年该分局作为船检局/船级社双重下属机构,通称大连分局/分社,1992年改为大连船舶检验局后,大连分社名称不变。

2.秦皇岛分支机构及其演变

1980年3月,港监室验船组从秦皇岛港务局港监室内分出,成为秦皇岛港务局的直属机构。1982年1月,秦皇岛办事处从秦皇岛港务局内划分出来,由船舶检验局直接领导。1985年3月1日,秦皇岛办事处改为中华人民共和国船舶检验局秦皇岛分局(处级)。1988年10月,设立锦州检验处,隶属于秦皇岛分局。1992年9月,交通部批准船检局秦皇岛分局更名为中华人民共和国秦皇岛船舶检验局(处级)。1993年12月船舶检验局设立唐山检验处,划归秦皇岛船检局领导管理。到1996年底,秦皇岛船检局共有职工69人,其中技术人员54人。

其间,1986年该分局作为船检局/船级社双重下属机构,通称秦皇岛分局/分社,1992年改为秦皇岛船舶检验局后,秦皇岛分社名称不变。

3.天津分支机构及其演变

1982年1月,天津港务局船舶检验处从天津港务局内分出,作为中华人民共和国船舶检验局天津办事处,由船舶检验局直接领导。1985年3月1日,船检局天津办事处更名为船检局天津分局(处级)。1992年9月,交通部批准船检局天津分局更名为中华人民共和国天津船舶检验局(处级)。1996年底,共有职工101人,其中技术人员86人。为了满足西北内地船用产品检验需要,船舶检验局在1997年4月7日批准天津船检局设立船检局西安检验处,负责西北地区船用产品检验工作。

其间,1986年该分局作为船检局/船级社双重下属机构,通称天津分局/分社,1992年改为天津船舶检验局后,天津分社名称不变。

4.青岛分支机构及其演变

1979年11月,船检局青岛办事处脱离青岛港务监督,成为青岛港务局下属的直属处,业务上受船舶检验局领导,共有职工25人。同年,烟台港务局设立验船组,在业务上由青岛办事处领导。1982年1月,船检局青岛办事处从青岛港务局内划分出来,由船舶检验局直接领导,烟台验船组划归青岛办事处领导,改称船检局烟台检验站。1983年,成立石臼所检验站,属船检局青岛办事处领导。1985年3月1日,船检局青岛办事处更名为中华人民共和国船舶检验局青岛分局(处级),烟台和石臼所检验站分别更名为船舶检验局烟台检验处和船舶检验局石臼所检验处(科级)。1992年9月,交通部批准船检局青岛分局更名为中华人民共和国青岛船舶检验局(处级),烟台检验处更名为中华人民共和国烟台船舶检验局(处级),其隶属关系不变;石臼所检验处更名为日照检验处。到1996年,青岛船检局共有职工136人,其中技术人员104人;烟台船检局24人;日照检验处6人。

其间,1986年该分局作为船检局/船级社双重下属机构,通称青岛分局/分社,1992年改为青岛船舶检验局后,青岛分社名称不变。

5.上海分支机构及其演变

1978年3月上海港务局对其船舶检验机构进行整顿,恢复其港务监督船舶检验科。4月,港务监督船舶检验科开始以中华人民共和国船舶检验局上海办事处名义在本地区进行船舶检验工作。6月,港务监督船舶检验科恢复其船舶安全技术试验站,从事船舶检验技术研究与测试。

1980年5月,船检局上海办事处与上海港务监督分开,成为上海港务局内部实行独立核算的处级单位,全处职工168人,其中技术人员149人。从1982年1月1日起,船检局上海办事处的行政、业务工作改由船舶检验局直接领导,计、劳、统、财从港务局划出,实行独立核算。同年,宁波和连云港两地船检机构与当地港务局分开,成立船检局宁波检验站和连云港检验站,隶属船检局上海办事处。当时宁波检验站有职工 7 人,连云港检验站有职工 8 人。

1983 年 8 月,船舶检验局在上海办事处规范科研科的基础上,成立中华人民共和国船舶检验局海船规范科学研究所。1985 年 3 月 1 日,船检局上海办事处更名为中华人民共和国船舶检验局上海分局,升格为副局级单位。船检局宁波、连云港检验站亦同时分别改为宁波检验处和连云港检验处(均为科级单位),其行政和业务工作仍由上海分局领导。1985 年 3 月,船舶检验局又在上海成立中华人民共和国船舶检验局海船检验人员培训中心。1988 年 3 月,上海分局经过机构调整后,负责领导检验业务部、海船规范科学研究所、海船检验人员培训中心。1991 年 8 月,在温州设立船检局温州检验处,隶属船检局上海分局,当时该处有职工 6 人。1992 年 9 月,交通部批准上海分局和宁波、连云港、温州检验处,分别更名为中华人民共和国上海船舶检验局(副局级)和宁波、连云港、温州船舶检验局(均为处级),原隶属关系不变。上海船检局在 1993 年 12 月 28 日增设舟山检验处。到 1996 年底,上海船舶检验局共有职工 389 人。

其间,1986 年该分局作为船检局/船级社双重下属机构,通称上海分局/分社,1992 年改为上海船舶检验局后,上海分社名称不变。

6.福州分支机构及其演变

1995 年 1 月 1 日,船舶检验局在福州成立了中华人民共和国福州船舶检验局(处级),同时作为船级社下属单位定名为福州分社,由船检局直接领导,同时成立了厦门检验处,厦门检验处在业务上受福州船检局领导,人、财、物由船舶检验局直接领导。1996 年福州船检局职工人数为 20 人,厦门检验处有职工 7 人。1997 年 11 月 6 日,考虑到厦门口岸单位设置规格,为避免与地方船检机构的名称混淆,厦门检验处更名为厦门船检局,隶属关系不变。

7.广州分支机构及其演变

1977 年,船检局广州办事处全处职工 154 人,下辖湛江、海口、汕头验船组。1980 年,船检局广州办事处成为独立核算单位,由广州海运局代管,编制 176 人,下设船舶检验科研试验站,并代管交通部广州电子计算站。从 1982 年 1 月 1 日起,广州办事处从广州海运局内分出,在行政业务上改由船舶检验局直接领导,实行独立核算。原属汕头、海口港务局领导的汕头验船组和海口验船组,从 1982 年 1 月 1 日起,也分别从汕头、海口港务局分出来,改名为船舶检验局汕头、海口检验站,由广州办事处领导。10 月,广州办事处湛江验船组升格为船检局湛江办事处,归船检局直接领导。1984 年,电子计算站脱离广州办事处。1985 年 3 月 1 日,船检局广州办事处改名为中华人民共和国船舶检验局广州分局,升格为副局级单位,海口检验站(1985 年 1 月改为海南办事处)改名为中华人民共和国船舶检验局海南分局(处级),暂由广州分局领导。汕头检验站改名为汕头检验处(科级)。广州分局代管蛇口分局(处级)。1992 年 9 月,交通部批准船检局广州分局更名为中华人民共和国广州船舶检验局(副局级);汕头检验处更名为中华人民共和国汕头船舶检验局(处级),业务上受船舶检验局直接领导,行政、人员管理等归广州船检局领导。1996 年底广州船检局共有职工 233 人。船舶检验局在 1997 年 4 月 4 日,批准广州船检局增设珠海检验处。

其间,1986 年该分局作为船检局/船级社双重下属机构,通称广州分局/分社,1992 年改为广州船舶检验局后,广州分社名称不变。

8.蛇口分支机构及其演变

随着深圳特区的建立,根据船检工作的需要,1984 年,船舶检验局在深圳、蛇口地区开始筹建船舶检验机构。1985 年 1 月,船检局在蛇口设立中华人民共和国船舶检验局蛇口办事处。3 月,船检局蛇口办事处改为中华人民共和国船舶检验局蛇口分局(处级),其计、劳、统、财等由广州分局管理。1987 年,蛇口分局的人员仍由广州分局负责选派,经济上由广州分局统一核算。1992 年 9 月,交通部批准船检局蛇口分局更名为中华人民共和国蛇口船舶检验局(处级),改由船检局直接领导。1994 年 8 月 8 日深圳船舶检验局成立(处级),将蛇口船检局并入深圳船检局,改为深圳船检局蛇口检验处。到 1996 年底,深圳船舶检验局职工人数 22 人,其中技术人员 20 人。船舶检验局于 1997 年 6 月 30 日批准将蛇口检验处变为深圳船检局的内部检验处。

其间,1986 年该分局作为船检局/船级社双重下属机构,通称蛇口分局/分社,1992 年改为蛇口船舶检验局后,蛇口分社名称不变。

9.湛江分支机构及其演变

1975 年 3 月,湛江港监验船组成立,业务归船检局广州办事处管理。1981 年 11 月,船舶检验局筹建中华人民共和国船舶检验局湛江办事处,归属船舶检验局直接领导,实行独立核算。1982 年 10 月,中华人民共和国船舶检验局湛江办事处正式成立。1984 年 9 月,广西北海港设立中华人民共和国船舶检验局湛江办事处北海检验站,由船检局湛江办事处领导。1985 年 3 月 1 日,船检局湛江办事处改名为中华人民共和国船舶检验局湛江分局(处级);北海检验站改名为北海检验处(科级)。1986 年 8 月,在防城港设立船检局防城检验处,由船检局湛江分局领导。1992 年 9 月,交通部批准船检局湛江分局更名为中华人民共和国湛江船舶检验局(处级),北海检验处更名为北海船舶检验局(处级),隶属关系不变。1996 年底,湛江船舶检验局共有职工 48 人,其中技术人员 41 人。1997 年 6 月,船舶检验局调整湛江船检局及其北海船检局、防城检验处的管理体制,决定自 1997 年 7 月 1 日起湛江船检局、北海船检局、防城检验处同时作为三级管理单位,划归广州船检局直接领导管理,作为船舶检验局二级管理单位的湛江船检局宣告结束。

其间,1986 年该分局作为船检局/船级社双重下属机构,通称湛江分局/分社,1992 年改为湛江船舶检验局后,湛江分社名称不变。

10.海南分支机构及其演变

海南船检业务从 20 世纪 50 年代到 70 年代初,先后分别归属海南航务管理局航政科、华南区海运局海口分局监督科、广州海运局海口港务监督等机构领导。1972 年 5 月,海口港务监督内设立海口港验船组。1976 年 7 月,海口港验船组改称海口验船组,由海南港务监督和广州海运局港务监督船检部门双重管理。

1982 年 6 月,海口验船组从海口港务监督中划出,成立中华人民共和国船舶检验局广州办事处海口检验站。1985 年 1 月,海口检验站升格为中华人民共和国船舶检验局海南办事处,由广州办事处领导。同年 3 月 1 日,海南办事处更名为中华人民共和国船舶检验局海南分局(处级),由船检局广州分局代管。1992 年 1 月,海南分局改由船舶检验局直接领导。11 月,船检局海南分局更名为中华人民共和国海南船舶检验局(处级)。1993 年船检局洋浦检验处成立,1994 年三亚和清澜检验处成立。以上 3 个检验处均由海南船检局领导。

1993 年 11 月 29 日,交通部与海南省签订《关于交通部海南海上安全监督局与海南省港航监督局合并的协议》,决定将海南省船检处成建制地并入海南船检局。据此,船舶检验局在 1993 年 12 月 23 日成立筹备组负责对海南省船检处的接收及接收后的日常工作。1994 年 1 月 1 日,船舶检验局按照交通部要求完成各项事务的交接。交通部在当年 1 月 13 日发出《关于海南省船检处成建制并入中华人民共和国海南船舶检验局的通知》,由此在全国率先实现了“一省一检”的船舶检验管理体制改革。到 1996 年,海南船检局职工人数 33 人,其中技术人员 27 人。

其间,1986 年该分局作为船检局/船级社双重下属机构,通称海南分局/分社,1992 年改为海南船舶检验局后,海南分社名称不变。

11.南京分支机构及其演变

1980 年 2 月,长江航政局南京航政分局的船舶检验科沿用中华人民共和国船舶检验局南京办事处名称恢复船舶检验工作。同时南京航政分局下属的南通、江阴、镇江航政处恢复验船组,筹备检验站。1984 年 9 月,南京航政分局船舶检验科和各航政处、站的船舶检验组,从各级航政机构内分出,正式成立中华人民共和国船舶检验局南京办事处及其所属南通、江阴、镇江检验站。1985 年 3 月 1 日,船检局南京办事处改为船检局南京分局(处级),其所属各检验站改称检验处(均为科级)。4 月,增设泰州检验处,专司泰州、泰兴、泰县三地的船用产品检验。1992 年 9 月,交通部批准南京分局、镇江检验处、江阴检验处、南通检验处分别更名为中华人民共和国南京、镇江、江阴、南通船舶检验局(均为处级),但镇江、江阴、南通船舶检验局仍属南京船舶检验局领导。

其间,1986 年该分局作为船检局/船级社双重下属机构,通称南京分局/分社,1992 年改为南京船舶检验局后,南京分社名称不变。

12.芜湖分支机构及其演变

1980 年 4 月,长江航政局芜湖航政分局的船舶检验科沿用中华人民共和国船舶检验局芜湖办事处的名称恢复船舶检验工作,同时芜湖航政分局在其下属的安庆航政处内设立验船组,筹备检验站。参照长江航政局与船舶检验局长江区办事处签署的《关于航政、船检实行分管的商谈纪要》,1985 年 2 月 7 日船检局芜湖办事处与芜湖航政分局正式签订《分管纪要》,从芜湖航政分局内分出,由船舶检验局直接领导。安庆验船组从安庆航政处内分出,成为芜湖办事处下属的安庆检验站。1985 年 3 月 1 日,芜湖办事处更名为中华人民共和国船舶检验局芜湖分局(处级),安庆检验站更名为安庆检验处(科级),属芜湖分局管理。1992 年 9 月,交通部批准船检局芜湖分局更名为中华人民共和国芜湖船舶检验局(处级)。

船舶检验局自 1996 年 2 月 1 日起将芜湖船检局及其安庆检验处交由南京船检局代管,隶属关系不变。为了推进区域化管理,船舶检验局自 1997 年 2 月 1 日起将芜湖船检局改为三级管理单位,与安庆检验处一起划归南京船检局直接领导,由此芜湖船检局作为船检局二级管理单位宣告结束。

其间,1986 年该分局作为船检局/船级社双重下属机构,通称芜湖分局/分社,1992 年改为芜湖船舶检验局后,芜湖分社名称不变。

13.武汉分支机构及其演变

设在武汉的长江航政管理局船舶检验处于 1980 年 4 月恢复对外名称“中华人民共和国船舶检验局长江区办事处”,负责领导长江干线船舶检验技术业务工作。同时,重庆、芜湖、南京三个航政分局和宜昌、九江、南通三个航政处的船检部门,亦均改称“中华人民共和国船舶检验局××办事处”。涪陵、万县、沙市、黄石、安庆、镇江、江阴等航政处、站的验船组也同时改称“中华人民共和国船舶检验局××办事处××验船组”。1981 年 5 月,江阴航政站升格为江阴航政处,该处的验船组对外改称中华人民共和国船舶检验局江阴办事处。同时,张家港航政站对外以“中华人民共和国船舶检验局张家港办事处”名义开展船检业务。至此,长江航政管理局船舶检验处基本形成了管理长江干线各分局、处和直辖九江、黄石、城陵矶检验机构与船检业务的格局。重庆航政分局管辖涪陵、万县航政处;宜昌航政分局管辖沙市航政处,芜湖航政分局管辖安庆航政处,南京航政分局管辖镇江、江阴、南通、张家港等航政处、站,这种管理体制延续至 1983 年底。

1984 年 1 月 1 日起,长江航运体制按照“政企分开,港航分管”的原则进行改革,长江船检管理体制改革势在必行。经船舶检验局与长江航务管理局共同研究后,于 1984 年 3 月宣布了船检局长江区办事处党政领导班子的任命。4月9日,长江航政局与船检局长江区办事处签署了《关于航政、船检实行分管的商谈纪要》,《纪要》确定自1984年7月1日起实行分管,并说明该《纪要》所述原则可供各航政分局和船检办事处实行人、财、物的分管时参照执行。随后,船检局宜昌、重庆、芜湖、南京办事处,先后落实了与有关航政分局的分管事宜,从而首次建立了由船舶检验局直接领导长江5个办事处的船检机构管理体制。

船检局长江区办事处成为船舶检验局直属机构实体后,下辖九江、黄石、城陵矶检验站。在分管初期,长江区办事处还受船舶检验局的委托代管宜昌办事处。1985年3月1日,船检局长江区办事处更名为船检局武汉分局,升格为副局级单位,其下属的九江检验站、黄石检验站、城陵矶检验站更名为九江检验处、黄石检验处、城陵矶检验处(均为科级)。1985年3月和7月,船舶检验局河船检验人员培训中心和河船规范科学研究所相继成立,其业务工作由船舶检验局直接领导,计、劳、统、财由武汉分局代管。1992年9月,交通部批准船检局武汉分局更名为中华人民共和国武汉船舶检验局(副局级),九江检验处更名为九江船舶检验局(处级),其隶属关系不变。到1996年底,武汉船检局有职工260人,其中技术人员234人。1997年2月1日船舶检验局将宜昌船检局及其沙市检验处作为三级管理单位由武汉船检局直接领导管理。

其间,1986年该分局作为船检局/船级社双重下属机构,通称武汉分局/分社,1992年改为武汉船舶检验局后,武汉分社名称不变。

14.宜昌分支机构及其演变

1980年2月,宜昌航政管理处船舶检验科以中华人民共和国船舶检验局宜昌办事处名义开始恢复船舶检验工作,同时,在沙市成立宜昌办事处沙市验船组,属宜昌办事处管理。1984年,参照船舶检验局长江区办事处与长江航政局签署的《关于航政、船检实行分管的商谈纪要》,船检局宜昌办事处从宜昌航政处内分出,由船检局长江区办事处代管领导,其下属的沙市验船组改为沙市检验站。1985年3月1日,船检局宜昌办事处更名为中华人民共和国船舶检验局宜昌分局(处级),由船舶检验局直接领导。同时,沙市检验站更名为中华人民共和国船舶检验局沙市检验处(科级),仍属宜昌分局领导。1992年9月,交通部批准船检局宜昌分局更名为中华人民共和国宜昌船舶检验局(处级)。

1995年4月8日,船舶检验局撤销对宜昌船检局的直接管理,委托武汉船检局代管;1996年2月1日起将宜昌船检局及其沙市检验处交由武汉船检局管理,隶属关系不变。为了推进区域化管理,自1997年2月1日起将宜昌船检局改为三级管理单位,与沙市检验处一起划归武汉船检局直接领导,由此宜昌船检局作为二级管理单位宣告结束。

其间,1986年该分局作为船检局/船级社双重下属机构,通称宜昌分局/分社,1992年改为宜昌船舶检验局后,宜昌分社名称不变。

15.重庆分支机构及其演变

1980年4月,重庆航政分局船检科以中华人民共和国船舶检验局重庆办事处名义恢复船舶检验工作,涪陵、万县航政处的船检部门分别改为涪陵验船组、万县验船组。

1984年9月,参照船舶检验局长江区办事处与长江航政局签署的《关于航政、船检实行分管的商谈纪要》,船检局重庆办事处从长江航政管理局重庆分局内分出,成为船舶检验局直属办事处,涪陵验船组和万县验船组分别从涪陵航政处、万县航政处内分出,作为重庆办事处下属的涪陵检验站和万县检验站。

1985年3月1日,船检局重庆办事处改称中华人民共和国船舶检验局重庆分局(处级),涪陵检验站和万县检验站同时改称涪陵检验处和万县检验处(均为科级),属船检局重庆分局领导。1992年9月,交通部批准船检局重庆分局更名为中华人民共和国重庆船舶检验局(处级),下属机构有涪陵检验处、万县检验处。1996 年全局职工人数 84 人,其中技术人员 77 人。

16.设立远东船舶检验社有限公司

进入 20 世纪 70 年代,随着外贸运输和中国远洋船队的迅速发展,在香港修理的 ZC 级船舶艘次增多。按照惯例,这些船舶修理后要由船舶检验局验船师检验后,签发适航证书方可出厂航行。然而,由于船舶检验局在香港没有常驻验船师,这些船舶修理后只能在回到内地后再由船舶检验局检验发证。为解决这个问题,船舶检验局拟在香港设立常驻船舶检验机构。

1975 年 5 月,先由船检局广州办事处派人赴香港,在香港招商局的协助下,进行了在香港设点的必要性和业务量的调查工作。调查结束后,于 8 月向交通部副部长于眉汇报并得到同意。1975 年 10 月 16 日交通部与外交部联合请示国务院,拟在香港设立我国的船舶检验机构,同年 10 月 20 日,获得邓小平、李先念等 7 位领导人的批准。据此,船舶检验局于 1977 年 3 月派冯锡洲和王孝忠两人去香港负责设点的筹建工作,在香港招商局和新华社香港分社的指导下,商定了在香港设立的机构名称为“远东船舶检验社有限公司”,以及隶属关系、公司章程、业务范围和办公设施等具体方案,并确定暂时采用由船舶检验局授权的形式开展检验业务。上述方案经交通部批准后,远东船舶检验社有限公司即于 1977 年完成在香港登记注册手续,1978 年 1 月正式开业。远东船舶检验社有限公司的建立是中国船检在境外设立常驻检验机构的开端。

(六)船检局/船级社的附设机构

1.船检局/船级社上海规范研究所

1983 年 8 月,船舶检验局在上海办事处规范科研组的基础上,成立海船规范科学研究所,其业务由船舶检验局直接领导,行政、后勤由船检局上海办事处代管。1988 年 1 月,船舶检验局将海船规范科学研究所作为上海分局的一级管理机构由上海分局集中管理。1992 年 7 月,船舶检验局将海船规范科学研究所改称上海规范研究所。1994 年 4 月,上海规范研究所改由上海船检局直接领导管理。

其间,在“一个机构、两块牌子”工作机制建设中,船舶检验局于 1986 年 6 月 28 日将该规范研究所定为中国船级社下设的规范研究机构。

2.船检局武汉规范研究所

1984 年,长江航政与船检实行分管,船舶检验局发出关于“组建船舶检验局河船规范科学研究所筹备处”的指示,又以《关于长江区办事处机构的批复》,明确河船规范科学研究所筹备处由长江区办事处代管。1985 年 7 月 1 日船舶检验局河船规范科学研究所在武汉正式成立,其业务由船舶检验局直接领导,行政、后勤由武汉分局代管。1988 年 1 月,船舶检验局将河船规范科学研究所设为武汉分局的一级管理机构由武汉分局集中管理。1992 年 7 月,船舶检验局将河船规范科学研究所改称武汉规范研究所。1994 年 4 月,武汉规范研究所改由武汉船检局直接领导管理。

3.船检局/船级社审图中心

1982 年前,船舶检验局的审图业务多由承接修造检验单位自行进行,难以保证审图标准的一致性,审图质量参差不齐。1982 年在自主管理体系建设中,为了统一审图标准,为了提高审图质量,船舶检验局在 1982 年 7 月 24 日要求船检局上海办事处在规范科学研究所内增加海船审图业务,以“船舶检验局海船审图中心”名义从事海船审图业务,由此开始了船舶检验局审图中心建设。

其后,船舶检验局在 1985 年 2 月 11 日发出《关于船舶检验局各办事处改为分局后有关问题的通知》,本着集中审图原则决定设立船检局审图中心,分片承担船舶检验局的审图作业。由此,船舶检验局于 1985 年 3 月 1 日分别在海船规范科学研究所设立了船检局上海审图中心;在河船规范科学研究所设立了船检局武汉审图中心；在大连分局设立了船检局大连审图中心；在广州分局设立了船检局广州审图中心。到 1986 年 4 月 8 日，船舶检验局依据 1986 年度工作会议决定，撤销上海、武汉、广州、大连 4 个审图中心，在上海海船规范科学研究所设立船检局海船审图中心，集中从事海船图纸审查；在武汉河船规范科学研究所设立船检局河船审图中心，从事内河船舶审图。1992 年 8 月 5 日，在中国船级社质量体系建设中，船舶检验局将船检局海船审图中心更名为船检局上海审图中心；将船检局河船审图中心更名为船检局武汉审图中心。

在此期间，船舶检验局在其"一个机构、两块牌子"工作机制建设中，将设在海船规范科学研究所的海船审图中心定为中国船级社的审图机构。

4.船检局海船与河船培训中心

在船舶检验局未建立自己的教育培训基地时期，对船检人员的培训只限于船舶检验的基础知识普及和解决当时检验工作之急需，而缺乏长远规划和系统解决在职人员知识更新及深层次的各项业务培训，不能适应改革开放和船检事业发展的需要。

1983 年 8 月，船舶检验局在青岛召开首次培训工作会议，提出了《船检系统十年培训规划》，确定在上海和武汉两地分别筹建海船、河船检验人员培训中心。1985 年 2 月，船舶检验局下达了《关于成立船舶检验局海船、河船检验人员培训中心的通知》，确定海船、河船检验人员培训中心是船检局直属处级单位，计劳统财、行政后勤、干部人事管理等工作，分别由船检局上海、武汉分局代管，培训业务由船舶检验局直接领导。同年 3 月，中华人民共和国船舶检验局海船检验人员培训中心和中华人民共和国船舶检验局河船检验人员培训中心正式成立。同年 12 月，船舶检验局任命了海船、河船检验人员培训中心的领导班子。1988 年 1 月，船检局将海船检验人员培训中心作为上海分局的一级机构集中管理；将河船检验人员培训中心作为武汉分局的一级机构集中管理。同年 9 月 10 日，海船、河船检验人员培训中心分别更名为：中华人民共和国船舶检验局上海培训中心和中华人民共和国船舶检验局武汉培训中心。

1994 年 4 月，船舶检验局将上海培训中心改由上海船检局直接领导管理，将武汉培训中心改由武汉船检局直接领导管理，对外名称不变。

5.上海防火试验中心

1989 年 6 月，海船规范科学研究所增设耐火材料及结构试验室，1990 年 5 月开始对外营业，使用"远东防火试验中心"的名称。1996 年 4 月改称"交通部上海防火试验中心"，6 月获得国家技术监督局计量认证证书。1997 年该中心被国际海事组织认可，并通告世界各国。

6.武汉船舶救生设备试验检测中心

河船规范科学研究所于 1988 年 1 月在试验站内组建了"交通部船舶救生设备质量监督检验测试中心"。该检测中心于 1992 年 2 月取得了国家技术监督局的计量认证合格证，成为船检系统第一个被国家认可的检测机构。1994 年 9 月 21 日改为"船舶救生设备试验检测中心"。

（七）船检局/船级社的附设组织

1.中国船级社董事会/理事会

1985 年 12 月 4 日，交通部批准 1986 年首版《中国船级社章程》，船舶检验局依据该章程把中国船级社定为非官方的民间社会公益团体的规定，按照首版《中国船级社章程》要求，聘请航运、造船、海洋工程、保险和有关船用产品制造业的领导组织成立中国船级社董事会，负责对船级社的发展规划和重大决策审议，同时遵照交通部 2108 号文"通知"的任命，由船舶检验局局长丁奇中任中国船级社董事会首任董事长，于 1987 年 7 月 9 日召开首次会议，选举产生了副董事长，宣布中国船级社董事会成立，确定了董事会的工作职责和任务。

1992 年,船舶检验局在中国船级社质量体系建设中,为满足国际船级社协会对其成员船级社的独立性要求,修订首版《中国船级社章程》,按照国家注册登记要求将首版章程中的董事会改为理事会。据此,中国船级社于 1992 年 6 月 22 日改组董事会为理事会,同年 10 月 23 日召开第一次会议宣告中国船级社理事会成立,选举产生了名誉理事长、理事长和副理事长。1992 年 12 月 1 日,按照国家注册登记规定,中国船级社在国家民政部进行社团法人注册。

2.船检局/船级社技术委员会

1965 年 8 月 13 日,船舶检验局第一届技术委员会在上海召开第一次会议宣告成立,成为船舶检验局的一个技术咨询组织。该委员会由全国有关船厂、航运公司、船用产品制造厂、有关大专院校和船检等专家共 67 名委员组成,主任委员是船舶检验局局长谢中峰。8 月 16—17 日,船检局技术委员会在上海的委员 39 人及特邀代表 8 人,共 47 人在上海科学会堂召开工作会议。委员们对船舶检验局制订的规范和检验技术方面的问题,提出了许多建设性意见,但不久"文化大革命"开始了,技术委员会遂停止活动。改革开放后,船舶检验局开始专题研究,于 1982 年 5 月 19 日成立船检局技术委员会的第一个专业分委会"消防分委员会"。其后,1986 年 7 月,船检局技术委员会第二届大会在北京召开。这届委员会由航运、造船、船用产品制造、海上石油开发、贸易保险、设计、科研、院校及船检等部门 39 名委员组成。主任委员冯锡洲主持了会议。这届技术委员会成立以后,各种专业的分委员会相继成立并开展活动,发挥了各专业技术咨询的作用。尤其是在船舶规范的咨询审议,科研课题的建议、鉴定、验收,船舶检验局参加国际组织技术活动的提案咨询,交流新技术等方面,对促进船检规范和重要技术文件的制订与修改,科研技术水平的提高等均起到了积极的作用。1988 年 11 月 23—25 日,船舶检验局在上海召开了船检局技术委员会第二届第二次会议,有 24 名委员和特邀代表共 34 人参加。会议总结了技术委员会及其所属分委员会 3 年来的工作;审查了《1983 年钢质海船入级与建造规范》及《内河钢船建造规范》修订情况,并讨论《船舶安全法规》(讨论稿);介绍中国船级社加入国际船级社协会的情况。1993 年 8 月,船检局第三届技术委员会在北京召开,换届后的技术委员会由船舶检验局局长董玖丰任主任委员,本届委员共 36 人。从 1982—1997 年,船检局技术委员会各分委员会先后成立和换届的情况如表 6-1 所示。

船舶检验局技术委员会分委员会　　表 6-1

分委员会名称	成立和换届日期	委员人数	备　注
消防分委员会	1982 年 5 月 19 日	20	首届
	1985 年 12 月 26 日	24	第二届
	1990 年 5 月 26 日	25	第三届
	1991 年 5 月 8 日	5	成立内河小组
	1994 年	28	第四届
救生分委员会	1983 年 11 月 6 日	21	首届
	1989 年 11 月 17 日	32	第二届
	1993 年	25	第三届
稳性、载重线分委员会	1984 年 5 月 28 日	32	首届
	1986 年 10 月 21 日	8	成立内河小组
	1989 年 11 月 17 日	32	第二届
	1994 年	31	第三届
防污分委员会	1985 年 11 月 2 日	29	首届
	1991 年 10 月 30 日	31	第二届
	1997 年 1 月 14 日	28	第三届

续上表

分委员会名称	成立和换届日期	委员人数	备　注
通信导航分委员会	1987年10月7日 1991年4月21日 1997年	27 27 27	首届 第二届 第三届
电气、自动化分委员会	1988年5月25日 1992年10月20日	26 23	首届 第二届
船体结构强度分委员会	1988年7月26日 1997年	22 23	首届 第二届
船舶吨位丈量分委员会	1988年9月14日 1993年	17 20	首届 第二届
振动分委员会	1991年10月18日 1996年	28 26	首届 第二届
材料与焊接分委员会	1988年4月20日 1994年11月15日	25 28	首届 第二届

其间，1986年，船舶检验局在“一个机构、两块牌子”工作机制建设中，将该技术委员会及其专业分委会定为中国船级社的技术委员会及分委会。

3.中国船级社船级委员会

1993年2月15日，为增强有关船级审定与管理的公正性，中国船级社聘请航运、保险、理算、海洋工程等有关业界的专家组成中国船级社船级委员会，负责对中国船级社入级船舶的船级审查、授予、暂停、取消；对船级委员会的工作程序和中国船级社的船级管理程序的审定；对中国船级社的入级规则，以及有关检验到期通知、船舶录内容、证书报告格式等的审议。该委员会设立主任委员主持有关工作。

4.中国船级社地区委员会

为加强船级社的区域性合作，1994年10月在香港成立了中国船级社的第一个区域性合作组织“中国船级社香港地区委员会”。其后，1996年12月27日成立了华南地区委员会，1997年5月16日成立了东北地区委员会。

5.船舶检验局/船级社培训委员会

为提高对验船师的培训质量，船舶检验局决定成立培训委员会，负责审议船检局直属系统的全员培训规划和培训大纲，指导有关验船师的培训和教务工作。船舶检验局在1988年5月19日公布了以冯锡洲为主任委员、丁奇中为常务副主任委员的船舶检验局首届培训委员会，及其常务委员会和工作组的成员，宣布成立船舶检验局培训委员会。1988年9月7日至9日在北京召开了首届船舶检验局培训委员会会议，会议通过《船舶检验局培训中心章程》《船舶检验局培训委员会简章》《船检系统全员培训规划及实施细则》；研究各级验船师的考试、考核标准和方法；研究出席国际专业会议人员和驻外机构检验人员的培训问题。

1993年2月，船舶检验局培训委员会换届组成第二届船舶检验局培训委员会，陈福珊任主任委员，张治湘任常务副主任委员。于1994年2月25—26日在北京召开二届一次会议，研究决定加强培训中心的建设，改革培训中心的管理体制，把上海培训中心和武汉培训中心分别纳入上海船舶检验局和武汉船舶检验局领导。

1996年2月5—8日，以中国船级社名义在海南海口召开培训委员会二届二次会议，讨论了有关审核员培训、一专多能培训标准、培训委员会的换届问题；修订 1988 年《中华人民共和国船舶检验局培训委员会简章》，审议通过了 1996 年《中国船级社培训委员会章程》、《1996—2000 年船检直属系统职工业务培训规划》。这次会议决定将船舶检验局培训委员会改为中国船级社培训委员会。

1996 年 5 月 22 日，公布了以董玖丰为主任委员、刘德洪为常务副主任委员的第三届中国船级社培训委员会。同年 12 月 24—26 日，在广东中山市召开中国船级社培训委员会三届一次会议，审议通过了《加强培训工作的暂行规定》《新任兼职教师及其方案》和《岗位培训规划及其培训大纲》等。

6. 中国船舶无损检测人员资格认可委员会

为了保证船舶修造质量，船舶检验局与第六机械工业部决定合作推进船舶无损检测人员资格认可，于 1981 年由六机部 611 研究所在上海市筹建“船舶无损检测人员资格认可委员会”，对上海地区承担出口船舶建造任务的船厂开展无损检测人员认可工作。

1983 年 4 月船舶检验局与中国船舶工业总公司联合发文批准成立“中国船舶无损检测人员资格认可委员会”，负责对从事无损检测人员培训、考试和资格认可工作。其中在上海由船检局上海办事处与船舶工业总公司造船工艺研究所(原六机部 611 所)合作成立总委员会，下设重庆地区委员会和武汉地区委员会，面向全国开展有关业务。

为了进一步有计划有领导地开展船舶无损检测人员的资格认可工作，船舶检验局与中国船舶工业总公司于 1985 年 7 月 9 日联合发出《关于中国船舶无损检测人员资格认可委员会地区委员会名称等问题的通知》，决定以国家行政大区命名地区委员会，将重庆地区委员会更名为西南地区委员会，武汉地区委员会更名为中南地区委员会，又在大连增设东北地区委员会，在广州增设华南地区委员会，它们与设在上海的总委员会一起构成面向全国的有关无损检测人员的培训、考试和资格认可服务。同时规定以各地区委员会所在地的船舶工业公司和船舶检验局分局参加地区委员会的工作，该地区内的其他船舶工业公司和船舶检验局分局协助工作。

20 世纪 80 年代后期，我国造船工业及船检涉外业务大幅度增长，国际交流日益扩大，中国船级社加入国际船级社协会(IACS)后，与国外船级社建立了更加广泛的联系，有些发展中国家验船机构提出委托船舶检验局代理培训无损检测人员的要求等等，新形势的发展对无损检测技术和人员资格认可工作提出了面向国际的新要求。由船舶检验局统一领导和管理船舶无损检测人员的资格认可工作，已成为一项新的课题。本着加强船舶检验行业管理，理顺关系，互相支持，加强合作的原则，于 1990 年 8 月，成立了“中华人民共和国船舶检验局无损检测人员资格认可委员会”。1991 年 5 月船舶检验局与中国船舶工业总公司联合发布了《关于中国船舶无损检测人员资格认可委员会更名及有关事项的通知》，明确了由船舶检验局无损检测人员资格认可委员会统一领导、管理船舶无损检测人员资格认可的工作。

(八) 中国船级社海外机构

作为国际船级社协会成员船级社的条件之一，就是在国外设有必要的办事机构可以为客户提供便捷的服务。对此，为了加入国际船级社协会，船舶检验局在组建中国船级社的同时，就提出在德国汉堡、日本大阪设立办事处的请求，开始了船级社在国外布局服务网点的工作。除了作为船舶检验局海外验船代理机构的香港远东船舶检验社有限公司之外，到 1988 年中国船级社加入国际船级社协会时，中国船级社已于 1986 年 9 月 24 日在德国设立了汉堡办事处；于 1987 年 2 月 1 日在日本设立了大阪办事处。其后，在 1989 年 9 月 22 日设立了鹿特丹办事处；在 1990 年 6 月 20 日设立了塞得港办事处；在 1991 年 11 月 19 日设立了纽约办事处，1993 年 7 月 16 日建立了香港分社；在 1994 年 8 月设立了新加坡办事处，9 月 23 日设立了澳大利亚办事处；在 1994 年设立了东京检验站和斯图加特检验站；1995 年设立了伦敦办事处和新奥尔良检验站；在1996年1月16日设立了巴塞罗那办事处，4月3日建立了汉堡分社，4月17日设立了哥德堡办事处；在1997年建立了大阪分社；1998年3月27日设立了釜山办事处，6月15日设立了洛杉矶检验站。

至1998年，中国船级社已在海外主要港口拥有3个分社，9个办事处和4个检验站。它们以欧洲、北美、远东地区为重点，建立起辐射全球的检验服务网络。

1.中国船级社香港分社的设立

为了保持香港的国际航运中心地位，保护香港航运业的持续稳定发展，中英联合联络小组在1986年3月第三次会议上，双方同意设立新的香港船舶登记处，并在当年6月举行专家会晤，就设立新的香港船舶登记处需要解决的船籍旗、船舶登记条件、船舶检验等进行磋商。在外交部、国务院港澳办公室、交通部联合上报国务院的《关于同英方就未来香港船舶登记制度问题举行专家会晤请示》中，提出拟在香港设立中国船级社分社，获得国务院批准，并在专家会晤中表示中国船级社设立香港分社后，港英当局将在委托船级社进行船舶检验中考虑中国船级社。这一意见在中英联合联络小组第四次会议中予以确认，为中国船级社设立香港分社奠定了基础。其后，于1990年8月25日提出设立香港分社的申请，国务院于1991年7月1日以国函(1991)41号文批复交通部同意中国船级社设立香港分社。

中国船级社于是成立了筹建组，经过必要的筹备，在香港完成分社注册手续后，经交通部批准中国船级社香港分社(副局级)于1993年7月16日正式成立，负责港澳地区的检验业务管理，承担船舶与海上设施的入级和保持入级的检验发证，中国籍船舶与海上设施的法定检验发证，船用产品检验发证，以及代行香港和外国政府授权的船舶法定检验发证，承办有关的公证检验和技术咨询服务等。

1997年8月8日，中国船级社明确香港分社与新加坡办事处的业务区域划分，规定香港分社负责中国香港、中国澳门、菲律宾、越南、印度、巴基斯坦、孟加拉国以及中国台湾等国家和地区的检验业务；新加坡办事处负责新加坡、马来西亚、印度尼西亚、泰国、斯里兰卡、缅甸、文莱、柬埔寨等国的检验业务。

2.中国船级社汉堡分社的设立

为了有效实施海外机构管理，最大限度地发挥驻外机构和驻外人员的效能，中国船级社参照国外船级社分区管理模式，在1994—1995年对中国船级社在欧洲的检验业务及其常设机构布局进行调研，探讨在欧洲设立分社以消除由总部直接领导管理带来的弊端，对在汉堡设立"中国船级社欧洲中心"及其机构职能和管理模式提出了具体方案，以达到由欧洲中心统一调配驻欧洲技术力量，控制检验服务质量，拓展国外业务的目的，有关欧洲业务及其发展由欧洲中心向总部负责。

对此，中国船级社在1995年10月6日批复汉堡办事处，原则同意其提出的《中国船级社汉堡分社组织机构及职责(试行)》，并要求在汉堡办事处内组织试行，试行中予以调整。其后，船级社在1996年1月9日批准了修订后的《中国船级社汉堡分社组织机构及职责实施细则》。同时，中国船级社汉堡分社由汉堡办事处着手筹建，并在1996年4月3日完成汉堡分社在德国的注册登记后宣告成立，负责对中国船级社驻欧洲机构的统一领导管理，承担对未设办事处欧洲国家的有关检验服务。

到1998年，中国船级社汉堡分社下设鹿特丹办事处、塞得港办事处、巴塞罗那办事处、哥德堡办事处，斯图加特检验站，承担着中国船级社在欧洲和北非的检验业务和有关海事事务处理。

3.中国船级社大阪分社的设立

1997年，中国船级社为实施驻外机构分区管理模式，总结大阪办事处10年的运行，为有效调配船级社驻东亚的技术力量，控制检验服务质量，拓展国外业务，中国船级社依据汉堡分社的筹建经验，决定将大阪办事处晋为大阪分社，统一规划和调用东亚地区，实现船级社对驻外机构的分区管理，东亚地区的船检业务及其发展由大阪分社向总部负责。

二、省市自治区地方船检机构的变革与发展

(一)全国地方验船工作会议的促进作用

“文革”结束以后,地方验船工作得到迅速恢复和一定的发展,但还存在着机构不健全、政企不分、技术力量缺乏、执行规章不一、检测设备落后等问题须尽快解决。1982 年 12 月,交通部在北京召开了第一次全国地方验船工作会议,有 23 个省、自治区、直辖市船检部门和船检局各直属办事处及渔船分局的代表共 84 人参加,讨论了加强地方船检部门的主要措施。钱永昌副部长出席会议,并做了讲话。1983 年 1 月 19 日,交通部发出《关于加强地方验船工作的通知》,主要内容是:①加强对船舶检验工作的领导。在船舶检验局内设立专门机构,负责指导地方船检部门的工作;各省、自治区、直辖市交通、航运厅(局)要加强对地方验船工作的领导,充实验船队伍,提高验船人员技术水平。②健全船检机构,加强领导班子。本着“政企分开”和克服政出多门的原则,把设在企业内部的船检机构分出,并按照一地只应设一个地方船检机构的要求,根据工作需要和技术力量进行调整和归并,建立验船工作实行统一领导的管理体制,对外统一使用船舶检验处、所、站的工作名称和印章。③充实和培训验船人员。专职验船人员的数量,按检验登记的船舶总数,每 6000 总吨至少配船体检验人员 1 人,每 3675 千瓦(5000 马力)配机电检验人员 1 人。对船厂和船舶分布较广、小型船舶数量较多的地方,各地可根据工作需要再增加必要的验船人员。要采取各种形式、多种渠道有计划地对验船人员进行分期轮训。④加强技术管理,健全规章制度。建立各级检验机构职责和验船人员岗位责任制,制订适合本地实际情况的检验规章,建立相对集中的审图、船舶技术档案管理、技术文件审批和签发等制度。⑤加强船检部门的建设。努力建设一支“思想好、作风正、技术精、执法严”的验船队伍;添置必要的检测设备和检验工具,购置规范标准、科技资料和必要的交通工具等。

第一次全国地方验船工作会议以后,沿海和内河水网地区的省、自治区、直辖市交通厅(局)按照上述通知的要求,建立起省、地(市)、县的船舶检验处、所、站三级管理体制,统一了地方船检机构的工作名称、印章及检验证书格式,因地制宜制订了本省、自治区、直辖市的一些小型船舶检验管理办法,培训和充实了检验技术力量,船舶审图和检验工作质量逐步提高,对保障船舶航行安全,发展地方水运和修造船事业发挥了积极作用。

随着改革开放的逐步深入,特别是在经济体制改革的推动下,水运行业出现了“多层次、多渠道、多形式”和“有水大家行船”的新情况。为了适应新形势,交通部于 1986 年 11 月在安徽召开了第二次全国地方船检工作会议,来自 25 个省、自治区、直辖市船检部门和船检局直属分局及渔船分局等单位的 126 名代表出席了会议。交通部副部长林祖乙出席会议并讲话。同年 12 月 25 日,交通部发出《关于进一步加强地方船检工作的通知》。该通知提出的措施和要求是:①加强领导,统筹规划,逐步建立一个完整的船舶监督检验体系。强调船舶检验局应加强对地方船检机构的技术领导和行业管理,并根据船舶分散流动的特点,统筹规划,使各级地方船检机构和直属船检机构相辅相成,形成一个完整的船舶监督检验体系。地方各级交通主管部门应加强对当地船检工作的领导,支持他们按照船舶检验局制订的规章和分工,积极做好法定的监督检验工作。②进一步改革和理顺现有船检机构的设置和管理体制。在省、地(市)、县设置必要的船检机构,由省、自治区、直辖市船舶检验处直接领导,统一管理。船舶检验处的工作由省、自治区、直辖市交通厅(局)和国家船检局实行双重领导。③提高船检队伍素质,充实船检技术力量。④增强全局观点,搞好分工协作,努力为船舶安全生产服务。交通部《通知》有三个附件,对设置地方船检机构、配备地方船检人员作了暂行规定,同时颁布了《船检人员守则》。

1990年，船舶检验局在湖南长沙召开了一次地方船检业务工作座谈会，与各省、自治区、直辖市的船检部门负责人就贯彻全国交通安全紧急电话会议精神和对地方船检进一步治理整顿、深化改革的措施进行研究，促进地方船检工作迈上新台阶。据1993年底统计，全国已建立了27个省、自治区、直辖市船舶检验处，246个地(市)船检所，796个县检验站，共有专职检验人员2617人，兼职检验人员722人。经检验登记船舶共计781198艘，1573.76万总吨。

随着改革开放的深入发展，加强全国船检行业管理提上重要议事日程。1994年11月，在武汉召开了第三次全国船检工作会议。参加这次会议的全国28个省、自治区和直辖市的交通厅(局)的主管船检工作的领导，船舶检验局各直属局领导，船检局黑龙江分局领导，船检局渔船分局领导共100多人出席了这次会议。交通部副部长刘松金出席了会议，并做了题为《切实加强船检行业管理，促进船检事业健康发展》的讲话。这次会议的任务，就是要适应我国改革开放新形势的需要，以加强船检行业管理为基本指导思想，贯彻国务院发布的《船舶与海上设施检验条例》，交流经验，统一认识，明确任务，团结一致，促进我国船检工作上新台阶，开创新局面。这次会议指出："船舶检验局必须要适应社会主义市场经济发展以及航运业、造船业发展的需要，政事分开，实现从直属管理向全行业管理的彻底转变"。会议提出了船舶检验局要"宏观管理、统筹规划、统一政策、统一规范、加强监督、确保安全；发挥直属、非直属船检两个积极性，为建立适应社会主义市场经济提供有效的保障服务。"的行业管理的指导思想。会上还审议通过了《船检职业道德准则》。

这次会议后，船舶检验局依据《船舶与海上设施检验条例》赋予其归口管理全国船检机构的职责和全国第三次船检工作会议精神，制定了全国船检事业的发展方向、船检机构的设置规划、船检业务的分工，以及从制订规范、规则、培训人才、交流信息和验船师资格审查来行使船检行业管理工作。

(二)地方船检机构的变革

1.辽宁省

1983年，辽宁省交通厅决定将辽宁省船舶检验局改为辽宁省船舶检验处，同时，将大连、丹东、营口船检办事处改为船舶检验所。1984年辽宁省成立交通厅航运管理局，内设航政科，对外称辽宁省船舶检验处。1987年12月，辽宁省船舶检验处成立锦州船检所，对内为锦州市交通局航政科(1989年改为航政处)，负责锦州和朝阳、阜新地区的船舶检验工作。1988年，丹东船舶检验所将沈阳、抚顺、铁岭地区的船舶检验业务移交省船舶检验处。1994年1月1日，辽宁省船舶检验处恢复为辽宁省船舶检验局。大连、丹东、锦州、营口船检所亦恢复为船舶检验处。1998年底，辽宁船检共有验船人员23人。

2.河北省

1983年，河北省航运局航政处对外使用"河北省船舶检验处"和"河北省港航监督"两块牌子。1987年5月，设立河北省港航监督处，隶属河北省航运局领导。港航监督处内设船检科，对外仍称河北省船舶检验处。同时，在秦皇岛市和沧州地区设立港航监督所，内设船检站。其他有水运的地、市也在交通局内配备了专职或兼职船检人员。1990年6月，河北省港航监督处与河北省航运局分设，港航监督处直属省交通厅领导，即河北省交通厅港航监督处，内设船检科。1998年底，全省共有验船人员25人。

3.天津市

1977年，原天津航运公司港务处港航监督机构划归天津市交通局港航监督，负有船检职能。1979年，更名为天津市港航监督。1986年，天津市交通局的船检部门启用"天津市船舶检验处"的工作名称和印章。1987年，天津市成立航运管理处，内设船检科，对外仍以天津市船舶检验处名义开展工作，隶属天津市港航监督，由天津市交通局领导。1993年底，天津船检处专职船检人员5人，下辖12个船检站，有兼职人员14人,至1998年,专职验船人员变为3人。

4.山东省

1978年10月,山东省交通局决定撤销山东省运河港航监督,先后成立了山东省济宁、菏泽、枣庄港航监督,属省交通局车船监理处领导。1980年5月,青岛海运局增设青岛港航监督烟台办事处,并设12个港航监督站。1981年10月,卫运河航运局并入德州运输联合公司,原卫运河航运局的港航监督机构同时撤销。1983年9月,山东省交通厅将省航运管理局内设的船舶检验科对外改称山东省船舶检验处,并在各地(市)、县成立船舶检验所和船舶检验站。省航运管理局、省船检处及省港航监督系一个机构,三块牌子。1985年5月,省航运管理局设立5个沿海港口的船舶检验所,同时设置5个内河港口的船舶检验所和12个船舶检验站。上述各港检验所和检验站与各港航监督办事处,均实行"一门两牌"。1993年,山东省船舶检验处更名为山东省船舶检验局。1998年,全省有船检人员98人。

5.江苏省

1978年5月,江苏省交通局内设交通监理处,负责全省水陆交通安全监理工作。1984年底,又调进18名大学本科生充实船检力量。1983年5月,江苏省交通厅为贯彻第一次全国地方验船工作会议精神,统一了全省船检机构名称和工作印章,即在省交通厅内设立船舶检验处,市、县设船舶检验所、站。1987年6月,江苏省交通厅成立了港航监督局,各市成立了港航监督所,各级港航监督机构,均负有船检职能。1990年6月,江苏省设置"江苏省船舶检验局",各市设"××市船舶检验处",各县设"××县船舶检验所"。省、市、县船检机构与省、市、县港航监督局、处、所为一套班子,两块牌子。船检业务由省船检局直接管理。1998年底,全省共有船检人员408人。

6.上海市

1978年,上海市内河航运管理处与市内河航运公司合并,组建上海市内河航运局,内设船舶检验科。同年7月,内航局将航政、船检、港监3个部门合并成立"航政管理处"。上海市内航局航政管理处的船检机构于1983年6月使用"上海市船舶检验处"的名称,统管本市地方船舶监督检验工作,市郊10个县航运管理所也相应使用"上海市船舶检验处××(县名)检验所"的名称开展工作。1986年10月,航政管理处的船舶检验、港务监督等职能,由上海市内河航务管理处接办,直属上海市交通运输局领导,上海市船舶检验处是内河航务管理处的一个职能部门。至1998年上海船检共有验船师85人。

7.浙江省

1984年1月,浙江省交通厅决定启用"浙江省船舶检验处"的印章,并对外挂牌开展工作。同时挂出了浙江省各市(地)、县的船舶检验所和船舶检验站的牌子。1985年1月,浙江省交通厅航运管理局成立船舶检验科,同时,全省各市(地)航运管理处也先后成立船舶检验科,并与港监机构分设。但县级船检机构仍与港航监督机构合在一起。在行使船检职能时,使用浙江省船舶检验处、所、站的名称。1993年6月浙江省人民政府以浙政发〔1993〕134号文通知浙江省船检处改称浙江省船检局,人员编制和经费渠道不变。1998年底浙江省船检局共有验船人员265人。

8.福建省

1982年12月,福州、厦门港务局内的船检部门对外分别使用中华人民共和国船舶检验局福州、厦门检验站的名称,以适应外轮及航行于国际航线船舶检验发证的需要。1984年4月,福州港务局将港监内船检工作划出,成立船舶检验科。1985年7月,福建省港航管理局成立,港务局船舶检验科归属省港航管理局领导,并改称中华人民共和国船舶检验局福州检验处和福建省船舶检验处,系一套班子,两块牌子。既代表船检局设在福州的船检机构,办理外轮及航行于国际航线的船舶检验业务,又担负着对全省船检工作的领导及国内航行船舶的检验发证工作。与此同时,厦门检验站,也改称中华人民共和国船舶检验局厦门检验处和福建省船舶检验处厦门船检所,并在泉州、福州成立河船船检所,在漳州、闽东、南平、水口先后成立检验站。1994 年 5 月 1 日,福建省船舶检验处改称为“福建省福州船舶检验局”;厦门船舶检验处改为“福建省厦门船舶检验局”。同年 6 月 20 日福建省交通厅又增设福建省船舶检验局,负责协调全省的船舶检验业务。7 月 1 日,福建省船舶检验局与福州海上安全监督局合署办公。同时仍挂中华人民共和国船舶检验局福州检验处的牌子,承担外轮及航行国际航线的入级船舶检验工作。

1995 年 1 月 1 日成立中华人民共和国福州船舶检验局,归船舶检验局直接领导,航行于国际航线的入级船舶随即移交该局管理和检验。福建省船舶检验局只负责福州辖区的国内航行海轮检验及全省船检业务的协调工作。1998 年底全省共有验船人员 40 人。

9.广东省

1981 年 4 月,广东省在省港航监督的基础上成立了广东省航政局,内设监督科、船舶检验科,各地区设航政分局。1983 年,广东省航政局船舶检验机构启用“广东省船舶检验处”的工作名称和印章,设在各地、市的航政分局船检机构称“广东省船舶检验处××船舶检验所”。1989 年 10 月,省航运总公司和省航政局合并,成立广东省航务管理局,后又设广东省港务监督局,内设船舶检验处,对外仍称广东省船舶检验处。各地、市、县船检机构的名称为船检所、站。1998 年底,全省共有验船人员 259 人。

10.广西壮族自治区

1979 年 1 月,自治区交通厅对全区港航监督机构实行自治区与地(市)双重领导体制,港航监督部门从各航运分局分离出来,成为独立的港航管理机构。1980 年 10 月,经自治区经委同意,把各地港航监督所改为“航政所”。1983 年 3 月,自治区交通局决定在全区设置验船工作机构,正式启用“广西壮族自治区船舶检验处”印章。1984 年,广西交通厅监理处机构变更,成立广西交通安全监督局,局内设船舶检验科,对外仍以区船舶检验处的名义负责全区船检业务管理工作。同时在梧州、南宁、柳州、桂林、北海设有船舶检验所(与各航政所合署办公),对内称船舶检验科,负责所辖水域内的船舶监督检验工作,并在全区各通航县境内设 28 个船舶检验站。1986—1987 年,自治区交通厅将原广西交通安全监督局的船舶检验科和港航监督科以及全区的航政所、站(船检所、站),划归区航运管理局统一领导和管理,对外仍使用广西壮族自治区船舶检验处的名称。1988 年 1 月,广西壮族自治区决定将自治区航运管理局、航道管理局和港航监督局合并,成立广西壮族自治区航务管理局,内设船舶检验科,对外保留自治区港航监督局和自治区船舶检验处的名称。是年,航务管理局船舶检验科有船检人员 5 人,全区有船检人员 104 人。1992 年,自治区船检处有专职船检人员 6 人。船检处在南宁、梧州、柳州、桂林、北海 5 市设船舶检验所,河池县设船检中心站,在各县共设 31 个船舶检验站。船舶检验机构与港航监督机构合署办公,挂两块牌子,船检机构对内称船检科,负责所辖水域内船舶检验工作。全区共有专职船检技术人员 160 人。1994—1997 年期间,原河池中心站和贵港、防城、钦州船检站先后升级为船检所。到 1998 年底全自治区共有验船人员 168 人。

11.安徽省

1982 年,安徽省有 16 个地(市)航运局(处)内设航监科,负有船检职能,其船检业务由省航运管理局航监科归口领导。1985 年起,全省各级地方船检部门开始使用船舶检验处、所、站工作名称和统一格式的印章。1988 年 1 月,安徽省编制委员会批准同意安徽省航运管理局对外挂“安徽省港航监督船舶检验局”的牌子,即:省航运管理局与省港航监督船舶检验局一套班子,两块牌子,实行统一领导。当时,在省局内已设船舶检验科,对全省地方船检工作进行管理。为建立健全省、地(市)、县三级安全管理网络,经省交通厅研究决定,各地市航运管理局和县航运管理站分别对外增挂“港航监督船舶检验处”和“港航监督船舶检验所”的牌子。此外,还将设在芜湖的皖江航政所改为“安徽省皖江港航监督船舶检验处”,设在蚌埠的淮河航政所改为“安徽省淮河港航监督船舶检验处”。该两处为省港航监督船舶检验局的派出机构。1998年底,全省共有验船人员268人。

12.江西省

1980年2月,江西省交通局改称交通厅,车船监理处改为厅属职能处,负责全省港监、船检业务管理。1983年8月,省交通厅正式启用江西省船舶检验处及各船舶检验所、站工作印章和对外工作名称。1984年10月,省交通厅将厅内车船管理处的船检、港监及各地船舶监理所、各港航监站的机构和人员,划归省航务管理局领导。省航务管理局内设船检科,对外称江西省船舶检验处。1989年12月,江西省各地区船舶监理所与各航道段合并组建为各地区的航务分局,分局内设船舶检验科,对外称“江西省船舶检验处××船检所”。1998年底全省共有验船人员129人。

13.湖北省

1979年2月,省民间运输管理局安全科与省航运管理局港航监督科合并,组成湖北省港航监督总所,各地、市相应设立港航监督所,有水运的县设立港航监督站,属同级交通局和省港航监督总所双重领导。1980年3月,省港航监督总所划归新组建的省航运管理局领导。原省航运管理局改组为省航运公司。各地、市、县港航监督所、站亦相应划归同级航运管理部门领导,均系“一门两牌”,负责行使港监、船检的管理职能1982年2月,省港航监督总所直属武汉港航监督站与武汉市港航监督所合并组成新的武汉市港航监督所,负责本省、市所属船舶的日常监督检验工作。1983年10月,湖北省各级港航监督部门的船检职能划出,正式设立“湖北省船舶检验处”,各地、市、州设“船舶检验所”、各县(市)设“船舶检验站”,使用船舶检验印章。1986年5月,省航运管理局改称湖北省交通厅航务管理局,使航政管理和船舶检验工作有所加强。1992年1月17日,湖北省港航监督总所更名为“湖北省港航监督局”,内设船舶检验处。湖北省港航监督局与湖北省交通厅航务管理局实行“一门两牌”,合署办公。全省地方船检机构仍按船舶检验处、所、站的建制实行三级管理。1998年底,全省共有验船人员132人。

14.湖南省

1977年5月,湖南省交通局内设置港航监督机构并配专职船检人员,对外使用“湖南省港航监督、船舶检验”印章,主管全省设在各地、州、市交通局港航监督(航管站)内的船检业务。而省航运公司系统的营运船舶,则由该公司及其所属各地办事处的安全科负责进行检验;同时在公司所属各船舶修造厂修造的船舶,其检验与发证工作亦由省航运公司安全科负责办理。1978年3月,省交通局决定,将省航运公司改称航运管理局,其下属各办事处(港务局)的安全科改称航监科。当时省航运管理局及长沙、湘潭、岳阳、常德、津市、益阳等港启用了“湖南省航运管理局××港船舶检验”的印章。这样,就形成在本省内有两个系统的船舶检验,不利于统一领导和管理。1981年4月,省交通厅决定,各地(州、市)港航监督(船舶检验)机构,改由省交通厅安全监理处港航监督领导,各县航管站亦直属当地港航监督领导。1983年9月,省交通厅启用湖南省船舶检验处和各地(州、市)船舶检验所以及各县船舶检验站的印章,由设在湖南省港航监督内的船舶检验部门负责对全省船检工作实施统一管理。全省各地船检部门与当地港航监督机构,均为“一门两牌”。1985年1月,按照政企分开的原则,省交通厅决定将船检职能由航运企业内划出,改属新组建的湖南省航务管理局,对外仍挂“湖南省港航监督”、“湖南省船舶检验处”牌子,实行统一领导和归口管理。4月,原航运管理局所属长沙、湘潭、岳阳、益阳、常德、津市等港的航监、船检人员并入所在地的港航监督、船检机构,使湖南长期存在的交通和航运两个系统的两套港监、船检机构的历史至此结束。1988年2月,省交通厅决定将原湖南省航务管理局改组成“湖南省航运管理局”,同时将“湖南省船舶检验处”和“湖南省港航监督”又划归湖南省航运管理局领导。局内设船舶检验室,即省船舶检验处,下设14个船舶检验所和69个船舶检验站。1995年省交通厅发文将湖南省港航监督更名为湖南省港航监督局,湖南省船舶检验处更名为湖南船舶检验局,并与湖南省航运管理局牌子并挂,一门三牌。1995年3月省港航监督局、船舶检验局联合发文,将各市(州)船舶检验所更名为船舶检验处,各县船舶检验站更名为船舶检验所,更名后港航监督、船舶检验机构仍为"一门两牌","一套班子",实行统一领导、统一管理,其隶属关系、工作职能、财务管理等均不改变。市(州)船舶检验处受省船检局和本市(州)交通局双重领导,县船舶检验所受市船舶检验处和县交通局双重领导。1998年底,全省共有验船人员147人。

15.四川省及重庆市

1981年1月,四川省交通局内河处更名为四川省交通厅航运局,逐步加强航运和安全管理。从1984年起,省航运局以"四川省船舶检验处",各中心航管站、港航监督站及泸州、渡口、凉山航管站分别以"四川省船舶检验处××(地名)所(站)"的名义对外开展船舶检验工作。1984年11月底,重庆、合川中心航管站与四川省交通厅重庆港航监督站合并成立重庆市航运管理处,同时挂"重庆市港航监督处"和"重庆市船舶检验处"的牌子。1985年2月,鉴于重庆为计划单列市,经交通部批准重庆市船舶检验处在其辖区内,可行使省一级船舶检验权限,它与"四川省船舶检验处"相辅相成。1986年,省航运局内正式成立船舶检验处,与港航监督处分开办公。1989年2月,省交通厅成立港航监督局,并在万县、泸州、涪陵、宜宾、乐山、南充地区分别成立港航监督处及各县港航监督所。省港航监督局和各处、所内都设有船检部门,仍使用船舶检验处、所、站的机构名称。1996年,中央决定成立重庆直辖市,将万县、涪陵、黔江3市地交重庆市管辖。1996年12月,根据四川省人民政府决定,四川省交通厅航务管理局和四川省交通厅港航监督局合并为四川省交通厅航务管理局,对外保留四川省交通厅港航监督局。1998年,四川省共有验船人员174人,重庆市共有验船人员103人。

16.云南省

1983年,云南省交通厅航务处船检港监科对外正式启用"云南省船舶检验处"的工作名称和印章。同时对较具备开展船检工作条件的地区航务管理机构,授予船检所、站的工作名称和启用相应的印章。1990年,云南省交通厅港航监督处挂牌成立,与交通厅航务处一门两牌。同年,省交通厅决定将船检工作从港航监督科分离出来,成立了船舶检验科,对外仍以省船检处名称统一管理全省船检工作。1996年3月,经云南省人民政府批准,云南省交通厅航务处和云南省交通厅港航监督处更名为云南省航务管理局和云南省港航监督局,船检处为省航务局内设处室,由一名副局长分管。在全省航务系统内设置了省船检处、12个船检所和1个船检站,共有船检人员36人。至1998年底,云南省船检局共有验船人员55人。

17.贵州省

1978年12月,贵州省交通局航运处改为"贵州省内河航运管理处",隶属省交通局,内设港航监督科,港监、船检业务由厅监理处移交该科。1979年8月,省交通厅设立贵州省赤水、乌江河系航运管理中心站及港航监督站,负责河系港航监督和船舶检验工作。同年,在清水江、都柳江、锦江、红水河等地也先后成立港航监督站。1984年1月,省内河航运管理处更名为贵州省内河航运管理局。11月,全省港航监督(船检)机构按处、所、站三级设置。在省航运局内设"贵州省港航监督处"和"贵州省船舶检验处"。在乌江的沿河、赤水河的赤水以及清水江的凯里分设3个港航监督所和船舶检验所,下设12个监督站和检验站;另设7个处直属站。港监、船检机构均实行两块牌子,一套班子,对内由省航运局统一领导,对外分别行使管理职能,下属所、站的业务工作同时接受省港监处、船检处和当地交通部门的领导。1988年6月,省交通厅为加强地方政府对港监、船检工作的领导,将所、站两级机构下放到专(州)、县(市)交通部门,同时明确规定港监和船检机构仍按处、所、站三级设置。经过机构调整后,贵州省船舶检验处下辖遵义、安顺、凯里、铜仁、兴义、毕节、水城、贵阳等9个船舶检验所及27个船检站。后又随着船检业务的发展,全省共设 57 个船检站,分属 9 个船检所,由省船舶检验处实行归口管理。截至 1996 年底,全省地、县编制港航监督(船舶检验)机构有 1 所 28 站,118 人。1997 年 8 月 11 日,贵州省内河航运管理局更名为贵州省航务管理局,同时成立贵州省港航监督局、贵州省船舶检验局,实行三块牌子一套班子,其各自原有级别、人员编制、经费来源、隶属关系不变。1997 年 12 月,随省内河航运管理局更名,各地(州、市)港监(船检)所亦更名为地(州、市)港监(船检)处;各县(市)港监站更名为县(市)港监(船检)所,均为两块牌子一套人员,其级别、人员编制、经费来源、隶属关系不变。1998 年底贵州省船检局共有验船人员 50 人。

18.河南省

1979 年 12 月,河南省交通厅内设安全监督处,船检业务由该处领导。1980 年 4 月,省交通厅建立淮河、洪河、黄河、卫河、洛阳、南阳等 6 个港航监督所,并分别管辖淮滨、新蔡、周口、柳圆口、三门峡、淅川、唐河、新野等 14 个港航监督站,这些港航监督所、站均负有船舶检验职能。1986—1987 年,先后在平顶山、濮阳、三门峡、焦作、郑州等地成立港航监督所。1987 年,省港航监督工作归省交通厅航运管理局领导,局内设置港航监督科,对外称河南省交通厅港航监督总所和河南省船舶检验处,系“一门两牌”。市、地设港航监督所,县(市)设港航监督站,所有港航监督所、站机构内,均负有船舶检验职能。到 1990 年底,全省水上交通安全管理机构内的船检业务都已正常开展起来。1993 年底,全省各地、市、县共设有 14 个船检所和 14 个船检站,专职船检人员达 200 人。1998 年底河南船检共有验船人员 108 人。

19.山西省

1980 年,省交通厅内河航运处改为黄河航运处,负责管理全省各项航政(含船检)业务。1985 年,省交通厅成立港航监督处,下设 4 个所及 19 个分所,各港航监督机构均负有船检职能。1987 年,省交通厅港监船检处下设 5 个所及 19 个站,在船检业务上初步建立起省船舶检验处、地(市)船检所及县船检站的三级管理体制,而各级船检与港航监督机构均系联合设置,合署办公。1996 年底,全省共有验船人员 15 人。

20.陕西省

1978 年底,省交通局增设民运航运处。1983 年,恢复成立省交通厅,厅内将民运航运处改为航运处,全省船检业务工作归口航运处负责。1985 年 4 月,省交通厅成立“陕西省船舶检验处”,并在 4 个地区成立船舶检验所,在 13 个县(市)建立了船舶检验站。1988 年 8 月,省交通厅航运处同时以陕西省港航监督处和陕西省船舶检验处的名义统一管理全省有关监督检验工作。

1989 年 11 月,陕西省交通厅成立航运管理局,局内设航政科负责船检、港监业务,其对外工作名称不变,由局长兼任省船检处处长。到 1998 年底,全省共有船检人员 120 人。

21.宁夏回族自治区

改革开放使宁夏中断了 20 多年的航运逐渐得到恢复。1987 年 6 月,自治区人民政府批准在交通厅及沿河各地方交通部门设置港航监督机构。截至 1988 年底,全区共组建三级港航监督、船舶检验机构 16 个。其中,自治区交通厅设港航监督处 1 个,两市、一地设监督所 3 个,沿河各县(区)设监督站 12 个。宁夏各级港航监督机构均负有船检职能,对外用船舶检验处、所、站的名称开展检验工作,至 1998 年底宁夏船检共有专职验船人员 6 人,兼职验船人员 13 人。

22.甘肃省

1985 年 1 月,甘肃省初步开展港航监督、船舶检验工作,并纳入省交通厅交通监理局管理。4 月,交通监理局正式成立船舶检验科,对外称“甘肃省船舶检验处”,下设刘家峡船舶检验所和碧口船舶检验所,这两个所业务上受省船检处直接领导,行政上分别隶属于临夏州交通监理所和陇南地区交通监理所管理,分别负责临夏和陇南地区的船检业务工作。1988年,省船检处改属省交通厅水运管理处领导,船检与港航监督业务实行归口管理,财务单列计划,同时将刘家峡、碧口船检所改称“甘肃省船舶检验处西区分处”和“甘肃省船舶检验处东区分处”。省船检处直接负责兰州、白银两地区的检验业务。船检处西区分处负责临夏、甘南、酒泉、张掖、金昌、武威、矿区、嘉峪关等8个地区的船检业务。船检处东区分处负责陇南、天水、定西、平凉、庆阳等5个地区的检验业务工作。1992年底,全省专职船检技术人员共12人,其中,省船检处4人,东、西分处各2人,兰州、白银、临夏、陇南水上安全检查站内各配船检人员1人。1998年底甘肃船检共有验船人员35人。

23.青海省

1988—1991年,青海省连续发生了三次重大沉船和翻船事故,死亡41人。为此,1990年5月至1991年8月,省交通厅内设置水运办公室。1991年9月,经省编制委员会批准,正式成立青海省水路运输管理处,并增挂青海省港航监督处和青海省船舶检验处两块牌子,即一套机构、三块牌子,隶属省交通厅领导。

24.吉林省

1982年前,吉林省、地、县三级船检机构与公路交通监理在一起,称为“交通监理处(所、站)”,隶属省交通厅和当地交通局领导。1983年10月,省交通监理处内的船检业务,对外以吉林省船舶检验处的名义开展工作,实际负责船检业务工作的仅1人。1987年7月,省公路交通安全管理体制改革,监理部门划归公安机关后,吉林省成立了交通厅稽查征费处,内设港监船检科,负责全省水上交通安全监督管理和船舶检验工作。1988年6月,吉林省编委发文明确吉林道路交通安全监理和水上交通安全监督分家,港监船检机构与交通稽查征费部门合署办公,各有关市、地、州、县根据实际工作需要设立港监船检管理机构,与各级交通稽查征费部门亦系一套机构、两块牌子。同年,省交通厅设立港监船检处,对外称“吉林省港监船检处”,与省稽查征费处为一套机构、两块牌子。同时在8个市州设港监船检处,38个县(市)设港监船检所,9个乡(镇)设港监船检站。1992年6月,国务院批准撤销扶余市,设立松原市,增设了松原市港监船检处。1994年10月,吉林省将全省交通稽查收费(港监船检)机构成建制上收,由交通厅实行人、财、物、业务统一管理,港监船检机构、车辆购置附加费与交通稽查征费机构合署办公,一套机构三块牌子,对外更名为吉林省交通规费征收管理局(港监船检局、车辆购置附加费征收办公室)。省局内设港监船检处,各市级机构对外更名为吉林省交通规费征收管理局××分局(××市港监船检处)。截至1998年底,全省共有验船人员78人。

25.黑龙江省

1983年7月,黑龙江省航运管理局撤销,成立交通部黑龙江航运管理局,实行由交通部为主、黑龙江省为辅的双重领导体制。交通部黑龙江航运管理局内设置的航政机构,以黑龙江港航监督和船舶检验处的名称,代表交通部和省统管水上交通安全监督和船舶检验等工作。1985年7月,成立黑龙江港航监督局,内设船舶检验科,对外仍使用黑龙江省船舶检验处名义。1986年,黑龙江航运管理局将局内港监、船检分开,船检从港监局划出。1987年7月起,成立“中华人民共和国船舶检验局黑龙江分局”(简称船检局黑龙江分局),分局下设哈尔滨、齐齐哈尔、牡丹江、佳木斯、黑河船检处。黑龙江港航监督局下属各分局、站的船检机构完全分出,成为全省单独的船检体系,负责全省船舶检验管理工作。船检局黑龙江分局实行黑龙江航运管理局为主和交通部船舶检验局为辅的双重领导体制。

1991年9月,船检局黑龙江分局设立佳木斯检验处驻富锦办事处和黑河检验处驻逊克办事处。1992年6月,设立佳木斯检验处驻同江办事处。1998年底,船检局黑龙江分局全局职工45人。

26.新疆维吾尔自治区

新疆的船检工作原来是由交通监理部门兼办。改革开放以后,各湖泊、水库、河流的航运和旅游业迅速发展,各种船舶数量日益增多。为了加强水上安全监督和船舶检验的管理,于1988年10月成立了"新疆维吾尔自治区交通厅港航监督处",并以"新疆维吾尔自治区船舶检验处"的名义开展船检工作,实行自治区设港航监督(船检)处,地(市)设港航监督(船检)所,县设港航监督站的三级管理体制,全区编制25人。上述各级港监船检机构与各级交通征费稽查处(所)、车辆购置办公室合署办公。1993年底,自治区港航监督(船检)处编制5人,下设乌鲁木齐、昌吉、石河子、博乐、阿勒泰、库尔勒、阿克苏、伊犁等8个港监(船检)所。至1998年底新疆船检有专职验船人员8人。

三、渔船检验机构的发展

在全国尚未建立统一的渔船检验机构前,山东、辽宁、河北、天津、浙江、江苏、上海、广西等省、自治区、直辖市的水产管理部门曾设渔船管理机构,对出海渔船进行监督检查和技术检验。但在"文革"期间,大多数渔船管理机构被撤销,各项渔船检验业务分别下放到县(市)水产管理部门和国营水产公司自行管理,致使渔船检验工作流于形式。1978年起,全国统一的渔船检验体系逐渐形成,国家渔业主管部门建立了专门的渔船检验机构,为地方机构的建设提供政策支持与业务指导。沿海省份陆续新建或完善渔船检验处(站),内陆部分省份也成立了专门机构。至1998年,全国有19个省(自治区、直辖市)成立了60个渔船检验局(处)和近300个渔船检验县站,有各类专业渔船监督检验人员1000多人,各类兼职和群众渔船监督检验人员约800人。此外,我国还成立了第一个全国性渔船检验专门技术咨询组织——农业部渔船检验局技术委员会。

(一)国家渔船检验机构

1978年5月,中央成立国家水产总局,下设渔政管理局,内设安全处负责渔港监督和渔船检验工作,由此形成国家水产渔船检验机构,对全国各地的渔船检验工作进行归口管理。随之,全国各地建立健全渔船检验机构提到了议事日程,使渔船检验工作逐步走上正轨并适应渔业的发展需要。

1979年6月,交通部、国家水产总局联合下达了《关于水产部门船检机构名称和印章等问题的联合通知》,决定国家水产总局的渔船检验工作对外启用"中华人民共和国船舶检验局渔业船舶分局"(简称船检局渔船分局)名称执行,下属各省、自治区、直辖市水产部门的渔船检验工作对外启用"中华人民共和国船舶检验局渔船分局××检验处"名称执行,各检验处是渔船分局在各省、自治区、直辖市的执行机构,在渔船集中的主要港口设置检验站,作为检验处的派出机构,对渔业船舶实行监督检验和发证,各检验处受渔船分局和各省、自治区、直辖市水产局的双重领导,业务上归渔船分局领导。随后,国家水产总局在渔政局内,陆续配备了5名人员,作为国家水产渔船检验机构与安全处合署办公,对外启用"中华人民共和国船舶检验局渔业船舶分局"名义,从事渔船安全监督检验与管理。

1979年10月7—13日,中华人民共和国船舶检验局渔船分局第一次工作会议在浙江省金华市召开。参加会议的有沿海省、自治区、直辖市船管站(渔监)负责人,船检和渔港监督的同志,部分渔轮修造厂和船用产品厂的技术负责人共42人。交通部船舶检验局派员到会指导。会议根据大连、烟台、上海、福州、广州五个检验处的筹建进度,认为已能承担检验任务,决定向这五个检验处颁发业务印章;会议讨论了1980年船检工作的主要任务;讨论修改《渔业船舶监督检验规则执行细则》《渔业船舶检验计费办法》;研究了渔船检验试行"收支挂钩、全额分成、比例包干、三年不变"的财政管理办法等问题。

1982年5月,全国人大常委会决定:将农业部、农垦部、国家水产总局合署办公,改称农牧渔业部,下设渔政渔港监督管理局,内设船舶检验处,编制9人,执行渔船分局的检验职权,对外仍以中华人民共和国船舶检验局渔业船舶分局名义开展工作。

1988 年 12 月 30 日,国家机构编制委员会批准农业部组建农业部渔船检验局(对外称"中华人民共和国船舶检验局渔业船舶检验分局"),为事业性质,承担一定行政职能。

1989 年国家机构改革时,农牧渔业部改称农业部。8 月 7 日,农业部、交通部联合发出《关于水上安全管理分工问题的通知》,理顺了两部之间的业务交叉,明确各部门的职责分工。规定凡在国内(包括内陆水域和海洋)航行、作业的渔业船舶,其船舶登记、检验、船员考试等安全监督管理工作由渔港监督、渔船检验部门负责。远洋渔业船舶的监督检验,属于渔业捕捞船舶、渔政船、渔业指导船、科研调查船、实习船由农业部渔船检验局负责。

1990 年农业部渔业船舶检验局(简称渔检局)成立,对外仍用"中华人民共和国船舶检验局渔业船舶分局"名称。渔检局为农业部部属局级事业单位,经费实行全额拨款,由渔政渔港监督管理局归口领导;原渔业信息中心划归渔检局领导,渔检局设规范科研处、船舶检验处、产品检验处、综合财务处、渔业信息中心五个处级机构,核定编制 43 人。

1995 年 11 月 21 日　农业部印发《关于渔船检验机构使用对外名称的通知》。规定:"农业部渔船检验局对外名称使用'中华人民共和国农业部渔船检验局',各省、自治区、直辖市渔船检验机构的对外名称也相应为'中华人民共和国××(省、自治区、直辖市名)渔船检验局',其原有机构性质、任务及隶属关系不变。"

1998 年 6 月 25 日,国务院办公厅印发《农业部职能配置、内设机构和人员编制规定》。其中规定:农业部渔业局(中华人民共和国渔政渔港监督管理局)"代表国家行使渔船检验和渔政、渔港监督管理权";农业部渔业船舶检验局"代表国家行使渔船检验和监督管理职能"。

(二)渔船检验专门技术咨询组织

1992 年 7 月 4—7 日,农业部渔船检验局在上海市川沙县召开"农业部渔船检验局技术委员会"成立大会,会议宣布农业部渔船检验局技术委员会成立并讨论了委员会章程,技术委员会受农业部渔业船舶检验局管理和领导,是新中国首次成立的渔船检验专门技术咨询组织。成立大会选举贺寿仑为主任委员、钱洪昌为副主任委员。委员会设船体、轮机、电气三个分委会。

(三)沿海渔船检验处

1992 年末,在沿海省、自治区、直辖市已建立 11 个检验处,并在重点海港设立了 49 个检验站。

1996 年底,沿海各省、自治区、直辖市和计划单列市建立局级渔船检验机构 14 个,重点渔港建立处级渔船检验机构 49 个,各县建立站级渔船检验机构 263 个。形成了覆盖全部沿海省市区及其重点海港的沿海渔船检验体系。

1.大连检验处

1978 年 10 月,辽宁省渔业船舶管理站重新成立,设船舶检验科、海务管理科、行政科。在旅大、丹东、营口、锦州等市设渔业船舶管理分站。1979 年 8 月,辽宁省渔业船舶管理站改称中华人民共和国船舶检验局渔船分局大连检验处。下设大连、丹东、营口、锦州检验站。1980 年 5 月,大连渔港监督处成立,并与渔船分局大连检验处合署办公。1985 年 1 月,大连市水产局成立渔政渔港监督处(包括渔政、船检、渔监),大连检验站划归渔政渔港监督处领导,对外仍用"中华人民共和国船舶检验局渔船分局大连检验站"的名称。1985 年 5 月,渔船分局盘锦检验站成立。1989 年 9 月,渔船分局大连检验站从渔政渔港监督处分离出来。1990 年 1 月,渔船分局锦西检验站成立。1991 年,渔船分局大连检验处与大连渔港监督处分开办公。

2.秦皇岛检验处

1981 年 12 月,河北省渔船检验管理站由石家庄迁往秦皇岛市,对外改称中华人民共和国船舶检验局渔船分局秦皇岛检验处。1982 年 2 月,建立中华人民共和国船舶检验局渔船分局秦皇岛检验处及中华人民共和国船舶检验局渔船分局北港、南排河检验站。北港检验站因地处偏僻,人员调配困难,直到 1986 年才正式成立,地点改设在唐山市。1992 年 8 月,正式改名为中华人民共和国船舶检验局渔船分局唐山检验站。1987 年 2 月,河北省在抚宁、昌黎、东亭、滦南、丰南、成立了渔船渔港管理站。1992 年 1 月,秦皇岛市设河北省秦皇岛市渔船检验站。该站行政隶属秦皇岛市水产事业管理局领导,船检业务由秦皇岛检验处领导。

3.天津检验处

1979 年 6 月,天津市渔船管理站对外称“中华人民共和国船舶检验局渔船分局天津检验处”;天津市塘沽区渔船管理站称为渔船分局塘沽检验站;天津市汉沽渔船管理站称为渔船分局汉沽检验站。1980 年 7 月,天津市水产局正式成立船舶检验处,同时,天津市塘沽区水产局、汉沽区水产局分别在各自局内成立塘沽渔船检验站、汉沽渔船检验站(均为区科级事业编制)。天津渔船检验处负责天津市渔船检验工作的规划、计划、管理,具体负责天津地区渔船设计图纸审批、天津市海洋渔业公司所属渔船例行检验、天津渔轮厂(天津市船厂)渔船修造检验、天津地区渔船船用产品检验及渔船海事处理过程中所需进行的公证检验。塘沽、汉沽渔船检验站分别负责各自区属群众渔业公司木质渔船的检验工作。

1983 年 6 月,天津市水产局改为天津市渔工商联合公司(对外仍称天津市水产局),该公司将原来的渔政处、船舶检验处、渔港监督处合并为天津市水产局渔政渔港监督处。船舶检验处对内为该处的船检科,对外使用中华人民共和国船舶检验局渔船分局天津检验处名称,下辖塘沽渔检站和汉沽渔检站。

1984 年 4 月 21 日市水产局党委扩大会议决定,将渔政船队和渔船闸管理所合并到渔政渔港监督管理处,成立天津市水产局渔政渔港监督管理处,并将该处由市内迁到塘沽区东沽渔船闸管理所院内办公。原船舶检验处为天津市水产局渔政渔港监督管理处的内设部门(船检科),对外名称不变。

1990 年,天津渔船检验处对外名称为“天津渔业船舶检验局”,塘沽渔船检验站对外名称为“塘沽渔船检验处、汉沽渔船检验站对外名称为“汉沽渔船检验处”。1996 年 3 月 28 日,经天津市编委市编委津编一字(1996)8 号文批复,同意将“中华人民共和国船舶检验局渔船分局天津船检处”的对外名称改为“中华人民共和国天津渔船检验局”。

4.烟台检验处

1979 年 11 月,在原山东渔船管理站的基础上,建立渔船检验处,名称为“中华人民共和国船舶检验局渔船分局山东检验处”。下设青岛、烟台、石岛、羊口四个渔船检验站。1980 年 8 月“中华人民共和国船舶检验局渔船分局山东检验处”更名为“中华人民共和国船舶检验局渔船分局烟台检验处”。自 1981 年 8 月开始,山东省沿海各县(市)先后建立了渔船渔港监督管理站,负责 44.1 千瓦(60 马力)以下渔船的检验工作。1996 年 8 月,山东省编制委员会批复,同意省烟台渔船检验处对外名称改为中华人民共和国山东渔船检验局,仍与中华人民共和国山东渔港监督局合署办公,负责全省渔业船舶和山东、河南、山西等 3 省渔船船用产品生产企业产品的法定监督检验工作,下设石岛、青岛、龙口、羊口 4 个直属分局,在全省沿海各县(市、区)和内陆湖区设立了 38 个渔船检验站。省局船检处、产品处和 4 个直属分局负责全省 44.1 千瓦及以上渔业船舶和山东、河南、山西等 3 省渔船船用产品生产企业产品的法定检验及渔业船舶设计图纸的审查;负责对全省渔船修造厂和渔业船舶设计单位资格的初审;负责对全省渔船检验人员和船厂的有关技术、检查人员进行业务培训;负责对全省各县(市、区)渔船检验机构实行业务领导,指导各县(市、区)渔船检验站对 44.1 千瓦以下渔业船舶实施法定检验。截至 2005 年,全省共有 251 名验船人员取得了中华人民共和国渔业船舶检验局的资格证书,其中高级验船师 24 人,验船师 92 人,助理验船师 83 人,验船员 62 人。

5.南通检验处

1979年12月,江苏省机动渔船管理站改称中华人民共和国船舶检验局渔船分局南通检验处,南通检验处下设:浏河、连云港、大洋港渔船检验站(后改名为吕泗渔船检验站)。1980年8月又增设盐城渔船检验站。上述四检验站编制共70人。1982年,南通检验处在沿江、沿海各县市设立检验站。至1983年底先后建站的市、县有赣榆、东台、海安、如东、南通(县)、海门、如皋、常熟、沙洲(后改为张家港)、太仓、盐城市郊区、淮阴、江阴、射阳、扬州、大丰、镇江等共17个站,统一名称为:"江苏省××县(市)渔船渔港监督站"。1985年在灌云、响水、滨海、苏州市、苏州市郊区、徐州市建站,使县(市)站总数增至23个。1989—1992年,又在省内各内陆水域增设渔船渔港监督站30个。截至1992年底,江苏共有县(市)渔船渔港监督站53个。这些监督站负有渔船检验职能,其检验业务受渔船分局南通检验处领导。

6.上海检验处

1980年1月,在原有上海市渔船管理站的基础上,成立中华人民共和国船舶检验局渔船分局上海检验处。1980年8月,成立国家水产总局渔港监督局上海监督处,与船舶检验处合署办公。1985年1月,在上海市南汇区和崇明县分别成立芦潮港检验站和堡镇检验站。人员编制69人,属事业单位,业务分别受上海市水产局和渔船分局双重领导。1992年12月,上海市水产局撤销,在上海市财贸办内成立水产办公室,上海检验处由上海市财贸办管理。

7.杭州检验处

1980年,在浙江省渔船管理处的基础上成立了中华人民共和国船舶检验局渔船分局杭州检验处及其所属舟山、宁波、台州、温州等检验站,并在沈家门、嵊泗、高亭、石浦、大陈、洞头等渔港设立检验组,在业务上实行检验处、站、组三级管理。1982年2月,定海、宁海、奉化、鄞县、镇海、温岭、玉环、临海、三门、平阳、苍南、瑞安、乐清、上虞、平湖等15个县增设渔船渔港管理站,负责当地小型渔船检验工作。1984年11月,渔船分局下文将沈家门、嵊泗、高亭、石浦、洞头等检验组改为检验站。1986年浙江省渔政局撤销,分设浙江省渔船管理处和浙江省渔政处。1989年,浙江省渔船管理处更名为浙江省渔船渔港监督管理局。1989年10月,浙江省陆续建立的县级渔船检验站19个,内陆市、县级渔船检验站10个。这些检验站在业务上受渔船分局杭州检验处领导。

8.福州检验处

1979年11月,中华人民共和国船舶检验局渔船分局福州检验处成立,并在沿海相应成立了官头、平潭、三沙、崇武、厦门、漳州检验站。1991年12月,崇武检验站改名为泉州检验站。1992年3月,厦门检验站,改名为厦门检验处,业务上仍属渔船分局福州检验处领导。10月,经渔船分局批准设立三江口检验站。

9.广州检验处

1980年1月,广东省水产局建立中华人民共和国船舶检验局渔船分局广州检验处,下设湛江和白马井检验站。1981年底,汕头、珠海检验站成立。1983年广州检验处陆续建立了阳江、江门、惠州、汕尾检验站。1984年广州检验处内筹建产品检验科,1985年正式开展产品检验工作。1990年1月,将白马井检验站划归海南省。1991年初,增设电白检验站。

10.北海检验处

1980年6月,广西区渔船管理站对外称"中华人民共和国船舶检验局渔船分局北海检验处"。下辖合浦、钦州、企沙等3个渔船检验站。

11.海南检验处

1988年6月,中华人民共和国船舶检验局渔船分局海南检验处成立。1990年1月正式对外开展渔业船舶检验。海南检验处下设白马井、三亚检验站。白马井检验站 1989 年 12 月由广州检验处移交海南检验处;三亚检验站于 1992 年 5 月成立,均属海南检验处派出机构。

(四)内陆水域渔检机构

内陆渔船检验机构的建设起步较晚,在渔船分局的推动下才逐渐成体系。1987 年农牧渔业部渔政渔港监督管理局在湖南岳阳召开了全国内河渔业船舶管理工作会议,要求各省抓紧建立、健全内陆水域渔船港的监督管理机构,促进了内陆渔船检验工作的开展,标志着内河渔船检验工作开始起步。同年,江西省渔业主管部门第一个从交通部门接管渔船检验工作。

1992 年 10 月在四川省成都市再次召开内陆渔船检验工作会议。12 月 3 日,根据会议精神,农业部渔业船舶检验局发出《关于加强内陆水域渔业船舶监督检验的通知》,强调进一步建立、健全渔船检验机构;充实和培训检验人员,实行持证上岗制度。

1995 年 9 月,第三次内陆水域渔船检验工作会议在新疆乌鲁木齐市召开。会后,农业部发出《关于进一步加强内陆水域渔船检验工作的通知》。针对各地渔业船舶监督检验工作发展还很不平衡,有些地方渔船检验工作还尚未开展的情况,要求各地充分认识渔船检验工作的重要地位和作用,提出合理设置检验机构、编制,每 200—300 条机动船或每 400—500 条非机动船设置一名专职检验人员;船检队伍要配备专业技术力量等意见。

此时,内陆水域已成立 8 个省级渔船检验机构,地(市)级船检站 59 个,县级船检站 152 个,配备船检人员 548 人。内陆各省的渔船检验职能多数与渔政、渔港监督职能并入同一个机构。此外,沿海省也陆续在其重点内陆市县建立了渔船检验机构。

1.江西省渔船检验机构

1987 年 12 月,江西省渔政管理局将原渔政科改设为渔政渔监船检科,负责全省渔业水域、港口、船舶的安全监督管理工作。1988 年 1 月,江西省渔监、船检机构对外工作名称使用“江西省渔船渔港监督管理处”。1988 年 5—8 月,江西省渔监船检处在鄱阳湖区、长江江西一侧江段及赣、抚、信、饶、修水等河系沿岸的一些重点渔业水域,先后设立了余江、湖口、星子、永修、都昌、南昌、新建、余干、波阳、进贤、武宁、于都、庐山等 13 个县(区)的渔船渔港监督管理站。余江县渔船渔港监督管理站是江西省设立的第一个渔监船检机构。1991 年 10 月至 1992 年 8 月,江西省渔监船检处又相继在万安县、吉安市、吉安地区、峡江县、九江市、赣州地区、新余市、宜春地区、宜春市、高安县、鹰潭市等 11 个地、市、县设置了渔船渔港监督管理站。至此,江西省地、市、县渔船渔港监督管理站已增至 24 个,共有渔监、船检人员 119 名。1993 年 3 月 25 日,江西省编委同意农牧渔业厅批复江西省渔政管理局增设渔船检验科,并开始使用“江西省渔船检验处”的名称对外开展工作。

2.湖北省渔船检验机构

1988 年 2 月,湖北省渔船港监机构对外使用湖北省渔船渔港监督管理处名称。1988 年 7 月至 1991 年 3 月,湖北省水产局在武汉市,荆州、黄冈地区设渔船检验站。1992 年 3 月,湖北省渔政船检港监管理局使用“中华人民共和国船舶检验局渔船分局武汉检验处”的工作名称。同年 7 月,成立湖北省渔船检验渔港监督管理处,隶属省渔政局领导,该处定编 10 人。同月,湖北省渔政局批复湖北省梁子湖管理局和大冶湖、斧头湖管理站,同意成立 3 个湖区的省直属渔船检验、渔港监督机构,其名称为“湖北省××湖渔船渔港监督管理站”,行政领导隶属各湖区管理机构,业务受湖北省渔船渔港监督管理处领导。此后,湖北省水产系统船检港监工作,由湖北省渔政部门内设船检港监科负责,并以渔船分局武汉检验处名义对全省渔船检验工作进行管理。1995 年全省设检验机构 55 个,省级 1 个,地级 12 个,县级 34 个,跨界水域

8个,配备船检港监人员166人,基本形成覆盖全省的检验网络。全省渔船检验机构全部为差额拨款事业单位。

3.安徽省渔船检验机构

1988年10月,安徽省渔监和渔船检验部门均设在安徽省渔船渔港监督管理处内。1991年6月,安徽省渔船检验处正式成立,由农业部渔船检验局和安徽省人民政府水产局实行双重领导,负责安徽省的渔船检验工作。下属阜阳、滁县、六安、宣城、巢湖、淮南、蚌埠、芜湖、安庆、黄山等10个检验站和1个直属站,即安徽省渔船检验处巢湖忠庙检验站。

4.吉林省渔船检验机构

1990年2月,吉林省渔政渔港监督管理站成立并行使渔船检验职能,隶属吉林省水产局,为县(处)级事业单位,编制12人。1992年4月,吉林省水产局撤销,将其业务职能并入吉林省水利厅。渔政处列行政编制4人,渔政渔港监督管理站列事业编制12人,合署办公。

5.黑龙江省渔船检验机构

1990年2月,黑龙江省水产总公司组建渔船检验机构,隶属渔政处,4月,对外称为黑龙江省渔船检验处。是年,齐齐哈尔市成立渔政渔船管理站,编制7人。1991年7月,哈尔滨市成立渔船渔港监督管理站,为科级事业单位,编制5名。1992年9月,嘉荫县成立渔船渔港检验管理站,编制5人,股级。

6.湖南省渔船检验机构

1991年2月,湖南省机构编制委员会以湘编办〔1991〕4号文批复,同意设立"湖南省渔业船舶检验处",由省水产局直接管理,下设岳阳、益阳、常德、衡阳、长沙、怀化、邵阳等7个检验站,全称为"湖南省渔业船舶检验处××检查站",事业编制共50名。

7.四川省渔船检验机构

1992年9月,四川省渔政船检港监管理处成立,原四川省渔政管理总站随即撤销。1993年1月,四川省渔政船检港监管理处以四川省渔船检验处名称开展渔船检验业务。1995年全省已经设地(市)检验站11个。

8.内蒙古渔船检验机构

1997年1月,内蒙古自治区机构编制委员会批复成立内蒙古自治区渔船检验站。机构规格为自治区农业厅所属相当处级事业单位。核定事业编制13人。内设办公室、检验科2个科级机构。

(五)统一渔船检验机构的对外名称

1979年国家渔船检验机构成立之初使用"中华人民共和国船舶检验局渔业船舶分局"(简称渔船分局)的名称,下属各省、自治区、直辖市水产部门的船检机构对外用"中华人民共和国船舶检验局渔船分局××检验处"的名称。1995年11月,农业部印发《关于渔船检验机构使用对外名称的通知》。原农业部渔船检验局对外名称使用"中华人民共和国农业部渔业船舶检验局",各省、自治区、直辖市渔船检验机构的对外名称也相应为"中华人民共和国××(省、自治区、直辖市名)渔船检验局",其原有机构性质、任务及隶属关系不变。

1997年5月20日,农业部渔船检验局发出《关于小型渔业船舶检验机构对外工作名称问题的通知》。《通知》规范了从事小型渔业船舶检验的市、县机构的对外工作名称:地(市)一级为"××(省、市名称)渔船检验局××(地、市名称)渔船检验处",县(市、区)一级为,"××(省、市名称)渔船检验局××(县、市、区名称)渔船检验站"。同时规定,这些机构的对外工作名称由省渔船检验局审批,印章由省渔船检验局统一制作,报农业部渔船检验局备案。

(六)验船师职称与资格管理制度

1980 年 11 月,中华人民共和国船舶检验局渔船分局印发中华人民共和国船舶检验局制定的《船舶检验技术干部技术职称实施细则》。1983 年 5 月,农牧渔业部发布《渔船验船人员工作职称暂行办法》,规定了渔船检验高级验船师、验船师、助理验船师、验船员的任职条件和签证权限。其中:验船员可签发未满 200 马力的渔业船舶的证书及技术文件;助理验船师可对 600 马力及以下的渔业船舶和一般的船用产品签发相应的证书及技术文件;验船师可对所有渔业船舶和船用产品签发相应的证书及技术文件;高级验船师应能组织并指导处理复杂的综合性的检验、鉴定及规范科研等工作,解决本专业的重大技术问题。

1984 年 4 月 10 日,中华人民共和国船舶检验局渔船分局授予王传典等 56 名同志验船师工作职称。这是渔船检验部门评出的第一批验船师。

1990 年,为了专门管理远洋渔船证书及技术文件的签字权限,农业部渔船检验局设置了“主任验船师”,其职责是审查有关检验记录和报告,具有船舶安全证书签字权。主任验船师由地方渔船检验处向农业部渔船检验局推荐,由部渔船检验局核定。1991 年 5 月 15 日,张振生等 12 人被核定为首批主任验船师。

1998 年 12 月,农业部印发《中华人民共和国渔业船舶验船师资格考评管理规定》。对验船师实行职业资格制度,即经培训、考试、考核合格,经评审取得相应等级的验船师资格证书后,方可从事渔船检验工作。验船师职业资格等级从高到低分为六个级别:一级高级验船师、二级高级验船师、一级验船师、二级验船师、助理验船师、验船员。

四、全国海、河船检情报网的建立

1982 年 3 月,船舶检验局在山东召开“全国地方船舶检验计费规定会议”期间,由山东、浙江、安徽、湖南、江西、广东、广西、福建、黑龙江、上海等九省、自治区、直辖市船检部门的代表共同倡议,建立一个全国船检部门之间沟通信息与业务技术交流的行业性群众组织,得到船舶检验局和长江航政管理局的积极支持。内河验船情报网和海船检验情报网,在 1999 年的船检体制改革中,作为船舶检验局的一项工作随着船舶检验局的职能一起转入中国海事局。

(一)内河验船情报网

1983 年 5 月,船舶检验局在浙江省杭州市召开了“全国内河验船情报网筹备会议”,有 23 个省、自治区、直辖市和长江航政局所属船检部门共 42 名代表出席会议,共同讨论了内河验船情报网的章程草案,决定创办网刊《内河验船通讯》。同年 11 月,《内河验船通讯》创刊,船舶检验局局长丁奇中为网刊写了发刊词。1984 年 4 月,全国内河验船情报网在昆明正式召开成立大会,来自全国船检系统 39 个单位,共 79 名代表参加了会议,会上选举船检局长江区办事处为第一届内河验船情报网网长单位,湖南、山东两省船舶检验处为副网长单位,并决定情报网的办事机构设在武汉。会议正式通过了内河验船情报网章程、情报网的联络员和通讯员工作细则。后随着船舶检验局内部机构的调整,网长单位改由船检局河船规范科学研究所担任。1988 年 5 月,内河验船情报网在重庆市召开工作会议,会上对情报网的章程提出修改意见,并进行换届选举,由河船规范科学研究所连任第二届网长单位,船检局黑龙江分局、江苏和广东省船舶检验处为副网长单位。内河验船情报网已有网员单位 37 个,其中地方系统网员单位 28 个,直属系统网员单位 8 个,广西航运学校网员单位 1 个。

(二)海船检验情报网

1984年4月,船舶检验局在昆明召开全国内河验船情报网的成立大会上,有13个单位倡议成立海船情报网。7月,船舶检验局在北京召开了由18个单位参加的海船情报网筹备会议,交通部副部长郑光迪出席了会议。12月,船舶检验局在杭州召开全国海船检验情报网成立大会,明确海船检验情报网挂靠于船检局海船规范科学研究所。网长单位为海船规范科学研究所,副网长单位由各届会员大会选举产生。船检局大连办事处和浙江省船舶检验处为第一届副网长单位;大连船检局、浙江省船检处、广州渔检处任第二届副网长单位;天津船检局、广西船检处、广州渔检处任第三届副网长单位。全国海船检验情报网成员有船舶检验局、船检局各分局(重庆、宜昌分局除外)、香港远东船舶检验社、沿海各省船舶检验处、船检局渔船分局和渔船分局各检验处、中国人民保险公司等46个单位。情报网设秘书处处理日常事务。

(三)船检情报系统的网刊与出版物

1983年11月,内河验船情报网网刊《内河验船通讯》创刊。1988年10月,改名为《内河船检》,至1992年7月停刊,共出版21期。为庆祝船舶检验局成立30周年,除船舶检验局编印《特刊》外,内河验船情报网还出版了一期《内河验船通讯特刊》。

1984年12月,海船检验情报网网刊《海船检验》创刊,1986年起改为季刊,1990年改为双月刊。截至1992年7月《海船检验》停刊,共出版《海船检验》28期。为了配合网员单位的学习和检验工作,海船检验情报网编辑《海船检验专辑》共17集;《网内馆藏资料目录索引》3期;《中国船检通讯录》3辑(其中1990年版系海船、河船两情报网共同编辑出版)。内河验船情报网先后组织翻译出版了苏联及英、美等外国内河船舶入级与建造规范,还编印了《内河船检实用资料》7辑。

为了贯彻交通部《关于进一步做好交通系统刊物出版社压缩整顿工作通知》的要求,1990年6月30日经船检局局长办公会议讨论决定,按"一委、三部、四刊物"的方案调整船舶检验局的刊物,即设立一个中国船检刊物编审委员会,在北京、上海、武汉分别设立三个编辑部,将船检系统刊物调整为《船检信息》《ZC年报》(1993年改名CCS年报)、《中国船检》和《船检科技》4种。其中,《船检信息》为报道船检及相关行业信息的月刊,由总部编辑出版;《中国船检》是船检行业的综合性刊物,由武汉规范所主编;《船检科技》专门刊载专业性较强的学术论文,由上海规范所主编。随后,船舶检验局在1991年开始按调整方案编辑发行《船检信息》《ZC年报》;上海规范所在1992年7月停办《海船检验》,改组《海船检验》编辑部为《船检科技》编辑部,正式编辑出版《船检科技》;武汉规范所在1992年7月停办《内河验船通讯》,将《内河验船通讯》编辑部改组为《中国船检》编辑部,正式编辑出版《中国船检》。

(四)船检情报网的活动

船检情报网的宗旨是:反映情况,传递信息,交流和推广船检工作先进经验,提高船检管理水平和技术水平。两个情报网紧密配合规范科研和检验工作适时召开了专题学术研讨会。

船检情报网在开展规范学术活动中,密切与船检局技术委员会各专业分委会及社会有关学术团体合作,沟通信息渠道。海船检验情报网先后与结构、消防、防污染、稳性、电气、焊接材料、无线电通信导航7个专业分委会合作,解决了舟山海域为遮蔽海域、木船上的三相四线电制的应用试验和焊工考试与培训等问题。还利用情报网的会议向各有关单位和部门宣讲国际海事组织新的有关规定,以及征询对规范编制工作的意见。内河验船情报网与消防、稳性分委会内河小组合作,解决了内河旅游客船防火结构、河船应用防火涂料、油船消防及甲板货船稳性等安全技术问题。还与武汉造船工程学会河船规范学委会联合组织各项河船规范研讨及宣讲船检规范。

根据“科学技术是第一生产力”的指导思想和适应改革开放的需要,船检情报网密切联系社会,举办船用产品技术交流与展览会,并扩大社会调查,为生产厂提供信息。海船检验情报网与上海市造船学会、海军上海办事处、上海船舶配套设备供应公司等单位于 1988 年在上海科学会堂举办首届船用产品技术交流展览会,此后,每逢双年举办一次。首届展览会有 105 家厂商参展,除有船检局认可的船用产品外,还有很多新研制的产品参展。内河验船情报网自 1989 年开始,先后与长江航运科研所和湖北、河南、江西、江苏等省有关船检、科研、生产单位合作,在情报网会上推广新型救生浮具、小船油水分离器、不锈钢螺旋桨、汽油挂机、船舶超载报警器、免维护蓄电池等产品,均受到各方的欢迎。两个情报网的这些活动,既有利于船舶检验局掌握各地信息,又有利于促进船检科技进步。

第二节　船检队伍的建设和人员培训

随着改革开放政策的贯彻实行,船检事业面临着新的形势和新的问题,加快船检队伍的建设已成为一项紧迫的战略任务。1982 年召开的第一次全国地方验船工作会议上,把加强业务培训提高地方船检人员素质,建立适合国情的培训系统和制度等列为重要议题之一。同时全国各地对船检人员培训都有了更新更高的要求。除继续采取原来行之有效的培训方法外,为了开拓船检新技术的培训渠道,船舶检验局还多次选派人员赴国外知名船级社学习先进船检技术,以适应不断发展和提高的验船技术要求。

1985 年船舶检验局上海、武汉两个培训中心成立,船检系统有了自己的培训基地,每年培训人员达 1000 人次左右,为开展船检全员培训创造了良好的条件,从而促进了船检队伍的建设。

一、培训中心成立前直属船检人员的培训

在培训中心成立之前,船舶检验局延续传统的培训方式,考虑改革开放后船舶检验局的国际化发展需要选题,进行了多种形式的培训,为船舶检验局走向国际发展发挥了重要作用。

(一)委托大专院校代培

1.船检中级英语口语进修班

改革开放后,随着我国口岸对外开放的扩大和航运、造船的国际化发展,船舶检验的涉外业务逐渐增多。为了适应日益发展的涉外船检业务的需要,提高船检人员的英语水平极为迫切。1980 年和 1981 年,船舶检验局先后两次委托武汉水运工程学院举办“船检中级英语口语进修班”,学员大多是来自船舶检验局各直属办事处具有一定英语基础和船检业务水平的年轻验船师,1980 年为 20 人,1981 年为 13 人。两期进修班学制均为一年,由船舶检验局英语翻译和该院教师共同任教,选用北京第二外语学院教材,主要是训练语音、丰富词汇量和语法基础的讲解。为了提高学员的学习兴趣和培养听、说能力,有时还聘请外籍教师与学员进行交谈,并经常进行测验,考核学习效果。学员结业回单位后,大部分都能承担涉外船检任务,有的被安排在我国驻外船检机构工作或派往外国船级社学习深造。

2.大学毕业生船检业务培训班

船舶检验局出于船舶检验业务发展对验船技术人员的急需,从 1981 年起陆续接收了较多国家分配的恢复高考后的大学毕业生。对于这些只具有专业理论知识,而缺乏实践经验的大学毕业生,为了使其系统掌握大学课程中所没有的船舶检验专业知识,在上岗前能较系统地了解船检部门的性质和任务以及船检技术业务的概况,以利于上岗后较快地胜任工作,船舶检验局在 1982 年 9 月继续委托武汉水运工程

学院参照该院1974年所举办的大学毕业生船检业务培训班的方式，举办"1981年及1982年度大学毕业生船检业务培训班"，培训时间一年，分船体和机电两个班，船体班51人，机电班47人。课程包括专业基础、船检专业、英语三部分。船检专业课由船检局抽调各办事处资深验船师任教。每门课程均通过考试或考核，由该院颁发结业证书。培训班于1983年7月结束，学员们回各自单位，经过现场实习取得一定经验后上岗工作。1984年船舶检验局再次委托该院举办"1983年及1984年度大学毕业生船检业务培训班"，并将培训期限改为半年，主要压缩了部分专业基础课程的学时，不再设英语课程，而船检专业课程基本不变，仍由各办事处抽派资深验船师任教。船体班及机电班各为49人，于1984年9月开课，1985年1月结束，仍由该院根据考试成绩发给结业证书，学员回各自单位经过现场实习取得一定经验后上岗工作。

以上两期大学毕业生培训班办班期间，船舶检验局责成长江区办事处派专人协助学院处理办班过程中的有关事宜，保证了培训任务的完成。

3.船检人员国际业务进修班

船舶检验局为了做好在国外设立常驻机构的人才储备工作，在1985—1986年间，相继委托北京交通干部管理学院举办了两期"船检人员国际业务进修班"，从直属各船检分局选派具有较高的技术业务水平和较好的英语基础，并有一定的组织能力和较强的生活适应性的验船师参加培训。第一期从1985年3—6月，学员27人；第二期从1986年3—7月，学员28人。培训课程包括外事纪律、外交礼仪、国际法律知识、保险、海损理赔、远洋业务以及船检涉外业务等。这些课程基本上采取讲座方式进行，并集中一段时间进行英语口语强化训练，以锻炼船检人员在国外独立工作的能力和生活、社交等方面的适应能力。

这两个班的英语课程采用美国的核心英语教程，聘请北京外国语学院教师任教，其他课程分别聘请中国国际贸易促进会、中国人民保险公司、中国远洋运输总公司、交通部外事局等有关专家讲授，船检专业课除请朱复炎等资深验船师授课外，还采取由一位学员主讲，其他学员补充的互教互学的方式，效果也很好。这两期培训班为船舶检验局拓展国际业务提供了后备力量。

（二）派员赴国外知名船级社进修

为了学习国外先进船检技术和管理方法，船舶检验局从1979年起开始选派人员赴挪威船级社、英国劳氏船级社、德国劳氏船级社、法国船级社学习，其中赴挪威学习的人次最多。另外，在美国惠普公司采购HP3000/48型计算机时，还参加了有关技术培训。1979—1992年，派赴国外学习的船检人员共计38人。每次学习的时间，根据学习的内容而定，一般不少于3个月，最长为2年，学习的主要内容为船舶自动化装置和集装箱船、滚装船、散货船、大型油船、散装化学品船、液化气体船等新型船舶以及海上钻井平台、潜水装置、海底管道等的规范、审图和检验技术；电子计算机在船检的工程计算、数据处理、情报检索、绘图技术、微缩胶卷摄制，以及有关船检管理方面的先进经验。在挪威学习期间，有的学员在接受培训的同时还与挪威船级社的有关规范科研、审图人员在一起工作，并能通过实践发现问题，从技术上提出改进意见，因而得到国外同行的好评。这些船检人员学成回国后，在各自的岗位上，都能将学到的新技术和科学管理知识结合船检实际工作较好地发挥和应用，为中国船检走向世界做出了应有的贡献。

二、培训中心成立后直属船检人员的培训

1985年2月，船舶检验局下达了《关于成立船检局海船、河船检验人员培训中心的通知》，自1985年3月1日起，船检局海船检验人员培训中心和河船检验人员培训中心正式开始工作。1990年和1993年两个培训中心的培训楼先后落成。这样，船检系统有了两个正规的培训基地，其教学设备齐全，也较现代化，教职人员也得到逐步调整和加强，为人才培训工作奠定了坚实的基础。

(一)培训中心成立初期的培训工作

1.大学毕业生船检业务进修班

1986 年,船舶检验局根据当时的条件和具体情况,决定将对毕业生上岗前的船检业务培训转由培训中心常规安排,由两个培训中心在武汉联合举办"大学毕业生船检业务进修班",这是船舶检验局利用自身的培训基地,首次自行举办的培训班。船舶检验局会同两个培训中心,对学习期限、办班方式、课程内容等作了具体分析,进行了必要的调整。其学习期限由半年压缩为 3 个月,打破专业界限,采取船、机、电合班上课,课程内容侧重于船检各项工作程序、现场检验中各类专业的基本技能等,其目的在于拓展知识面和提倡一专多能,更有利于今后工作。这是船检人才培训工作在深化改革进程中的一项新举措。这种综合性的船检业务进修班共办过三次,共培训学员 133 人,即 1986 年 9—12 月举办"85 届大学毕业生船检业务进修班",45 人;1987 年 9—12 月举办"86 届大学毕业生船检业务进修班",45 人;1988 年 9—12 月举办"87 届大学毕业生船检业务进修班",43 人。在办班期间,船舶检验局曾多次到武汉检查和了解情况,听取学员的意见,普遍反映较好。由于两个培训中心密切合作,精心组织,又有船检局上海、大连、广州、武汉等分局的资深验船师认真授课,加上学员的努力,因此效果较好。

2.船检领导干部研讨班

为加强船检系统各级领导干部的自身建设,提高自身素养和决策能力,1987 年 5 月 25 日船舶检验局责成河船检验人员培训中心委托交通部武汉政治管理干部学院举办了一期"船检领导干部研讨班",来自船检局机关和各直属分局党、政领导干部共 20 人参加了为时 4 周的研讨,于 6 月 20 日结束。这次研讨班时间虽短,但内容丰富,除请该院教师讲授领导科学、行政学等课程外,还请马家骥、程小川、蒋希源三位老验船师作了有关船检业务方面的专题讲座。学员结合自身情况围绕如何搞好船检领导工作这一主题,共同研讨,相互交流,写出心得,取得了良好的效果。

3.单项培训

1985—1988 年间,海船检验人员培训中心根据工作需要,举办了下列单项培训:英语培训班 5 期,每期时间 3 个月,学员共 42 人;材料焊接无损检测培训班 3 期,每期时间 2 周,学员共 54 人;微机应用培训班 1 期,时间 2 周,学员 20 人。1988 年 3—4 月,还到沿海各分局和南京分局以"新证书、记录、报告填写方法"为内容进行巡回培训,参加培训的学员共 230 人。河船检验人员培训中心于 1988 年 6 月举办了一期船检直属系统情报档案人员培训班,学员 31 人,聘请武汉水运工程学院两位教授任教。

(二)制订培训规划实施船检局全员培训

1.制订船舶检验局全员培训规划

培训中心成立后,为了提高船舶检验局系统各级人员的整体素质,船舶检验局决定组织开展全员培训。为此,海船、河船两个培训中心分别制订了《海船直属系统全员培训规划及实施细则》《长江直属系统全员培训规划》,连同船舶检验局统一制订的《船检系统全员培训教学大纲及实施细则》一起,在 1988 年 9 月船舶检验局首届培训委员会第一次会议上审定通过,随后船舶检验局正式通知下达执行。

这两个规划与实施细则,只是分工范围不同,而在总体安排上基本相同。其主要内容是:

(1)在 1989—1993 年的 5 年期间,对船舶检验局全系统职工进行一次全面培训。

(2)培训的层次按类分级培训,其中类别按技术人员、管理人员、行政人员分为 A、B、C 三类,级别依据学员的基础分为 P(初级)、M(中级)、H(高级)三级,不同的类别和级别安排不同的教学内容。

(3)不同级别采取不同的方式进行培训,其中 P 级培训利用两年时间安排三个阶段培训,第一阶段为劳动实习,第二阶段为业务培训,第三阶段为岗位见习;M级培训由培训中心编制教材或电教片,采取分批轮训、授课与自学相结合和定期考核的方式进行;H级培训由培训中心定期组织,由学员结合本职工作自行选题,采取研讨交流方式进行。

(4)师资与教材,由资深和有较好教学经验的验船师或聘请国内外专家、学者任教,编写教材。

(5)为加强行业管理,加速船检队伍建设,在省市地方船检部门提出要求时,培训中心需适当安排对地方船检人员的培训。

2.实施船舶检验局全体人员培训

1989年船舶检验局直属系统开始全员培训,拟在五年时间里完成第一轮全员培训。其间,本着“学用结合,按需设施”和“普及与提高相结合,更注重于提高”的原则,两个培训中心各自完成了下列培训任务。

(1)上海培训中心的全员培训

在P级培训方面,上海培训中心在1990—1992年期间,每年举办“大学毕业生培训班”1期,每期时间3个月,学员共161人。

在M级培训方面,1990年6—7月,举办管理干部培训班,历时6周,来自船舶检验局机关及沿海直属分局中层干部22人参加了学习;1991年3—4月,举办船检业务培训班,学员33人,都是具有中级技术职务的验船师或管理干部。

在H级研讨方面,1990年10月至1992年4月,相继举办了以“船舶轴系故障”“全球船舶海上遇险及安全系统”“海船分舱与破舱稳性”等内容的专业研讨共4期,共44人参加研讨;还组织了一次“管理干部研讨班”,18人参加研讨。

在专项培训方面,上海培训中心自1990—1996年,与交通部上海出国人员培训部联合举办各类英语培训班共8期,共培训学员140人;1991年10月—1996年举办无损检测人员资格认可培训班5期,共培训190多人;1991年5月至1992年10月,举办2期认证计划研讨班,学员共84人;举办2期程序文件编写培训班,学员共25人;质量经理和质管员培训班1期,学员45人;主任审核员培训班1期,学员20人。

其他培训:1993年11月举办船检业务技术培训班,有12个单位共88人参加。1994年,举办FSPS FWS专业培训班、ISM审核员培训班、海洋工程和检验培训班,培训各类人员160多人。1995年举办质量体系培训班、ISM审核员研讨班、ISO9000审核培训班、船检业务技术培训班等10个培训班,培训各类人员300余人次。1996年举办船检业务技术培训班、ISM Code审核员培训班、无线电验船师培训班、海洋工程研讨班等9个培训班,培训各类人员236人次。

(2)武汉培训中心的全员培训

在P级培训方面,武汉培训中心在1989年及1990年各举办1期船检财会人员培训班,每期为时3周,船舶检验局及直属各分局共39名具有初级专业技术职务的财会人员参加了学习。

在M级培训方面,课堂集中授课试办1期后,难以按计划执行。后改用电教方式进行,将M级各类专业的教材全部录制成电视教学片,分送给武汉、芜湖、宜昌、重庆等分局,由各分局人事部门负责就地组织学员收看和讨论,然后根据武汉培训中心的规定进行考核,并记载成绩。1993年是船舶检验局第一轮全员培训规划实施的最后一年,武汉培训中心按培训大纲和实施计划的要求组织重庆、宜昌、武汉、芜湖船检局和武汉规范研究所的M级专业技术人员进行学习。并由培训中心分别组织对《船舶稳性》《船舶轴系扭转振动》《船舶管系及其检验》《船舶无损探伤》《微机系统及其应用》等五门课程进行了考试。

在H级研讨方面,1989—1991年,每年组织1次H级船检专业研讨会,共有50余名高级工程师和部分工程师参加了研讨。由研讨人员自行撰题分专业进行研讨交流,3次研讨共提交了30余篇学术论文。

此外,武汉培训中心还举办了下列专项培训:

在1991—1992年期间,相继举办了3期英语口语培训班及1期外轮检验培训班,30名现场验船人员参加了培训。1994—1996年,每年举办一次为期3个月的英语口语强化班,共培训学员76名。

1995年8月、1996年5月开办了两期验船师无损检测监督技能培训班,各直属局47名船体、轮机专业的验船师参加了培训。经理论和实际操作考试全部学员合格,船舶检验局无损检测人员资格认可委员会颁发了监督资格证书。

1995年8月29日至9月25日在武汉举办一期"一专多能"培训班。来自长江各直属局25名验船师参加培训学习。通过培训学习,使验船师掌握了跨专业检验的基本技能。

为了配合宣贯ISO9000系列标准,加强质量管理,武汉培训中心受国家技术监督局和中国船级社质量认证公司委托,于1996年4—9月举办了5期国家注册审核员培训班,100名来自大中型企业的管理人员参加了培训学习,有98人获得了国家注册审核员资格。

3.开展以实用为主导的业务培训

1993年第一阶段全员培训结束后,船舶检验局总结培训中心的全员培训经验,调整P级、M级、H级三种培训方式,针对M级培训工学矛盾较大、时间跨度较长、学员需求不一等原因而难以统一组织培训,将其改为短、平、快的培训模式;针对H级培训的培训对象多为业务骨干无暇参与交流,以及职称晋升较快,层次差距较大,难以统一安排,1993年后取消H级培训模式,改成单项业务技术培训和研讨。

1996年培训中心按照培训委员会二届二次会议审议通过的《1996—2000年船检直属系统职工培训规划》,从船检业务开发的实际需要出发,开展"缺什么学什么,需要什么培训什么"的实用性培训,修订教材,组织有关语言交流能力培训和新技术培训。1996—1998年期间上海培训中心和武汉培训中心以实用为主线组织实施了多种技术业务培训。1996年举办12期,培训488人次;1997年举办17期,培训492人次;1998年培训2283人次。

(三)船检局培训中心的培训基地建设

1.建立培训中心的师资队伍

20世纪50年代开展船检人员培训工作以来,上海、武汉等地船检部门的资深验船师就担任了船检专业的授课工作,他们通过实践,掌握了授课方法,积累了一定的教学经验。随着船检培训工作的不断发展,船检系统内能够承担教学任务的验船师逐渐增多,为两个培训中心的师资队伍建设打下了坚实的基础。

1990年8月,上海培训中心和武汉培训中心设立教研室和教务室,主持有关教学研究和教务安排。两个培训中心按规定建立以专职和兼职教师相结合的师资队伍,其中专职教师各为3名左右,保持相对稳定,他们是师资中的骨干。兼职教师以上海分局和武汉分局的验船师为主,较为固定的有10余人;同时在全系统内聘请具有高级技术职称的验船师兼任,根据各个阶段培训任务和他们的工作情况,随时聘请。对此,上海培训中心和武汉培训中心于1990年开始在船检系统内选拔既有丰富的现场实践经验,又有较深理论造诣的资深验船师,经培训委员会审定后聘为培训中心的兼职教师。对有些专业性较强的课程,必要时聘请大专院校教师或有关单位的专家、学者任教。另外还配备了教务、教研等方面的管理人员,分别从事电视教学片的制作、教材的印刷发行、培训档案的保管、学员的管理等工作,由此完善了两个培训中心的正常教学运作及其组织管理。

2.编制培训中心的船检培训教材

船舶检验局两个培训中心成立前和成立初期，所举办各类培训班的船检专业课程，都由负责授课的验船师根据培训性质和要求，学员的文化程度等情况编制讲义。由于当时条件所限，尚未建立审核制度，一般教师自讲自编，编完即用，但授课验船师都有较强的责任心和丰富的理论知识与实践经验，故都能保证教材质量，使用中反映较好。20多年中，编写了这类讲义多达几十本，内容也较齐全，为完成各项培训任务起了很重要的作用，并为后来编写正规教材提供了借鉴。1988年起，两个培训中心分别承担了编制全员培训教材的任务，开始按照《船检局培训委员会简章》规定程序编审教材。课目确定后，由培训中心指定编写人和审稿人，编、审完毕后，还要提交培训委员会设在上海或武汉的教务组审定通过后才能由培训中心付印和发行。到1992年底，已编写出版P级教材38种，M级教材27种，地方培训教材17种，其他有关专业教材13种。

为了加强地方船检人员的培训工作，1985年船舶检验局广泛征求了各省、自治区、直辖市船检部门的意见，拟编写一套适用于全国内河的船检教材。同年7月，船舶检验局责成河船检验人员培训中心负责成立编审组，并由蔡梓松副总工程师指导编审组的工作，选用湖南省船检处编写的一部分培训教材作为基础，进行了统一编审。1986年河船检验人员培训中心在武汉召开了审定会，定名为《内河验船基础教程》，以船舶检验局的名义，发行2万套，作为培训全国地方船检人员的统一教材。1990—1992年武汉培训中心对该教程进行了全面修订，根据新的船检规章、规范及结合检验工作实践，更新了许多内容，并增补了一部分海船检验的知识，更名为《船舶检验基础教程》。

1994年，为有效地提高培训质量，更好地反映国际公约、国家法规以及船舶规范标准的修订增补内容，培训中心对现有教学大纲和教材进行修订。上海培训中心配合船级社在其质量体系建设中依据IACS道德准则要求开展的职业道德培训，于1996年推出了《船舶检验人员职业道德培训教学大纲》和《质量体系教学大纲》；针对国际海事组织A.789(19)决议生效，于1998年将该决议的有关要求纳入相关的培训教材，完成了整套培训教材的修订。

3.健全培训中心的现代化教学设施

1985年两个培训中心成立初期，均无正规的教学场所和教学设施，本着边开展工作、边抓紧建设的原则，积极采取措施，完成了部分培训项目。与此同时，船舶检验局优先安排培训楼基建和教学设施购置计划，将它列为一项重点任务来抓。

1990年初，上海培训中心培训楼竣工。楼内教室、学员住房以及有关的工作场所基本配套。该楼阶梯形教室配有活动黑板、幻灯、投影机、大型电视机等；语音实验室配置电脑实验系统，教师在主控台上可通过电脑对教学过程进行控制，另有一套监视系统可用于辅助教学；电视演播室配有录像机、编辑控制台、特技控制台、配音控制台和其他辅助设备，可制作电化教学录像带、剪接和拍摄有关培训的其他资料。此外，还编制了“职工培训信息管理系统”计算机软件，该系统不仅能直观地了解船检人员技术培训的状况，而且能为进行决策提供精确的分析和统计，并能直接打印成各种表格，从而减少文书工作量和杜绝差错，该系统是人员培训管理工作的重要组成部分。

武汉培训中心培训楼1993年初竣工落成，主体布局与室内设施与上海培训楼基本相同。演播室和编辑室设在武汉船检局办公楼7层。演播室用于电视教学片、技术讲座片等的前期拍摄和制作。编辑室用于电视教学片、技术讲座片等的后期制作。另外还有投影仪、超声波探伤仪、观片灯、电教设备检修仪器，形成了一套较为完整的电化教学系列设备。

由于培训楼的建成和各项教学设施的不断完善，使两个培训中心初步具备了现代化教学的条件，为整个船检系统的人员培训工作，奠定了良好的物质基础。

三、省市自治区地方船检人员的培训

(一)船舶检验局对地方船检人员的培训

1982 年 12 月第一次全国地方验船工作会议之后,为了贯彻会议关于加强地方船检队伍建设的决定,船舶检验局要求直属船检机构继续帮助地方船检部门培训船检人员,特别是西北地区的船检工作尚处于起步阶段,更需要抓紧人员培训。

1.现场教学

西北地区的船检机构多为初次建立,人员也参差不齐,按正规方式办班有一定困难,于是船舶检验局直属机构就组织师资力量,携带教材,主动上门办学。

1985 年 4—9 月,船检局武汉分局先后派出两批有一定教学经验的验船师前往甘肃省,对该省船检人员进行现场专业培训,同时还帮助该处建立各项船检工作制度,对有关技术业务问题进行咨询和指导。1988 年 10—12 月,武汉培训中心派船、机、电专业全套验船师赴内蒙古呼和浩特、包头等地对由公路监理改行的 37 名船检人员进行系统性的各类专业培训,使学员掌握验船工作的有关程序和基本技能。1990 年 7—10 月,以同样方式派验船师赴新疆石河子培训船检人员 28 名。1986 年 8—11 月,船检局重庆分局派验船师前往山西省以“传帮带”的方式为该省培训船检人员 20 名。1991 年,该分局又派轮机验船师 1 名去新疆对有关轮机、电气检验工作进行现场指导。

2.专项业务技术培训

1985 年 5 月,船检局武汉分局利用 PC1500 型微机编制了《长江水系钢船建造规范审图计算程序》。为了向全国地方船检部门推广应用该项程序,同年 6 月,船检局河船检验人员培训中心举办了 1 期“PC1500 微机培训班”,由武汉分局编制该项程序的专业人员主讲和指导操作。全国大部分地方船检部门都派人参加,学员约 90 人,学习时间 1 个月。同年又举办了一期“轴系扭振培训班”,由河船规范科学研究所负责该项目的工程师主讲,各地方船检人员 24 人参加了学习,为时 2 周。

武汉培训中心于 1990 年 7 月,在内蒙古举办了“船舶线型测量及稳性”专题培训班,培训学员 12 名;1991 年 10 月,在广东举办了“船检无损检测”培训班,培训学员 30 名;1992 年 3 月,在河南举办了“船舶建造工艺”培训班,培训学员 46 名。

1994 年 9 月,应上海市船检处的要求,武汉培训中心在湖北省长阳县举办了一期船检业务培训班,讲授了《船检职业道德》及船检基础教程的 5 门课程。参加培训学习的有上海市船检处下属所、站的验船人员以及设计、航运、修造船厂等单位的 56 名专业技术及管理人员。

应各地船检部门的要求,经报船舶检验局批准,武汉培训中心与武汉交通科技大学造船系于 1993 年和 1995 年联合开办了两期一年制船检专业专科进修班。两期进修班共有 88 人参加学习,经考试均取得了一年制船检专业结业证书和培训证书。

3.新版规范的宣讲贯彻

1991 年《内河钢船建造规范》颁布施行。同年在江西鹰潭举行的全国内河验船情报网会议上,许多代表建议河船规范科学研究所分期分批前往各地进行巡回宣讲,以便使地方船检人员对该规范编制过程和有关依据能较系统地了解,便于更好地贯彻执行。为此,河船规范科学研究所将配套出版的《内规注释》作为基本教材,抽派数名《内河钢船建造规范》主要编写人员组成“内规”宣贯组分赴湖北、江西、广东、江苏、山东、河南、黑龙江、山西、重庆、安徽、上海等地,向地方船检人员进行宣讲。在山西、重庆、广东、黑龙江宣讲时,吸收其邻近省市的船检人员参加。每一地区宣讲时间约 1 周,每次听讲人数一般为

50—60 人,多则近百人,覆盖面达到全国地方船检的 80%。

1993 年 5 月,应重庆市船检处的要求,武汉培训中心前往重庆市举办了一期船检规范培训班。培训班宣贯和讲授了 1992 年颁布实施的各种河船规范和即将颁布的新规范,其中有《内河船舶稳性规范》《内河船舶信号设备规范》《内河营运船舶规范》等。重庆市船检处下属各所、站以及船舶设计、航运、修造厂等 28 个单位的 56 名专业技术人员参加了学习。

4.综合业务培训

1987 年船舶检验局委托湖南省船检处印刷的《内河验船基础教程》开始发行。各地方船检部门要求河船检验人员培训中心举办以该《教程》为主要教学内容的"内河船检人员培训班",1987 年与 1988 年先后举办 2 期,每期时间 1 个月,第 1 期学员 33 人,第 2 期 28 人,为后来各地使用该《教程》自行组织培训创造了条件。

应各省、自治区、直辖市船检部门的要求,经船舶检验局批准,1993—1996 年 8 月期间武汉培训中心开办 11 期培训班,共有 597 名船检专业技术及管理人员参加了培训班。培训内容有船检基础知识及业务培训、规范宣贯培训、专项业务培训等几个方面。在此期间,武汉培训中心还派出船体、轮机、电气专业高级技术人员,到各地上门培训办学,分别讲授了《船检职业道德》《船检概论》《船检业务管理》,以及船检基础教程的《轮机分册》《电气分册》《材料焊接与无损探伤》等课程。共有上海、江苏、浙江、河北、湖南、江西、安徽、云南、贵州、青海、广西、广东、河南、湖北等省、自治区、直辖市船检部门的 347 人参加了学习培训。

5.地方船检所所长培训班

1986 年第二次全国地方船检工作会议后,为了提高各级地方船检管理人员的业务水平,船舶检验局提出在对地方船检人员进行普遍培训的同时,更要抓好地方船检所所长一级的培训。1989 年,船检局武汉培训中心同船检局培训委员会在汉工作组共同研究后,决定试办"地方船检所所长培训班",经船舶检验局同意,编写了一套《船检业务技术管理教材》。1989 年 6 月,在武汉举办了第一期"地方船检所所长培训班",来自全国 10 个省、自治区、直辖市的 35 名船检所所长参加了培训,学习时间 1 个月。结业后,各地学员反映很好,认为学习内容针对性很强,适合实际工作需要。交通部副部长林祖乙听取了船舶检验局汇报后,认为这样的培训班很好,希望能继续办下去,并要求办得更好一些,要把全国地方船检部门的所长全部轮训一遍。

1989—1992 年 4 年中,船检局武汉培训中心共举办了 6 期以地区划片、每期包括几个省、自治区、直辖市的学员参加的"地方船检所所长培训班",计有广东、四川、云南、贵州、山西、河南、辽宁、吉林、安徽、江西、浙江、江苏、上海等地的 200 余名船检所所长参加了培训。在后来的几期中,还吸收了一部分具有高、中级技术职务的技术业务骨干参加。

(二)委托院校对地方船检人员的培训

20 世纪 80 年代初,船检部门开始委托有关院校代培地方船检人员,有的地方主管部门还与学校商定开办船检专业或面向社会招收船舶类和工程类大、中专学生,毕业后定向分配到当地船检部门,逐步提高地方船检人员的文化层次和技术业务水平。其中较具规模的船检专业培训有:

1.浙江交通学校的培训

1981 年秋,该校受浙江省船舶检验部门委托举办了 1 期"船检培训班"。学员是该系统 25 岁以下具有高一文化水平的在职青年。学习内容是船检业务及有关的基础理论知识,共 12 门课程,学制 2 年。33 名学员通过毕业考试,大多数达到了中专水平,充实到该省基层船检所、站从事船检工作。1984 年和

1985年该校受浙江省航运局委托相继开办了中专制的“船舶检验”专业培训班两期,招收该省社会青年,每期各40名,讲授船体、轮机、电气及有关基础理论知识,培养目标是“一专多能”的船检人员,以适应基层船检工作的需要。以上几期培训中,先后聘请了浙江省船检处和船检局上海办事处等10多位资深验船师讲授船检专业课程,提高了教学效果。

2.武汉河运专科学校的培训

1984年9月在安徽省召开的全国内河验船情报网会议上,各地代表对加强船检人员培训反映强烈,船舶检验局要求长江区办事处予以考虑。会后,船检局长江区办事处与武汉河运专科学校协商,决定从1985年9月至1986年7月举办1期“内河船检人员培训班”。课程内容包括必要的基础理论知识和船舶规范的编写依据及现场检验中疑难问题处理方法等,还安排了100学时的英语课。培训班分船体、机电两个班级,每班学员40余人,均为具有初中或高中文化程度,且年龄不超过35岁的在职地方船检人员。培训班由长江区办事处抽派多名验船师讲授专业课,并派专人协助校方做教务和学员管理工作。1986年7月结业,学员均回原单位工作。

3.广西航运学校的培训

广西航运学校是一所培养交通行业中级技术和管理干部的中等专科学校,1980年起受广西壮族自治区交通主管部门委托,开办了“船舶检验”专业,学制两年。最初几届的毕业生全部分配在广西地区的船检部门,后来通过交通部教育局与各地有关部门联系,采取定向招生的方式招收部分省、自治区、直辖市的学生进船检班学习。1985年春,船舶检验局在听取该校办学的情况后,认为该校的这个专业对培养地方船检人员甚为合适,表示要给予一定的支持,并责成河船检验人员培训中心与该校具体协商,签订了协议。协议规定,自1985年起至1987年止,该校开办船检专业时,由船舶检验局每年给予5万元经费,作为补助学校购置教学设备之用。1986年和1987年,该校两期船检班各招收高中毕业生约50人,学制为两年。自1980年开办船检专业以来,共培养了500余人,其毕业生分配到全国各地,对提高地方船检人员的素质起到了一定作用。

(三)各地方船检部门自行组织的培训

20世纪70年代后期,随着地方船检事业的发展,浙江、广西、江苏、山东、安徽、湖北、湖南、江西、河南、四川、云南、陕西、吉林、上海等地的船检部门,根据各地具体情况,相继自行组织各种方式的培训,包括船检基础知识培训、专题培训、现场实习、规范研讨等,时间一般在2周至1个月之间。培训对象的重点是参加工作不久或文化程度较低的在职人员。教师一般由本地区具有一定理论水平和丰富经验的验船师担任。对于理论性和技术性较强的课程,有时聘请船舶设计、科研等部门的高级技术人员任教。几年中通过这种方式培训的人数,各地均有100人次以上。部分技术力量较强的省、自治区、直辖市,还组织编写适合地方船检的专用教材,供持续培训和分发给基层船检人员自学之用。

四、渔船检验人员的培训

随着渔船检验业务的发展,对渔船检验人员的培训尤为迫切。从1983年开始,渔船检验部门对渔船检验人员进行了多种渠道培训。

(一)渔船分局组织培训

1980年5月19日—6月28日,渔船分局在山东省水产学校举办了国家水产总局第一期渔船检验干部训练班,全国各渔船检验处、站长25人参加培训。

1983—1990 年间,渔船分局先后在广州、青岛、大连、上海等地举办了“渔船气胀式救生筏检验”“渔船防腐及船体电位测定”“轴系扭振”“焊接质量检验”“电气设备检验”等专业培训班;在南宁和宁波分别组织了“渔船检验规程”和“渔船建造规范”的宣贯会各 1 次;在南通和北京先后举办了内河渔船检验人员培训班和远洋渔船检验人员培训班各 1 期。各渔船检验机构的基层负责人和渔船检验人员分批参加了培训,使他们熟悉渔船检验部门的性质和任务以及渔船检验的各项技术与检验要求。

为使人员培训逐步走上正规化,渔船分局制订了“渔船检验人员培训规定”组织有经验的专业人员编写了海洋和内陆水域渔船检验基础培训教材,1996 年 6 月 5—6 月 11 日在广州举办了“关于渔船电气装置检验基础培训班”主要培训“渔船检验概论”及“渔船电气装置检验”两方面的内容。1996 年 10 月又在武汉举办了一期培训班,目的是使本专业的人员能基本掌握对口专业检验的程序和方法;非本专业的验船师能向一专多能方向发展。参加培训人员 160 人。从 1993—1996 年共举办了这类培训班共 11 期,培训人员 400 多人次,有力地推动了渔船检验工作的开展。

1994 年渔船分局提出了在本系统实行计算机联网的决定,1994 年、1995 年分别在北京、江苏举办了“计算机联网培训班”,50 多位渔船检验人员参加了培训。

(二)各渔船检验处组织培训

随着国家渔业生产不断发展,渔船检验任务日益繁重,为适应工作需要,从 1983 年起,部分渔船检验机构也开始自行组织各种培训。

1983—1992 年间,先后有烟台、南通、广州、秦皇岛、江西、安徽、黑龙江、吉林、湖南、湖北等沿海及内河渔船检验机构开展了培训工作。其中,广州、南通两地连续组织了 10 余次;烟台、秦皇岛也有 3—4 次。除了举办综合性的检验培训班外,还举办了“气胀式救生筏静压力释放器”“液压网机”“液压舵机”“渔探仪”等渔船检验培训班,有的还举办了渔检规范、规程、暂行规定以及《验船师须知》等宣贯会。

这类培训班的时间短,一般为 1—2 周,参加人数多,仅广州、南通两地就培训了数百人之多、覆盖面遍及全国,使渔检人员的技术业务水平得以普遍提高。

(三)船检局直属机构代培

船舶检验局渔船分局成立后,船检局直属机构进一步帮助渔检系统培训渔检人员。20 世纪 80 年代初,上海、南通两个渔船检验处曾委托船检局上海办事处以现场见习的方式代培学员,学习时间均在 3 个月以上,学习内容比较系统。1985 年船检局两个培训中心成立后所举办的各类培训班,有的也吸收渔检人员参加。如 1986 年在武汉举办的“大学毕业生船检业务进修班”,1987 年河船培训中心举办的“船检业务培训班”,以及 1988 年举办的“船检情报档案人员培训班”等,均分配一定的名额通知渔船分局选派学员。又如 1986 年船检局海船培训中心在上海连续举办了两期“材料焊接无损检测人员培训班”,渔检部门先后有 34 名学员接受了培训,为渔检系统培养了一批能初步掌握无损检测技术的检验人员。

(四)委托院校代培

1980 年 5 月船检局渔船分局责成烟台渔检处委托山东省水产学校举办了 1 期“渔船检验干部训练班”,为期 6 周,有山东、辽宁、浙江、广东、广西、福建、上海等地区的渔检处、站的负责人共 25 人接受了培训。1984 年,渔船分局委托大连水产学院举办了 1 期学制两年达到大专水平的“渔船船体检验人员专业培训班”,学习内容以船体为主,兼学机、电,目的是培养一批“一专多能”的渔检人员。1987 年 11 月,秦皇岛渔船检验处委托大连水产学院举办了 1 期“渔检业务基本知识培训班”,为期 4 周,组织唐山市所属县站的渔检人员 25 人参加。1987 年渔船分局报经农牧渔业部同意,委托大连水产学院开办了两期学制为 2 年的渔检专业大专班,采取定向招生的办法,从某一地区招收的学员,毕业后仍分回原地渔船检验部门工作,以解决一些偏僻地、县渔船检验部门分配不到大学毕业生的实际困难问题。1987 年度招生 30 名;1988 年度招生 32 名,全部做到了定向分配。1998 年,又委托大连水产学院举办 1 期渔船检验系统大专《专业证书》班,学制改为全脱产学习 1 年,开设 14 门课程,860 学时。

在这一时期中,船检局直属系统委托有关院校举办的培训班,如 1982—1986 年间武汉水运工程学院先后举办的 3 期"船检培训班",1987 年 5 月上海海运学院举办的"全球遇险与安全系统学习班",渔检系统也都派出 1~2 名学员参加。1997 年农业部渔船检验局与交通部船检局在武汉联合举办一期船舶检验大专班,学制一年,全国渔船检验系统 7 人参加了学习。

第三节　船舶检验规章规范和科研发展

船舶检验规章和规范,是船检建设的一项重要基础工作。"文革"结束后,规范编制工作虽基本进入正常运行状态,但由于当时的体制关系,船舶检验局将海船规范编制工作分散给船检局上海、广州、大连和天津办事处,而主要由上海和广州办事处承担。其中,船检局上海办事处负责钢质海船建造规范及稳性、抗沉性、载重线、起重设备、消防设备和防污染设备规范;船检局广州办事处负责吨位丈量、救生设备、航行设备和信号设备规范;船检局大连办事处负责钢质海船建造规范(油船部分)、无线电设备、移动平台规范;船检局天津办事处负责工程船规范。有关长江水系及各种河船规范则由船检局长江区办事处负责编制和修改。1983 年 8 月,船舶检验局在上海办事处规范科研组基础上组建海船规范科学研究所(以下简称海船规范所)。1986 年,船舶检验局将海船规范编制工作全部转至海船规范所,但各办事处已开展的规范编制工作,仍由其继续完成。1985 年,船舶检验局在武汉设立河船规范科学研究所(以下简称河船规范所),正式建立了中国船检的两个规范科研基地。按照"科研应当超前研究,科研应为规范服务,规范要为生产和检验服务"的指导原则,船舶检验局组织制订了《船舶规范"八五"科研工作规划》及"海船、河船规范体系表"。在制订新规范的同时,并不断修改原有规范,形成规范编制工作的周期性循环。随着国际海事组织所缔结的有关国际公约和有关修正案的生效,以及国际船级社协会的统一要求和解释的不断修改和补充,编制或修改相应的法定规范,已属于常规性的工作,努力做到海船规范与国际接轨,各种船检规章和规范都要适应发展,促进安全生产和科技进步。

一、船舶检验基本法规的制订

改革开放后,随着我国船舶和船用产品检验业务范围的扩展,船舶检验局为了有效地在相关行业推行船舶和船用产品检验工作,经与中央有关部委沟通协商,于 1982 年公布了船舶检验规范性文件《1982 年船舶及船用产品监督检验条例》;为了在全国范围内推行船舶无损检测人员资格认可,又于 1984 年公布实行了《1984 年中国船舶无损检测人员资格认可条例》。这些规范性船舶检验文件,虽然层次较低,但在跨行业推进船舶检验工作中发挥了重要作用。

1986 年后,船舶检验局为了争取在更高层次上建立船舶检验法规,依据我国船舶检验在船舶和海洋工程领域发展的新形势,在交通部的领导下,几经努力,通过交通部向国务院上报了《船舶与海上设施检验条例》草案,以求有效地保障我国管辖水域的水上安全和环境清洁。其后,在经国务院审查批准,于 1993 年颁布了《中华人民共和国船舶与海上设施检验条例》。这是一部国家行政法规层面的船检法规。

此外,出于中国船级社建设的需要,经交通部批准,作为中国船级社的组织法,船舶检验局在 1986 年公布了首版《中国船级社章程》，后按社团法人要求修订，于 1993 年公布了《1993 年中国船级社章程》。

至此，我国船舶检验行业经过多年的奋斗，终于建立起以《中华人民共和国船舶与海上设施检验条例》为龙头的船舶检验基本法规。然而，这些法规仍然不能做到船舶检验领域的全覆盖，而且随着改革开放的发展需要对现有法规进行修订，所以我国船舶检验法规建设仍然是一个不可忽视领域。

(一)《1982 年船舶及船用产品监督检验条例》

改革开放后，随着我国市场经济的起步发展，我国的海洋石油开发、渔业船舶向远洋的发展，以及地方水运的迅速发展，推动着我国船舶检验业的职责和范围转变，致使船舶检验局公布的《1982 年船舶和船用产品监督检验条例》已不适应形势发展的需要。对此，从 1986 年开始，经交通部和船检局多次与能源部和水产部门协调，船舶检验局起草了《中华人民共和国船舶和海上设施检验条例》，交通部于 1986 年 12 月 24 日将该条例草案呈请国务院审批。此后，根据国务院的指示，又就条例草案反复与有关部门进行研究和修改，在基本取得一致意见后定稿，上报国务院审批。

1993 年 2 月 14 日，李鹏总理签署国务院第 109 号令，发布施行了《中华人民共和国船舶和海上设施检验条例》(以下简称“船检条例”)。这是我国水上交通法制建设的一件大事，也是有关航运和造船安全质量的一件大事，标志着我国船舶和海上设施检验工作迈上了一个新台阶。

该船检条例是我国一部重要的船检法规，具有三个基本特点：符合国际惯例；符合我国有关法律和法规的基本原则；符合我国国情。该船检条例合计 7 章 34 条，其中第一章“总则”5 条，规定了“船检条例”的宗旨，适用范围(包括中国籍和外国籍船舶、海上设施和船运货物集装箱)，明确规定中华人民共和国船舶检验局是依照“船检条例”实施各项检验的主管机构；中国船级社是社会团体性质的船舶检验机构。第二章“船舶检验”9 条，规定船舶检验局设置的船检机构、地方设置的船检机构，以及船舶检验局委托的检验机构为实施船舶检验的机构；检验的种类分为对船舶的建造检验、定期检验、初次检验、临时检验，对船舶所用的重要设备、部件和材料的检验，对在中国沿海水域从事钻探、开发作业的外国籍钻井船、移动式平台的作业前检验和作业期间的定期检验，对海上拖航的检验；同时规定中国籍从事国际航行的船舶，在海上航行的一百人以上的客船，载重量一千吨以上的油船、滚装船、液化气体运输船、散装化学品运输船等必须向中国船级社申请入级检验。第三章“海上设施检验”2 条，规定海上设施必须申请建造检验、定期检验和临时检验。第四章“集装箱检验”2 条，规定集装箱必须申请制造检验和定期检验。第五章“检验管理”7 条，规定船舶、海上设施、集装箱的检验制度和技术规范，由船舶检验局制定，经国务院交通主管部门批准公布施行；检验人员必须具备相应的专业知识和检验技能，并通过考试合格。第六章“罚则”3 条，规定对涂改检验证书，擅自更改船舶载重线，伪造船舶检验证书等给予撤销证书、通报批评、罚款等处罚；检验人员滥用职权，徇私舞弊，玩忽职守，严重失职等给予行政处分或撤销其检验资格；构成犯罪的依法追究刑事责任。第七章“附则”6 条，规定从事国际航行的渔业辅助船舶以外的渔业船舶，海上设施中的海上石油天然气生产设施的检验分别由国务院渔业主管部门、石油主管部门会同国务院交通主管部门另行规定。

(二)《中华人民共和国船舶和海上设施检验条例》

“文革”期间制订的《1971 年船舶检验工作条例》，虽然在“文革”中对促进安全生产起到一定的作用，但由于当时社会环境的影响，船检工作仍然受到某些制约，致使该条例具有一定的局限性。1978 年改革开放后，船舶检验局结合拨乱反正，认真总结经验，着手改革船检规章制度，于 1982 年公布《1982 年船舶及船用产品监督检验条例》，取代《1971 年船舶检验工作条例》于当年 6 月 1 日起施行。

该条例合计 11 部分 26 条,依次为“总则”“船舶设计文件和图纸的审查”“船舶建造检验”“船舶初次检验”“船舶吨位丈量”“船舶定期检验”“船舶临时检验”“船用产品检验”“船舶入级检验”“外国船舶检验”“附则”等。其中,扩充了船用产品检验的种类和范围,增加了型式认可和工厂认可两种检验方式。它依据国务院批准的《中华人民共和国船舶检验局章程》有关对船舶和船用产品执行监督检验的规定制订,目的是使船舶具备安全航行和安全作业的技术条件,保障水上人命和财产的安全。

(三)中国船级社章程

1.《1986 年中国船级社章程》

为适应改革开放和船检事业的发展,进一步理顺船舶法定检验和入级检验的关系,经交通部批准于 1985 年 12 月 4 日公布《中国船级社章程》,自 1986 年 1 月 1 日起施行。

该章程总计 15 条,规定中国船级社的性质、历史基础、宗旨、任务,规范的沿用、修订和补充,与外国船级社协议继续履行,董事会、技术委员会、社长及业务部门的设置,总部及国内外重要港口分支机构的设置,验船师的聘用,验船师的责任,收费,入级符号和检验标志及施行日期等。

2.《1993 年中国船级社章程》

1993 年,在中国船级社质量体系建设中,为了取得社团法人注册登记,按照社团法人规定修订《1986 年中国船级社章程》,在经交通部批准后公布了《1993 年中国船级社章程》,自 1993 年 10 月起施行。

该章程合计 14 条,其条文结构与《1986 年中国船级社章程》基本相同,但有些规定更为确切和适应发展要求。其中,明确界定:“中国船级社是根据中华人民共和国政府有关法令注册登记的、为社会利益服务的专业技术团体,办理船舶和海上设施的入级业务和有关的公证检验业务”。其社团登记代码为 50001075—8;中国船级社的董事会改为理事会,设立技术委员会和船级委员会;中国船级社的英文简称为“CCS”等。

(四)验船师考试持证上岗制度

1.《关于试行验船人员职称和职责规定》

1978 年 10 月 14 日,船舶检验局发出《关于试行验船人员职称和职责规定》的通知。该规定经交通部政治部批准。当时规定将验船人员职称定为助理验船师、验船师、主任验船师以及总验船师,相应对照全国通行的技术职称,按要求分别不低于技术员(包括助理技术员)、工程师、主任工程师、副总工程师、总工程师。所有验船人员的技术级别及工资评定,仍遵照国家对科学技术干部的统一技术职称管理办法执行。该规定试行后,对促进船检队伍建设和加强检验管理起到了一定的作用。但后来随着形势的发展,而必须进一步研究和完善。

2.《中华人民共和国验船师考试、考核任职规则》

为了增强法制观念,根据船检工作特点和实际需要,船舶检验局结合制订“全员培训规划”,对验船师分级和考试、考核持证上岗问题进行了认真研究,并拟订了相应的规则草案报请交通部审批。1992 年 11 月 2 日,交通部发布《中华人民共和国验船师考试、考核任职规则》的通知,自 1993 年 1 月 1 日起施行。该规则共六章三十四条。第一章总则;第二章考证组织机构;第三章验船师等级;第四章各级验船师考试、考核、任职的条件;第五章验船师证书的颁发展期或撤销;第六章附则。该规则将验船师分为 7 个等级:高级验船师 3 个等级、验船师 2 个等级、助理验船师、验船员等。根据船舶类型和国内、国际检验业务不同的需要,验船师除分上述等级外,二级及二级以上验船师的证书尚分 A、B 两类。该规则对各等级验船师的任职条件做出明确规定,并要求验船师需经考试、考核合格,取得相应级别验船师证书后方可担任相应技术岗位的检验工作。有关验船师的考试考核工作,规定在船舶检验局验船师考试、考核领导小组和地区领导小组领导下，由有关部门负责人和有声望专家组成的地区评审委员会组织实施，由船舶检验局发给相应等级的验船师证书。高级验船师证书有效期为十年，验船师、助理验船师、验船员证书的有效期为六年。若调离船检部门；工作严重失职发生重大责任事故；不适于继续担任验船师职务等，收回持证人员的验船师证书。

为贯彻执行该规则，船舶检验局在 1993 年制订了《中华人民共和国验船师考试、考核任职规则》实施细则。船舶检验局于 1994 年 6 月 4 日成立了中华人民共和国验船师考试、考核领导小组，及其华东、华中、华南、华北地区领导小组。

中华人民共和国验船师考试、考核领导小组于 1994 年 7 月 15—18 日在吉林省吉林市召开会议，来自全国船检系统各级领导和专家的代表 36 人出席会议。这次会议是我国首次验船师考试、考核领导小组会议，审议《中华人民共和国验船师考试、考核任职规则》实施细则、《验船师任职考试和培训教学大纲》、《验船资格证书》等文件；为推进《中华人民共和国验船师考试、考核任职规则》在全国范围内贯彻实行，商定在船舶检验局直属的南京船检局、重庆船验局和江苏省、四川省的船检部门进行套改试点工作。试点工作于 1994 年 11 月开始，1995 年 2 月完成。套改试点工作结束经总结后，将全面展开套改工作，并定于 1996 年 1 月 1 日起，验船师考试、考核任职工作转入正常化。

中华人民共和国验船师考试、考核领导小组于 1995 年 3 月 23—25 日在江苏省南京市召开验船师技术资格套改试点工作会议，总结试点工作经验。考试、考核领导小组成员，四个试点单位领导，各地区领导小组组长、船检局两个培训中心主任参加了会议，参加会议的代表共 21 人。会议代表听取四个套改试点单位介绍各自的套改试点摸底工作情况。会议要求各地区都要参照试点单位的做法，着手做好人员调查摸底工作，待有关文件修改完善后，能尽快开展套改工作。要求各单位对实施细则的修改意见应在 1995 年 4 月底前报地区领导小组，经汇总后报考试、考核领导小组。验船师考试、考核工作，至此戛然而止。

（五）无损检测人员资格认可规则

1.《1984 年中国船舶无损检测人员资格认可条例》

1984 年为了在全国范围内推行船舶无损检测人员资格认可，船舶检验局于 1984 年 7 月 4 日公布实施《1984 年中国船舶无损检测人员资格认可条例》。该条例合计 6 条，依次为“总则”“资格认可组织”“技术等级划分和基本职能”“资格认可申报条件”“考试方法”“资格证书和有效性”等。

它适用于船厂和船用产品制造厂从事射线、超声、磁粉、渗透等检验方法的无损检测人员技术等级的资格认可。其技术等级分为 3 级：Ⅰ级为初级、Ⅱ级为中级、Ⅲ级为高级；对资格认可考试合格者发给相应等级的资格认可证书。

2.《1991 年无损检测人员资格认可规则》

1991 年船舶检验局公布《1991 年无损检测人员资格认可规则》，同年 8 月 1 日起施行。凡从事船舶、海上设施以及船用产品的射线、超声波、磁粉和渗透 4 种无损检测操作人员，均应按该规则进行检测技术资格考试。经考试合格由船舶检验局颁发无损检测人员资格证书。该规则分为总则、无损检测人员技术资格等级划分和基本职责、报考人员的资格、培训和考试、证书 5 章。

二、海船检验规章和规范的不断健全

（一）海船入级检验规章和规范

1.《海船入级规则（1997）》

1976 年，船舶检验局依据《钢质海船建造规范（1973）》的船舶类型和冰区加强分级，以及《海船稳性规范(1974)》的航区划分,修订《海船入级章程(1959)》,于1976年9月公布中英文版《海船入级规则(1977)》,自1977年1月1日起实施。

该规则设“总则和船级”“入级检验”“保持船级的检验”“冷藏装置”4章。船级符号仍为★ZC,但对未在船舶检验局监督检验下建造的船舶入级时,授予船级符号为★ZC。将原章程规定在ZC字符下加点“·”,改为在ZC字符下加横线“—”。对于专门用途的入级船舶,在其船级符号后面需要附加表示特殊用途的标志,附加标志仍以汉语拼音第一个字母来表示,如★ZC(Y<60℃)表示油船,准许运送闪点(闭杯)低于60℃的货油。

2.《钢质海船建造规范(1973)》的修改通报

《钢质海船建造规范(1973)》在实施过程中,先后由船检局上海办事处作过三次修改,由船舶检验局公布《1973年钢质海船建造规范》1977年、1979年和1980年修改通报,分别自1977年11月1日,1979年11月1日和1980年9月15日起施行。其中,《1977修改通报》对船体结构强度作降低调整;轮机部分,调整柴油机轴系扭振许用应力(原规定比较保守);锅炉钢板高温强度(包括高温破断,高温屈服和高温10^5小时持久破断)根据中国20世纪70年代初期一机部、冶金部对国产锅炉钢板各种牌号所作系列性试验的科研结果(科研结果由合肥通用机械研究所提供),补充锅炉钢板在各种工作温度下的许用应力应用于锅炉元件的强度计算;全面修改锅炉和受压容器开孔处的补强和计算;以及修改有关电气、消防、材料和焊接等部分条文。《1979修改通报》主要补充修改烟管锅炉和辅助锅炉的强度计算和补充筒体开孔补强的结构形式。至此,锅炉和受压容器的计算和有关规定与国际规定基本一致。应用自己的研究成果,对柴油机曲轴强度计算公式给予更新;以及对电气、消防、焊接和材料作补充和修正。《1980修改通报》仅对有关冰区加强部分作全面修改,作为第一篇新设第九章。修改后的冰区加强与《1971年芬兰瑞典冰级规则》一致,得到国际承认,符合船东的利益。

3.钢质海船入级与建造规范

(1)《钢质海船入级与建造规范(1983)》

船舶检验局公布《钢质海船入级与建造规范(1983)》,自1983年1月5日起施行。该规范由《入级规则》和《建造规范》两个独立部分组成,替代《海船入级规则(1977)》和《钢质海船建造规范(1973)》及其三个修改通报。《入级规则》与西方国家船级社的入级规则相当,并符合政府间海事协商组织A.413(Ⅺ)决议有关安全构造的检验要求,亦是首次与钢质海船建造规范合并成一本。该规则首次将船级分成船体级和轮机级二个独立部分,船体级的符号以★ZCA表示,轮机级的符号以★ZCM表示,附加标志改用英语短语、词组或缩写,使证书上的船级标志都能为国际上了解。该规范的船体结构部分增补集装箱船和滚装船船体建造补充规定;船体结构强度进一步参照西方国家船级社的有关规定;轮机部分增补齿轮传动装置的强度计算,补充轴系回旋振动、纵振和校中等建议,增补螺旋桨采用液压安装的计算规定,增加受压容器锥形封头的结构和强度计算并新增第六篇机舱自动化;材料部分对船体结构用钢的分级和检验标准改用国际统一标准A,B,D,E四个等级,并首次规定船体结构用钢按不同部位结构种类和厚度分为五个类别,按不同类别选用相应的钢级,以保证船体结构的安全。

《钢质海船入级与建造规范(1983)》在实施过程中先后经三次修正和补充,即《1986修改通报》,《沿海小型船舶船体建造补充规定(1986)》和《1988修改通报》。前两项由船舶检验局公布,后者由中国船级社公布,并分别自1986年2月15日、12月15日和1988年9月1日起施行。《1986修改通报》修正和补充的内容较多,补充近海供应船船体建造补充规定、驳船船体建造补充规定、起重船船体建造补充规定等3章;以及补充腐蚀控制和集装箱系固设备规则2个附录;消防篇按照《1974年国际海上人命安全公约》1981年修正案的有关规定作全面修订。《沿海小型船舶船体建造补充规定(1986)》主要弥补1983年钢规对于小船强度规定过于保守而制订，适用于船长小于60米、航行国内沿海水域或遮蔽水域的普通货船，并作为经《1986修改通报》修正的《钢质海船入级与建造规范（1983）》第一篇第14章。《1988修改通报》系为满足新订的《1985年芬兰—瑞典冰级规则》而作的相应修改。

（2）《钢质海船入级与建造规范（1989）》

中国船级社于1989年公布该规范，同年12月起施行。规范第一篇为入级规则，该规则此次作主体结构调整，货物冷藏装置级成为独立一章；船级检验部分按照政府间海事协商组织A.465（Ⅻ）决议，补充散装化学品船和液化气体船的检验。船体结构部分补充挖泥船和泥驳船体建造补充规定。轮机部分新增燃气轮机1章；完善有关轴系纵振、回旋振动和校中的规定并与轴系扭振成为独立1章。焊接篇配合材料篇的修改增加较多新规定。材料篇增补低温韧性钢、复合钢板和Z向钢等的新规定。

《钢质海船入级与建造规范（1989）》在实施过程中先后作过2次补充和5次修改。2次补充：《1974年国际海上人命安全公约》1983年修正案于1986年7月起生效后，中国船级社于1990年制订公布《散装危险化学品船舶构造与设备规范（1990）》，1990年7月起施行；《散装运输液化气体船舶构造与设备规范（1990）》，1990年12月起施行。该两规范亦是《钢质海船入级与建造规范（1989）》的组成部分，但以单行本形式公布，满足海上安全委员会MSC.4（48）决议《国际散装运输危险化学品船规则》（IBC规则）和MSC.5（48）决议《国际散装运输液化气体气船规则》（IGC规则）的规定。5次修改：《1991修改通报》对入级规则部分按国际船级社协会的“统一要求”（UR）增加“期间检验”，“特别检验”间隔期改为5年，对船体总强度作整节修改，于1991年7月1日起生效；《1992修改通报》对入级规则中限制航区附加标志修正表示方式和增加螺旋桨轴和尾管轴的“局部检验”，于1992年3月起生效；另一《1992修改通报》系对图纸送审数量的修正，于1992年10月起生效；《1993修改通报》和《1994修改通报》，后者全面修订入级规则，并增加UR的“加强检验程序”（ESP）。

（3）《钢质海船入级与建造规范（1996）》

中国船级社上海规范所根据总部下达的对《钢质海船入级与建造规范（1989）》修订的计划任务书要求，修订出版了该规范的1996年版。此次修订的主要内容包括：

入级规则：增加了“责任”“申诉”“赔偿与仲裁”“资料透明度”等新条款。在检验规定方面增加了船体循环检验办法，以及油船、散货船、滚装船之外的船舶计划保养系统检验规定，使船东的计划保养与船舶检验制度相结合。建造规范：对有限航区的船舶总纵强度和船体结构强度要求进行了适当调整；增加对小船和有限航区船舶轮机和电气装置的补充规定；纳入SOLAS74公约最新修正案对货船消防泵配备的要求；纳入IACS有关工厂质量体系认可的统一要求等。

1998年7月1日中国船级社公布实施《1998修改通报》。在第7篇“轮机自动化”中增设第2章“自动化系统的基本要求”，在第3章“周期无人值班机器处所”内增加AUT-0标志的自动化要求。在第10篇“其他”中增设第8章“车客渡船的补充规定”。

4.《钢质挖泥船建造规范（1978）》

1978年，船舶检验局公布《钢质挖泥船建造规范（1978）》，同年12月31日起施行。该规范分总则和船体结构、轮机及挖泥设备和电气设备3章，实质上是挖泥船船体结构和挖泥设备两部分；船体结构部分是《钢质海船建造规范（1973）》的一个补充规定，有关挖泥设备系属于专用设备，不属船舶检验范围。《钢质海船入级与建造规范（1989）》第二篇船体部分对《钢质挖泥船建造规范（1978）》中的船体结构修改后作为新增第14章“挖泥船和泥驳”，至此《钢质挖泥船建造规范（1978）》实质上宣告废除。

5.《浮船坞入级与建造规范（1992）》

由于浮船坞在修船中的优越性，自改革开放以来建造浮船坞的数量日益增多，容量日益增大，中国船级社于 1992 年 11 月首次公布《浮船坞入级与建造规范》,1993 年 4 月 15 日起施行。该规范共分“一般规定”“结构与强度”“稳性与干舷”“轮机”“电气装置”和“消防”等 6 章,由于很多技术规定离不开钢质海船建造规范,故该规范实质上是《钢质海船入级与建造规范(1989)》对浮船坞的特殊规定。

6.海上高速船入级与建造规范

(1)《海上高速船入级与建造规范(1993)》

1993 年中国船级社依据 IMCOA.373(X)决议《动力支承艇筏的安全规则》,编制并公布施行《海上高速船入级与建造规范(1993)》。该规范合计 9 章,依次为“一般规定”“船体结构”“舾装“轮机”“电气装置”“消防”“载重线、稳性和分舱”“材料”“焊接与铆接”。

(2)《海上高速船入级与建造规范(1996)》

1994 年 5 月国际海事组织海上安全委员会以 MSC.36(63)决议通过了《国际高速船安全规则》(HSC),并将其列为《1974 年国际海上人命安全公约》附则第 X 章。据此,中国船级社对《海上高速船入级与建造规范(1993)》进行了全面修订。再版后的《海上高速船入级与建造规范(1996)》相对前一版规范主要改进如下:

再版后的规范不包括“载重线、稳性和分舱”的内容。

参照 IACS 统一规定和 CCS 规范体系,对海上高速船的入级与检验作了修订和调整。

规定了近海航区、沿海航区、遮蔽航区和平静水域等四类高速船营运限制。根据不同的营运限制,对船体结构、轮机和电气设备、消防等规定了相应的要求;吸取了国内在高速船方面的研究成果。例如关于水翼船的结构载荷、纤维增强塑料夹层结构等课题的最新科研成果,还总结了 1993 年版规范的使用经验。

7.小艇入级与建造规范

(1)《小艇入级与建造规范(1994)》

中国船级社鉴于我国小艇发展需要,于 1994 年公布施行《小艇入级与建造规范(1994)》。该规范适用于船长小于 15 米,载客不超过 70 人的小艇,同时对其航区、航速作出限制规定。该规范设“一般规定”“原材料”“建造工艺”“艇体强度”“舾装”“轮机”“电气装置”“消防”“浮力与稳性和不沉性”“救生设备”“无线电通信”11 章。

(2)《小艇入级与建造规范(1996)》

随着我国小艇技术的发展,中国船级社对小艇规范及时进行修订,公布《1996 年小艇入级与建造规范》,自 1996 年 6 月 15 日起施行。该规范适用于艇长小于 15 米,载客数不超过 70 人,航行于遮蔽航区或平静水域的游艇、交通艇、巡逻艇。不适用于非营业性的私人游艇、以帆为动力的游艇、体育用的赛艇。

该规范仍设 11 章。入级符号为“★CSA”,并根据艇的具体情况在入级符号后加注类别附加标志和营运限制附加标志。如限制在遮蔽航区营运的交通艇,入级符号为“★CSA TRAFFIC BOAT SWSR”。

8.散装运输危险化学品船舶构造与设备规范

(1)《散装运输危险化学品船舶构造与设备规范(1990)》

1983 年 6 月 17 日,IMO 海上安全委员会第 48 次会议通过《国际散装运输危险化学品船舶构造和设备规则》(简称 IBC 规则),作为《SOLAS74 公约》的“1983 修正案”公布,于 1986 年 7 月 1 日生效,适用于各种尺度运输散装危险化学品的船舶,其中包括不足 500 总吨的船舶,而不适用于油船。

中国船级社依据《IBC 规则》制订《散装运输危险化学品船舶构造与设备规范(1990)》,于 1990 年 7 月 1 日公布实施。

(2)《散装运输危险化学品船舶构造与设备规范(1996)》

中国船级社依据IMO修订的《IBC规则》对《散装运输危险化学品船舶构造与设备规范(1990)》进行修订,增加了“对从事海上焚烧液体化学品废物船舶的要求”和“液体化学品废物船舶的要求”两章内容。中国船级社于1996年公布《散装运输危险化学品船舶构造与设备规范(1996)》《散装运输液化气体船舶构造与设备规范(1990)》,自1996年9月1日起实施。

9.散装运输液化气体船舶构造与设备规范

(1)《散装运输液化气体船舶构造与设备规范(1990)》

1983年6月17日,IMO海上安全委员会第48次会议通过《国际散装运输液化气体船舶构造和设备规则》(简称IGC规则),作为《SOLAS74公约》的“1983修正案”公布,于1986年7月1日生效,适用于散装运输温度在37.8℃,蒸汽绝对压力超过2.8巴液化气体的各种尺度船舶,其中包括不足500总吨的船舶,而不适用于油船。

中国船级社依据《IGC规则》制订《散装运输液化气体船舶构造与设备规范(1990)》,于1990年12月1日公布实施。

(2)《散装运输液化气体船舶构造与设备规范(1996)》

鉴于IMO通过了《国际散装运输液化气体船舶构造和设备规则》的“1990修正案”“1992修正案”“1994修正案”,中国船级社制订了《散装运输液化气体船舶构造与设备规范(1996)》,自1996年8月1日起实施。

该规范共设19章,依次为“一般规定”“船舶残存能力及液货舱位置”“船舶布置”“货物围护系统”“处理用受压容器及液体、蒸汽和压力管路系统”“构造材料”“货物压力/温度控制”“液货舱透气系统”“环境控制”“电气设备”“防火和灭火”“货物区域内的机械通风”“仪表(测量、气体探测)”“人员保护”“液货舱的充装极限”“用货物作燃料”“特殊要求”“操作要求”“最低要求一览表”。

(二)海船法定检验规范

船舶检验法定规范是国家船检机构对船舶、海上设施和国际集装箱实施技术监督检验的主要技术法规。船舶检验局在各个时期都根据我国航运、造船业和船检事业发展的需要,及时组织制订相应的法定检验规范,先从制订单项法定规范或暂行检验规定入手,通过不断总结经验和修订与补充,逐步分门别类并加以完善。改革开放以来,国际船舶检验业务日益增多,为了符合国际惯例船舶检验局按照国际海事公约及其修正案的要求,将海船单项法定规范整合为一本完整的《海船法定检验技术规则(1992)》,推进了我国法定检验规范的发展。

1.海船建造规范

(1)《钢质海船建造规范(1973)》《钢质挖泥船建造规范(1978)》《散装运输危险化学品船舶构造与设备规范(1990)》《散装运输液化气体船舶构造与设备规范(19960》等为法定规范。

(2)《钢质海船入级与建造规范(1983)》《钢质海船入级与建造规范(1989)》《浮船坞入级与建造规范(1992)》等,除入级部分外,均为法定规范。

2.船舶吨位丈量规范

(1)《船舶吨位丈量规范(1977)》(国际航行船舶)

1963年政府间海事协商组织在第三届大会上审议通过关于处理遮蔽甲板船吨位开口问题的决议;1964年4月批准该决议细则;1965年政府间海事协商组织在第四届大会上通过决议要求尚未执行上述决议的缔约国政府考虑履行此决议。1977年,船舶检验局公布的《船舶吨位丈量规范(1977)》系考虑该决议细则制订的。该规范适用于国际航行船舶,1977年3月起生效。对双层甲板船(包括永久性封蔽吨位开口的遮蔽甲板船)进行吨位丈量时,核定大小两组吨位,勘划吨位标志,并核发两组吨位证书,即大吨位的总吨位和净吨位以及小吨位的总吨位和净吨位,具有双组吨位证书的船舶,当吨位标志线浸没水中时,使用大的一组吨位证书。大小二组吨位丈量依据仍使用《1959 年船舶吨位丈量规范》。此吨位丈量规范施行至《1969 年国际船舶吨位丈量公约》生效之日(1982 年 7 月 18 日)为止。

由于上述决议和决议细则并未生效,因此在实施过程中,对于设有吨位开口的遮蔽甲板船仍可使用双组吨位航行国际各港口不受阻碍,而无吨位开口的双层甲板船使用双组吨位,国际港口并不给予承认双组吨位中的小吨位。该规范合计 4 章,依次为“总则”“单层全通甲板船”“多层全通甲板船”“吨位丈量”等。

(2)《船舶吨位丈量规范(1978)》(国内航行船舶)

该规范船舶检验局于 1978 年公布,同年 12 月 1 日起试行。该规范适用于国内航行的海船及内河船,在丈量方法上作一些简化。它虽在制订过程将计算结果与《船舶吨位丈量规范(1959)》作了比较,具有一定的准确性,但还是比较粗略。此外,该规范试行后同时宣布国内航行船舶停止使用《船舶吨位丈量规范(1959)》,对内河木帆船的吨位丈量允许各省、自治区、直辖市主管部门自己规定办法丈量吨位,此将造成船舶吨位丈量出现不统一的情况。

(3)《海船吨位丈量规范(1985)》

船舶检验局于 1985 年公布,同年 11 月 15 日起施行。该规范第 2 章适用于国际航行船舶,符合《1969 年国际船舶吨位丈量公约》。第 3 章适用于国内航行船舶。第 4 章适用于长度小于 24 米的国内和国际航行船舶,但对此类长度小于 24 米的国际航行船舶,丈量后不发给“国际吨位证书(1969)”,只发给国家吨位证书。

3.海船稳性及分舱和破舱稳性规范

(1)《海船稳性规范(1981)》

船舶检验局于 1981 年公布,同年 1 月 15 日起施行。该规范在《海船稳性规范(1974)》基础上并未作实质性修改,主要增加英文译文,成为中英文版,替代《海船稳性规范(1974)》。

(2)《海船稳性规范(1986)》

船舶检验局于 1986 年公布,同年 3 月 15 日起施行。该规范补充有关集装箱船特殊规定,并根据静水中和波浪中的横摇系列试验补充起重船特殊规定。该规范在实施过程中做过两次补充,即在横摇系列试验基础上制订的挖泥船补充规定及海上驳船补充规定,分别于 1987 年 5 月及 1989 年 2 月起施行。

(3)《海船分舱和破舱稳性规范(1987)》

1987 年,船舶检验局公布,同年 5 月起施行。该规范系按照《1974 年国际海上人命安全公约》包括《1978 年议定书》,《1981 年修正案》和《1983 年修正案》第Ⅱ-1 章分舱与稳性部分制订的。该规范共计 4 章,依次为“一般规定”“分舱”“破舱稳性”“对船体结构和开口”等。还有 2 个附录,即政府间海事协商组织 A.265(Ⅷ)决议(客船分舱与稳性)和 A.266(Ⅷ)决议(关于为符合客船横贯浸水装置要求而制订的标准方法的建议)。

4.船舶及海上设施起重设备规范

(1)《船舶起货设备规范(1981)》

船舶检验局公布该规范,自 1981 年 1 月 15 日起施行。该规范在《船舶起重设备规范(1974)》基础上作几处修正,主要修改之处为双杆操作对确定吊货杆长度的条件,其他为印刷错误的修正。该规范合计 7 章,依次为“总则”“计算”“桅及吊货杆和绞车”“起重机”“零部件和绳索”“检验和试验”“标记和证书”等。

(2)《船舶及海上设施起重设备规范(1989)》

船舶检验局公布该规范,自1989年12月起施行。该规范在《船舶起货设备规范(1981)》的基础上作较大修改和补充,对起重机部分做全面修订。

5.《海船乘客定额及舱室设备规范(1982)》

船舶检验局公布了《海船乘客定额及舱室设备规范(1982)》,自1982年12月起施行。该规范与《乘客定额与舱室设备规范(1961)》相比,其章节没有变化,仅部分内容作些修改。

6.海船救生设备规范

(1)《海船救生设备规范(1983)》

1983年船舶检验局公布《海船救生设备规范(1983)》,自1984年2月1日起施行。该规范替代《海船救生设备规范(1974)》,对国际航行船舶的救生设备配备和技术要求完全符合《1974年国际海上人命安全公约》的有关规定,对国内沿海航行船舶按航区配备救生设备,救生设备的技术要求与国际航行船舶要求相同。

(2)《海船救生设备规范(1989)》(国际航行船舶)

1989年船舶检验局公布《海船救生设备规范(1989)》,同年10月起施行。该规范系按照《1974年国际海上人命安全公约》1983年修正案(生效于1986年7月1日)修正的第3章制订,显著提高国际航行船舶有关救生设备的安全标准。

(3)《海船救生设备规范(1990)》(国内航行船舶)

1990年由船舶检验局公布,同年4月起施行。该规范对国内海船的救生设备安全标准亦做了适当提高。

7.《海船无线电设备规范(1983)》

1983年船舶检验局公布《海船无线电设备规范(1983)》,同年4月1日起施行。该规范对国际航行船舶按照《1974年国际海上人命安全公约》和《国际电信公约》的无线电规则的要求进行修订;对国内航行船舶按航区配备无线电设备。规范实施中,船舶检验局依据《SOLAS74公约》的1981年修正案和1983年修正案,对该规范进行修订,于1988年8月公布实施了该规范的《1988修改通报》。

8.《海船信号设备规范(1984)》

1984年船舶检验局公布《海船信号设备规范(1984)》,自同年6月10日起施行。该规范符合《1972年国际海上避碰规则公约》及其1981年修正案的有关规定。该规范的第5章"烟火信号与救生圈用自亮浮灯",不属于海船信号设备范围,后来将其纳入《海船救生设备规范(1989)》中。

9.海船航行设备规范

(1)《海船航行设备规范(1984)》

1984年船舶检验局依据《1974年国际海上人命安全公约》及其《1978年议定书》的要求,对《海船航行设备规范(1975)》进行修订,但《海船航行设备规范(1984)》未正式公布实施。

(2)《海船航行设备规范(1987)》

1987年船舶检验局公布《海船航行设备规范(1987)》,同年3月16日起施行。该规范符合《1974年国际海上人命安全公约》及其《1978年议定书》和1981年修正案的有关要求。

10.《海船防污染结构与设备规范(1986)》

1986年船舶检验局公布该规范,同年3月起施行。该规范符合《MARPOL73/78公约》附则Ⅰ、Ⅱ、Ⅳ的相关要求。该规范共计4章,依次为"总则""防止油类污染""控制散装有毒液体物质污染""防止船舶生活污水污染"等。

规范实施中,船舶检验局于1988年8月1日发布实施该规范的《1988修改通报》,修订的主要内容是在第2章防止油类污染中,增设第7节“400总吨以下国际航行非油船的补充规定”和第8节“国内沿海航行船舶防止油污染的暂行规定”,该通报自1988年8月1日起施行。

11.《海船防火结构与消防设备规范(1988)》(国内航行船舶)

1988年船舶检验局公布该规范,同年2月1日起施行。该规范考虑《1974年国际海上人命安全公约》的1981年修正案对国际航行货船的消防方面的安全标准提高很多,国内航行船舶难以满足该修正案的要求,特对有关结构防火部分作适当调整。该规范共计5章,依次为“通则”“客船”“货船”“油船”“除客船、货船及油船以外的船舶”等。

12.《海船法定检验技术规则(1992)》

船舶检验局按照国际海事公约及其修正案,对海船法定检验规范进行修订,并整合为《海船法定检验技术规则(1992)》,自1992年10月1日起施行。该规则替代了上述1至11项公布施行的单行本海船法定检验规范。

《海船法定检验技术规则(1992)》总计24篇145章,其中,第一篇“总则”6章,依次为“一般规定”“船舶吨位丈量”“船舶载重线检验”“船舶安全检验”“防止船舶污染检验”“船舶起重设备检验”等。明确指出,该规则的制定是为贯彻实施中华人民共和国政府有关法令条例,执行中华人民共和国政府批准、接受、承认或加入的国际公约,以保障海上人命财产和航行安全,保障海上和港口水域不受污染以及起重设备安全作业。

第二篇“船舶构造”8章,依次为“一般规定”“材料和焊接”“船体结构试验”“结构强度”“舷墙及栏杆”“甲板与外板及舱壁的开口以及其关闭装置”“通风筒与空气管和排水管”“沿海小型船舶船体建造补充规定”等。

第三篇“轮机”12章,依次为“一般规定”“泵和管系的一般规定”“船舶管系和舱室通风系统”“动力管系”“油船管系”“锅炉和受压容器”“汽轮机和燃气轮机”“柴油机”“齿轮传动装置”“轴系及螺旋桨”“操舵装置及锚机装置”“备件”等。

第四篇“电气装置”11章,依次为“一般规定”“主电源”“应急电源”“动力设备”“照明与航行灯和信号灯”“船内通信及信号”“触电与失火及其他电气灾害的预防措施”“油船的附加要求”“对运载油箱中有自用燃料车辆的附加要求”“电力推进装置附加要求”“备件和备品”等。

第五篇“轮机自动化”6章,依次为“一般规定”“自动化系统的基本要求”“控制站”“主推进机械和蒸汽锅炉”“辅机及其他设备”“防火及防浸水”等。

第六篇“载重线”3章,依次为“一般规定”“国际航行船舶”“国内航行船舶”等。其中纳入了按照《1966年国际船舶载重线公约及其1988年议定书》修订的《海船载重线规范(1975)》。

第七篇“完整稳性”3章,依次为“一般规定”“稳性基本要求”“稳性特殊要求”等。其中纳入了《1986年海船稳性规范》。

第八篇“分舱和破舱稳性”3章,依次为“一般规定”“客船的分舱与破舱稳性”“对船体结构和开口等的要求”等。其中纳入了《海船分舱和破舱稳性规范(1987)》。补充了《SOLAS74公约》的1988年“有关在驾驶室设置装货门启闭状态指示器等规定”和“有关客船破舱残存稳性标准等规定”等两个修正案。

第九篇“谷物装运”3章,依次为“一般规定”“国际航行船舶的假定倾侧体积矩”“国内航行船舶的假定倾侧体积矩”等。

第十篇“吨位丈量”4章,依次为“一般规定”“国际航行船舶”“国内航行船舶”“长度小于24米的船舶”等。其中纳入了《海船吨位丈量规范(1985)》。

第十一篇“消防”8 章，依次为“一般规定”“国际航行客船消防措施”“国际航行货船消防措施”“国际航行油船消防措施”“国内航行客船消防措施”“国内航行货船消防措施”“国内航行油船消防措施”“客船与货船及油船之外的船舶消防措施”等。其中纳入了《海船防火结构与消防设备规范(1988)》(国内航行船舶)。有关对国际航行船舶的消防要求，符合《SOLAS74 公约》的 1981 年和 1983 年修正案的规定，但未考虑 1992 年 2 月 1 日生效的 1989 年修正案的相关要求。

第十二篇“救生设备”17 章，依次为“一般规定”“客船和货船救生设备配备的一般要求”“客船附加要求”“货船附加要求”“渔船救生设备的配备”“特种用途船救生设备的配备”“救生设备的一般要求”“个人救生设备”“视觉信号”“救生筏”“救生艇”“救助艇”“降落与登乘设备”“其他救生设备”“其他”“引航员软梯及机械升降器”“国内航行船舶救生设备的补充规定”等。其中纳入了《海船救生设备规范(1989)》(国际航行船舶)和《海船救生设备规范(1990)》(国内航行船舶)。

第十三篇“无线电通信设备”5 章，依次为“一般规定”“无线电通信设备的配备”“无线电通信设备的技术条件”“对安装无线电设备舱室的基本要求”“无线电通信设备的安装”等。其中纳入了《海船无线电设备规范(1983)》。但 1992 年 2 月 1 日生效的《SOLAS74 公约》1988 年修正案(GMDSS)未纳入本篇。

第十四篇“航行设备”7 章，依次为“一般规定”“航行设备的配备”“航海罗经及自动操舵仪”“无线电导航设备”“速度和航程指示装置”“测深仪”“天文航海仪器及其他”等。其中纳入了《海船航行设备规范(1987)》。但《SOLAS74 公约》1988 年修正案的相关内容未纳入本篇。

第十五篇“信号设备”5 章，依次为“一般规定”“号灯”“闪光灯”“号型与号旗”“声响信号器具”等。其中纳入了《海船信号设备规范(1984)》，符合《1972 年国际海上避碰规则公约》及其 1987 修正案的规定。

第十六篇“海上拖航”5 章，依次为“一般规定”“被拖船舶”“被拖移动式平台”“拖船”“拖曳设备”等。其中纳入了《海船拖航检验(1985)》。

第十七篇“防止船舶造成污染的结构与设备”6 章，依次为“一般规定”“防止油类污染规定”“控制散装有毒液体物质污染规定”“防止海运包装的有害物质污染规定”“防止船舶生活污水污染规定”“防止船舶垃圾污染规定”等。其中纳入了《海船防污染结构与设备规范(1986)》及其 1988 年修改通报内容，以及“防止海运包装的有害物质污染规定”和“防止船舶垃圾污染规定”。

第十八篇“起重设备”7 章，依次为“一般规定”“吊杆装置”“起重机与升降机和跳板”“机械与电气和控制系统”“零部件和绳索”“试验”“标记”等。其中纳入了《船舶及海上设施起重设备规范(1989)》。

第十九篇“船员舱室设备”2 章，依次为“一般规定”“船员舱室设备及其他”。该篇符合《国际劳工组织船员舱室设备公约》及其 1949 年修正案和 1970 年附加规定的有关要求。

第二十篇“乘客定额及舱室设备”8 章，依次为“一般规定”“载运乘客条件”“客舱的分类”“乘客定额标准”“公共处所及服务处所”“卫生处所及医务处所”“供水与通风及照明以及暖气设备”“舷墙与栏杆和其他装置”等。其中纳入了《海船乘客定额及舱室设备规范(1982)》。

第二十一篇“散装运输危险化学品船舶构造和设备”，直接取用中国船级社公布实施的《散装运输危险化学品船舶构造和设备规范(1990)》。

第二十二篇“散装运输液化气体船舶构造和设备”，直接取用中国船级社公布实施的《散装运输液化气体船舶构造与设备规范(1990)》。

第二十三篇“消防船”4 章，依次为“一般规定”“基本要求”“灭火设备”“保护设备”等。

第二十四篇“高速船”12 章，依次为“一般规定”“船体结构”“机器设备和系统”“遥控和报警系统”“电气装置”“载重线与稳性和分舱”“消防”“救生设备”“无线电通信与航行和信号设备”“操纵与航态稳定系统”“舱室布置与脱险措施”“锚泊与系泊和拖曳设备”等。

其后,船舶检验局公布《海船法定检验技术规则(1992)》的《1994修改通报》,将有关GMDSS的规定列入第十三篇中。该通报自1994年4月15日起施行。

1996年5月1日,船舶检验局公布施行《海船法定检验技术规则(1992)》的《1995修改通报》。该通报对总则(检验和发证)、船体构造、机电设置、机舱自动化、海上拖航、船员舱室设备、散化船和液化船构造设备、消防船和高速船等进行了补充,从而进一步完善了《海船法定检验技术规则(1992)》。

13.《沿海小型钢丝网水泥船建造规范(1986)》

20世纪80年代初,从事运输和作业的钢丝网水泥船由内河向沿海发展。船舶检验局为满足对钢丝网水泥船的检验需求,于1986年公布《沿海小型钢丝网水泥船建造规范(1986)》,自1986年11月15日起施行。

该规范合计18章,依次为“总则”“材料”“建造工艺和构造要求”“总纵强度”“外板”“甲板”“骨架的一般规定”“船底骨架”“船侧骨架”“甲板骨架”“舱口悬臂梁”“支柱”“舱壁”“首尾柱及外龙骨”“船端加强”“上层建筑”“舷墙及栏杆”“船体密性试验”等。

14.《纤维增强塑料船建造规范(1991)》

1991年12月,船舶检验局公布《纤维增强塑料船建造规范》,自1992年2月15日起施行,适用于船长小于40米的海洋和内河民用船舶,但不适用于油船。该规范共4章,依次为“总则”“原材料及其使用”“船体结构”“建造”等。

15.船舶安全管理体系认证规范

(1)《船舶安全管理体系认证规范(1995)》

国际海事组织为控制人为因素对船舶安全的影响,于1994年5月对《1974年国际海上人命安全公约》进行重大修改,新增加的第IX章“船舶安全营运管理”中,引入了《国际船舶安全营运及防污染管理规则》,简称《国际安全管理规则》或《ISM规则》。

1995年3月22日,交通部授权中国船级社为执行《国际船舶安全营运及防污染管理规则》的船舶检验发证机构。中国船级社依据《1974年国际海上人命安全公约的1994年修正案》《主管机关实施ISM规则的导则》以及国际船级社协会的《国际安全管理规则的统一解释》,制订《船舶安全管理体系认证规范(1995)》。中国船级社于1995年4月28日公布实施。

该规范包括了适用范围、初次审核和发证、证明和证书有效性的保持、换新审核和发证、保持证明和证书有效性及登录的条件、证明或证书的恢复、SMS的审核等内容,并将《ISM规则》作为附录列在其后。该规范适用于从事国际航行的客船和500总吨以上的货船,以及它们所隶属的船舶管理公司。

(2)《船舶安全管理体系认证规范(1996)》

随着中国船级社有关船舶安全管理体系(SMS)审核的经验积累,以及IACS《ISM规则认证程序要求》和IMO《ISM规则》的修订更新,对《船舶安全管理体系认证规范(1995)》进行修订。中国船级社于1996年9月1日公布实施《船舶安全管理体系认证规范(1996)》。为了有效贯彻执行该规范,中国船级社于1998年6月编制《船舶安全管理审核操作指南》指导现场审核认证工作。

(3)《船舶安全管理体系认证规范(1998)》

中国船级社在向各分社和有关船公司征求意见基础上,于1998年3月9日开始按照IACS PR9《ISM规则认证程序要求》,以及IMO有关《ISM规则》的修改意见,对《船舶安全管理体系认证规范(1996)》进行修订。中国船级社于1998年9月1日正式公布实施《船舶安全管理体系认证规范(1998)》。

该规范设“一般规定”“SMS审核与发证”“SMS审核的一般规定”“公司的审核”“船舶的审核”“分支

机构的审核”“船级附加标志”等7章。该规范中增加了有关DOC/SMC证书失效后在船旗转换时和主管机关授权中国船级社取消DOC/SMC时的情况，有关船上审核均需在船舶正常营运情况进行的规定，有关不合格报告的填写及其纠正措施的落实和验证，有关临时DOC证书及其签发等内容。

16.《20米以下沿海船舶检验暂行规定(1996)》

1996年10月20日，船舶检验局公布施行适用于船长5米至20米钢质民用船舶的《20米以下沿海船舶检验暂行规定(1996)》。该规定设“一般规定”“检验与证书”“材料与焊接”“结构与强度”“舣装”“稳性与载重线”“轮机”“电气装置”“消防”“救生设备”“无线电通信设备与信号设备”“乘客定额”等12章。

(三)海船检验规章

1.《船舶建造检验规程(1984)》

1984年船舶检验局公布《船舶建造检验规程(1984)》，自同年4月15日起施行。该规程共24章及2个附录，是一本包括部分检验标准的综合程序性检验规程，适用于悬挂中华人民共和国国旗的钢质海船和内河船(海船大于150总吨，河船船长不小于30米或功率不小于220千瓦)。主要内容包括：船舶开工前的各项检查、原材料及铸锻件的检验、船体、舾装、机电、货物冷藏、无线电通信、吨位丈量、载重线、稳性、救生、消防、信号、航行、拖带、防污染、起重和乘客定额等各项检验。两个附录是送审图纸目录及船舶建造检验项目表。

2.《海上营运船舶检验规程(1984)》

1984年船舶检验局公布《海上营运船舶检验规程(1984)》，自同年3月起试行。该规程替代《营运船舶检验规程(1966海船)》，主要内容包括：船体、舾装设备、机械装置、锅炉装置、电气设备、无线电设备船舶自动控制、冷藏装置、安全设备、起货设备等各项检验。

3.船舶清除可燃气体规则

随着我国石油生产和国内外油运任务的迅速增长，我国油船船队不断扩大，来往我国港口的外籍油船也相应频繁，为维护港口和船舶的安全，船舶检验局制订《船舶清除可燃气体检验规则(1977)》，于1977年6月13日公布试行。

其后，船舶检验局以该规则为基础进行了修订，并公布了《船舶清除可燃气体检验规则(1989)》，自1989年6月1日起施行。

4.《船舶清除可燃气体检测机构及监测人员认可暂行办法(1992)》

为了加强船舶在修理期间的消防安全管理，1991年3月23日交通部、公安部和中国船舶工业总公司以31号令联合颁布实施《船舶修理防火防爆管理规定》。其中规定，由船舶检验局负责对检测机构和检测人员的认可和监督管理。为此，船舶检验局制订并公布了《船舶清除可燃气体检测机构及监测人员认可暂行办法(1992)》，自1992年9月15日起施行。

(四)验船师须知

为便于现场验船师开展工作，船舶检验局于20世纪80年代中期开始编制验船师须知。第一本验船师须知编号为(85)CHO01《焊工考试规则》，于1985年8月30日公布施行。1986年编制《关于执行“SOLAS1981年修正”的注意事项》《防止船舶油污检验及其发证办法》《起退租检验》《关于执行“SOLAS1983年修正”的注意事项》《关于舷梯及引航员软梯以及机械升降器的检验》等验船师须知。1987年编制《巴拿马旗船舶船员舱室检验及发证办法》《ICGB船舶起货设备检验发证办法》等验船师须知。1988年编制《营运外轮代理检验指南》《船舶锅炉安装》《国内沿海航行船舶检验报告及船舶检验证书簿使用说明》

《建造船舶检验工作程序和职责》《营运船舶检验工作程序和职责》等验船师须知。90 年代整合为建造船舶检验、营运船舶检验、证书检验报告等 5 册活页验船师须知,便于随时更新。

三、河船检验规章规范体系的形成

(一)河船入级检验规范

《钢质内河船舶入级与建造规范(1996)》

根据《中华人民共和国船舶和海上设施检验条例》中有关内河船舶入级的规定和要求,为了配合入级业务的开展,中国船级社决定由武汉规范所编写钢质河船入级与建造规范。该规范的入级部分是参照海船入级规则制定了河船入级条件、入级符号和附加标志以及各种检验规定等;其建造部分,主要是将《内河钢船建造规范(1991)》及其修改通报的内容,以及实施过程中的反馈意见有分析地加以采纳,并作必要的编辑性修改。《钢质内河船舶入级与建造规范(1996)》是我国第一本内河船舶入级规范,经中国船级社技术委员会于 1995 年 12 月审查通过,自 1996 年 10 月 1 日起施行。

该规范分为 9 篇,依次为"入级及检验""船体""轮机""电气设备""机舱自动化""货物冷藏装置""消防""材料""焊接"等。全书分 3 个分册出版。

(二)长江水系船舶法定检验规范和规章

1.《长江水系钢船建造规范(1978)》

1973 年 12 月 19 日,交通部下达"关于组织修订长江钢船建造规范工作的通知",1975 年 3 月,修订长江水系钢船建造规范工作组正式组成。工作组充分应用科研成果,以实测应力和统计分析等资料为依据进行编写。并将船体振动、轴系扭振及配电系统等研究成果引入规范,还增加碎冰区结构加强、冷藏装置和集控技术等新内容。1978 年由船舶检验局公布,自 1978 年 8 月 1 日起施行。

该规范在实施过程中,船舶检验局发布了三个修改通报:

《1984 修改通报》主要是补充完善了船体结构强度。该修改通报自 1984 年 11 月 15 日起施行。

《1988 修改通报》主要对油船的防火结构、消防设施、电气设备及油船管系等方面作出补充规定。该修改通报自 1988 年 12 月 20 日起施行。

《1989 修改通报》主要对内河旅游客船制订了消防补充规定。该修改通报自 1989 年 2 月 1 日起施行。

2.《长江水系小型钢船建造规范(1973)》的修改通报

该规范在实施过程中,发现稳性衡准近似算式与实船情况常有出入,因此稳性部分暂停施行。后对小型钢船稳性衡准在《长江水系船舶稳性和载重线规范(1980)》中,作了补充规定。《长江水系钢船建造规范(1978)》公布后,为使《长江水系小型钢船建造规范(1973)》在船体结构上与《长江水系钢船建造规范(1978)》衔接,在总结实践经验的基础上,于 1979 年公布了《长江水系小型钢船建造规范(1973)》的《1979 修改通报》,自 1979 年 4 月 15 日起施行。

3.《长江水系小型钢船建造规范(1985)》

1985 年船舶检验局公布该规范,同年 12 月 1 日起施行。该规范合计 4 篇 23 章。第一篇为"船体结构",第二篇为"船舶设备",第三篇为"动力装置",第四篇为"系泊试验及航行试验"。

4.长江水系船舶稳性和载重线规范

(1)《长江水系船舶稳性和载重线规范(1980)》

1977 年 4 月 7 日,船舶检验局下达组织修订"长江水系船舶稳性和载重线规范"的任务。同年 6 月 6

日,在武汉组成"长江稳规工作组"。除邀请两科研承担单位长航科研所和武汉水运工程学院外,另邀请长江船舶设计院、华中工学院及长航船管部门,共计6个单位、11人组成,其中长江航政局规范组3人。为检查规范第一稿的可行性,特选择95艘船舶237种工况进行稳性校核,又对96艘船舶进行载重线规范比较。核算结果表明能反映实际情况和保证船舶安全航行,收到了预期的效果。1978年5月在浙江莫干山召开审查会议。经船舶检验局批准公布,自1980年7月1日起施行。

(2)《长江水系船舶稳性和载重线规范(1985)》

《长江水系船舶稳性和载重线规范(1980)》实施中,甲板船曾因风浪、急流、碰撞引起断缆等多种原因,多次发生翻沉事故。究其原因,主要是装载散货坍塌倾侧所致。而该规范尚未考虑甲板船散装货的特性,没有提出稳性要求。为此,1983年7月,长江航运管理局在南京新华船厂召开关于1500吨甲板驳稳性及改装设计讨论会。有船舶检验局及其上海、长江区办事处,长航上海、武汉分公司,以及有关船厂、设计院等20多个单位与会。会议提出甲板船的稳性计算工况条件,应采用其静稳性力臂曲线下的最小面积值。这一规定系参照国际上对驳船的稳性要求,但我国现有营运甲板船有半数不能满足这一要求,尤其是机动甲板船相差甚远,由此可见现有营运甲板船稳性扶正能力低弱。对此,船舶检验局决定在对甲板船的稳性衡准继续专题研究的同时,作为对新甲板船的稳性衡准标准,引进此项要求修订《长江水系船舶稳性和载重线规范(1980)》,于1985年10月1日公布实施了《长江水系船舶稳性和载重线规范(1985)》以提高甲板船的稳性。

该规范合计3章,依次为"总则""稳性""载重线"等。还有"船舶稳性总结表""本规范推荐的船舶最小动倾覆力臂简易计算方法"等2个附录。

5.珠江水系客船执行《长江水系船舶稳性和载重线规范(1985)》的补充规定

1983年3月1日,"红星312"轮在珠江三角洲遇雷雨暴风翻沉,国务院调查组曾提出由广东省制订客船稳性补充规定。1985年3月2日"红星283"轮发生同类事故,交通部工作组再次提出此问题。广东省在对客船普遍进行稳性复查的基础上,于1985年4月17日由省交通厅牵头,省航运总公司、省船舶工业联合公司、省航政局等单位组成领导小组和技术修订组。4月23日,领导小组决定先解决珠江水系B级航区客船的补充规定。选择典型客船88艘,占全部客船的50%,进行计算分析。同年9月18日至20日,由船舶检验局在广州主持召开审查会,两广地区有关人员参加。珠江水系B级航区客船稳性补充规定通过后,船舶检验局公布,自1985年12月30日起施行。以后又采纳广西方面提出的意见,稍作修改,由船舶检验局公布《1988修改通报》,自1988年3月1日起施行。

6.《长江水系营运船舶检验规程(1982)》

《长江水系钢船建造规范(1978)》取代了《长江钢船建造规范(1962)》,故《营运船舶检验规程(长江船舶1966)》需要重新修订。1979年3月,"规程编写工作组"在武汉组成。通过沿长江及珠江九省一市进行调查,在认真总结经验的基础上完成第一稿,1980年4月在成都召开审查会议。当时,机务部门强调节约修理费,会上对船检规定的检验间隔期问题争议未决。后经反复交换意见,一致认为修船与检验工作应相互配合,可结合船龄及船舶技术状况而适当延长或缩短其检验间隔期限。修改成第二稿后上报,经船舶检验局审批后于1982年6月公布,同年7月1日起施行。该规程于1985年进行修改,修改通报由船舶检验局公布,自1985年12月15日起施行。

《长江水系营运船舶检验规程(1982)》公布后,其内容已包括小型船舶,故《1973年长江水系营运小船检验规程》停止施行。

(三)内河船舶法定检验规范

1978年,船检局长江区办事处规范组着手涵盖全国各大水系的船舶规范研究,从1981年开始陆续公布一些内河船舶规范。1985年后,在船检局河船规范所推动下,内河船舶规范不断完善。特别是,1987年船检局河船规范所编制《内河船舶规范体系表》,为内河水域船舶规范体系确定了基本构架,以此指导内河水域船舶规范编制,实现内河水域船舶规范的系统化、科学化发展。

1.内河船舶乘客定额与舱室设备规范

(1)《内河船舶乘客定额与舱室设备规范(1981)》

1978年10月船舶检验局决定将《长江船舶乘客定额与舱室设备规范(1962)》,修订为适用于内河船舶的乘客定额与舱室设备规范。为此,船检局长江区办事处组织编写组对长江、珠江水系船舶的舱室布置与服务设施进行调查分析,编写出规范草案。1979年12月在襄樊市召开审查会议通过,《内河船舶乘客定额与舱室设备规范(1981)》由船舶检验局公布,自1981年2月1日起施行。

(2)《内河船舶乘客定额与舱室设备规范(1995)》

随着内河客船的更新换代,船舶检验局对《内河船舶乘客定额与舱室设备规范(1981)》进行修改和完善,于1993年完成修改稿,主要在乘客密度、舱室设备方面尽可能符合现有客船的实际情况,并认真总结近年来客船发生事故的经验教训,从安全的角度考虑对舱室设备的布置作了明确的规定。通过审议后,船舶检验局公布《内河船舶乘客定额与舱室设备规范(1995)》,自1996年4月1日起施行。

2.内河钢质工程船建造规范

(1)《内河钢质工程船建造规范(1982)》

《长江水系钢船建造规范(1978)》没有包括工程船的内容。过去设计建造工程船,通常是根据实船经验或借鉴国外同类船舶,参照一般船舶现行规范设计建造,或由旧有驳船改建。由于工程船的结构、性能、装置、设备等与一般船有明显的不同,照常规船设计,多有不合理之处。

为适应内河航道建设事业的发展,满足设计建造内河工程船的需要,1977年船舶检验局下达了制订工程船规范的任务。确定制订工程船规范的原则是:①工程船规范包括挖泥船、起重船和打桩船;②作为《长江水系钢船建造规范》和《长江水系船舶稳性和载重线规范》的补充规定;③除船体结构、机电装置外,尚应含船舶性能、舾装、安全设备及工程船的特殊结构与专用装置设备等,是综合性规范。根据工程船结构的特殊性,先选择各类工程船进行总纵强度应力测试,了解各构件的应力分布。然后,于1979年4月组成"工程船规范编写组",1980年7月17日至27日,在山东威海市召开审查会。经整理后上报,由船舶检验局公布,自1982年10月1日起施行。

(2)《内河钢质工程船建造规范(1993)》

1990年河船规范所调整内河规范体系,决定修订《1982年内河钢质工程船建造规范》。将该规范中有关稳性和载重线的内容分别纳入其他的专门规范中,同时对工程船的主尺度比值及有关参数稍作调整,并精简不属于船检部门检验范围的对某些专用设备的规定,而其船体结构部分作为《1991年内河钢船建造规范》的补充规定。修改后的内河钢质工程船建造规范合计3章,依次为"船体结构及工程专用设备""轮机及其专用设备""电气及其专用设备"等。船舶检验局公布了《1993年内河钢质工程船建造规范》,自1994年3月1日起施行。

3.《内河小型钢丝网水泥船建造规范(1984)》

1981年2月船舶检验局就《内河小型钢丝网水泥船建造规范(1974)》的实施情况征求意见后,决定进行修订,并委托上海船舶运输科学研究所主持,船检局长江区办事处规范组派员参加。成稿后于1983年4月,船舶检验局在杭州召开规范审查会议通过并公布,自1984年7月15日起施行。

4.《内河航区分级规范(1986)》

《内河航区划分等级标准(1961)》实施多年后,考虑到历年来的河道变迁,新建水库对内河航运安全的影响,以及实施中发现的问题,须对该标准进行修订。规范成稿后,船舶检验局于1982年11月在贵阳召开审查会。会后,又对重点地段进行考察和反复磋商,最后经船舶检验局批准公布,《内河航区分级规范(1986)》自1986年1月15日起施行。

5.内河船舶吨位丈量规范

(1)《内河船舶吨位丈量规范(1986)》

《船舶吨位丈量规范(1978)》虽然适用于国内航行的海船及内河船,但没有充分考虑到内河船的特点。为此,船舶检验局在1983年决定以《船舶吨位丈量规范(1978)》为基础,将量吨甲板上固定载客或载货的开敞处所纳入总吨位,单独编制内河船舶吨位丈量规范。规范成稿后,船舶检验局于1984年8月在牡丹江市召开审查会通过。会后经船检局河船规范所修订,船舶检验局公布《内河船舶吨位丈量规范(1986)》,自1986年10月15日起施行。

(2)《内河船舶吨位丈量规范(1995)》

1991年,船检局河船规范所吸收原规范在使用中的反馈信息,于1992年3月完成修改草案。除对原规范条文作了文字上的修改外,并增加了净吨位中有关半舱船等新内容。同年7月,在湖北咸宁召开规范审查会。该规范由船舶检验局公布,自1995年10月1日起施行。

6.《内河船舶防污染结构与设备规范(1987)》

鉴于《中华人民共和国环境保护法》于1984年5月11日生效。为贯彻国家法令和有关国际公约,船舶检验局于1984年决定制订《内河船舶防污染结构与设备规范》,作为对船舶的防污染结构与设备实施技术监督的依据。规范编写组走访长江、珠江、黑龙江三水系,了解船舶防污染设置现状。1985年完成第一稿,并于同年6月24日在武汉召开座谈会。形成第二稿后,于1986年5月在武汉召开审查会。《内河船舶防污染结构与设备规范(1987)》由船舶检验局公布,自1987年10月15日起施行。

该规范仅对防止油类污染作了规定,而其他污染物的处理尚待继续研究。1992年又发出了“修改通报”,于同年3月1日起施行。主要补充小功率柴油机船的防止油类污染的处理规定。

7.《纤维增强塑料船建造规范(1991)》

船舶检验局委托上海船舶运输科学研究所制订《纤维增强塑料船建造规范(1991)》。该规范以船体建造和检验为主,由“总则”“原材料及其应用”“船体结构”“建造”等4章组成。适用于船长小于40米的海船和河船(油船除外)。

8.《内河钢船建造规范(1991)》

编写《内河钢船建造规范(1991)》是以《长江水系钢船建造规范(1978)》(含三次修改通报)为基础,兼并《长江水系小型钢船建造规范(1985)》。1987年3月,由河船规范所组成总强度、局部强度、舾装设备、材料焊接、轮机、电气6个编写小组。采取各自调查、试验、编写等步骤,然后在船、机、电三个大组进行统稿。在武汉召开多次座谈会,还根据需要走访了珠江、黑龙江、黄河等水系有关单位。1989年8月在应山县召开审查会,会后完成第三稿上报。1991年6月由船舶检验局公布,自同年12月1日起施行。

该规范合计8篇,依次为“船体”“轮机”“电气设备”“机舱自动化”“货物冷藏装置”“消防”“材料”“焊接”等。

规范中引入了近几年来的新船型、新技术、新装备,充分考虑了海、河船舶规范中必要的协调和统一,兼顾到全国各水系特点,注意到大、小船区别对待,反映了我国国情,体现了中国自己的特色,是第一部由长江水系发展到全国各大水系的内河船舶规范。

9.《内河散装运输危险化学品船舶构造与设备规范(1995)》

为适应内河散装运输危险化学品船舶的发展和安全生产需要,船检局河船规范所总结实践经验,在

《1992年内河装运危险货物船舶适装条件的检验暂行规定》基础上,编制《内河散装运输危险化学品船舶构造与设备规范(1995)》。船舶检验局于1995年公布,自1996年4月1日起施行。

该规范合计18章,依次为“一般规定”“船舶残存能力和货舱位置”“船舶布置”“货物围护系统”“货物驳运”“构造材料”“货物温度控制”“液货舱透气系统”“环境控制”“电气设备”“防火与灭火”“货物区域的机械通风”“测量设备”“人员保护”“特殊要求”“操作要求”“最低要求一览表”“本规范不适用的化学品名单”等。

10.《内河船舶信号设备规范(1992)》

按照船舶检验局制定的河船规范体系表,将《长江水系钢船建造规范(1978)》和《长江水系小型钢船建造规范(1985)》中的信号、航行、救生设备的规定转化为3个单行本规范。船舶检验局在对洞庭湖、鄱阳湖中航行船舶的信号设备配备情况进行调研的基础上,编写了河船信号设备规范稿,并于1990年6月通过评审。船舶检验局公布了《内河船舶信号设备规范(1992)》,自1992年11月1日起施行。

该规范分为“总则”“号灯”“号型和号旗”“声响信号”4章。

11.《内河船舶航行设备规范(1992)》

船检局河船规范所按照河船规范体系表的规定,将钢船建造规范中有关航行设备的内容转化为河船航行设备规范,1990年7月成稿,1991年4月通过审定。船舶检验局于1992年10月公布《内河船舶航行设备规范(1992)》,自1993年2月1日起施行。

该规范分为“总则”“航行设备的配备”“航行设备的技术要求和安装”3章。

12.《内河船舶救生设备规范(1992)》

船检局河船规范所将《长江水系钢船建造规范(1978)》和《长江水系小型钢船建造规范(1985)》中有关救生设备的规定剔除,编写内河船舶救生设备规范。成稿后,于1989年12月通过审查。1992年10月船舶检验局公布了《内河船舶救生设备规范(1992)》,自1993年2月1日起施行。

该规范由“总则”“救生设备的配备定额”“救生设备的技术要求”“船舶应变部署与救生演习”4章组成。

13.《内河船舶稳性规范(1993)》

船检局河船规范所按照河船规范体系表的要求,于1989年3月在分解《长江水系船舶稳性和载重线规范(1985)》基础上编制河船稳性规范和载重线规范。其中,有关河船稳性规范的编写,以《长江水系船舶稳性和载重线规范(1985)》中稳性部分为基础,补充其有关珠江水系客船执行的《1985补充规定》和《1988修改通报》的相关内容,再合并《内河钢质工程船建造规范(1982)》中有关稳性规定,同时增添了新颖船型的稳性要求,以及按照船舶类型、用途和航区(段)的不同,提出的各自稳性特殊要求等。

规范成稿后,1990年3月27日船舶检验局技术委员会稳性分委员会内河小组对横摇角及风压倾侧力矩等进行了评议。同年11月,船舶检验局在济南市召开内河船舶稳性、载重线、航区分级三种规范的审查会,根据会议及各地反馈意见进行研究、修改,经船舶检验局审查后公布,《内河船舶稳性规范(1993)》自1994年3月1日起施行。

该规范分为“总则”“稳性基本要求”“稳性特殊要求”3章。该规范适用于航行江、河、湖、水库的船长大于10米的船舶。但不适用于滑行艇、水翼艇、气垫船和风帆助航船。

14.《内河船舶载重线规范(1995)》

船检局河船规范所依据河船规范体系表,按照编写《内河船舶稳性规范(1993)》的相同原则,编写内河船舶载重线规范。成稿后,1990年11月,船舶检验局在济南市召开内河船舶稳性、载重线、航区分级三本规范的审查会,根据会议及各地反馈意见,对原稿进行修改。该规范经反复审议后,船舶检验局公布了《内河船舶载重线规范(1995)》自1996年4月1日起施行。

该规范分为“总则”“名词定义”“甲板线及载重线标志”“最小干舷计算”4章。该规范适用于航行江、河、湖、水库的船长大于10米的船舶。但不适用于滑行艇、水翼艇、气垫船、风帆助航船和船坞。

15.《内河船舶无线电通信设备规范(1996)》

船检局武汉规范所按照河船规范体系表规定,主要参照《海船法定检验技术规则(1992)》第十三篇无线电设备,编写内河船舶无线电通信设备规范。成稿后于1995年通过审核。船舶检验局公布了《内河船舶无线电通信设备规范(1996)》,自1996年4月1日起施行。

该规范由“总则”“无线电通信设备的配备”“无线电通信设备的基本技术要求”“无线电通信设备的安装”4章组成。

16.《内河散装运输液化气体船舶构造与设备规范(1988)》

船舶检验局为了加强对内河散装运输液化气体船的安全管理,由武汉规范研究所制订《内河散装运输液化气体船舶构造与设备规范(1998)》。该规范通过审核后,船舶检验局于1998年12月15日公布实施。

(四)内河船舶检验规章

1.《内河小型船舶建造检验规程(1987)》

《船舶建造检验规程(1984)》对于内河船舶,仅适用于大、中型河船,在其施行中,交通部内河运输管理局及地方船检、航运部门建议扩大这部规程的适用范围或增订一部小船建造检验规程。为此,船舶检验局给长江区办事处下达了编制内河小型船舶建造检验规程的任务。1984年6月20日,船检局长江区办事处将编写原则、编写计划及章节目录上报,同年7月10日,船舶检验局正式批复。其中有关钢丝网水泥船的章节,委托上海船舶运输科学研究所编写,其余由长江区办事处的规范组编写。

该规程的编写原则是:(1)适用范围只包括小型钢质和钢丝网水泥船船体,其他尚无建造规范的特种材质船体不列入;(2)内容包括自审图至试航交船发证全过程,其中应交船检检验的项目、内容和技术要求,应根据小型船舶的特征实事求是地处理;(3)不干涉船厂工艺进程,只规定验收的项目、测试与方法;(4)某些船用产品,小船厂以单件生产,仅为本厂所造船舶配套,应作适当变通处理;(5)须制订有关验收的部分标准,使生产与检验都有一个共同的依据;(6)实施焊工考试制度和原材料管理制度,以提高船厂技术和管理水平,促进产品质量的提高。

规程编写中,编写组对江苏、湖南、湖北、广东、广西、四川等地的18家地方船厂进行调查,了解船厂的工艺规程、建造精度及统计分析后,确定检验项目、检验程序,并以省级船厂的工艺水平为标准,提高其他船厂的建造质量。该规程成稿后,于1986年5月31日通过了专家审定。船舶检验局于1987年7月28日公布《内河小型船舶建造验检规程(1987)》,于当年11月1日起施行。

该规程合计15章,依次为“总则”“船舶开工前和原材料的检验”“船体装配及焊接的检验”“钢丝网水泥船的检验”“舵装置和锚泊及系泊设备的检验”“轮机装置的检验”“电气装置的检验”“救生设备的检验”“消防设备的检验”“航行及信号设备的检验”“船舶稳性的检验”“载重线的检验”“船舶吨位丈量”“客船舱室设备的检验及乘客定额的核定”“船厂质量证明书的提交及船舶证书的签发”等。

2.《内河营运船舶检验规程(1993)》

1990年5月船检局河船规范所以《长江水系营运船舶检验规程(1982)》及其修改通报为基础,兼并《内河老龄船检验暂行规定(1991)》和《内河趸船检验暂行办法(1986)》中的相关内容,兼顾其他水系船舶的特殊要求,编写内河营运船舶检验规程。成稿后于1991年11月通过评审,由船舶检验局公布。

《1993年内河营运船舶检验规程》自1993年10月15日起施行。

该规程合计13章,依次为“总则”“检验”“船体检验”“船舶设备的检验”“锅炉装置的检验”“主机的检验”“轴系及传动装置和螺旋桨的检验”“辅机的检验”“电气设备的检验”“货物冷藏装置的检验”“机舱自动化设备的检验”“工程船舶专用设备的检验”“船舶系泊及航行试验纲要”等。

3.《内河纤维增强塑料船建造和检验暂行规定(1988)》

纤维增强塑料是20世纪60年代发展起来的造船用新材料。因为工艺简单,通过手工敷层,即可由模具成型,因此得到广泛使用。江苏省于1988年制订了《江苏省玻璃钢船建造暂行规定》,先在无锡市试行。各地船检部门要求制订有关检验技术标准,于是船舶检验局安排河船规范所制订。船舶检验局于1988年3月26日公布《内河纤维增强塑料船建造和检验暂行规定(1988)》,自同年6月1日起施行。

该规定分为5章,依次为“总则”“检验”“材料”“建造工艺和构造要求”“船体结构”等。该规定适用于航行江、河、湖和水库,船长不大于30米的单底、单甲板纤维增强塑料船舶(油船除外)。

4.《内河聚乙烯船建造和检验暂行规定(1991)》

聚乙烯船亦称塑料船,珠海中国技术开发公司在1989年10月引进外国技术,生产出我国第一艘手工成型塑料船。随后,江西、江苏等省陆续仿造塑料船。1990年,山东烟台第五塑料厂与齐鲁石油化工总公司联合引进美国的全套旋转自动成型设备,开始批量生产塑料双壳养殖船。当时制造投入使用的塑料船多为6米长的小艇。为加强对塑料船的安全技术管理,船舶检验局指示河船规范所编制有关塑料船的制造检验规定。船检局河船规范所在1991年依据广东珠海、江西鹰潭等地的塑料船制造经验,以及取样测试获得的数据,完成了编写工作。船舶检验局公布了《内河聚乙烯船建造和检验暂行规定(1991)》,自1991年12月1日起施行。

5.《内河集装箱船建造与检验暂行规定(1992)》

集装箱船是具有长大甲板开口的新颖船型,船检局河船规范所原计划将集装箱船纳入《内河钢船建造规范(1991)》,但由于当时还没有实船资料而未纳入。为此,船检局河船规范所于1990年3月,在对长江集装箱船做了船体强度与系固设备的试验后,编写了内河集装箱船建造与检验暂行规定。该规定经审查通过后,船舶检验局公布了《内河集装箱船建造与检验暂行规定(1991)》,自1992年11月15日起施行。

6.《内河装运危险货物船舶适装条件的检验暂行规定(1992)》

随着内河船舶装运危险货物的运输日益增多,危险货物在装运过程中,常因船舶的技术状况差、管理不善、违章等原因造成火灾、爆炸,以及水域受污染等事故。为保障水上人命财产安全,加强对装运危险货物船舶的监督和检验,广东、上海、江苏、大连等航运主管部门都曾先后制订了有关装运危险货物的船舶技术条件及检验暂行规定等。内河船舶急需制订装运危险货物统一规定。为此,船舶检验局决定由河船规范所制订《内河装运危险货物船舶适装条件的检验暂行规定(1992)》。

对此,船检局河船规范所参照《国际海上危险货物运输规则(1991)》,依据交通部《船舶装载危险货物监督管理规则(1982)》及《关于装运危险货物船舶的技术条件的规定(1983)》,编写了该暂行规定。船舶检验局于1992年10月12日公布了《内河装运危险货物船舶适装条件的检验暂行规定(1992)》,自1993年2月1日起施行。

该暂行规定合计3章,依次为“通则”“装运危险货物船舶的技术条件”“检验及发证”等。

7.《内河消防船检验暂行规定(1992)》

20世纪80年代中期,由于船舶数量增加及船舶火灾、爆炸事故屡有发生,引起各有关部门的关注和高度重视。

鉴于建造消防船的需要，船检局河船规范所于1990年5月着手制订内河消防船检验暂行规定，作为《内河钢船建造规范(1991)》的补充。该规定于1990年12月审查通过。《内河消防船检验暂行规定(1992)》于1992年由船舶检验局公布，自1993年3月1日起施行。

8.《内河气垫船检验暂行规定(1995)》

浙江省船检处在1985年12月曾向省交通厅报送《气垫船检验暂行办法》编写计划，要求列入"省标"课题。船舶检验局得知此信息后，于1987年提出由浙江省船检处与船检局河船规范所联合编写，并正式定名为"内河气垫船检验暂行规定"。编写组通过实船调查和分析研究，于1989年形成初稿，并通过审核。船舶检验局公布《内河气垫船检验暂行规定(1995)》自1995年10月1日起施行。

9.《内河高速船建造与检验规定(1997)》

为适应长江、黑龙江、珠江等内河水域发展高速船的需要，船舶检验局从1993年即着手研究编制《内河高速船建造与检验规定》。该规定主要参照我国《海上高速船入级与建造规范(1993)》，借鉴国外有关高速船的技术规定和安全规则，综合我国高速船的使用经验和研究成果，提出了相应的检验要求。成稿后于1996年5月通过审查。由船舶检验局公布，自1997年9月1日起施行。

10.《内河老龄船检验暂行规定(1991)》

鉴于"老龄船"在营运船舶中所占比例逐年增大，为保障船舶航行的安全，交通部于1989年16日发出《关于加强对老龄船舶检验的暂行规定》。对船龄大于10年的油船，大于15年的散货船、客船和集装箱船，大于20年的杂货船均视为老龄船舶，提出加强检验要求。根据内河老龄船舶的特点，1990年船检局武汉分局制订了《内河老龄船检验暂行规定(1991)》，由船舶检验局公布，自1991年3月1日起施行。

11.《船长5至10米内河钢船检验规定(1997)》

按交通部港监局规定，船长5—10米的船舶须登记发证，而现行船检规范仅适用于10米以上的船舶。为了促进内河船舶航行安全，船舶检验局于1995年7月下达编写"船长5至10米内河钢船检验规定"的计划任务书，由船检局武汉规范所负责，广西、湖南、江苏、吉林等省、自治区船检处参加编写。该规定对船体结构提出原则性的要求，重点放在小船稳性简易计算方法及安全措施方面。1996年1月审查通过，由船舶检验局公布，《船长5至10米内河钢船检验规定(1997)》自1997年3月1日起施行。

该规定设"总则""检验种类和检验项目""船体结构""干舷和稳性""船舶设备""吨位丈量""乘客定额""轮机及电气设备"8章。

12.《内河木质船舶检验办法(1998)》

为对内河木质船舶执行监督检验，促使木质船舶具备安全航行技术条件，船舶检验局公布《1998年内河木质船舶检验办法》，自1998年12月31日起施行。

该办法合计8章，依次为"总则""检验种类和检验项目""船体结构""稳性和干舷""船舶设备""吨位丈量""乘客定额和舱室设备""轮机和电气设备"等。

13.内河挂机船检验规则

改革开放后，我国内河小型挂机船发展迅速，有钢质船、钢丝网水泥船、木质船等，种类多、数量大、事故明显增多。为保障船舶航行安全，船舶检验局相继制订并公布了内河挂机船检验暂行规定及规则：

(1)《内河挂桨(机)船检验暂行规定(1985)》自1985年12月15日起施行；

(2)《内河汽油挂机船检验导则(1993)》自1993年4月1日起施行；

(3)《内河汽油挂机船检验规则(1997)》自1997年3月1日起施行；

(4)《内河柴油挂桨(机)船检验规则(1998)》自1998年10月1日施行。

此外，船舶检验局还制订了《内河趸船检验暂行办法(1986)》《内河船舶使用液化石油气设备检验规定(1986)》,并公布施行。

四、海洋工程规章规范体系的形成

20 世纪 70 年代末 80 年代初,我国沿海大陆架石油和天然气的开发,带动了海洋工程检验业务的增长。有关海洋工程检验的规章和规范,船舶检验局从 1978 年起便着手研究制订。1980—1984 年,首次公布了移动式平台检验暂行办法、移动平台规范、固定平台规范及平台安全规则等。在随后的十余年内,又陆续制订了一系列海洋工程检验规章、规范和检验指导性文件,使海洋工程规章规范体系逐步形成,并充实和完善。

(一)我国早期海洋工程检验的技术依据

我国第一本海上移动平台规范是 1982 年公布施行的,而我国的海上移动平台建造及检验早于 20 世纪 70 年代初便开始了。在我国海上移动平台规范未正式颁布之前,采用下述两种临时措施,以解决检验依据问题。即船舶检验局制订的《移动式近海钻井平台法定检验和入级检验暂行办法》和采用国际通行的规则。

1.《移动式近海钻井平台法定检验和入级检验暂行办法》

1980 年,船舶检验局制订了《移动式近海钻井平台法定检验和入级检验暂行办法》,自 1980 年 7 月 19 日起在内部试行。船舶检验局在文件中阐述了制订"暂行办法"的必要性:"随着海上石油勘探事业的发展,我国石油部已与英、法、日等国分别签署了联合开发我沿海海底石油资源的合作协议。"为适应这项工作开展的需要,经与石油部和中国人民保险公司研究决定,对我国移动式近海钻井平台逐步开展检验发证工作。首先对现有参与开发的移动式近海平台及其辅助船舶抓紧办理法定检验和入级检验。但船舶检验局的《移动式近海钻井平台建造和入级规范》尚未审定出版,因此,特制订《移动式近海钻井平台法定检验和入级检验暂行办法》,先在内部通知试行。该文还指出"关于辅助船舶的法定检验和入级检验,可参照船舶检验局对相当的海船的要求办理"。

2.IMCO《移动式近海钻井船构造和设备规则》

1980 年 7 月 21 日,我国交通、石油两部开始采用政府间海事协商组织 1979 年版的《移动式近海钻井船构造和设备规则》(简称《1979MODU 规则》)。鉴于该规则已于 1981 年 12 月 31 日生效,船舶检验局于 1982 年 8 月 6 日发文正式采用,自 1982 年 9 月 1 日起施行。

后来,1989 年 10 月国际海事组织通过决议,以《1989 年移动式钻井平台构造和设备规则》(简称《1989MODU 规则》)替代上述《1979 MODU 规则》,并规定自 1991 年 5 月 1 日起,新建造的海上移动式钻井平台要符合该规则的要求。

(二)我国首批海洋工程规范规章的编制

我国第一本平台规范《海上移动式钻井船入级与建造规范(1982)》,由船舶检验局委派大连办事处组织编写而成,于 1982 年 12 月 20 日起施行。第二本平台规范《海上固定平台入级与建造规范(1983)》,由国务院机械工业委员会主持,指定船舶检验局负责编写而成,1984 年 1 月 1 日起施行。另由船舶检验局组织本局专业人员编写的《海上平台安全规则(1984)》,1984 年 2 月 1 日起施行。

由于以上三种规范、规则的编制是首创性的工作,而且要及时配合 80 年代初期平台检验的迫切需要,并为以后的平台检验做技术准备,所以这项工作得到国务院机械委、交通部、船检局的高度重视,具体部署并落实编写工作计划,使这些规范得以按时编写完成。

1.《海上移动式钻井船入级与建造规范(1982)》

1978年7月,船舶检验局邀请国内各有关方面专家,在大连召开了“海上钢质移动式钻井平台规范工作会议”,会议商定钢质移动式钻井平台规范工作组(简称“规范编写组”)由7个课题组组成。结构组:708所、天津海洋石油研究所、天津大学、大连海运学院、大连工学院、船检局大连办事处。性能组:天津大学、大连海运学院、船检局大连办事处。船舶及钻井电力设备与无线电导航设备组:大连造船厂。舾装组、船舶动力装置及系统组、钻井动力装置及系统组、防火防爆安全设备组4组为船检局大连办事处。在编写过程中课题组及其人员有些变化,有的单位因工作繁忙,没有参与编写工作。1978年9月,“规范编写组”前往从国外进口的自升式平台和半潜式平台参观、学习、搜集资料,并听取使用部门对制订规范工作的意见和要求。接着对渤海钻井船和南海钻井船的实船进行调研。委托上海交通大学对半潜式海上钻井平台总强度间接动力分析与计算方法、海上钻井平台完整稳定性等进行专题研究。1978—1979年,“规范编写组”按计划完成了钻井平台规范初稿的撰写工作。1980年9月,船舶检验局在烟台召开钻井船规范审查会,对该规范中的“入级和检验”“海洋环境与环境载荷”“防火防爆和灭火”“轮机”“电气”“无线电通信”等章节进行审查。同年12月,在北戴河召开会议,对该规范中的结构、性能等章节进行审查,并对该规范全文审查定稿。1982年,船舶检验局公布了《海上移动式钻井船入级与建造规范(1982)》,自1982年12月20日起施行。这本规范填补了我国海洋工程规范的空白。

该规范包括“入级和检验”“定义”“海洋环境与环境载荷”“设计载荷”“稳性和分舱及载重线”“钢结构设计通则”“自升式钻井船”“半潜式钻井船”“船式与驳船式钻井船”“坐底式钻井船”“水密舱壁”“深舱舱壁”“轮机”“电气”“无线电通信”“锚泊设备”“特种机械设备及其系统”“防火防爆和灭火”18章。其特点如下:

该规范是以《钢质海船建造规范(1973)》和政府间海事协商组织的《移动式近海钻井船构造和设备规则》为依据,并参考了有关外国规范,对各国规范进行了分析比较,反复验算,充分吸取各国规范的长处。

各种数据的确定,例如安全系数、结构节点设计等重要数据的确定,都是在分析国内外大量资料和数据的基础上,并认真做了实船校核。

该规范单独列出一章,对座底式钻井船提出要求,这是符合我国国情和实际需要的,而且是首创的。

2.《海上固定平台入级与建造规范(1983)》

1980年10月27日,国务院机械工业委员会海上石油开发设备领导小组第九次会议决定,由船舶检验局负责组织,并从石油部、一机部、六机部、冶金部、交通部等部门抽调技术干部,还邀请大连工学院和天津大学等高等院校教师组成《海上固定平台入级与建造规范》编写组(下简称“规范编写组”)。在“规范编写组”成立之后的两年多时间内,通过深入实地调查和组织社会力量开展科学研究,完成了规范的起草工作,并印发征求意见稿。在此基础上,又召开了两次固定平台规范审查会,听取了各方面专家的意见。定稿后,船舶检验局公布了《海上固定平台入级与建造规范(1983)》,自1984年1月1日起施行。

3.《海上平台安全规则(1984)》

为了保障海上平台和平台上人员的安全,保护海洋环境,对海上平台实施监督检验,船舶检验局组织本局专业人员制订《海上平台安全规则(1984)》。该规则的规定较为全面,共分20章,依次为“总则”“定义”“检验与发证”“海上平台的设计和结构及材料以及焊接”“移动式钻井船的稳性与分舱及载重线”“固定平台的制造与安装和防腐”“海上平台的机械设备及其系统”“海上平台的电气设备”“居住舱室”“消防设备”“救生设备”“锚泊设备和系泊设备”“航行设备和信号设备”“无线电通讯设备”“起重机”“防止污染设备”“噪声和振动”“拖航设备和拖航检验”“直升机甲板设施”“操作要求”等。该规则适用于在我国的内海、领海、大陆架以及其他属于我国海洋资源管辖海域内,从事勘探、开发和与开发海底石油资源有关的一切海上平台。船舶检验局公布了《海上平台安全规则(1984)》,自 1984 年 2 月 1 日起施行。

(三)建立海洋工程规章规范体系

在 1986—1995 年间,我国海底石油资源开发事业进一步发展,各种移动式钻井平台和固定式采油平台以及其他海上设施种类和数量日益增多,同时在与外国合作开发中,引进了一些新设备和新技术。为适应形势发展的需要,船舶检验局对有关海洋工程规范、规则进行修改更新,并按照国际惯例和有关要求制订新的规范、规则及指导验船师工作的"检验须知",不断完善海洋工程规章规范体系。

1993 年 2 月 14 日,国务院发布《中华人民共和国船舶和海上设施检验条例》,规定中华人民共和国船舶检验局是依照该条例规定实施海上设施各项检验工作的主管机构,确立了船舶检验局对海洋工程执行监督检验的法律地位,加大了制订法规的力度,加速了海洋工程规则、规范体系的形成。

1.制订和修订海洋工程入级检验规范

(1)《海上移动式钻井船入级与建造规范(1992)》

鉴于国际海事组织的《1989 MODU 规则》于 1991 年 5 月 1 日起生效。中国船级社为使海上移动式钻井船入级与建造规范的有关规定与国际海事组织和国际船级社协会的要求相一致,依据国际海事组织的《1989 MODU 规则》及国际船级社协会"统一要求"D 篇的有关规定,对《海上移动式钻井船入级与建造规范(1982)》进行了修订。中国船级社公布了《海上移动式钻井船入级与建造规范(1992)》,自 1993 年 7 月 1 日起实施。其后,依据国际海事公约的不断更新,对该规范进行几次修订,先后公布实施《1994 修改通报》《1995 修改通报》和《1995 补充规定》,以及《海上固定平台、移动平台入级与建造规范补充规定(1994)》,1994 年将其译成英文版公布使用。

该规范分为"入级规则""平台主体结构及锚泊设备""稳性与分舱和载重线""机械与设备及其系统""电气装置""消防设备""材料与焊接"7 章。其中,有关平台入级符号仍与《海上移动式钻井船入级与建造规范(1982)》的规定一致。

(2)《海上固定平台入级与建造规范(1992)》

1990 年中国船级社参考美国石油学会(API)有关标准,对《海上固定平台入级与建造规范(1983)》进行了修订,于 1992 年 10 月完成。中国船级社公布了《海上固定平台入级与建造规范(1992)》,自 1993 年 3 月 15 日起实施。其后,在 1994 年对其进行修订和补充,公布实施《1994 修改通报》及《1994 补充规定》,以及《海上固定平台、移动平台入级与建造规范补充规定(1994)》,同时将其译成英文版公布实施。

该规范分为"入级规则""结构""机械与设备及其管路系统""油气处理系统""电气装置""消防设备""材料与焊接""混凝土结构"8 章。其中,有关入级符号的规定与《海上固定平台入级与建造规范(1983)》相一致。

《1994 修改通报》于 1994 年 7 月 1 日起实施,将海上固定平台的入级符号由★ZCA 修订为★CSA,将其附加标志定为平台类型附加标志、平台主体材料附加标志、平台用途附加标志、平台腐蚀控制附加标志、平台惰性气体系统附加标志 5 种,其中平台类型分为导管架式平台、重力式平台;平台主体材料分为钢质平台、混凝土平台;平台用途分为钻井平台、采油平台、储油平台、生活平台、井口平台。

(3)潜水系统和潜水器入级与建造规范

①《潜水系统和潜水器入级与建造规范(1987)》

由于海洋工程检验中有关潜水设备检验的需要,中国船级社于 1986 年开始编写潜水装备规范,并于

1987 年 1 月 1 日公布实施首版《潜水系统和潜水器入级与建造规范(1987)》。

该规范分为“入级和检验”“总则”“耐压壳体设计”“观察窗”“结构材料”“制造”“生命支持系统”“机械与设备及其管路系统”“电气装置”“消防设备”10 章。

潜水装备的船级以入级符号与其附加标志标示,其中的入级符号★ZCA 表示由中国船级社检验建造,符合规范要求并适合中国海域使用的潜水装备;★ZCA 表示由中国船级社承认的验船机构检验,按中国船级社承认的规范建造,符合中国船级社要求的潜水装备;★ZCA 表示未经中国船级社检验建造,但经中国船级社审查、检验和试验,符合中国船级社要求的潜水装备;附加标志以规定的英文字符表示入级潜水系统或潜水器的类型等。有关潜水系统的入级,除了整体系统入级外,还应对其水面加压舱、潜水钟等主要装备办理入级。

②《潜水系统和潜水器入级与建造规范(1996)》

《潜水系统和潜水器入级与建造规范(1987)》实施后,依据其实施中的经验,中国船级社于 1994 年对其进行了修订,并于 1996 年公布《潜水系统和潜水器入级与建造规范(1996)》,自 1996 年 10 月 31 日起实施。

该规范增加“通信与航行设备”“浮性和稳性”“吊放系统”“潜水系统和各种类型潜水器的特殊要求”等,合计 15 章。

(4)《海底管道检验规范(1992)》

为了满足有关海底管道系统检验需要,中国船级社于 1992 年制订海底管道检验规范,同年 9 月公布《海底管道检验规范(1992)》,自 1993 年 1 月 1 日起实施。

该规范分为“线路规划”“环境与载荷”“设计”“管子和管道附件材料”“管道防腐和加重层”“管子制造”“管段陆上预制与组装”“海上安装”“最终检验和完工试验”“操作与维护”“无损探伤检验”11 章。

该规范适用于海底管道系统的设计、安装、试验和检验,其中涉及用于海洋石油或天然气输送的海底钢质管道系统工程设施的所有组成部分,包括海底管道、立管、支撑构件、管道附件、防腐系统、加重层、泄漏监测系统、报警系统、应急关闭系统以及与其相连的海底装置等。

(5)《海洋工程锚链规范(1995)》

海洋工程锚链是一种用作系固海上设施的锚链,直接关系着海上设施的作业安全。出于检验业务需要,中国船级社编制了海洋工程锚链规范。中国船级社于 1995 年 4 月 1 日公布实施《1995 年海洋工程锚链规范》。

该规范分为“总则”“材料”“设计和制造”“成品锚链的试验和检验”“附件的试验和检验”5 章。

该规范按照平台用钢的名义抗拉强度,将锚链分为 CCSOM3、CCSOM3S、CCSOM4 三个等级,适用于有关海上移动平台、浮式生产平台、重力式平台等海上设施定位系泊用的锚链及其附件的设计、制造、试验和发证。同时规定,中国船级社须对锚链制造厂及其影响锚链质量的供货商进行工厂认可。

(6)《海上单点系泊装置入级与建造规范(1995)》

单点系泊装置系指从海底管汇到系泊油船(或浮式生产储油装置)货油管汇之间所有货油输送管系,以及有关的浮动或固定结构物及其系统、设备和锚泊系泊系统等,是海洋石油开发工程设施的重要组成部分。1995 年,中国船级社出于入级业务需要,编制《单点系泊装置入级与建造规范(1995)》,自 1996 年 3 月起实施。

该规范分为“入级规则”“定义”“环境载荷及系泊船运动”“锚泊分析及设计衡准”“结构设计”“基础”“系泊和锚泊”“稳性和分舱”“货物输送系统和部件”“安全设施”“轮机设备”“电气设备及海上运输和安全”12 章。

2.完善海洋工程法定检验规章

(1)《海上设施法定检验暂行办法(1986)》

船舶检验局在《海上平台安全规则(1984)》基础上制订《海上设施法定检验暂行办法(1986)》,并于1986年公布,自1986年10月1日起施行。

该办法包括"总则""建造检验""营运中检验""费用""申请人的责任""生效"6条23款内容。该办法规定海上设施包括钢质或混凝土固定平台、浮式油气处理及储存装置、海上输油气码头、单点系泊装置、海底管道系统、潜水器等水上、水下固定和浮动式结构物和装置;法定检验包括有关结构、机械设备及系统、电气设备、居住舱室、消防设备、救生设备、信号设备、无线电通讯设备、锚泊和系泊设备、直升机甲板设施、起重机、防污染设备、受压容器、管系及其安全装置等项目的检验。

船舶检验局于1987年将《海上设施法定检验暂行办法(1986)》译成英文,于1987年7月10日公布施行中英文版《海上设施法定检验暂行办法(1987)》。

(2)《潜水系统和潜水器安全规则(1987)》

为保障潜水系统和潜水器以及其人员的安全,保护海洋环境,船舶检验局制订了《潜水系统和潜水器安全规则(1987)》,并于1987年10月1日公布施行。

该规则分为"总则""定义""检验与发证""设计与结构及材料以及制造""生命支持系统""机械设备及管路系统""电气设备""消防设备"8章。其中检验种类定为建造检验、初次检验、年度检验、定期检验、展期检验、临时检验、无人潜水器检验、作业前检验。

(3)《海上设施和移动式平台水下工程服务机构认可办法(1987)》

船舶检验局在总结近年来对海上设施和移动式平台进行技术监督检验经验,以及1987年对中国海洋工程服务有限公司烟台分公司进行水下工程服务机构认可等工作的基础上,制订了《海上设施和移动式平台水下工程服务机构认可办法(1987)》,并于1987年公布施行。

(4)《海上单点系泊装置安全规则(1988)》

为保障海上单点系泊装置的安全使用及保护海洋环境,船舶检验局制订了《海上单点系泊装置安全规则(1988)》,并于1988年公布施行。

该规则分为"总则和定义""检验和发证""海洋环境条件与载荷""结构设计""系泊与锚泊""货物输送系统和部件""桩基""材料""加工与装配及焊接""防腐""电气设备""消防设备""信号设备""无线电通信设备""救生设备""防止污染设备""起重设备""直升机甲板""海上运输与海上安装"19章。检验和发证中的建造检验系指工厂制造检验和海上安装检验。

(5)《海底管道系统安全规则(1988)》

为保障海底管道系统安全使用及保护海洋环境,船舶检验局制订了《海底管道系统安全规则(1988)》,并于1988年公布施行。

该规则分为"总则""定义""检验与发证""设计""陆上预制""焊接与无损检测""海上铺设与完工检验"7章。

(6)海上浮式装置安全规则

①《浮式处理及储存装置安全规则(1988)》

为保障海上浮式处理及储存装置安全营运及保护海洋环境,船舶检验局制订了《浮式处理及贮存装置安全规则(1988)》,并于1988年公布施行。

该规则分为"总则""强度要求""稳性要求""锚泊与系泊及拖曳设备""舱室通风系统和危险处所通风""机械设备及系统""电气设备""油气处理系统""危险区域和危险区的电气设备""遥控和自动控制"

“消防设备”“救生设备”“无线电设备与航行设备及信号设备”“防止污染设备”“直升机甲板及设施”“材料和焊接”16 章。

②《海上浮式装置安全规则(1992)》

随着海上浮式装置的发展,船舶检验局对《浮式处理及贮存装置安全规则(1988)》进行修订,修订后为《海上浮式装置安全规则(1992)》,并公布施行。

(7)《海上移动平台安全规则(1992)》

国际海事组织于 1989 年 10 月通过了《1989 MODU 规则》。船舶检验局决定参照《1989 MODU 规则》对《海上平台安全规则(1984)》进行修订。船舶检验局于 1992 年公布了《海上移动平台安全规则(1984)》,自 1993 年 3 月 15 日起施行。并于 1995 年 1 月 1 日,将该规则译成英文版公布施行。

该规则分为“总则”“设计与结构及材料以及焊接”“稳性与分舱和载重线”“机械与设备及其管路系统”“电气装置”“消防设备”“周期无人管理机器处所”“救生设备”“临时锚泊与定位锚泊设备”“航行设备”“直升机甲板设施”“操作要求”12 章。

(8)《海上移动平台建造后检验规程(1994)》

为对建造后海上移动平台营运建立检验秩序,依据国际海事组织的《1989 MODU 规则》及《1966 年国际船舶载重线公约》,以及船舶检验局与中国船级社有关海上移动平台和海船的检验规章规范制订了《海上移动平台建造后检验规程(1994)》,中国船级社于 1994 年 12 月 14 日公布实施。

该规程分为“总则”“检验种类与范围和证书”“平台壳体和结构检验”“平台舾装设备的检验”“机械装置与螺旋桨及轴系以及管系的检验”“锅炉装置的检验”“电气设备的检验”“定期无人管理机器处所的检验”“防火与探火和灭火设备的检验”“救生设备的检验”“航行设备与信号设备和无线电通信设备的检验”“直升机甲板设施的检验”“防止油污结构与设备的检验”“起重设备的检验”14 章。

(9)《海上移动平台建造检验规程(1994)》

为了建立对海上移动平台的建造检验秩序,船舶检验局依据国际海事组织的《1989 MODU 规则》《1966 年国际船舶载重线公约》,船舶检验局的《海上移动平台安全规则(1992)》《海船法定检验技术规则(1992)》,中国船级社的《海上移动式平台入级与建造规范(1992)》《钢质海船入级与建造规范(1989)》规定制订了《海上移动平台建造检验规程(1994)》,并于 1994 年公布施行。

(10)《海上固定设施安全技术规则(1997)》

1993 年《中华人民共和国船舶和海上设施检验条例》颁布后,为了执行中国政府关于对海上设施的安全技术监督,从保障海上人命及财产安全,促进海上安全作业,防止海洋环境污染出发制订《海上固定设施安全技术规则(1997)》,并公布自 1997 年 7 月 1 日起施行。

该规则分为“总则”“定义”“检验与发证”“设计与结构”“基础”“系泊与锚泊”“制造(或预制)与安装(或海上铺设)”“材料和焊接”“防腐”“机械设备及其系统”“货物输送系统和部件”“电气装置”“消防设备”“救生设备”“信号设备”“无线电通信设备”“防止污染设备”“起重设备”“直升机甲板设施”“生活处所”“混凝土结构”“操作要求”22 章。

3.制订海洋工程检验指导性文件

为了有效地执行有关公约、规范和标准,以保障海上设施安全和海洋环境清洁,中国船级社从 1991 年开始编制海洋工程检验“验船师须知”,1996 年开始编制“技术指南”,指导海洋工程现场检验工作。

(1)验船师须知

1991 年 4 月 1 日中国船级社公布实施第一部有关海洋工程检验的验船师须知《海上固定平台检验须知》。其后,制订了《海上设施检验报告和记录格式及其填写须知》。1995 年制订《海上移动平台检验须知》及《海上设施拖航检验须知》。1996 年相继制订《海上固定平台建造检验须知》《海底管道防腐检验须知》《海上移动平台审图须知》《海上固定平台审图须知》《单点系泊系统审图须知》《潜水系统和潜水器审图须知》《海底管道系统审图须知》。其后,对海上设施检验须知进行整合,统编为 3 册,其中第 2 册为《海上固定设施检验须知》,于 1998 年 12 月公布生效。

(2)技术指南

1996 年 6 月 1 日,中国船级社制订第一部海洋工程检验技术指南《海洋工程锚链营运检验指南》。其后,依据海上设施检验需要于 1997 年相继制订了《船舶与海上设施交流电力系统的短路计算》《浅海固定平台检验指南》《海上拖航指南》,为海上设施检验提供现场检验指导。

其中,《浅海固定平台检验指南》是为配合我国浅海石油开发,在 1996 年组织专家制订的适用于我国浅海固定平台的设计标准。进一步完善了我国海洋工程技术规范体系,为我国浅海石油开发提供了合理、可靠的设计依据。

五、船用产品检验规章和集装箱检验规范的制订

(一)制订船用产品检验规章

20 世纪 70 年代末,国外船东开始涌向我国造船市场,我国也在国外订购大批船舶,促使我国造船、航运业开始大发展,进出口船舶逐年增加,船用产品的进出口业务随之兴起。1973 年我国参加政府间海事协商组织,陆续接受有关国际公约之后,我国的船舶及其配套产品检验技术标准开始向国际化发展。依据国际惯例,按照国际标准执行船舶和船用产品检验势在必行,使船用产品检验工作增加了新的内容。面对新形势,船舶检验局于 1977 年着手《船用产品检验规则》的制订,接着又于 1978 年开始修订《船舶检验工作条例》。经过多年的努力,船舶检验局相继公布实施了《船舶和船用产品监督检验条例》《船用产品检验规则》《船用产品检验规则实施细则》(试行)、《船用产品检验工作程序及认可检验范围》《船用电工电子产品型式试验规程》《船用产品验证试验机构认可办法》《电子计算机系统检验规程》等规章。

1.船用产品检验规则

(1)《船用产品检验规则(1983)》

船舶检验局于 1977 年底提出了《船用产品检验规则》草案。在草案中,对船用产品的检验范围、检验程序、检验方式方法、图纸送审、产品型式认可和工厂认可办法、产品证书颁发和检验标志办法等方面都做了明确规定,提出了具体要求。该草案经 1978 年 7 月船舶检验局在天津召开第一次船用产品检验工作会议上讨论通过后,作为《船用产品检验规则》的正式文本,于 1979 年向六机部、一机部、四机部和冶金部征求意见,同时在船检系统内试用。其后,经过近三年的实践及修改、完善。船舶检验局于 1983 年公布了《船用产品检验规则(1983)》(中、英文本),并于当年 5 月 1 日起施行。

该规则是依据《中华人民共和国船舶检验局章程》及《船舶和船用产品监督检验条例》的规定,为对船用产品实施监督检验而制定的。其中规定,需要办理工厂认可的产品,主要是生产各种船用材料,以及锅炉、受压容器、玻璃钢救生艇、集装箱等厂家。各种船用机电设备等 14 类产品需办理型式认可。

该规则分为"总则""监督检验范围""工厂认可""型式认可""产品检验""认可的保持与撤销""附则"7 章。

(2)《产品检验规则(1996)》

在总结《船用产品检验规则(1983)》《船用产品检验规则实施细则(1985)》(试行)、《船用产品检验工作程序及认可检验范围》的实施经验基础上,并依据《中华人民共和国船舶和海上设施检验条例》对

《船用产品检验规则(1983)》进行修订。中国船级社于1996年8月1日公布实施《产品检验规则(1996)》。

该规则分为"总则""检验发证""申请""图纸和技术文件的审批""型式认可""工厂认可""质量体系认可""认可证书的增项与更改及换新以及取消"8章。

2.《船用产品检验规则实施细则(1985)》(试行)

为了有效地贯彻执行《船用产品检验规则》,提高检验质量和工作效率,船舶检验局于1984年开始研究制订《船用产品检验规则实施细则》,并于1985年10月公布施行。该细则明确了船用产品检验的三级管理责任制和签发证书要求;确定船用产品检验由申请、审查、认可、检验、审批发证、产品登记6个环节组成的工作流程;详细规定了船用产品认可及其以后的制造检验、出厂检验或不定期抽查的适用范围和方法,以及认可证书的撤销办法和产品检验标志要求;提供了需认可和检验的船用产品明细表及其装船时应持有的证件目录。

该细则分为"产品检验工作管理制度""产品检验工作程序""产品经认可后的检验办法""船用产品装船时应持证件(书)项目表""受ZC认可和检验的船用产品明细表"等5章33节。

此外,为使航运和制造单位清楚地了解船用产品检验的工作程序和认可检验范围,并在船用产品检验中增强与有关单位的合作,船舶检验局在公布《船用产品检验规则实施细则(1985)》的同时,还编印了《船用产品检验工作程序及认可检验范围》,以促使《船用产品检验规则》及其实施细则的有效贯彻执行。

3.船用电工电子产品型式试验规程

(1)《船用电工电子产品型式试验规程(1986)》

为加强对船用电工电子产品生产厂的管理,船舶检验局上海分局编制《船用电工电子产品型式试验规程(1986)》,在经中国机械工程学会电工学会审定后,船舶检验局于1986年5月1日公布施行。

该规程合计2项,第一项通则9条;第二项试验方法14条,依次为"目测检查""性能试验""电源变化试验""绝缘试验""电磁干扰试验""高温试验""湿热试验""低温试验""倾摇试验""外壳防护试验""运输试验""振动试验""盐雾试验""长霉试验"等。

(2)《船用电工电子产品型式试验规程(1994)》

随着船用电工电子产品的技术进步及其质量管理发展,船舶检验局在总结船用电工电子产品型式试验经验基础上,对《船用电工电子产品型式试验规程(1986)》进行修订,于1994年7月1日公布施行《船用电工电子产品型式试验规程(1994)》。

该规程第一部分为通则,第二部分为试验项目及要求,另外有6个附录分别为灯具型式试验方法、船用电缆型式试验方法、防爆电气型式试验方法、电磁兼容试验方法、绝缘材料CTI值测定方法、材料着火危险试验方法。

相对于《船用电工电子产品型式试验规程(1986)》,该规程完善了防护试验、碰撞试验、电磁兼容试验等项内容;充实了船用灯具、防爆电器、电缆的型式试验等试验项目;规定了船用电工电子产品制造厂申请工厂认可或产品型式认可时,需按照该规程规定的试验项目做产品的型式试验,同时还可依据实际使用要求增加附加试验项目。

4.《船用产品验证试验机构认可办法(1988)》

船舶检验局为确保船用产品质量符合船舶规范,以及国际公约、国际标准和国家标准的要求,产品性能必须经过严格的测试。产品厂家的测试能力有限,同时也不宜由产品生产厂家自测。船舶检验局需委托拥有测试各种产品能力的国内权威检测机构进行测试。船舶检验局于1981年12月23日发布《船用产品验证试验暂行规定》,决定对船用机电设备、消防设备的产品验证机构进行认可。船舶检验局于

1984 年 9 月 10 日又发布《关于船用产品验证试验机构的暂行规定》,要求从事船用产品验证试验的机构需经船舶检验局认可授权后,才能执行有关船用产品的验证试验。

船舶检验局在总结 1981 年及 1984 年公布的两个暂行规定执行情况的基础上,制订公布了《船用产品验证试验机构认可办法(1988)》,自 1988 年 12 月 31 日起施行。该办法中规定了验证试验机构应为独立、公正的机构,不得从事同类船用产品的制造和销售活动。对组织机构、管理制度、人员资格、测试场地和试验设备、计量仪器等都有明确规定。经认可后发给《授权证书》,证书有效期为 4 年,每年进行一次年度复查。

该认可办法由“总则”“认可条件”“认可程序和要求”“授权后的监督管理”“工作关系”5 章组成。

5.《电子计算机系统检验规程(1992)》

随着现代电子计算机技术在船上的应用,中国船级社为了保障电子计算机系统的使用安全制订了《电子计算机系统检验规程(1992)》,并于 1992 年 7 月 15 日公布实施。

该规程分为“通则”“定义”“电子计算机系统”“试验”“工厂产品质保书和船用产品证书”5 节。

(二)制订船用产品检验须知

船用产品种类繁多,技术要求各异。为了在船用产品检验中正确地贯彻船舶规范、规则和船用产品的各项技术标准,1978 年 7 月船舶检验局第一次船用产品检验工作会议决定编制各种“船用产品检验须知”,同时提出和讨论了船用产品检验须知的编写方案和编写分工。1981 年 8 月,在认真总结天津市电焊条厂认可经验的基础上编写第一本船用产品检验须知《手工电弧焊药皮检验须知》由船舶检验局公布。其后,在 1983—1984 年间,船舶检验局先后多次召开船用产品检验须知讨论定稿会,1984 年公布施行了电动液压舵机、柴油机废气涡轮增压器、铸锻件、柴油机、钢材、螺旋桨、防火材料与耐火材料、焊接材料、交流发电机及其励磁装置、集装箱等 10 本产品检验须知。为了统一“检验须知”的编写格式,提高编写质量,船舶检验局于 1984 年提出了《关于编写产品技术检验须知大纲的要求》,对有关产品检验须知的编写指导思想、编写步骤、编写各章节内容等三个方面,做出了明确规定。其中,编写内容包括:制订标准的依据、适用范围、产品分类;工厂认可、产品型式认可程序和要求;认可后的产品检验要求;证书、检验报告及检验标志等。1988 年公布施行了船用锚链、船用救生抛绳、船用阀门、船用齿轮箱、救生圈、救生衣、船用电力电缆电线、船舶导航雷达、船用电气号灯、船用电罗经、无线电通讯设备、船用泵、气胀救生筏、船用电动机、起锚机、紧缆器、系泊绞车机、船用油水分离设备等 18 本产品检验须知。1990 年公布施行了船用锅炉和受压容器、火灾自动报警装置、焚烧炉、船用变压器、船用 15ppm 油分浓度报警器等 5 本产品检验须知。1991 年公布施行了船用防爆灯具、船用配电板、船用蓄电池等 3 本产品检验须知。随着船用产品检验业务的发展和不断地总结经验,陆续公布了新篇写的船用产品检验须知,使船用产品检验工作走向规范化和标准化。

(三)制订集装箱检验规范

1.《集装箱检验规范(1979)》

1978 年船舶检验局组织资深验船师组成集装箱检验规范编写组,按照《1972 年国际集装箱安全公约》的规定,编写了《集装箱检验规范(1979)》,并推荐试用。

2.《集装箱检验规范(1981)》

船舶检验局公布《集装箱检验规范(1981)》,1981 年 6 月起施行。该规范适用于符合国际标准化组织(ISO)的国际集装箱和国内水陆联运标准集装箱,其型号为 1A、1AA、1AX、1C、1CC、1CX 和 1OD、5D。

该规范符合《1972 年国际集装箱安全公约》的有关规定。

该规范合计 7 章,依次为“总则”“检验程序”“结构与尺寸及材料”“检查与试验”“标记”“保温集装箱”“冷藏集装箱”等。

3.《集装箱检验规范(1983)》

船舶检验局公布《集装箱检验规范(1983)》,1983 年 10 月起施行。该规范增加了集装箱型号 1B、1BB、1BX 和补充该箱型的相应要求,符合《1972 年国际集装箱安全公约》及其 1981 年修正案的有关规定。

4.《国际集装箱检验实施细则(1987)》

1983 年 6 月 13 日国际海事组织通过《1972 年国际集装箱安全公约》的 1983 年修正案,为了有效跟踪实施国际集装箱公约,船舶检验局于 1987 年 10 月 10 日公布实施《国际集装箱检验实施细则(1987)》。该细则明确规定了集装箱定期检验和集装箱连续检验计划(ACEP)的新做法。

5.《集装箱检验规范(1991)》

1991 年船舶检验局公布《集装箱检验规范(1991)》,自同年 12 月 15 日起施行。该规范合计 6 章,依次为“一般规定”“检验”“技术要求”“检查和试验”“标记”“保温集装箱”等。原第六、七章合并作为新第六章保温集装箱,其内容包括冷藏集装箱,但对有关规定作较大的补充和修改。该规范未考虑 1991 年 5 月通过的《1972 年国际集装箱安全公约》1991 年修正案。其后,鉴于该修正案已于 1993 年 1 月 1 日生效,为贯彻执行公约的 1991 年修正案,于 1994 年 7 月 5 日发布《1994 修改通报》。

6.《集装箱检验规范(1996)》

1996 年船舶检验局公布《集装箱检验规范(1996)》,自 1997 年 2 月 10 日起施行。国际海事组织海上安全委员会于 1993 年通过了《1972 年国际集装箱安全公约》的《1993 修正案》,对该公约及其附则Ⅰ和附则Ⅱ进行了修订。《集装箱检验规范(1996)》满足上述要求。

六、地方船检规章制度的建立

在改革开放政策的推动下,地方航运出现了“有水大家行船”和国营、集体、个体一起上的新局面。为了保障船舶安全,各地方船检部门在贯彻执行国家部、委和船舶检验局颁布的有关船检法规的同时,还结合本地区的实际情况制订了一些管理办法、暂行规定或实施细则,作为船检规章的补充。

(一)制订乡镇运输船舶安全管理及检验办法

乡镇船舶包括乡镇集体、个体、联户、承包户从事客货运输的船舶及农、副、渡船,面广量大而分散。长江水系的乡镇运输船舶以挂桨机船居多。在船检局尚未颁布《内河挂桨(机)船检验暂行规定》(1985)之前,江苏、安徽、湖南等省交通厅已先后制订有《江苏省挂桨机船管理办法》(1978、1983),《安徽省挂桨机船安全技术管理办法》(1980、1984)和《湖南省挂桨(机)船暂行管理办法》(1983),均对挂桨机船的安全技术条件作了相应的规定。1977 年 4 月,中华人民共和国上海港务监督、上海市内河航运管理处发出《关于加强农用挂桨机船安全管理的联合通知》并公布施行《上海市小型机动船安全管理办法》。

1982 年 2 月,江西省交通厅颁布了《江西省小马力机动船检验暂行办法》。1984 年 7 月,广东省航政局发出《关于加强我省农副业船安全管理的通知》,后又由广东省人民政府颁布了《广东省乡(镇)运输船舶安全管理规定》(1988),1985 年 4 月,四川省交通厅公布试行《四川省小机动船安全管理办法》,对单机功率未满 37 千瓦或 50 吨以下的小机动船的检验要求作了具体规定。同年,贵州省经委和交通厅等 5 个主管单位联合发布《贵州省个体或联户船舶及农、副、渔、渡船管理办法》。1986 年 3 月,湖北省交通厅颁布了《湖北省"三户"(个体户、联户、承包户)船舶管理暂行规定》。1988年重庆市船检处制订的《重庆市小型机动船舶检验暂行规定》经船检局批准后,四川省船检处将该规定批转全省施行。1989年,上海市人民政府发布《上海市乡镇船舶管理办法》。1990年8月,山东省船检处向船检局报送《山东省内河小型机动船检验规程》,并在全省试行。

珠江水系的乡镇运输船舶多为9千瓦以下的小功率柴油机简易船舶。广东省航政局于1982年4月颁布了《广东省内河无舱室设备小机船(艇)管理办法》;1984年10月,对该办法作了修改补充。又于1987年7月颁发《广东省10米以下非机动船检验暂行规定》。广西船检处在1988年在拟订《广西壮族自治区不足C级航区船舶检验暂行规定》的基础上,通过实践和认真总结经验,于1991年制订了《广西壮族自治区10米及10米以下内河小船检验规定》,经自治区交通厅批准公布施行。

此外,河南省交通厅于1981年8月曾颁布《河南省非机动船舶检验规则》;河北省交通厅于1989年6月制订《河北省内河十米以下非机动船检验暂行办法》。

(二)建立乡镇船舶设计、修造检验制度

根据1986年全国内河安全会议决议,船检局在1987年上半年会同浙江、江苏两省船检处,对乡镇船舶及乡镇船舶修造厂进行调查,起草了《交通部关于乡镇运输船舶设计、修造和检验的暂行规定》及其附件《关于乡镇船舶修造厂生产技术条件的认可办法》,并在广泛征求各省、自治区、直辖市船检部门意见的基础上进行了修改,经报交通部批准于1987年10月2日颁布施行。为贯彻落实交通部的这项规定,促进乡镇运输船舶设计、修造质量,各地方船检部门都建立了有关检验制度。湖南省船检处于1988年4月制订了《湖南省乡镇船舶设计、修造和检验实施细则》及《湖南省乡镇船舶修造厂(点)生产技术条件认可实施细则》。同年,湖北省船检处制发了《湖北省地方船舶修造厂生产技术条件认可标准》及《湖北省十二米以下小型船舶检验规定》。1988年和1989年,山东省船检处公布试行《山东省关于乡镇运输船舶设计、修造和检验的暂行规定实施细则》及《山东省内河乡镇船厂生产技术条件认可生产范围分级标准》。浙江、江苏、安徽、四川、云南、吉林、广东、广西等省、自治区船检处也都对乡镇运输船设计、修造和检验加强管理,普遍开展地方船厂生产技术条件认可和焊工考试工作,在提高船舶修造质量方面起到了一定的促进作用。但后来有的船检部门扩大认可范围,对非乡镇船舶修造厂也以乡镇船舶修造厂生产技术条件认可办法进行了认可。为整顿船检工作秩序,交通部于1990年10月15日特发出《关于制止扩大乡镇船舶修造厂生产技术条件认可范围的通知》,各地在认真总结经验的基础上,进一步改进有关船检工作。

(三)地方执行船检规范中的若干补充规定

各地方船检部门除狠抓乡镇运输船舶的整顿和加强技术监督检验外,还因地制宜,为贯彻执行船检规范而制订若干补充规定。

浙江省船检处在20世纪80年代制订全省性的地方船检规章有:《浙江省内河客船执行船检规范中的若干补充规定》《浙江省沿海客(渡)船执行船检规范中的若干补充规定》《浙江省小型机动船管理暂行规定》《浙江省内河小型简易船舶安全管理的补充办法》《浙江省 L<20 米的小型内河敞口驳船最小干舷计算实施细则》《浙江省内河10米以下非机动船舶检验暂行办法》《浙江省湖、河旅游船、游览船及水上建筑物检验发证的验船师工作指南》(草案)《浙江省沿海木质营运船舶干舷计算及载重线勘划办法》《浙江省沿海木质营运船舶稳性简易衡准方法》《浙江省沿海木质营运船舶检验暂行规定(草案)》等。其中,《浙江省沿海木质营运船舶干舷计算及载重线勘划办法》在1985年9月由浙江省交通厅公布试行后,山

东、福建两省交通厅也将该办法转发所辖船检部门参照执行。由于该办法对促进安全和提高船舶营运效率有明显效益,因此获浙江省1985年度科技进步三等奖。

江西省交通厅于1982年2月颁发了省车船监理处制订的《江西省小马力机动船检验暂行办法》;1988年又批准公布了由省船检处制订的《江西省小型木质营运货船干舷核定与载重线勘划暂行办法》《江西省船舶建造监督管理暂行规定》。1990年江西省船检处制订了《江西省船舶设计图纸报审与审查暂行规定》《江西省建造沿海小型船舶阶段报检暂行规定》,1992年制订了《江西省建造内河船舶阶段报检暂行规定》。

四川省交通厅于1982年11月颁发《四川省船舶设计管理办法》,对本省船舶设计单位进行审查认可,按其技术力量核定设计单位等级和准予承担设计船舶种类和级别,以提高船舶设计质量。1987年和1990年,四川省交通厅、重庆市人民政府先后分别颁发《四川省船舶修造管理暂行规定》《重庆市地方船舶修造管理暂行规定》,由船检部门负责对地方船舶修造厂和设计单位进行评审及核发相应的证书。

湖南省船检处为贯彻船检局颁布的《船舶建造检验规程》,结合本省实际情况于1986年8月制订了《湖南省船舶建造检验管理暂行办法》。

广州港务监督于1981年12月30日公布《广州港船舶装载危险货物管理细则》,其中规定各种船舶装载爆炸品或一级易燃液体,必须事先申请船检部门对其结构装置及设备进行检验,经检验合格后发给“检验报告”,才准办理装载手续;并规定机驳船不得装载爆炸品或一级易燃液体。广东省船检处还补充制订了《内河小型纤维增强塑料滑行艇(摩托艇)检验暂行规定》,经省交通厅审定于1990年3月15日公布施行。

广西壮族自治区船检处结合本区船检工作实际,研究和制订了《漓江游览船检验暂行规定》,对船体结构、稳性和干舷、船舶设备、乘客定额与舱室设备,以及检验种类和检验项目等安全技术问题均有具体要求。该规定报经船检局批准后,由自治区交通厅公布,自1992年5月1日起施行。该区船检处还制订公布了《关于执行“内河钢船建造规范”(1991)船体结构部分有关问题的规定》,自1992年8月27日起在全区试行。

陕西省交通厅于1987年10月颁发《关于对采金船按规定进行监督检验的几点规定》,明确在通航水域作业的采金船均属检验之列。后鉴于全国内河各水域的采金船数量急剧增加,为保障采金船安全作业及其他船舶的安全航行和防止水域污染,船检局与交通部港监局共同研究后,于1989年8月30日联合发出《关于开展采金船安全管理和检验的通知》及其附件《采金船检验暂行办法》。

山东省黄河水系普遍采用承压舟及其浮桥,为两岸交通提供了极大的方便。为了确保安全,经会同有关部门进行调查和作大量试验后,山东省船检处于1990年制订了《承压舟及承压舟浮桥检验暂行规定》,将这种水上设施纳入了检验管理。

我国西北非水网地区的船检工作虽起步较晚,但内蒙古、甘肃、宁夏、新疆、青海等省、自治区人民政府和交通主管部门都很重视水上安全管理工作,自1985年以来,相继制订和颁布了一系列有关水上交通安全管理规章制度。如甘肃省船检处于1986年4月14日发出《关于制止在我省违章建造船舶的通知》,经过对有关船厂进行整顿,同年6月24日批准四川省广元造船厂在甘肃碧口地区开办船舶修造业。1989年6月开始,对本省涉外旅游船舶核发“甘肃省涉外游览船许可证”;1990年2月制订了《甘肃省船舶分级管理的规定》。新疆维吾尔自治区船检处于20世纪90年代初制订了《船舶检验暂行办法》《关于加强旅游船、客渡船安全管理规定》等。西北地区各船检部门都加强了对湖泊、水库及重点河段的船舶技术监督检验。1995年10月,第一次全国非水网地区船舶检验工作会议在秦皇岛市召开,吉林、山东、云南、陕西、贵州、辽宁、河南、河北、内蒙古、宁夏、天津等14个省、自治区、直辖市的代表参加了会议。此后,为贯彻这次会议精神,加强了对非水网地区的船检工作,重点帮助地方船检制订了木质船、索道船、羊皮筏等检验的规定,这使地方小型船舶的检验有章可循。船检局还为地方船检举办了各种形式的验船师检验业务培训班,共培训 164 人。

(四)加强地方船检内部管理制度

根据 1982 年和 1986 年交通部两次召开的全国地方船检工作会议及 1990 年船检局召开的地方船检业务工作座谈会精神,各地方船检部门在船检局颁布《地方船舶登记号授予办法》《地方船检部门建造、营运船舶检验工作程序和职责》等规章制度的基础上,普遍建立了相应的管理制度。如《湖北省船舶设计图纸审查、建造检验及发证程序》(1988)、《广西船舶检验工作程序暂行规定》(1988)、《广西船舶监督检验职责》(1989)、广西船检处《验船师职责》(1990)、《广西壮族自治区船检技术分级指导监督制度(1990)、《广州船舶检验所船舶检验办事制度》(1990)、《河南省船舶检验工作制度》(1989)、《山东省内河建造、营运船舶检验工作程序和职责》及《山东省沿海建造、营运船舶检验工作程序和职责》(1989)、湖南省交通厅《关于加强全省港航监督、船舶检验内部建设的若干规定》(1990)、《江西省船舶技术监督检验工作职责》(1990)、《吉林省船检部门档案管理统一规定》(1990)、《浙江省船舶检验工作程序和职责》、《浙江省船舶图纸审查程序规定》及《浙江省船舶检验技术档案管理暂行办法》(1992)等等。江苏、安徽、江西、湖北、四川、云南、甘肃等省船检处还组织汇编现行有关船检规章、规范,积极推进船检部门自身建设。

七、渔船检验规章和规范的制订

自 1978 年国家水产管理主管部门设立渔船检验机构以后,渔船检验专门法规制度体系开始逐渐建立。

(一)渔船检验工作的法律依据

1986 年 1 月 20 日,新中国成立以来制定的第一部渔业基本法出台,第六届全国人民代表大会常务委员会第十四次会议通过《中华人民共和国渔业法》。《渔业法》中第 18 条规定:“制造、更新改造、购置、进口的从事捕捞业的船舶经渔业船舶检验部门检验合格,方可下水作业,具体管理办法由国务院渔业行政主管部门制定。”《渔业法》为渔船检验工作提供了法律依据,明确了渔业船舶检验是法定检验,具有强制性法律效力。

(二)渔业船舶检验的管理法规、法定规则和建造规范

渔船分局成立后,初期仍使用交通船检部门发布的法规、规则及规范,但由于渔船在技术上有别于运输船舶,渔船分局开始制定一系列渔船检验管理法规、检验规则和建造规范。1993 年《海洋渔船安全规则》出台,开始有了明确的渔船法定检验依据。1996 年《中华人民共和国渔业船舶监督管理规定》出台,有了总揽渔船检验工作的管理规章。到 1998 年,已经形成了较全面的渔业船舶检验法规体系。

1.《渔业船舶监督检验细则》

该细则经国家水产总局批准,由渔船分局于 1980 年 11 月 10 日公布,同年 12 月试行。原各省水产管理部门公布试行渔业船舶检验规定同日起废止。细则是渔船分局成立后,下发的第一本渔船检验规定。细则规定了渔业船舶建造检验、初次检验、特别检验、年度检验、临时检验、船用产品检验的要求。其后,作为该细则的补充,渔船分局在 1982 年 10 月 23 日补发了《渔船检验部门应审查的渔业船舶设计图

纸及文件目录》《渔业船舶建造检验项目表》和《营运渔业船舶检验项目表》等 3 个细则附件。

2.《沿海小型渔业船舶登记管理暂行办法》

该办法于 1981 年 6 月 21 日由国家水产总局公布,自 1982 年 7 月 1 日起施行。该办法适用于未满 60 马力的机动渔船和非机动渔船,对小型渔业船舶实行登记管理为主,适当做一些监督检验的办法。作为该办法的补充,还制定了《小型渔业船舶登记表》《小型渔业船舶签证申请表》《小型渔业船舶技术要求》《小型渔业船舶安全设备最低配置定额》。

3.《木质渔船监督检验暂行规定》

1980 年,全国大约有 90%的渔船为木质渔船,木质渔船当时无专门技术规范可遵循,在烟台召开的修改规范座谈会决定制定一部木质渔船建造规范。后形成《木质渔船监督检验暂行规定》,于 1981 年 7 月 4 日由渔船分局公布,1982 年 7 月 1 日起施行。其内容包括:"总则""检验种类与检验项目""船体及设备的检验""机械装置的检验""电气设备的检验""安全设备的检验"6 章。

1987 年 12 月 31 日,《木质海洋渔船建造及检验规定》由渔船分局公布实施,该规定是以《木质海洋渔船监督检验暂行规定》为基础,增加木质渔船的构件尺寸、稳性、载重线等内容并作了修改。新的规定解决了无图纸资料木质海洋渔船的稳性简易衡准、载重线简易衡准问题,解决了船体结构分类方法和构件剖面尺寸确定方法。1993 年该规定获农业部科技进步三等奖。

4.《钢质海洋渔船建造规范》

1982 年渔船分局与船舶检验局商定由渔船分局制订《钢质海洋渔船建造规范》单行本。该规范由船舶检验局公布,1985 年起施行,并获得 1985 年农牧渔业部科技进步二等奖。

《钢质海洋渔船建造规范》在实施过程中,发现了一些亟须修改的问题,由渔船分局组织进行修改。船舶检验局于 1989 年 12 月 20 日公布《钢质海洋渔船建造规范》修改通报,1990 年起施行。

5.《关于渔业船舶船用产品检验的补充规定》

1984 年 4 月 28 日,制定了《关于渔业船舶船用产品检验的补充规定》。

6.《小型钢质海洋渔船建造规范》

该规范由渔船分局为保障船长 12—30 米的小型钢质海洋渔船具备安全航行和安全作业的技术条件而编制。船舶检验局渔船分局于 1988 年 5 月 19 日公布,同年 9 月起施行。该规范包括船体结构和舾装、轮机装置、电气、冷冻、材料和焊接以及消防、救生、无线电和航行等设备共 4 篇。该规范是在当时国家提倡"以钢代木",节约木材资源的环境下出台,对于推动渔船的钢质化起到了重要作用。1992 年获农业部科技进步三等奖。为配合《小型钢质海洋渔船建造规范》的实施,1991 年出版了《小型钢质海洋渔船建造检验指南》。该规范设有"船体结构和舾装""轮机装置"、电气、冷冻、材料和焊接以及消防、救生、无线电和航行等设备共 4 篇。

7.《玻璃纤维增强塑料海洋渔船建造规范》

随着玻璃钢材使用的发展,选用玻璃钢建造小型船的优越性越来越显著。并将有关试验研究项目委托上海玻璃钢研究所。1989 年 9 月 30 日,该规范由农业部批准公布,1990 年 3 月起施行。

在总结了一批玻璃钢渔船建造经验后,1995 年 3 月 22 日,农业部渔业船舶检验局颁布新制定的《玻璃纤维增强塑料渔船建造规范》,1989 年版规范随即废止。

8.《内陆水域渔业船舶检验规定》

1990 年全国主要内陆水域已建立了渔船检验机构,急需一个内河渔船检验依据,为此渔船分局制定了《内陆水域渔业船舶检验规定》,于 1991 年 10 月定稿,当年试行。其中包括检验与证书,船体、船舶设备、轮机、电气的检验,航行试验等方面内容。

9.《海洋渔船安全规则》

该规则由渔船分局委托上海渔船检验处编写,在农业部渔船检验局技术委员会第一次会议上通过审议,由农业部颁布,于 1993 年 10 月 1 日起实施。该规则是首部渔船法定检验的完整技术依据,主要依据有关国际公约,国内规则、规范并结合渔船实际编写而成,规则的出台推动了我国渔船逐步贯彻有关国际公约。

10.《中华人民共和国渔业船舶监督检验管理规定》

1996 年 1 月 12 日由农业部颁布施行。该规定对保证渔船安全航行、作业的技术条件,保障渔船和渔民生命财产的安全,防止水域污染有着重要的作用。

为规范渔业船舶设计图纸的审查工作,渔船检验局于 1996 年 9 月 2 日颁布施行了《渔业船舶设计图纸审查规定》,这对保证渔船的设计质量,保障设计单位的权益和规范程序起到良好作用。

《渔船船用产品检验规则》,1997 年 4 月 8 日农业部渔业船舶检验局公布,自发布之日起实施。

1998 年 4 月 14 日,农业部渔业船舶检验局颁布《钢质海洋渔船建造规范(1998)》,自 1999 年 1 月 1 日起施行。原《钢质海洋渔船建造规范(1985)》《小型钢质海洋渔船建造规范(1988)》随即废止。

《远洋渔船检验管理办法》,1998 年 11 月 2 日,农业部印发《远洋渔船检验管理办法》。12 月,农业部渔船检验局印发《关于贯彻〈农业部远洋渔船检验管理办法〉有关事项的通知》,对远洋渔船检验的管理提出具体要求。在国内的进行的建造、初次、换证检验远洋渔船,省局凭农业部渔船检验局的委托书实施检验;境外远洋渔船由农业部渔船检验局负责检验人员的派出和费用结算;同时公布了《远洋渔船检验申请书》《远洋渔船勘验报告》《远洋渔船检验委托通知书》《远洋渔船检验完工报告》等证件式样。

(三)渔船设计、修造单位资质认可规定

为了遏制“沙滩船厂”粗制滥造渔船,提高渔船建造质量,控制无证渔船,农业部逐步出台了渔船设计、修造单位资质管理制度。

1990 年 6 月 4 日,农业部颁布《小型木质渔船工厂认可办法》。该办法规定,凡未取得“小型木质渔船工厂认可证书”的企业或单位不得修造木质渔船。同时公布《修造木质渔船企业或单位的生产条件考核要求》《修造小型木质渔船技术工人合格证书的发证规定》和《小型木质渔船工厂认可申请书》格式。木质渔船工工厂认可是整个渔船设计、修造单位资质管理工作的开端,该项制度实施至 1993 年基本结束,后续则由更全面的修造厂认可办法替代。

1993 年 8 月 18 日,农业部印发《关于渔船设计单位实行渔船设计资格认可证书制度的通知》,规定自 1993 年 9 月 1 日起,凡从事渔船设计的单位,必须申请资格审查,经审查合格并取得《渔船设计资格认可证书》后方可承担相应的渔船设计任务。对通过认可的设计单位可颁发甲、乙、丙、丁种等级的证书。

1994 年 11 月 28 日,农业部颁发了《中华人民共和国农业部渔船修造厂认可办法》。1995 年 2 月 28 日,渔船分局公布了《中华人民共和国渔船修造厂认可办法实施细则》,其中具体规定了对修造厂应具备的条件。细则包含五个附件,分别是工厂认可申请书的格式,以及木质、钢质、玻璃钢和钢丝网水泥渔船厂认可的现场考核审查要求。此细则的公布为顺利开展认可制度、颁发《工厂认可证书》奠定了基础。

(四)渔船检验规程、验船师须知和指导性技术文件

1.《营运钢质海洋渔船检验规程》

渔船分局成立后,一段时间内仍使用船检局颁布的检验规程,后国家水产总局颁布了新的渔船修理标准,原检验规程不再适用,1980 起渔船分局着力编写首部渔船营运检验规程。1982 年 9 月 21 日,《营

运钢质海洋渔船检验规程》经农牧渔业部批准，1982 年 12 月 1 日由渔船分局公布，1983 年起试行。《检验规程》包括："总则""检验方式、检验项目及证书、技术文件""船体检验""舣装设备检验""安全设备检验""渔捞和起重设备检验""机械装置和轴系检验""冷藏设备检验""电气设备检验""助航、助渔、无线电通信设备检验"10 章。该规程试行后，根据各方面提出的意见进行修订，1987 年 11 月 12 日又公布《营运钢质海洋渔船检验规程(1987)》，1988 年 5 月起施行。

2.《钢质海洋渔船建造检验规程》

该规程由渔船分局于 1993 年公布，1993 年 7 月 1 日起施行。

3.验船师须知(不完全收录)

《关于国内航行机动渔业船舶证书及技术文件填写的暂行规定》(85)CJ001；

《小型渔业船舶检验证书簿填写规定》(86)CJ002；

《关于渔船船用产品检验的若干规定》(87)YC001；

《关于签发产品证书和检验报告的有关规定》(90)YC003；

《内陆水域渔业船舶证书簿填写规定》(90)CJ005；

《关于远洋渔船证书及技术文件填写的规定》(90)CJ006；

《渔业船舶使用液化气灶具检验规定》(91)(007)；

《气胀救生筏检验须知》(94)YC001；

《关于 1995 年版远洋渔船证书及技术文件填写的规定》(96)CJ008；

《关于国内航行渔业船舶证书及技术文件填写的规定》(97)CJ001；

《关于签发 1996 年版产品证书和检验报告的有关规定》(97)YC003；

《船用产品检验工作程序》(97)YC005；

《船用产品检验项目》(98)YC006；

《船用产品送审资料》(98)YC007；

《船用产品检验标志的使用》(98)YC008；

《渔船用柴油机检验须知》(98)YC009；

《渔业船舶螺旋桨检验须知》(98)YC010；

《挤压铝合金平板冻结装置检验须知》(98)YC011；

《绞钢机、起网机检验须知》(98)YC012；

《船用液压马达检验须知》(98)YC013；

《手提式灭火器检验须知》(98)YC014；

《船用救生圈检验须知》(98)YC015；

《电动液压舵机检验须知》(98)YC016；

《船舶起动用铅酸蓄电池检验须知》(98)YC017；

《渔船船用配电板检验须知》(98)YC018。

4.其他指导性技术文件

《渔船电子号笛检验要求》1990；

《渔船气胀救生筏检修站管理规章制度》；1990 发布；

《渔船振动预报》，指导性技术文件(90)ZJ001；

《小型钢质海洋渔船建造检验指南》，指导性技术文件(91)ZJ002；

《渔业气胀救生筏检修站认可计分办法》1992。

八、海船规范科研工作的发展

20 世纪 70 年代,根据“船检科技十年发展规划”的要求,船舶检验局在上海组织修订《1967 年钢质海船建造规范》及海船稳性、抗沉性、载重线等 8 种法定规范工作中,结合当时具体情况,着眼未来科技进步,已在有计划地开展海船规范科研工作,并取得了一定的成就。改革开放后,为了适应造船、航运和海洋资源开发事业迅速发展的需要,进一步进行了有关专题研究,以不断提高中国海船规范科技水平并与国际接轨。

20 世纪 90 年代,世界高新技术的迅猛发展,信息技术、微电子技术、自动控制技术和新材料技术在造船、航运业中应用越来越广泛,这就要求船检必须跟上时代发展步伐,特别是对新出现的大型集装箱船、高速船、高附加值船等新型船舶的检验,要求船检的规范科研有超前性,要适应航运发展的需要。船检规范科研工作在航运和造船发展的带动下,得到了快速发展。1994 年 6 月 29—7 月 1 日在北京召开首届船检科技工作会议,制定了 1994—2010 年船检科技发展规划。分为三个阶段(1995 年,2000 年,2010 年),使近、中、远三个时期的科研项目能有机地联系。近期研究的重点放在科研的“填平补齐”方面;中、远期研究重点放在与国际规范发展趋势、造船新科技应用、船东新需求相适应的工作方面。

(一)海船和海洋工程规范科研的发展

1.海上移动平台规范科研

1978 年 7 月,船舶检验局决定在大连办事处成立钢质移动式钻井平台规范工作组,由 7 个单位 19 人组成。由于海上石油开发事业的需要,海上钻井平台的设计与建造必将有更大的发展。工作组为了适应这个需要,在抓紧时间总结以往的海洋工程建造经验的同时,加强海上移动平台的科研工作,尽快制订出我国的海上移动式钻井平台规范。1979 年 8 月 30 日,船检局大连办事处同上海交通大学签订“海上移动式钻井平台建造规范有关强度和稳性计算方法的研究”协议。研究项目如下:

(1)半潜式海上钻井平台总强度间接动力分析法的研究:

间接动力分析法原理探讨;

间接动力分析法的程序编制;

用间接动力法对半潜式平台进行结构分析,以明确规范有关内容。

(2)海上钻井平台完整稳性研究:

研究海上钻井平台在漂浮状态下的完整稳性要求;

研究海上钻井平台大倾角稳性曲线的计算方法;

编制海上钻井平台大倾角稳性曲线的计算方法程序。

上述两项研究成果应用于《1982 年海上移动式钻井船入级与建造规范》中。

2.海上固定平台规范科研

为了保证海上固定平台可靠性和科学性,船舶检验局于 1982 年 7 月 19—22 日在北京召开了“固定平台科研计划讨论会”,经过讨论协商初步确定了固定平台规范科研九大项目。会后,由船检局上海办事处与上海交通大学、清华大学、同济大学、南京水利所、华东水利学院、海洋石油设计院,中国科学院力学所、大连工学院等有关单位先后签订 19 项科研课题任务协议书,具体项目:

GP001 海上固定平台管结点静强度分析;

GP002 无加强筋圆管构件的稳定性;

GPO03A 无加强筋圆钢管构件的稳定性;

GP004 圆钢管结构件稳定性；

GP005 随机波浪作用下平台的动力分析；

GP006 确定性波浪作用下的动力分析；

GPO07A 地震作用下平台的动力分析和设计检验条件；

GP008 海冰作用下的动力分析；

GP009 固定平台自振特性动力载荷作用下动力反应的模型试验分析；

GPO10 固定平台现场实验与分析研究；

GPO11 垂直及水平载荷作用下单桩承载力的试验；

GPO12 P-Y 曲线的确定性研究；

GPO13 固定平台规范中桩的垂直及水平承载力计算方法的适用性研究；

GPO14 群桩波浪力及遮蔽效应研究；

GPO15 管结点疲劳试验及分析；

GP016 管结点疲劳强度试验分析；

GPO17 导管架式固定平台疲劳分析程序和计算；

GPO18 水平力作用下群桩的载荷与位移研究；

GPO19 海洋桩基波方程中参数的确定。

以上课题中，除 GPO03A、GP004、GPO13、GP015 和 GPO17 等五项未结题外，其余 14 项课题于 1987—1989 年期间陆续完成，为后来修订和完善海洋工程规范提供了科学的理论依据。

3.海上平台管节点国产化研究

1983 年 8 月，中国船舶工业总公司七〇二研究所在无锡组织召开“海上平台管节点国产化研究”第一次工作会议，会上成立“海上平台管节点委员会”，同年经国家经委确认。该课题立为国家“六五”攻关项目，7 个部委的 21 个单位的专家承担专题研究，历时 7 年完成。

船检局海船规范所是“海上平台管节点委员会”成员单位，主要参加完成的研究项目为“管节点专用 Z 向钢(层状撕裂钢)，包括采用电炉、转炉和平炉冶炼，掌握了低硫磷冶炼技术”“Z 向钢管节点制造工艺研究，制造 73 个管节点及编制管节点制造工艺规程，完成配套的焊条、焊剂的评定”“修改规范中海上平台管节点用材，加工制造及疲劳分析有关条文”等三项专题。

4.大型油船结构强度计算

(1)为制订《钢质海船入级与建造规范(1983)》，补充大型油船结构强度计算，船检局海船规范所委托上海交通大学结构力学研究教研室完成下列课题：

船舶直接外力计算程序及方法，包括船舶波浪载荷响应预报及绘图程序(LPP)和静水弯矩剪力计算程序；

大型油船局部强度直接计算及程序。

(2)为论证《钢质海船入级与建造规范(1983)》对大型油船的适用性和可靠性，船舶检验局指示大连办事处委托大连工学院造船系完成 6 万 5 千吨级油船下列课题：

6 万 5 千吨级油船整体空间应力应变分析计算；

6 万 5 千吨级油船中间整体油舱段应力应变分析计算；

6 万 5 千吨级油船 1/4L 处油舱段剪切应力应变分析计算；

6 万 5 千吨级油船油舱段甲板节点及底部节点应力分析计算；

6 万 5 千吨级油船横向变形对总强度的影响兼论大油船主尺度与总强度的关系。

5.有关海船和海洋工程的专题研究

船检局海船规范所自20世纪80年代中期以来委托院校、科研所开发和合作开发、自力开发有关船体结构强度、海船稳性、载重线、轴系振动以及海上设施等方面的研究项目概述如下:

(1)海船船体结构强度

扁平型船体强度直接计算;

开体泥驳连接铰链和液压装置受力分析;

液化气体运输船B型液货舱断裂与疲劳计算;

2700标箱集装箱船甲板应力分析;

船底板架外载荷处理程序;

国际船级社协会(IACS)船体总强度统一要求中波浪弯矩直接计算研究;

高速船船体局部强度校核程序。

(2)海船稳性及载重线

海船稳性气象衡准模式研究;

随浪中纯稳性损失研究;

海船稳性规范衡准研究;

双体船横摇试验及稳性研究;

海船破舱稳性计算程序;

应用双参数研究船舶淹湿性和干舷(最小船首高度)的关系;

侧壁式气垫船垫态稳性研究。

(3)轴系

柴油机曲轴连续梁应力计算研究;

船舶推进轴系复杂系统扭振计算。

(4)海洋工程

半潜式平台结构分析程序;

结构计算通用程序;

海底管道铺设应力分析程序;

生活平台强度分析的部分模块工作;

坐底式移动平台结构分析;

移动平台完整和破舱稳性计算程序;

海洋结构动力疲劳分析程序;

导管架平台地震响应分析程序;

导管架平台管结点确定性疲劳分析。

6.轴系振动和曲轴弯曲形状系数的研究

(1)船舶中低速柴油机轴系扭振应力计算方法的研究

该课题由船检局上海办事处和上海船舶设计院共同研究,完成于1980年10月。课题评审会于1981年6月4日由船舶检验局组织召开,通过了该课题的研究成果。

该课题是基于67艘船中低速柴油机轴系进行理论计算,并将计算结果与实测相比较,正确度较高,无论系单节、双节和三节点的扭振应力都能给出满意的结果,应用此计算方法,在设计阶段能预报柴油机轴系是否存在扭振问题。

(2)柴油机曲轴弯曲形状系数的研究

该课题由交通部(73)交船监字第62号文下达,课题组成员单位有船检局上海办事处、上海船舶运输科学研究所,中国船舶工业总公司七一一所。

研究内容和目的是提供曲轴结构形状对应力集中的影响、计算公式和曲线图谱,为柴油机曲轴提供可靠、合理的依据。

研究工作通过曲轴受力分析和应力理论计算,曲轴结构形状光弹试验和实机曲轴的静、动测试,得出一整套完整的曲轴弯曲形状系数。评审会于1983年6月27日召开,评审组长单位:上海交通大学。

(3)船舶轴系纵向振动

船舶轴系纵向振动是由于应用长冲程少缸数柴油机而产生的安全技术问题。该课题由船检局上海办事处和上海船舶设计院自1981起共同研究完成。研究出一整套计算方法,包括建立模型、参数计算、固有频率计算、激励功计算、阻尼功计算、响应计算和衡准,解决轴系设计纵振预报。

7.船舶标准制订

船检局上海办事处参与"船舶倾斜试验 CB＊3035—78""船舶稳性报告书 CB＊Z302—79""柴油机动力海洋船舶系泊及航行试验通则 GB3471—83""船体修理技术标准 JT 4002—79"(共有15个标准)"船用锅炉修造技术要求 JT 4181—82"(共有11个标准)"民船电子设备环境试验条件 JT 4508—81""船舶交流电力系统短路电流计算 GB 3321—82"等国标、部标编制工作。船检局海船规范所参与"船用电机基本技术要求 GB 7060—86"国标编制工作。

(二)耐火结构试验

1976年交通部科学技术委员会向船舶检验局下达研制船舶耐火分隔科研课题。船舶检验局与有关方面商定,由船检局大连办事处、公安部四川消防研究所、船检局广州办事处、六机部广州造船厂组成研制船舶耐火分隔课题组。船检局大连办事处为课题组组长单位,公安部四川消防研究所为副组长单位。研制地点在四川灌县四川消防研究所。1976年,中国还没有符合政府间海事协商组织要求的耐火结构试验设备。课题组对四川消防研究所的大型立式试验炉及卧式试验炉进行改装,还新建不燃材料试验炉及小型电炉,配齐了必要的试验设备。试验工作自1976年1月开始,于1978年1月结束,先后进行各种耐火试验276次,研制出船舶耐火分隔38种,其中A-60级舱壁和甲板15种,A-60级防火门3种,A-30级舱壁和甲板13种,A-15级舱壁和甲板6种,B-15级舱壁1种。1978年5月6日至12日,船舶检验局在成都主持召开船舶耐火分隔技术鉴定会议。经会议审定,研制的38种船舶耐火分隔的阻火隔热性能指标,符合政府间海事组织的相关要求及《钢质海船建造规范(1973)》的规定。

1988年3月,船检局海船规范所通过交通进出口公司向英国炉子制造公司(Furnace Construction Co. Ltd.简称FCC)和英国DSR研究所(Dark Star ReaearchLtd.,简称DSR)引进采用煤气加热电脑自动控制船、陆两用耐火结构试验设备,包括燃烧炉、控制和监测系统以及其他附属设备组成。该耐火结构试验设备具有能准确按照国际海事组织(IMO)和国际标准化组织(ISO)所规定的耐火试验"时间—温度"曲线运行性能以及自动控制时间和炉内温度的功能,还能模拟石油平台在井喷失火产生碳氢化合物燃烧"时间—温度"曲线进行耐火试验的功能,炉内温度均匀,试样不接触火焰,并具有高度的正确性,是国内唯一的自动化耐火结构试验炉,具有国际先进水平。上述引进部件1988年10月运抵上海,安装于海船规范科研所耐火材料和结构试验室(对外称"远东防火试验中心"),1990年5月调试结束,英国FCC和DSR公司正式签字交付使用。是年共试验62炉耐火结构产品,设备运转结构产品9炉。ABS、LR、BV、GL等船级社验船师先后前来参加对其检验有关的耐火结构件试验,对耐火结构试验设备的性能均表示完全满意。1992年远东防火试验中心通过与惠林耐火研究中心(WFRC)合作,扩大和提高了知名度。当年共试验103炉,其中船用耐火结构产品47炉,陆用耐火结构产品56炉。陆用产品的客商来自北京、广东、中国香港和新加坡。

(三)海船和海洋工程规范科研的获奖

海船和海洋工程规范科研成果获奖项目共41个,获得45项奖。按获奖项目归类:5种规范获7项奖、10种标准获10项奖、柴油机轴系扭振和曲轴强度10项获11项奖、消防类7项共获7项奖、电算程序3项共获3项奖、其他类6项获7项奖。

海船规范科研成果获得省、部级以上的奖励项目列于表6-2中。表中获奖人员名单,未包括合作单位获奖人员。

海船和海洋工程规范科研成果获奖项目　　表6-2

序号	获奖项目	获奖名称和等级	获奖单位	获奖人员
1	自动探火和灭火系统研究	1978年全国科技大会奖	船检局上海办事处	周宗仪 马家骥
2	船用柴油机轴系扭转振动研究	1978年全国交通科技大会奖	船检局上海办事处	许运秀 张公安
3	船用耐火舱壁研究	1978年全国交通科技大会奖	船检局大连办事处、广州办事处	
4	船用救生抛绳器研制	1978年全国交通科技大会奖 1981年交通部科技成果三等奖	船检局广州办事处	邓森如
5	《船舶倾斜试验标准》(CB * 3035—78)	1978年交通部科技成果三等奖	船舶检验局上海办事处	叶士雄 张燕昌
6	《船舶稳性报告书》(CB/Z 302—79)	1978年交通部科技成果三等奖	船检局上海办事处	钱培英 叶士雄
7	《船体修理技术标准》(JT 4002—4004—79、JT 4009—4020—79、JT 4501—79)	1979年交通部标准成果三等奖	船检局上海办事处	贝明武
8	甲板基层敷料试验炉研究	1981年中船总公司科技成果三等奖	船舶检验局上海办事处	周宗仪
9	甲板基层敷料研究	1981年中船总公司科技成果三等奖	船检局上海办事处	周宗仪
10	民船电子设备环境试验条件和方法研究	1981年交通部标准成果四等奖	船舶检验局上海办事处	周镇平
11	《船用柴油机轴系扭转振动电算程序》	1981年上海市科技成果三等奖	船舶检验局上海办事处	许运秀 黄卓超
12	船舶中低速柴油机轴系扭振应力计算方法的研究	1981年交通部科技成果三等奖	船检局上海办事处	许运秀
13	船用烟火信号品种和通用技术条件研究	1982年交通部标准成果三等奖	船检局广州办事处	邓森如
14	《船舶柴油机轴系扭振》(著作)	1982年全国优秀科技图书二等奖	船检局上海办事处	许运秀 陆赞能 张公安 黄卓超
15	《船用锅炉修造技术要求》(JT 4181—82)	1982年交通部标准成果三等奖	船检局上海办事处	马震英

续上表

序号	获奖项目	获奖名称和等级	获奖单位	获奖人员
16	《运输船舶舱室噪声标准》	1982年交通部标准成果三等奖	船检局上海办事处	钟学添
17	IMCO完整稳性标准改进研究	1982年上海市科技成果三等奖	船检局上海办事处	钱培英 叶士雄
18	船舶柴油机曲轴强度研究(曲轴应力集中系数)	1983年上海市科技成果四等奖 1985年中船总公司科技成果三等奖	船检局海船规范研究所	钟学添 周润章
19	《船舶轴系集成系统》	1983年中船总公司科技成果二等奖	船检局海船规范研究所	许运秀 钟学添等
20	《柴油机动力海洋船舶系泊及航行试验通则》(GB 3471—83)	1983年上海市科技成果三等奖	船检局上海办事处	马震英 吴金庚
21	A级耐火甲板研究	1984年中船总公司科技成果三等奖	船检局海船规范研究所	周宗仪
22	船舶复合型耐火甲板敷料研究	1985年国家科技进步三等奖	船检局海船规范研究所	周宗仪
23	《船舶交流电力系统短路电流计算标准》(GB 3321—82)	1985年交通部科技成果三等奖	船检局海船规范研究所	沈振亚 孔令黄 谢福卿
24	船舶柴油机曲轴强度研究	1985年中船总公司科技成果三等奖	船检局海船规范研究所	钟学添 周润章
25	"六五"低合金钢、合金钢专项科技攻关研究	1986年国家科委、冶金部荣誉证书	船检局海船规范研究所	汤聚法
26	船舶轴系纵向振动研究	1987年交通部科技成果三等奖	船检局海船规范研究所	许运秀
27	船用电机基本技术要求研究	1987年国家机械委科技进步二等奖	船舶检验局海船规范科学研究所	孔令黄
28	《钢质海船入级与建造规范(1983)》(1988年获奖含《船舶轴系纵向振动》)	1987年交通部科技进步二等奖 1988年国家科技进步三等奖	船检局海船规范研究所	江树德 陆赞能 郑镇洲 韩杭成 许运秀
29	《海上固定平台入级与建造规范(1983)》	1987年交通部科技进步二等奖	船检局海船规范研究所	叶士雄 徐传淮
30	《沿海小型钢丝网水泥船建造规范(1986)》	1987年交通部科技进步三等奖	船检局海船规范研究所	林德弘
31	《海船稳性规范(1986)》	1987年交通部科技进步一等奖 1988年国家科技进步三等奖	船检局海船规范研究所	叶士雄 钱培英
32	《海上移动式钻井船入级与建造规范(1982)》	1988年交通部科技进步三等奖	船检局大连分局	包达奇 蒋希源等
33	材料表面火焰传播测试装置研制	1988年农林部科技进步二等奖	船检局海船规范研究所	周宗仪
34	《船舶轴系纵向振动》(著作)	1988年全国第四届优秀科技图书二等奖	船检局海船规范研究所	许运秀
35	海洋平台用钢的应用研究(315及355N/mm^{2}钢材)	1988年中船总公司科技进步二等奖	船检局海船规范研究所	汤聚法
36	粘性土中横向受载桩P-Y曲线统一法研究	1990年交通部科技进步三等奖		傅泰隆

续上表

序号	获奖项目	获奖名称和等级	获奖单位	获奖人员
37	船舶破舱稳性计算程序研究	1990 年国家科技进步二等奖	船检局海船规范研究所	王志荣 钱培英 朱永峨
38	《船舶检验管理信息系统》(SSMIS)	1991 年交通部科技进步二等奖	中国船级社总部和广州分社	张太芳 付子宁 庄惠杰 杨宝芳
39	“堡”字轮轴系故障分析与对策研究	1993 年交通部科技进步三等奖	船检局上海规范研究所	许运秀 洪　铃
40	曲轴断裂力学分析研究	1995 年国家教委三等奖	船检局上海规范研究所	
41	油船静电防护研究	1995 年国家科委科学技术成果奖	船检局上海规范研究所	

(四)科研成就和应用

科研开发是对规范工作的支持。船检局海船规范所在结构直接计算、完整稳性和分舱和破舱稳性计算、轴系振动和校中以及短路电流计算等方面取得较好的成就,处于国内领先地位。

1984—1986 年海船规范所与上海交通大学合作开发“货船分舱和破舱稳性”计算程序。根据实船计算结果分析,就货船纵向分隔和水平分隔的计入、生存概率的计算和重心高度等方面,通过规定程序向国际海事组织稳性、载重线和渔船安全分委员会(SLF)第 29、30、31 次会议提交中国政府提案,其中大部分建议为海上安全委员会(MSC)采纳,反映在《1974 年国际海上人命安全公约》1990 年修正案,即该公约第Ⅱ-1 章新增加 B-1 部分“货船分舱和破舱稳性”。1986 年,海船规范所开发海船完整稳性和分舱和破舱稳性等 9 种计算程序,其中船舶分舱和破舱稳性诸程序为船舶设计和科研单位解决了分舱和破舱稳性计算的难题,获国家科技进步二等奖,成为国内在船体性能计算领先的单位。1987 年对载重线部分“甲板淹湿性和干舷”进行研究,通过规定程序向 SLF 分委员会第 32 次会议提交对《1966 年国际船舶载重线公约》最小船首高度公式的中国政府提案,受到 SLF 分委员会的重视。

1986 年,罗马尼亚政府补偿贷款为中国建造“德堡”“柳堡”和“南堡”等 5000 吨多用途货船。在试航和首航中多次发生推力块熔损、减速箱大齿轮前轴承熔损、传动小齿轮周向断裂等严重故障,其中“德堡”甚至因上述故障在首航中失去推进动力而发生倾覆沉没惨案。罗马尼亚船厂为此事曾请德国 RENK 厂作技术研究,自己亦组织专家进行多次研究,均未找出故障原因。船检局海船规范所对此进行了专题研究,通过实地调查找出故障原因,用轴系校中计算,优化轴系安装,解决这一技术难题。

1988 年,船检局海船规范科研所对上海海运局所属“州”字号 25000 吨散货船发生轴系故障和螺旋桨叶片断裂事故作专题分析和研究,找出螺旋桨桨叶疲劳强度不足致使桨叶断裂的主要原因。在此基础上,提出根据船体伴流分布、螺旋桨材料的腐蚀疲劳极限,校核桨叶疲劳强度和设计桨叶几何参数的新方法,为“郑州”轮设计新螺旋桨取得成功,属国内首例。在此课题中,还为上海海运局所属“州”,字号轮的螺旋桨作削边设计。有关该型号船的轴系故障,主要为轴系扭振问题,通过禁区转速调整,亦解决了问题。由此,这批船在运行中出现的主要问题得到满意解决。

双底双壳油船船体强度直接计算,是上海规范所遇到的新技术问题。1992 年,该所受大连船检局委托对大连造船厂设计的 6 万吨双底双壳油船进行结构强度分析,对中船总公司 708 所设计的 15 万吨双底双壳油船进行咨询。上海规范所组织专门班子进行研究和确定计算载荷,建立计算模型,采用《SAP5

分析程序》进行系统的分析,提出修改建议,得到大连造船厂和“七〇八所”设计人员高度评价。

九、河船规范科研工作的发展

长江及全国内河船检规范科研经历了由简单测试、实船分析,到应用新科技进行系统研究和不断深入发展的过程。在船检局河船规范所成立前,除船检局长江区办事处根据检验工作实际需要,对船舶结构、稳性、干舷及锚泊、救生设备等进行大量实船调查、统计分析及采用一般检测工具做试验外,主要是通过交通部和船检局将科研立项后,委托有关科研单位和大专院校进行专题研究,开展科技协作,为长江船舶规范向长江水系扩展,充实河船规范内容及全面提高规范水平提供科学依据。自 1985 年河船规范科学研究所成立后,船检自身科技力量得到加强,于是规范科研方式由过去侧重依靠院校转向合作研究,并独立承担一些课题研究和测试。按照“内河船舶规范体系”的要求,有计划、有重点地开展规范科研工作,为船检建设奠定了较好的基础。

(一)围绕制订长江水系船舶规范开展科研

1973—1978 年,为制订长江水系钢船建造规范及稳性规范做了大量前期准备工作。其中委托高校、科研单位完成 8 项规范科研课题,有效地推进了规范编制工作。

1.长江船舶总纵强度标准研究

20 世纪 60 年代制订的长江钢船建造规范,船舶总纵强度问题还局限于由实船统计归纳得出机动船和非机动船的总纵强度系数,缺乏科学的计算方法。自 1973 年起,该课题立项委托武汉水运工程学院进行研究,在船检、航运部门的密切配合下,选择 40 艘长江船舶 300 多个工况作斜置波浪的弯矩与切力计算,又选择 30 艘各类驳船作各种装卸方案的应力计算,全部计算在上海交通大学计算机室进行。后又选择 3 艘实船作静态应力测试,并搜集其他单位所进行的长江船舶应力实测资料,经综合分析后,于 1975 年完成课题总结报告,提出 4 种机动船(中机型客货船、尾机型货船、油船及拖、推船)和 4 种非机动船(舱口驳、甲板驳、双壳驳、油驳)的标准弯矩与总纵强度标准,特别是通过实船应力测试,解决了长江船舶上层建筑参与总纵弯曲的问题。《1978 年长江水系钢船建造规范》应用这项科研成果,确定规范有关船舶总纵强度计算式及外板配板方案。

2.船体振动研究

随着长江及内河船舶动力装置普遍采用柴油机,由于机型、船体结构及装配不当等原因而产生有害振动,致使有些船舶在机舱或尾部出现壳板裂缝,影响安全航行。针对这个问题,由武汉水运工程学院为主,武汉船检规范组配合,通过 20 多艘实船的振动测试和分析,并搜集各地有关船体减振、防振的经验以及国外技术资料,提出船底板格固有频率极限值、尾型结构和螺旋桨安装及减振、防振措施等要求。考虑到当时正式纳入规范规定的条件还不够成熟,因此决定将初步研究成果编写成“关于钢船船体防振和减振建议性文件”,先作为《长江水系钢船建造规范(1978)》的附录,供各水系民用机动运输船舶参照使用。后来又经过翁长俭教授及规范科研人员不断地进行钻研,在《内河钢船建造规范(1991)》中,才将“船体振动”列为专章,它包括通则、船体总振动及局部振动计算方法和振动衡准等内容。

3.船舶柴油机轴系扭转振动的初步研究

内河船舶多采用中、高速柴油机,有些船舶发生轴系断裂事故,往往与扭振有关。经对川江客货船进行重点测试后,初步拟订若干假设条件作理论计算,但有的与测量分析结果存在较大的差异。由于时间和其他条件所限,因此在制订《长江水系钢船建造规范(1978)》时,只能将阶段性的科研成果引入规范。初步规定对于单机功率大于 370 千瓦的柴油机推进装置应将轴系的扭转振动特性送交船检部门审查。

4.波浪对船舶横摇摆幅的研究

为了探索船舶在风浪中航行的稳性,需要进行系列船模试验,从理论计算到与实船对比。1977 年,经武汉船检规范组与武汉水运工程学院课题负责人商定,选择长江新型汉申客班轮及 1940 千瓦推船,做变方形系数(Cb 自 0.52—0.64)及变船宽与吃水比值(B/d 自 3.6—6.0),共 15 个系列船模的静水横摇衰减试验,探索长江船舶的横摇阻尼变化规律。又按规则波的经典摇摆理论,推导出切合我国长江水系船舶实际情况的横摇角计算式,引入《长江水系船舶稳性和载重线规范(1980)》之中。

5.河船风压系数和风压中心的测定

内河船舶普遍布置有舷边外走道,常对风压系数和风压力矩引起变化。为测定内河船舶受风情况及其分布规律,由武汉水运工程学院对 7 种有代表性的内河船模进行风洞试验,得出各类船舶的风压系数和风压力矩系数。经对 80 艘实船各种装载情况进行计算,证实此项科研达到了预期的效果,故在制订《长江水系船舶稳性和载重线规范(1980)》时,采用了有关计算式。

6.河船水压力中心的测定

内河船舶较为宽扁,其船宽与吃水的比值(B/d)变化较大,且横向水压力位置不与水下船侧面积相重合,它随 B/d 的变化而变。1977 年,由武汉水运工程学院制作 24 个系列内河船模进行水池试验,获得我国河船的水压力中心变化规律与苏联内河规范大致相同的结果。经整理后,将该项成果纳入《长江水系船舶稳性和载重线规范(1980)》应用。

7.河船回航倾角计算式的研究

《长江船舶稳性规范(1967)》中的回航倾角计算式,是基于海船实验及借鉴海船规范的表达方式,不适应内河船型,主要反映在许多长江船舶回航时的实际倾角远远大于该规范的计算式。为此,委托长航科研所进行专项课题研究。经做船模与实船回航试验,并搜集到 100 多艘船舶稳性资料,后在“长江稳规工作组”内讨论,推荐以船舶回航初始渐变阶段的倾斜状态作为衡准条件。这项科研成果纳入了《长江水系船舶稳性和载重线规范(1980)》。

8.小船稳性简易计算方法的研究

为解决内河小船在地方航运单位和小船厂计算稳性的困难,曾经作过多年的探索,也积累了一定的经验。在 1977 年修订长江船舶稳性规范时,决定委托武汉水运工程学院对 30 米以下的小船稳性简易计算方法作进一步研究。根据理论结合实际的原则,从大量实船资料统计分析中,归纳得出小船的最小动倾覆力臂简易计算方法及有关图表。经过各地核算小船稳性试用,认为其精确度较《长江船舶稳性规范(1967)》的近似法有所提高。此项新的简易计算方法列入了《长江水系船舶稳性和载重线规范(1980)》。

除委托院校进行的上述科研课题外,武汉船检安全技术试验站在成立初期,也配合规范科研课题进行一些测试工作。1977 年 7 月 27 日在位于长江 A 级航区 6 号浮筒及 6 级东南风条件下,试用“测标法”测得波高 2 米、波长 30 米等数据,后又通过其他有关资料分析,为划分内河航区及确定规范计算波浪尺度提供了一定的依据。还利用统计式应变仪装在长江几艘客班船和驳船上,原想求得各船在风浪中航行所受应力与应变量情况,但该仪器为试制产品,对河船的应变量反映极微,而未获成功。后来另辟途径,多与有关科研单位一起,共同开展船体应力测试等工作。

(二)船检局河船规范所成立之前的科研项目

为提高长江水系船舶规范的科学技术水平和逐步向全国内河船舶规范过渡创造条件,长江船舶规范科研人员与有关单位密切合作,从 1979—1984 年,共完成了 5 项主要课题研究。

1.船舶火灾自动报警装置研制

为适应船舶机舱自动化的需要,武汉船检安全技术试验站对 CHB 系列火灾自动报警装置进行探索和研究，终于研制成离子感烟、电子感温及易熔金属感温式等3种探测器和第一套自制的火灾自动报警装置，于1979年9月完成3台，经安装在“东方红15”“长江1002”“长江602”等船上试用后，于年底通过鉴定合格，并正式投入生产。

2.船舶柴油机轴系扭振特性的深入研究

1980年，船检局长江区办事处与长航科研所、长江船舶设计院联合组成课题组，进一步探索适用于长江、内河船舶中、高速柴油机轴系扭振计算方法及程序。经过一年多的理论研究和实船测试分析，于1981年8月由中国造船工程学会振动噪声学组在上海召开“长江船舶柴油机轴系扭振计算方法及程序”预审会，其后，又由武汉造船工程学会邀集有关专家召开了评审会议。两次会议一致认为该课题对自由振动低阶固有频率的计算较为成熟，误差率在5%以内；受迫振动计算误差虽较大，但可控制在20%以内，其结果在设计阶段能起到预报扭振特性的作用。此后，根据船舶检验局的指示，武汉原课题组参加了船检局上海办事处、上海船舶设计院联合组织的“轴系扭振研究”，于1983年编成《船舶柴油机轴系扭振特性计算及有关问题》，经船舶检验局审定作为指导性文件，自1984年5月起施行。

3.内河钢质工程船总纵强度分析

武汉船检规范组和安全技术试验站从1978年2月起对内河钢质工程船的总纵强度与特殊结构进行专题研究。经选择3艘耙吸式挖泥船作静态应力测定，绘制出应力分布图。又对20艘有代表性的内河钢质工程船按各种可能装载、作业及调遣情况下的静水及波浪弯矩、切力进行计算，基本掌握了实船中拱与中垂弯矩的变化范围；挖泥船泥舱的特殊构件参与总纵强度的程度；起重船起吊重物时，其调节钢索水平力的偏心力矩对船舶总纵弯矩的影响等问题。1980年4月完成课题报告，为后续进行实船调研和编制《内河钢质工程船建造规范(1982)》提供了科学依据。

4.双壳分节驳船结构强度研究

双壳分节驳是一种具有长大开口的新型船。为解决该型驳船抗弯扭强度问题和适应发展需要，交通部科技局于1980年7月特下达专项科研课题，由武汉水运工程学院承担，同时船舶检验局指定长江区办事处予以密切配合。经过对49艘驳船在港口实际装卸情况进行调查后，制作了3组变系列5米长钢模及2只11米长钢模在该院新建的船体强度试验平台上进行抗弯扭试验。又选择内河500吨槽型半分节驳作扭转弯曲工况的应力与变形测量，通过较系统的分析和理论研究，于1983年11月提出该课题的7项报告，即分节驳钢质模型约束扭转试验报告；5000吨槽型半分节驳强度试验报告；内河分节驳散货扭矩的概率试算公式说明；船舶斜置波浪上的外力计算及计算程序；多闭域剖面船体梁两向弯曲合成剪应力计算及程序；变断面薄壁梁的约束扭转分析和计算程序；试验结果分析和实船计算分析等。

此外，船检局长江区办事处曾于1981年组织规范组和试验站人员对2艘分节驳作静态弯扭应力测试；还与长江船舶设计院合作进行11艘船在各种工况下斜置波浪静动平衡的外力计算和4艘船空间杆板组合结构计算，并于1982年11月提出双壳船总纵强度及其配板、扭转强度、局部强度3项报告。1984年11月，由交通部科技局在武汉主持召开了双壳分节驳船结构强度研究成果评审会，均获得通过。

5.襟翼舵的研究

襟翼舵是利用加大翼拱以提高升力的原理设计的一种新型舵。在70年代，已有一些长江船舶安装试用。但起初采用导杆式传动的襟翼舵，曾发生卡舵现象，后来改为齿轮或针轮传动的襟翼舵，其效果良好。1983年5月，长航局受交通部科技局委托在青山船厂召开了“船用襟翼舵”项目鉴定会，于是得到普遍推广。为了摸清襟翼舵水动力变化规律，长航局曾委托无锡“七〇二所”作有关性能的课题研究；船检部门也搜集了华中理工大学所作风洞试验和天津大学的水槽试验等资料，并在船舶建造检验工作中，积极参加襟翼舵的测试和研究，为改进河船规范工作创造条件。

(三)河船规范所成立后至 1997 年的科研工作

自 1985 年船检局河船规范所成立后,河船规范科研工作逐步转向专职为主,同时继续开展科技合作,按照“河船规范体系表”的计划要求,已完成 21 项课题研究。

1.双壳油船结构强度研究

船检局河船规范所从 1986 年 5 月起,正式将双壳油船结构强度列入课题研究。当时我国内河尚无此类实船,于是船检局河船规范所借鉴国内海船及国外有关资料,结合长江现有油船生产与检验经验,对油船结构特点及应力分布,通过理论研究和建立电算程序,为新船设计和审图提供一定的依据。1988 年 9 月完成“内河油船结构强度研究”总结报告和 LSS 系统油船总纵强度计算、MSTS 系统大肘板高腹板梁的计算及 MDELPSX 系统外力计算等三个程序,为编制《内河钢船建造规范(1991)》做了前期准备工作。

2.双体船结构强度研究

1985 年 6 月,船舶检验局委托武汉水运工程学院承担该课题研究,同时由船检局河船规范所派员参加,主要是探索双体船(包括海、河两类)的结构与强度计算方法。

同年 10 月起,通过实船调查,选择 2 艘双体客船和 2 艘滚装船作为基本船型进行实船与船模平台试验的强度分析比较。1988 年 12 月提出该课题总结报告及附有 13 个试验报告、6 个程序设计和微机程序系统等。主要包括双体船静水载荷理论预报;双体船在规则波中运行和载荷理论预报;双体船连接桥结构载荷近似计算方法;双体船结构相似模型试验原理及试验应力综合研究。另由河船规范所拟订了《内河钢质双体船建造暂行规定》(草案)。这是国内首次对双体船结构强度进行较系统的研究,并取得了一些成绩。

3.内河集装箱船强度及系固设备计算方法研究

我国内河集装箱船大都为多用途集装箱船,很少采用固定的格栅导轨等装箱设备,其船体结构及系固方式具有特殊性。1990 年 4—5 月,船检局河船规范所得到长江集装箱运输公司及长航科研所支持,在长江 A 级航区遇八级大风的情况下,对“长集 805”和“集驳 41001”进行了多项测试。同年 12 月提出内河集装箱船上集装箱的受力计算;集装箱对船舶的施力分析;系固设备强度的实船测试;内河集装箱船局部强度的特殊性及有限元分析;抗扭箱型式对强度影响的分析;横向甲板条端部的应力集中与相似理论的应用等六项专题报告,由船舶检验局组织专家在武汉召开课题鉴定会并获得通过。后来编制成《1992 年内河集装箱船建造与检验暂行规定》。

4.内河船舶船体振动研究

为了解决内河船舶船体振动问题正式纳入规范,自 1988 年 6 月起,船检局河船规范所与武汉水运工程学院合作进行课题研究。重点对双尾型客船及其他几种有代表性的船舶进行实船测试分析,于 1989 年 9 月完成课题报告,并附有实船振动测量报告、“扬子江乐园”旅游船的船体振动预报及减振设计等资料。此项研究成果为制订《内河钢船建造规范(1991)》的船体振动计算与要求提供了技术依据。

5.平行焊缝间距的力学性能试验

据各方面反映,《长江水系钢船建造规范(1978)》有关平行焊缝最小间距的规定不尽合理,于是由船检局河船规范所牵头,自 1987 年起与华中理工大学合作进行对接焊缝和对接与角焊缝间距的力学性能试验研究。由武昌造船厂按内河船舶外板厚度范围制作各种不同焊缝间距的试样,在华中理工大学进行力学性能试验后,于 1990 年 1 月提出试验总结报告,将研究成果引入《内河钢船建造规范(1991)》,使各种焊缝的最小间距问题得到合理解决。

6.内河小型船舶轴系断裂事故分析研究

针对内河小型船舶轴系断裂事故频发问题,船检局河船规范所在 1986—1988 年间,经对 13 省、1 市

70 多家航运单位的调查,400 余艘船舶断轴实例的统计分析和 8 艘实船扭振测试,以及由华中理工大学进行轴系材料试验等大量工作后,于 1988 年 12 月完成课题报告共 14 篇,特别是对几种国产船用柴油机的特性、球墨铸铁曲轴的初始缺陷和疲劳裂纹扩展、断裂力学参数的测定和计算、轴系断裂与轮机管理等作了安全技术要求,并引入《内河钢船建造规范(1991)》。

7.柴油机一缸熄火时轴系扭振特性分析

在内河推广使用重质柴油的过程中,有时由于燃烧不良而出现柴油机一缸或数缸熄火的情况,特别是对扭振敏感性的弹性联轴器和传动齿轮有不利影响。船检局河船规范所于 1986 年组织课题组,对长江船舶常用的 8NVD48A-2U、6L350PN、6300ZC 等几种柴油机型及不同的轴系布置进行了测试和计算,并对一缸熄火与正常发火时的轴系扭振情况作了对比分析。在 1987 年完成的课题总结报告中,提出了对装有弹性联轴器或齿轮传动装置的轴系应进行一缸熄火情况下的强迫振动计算及有关注意事项。

8.曲轴的三维光弹性及断裂力学分析研究

船检局河船规范所在华中理工大学的支持配合下,自 1989 年 6 月开始,选定 6160A 型柴油机曲轴进行断裂力学分析研究。1990 年 9 月完成研究课题,共提交报告 10 篇。其中,《6160A 型柴油机曲轴断裂力学分析》,被选为参加 1991 年 6 月第二届国际轮机工程学术会议的中方论文并获得好评。此项研究不仅确定了 6160A 型柴油机曲轴材料断裂力学参数、摸清了其裂纹扩展规律,而且对原规范曲轴强度计算公式的误差进行了理论分析与实际对比,同时提出曲轴改进设计的探讨,为制订《内河钢船建造规范(1991)》提供了科学依据。实践证明,改型后的曲轴应力情况明显好转,弯曲应力集中系数降低了 15%,为疲劳寿命估算和确定合理检验周期提供了理论依据,并应用到另一主要机型 8NVD48A-2U 柴油机曲轴上,取得了较大的经济效益和社会效益。1994 年 11 月 28 日,交通部科学技术司组织有关专家对该项课题进行了技术鉴定,一致认为此研究成果达到了国外同类研究的先进水平。

9.珠江客船倾覆机理及实验研究

为摸清珠江客船遭受雷雨风暴突袭而导致倾覆的内在规律,1985 年 9 月船舶检验局与广东省交通厅联合委托武汉水运工程学院列专题研究及由船检局河船规范所协助进行。自 1986 年 5 月开始,该院利用原水池加装风洞试验设备,选"红星 283"及"红星 377"为典型船舶制作船模,先后按有、无舭龙骨,开启或关闭窗户改变重心高度及采取不同风速来模拟突风吹袭,对自由船模或抛上风锚、下风锚、双锚等情况下的船模进行漂移倾覆过程的系列测定和分析对比。1987 年 10 月在武汉召开了成果鉴定会,评审组认为该项研究中所模拟突风倾覆试验的相似条件符合船舶动倾覆原理;试验方法在国内系首创;试验结果对改进现有珠江客船稳性补充规定有一定的指导意义。

10.内河船舶稳性基本衡准改进研究

1985 年 11 月,船检局技术委员会稳性分委会在杭州召开会议,就改进内河船舶稳性基本衡准问题进行讨论,并决定委托上海船舶运输科研所立题研究。经该所采取扩大内河船舶的船宽与吃水、重心高度与吃水的两项比值范围作系列船模试验,重点研究了船舶自摇周期计算式及有关横摇角水动力特征数,并以不规则波推导横摇角计算式,又根据实船统计分析,提出静稳性曲线下净面积与对应的横倾角的稳性特征,以及舷伸甲板对船舶横摇的影响等问题,共整理出 12 份报告,于 1989 年 7 月船舶检验局在江西召开评审会上初步通过。后来又在船检局技术委员会稳性分委会 1990 年度会议上对制订内河船舶稳性规范工作进行技术咨询,认为在目前还没有自己的波谱情况下,为使海、河船舶稳性规范能相协调,建议仍应以规则波理论推导横摇角计算式,而有关水动力特性的试验和内河船舶稳性曲线特征的关系等科研成果可纳入新订《内河船舶稳性规范》之中。

11.内河甲板散装货船稳性衡准研究

内河甲板船常因堆装散货坍塌而发生横倾翻沉事故,为此,华中理工大学进行了"内河甲板散装货船的稳性衡准研究”。经该校会同船检局河船规范所对实船在港口装卸作业情况下进行调查及多起事故分析后,决定以散装黄砂、煤、生铁、矿石 4 种大宗散货为研究对象,测定其物理性能、堆放方式、坍塌横移倾侧力矩等。通过摇摆试验平台和水池试验后,于 1988 年 6 月完成 5 项报告,提出以散货煤为衡准对象的散货滑移附加倾侧力臂计算式和散货自然堆装分布的计算方法,经船舶检验局主持召开鉴定会通过后,已将有关成果引入《内河船舶稳性规范(1993)》。

12.内河高速船回航横倾角试验研究

高速船佛氏数较大,其回航横倾应列为校核的主要条件。从 1988 年 3 月起,船检局河船规范所与海军工程学院合作进行“内河高速船回航横倾角试验研究”。通过 3 艘民用高速船的回航试验和海军高速系列船模试验资料的理论分析,于 1989 年初完成课题报告,提出了佛氏数超过 0.40 的中、高速船回航稳性衡准计算式。

13.双体船的稳性研究

过去一般认为双体船的横稳性较好,船检部门也未要求对其稳性进行核算。后来考虑双体船甲板入水角和舱室进水角减少及横摇摆幅加激等因素,于是河船规范所于 1987 年委托上海交通大学作双体船稳性课题研究。1989 年 3 月提出了“内河双体船横摇角计算式”和“内河双体船稳性核算的免除条件”,经在上海召开鉴定会通过后,将此项成果引入《内河船舶稳性规范(1993)》,填补了空白。

14.内河船舶救生设备的适应性研究

我国内河各航区的水文、气象条件及船舶技术状况有很大的差异。各有关部门对于内河船舶救生设备的种类与型式、配置数量和有关检验与试验要求曾提出许多意见和建议。船检局河船规范所对此开展课题研究,主要是结合内河特点,研究应急能力强的救生浮具及穿着方便的救生衣,力求标准合理,安全经济。1987 年,经与第二航务工程局、南京长江油运公司救生设备厂及江苏泰县橡胶制品厂等单位合作,研制了两种救生衣和制订相应的“内河船舶气胀式救生衣”“内河船舶固有浮力救生衣、船员工作救生衣”两项标准。同年 4 月,交通部标准计量研究所主持召开了审查会议。后经批准分别列为“JT 4079—88”及“JT 4080—89”两项部颁标准。

1988 年初,开始研究内河客船上能兼作生活用品的救生浮具,由天津泡沫塑料制品厂按照船检局河船规范所提供的设计图纸试制成睡垫式、枕头式、座垫式等供单人或多人使用的救生浮具,并经武汉船舶救生设备检测中心(筹)作吸水性、压缩永久变形、外层耐磨等试验及全面技术测定后,又经巫山县、吉林市两交通局将新型救生浮具安排装船试用,均取得较好的效果。1990 年 1 月,在哈尔滨市由交通部标准计量研究所主持召开技术鉴定会,一致认为这些新型救生浮具可在全国内河船舶上推广应用。

15.研制国际通用内河、港湾救生浮具

根据交通部交通科技发展基金会(89)科基字第 007 号文的科技合同通知,由船检局河船规范所与交通部标准计量研究所合作开发“国际通用内河、港湾救生浮具”。经对我国内河和沿海港湾船舶救生浮具使用情况进行调查及查阅国外有关资料,通过多种方案的比较而设计了一种符合国际公约要求的刚性平板型救生浮具。1990 年 6 月委托武汉市玻璃钢制品厂和襄樊市第二塑料厂分别试制样品。1991 年 4 月,工厂完成试制品和各项试验报告。同年 10 月 24 日通过部级鉴定认可。该型救生浮具采用质轻、耐高低温、不吸水的闭孔聚乙烯发泡塑料作芯材,四周边嵌有刚性框架,刚柔结合,在结构、造型及安全技术性能等方面都可与国外同类产品比美,能供各类船舶配备使用,属国内首创。

16.研制小型油水分离设备

自 1988 年起,船检局河船规范所同船检局武汉分局产品检验处对内河 220 千瓦以下的小型船舶排放污油存在的问题进行了专题调研。1990 年初,与长江船舶设计院联合设计,由武汉气焊设备厂试制

0.04立方米/小时船用非机动油水分离设备的样机，经过台架试验和实船试用效果良好。同年10月，由长江航务管理局组织鉴定，认为该装置处理流程合理，结构紧凑，价格低廉，简便实用，其排放水质符合GB3552-83“船舶污染物排放标准”。1991年1月，正式向船舶检验局报送了“课题总结”。

17.小型船舶柴油机轴系扭振参数研究

为研究预防内河小型船舶发生断轴事故，船检局河船规范所先后对船用产品制造厂和已装船使用的单机功率在370千瓦以下的柴油机进行过20余次扭振测试和计算，主要包括单机固有频率、曲轴刚度值、系统扭振计算，弹性联轴器刚度实测、齿轮箱扭振参数计算等。通过归纳分析而求得6105、6135、6160、6180、6200等五种系列柴油机的扭振参数。

18.用光电编码器测量柴油机扭振的实验研究

随着实践和认识的不断提高，《内河钢船建造规范(1991)》已将轴系扭振特性的范围扩大为单机功率大于220千瓦的柴油机。为改进检测手段，船检局河船规范所于1989年6月便开始研制扭振仪校验台。接着抓紧进行光电编码扭振仪的方案设计和程序设计，并制成样品。1991年5月，将试制的新型扭振测试仪在“扬子江乐园”旅游船上进行扭振测试，并与其他型式的扭振仪进行对比分析，获得一致的结果。为达到实用、成套、小型化的要求，1992年在原有样机的基础上改进设计，主要是集传感器、测量仪、计算机、描绘器及附件为一体，将其名称定为“CY-20型便携式内燃机扭转振动测量分析仪”及“CY-2TVCB型万向节式扭转振动测量仪校验台”。通过在武汉内燃机厂试验台上对6160ZLC-3型柴油机采用光电编码器等组成的仪器进行扭振测量及几次实船轴系扭振测试，均取得良好的效果。

19.沸腾钢可焊性试验研究

沸腾钢在焊接性能、耐蚀性能及开裂倾向等方面与镇静钢相比究竟有多大差异，一直是各有关部门都在关心的问题。船检局河船规范所从1990年初开始，分别取A3F与A、B级船用钢板进行对比试验。经做焊接裂纹、可变拘束长槽对接裂纹、H型对接裂纹、焊接金属拉伸、耐蚀等五项试验，于同年11月完成课题总结报告。试验结果表明，现在国产A3F钢已普遍采用转炉炼钢，其力学性能有明显改善，故可适当放宽沸腾钢的使用范围。

20.开发船舶静力学计算及稳性衡准程序

船检局河船规范所研究开发了“船舶静力学计算及稳性衡准程序”，1989年5月在武汉召开评审会。与会专家一致认为该程序所采用的数学方法合理，并有较强的数据自检能力，而且适用范围广，包括各种类型的河船与海船，尤其在内河隧道船型计算的处理上有独到之处。1993年和1994年，先后按船舶检验局和中国船级社下达的计划任务书中有关完善原计算程序，及考虑《货物装运船和IM0749规则和稳性计算程序》的要求，扩展了程序的功能和使用范围，修订成为《船舶静力学计算及稳性衡准系统》。

该程序系统功能齐全、计算方法先进、结果正确可靠，可在各类微机和各种中文环境下运行。1995年6月21日船舶检验局主持召开《船舶静力学计算及稳性衡准系统》评审会，经专家评审委员会评审，认为该程序系统达到国内先进水平。

21.大开口船舶结构弯扭组合分析程序系统

该课题由船检局河船规范所和武汉交通科技大学合作于1991年6月立题，经一年半时间的研究和编制，于1992年12月完成。本程序系统是一个包括外力、内力计算强度、校核及复杂船体剖面特性参数计算的软件包，适用于集装箱船包括其他大开口船舶的弯性强扭程度计算及结构设计剖面优选。

内力计算采用修正的薄壁梁理论，在坐标转换中考虑了水平弯曲与扭转的耦合、修正了Pedesen的薄壁梁计算模型，不同剖面间的最小二乘意义上达到协调。可计及横向甲板条及抗扭箱的作用，完善了现有船体薄壁梁的分析方法。应用剪流理论计算复杂船体剖面的特性参数，可输出17种剖面参数，并有单位力作用下的应力计算结果可用于剖面优选设计。

外力计算包括按规范要求对集装箱船(海船、内河船)的各项计算项目,此外还开发了直接计算程序,可计算顶浪、斜浪、弯扭、力矩及水平弯矩、切力等,改进了传统的达维道夫方法,并增加了左、右舷不平衡压力对扭心产生的扭矩,浮态计算采用优化技术,船型适用范围宽,在现代切片法计算外力程序中增加了由于船型非线性大外飘导致的浮力、动量及阻尼力的非线性修正,使与模型试验结果达到良好一致。

强度校核完全按规范对集装箱船(海船、内河船)规定的应力标准进行,包括静水应力、波浪合成应力、斜浪、水平及扭转翘曲应力的合成应力,以及进行大开口范围扭转角及舱口对角线伸长计算等。

该程序于 1994 年 7 月由船舶检验局组织了评审,一致认为整套程序系统功能齐全方法合理,用该程序进行的强度校核计算完全符合规范对大开口船舶结构计算的要求。

(四)河船规范科研的获奖情况

自 20 世纪 70 年代有计划地开展长江及内河船舶规范科研工作以来,规范科研课题不断地深化,取得了可喜的成绩。河船规范科研成果获得省、部级以上的奖励项目列于表 6-3。

河船规范科研成果获奖项目　　表 6-3

序号	获奖项目	获奖名称和等级	获奖单位	获奖人员
1	CHB 型船舶火灾自动报警装置研制	1980 年交通部科技成果三等奖	船检局长江区办事处	郑诗谦 孙港津
2	长江船舶柴油机轴系扭振计算方法研究及其程序编制	1982 年交通部科技成果三等奖	船检局长江区办事处	陈静琴 龙惠云
3	《柴油机动力内河船舶系泊和航行试验大纲》(GB3221-82)	1983 年交通部科技成果三等奖	船检局长江区办事处	芦莹冰
4	《长江水系钢船建造规范(1978)》审图计算程序	1987 年全国第二届青工“五小智慧”杯竞赛一等奖	船检局河船规范科学研究所	万守杰 帅　虹 颜佐君
5	《内河钢质工程船建造规范(1982)》	1987 年交通部科技进步三等奖	船检局河船规范研究所	朱浩德 祝贻德 杨良宏
6	《长江水系钢船建造规范(1978)》1984 年修改通报	1987 年交通部科技进步二等奖	船检局河船规范研究所	朱浩德 张征波 梁可铭
7	《长江水系船舶稳性和载重线规范(1985)》	1987 年交通部科技进步二等奖 1988 年国家科技进步三等奖	船检局河船规范研究所	朱浩德 江维钧 何国卫
8	《内河小型船舶建造检验规程(1987)》	1990 年交通部科技进步三等奖	船检局河船规范研究所	陈静琴 程　炯 张治国
9	薄壁梁扭转特性分析在分节驳结构强度计算中的应用	1990 年交通部科技进步一等奖 1991 年国家科技进步二等奖	船检局河船规范研究所	梁可铭
10	珠江客船倾覆机理实验研究及 1987 年《珠江客船稳性补充规定》	1991 年交通部科技进步三等奖	船检局河船规范研究所	朱浩德 江维钧

续上表

序号	获 奖 项 目	获奖名称和等级	获 奖 单 位	获奖人员
11	《内河钢船建造规范(1991)》	1994 年交通部科技进步二等奖	船检局武汉规范研究所	朱浩德 梁可铭 陈静琴 张治国
12	大开口船舶结构弯扭组合分析程序系统研发	1997 年湖北省科学技术成果一等奖	船检局武汉规范研究所	陈映秋 夏　斌
13	用光电编码器测量柴油机扭转振动的实验研究	1998 年交通部科技进步三等奖	船检局武汉规范研究所	杨小勇 陈锡恩

(五)重大海损事故分析促进了河船规范的改进提高

船检部门参加对船舶重大海损、机损事故的调查分析,认真总结经验教训,对修订船检规范,改进船检工作和促进安全生产具有特别重要的意义。船检局河船规范所和各地船检部门按照交通部和船舶检验局的有关规定,对涉及船检规章、规范及船舶设计、修造质量等方面的事故,均作为一项重点工作来抓,及时认真地进行有关事故的调查和技术鉴定,并提出改进措施。

1.长江 5000 吨级矿砂驳断裂沉没事故

该型 5000 吨矿砂驳的结构型式为:单甲板、双底、双舷,除主甲板采用纵骨架式外,余皆为横骨架式。船舶主尺度为:总长 81 米,型宽 20 米,型深 5 米,吃水 4 米。具有长大开口,其货舱口长 69.6 米,宽 17.6 米,这是我国内河最大的一种长大开口双壳分节驳船。该型驳船系由长江船舶设计院于 1977 年 2 月完成设计图纸,上海船厂自 1978 年 8—12 月,对施工设计作了部分修改后,先后建造了 8 艘;南京新华船厂用原设计图纸建造 2 艘;武汉青山船厂建造 1 艘。

1979 年 6 月 23 日,新华船厂建造的“分节 5010”驳船靠泊在上海港第八装卸作业区。用皮带机输送矿砂进舱达 4300 吨,尚未发现异常情况。为了平衡装载,门吊司机将舱内中部右侧的矿砂抓一部分到尾部的左侧。当第二次用抓斗抓矿砂落船一瞬间,船体发生振动,只听一声“卡崩”似的巨响发自船内中部,船体突然下沉,其后大量江水灌入货舱内。约 4 个小时,全船沉入水底。

“分节 5010”驳的断裂沉没事故,引起交通部和船舶检验局及内河造船、航运界的极大关注。长航局上海分局委请上海船舶运输科研所对同型船“分节 5008”驳作扭转应力测试。

1979 年 12 月上旬,长航局上海分局在南通主持召开有设计、院校、船厂、机务、船检等部门参加的事故分析和修复方案的现场会议。关于“分节 5010”事故的原因和应吸取的教训,大致可归纳为以下几个方面问题:

(1)设计和结构上的问题:

在设计该型驳船时,正值《1962 年长江钢船建造规范》与《1978 年长江水系钢船建造规范》交替阶段,设计上存在一些问题,当时审图工作尚未完全恢复正常,故存在一些缺点。

①从尺度选取看,舱容过大,容易造成装载不匀及积储大量雨水,且无排水装置,增加了载荷。

②此种散装矿煤驳内壁以采用倾斜式为宜,而该船却采用了直壁式。

③该船在总纵强度剖面模数计算上,计入了强力甲板以上的纵通构件,不符合船检规范的规定,实际上不满足《1978 年长江水系钢船建造规范》要求。

④该船甲板宽度只有 1.5 米,且每舷开了 10 个人孔未予补偿,形成船体最弱剖面。还有舷侧顶列板上缘开了若干梯形流水孔而造成应力集中等问题。

(2)《1978 年长江水系钢船建造规范》存在的问题:

①长大开口船是一种新船型,但对此类船舶未作扭转强度要求,是该规范的主要不足之处。

②该规范对有关总纵强度剖面模数计算的规定不够明确及欠合理;对甲板开口的规定也不够完善。

③该规范对双壳驳横向构件要求系按不可动节点框架计算,对未设横向架空梁之结构型式又未作横向强度计算要求,也是规范不足之处。

(3)建造工艺和材质也有问题。

(4)装载过程的不均匀性是造成扭矩和弯矩增大的直接原因。

综上所述,各单位总的看法是:断裂是多种原因造成的,但实船的抗弯扭强度不够是发生事故的根本原因。该型驳船原计划造 20 艘,为了防患于未然和促使技术改进,因此"南通会议"决定对同型船停止建造;对已营运的该型驳船采取结构加强措施,并提出了几种加强方案。

通过"分节 5010"驳断裂事故的调查和分析后,船检局长江区办事处在 1980—1982 年间,先后组织规范科研人员与长江船舶设计院合作,对实船进行弯扭应力测试及理论计算。同时与武汉水运工程学院密切配合,协助完成交通部科技局下达的"内河双壳分节驳船结构强度研究"专项课题任务。经船舶检验局批准公布的《1978 年长江水系钢船建造规范》的 1984 年修改通报,即应用了有关科研成果,纠正了原规范的疏误,并推荐新型低双底双壳分节驳船型。1985 年船检局河船规范所成立后,对内河各水系的长大开口船舶结构强度问题又作了较系统的深入研究,其有关技术要求已订入《1991 年内河钢船建造规范》之中。

2.珠江客船翻沉事故

珠江水系有一种风区范围不大,持续时间不长,而来势凶猛的雷雨暴风带,致使该水域曾发生多起客船翻沉的重大海难事件。如 1980 年 2 月 27 日,"曙光 401"客货驳(原名"新兴利"花尾渡)航至强山县庙冲口上方河面,遭雷雨暴风突然袭击而翻沉,死亡 301 人。根据资料,当时有 10 级风力,大大超过该船 6 级的抗风能力。

1980 年 11 月 26 日,"桂民 302"客驳遭遇雷雨大风吹袭而翻沉,遇难者 100 人。

1983 年 3 月 1 日,"红星 312"客船航至三水县西南镇西,突遭雷雨暴风袭击,该船失去控制能力而被横风吹翻,死亡 147 人。

由于多次发生客船翻沉事故,国务院和交通部都极为关注,国务院立即派出"三・一海事"调查组,会同广东省人民政府组织有关部门对"红星 312"客船翻沉事故进行认真调查和处理善后工作。交通部也指派船检部门参加调查,与广东省航运厅一起对"红星号型"客船进行稳性复查,并提出 5 项安全技术措施,按照《长江水系船舶稳性和载重线规范(1980)》重新核算稳性、重新勘划载重线标志及重新核发适航证书。对稳性复查不合格船舶要求立即停航,经采取有效措施,提高其稳性,并符合规范要求后方可复航。如发现 0.8 米吃水及 1.3 米吃水内河客船原设计动稳性裕度较小,有的稳性情况变差,经采取"封闭舷伸甲板"、适当设置舭龙骨、加高舱室门槛及改用固体压载等措施后,其稳性有了改善。同时要求从气象、通信、船舶管理和船员素质等方面同步有效地加强。

1985 年 3 月 27 日,"红星 283"客船由江门开往广州途中,值班驾驶员发现西边天色突然变黑暴风雨即将到来,于是船在江尾 18 号过河标下游约 60 米、距河滩约 70 米处抛锚。随后风雨骤至,风夹着雨、冰雹袭来。该船被吹压左舷,形成横向受风,右舷甲板进水,迅即向右翻沉。遇难者 83 人。这次暴风持续时间不过 10 分钟,估计风力有 11 级以上。

1985 年 7 月 18 日,“漓江 14 号”旅游船从桂林向阳朔行驶,游船行至龙头山左转弯处,突遭雷雨暴风袭击,致使游船翻沉,死亡 32 人,造成漓江航运史上从未有过的重大海难事件。

广东、广西连续发生客船翻沉的恶性事故。究其原因,一是气象,航运部门对突如其来的这种特殊灾害性天气及对其防范的办法尚未充分掌握;二是船舶技术性能和管理上存在缺陷,对 1983 年处理“三·一海事”时所提出的安全措施尚未全部落实。因此,交通部决定组织专人与广东省交通厅一起落实具体措施,尤其是对现有船舶的稳性复核和改造方案。船舶检验局针对上述情况,首先派出河船规范科研人员会同广东省船检、航运部门进行深入的调查研究,并征询广西船检部门的意见,及时制订出珠江水系客船执行《长江水系船舶稳性和载重线规范(1985)》的补充规定。该规定根据珠江水域的气象和水文特征,对珠江水系客船的抗风能力和稳性衡准提出了一个较高的初步要求。随后,船舶检验局与广东省交通厅联合委托武汉水运工程学院进行“珠江客船倾覆机理及试验研究”专项课题,对改进现有珠江水系客船稳性和制订《内河船舶稳性规范(1993)》起了重要作用。

3.内河甲板散装货船倾覆事故

内河甲板散装货船包括甲板驳、机动甲板船和半舱船,在运输船舶中占有相当大的数量,尤以甲板驳居多。甲板驳稳性裕度小,在外力矩作用下,使船横倾及散货堆坍塌、移动,以致造成倾覆事故,危及船员的生命安全并遭受很大的经济损失。据搜集到的海事资料,1977—1987 年这 10 年间,长江轮船总公司所属甲板驳曾发生倾覆事故 14 起,地方航运公司所属类似船型倾覆事故 9 起,其倾覆有多种情况,涉及甲板船的完整稳性所发生的倾覆事故主要有:

(1)长江干线甲板驳

1977 年 4 月 25 日,“甲 204”驳在重庆九龙坡三码头移档卸货时,驳船倾侧、断缆翻沉,死亡 1 人。

1977 年 5 月 19 日,“甲 105”驳由于配载不当,在滥巴矶上水断缆左倾,70 吨钢材、胶管倒入江中。

1977 年 9 月 14 日,“甲 1200”驳在青山峡因船队追越他船时断缆掉头,被船队中其他驳船碰翻,1118 吨磷矿石落入江中。

1978 年 8 月,1500 吨级“甲 1099”驳在南京卸铁矿粉时发生倾覆,全部货物倒入江中。

1978 年 9 月 15 日,“甲 1231”驳载煤 1000 吨,在石牌矶转向时受斜流冲压,大角度横摇,断缆翻沉,失踪 3 人。

1978 年 10 月 5 日,“甲 1050"驳装煤 1650 吨,下水至通洲沙时遇乱流,断缆倾覆,失踪 2 人。

1978 年 12 月 22 日,1000 吨级“节甲 1001”驳,上水至南通附近,遇 7—8 级大风,断缆倾覆。

1986 年 4 月 27 日,“甲 0104”和“甲 01007”两驳满载停泊在青山锚地首尾搭接抛锚待卸,因连日大风大雨,货物吸水及滑移,在两驳相互作用下先后翻沉,分别所载 1200 吨及 1257 吨铁矿粉倒入江中,船员有 6 人遇难。

1987 年 7 月 8 日,“甲 01163”驳在黄石苇沅口遇乱流断缆翻转,船底朝天浮于水面,所载 107 块钢锭计 981 吨,全部落入江中。

(2)地方内河甲板船

1984 年 6 月 7 日,珠江 120 吨级甲板驳“前进 109 号”在江门作业区移泊时,因卷筒钢板向一舷滚动使船翻沉。

1984 年 6 月 28 日,湖北石首 75 吨级“机甲 5 号”甲板船在航行中遇乱流翻沉,所载黄砂全部落水。

1984 年 8 月 4 日,湖北 60 吨级“洪湖 6 号”甲板船载油毡纸,在航行中遇乱流翻沉。

1985 年 7 月,一艘属农村专业运输户的 70 吨级机动甲板船,在九江上游遇乱流翻沉,所载面粉全损。

1985 年 11 月 17 日,湖北黄冈 1200 吨级“驳 12—0074”在黄冈砂库受载后编队作业时,包头缆、拖缆相继破断,致使驳船向左倾覆,失踪 4 人。

1985 年 11 月 18 日,广西“田东 02 号”甲板货船第一个航次,载有散煤 26.6 吨,船在花淀峡尾花淀角处,快速回航掉头时翻沉,死亡 2 人。

上述失事船舶在正常装载情况下,按《长江水系船舶稳性和载重线规范(1980)》核算稳性均符合要求,但稳性衡准数的裕度不大。特别是 1985 年以前建造的长江千吨级甲板驳和第一批、第二批建造的 1500 吨级甲板驳,由于船宽偏小,甲板堆货面积不宽裕,散货超出围板过高,又多不按要求平舱。因此在航行中受风浪、急流、乱流作用,或因操作不当,造成驳船间相互碰撞,散货移动,致使其在很短时间内翻沉。

经过对甲板散装货船倾覆事故的调查分析后,船舶检验局公布了《长江水系船舶稳性和载重线规范(1985)》,其中补充了用静稳性曲线下的净面积衡准甲板船稳性的规定。1986 年 6 月,经船检局武汉分局与长江轮船总公司研究决定,停止建造该型千吨级甲板驳;对该型营运驳船由船检部门重新核定干舷,并将其在川江载货量限定为 1000 吨。后来,船舶检验局又下达“甲板散装货船稳性课题研究”,通过科学实验和理论分析,在新订《内河船舶稳性规范(1993)》中,针对甲板散装货船的稳性特殊要求作了较全面的技术规定。

十、船舶及船用产品检验证件的更新

(一)国际航行船舶检验证件的更新

国际航行船舶经检验合格后,由船舶检验机构按照有关国际公约和船检规章的规定签发相应的检验证书,以证明其安全技术状况符合相应的国际公约、规范、规则的要求。

1.船舶法定检验证书

(1)1980 年版船舶法定检验证书

中国政府于 1980 年 1 月 7 日加入《1974 年国际海上人命安全公约》,1980 年 5 月 25 日对我国生效。1980 年 1 月 7 日加入《1972 年国际海上避碰规则公约》,当日对我国生效。1980 年 4 月 8 日加入《1969 年国际船舶吨位丈量公约》,1982 年 7 月 18 日对我国生效。《1974 年国际海上人命安全公约》规定签发的安全证书数量与《1960 年国际海上人命安全公约》相同,但内容有变化。如货船设备安全证书增加电罗经、回声测深仪等要求。货船无线电报安全证书增加无线电话遇险频率值班收信机、雷达等要求。船舶检验局于 1980 年适时制订了新证书。各类证书格式编号由三部分组成,如格式 Z-1-1A 为国际吨位证书(1969)、Z-2-1 为国际船舶载重线证书、Z-3-2(74)为货船构造安全证书。

(2)1987 年版船舶法定检验证书

1986 年后,中国籍国际航行船舶法定检验授权由中国船级社执行。中国船级社对国际航行船舶证书按照公约规定格式进行全面修改,更新了原有证书格式及格式编号,增添了新的证书,并将中英文分版的原 A4 尺寸的证书,更新为中英文合版的 A3 尺寸的新证书。1987 年 8 月 8 日,中国船级社公布 32 种船舶法定检验证书格式。交通部于 1988 年 1 月 4 日照会国际海事组织,中国籍国际航行船舶法定检验由中国船级社执行,中国船级社公布的法定检验证书自 1988 年 3 月 1 日起正式启用。

(3)1993 年版船舶法定检验证书

1988 年国际海事组织通过了船舶《检验与发证协调系统》(HSSC),及 IBC 规则、IGC 规则相继生效,中国船级社决定参照《检验与发证协调系统》及 IBC 规则、IGC 规则等规定,修订船舶法定检验证书格式,增加了动力支撑船舶构造和设备证书、动力支撑船舶适航证书、散装运输液化气适装证书等。该版证书格式与《检验与发证协调系统》1993 年 7 月 1 日生效的当日正式启用。船舶法定检验证书见表 6-4。

船舶法定检验证书(1993年7月1日启用)　表6-4

格式编号	名称	格式编号	名称
CLL(CHN)	国际船舶载重线证书(1966)	A	非油船防油污构造和设备附录
CEL(CHN)	国际船舶载重线免除证书(1966)	B	油船防油污构造和设备附录
CPS(CHN)	客船安全证书	CNL-1	国际防止散装运输有毒液体物质污染证书
CQP-1	乘客定额证书	CBC(CHN)	散装运输危险化学品适装证书
CSC(CHN)	货船构造安全证书	CIG-1	国际散装运输液化气体适装证书
CSE(CHN)	货船设备安全证书	RLA-2	船舶起重和起货设备检验簿
CSR(CHN)	货船无线电安全证书	CLA-2	起重设备检验和试验证书
CEX(CHN)	免除证书	CDS(CHN)	动力支撑船舶构造和设备证书
CSN-2	船舶安全航行证书	CDP(CHN)	动力支撑船舶适航证书
CSP-1	特种用途船舶安全证书	CGCa-1	现有散装运输液化气船适装证书
COP(CHN)	国际防止油污证书	CGCb-1	对A.328文件签署的散装液化气船适装证书

(4)部分国际航行船舶暂用船舶检验局格式法定检验证件

1993年2月14日国务院发布《中华人民共和国船舶和海上设施检验条例》。该条例规定从事国际航行的中国籍船舶,必须向中国船级社申请入级检验。但当时确有一些从事国际航行的中国籍船舶不具备办理入级条件。船舶检验局于1994年1月14日发出通知,对这些船舶仍然以船舶检验局的名义进行检验,并按下述规定办理船舶证书。

①500总吨及以上的国际航行的机动货船以及任何吨位的客船

按相关公约的规定,签发船舶检验局格式的法定证书。格式编号Z-1-1吨位证书、Z-1-1A国际吨位证书(1969)、Z-2-1国际船舶载重线证书、Z-2-2国际船舶载重线免除证书、Z-3-1(74)客船安全证书、Z-3-1A乘客定额证书、Z-3-2(74)货船构造安全证书、Z-3-3(74)货船设备安全证书、Z-3-4(74)货船无线电话安全证书、Z-3-5(74)货船无线电报安全证书、Z-3-6(74)免除证书、Z-9-1国际防止油污证书、Z-4-1船舶起货设备检验簿、Z-4-2A船舶起货设备检验和试检证书。

②非机动船和小于500总吨机动船也有相应的规定。

2.船舶入级检验证件

(1)1987年版船舶入级检验证件

1986年,船舶检验局的船舶入级检验业务移交给中国船级社。中国船级社制订一套国际航行船舶入级检验证件,自1988年3月1日起正式启用。

(2)1996年版船舶入级检验证书

随着计算机发证系统的开发和证书换版工作的完成,中国船级社公布新版船舶入级检验证书,自1996年7月20日启用。

(二)国内航行船舶检验证书的更新

1.1983年版船舶检验证书

1982年12月,交通部在北京召开了第一次全国地方验船工作会议,代表们就更新和统一国内航行船舶的检验证书问题进行了认真研讨,经船检局长江区办事处归纳整理后上报船舶检验局。1983年10月18日,船舶检验局发布《关于使用统一格式的船舶检验证书簿的通知》及有关船舶证书填写说明,有利于全国验船工作的正常开展。

2.1988 年版沿海航行船舶检验证书

为进一步加强对国内沿海航行船舶的管理,船舶检验局制订一套专供国内沿海航行船舶使用的检验报告,同时对船舶检验证书簿作了适当的修改,自 1988 年 11 月 18 日启用。

3.1996 年版内河航行船舶检验证书

我国船舶检验工作不仅在船舶检验数量上成倍地增加,而且在检验的种类、项目上也不断增新,特别是内河船舶尤为突出,而且内河船检规范也进行了较大的修改和补充。为了适应这些变化的需要,船舶检验局决定自 1996 年 5 月 31 日起,在全国内河启用新的船舶检验证书及检验报告。

(三)渔业船舶检验证件的更新

1980 年 5 月 7 日,中华人民共和国船舶检验局渔船分局公布《渔业船舶证书及技术文件的暂行规定》,决定自 1980 年起对符合要求的渔业船舶签发统一的证书证件。渔船分局随后制定了远洋渔船、内陆水域渔船和渔船船用产品等检验证件的格式。上述各种证件经过试行和修改。于 1985 年又公布了新的全套证书及技术文件,大致包括了国内海洋渔船、远洋渔船、内陆水域渔船和船用产品四大证书类别。

1987 年,根据"国际防止船舶造成污染公约"及我国环保法和防污染规范的有关规定,又增加了机动渔业船舶防止油污证书及有关检验记录和报告。

1995 年又修改了远洋渔船证书和技术文件的格式、式样。1998 年 1 月 1 日,1997 年版国内海洋和内陆渔业船舶检验证书及技术文件正式启用。

(四)海洋工程检验证书的制订与更新

我国移动平台制造检验始于 20 世纪 70 年代初,检验后签发船舶证书及相关技术文件。随着海洋石油事业的发展,在我国海域内的移动平台及海上设施日益增多。为加强对海洋工程的安全管理,船舶检验局于 20 世纪 80 年代初,相继公布海洋工程规范、规则及检验证书。

1.1982 年版海洋工程检验证书

1982 年,船舶检验局依据中国政府授权,参照有关国际公约规定,制订海洋工程检验证书。

(1)法定检验证书。该类证书上均印有国徽和"经中华人民共和国政府授权",以及签发此证书所依据的国际海事组织、中华人民共和国船舶检验局公布的有关安全技术规则等字样。

(2)入级检验证书。由于当时入级检验机构尚属船舶检验局内的一个部门,故"入级证书"上均印船舶检验局局徽。

2.1984 年版海洋工程检验证书

(1)移动平台法定检验证书

1984 年,制订了新格式海上移动式钻井船安全证书和海上移动式钻井船入级证书,按《海上平台安全规则》规定,海上移动式钻井船检验还应签发船舶通用的国际船舶载重线证书、国际防止油污证书、吨位证书及船舶起货设备检验簿。

(2)固定平台法定检验证书

海上固定平台检验,除签发 1984 版安全证书外,按《海上平台安全规则》规定,还应签发海上固定平台防污染证书及通用的船舶起货设备检验簿。

3.1988 年版海上设施法定检验证书

(1)海上单点系泊装置法定检验证书

1988 年制订了海上单点系泊装置安全证书和海上单点系泊装置防污染证书。按船舶检验局 1988 年公布的《海上单点系泊装置安全规则》规定，该装置除具备上述证书外，还应有船舶起货设备检验簿。

(2)浮式处理及储存装置法定检验证书

制订了浮式处理和储存装置检验合格证书，适用于外国籍浮式处理及储存装置，合格证书有效期为1年。

(3)海底管道系统法定检验证书

1988年船舶检验局制订了《海底管道系统安全规则》，依据该规则对海底管道系统签发海底管道系统安全证书。

4.1995年版海洋工程检验证书及技术文件

(1)移动平台法定检验证书

1995年1月1日启用中国船级社制订的新版海上移动平台法定证书。1996年修订了海上移动平台安全证书，并于当年12月1日启用，要求在1997年10月1日完成格式编号SCM证书换版工作。

(2)移动平台入级检验证书及技术文件

中国船级社制订的新版海上移动平台入级检验证书(海上移动平台入级证书及临时海上移动平台入级证书)，自1995年1月1日启用。

(3)海上设施法定检验证书

海上设施(固定平台、海底管道、单点系泊和浮式处理装置)法定检验证书包括：固定平台、海底管道、单点系泊设施、浮式处理装置等相关的各种法定检验证书，自1995年3月25日生效启用。

①固定平台法定检验证书

固定平台签发格式SCS海上设施安全证书、SCS-F固定平台安全证书附件、SCP海上设施防止油污证书、SCP-F固定平台防止油污染证书附件。

②海底管道法定检验证书

海底管道签发格式SCS海上设施安全证书、SCS-P海底管道安全证书附件、SCP海上设施防止油污证书、SCP-P海底管道防止油污染证书附件。

③单点系泊设施法定检验证书

单点系泊签发格式SCS海上设施安全证书、SCS-S单点系泊安全证书附件、SCP海上设施防止油污证书、SCP-S单点系泊防止浊污染证书附件。

④浮式处理装置法定检验证书

浮式处理装置签发格式SCS海上设施安全证书、SCS-U浮式处理装置安全证书附件。还签发国际防止油污证书、国际船舶载重线证书、国际吨位证书、货船设备安全证书、货船构造安全证书等。

5.外国籍移动平台法定检验证书

1995年交通部公布《在中华人民共和国沿海水域作业的外国籍钻井船、移动式平台检验规定》，规定外国籍钻井船、移动式平台检验合格后签发格式SCMF海上移动平台合格证书，有效期为1年。期满时还未离开我国水域作业的外国籍钻井船、移动式平台，须进行展期检验，经检验合格，在合格证书上签署；期满前自行离开我国水域后，合格证书自动失效。

(五)船用产品及集装箱检验证书的更新

为适应对国内外产品检验业务发展和发证的需要，船舶检验局和中国船级社陆续制订了各种船用产品证书格式，并及时进行更新与补充。

1.1981年版船用产品检验证书

1978年船舶检验局在天津召开船用产品检验工作会议之后，船用产品检验业务得到全面恢复和发展。船舶检验局制订一套船用产品证书格式,于 1981 年公布施行。这套证书包括认可证书和专用设备证书,如工厂认可证书、船用空气瓶证书、船用柴油机证书、船用产品认可证等。

2.1984 年版船用产品检验证书

船舶检验局于 1984 年 4 月 17 日公布 1984 年版船用产品检验证书,自 1984 年 5 月 1 日启用。这套证书上印有中英两种文字,包括工厂认可证书、船用产品型式认可证书、船用产品证书(通用)、各种钢材产品专用证书、船用主机、机舱辅机、受压容器、电机、甲板机械、救生设备、防污染设备等船用产品专用证书。还包括授权证书,授予符合船舶检验局的《船用产品验证机构授权规定》的试验机构。

船舶检验局还制订了《关于签发产品证书和检验报告的有关规定》,对船用产品各种证书和检验报告的填写及使用做出具规定。工厂认可证书由船舶检验局颁发,有效期为 4 年,每年进行一次年度检验,并在证书上作年度签证。船用产品型式认可证书由船舶检验局各办事处颁发,报船舶检验局备查,有效期为 4 年。

3.1987 年版船用产品检验证书

1986 年以前,各种船用产品证书均由船舶检验局及其直属检验机构进行签发,在证书顶部,均印有船舶检验局的局徽。中国船级社为保持船用产品检验发证工作的连续性,1986 年 1 月 3 日决定延续使用船舶检验局的船用产品检验证书。

1987 年 8 月中国船级社制订并公布了船用产品检验证书格式,于同年 11 月将 17 种格式船用产品检验证书分发各分社启用。中国船级社的船用产品检验证书是在船舶检验局的船用产品检验证书基础上改造而成,把证书上的局徽改为中国船级社的社徽,颁发证书的单位名称改为中国船级社。

1988 年 3 月 28 日,船舶检验局规定,使用中国船级社船用产品检验证书范围如下:国内生产直接外销的船用产品;装在入 ZC 级船舶上的产品;外国船级社委托中国船级社检验的产品。上述项目中凡涉及法定检验项目,如救生设备、消防设备、信号设备、无线电通讯导航设备、防污染设备等仍使用船舶检验局证书格式。如确需发中国船级社证书时,应在证书标志项目之上写明“本证书由中华人民共和国政府授权发给”。

4.1993 年版船用产品检验证书

1993 年 3 月 10 日,中国船级社简称由“ZC”改为“CCS”,社徽图案、证书等做相应的修改。1993 年 9 月 2 日中国船级社开始启用带有 CCS 字样社徽的专用格式的船用产品检验证书,包括各类船用产品检验证书 30 种。

5.1996 年版船用产品检验证书

1996 年 1 月 1 日,中国船级社启用新版船用产品检验证书,1993 年版船用产品检验证书仍可继续使用。新版船用产品检验证书上的徽标改用不带“CCS”字样的新社徽。这些证书包括质量体系认可、工厂认可、船用产品型式认可证书;船用主机、机舱辅机、甲板机械、船用电气设备、船用锅炉、受压容器、救生设备、消防设备、防污染设备等船用产品检验证书。它们从各自侧面反映出船用产品检验的种类、型号及数量的增加,以及检验方式的改进,特别是“质量体系认可证书”的提出,标志着中国船级社船用产品检验管理水平的提升。

6.集装箱检验证件

(1)1981 年版集装箱检验证书

船舶检验局 1981 年公布集装箱检验证书集装箱检验台,包括集装箱样箱证书和集装箱证书。

《1972 年国际集装箱安全公约》对我国生效后,船舶检验局于 1984 年公布《集装箱检验须知》,同年 4 月 26 日起施行。该须知对证书签发、证书格式的使用作出了相关规定。

(2)1993 年版集装箱检验证书

1992 年 1 月 18 日,交通部致信国际海事组织秘书长,将中国船级社执行《1972 年国际集装箱安全公约》检验签发的集装箱证书,通过国际海事组织通告各国,使其得到国际上的认可。中国船级社于 1993 年 5 月 31 日修改证书上社徽标志,开始启用带有"CCS"字样的新社徽标志的集装箱证书。

(3)1996 年版集装箱检验证书

中国船级社根据集装箱检验业务发展需要,对集装箱检验证书进行修订,于 1996 年 1 月 1 日公布启用新格式集装箱样箱证书、集装箱检验证书、集装箱安全牌照批准证明书、集装箱角件证书等。

第四节　船舶检验技术业务的新跨越

中共十一届三中全会以后,国家把工作重点转移到社会主义现代化建设上来,航运、造船事业空前发展,船舶检验迎来了更加繁重的任务,也面临着不少新的问题。船检部门开始踏上新的征途,为发展我国船检技术业务做出新的贡献。

一、改革开放以后的新形势与新发展

1977 年 9 月 6 日交通部召开全国交通工作会议,提出"长江运量翻番,外运基本结束租船"的奋斗目标。同年 12 月 6 日邓小平在接见六机部部长时提出"中国的船舶要出口,要打进国际市场",我国航运、造船开始了面向世界的新发展。

航运方面,中国远洋运输公司在 1978 年 9 月开通上海至澳大利亚的我国第一条国际集装箱运输航线,到 1980 年我国累计开通国际班轮航线 15 条。同时,为了适应国际集装箱运输,交通部在 1977 年 11 月建成天津"国际集装箱中转站",1980 年在天津港建起我国第一座集装箱专用码头。

为了提高内河驳运船队的运输效率,长江航运管理局在 1978 年在长江全线推行分节驳船顶推运输。为了打通我国沿海穿越台湾海峡的南北航线,广州海运局在 1979 年 6 月 11 日派出万吨级货船"红旗 121",从珠江口出发,穿过台湾海峡驶抵上海,实现了悬挂五星红旗商船穿越台湾海峡的首次航行。6 月 22 日交通部召开"恢复台湾海峡正常通航会议",颁布《交通部关于我国商船通行台湾海峡的暂行规定》,使中断 30 年之久的台湾海峡恢复了商船正常通航。

1980 年交通部开通国内江海直达航线和内陆至香港的班轮航线,1984 年开通南京至香港的国际集装箱运输航线。到 1985 年我国定期班轮国际航线达到 47 条,通航于世界 41 个国家的 78 个港口。与此同时,我国海运船队增长迅速,到 1985 年我国沿海运输船队已达 363 万载重吨,远洋运输船队增加到 1741 万载重吨。

交通部在 1993 年公布实施《全民所有制交通企业转换经营机制实施办法》。1993 年 1 月 16 日将中国远洋运输总公司改组为中国远洋运输集团公司,1993 年 3 月 6 日将长江轮船总公司改组为中国长江航运集团公司,1997 年 8 月 18 日将上海海运局等几个海运局合并改组为中国海运集团公司,使我国的航运企业获得更多的经营自主权。

造船方面,1977 年,国务院把主管舰船军工生产的六机部作为改革开放试点单位推向国际船舶市场发展。六机部在 1980 年 3 月设立中国船舶工业贸易公司直接经营船舶及其设备进出口业务,第五届全国人大第 23 次常委会在 1982 年 4 月 21 日决定撤销六机部,当年 5 月 4 日正式成立中国船舶工业总公司(CSSC),揭开我国船舶工业面向国际市场发展的新局面。

为了适应船舶建造国际化发展,保障船舶建造质量,我国船舶工业在 1979 年引进"全面质量管理"

(简称"TQC");1980年开始在造船工艺中应用计算机数控技术;在1981年引进船用钢板和型材预处理流水线,使我国的钢材预处理工艺,在技术与设备上达到国际水平,其钢材表面清洁度达到瑞典的Sa2.5级,并将涂装作业列入船舶建造的总计划,在施工计划中确保涂装周期。

为了实现我国海运船队的更新,国家计划委员会安排六机部在第六个"五年计划"期间为交通部建造250万吨船舶。另据统计,在1979—1988年的10年间,我国建造的出口船舶已累计226艘、167万吨,其中1981年12月累计承接国外订单70多万吨。

伴随着我国社会主义市场经济的发展,我国的船舶建造在融入国际市场中进步。从1995年开始将传统造船工艺大规模转换成以高度总装化为特征、以精细生产为核心的数字化现代船舶生产模式。

在上述我国航运造船国际化发展环境中,作为保障船舶安全的船舶检验局势必面向国际发展船舶检验。船舶检验局的验船宗旨依据国际海事公约为"保障海上人命与财产安全,防止船舶造成水域污染",促使国际航行船舶具备安全航行条件,承担起国际间海上安全与防污染责任。

二、营运船舶检验的发展

20世纪80年代,我国航运事业加速发展,船舶数量不断增加。外籍船舶到达我国沿海和长江开放港口也日益频繁。此外,从国外购进的"二手船"也为数不少,一般都要按规定进行初次检验,使各地船检部门的营运船舶检验业务有很大的增长。据统计,船检局上海分局的营运船舶检验1986年达1720艘次和7070318总吨,与1973年相比,营运检验船舶的艘次增加了2.7倍,总吨增加了12倍。船检局大连分局1975年为262艘次,1986年增至840艘次。船检局青岛分局1975年为56艘次,1986年增至704艘次;船检局天津分局1975年为317艘次,1985年增至614艘次;船检局武汉分局1984年为786艘次,1988年增至1378艘次;船检局重庆分局1977年为274艘次,1992年增至737艘次;船检局南京分局所属地区,1982年共422艘次,1988年增至650艘次。而且对外籍船舶的营运检验业务,各地都占有较大的比例。为了便于我国远洋船舶在国外修理和证书逾期申请检验,1985年,船检局驻日本验船组首次开展了在国外的营运船舶检验发证工作。随后,在汉堡等地的中国船级社驻外机构,也开展了此项检验业务。

船检局直属船检部门在对国内、外营运船舶的检验中,都严格按照规范、规程和有关的国际公约以及与外国船级社所签订的合作协议,认真执行监督检验,检验合格后签发有关船舶证书,促使船舶具有良好的适航状况,为确保航行安全,做了大量的工作。

(一)对国际航行船舶的检验

1.船舶入级检验业务的发展

随着我国运输船队和作业船队的入级需要,船舶检验局的入级船舶总量不断增加,船型构成不断改变。据统计,船检局入级船舶1978年达到510艘、600万总吨、857万载重吨;到1985年增加到932艘、969万总吨、1384万载重吨。在1978—1985年的7年间入级船舶艘数增加82.7%,总吨位增加61.5%,载重吨增加61.5%。

1986年后,中国船级社承接船舶检验局的船舶入级业务。其后,随着我国远洋运输船队的多元化发展,不断推动其入级船舶数量和结构的发展。到1986年底,中国船级社入级船舶的保有量达到1062艘、1046万总吨。其后,在度过1991—1992年的低迷期后,中国船级社入级船舶数量从1993年开始上升,达到1511艘、1239万总吨、1906万载重吨,1998年增加到1852艘、1516万总吨、2333万载重吨。

随着我国远洋运输的发展,不断有大型集装箱船、肥大经济型散货船、客箱船、客滚船、双体客船、高速船等现代新型船舶加入中国船级社船级,改变着入级船舶船型结构。

2.加强入级船舶的船级管理

中国船级社严格执行国际海事公约，加强对入级船舶的船级管理。1993年7月22日船舶检验局以船规字（1993）456号文发出《关于重申执行有关国际公约、修正案及规则的通知》，宣布中国船级社接受交通部授权，对入级船舶执行国际海事公约规定的检验发证。同时，作为国际船级社协会（IACS）正式会员，中国船级社有义务执行国际船级社协会的决议和统一要求。

为了提高入级船舶检验管理水平，1990年6月中国船级社召开入级船舶检验管理工作会议，明确指出船级业务管理与保持船级的技术检验是中国船级社从事船级工作的两个主要方面，要求中国船级社各单位在发展入级船舶的同时切实重视船级业务管理工作，以保障中国船级社入级船舶的总体安全技术水平。与此同时，会议推出“船级业务管理流程”，要求各单位据此理顺内部工作关系，建立各自的内部船级业务管理流程及其证书、报告、记录签发和管理责任制，做好暂停船级或取消船级控制、初次入级和特别检验安排、检验遗留项目的跟踪处理、船舶证书报告记录的传递等；要求验船师认真执行检验制度，依法检验，检验到位，做好记录和检验报告，做到资料完整，有据可查；准确执行规范标准，正确处理技术问题，做到有理可说；按照规定程序发证，立案归档，以此提高中国船级社的船级管理水平，推进入级业务的健康、正常发展。

其后，为了使入级与法定的“检验与发证协调系统”相一致，中国船级社在1991年11月15日推出《钢质海船入级与建造规范》修改通报，将船级特别检验的间隔期由4年改为5年，并在1992年3月20日据此对入级船舶的特别检验做出安排，很好地度过了船级特别检验由4年转为5年的过渡期。同时，随着船级信息管理软件“船舶检验管理信息系统”（SSMIS）的研发成功，船级社在对该系统软件硬件的完善、有关制度与程序建设和人才培训中推进了中国船级社船级业务管理的信息化发展，开始在准确跟踪入级船舶保持船级检验的同时，利用电子光盘向船公司提供检验预报服务。进而，为了加强船级业务管理，增强信息流通速率，提高SSMIS系统的运行效率，中国船级社在1992年3月24日发出《关于加强船级检验工作的通知》，对船级业务管理的有关环节提出了严格要求。其中规定，各级验船师和管理人员必须严格执行各项船级业务管理制度和程序，认真填写与审核检验报告等技术文件；实施以传真方式快速传递检验报告页面，其他正式检验资料在检验完成后一周内寄送总部的制度；建立验船师登轮检验时利用计算机提供船舶检验信息的工作方式；按“验船师须知”要求处理好入级船舶的船级条件；及时准确地向总部报告入级船舶状态的变更；认真填写并及时报送检验周报表；以申请船舶登记号为起点建立入级船舶档案。

3.推行入级船舶循环检验

中国船级社承袭船舶检验局1980年开展的入级船舶循环检验，在入级船舶中继续推进其发展。据不完全统计，1985年申请循环检验的船舶合计15艘，到1992年增加到100余艘，约占当时入级船舶的7.3%。而在1995年申请循环检验的船舶下降为44艘，其中单独实施轮机循环检验的船舶15艘。

1987年中国船级社公布了《关于循环检验的规定》，就“循环检验申请”“循环检验卡”“循环检验期限”“循环检验方式”“对轮机长的代理检验授权”“受权循环检验的轮机长条件”“循环检验确认”“循环检验停止”等各个方面做出具体规定，为现场验船师做好循环检验提供技术指导。1989年12月30日“船舶检验信息管理系统”（SSMIS）正式运行后，循环检验被纳入该系统管理，由此提高了循环检验管理水平，推进了循环检验的规范化发展。1992年，中国船级社公布《关于加强船级管理工作的通知》，要求验船师在登轮检验时主动查核循环检验卡，及时了解循环检验的执行情况上报总部，同时进一步提出了加强循环检验管理的具体要求。

4.执行油船和散货船加强检验程序（ESP）

20世纪90年代初，人们从世界海难事故分析中发现油船和散货船所占比例最大，特别是老龄的大型油船和散货船的灭失不仅造成巨大的财产损失和人员伤亡,而且严重地破坏了海洋生态环境,引起各国政府的关注以及航运与保险界的强烈反响。对此,国际船级社协会(IACS)集中一批专家经过几年努力,制定了一系列新的技术标准。IACS 理事会在 1992 年 11 月第 26 次会议上通过了“油船船体检验”标准和“散货船船体检验”标准,在 1993 年 6 月第 27 次会议上通过了“船舶类型及其强制加强检验程序(ESP)附加标志”,随之将它们统称为“加强检验程序”(ESP)的 IACS 统一要求,定于 1993 年 7 月 1 日起生效。

中国船级社在 1993 年 7 月 20 日发出通函,宣布执行“加强检验程序”,决定按照 IACS 统一要求的规定,结合船舶的船级特别检验实施“加强检验程序”,并在船级符号后加上新的附加标志“ESP”。

中国船级社广州分社在 1993 年 8 月对青岛远洋运输公司的“玫瑰海”散货船执行“加强检验程序”检验,该船成为中国船级社执行“加强检验程序”的第一艘船舶。其后,在中国船级社入级船舶中普遍推行“加强检验程序”,有力地促进了中国船级社入级船舶安全水平的提高。

5.加强对老龄船舶的检验

改革开放后,我国远洋船队迅速扩大,许多二手老龄船舶进入我国远洋船队,船舶检验局入级船舶中老龄船舶占了相当比例。此外,一个时期内由于船公司对修船费用的控制和修船经费承包的实施,有些船舶的修理项目常常未能及时落实,应急设备往往长期失修,严重影响着船舶安全。船舶检验局鉴于船龄在 15 年及以上的老旧船舶多次发生海损事故,于 1986 年 2 月发出通知,要求各地船检部门加强对船龄在 15 年左右船舶的现场检验工作。同年,船舶检验局又先后与中国远洋运输总公司协商,发出《关于延长使用年限的船舶应事先商定修理方案的通知》和《关于处理远洋老龄船舶的几点要求》,对老龄船舶的修理和检验,做出了暂行规定。要求对所有修理船舶进行全面检验和测厚检查,对于暴露出的问题按照船舶检验局要求处理,同时严格把好买船、修船质量关,控制高龄低标准船舶流入。1989 年 10 月,船检局广州分局对一艘 1975 年建造的 24000 吨油船进行检验时,发现其两个专用压载舱的甲板横梁、纵桁及舱壁严重腐蚀或烂穿,致使内部结构失稳等严重问题。船舶检验局针对该轮所出现的情况,立即发出通知,要求加强对油船海水压载舱内部构件的检验。1990 年,船舶检验局发出《关于加强老龄散货船检验的紧急通知》,将 15 年以上船龄的散货船名录下发各分局,要求对到港停泊和在厂修理的老龄散货船进行一次检查,发现问题和隐患及时与船公司协商处理。同年船检局广州分局继续对广州远洋运输公司的老龄散货船加强了安全检验,这些船舶经过全面测厚和内部检验及进行适当修理后,又进行了剖面模数计算校核,技术状况得到了改善,满足对老龄船舶的技术要求。

1993 年,交通部以第 2 号令公布《关于老旧船舶管理规定》。据此,中国船级社在接受船舶的初次入级检验时,加强对新入级船舶的安全评估,也非常注重船龄,尤其是长期装运易腐蚀货物船舶的船龄,制定了具体的船龄政策:①鼓励船龄 10 年以下的各种船型船舶入级,检验费率可依据船龄、技术状况和船东管理水平适当优惠。②按照入级船舶平均船龄 15 年的控制目标,决定是否接受新入级船舶;③对于中国政府特许购入的船舶,按政府指示办理;④国际船级社协会成员的船舶转入中国船级社船级时,依据转级协议办理转级检验。

6.应对国际航行入级船舶的 PSC 检查

1982 年 7 月,欧洲 14 个港口国协商一致组成《巴黎备忘录》组织(Paris MOU),统一对到达港口的船舶进行港口国安全检查(PSC),以保障船舶航行安全,降低海上事故率。这种港口国联合起来对到港船舶进行安全检查的国际联合安全监督行动,得到了国际海事组织的肯定。世界各港口国积极响应,在 1996 年陆续建立起《东京备忘录》组织(Tokyo MOU)和《拉丁美洲协议》签署国组织,加上美国海岸警卫队、澳大利亚海上安全局,形成了遍布世界的港口国检查监督网络,国际航行船舶遭到日益严格的港口国监控。1996年初，国际海事组织A.787(19)号决议《港口国检查程序》生效，国际船级社协会随后接受该程序中的有关要求。欧洲联盟(EU)也在1996年7月1日颁布实施港口国检查的议会令，展示了港口国检查的全球化发展趋向。

《巴黎备忘录》付诸实施以来，我国船舶航行西欧、大洋洲国家时，被查率相当高，缺陷率也较高，而老龄船舶则是被检查的重点。1985年我国"西樵山"轮停靠澳大利亚港口时，澳航运部验船师检查发现该轮安全设备方面的缺陷13项而被滞留港口进行修理纠正。船检局就此事发出通知，要求国际航行船舶到港时对安全设备进行抽查，发现问题，及时采取措施处理。以后又于1988年6月发出通知，要求进一步加强对航行西欧、大洋洲国家的我国远洋船舶的检验工作，对《巴黎备忘录》所涉及的有关安全设备技术状态应予以特别注意，通过检验，及时消除缺陷及隐患，以保持船舶良好技术状态。1987年我国"华东""登隆海""洪茂海"3艘货船在澳大利亚港口，由于诸多安全缺陷被滞留港口修理纠正。我国远洋船舶在国外港口的滞留1992年为15艘次，1996年上升到120艘次。到1997年，世界上唯有中国船舶被同时列入欧洲、美洲和亚太三大监控地区"黑名单"，成为PSC重点检查对象。

对此，交通部在1997年发出通知，要求有关单位采取措施降低我国船舶在国外的滞留率，规定"凡船舶在外国港口滞留率超过全国平均水平，且一年内不能扭转局面的船公司，将被责令进行整顿；严重者将被取消其国际航线营运资格"。中国船级社全力落实政府政策，采取措施控制中国船级社入级船舶的安全技术状况，跟踪分析被滞留船舶的滞留原因；要求各分社摸清本地区远洋船舶的安全技术状况，列出重点检查船舶，上报船级社总部，通告驻外机构；加强检验质量监控，加强对老龄船舶以及开航前和返航到港船舶的检验与管理，避免带着缺陷出航；要求验船师保证检验到位，监督船板测厚，加密对"问题"船舶和重点航线船舶的跟踪检验；推出《PSC检查中造成船舶滞留责任奖惩办法》《关于实施验船师因检验、管理责任导致重大责任质量事故的处理规定》和《确保质量体系持续有效运行，促进检验服务质量提高，最大限度降低港口国检查的船舶滞留率和用户投诉的决定》等一系列措施，实行"谁检验、谁签字、谁负责"的责任制，促进检验服务质量不断提高。同时，中国船级社加强与各港口国沟通，加强对船公司的宣传，及时交流有关信息，督促船舶安全技术状况的改进。

经过中国船级社与船公司的共同努力，在1998年7—9月的世界港口国大检查中，CCS级船舶在《巴黎备忘录》组织地区仅有一艘因结构缺陷发生滞留；在《东京备忘录》组织地区，由中国船级社责任造成的船舶滞留率低于其他各国船级社的入级船舶。

7.执行国际公约规定的船舶法定检验

20世纪80年代以后国际海事组织对国际航行船舶的安全标准和防止污染的要求，不断更新和完善，有关国际公约陆续制订修正案，并付诸实施。为了使我国的国际航行船舶满足有关国际公约的有关要求，船舶检验局依据其规定签发公约证书及增添新的检验项目，以适应形势发展的需要。

1980年5月25日，《1974年国际海上人命安全公约》(《SOLAS 74公约》)生效，增加了"法定年度检验"和对10年及其以上船龄船舶的"期间检验"项目。

根据《SOLAS 74公约》1988年修正案的规定，中国船级社于1991年7月1日前完成了对1986年7月1日前建造的国际航行船舶配备救生艇筏应急无线电示位标、双向无线电话设备、救生衣灯、救生服与保温用具、货船救生筏、逆向反光材等救生设备和装置的检验。

在1992年4月1日，《SOLAS 74公约》有关全球海上遇险和安全系统(GMDSS)的1988年修正案对我国生效后，对国际航行船舶进行有关GMDSS无线电通信设备的配置检验，并按规定做出在1999年前过渡期内的检验要求。

《SOLAS 74公约》新增第Ⅸ章《船舶安全营运管理》中纳入《国际船舶安全管理规则》(ISM规则)，

1998 年 7 月 1 日生效,开始在国际航行船舶中强制推行 ISM 规则,要求国际航行的客船,以及 500 总吨及以上的油船、化学品船、气体运输船、散货船和高速船实施 ISM 规则。

1995 年 3 月 22 日,交通部授权中国船级社对中国籍船舶执行有关 ISM 规则的认证与发证。中国船级社于当年 4 月 28 日发出《关于实施〈国际船舶安全管理规则〉的通告》。1996 年,中国船级社公布实施首版《船舶安全管理体系认证规范》,同时依据国际海事组织 A.739(18)决议和国际船级社协会有关统一要求,编制中国船级社的认证报告和证书格式。

自上海分社 1996 年完成第一艘船舶的"安全管理证书"(SMC)审核之后,到 1998 年 7 月 1 日 ISM 规则生效时,中国船级社已为 CCS 级船舶的 30 家船公司和非 CCS 级船舶的 10 家船公司的 217 艘船舶签发了有关证书,顺利完成了第一批审核发证计划。当年 10 月底,申请中国船级社审核发证的有 41 家船公司及其 571 艘船舶,为第二批船公司及其船舶的认证开启了良好的开端。

1982 年 7 月 18 日,《1969 年国际吨位丈量公约》生效,规定在 1994 年 7 月 18 日之前,完成对持旧吨位证书的国际航行船舶的吨位计算及换发《国际吨位证书(1969)》的工作。

1983 年 12 月,船检局上海办事处按照 1971 年 10 月 12 日 IMCO 通过的 A.212(Ⅶ)决议《散装运输危险化学品船构造和设备规则》(BCH 规则)及其修正案,首次对"化运 1"轮进行适装检验,并签发《散装运输危险化学品适装证书》。

1983 年 10 月 2 日,《1973/1978 国际防止船舶造成污染公约》(《MARPOL 73/78 公约》)及其附则Ⅰ《防止油类污染规则》生效。开始按附则Ⅰ有关规定和国际海事组织(IMO)有关决议进行检验,签发《国际防止油类污染证书》和《船舶结构和设备记录》,并在证书 5 年有效期内进行年度检验和期间检验。为了适应各国港口当局的管理要求,在附则Ⅰ生效前,船检局上海办事处就开始对船舶安装油水处理装置进行检验。1987 年 4 月 6 日《MARPOL 73/78 公约》附则Ⅱ《防止散装运输有毒液体物质污染规则》生效,1989 年 3 月及 8 月,船检局上海分局分别对"化运 1"及"化运 5"等船按《MARPOL 73/78 公约》附则Ⅱ的规定进行检验,签发《国际防止散装运输有毒液体物质污染证书》,有效期为 5 年,有效期内应进行年度和期间检验。

8.开展外国政府(地区)授权的法定检验业务

1990 年中国船级社将其政府授权的法定检验业务扩展到了外国籍船舶,并且在其后的数年中不断发展,到 1998 年授权中国船级社执行代理法定检验的外国政府和地区已达到 17 个,检验发证业务主要包括《1966 年国际载重线公约》规定的国际载重线证书签发,《1969 年国际船舶吨位丈量公约》规定的国际吨位证书签发,《SOLAS74 公约》规定的货船构造安全证书、货船设备安全证书、货船无线电安全证书和客船安全证书的签发,《MARPOL73/78 公约》规定的国际防止油类污染证书、《国际防止散装运输有毒液体物质污染证书》的签发,《1983 年国际散装运输危险化学品船舶构造和设备规则》规定的国际散装运输化学品船舶证书签发、《1983 年国际散装运输液化气体船构造和设备规则》规定的散装运输液化气体船舶证书签发、《国际劳工组织公约》规定的船舶居住舱室证书签发等。

(二)对国内航行船舶的检验

改革开放后,随着市场经济的发展,我国航运企业的构成发生变化,国内航行船队的构成日趋复杂。国内航行船舶多为"二手船",部分是退出 CCS 船级的船舶,其特点是吨位小、数量大。1986 年后,为了保障国内沿海和内河航行船舶的安全,船舶检验局明确下属机构的管理职责,统一检验标准,做好营运船舶检验工作。同时,针对国内航行船舶的安全保障需要,在交通部领导下安排好有关船舶的安全整顿和专项检查。

1.深化客船渡船安全技术监督检查

为了确保国内水上客运安全,船舶检验局遵照交通部指示在1987—1990年间对国内航行船舶中的客船安全技术进行全面监督检查,在1988年发出通知,要求各分局对客船的定额进行重新核定。船检局重庆分局在1988年对重庆长江轮船公司和重庆轮渡公司的客船的稳性、干舷、消防、救生和灯光信号进行复查,对发现的重大技术问题和安全隐患通知船方加以解决,促使船舶保持正常的安全技术状态;对于计算资料不全的船舶,要求船舶主管部门补全,促使船舶具有完整的技术档案。

船检局武汉分局于1987年在交通部长江客船乘客定额调查基础上,对长江干线客船7种基本船型和"119型"区间客船的散席乘客定额标准进行论证,提出了散席乘客定额的制定原则、安全条件和具体方案,重新统一核定长江干线船舶散席乘客定额,加强了对长江干线客船的监督检验管理。1988年武汉分局应武汉市公交委要求又作为"武汉市检验审定轮渡船舶技术状况专家小组"成员,参与对市区36艘轮渡的逐船检查和试验,依据检查结果综合分析,按其技术状况分类排队,对其中存在严重问题的2艘要求立即停航,另2艘则限期报废。其余渡船也都采取了相应的整改措施,以改善其技术状况。1989年和1990年,武汉分局又相继深入进行跟踪调查,督促和检查整改措施落实情况。

1989年,海南省从日本购入3艘客滚船,发现其稳性不符合我国规范要求。船舶检验局派出验船师协同海南分局对该3艘客滚船进行了初次检验,并做了倾斜试验,重新按规范核算稳性,采取了改善稳性的措施,使其满足航行于琼州海峡之间航线的要求。1990年,船检局广州分局经检查发现广州海运局有2艘客货船的客货定额与原设计定额不符,于是通知该局对该2艘船重新核算定额后换发了有关证书。

2.涉外旅游和高速客船专项清理整顿

20世纪90年代初,长江涉外旅游船和珠江高速客船急速发展,据不完全统计,到1994年沿长江各省的涉外旅游公司已有20余家,涉外游船近60艘,其中三峡豪华旅游船约45艘,珠江高速客船已有100多艘,长江高速客船亦具相当规模。为了保障这些船舶的安全,交通部于1994年12月14日发出《关于加强长江三峡涉外旅游水路运输管理的通知》,决定对长江涉外旅游水路运输市场进行整顿。国务院办公厅在1995年2月27日发出《关于进一步加强长江三峡涉外旅游船舶管理问题的通知》,要求三峡旅游船舶按照船舶检验局规范和规定检验发证,由交通部会同国家旅游局、公安部等对三峡涉外旅游市场进行整顿。

按照国务院、交通部有关长江三峡涉外旅游船整顿规定,船舶检验局于1995年5月17日发出《关于在长江涉外旅游船舶清理整顿中检验发证办法的通知》,指导涉外旅游船清理整顿中的检验发证工作。同时又在对长江三峡涉外旅游船全面调查摸底和统计分析基础上制定相应的检验规定。在对此类船舶相对集中的重庆地区进行实地调查,对现有的长江涉外旅游运输的28家船公司和59艘船舶统一进行了复验。1995年9月20日船检局在重庆召集川江部分高速船船东、船厂的代表以及港监和港口部门的代表座谈,船舶检验局就制订《川江高速船检验暂行规定》初稿进行了说明。1996年船舶检验局公布《长江涉外旅游船检验须知》,指导清理整顿后有关涉外旅游客船和高速客船的现场检验,加强船舶检验局对涉外旅游船和高速客船的安全管理。

3.渤海海域客滚船的安全检查和清理整顿

渤海海域的客运市场从1989年起日渐活跃,到1993年交通部推出《全面开放渤海湾海上客运市场实施方案》,充分调动了社会各方兴办海上客运的积极性。投入渤海海域的客船由1989年的11艘增加到1994年的24艘,船舶种类也由单一的常规客船增加了客滚船和高速船;从事客运的船公司由1家增加到10余家;航线由7条增加到10余条;港口码头由5处增加到10几处。渤海海域客运市场放开后,对环渤海地区经济发展和人员往来起到很大的促进作用。

由于渤海海域客渡运输运力呈现急速增长的需求,客滚船队出现匆忙上马的局面,因此出现了诸多影响船舶安全的因素,如船龄严重老化,船舶安全性能低下,证书管理混乱,船舶技术资料不全,埋下了船舶的安全隐患。

为此,船舶检验局按照交通部部署,相继在 1994 年 11 月和 1995 年 9 月参与对渤海海域客滚船的安全检查和清理整顿,对清理整顿中发现的稳性与强度校核、净吨位计算、客舱防火结构、车辆处所固定灭火系统、车辆处所首尾门水密和关闭报警设备、救生设备、防污设备、应急发电机、通讯和航行设备以及伪造船龄、船检免除处理等方面存在的问题进行分析,提出处理意见。1995 年 12 月 22 日船舶检验局发出《渤海湾客滚船检验若干规定》,从 5 个方面处理客滚船的安全问题:①关于船舶稳性问题,针对船舶建造时是否符合《SOLAS60 公约》,船舶营运中是否进行过重大改装或航区改变等不同情况,分别采取"接受原建造标准""按现行规范进行校核""限制风速航行"等方式处理;②关于船体总纵强度问题,针对未做总纵强度校核的船舶,要求结合最近一次或下一次坞修进行测厚和横剖面模数计算,校核船体总纵强度是否满足规范要求;③关于船舶救生设备配备问题,针对未设救生艇的船舶,要求配置一定数量救助艇替代救生艇,或按规范规定比例配置气胀式救生筏。针对救生艇定额不满足规范要求的客滚船,要求增配救生筏或减少乘客定额;④关于船舶消防问题,要求按规定增设固定式探火和火警报警系统,有效地进行动力通风,加强船舶消防管理;⑤对于不满足本规定要求的客滚船,要求检验部门提出意见后报船检局审批。

为巩固清理整顿成果,船舶检验局于 1998 年 3 月在辽宁丹东召开"渤海湾客滚船检验研讨会",会议决定进一步加强对客滚船进口源头的检验管理,同时肯定了船舶检验局在渤海海域整顿中提出的有关问题及其处理意见,要求各船检部门严格执行。

4.对老龄船舶的专项治理

针对老龄船舶频发的海损事故,船舶检验局在 1986 年 2 月以〔86〕船海字 58 号文发出《关于加强老龄船舶现场检验工作的通知》。1989 年 1 月 16 日,交通部以〔89〕交船检字 11 号文发出《关于加强对老龄船舶监督检验的通知》,将船龄 10 年及以上的油轮,船龄 15 年及以上的散货船、客船和集装箱船,船龄 20 年及以上的杂货船定为老龄船舶。同时指出我国船队中老龄船舶比例较大,近年海损事故中多为船龄 15 年以上老龄船舶,要求各用船单位与当地船检机构一起,在对老龄船舶提出检验和修理计划时进行一次普查,摸清我国老龄船舶的基本技术情况,并对老龄船舶检验提出了原则规定。据此,船舶检验局在 1989 年 2 月 21 日针对国际航行和 500 总吨以上国内航行的老龄船舶公布实施《关于老龄船舶检验的暂行规定》,要求对老龄船舶的检验应考虑其航区、用途、原始建造规范、计划使用期限和船舶技术状况等情况,区别对待,并以船体腐蚀、船体强度核算为重点,就船体检验的关键部位和重要设备提出检验规定和实验要求,将对老龄船舶检验的间隔期依据船舶的具体情况适当缩短。船舶检验局下属各单位加强对老龄船舶的专项检验,对本地区的老龄船舶进行普查,对于普查中发现的危及安全问题提出解决方案。1990 年,船舶检验局根据普查结果,发出《关于 1989 年船舶检验局直属系统对老龄船普查情况的通知》,指出船舶检验局登记的 2473 艘 100 总吨以上各种机动船中,老龄船有 675 艘,占 27.3%,这些老龄船的技术状况大多存在较多的安全问题,要求全局密集跟踪检验。根据该通知,武汉分局于 1990 年 2—6 月,专门组织了老龄船舶专题调查小组,先后在武汉、南京两地多次召开座谈会及现场调查了长江各种类型船舶共计 62 艘。同年 7 月,船检局武汉分局会同重庆分局在对长江船舶调查基础上提出了内河老龄船舶年限划分和检验暂行规定,对消除船舶安全隐患、建立正常检验秩序发挥了重要作用。同年,船检局天津分局为继续加强对老龄船舶的监督检验工作,还制定了对老龄船舶检验的若干规定。

(三)结合安全质量检查改进船舶检验工作

早在 1980 年,为了整顿安全生产秩序,减少事故,国务院批准每年 5 月在全国范围定期开展"安全月”活动,“以月促年”,使安全生产形势逐年好转。1982年,船舶检验局发出船检部门在“安全月”活动中的要求的通知,要求每年结合安全质量检查,加强以营运船舶中的油船、客船和老龄船舶为重点的监督检验,提高检验质量,保障航运安全。1987年6月,船舶检验局又发出关于贯彻国务院全体会议和交通部电话会议精神的通知,要求各地船检部门,以查思想、查管理、查制度执行情况、查隐患为主要内容,在7月份开展一次安全检查。同年10月,船舶检验局派出检查组,对四川、湖南、湖北及重庆、武汉分局等船检部门以“四查”为中心的安全大检查开展情况进行检查和调研,并将有关情况总结成文,要求全船检系统进一步深化安全大检查。1988年10月,安庆港发生轮渡翻沉的恶性事故,由船舶检验局和武汉、芜湖分局及安徽省船检处组成联合检查组,在芜湖、巢湖、合肥、六安、蚌埠等5个地区进行了安全质量检查,所到单位有11个船检基层部门、7个航运公司和7个船厂,检查各种船舶30余艘,对严重影响安全质量的问题和管理薄弱环节,检查组及时研究处理和提出整改意见。在此期间,各地直属船检部门组织验船人员,通过技术档案普查和登轮重点开展了查船舶隐患的工作,促使安全质量检查工作继续深入进行。

为了使验船技术业务管理逐步走上科学化、制度化轨道,1988年3月,船舶检验局召开直属系统安全质量工作会议,提出了《关于船检安全质量工作改进措施和建造/营运船舶检验工作程序》(试行)。同年8月,船舶检验局又发出《贯彻国务院全国交通安全工作会议精神,开展安全质量检查的紧急通知》,要求各地对客船、油船和老龄船进一步进行普查和重点检查,将安全质量工作持续深入地进行下去。船检局武汉分局在1988年开展安全质量检查工作中,针对长江千吨甲板驳多艘在满载状态下,在长江下游狼山附近水域发生翻沉事故的情况,及时与长江船舶设计院、武汉长江轮船公司共同研究,一致认为该批驳船的稳性与干舷存在一定问题,并提出了解决问题的措施上报船舶检验局。随后,交通部发出了《关于重新勘划长江千吨甲板驳船载重线的通知》,要求各有关部门认真贯彻落实,后来该型驳船未再发生翻船事故。1989年7月,船舶检验局又召开了关于提高检验工作质量的座谈会,会后发出《关于加强管理,确保检验工作质量的通知》,要求各分局严格检验制度,提高检验工作质量,防止出现检验责任事故。1990年,船舶检验局又根据散装重货船舶出现严重事故的情况,发出《关于加强散装重货船舶检查的通知》。1991年10月,船舶检验局还与交通部公安局联合发出《关于开展消防安全大检查的通知》,组织各地验船师参加为期1个月的大检查,共检查了各类船舶248艘,发现并消除一批隐患,促使船舶消防安全检查工作进一步深化。为进一步提高验船质量,1992年,船舶检验局又先后发出《关于船检系统开展验船质量安全检查的通知》和《关于组织检查组开展验船质量安全检查抽查的通知》。这两个通知进一步督促各地船检部门不断加强自身建设,重视工作质量,取得了较好的效果。

1982年以后,船舶检验局通过各种规定、办法和措施,不断深入进行验船质量安全检查工作,及时消除船舶安全缺陷与隐患,促使船舶安全技术状况进一步改善,同时在加强内部管理等方面做了大量工作,对保障船舶航行安全起到了积极作用。

(四)外轮代理检验的发展

随着我国外贸运输对外开放的进展,来华外轮日益增多。为了做好对来华外轮的检验与管理,在1979年9月18日公布《中华人民共和国对外国籍船舶管理规则》。根据《规则》,船舶检验局各办事处依据中国船检局与外国船级社签订的合作协议,接受船舶或船东的申请进行外轮代理检验。

为了加强外轮代理检验的管理,提高外轮代理检验水平,中国船级社在1988年制定《营运外轮代理检验》验船师须知,指导外轮代理现场检验。中国船级社在1990年召开的入级船舶检验管理工作会议上要求外轮代理检验严格执行代理检验协议,统一对外联系,快速上报检验信息,加强与有关船级社的沟通。在1992年中国船级社质量体系建设中,依据当时外轮代理检验的实际情况制定了《代理检验程序》,

规范代理检验工作,加快信息反馈速度,以满足委托方的需要。从 1993 年 4 月 1 日起在外轮检验中使用内部控制号,以加强对外轮检验的管理。

为了适应外轮代理检验发展需要,中国船级社在 1992 年 4 月 1 日修订 1988 年外轮代理检验须知,推出(92)CH 001 号《营运外轮代理检验》验船师须知,附有《船舶技术检验合作协议情况一览表》和《营运外轮代理检验办法一览表》,并就代理检验中有关"轮机循环检验"、"遗留项目"、"损坏检验"等的处理提出指导性意见,要求验船师在执行外轮代理检验时必须考虑有关双边合作协议的规定,按照船级社提供的有关须知和通函,以及《外轮代理检验工作程序》进行检验,下属各单位需对验船师的检验质量进行督查。同时,中国船级社针对某些外国验船机构要求代理检验中须采用委托方船级社文件格式的需要,提供挪威船级社、德国劳氏船级社、日本海事协会、巴拿马验船协会、国际起货设备局的技术文件清单;针对代理检验收费问题提供《营运外轮代理检验技术文件处理及收费办法一览表》;针对代理检验船舶的国际公约适用情况,提供《国际公约对各国生效日期一览表》。

中国船级社对外轮的代理检验作出上述详细规定,促使外轮代理检验按照规范的程序进行,从而促进了外轮代理检验正常发展,检验业务不断扩大。据统计,中国船级社的外轮代理检验在 1990 年为 869 艘次,1991 年为 1090 艘次,1992 年为 1200 艘次,1993 年增加到 1390 艘次。

1992 年 4 月 15 日交通部颁布《外国船舶检验机构在中国设立常驻代表机构管理办法》,外国船级社从当年起陆续在我国设立常驻机构,开展检验业务。1994 年,中国船级社的外轮代理检验业务开始迅速减少,只有 870 艘次,比 1993 年减少了 40%。大部分西方船级压缩在中国的委托检验或只留一些临时检验或单项检验由中国船级社代理,代理检验收费不畅,对方不是拒付就是拖欠,甚至还有外轮在中国修理时自带验船师进行检验发证。

为此,中国船级社在 1995 年 2 月召开外轮代理检验工作会议,对外国船级社进驻我国后的外轮代理检验形势进行分析,提出"提高业务素质和水平""加快信息传递""提升服务质量""建立与船东船厂的良好关系"等改进要求,努力在外轮代理检验业务日趋收缩的形势下,多开发外轮检验项目。

外轮代理检验是在我国船舶检验市场没有对外开放的历史条件下出现的一种检验方式,随着我国船舶检验市场的开放和外国验船机构的进驻,外轮代理检验业务急剧减少直至消失,是完全符合市场规律的。

三、船舶建造检验的发展

(一)规范新建船舶图纸审查工作

1984 年 4 月 15 日船舶检验局公布实施《船舶建造检验规程(1984)》,同时给出《送审图纸目录》,要求设计单位按照《目录》向船检部门提供必要图纸和技术资料供船检部门审查,送审资料范围包括"船体及其舾装、救生、消防、起货""轮机""电气""机舱自动化""冷藏装置""无线电和航行设备""防油污染装置"7 个方面,并规定船检部门可根据实际情况增减。

交通部在 1987 年 10 月 2 日公布实施《交通部关于乡镇运输船舶设计、修造和检验的暂行规定》,对乡镇船舶的设计提出审查要求。同年 11 月 1 日船舶检验局公布实施《内河小型船舶建造检验规程》,针对内河小型船舶的图纸审查做出新规定。1988 年,船舶检验局又公布施行《审图规则和责任制》,严格审图程序和有关要求,促使船舶建造检验工作逐步完善。

中国船级社于 1989 年公布实施《海船及海上设施图纸审查规则》,对船舶修造检验中的审图工作作出详细规定。要求业主在建造或改装前必须申请图纸审查,在对有关图纸和技术文件审查认可后方可进行建造或改装施工；制造厂应确保其施工图纸与被认可的设计图纸和技术文件完全相符；设计图纸审查认可后审图单位在图纸上加盖审图章，授予认可编号、填写认可日期和验船师签名；认可图纸仅在图纸审查申请书上所填建造工程编号或建造艘数范围内有效，自图纸认可至船舶开始建造不得超过 4 年，以及认可图纸自动失效的几项规定。

(二)面向国内造船开展船舶建造检验

改革开放以来，我国海河运输船舶及其他专用船舶进行了更新换代。随着造船工业和科学技术的发展，我国对新型船舶已完全具备自行设计、建造的能力，可以为使用部门提供所需要的各类船舶，其中包括大批需要入级的国际航行船舶。船舶检验局/船级社顺应我国新船建造市场发展，开始了大型集装箱船、肥大经济型货船、集装箱杂货船、集装箱客渡船、滚装客渡船、长江节能客船，以及高速双体客船、高速单体客船、高速气垫客船等一批现代新技术船型的建造检验，不断推进建造检验技术进步。

1.国际航行船舶建造检验

第六个五年计划，国家计委安排中国船舶工业总公司为交通部建造 250 万吨船舶。船检局大连办事处对大连造船厂承建的 60000 吨级油船"兴凯湖"、65000 吨级油船"大庆 257"、12300 吨集装箱船"商城"、35000 吨级散货船"鼎湖山"等 10 艘船舶进行建造检验。船检局上海办事处检验了江南造船厂及上海船舶修造厂建造的 20000 吨级散货船"振奋 1""振奋 5"等 10 余艘。还检验了沪东造船厂批量建造 36000 吨级"泰白海"型散货船及 42000/47000 吨级散货船"泰安海"。船检局广州办事处检验了广州造船厂建造 672 标准箱(TEU)集装箱船"凌泉河"。船检局天津办事处检验了新港船舶修造厂建造的 20000 吨级散货船。

1986 年后，我国航运企业在国际竞争中调整船队结构，加强散货船船队，扩大远洋油运船队，建立集装箱运输船队，由此带来了我国远洋运输新船建造的新局面。

在散货船建造方面，江南造船厂、大连造船厂、渤海造船厂和上海船厂在 1986—1991 年批量建造 39000 吨级散货船 14 艘。其后，渤海造船厂在 1991—1995 年建成"宁安 1"等 35000 吨级浅吃水肥大型散货船 9 艘。同期新港船厂建造 19129 吨散货船"振奋 13"等 5 艘、29186 吨散货船"振奋 17"等 4 艘、15571 吨散货船"金汇"等 2 艘。江南造船厂在 1991—1992 年建造 64909 吨散货船"宝山海"等 2 艘、在 1997—1998 年建造 73605 吨散货船"嵩山海"等 2 艘。上海船厂在 1993 年建造 20156 吨散货船"凤翔岭"。江南造船厂、沪东造船厂在 1994—1995 年建造 69973 载重吨散货船"富山海"等 4 艘。沪东造船厂在 1995—1998 年建造 29175 吨散货船"海象"、72769 吨散货船"衡山海"。广州造船厂在 1997 年建造 40015 吨散货船"飞凤山"。1998 年大连造船厂建造了 149135 吨散货船"天富海"、广船国际公司建造了 27635 吨散货船"武昌海"。

在油船建造方面，1987 年沪东造船厂建造 63000 吨级油船"大庆 91"。1993 年又建造 63000 吨级改进型油船"大庆 93"等 2 艘。大连造船新厂在 1992 年建造了 63000 吨级"淮河""定河"，1993 年建造 62000 吨级双壳油船"阳河""明河"。渤海造船厂在 1992—1994 年建造 34794/38829 载重吨"玉池"等 4 艘。大连造船厂、沪东造船厂 1993—1995 年建造 60000 吨级"鄱阳湖"、34688/34836 吨原油船"大庆 73"及"大庆 74"、20000 吨级"大庆 437"等多艘。大连造船厂在 1995 年设计建造 61657 吨原油船"洞庭湖"及 38000 吨级"雁水湖""明泽湖""映松湖"。

在集装箱船建造方面，1987 年江南造船厂为中波轮船公司建成 723 TEU 集装箱船"李白"。威海造船厂在 1992 年建造 170 TEU 集装箱船"白龙泉"。广州文冲造船厂在 1994 年建造 357 TEU 集装箱船"隆河"等 2 艘。上海求新造船厂在 1995 年建造 342 TEU 集装箱船"桃园"等 2 艘。

除此之外,基于传统远洋运输和特种装备运输需要,天津新港造船厂在 1987—1989 年建造 17000 吨级杂货船“富阳山”等 5 艘。江南造船厂 1988 年为中波轮船公司建造 18144 吨杂货船“鲁迅”。广州造船厂 1992 年为巴拿马籍船公司建造 315 TEU/22 814 吨集装箱杂货船“泰安城”等 2 艘。1998 年大连造船厂建造 20000 吨级多用途船“乐鼎”。上海振华港机公司在 1995—1998 年利用日本旧货船为上海振华船运公司改建“振华”号等桥吊和大型设备专用运输船 3 艘,用作该厂出口桥吊等装备的专用运输船。

据不完全统计,1990 年中国船级社建造入级检验船舶 56 艘、18.7 万总吨,1995 年建造入级检验船舶 84 艘、100 万总吨,比 1990 年艘数增加了 50%,吨位增加了 434.8%,5 年间船舶建造入级检验业务明显增加。

中国船级社根据船东申请和国家授权,按照国际惯例依据有关国际公约和规范、法规的规定,对上述船舶进行建造入级检验及法定检验,授予相应船级,签发船舶入级证书和有关国际航行船舶证书。

2.沿海航行船舶建造检验

改革开放后,随着沿海经济的发展,新船建造主要集中在环渤海、长三角、海峡西岸、珠三角经济开放区,其中新建客船以跨海渡船为主发展高速客渡和短途客运;新建货船在远程货船专业化、大型化发展的同时建造一批短程杂货船。

在沿海客货船建造方面,求新造船厂在 1977 年建造 919 人/140 吨沿海短途客货船“繁新”之后,在 1978—1983 年间陆续建造其同型船“荣新”“昌新”等 8 艘。新港船舶修造厂在 1981 年建造 1000 人/1000 吨“天池”型沿海短途客货船之后,在 1981—1984 年间建造同型船“天湖”“天潭”等 6 艘。广州造船厂在 1983—1984 年为广州/三亚/香港航线建造 600 人/260 吨沿海短途客货船“马兰”型船 2 艘。在 1981—1985 年间建造的沿海客船有:文冲船舶修造厂建造沿海客渡船“穗海角 4”号;润州船厂建造载客 540 人的沿海双体客船;新中国造船厂建造沿海普通客船“西江”“潭江”及沿海双体高速客船“海鸥 1”;江州造船厂建造载客 1502 人、当时国内最大的沿海双体客船“瑞昌”。

同时,新港船舶修造厂 1986 年建造 1300 人/500 吨/78 TEU 沿海双体客货船“百灵”,1987 年再建同型船“喜鹊”。1988 年求新造船厂建造 314 客位沿海高速双体客船“港鹏”。1992 年黄埔船厂建造 162 客位高速双体全气垫客船“迎宾 4”。1996 年番禺南沙新技术船舶工业公司引进澳大利亚设计,为番禺南沙港客运公司建成高速双体客船“南沙 38”。1995 年武汉华南高速船公司建造高速单体客船“英顺”及“兴顺”。

在沿海货船建造方面,大连造船厂在 1980 年建造 7000 立方米“森海 1”号木材专用运输船,随后建造同型船 3 艘。渤海造船厂在 1983 年建造装载量 8000—10400 吨、可以江海直达的浅吃水肥大型散货船“浙海 117”,成为国内首次开发的浅吃水万吨级经济型散货船,到 1986 年陆续建造同型船 4 艘。此外,我国造船企业在 1979—1985 年间,先后建造 300 吨、580 吨、600 吨,以及 3000 吨、3600 吨、5200 吨级的沿海杂货船。1978—1982 年间建造了 400 吨、1000 吨港口供应船和 200 吨、500 吨级冷藏运输船。1980—1983 年间建造 500 吨、1000 吨和 5000 吨级沿海成品油船。

为满足液化石油气运输需要,江南造船厂在 1989 年 10 月 20 日为广东省惠州天然气海运公司开工建造 3000 立方米液化石油气船“华粤”,后改称“鲲鹏”,于 1991 年 1 月 29 日交付使用,成为我国第一艘自行设计建造的液化石油气专用船。出于我国海洋渔业发展和保鲜运输需要,我国广州、大连、上海、宁波渔轮厂在 1986—1998 年间建造一批冷藏运输船。为满足沿海短途货运、油运需要,沿海船厂在 1986—1998 年间建造一批小型沿海杂货船、油船和散货船。

对于这些千吨级的沿海运输船,船舶检验局/船级社按照有关规定对其执行建造监督检验或建造入级检验,为其签发有关航行安全的船舶证书。

3.长江内河航行船舶建造检验

我国内河航行船舶在市场经济驱动下开始按照市场需求进行设计建造,在20世纪70年代末到80年代呈现出船型节能、动力装置自动化、游船舒适华丽、客船高速化、货运推驳化的发展特点。

长江船舶设计院在1978年以“东方红46”号为母型船采用常规船首与双尾船型相组合的船型进行节能船型研究设计,于1984年由武昌造船厂建成节能型长江客船“江汉57”,获得节能25%以上的效果。宜昌船厂在1985年采用这种双尾船体线型建成普通客船“江汉132”。双尾节能船型在经多艘船舶验证获得满意的节能效果后,国家决定在1986—1990年间,在全国内河船舶设计中推广应用“江汉57”船型。

宁波、湖北、四川、福州等地船厂在1988年前分别建造载客100人、300人和600人的“平头蜗尾”节能客船“丰都16”“丰都17”“丰都18”等,同样取得了良好的节能效果。

随着长江旅游事业的蓬勃兴起,豪华旅游船不断问世。长江沿线船厂从1980年开始建造长江豪华旅游客船,到1987年陆续建成多艘。其中重庆东风船厂在1980年建造首制船“三峡”,随后陆续建造了“神女”“巴山”“峨嵋”“隆中”“长江明珠”;武昌船厂建造了“扬子江”“扬子江乐园”“蓝鲸”;青山船厂建造了“昭君”;宜昌船厂建造了“西陵”。

随着我国气垫技术研究的进展,气垫客船开始在内河客运中使用。1981年大沽船厂建造了我国第一艘侧壁式气垫客船“津翔”。重庆造船厂在1984年建造717-2型和717-3型侧壁式气垫船,其中717-2型载客54人,定名“岷江”。1985年沪东造船厂建造“716-Ⅲ”型全垫升式气垫高速交通船内河双体高速客船“沪航7”。中华造船厂在1987建造载客258人的719-2型侧壁式气垫渡船“鸿翔”。1989年,七〇八研究所与上海飞机制造厂合作为河南省旅游局设计建成载客33人的7212型全垫升式气垫船“郑州”,用于黄河旅游客运。

长江沿岸船厂于1985年开始为长江下游航线建造江海直达货船。武昌船厂在1985年建造6艘5000吨江海直达货船;江洲船厂在1986年建造2艘5000吨江海直达油船,在1992年建造16000吨当时内河最大的自航自卸式原油驳船;青山船厂在1988年建造5500吨江海直达油船、5000吨江海直达货船和2000吨乙醇运输船,在1991年建造4000吨散装化学品船“宁化401”;宜昌船厂在1990年建造长江第一艘专用集装箱船。

4.各类专业船舶建造检验

随着我国港口航道建设、海洋开发利用和航天技术的发展以及船舶技术的进步,我国水上作业船舶不断更新,在专业船舶大型化发展中出现了大型综合调查船、远洋跟踪测量船、大型打捞救助船、大型海洋工程船、大马力多功能海上拖船等。江南造船厂在1979年建造满载排水量21000吨远洋跟踪测量船“远望”、满载排水量13200吨远洋综合调查船“向阳红10”以及万吨级远洋打捞救生船。中华造船厂在1977—1980年间建成远洋救援拖船。与此同时,我国其他专业船舶的建造也呈现出大型化发展势头,其中相继建造1910千瓦、2355千瓦、2500千瓦和3015千瓦4种大功率全回转导管拖轮,1653千瓦的大功率三机三桨顶推船,以及舱容1500立方米大型耙吸式挖泥船、排水量2500吨的大型引航船、功率1175千瓦的大型消防船、功率3825/6625千瓦的大型破冰船等,极大地推进了我国各种专业船舶的发展。

1986—1998年间我国建造专业船舶的新船型相对较少,所建船舶呈现出拖船大功率、多功能化,海上起重船大型化的发展趋势。其间,由中国船级社执行建造检验的新船型有44种,其中拖推作业船17种,渔船10种,其他作业船17种。其中,1987年七〇八研究所与青岛船厂联合研制的2艘喷水推进浅海多用途拖船,1989年广州文冲船厂采用80年代最新导航设备和机舱高度自动化技术设计建成的我国第一艘自行设计建造的远洋实习船“育龙”,以及1991年交通部第四航务工程局船厂建成的起重能力500吨的大型起重船,代表当时我国建造专业船舶的新水平。

(三)对出口船舶的建造检验

20世纪70年代末及80年代,我国造船工业有了新的发展,从设计建造远洋散货船、多用途船,发展到建造自动化程度较高、技术复杂,而且在国际市场上颇具竞争能力的各类出口船舶,外商向我国订购船舶骤增。为了适应出口船舶需要取得有关外国船级社的船级和符合该外国船级社的规范及有关国际公约的要求,船舶检验局在各方面做了充分准备,除了及时搜集有关国际海事公约、规则以及外国船级社的规范,并组织力量修订和改进我国的海船规范和检验规章制度,使其向国际水平靠拢外,还编制了若干指导性文件和《验船师须知》,以及加强现场检验的技术力量,以进一步扩大国际船检业务技术的合作。同英国、挪威、法国、联邦德国、美国、日本等国船级社签订建造船舶的联合检验协议,促使出口船舶的建造质量达到国际先进水平,为中国船检在国际上树立了良好的声誉。

1.出口船舶建造检验的探索

1976年2月28日,一位马来西亚华侨与上海中华造船厂签下了我国第一份3700吨级多用途杂货船的出口船舶建造合同。合同规定按照中国船舶检验局规范建造,加入船舶检验局ZC船级,船舶主要机电设备采用中国制造产品,船名定为“红花”(后改为“友花”)。该船于当年6月开工,1977年8月10日交船。建造中船东未派人员驻厂监造,虽由船检局上海办事处执行建造检验,但“文革”影响尚未消除,有关规范规定和验船师的意见只能在“三结合”协商中作为一种参考,检验后虽然签发了有关船舶证书,也难免存在质量问题。结果,船舶投入营运后,由于国产机电设备存在质量问题,主要是柴油机高压油泵、电气开关部件的质量不过关,船舶多次发生事故导致船方经济损失。后来进香港船厂大修,将不过关的中国配套产品换为外国产品,转为法国船级社BV船级继续使用。

1976年3月12日,中国机械进出口总公司与中波海运公司(1977年改为中波轮船股份公司)签订合同,由上海船舶修造厂建造第一艘万吨级出口远洋船“绍兴”号。合同规定该船按照船舶检验局《1973年钢质海船建造规范》和《海船入级章程》,以及有关国际公约和国际规则设计建造,加入船舶检验局ZC船级,接受船舶检验局签发的国际航行船舶证书。该船于1978年9月23日在上海交船,船检局上海办事处对其进行了建造入级检验,签发了入级证书和国际航行船舶证书,船舶建造质量得到船东认可。

为了做好“绍兴”号万吨级远洋船的出口工作,交通部在1975年5月12日,向国家计委报送《关于拟向中波海运公司出口万吨货轮问题的请示》,同年10月12日又报送国家计委《关于执行出口国产万吨轮检验发证问题的请示》,就该船以“庆阳”号万吨远洋货船为母型设计建造中的有关规范技术、配套产品质量改进、配套产品生产安排等问题,以及建造中的船舶与船用产品检验问题和船舶检验局的职责,建成后船舶检验局签发证书的原则等问题作出详细报告,由中央统一协调解决。船舶检验局为保证船舶建造质量,在1977年8月1日以〔77〕船检字101号发出《关于为出口万吨轮配套的船用设备、机电产品应申请检验发证的通知》,要求船舶主机、废汽锅炉、空气瓶、锚机、舵机等46项产品须经船舶检验局检验发证。这些措施有效地保障了改革开放前夕我国出口船舶的安全生产和建造质量,同时奠定了船舶检验局ZC级出口船的建造入级检验业务基础。

作为我国造船业进入国际市场发展的前奏,香港海洋船务公司在1978年3月4日,通过中国机械进出口公司向中华造船厂订购一艘17500吨级大舱口多用途货船,用以运载干货、杂货、汽车和集装箱,船上装备长吊臂起重机,可以按照我国造船规范建造,采用某些国产设备。该船由七〇八研究所设计,中华造船厂建造,定名为“SEA ARCHITACT”(海上建筑师)号,于1981年2月交付使用。对于这艘出口船的建造,国家计委吸取“红花”号和“绍兴”号出口船的建造经验,在对六机部的批复中指出,为了保证出口船舶的质量,按照国际惯例和我国船舶检验局有关规定,新建船舶需由造船厂申请船舶检验局检验发证,其装船主要设备也需船舶检验部门检验发证。据此,船舶检验局上海办事处按照国际惯例对该船进行建造入级检验,外国制造的主机、锅炉、起重机等设备的检验,由船舶检验局委托外国船级社检验发证。

中波轮船股份公司在 1979 年 7 月和 1980 年 7 月向上海船舶修造厂订造 16000 载重吨多用途货船"鲁班""张衡""华佗""屈原"号。上海船舶修造厂就这 4 艘出口船申请船检局上海办事处进行建造入级检验与发证,并由船舶检验局授予 ZC 船级。这些船舶的建造为我国船舶工业后来大规模进入国际市场作了探索和铺垫。

2.出口船舶的联合建造检验

20 世纪 70 年代末,中国政府还不允许外国船级社在我国设立常设机构,为此,船舶检验局与外国船级社签订合作检验协议,依据协议与相关船级社对我国出口船舶开展联合建造检验。为了使执行联合检验的外国船级社验船师能够及时来华,交通部联合外交部发出〔80〕交船检字 2158 号文《关于对外国船级社验船师入境签证问题的通知》,规定外国船级社验船师申请来华进行船舶、船用产品、集装箱等检验发证工作时,需通知他们先与中华人民共和国船舶检验局联系,然后由船舶检验局的主管单位交通部发函通知使领馆发给签证,并在文中指明与船舶检验局签有合作协议的 12 家国外验船机构。

(1)同英国劳氏船级社的联合检验

1980 年初,香港联成轮船公司在我国内地订购 27000 吨级远洋散货船,合同规定该船按照英国劳氏船级社规范设计,取得英国劳氏船级社船级。中国船检局(ZC)和英国劳氏船级社(LR)于 1980 年 9 月 15 日签订《关于在中国建造 LR 船级的 27000 吨散货船的联合检验工作协议》。此系中国船检局首次与外国船级社签订的造船联合检验工作协议。协议规定:船舶图纸由 LR 负责审查,船舶建造检验由 ZC 代表 LR 进行,LR 可派验船师来华参加部分重要项目的检验;各种检验完成后,由 ZC 验船师按 LR 提供的格式和要求,签发各种检验报告,然后由 LR 签发船级证书和船旗国政府授权签发的各种法定证书。

27000 吨散货船由七〇八研究所按照合同要求进行设计,由英国劳氏船级社负责技术设计图纸审查,船检局大连办事处负责对大连造船厂承建的"长城"号施工图纸进行审查,船检局上海办事处负责对江南造船厂承建的"世沪"号施工图纸进行审查。在"长城"号建造检验中,船检局大连办事处验船师本着实事求是的原则处理有关技术问题,对于按照"舭龙骨施工图纸要求舭龙骨基础扁钢连续焊接在船体外板上,遇到船体合龙焊缝时要将合拢焊缝铲平后焊接"的施工,LR 验船师根据船东意见要求船厂将已按施工图纸焊好的舭龙骨基础扁钢在所有船体合拢焊缝处断开。船厂按 LR 验船师意见制定修改通知单,并请双方验船师和船东签字后正式修改。但船检局大连办事处验船师认为 LR 规范有明确规定,并根据实践经验,认为舭龙骨基础扁钢在船体合拢焊缝处断开,船体外板容易在此处产生裂纹,因而对此修改不同意签字。最后,LR 验船师接受了船检局大连办事处验船师的意见并要求船厂撤销修改通知单。总体来说,检验合作中双方验船师配合密切,检验工作进展顺利,保证了船舶建造质量,最终配合大连造船厂于 1981 年 11 月按合同规定完成了首制船"长城"号的建造,成为船舶检验局第一艘按外国船级社规范进行联合建造检验的船舶。该船的装配、焊接、油漆质量以及机械设备安装质量均达到世界先进水平,1982 年获得国家产品质量金奖。"长城"号、"世沪"号建成后,随后由大连造船厂、江南造船厂批量建造该型船 12 艘。

1981 年 2 月 23 日中国船检局和英国劳氏船级社又签订《关于中国建造 LR 船级的 36000 吨散货船的联合检验工作协议》。协议规定:船用产品由 ZC 验船师按照 LR 规范要求执行检验;而型式认可和工厂认可,由 LR 验船师在 ZC 协同下进行等。

1982 年 2 月 2 日中国船检局和英国劳氏船级社再次签订《关于在中国建造 LR 船级船舶的合作检验工作协议》。自该协议签订之日起,原签订的 27000 吨散货船工作协议和 36000 吨散货船工作协议废止。

新协议规定船舶建造中的入级检验和法定检验由LR和ZC合作进行。

1981年新加坡海皇航运公司在我国订造2艘700 TEU集装箱船,加入英国劳氏船级社船级,经七〇八研究所按照英国劳氏船级社规范设计后,由江南造船厂在1984年建成"海皇·碧玉"号和"海皇·绿玉"号。船检局上海办事处与英国劳氏船级社对上述船舶进行了联合检验。

1983年美国航运公司在我国订造2艘11100吨全集装箱船,加入英国劳氏船级社船级,由广州造船厂按照英国劳氏船级社规范设计建造。船检局广州办事处与英国劳氏船级社对上述船舶进行了联合检验。

船检局长江区办事处在1985年前对青山船厂建造的LR船级1100载重吨浅吃水货船"银星"号和"银光"号,与英国劳氏船级社进行联合检验。

中国船级社天津分社从1986年起与英国劳氏船级社联合检验了由新港船厂建造的LR船级7000吨货船。

1990年前后,中国船级社上海分社与英国劳氏船级社联合检验沪东造船厂建造的36000吨散货船,江南造船厂建造的42000吨散货船,上海船厂建造的12300吨集装箱船,中华造船厂建造的4400/6600吨集装箱船。中国船级社大连分社与英国劳氏船级社联合检验大连造船厂建造的44000吨成品/原油船。中国船级社广州分社与英国劳氏船级社联合检验了广州造船厂建造的LR船级11000吨集装箱船。

(2)同挪威船级社的联合检验

1982年6月12日,中国船检局和挪威船级社签订《在中国建造DNV级船舶的合作检验工作协议》,规定在中国建造DNV级的船舶进行联合检验,协议包括入级检验和法定检验。

20世纪80年代中期,船检局长江区办事处与挪威船级社联合检验武昌船厂建造的6艘DNV船级三用拖轮。

1985—1994年间,船检局大连分局/中国船级社大连分社与挪威船级社联合检验大连造船厂建造的115000吨穿梭油船、118000吨穿梭油船、69000吨化学品/成品油船、98000吨双壳体油船、7000吨滚装船和150000吨散货船,其中115000吨穿梭油船获1987年国家金质奖。118000吨穿梭油船,总长269米,是当时中国建造的最大吨位,现代化、自动化程度最高的油船。

(3)同法国船级社的联合检验

1981年7月,中国船检局和法国船级社签订《在中华造船厂为香港船东建造8200吨集装箱船及在中国建造其他各类新船合作检验的补充协议》。规定:船舶的建造中检验由BV和ZC联合进行,当BV验船师不在船厂时,由ZC代表BV进行检验;BV派一名验船师作为BV代表驻厂,ZC派几名验船师在船厂按BV规范及批准的图纸进行检验。

1982年,香港快航船务公司在中华造船厂订造8200吨集装箱船,加入法国船级社船级,由七〇八研究所按照法国船级社规范设计。船检局上海办事处与法国船级社联合检验了中华造船厂1984年1月建成的"快航"号。

1988年,中国船级社大连分社与法国船级社联合检验大连渔轮厂建造的出口阿根廷的双甲板尾滑道冷冻渔船,还联合检验了营口渔轮厂建造的出口毛里塔尼亚的渔船。

(4)同德国劳氏船级社的联合检验

1981年,中国船检局和德国劳氏船级社签订《关于在上海建造四艘12300总吨GL级集装箱船合作检验的补充协议》。协议规定:船舶设计图纸由GL进行审批;GL派1名验船师作为GL总部的代表驻在船厂,解决一切可能发生的需要GL考虑的事情;ZC指派几名验船师在船厂进行检验;法定检验由GL根据船旗国政府的授权进行。但在GL的特别请求下,ZC将代表GL进行某些法定检验工作。

同年,中国船检局又和德国劳氏船级社签订《在中华船厂建造6艘4400吨多用途货船合作检验补充协议》。该协议内容与上述协议基本相同。

1983年,中国船检局与德国劳氏船级社签订《在武昌船厂为德国船东建造4400吨多用途货船合作检验补充协议》。协议内容与1981年在上海中华船厂建造的4400吨多用途货船相同。

船检局上海办事处与德国劳氏船级社对12300总吨GL船级集装箱船及4400吨多用途货船进行了联合检验。

船检局长江区办事处与德国劳氏船级社联合检验了武昌船厂建造的GL船级4400载重吨多用途货船。

同一时期,华南地区和长江地区中小船厂的船舶出口也有了较快发展。从1987年起,芜湖造船厂和长航金陵、东风等船厂相继建造出口船舶,包括沿海货船和客船、拖船、渡船、工程船、驳船等中小型船舶;主要出口到中国香港、新加坡、马来西亚、南也门、伊朗、摩洛哥、贝劳、苏丹、斯里兰卡等国家和地区。这些出口船舶,分别由中国船级社长江沿线各分社与美国、挪威、日本、法国、英国等外国船级社进行联合检验。到1992年,长江地区承建出口船舶的船厂已达20多家,数量逾100艘,其中以驳船居多。

从20世纪80年代初到90年代中期的10多年中,我国验船师与外国船级社验船师一起承担了大量的出口船舶建造联合检验,双方建立了友谊,交流了经验,学到了不少先进检验技术,对提高我国验船师的检验业务技术水平很有帮助。我国验船师在工作中的高度责任感和刻苦精神,深为对方信服和感动,也得到了国内设计部门、船厂等有关单位的充分肯定,为我国船舶出口业务的发展做出了贡献。

(四)对国外建造进口船舶的检验

1.对进口船舶的联合建造检验

中国船检局按照与外国船级社签订的联合检验工作协议,对在国外建造的ZC(1993年改为CCS)船级船舶进行联合检验。1986年以后,对国外建造的进口船舶,由中国船级社验船师进行联合检验。

(1)同英国劳氏船级社的联合检验

1981—1983年期间,中国船检局验船师在日本与英国劳氏船级社联合检验日本名村船厂建造的60000吨级油船“微山湖”“洪泽湖”。1982年联合检验日本熊本船渠建造的3300吨浮船坞。1984年联合检验日本大阪船厂建造的46000吨级散货船“沧海”“漫海”“沂海”等轮。

(2)同挪威船级社的联合检验

1982年中国船检局与挪威船级社联合检验日本林兼船厂建造的15000吨级成品油船“阳澄湖”“镜泊湖”“纳木湖”。1983年联合检验日本今村船厂建造的2352千瓦多用途拖船“粤顺1号”“粤顺2号”。1985年联合检验日本林兼船厂建造的15000吨级货船“安龙江”“安康江”“安宁江”。

(3)同法国船级社的联合检验

1982—1983年,中国船检局与法国船级社联合检验日本东北船厂建造的34000吨级散货船“金山海”“铜山海”。检验“铜山海”时,虽然该轮是同型船的第二艘,但我验船师在建造过程中,仍不放松检查,结果发现无线电报室敷设的PY型电缆,既不符合设计图纸,也不符合规范要求,经向厂方交涉,将错敷设的PY型电缆全部拆除,并在4天之内重新敷设符合要求的PYC型电缆。无线电报室电缆敷设在天棚内,不易被发现。“金山海”敷设的电缆符合规范要求,“铜山海”是同一班组施工,容易被忽略。参加联合检验的BV验船师得知此情况后,赞扬我国验船师既精通业务又认真负责。

1985年联合检验日本三菱重工建造的20000吨级货船“富裕山”“富源山”。

(4)同德国劳氏船级社的联合检验

中国船级社与德国劳氏船级社1989年联合检验2761 TEU集装箱船“民河”。1994年联合检验388 TEU集装箱船“飞河”。1995年联合检验124 TEU/10266载重吨集装箱杂货船“如意泉”及27532载重吨散货船“海王星”。1998年联合检验8370载重吨杂货船“恒裕”及265 TEU/10094载重吨集装箱杂货船“舜城”。

(5)同日本海事协会的联合检验

1981—1983年间,中国船检局与日本海事协会联合检验日本日立造船有明工场建造的60000吨级油船“昆明湖”“武昌湖”。1984年联合检验日本宇部船渠建造的7149载重吨货船“嘉定关”。1984—1985年,联合检验5000吨级货船“江宁关”“江浦关”“江西关”“江永关”。1985年联合检验日本林兼船厂建造的42000吨级散货船“马泉海”“马山海”。1986年中国船级社与日本海事协会联合检验27520载重吨自卸散货船“北极星”,还检验了挖泥船“玉龙”、海上抛锚船“航艇11”。1993年联合检验1226 TEU集装箱船“珍河”。1998年联合检验45769载重吨散货船“高强”。

(6)同罗马尼亚船舶登记局的联合检验

中国机械进出口总公司在1983年初与罗马尼亚国家对外贸易公司签订12艘5000吨级货轮的建造合同。其中“德堡”“柳堡”“南堡”3艘是首批建造的货船,由罗马尼亚布拉伊拉(Braila)造船厂建造。为了保障这批船舶的建造质量,中国船检局与罗马尼亚船舶登记局针对这3艘船签订了工作协议。由于当时中国船检局还没有英文版规范,该船只能按照罗马尼亚船舶登记局的规范设计建造,建造中由罗马尼亚船舶登记局按照双方1973年签订的合作协议代表船舶检验局检验发证。协议规定:罗马尼亚方面提供的设备、部件、材料需提交制造厂的工厂证件和罗马尼亚船舶登记局的证书;指定的近40种重要进口产品或设备,需提交制造厂的证件和当地船级社的证书,它们分别由德国劳氏船级社、民主德国船舶登记局、波兰船舶登记局、日本海事协会代表中国船检局签发了74份证书。同时协议规定,中国船检局派出2名验船师赴罗马尼亚船厂参加主要项目的检验,签发有关船舶证书。

1984年9月,船检局广州办事处依据工作协议派验船师到达布拉伊拉船厂进行有关项目检验,检验中通过船东向罗方提出审查焊接工艺合格评定证件、焊工考试合格证书等文件的要求,罗方拖延,始终没有提供审查。1984年10月监造组向我国驻罗马尼亚大使馆商务处汇报布拉伊拉船厂存在的问题时,使馆有关人员表示:罗马尼亚是与我国共患难的兄弟,望予通融。所以对“德堡”存在的质量问题没能在建造中解决。1985年1月布拉伊拉船厂对按照进口瑞士SULZER专利制造的船舶主机进行车间试验,发现船厂制造的主机机座、气缸体,表面粗糙,毛边和圆角都没有打磨;车间试验台的水力测功仪不能反向运转,不能进行倒车试验;主机带动的主齿轮箱存放在露天,没有做防水保护。所以在车间试验时就出现了一些质量问题,试验后这些问题未能予以合理解决便装船使用,致使“德堡”的交货期拖延7个月。1985年4月,“德堡”起航回国途经印度洋时主机发生故障,停止运转,致使处于印度洋风浪中的“德堡”随风浪漂流,翻沉入海,船上接船的30多人仅2人生还。第二艘船“柳堡”于1986年12月19日在从新加坡到广州的航行途中因主齿轮箱过桥小齿轮断裂,而由拖轮拖到广州。

交通部于1987年1月4—6日在广州召开“关于罗马尼亚建造5千吨货轮存在质量问题的对策会议”,船舶检验局派出船用产品验船师参与事故分析。“柳堡”号货轮齿轮箱由罗马尼亚RESITA-RENK S.A制造,转速450转/分,传递最大功率2757千瓦。经过华南工学院金相试验室试验后认为,该齿轮虽为锻钢,但金相组织显示为铸态枝晶状,其塑性和冲击韧性低于标准值,致使齿轮在轴系扭转振动应力作用下发生疲劳断裂。找出了事故原因,为保障后续进口船舶的建造质量提供了技术支持。

2.对进口船舶的自主建造检验

中国船级社1986年在联邦德国设立汉堡办事处,1987年在日本设立大阪办事处。其后,中国船级社在国外设立的检验网点逐年增加,进口船舶的联合建造检验开始向自主建造检验过渡。1988 年以后,中国船级社检验了我国在澳大利亚、挪威、新加坡、泰国、中国香港等国家或地区建造的全部高速双体客船。1989 年检验了荷兰建造的浮船坞“威龙”。1991 年检验了新加坡建造的挖泥船“赤湾”。1992—1993 年检验了南斯拉夫建造的 22109 载重吨杂货船“嘉兴”“崇明”。1994 年及 1995 年相继检验了荷兰建造的挖泥船“通力”及 4500 立方米耙吸式挖泥船“航浚 5001”。1995 年中国船级社检验了荷兰建造的沿海汽车/旅客渡船“棒棰岛”“海洋岛”及沿海集装箱/旅客渡船“郁金香”。1998 年检验了克罗地亚建造的 22271 载重吨杂货船“永兴”。

四、计算机技术在船检技术业务工作中的应用

计算机技术在船检工作中的应用,是促进船检科技进步和业务扩展的重要手段。20 世纪 70 年代中期,船舶检验局开始筹划计算机的应用,主要目标是船舶检验业务管理、船舶与海洋工程计算、情报信息咨询服务、行政管理等方面。经过各方面几十年的努力,做出了卓有成效的工作。随着 90 年代中期互联网技术的发展,船检各项技术和管理业务已经全面走上了信息化建设之路。

船舶检验局的计算机应用,始于 1976 年交通部在船检局广州办事处设立计算机站,配置国产 C4 型计算机为交通部的电子化建设服务。其后,船舶检验局在 1979 年组建“计算机应用小组”进行有关船舶检验计算机应用研究,随后选派专业技术人员到英国劳氏船级社和挪威船级社学习计算机在船舶检验中的应用。到 1981 年,船舶检验局为上海办事处引进装配 HP9845 型计算机,设立计算机站,利用该型计算机开始进行有关船舶审图的计算软件开发。1983 年海船规范科学研究所工程师袁望靖从挪威船级社学习回国后,把从挪威船级社学到的计算机应用经验应用到我国船舶检验计算软件开发,丰富了我国船舶检验计算软件开发思路,到 1984 年与其之前开发的船舶工程计算软件一起,推出 12 个用于船舶检验与审图的工程计算软件,形成了 COMPASS 船舶审图计算机系统,在船舶检验局直属系统内推广使用,由此开始了船舶检验局计算机应用及其软件自主开发的全面发展。

(一)船舶检验局计算机硬件配置

1976 年 6 月 29 日,交通部在船检局广州办事处设立计算机站,为其装配了船舶检验局第一台计算机设备(国产 C4 型计算机)。1983 年,船检局广州办事处计算机站引进 IBM 4341 型计算机,与中山大学合作开发船舶检验管理软件。1983 年 11 月,交通部为在部属系统开展电子计算机应用,将该计算机站改为“交通部广州电子计算中心”,由交通部直接领导。船舶检验局将广州办事处计算机站的部分设备和开发任务转移到上海海船规范科学研究所集中进行计算软件开发。

1981 年船舶检验局为上海办事处购进 HP9845 型计算机,于 1982 年设立计算机站,开始在 HP9845 型计算机上进行有关船舶工程计算软件的合作开发,并从 1983 年起开始围绕船舶审图计算进行船舶工程计算软件以及有关业务管理软件的开发。随后,为了推广应用已开发的软件,船舶检验局在海船规范科学研究所开发 COMPASS 系统、财务管理系统和公约规范检索系统的基础上,于 1984 年 2 月在南京召开微机应用推广会议,依据海船规范科学研究所提议,决定在沿海和长江主要分支机构配置 HP9836 型或 HP9845 型计算机,推广应用 COMPASS 船舶审图系统和财务管理系统。会后,船检局上海办事处在 1984 年 10 月将海船规范科学研究所的计算机站改组为计算机室,建设计算机机房,增配 HP9836 型计算机进行 COMPASS 船舶审图系统的继续开发和推广准备。此后,船舶检验局在 1986 年将首批从美国购进的 HP9836 型计算机分配给上海、大连、天津、广州、秦皇岛、青岛等沿海分局以及河船规范科学研究所。

与此同时,船舶检验局为了将广州办事处承担的船舶检验信息管理系统转移到北京开发,而在1984年从美国购进HP3000型计算机,于1986年在北京建立起计算机机房,随后增配HP9836型和HP9845型计算机。其他分局出于各自需要,也在1987年后陆续添置了国产IBM兼容微型计算机(IBM PC/XT),至此,船舶检验局在直属系统内完成了二级单位的计算机机房建设,并开始对国内下属三级单位和驻外机构的计算机配置进行部署以及对有关人员的培训。

为了推进计算机的应用,船舶检验局于1987年12月22—26日在北京召开第二次计算机应用交流会议,讨论通过了《船检局1988—1990年计算机开发应用工作计划》。

按照这个计算机开发应用工作计划,船检局河船规范科学研究所为实施有关软件开发在1989年增配了IBM PC/XG型计算机,在1992年增配了PC/286、386、486型计算机。海船规范科学研究所为引进海洋工程计算软件在1990年增配了VAX 8350型计算机。1989—1990年,船舶检验局为各分局及直属检验处配置IBM PC/XT或其兼容的长城计算机。至此,在船舶检验局系统内形成了HP 9836型和IBM PC/XT型计算机为主流的计算机配置。

进入20世纪90年代,随着国家远程信息交换互联网的发展,中国船级社于1992年6月开始进行电子邮件数据传输建设。国家邮电部门在1993年9月开通"中国公用分组交换网"(ChinaPac),中国船级社于当年6月8日提前申请加入ChinaPac,1994年陆续完成电子邮箱(E-mail)系统建设,开始实现国内机构间的E-mail远程电子数据信息传输,在检验信息报告面页二级录入管理上发挥作用。

邮电部电信总局在1995年1月开始向社会提供互联网(Internet)接入服务,中国船级社于1995年10月便在国内率先加入互联网。其后,驻外机构陆续加入互联网。1996年中国船级社总部先后与中国香港分社、汉堡分社、新加坡办事处、澳大利亚办事处接通互联网。1997年9月1日开通国际电子信箱,总部与下属国内10个分社开始联网,由此实现了中国船级社在互联网上的国内外信息传输。1998年6月正式开通中国船级社电子网站。

(二)船舶与海洋工程计算机软件的开发应用

1.海船工程计算软件的开发应用

1979年1月,船舶检验局决定由广州办事处和上海办事处联合组成"船舶检验电子计算机应用小组",研究船舶检验中的计算机应用。同年2月26日至3月2日,船舶检验局在广州召开会议,听取华南工学院教师介绍国内外电子计算机应用情况,讨论拟定了"船舶检验电子计算机应用小组"的暂行规定,安排了1979年的有关活动,但因计算机设备不到位,有关工作未能深入进行。

1982年船检局上海办事处与有关单位合作在HP9845型计算机上进行有关船舶审图计算机应用的工程计算软件合作开发,当年开发出有关轴系振动计算的3个计算软件和1个轴系校中软件。其后,从1983年起海船规范科学研究所开始围绕船舶审图计算自主开发工程计算软件,到1984年基本完成COMPASS船舶审图计算系统的主要软件开发,开始在沿海办事处的海船审图中推广应用。至1985年,海船规范科学研究所开发可供推广应用的各种船舶工程计算软件约有13个,它们共同构成了"COMPASS船舶审图计算系统"。

随着国际海事公约和船舶技术的发展,海船规范科学研究所在规范技术研究中,依据审图工作需要对上述软件进行修订、更新和扩充,以适应国际海事公约和船舶技术发展对新船建造审图要求。

除此之外,中国船级社广州分社在1995年2月开发出首版"1989国际吨位计算及打印程序软件";中国船级社审图中心在1995年8月引进"结构计算软件"(MAESTRO),1996年7月引进其更新版"结构强度计算软件",分别以CCS052BJ-95和CCS052BJ-97号登记,在船舶审图中使用。同时,中国船级社计算机中心在1998年5月开发出1998年首版“单舷侧散货船强度计算程序”(SSSBC V1.0),用作有关审图计算。

1996年版“货船破舱稳性(概率法)计算”软件,已为IMO稳性、载重线和渔船分委会(SLF)制订《干货船(含滚装船)分舱和破舱稳性规则》提供了实船计算资料,可为符合该规则要求的船舶设计提供计算手段,它解决了国内船舶破舱稳性计算难题。

2.河船工程计算软件的开发应用

1984年船检局长江区办事处在PC-1500型微机上开发成功依据《长江船舶建造规范》建立的“长江船舶建造规范电子审图程序软件系统”,其中包括有关长江船舶的船体结构强度、稳性、载重线、机电装置等的规范计算程序。河船规范科学研究所从河船检验和审图的实际情况出发,在1986—1996年陆续开发河船工程计算软件7个。其中的“船舶静力学计算及稳性衡准”和“甲板大开口船舶结构弯矩组合分析程序系统”在1994年更新换版后,于1995年分别登记为CCS050WR-95和CCS051WR-95号用于河船审图中有关计算。

“船舶静力学计算及稳性衡准”系统软件由船舶静力学性能计算、完整稳性衡准计算、倾斜试验计算三个部分组成。该系统功能齐全,计算方法先进,结果正确可靠,可在各种微机和各种中文环境下运行。1995年6月21日通过专家评审,认为达到国内先进水平。

3.海洋工程计算软件的开发应用

1987—1992年,海船规范科学研究所在“COMPASS船舶审图计算系统”软件开发基础上,以海上移动平台为主要使用对象,先后开发出“结构计算通用程序”“海洋工程结构强度计算程序”“半潜平台结构强度谱分析法程序”“移动平台完整和破舱稳性计算程序”等海洋工程计算软件,以此建立起海上移动设施检验的计算软件基本构架,并以引进国外先进计算软件为主完备海上固定平台计算软件系统。据不完全统计,在1987—1998年开发、引进的海洋工程计算软件合计17个,其中登记使用的软件有12个。

4.船舶安全技术服务软件的开发

中国船级社为了加强面向客户的船舶安全技术服务,由上海规范研究所于1996年开始进行有关“船舶装载安全评估”和“船舶应急服务”的软件开发研究。其间,中国船级社在1998年10月研发出具有自主知识产权的“海虹之彩散货船船体结构分析与安全解决方案软件系统”(CCSS),可以进行散货船的船体规范设计和安全强度评估;又推出“船舶安全评估服务软件系统”,可以进行船舶稳性、总纵强度新要求的船舶安全评估。

“海虹之彩散货船船体结构分析与安全解决方案软件系统”是针对国际上船舶安全技术服务的发展动向,为向客户提供船舶安全技术计算机服务,中国船级社组织国内有关院校和科研单位共同研发的有关散货船船体结构设计和结构强度评估的大型船舶工程计算服务软件系统。它集船体结构规范设计与校核、船体结构分析与强度评估、船体疲劳寿命评估为一体,可为安全可靠而经济效益好的船舶设计提供技术支持。

“船舶安全评估服务软件系统”是中国船级社为满足船舶稳性、总纵强度新要求,在“COMPASS船舶审图计算软件系统”基础上开发出的船舶安全评估软件。它作为一种适应《SOLAS 74公约》第Ⅻ章和IACS统一要求的船舶安全评估手段,应用于有关船舶安全技术评估。

(三)业务管理软件的开发

1984年,船舶检验局决定组织专业技术人员,与北京市计算中心合作开发“船检管理计算机应用系统”。1985年利用海船规范科学研究所在HP9845型计算机上建立的上海地区海船检验数据库,进行“船检管理计算机应用系统"开发的前期准备。1987年在HP3000型计算机上完成"船检管理计算机应用系统"的开发,在1988年7月定名为"船舶检验管理信息系统"(Ship Survey Management Information System,SSMIS)正式投入使用。该系统在1989年12月30日通过交通部组织的专家技术鉴定,1991年获得交通部科技进步二等奖,1993年将其注册为CCS001BJ-88号,在船舶检验局系统内推广使用。

中国船级社在1988—1990年开发了"完工文件打印系统""船舶档案检索系统";在1991—1998年开发了"港口国控制管理信息系统""质量管理系统""船体损坏早期预报系统""船舶安全管理体系数据库管理系统"和"船舶证书、检验报告管理系统"(CARCV)等软件,实现了"船舶检验管理信息系统"(SSMIS)的二级录入和计算机发证。

对于这些软件系统,按照中国船级社质量管理体系要求,从1993年开始对其中应用的软件系统进行登记,授予使用登记号,并随着软件版本的更新予以变化,以保障各种新版管理软件的及时有效使用。

(四)船舶检验管理信息数据库建设

1984年,船检局海船规范科学研究所为上海办事处开发"船舶证书管理程序"等软件系统,建立起船舶检验管理的第一个信息数据库。该数据库囊括了船舶录中上海地区船舶的全部数据及有关检验管理的证书报告数据。随着"船舶检验信息管理系统""港口国控制管理信息系统""海洋工程检验计算机管理程序""非入级船舶检验信息管理系统"的开发,建立起"入级船舶检验数据库""港口国控制管理船舶信息数据库""船用产品检验数据库""海洋工程检验数据库""人才管理数据库""船舶档案数据库""ISM船舶安全管理体系数据库"等等。

关于"入级船舶检验数据库":在SSMIS系统开发中,船舶检验局在1986年7月10日以船检局〔86〕海船字第273号文发出通知,要求下属分局及其检验处按照船舶检验项目表填报有关数据,开始了有关SSMIS系统的船舶检验管理信息数据库建设,到1987年开发完成SSMIS系统时已利用系统中的53个数据库文件和403个独立数据项,建立起了拥有2634艘、1353万总吨的入级船舶的检验信息数据库。它纳入了我国的全部远洋船舶和大部分沿海船舶,成为国内当时投入运行的最大的船舶数据库,其中包括了每艘船舶的主要表征数据及设计数据等约150项,以及关于船舶主辅机、锅炉、起货设备、发电机、冷冻机等的数据和技术参数,也包括船舶种类、货舱容量及舱口尺寸和数量等数据。

关于"非入级船舶检验数据库":在国内航行非入级船舶的计算机辅助管理系统开发中,为了统一对下属机构的非入级船舶的计算机管理,船舶检验局在1988年8月5日和9月16日先后发出通知,要求沿海各分局在SSMIS系统有关入级船舶"主要项目表"及其数据录入基础上,对其登记检验的沿海非入级船舶"主要项目表"进行清理补充,对照标准字典进行非入级海船数据库登录;要求长江沿线各分局对其登记检验的内河船舶进行非入级河船"船舶主要项目表"计算机录入,报送船舶检验局建立起非入级船舶的检验数据库。1997年3月31日船舶检验局以船技监字〔1997〕180号文公布《非入级船舶管理信息系统管理规定》,要求直属和地方船检各单位自1997年4月15日起统一使用"非入级船舶管理信息系统"(CBGL V2.0),同时将所辖区域内港口登记的船舶,按船舶证书相应项目收集整理数据,在核实无误后进行登记,并报送船舶检验局,由此在非入级船舶检验数据库基础上建立起全国统一的非入级船舶检验数据库。

关于"船舶安全管理体系数据库":这是1995年3月22日交通部授权中国船级社对中国籍船舶执行ISM规则的认证与发证后,船级社为了将其纳入规范化、系统化和科学化管理,在开发"船舶安全管理体系数据库管理系统"(SMS)中建立的数据库。1997年3月18日,中国船级社完成有关ISM安全管理体系的数据库软件设计,按照SSMIS系统模式建立起统一的ISM安全管理信息数据管理。1997年4月

15—17 日，中国船级社召开 ISM 安全管理体系数据库培训会议，推广应用“船舶安全管理体系数据库管理系统”（SMS）。该系统 1998 年 10 月通过了专家鉴定。

五、船检技术业务工作的扩展

（一）受理船舶公证检验业务

随着改革开放和航运事业的迅速发展，船舶检验局各直属部门在法定和入级检验业务日益增加的同时，公证性的检验任务也明显增多。根据不完全统计，船检局上海分局进行的船舶公证检验，1981 年为 57 艘次，1992 年增至 158 艘次，增加近 2 倍。其他船检分局也有较大程度的增长。船舶检验局各直属部门受理的公证检验一般包括损坏检验和船舶起租、退租的检验。由于公证检验时船检部门是作为第三方接受保险部门、船东或有关方面的申请进行的，特别是损坏检验，往往情况复杂，检验难度较大，而且技术性和政策性强，不仅关系船舶的安全航行，而且直接涉及各有关方面的责任和经济利益。因此，验船师在执行此项检验时，必须严肃认真，做出公正的判断和恰当的结论，使各方面都能信服满意地接受。

为了提高现场验船师这方面的工作能力，以保证做好损坏检验工作，船舶检验局曾先后于 1984 年和 1986 年在青岛和上海召开全国性的损坏检验工作经验交流会，总结经验，改进工作，以提高损坏检验的水平和质量，力求符合国际上的习惯做法，满足国际保险市场的要求。并于 1986 年 6 月 15 日编写了《损坏检验验船师须知》，对这项检验的性质、目的、程序、报告编写和注意事项等做了明确规定。1988 年 10 月，船舶检验局又发出《关于进一步改进损坏检验工作的通知》，要求充分认识损坏检验的特殊性质，认真负责地进行公证检验工作和编写好检验报告。由于船舶检验局对此项检验工作的重视，各船检分局和检验处均委派经验丰富的资深验船师承担公证检验工作，力求以公正的立场和认真的态度为国内外委托检验的客户提供优质、快捷的服务。因此，在航运界和保险界树立起良好的信誉。如 1983 年 4 月，巴拿马籍“南岛”轮受损。应保险公司的委托，船检局大连办事处派验船师进行详细检验，并查阅“南岛”轮有关图纸，请潜水员进行水下检查，从而查明损坏情况和原因，使得保险公司很满意，“南岛”轮船长也心服。又如 1986 年 9 月，“红旗 171”轮在三亚港进靠码头时，将码头撞坏，该轮船艏也受损。船方及港方均委托船检局海南分局对船舶和码头的损坏情况进行公证检验。该分局验船师除对“红旗 171”轮受损情况做出检验外，并在第四航务工程局水工技术人员的协助下，对码头受损部位进行了检验。经过实地检查测量，绘图分析计算，出具了公正的、港船双方都能接受的损坏公证检验报告。

改革开放后，不仅船检局沿海各分局已广泛地开展了公证检验业务，长江沿线的分局也开拓了此项业务。如船检局重庆分局应四川省万县长江港航监督局的请求，对 1990 年 12 月因海损而沉没的木船进行公证检验，使久拖不决的海损事故得到了公正解决。船检局武汉分局也先后受理长江航道局、湖北晴川轮船公司因船舶质量原因所申请的公证检验，为船东挽回了应得的经济赔偿。

（二）开展技术服务和技术咨询

随着社会主义市场经济的不断发展和第三产业的兴起，船检局各分局除了扩展各项检验业务以外，都逐步开辟了一些新的技术服务和技术咨询的业务。20 世纪 80 年代中后期，通过当地工商部门的批准，部分船检分局相继成立技术咨询服务性质的专业公司，如 1985 年，船检局广州分局利用经济特区的优惠政策和船舶安全技术方面的专长等有利条件，在深圳蛇口与外资合作成立了“深圳海上安全技术服务公司”，这是船检系统最早成立的专业服务公司之一。1988 年，船检局上海分局成立了“上海兰捷海上安全技术咨询公司”，发挥船检部门知识面广、专业齐全、技术人员密集的优势，充分调动部分在职和离退体科技人员的积极性,为有关单位提供技术咨询服务,协助解决技术难题,促进了船舶领域新技术、新工艺的发展,收到了较好的经济和社会效益。1989年,船检局上海分局又成立了“远东防火试验中心”,该中心在完成规范科研项目的同时,也对外开展水上或陆用防火结构和消防装置方面的技术咨询服务。1987年,船检局武汉分局成立了“武汉船检科技开发总公司”及“江海技术服务部”,从事长江与内河方面的船舶安全技术服务。

进入20世纪90年代,在社会主义市场经济发展形势下,中国船级社下属机构依据各自的市场条件环境,开始筹建组建技术性服务公司为水运和陆上工业提供各种形式的技术服务。一时间各种技术性服务公司如雨后春笋般涌现,一度达到三四十家。这些服务公司依托船舶检验局的技术专长,借助船舶检验中对船东需求信息的掌握推动有关业务开发。它们自主经营、自负盈亏,以不影响正常检验业务为原则,本着发展第三产业实施多种经营的理念,以为水上安全提供技术服务为宗旨,在国家政策容许范围内,推进公司各项业务发展。其经营业务范围主要包括:

①船舶机海损的调查研究分析;损坏部分的范围、性质、程度的确定。对船舶海损和非海损事故索赔、理算及追偿服务;

②为航运及修造船企业提供修造船舶的技术咨询、科技开发及产业信息咨询;

③代表航运企业,对在国内外修造的船舶进行监修、监造;

④船舶租赁或船舶买卖的技术状况勘验评估;

⑤对船舶有关的技术性能进行测试和计算,对有关技术资料文件进行计算、核算和补充;

⑥对船舶性能、结构改装进行可行性探讨;

⑦海运和船舶安全方面的其他技术咨询业务。

所成立的这些三产公司,由于经营和管理水平参差不齐,为了整顿第三产业发展,中国船级社于1992年11月在广州召开“发展多种经营工作会议”,会上介绍了《中国船级社关于多种经营公司管理暂行办法》,进一步推动船级社多种经营发展。

为了开拓ISO 9000质量体系认证业务,中国船级社于1992年10月30日在北京市工商局注册,并于1993年1月8日在北京正式成立中国船级社质量认证公司(CSQA)。当年开始培育管理体系认证审核员,同时开始培育集装箱验箱师。

为了拓展工业领域的技术服务,中国船级社决定利用自身优势,在港口、路桥和建筑领域开发陆上工业技术服务,并经交通部批准,在1993年5月29日,成立中国船级社实业公司(CCSI)。该公司是中国船级社投资组建。其后于1993年7月16日,中国船级社时任董事长董玖丰亲自主持成立了上海双希海事发展有限公司,该公司是中国船级社实业公司与香港远东船舶检验社有限公司合资,以船舶及港口设备监理为主营业务的中介公司,双希公司是我国船舶监理业务的开拓者。1994年率先在上海倡导并开展了船舶监理业务,成为国内第一家专门从事船舶及港口工程监理的单位。中国船级社早在1980年就开始培育海洋工程验船师,在1984年开始培育无损检测工程师。

随着中国船级社在工业服务领域的业务覆盖面不断扩展,新兴业务种类不断涌现,业务总量不断增加,除办理船舶入级检验、法定检验和船用产品检验业务以外,质量管理体系认证、工业产品制造检验,包括集装箱检验业务、其他非船用产品检验以及承办设备监理、设备检测、有关公正检验、评估等业务,均纳入其主要业务,使中国船级社自此逐渐形成一个新的支柱产业,为后来向陆上工业检验与技术服务领域迈进打下了基础。

(三)焊工和无损检测人员的培训、考试和发证

1980年前后,我国船舶工业发展迅速,出口船舶数量骤增,船舶检验局根据与多家外国船级社签订

的技术检验合作协议,承担了大量的出口船舶建造的联合检验任务。按照国际惯例,新船在开工前必须开展焊接人员资格及工艺的认可工作,建立起全面正规的焊工考试、焊接工艺认可和无损检测人员资格认可制度,因此,船舶检验局所属办事处陆续开展了焊工考试工作。

1982 年,船舶检验局先后颁布施行有关焊工考试、认可的“办法”和“规则”,同时还发布了有关的验船师须知,督促和指导各办事处认真做好这项工作。此后,经船舶检验局认可的焊工资格、无损检测人员资格及认可的焊接工艺,在联合检验中普遍得到各国船级社的承认。

后来,从出口船舶到国内船舶,从大船到中小船舶,从重要产品到一般产品,从部分地区到全国各地,全面开展了上述三项认可工作,使焊接质量管理规范化,为全面提高船舶和船用产品的焊接质量奠定了基础。

1.焊工考试

船舶检验局于 1982 年 2 月颁布试行《手工电弧焊焊工考试暂行办法》;1984 年 2 月颁布施行综合性的《焊工考试规则》;1985 年 10 月颁布施行新版《焊工考试规则》,从而使焊工培训考试的程序、办法、合格标准都有了统一的依据。

为了确保船舶、船用产品、海上设施的焊接质量,船舶检验局在有关规章和规范中,将焊工必须持证上岗的规定都做了要求,作为现场验船师执行船舶技术监督检验的项目之一,有力地抑制了由于焊工水平不高而导致焊接质量低劣的不良现象。

1985 年 4 月,船舶检验局在广州召开了“焊工考试经验交流会议”,全面总结了实施焊工考试工作以来的有关情况以及尚待解决的问题,广泛交流了各地的经验,对现行的规则、须知及管理等进行讨论并提出了多方面的改进意见。同年 7 月,船舶检验局发出了《关于加强焊工考试后管理的通知》及验船师须知《焊工考试》,从而进一步明确和统一了实施这项工作的具体做法。1991 年 9 月,海船检验情报网在湖北宜昌召开“船舶焊工考试技术研讨会”,除各地船检部门的代表外,还邀请了机械工业、焊条生产厂及救捞部门的专家共同参加研讨,代表们集中对《焊工考试规则》、焊工证书格式和标志、《水下焊工考试教材》以及焊工管理等问题进行了研讨,同时提出了若干关于改进焊工考试工作方面的建设性意见,进一步促进了这项工作的深入开展。

全国各地区的船检机构是焊工考试的执行和发证单位,多年来考核了大量焊工,例如:

船检局大连办事处于 1980 年 10 月对大连造船厂 405 名焊工进行考试,并为其中 374 名签发焊工合格证书。由于整个考试过程严格细致,特别是参考了美国 AWS 等国际通用的焊工考试规则来拟定考试方案。因此大连办事处所签发的焊工考试合格证书得到有关外国船级社的承认,顺利地解决了当时出口船舶建造前面临的焊工考试问题。

船检局长江区办事处于 1981 年 2 月,对青山船厂 100 多名焊工进行考试,首批签发 40 份焊工合格证书。

船检局天津办事处于 1982 年 9 月对新港船厂 286 名焊工进行考试,并签发了焊工合格证书。

船检局广州办事处/广州分局从 1983—1992 年间,每年对 500—700 人次焊工进行考试和发证。此外,船检局广州分局于 1990 年 2 月对汕头地区焊工考试委员会进行的认可,及 1992 年 6 月对文冲船厂焊工培训考试基地进行的认可,都为后来这项工作的全面开展打下了基础。

2.无损检测人员资格认可工作

20 世纪 80 年代初,大量出口船舶以及海上设施的建造促进了无损检测技术的应用。为了满足生产对无损检测持证人员的需求,1981 年,船舶检验局和原第六机械工业部委托第十一研究所在上海筹建“船舶无损检测人员资格认可委员会”,首先对上海地区承担出口船建造任务的船厂开展无损检测人员资格认可工作。船检部门在实践中,不断总结和积累经验,开始从出口船舶扩大到国内船舶,从上海地区扩大到其他地区,在技术上和管理方面都已具备了向全国全面开展此项工作的条件。1983 年 4 月,船舶检验局和中国船舶工业总公司联合发文批准成立“中国船舶无损检测人员资格认可委员会”。该委员会由船厂、高等院校、科研和船检部门的无损检测专家组成,负责从事无损检测人员的培训、考试和资格认可工作,并由船舶检验局委托上海办事处对取得认可资格的无损检测人员在颁发的证书上签章认可。1984 年又联合颁布了《中国船舶无损检测人员资格认可委员会组织条例》和《中国船舶无损检测人员资格认可条例》,为各地开展此项工作提供了依据。到 1990 年为止,该委员会先后对全国 26 个省、自治区、直辖市的无损检测人员进行了培训、考试和发证,共 1850 人次。同时还受港澳、新加坡等国家和地区的委托开展了这项工作。这项新的工作适应了我国改革开放年代船舶工业发展的需要,对于船舶修造及船用产品质量的提高,无损检测技术的进步,都起到了积极的作用。

1990 年 8 月,为了适应形势发展的需要,成立了“中华人民共和国船舶检验局无损检测人员资格认可委员会”,由船舶检验局无损检测人员资格认可委员会统一领导、管理船舶无损检测人员资格认可的工作。同年 8 月,船舶检验局颁布施行《无损检测人员资格认可规则》以替代原《中国船舶无损检测人员资格认可条例》。还在全国各地设立了西南、中南、华南、东北地区考试委员会,并在有关的规范、规程或通知中,做出从事船舶无损检测的人员必须持证上岗的规定,使这项工作有计划、有步骤地继续向前拓展。

3.焊接工艺认可

20 世纪 80 年代,船舶检验局在开展焊工资格考试认可工作的同时,进行了焊接工艺认可的工作。在每项工程开工前,都要求工厂将各项相关的焊接工艺提交船检部门认可。工厂技术部门根据船检部门认可的焊接工艺,编制出切实可行的焊接工艺文件,在施工过程中,指导焊工按工艺文件操作,确保焊接质量。

六、改革开放促进地方船检技术业务的发展

改革开放给地方船检工作注入了新的生机与活力,地方航运得到蓬勃发展。据 1981 年统计,全国登记的地方船舶约 40 万艘,近 900 万总吨。1982 年交通部召开第一次全国地方船检工作会议以后,各地认真贯彻会议精神,采取了一系列措施加强地方船检工作,船检技术业务得到很大的发展。1986 年第二次全国地方船检工作会议的召开,促使船检业务得到持续发展。据 1994 年 6 月统计,全国地方船检部门登记检验的船舶已达 73.12 万艘,1573.76 万总吨,分别比 1981 年增加了 83%与 75%。各项管理工作也逐步做到规范化和科学化,有的省、自治区、直辖市船检部门对船舶技术档案实行了计算机管理;对船厂进行了生产技术条件的认可;对电焊工和无损检测人员实行持证上岗的规定,并改进检验手段,不断强化监督检验工作,对促进地方船检工作的不断深化,提高地方船舶修造质量,保障地方船舶安全起到积极作用。

(一)地方新建船舶的建造检验

改革开放以来,十分活跃的地方航运,对船舶的大量需求,促进了各地大力发展沿海和内河中小型船舶的建造业。江西省于 1977 年开始建造 150 立方米/小时全液压链斗式挖泥船、800 客位长江短途客船、第一组 272 千瓦×4×300 吨级半分节顶推船队;于 1985 年建造“金山”号旅游船,获省科技成果奖;于 1990 年建成 367.5 千瓦推轮,是该省建造驾驶自动化程度最高的内河推轮。江苏省 1977 年建造了 60 立方米/小时全液压绞吸式挖泥船,获省科技成果奖;1981—1991 年,建造了 33 米汽车渡轮、49 米车客两用渡船、44 米全回转汽车渡轮、80 立方米/小时绞吸式挖泥船等。上海市自 1977—1988 年,建造了 200 客

位游览船、434—1000 客位客渡及车客渡船，以及 800 客位、1039 客位的客轮等。湖南省于 1980 年建造了 588 千瓦甲醇拖轮，这是全国首批拖带甲醇的船舶；1982 年建造了 200 立方米/小时全液压绞吸式挖泥船，获国防科技重大技术成果二等奖；1984 年建成 397 千瓦推轮，获该省新产品奖。福建省自 1980 年以来，全省 10 余家船厂建造一批中小型船舶，其中包括 441 千瓦拖轮、1200 吨集装箱驳船、1000 吨油轮等。浙江省自 1981—1992 年，陆续建造了 13 艘多种型号侧壁式和全垫升气垫船，以及该省最大的 2200 吨沿海货轮；并研制出“三防”（防沉、防翻、防超载）渡船，经鉴定通过后，批量建造投入使用。广西壮族自治区自 1981 年以来，建造了 272 千瓦推轮、808.5 千瓦快艇，316 千瓦喷水客船和 654 总吨散货轮等。广东省在 20 世纪 80 年代建造了一批 350—400 客位内河客船、40—120 客位小型高速快艇和 320 吨集装箱沿海货轮。辽宁省于 20 世纪 80 年代建成 400—1000 吨沿海货轮、400 吨供水船、441 千瓦拖轮、40 立方米/小时挖泥船等。吉林省自 1985—1991 年，陆续建造了 19 艘 270 马力推拖轮、38 艘 600 吨甲板驳和松花湖 240 客位双体游轮等。山东省于 1986 年建成北方节能型 2000 吨沿海货轮。河南省 1989 年新建船舶 202 艘，合计 2963 千瓦，12941 总吨。四川省 1992 年新建船舶达 743 艘，9388 千瓦、24143 总吨。此外，陕西、甘肃、内蒙古、新疆等省、自治区在改革开放以来也陆续开办了船舶制造业，开始建造小型船舶，标志着我国西北地区水上运输事业正在逐步兴起。

在“有水大家行船”政策的鼓舞下，地方造船业发展迅速，同时扩展了地方船检部门的建造检验业务。1978 年船舶检验局公布《长江水系钢船建造规范》之后，又陆续公布施行各种长江水系和内河的船舶规范、规程，使得各地方船检部门开展建造检验工作有章可循。20 世纪 80 年代，为了大力加强地方船检队伍的建设，船舶检验局和部分省船检部门还多次举办船检人员培训班，大大地充实了地方验船力量。在此期间，地方造船厂不仅建造了大批中小型船舶，还建造了许多新型船舶，地方船检部门通过各项建造检验，从审图到现场监督检验直至签发证书，做了大量的工作。特别是新型船舶，因当时国内尚无适用的规范，各地验船师参考了国内外的有关规范资料，结合各船厂的有关情况，实事求是地在检验过程中认真把关，并帮助船厂解决了不少的技术难题，大大提高了地方船检部门的声誉，使得建造检验任务能较好完成，也为今后地方船检工作的进一步规范化、制度化打下了良好的基础。

（二）客渡船的整顿复查

随着城乡经济体制改革的不断深化，地方水上客运日益繁忙，但由于各方面管理制度还不够健全，一段时间内，不断出现客渡船的事故，特别是几起重大恶性事故，给广大旅客的生命安全构成严重威胁。尤其是乡镇的客渡船，长期以来，船舶破旧，缺乏管理，职责不明，成为事故的频发点。20 世纪 80 年代中期，海损事故在全国范围内仍呈现上升趋势，形势严峻，整顿地方客渡船的任务，更显迫切。

1980—1985 年间，广东省先后发生 3 起内河客船遭遇雷雨大风突然袭击翻沉，致使上百人遇难的恶性事故。广东省于 1983 年和 1985 年两次对所属各类客船的稳性进行了复查和试验。1985 年，在交通部指导下，广东与广西密切配合，经过调查、试验和反复研究计算后，制订了《珠江水系客船执行〈长江水系船舶稳性和载重线规范〉补充规定》（以下简称《补充规定》），经船舶检验局审定颁布执行。广东珠江水系的 123 艘客船中，不符合《补充规定》的高达 94 艘之多。对此，除无改造价值的客船停航报废外，在 1985—1989 年的四年内，对其余 78 艘陆续进行技术改造，使之符合《补充规定》的要求，增强了客船抗风和防范能力。

1980 年以前，广西全区具有完整的稳性资料的客船甚少。1985 年，对全区 30 余艘国营客船进行稳性复核，另对无稳性资料的 180 艘客船进行补绘图纸和补算稳性工作，从而基本消除了客船无稳性资料盲目载客航行的现象。至 1985 年，根据《补充规定》继续进行客船稳性的复查工作，以进一步促进航行安全。

1987年1月,椒江市发生农渡船沉没,死亡97人的特大恶性事故。这起严重事故引起浙江省领导的高度重视,为此,于2月2日,省召开交通安全紧急电话会议,接着于5月28日发出《关于开展客(渡)船安全检查、整顿的通知》。据此,省船检部门会同港监部门于1987年7月至1988年2月间,对全省县以上航运企业的742艘客渡船,按照拟定的项目,逐船逐项进行检查。通过检查、整顿,使船舶的技术状况和安全管理得到较大改善。在完成上述专业客(渡)船安全检查、整顿工作后,接着开展了对乡镇客(渡)船的检查、整顿。根据已查明的情况,1988年,全省更新客(渡)船300余艘。至1990年,全省已有18个县实现了客(渡)船钢质化。随后形成20、50和120客位的系列船,并陆续生产投入使用,从而使得客渡船的安全航行得到了保障。

早在20世纪70年代末及80年代初,一些省份就对客渡船开展了稳性普查工作。1979年,陕西省对所有的客渡船进行一次稳性复核。又在1986—1988年,对全省渡船进行普查。1983年,山东省通知开展对全省客船的技术状态和稳性的普查。同年,江苏省为吸取广东"红星312"客船翻沉事件的教训,组织各市县船检部门对客渡船进行稳性普查,对没有稳性资料的船舶进行测绘补算,对小船无资料的搞简易估算法。1985年,船舶检验局派人会同江西省等有关单位、技术人员组成调查组,对江西省南康县4月17日死亡50人的重大恶性沉船事故进行现场调查,查明事故原因是管理不善、严重超载及渡船质量差等。于是,1987年7月和1988年3月,该省发出在全省开展客渡船稳性调查和全面复查的通知,在历时近两年中对全省160多艘客渡船进行此项工作,对其中近百艘无稳性资料的船进行了测绘、试验、核算,补齐了稳性资料。1986年,湖南省发出关于加快船舶普查步伐与严格换证条件的通知,在年内完成了对客渡船的稳性资料、载重线标志、乘客定额及舵、锚泊、救生、消防、航行信号设备的审核或检查。1988年,该省又制订了《乡镇小型木质客渡船检验补充规定》,以进一步做好客渡船检验工作。同年,湖南省开展了渡口、渡船的清理整顿工作,至年底全省共检验渡船3985艘,取缔违法和技术状况无法满足要求的渡船274艘。1988年,吉林省开展全省第一次水上交通安全大检查,对其中的44艘客渡船的救生、消防、航行信号设备等安全技术状况进行了检查,对不具备适航条件的船舶不准航行。1989年,湖北省重点抓了营运中老龄客渡船的整顿。全省共普查了客渡船254艘。经过普查,提出整改意见,并停航了12艘船舶。1989年,湖北省重点对营运中老龄客渡船进行整顿。各地、市、州船检所成立了老龄船舶普查整顿小组,先对船舶档案进行清理,然后通知各企业,以便船舶回港检查,并深入宣传老龄船舶普查整顿对保证安全生产的重要意义。共普查了客渡船254艘,对100多艘船舶提出了整改意见,并停航了12艘船舶。

各地船检部门都把客渡船列为检验的重点,除认真执行各种定期检验外,还结合每年"安全月"活动及春运安全大检查狠抓整改,消除隐患,取得了明显的成效。

(三)加强对乡镇船舶的监督检验

1984年,交通部颁发《关于加强个体或联户经营运输船舶及农副、渡船安全监督管理的通知》,通知中要求对此类乡镇船舶加强监督检验工作。在1986年全国内河安全会议上,交通部进一步明确提出乡镇运输船舶要具备"两证(船员证、船舶检验证书)、一牌(船名牌)、一线(勘划载重线)"。1987年,国务院发出《关于加强内河乡镇运输船舶安全管理的通知》,交通部、公安部等八部委联合发出《关于加强乡镇船舶安全监督管理的通知》,使得各地的乡镇船舶整顿工作全面铺开。船舶检验局在20世纪80年代陆续颁布施行了《内河小型船舶建造检验规程》等有关适用于乡镇小型船舶的监督检验规范、规程,推动了全国各省、自治区、直辖市乡镇船舶整顿工作的顺利进行。1988年12月,全国内河验船情报网还在九江市召开了“全国乡镇船舶检验经验交流会”，各地代表交流了这方面的经验，研究了普遍存在的问题和解决的办法，进一步促进乡镇船舶整顿工作的深入开展。

自1985—1990年的6年中，各省、自治区、直辖市对乡镇船舶开展了一系列整顿工作。有的地方成立了乡镇船舶整顿领导小组，以加强领导；有的地方通过试点，以摸索和总结工作经验。在对船舶开展普查的基础上，查明了乡镇船舶的技术状况，并根据具体情况，制订技术分类标准，确定适航船舶、不适航船舶和必须立即报废更新的船舶，消除无证或违章航行的现象。通过整顿工作，健全了乡镇船舶监督管理机构，培训配备乡镇船舶安全管理员，以实现乡镇船舶安全监督管理制度化、经常化。同时根据船舶检验局的规范、规程，制订了乡镇船舶从申请建造到参加营运的各项检验的实施细则和规定办法，使乡镇船舶纳入全面监督检验的法制管理轨道，为安全航行提供了保障。从1990年起，又转入贯彻交通部长沙、南宁会议精神，进行4个安全整顿。到1992年5月止，历时7年多的乡镇船舶的整顿工作基本结束。通过整顿工作，基本上扭转了乡镇船舶严重“失控”“失管”的局面。

(四)乡镇船厂的技术认可

改革开放以后，为了适应工农业生产和外贸运输不断增长的需要，地方航运得到迅速发展，原有的地方修造船能力已不能满足需求，随着乡镇企业的兴起，乡镇船厂也应运而生，这些船厂大部分是在技术力量薄弱、技术装备落后、修造场地简陋的情况下，开始承担修造船舶的。在设计和建造过程中，又大多不向船检部门申请检验，造成失控失管的情况，所修造的船舶，也往往因修造质量问题，引发海损、海难事故。因此，为了保证修造船舶的质量以及保证修造的生产技术条件，进行监督管理就显得十分必要。

1987年，交通部发出《关于乡镇运输船舶设计、修造和检验的暂行规定》《关于乡镇船舶修造厂生产技术条件的认可办法》，要求各省、自治区、直辖市对所属乡镇船舶修造厂，开展技术认可工作，以加强乡镇船厂生产技术的管理，保证船舶的修造质量，促使船舶具备安全航行和安全作业的条件。根据上述的通知，各地陆续开展了乡镇船厂的技术认可工作。江苏省于1987年制定了《乡镇船厂生产技术条件认可实施细则》，同年11月召开会议布置开展认可工作，于1988年先在扬州、徐州两市进行工作试点，尔后在全省铺开。经过近2年的工作，将获准认可的342家船厂的名单，于1989年8月在《新华日报》上予以公布。从1988—1992年，全省共认可乡镇船厂475家。福建省于1987年制定了《福建省县以下地方船舶修造厂生产技术条件认可试行办法》，经过近2年的准备和宣传工作，组织了认可领导小组，分期分批进行全省县以下船厂生产技术条件的认可工作。湖北省于1988年在试点工作的基础上，根据该省制定的船舶修造生产技术条件认可标准，从技术力量、设备管理等方面对船舶修造厂进行审定认可。通过审定，全省156家船舶修造厂中，有132家取得了认可合格证书，除11家尚待认可审查外，有13家经审定被淘汰。四川省于1987年发出《四川省船舶修造管理暂行规定》，对各船舶修造厂进行评定等级和核发生产技术条件认可证书。从1989年起，对无证船厂或超过证书所载级别修造的船舶，船检部门一律不予检验发证。至1991年，全省共有158家船厂获得了船厂生产技术认可证书。吉林省和河南省分别于1988年和1989年对该两省的船厂进行生产技术条件认可工作。吉林省对6家船厂颁发了《认可证书》，河南省也认可了6家船厂。上海市于1989年12月颁发了《上海市乡镇船舶修造厂生产技术条件认可实施细则(试行)》的通知，开展了全市106家乡镇船舶修造厂的生产技术条件的审查工作，符合条件的发给市级生产技术条件认可证书。广东省于1989年制定了《广东省县级和县级以下的船舶修造厂(点)生产技术条件认可办法》，开展全省的认可工作。浙江省从1990年2月起开展对全省乡镇船舶修造厂生产技术条件认可工作。省船检处成立了认可工作小组，制定了制造、修理两个评分标准，在取得试点工作经验后，在全省铺开工作。经过一年半的努力，在各有关管理部门的支持下，全省认可工作基本结束。全省共

226 家乡镇船舶修造厂提出申请,获得认可证书的有 195 家(至 1993 年为 222 家)。广西船检处于 1990 年 5 月发出有关乡镇船厂生产技术条件认可工作的通知,要求各船舶修造厂必须取得“认可证书”后方可从事相应级别船舶的修造。并决定从 1990 年 7 月 1 日起,未获“认可证书”的船厂,不能修造船舶,各船检所不予检验。湖南省于 1990 年,经省船检处与省船舶修造管理部门共同审查评定,对常德船舶修造厂等 12 家首批获得认可的企业,颁发了《湖南省船舶修造企业生产技术条件认可证》。江西省于 1991 年组织了认可审查小组,在九江、南昌、吉安船检所等有关部门协助配合下,先后对都昌造船厂等 4 家船厂进行船厂生产技术条件认可的试点工作。

由于交通部和各省、自治区、直辖市有关部门的重视,各地方船检部门认真贯彻船舶检验局关于对乡镇船厂开展生产技术条件的认可工作的精神,做了大量的工作,有力地促进了乡镇船厂生产技术和管理水平的提高。

(五)航行香港地区船舶的检验

改革开放以后,华南地区,特别是广东省对香港地区的航运得到很大的发展,同时,该地区的地方船检部门也扩展了对航行香港船舶的检验业务。

早在 20 世纪 70 年代,随着对外贸易的发展,珠江三角洲航行香港的内河、沿海小型机动船、驳船已逐渐增多,这些船舶均由广东省地方船检部门检验发证。1988 年 12 月,广东省航政局曾派出代表团到香港,与香港海事处有关官员就广东船舶航行香港等问题进行了会谈。1989 年 7 月,香港海事处代表团应邀回访了广东省航政局,继续进行会谈。双方就广东省船检部门根据香港海事处认可的图纸和要求,对在广东建造出口给香港的船舶进行检验和签发相应的适航证书、技术报告等问题达成了协议。从而开展了为香港地区船舶在广东修理,以及广东建造出口香港的船舶进行检验和发证的业务。此外,1982 年,浙江省船检部门在船检局上海办事处协助下检验了该省建造出口香港的 800 吨自卸甲板驳船;1983—1987 年,广西船检部门也曾在船检局广州分局协助下,对在广西建造出口香港的驳船、吊重船、油轮等小型船舶进行了建造检验。

(六)其他船检技术业务的开展

1.焊工考试和无损检测人员培训

1982 年,浙江省根据船舶检验局及船检局上海办事处有关焊工考试的要求,决定在全省范围内开展焊工考试发证工作。为了能顺利开展焊工培训、考试、发证和标志等工作,编印了培训辅导材料,成立了省焊工考试领导小组,以及在各地区、各厂相应成立焊工考试委员会,在 1987 年底以前,各类焊工考试发证工作基本结束,至 1992 年,获得各类证书的焊工已达 3160 名。福建省于 1982 年先在马尾造船厂试点,然后在各地区、有关工厂成立焊工考试委员会,在全省开展了船舶焊工考试工作。至 1991 年 6 月,全省共有 890 名焊工通过考试和取证。考试合格的焊工,在船舶修造焊接中发挥了作用,大大提高了施焊质量,造出了高质量的船舶,曾获得省级和部级优质产品的称号。从 1984 年开始,全国各地先后开展了船舶焊工培训考试和发证工作。根据船舶检验局的《关于公布施行〈焊工考试规则〉(1985 年)的通知》,制定了焊工考试实施细则,并在地区或厂区成立焊工考试委员会,分期分批组织船舶焊工的培训和考试工作,考试合格的发给合格证书,并规定未持有合格证书者不得从事船舶修造的焊接工作。接着又公布施行船舶焊工管理办法,使该项工作形成制度,促进船舶和船用产品的修造质量不断得到提高。

从 1987—1992 年,浙江、湖南、江苏、江西等省船检部门自行组织,或与中国船舶无损探伤人员资格认可委员会联合举办或参加船舶检验局两个培训中心举办的无损检测人员培训班,培训了一批合格的无损检测人员，使得船舶和船舶产品修造质量的提高得到进一步的保证。

2.计算机的应用

1985年，江苏省苏州船检所和广东省广州船检所开始使用IBM PC微机，接着江苏省各市及部分县船检部门也陆续购置了IBM386微机，从而使计算机进入了地方船检部门。1985年6月，船检局河船检验人员培训中心在武汉举办PC1500微机培训班，全国各地有100余名地方船检人员参加了培训，为地方船检部门在船检工作中应用微机打下了基础。1986年以后，浙江、广西、四川、吉林等省区相继购置了各种微机，逐步开展了计算机应用工作。首先在客渡船的整顿中为稳性复查工作发挥了作用，以后又在船舶结构计算、图纸审核和船检档案管理等方面，建立了有关的应用程序和系统，提高了船检工作的效率，有的省已开始了组织微机联网工作，进一步扩展微机在船检技术业务方面的使用效率。

1993年后，贵州省交通部门对船舶检验工作的支持力度加大。"九五"时期，贵州省船检部门的硬件设备建设步伐进一步加快，省船检处加大计算机操作培训和使用软件程序的编制与应用工作，1994年编制"通用累加统计报表程序"；1995年编制"船舶静水力和稳性计算数据输入程序"；1996年8月编制"实船型线测量处理程序""船舶信息管理程序"等。同时，又购买武汉规范所编制的"船舶静水力和稳性计算程序"。现代化办公设备和软件程序的应用，检测设备和手段的改进，使全省船检队伍的办事效率、船舶检验质量和管理水平不断提高。1996年，江西省航务管理局船检部门立项开展基于计算机技术的"船舶管理信息系统"建设工作，这一项目被列入江西交通科技重点项目。同年，江西省船检部门引进了"船舶静力学计算及稳性衡准系统"。1997年，全省各船检部门按项目建设进度，相继完成了船舶数据信息的收集与整理工作。1998年，"船舶管理信息系统"建设工作基本完成并在全省范围内推广应用。"船舶管理信息系统"的推广应用，提高了全省船检的整体管理、技术水平与船舶设计、审图效率和质量。1997年，湖南省船舶检验局安装了"船舶管理信息系统(V2.0)"软件。同年，湖南省船舶检验局又编制开发了"船检工作控制号、船检登记号提供程序"，与"船舶管理信息系统(V2.0)"配套使用。随着系统的启用，湖南省各船检机构全面实现计算机发证。1997年4月，辽宁省船舶检验局及各分支机构开始使用"持证船舶管理信息系统(V2.0)"。

3.技术咨询与检验服务

进入20世纪80年代后，有的地方船检部门也开展了技术咨询检验等服务性工作。1987年，浙江省船检处应船厂、用户的要求，对两艘新建造的油轮在稳性方面存在的严重问题，进行了认真分析和计算，研究出了一个有效而可行的解决方案，该方案实施后，不仅满足了稳性要求，而且使载油量从180吨增至189吨，也具备了在海上安全航行的条件，得到用户的感谢。1985—1990年，该处还应保险公司的邀请，对船舶碰撞事故进行保险索赔事故检验，协助有关部门开展沉船海难事故调查及船舶机损事故处理等技术咨询检验工作。广东省广州船检所于1987年成立了船舶咨询服务站，为有关方面开展了代理船舶监造、监修、船舶机海损后船舶技术状况分析等技术咨询服务。1989年，江西省船检处为车渡驳和拖轮的沉没事故进行公证检验，都得到申请单位的好评。此外，福州市船检部门验船师林启鹄于1985年领取了磁罗经校正师证书，为该地区唯一领取合格证书者，平均每年为约100艘次船舶校正磁罗经，使船舶航行安全得到一定保障，深受船方的欢迎。

4.协助划定国内沿海遮蔽水域

浙江沿海海岸线曲折，有大小岛屿2000多个，行成了许多遮蔽海域，航行条件明显优于外海。1989年，浙江省船检处与船舶检验局法规处、海规所共同开展浙江沿海航区考察。由于国内没有先例，浙江船检处组织对舟山普陀航区进行了研讨，认为该水域四周岛屿星罗棋布，成为天然屏障，形成良好的港湾和遮蔽区，最大浪高不超过2米，遮蔽区内外风力相差1—2级，把上述区域划为三类航区是不够合理的。

1990 年,浙江省船检处收集了舟山宁波水域及温州洞头—乐清湾水域的气象、水文资料,认为该两处水域遮蔽性好,风级比开阔水域小,波高一般不超过 2 米,且多年航行经验证明,该水域符合遮蔽航区划分要求,因此向船舶检验局提出建议将上述水域划定为遮蔽航区,船舶检验局以〔90〕船规字第 550 号文件批复,认为舟山宁波水域遮蔽性好,同意该水域划定为遮蔽航区,自 1991 年 2 月 1 日起施行。温州洞头—乐清湾水域因缺少足够风浪资料,未获得批准。

1994 年浙江省船检处组织对温州附近海域进行了定点观测,又委托杭州大学地理系对温州附近沿海风浪情况进行分析,结论该水域是满足遮蔽航区要求,因此再次向船舶检验局提交了"关于划定温州附近海域申请遮蔽航区的请示"和"关于温州附近海域申请遮蔽航区的补充报告"。1994 年,船舶检验局以船规字〔1994〕491 号文件批复,同意划定温州附近海域为遮蔽航区,自 1994 年 10 月 1 日起施行。

5.服务与监管并举

白洋淀水域是海河水系的上游,面积 385 平方公里,是河北省最大的淡水湖泊。该水域正常情况下静水遮性能好,水浅浪小,航道较窄属内陆封闭式水域,根据《内河航区分级规范(1986)》,该水域应为 C 级航区。在白洋淀水域航行的船舶结构、设备均较为简单,多用于旅游和淀内村民的交通运输,航程较短,邻近停靠点之间的单向航程不超过 1 小时。基于以上情况,如果按照内河法规要求配置救生设备,将导致救生设备配备过多,船小无处安放。1998 年河北省船检局致函船检局武汉规范研究所对上述情况进行了说明,同时建议放宽对该水域内各类船舶救生设备的配备标准,并获得武汉规范研究所的认同。

七、渔船检验业务的发展

(一)渔船发展背景

1978 年被称为中国改革开放元年,同时也是中国渔业从传统渔业向现代化渔业发展的改革伊始。在 1958—1977 年的 20 年间,渔业发展处于徘徊状态,水产品产量年均增长率只有 2.2%。而 1978—1998 年的 20 年间,中国渔业规模急剧扩大,水产品产量年均增长率达到 10.5%。特别是 1985 年中共中央、国务院发布《关于放宽政策,加速发展水产业的指示》,渔业发展发生了历史性的深刻变化,取得了举世瞩目的成就。在渔业发展中战略性地调整了资源开发模式,主要体现在两个方面:一方面是养殖业发展取得重大突破。传统渔业生产结构是以捕捞为主,直至 1978 年,捕捞产量占水产总产量 71%,养殖产量只占 29%。1997 年养殖产量占总比上升到 56%,达 2027.7 万吨,成为渔业增产的主要领域;另一方面是海洋渔业结构向外海拓展。特别是 1985 年我国第一支远洋渔业船队前往西非海域作业,从零起步开启了我国远洋渔业事业的大门,到 1997 年,远洋渔获总量达到 100 余万吨。

20 世纪 50 年代起我国木质风帆渔船开始机动化,发展出一批小功率的沿海、近海机动渔船。但在 1965—1979 年这一时期,渔船数量及技术水平发展缓慢,直到 1978 年,全国机动渔船有 4.7 万艘,总功率 214 万千瓦,其中大部分为木质机帆渔船,而非机动渔船则为 35 万艘。由于更新改造不及时,这一时期渔船老化问题突出。随着我国改革开放带来的渔船大发展,到 1998 年全国机动渔船数量增长到 47 万艘,总功率 1332 万千瓦,87%的机动渔船为 44 千瓦以下小功率船;非机动渔船则增长到 53 万艘。机动渔船年均增长约 2 万艘,体现出盲目增长的势头。在当时沿海的捕捞渔船数量过多,以及违法使用渔具、渔法等问题,造成了渔业资源破坏和环境污染等问题。因此,从 20 世纪 90 年代起,国家逐步对新建捕捞渔船实施管控。

其中,我国国营渔业企业的渔业船队建设成就明显,他们在渔船的大型化、规模化、钢质化等方面都走在前列,同时也是先行向外海、远洋开发渔业资源的,引领了海洋渔船发展的先行者。1985 年国家改革了群众渔业经营体制，群众渔船得以迅速发展，这一方面提高了技术装备水平，致使部分群众渔船的装备水平甚至超过一般国营渔船；另一方面增加了船舶数量，在整个20世纪90年代，我国机动渔船数量约增长了10万艘，其中国营渔船仅增长1千余艘，其余增长的都是群众渔船数，群众渔船所占总比在20世纪90年代末达到95%以上。但群众渔船一般较小，作业分散，老旧船较多，外海作业的起步时间较晚，成为渔船监管工作的难点。

在渔船材质方面，主要是从木质向钢丝网水泥、钢、玻璃钢等材质的发展。其中，钢丝网水泥渔船自1958年起在我国试制，得到了一定的推广，到1986年底全国已有5670艘；但水泥船由于存在船体有自重大、局部强度低的缺点，而在20世纪80年代以后逐渐停止推广；钢质渔船在20世纪70年代开始批量建造钢质渔船，但在其后的很长一段时间里，木质渔船仍是我国捕捞渔业生产的主体。20世纪80年代，国家提倡"以钢代木"，只有大连、上海等渔轮厂少数几家企业建造钢质渔船，到1988年全国海洋钢质渔船已有3000余艘。20世纪90年代，钢质渔船的优越性突显，市场需求增加，在浙江、山东等沿海地区出现了大量民营钢质渔船建造企业，由此带动了我国钢质渔船的发展；我国玻璃钢渔船在世界上起步较早，天津塘沽于1974年设计建造了第一艘25.6米玻璃钢渔船，但玻璃钢渔船推广缓慢，直到20世纪90年代仍未能大范围投入生产，而到1994年，全国仅建造了38艘玻璃钢渔船。1995年，国家开始大力推广玻璃钢渔船，"大型FRP渔船的研制及产业化"成为国家"九五"科技攻关项目之一。

20世纪80—90年代发展的钢质渔船船型大部分是拖网渔船，其中最具有代表意义的船型有8101、8154等型，8101型拖网渔船于1977年12月定型，是国内第一种定型渔船，由大连渔轮厂设计，在20世纪70年代得以大批建造。8154型双拖艉滑道冷冻拖网渔船由大连渔轮厂设计，首船竣工于1979年底，此后8154及其派生型船在全国各大船厂批量建造，成为我国20世纪80年代渔船代表船型。其平板冻结机技术具有重要创新意义，受该技术的引领，我国渔船普遍安装了冻结、冷藏装置。我国最初发展的远洋渔船，也是由一批8154型船改造而成。20世纪90年代后期，由于远洋渔业的快速发展，我国又研发、引进了大型拖网加工渔船、超低温金枪鱼钓船、鱿鱼钓船等专业远洋渔船。

(二)全面开展渔船检验

国家水产总局成立后，正式从交通船检部门接管了渔船检验，使"文革"时期几乎停滞的渔船检验工作重新步入正轨，逐年提高了渔船受检率，逐步规范了渔船检验管理。初期的检验工作重点是44.1千瓦以上海洋渔船的检验，对于海洋小型渔船的检验以登记管理为主，并对安全设备配备情况进行检查。到全国海洋渔船检验工作较为规范时，建立起由各省检验处、主要港口检验站和县渔船管理站组成的三级渔船检验网，分别对不同尺度、大小的渔船进行检验。各种渔船(拖网、围网、钓船、捕虾船、远洋渔船等)、渔政船、渔业指导船、冷藏运输船、水产加工船、科研调查船、油船、工程船、实习船、交通船等渔业船舶陆续纳入检验管理。1982年，全国共检各类海洋渔业船舶不足2万艘，到1998年，全年共检验海洋渔业船舶14.27万艘次，内陆渔业船舶10.26万艘次。

提高渔船受检率是渔船检验系统长期致力的目标。据粗略统计，1998年渔船受检率为50%左右。其中，国营渔船在1995年的受检率已达到95%以上，基本上能依法受检；群众渔船中44千瓦以上机动渔船的受检率较高，在1995年达到了85%。渔船受检率低的客观原因一方面在于历史因素，全国统一的渔船检验体系到1978年才开始建设，起步太晚；另一方面也有小型群众渔船管理难度大的因素，群众渔船作业分散，船小而多，渔民主动申报检验的积极性不高。

为了提高渔船受检率，消除部分水域的检验空白点，规范渔船检验管理，渔船分局推动了一系列措施的出台。

20 世纪 80 年代,从国外进口的旧渔业船舶越来越多。但从进口的旧船情况看,问题不少。其一是船舶的图纸资料严重不全,给船舶的初次检验和以后修船带来极大困难;其二是船舶在国外修理时,对监修不重视,船舶质量达不到要求。为了保证进口船舶的质量,使之既能满足海上生产的要求,又能获得较好的经济效益。1985 年 5 月 22 日,农牧渔业部发出《关于加强对进口旧渔业船舶的技术监督管理的通知》,主要规定:一是进口渔船应申请初次检验;二是进口渔船应符合国内要求;三是进口单位出国考察渔船,应尽可能有渔船验船师参加。

有关小型渔船的检验模式虽然经过了长期探索,但各种因素造成的受检率低问题始终难以解决。1981 年发布的《沿海小型渔业船舶登记管理暂行办法》中,将 44.1 千瓦以下的机动渔船和非机动渔船检验原则确定为登记管理为主,适当做一些监督检验。但随着渔船检验工作渐渐步入正轨,1984 年起河北、山东等地开始尝试加强 44.1 千瓦以下小型渔船的检验。出于改善小型渔业船舶安全航行、作业的技术状况,减少海损事故的发生,保障海上渔民生命财产安全的目的,1986 年 2 月 1 日,农牧渔业部发出《关于加强小型渔业船舶监督检验的通知》,针对船长 12 米以下的小型机动渔业船舶、非机动营运渔船,提高了检验要求。但小型渔船检验管理难度极大,到 20 世纪 90 年代末,绝大部分 44.1 千瓦以下小型渔船仍然未受检。

1987 年,第一次全国内河渔船安全管理工作座谈会召开,会议研究了加强内陆渔船检验的措施,标志着内河渔船检验工作开始起步。内陆水域渔船小、种类多、活动分散、个体渔民没有检验习惯,最初渔船检验机构面临着几乎一片空白的局面,开展检验工作多是针对 14.7 千瓦以上内陆渔船和渔政船。另外还为船籍港在沿海但建造在内陆的渔船开展“联合检验”,即内陆船检机构配合沿海船籍港船检机构检验渔船,此前,内陆检验力量尚未壮大,这类检验工作是由沿海船籍港检验机构单方面派出验船师执行。在内陆水域渔船检验系统的共同努力下,内陆渔船受检率不断提高。

有关远洋渔船的检验,是从我国组建第一支远洋渔船船队开始的。1985 年,我国首支由 12 艘渔船和 1 艘冷藏船组成的远洋渔船船队在福建马尾港起航,赴西非海域作业,这个船队都是由国内海洋捕捞船改造而成。在此以后,远洋渔业发展迅猛,到 1990 年我国远洋渔船达到 100 多艘,其中木质、钢丝网水泥、钢质和玻璃钢等各种材质渔船都纷纷开往外海。针对这种情况,1989 年 9 月 25 日农业部发布《关于做好远洋渔船检验工作的通知》,规定农业部渔船检验局从 1989 年 10 月 1 日起正式受理远洋渔船的检验任务,所有远洋作业的捕捞渔船及渔业辅助船都必须向农业部渔船检验局申请检验。随后,又逐步细化检验要求,明确了远洋渔船检验发证由农业部渔船检验局统一组织发证,各渔船检验处受理申请并派出验船师实施检验。

(三)沿海渔船检验机构业务工作

山东省:在 1980—1985 年,有关国营渔业船舶和 44.1 千瓦以上的集体渔船检验由烟台检验处及其所属站办理;其余渔船检验由市、县渔船渔港监督站办理。至 1985 年,共检验渔船 97089 艘次。其中,青岛检验站从 1980 年 3 月起至 1981 年底,完成了 44.1 千瓦及其以上所有国营和群众渔业船舶的检验换证工作。1982 年开始,加强了国营渔船修造的监督检验,渔船修造质量有了很大提高。1984 年,加强了对群众渔船的航行、信号、救生、消防等安全设备的监督检验,特别是雷达反射器和手压号笛在检验人员的配合下试制成功,得到了推广使用,大大减少了小型渔船被撞沉没事故的发生。

广东省:在 1982 年底,先由广州市检验处对广东省 44.1 千瓦以上群众渔船进行检验发证试点,1983 年 5 月全面铺开,当年检验渔船 3154 艘。1989 年,检验渔船 4263 艘,比 1983 年增加 35%。逐步改变了该省群众渔船无人管理、安全设备不全、无证出海作业的混乱状况。同时该处还要求建造群众渔船时应向渔船检验部门申请检验。为了帮助建造厂解决设计力量不足的问题,1985 年在阳江设立了“广东省渔船渔机技术咨询服务部阳江设计室”,为业主建造渔船提供必要的设计图纸,使群众渔船的建造检验逐步开展起来。1987 年 3 月,该处应国营南海水产公司的申请,派验船师到香港检验正在修理的从日本引进的冷藏加工渔轮“华光一号”,首次开展了境外船检业务。1988 年 12 月,香港商人在广州新中国船厂建造一对钢质对拖渔船“新合壹 5221 号”和“新合贰 5230 号”,经该处检验后,签发了渔业船舶证书。1990 年,南海近海渔场出现资源减退,捕捞量下降。广东近海渔船开始改装或新建,向远洋和国外渔场发展,广州检验处随即开展了远洋渔船检验工作。几年中共检验新建和改建渔船 111 艘。大多是往西非贝劳、菲律宾、新加坡、越南、密克罗西亚、雅蒲等国家和地区、包括拖网和延绳钓两类渔船。

上海市:在 1980 年 1 月,由市检验处对上海远洋渔业公司等市属渔业生产部门和上海市及其郊县的营运或厂修渔船进行监督检验,尤其是对老旧渔船申请跨航区作业进行检验时采取了限制风力等措施,确保了渔船的安全。1984 年,上海海洋渔业公司从日本进口一艘冷藏运输船,该处根据规定进行了初次检验,并换发了我国渔业船舶检验证书簿。这是该处首次检验国外进口的渔业船舶。1985 年 5 月,又对上海水产大学接受日本熊本水产高等学校赠送的实习渔船“熊本丸”进行了初次检验。1987 年,派验船师赴日本执行对中日合资瑞福远洋渔业公司 3 艘深水流网渔船的初次检验。1992 年,该处对上海远洋渔业公司从国外购进的大型远洋渔船“开创”号进行了定期检验;对“开丰”“开发”和“开拓”号进行了年度检验,以及对“开丰”号机损事故进行了公证检验。在 1980—1992 年间,上海市检验处检验的渔业船舶合计 13806 艘。

广西区:在 20 世纪 80 年代中期,由北海检验处开始对钢质渔船进行图纸审查、建造检验及营运期间的各种检验。受检船舶有 441 千瓦、300 吨的捕捞船和渔业运输船;有 661.95 千瓦的拖船以及吹沙船、疏浚船、驳船等渔业专用船。1991 年,该处开始对远洋渔船进行检验,其中有钢质、木质、钢丝网水泥船及玻璃纤维船等各种渔船 30 多艘。

江苏省:南通检验处于 1980 年建立,1981 年设立渔船检验科,增加了专职检验人员。其检验业务范围由国营海洋渔业公司,逐步扩展至沿海市、县的群众海洋渔业生产单位,完成了大量的检验任务。1985 年,江苏省海洋渔业公司从日本引进一组技术设备较为先进,机械化程度也较高的围网船组,其中包括网船 1 艘,灯光船 2 艘和冷海水运输船 1 艘。在船舶的技术资料不全,时间又比较紧迫的情况下,验船师克服了困难,圆满完成了初次检验任务。同年,该处还完成了启东渔轮修造厂 JS803 型渔船批量生产的建造检验,该型渔船被评为江苏省优质产品。1990 年,该处还同时受理 4 个厂家建造 3 对远洋捕捞渔船的建造检验任务。1992 年,又完成启东渔轮厂新建的一对 JS8158 远洋渔轮的检验发证任务,保证了该船能如期在 1992 年 4 月远航西非。同时完成 18 艘新建和改装的远洋钓渔船检验任务。该处自从 1981—1992 年间,共完成了各类渔船的检验 22621 艘次,其中建造检验 664 艘,远洋渔船 40 余艘。

天津市:在 1983 年由天津渔船检验处检验维修国营渔轮 4 艘,检验新造的 500 吨冷藏运输渔轮 1 艘。1986 年,全市共检验渔船 112 艘。1990 年,全市船检部门检验渔船 206 艘。1997 年,市船检部门检验渔船 53 艘(其中建造检验 3 艘),总功率 21268.2 千瓦,总吨位 10476 吨。其中 1997 年塘沽站检验 272 艘,汉沽站检验 364 艘。

浙江省:鉴于以往群众渔船安全设备比较简陋,海损事故多的情况,1984 年 10 月 31 日,浙江省水产局下发《关于限期配备群众渔船安全设备的紧急通知》,限期所有渔船在规定时间内都要配齐号灯和救生设备。对此,杭州检验处切实整顿渔船的号灯、号型,使渔船安全情况有所好转。1984 年 12 月,浙江省渔政局向日本购买渔政船“海王丸”,该处派验船师赴日对该船执行初次检验。后来又相继派验船师赴日本、中国香港、联邦德国等地,协助船东购船、接船以及监造、监修等工作,为这批渔船回国后进行初次检验打下了基础。1987 年 8 月,为贯彻农牧渔业部《关于立即坚决制止买卖报废渔轮的紧急通知》,浙江省水产局规定购买旧渔轮的单位必须提交原船舶证书等有关证件,向杭州检验处报批,经检验合格才能签发船舶证书。1988 年 4 月,浙江省群众渔业在湖北省武汉地区批量建造钢质渔船,当时湖北省尚无渔船检验机构,经渔船分局同意由杭州检验处抽调验船师,组织驻武汉渔船检验工作组,负责对该批渔船的建造检验。1989 年 9 月,湖北省渔船检验处成立,该处驻武汉工作组撤销。1989 年 4 月,浙江普陀渔业公司在重庆船厂建造 8156 型尾滑道渔轮,该处再次组织验船师,成立驻重庆工作组,往重庆对该船执行建造检验,1991 年 6 月渔轮建造完毕,工作组撤销。1990 年 6 月,该处对舟山海洋渔业公司派赴苏联海域作业的舟渔 651、652 轮改装鱿鱼钓船进行了初次检验,开始了远洋渔船的检验。此后,遍及西非、白令海、西南太平洋海域,远洋渔船检验任务随之逐年增多,1992 年共检验远洋渔船 39 艘。

辽宁省:1991 年 8 月,大连检验处对辽宁省营口渔轮厂为朝鲜民主主义人民共和国建造的 3 对 198.6 千瓦钢质渔轮,进行了建造检验。1992 年,又对辽宁省大连市水产公司等单位 10 艘 8154 型渔船去摩洛哥作业前,进行了检验并办理了有关证件。

海南省:1990 年 1 月,海南检验处对外开展船舶检验业务,当年除检验了大量渔船外,还积极宣传和推荐了一批救生、消防、号灯、号笛等设备,配备了 150 多艘渔船,以保证渔船安全生产。1991 年,该处应海南罗星远洋渔业有限公司的申请,首次受理了远洋渔船的检验,并签发了相应的中、英文船舶证书和技术文件。随后又对该公司所属的 5 艘远洋渔轮,进行了检验,基本掌握了对远洋渔船的检验和签发证书的程序、要求,为开展远洋渔船的检验积累了经验。同年,又受理了武汉水运工程学院为海南省海洋渔业总公司设计的钢质拖轮的建造检验。又应保险公司、海事法院的申请和委托,先后对穗渔 123 轮被“CREEV LAER”商船撞损事故作了公证检验;对陵水 04082 号渔船被台风击沉作了海损公证;对临高 10030 号渔船被三亚市渔船撞沉作了估价公证等,为保险公司和海事法院的理赔和判决提供了法律依据。1990—1992 年间,海南检验处共检验各类渔业船舶共 1664 艘次。

(四)内陆水域渔船检验机构业务工作

江西省:1988 年 1—6 月间,省渔船渔港监督管理处先后选择滨临长江和鄱阳湖的湖口县和波阳县,进行了渔船检验试点工作,推动了占该省渔业船舶数量 60% 的鄱阳湖地区渔船检验工作的开展。1988 年 9—10 月,该处与南通渔船检验处合作,对江西造船厂承造的江苏启东县 110.3 千瓦钢质海洋渔轮进行了建造检验。1988 年末至 1989 年 4 月,该处为保障外省在江西省批量建造的木质海洋渔船的安全质量,组织船检人员,对在江西各地建造的 44 艘木质海洋渔船实施了建造检验。1990 年,该处组织专业人员首次独立承担了该省自用的两艘钢质 88.26 千瓦的渔政船的全套设计图纸审查、建造检验工作。1991 年 11 月至翌年年底,该处分别与上海、福州渔船检验处合作,对在江西省建造的 10 艘钢质海洋渔船进行建造检验。其中,湖口县造船厂承造的 198.6 千瓦尾滑道拖网渔船为全省首次建造;江西造船厂为福建建造的 294 千瓦尾滑道拖网渔船被评为江西省优秀新产品。1992 年 3 月,该处组织船检人员到新余市分宜县江口水库,协助开展渔船检验试点工作,共检验渔船 45 艘。同年 8 月,吉安地区渔监船检站对所辖赣江沿岸七县一市的渔业船舶全面进行登记、检验,共完成了 610 艘。同时,赣州地区和九江市的渔业船舶的登记、检验工作也相继开展。至此,江西省的渔船检验工作已经在全省各重点渔业水域逐步铺开。

湖北省:省渔船检验处于 1989 年成立后,最初阶段是与沿海福州、杭州、烟台等检验处合作,对在湖北省建造的钢质渔船执行建造检验。后来自身条件逐步具备后,1991 年开始,先对省内 14.7 千瓦以上渔业船舶进行检验,随后再逐渐扩大。

湖南省:省渔业船舶检验处岳阳检查站于 1992 年 3 月,首先在华容县开展渔船检验。接着岳阳、益阳、常德、长沙、衡阳、邵阳、怀化7个检验站也相继开展,使全省渔业船舶检验业务全面展开。

黑龙江省:船检局黑龙江分局和黑龙江省渔船检验处于1990年进行了渔船检验业务的交接手续。当时,全省有渔船19318艘,其中16.18千瓦以上的机动渔船68艘,其余都是小型渔船。交接后,该处首先对68艘机动渔船换发了证书;肇源县水产局的渔政船“龙渔政116”,是第一艘进行特别检验的船。对于该省的渔船,每年的4—6月份都要进行一次年度检验,工作量较大。1991年,黑河边境渔政管理站在哈尔滨市轮船公司造船厂建造了一艘“中国渔政601”。该船是黑龙江省渔船检验处开展建造检验的第一艘船。1992年,富锦市水产局新建造的“龙渔政409”,哈尔滨市渔政处新建造的渔政码头船,都由该处进行了建造检验。

吉林省:省水产局于1991年4月组织力量开展了渔船检验工作。首先是对吉林市松花湖渔场的16艘渔船进行了检验,从此开始了全省的渔船检验工作。同年10月,吉林省水产局下发《关于对新建渔业船舶审批的通知》,基本解决了省内渔业船舶生产混乱、滥造现象。1992年,对云峰水库边境渔政管理站建造的工作艇进行了建造检验,这是该省开展渔船检验工作以来进行的第一次建造检验。1991—1992年间,吉林省共检验了渔船5312艘次,其中机动船689艘次。

四川省:自1992年起在达州、泸州、内江、万县等市县区域性开展渔船检验试点工作。

(五)港澳渔船的检验业务开展

1988年12月,广州检验处首次为香港渔业商人在广州新中国船厂建造的渔船签发过证书。但内地与香港当局在渔船检验业务上的正式接触始于1990年,3月5—8日,应农业部渔船检验局广州检验处邀请,首席验船主任黄铭淇先生等4人访问了广州检验处,渔船分局孟广达高级验船师列席。双方就渔船检验技术以及内地为香港船东建造渔船的检验问题进行了友好商谈。6月20日,双方正式签署《中国农业部渔船检验局广州检验处与香港海事处商谈渔船检验技术纪要》。明确了香港船东在广东建造渔船,由广州检验处执行监督检验的项目。

1990年4月11日,农业部批复广东省水产局《关于与香港海事处商谈渔船检验问题的情况报告》:“请你们按照双方商定的‘纪要’组织落实,为香港在广东省建造钢质渔船搞好检验工作。”“这个‘纪要’原则上也适用于内地其他省、自治区、直辖市为香港建造钢质渔船的检验工作。”

1992年2月,按照双方“纪要”对香港在珠海市香洲渔轮厂建造的钢质对拖渔轮“顺利1号”和“顺利2号”,联合执行建造检验,并签发证书。

1992年8月31日至9月4日,应农业部渔船检验局技术委员会主任委员贺寿仑邀请,由徐杰先生率领的香港海事处和渔农处技术专家一行3人访问了渔船分局。双方各自介绍了渔船安全监督的组织机构、职责范围和工作程序;对国际渔船安全公约及议定书尚未明确的问题交换了意见;介绍了各自对小型渔船的技术要求、设备配备情况,并认为制定地区性标准必须考虑这些渔船的实际情况、作业特点甚至传统习惯。

(六)检验监督和参与渔业管理工作

1995年底,渔船检验分局对各省、自治区、直辖市渔船检验部门发出了《加强渔船船用产品上船前查验产品证书工作的通知》,强调为提高渔业船舶建造质量,切实把好质量关,必须做好船用产品上船前查验船用产品渔检证书和项目表的工作。渔船检验分局实行渔业船舶修造厂认可制度以来,加强了对船厂的质量监督管理,不仅保证了渔业船舶的修造质量和生产安全,同时对查处无证造船、取缔“三无”渔船、制止“沙滩”渔船创造了有利条件。

1994 年下半年到 1996 年上半年,浙江省出现了前所未有的建造钢质渔船的高潮。各渔检部门首先帮助督促各渔船修造厂改善生产设施、配备技术人员、健全内部质量管理制度;其次加强了对各地渔船修造厂的监督管理,掌握渔船修造的动态,防止粗制滥造和偷工减料行为的发生,把好修造质量关。浙江省渔船检验局针对 1995 年下半年沿海一些地方的企业和个人,擅自购买进口废旧渔船从事渔业生产的情况,责成当地渔船检验部门密切配合,先后完成了对各地进口废旧渔船情况的全面调查工作。在摸清情况的基础上,对有关船只迅速采取了"停止出海生产、听候处理"的措施,从而使一度兴起的购买进口废旧渔船之风得到有效的制止。据统计,在渔船检验部门的督促下,这些渔船先后投入了 4230 万元的修理和改造资金,船只的质量有了根本性的提高,存在的重大事故隐患得到了及时整改。山东渔船检验局采取 4 项措施保证渔船建造质量。一是抓新型渔船设计图纸的审查;二是抓好渔船厂的质量管理;三是抓好上船配套产品的船检产品证书的检查把关;四是抓好船舶证书及技术文件的各项工作。

报废、老旧渔船的检验管理:因部分海洋渔业公司把一些报废的或已无修理价值的淘汰渔轮卖给个体或联户渔民,给海上安全生产带来了极大的隐患。这类船事故率高,国务院于国发〔1981〕73 号文中即提出"凡更新淘汰的渔船不得转让其他单位继续搞捕捞生产"。此后渔业部门多次提出禁止报废渔船的转让,农牧渔业部于 1987 年 7 月 30 日发出紧急通知,要求"船龄在 20 年以上的渔轮,禁止买卖和转让,尚具备适航条件的只准由本单位维护和使用","报废渔轮须经渔船检验部门做出技术鉴定"。后又因出现私自涂改船舶证书买卖船龄超 20 年渔船的情况,农业部渔船检验局、渔政渔港监督管理局于 1992 年 5 月 26 日发布《关于加强旧渔轮买卖监督管理的通知》,其中要求船龄 20 年以内的渔轮的买卖流程应经过渔业行政主管部门和渔船检验处,首先要取得渔业行政主管部门的批准,再到渔船检验处检索各地旧船情况,查看旧船档案;交船前,由买方申请当地渔船检验处的公证检验;买卖成交后,注销原渔船的船舶证书,换发新的证书。

主机功率问题:为了控制渔业捕捞强度,保护渔业资源,渔业行政管理部门出台了捕捞许可制度,对渔船主机功率的大小进行了严格的控制。为了保证政策的有效实施,渔船检验部门在主机功率核定问题上做了大量的工作。1994 年 2 月 23 日,中华人民共和国渔政渔港监督管理局、农业部渔业船舶检验局联合下发《关于加强渔船主机功率核定管理等有关问题的通知》。针对"擅自更改渔船主机额定功率,致使许多同型号、同规格渔船主机的标牌额定功率大大低于实际额定功率"的问题,要求渔船主机须经渔船检验部门进行产品检验后,方可装船。

安全设备检查:1990 年 10 月 7 日—11 月 2 日,农业部渔船检验局组织两个小组分别对沿海 11 个省、自治区、直辖市海洋渔业船舶的安全设备配备情况进行了检查。检查小组形成《全国渔船安全设备检查情况汇报》,汇报了通过较全面的检查了解的各类渔业船舶安全设备现状和主要问题、安全设备检查评比结果,以及改善渔船安全技术状况的建议。

检验质量检查:1986 年 6 月 23 日—7 月 30 日,根据 5 月份全国渔船检验工作会议的决定,渔船分局会同沿海 10 个渔船检验处,分南北两个组对沿海各省、自治区、直辖市的渔船检验质量进行了检查,7 月 30 日,两组在杭州市对这次检查情况进行了汇总。检查组除肯定各地渔船检验工作取得了显著成绩外,着重指出当前存在的问题:大部分群众渔船技术状况仍较差,保养管理不善;个体、联户渔船修造厂亟待整顿;渔业公司淘汰渔船流入群众渔业,给海上安全生产带来新的隐患;渔船多、检验人员少、检验任务畸重。

"近海渔业安全救助通信网"建设:"近海渔业安全救助通信网"是我国建设的专门用于渔业的海上救助系统,拥有渔业专用的无线电通信频段,在船上设有渔业无线电话,在渔港设有岸站,渔船可发送求救信号和位置信息,岸站和附近渔船可及时得知遇险船位,岸站还可发送天气及海况预报。1995 年起,渔船检验局参与了该项目建设。1996 年 9 月 11 日，农业部渔业局、渔业船舶检验局发出《关于加强 27.5～39.5MHz 渔船用无线电话机管理的通知》，《通知》规定了“近海渔业安全救助通信网”渔船用无线电话机的功能及技术指标，从 1997 年 1 月 1 日起，新增和更新的该频段设备必须符合要求。后渔船用无线电话机纳入了渔船法定检验规则，予以强制要求配备。

（七）渔船设计、修造单位资质认可

1988 年国家质量技术监督局、全国工业产品办公室将总长 20 米以上的木质机动渔船、钢质海洋渔船纳入了生产许可证目录。总长小于 20 米的小型木质渔船按照农业部颁布的《小型木质渔船工厂认可办法》管理，1989 年农业部工业产品生产许可证办公室明确国家渔船检验机构是渔船生产许可证办事机构，负责渔船的工厂认可与组织实施工作。

经全国工业产品生产许可证办公室批准，渔船分局 1990 年开始配合在农业部生产许可证办公室实施木质渔船生产许可证办法。该项工作于 1993 年基本完成，为 160 家船厂核发了生产许可证，发放许可证最多的是广东省（63 家）、其次广西壮族自治区（29 家）、福建省（25 家）。

1993 年，国家为规范许可证产品管理，撤销了 103 种产品的生产许可管理。当时，考虑到渔船已经有了监督检验机构，并已纳入了正常的监督检验渠道，有关渔船生产许可管理也被撤销。

随后，为了保障渔船建造质量，农业部在 1993 年开始实施了渔船设计单位资质认可制度，1994 年 8 月 4 日农业部公布了全国首批获认可的 71 家渔船设计单位，其中，辽宁 9 家、山东 10 家、江苏 3 家、上海 13 家、浙江 4 家、福建 16 家、广东 7 家、广西 2 家、吉林 4 家，北京、黑龙江、湖北各 1 家。从获得的证书级别上来看，获得甲级证书单位 13 家、乙级 11 家、丙级 34 家、丁级 13 家。

1994 年，农业部实施了渔业船舶修造工厂认可制度，1995 年渔船分局根据农业部颁布的《中华人民共和国农业部渔业船舶修造工厂认可办法》对各渔船修造厂进行了第一批审查，有 309 家达到了工厂认可标准，为其颁发了《工厂认可证书》，其中，河北 16 个，江苏 90 个，辽宁 10 个、广西 18 个、湖北 12 个、上海 20 个、广东 57 个、山东 84 个、天津 1 个、海南 1 个。其后，在 1995—1998 年间，农业部渔业船舶检验局共审查认可了渔船修造企业 1023 家，基本上完成了全国渔船修造企业的审核工作。

（八）焊工考试与发证

为了提高焊工的技术水平和渔船修造中的焊接质量，1982 年，渔船分局与船检局研究，在水产系统渔船修造厂开展焊工考试与发证，并明确了分工。开展焊工考试所用的“焊工合格证书”及“焊工标志”，由船检局统一制作。水产、交通系统所发的证书与标志都具有同等效力，双方相互承认。

1983 年，根据船检局颁布的《手工电弧焊工考试暂行办法》，渔船分局对水产系统的渔船修造厂正式开展了焊工考试，考试合格的，由各检验处发给“焊工合格证书”；经渔船分局备案的，还发给了“焊工标志”。1985 年，船检局公布了《焊工考试规则》（1985），水产系统的焊工考试发证工作，随即改为按此规则执行。以后此项规则又经多次修改，水产系统的焊工考试与发证，也及时做了调整。至 1986 年，在水产系统中，已开展焊工考试发证的有福州、南通、广州、烟台、上海、大连及杭州等检验处。

1986 年 5 月 7—12 日，渔船分局在丹东市召开了“水产系统焊工考试经验交流会”，总结了 3 年来焊工考试发证工作。为了解决工作中出现的一些具体技术问题，会后，渔船分局及时组织力量编写了《焊工考试实施细则》，于 1988 年 8 月 10 日公布施行，统一了水产系统焊工考试的具体做法。1992 年 10 月，渔船分局在烟台召开了“焊工考试发证工作总结研讨会”。会后，公布了《关于进一步搞好焊工考试、发证及管理工作的意见》，推动了水产系统焊工考试工作的进一步发展。到 1992 年底，全系统已进行焊工考

试发证达 2816 人次。

渔船分局成立后,不断加强对全国渔船检验工作的领导,健全了各地的机构体制,充实了渔检队伍,制订了各项渔检的规章制度、规范和标准,促使渔检业务日益发展,渔检技术不断提高,为保障渔船的安全质量和航行作业安全,起到了重要作用。

(九)电子计算机技术在渔船检验中应用

为了推动渔船检验业务的发展,加快渔船检验技术进步,加强渔船检验部门的有关基础建设,渔船分局为各渔船检验处、站进口了一批检测仪器及测试设备,购置了有关的科技图书资料和必要的交通工具及现代化办公设备,改善了工作条件,提高了工作效率。

1982 年,大连渔船检验处购进美国 TRS-80 微型电子计算机一台,并进行了程序开发。1985 年,上海渔船检验处在船检局海船规范研究所指导下,装备了世界各主要船级社所采用的同一类型的 HP-9836T 型电子计算机。1987 年 5 月,经上海市科学技术委员会批准,成立了上海渔船检验处科技咨询部,为渔业船舶及其安全设备的设计、计算及规范要求等提供技术服务。

1985 年,锦州渔船检验站购进 APPLEII 型电子计算机 1 台;1988 年北海渔船检验处、宁波渔船检验站也购进微型电子计算机 1 台,开始用微型计算机进行审图、计算和船舶资料管理。

1990 年 9 月 27 日,渔船分局发出《关于统一购置计算机、打印机等办公设备的通知》,通知提出:“凡从事远洋渔船检验工作的检验处或受委托的检验站要购置统一型号的计算机、打印机等办公设备。”

到 1992 年底,多数渔船检验处购置了 AST286 型或 AST486 型计算机;渔船分局配备了 AST486 型计算机,初步形成了以渔船分局为中心的电子计算机网络。

此外,渔船检验的计算机联网工作在购置设备、操作人员上机培训等前期准备工作就绪的情况下,包括船舶档案、数据管理、远洋渔船资料交换、查询和证书打印等软件的开发研制均先后完成,1996 年底,山东、江苏、福建、辽宁渔船检验局将各项远洋渔船资料,通过计算机联网传至渔船分局。

第五节　船用产品和集装箱检验技术业务的发展

改革开放后,为适应造船工业和对外贸易的需要,船用产品的品种和数量增多。船检部门对产品检验范围和程序,以及工厂认可、型式认可制度已日趋正规,船用产品进出口检验的局面已经打开,对质量有了更高、更新的要求,船用产品检验已进入了一个新的发展阶段。同时船检部门应有关方面的申请,还受理了部分产品的公证检验业务。

一、推进船用产品检验技术进步

(一)船用产品检验方式的深化

船用产品的“认可检验”是在全面质量管理理论指导下,在产品制造检验基础上发展出来的一种全面保障产品质量的整套检验方式,它包括“工厂认可”“型式认可”以及认可后的“制造检验”“出厂检验”和“不定期检验”,通称为“两种认可、三种检验”制度。

1.船用产品两种认可的深化

1977 年,随着国内外船用产品制造中全面质量管理的推进,船舶检验局汲取国外船用产品认可检验经验,着手编制《船用产品检验规则》。在综合国外船级社检验模式基础上,于 1979 年提出并试行《船用产品检验规则》,其中引进船用产品认可检验的"两种认可、三种检验"制度,开始了船用产品的认可检验制度建设。船舶检验局于 1983 年 5 月 1 正式公布《船用产品检验规则》,自公布之日起施行。该规则规定了船用产品监督检验范围:工厂认可为两大类船用产品;型式认可为十四大类船用产品。明确规定了工厂认可和型式认可的程序和要求。

(1)工厂认可是对制造厂的生产条件、产品标准和质量保证系统的认可。工厂认可的要求是:检查工厂生产系统的设备是否良好,有无生产船用产品的条件和能力;质量保证系统和质量检查制度,能否保证产品质量的持续稳定。通过审查有关资料和现场查核,并通过产品的型式试验来评价和认可。对已获得"工厂认可"的制造厂所生产的新的船用产品,一般只需申请对该新产品进行型式认可。如果生产条件或质量保证系统或产品技术标准有改变,不符合原签发"工厂认可证书"的条件时;产品的结构、性能或采用的原材料有变化,不符合船舶检验局批准的设计图纸和技术条件时,则应重新进行工厂认可。

(2)型式认可是对某一型式产品的设计图纸、技术标准、型式试验和样品质量的认可。型式认可的作用在于促进工厂健全质量保证体系,严格按批准的设计图纸、工艺文件生产,确保产品达到船舶规范和标准的要求,促使产品质量不断提高。型式认可后的产品必须按船舶检验局认可的技术条件生产,任何设计和材料的更改,都应经船舶检验局重新审批。

为了进一步统一和完善船用产品检验工作的程序和管理制度,更好地贯彻执行《船用产品检验规则》,1985 年 10 月船舶检验局制订公布了《船用产品检验规则实施细则》(试行)。该细则详细的表述产品检验工作程序和认可后的三种检验办法,还单列了船用柴油机的分档检验办法及船用齿轮箱的检验办法。

2.船用产品三种检验的深化

为了加强对产品质量的经常性监督,对认可后的产品根据工厂生产方式、质量保证体系的水平、产品的结构、用途,采取如下三种检验方式:

(1)认可后的制造检验:按《船用产品检验规则》规定,获得认可后的产品还需要进行制造检验(逐台检验),它适用于重要产品检验,如锅炉、受压容器、大中型柴油机、蒸汽轮机、燃气轮机、发电机、无线电、主配电板等机电产品。有些制造检验(逐台检验)的产品应按照认可的技术条件中规定的出厂试验项目进行检验,并应对重要零件部件的材质报告和合格证书、检测记录和装配质量记录进行检查和测量,运转试验后进行必要的拆验。

(2)认可后的出厂检验:根据产品的生产方式和质量情况,对可以不进行制造检验的产品,只在每批产品出厂前,检查产品的零部件材质证明、检测记录、试验报告和装配记录,进行产品出厂前的抽样试验或运转试验和必要的拆验。批量抽验的产品可每批发证,但在每个产品上均应打有船检标志,如用户要求亦可逐台(件)发证。

(3)认可后的不定期检验:适用于工艺严格、产品质量检验制度完善、产品质量稳定的工厂,且是流水线批量生产的产品。认可后的产品质量检验委托工厂质量管理部门,按照船检部门批准的技术文件执行,但其产品质量和质量管理制度必须保持认可时的水平。船检部门对工厂的质量保证体系和产品质量进行不定期的抽查和试验。根据产品的结构、用途和工厂的质量保证体系的具体情况,验船师将不定期到工厂进行检查,但每年不少于 2 次。

随着"两种认可、三种检验"方式的深化,对船用产品质量控制起了重要作用。如船检局大连分局于 1988 年 9 月 22 日在旅顺召开了第三届东北地区船用产品质量会议,由于许多厂家加强了质量管理,在取得船舶检验局认可后,产品质量不断提高,有些工厂生产的产品获得了国家质量奖及省、部级优质产品的称号。如大连造船厂生产的小型船用螺旋桨及船用铸钢锚链获国家经委颁发的金质奖,船用大型及中型螺旋桨、船用高压空气瓶、船用主机等 6 个产品分别获得国家金质、银质及省、部级奖。

又如船检局武汉分局于 1990 年根据船舶检验局第五次产品检验工作会议精神,狠抓了中小型船用产品制造厂的质量管理工作。重点做好 471 厂的工厂认可及株洲电焊条厂、江西制氧机厂和湖北仙桃救生设备厂的产品型式认可等,还通过配合中船总公司颁发生产许可证工作,促进各厂产品质量的提高。

上海、广州、重庆、南京等船检分局也因为执行了“两种认可、三种检验”而促使船用产品质量不断提高。

(二)船用产品检验技术研究的专业化发展

为了提高船用产品的检验技术水平,船舶检验局从 1980 年起,组织了“产品检验技术专业组”,按专业进行各种船用产品检验的技术调研,推动船用产品检验技术进步。

这些专业组的具体任务是调查研究本专业范围内船用产品的国内外技术标准和检验规范;总结交流本专业船用产品检验经验;统一本专业船用产品检验程序和试验方法;制订有关船用产品技术性能标准的统一要求;产品事故分析研究;编写、修订本专业船用产品的检验项目表和检验须知。

船舶检验局自 1982 年首批成立的钢材、电焊条、铸锻件 3 个专业组之后,又于 1985 年进行调整,扩充为金属材料、焊接材料、非金属材料、救生设备、电气设备、无线电通信导航设备、甲板机械、铸锻件、验证试验机构认证等 9 个专业组。其后又相继增加了防污染设备和轮机产品 2 个专业组。到 1987 年,船舶检验局已组成 11 个专业组。

船舶检验局为调动各分局的技术力量,决定由船检局上海、武汉、天津、广州、大连 5 个分局任组长,主持相应专业组的活动。其中,船检局上海分局主持非金属材料(含防火材料、玻璃钢材料、涂料等)、电气设备(含防爆电器、电缆等)、铸锻件和验证试验机构认证 4 个专业组的活动;武汉分局主持金属材料(含钢板、钢管等)、甲板机械 2 个专业组的活动;天津分局主持焊接材料专业组的活动;广州分局主持救生设备(含救生艇、气胀式救生筏等)专业组的活动;大连分局主持无线电通信导航设备专业组的活动。

各专业组的首次会议及联席会议的技术活动情况如下:

1980 年 8 月 4 日,在天津市召开了电焊条专业组首次会议。主要是讨论电焊条检验须知和介绍英国劳氏船级社对天津电焊条厂的型式认可。

1985 年 11 月 5—13 日,在成都市召开了金属材料专业组首次会议,主要是讨论对钢材检验的做法,积极参加对船用钢材国标 GB712-80 的修改工作,在“国标”内写明船用钢材应经船检认可;介绍对武钢、上钢一厂工厂认可经验及对武钢、上钢三厂锅炉板认可情况。

1986 年 9 月 7—8 日,在青岛市召开了电气设备专业组首次会议。明确了电气设专业组工作的宗旨和今后的主要任务,讨论了船用电子产品型式试验规程在执行中取得的经验和存在的问题,型式认可工作中对若干具体问题认识的统一,产品证书的有效期问题,扩大对船用电气产品检验的业务范围等问题。

船舶检验局为了交流金属材料检验经验,统一要求,提高检验水平,于 1986 年 9 月 12—16 日,在牡丹江市召开焊接材料、铸锻件、金属材料 3 个专业组联席会议。这次会议邀请有关专家主讲零件失效分析理论和方法,分专业讨论和交流了产品检验的经验以及有关验船师须知的使用情况及修改意见。

1987 年 10 月 13—18 日,在西安市召开焊接材料、铸锻件、金属材料等 3 个专业组联席会议,请西安交大教授讲解无损检测,讨论修改《船用钢材检验须知》。

1987 年 11 月 3—7 日,在宜昌市召开了首次轮机专业组会议。主要是讨论《空压机检验须知》初稿和《造水机检验大纲》初稿,以及介绍首次开展喷水推进装置检验的情况。

1987 年 11 月 29—12 月 3 日,在浙江省象山县召开了首次非金属材料专业组会议。会议交流了对防火材料和耐火结构进行工厂认可、型式认可和日常检验的经验，研讨了在执行检验中所碰到的难题和解决办法；统一了检验的具体程序、要求和方法等。

1987 年 12 月 7 日，在珠海市召开了救生设备专业组首次会议，主要讨论了气胀式救生筏检修站认可条件，并介绍了对 6 个地区救生设备产品质量的调查报告。

1987 年 12 月 8—11 日，在南京市召开船用防污设备专业组首次会议，主要内容为：交流船用防污设备检验情况，重点讨论船用油水分离器型式试验和检验方法及存在的问题；介绍国外防污设备现状及发展趋势；讨论船用焚烧炉检验须知，15ppm 油分浓度报警器检验提纲。

1991 年 10 月 9—14 日，在宝鸡市召开无线电通信导航专业组首次会议。会上对“全球海上遇险与安全系统”（GMDSS）的情况、技术标准及型式试验程序等做了全面分析研究，围绕着这一中心内容进行了广泛、深入地学习与讨论。会议期间，针对导航设备近年来的发展现状，参观了凌云无线电厂、西安导航技术研究所和西北光学仪器厂。

二、全面开展船用产品检验工作

随着我国造船产量逐年增加，船舶进出口业务日益扩大，以及国际海事公约及其修正案的相继生效，增加新产品的需求，推动船用产品检验工作向纵深发展。

（一）拓展国内船用产品检验业务

1977 年 3 月，国家计委发出通知，要求加强质量管理，建立健全必要的规章制度，加强质量检验，严格执行国家规定的质量标准。随后，国家经委指示，内销船用产品的制造厂应向船舶检验局及其分支机构申请检验。

为了在全国范围内建立船用产品检验的正常工作秩序，船舶检验局在 1979 年 2 月 23 日召开的办事处主任工作会议上，决定扩大船用产品检验责任区，将全国船用产品检验工作按地区划分，由各办事处负责实施。同年 4 月 18 日船舶检验局发出《关于明确船用产品检验地区分工的通知》，其中，大连办事处负责黑龙江省、吉林省和辽宁省（葫芦岛、锦州除外）的船用产品检验；秦皇岛办事处负责河北省、内蒙古自治区以及辽宁省的葫芦岛和锦州的船用产品检验；天津办事处负责北京市、天津市、山西省和陕西省的船用产品检验；青岛办事处负责山东省的船用产品检验；上海办事处负责浙江省、福建省、上海市以及江苏省的苏州、无锡、常州的船用产品检验；广州办事处负责广东省、广西壮族自治区的船用产品检验；长江航政局及其重庆、芜湖、南京分局负责湖北省、湖南省、江西省、四川省、贵州省、云南省、河南省、安徽省以及江苏省（苏州、无锡、常州除外）的船用产品检验。

1980 年 8 月 23 日船舶检验局进一步明确规定船用产品检验范围：凡对外出口的船用产品，按国际惯例，均应申请船检部门检验发证，证明该产品符合有关的船舶规范和国际公约。因此，该类船用产品均应申请船舶检验局所属办事处检验发证；在国内销售的船用产品，如锅炉、柴油机、发电机、无线电设备、救生设备、铸锻件、焊接材料等 42 类产品，制造厂应申请船舶检验局所属办事处检验发证。推动船用产品检验工作全面展开，并向国外延伸。

1.船用产品认可检验

1980 年船舶检验局出版第一本《船用产品录》，展示了 20 世纪 70 年代末期船用产品检验及船用产品认可工作成果。产品录由产品认可类、逐台或抽查检验类、对外国产品的型式认可类等三部分组成。产品认可类主要有：上海办事处检验的无锡动力机厂制造的轴流式废气涡轮增压器，上海橡胶制品四厂的气胀式救生筏，上海电机厂的船用起重直流电动机；天津办事处检验的天津市电焊条厂制造的船用电焊条,天津无线电三厂的船用无线电设备,天津十五塑料制品厂的泡沫塑料救生圈;青岛办事处检验的潍坊柴油机厂制造的柴油机,潍坊动力机厂的径流式废气涡轮增压器。截至1980年底,对国内12家制造厂生产的38个型号的船用产品签发了船用产品认可证书。

20世纪80年代,船检局上海办事处先后对耐火材料和其他非金属制品、柴油机、锅炉和压力容器、机电设备、救生设备、消防设备、信号设备、无线电通信设备、航行设备、防污设备、起重机和机械等进行了工厂认可或型式认可。如上海塑料制品十四厂生产的救生衣及救生浮具、苏州江南无线电厂制造的手提式应急无线电示位标、上海无线电四厂制造的自动雷达标绘装置、上海船舶仪器设备厂制造的船用油水分离设备、东海船厂制造的25吨起重机、上海内燃机厂制造的95型柴油机。1986年,船检局上海分局对上海柴油机厂制造的135系列船用柴油机齿轮箱机组进行型式认可。

1981—1989年间,船检局大连办事处进行工厂认可的主要厂家有:第一重型机器厂及大连造船厂生产船用铸锻件,大连船用推进器厂制造螺旋桨,鞍钢大型轧钢厂、中型轧钢厂、无缝钢管厂、钢丝绳厂生产船用球扁钢、无缝钢管、钢丝绳,大连、沈阳、牡丹江、丹东、哈尔滨、长春、辽源、抚顺等地9家电焊条厂生产船用焊条,沈阳电缆厂船用电缆。型式认可的主要产品有:佳木斯电机厂的船用隔爆电机,大连电机厂的船用电机,沈阳蓄电池厂的船用蓄电池,辽无四厂的遇险频率值班收信机,旅顺船舶电器厂的船用配电设备,本溪水泵厂的船用往复泵,营口市冷却器厂的船用热交换器,大连灯具厂的船用电气号灯。

1981年,船检局广州办事处首次对桂林电焊条厂生产船用焊条进行了工厂认可。1983—1987年间,对广州重型机器厂生产船用铸锻件、韶关钢铁厂船用钢板、南宁市电焊条厂及广州电焊条厂船用焊条、佛山市锚链厂船用锚链等船用产品进行了工厂认可。1985—1987年间,船检局广州分局对梧州市电机厂的船用电机、西江机械厂的船用空压机、广州蓄电池厂的船用蓄电池进行了型式认可。1985—1989年间,对广州地区无线电厂、电子设备厂生产的船用通信导航设备进行认可检验,这是国内较早能满足国际公约要求,获得型式认可证书的船用产品。

1983年5月,船检局长江区办事处对南昌柴油机厂2105AC和X4105C等11种型号柴油机产品进行型式认可。1985—1987年间,船检局武汉分局对武汉船用机械厂的甲板机械、武汉水泵厂的水环真空泵、武汉内燃机厂的160系列船用柴油机、武汉长航电子设备厂的船用磁饱和充电机等船用产品颁发了型式认可证书。1986年12月,船检局武汉分局向武钢授予410级船用锅炉钢板型式认可证书,促使武汉钢铁公司成为我国第一家获得船用锅炉钢板ZC认可的工厂。

1985—1986年间,船检局秦皇岛分局对邢台电焊条厂生产船用焊条进行工厂认可检验,颁发工厂认可证书。对保定水泵厂的船用水泵进行型式认可检验,签发型式认可证书。

1985—1987年间,船检局天津分局对天津重型机器厂生产船用铸锻件、天津市中板厂生产船用钢板进行工厂认可检验,并颁发了工厂认可证书。对国营凌云无线电厂的船用无线电定位仪进行型式认可,签发了型式认可证书。

1984—1986年间,船检局青岛办事处对国营淄博蓄电池厂生产的船用蓄电池、德州电机厂的船用电机、青岛风机厂的船用通风机进行型式认可检验,签发了型式认可证书。

1984—1986年间,船检局南京办事处对镇江船舶螺旋桨厂制造螺旋桨、南京岩棉制品厂生产船用岩棉制品进行工厂认可检验,颁发工厂认可证书。对泰县船用辅机厂制造的船用空压机签发了型式认可证书。

1984—1986年间,船检局重庆办事处对成都电焊条厂船用焊条进行工厂认可,颁发工厂认可证书。对重庆蓄电池厂的船用蓄电池,签发型式认可证书。

20世纪90年代进行工厂认可检验的主要厂家:1993年对太原钢铁公司、重庆钢铁公司、铁道部山海关桥梁厂等进行了工厂认可。1994年对鞍山钢铁公司、上海电缆厂、中国国际海运集装箱有限公司等著名企业进行了工厂认可。1995年上海宝山钢铁公司、第二重型机械集团公司、上海电焊条厂、成都无缝钢管厂、舞阳钢厂、杭州前进齿轮箱集团公司、湖北红旗电缆厂等企业接受了船检的工厂认可检验。1997年对第一重型机械集团公司、攀枝花钢铁有限公司等企业进行了工厂认可。截至1998年底,已对国内1115家船用产品制造厂进行了认可,认可的船用产品近500种4935个规格型号(含国外厂家产品)。

2.船用产品认可工作组专项检验

为了提高船用产品的国产化水平,船舶检验局在按国际标准实施船用产品检验的同时,本着"一检、二帮、三把关"的检验原则,帮助国内船用产品制造厂熟悉有关规范标准,建立必要的质量管理制度,完善质量检测手段,促使制造厂生产的船用配套产品很快达到国际标准要求,提高了产品质量和造船工业的国产船用设备的配套水平。

1980年12月初,北京重型机器厂对其制造船用铸锻件,申请船舶检验局进行工厂认可。船舶检验局组织天津、大连、上海、长江区各办事处有关人员,组成船舶检验局首次进行工厂认可的工作组,拟订了工厂认可工作计划,相继召开了工作组进厂会议,进行现场考察,调查了各车间的生产设备、检验设备及人员配备,审查了工厂检验规章制度、技术档案管理制度,并选取推力轴、曲轴主轴颈、联轴器等3种锻件和汽轮机主气阀壳1种铸钢件进行10个试样的拉力试验、冲击试验、冷弯试验,以及化学成分、晶粒度、夹杂物分析,经对铸件的超声波、磁粉探伤,对锻件的超声波探伤后,确认其合格,于12月5日船舶检验局签发了第一份工厂认可证书。

1980年后,我国大量建造出口船舶,为了打开船用钢材在出口船舶上使用的局面,六机部生产调度局、冶金部钢铁司和船舶检验局经过多次协商,联合发出《关于在鞍钢、武钢、唐钢、上海市冶金局钢厂开展造船用钢材检验工作的通知》。1980年,船舶检验局先后对上海第一钢铁厂和武汉钢铁公司派出"船板检验工作组",通过为大连造船厂建造27000吨出口货船提供优质船用钢板,及时总结经验。1981年,武汉钢铁公司在船检局长江区办事处的帮助下,率先向船舶检验局提出对该厂船用钢材生产进行工厂认可检验的申请。同年3月30日,船舶检验局为武汉钢铁公司颁发了工厂认可证书,确认该公司的第一炼钢厂、第二炼钢厂、初轧厂、轧板厂、热轧厂具有生产ZCA、ZCB、ZCD、ZCE级船用钢板和ZCA、ZCB级船用型材的能力。1981年4月1日,船检局上海办事处应上钢一厂申请,对其生产船用钢材进行工厂认可检验。经检验认定该厂具有生产ZCA、ZCB级船用钢板的能力,并颁发了工厂认可证书。这是首批获得船舶检验局"工厂认可证书"的造船用钢材制造厂。

随着我国船舶出口贸易的迅速发展,我国船用电缆制造业在船舶检验局的帮助下着手进入国际市场的准备。1980年11月,船舶检验局组织上海、大连、广州,以及长江区办事处,会同上海电缆研究所、六机部701所、上海电机公司和上海电缆厂的专业人员组成认可工作组,开始了对该厂认证的准备工作。鉴于该厂的生产标准与船用标准的要求差距较大,工作组经过一年多的艰苦工作,帮助该厂制订了符合IEC标准和有关国际标准要求的新企业标准,按新企业标准试制的3批4种型号57种规格的电缆,每批进行了21项型式试验。依据国际标准要求,改建和新建了11个试验室。从而改变了该厂标准落后,试验手段跟不上要求的局面,解决了该厂生产电缆铜线材的力学性能和电阻率不符合IEC标准要求及电缆橡胶护套老化以及电缆性能测试项目和型式试验项目过少等具体技术问题。1982年通过了船舶检验局的型式认可检验,获得了船舶检验局签发的4种型号的船用电缆型式认可证书。

1988年6月10—13日,船舶检验局组织大连、秦皇岛、天津、青岛、上海、湛江、武汉、芜湖、重庆、宜昌等分局和海船规范所、河船规范所的16名验船师及大连、新港、江南、沪东、黄埔等10个造船厂的12名代表共同组成了联合认可工作组,首次对锦州市电焊条厂生产的4种烧结焊结剂进行认可,并颁发了工厂认可证书。

3.船用产品联合检验及代理检验

1978 年 2 月,国家计委就 17500 吨级出口货船检验,支持船舶检验局按照国际惯例提出的 50 项随船出口主要设备,需经船检部门检验发证的意见。随后,国家经委要求出口船用产品的制造厂向船舶检验局及其分支机构申请检验。国务院在 1978 年 2 月 7 日批准外国验船机构派验船师来华,对其在我国建造的入级船舶及其船用产品进行船舶入级和产品认可检验。由此,为船舶检验局对国产出口船及其船用产品开展国际合作检验打下基础。

1980 年船舶检验局对于需要取得外国船级社认可的、外国来料加工的和从外国进口的船用产品的检验工作,针对当时中国境内不得设立外国验船机构的现状,提出了一些具体解决办法。1984 年 1 月 28 日,国务院在其颁布的《中华人民共和国进出口商品检验条例》中,采纳我国产品质量监督检验专业机构的意见,规定:"进出口的药品检验、食品卫生检验及检疫、动植物检疫、船舶(包括海上平台)及主要船用设备以及集装箱检验,按照国家的有关规定办理"。进一步明确了船舶检验局在船舶及船用产品进出口中的监督检验职责,确立了船舶检验局对进出口船舶及船用产品进行检验的合法地位。为了协助制造厂扩大其船用产品的出口销路,船舶检验局与一些外国船级社合作,开展了船用产品联合检验发证业务。

为了使联合检验和代理验检验工作顺利进行,英国劳氏船级社在 1981 年 12 月 16 日,将其用在合格产品上打钢印的 ZC-LR 联合检验钢印发给船检局大连、天津、上海、武汉、广州办事处,同时明确船检局上海办事处对上海重型机器厂制造的铸锻件签发 LR 的 Cert.6 格式专用证书。同年 12 月 31 日船舶检验局发文通知大连、天津、上海、重庆、武汉、南京办事处在代理德国劳氏船级社检验中使用 GL 图章的办法。不久,挪威船级社的联合检验钢印也发给有业务往来的船检局办事处。

船检局天津办事处于 1979 年 10 月,协助天津市电焊条厂申请英国劳氏船级社认可,使该厂生产出了既符合船舶检验局规范要求,又符合英国劳氏船级社规范要求的船用焊条,成为我国首家被外国船级社认可的船用产品制造厂。其后,出于天津市电焊条厂船用焊条出口的需求扩大,1981 年 7 月 16 日,船舶检验局采取与美国船级社、法国船级社、挪威船级社、德国劳氏船级社、英国劳氏船级社、日本海事协会等外国船级社合作的检验方式,对该厂生产的 MT-12、T-50 等 7 种型号船用焊条进行认可检验,使该厂一次获得 7 国验船机构的型式认可证书,促使该厂生产的船用焊条畅销于欧美各国。从此,船舶检验局在船用产品检验中,广泛开展了与多国验船机构合作的检验业务。

由于船舶检验局在船用产品检验中协助制造厂熟悉应用国际标准,有助于顺利获得外国船级社的认可,有力地推进了船用产品出口业务的发展。这种明显的效果,引起了制造厂上级主管部门的高度重视。因此,1980 年 9 月 15 日,第六机械工业部与船舶检验局联合发出《关于申请外国船级社来华办理出口船用设备、材料、机电产品、集装箱的检验认可工作的若干规定》(试行),通知六机部所属船用产品制造厂,在外商要求提供外国船级社证书时,必须先向主管部门和当地船舶检验局办事处申请,由船舶检验局与外国船级社磋商检验和认可办法、时间、费用等事项。外国验船师来华进行认可或检验应在船舶检验局验船师陪同下进行。1981 年 1 月 24 日第一机械工业部和船舶检验局联合发出《关于申请外国船级社来华办理出口船用机电产品检验认可工作的暂行规定》,要求其下属产品制造厂,凡申请外国船级社检验的出口船用产品,应先向船舶检验局地区办事处申请办理,由船检、工厂、外贸、科研、公司组成工作组,船舶检验局负责与外国船级社磋商检验认可的办法、时间、费用等事项,认可后的监督检验工作按照船舶检验局与外国船级社签订的工作协议进行。1982 年 5 月 17 日,一机部第一办公室在下达的船用机电产品制造厂申请船舶检验发证工作计划的通知中,要求其分布在全国七省两市的 69 家船用产品制造厂,将其生产的 16 大类船用产品的型式认可或工厂认可申请列入年度计划。由此,船舶检验局的船用产品检验业务在全国各工业系统的船用产品制造厂普遍展开。

随后,全国各工业系统的很多船用产品制造厂,在船舶检验局的大力帮助下,取得了外国船级社的认可。北京重型机器厂在船舶检验局协助下,于 1981 年 2 月和 5 月,分别获得英国劳氏船级社和德国劳氏船级社的认可,确认该厂能制造符合英国劳氏船级社规范要求的船用锻件和符合德国劳氏船级社规范要求的船用铸锻件,使该厂生产的船用铸锻件广泛地用于我国出口船舶。

1981 年 5 月,船舶检验局会同英国劳氏船级社和德国劳氏船级社对武汉钢铁公司的船用钢材进行联合检验,使其一次获得两家外国船级社的工厂认可证书,为我国船用钢材出口创造了有利条件。

1986 年 7 月 23—27 日,船舶检验局会同英国劳氏船级社、挪威船级社、美国船级社、法国船级社、德国劳氏船级社、日本海事协会,对锦州市电焊条厂生产的天鹅牌船用焊条进行联合检验。该厂生产的天鹅牌焊条取得 6 家外国船级社签发的认可证书。

1981 年,船检局上海办事处协助上钢一厂申请英国劳氏船级社和德国劳氏船级社进行工厂认可检验。两个船级社对该厂船用钢材进行了联合检验,同年 7 月该厂获得了两个船级社的工厂认可证书。上海电缆厂于 1982 年先后通过了英国劳氏船级社和德国劳氏船级社的型式认可检验,成为我国第一家进入国际市场的船用电缆制造厂。

1982—1985 年,船检局大连办事处协助大连北海焊条厂、哈尔滨电焊条总厂、丹东市焊条线材厂取得英国劳氏船级社、挪威船级社、美国船级社签发的认可证书。协助大连船用推进器厂、大连船用阀门厂、牡丹江电焊条厂取得英国劳氏船级社、挪威船级社签发的认可证书。

1986 年 7 月,船检局大连分局与挪威船级社联合检验大连船用柴油机厂制造的 B&W5L80MCE 型船用柴油机。1987 年 4 月,与波兰船舶登记局(PRS)联合检验该厂制造的 B&W5L60MCE 型船用柴油机。同年与挪威船级社联合检验了该厂制造的世界首台 B&W5S60MCE 船用柴油机。1989 年 12 月,与美国船级社联合检验该厂制造的 B&W5L70MCE 型船用柴油机。1990 年 7 月,同英国劳氏船级社联合检验大连船用柴油机厂制造的 B&W5L60MCE 型船用柴油机。

1981 年,船检局广州办事处与英国劳氏船级社合作,对广州造船厂生产出口的滑轮进行联合检验,并代表英国劳氏船级社签发了证书。1983 年,与日本海事协会合作,对广州柴油机厂出口的 2 台船用柴油机进行联合检验。以后又代理了美国船级社对佛山锚链厂生产的锚链和广西梧州锻铸件厂生产出口的船用锚进行检验。代理 ABS、LR、DNV、GL 等船级社对韶关焊条厂、南宁焊条厂、桂林焊条厂进行保持工厂认可的年度检验。还代理了日本海事协会对潮阳船用配件厂生产出口的船用滑车进行检验发证。

1981 年,船检局长江区办事处先后与各外国船级社联合进行船用钢板、电焊条、铸锻件、甲板机械等产品的认可检验。1988 年 4 月,代理英国劳氏船级社对武汉 461 厂制造的舵机、船用起重机进行检验和试验。

据不完全统计,到 1982 年 6 月,船舶检验局已与英国劳氏船级社合作对我国的 10 家电焊条厂、6 家钢铁厂、4 家重型机械厂进行了工厂认可或型式认可;与德国劳氏船级社合作对我国的 5 家钢铁厂、2 家重型机械厂、2 家电焊条厂、1 家锻造厂、1 家锚链厂进行了工厂认可或型式认可;与美国船级社合作对我国的 3 家铸锻厂、2 家钢厂、1 家重型机械厂、1 家锚链厂进行了工厂认可或型式认可。

1992 年 3 月 28 日,交通部颁布《外国船舶检验机构在中国设立常驻代表机构管理办法》,同年 5 月 27 日开始批准外国船级社驻华检验机构,外国船级社开始进入中国市场独立发展。同时,1992 年 7 月 23 日国务院发布《全民所有制工业企业转换经营机制条例》,给予许多国有船用产品厂对外经营权。由此,1980 年建立起来的由船舶检验局代理国内船用产品厂申请外国船级社检验发证的制度,在国内船用产品厂直接面对外国船级社的交往中逐步失去了应有作用。

中国船级社的船用产品合作检验,则依据相关合作协议进行。中国船级社利用自身检验网点分布广,对国内船用产品厂了解深刻等优势,随着中国造船材料和船用产品进入国际市场,中国船级社代理外国船级社的检验业务仍保持了一定的增长。据 1993 年和 1994 年的统计,在外国船级社进入中国市场后,中国船级社代理的检验项目由 1993 年的 95 项增加到 249 项,增加了 162%;代理检验的船用产品由 1993 年的 5 种增加到 9 种。到 1996 年,中国船级社已相继接受 11 家国外船级社的委托,对国内船用产品厂生产的船用钢材、铸锻件、焊接材料、主机、锅炉、锚链、锚、救生艇、吊艇架、钢丝绳、齿轮箱、集装箱等 10 余种船用产品进行了船用产品代理检验。

(二)开拓国外船用产品检验业务

由于船舶进出口业务的兴起,促使国外船用产品制造厂开始向船舶检验局申请船用产品检验。1977 年,联邦德国曼恩柴油机公司首次申请船舶检验局对其生产的 KSZ90/160B/BL 型船用柴油机进行型式认可检验。船舶检验局当时不便于派出验船师前往该厂检验,没有对 KSZ90/160B/BL 型船用柴油机进行认可检验。按照与德国劳氏船级社的合作协议规定,委托该社代理船舶检验局进行产品检验及发证工作。其后,随着国外船用设备制造商申请认可检验的业务增加,船舶检验局按照国际惯例提出派遣验船师到国外进行船用产品认可检验。对此,国务院在 1978 年 9 月 18 日批准船舶检验局派验船师赴日本,随后批准船舶检验局派验船师赴联邦德国,对国外生产的船用产品进行产品认可检验。据此,船舶检验局在 1979 年正式派出验船师出国,先到联邦德国、瑞士,后赴日本对其生产的有关船用产品进行产品型式认可检验与发证,从而推动船舶检验局有关国外船用产品的认可检验业务的发展。

1979 年 6 月 26 日,船舶检验局根据联邦德国曼恩柴油机公司的产品型式认可申请,首次派验船师赴联邦德国,与另外 9 家船级社一起,对该公司奥格斯堡工厂的 KSZ52/105C/CL、KSZ70/125B/BL、KSZ90/160B/BL 等 3 种型号船用柴油机,进行联合型式认可检验,签发船用产品认可证。当年 8 月 14 日,验船师赶赴曼恩柴油机公司汉堡工厂,对 L/V20/27、L/V32/36、L/V40/45 等 3 种型号船用柴油机进行型式认可检验,并签发了船用产品认可证。

1979 年 9 月,船舶检验局派验船师赴瑞士,与其他 9 家船级社一起,对 SULZER 公司的 RLA56、RND68M、RND76M、RND90M 等 4 种型号船用柴油机进行联合型式认可检验,签发船用产品认可证。还对瑞士制造的 VTR 系列 17 个型号的船用废气涡轮增压器进行了型式认可。

同年 10 月,船舶检验局派验船师赴日本,对朝日石棉工业株式会社、住友橡胶工业株式会社、日东纺织株式会社、谷垣工业株式会社、佐野纸芸株式会社 5 家耐火材料制造公司生产的船用硅酸钙板、不燃材料、表面装饰材料、甲板敷料、耐火舱壁、天花板等 31 种型号的耐火材料,进行了型式认可检验,签发船用产品认可证。

1980 年 9 月,船舶检验局派验船师赴瑞典、英国进行船用耐火材料认可检验。对瑞典两家船用耐火材料制造厂生产的 B-15 和 A-60 级防火门,FP-1、FP-190、FP-1W 型号的耐火装饰板进行型式认可检验,并签发了船用产品认可证。对英国的船用防火舱壁板、天花板、浮动地板制造厂生产的 A15、A30、A60 及 B0、B15、C 级防火舱壁板和 B0、B15、A15、A30、A60 级防火天花板和浮动地板进行产品型式认可检验。之后,各国船用设备制造厂向船舶检验局申请检验的船用产品接踵而来。

在第六个五年计划期间,国家计划委员会安排船舶工业总公司为交通部建造 250 万吨船舶。船舶主要配套设备大部分由国外供货,产品厂家申请船舶检验局进行船用产品检验发证。以日本厂家为例:1983 年船舶检验局检验了 YANMAR 柴油机株式会社制造的船用柴油机,大洋电机株式会社及富士电机株式会社的船用发电机,东京计器的雷达、电罗经、自动操舵设备,大阪通风机厂的主机应急鼓风机,岐阜工厂的船用主配电板,日本无线电株式会社的船用无线电通信设备等船用产品。1984 年检验了山阳制作所的救生艇,西芝电机株式会社及富士电机株式会社铃鹿工厂的船用发电机,大洋无线电株式会社的船用无线电测向仪、劳兰定位仪、气象传真机,泵浦制造株式会社的船用应急消防泵,三井物产株式会社的油船货油泵,日本制钢所广岛制作所的船用起重机等船用产品。1985 年检验了日本中北制作所的船用蝶阀,寺崎工厂的船用主配电板,大洋电机株式会社的船用应急发电机等船用产品。

1982—1984 年间,船舶检验局对下述日本厂家的船用产品进行了型式认可检验,并签发型式认可证书:1982 年 6 月,日本船用辅机制造厂制造的轴流通风机、造水装置、空调机、伙食制冷装置、制冷装置用阀。1983 年 6 月,日本船用仪器制造公司的船用雷达、电罗经、自动操舵设备等产品,检验合格后为其合计签发产品型式认可证书 26 份。1984 年 1 月 29 日—2 月 11 日,日本船用起货机制造公司的 G3628 型液压起货机。1984 年 4 月 10 日—5 月 3 日,日本森尾电机株式会社、三信电器株式会社、日本船灯株式会社、泉辰株式会社等 4 家公司制造的航行灯、防爆蓬顶灯、防爆开关、防爆接线盒、苏伊士运河灯、白昼通信信号灯和号笛。日本橡胶株式会社的气胀式救生筏。日本推进器制造公司的可调螺距螺旋桨、侧推器。1984 年 4 月 21 日—6 月 1 日,大发柴油机公司的 6PL、6DS、6DL 型船用柴油机及 MD-9 油雾探测器,日本防灾工业公司的 CO2 灭火系统、1301 灭火系统、烟探测系统、火灾报警系统、无缝钢瓶等。1984 年 5 月 12 日,日本号笛生产公司的船用号笛等有关产品签发船用产品型式认可证书合计 26 份。1984 年 10 月,日本 4 家电气设备制造公司的船用电缆、船用发电机、船用空气断路器、船用配电板。1984 年 12 月,YANMAR 柴油机株式会社的 S185L、6UL、M200L、6ML、T220L 型船用柴油机。

此外,1984 年 1 月 15 日—2 月 24 日应日本钢铁制造企业申请,船舶检验局会同中国五金矿产进出口公司、中国船舶工业总公司赴日本对其向我国出口船用钢材的 12 家钢厂制造的 A、B、D、E 级钢板,以及 D32、D36、E32、E36、A32、A36 高强度钢板进行工厂认可检验,检验合格后为各家钢厂签发工厂认可证书合计 17 份。

20 世纪 80 年代初,船舶检验局在国外的船用产品检验业务增长迅速,其中对日本的船用产品检验业务量增长最快。统计显示,1984 年一年内就有 22 家日本船用产品制造厂申请船舶检验局认可检验,致使船舶检验局按常规从国内派验船师出国检验的做法,满足不了船用产品检验快速增长需要。为了不影响船东或船厂订货和交货期限,船舶检验局决定在日本船用产品制造相对集中地区,派验船师短期常驻从事船用产品检验,以方便制造厂及时申请检验。后经协商,船舶检验局接受日本大阪造船厂提供的住所,从 1984 年 4 月 22 日起,陆续派出数批验船师短期驻日,承担日本船用产品厂检验发证业务,以维系船舶检验局在日本船用产品检验业务的连续性。船舶检验局派验船师短期驻日的检验方式,一直持续到中国船级社设立大阪办事处为止。

船舶检验局对国外船用产品的认可检验持续增加,如 1986 年为联邦德国、瑞士、日本、瑞典、英国、美国、奥地利等 7 个国家的 36 家船用产品制造厂的近 200 种型号的船用产品进行了型式认可。还对日本的 3 家工厂及美国的 1 家工厂进行了工厂认可。1987 年增加挪威、西班牙、比利时、新西兰等国的船用产品厂的认可。同年对 58 家的 397 种型号的船用产品进行了型式认可。还对日本、美国的 3 家船用产品厂进行了工厂认可。

1988 年,船舶检验局的船用产品检验业务,增加了加拿大、波兰等国的船用产品厂家。截至 1988 年底,船用产品检验业务从亚洲、欧洲扩展到北美洲、大洋洲,对 19 个国家的 178 家船用产品制造厂进行了认可检验。

1989 年 10 月 10—12 日,对瑞典 Nitro Metall 公司采用爆炸压力焊这种特种制造工艺生产的钢铝异种金属过渡接头进行产品型式认可检验。1991 年对澳大利亚、马来西亚、韩国等国的厂家生产的船用产品进行型式认可检验。

1993年4月16日,中国船级社首次派员去南非VESCO PLASTICS公司,对其生产的船用塑料轴承材料进行产品型式认可检验。1994年,中国船级社派员对英国Bridon国际公司生产的船用钢丝绳进行工厂认可检验。1994年,是中国船级社对外国厂家型式认可证书换新的一个高峰期,一年中对29个国家或地区的166家工厂进行了重新认可工作,换发了新的型式认可证书。

到1998年底,对国外认可检验的船用产品主要有:瑞士Sulzer、丹麦B&W、德国MAN、日本YANMAR、美国Caterpillar等世界著名柴油机公司制造的船用柴油机;瑞典、英国、德国、日本等国生产的船用耐火材料;丹麦、英国、美国、新加坡等国制造的船用锅炉和辅机;美国、英国、法国、丹麦、日本、德国、意大利、奥地利等国生产的船用电气设备和航行设备;日本、西班牙等国生产的船用材料;新西兰生产的船用喷水推进装置;南非生产的塑料轴承材料等。中国船级社对101家船用产品厂签发了工厂认可证书,对286种产品签发了产品型式认可证书。

(三)开展防污染设备检验业务

1978年,政府间海事协商组织通过了《经1978年议定书修正的1973年国际防止船舶造成污染公约》(简称MARPOL73/78公约),要求各国政府对装船使用的处理油污水、生活污水、垃圾等的防污染设备,进行检验发证。中国政府于1980年决定内部试行,1983年7月1日加入《MARPOL73/78公约》,同年10月2日对我国生效。《MARPOL73/78公约》附则I防止油污规则也同时生效。中国政府授权船舶检验局执行防污染设备的检验发证业务。

内部试行期间,船检局南京办事处检验了南京船用辅机厂制造的WSH-20型污水处理装置,镇江防污染设备厂制造的0.5T、3/5T、10T型舱底水分离器,沙洲船用锅炉厂制造的WC-120型污水处理装置及CFZ-40型焚烧炉。船检局秦皇岛办事处检验了秦皇岛市船用机械厂制造的0.25T/H及0.5T/H型污油水分离器。船检局上海办事处检验了常州第二航海仪器厂制造的YSCE0-15型产品及上海船研所航仪厂制造的CYF油污水分离器。

船舶检验局于1983年发出《船舶防污染设备检验发证的通知》,要求船用防污染设备必须经船舶检验局检验合格后才能装船使用。同年,船检局上海办事处应江苏常州第二航海仪器厂的申请,对该厂生产的YSCZ系列油水分离器进行了型式试验,由船舶检验局签发了第一份防污染设备认可证书,并将该厂生产的该型产品作为中国政府认可的第一批防污染设备报送国际海事组织。随后,船舶检验局在国内广泛开展了船用防污染设备检验。每年4月和10月两次将认可发证的船用防污染设备通告国际海事组织备案。

船检局南京分局对太兴船舶机械厂制造的生化法污水处理装置及江陵仪器厂的污物粉碎机进行型式认可检验。船检局大连分局对大连市金州防污设备厂制造的油水分离器进行型式认可检验。船检局上海分局对上海船舶仪器设备厂制造的真空式油水分离器及江都环保设备厂的油水分离装置进行型式认可检验。船检局武汉分局对武汉国营江岸机床厂制造的船用油水分离器及武汉市武昌气焊设备厂的船用非机动油水分离器进行型式认可检验。船检局广州分局对顺德船舶机械厂制造的油污水处理装置及国营华南船舶机械厂的固定式原油洗舱机进行型式认可检验。

随着《MARPOL73/78公约》附则Ⅱ控制散装有毒液体物质污染规则及附则Ⅴ防止船舶垃圾污染规则相继生效。船舶检验局于1990年与国家环保局进行协调,进一步明确船舶检验局是代表国家对船舶与海上设施所用设备执行防污染检验的技术监督机关。船舶检验局的船用防污染设备检验业务稳定发展。到1992年,在国内已有20余家制造厂生产的7种防污设备产品经船舶检验局检验认可。1994年

12 月 13 日《MARPOL73/78 公约》附则Ⅲ防止海运包装有害物质污染规则生效，船用防污染设备检验业务范围进一步扩大。

此外，船舶检验局于 1982 年 6 月首次赴日本对日新兴业株式会社及船用辅机制造厂生产的污水处理装置、焚烧炉等防污染设备进行型式认可检验与发证，开始了对国外制造厂生产的船用防污染设备的检验业务。1984 年 1 月 4 日至 2 月 6 日期间，对联邦德国 GESTKA AKTIENGESELLSCHAFT 公司制造的 OR345 型 15ppm 油分计、HOWALDTRWER-KE-DEUTSCHE WERFT 公司的 TEF 0.5-20S 型油水分离器、RWO MASCHINENFABRIK GmbH 公司的 GSF 0.25-10 型油水过滤设备进行产品型式认可检验，型式试验合格后，船舶检验局签发了船用产品型式认可证书。1984 年，对日本机械制造公司的 ST 型污水处理装置、OTM 型污油排放监控装置签发船用产品型式认可证书。到 1992 年，船舶检验局已对日本、德国、英国、丹麦、瑞典、西班牙、挪威、意大利、美国等 9 个国家 21 家防污设备制造厂生产的 15 种船用防污染设备进行了型式认可与发证。

（四）开展产品公证检验业务

改革开放后，在中国工业经济与世界接轨的过程中，在按国际惯例对大型机械设备执行第三方检验的业务，存在许多缺口。对此，船检部门发挥自身技术优势，积极开展有关工业设备的第三方检验业务，填补了我国某些行业第三方检验的空白，在工业设备进出口业务中发挥了积极作用。

1979 年，大连金州重型机器厂引进联邦德国技术和材料制造化工厂低温甲醇洗、液氮洗设备项目中的甲醇再生塔、分离塔、罐、冷却器、氢氧化钠进料罐、冷凝器、氮加热器等部分化工设备，其最高工作压力 9.807兆帕，介质温度从-195 摄氏度到+380 摄氏度。德方按照国际惯例要求由中国权威机构进行第三方检验发证。船检局大连办事处于 1980 年 3 月承担了该项化工设备的检验发证任务，同年 9 月 22 日完成了对第一套设备的检验发证工作，受到联邦德国专家的赞扬。此后，船检局大连办事处又相继对该厂生产的第二套、第三套化工设备进行了第三方检验发证。

1980 年，上海港口机械制造厂为马耳他建造船坞用的 150 吨门式起重机和 30 吨门式起重机，该机在国外安装时马耳他提出由第三方检验发证的要求。船检局上海办事处在接到申请后，对上述起重设备进行了第三方检验，并于 1980 年 1 月 30 日签发了第一份援外陆用起重设备的检验证书。

1989 年，石油部辽阳钢管厂申请检验地下输油管道用的螺旋焊接钢管。管径为 325 毫米至 920 毫米等 9 种规格。船检局大连分局对螺旋焊接钢管进行型式认可检验，并签发型式认可证书。

1996 年对宝鸡钢管厂、成都钢管厂、资阳钢管厂生产的用于西气东输的无缝钢管进行检验。并相继完成出口苏丹油田 5 种规格的 2000 吨无缝套管输油管线的制造监理。接受法国 SEDIS 公司委托，对常州链轮厂制造的链轮进行检验发证。1997 年对出口伊朗的 4 台 32.5 万千瓦火力发电机组和 4 座水力发电站的 19 套发电机组的设备进行检验。

三、开展验证试验机构和气胀式救生筏站认可

（一）船用产品验证试验机构认可

为了确保船用机电设备的性能和产品质量符合船舶规范，以及有关国际公约、国际标准和国家标准的要求，使其适应各种水域环境条件的变化，1981 年，船舶检验局决定对船用机电、消防设备的产品验证试验机构进行认可。经过几年的筹备，1984 年 9 月 10 日，船舶检验局颁布实施了《关于船用产品验证试验机构的暂行规定》，要求从事船用产品验证试验的机构需经船舶检验局认可授权后，才能执行有关船用

产品范围内的验证试验工作。同年 11 月 9 日,船舶检验局对冶金部钢铁研究总院的测氢验证试验工作进行检验认可,签发了第一份验证试验机构的认可证书。

1984—1986 年间,又相继对交通部水运科研所有关溢油分散剂和 15ppm 油分浓度报警器验证试验;对机械工业部广州电器科研所有关船用电器环境条件试验,电工电子产品、分马力电机和生活电器验证试验;对机械工业部上海电器科研所船用电工产品检验站有关船用中小型电机、船用低压电器、船用环境条件、船用甲板机械和船用电气设备的验证试验;对上海中国电工产品认证委员会电线电缆型式认可含性能试验进行了检验认可,签发了验证试验机构的认可证书。并于 1988 年在已开展工作而取得了一定经验的基础上,公布实施了《船用产品验证试验机构认可办法》,完善了船舶检验局有关船用产品验证试验机构认可检验的规章制度。

1988—1990 年船舶检验局开始在广泛的领域内进行有关船用产品验证试验机构的认可检验,相继对中船总公司船用辅助机电设备性能及环境试验检测中心有关生活污水处理装置、船用控制设备和开关装置的验证试验;对中船总公司洛阳船舶材料技术检测中心及其所属厦门涂料检测站有关船用钢材、有色金属材料、非金属材料、铸锻件、高温合金、精密合金、金属防护涂层、焊接材料、船用材料及机械零部件失效分析和船用涂料的验证试验,进行了检验并签发证书;对国家防爆电器产品质量监督检验测试中心有关船用防爆电器的验证试验;对上海工业自动化仪表所船用仪表技术试验中心有关船用仪表和上海灯具所船用灯具试验验证中心关于船用灯具的试验,进行了检验并签发证书。

20 世纪 90 年代,船舶检验局对辽宁省计量测试研究所船用产品验证试验站进行验证试验机构认证;对公安部沈阳消防研究所国家消防电子产品质量监督检验测试中心进行验证试验机构认证;对佳木斯防爆电器研究所国家防爆电器产品检测中心进行验证试验机构认证,均取得验证试验机构授权证书。船舶检验局授权上述各试验验证机构执行认可范围内的试验验证工作,有力地保证了船用产品使用可靠性。

(二)气胀式救生筏站认可

《1960 年国际海上人命安全公约》提出船舶配备气胀式救生筏的要求。该公约于 1974 年 1 月 5 日对我国生效,从 20 世纪 70 年代起航运企业陆续为其船舶配备气胀式救生筏。为了确保气胀式救生筏始终处于良好使用状态,公约规定要定期进行检修。当时国内只有西北橡胶厂、上海橡胶制品四厂、广州橡胶十三厂等三家生产气胀式救生筏,它们只能检修自家生产的气胀式救生筏,没有取得国外厂家的授权,无权检修国外厂家生产的气胀式救生筏。当时,不仅外国船舶配备国外厂家的气胀式救生筏,就是我国买的许多二手船也都配备国外的气胀式救生筏。国内没有相应的检修单位提供气胀式救生筏检修服务,气胀式救生筏检修成为一大难题。

对船舶进行安全设备检验时,北方各港的船检部门,如遇气胀式救生筏到期束手无策。船检局天津办事处曾将气胀式救生筏运往西北橡胶厂检修。但由于路程远,往返运输时间长,费用大,检修不及时,而难以满足船东要求。为了解决这个问题,1976 年 5 月,船检局天津办事处经过努力筹建了我国第一个专业性气胀式救生筏检修单位“天津港气胀式救生筏检修站”,解决了抵达天津港的船舶检修气胀式救生筏的问题,同时也为我国检修气胀式救生筏引进了技术,为其后各港建立气胀式救生筏检修站积累了经验。从此,我国沿海各港气胀式救生筏检修业务逐步展开,到 1992 年各港气胀式救生筏检修站已达 45 家,较好地解决了国内外船东对气胀式救生筏检修的需求。

为了加强对气胀式救生筏的检修质量管理,确保国际海事组织第九次大会 333 号决议《关于气胀式救生筏检修站有关认可条件的建议案》在我国有效实施,船舶检验局依据气胀式救生筏检修站需经政府主管部门审批,接受国家监督检查的有关规定,于 1981 年 3 月发出《关于办理气胀式救生筏检修站认可的通知》和《气胀式救生筏检修站的认可条件》,决定从 4 月开始对气胀式救生筏站进行检验认可。同年 5 月 10 日,船舶检验局为上海橡胶制品四厂气胀式救生筏检修站签发了第一份救生筏检修站认可证书。

1987 年,船舶检验局公布实施《气胀式救生筏站的认可条件》,规定申请认可的救生筏检修站需提供筏站检修场地和设备状况,成立以来的修筏数量、质量和试样报告,拥有的主要属具、备品及原材料供应情况,筏站工作人员名单,技术职务和修筏简历,以及有关的规章制度、操作要求和检修标准等。船舶检验局依据对提供材料的审查意见和现场检验进行认可,合格后签发救生筏检修站认可证书。认可后每两年进行一次换证检验,使其保持良好的检修质量。

船舶检验局对我国气胀式救生筏检修站的认可发证工作迅速展开,到 1992 年底已对我国沿海 16 个港口设立的 29 家气胀式救生筏检修站签发了认可证书,对 16 家不符合要求的救生筏检修站取缔了检修资格,从而整顿了我国气胀式救生筏检修市场,有效地保障了气胀式救生筏的检修质量。

四、开展地方船用产品检验业务

(一)地方船用产品检验初始

在改革开放中,各省、自治区、直辖市地方水运发展很快,新建各类船舶不断增加。为了保障船舶的航运安全,各地方船检部门在船检局的指导下,于 20 世纪 70 年代开始对船厂自制的舵机、锚机和地方小厂生产的救生衣、救生圈进行检验发证。

1978 年 4 月,江西省车船监理处在船检局长江区办事处指导下,同抚州船舶监理所一起对南丰县玻璃钢厂生产的救生圈进行检验;同年 9 月,江苏省南通市船检部门对南通轮船公司研制的船用电子数字显示测深仪进行了检验,开始了该省分管范围内的船用产品检验工作。

在 20 世纪 70 年代末,浙江、湖北、湖南等省地方船检部门对当地生产的救生筏、救生衣、救生圈及锚泊设备等船用产品已部分开展检验,但由于品种单一,数量有限,以及检验技术力量等原因,故尚未形成一定的制度。

(二)拓展地方船用产品检验业务

1982 年,交通部召开第一次全国地方船检工作会议。会后,各省、自治区、直辖市按照会议要求,开始建立三级管理的地方船检体制。1983 年,船检局颁布了《船用产品检验规则》。各地方船检部门根据本地区实际情况相继开发了对地方制造厂生产的船用产品检验业务。

1983 年 12 月,江西省船检处会同上饶船检所对波阳二轻机械厂生产的四爪锚进行拉力和投落试验;1984 年 10 月,对南昌市航运公司生产的手动汽笛和闪光灯进行了检验;1986 年 1 月在船检局指导下,对南城县救生圈厂生产的泡沫救生衣和波阳船厂生产的船用无档电焊锚链进行了产品检验和鉴定;1988 年 7 月,该省与黑龙江省、湖北省、浙江省船检处对乐平县江西为民机械厂生产的 67 式舷外汽油机进行了检验和鉴定。该省先后对救生衣、救生圈、锚、锚链、舷外挂桨机、起锚机、油水分离器、超载报警装置、闪光灯控制器、船用配电控制箱等船用产品进行了检验发证。

1980 年 3 月,江苏省交通局发布《关于加强对船用产品检验的通知》之后,该省开展了地方船用产品检验业务,到 1990 年检验发证的船用产品有舷外挂桨机、铸铁螺旋桨、锚链、油水分离器、空气瓶、齿轮箱、手摇泵、双螺杆泵、油轮呼吸阀、配电箱、配电屏、电动锚机、液压舵机以及 4135 船用柴油机等 109 个品种 231 种规格。

1988年9月,湖南省船检处召开了船用产品检验工作会议,就船用产品检验工作进行专题研讨,促进了省船用产品检验业务的发展。到1992年,该省检验发证的船用产品有救生浮具、信号灯、控制箱、配电屏、齿轮箱、霍尔锚、船用电池、油水分离器等。从1992年起,又开始了对船用防污设备的检验。

1989年8月,浙江省船检处开始受理船用产品型式认可,首先对舟山普陀蓄电池厂生产的船用蓄电池进行了产品型式认可;1990年,该省船用产品检验取得了突破性进展,一年内已有41家船用产品制造厂申请检验,其中获得产品型式认可的工厂有6家,接受产品检验的工厂有20家。到1993年,全省已对宁波、绍兴、嘉兴、温州等16家企业生产的主配、分电箱、控制器、蓄电池、船用底漆、低压空气瓶、船用阀门、机驾合一装置以及油污水分离器等船用产品进行了产品型式认可,并颁发了型式认可证书;对80余家企业生产的螺旋桨、救生设备、消防设备、船用灯具、甲板机械、锚链、缆绳、助航设备、水密门窗等进行了型式认可前的产品检验。从1994年开始,浙江省船检处每年编制《浙江省船用产品目录》,向社会公布列入浙江省船舶检验局船用产品检验目录的厂家、产品种类、产品目录及分类号。1999年共检验船用产品380余批次。

1983年后,福建省船检处船用产品检验发展迅速,到1992年,该省检验发证的船用产品有螺旋桨、轴系锻件、尾柱锻件、小型柴油机、配电板、发电机、电动机、玻璃钢救生艇、航行灯、号笛、船用焊条等。

1989年,山东省船检处对小清河航运局动力机械厂生产的135型船用柴油机首次进行产品型式认可,开始了船用产品检验业务。1990年又对龙口蓄电池厂生产的6JC-195型船用电池进行型式认可。

1990年,上海市船检处开始船用产品检验,到1992年,已对14家地方制造厂生产的锚机、舵机、空压机、救生设备、信号装置等39个品种,48种型号的船用产品进行了检验发证。

1991年,四川省船检处根据本省交通厅颁发的《关于对船用产品实施监督检验的通知》,提出了《四川省船用产品监督检验暂行意见》,为开展船用产品检验做好准备工作。

1996年,湖南省船舶检验局制定了《湖南省船用产品检验工作程序》,并对全省船用产品生产企业的工厂概况、生产能力、技术管理、质量管理、生产工艺和质保体系进行了考查。

1997年,湖南省船舶检验局对常德市造船厂生产的船用空气瓶,长沙航行自控设备厂和长沙自控工程成套厂生产的船用电气设备、岳阳恒立集团生产的CISQ82船用空调进行了检验发证。

五、渔船专用产品检验业务发展

(一)渔船专用产品检验初始

山东省渔船检验部门的渔船专用产品检验业务开展得较早,在1957年便在渔船的建造和修理检验中,开始对船厂生产的若干渔船专用产品进行制造检验,合格后才安装上船,但不签发船用产品证书。

20世纪70年代末,沿海各渔港的渔船管理站的检验人员,经过多年工作,在渔船专用产品检验方面积累了一定的经验,感到没有正规的船用产品检验基础,就很难提高船舶检验工作质量。因此,着手准备开展这项工作。

(二)渔船专用产品检验步入正轨

1979年中华人民共和国船舶检验局渔船分局(以下简称渔船分局)成立时,交通部、国家水产总局在《关于水产部门船检机构对外名称和印章等问题的联合通知》中规定:“渔船分局对水产系统生产的渔业船舶用的主要船用产品和材料执行监督检验,技术条件符合规定的发给检验合格证件”。于是,在渔船检验系统内,渔船专用产品检验开始向正规化发展。

对此,山东省的渔检部门在1978年首次受理淄博渔轮柴油机厂生产的8300C型441千瓦船用柴油机的检验申请的基础上,在对其进行从审图到制造检验、台架试验(性能测试和耐久试验)之后,于1980年4月1日签发了渔船检验系统第一份船用产品检验证书。同年4月底,渔船分局大连检验处对DY8300C型渔船柴油机进行了检验发证。1981年,各渔船检验部门先后开始了有关船用产品的检验,如:渔船分局上海检验处对南通渔船柴油机厂生产的6E150C型147千瓦船用柴油机执行检验;广州渔船检验处对陕西省咸阳市、西北橡胶厂生产的渔船用Y-QJF-10型和Y-QJF-15型气胀救生筏执行检验。

杭州渔船检验处从1981年11月起,首先开展了对钢质渔船用的舵机、锚机、主机遥控装置、起网机液压油泵和救生艇等产品的监督检验。渔船分局南通检验处于1982年8月开始配备专职人员从事船用产品检验,当年检验柴油机38台,空气瓶70只。1984年,渔船分局福州检验处对2吨起货吊杆执行检验;秦皇岛渔船检验处对长沙交通安全器件厂生产的船用号灯和湖南省友仁微电机厂生产的船用微型永磁发电机执行检验。1980—1984年间,全国沿海10个渔船检验处(天津检验处除外)中已有9个检验处相继开展了船用产品检验业务。

(三)渔船专用产品检验的专业化发展

1984年,渔船分局针对当时为渔船配套的船用产品质量问题,在烟台召开的全国渔船检验工作会议上提出了积极开展渔船用产品检验的要求,并在会上把水产系统生产和开发的船用产品、原属水产系统工厂生产和其他专门为渔船配套的船用产品,确定为渔船专用产品检验范围,同时明确了船用产品的检验分工和检验程序。会后,渔船分局下发《关于开展渔船船用产品检验若干问题的通知》及其附件《关于渔业船舶船用产品检验的补充规定》,明确了渔船检验部门产品检验范围,建立了工厂认可和型式认可的检验程序,以及检验收费标准、港口编号和检验处代码等规定。

1986年,渔船分局又在唐山召开了渔船检验系统的船用产品检验工作会议,推动渔船专用产品检验业务的发展。到1992年已相继有6个检验处设立了船用产品检验机构,其中广州检验处设立最早,于1984年设立产品检验科。1986—1992年间,上海、烟台、福州、大连、南通各检验处也相继设立了产品检验科。渔船分局亦于1990年6月11日设置产品检验处。至此,在全国水产系统内已形成了一支拥有50余名验船师的专职或兼职渔船专用产品检验的技术力量。

随着渔船技术的发展,渔船专用产品检验的品种不断增加,到20世纪80年代末,产品检验的种类已由70年代的柴油机、螺旋桨等几个品种,发展到电讯设备、助渔助航设备、救生设备、渔捞机械、柴油机、小型电机等110余种,检验认可的制造厂已达100余家。与此同时,渔业船用产品检验工作紧紧围绕改进渔船薄弱环节,提高产品技术性能,保障渔船渔民安全为中心,逐步深入地开展而取得了较好的效果,开发了一些新产品,例如适合渔船使用的气胀式救生筏、闭孔泡沫塑料工作救生衣,防止木质渔船海上碰撞事故的无源雷达反射器,以及高效、低耗、安全的新式比例调节式柴油炉灶等。各渔船检验处的船用产品检验业务都得到了相应发展。

其中,烟台检验处在对蓬莱蓄电池厂生产的"仙阁牌"36-9C-195型船用铅酸蓄电池检验中,于1986年签发了第一份渔船用产品型式认可证书。到1993年,该检验处已对山东省的13家工厂生产的18种船用产品进行型式认可和发证,受理检验的船用产品已达75家工厂生产的147个系列规格产品。

南通检验处1984年共检验柴油机145台、空气瓶178只、泵117台、救生衣991件。到1992年,全年检验的产品已达58407台(件),计84个品种。

北海检验处从1987年起,相继对泵、减速器、不锈钢螺旋桨、手提式灭火弹等13种船用产品进行了检验。

广州检验处的船用产品的检验业务,从 1981 年对 2 家制造厂生产的 4 种,35 台(件)的产品进行检验,发展到 1992 年对 50 家制造厂生产的 25 类,38 种,24974 台(件)产品的检验;对 10 家工厂生产的 13 种产品进行了型式认可,对 5 家工厂进行了工厂认可。期间,该检验处还协助有关单位积极参加了渔船用气胀救生筏的研制,协助有关厂家开发出了适合渔船使用的航行信号灯、小型船用电号笛、船用柴油炉灶等,并于 1986 年起开展了对渔民从英国购入的二手柴油机的检验,有力地保护了渔民利益和渔船安全。1990 年,又派验船师赴荷兰,对为我国渔船制造的 DKX116M 型 359 千瓦柴油机进行检验发证,在水产系统内首次开展国外船用产品检验。

大连检验处的船用产品检验由 1986 年 30 几种产品,发展到 1992 年的 50 余种,1 万余台(件)。经该处检验的渔船用产品出口到苏联、印度、马来西亚和我国的台湾省。

此外,秦皇岛检验处的船用产品检验业务逐步开展,到 1992 年已受理 9 家制造厂生产的 6 类,14 个品种,为 90462 台(件)产品签发了证书;同年,杭州检验处的船用产品检验增加到 64 个品种;福州检验处的船用产品检验扩大到 40 余种,年检 5000 余台(件)。

(四)渔船气胀式救生筏检修站和测试中心的认可

1.气胀式救生筏检修站的认可

20 世纪 80 年代初,渔船分局与西北橡胶厂合作,研制生产出了适合我国国情、可靠性好、造价较低的渔船用气胀式救生筏,并在我国 24 米的渔船上普及使用。随后,为解决气胀救生筏检修困难,1981 年起国营渔业公司陆续建起气胀救生筏检修站,在 1983—1984 年间,其中部分筏站获得船检局认可。

为了加强对渔船气胀救生筏检修站的统一管理,渔船分局于 1984 年发出《关于水产系统设置气胀救生筏检修有关问题的通知》,对水产系统拟建和已建成的救生筏站提出了具体要求;同年又向各渔船检验处发出《关于印发"对未认可气胀式救生筏检修站的监督检验暂行规定"的通知》,对渔船救生筏检修站的必备条件做出了具体规定,要求新建和未经认可的检修站必须按船舶检验局颁发的认可条件要求,提高检修质量,尽快创造条件,条件具备后向渔船分局申办渔船筏站认可手续。1984 年 10 月,渔船分局为湛江海洋渔业公司气胀筏检修站进行了认可检验,签发了水产系统第一份渔船气胀救生筏检修站认可证书。从此,渔检系统开始了对渔船气胀救生筏检修站的认可业务。

1985 年,渔船分局陆续对烟台、大连、天津、秦皇岛、福建的海洋渔业公司气胀救生筏检修站进行了首批认可。1986 年,在宁波海洋渔业公司救生筏站原由船检局上海办事处认可证书期满时,渔船分局对其进行了再次认可检验,换发了渔船分局认可证书。在 1986—1988 年间,渔船分局先后对 5 家海洋渔业公司的救生筏检修站和 2 家渔船修造船厂的救生筏检修站进行了认可发证。到 1992 年,渔船分局认可的气胀救生筏检修站已有 16 个,保障了检修的气胀救生筏满足渔业船舶的安全需要。

2.渔船测试中心的认可

从 1988 年起,渔船分局先后选择条件较好的检测试验单位作为渔船设备测试中心进行认可检验,检验合格后授予认可证书,同时授权作为渔船船用产品验证试验机构开展工作。

1988 年 2 月,广州无线电厂环境试验中心首先向渔船分局提出作为渔船船用电工电子产品环境试验广州测试站的认可申请。渔船分局会同国家环境试验设备质量检验测试中心的专家,对该试验中心进行了认可检验,同年 11 月该试验中心获得渔船分局认可。

1989 年 9 月,国家渔业机械仪器质量监督检测中心向渔船分局申请作为渔船船用产品检测单位。渔船分局在对该中心进行认可检验后,于 1990 年 2 月承认该中心作为渔船船用产品、环境条件试验、探鱼仪性能测试、换能器水性能测试、定位仪性能测试、船用水泵性能测试的渔船检测试验单位。

1992年1月，根据辽宁省计量测试技术研究所关于作为渔船船用产品质量沈阳检验站的申请，农业部渔船检验局在对该所进行了认可检验后，承认该所作为渔船船用产品验证试验机构，以“沈阳渔船船用产品测验中心”名称进行渔船船用产品环境条件试验、渔船用通信电器设备试验。

至此，农业部渔船检验局已在华南、华东、东北三个地区各认可了一个测试单位，承担着部分渔船船用产品的检测试验工作。

六、开发集装箱检验业务

(一)集装箱检验的兴起

20世纪50年代末集装箱开始应用于海上运输。60年代，集装箱在世界范围内得到迅速发展。1967年政府间海事协商组织开始研究海上运输集装箱的安全问题，并于1972年与欧洲经济委员会联合提出了国际集装箱安全公约草案。同年，政府间海事协商组织召开国际集装箱运输会议，缔结了《1972年国际集装箱安全公约》(CSC)，并于1977年9月6日生效。

1978年船舶检验局开展了集装箱检验业务。当年8月船舶检验局通知长江航政局船舶检验处对集装箱进行安全监督，指定长江航政局南京分局对江苏省江阴船厂制造的首批20英尺集装箱执行监督检验；指定长江航政局宜昌航政处对宜昌红光港机厂制造的5吨国内船运集装箱执行监督检验。同时敦促集装箱制造厂增设样箱试验台架和相应的检测设备，确保集装箱的制造质量。

1979年我国已与不少国家和地区开展了集装箱运输业务，随之我国港口陆续出现一些国外检验机构批准的集装箱，国内也有6家大型集装箱制造厂正在筹建。对此，出于日益兴起的我国集装箱运输安全监督的需要，船舶检验局着手集装箱运输安全研究，并参照《1972年国际集装箱安全公约》制订了我国第一部《集装箱检验规范》，于1979年推荐试行。同时，为了推动集装箱检验在全国范围内展开，以保障集装箱在装运、堆放、使用过程中的安全，交通部于1979年10月31日发文通知有关单位，由中华人民共和国船舶检验局执行集装箱的检验发证工作，并规定国际、国内使用的集装箱均需按照船舶检验局颁布的《集装箱检验规范》进行检验和试验。检验合格后，由船检部门签发集装箱检验证书，并在箱体上粘贴船检标志，然后才能投入使用。同时还规定对其进行定期检查，以保证集装箱使用中始终处于安全技术状态。对此，船检局广州办事处通告广州船厂和大旺集装箱厂等广州地区集装箱制造厂，提请其办理集装箱验证申请，要求其报送图纸审批，洽商有关检验事宜，以及在集装箱厂配备相应的集装箱试验台架和材料质量试验设备，以便于检验工作顺利进行。

其后，为了促进我国集装箱制造业发展，保证我国制造的集装箱在国际上通行，以及对进出我国口岸的集装箱进行有效的安全监督与管理，交通部联合外交部于1980年8月5日就中国加入《1972年国际集装箱安全公约》事宜请示国务院，其中提到：有关各国主管部门必须对集装箱进行检验发证，我国拟由中华人民共和国船舶检验局承担集装箱检验发证的业务。经国务院批准后，1980年9月23日，外交部书面通知政府间海事协商组织，表示中国政府接受《1972年国际集装箱安全公约》。该公约于1981年9月23日对我国生效。至此，船舶检验局开始对国际集装箱进行公约规定的检验与发证。

(二)集装箱检验的发展

我国政府加入《1972年国际集装箱安全公约》后，国际海事组织在1985年6月4日发出通函，通告各缔约国政府：“中华人民共和国对国际集装箱认可和检验的单位是中华人民共和国船舶检验局”。船舶检验局获得政府授权和国际社会认可，对集装箱执行监督检验。

1993年,国务院发布《中华人民共和国船舶和海上设施检验条例》,再次明确船舶检验局是实施集装箱检验的主管机关。1994年,船舶检验局发出《关于加强我国集装箱质量管理的通知》,规定集装箱的所有人或经营人在制造集装箱时,必须申请制造检验。其拥有的营运集装箱必须申请定期检验或按船舶检验局设置或指定的检验机构批准的连续检验计划进行检验;集装箱制造厂或修理厂必须申请工厂认可;集装箱材料及配件厂必须申请工厂认可,其产品应申请产品检验。

1994年2月9日,中国船级社被国际海事组织认定为执行《1972年国际集装箱安全公约》的检验发证机构。同年6月,中国船级社发布CSC批准号的编写格式。CSC批准号由国家代号CN、中国船级社代号CCS、执行检验分社代号、登记流水号及年代号等五部分组成。中国船级社为更好地向箱主、箱厂提供服务,可代办海关通关牌照"TIR"及国际铁路联盟牌照"UIC"。

我国集装箱制造业发展迅速,到1993年11月全国已有30多家集装箱制造厂和30多家集装箱附件制造厂,它们出于行业发展需要,由中国船舶工业总公司牵头组成了中国集装箱工业协会。据统计,1995年我国集装箱产量已达到40万标准箱,位居世界首位。1996年由中国船级社检验的集装箱近10万标准箱。

在此期间,我国集装箱制造检验由联合检验转向自主检验;检验集装箱的品种由传统的干货集装箱向罐式液货集装箱、冷藏集装箱发展;监督检验方式由制造检验向营运检验扩展,并开发了代理箱主收箱检验、起退租检验、冷藏箱装载前检验、损坏状况鉴定检验等公证检验业务。

1.集装箱制造检验

1980年10月,船舶检验局就广东省大旺集装箱厂为迅捷有限公司(香港)制造集装箱的技术监督检验工作,与美国船级社签订《关于船运集装箱检验的合作协议》,规定在该厂制造集装箱的头三个月,中国船检局和美国船级社按各自的规定进行集装箱设计图纸审查,样箱试验,签发相应的证书。三个月之后转由船检局广州办事处代表美国船级社进行日常检验。从此,在与外国船级社的技术合作中,中国的集装箱检验业务开始得到了新的发展。

中国船检局与法国船级社签订了《中华人民共和国船舶检验局和法国巴黎国际船级社关于新集装箱的认可、制造检验和营运中修理检验工作协议》,1981年1月1日生效。船检局广州办事处按协议规定代表法国船级社对广州船厂集装箱分厂生产的集装箱执行日常检验发证。后经协商,其他地方申请法国船级社检验发证的集装箱厂亦按该协议执行,由船舶检验局所属办事处代理检验。

1982年11月,上海船厂集装箱分厂为德国汉堡集装箱租运公司制造持德国劳氏船级社证书的集装箱。对此,中国船检局与德国劳氏船级社接触,签订了代理检验协议。该协议规定,德国劳氏船级社负责设计图纸审批、样箱试验,以及认可证书签发;船检局上海办事处代表德国劳氏船级社对上海船厂集装箱分厂制造的GL证书集装箱进行检验发证。

船检局广州办事处作为第一家与外国船级社进行集装箱合作检验的单位,在1981年代理法国船级社执行集装箱检验,1982年与美国船级社进行联合检验。在与外国船级社的合作检验中不断发展,经过几年的努力,已成为一个具有从事集装箱检验实力较强的单位。在执行集装箱检验中,为了确保产品质量符合国际集装箱公约规定,满足集装箱箱主的要求,该办事处首先对集装箱的检验申请、设计图纸和技术文件审查、样箱等提出了具体规定。1985年开始对出口集装箱独立执行检验发证;1988年对广州黄埔港的康达国际集装箱工程公司进行了工厂认可;1989年又与法国船级社合作,对广州船厂铸锻分厂和韶关铸锻总厂新投产的集装箱角件进行了联合认可检验。集装箱检验业务逐年增加,到1990年船检局广州分局独自检验发证的有4.8万多个标准箱。

船检局上海办事处于1982年与德国劳氏船级社合作,开展了集装箱代理检验业务。1993年8月,中国船级社上海分社接受常州华昌国际集装箱有限公司有关罐式集装箱检验申请,对罐式集装箱进行检验发证。20 世纪 90 年代,先后对华海集装箱公司制造的 20 英尺集装箱检验发证,对康达国际集装箱工程公司、上海环球集装箱厂和华东集装箱修理综合服务公司进行工厂认可。

1982 年 9 月,香港招商局和丹麦宝龙洋行在中国蛇口地区开办了中国国际海运集装箱公司(简称中集公司)。同年,船检局香港远东船舶检验社开始对该公司制造的集装箱进行制造检验与发证。船检局蛇口分局成立后,接替香港远东船舶检验社对中集公司制造的集装箱进行检验发证,其检验业务量随着中集公司业务的发展不断扩大。

20 世纪 90 年代,北方地区除天津原有 3 家集装箱厂外,青岛、大连、沈阳等地也有数家集装箱厂。1991 年,船检局大连分局检验了沈阳新阳机械公司制造的罐式集装箱。1992 年,中国船级社大连分社检验沈阳铸造研究所及齐齐哈尔农业机械制造厂生产的集装箱角件。1994 年,检验大连集装箱制造有限公司制造的集装箱。1995 年,检验大连进道集装箱厂制造的集装箱。1997 年,对吉化集团机械厂制造的危险化学品罐式集装箱进行了检验。

中国船级社武汉分社在 1992 年协助法国船级社完成了对武汉货柜厂的认可后,又开始代理法国船级社对该厂生产的 20 英尺集装箱执行日常监督检验。在集装箱和角件检验方面,中国船级社协助法国船级社完成了对重庆铸钢厂和汉阳铸钢厂生产的集装箱角件的工厂认可。同时中国船级社和法国船级社签订了“纪要”,同意汉阳铸钢厂集装箱角件从第三批开始由中国船级社代理法国船级社检验和发证。

1994 年 4 月 15 日,中国船级社与香港惠航公司签订 2 万标准箱集装箱检验协议,从当年 7 月 1 日起,开始对香港惠航公司的集装箱进行检验发证。

船舶检验局的集装箱检验业务从广州、上海地区起步,迅速向深圳、武汉、南京、天津、青岛、大连等地扩展。为了提高集装箱检验水平,统一有关做法,适应迅速发展的集装箱检验业务的需要,1990 年 7 月,船舶检验局在广州召开了第一次集装箱检验经验交流会。海关总署派员参加了会议。会议就集装箱的制造检验、与外国船级社的联合检验、集装箱角件检验,以及箱用钢材、木地板、门锁杆、门胶条检验和营运集装箱检验等问题,进行了讨论,对有关集装箱箱体及其主要部件编写检验须知的工作进行了分工,开始了集装箱检验技术标准的系列化发展。

我国集装箱的制造检验,是在与外国船级社合作检验中不断发展,由联合检验、代理检验,发展到新箱的自主检验。1997 年,中国船级社检验发证的集装箱为 192667 标准箱。为保障集装箱检验质量,不断完善有关集装箱安全的技术监督,开展了集装箱新箱图纸审查、样箱试验和制造检验;完备对集装箱制造厂的认可检验程序与要求和批量生产中的检验;修订集装箱检验规范,编写集装箱检验指导文件;培育具有国际验箱资质的验箱师队伍。

2.营运集装箱检验

为保障集装箱的装卸、堆放和运输过程中的安全,《1972 年国际集装箱安全公约》中规定,集装箱使用过程中由箱主负责对其维修,以使集装箱使用中始终保持安全技术状态,维修检验间隔期自出厂到第一次检验不得超过 5 年,其后的检验周期不得超过 30 个月,由此确立了营运集装箱的定期检验。定期检验可结合集装箱的定期检修、损坏修理、起退租交接检验进行。1986 年,我国加入《1972 年集装箱关务公约》。就此,我国海关总署发布了《中华人民共和国海关对用于运输海关加封货物的国际集装箱核发标准牌照的管理办法》,其中第四条规定,海关核发国际集装箱牌照,统一委托船舶检验局进行检验,集装箱箱主应向船舶检验局申请检验。从而,确立了船舶检验局对营运集装箱的法定检验地位。《1972 年国际集装箱安全公约》的 1981 年及 1983 年修正案相继生效,对出厂时未经批准的新集装箱的批准,现有集装箱的检验日期等作了明确规定。为了保障营运集装箱安全,船舶检验局于 1986 年制订《集装箱检验补充规定》,提出了实施"集装箱连续检验计划。船舶检验局于1987年10月10日公布《集装箱检验实施细则》,按照《1972年国际集装箱安全公约》要求,推出有关集装箱定期检验以及实施定期检验的连续检验计划(ACEP)的具体规定。

集装箱连续检验计划是在船舶检验局监督下由箱主执行的一种变通的定期检验形式。箱主申请实施集装箱连续检验计划时,须填写"集装箱实施ACEP申请单";提供包括详细检验项目、检验计划安排、检验记录格式、检验地点及其设施等内容的所有集装箱实施ACEP计划;提供包括集装箱形式、制造年月、发证船级社名称、制造厂名称和地点等内容的实施ACEP集装箱登记表;提供实施ACEP各检验点的检验人员的名单、资历和联系方法;提供配合实施ACEP的国内集装箱修理厂(或修理点)的工厂认可证书,国外修理厂的情况介绍。上述材料经船舶检验局审查合格后,签发"集装箱实施ACEP批准书"。在ACEP实施中,箱主应按时将定期检验记录报送船舶检验局核查。船舶检验局还对其进行不定期抽查,以保证实施ACEP集装箱的技术状况在使用中始终符合《1972年国际集装箱安全公约》及其修正案的要求。

营运集装箱定期检验须在船舶检验局认可的集装箱检验点进行,检验合格后签发集装箱检验证书,填写集装箱检验报告。对于定期检验发现的危及使用安全的集装箱,箱主应提出修理计划,经船舶检验局审核后,送该局认可的集装箱修理厂进行修理。集装箱的修理工艺、焊接工艺、焊工资质、换新材料和完工试验,均需经船舶检验局认可。

船检局广州分局在1987年内率先开展营运集装箱定期检验。又在1990年,船检局广州分局批准了中国远洋运输集团广州远洋运输公司的集装箱连续检验计划,并对该公司指定的广州康达修箱公司、上海东华修箱厂、天津天昌修箱公司和天津津日修箱厂4家集装箱修理点进行工厂认可,对这些厂的集装箱检修场地、检修设备、检修标准、检修工艺、检修规程、检修制度、检修材料来源及其检修人员条件进行了审查。在确认上述4家集装箱修理厂具备实施集装箱连续检验计划的条件和能力之后,船检局广州分局为广州远洋运输公司签发了集装箱连续检验计划的批准证明书,这是船舶检验局对营运集装箱检验中首次签批的集装箱连续检验计划。

第六节　海洋工程检验业务的发展

我国海洋工程检验起步于20世纪60年代末。改革开放后,国家海洋石油开采业有很大的发展,海洋工程检验业务随之增加,因而船舶检验局开始全面规划海洋工程检验工作,组织力量设立海洋工程检验专业部门和专业队伍,拟订平台规范和有关的规章,扩大国际交往,派员赴国外接受培训,为开展海洋工程检验奠定基础。

一、海洋工程检验的相关背景

(一)中国海洋石油工业的发展

改革开放以后,中国决定大力发展海洋石油工业。国务院机械工业委员会专门成立海上石油开发设备领导小组发展海洋石油工业,在立足国内开发近海石油的同时,针对海洋石油勘探开发投资高、风险大和技术复杂的特点,同意海洋石油工业部门按照国际上普遍采取的利用国际资金和技术合作勘探开发的做法,吸收外国石油公司参与我国海洋石油开发,以加速我国海洋石油工业的发展。

为了搞好海洋石油对外合作,我国政府制定和颁布了《中华人民共和国对外合作开采海洋石油资源条例》。该条例规定了政府各有关部门的职责范围、石油开发合作各方的权利和义务以及石油开采作业的有关事宜。在中国政府颁布的其他法律中，对涉及海洋石油对外合作的税收、环境保护等有关问题，也做了相应规定。财政部、海关总署、石油工业部等部委也为实施对外合作开采海洋石油资源颁布了相应规定。从1979年起，我国的海洋石油开发走上了国际融资合作开发的道路。

随之，我国石油工业部门在1979—1982年间相继与13个国家的48家石油公司签订了一系列地球物理勘探协议。这些国外石油公司在我国近海的11万平方公里区域内进行了勘探，向我国提交了120多份物探资料解释和资源评价报告。从1980年开始，我国依据这些报告以及已探明的海洋地质构造，通过分析测算陆续发现渤海、南黄海、东海、珠江口、北部湾、莺歌海6个大型含油气盆地，1981年又在台湾海峡发现了具有油气远景的沉积盆地。1982年我国成立中国海洋石油公司，统筹规划近海石油开采。

20世纪80年代初，渤海石油公司与日本石油开发公司合作发现并投产"渤中28-1""渤中34-4"两个油田，后来又开发了"埕北"和"锦州9-3"两个油田，以及我国当时唯一的海上天然气田"锦州2"。南中国海的石油开采稍晚，但进入20世纪90年代后成为中国的主要海洋石油生产基地。"陆丰13-1""惠州21-1""惠州26-1""涠洲11-4""西江24-3"等油田1990—1994年相继投产，"西江30-2""惠州32-2""惠州32-3"等油田1995年建成投产。"流花11-1"大型油田、"崖城13-1"大型气田、东海的"平湖"油气田等也陆续开始建设。

1985年以前，我国总共建设了6个海上油田，而到20世纪90年代中期，仅中国海洋石油总公司就先后在渤海、南海东西部、南黄海海域开发建设了21个油气田（其中合作油气田15个，自营油气田6个），新建海上固定平台32座，海底管道1200多公里；新建、改建单点系泊装置8座，海上浮式处理装置（FPSO）8艘，海上油气年产量达到2000多万吨。在渤海浅海海域，胜利石油管理局和辽河石油勘探局成功下海，结束了其仅开采陆上石油的历史。可以说这一时期，是中国海洋石油开发的第一个高潮期。

1996年以后，渤海发现了大油田，南海发现了大气田，为我国海洋石油开发注入了新的活力，中国海洋石油开发进入第二个高潮期。大量海上石油、天然气的开采，推动了中国船级社海洋工程检验业务的兴起和发展。

（二）"渤海2号"翻沉事故对海洋工程检验工作的启示

"渤海2号"是一座带沉垫的自升式钻井平台，原名"富士"号，1968年在日本建造，1973年我国从日本买进。该平台驳体总长63.25米，总宽38米，带有4条直径2.6米、高72米的圆柱形桩腿，满载排水量5500多吨。1979年11月25日3时30分左右，"渤海2号"在渤海拖航转移井位途中，遭遇大风袭击，平台进水后翻沉，2人获救，72人丧生。

根据调查，"渤海2号"翻沉的根本原因是违反了《渤海2号钻井船使用暂行规定》《富士号自升式钻井平台使用说明书》和《富士号钻井平台稳性计算书》中有关拖航的规定，即平台在拖航前没有排出沉垫舱内的压载水，致使平台吃水加深，干舷和浸水角过小，影响了抗风浪能力，不满足稳性计算书中对拖航状态的稳性要求。在拖航过程中，又遇到大的风浪，通风筒被打掉后大量海水灌进平台泵舱，浮力丧失，以致翻倒沉没。

这起事故的发生，引起了我国政府的高度重视和各界人士的关注。重视安全和尊重科学已成为各有关部门的共识。在调查、分析事故的过程中，大家认识到海上作业的复杂性，必须具有高度的安全意识和树立严格的科学态度，必须坚决执行船检部门对船舶和海上设施所规定的有关要求和检验制度，确保海上航行和作业的安全。

在这起事故的调查阶段，船舶检验局派副总工程师蔡梓松等三位专家参加交通部的鉴定组，对"渤海

2 号”翻沉事故进行了深入调查，并提出分析意见。同时，通过“渤海 2 号”事故教训，船舶检验局进一步制订了对海洋工程开展检验的规划，要求各有关办事处大力加强对海洋工程的检验工作，并加紧编制《海上移动式钻井船入级与建造规范》《海上固定式平台入级与建造规范》和《海上拖航检验指南》。

二、海洋工程检验工作的发展

1989 年国家公布的《中华人民共和国进出口商品检验法》，明确了船舶检验局对进出口海上平台的检验职责，并在国家进出口商品检验局 1992 年公布的《中华人民共和国进出口商品检验法实施条例》中予以明确规定。1993 年国务院颁布《中华人民共和国船舶和海上设施检验条例》及 1995 年 8 月 25 日交通部三号令公布《在中华人民共和国沿海水域作业的外国籍钻井船、移动式平台检验规定》，进一步确定了船舶检验局对海洋工程执行技术监督与检验的法律地位。为了在海洋石油勘探开发中贯彻执行上述法规，理顺业务关系，船舶检验局与国家海洋石油作业安全办公室在 1996 年 2 月 8 日联合发出《关于对外国籍钻井船、移动式平台执行检验、检查有关事宜的通知》，明确船舶检验局是实施有关检验的主管机关，授权中国船级社及其下属分社和办事处依据交通部 1995 年三号令对外籍海上设施进行法定检验，合格后签发“检验合格证书”。

(一) 海上移动平台检验

1. 独立开展移动平台的入级与法定检验

为了满足我国渤海近海钻探的需要，石油部海洋石油勘探局设计研究院在“勘探一号”的基础上进行改进设计，由大连造船厂在 1979 年建成新型自升式钻井平台“渤海 3 号”，船检局大连办事处将其作为特殊海上作业船，按照国际惯例对其进行建造检验，为其签发了有关船舶证书。

1979 年 6 月，船检局青岛办事处与烟台验船组共同完成了对我国第一座坐底式钻井平台“胜利一号”的建造检验。该钻井平台由胜利油田钻采工艺研究院和天津大学共同设计，由烟台造船厂建造，可在 1.5—5 米水深条件下工作。

除此之外，大港油田在 1973 年和 1977 年从日本购买了自升式钻井平台“渤海 2 号”和“渤海 4 号”。船检局天津办事处对“渤海 2 号”和“渤海 4 号”进行了初次检验。胜利油田在 1982 年从美国购买坐底式钻井平台“胜利四号”。船检局青岛办事处对“胜利四号”进行了初次入级检验，为其签发有关平台证书。

1983 年，船检局湛江办事处承担“南海一号”自升式钻井平台赴香港修理、改装及其法定检验。1986 年及 1988 年，船检局湛江分局先后对“南海五号”及“南海六号”进行了初次检验。

1988 年，船检局青岛分局完成“胜利二号”钻井平台的建造检验。该平台是为了开发莱州湾浅海油田而建造的极浅海步行坐底式钻井平台，由胜利油田钻井工艺研究院和上海交通大学联合设计，青岛北海造船厂建造。该平台由内体和外体两部分组成，平台上安装有一套液压装置，使内外体之间能够做上下、前后的相对运动，从而实现交替举升、前进的“步行”动作，能在极浅水区或滩涂以“步行”方式前进到设计井位钻井。“胜利二号”极浅海步行坐底式钻井平台属世界首创项目，1995 年荣获国家发明二等奖。

1989 年，船检局上海分局和烟台检验处合作完成“胜利三号”坐底式钻井平台建造检验。1992—1996 年，中国船级社烟台办事处完成“胜利开发一号”和“胜利开发二号”两座坐底式采油平台及“胜利作业二号”坐底式修井平台、“生活动力模块”服务平台的建造检验。

1992 年 12 月—1993 年 3 月，中国船级社天津分社在香港友联船厂对“渤海 4 号”自升式钻井平台进行了修理检验和法定检验。

1995年,中国船级社大连分社完成辽河石油勘探局滩海勘探开发公司的坐底式移动采油平台“辽海三井简易采油装置”的建造检验及发证工作。1997年,大连分社对大连造船新厂为大港油田建造的自升式钻井平台“港海一号”进行了建造入级和法定初次检验。

1996—1998年,中国船级社大连分社相继对“渤海12号”“勘探二号”“渤海8号”“渤海9号”“渤海10号”“自强”“渤海6号”等自升式钻井平台进行了修理检验和法定检验。其中“渤海9号”由生活平台改造成为钻井平台,并进行了船级特别检验;“自强”由钻井平台改造成海上油气处理装置,并进行了法定初次检验。

截至1998年,由中国船级社检验发证的入级移动平台有30座。它们分散在我国渤海、东海、南海各大油田从事钻井采油作业,或为海上采油人员提供生活居住使用。

2.合作开展移动平台修造与代理检验

在我国引进外资开发海洋石油的形势下,外国船级社随同外国石油公司陆续进入我国海洋石油工业。为此,船舶检验局在与有关船级社签订的船舶技术检验合作协议基础上,进而签订有关海洋工程检验合作的协议,开展联合检验和代理检验,发展与外国船级社在海洋工程检验领域的合作。

1971年国家计委提出设计一艘单体中心转筒抛锚式钻井船的任务。708研究所、海洋地质调查局和上海船舶修造厂联合组成设计组,在1974年提出5个设计方案进行比较,经审查后决定采用半潜式钻井平台。随后在1978年完成技术设计,1979年在上海船舶修造厂开工建造,后因部分国产设备研究跟不上平台建设需要,而引进美国设备,以加快建造速度。在设计组修改设计并经美国船级社审图后,上海船舶修造厂在1984年7月建成“勘探三号”半潜式钻井平台。船舶检验局与美国船级社合作于1982年6月开始对其进行联合建造入级检验和法定检验,完工后为其签发ZC和ABS双重船级证书和平台安全证书。该平台获国家科技进步一等奖。

随着我国近海石油开发的需要,石油部海洋石油勘探局设计研究院于1978年在“渤海3号”基础上改进设计,换装美国钻井设备和电站,增加平台尺度,将钻井深度由4000米增加到6000米,由大连造船厂在1982—1984年为渤海石油公司建成“渤海5号”“渤海7号”“渤海9号”3座新型自升式钻井平台,船检局大连办事处与挪威船级社合作对其进行建造入级检验和法定检验,为其签发ZC和DNV双重船级证书和平台安全证书。1984年,船检局大连办事处与美国船级社合作,对大连造船厂为美国贝尔公司建造的自升式钻井平台进行联合建造检验。

1981年,船检局青岛办事处与美国船级社(ABS)合作,在青岛北海船厂完成对“渤海4号”自升式钻井平台的修理检验。该平台1977年6月在日本建造,入ABS级,同年8月买进。

1981年,船检局广州办事处与美国船级社合作,在南海北部湾对“南海一号”自升式钻井平台联合进行水下检验和特别检验。1982年,船检局广州办事处与挪威船级社合作,对DNV级“南海二号”半潜式钻井平台进行修理检验。该平台由黄埔造船厂承修,为国内首次对大型半潜式钻井平台的修理,修期历时3年。修理前,广州办事处参加了六机部组织的中外专家为确定大修项目而进行的勘验工作。检验过程中验船师发现平台主结构存在疲劳裂纹,提出解除主结构部分热点应力的解决方案得到采纳,消除了缺陷隐患。

根据与外国船级社关于海洋工程检验合作的协议,船舶检验局在开展联合检验的同时,承接外国船级社的代理检验业务。船检局天津办事处依据协议代理美国船级社在1981年对ABS级“渤海6号”钻井平台、1984年对ABS级“渤海10号”钻井平台进行了检验。1987年和1988年,船检局广州分局分别受美国驻广州领事馆的授权和ABS的委托,对正在珠江口盆地海域钻井作业悬挂美国国旗的半潜式平台“JIM CUNNINGHAM”先后进行无线电安全证书换新检验和特别检验。1994年,中国船级社青岛分社代理美国船级社对“渤海 4 号”和“勘探二号”两座 ABS 级自升式平台进行了年度检验。

(二)海上固定设施检验

1.海上固定设施的检验要求

海上固定设施主要包括海上固定平台、单点系泊装置、海底管道、海底电缆、浮式油气处理装置等。海上固定设施的检验有其自身的特点。根据我国政府的相关法律、法规的要求,油(气)生产设施应实行检验法证制度。依据《中华人民共和国船舶与海上设施检验条例》《中华人民共和国海洋石油勘探开发环境保护管理条例》和《海上石油天然气生产设施检验规定》,海上设施所配备设备中的防止污染设备应经中国船舶检验机关检验,救生设备、无线电通信设备、航行信号设备应由中国的检验法证机构检验合格,并获得有效证书。这就是海上固定设施的“法定四项”检验,中国政府授权中国船级社执行。其他项目的检验发证由作业者委托认可的检验发证机构进行(一般称为第三方检验发证)。

海上设施第三方检验发证不同于船舶或移动式平台,完全遵循国际的行业操作规则,有一套完整的项目管理程序和要求,所使用的技术标准和规范也主要来自国际的行业标准,是一种各家船级社自由竞争的业务,同时也是真正体现一个船级社海上设施检验实力的业务。

2.海上固定设施检验业务的开展

20 世纪 80 年代初,在经过前期勘探评估后,开始建造海上固定设施。我国第一艘 25000 吨单点系泊储油船“滨海 621”于 1981 年 11 月 24 日在大连造船厂建成,由船检局大连办事处检验,船舶检验局由此开始了对于浮式固定装置的检验发证。1982 年 4 月船检局天津办事处与美国船级社合作,对渤海“埕北油田”B 区平台进行法定检验,检验后为其签发了海上固定平台安全证书,由此开始了船舶检验局对海上固定平台的法定检验和安全技术服务。船检局大连办事处 1984 年完成了渤海“埕北油田”A 区 D/P 模块的制造检验。船检局天津办事处与美国船级社合作,在 1985 年 2 月对渤海“埕北油田”A 区平台的主要设备进行法定检验,其中对有关项目从审图到陆上制造,再到海上安装的每一个阶段进行检验,检验合格后船舶检验局对其颁发了海上设施安全证书。船检局天津分局在 1985 年 9 月完成对渤海“埕北油田”海底管道的制造和安装检验,开始了船舶检验局对海底管道的检验。

1985 年,船检局上海分局对“渤中 28-1”油田建设工程中有关法定检验项目的设计进行了图纸审查和批准。1987 年,开工建设“渤中 28-1”油田,由船检局天津分局与美国船级社合作对该油田的钢质导管架平台、单点系泊装置、海底管道系统和 1 艘 5 万吨浮式处理装置等进行建造检验和海上安装检验,整个工程检验完成后双方共同为其签发了海上固定平台合格证书、海上固定平台防止油污证书、单点系泊装置合格证书、单点系泊装置防止油污证书、海底管道系统合格证书和防止油污证书。

随着我国南海石油开发的进展,1985 年,船检局湛江分局会同天津分局与法国船级社(BV)合作,对南海北部湾“涠洲 10-3”油田 A 固定平台的导管架建造,进行审图和建造检验。同年,南海第一个油田北部湾“涠洲 10-3”油田开始建设,该工程包括一座井口平台、两条 1.5 公里的海底管线、固定塔式单点系泊及一艘生产储油船。船检局广州分局接受法国道达尔石油公司(TOTAL-CHINA)的申请,与 BV 合作,执行联合检验。为了在检验中能相互配合和减少不必要的重复,在不违背船舶检验局与法国船级社签订的合作总协议的原则下,广州分局与 BV 香港办事处签订了关于该工程的特定项目工作细则协议。广州分局验船师在该项工程开工前负责审核全部焊接工艺文件,进行焊工考试和焊接工艺认可试验。检验中发现的技术问题,由双方验船师或专家共同研究解决办法,或提供技术帮助。1986 年 3 月,广州分局派验船师到日本横滨日本钢管株式会社对该油田单点系泊上部结构的建造进行建造检验。并到新加坡吉宝(KEPPEL)船厂对该油田所配套的“南海希望”号浮式原油处理装置进行改装检验。不久,又到北部湾进行海上安装和海底管道铺设的检验。在整个工程的各个阶段检验合格后，都签发了阶段检验合格证书。

1985 年，船检局上海分局对“涠洲 10-2”“惠州 21-1”“惠州 26-1”等油田建设工程中有关法定检验项目的设计进行了图纸审查和批准。1989 年，我国在珠江口盆地建设“惠州 21-1”油田，由船检局广州分局与美国船级社合作对其进行联合检验。其间广州分局先后派出验船师赴新加坡对油田的单点系泊装置进行建造检验，对 25 万吨浮式原油处理装置“南海发现”进行改装检验；赴印度尼西亚对美国 MCDERMOTT 工程公司制造的平台上部结构进行建造检验。随后，在“惠州 21-1”油田海上设施安装现场，广州分局在 1990 年 4—10 月参与了油田各种设施的安装调试检验和海底管道铺设检验。整个油田工程检验完成后，双方共同为其签发了海上固定平台合格证书、海上固定平台防止油污证书、单点系泊装置合格证书和防止油污证书、海底管道系统合格证书和防止油污证书。

除此之外，在南海其他油田开发中，中国船级社广州分社在 1990—1992 年与美国船级社对“惠州 26-1”油田的海上设施联合进行建造检验；在 1991 年后对中外合资的“崖城 13-1”气田进行了海上设施的图纸审查和建造检验；在 1991—1994 年对茂名水东港的海底管线及其单点系泊装置、珠海桂山岛的海底管线及其多点系泊装置进行图纸审查和建造检验；在 1995 年对中外合资的“流花 11-1”油田浮式生产平台和“西江 24-3”油田的导管架固定平台、浮式处理装置进行部分项目的图纸审查和检验。

船检局上海分局在 1990 年对上海沪东船厂为渤海油田建造的“渤海友谊”号和“渤海长青”号海上油气处理储存装置进行法定检验，签发了国际公约规定的国际吨位证书、国际船舶载重线证书、国际航行船舶安全证书、国际防止油污证书等法定证书。

20 世纪 80 年代末，胜利油田在渤海极浅海海域发现了“埕岛油田”，1991 年开始开发建设，中国船级社对胜利油田设计建造的固定平台、海底管道等海上固定设施进行了图纸审查和建造检验。1993—1995 年，中国船级社青岛分社和烟台办事处组成的项目组共计完成“埕北 11A 井组”“埕北 11B 井组”等 10 座固定平台、9 条海底管道（约 19 公里）的建造。1993 年 5 月 13 日，中国船级社天津分社对大港油田的中华第一人工岛“张巨河人工岛”开展检验。1994 年中国船级社大连分社完成“辽河葵花一号”人工岛的建造检验与发证。1996 年，青岛分社对“埕岛中心一号”等 8 座固定平台、9 条海底管道（6 公里）进行了建造，并且对“埕北 35 井组”等 11 座固定平台进行了评估和初次。

1998 年 12 月，大港油田和美国阿帕奇（APACHE）公司联合开发“赵东项目”。该项目由 3 座导管架固定平台（即钻井平台、储油平台、动力平台）、2 座连接栈桥、1 座靠船平台以及平台间的连接管道和电力、通信电缆等组成，它们分别在美国设计，在韩国制造，由美国沃利国际有限公司（Worley International Inc）任该项目的业主代表、设计方和操作方。中国船级社参与该项工程的国际竞争，中标承担第三方检验发证。为完成检验任务，中国船级社组成审图项目组前往美国休斯敦的沃利国际有限公司进行设计审查，成立检验组赴韩国进行现场建造检验。

三、海洋工程拖航检验的开展

我国从国外引进或自行建造的移动平台和固定平台一般属非自航式。平台在海上要变更作业位置，或由建造、修理地点移至采油作业地点，必须由拖轮拖带。由于平台体积庞大，海况复杂，拖航距离远，拖航时存在较大的风险。为了保障拖航安全，1984 年 1 月 1 日起施行的《中华人民共和国海上交通安全法》第四章第十六条规定：大型设施和移动式平台的海上拖带必须经船检部门进行拖航检验。

20 世纪 70 年代初，我国勘探和开发海上油气资源的任务日益加大，为适应需要，开始陆续从国外购入“渤海 2 号”等自升式钻井平台，当时这些平台由国外拖回国内以及再去国外修理都要进行拖航，并进行相应的拖航检验。由于我国船检部门尚未开展拖航检验业务,均由中国人民保险公司委托国外有关机构拖运并执行拖航检验。如1973年2月,我国石油部引进的自升式钻井平台“渤海2号”,由日本拖轮“樱花丸”从新加坡拖至天津新港,拖航检验工作委托新加坡海洋动力公司执行。拖费及拖航检验费相当可观。

1976年10月,我国石油部南海指挥部引进在新加坡建造的自升式钻井平台“南海一号”,由我国救捞局所属远洋拖轮“穗救201”拖运回海南岛。拖航检验由中国人民保险公司委托救捞局负责执行。这是第一次由我国自己组织承担的拖航和拖航检验任务。此次拖航途中,在越南南部海面遭受9级东北风袭击。拖轮被平台拉着倒退了3天,远达100多海里,平台横摇达13度以上,情况十分危险。经过全体船员的英勇奋战,终于战胜艰险,完成了平台拖航任务。此次拖航是在127米高的桩脚全高状态进行,创造了当时世界拖航桩腿高度全高纪录。

1977年,船检局广州办事处开始了移动平台的拖航检验业务。最初阶段,由于条件所限,尚不能独立开展此项业务,只是派验船师参与中国人民保险公司所组织的拖航检验组的工作。如1977年4月,该办事处派验船师前往新加坡,参加“勘探二号”钻井平台从新加坡拖回中国的海上拖航检验工作。“勘探二号”是由我国地质总局从新加坡引进,拖航及拖航检验仍由中国人民保险公司委托救捞局担任。从新加坡拖回珠江口,全程1500海里,历时14天。在整个拖航检验过程中,验船师参与检查了拖航的准备工作和各项拖航设备的技术状况,分析了拖航线路的海况和气象情况,研究并审核了拖航途中出现不正常情况的应急补救措施,经检验合格签发了适拖证书,使“勘探二号”安全地完成了此次远洋拖航任务。这次拖航任务也是我国船检部门参加远洋拖航检验的开端。同年12月,“渤海2号”从天津新港拖往日本广岛修理,由“沪救101”拖运。12月3日起拖,12月16日抵广岛。1978年4月“渤海2号”在日本修理完工,仍由“沪救101”从日本广岛拖回天津新港。该钻井平台往返的两次拖航检验,均由专门的拖航检验组负责此项任务。当时,交通部要求船检局广州办事处、天津办事处和烟台救捞局各派一名有检验钻井平台经验的技术人员参加检验组,负责拖航检验的技术工作,由船检部门对外签发证书。检验组3月24日赴日本广岛进行拖航检验,至4月8日完成检验并签发拖航适航批准书。

1979年5月,船检局广州办事处和天津办事处各派一名验船师去新加坡参加对“渤海6号”的拖航检验工作。同年12月,船检局广州办事处派两名验船师去新加坡对“渤海8号”进行拖航检验。

1981年起,船检局天津办事处在钻井平台拖航检验中,发现每次降船时桩靴顶部都带有大量难以冲掉的淤泥,拖航时增加水阻力,影响稳性。对于淤泥是否应该冲掉,天津办事处经过分析和稳性计算后认为:冲掉淤泥会减少钻井平台吃水,提高重心;不冲掉淤泥会增加吃水,但降低重心。经过多次计算对比,得知降低重心比减少吃水对稳性的影响利大于弊,所以决定以后拖航时可以不要求冲掉桩靴上的淤泥。

随着近海石油开采工业的发展,海上设施的拖航检验业务也随之发展,而且检验范围也有所扩大,不仅要对各种设施在海上拖航期间的安全性作检查,同时还需对该设施进入拖航状态和下水过程进行检验。为了适应远洋拖航检验需要,保障海上拖航安全,船舶检验局在1985年6月20日制定了《海船拖航检验》的规定,要求实施拖航的拖船和被拖船舶向船检部门申请拖航检验,验船师在对被拖船舶、钻井平台以及拖船及其拖曳设备检验后签发拖航检验报告或适航批准书,从事拖航的单位在取得相应证书后才能进入拖航作业。

为了更有利地开展这项工作,船检局广州分局与诺贝尔丹顿国际拖航检验公司于1986年签订了合作协议,联合开展“涠洲10-3”油田部件移位的拖航检验,包括将单点系泊装置基础结构和上部结构、井口平台导管架和上部结构分别从广州黄埔、日本横滨、天津塘沽和日本福冈等地拖运到我国南海北部湾油田施工现场。此次拖航的被拖对象种类多,形状各异,拖航的线路长短不一,海况也不尽相同,检验工作难度较大,但经过双方验船师的良好配合和缜密的计算与分析,圆满完成了这项拖航检验任务,将各种设施顺利拖到目的地。

1990 年,船检局广州分局对"惠州 21-1"油田导管架从赤湾港拖往油田施工现场进行了拖航检验。这次拖航距离 100 多海里,是中国最大型的一次海上钢结构拖航。拖航路线需穿越狭窄的香港水道,拖航过程中万一发生事故,将造成巨大经济损失和严重堵塞航道。对此,广州分局依据自身经验,周密规划,经验船师严格检验,合格后签发了适拖证书,确保了该油田的导管架安全拖运到目的地,并为海监部门签发航行通告提供了技术依据。

在开展多年海洋工程拖航检验工作的基础上,为了有效地保证海上拖航作业安全,中国船级社依据多年国际、国内海上拖航检验的经验,于 1997 年按照 1985 年《海船拖航检验》的要求编制了《海上拖航指南》,就被拖船舶、被拖移动平台、被拖其他海上设施及拖船和拖曳设备的检验做出详细规定,指导验船师现场检验。

第七节　船检国际(地区)交流合作的扩展

改革开放后,许多国家来我国订购各类船舶,我国也继续在国外建造新型船舶;国务院相继批准我国沿海和长江的主要港口为对外开放口岸,进出我国的外国船舶日益频繁,涉外船检业务与日俱增。船舶检验局在交通部领导下,进一步开展了一系列涉外活动,在国际船检同行中赢得了良好的信誉。

一、参加政府间海事协商组织/国际海事组织的各项活动

1978 年,交通部决定将政府间海事协商组织事务转由交通部外事局归口管理,船舶检验局仍出席该组织会议,尤其是业务对口的各个会议。1977—1998 年期间,船舶检验局/中国船级社先后派员出席政府间海事协商组织(IMCO)(1982 年改为国际海事组织,IMO)的数届成员国大会和 1988 年、1993 年、1995 年外交大会,以及该组织的各个专业委员会和技术分委会的会议,发挥政府技术顾问作用,表达中国海事界意见,实施国际海事组织所通过的决议案和建议案,并结合我国的实际情况,有目的、有步骤地将其内容纳入或充实到我国海船的各种法定检验技术规范的有关条文内,使中国船舶规范、技术标准等与国际接轨。

据统计,船检局/船级社在 1977—1998 年合计派出专家出席 IMCO/IMO 大会、专业委员会和技术分委会会议 195 人次,其中每年少则几人次,多则 20 余人次,特别是从 1993 年起增加对技术分委会工作的参与,使每年参加 IMO 的各种会议达到 10 人次以上。

(一)参加政府间海事协商组织/国际海事组织的大会

1977 年 11 月,以交通部副部长曾生为代表(代表团团长),冯锡洲等为副代表的中国政府代表团出席了政府间海事协商组织第十届大会。大会审议通过了 A·400(X)号决议——政府间海事协商组织公约修正案。该修正案包括了自政府间海事协商组织第九届大会以来对政府间海事协商组织公约的有关建议修正案和美国的提案,一并在大会上审议,共审定 60 条条文,其中对技术合作委员会的组织作了明确规定。

1979 年 11 月 5—16 日,以交通部副部长李清为代表(代表团团长)、冯锡洲等为副代表的中国政府代表团出席了在伦敦召开的政府间海事协商组织第十一届大会。大会通过了《1966 年国际船舶载重线公约的修正案》《移动式近海钻井船构造和设备规则》,以及《全球海上遇险及安全系统》等 53 个决议,即

A·410(Ⅺ)-A·462(Ⅺ)。

1981 年 11 月,以交通部副部长郭健为代表(代表团团长)、蔡梓松等为副代表的中国政府代表团出席了在伦敦召开的政府间海事协商组织第十二届大会。11 月 9 日选举大会主席和副主席,郭健被选为第二副主席。

中国代表在大会发言中认为:“到这次大会为止,IMCO 已经制订和通过了 27 个公约,其中还有 10 个被通过的公约至今没有生效。即使已生效的公约,也没能广泛地实施。因此,IMCO 应该集中力量,促使现有公约的生效和广泛实施。不要忙于制订新公约,不要一有新技术、新设备就要写到公约里,作为强制性要求。要考虑到各个会员国工业和经济水平的差异,鼓励发展中国家采纳实用有效的技术,也能达到安全和防止污染的目的。”同时,中国代表建议大会扩大理事会的规模,让发展中国家更多地进入理事会,并表示中国政府这次不参加理事会的竞选。这个发言得到发展中国家代表的支持,但也遭到一些发达国家的反对。大会在起草决议草案时,中国代表和一些发展中国家的代表参加了起草,力主将郭健副部长发言的主要内容写入决议。最后,在大会通过的 A·500(Ⅻ)决议中,反映了中国和发展中国家的意见。主持会议的秘书长在闭幕词中讲到:中国政府代表团为这次会议的成功做出了贡献。大会还通过了《船舶监督程序》《船舶噪声级别规则》《近海供应船设计和构造准则》《油轮排油监控系统的指南和规则》等 48 个决议。

1988 年 10 月 31 日至 11 月 11 日,中国政府代表团团长、交通部副部长林祖乙和团员王惠临等出席在伦敦召开的国际海事组织外交大会。这次外交大会同时召开了 5 个会议:“1974 年国际海上人命安全公约缔约国政府全球海上遇险和安全系统会议”“1974 年国际海上人命安全公约 1978 年议定书缔约方全球海上遇险和安全系统会议”“国际检验和发证协调系统会议”“国际制止危害海上航行安全非法行为会议”以及“国际救助会议”。最后审议通过了:1.《1974 年国际海上人命安全公约 1988 年修正案》。该修正案对公约Ⅰ章、Ⅱ-1 章、Ⅲ章和Ⅴ章的条文作了部分修改,对第Ⅳ章则全部进行了修订更新——即 1974 年国际海上人命安全公约有关全球海上遇险和安全系统的无线电通信的修正案(缩写为 GMDSS);2.1974 年国际海上人命安全公约 1988 年议定书和经 1988 年议定书修订的 1974 年国际海上人命安全公约附则第 1 章总则部分及附录、证书。

1989 年 11 月,在伦敦召开的国际海事组织第十六届大会上,中国首次当选为 A 类理事国。

在 1995 年 11 月国际海事组织外交大会上,中国政府代表提出了对 SOLAS 公约第Ⅱ-1 章 8-1、章 8-2、章 8-3 修订草案的建议,对于滚装船的破舱稳性提供了新的衡量标准,会议采纳了与中国提案相一致的建议。

(二)参加专业委员会和技术分委会会议

自 1976 年开始,船舶检验局先后派出有关专业人员参加政府间海事协商组织各专业委员会和分委员会的会议,其中从 1976 年开始出席“无线电通信分委会”(COM)会议、“消防分委会”(FP)会议和“救生分委会”(LSA)会议;1979 年开始参加“稳性分委会”(STAB)会议;1980 年开始参加“散装运输固体货物安全操作分委会”(BC)会议;1981 年开始参加“散装运输危险化学品船舶构造与设备分委会”(BCH)会议;1982 年开始参加“设计与设备分委会”(DE)会议、“稳性和渔船分委会”(SLF)会议。同时,1982 年开始参加“海上安全委员会”(MSC)会议,1984 年开始参加“海上环境保护委员会”(MEPC)会议。

1986 年后,随着国际海事组织对海上安全形势的日益关注,我国十分重视国际海事公约的发展。船检局/船级社针对国际海事公约发展的技术研究基础,以中国船级社名义派出专家扩大对技术分委会的参与,努力使我国有关研究成果在公约修订中发挥作用。其中,从 1987 年开始参加“全球定位系统分委会”(GSP)会议;1990年开始参加“危险品运输分委会”(CDG)会议;1993年开始参加“船旗国履约分委会”(FSI)会议和“渔船公约国际大会”;1994年开始参加“救生设备分委会”(LSR)会议;1996年开始参加“危险品固体货物及集装箱分委会”(DSC)专业技术会议、“散装液体气体分委会”(BLG)会议、“航行安全分委会”(NAV)会议等。同时,中国船级社从1995年开始派出专家参加亚洲小船区域特别会议,1996年开始参加亚洲区域公约船舶规则研讨特别会议,并从1997年开始参加MARPOL 73/78公约缔约成员国大会。

中国船级社的专业技术人员在参加上述会议中参与了有关高速船规则和SOLAS 74公约第Ⅱ-2章有关条文的统一解释通讯组工作;协助主管机关制订了《关于具有宽油舱的双壳油船稳性问题》,《关于考虑减小B型船舶干舷因素的建议》,《对修订LL公约附则I的若干意见》,《关于船首甲板淹湿性和直接计算方法的建议》,《关于建议最小船首高度公式的资料》等五项提案;以及《关于A.265(Ⅷ)决议的紧急通知》等六项中国政府的提案。中国代表在参加上述的会议中相继向国际海事组织各专业分委会提出了若干提案和资料文件,主要有:

(1)双体船完整稳性的建议;

(2)对《货船分舱破舱稳性规则解释草案》的建议;

(3)《1966年国际船舶载重线公约》最小船首高度修正的建议;

(4)《1966年国际船舶载重线公约》小船干舷的研究报告;

(5)船舶操纵性标准的建议;

(6)现有客滚船破舱稳性计算结果;

(7)修改船舶操纵性标准的建议;

(8)修改《1966年国际船舶载重线公约》技术条款的建议;

(9)中国和澳大利亚政府联合提出有关敞口集装箱船的提案;

(10)关于船长小于100米干货船分舱和破舱稳性规则的建议;

(11)关于动力支承船安全规则[A·373(X)号决议]中稳性要求的修正;

(12)对《1966年国际船舶载重线公约》附则Ⅰ第59条第1款最小船首高度建议公式的解决;

(13)修改《1966年国际船舶载重线公约》最小船首高度的背景材料;

(14)船舶前体横剖面UV度衡准;

(15)对渔船消防A部分,将长度为55米或55米以上的渔船防火安全措施改为长度为60米或60米以上。对B部分长度55米以下的渔船防火安全措施改为:超过45米,但小于60米的渔船防火安全措施,以及将机器处所发动机的功率由375千瓦改为750千瓦的建议;

(16)渔船机舱油柜的液位表不能设管状的液位表,改为用坚实玻璃制成(不管是平板玻璃还是管状玻璃),带有金属外壳保护的,而且装有自动关闭阀门的液位表。救生设备和无线电话由适用于船长24米以上渔船,改为适用于船长45米以上渔船;

(17)对雷达应答器的配备建议船长超过45米渔船,但小于500吨,可配一台雷达应答器。30米以下中国渔船采用27.5—39.5兆赫兹的无线电话设备,并以33MHz作为遇险和安全通信;

(18)关于考虑“减小B型船舶干舷”因素的建议;

(19)对修订载重线公约附则I的若干意见;

(20)关于船首甲板淹湿性和直接计算方法的建议;

(21)关于建立最小船首高度公式的资料;

(22)对SOLAS 74公约第Ⅱ-1章8-1、章8-2、章8-3修订草案的建议,对客滚船的破舱稳性提供新的衡量标准。

1998年,在国际海事组织第70届海安会上,出席会议的中国船级社专家提交了《对IMO文件统一用词的评述》和《SOLAS和MARPOL公约统一用词所涉及的实施标准和技术文件的统计》两份提案。

(三)渔检局参加SLF分委会及渔船安全大会

1980年12月8—12日,中华人民共和国船舶检验局渔船分局派代表参加政府间海事协商组织稳性、载重线和渔船安全分委会第二十三次会议(SLF23),我国开始参与有关渔船安全的国际交流活动。在《1977年国际渔船安全公约1993年议定书》的制定过程中,我国提出了多项建议,包括:

(1)1987年向SLF32次会议提出,对第五章"防火、探火和救火"A部分,将长度为55米或55米以上的渔船防火安全措施改为长度为60米或60米以上。对B部分长度55米以下的渔船防火安全措施改为:超过45米,但小于60米的渔船防火安全措施,以及将机器处所发动机的功率由375千瓦改为750千瓦;

(2)1988年向SLF33次会议提出,议定书的正式文本应包括中文;渔船机舱油柜的液位表不能设管状的液位表,改为用坚实玻璃制成(不管是平板玻璃还是管状玻璃),带有金属外壳保护的,而且装有自动关闭阀门的液位表;配电系统的绝缘连续监测问题;以"A-0"级防火分隔替代"B-15"级防火分隔;救生设备和无线电话由适用于船长24米以上渔船,改为适用于船长45米以上渔船。

(3)1987年、1988年提供我国渔船统计数据,船长24米及24米以上的生产渔船,1985年为3220艘、462583总吨;船长为24米及以上的生产渔船,1987年底为4384艘。

(4)1989年向SLF34次会议提出,第89条某些条款中"B-15"级防火分隔用"B-15"级或"A-0"级防火分隔代替。

(5)因SLF33会议上,关于渔船安全公约第七章救生设备和第九章通讯设备的分歧较大,中国、日本、韩国提出船长下限由24米提高到45米,其他国家赞成保持24米。故起草小组建议转由COM分委会讨论。1991年我国向COM37次会议提出,对雷达应答器的配备建议船长超过45米渔船,但小于500吨,可配一台雷达应答器;30米以下中国渔船采用27.5—39.5兆赫兹的无线电话设备,并以33兆赫兹作为遇险和安全通信。

(6)1991年SLF35次会议上,针对议定书草案第3条第(5)款关于制定地区性小型渔船安全标准,在议定书中引进地区标准不能简单地等同1966年载重线公约,我国认为凡是不受渔船安全公约议定书约束的渔船,其安全要求可由各国主管机关制定。SLF36次会议上我国再次提出了意见。

1993年3月22日—4月2日,国际海事组织在西班牙托雷莫利诺斯召开了渔船安全大会。我国交通部、农业部和外交部组成以胡景禄为代表、贺寿仑为副代表的7人代表团与会。大会通过了《1977年国际渔船安全公约1993年议定书》。

对于议定书中的不适用船长等于或大于24米但小于45米的部分章节,应制定地区性统一标准,1992年日本、中国、韩国、泰国、菲律宾、印尼以及香港和国际海事组织的代表参加了在日本举办的会议。讨论了制定东亚地区性统一标准问题,确定日本为牵头国。

1996年3月13日,日本运输省海上安全局"日本东亚地区性标准"起草小组就《1977年国际渔船安全公约的1993年议定书》要求制定的东亚地区渔船安全标准第三稿征求我国意见。农业部渔业船舶检验局参加了会谈。通过会谈双方对一些条款的修改达成了共识,对地区标准的性质和前言框架取得了一致意见,为制定地区标准第四稿以及最后的定稿奠定了基础。1996年8月29日—9月6日农业部渔业船舶检验局代表出席了国际海事组织稳性、载重线和渔船安全分委会第40次会议。

1997 年 2 月在东京通过了《作业于东亚和东南亚地区渔船安全会议声明》及其附录《作业于东亚和东南亚地区船长等于或大于 24 米但小于 45 米渔船安全指南》。

此外，我国在 SLF29 次会议上“关于渔船在起网时渔具所引起外力对船舶稳性影响的研究报告”、SLF31 次会议上“用 IMO 气象衡准对若干渔船稳性的计算的报告”等提案都在国际海事组织会议上引起各国重视。

(四) 中国政府接受的有关国际公约

1980 年 1 月 7 日，我国政府接受《1974 年国际海上人命安全公约》，并声明：保留根据本国情况合理地实施本公约关于船舶消防安全措施要求方面的权利。从 1980 年起，我国政府陆续接受有关国际公约的情况见表 6-5。

中国政府接受的有关国际公约　　表 6-5

序号	公 约 名 称	我国加入日期	对我国生效日期
1	《1972 年国际海上避碰规则公约》	1980 年 1 月 7 日	1980 年 1 月 7 日
2	《1974 年国际海上人命安全公约》	1980 年 1 月 7 日	1980 年 5 月 25 日
3	《1969 年国际油污损害民事责任公约》	1980 年 1 月 30 日	1980 年 4 月 29 日
4	《1969 年国际船舶吨位丈量公约》	1980 年 4 月 8 日	1982 年 7 月 18 日
5	《1972 年国际集装箱安全公约》	1980 年 9 月 23 日	1981 年 9 月 23 日
6	《1978 年海员培训发证和值班标准国际公约》	1981 年 6 月 8 日	1984 年 4 月 28 日
7	《1973/1978 国际防止船舶造成污染公约》	1981 年 7 月 1 日	1983 年 10 月 2 日
8	《1979 年国际海上搜寻救助公约》	1985 年 6 月 24 日	1985 年 7 月 24 日
9	《1972 年防止倾倒废物及其他物质污染公约》	1985 年 11 月 14 日	1985 年 12 月 14 日
10	《1969 年国际油污损害民事责任公约 1976 年议定书》	1986 年 9 月 29 日	1986 年 12 月 28 日
11	《1969 年国际干预公海油污事件公约》	1990 年 2 月 23 日	1990 年 5 月 24 日
12	《1973 年国际干预公海非油类物质污染议定书》	1990 年 2 月 23 日	1990 年 5 月 24 日
13	《1988 年制止危及海上航行安全非法行为公约》	1991 年 8 月 20 日	1992 年 3 月 1 日
14	《1988 年制止危及大陆架固定平台安全非法行为议定书》	1991 年 8 月 20 日	1992 年 3 月 1 日
15	《1989 年国际救助公约》	1994 年 3 月 30 日	1996 年 7 月 14 日
16	《1974 年海运旅客及行李雅典公约》	1994 年 6 月 1 日	1994 年 8 月 30 日
17	《1965 年国际便利海上运输公约》	1995 年 1 月 16 日	1995 年 3 月 17 日

二、扩大与外国船级社的合作

(一) 出访国外验船机构和海事界

(1) 1980 年 5 月 1—23 日，船舶检验局副局长丁奇中率领的代表团，先后对挪威船级社和德国劳氏船级社进行了访问考察。5 月 1—17 日先后考察了挪威船级社奥斯陆总部各部门及科研试验设施和卑尔根及斯塔万格的办事处，访问了卑尔根船厂、挪威水下学校、正在船厂建造的大型海洋平台，并在直升机上观察了挪威北海埃科菲斯克海上油田全部平台设施情况。挪威商务运输部副部长帕 · 欧伯格接见了中国代表团，并进行友好交谈。在联邦德国考察了德国劳氏船级社汉堡总部、电子计算机房，汉堡大学的试验设备、汉堡造船试验所 HSVA 的船模试验池，Blohm + Voss 船厂材料试验室。这是船舶检验局首次对世界著名船级社进行比较系统的考察。国外经验，对于中国正在进行的船检体制改革、管理制度的健全、规范科研的发展以及电子计算系统的建立与应用等方面均有借鉴意义。通过考察访问加强了双方在管理与技术方面的合作,上述两个船级社为中国船检局培养了船舶及平台检验与管理、规范与科研、电子计算机应用等方面的人才。

(2)1980年8月船舶检验局副局长袁亚东率代表团访问日本海事协会,签订了《中华人民共和国船舶检验局和日本海事协会关于船舶技术检验合作的协议》,规定在日本建造的ZC级船舶的建造检验,首先考虑委托与我签有协议的日本海事协会代理检验,揭开了船舶检验局与日本海事协会交流合作的帷幕,由此不断推进双方新船建造合作检验的发展。

(3)为执行国家经委批准的"引进近海工程检验技术"项目计划,1984年,船舶检验局局长丁奇中率领的近海工程检验代表团先后对美国、英国和法国船级社以及海洋石油有关机构进行了考察访问。

第一阶段,1984年5月2—30日代表团访问了美国海岸警卫队、美国矿业管理局等政府机构,美国船级社、美国海洋工程设计和制造公司、布朗·路特公司、贝克公司等民间机构,以及阿科石油钻井公司在墨西哥湾的海上石油生产平台。主要目的是:了解美国政府和美国船级社对近海石油开发进行技术监督和管理的经验,并商讨中国船舶检验局与美国船级社在海洋工程方面的合作。在美国期间,还参加了在休斯敦举行的1984年海洋工程会议。通过考察访问,进一步明确了政府机构和船级社的性质不同,工作和技术重点不同,国际国内交往对象不同。船级社作为民间机构,具有法人地位,技术力量应集中在造船基地和港口。

第二阶段,1984年11月5日—12月4日,代表团对英国能源部、运输部、劳氏船级社、油田检验公司、诺伯尔·丹顿国际公司、JRK肯尼近海工程设计公司、伦敦保险商协会、法国工业及能源部、法国船级社、道达尔公司等11个单位进行了考察。这次考察基本上了解了英、法有关政府机构在近海工程领域的业务范围和监督管理政策,带回了他们在近海工程监督管理方面的有关法规。了解到英国劳氏船级社和法国船级社在近海领域的业务范围、技术状况,加强了船舶检验局与国外船级社在近海工程检验技术方面的合作。通过这次考察对近海工程的技术发展有了进一步的认识,尤其是对政府机构和船级社在近海工程领域的监督管理和技术检验有了更深的体会。对于调整船舶检验局近海工程管理体制,建立科学的管理制度,建立近海工程结构独立分析系统,加强与国内科研机构、高等院校的技术合作,扩大技术检验服务范围,培训专业技术人才,提高办公效率,改善办公设备,调整专业人员和辅助人员比例等方面均有所启示。

访问英、法期间,还分别签订了《中华人民共和国船舶检验局和英国劳埃德船级社关于采用LR船级或证书的海上装置在中国建造或营运期间合作检验的工作协议》、《中华人民共和国船舶检验局和法国巴黎国际船级社关于船舶技术检验合作协议延期的协议》。

(4)1984年9月船舶检验局副局长冯锡洲率代表团赴联邦德国和埃及进行考察。在联邦德国访问了德国劳氏船级社、联邦德国运输部海事局和海运协会等有关单位,考察了德国劳氏船级社的内部机构设置和管理制度及其现代化的办公设施,增进了双方间的相互了解和合作愿望,并商定了该社为中国船检局培训三名计算机管理和软件开发人员的培训计划;另与有关方面人士商定了中国船检局在汉堡设立办事处的程序。在埃及访问了埃及海运部和苏伊士运河管理局,双方讨论了将中国船检局列入运河管理局承认的船检机构名单及船检局在塞得港设立办事处的意向和需要办理的有关程序。上述讨论的计划和意向,不久都按商定的程序逐步得到落实。

(5)1984年10月,船检局海船规范科研所所长马家骥率代表团赴日本访问日本海事协会和日本消防研究所,学习了国外消防研究试验的经验,对船检局建设上海远东防火试验中心具有重要参考价值。

(6)1986年6月,中国船级社副社长王惠临率代表团访问朝鲜海事局。

(7)1986年12月,中国船级社董事长丁奇中率代表团赴联邦德国汉堡,参加中国船级社汉堡办事处的开业典礼，并访问了德国劳氏船级社，接着赴民主德国，首次访问了德意志民主共和国船舶登记局，双方就签订检验技术合作协议有关事宜进行了商谈。

(8)1988年10月，中国船级社社长冯锡洲率代表团访问了美国船级社总部、利比里亚海事服务公司、瓦努阿图海事服务公司和巴拿马领事司纽约办事处，商谈了利比里亚、瓦努阿图、巴拿马政府授权中国船级社代行船舶法定检验协议的具体事宜。

(9)1991年12月，中国船级社副社长张治湘率代表团访问英国，与伦敦保险商协会和伦敦救助协会交换了有关进行技术合作的意见。

(10)1992年6月23日中国船级社副社长王惠临访问韩国船级社，双方在汉城签订了《中国船级社和韩国船级社相互代理船舶技术检验合作协议》，同时就质量体系建设情况交换了意见。

(11)1992年8月，中国船级社党委书记陈福珊率代表团访问朝鲜海事局，就加强和巩固双方船舶检验领域的合作、密切双方关系、扩大双方合作以及有关检验业务技术和合作协议执行等问题交换了意见。

(12)1992年9月，中国船级社社长董玖丰率代表团访问了英国劳氏船级社、挪威船级社。11月，又访问了法国船级社和意大利船级社，就质量体系建设和加强双边合作等事宜交换意见。

(13)1993年6月，中国船级社社长董玖丰一行在意大利热那亚参加了国际船级社协会第27次理事会会议以后，赴美国访问了美国船级社并重新签署了双方的合作协议。

(14)1993年11月，中国船级社副社长何晋尧一行访问了越南船舶登记局。

(15)1994年8月，中国船级社理事长兼社长董玖丰主持了新加坡办事处的开业仪式并率团访问新加坡海事局和澳大利亚海上安全局。

(16)1994年12月，中国船级社理事长兼社长董玖丰一行在巴黎参加国际船级社协会第30次理事会，并访问希腊船级社，签署了双边合作协议。

(17)1995年，中国船级社领导人先后访问了美国海岸警卫队、伦敦保险商协会、德国劳氏船级社、美国船级社以及韩国大宇船厂和三星集团等。

(18)1996年，中国船级社领导人先后访问了越南船舶登记局、印度船级社、俄罗斯内河船舶登记局(以中国船检局名义)、朝鲜海事局、印度尼西亚船级社、印尼国家石油公司、印尼海事管理局、荷兰交通及公共工程部海事局、德国海事主管当局、新加坡海事港务管理局、欧盟运输委员会和有关国际海事组织及船东和船厂。

(19)1997年，中国船级社派代表团访问了日本海事协会、韩国船级社、英国劳氏船级社、挪威船级社、德国劳氏船级社、菲律宾海事局、国际干货船船东协会、荷兰海事局、荷兰船检局、国际保赔协会等机构。

(20)1998年，中国船级社组团访问了日本、澳大利亚、挪威、德国、法国、英国、韩国等国的海事界，其中包括IACS有关成员社、澳大利亚海上安全局、国际干货船船东协会等单位。

(二)接待外国验船机构和海事界来访

改革开放以后，外国验船机构的代表来中国船检局访问日益增多。在20世纪80年代，船舶检验局每年平均接待来访5—6次。1986年后，以中国船级社名义发展国际交流与合作，有关往来更加频繁，其中1992年就接待国外来访11次。来访的外国验船机构中，除了朝鲜海事局、美国船级社、德国劳氏船级社、英国劳氏船级社、法国船级社、挪威船级社、意大利船级社、日本海事协会、波兰船舶登记局、罗马尼亚船舶登记局等老朋友之外，新增加了印度船级社、韩国船级社、越南船舶登记局、印度尼西亚船级社、希腊船级社等外国验船机构，以及巴拿马运河丈量局、伦敦救助协会、国际船级社协会、澳大利亚海上安全局、澳大利亚众议院交通委员会、澳大利亚海上安全局船舶和人员安全部、澳大利亚海事大学、国际干货船船东协会、利比里亚海事服务中心、欧洲联盟等诸多国家政府机构和国际组织。

1988 年 5 月,中国船检局接待苏联船舶登记局代表团,商谈相互代理船舶技术检验合作事宜。1991 年苏联船舶登记局改组为俄罗斯船舶登记局后,中国船检局继续发展与俄罗斯船舶登记局的合作关系。为协调俄罗斯船舶在大连地区修理的检验问题,船检局大连分局在 1992 年 5 月邀请俄罗斯船舶登记局太平洋分局访问大连,就某些问题达成共识。为了增进内河船舶检验合作,1992 年 11 月船舶检验局邀请俄罗斯内河船舶登记局局长访问北京,依据形势的发展双方在北京重新签署了《中华人民共和国船舶检验局和俄罗斯联邦内河船舶登记局合作协议》,建立了相互交流制度。俄罗斯内河船舶登记局代表团于 1997 年 10 月 7—14 日访问了中国船舶检验局及其下属的重庆船检局、武汉船检局和武汉规范研究所,考察了重庆至宜昌的长江三峡急流航段,在有关内河高速船检验以及互派专家访问和开展合作研究等方面进行了深入探讨,并就签订高速船补充协议、定期通报高速船检验问题、及时交换规范规程和证书格式、定期交流科研计划和科研成果、选派专家互访等问题达成共识,加深了双方交流。

英国劳氏船级社主席麦克罗特(H.R.Macloed)一行 3 人来中国访问时,受到国务院副总理李鹏接见,就加强船检工作的合作进行了友好的谈话。

国际船级社协会理事会主席、德国劳氏船级社主席莱因哈德·米奥(Reinhard Mau)和美国船级社主席弗兰克·亚罗西(Frank Iarossi)先后率代表团访问中国时,交通部副部长林祖乙分别会见两代表团并进行了友好交谈。

1994 年,国务院副总理朱镕基接见了访问中国船级社的挪威船级社代表团。

(三)签订双边合作协议

继法国船级社之后,挪威船级社、德国劳氏船级社、英国劳氏船级社等西方著名船级社经过几年的接触与协商,于 1977 年先后与船舶检验局签订了双边合作协议。

1974 年 3 月,挪威船级社副主席和研究室主任应邀来华进行为期 10 天的访问,详细介绍了该船级社的历史、组织机构、服务宗旨、入级船舶、海工业务,以及有关陆地建筑、海底资源勘探、海洋工程、发电站、桥梁的科学技术研究,并就双方验船合作事宜与中国船检局进行协商。双方于 1977 年 3 月 24 日在北京签订《中华人民共和国船舶检验局和挪威船级社关于船舶技术检验合作的协议》。协议规定了缔约双方互相代理营运中船舶的各种检验,互相代理新建船舶的检验和用于这些船舶的产品和材料的检验,以及代理检验后签发相应船舶证件的有关问题。1979 年 9 月 10 日双方同意对 1977 年 3 月 24 日所订协议作如下补充:“本协议也适用于双方之间关于由其中一方所授级或发证的各种勘探和开发海床或其底土中自然资源的近海装置方面的合作”。

1977 年 4 月 20 日,《中华人民共和国船舶检验局和德意志劳埃德船级社关于船舶技术检验合作的协议》在汉堡签订。协议主要规定营运中船舶的船级特别检验、中间检验、年度检验、临时检验、保持船级的循环检验以及修理工程的检验;新建船舶的检验,以及船用产品和材料的检验等。

1973 年 4 月 14 日,英国劳氏船级社主席来华访问。英方提出希望中国在国外造船时,能授权 LR 签发船舶证书和签订互相代理协议的意向,并就这些问题进行了商谈。1977 年,英国劳氏船级社再次来华访问,就互相代理协议和帮助中国培训验船人员事宜进行了磋商。1977 年 11 月 15 日,在伦敦签订了《中华人民共和国船舶检验局和劳埃德船级社关于船舶技术检验合作的协议》。协议主要规定了相互代理营运船舶检验,新建和改建船舶技术监督,船用产品和材料的技术监督,以及营运中船舶为更新船级而进行的特别检验等事宜。

1978 年中国船检局相继与意大利船级社、法国船级社、日本海事协会、美国船级社、巴拿马验船协会签订船舶技术检验合作协议。

1986 年中国船级社成立以后，根据《中国船级社章程》第六条规定，中国船级社将履行原由中华人民共和国船舶检验局与外国船舶检验机构签订的合作协议。过去由中国船检局与外国船检机构签订的协议逐步改由中国船级社重新签订。此外，中国船级社 1987 年与德意志民主共和国船舶登记局、1991 年与印度尼西亚船级社、1992 年与韩国船级社、越南船舶登记局、1994 年与希腊船级社、印度船级社、克罗地亚船级社等首次签订了船舶技术检验合作协议。详见表 6-6 和表 6-7。

中国船检局与外国验船机构签订协议一览表　　表 6-6

签约机构	签约年份	协　　议	签署/生效
挪威船级社	1977	《中华人民共和国船舶检验局和挪威船级社关于船舶技术检验合作协议》	1977 年 3 月 24 日在北京签署
	1979	《中华人民共和国船舶检验局和挪威船级社关于船舶技术检验合作补充协议》	1979 年 9 月 10 签署
	1985	《中华人民共和国船舶检验局和挪威船级社关于船舶检验的议定书》	1985 年 3 月 20 日签署
德国劳氏船级社	1977	《中华人民共和国船舶检验局和德意志劳埃德船级社关于船舶技术检验合作协议》	1977 年 4 月 20 日在汉堡签署
	1981	《中华人民共和国船舶检验局和德国劳氏船级社关于船舶技术检验合作补充协议》	1981 年 2 月在汉堡，3 月在北京分别签署
	1981	《中华人民共和国船舶检验局和德国劳氏船级社关于进出口船舶联合检验协议》	1981 年签署
英国劳氏船级社	1977	《中华人民共和国船舶检验局和劳埃德船级社关于船舶技术检验合作协议》	1977 年 11 月 15 日在伦敦签署
	1981	《中华人民共和国船舶检验局和劳氏船级社关于进出口船舶联合检验协议》	1981 年签署
	1984	《中华人民共和国船舶检验局和劳氏船级社关于采用 LR 船级或证书的海上设施在中国建造或营运期间合作检验的工作协议》	1984 年 11 月 23 日在伦敦签署
法国船级社	1978	《延长中华人民共和国船舶检验局和法国巴黎国际船级社关于船舶技术检验合作协议》	1978 年 12 月 20 日签署
	1981	《中华人民共和国船舶检验局和法国巴黎国际船级社关于在中国合作检验新造船的补充协议》	1981 年 7 月签署
	1981	《中华人民共和国船舶检验局和法国巴黎国际船级社关于进出口船舶联合检验协议》	1981 年签署
	1984	《中华人民共和国船舶检验局和法国巴黎国际船级社关于近海工程合作检验协议》	1984 年 1 月 20 日、28 日分别签署
	1984	《中华人民共和国船舶检验局和法国巴黎国际船级社关于近海工程合作的补充协议》	1984 年签署

续上表

签约机构	签约年份	协　　议	签署/生效
意大利船级社	1978	《中华人民共和国船舶检验局和意大利船级社关于船舶技术检验合作的协议》	1978年10月2日在热那亚签署,1979年4月10日生效
	1984	《中华人民共和国船舶检验局和意大利船级社关于船舶技术检验合作的补充协议》	1984年10月17日签署,1985年4月17日生效
日本海事协会	1980	《中华人民共和国船舶检验局和日本海事协会关于船舶技术检验合作协议》	1980年8月22日在东京签署
美国船级社	1981	《中华人民共和国船舶检验局和美国船级社关于船舶技术检验合作协议》	1981年2月20日在北京、3月12日在纽约分别签署
	1982	相互代理船舶建造后各种检验的程序议定书	1982年2月在北京签署
	1986	《中华人民共和国船舶检验局和美国船级社关于海上设施合作检验的执行协议》	1986年3月签署
巴拿马验船协会	1984	《中华人民共和国船舶检验局和巴拿马验船协会关于悬挂巴拿马旗船在中国港口进行法定检验的协议》	1984年7月签署
	1985	《中华人民共和国船舶检验局和巴拿马验船协会关于对ZC船级船舶在中美洲地区进行检验的协议》	1985年6—7月签署
苏联河船登记局	1988	《中华人民共和国船舶检验局和苏维埃社会主义共和国联盟河船登记局合作协议》	1988年10月25日在北京、11月25日在莫斯科签署
法国船级社	1991	《中华人民共和国船舶检验局和法国巴黎国际船级社关于双方合作检验补充协议》	1991年7月3日在北京签署,1991年7月3日生效
俄罗斯河船登记局	1992	《中华人民共和国船舶检验局和俄罗斯联邦内河船舶登记局合作协议》	1992年11月在北京签署生效

中国船级社与外国验船机构签订协议一览表　　表6-7

签约机构	签约年份	合　作　协　议	签署/生效
波兰船舶登记局	1986	《中国船级社和波兰船舶登记局合作协议》	1986年6月20日在北京、7月19日在格但斯克分别签署
德国劳氏船级社	1986	《中国船级社和德国劳氏船级社关于船舶技术检验的合作协议》	1986年6月在汉堡和北京分别签署
	1987	《中国船级社和德意志民主共和国船舶登记局关于船舶技术检验合作协议》	1987年9月7日在北京签署
	1996	《中国船级社和德国劳氏船级社合作的协议》	1996年签署,1996年11月8日生效
巴拿马验船协会	1986	《中国船级社和巴拿马验船协会关于在中国港口巴拿马籍船舶船员居住处所检验的协议》	1986年12月6日在香港签署
挪威船级社	1987	《中国船级社和挪威船级社关于采用DNV船级或证书的海上设施在中国建造时进行合作检验的工作协议》	1987年3月17日在北京签署,1987年3月17日生效
	1993	《中国船级社和挪威船级社合作协议》	1993年4月8日在北京签署,1993年7月8日生效
	1993	《中国船级社与挪威船级社海上设施检验的合作协议》	1993年4月8日在北京签署,1993年7月8日生效

续上表

签约机构	签约年份	合作协议	签署/生效
英国劳氏船级社	1987	《中国船级社和劳氏船级社(LR)关于中国在英国建造2700箱集装箱船的联合检验协议》	1987年5月5日在北京签署,1987年5月5日生效
	1993	《中国船级社和英国劳埃德船级社的合作协议》	1993年3月11日在北京签署,LR在中国设立代表处时生效
意大利船级社	1987	《中国船级社和意大利船级社海上设施合作检验协议》	1987年8月5日在热那亚、8月10日在北京分别签署,1987年8月10日生效
	1991	《中国船级社和意大利船级社合作协议》	1991年10月12日在北京签署,1992年4月12日生效
苏联船舶登记局	1988	《中国船级社和苏维埃社会主义共和国联盟船舶登记局关于相互代理的协议》	1988年5月12日在北京签署,1988年5月12日生效
朝鲜海事局	1990	《中国船级社和朝鲜民主主义人民共和国海事局关于船舶技术检验合作协议》	1990年11月12日在平壤、12月31日在北京分别签署,1990年12月31日生效
印度尼西亚船级社	1991	《中国船级社和印度尼西亚船级社合作协议》	1991年11月11日在北京签署,1991年11月11日生效
韩国船级社	1992	《中国船级社与韩国船级社合作协议》	1992年6月23日在汉城签署,1992年6月23日生效
美国船级社	1993	《中国船级社和美国船级社关于船舶技术检验的合作协议》	1993年6月16日在纽约签署,1993年9月1日生效
	1993	《中国船级社与美国船级社关于海上设施检验的合作协议》	1993年6月16日在纽约签署,1993年9月1日生效
法国船级社	1993	《中国船级社和法国船级社合作协议》	1993年10月在北京签署,1993年10月生效
越南船舶登记局	1993	《中国船级社和越南船舶登记局合作协议》	1993年11月5日在海防签署,1993年12月1日生效
日本海事协会	1993	《中国船级社与日本海事协会合作协议》	1993年签署,1993年3月16日生效
克罗地亚船级社	1994	《中国船级社和克罗地亚船级社关于船舶技术检验合作协议》	1994年3月18日在北京、3月28日在斯普利特分别签署,1994年5月28日生效
希腊船级社	1994	《中国船级社与希腊船级社合作总协议》	1994年12月5日在希腊比雷埃夫斯签署,1994年12月5日生效
	1994	《中国船级社与希腊船级社关于双重船级船舶的协议》	1994年12月5日在希腊比雷埃夫斯签署,1994年12月5日生效
印度船级社	1994	《中国船级社和印度船级社双边合作协议》	1994年11月18日在北京签署,1995年2月18日生效

这些协议的主要内容是缔约双方相互代理船舶和海洋工程的入级和法定检验须取得委托的合格证书,交换双方出版的规范和技术标准,交流这些规范标准的应用情况等。这些协议的执行,便利了我国国际航行船舶在世界各国港口能得到及时的检验取得合格的船舶证书,上述国外船级社的入级船舶进入我国港口也得到同样的服务。同时新建的船舶和海洋工程也同样得到相互的服务。

(四)组织亚洲船级社会议

1992 年,在国际保险界对国际船级社协会的安全质量表示质疑,国际海事界对海上安全监督日趋严格和高标准的形势下,美国船级社、挪威船级社、英国劳氏船级社等三家船级社取消了 1000 艘左右老龄船舶的船级,同时指责法国船级社接受这批被取消船级船舶的入级业务,以此显示其入级船舶的质量优势,抬高自身在国际保险界和海事界的地位,排挤发达国家和发展中国家的其他船级社,由此引发了欧洲 IACS 成员船级社之间的矛盾。法国船级社、意大利船级社、德国劳氏船级社顺应欧共体一体化进程,成立了欧洲经济利益组织联合船级社,统一步调加强彼此间在科研、规范、管理、信息和国际检验网络方面的互助合作,抗衡上述三家船级社,致使国际船级社协会面临分裂危险,由此引起 IACS 亚洲成员船级社的关注。中国船级社在 1993 年 6 月国际船级社协会理事会第 27 次会议期间,就加强日本海事协会、韩国船级社、印度船级社和中国船级社 4 家船级社的协作,与日本海事协会交换意见,共同认为加强区域性技术与业务合作是当前世界上一种发展趋势,应予以必要重视,进行必要的研究探讨。

会后不久,日本海事协会提出召开非正式的国际船级社协会亚洲成员船级社会议的建议,该会议由亚洲地区的四家船级社参加,每年举行一次,每次会期一天,每家船级社派出不超过 2 人的代表团赴会自由地交换彼此观点,会议选举产生主席,任期一年,以此加强亚洲四家船级社的沟通,探讨技术业务合作空间,同时针对亚洲船级社的特点推动彼此间的科研、技术和管理合作与发展,在区域性合作中强化各自的竞争能力,同时维护 IACS 成员船级社间的团结。

在经过一段时间筹备以及与韩国船级社、印度船级社的沟通,“亚洲 IACS 成员船级社非正式会议”第一次会议于 1993 年 11 月 19 日在日本海事协会总部正式召开,由此开始了亚洲船级社的密切交流与合作。其后,亚洲 IACS 成员船级社非正式会议相继于 1994 年在中国船级社总部召开第二次会议,于 1995 年 11 月 8 日在韩国船级社总部召开第三次会议,围绕着亚洲船级社的发展交换意见,产生了在科研、规范领域合作的意向。随后,针对当时海事界关注的散货船安全和油船污染问题,亚洲 IACS 成员船级社非正式会议从亚洲海上安全形势要求出发开展合作研究,同时为了深入课题研究,亚洲 IACS 成员船级社非正式会议邀请越南船舶登记局和印度尼西亚船级社参加会议,并将亚洲 IACS 成员船级社非正式会议改为“亚洲船级社会议”,就亚洲地区的散货船安全问题进行深入探讨,不断增进亚洲地区验船机构之间的联系。

三、参与国际船级社协会活动

国际船级社协会(IACS)是世界知名船级社发起成立的具有相当权威的国际民间组织,成立于 1968 年。它是国际海事组织(IMO)的咨询机构,同伦敦保险商协会(ILU)、国际标准化组织(ISO)、国际航运公会(ICS)、国际电工委员会(IEC)等其他国际组织建立有密切关系。国际海事组织一些重大技术提案是由 IACS 提出的。加入该组织是伦敦保险商协会(ILU)保险优惠的必要条件之一,也是国际干货船船东协会(INTERCARGO)、国际独立油轮船东协会(INTERTANKO)会员的必要条件之一,作为该协会的正式会员在国际海事界享有很高声誉。IACS 是被美国海岸警卫队(USCG)、欧洲联盟(EU)首批认可的检验组织。

该协会章程规定,成为该协会正式会员必须具备下列基本条件:①具有 30 年以上的历史;②拥有 500 万总吨以上的入级船舶及载明入级船舶的《船舶录》;③具有完备的船舶建造与入级规范,以及有关规范、规则的制订修订能力,设有必要的专职机构;④在世界主要港口设有必要的分支或代理机构,配有相应数量有经验的验船师,以能及时提供全球性的技术服务。

该协会设有理事会、综合政策委员会、常务秘书处、质量委员会和各种专业技术工作组。其职责是协调国际船检业务,制订统一的规范标准,研讨国际航行船舶安全和防污染技术的有关问题。它所提出的“统一解释”,在国际上具有普遍的指导作用。

为了走向世界,跻身国际船级社的行列,船舶检验局积极筹备加入国际船级社协会,于1984年以中华人民共和国船舶检验局名义申请加入受到阻碍,到1988年以中国船级社名义申请,于当年5月31日正式加入了国际船级社协会,成为该协会的正式会员。1994年3月取得了国际船级社协会质量体系合格证书,1996年7月1日—1997年6月30日出任国际船级社协会理事会主席,在国际船级社协会中发挥越来越大的作用。

(一)中国船级社加入国际船级社协会

1.船舶检验局申请加入国际船级社协会受阻

1982年起,船舶检验局开始筹备加入IACS的有关工作,1984年4月已初步具备了规定条件,向IACS提出了申请并提供所要求的资料。1984年7月9日,当时担任IACS理事会主席的美国船级社主席贝茨(Bates)先生致函船检局,告知1984年5月8—10日的IACS理事会上讨论了中国船检局加入IACS问题,与会成员船级社认为中国船检局尚不满足IACS正式会员的要求,但如果中国船检局愿意的话,可作为预备会员参加该协会。对此,船舶检验局在与外交部沟通后一致认为,中国已是国际海事组织(IMO)的B类理事国,船舶检验局被列为预备会员加入国际船级社协会,实质上是对中国作为IMO理事会成员国的一种歧视,因而不能接受,由此结束了船舶检验局的入会申请。

2.中国船级社成功加入国际船级社协会

1986年中国船级社设立,与船舶检验局检局实行“一个机构、两块牌子”的工作机制。同年12月中国船级社董事长丁奇中访问联邦德国时,在汉堡与时任IACS理事会主席莱因哈德·米奥(Reinhard Mau)先生就中国船级社加入IACS事宜进行了热情友好的商谈。莱因哈德·米奥主席表示,将促成此事。另一方面,1986年中国船级社设立后,加快了各方面的建设,特别是加强了基础设施建设、科研力量、内部管理和国外网点建设,以及对外的宣传报道。1987年中国船级社社长在接待来访的IACS主席和DNV、LR、BV、NK等IACS会员社代表的过程中,向他们介绍了中国改革开放的形势,并就今后双方间的合作和中国船级社加入IACS的问题,坦诚地交换了意见,取得了他们的理解和支持。1987年8月中国船级社正式提出加入国际船级社协会的申请。同年10月,中国船级社邀请莱因哈德·米奥访华,听取了他有关IACS现状和入会申请材料等方面的详细介绍,据此精心进行入会材料准备。1988年1月中国船级社向IACS秘书处及各成员船级社提交了申请入会所要求的详尽资料。1988年5月19日中国船级社收到IACS主席的传真,内称:

高兴地通知你们有关中国船级社申请成为IACS正式会员事宜,已明确地作出了结论;因此,正式邀请参加将于今年5月31日—6月2日在汉堡举行的第21届理事会会议;接纳中国船级社成为IACS的正式会员将在本届理事会开始时做出记载,同时期望在相互理解的基础上作出的IACS会议纪要中,能反映IACS成员船级社对于在华的建造检验或修理检验,具有像在其他国家那样拥有的平等机会,并可在船厂、产品厂和船舶上不受限制地开展业务活动,以致某些会员船级社将对与中国船级社签订的双边协议进行重新考虑。

1988年5月31日—6月2日,中国船级社社长冯锡洲、国际事务部总经理李科浚赴联邦德国汉堡出席IACS第21届理事会会议。在召开理事会会议之前,IACS举行了一次特别会议,通过了接纳中国船级社为IACS正式会员的决定。接着中国船级社社长以IACS理事会理事的身份出席了IACS第21次理事会会议。在会上IACS主席致辞欢迎中国船级社加入IACS,并邀请中国船级社社长讲话。冯锡洲社长即致辞表示感谢,并表达了中国船级社加入IACS的宗旨和积极参加IACS的活动及与全体会员社共同合作的愿望。会后,国际船级社协会发表新闻公报称:"由世界主要船级社组成的国际船级社协会理事会于5月31日—6月2日在汉堡举行年会,本次会议在会员方面发生了重大变化,这就是中国船级社成为了本协会的第10名正式会员。"

至此,船检局/船级社为之努力多年的目标终于实现,开始作为国际船级社协会的正式成员进入国际社会发展国际交流与合作,开始了中国船级社与国际接轨的新发展。

中国船级社加入国际船级社协会后,积极参加该协会理事会、综合政策委员会和15个工作组、3个特设工作组、3个通信组的活动。承担了部分工作,相继共同审议了船舶最小总纵强度标准、移动式钻井平台定位系统及其部件、备用零部件统一要求的修订、机舱防火统一要求的修订和船用塑料管系等技术问题。同时,中国船级社在认真执行该协会统一的规范标准,努力提高自身的管理水平和技术水平,保障海上航行安全,防止海洋环境污染,加强与会员船级社之间的合作等方面均作了大量工作,并取得了一定成效。

(二)中国船级社质量体系建设

1.国际船级社协会建立质量体系认证计划的背景和经过

20世纪80年代末至90年代初,世界海运中船舶全损事故明显呈现上升趋势,1987年3月1日,英国"自由企业先驱"号客滚船和1989年3月24日美国"埃克森·瓦尔迪兹"(Exxon Valdes)号油轮的重大事故连续发生,引起了海运界的极大关注。国际海事组织(IMO)、伦敦保险商协会(ILU)等国际组织迅速采取了措施。各方面对国际船级社协会提出了更高的要求和企望。对此,国际船级社协会采取的主要措施是建立质量体系认证计划(QSCS)。

1990年5月30—31日,国际船级社协会在日本东京召开第23届理事会。会上经过讨论,决定建立质量体系认证计划,并成立特别工作组负责起草相应文件。

1991年6月4—6日,国际船级社协会在芬兰赫尔辛基召开第24届理事会。会议讨论修改并批准了国际船级社协会《质量体系认证计划》文件,决定自1991年7月1日起实施,1994年1月1日起对所有会员船级社强制实行,同时定于1993年底完成对11家正式会员船级社的质量管理体系首轮审核,审核合格后为其签发质量体系合格证书;不满足《质量体系认证计划》要求的成员船级社将被取消会员资格。

质量体系认证计划是以国际标准化组织的ISO 9000系列标准为基础,结合国际船级社协会会员船级社的业务特性而制定的。

IACS的质量体系认证计划是在组织机构、责任和程序上的一种安排,以便审核IACS会员船级社内部质量体系与IACS要求的一致性,并颁发证书。QSCS的主要目的是审核IACS会员船级社是否已制定了内部质量管理体系文件,该体系是否与IACS体系要求一致,并是否已按质量体系文件规定予以实施。IACS正式会员参加QSCS工作是强制性的,证明会员资格的唯一证书是质量体系合格证书。

1993年底,IACS结束对其11个会员船级社的质量体系的首轮审核,11个会员船级社全部通过了审核,取得了合格证书。应国际船级社协会的邀请,国际海事组织的一名观察员监督了首轮审核。

2.筹建中国船级社质量体系

开展质量体系认证是国际船级社协会全面检查每个会员船级社的工作质量的一项强制性措施,有具体的标准和严格的要求。关系到每个会员船级社的声誉、地位和去留问题。中国船级社是一个新加入的成员,在质量管理方面没有经验,而能否建立起符合国际船级社协会要求的质量管理体系,对中国船级社今后的发展至关重要。

为此，处于船检局/船级社“一个机构、两块牌子”工作机制中船舶检验局给予高度重视。1991 年 6 月，船舶检验局从分析 IACS 质量体系认证计划、收集国内外相关资料、走访国家技术监督局做起，开始按照 IACS 质量体系认证计划的要求进行质量体系筹建工作。1991 年 8 月 14 日，船舶检验局以（91）船人字第 513 号文宣布成立质量体系建设领导小组，下设质量体系建设办公室（简称质建办公室），负责制订计划，组织实施，提交认证等质量体系建设的具体工作。1991 年 8 月 19 日船检局/船级社党政联合发出通知，阐明质量体系建设的目的、要求和时代背景，确定了质量体系建设的方针、原则和指导思想，规定了质量体系建设领导小组及其办公室的职责和任务，提出了分阶段建设和实施的初步规划，并就质量体系建设的组织领导、群众发动、全员培训、加强纪律、加强思想教育的工作提出了要求。明确提出要建立一个既符合国际标准和 IACS 要求，又适合我国国情和中国船级社自身特点的质量体系。同时动员全体员工积极参与，齐心协力，全力以赴做好各项准备，以战斗的姿态，迎接这项严峻的考验。

1991 年 8 月 26 日质量体系建设领导小组第一次全体会议在北京召开。会议责成质建办公室组织质量体系的系统分析和系统设计，在深入细致调查研究基础上进行《质量手册》的编写，并抽调 11 名工作人员组成质建工作组，聘请中国质量协会专家吴庭笙为顾问参加此项工作。经过集中上海进行调研、分析以及《质量手册》的结构设计和内容编写，于 1992 年 2 月提出了总质量手册《中华人民共和国船舶检验局质量手册》（GM-1），送交全系统讨论修订。

1992 年 6 月 5—6 日质量体系建设领导小组第二次会议在北京召开。会议原则批准了《总质量手册的修改意见》、《质量体系建设计划及实施要点》和《质量体系建设工作计划表》3 个文件。会后，质建办公室组织质建工作组的有关人员，按照《总质量手册的修改意见》进行修改，并于 1992 年 7 月 1 日公布了首版《中国船级社质量手册》（SGM-1），同时要求总部有关业务主管部门开始分别编写质量体系程序文件。1992 年 9 月 17—23 日，在上海召开全社执行《中国船级社质量手册》的会议，对首版《中国船级社质量手册》及与其配套的 55 个程序文件进行宣讲，宣布这些质量体系文件自 1992 年 10 月 1 日起生效，在中国船级社全系统内试行。

随后，中国船级社在 1992 年 12 月 10—11 日接待了 IACS 质量管理委员会常任秘书史密斯（D.W. Smith）先生对中国船级社质量体系建设及其运行情况进行的考察，按其提出的建议进行了改进。

为了验证质量体系运行的可行性，中国船级社在质量体系试运行期间，指定 19 名经过培训持有英国主任审核员证书的审核员组成审核组，于 1992 年 12 月 19 日—1993 年 1 月 6 日，对总部各业务主管部门，按照 IACS 的认证审核的要求，进行质量体系的预内审。根据预内审中发现的问题，质建办公室组织有关人员修订首版《中国船级社质量手册》及其程序文件，形成第二版《中国船级社质量手册》的报批稿。

1993 年 2 月召开的中国船级社质量体系建设领导小组第三次（扩大）会议决定第二版《中国船级社质量手册》（SGM-2）及配套的 55 个程序文件自 1993 年 3 月 1 日起实施，中国船级社质量体系开始正式运行。

中国船级社自 1993 年 3 月 25 日起，选定船级社总部、上海规范研究所/审图中心、上海培训中心、上海分社，进行质量体系正式运行后的第一次内部质量体系审核，由此开始了中国船级社对全系统的第一轮内部质量体系审核。

为了顺利通过 IACS 认证审核，中国船级社决定在 IACS 认证审核前进行一次模拟国际审核，以汲取国外船级社的质量体系建设和审核经验。经 IACS 质量秘书史密斯（D.W.Smith）先生推荐，中国船级社邀请法国船级社（BV）质量管理体系专家，在 1993 年 4 月 12—24 日，按照 IACS QSCS 要求对船级社总部和上海三单位进行全面试验审核，以验证中国船级社质量体系对 QSCS 的符合性及其体系运行的有效性。其后,在中国船级社质量体系文件被全面修订,质量体系按照新的文件体系运行之后,BV质量审核员又在1993年8月28日—9月5日对船级社总部重点部门和上海三单位进行了第二次试验审核。

根据第一次质量体系内审和BV专家第一次试验审核中反映出的问题和意见,1993年5月8日中国船级社第二次管理评审会议决定进一步修改《中国船级社质量手册》(SGM-2)和程序文件,以及对总部各部门、分社和办事处的质量经理、质管员进行培训,要求第三版《中国船级社质量手册》(SGM-3)、新版程序文件和须知1993年7月1日生效执行。随后在5月,船级社组织人力对质量体系文件进行了全面修订,产生了第三版《中国船级社质量手册》(SGM-3),完成了35个程序文件和45个须知文件的编写,并将这些质量体系文件译成英文,为申请国际船级社协会(IACS)认证做准备。

3.中国船级社质量体系通过IACS审核

1993年7月1日,中国船级社质量体系开始按照第三版质量手册及程序、须知文件规定运行。同年7月3日中国船级社向国际船级社协会正式提出质量体系审核申请。9月27日—10月13日,国际船级社协会以质量秘书史密斯(D.W.Smith)先生为组长的3人审核组对中国船级社总部、上海分社和香港分社的质量体系运行情况进行审核。历时17天的审核中,实足审核182小时,接受提问2297个,审核文件310份,出示证据662份,被提问人数120人。审核结果,共发现46个不合格项,到审核组离开时,已消除其中45个,还剩1个不合格项。

按国际船级社协会审核组要求,1993年11月3日,中国船级社向国际船级社协会质量秘书史密斯先生寄去纠正最后1个不合格项的证据。11月26日史密斯先生来函,确认中国船级社的不合格项已全部纠正。到此,对中国船级社按照国际船级社协会的要求进行的审核圆满结束。

1994年3月9日国际船级社协会向中国船级社颁发了有效期为3年的《质量体系合格证书》。中国船级社成为国内首家通过国际质量认证的检验机构。

4.中国船级社质量体系有效维护和发展

1994年10月21—29日,中国船级社又成功地接受了国际船级社协会对总部和上海分社实施的第一次第一阶段中间审核。

1995年1月,中国船级社在上海举行了质量体系运行经验交流会,交流成功的经验,探讨出现的问题,以此来进一步提高中国船级社质量体系运行的水平。8月22—24日,国际船级社协会对大连分社进行了第一次第二阶段中间审核,国际海事组织派观察员对这次审核进行了观察。至此,国际船级社协会对中国船级社的第一次中间审核顺利结束。

在此期间,国际标准化组织(ISO)修订1987年ISO 9000质量标准,于1994年7月1日推出其修订的新版ISO 9001:1994国际标准。据此,国际船级社协会(IACS)全面修订其《质量体系认证计划》(QSCS),1995年6月IACS理事会批准了第二版QSCS的质量体系新要求(IACS QSR-A2)。船检局/船级社依据第二版QSCS的质量体系新要求(IACS QSR-A2),考虑ISM认证新兴业务,全面修订、换版CCS质量体系文件,于1996年2月1日宣布实施第四版《CCS质量手册》(SGM-4)及其程序、须知文件。

1996年9月16日—10月10日,国际船级社协会派3名审核员对中国船级社总部、上海分社、广州分社、武汉分社、汉堡分社进行了3年一次的质量体系合格证书换证审核。与1993年初次审核相比,这次换证审核扩大了审核范围和深度。由于全系统职工持续不断地认真执行质量体系文件的规定,顺利通过审核,获得了新的证书。

换证审核后,国际船级社协会按照规定在1997年5—7月、1998年7月对中国船级社质量体系进行了年度审核。

中国船级社质量体系的建立和有效运行,标志着中国船级社的质量体系已同国际通行标准接轨。

(三)首次担任国际船级社协会理事会主席

根据国际船级社协会安排,1996 年 7 月 1 日—1997 年 6 月 30 日,中国船级社首次担任国际船级社协会理事会主席。由中国船级社社长董玖丰任国际船级社协会理事会主席、副社长刘福生任综合政策小组主席。在这一年中,中国船级社于 1996 年 10 月 22—25 日在北京主持召开 IACS 综合政策小组第 41 次会议(GPG-41),1996 年 12 月 10—12 日在英国伦敦主持召开 IACS 第 34 届理事会会议,1997 年 3 月在北京主持召开 IACS 综合政策小组第 42 次会议(GPG-42),1997 年 5 月在北京召开 IACS 第 35 届理事会会议。

在这一年的主席任期中,中国船级社在增强国际船级社协会的国际合作和自身建设中所做的主要工作如下:

1.加强国际船级社协会与海事界的合作

(1)如期向国际海事组织提交了关于《SOLAS 74 公约》修正案散货船提案,并在海安会第 68 届会议(MSC68)上获得通过。

(2)1996 年 12 月 21 日组织国际船级社协会理事会全体成员与 IMO 秘书长、海安司司长进行了会晤。双方就散货船安全问题、ISM 规则认证工作、港口国检查事宜,以及 IACS 的质量体系等事宜交换了意见,促进了彼此间的了解,取得了更大的信任。

(3)任 IACS 理事会主席一年中,相继与油轮公司国际海事论坛(OCIMF)、国际干货船船东协会(INTERCARGO)、国际独立油轮船东协会(INTERTANKO),国际海事工业论坛(IMIF)、伦敦救助协会(LSA)、国际航运公会(ICS)等国际知名组织就海事界最为关注的议题进行了会谈,加深了彼此间的了解。

(4)在 IACS 第 34 届理事会议后,董玖丰主席专程赴欧洲联盟总部,与分管海事安全的负责人会谈。促进了欧洲联盟对船级社的了解,明确了船级社在港口国检查中的责任,并就双方在诸如 ISM 认证工作、技术标准的实施问题、港口国检查等方面的合作进行了探讨。

2.进一步完善 IACS 的自身建设

(1)由于 IACS 的质量体系认证计划的独立性、公正性一直受到一些海事机关及相关组织机构的质疑,这对 IACS 在国际海事界日趋重要的作用非常不利。为此,1997 年 3 月成立了由国际海事界重要机构代表组成的质量体系顾问委员会。此外还在综合政策小组之下设立分类管理层。

(2)完成了 IACS 工作组机构改革工作。

(3)积极倡导 ISM 规则在全球范围内按期实施,并主动与国际海事组织、国际航运公会共同协商组成三方小组,在全球五个主要地区城市举行宣贯会。

(4)完成 IACS 质量体系换证审核。质量委员会及时配备了足够的审核力量,按质量体系要求全面顺利地完成了所有 11 家会员船级社的质量体系换证审核,并签发了有效期为 3 年的第二轮质量体系合格证书。

在中国船级社圆满结束 IACS 理事会主席任期后,IACS 各会员船级社纷纷来电,感谢这一任主席“成功地领导 IACS 度过了举足轻重且困难重重的一年”,“顺利完成了落在 IACS 肩上的任务”。

四、发展国际联系和有关业务

(一)与苏伊士运河当局建立关系

改革开放后,随着对外贸易和远洋运输的发展,我国航经埃及苏伊士运河的远洋船舶数量不断增加,过河船舶需要检验签证的问题日益突出。为便于我国船舶顺利通过苏伊士运河,船舶检验局派出代表团于 1981 年 1 月 8—1 月 21 日访问埃及苏伊士运河管理局(SCA),就船舶吨位丈量规范的执行办法交换意见,其间向运河当局提出承认船舶检验局签发的苏伊士运河船舶吨位证书和 ZC 船级的请求,开始了船舶检验局与苏伊士运河管理局的联系。

1984 年 9 月船舶检验局代表团再次访问埃及,与埃及海运部和苏伊士运河管理局的高级官员就申请苏伊士运河管理局承认中华人民共和国船舶检验局签发的运河区适航证书等事宜又进行了会谈,并了解了埃方的有关规定和工作程序。稍后,船舶检验局副局长冯锡洲率团访问联邦德国后,到埃及访问埃及海运部和苏伊士运河管理局,双方就船舶检验局列入运河管理局承认的船舶检验机构名单事宜,以及在塞得港设立办事处的意向和有关办理程序进行磋商。

在此基础上,交通部在 1985 年 4 月 15 日以〔85〕交船检字 844 号文发出《关于中华人民共和国船舶检验局在苏伊士运河区进行检验和发证的函》,致意中国驻埃及开罗大使馆,请按 1984 年 9 月船舶检验局与埃及海运部和苏伊士运河管理局的会谈意向,就中华人民共和国船舶检验局列入《苏伊士运河航行规则》中埃方承认的签发船舶适航证书的船舶检验机构名单以及在塞得港设立常驻机构事,以使馆名义正式行文给埃及运输部提出申请。

1985 年 4 月埃及苏伊士运河通过部副部长阿里·纳塞尔(Aly Nasr)先生应邀来我国访问,双方再次进行了会谈。

船舶检验局于 1985 年 5 月派遣李科浚、蒋恩康前往埃及与有关单位联系,在我国驻埃及使馆的支持和帮助下先后拜访埃及外交部和运河有关部门,直接与苏伊士运河管理局和埃及海运部海事检验局进行磋商,争取埃及当局早日承认船舶检验局,将其载入《苏伊士运河航行规则》。

1986 年 1 月 18 日中国驻埃及大使馆照会苏伊士运河管理局主席埃扎特·阿道尔(Ezzat Adel)阁下称:“关于将中华人民共和国船舶检验局列入被认可的船级社一事,我馆于 1985 年 6 月 12 日照会贵国交通运输海运部和外交部,并于 1985 年 7 月 30 日照会苏伊士运河管理局。中国大使馆高兴地从外交部获悉:埃及海运部和苏伊士运河管理局已发出‘中国船舶检验机构可以对授权国家,主要的是中国的船舶进行有关检验发证活动’的通知,请主席阁下关注此事,将中华人民共和国船舶检验局列入运河当局认可的船级社名单,载入运河航行规则,以便使中华人民共和国船舶检验局能够在运河区提供检验服务”。

1986 年 3 月 15 日埃及苏伊士运河通过部部长照会中国大使馆商务参赞称:“我们高兴地通知你,苏伊士运河管理局决定中华人民共和国船舶检验局是苏伊士运河管理局承认的船级社,并将其载入 1986 年版《苏伊士运河航行规则》的第 15 条”。至此,经过中、埃双方近两年的协商,船舶检验局成为苏伊士运河管理局正式承认的验船机构,并列入其运河管理规则,与英国、法国、美国、意大利、联邦德国、挪威、苏联、日本等 8 个国家的验船机构并列为埃方承认的签发通航运河船舶适航证书的检验机构,为我国远洋船舶通过这条国际运河的检验发证和有效服务建立了法律基础。1986 年 3 月,船舶检验局正式派验船师常驻塞得港从事船舶检验工作。

1986 年 4 月埃及苏伊士运河管理局主席埃扎特·阿道尔(Ezzat Adel)在阿里·纳塞尔(Aly Nasr)等 2 人陪同下,应交通部部长钱永昌的邀请,来我国访问,受到热情接待。钱永昌部长同埃扎特·阿道尔主席一行就双方加强合作进行了会谈。埃扎特·阿道尔主席在华期间,受到刚从埃及访问回国的陈慕华副委员长的接见。

1990 年中国船级社代表团访问埃及苏伊士运河管理局,就 1986 年版《苏伊士运河航行规则》中记载的中华人民共和国船舶检验局改为中国船级社事宜与其交换意见。

1990 年 2 月 3 日,船舶检验局致函苏伊士运河管理局:“谨请贵局把列入《苏伊士运河航行规则》中的中华人民共和国船舶检验局改为中国船级社”。1990 年 3 月 4 日,苏伊士运河管理局通知中国船级社,在当年 3 月 24 日的新版《苏伊士运河航行规则》中将中华人民共和国船舶检验局改为中国船级社。

(二)与巴拿马运河当局建立关系

1972 年中国与美国建立外交关系后,随着中美贸易的发展,中美之间的海上运输陆续恢复。为解决我国远洋船队顺利通过巴拿马运河问题,1974 年 12 月 10 日交通部、外交部联合向国务院呈报《关于我国船舶航经巴拿马运河需颁发专用吨位证书问题的请示》,提出:“关于我国船舶航经巴拿马运河需要专用吨位证书一事,交通部曾于 1959 年报请国务院外办批准,由交通部船舶检验局颁发该项证书。当时因我国尚无航行巴拿马运河的船舶,故未办理此种证书。但随着我国远洋运输事业的迅速发展和远洋船队的扩大,目前我国国产的远洋船舶也需要航经巴拿马运河。我们仍拟遵照国务院外办对 1959 年报告的批示精神,由交通部船舶检验局按国际惯例办理此项发证工作。此外,我国船检局过去所发苏伊士运河吨位证书印有我国国徽(国外有的用国徽,但大多数用船级社的徽章),现考虑这两种运河吨位证书,并非执行我国的规章制度或我国参加的公约,拟改用主管单位(即船舶检验局)的徽章。”1974 年 12 月 11 日李先念副总理批准了该请示。其后船舶检验局于 1977 年首次颁布《使用〈巴拿马运河船舶吨位丈量规则〉的办法》,并开始签发“巴拿马运河船舶吨位丈量证书”。

1987 年 8 月巴拿马运河丈量部主任首次访问中国船级社,同中国船级社的专家举行了有关巴拿马运河吨位丈量技术的座谈并交换了意见。

1990 年 5 月巴拿马运河吨位丈量部主任再次访问中国船级社,双方就巴拿马运河船舶吨位丈量与发证问题进行了协商。经过双方两次商谈,顺利地解决了中国船级社按照巴拿马运河当局的有关规定进行丈量和发证问题。

(三)接受外国政府(地区)授权代行法定检验

20 世纪 60 年代和 70 年代,船舶检验局相继接受斯里兰卡、巴基斯坦、坦桑尼亚、赤道几内亚等国政府委托为其登记的船舶进行检验并签发国际航行船舶的法定证书。随着船舶检验局对外交流的扩展,20 世纪 80 年代又接受美国、挪威、英国、印度、巴西、希腊、利比里亚、朝鲜、芬兰等国家的专项委托,对其登记的船舶代行有关法定检验。

1990 年 7 月 10 日,中国船级社社长冯锡洲在美国访问利比里亚海事服务公司,双方签署《利比里亚共和国与中国船级社关于利比里亚籍船舶法定检验授权协议》,开始了中国船级社接受外国政府授权进行船舶安全法定检验。

1994 年国际海事组织强制执行《国际船舶安全管理规则》(ISM 规则),中国船级社于 1995 年 1 月 6 日设立船舶安全管理认证部,在 1995 年 3 月 22 日接受中国政府授权,开始从事国际船舶安全管理体系认证。接着,当年 5 月 11 日中国船级社接到《瓦努阿图共和国关于瓦努阿图籍船舶 ISM 规则认证授权的函》,开始为瓦努阿图国籍船舶及其船公司执行 IMO《国际船舶安全管理规则》要求的安全管理体系认证,签发相应的“符合证明”(DOC)和“安全管理证书”(SMC)。中国船级社接受的外国政府(地区)授权法定检验和 ISM 认证协议,详见表 6-8。

截至 1998 年,中国船级社与有关国家或地区的政府海事当局签订“船舶法定检验”授权协议 17 个,对这些国家或地区的船舶代行船舶安全法定检验与发证;签订“ISM 认证”的授权协议 15 个,对这些国家或地区的船东及其所属船舶代行《国际船舶安全管理规则》规定的认证,签发相应的“符合证明”(DOC)和“安全管理证书”(SMC)。

中国船级社接受外国政府(地区)授权法定检验和ISM认证协议一览表　　表6-8

年份	船舶法定检验	船舶ISM认证
1990	利比里亚、马耳他、巴拿马政府及中国香港海事处签订授权协议	——
1991	瓦努阿图、塞浦路斯政府签订授权协议	——
1992	马绍尔群岛政府签订授权协议	——
1994	伯利兹政府签订授权协议	——
1995	新加坡、巴巴多斯、柬埔寨政府签订授权协议	瓦努阿图、巴巴多斯政府签订授权协议
1996	圣文森特和格林纳丁斯政府签订授权协议	圣文森特和格林纳丁斯、利比里亚、巴拿马、马绍尔群岛、新加坡政府签订授权协议
1997	赤道几内亚、菲律宾政府签订授权协议	菲律宾、马耳他、伯利兹、赤道几内亚政府签订授权协议
1998	巴基斯坦、坦桑尼亚、洪都拉斯政府签订授权协议	中国香港海事处、塞浦路斯、坦桑尼亚、洪都拉斯政府签订授权协议

(四)中国船级社最高船级符号列入伦敦保险商协会保险条款

20世纪80年代初,船舶检验局即通过中国人民保险公司多次与伦敦保险商协会(ILU)接触,探索将船检局的船级符号列入该协会船级条款的途径,使船舶检验局的入级船舶在国际航运中获得优惠的保险费率。从1984—1994年经历10年的商谈,终于在1994年6月14日将中国船级社最高船级符号列入了该协会新的船级条款。列入条款的船级社的15年船龄以上的船舶在承运其保险的货物时可免征货价0.25%的附加保险费。

1984年7月,船舶检验局按照伦敦保险商协会的要求,首次向该协会提交了请求列入船级条款的有关资料,包括船舶检验局的历史及信誉、大事记、机构及验船师名册、钢质海船入级与建造规范、船舶录及有关吨位资料。同年8月该协会收到资料后,来信声称:由于中国船舶检验局在世界上还没有验船师网点,不能列入该协会船级条款。

1985年起中国船检局开始在国外设立办事处(后改为中国船级社的驻外办事处)。1988年中国船级社加入国际船级社协会后,于1990年5月派出代表再与伦敦保险商协会会晤,商谈中国船级社船级列入ILU船级条款问题。5月31日,该协会即来信并附申请表格。1991年12月,中国船级社向该协会提交了正式申请书及申请表格和相关资料。1992年10日,该协会船级条款分委会召开会议,研究了中国船级社的申请材料,要求提交下列补充材料:中国船级社参与IMO的国际事务研讨发挥的作用、中国船级社不同水平的船级符号、中国船级社培训计划、验船师国际网点、同其他船级社的协议等。1992年11月,中国船级社按照该协会的要求,提交了所需要的补充材料。

1993年2月,该协会再度召开会议进行讨论时,要求追加"与非IACS成员船级社的协议"、"国际事务活动与国际网点建设"等补充材料。同时表明:"在目前阶段,当分委会评审你们的申请接近完成的时候,我们注意到,作为IACS的正式会员,你们将在短期内进行质量评估审核,我们将在伦敦与该协会船级分委员会会晤,决定把对你们申请的最后评价结论,延期到你们这次质量审核合格后做出。"同年3月,中国船级社代表答复了上述补充的问题,并洽谈申请事宜。

1994年3月8日,中国船级社质量体系经国际船级社协会审核合格。1994年3月30日,伦敦保险商协会联合货物委员会召开会议,讨论了列入船级条款的船级社名单,特别讨论了中国船级社最近给条款分委员会的申请,经联合货物委员会研究,同意将中国船级社最高船级符号列入新的船级条款内,颁布日期另定。

1994 年 6 月 14 日，中国船级社最高船级符号被纳入伦敦保险商协会船级条款，CCS 级船舶在国际航行保险中开始享受与世界著名船级社同等的保险费率优惠待遇。

1995 年，中国船级社领导再度访问伦敦保险商协会，进一步密切双方的交流与合作。

(五)加强与港口国及国际组织的合作

为了争取有关船上起货设备的检验发证授权，1986 年中国船级社与设在美国的国际起货设备局(ICGB)取得联系。经过协商，国际起货设备局认可中国船级社，并于 1986 年 8 月 15 日和 9 月 29 日以通讯方式双方分别在纽约和北京签订《中国船级社和国际起货设备局关于代理 ICGB 对船上起货设备进行检验签证的协议》，建立起中国船级社与国际起货设备局的合作关系。

中国船级社从 1993 年起，开始加强与欧共体港口国控制组织(巴黎备忘录)、亚太港口国控制组织(东京备忘录)、美国海岸警卫队、澳大利亚海上安全局(AMSA)等港口国主管当局和检查组织的联系和信息交流。还邀请了 AMSA 的专家来华为验船师和船东讲解该组织的有关检验规定，为我国航运企业走向国际市场创造了较好的外部环境。这期间，由于国际上加强了港口国检查工作及其他方面的原因，我国船舶被国外滞留数曾一度呈上升趋势。为此，中国船级社加强了同各港口国政府的协调工作，使被滞留的船舶均获得了较公正的解决，维护了国家的尊严和航运企业的相关利益，同时协助我国远洋船舶改进安全航行条件，降低在港口国检查中的滞留率。

此外，中国船级社代表先后访问了国际独立油轮船东协会、欧共体运输委员会、国际航运公会、伦敦保险商协会、伦敦救助协会。这些国际组织对近年来中国船级社的发展和取得的成绩表示了充分的肯定。

1994 年，中国船级社成为美国海岸警卫队首批认可的船级社。1996 年，中国船级社列入欧盟第一批认可的船级社名单。从而使加入中国船级社船级的船舶进出美国和欧盟国家水域，在接受港口国检查方面将与世界各大船级社船级的船舶享有同等的待遇。其后，欧盟在 1998 年 9 月 21—24 日派出 5 人评估小组，对中国船级社总部进行为期 4 天的评估，保持了欧盟的认可，确认了中国船级社的信誉。

(六)发展国际间船检技术交流

1984 年 12 月 12—16 日，受交通部委托，船检局海船规范科学研究所根据国际海事组织的安排，会同上海造船工程学会、上海海运学院，在上海科学会堂举办“国际散装化学品运输船和液化气体运输船技术报告会”。在会上做报告的有国际海事组织海安司司长沙沙姆拉及世界上著名船级社和美国海岸警卫队、利比里亚海事局等的专家 11 名。交通部办公厅副主任沈肇圻主持了这次报告会。会上交流了 22 篇论文。上海地区科研、设计、船厂和有关院校等单位约 100 人参加了这次报告会。

1988 年 11 月 15—18 日，中国船级社首次参加在香港举办的 1988 年远东船务展览会。中国船级社与世界 20 多个国家和地区的 200 多个公司、社团参加了这次展览会。中国船级社较全面地介绍了在船舶、海洋工程、船用产品等方面的检验业务，以及规范科研和计算机应用方面的情况，深受香港各界的关注。展出期间，香港有关各界、驻港各国有关机构及世界其他国家和地区的有关商社 1500 余人参观了中国船级社展台，香港新闻界前往采访报道。此后，中国船级社多次参加在境外举办的有关海事展览，对提高自身的知名度，扩大影响面及开拓业务起到了积极的推动作用。

1991 年 9 月中国船级社在上海召开了“国际船舶及海洋工程结构强度座谈会”，出席会议的专家来自 ZC、ABS、DNV、GL、KR、LR、NK、PRS、RINA 等 9 个船级社。部分造船、航运单位的代表也参加了会议。这是中国船级社首次召开的国际船级社之间学术交流会。

1991 年 9 月 16 日，第 11 届国际船舶及海洋工程结构会议(ISSC)在我国无锡召开，中国船级社首次派专家出席。会上,中国船级社海船规范科学研究所专家邵文蛟被选为 ISSC 设计原理委员会委员,裘晓星被选为 ISSC 防火防爆结构委员会委员,中国船级社由此作为国际船舶及海洋工程结构会议(ISSC)的成员参与有关活动,密切与世界有关专家和专业人员的沟通,使中国船级社的船舶与海洋工程结构研究在世界重要论坛占有一席之地。

五、接受外国船级社在华设立机构

随着我国船舶进出口贸易的发展,对船舶和船用产品的检验开始国际化发展。外国船级社按照国际惯例陆续提出派遣其验船师来华,对其入级船舶和船用产品进行现场检验。

中国船级社要走向世界进入国际市场,在国外设立网点,外国船级社也同样要进入中国市场参加竞争,这是改革开放的必然趋势。为此,交通部于 1982 年 7 月 12 日发出《关于加强对在华工作的外国验船师的管理的通知》。《通知》主要规定了外国验船师来华出入境,应按公安部和各级政府的规定办理有关手续,须经船舶检验局归口管理;凡按中国船检局和外国船级社双方技术检验合作协议、联合检验协议进行检验的船舶和船用产品,均可获得相应船级社的证书。因此,生产单位应在签订生产合同前,将有关情况通知船舶检验局;船用产品制造厂需要向外国船级社申请产品检验或型式认可时,应通过船舶检验局驻当地办事处按该局与外国船级社签订的协议办理;外国验船师要求进入我国港区码头登轮检验,须通过船舶检验局报请交通部批准,未经批准不得以任何借口进港登轮。

1992 年 3 月 28 日交通部颁布第 33 号部令《外国船舶检验机构在中国设立常驻代表机构管理办法》。该办法系根据《中华人民共和国国务院关于管理外国企业常驻代表机构的暂行规定》,结合船舶检验行业特点而制定的,该办法从 1992 年 4 月 15 日起施行。

1992 年 5 月 27 日,交通部批准日本海事协会和挪威船级社在上海设立代表处。后来法国船级社、美国船级社、德国劳氏船级社和英国劳氏船级社相继被批准在中国主要港口城市设立办事处。其中挪威船级社和法国船级社于 1994 年、日本海事协会于 1995 年分别与中国船级社签订了聘用中国船级社验船师的协议,以解决其驻华办事处验船技术力量不足的问题。

六、开展与港澳地区的验船交流合作

航行我国港澳地区的船舶比较复杂,除了国际航行远洋船舶外,在内陆与港澳间航行的船舶相当频繁,有关船舶安全监督涉及香港海事处、船检局广州办事处和广东省地方船检部门。为了保障这一地区的船舶航行安全,船舶检验局通过广州办事处积极开展与香港海事处和广东省地方船检部门的交流与合作。

船检局广州办事处成立以前,广东航行港、澳的船舶均由广东省地方船检部门进行检验发证。1964 年 6 月,船检局广州办事处改为交通部直接领导的事业单位,由船舶检验局与广东省航运厅双重领导改为船舶检验局与交通部广州海运管理局双重领导。之后,按照分工,船检局广州办事处负责对远洋船舶,以及广东地区和航行港澳地区的沿海船舶执行船舶入级和法定检验;广东省地方船检部门负责对广东地区和航行港澳地区的内河船舶执行法定检验。1978 年以后,经双方协商,船检局广州办事处将航行港澳地区的小型海船检验移交给广东省船检部门。随着内地与港、澳贸易、运输的迅速发展,福建、广西等省、自治区的船舶亦驶往港、澳,其检验均由各该省、自治区船检部门进行,同时香港、澳门的船东也向广东大量订造在香港地区注册的船舶。为了解决航行和建造港、澳地区船舶的检验、发证问题,船检局广州办事处和广东省船检部门曾分别同香港海事处就双方检验合作进行了多次会谈,取得了积极的成果。

1985 年 2 月 11—13 日,应广东省外事办公室邀请,香港海事处处长陈汝仁等 3 人到广州访问,与船检局广州办事处和广东省船检部门进行业务会谈,内容涉及:

（1）香港有关当局打算发展成一个独立的船舶注册登记体系；

（2）香港已与澳门达成协议，执行《动力支承船安全规则》；

（3）对延长使用热带干舷期问题，香港海事处表示：只要中国船舶是从沿海到香港的，就可以弹性处理，但对经香港要去其他国家的船舶则不能等同处理；

（4）航行香港的中国沿海小船数量相当多，平均每天停泊港内约有50—60艘，其中最大222吨，最小仅0.85吨，大部分为十几吨到几十吨，有一部分是渔船，多数来自广东惠阳地区，个别来自福建厦门、泉州。这些小船只持有由当地公安部门签发的船舶登记簿（户籍性质的登记簿）。这些小船的船员不懂港内航行规定，往往停泊在禁泊区域。有些小船曾在香港发生搁浅事故，今后一旦发生涉及第三方人员伤亡等重大事故，就会带来处理上的麻烦。香港海事处提出以下意见：

①委托几家驻香港机构（如珠江船务公司）负责代理这些小船，一旦发生事故，便于处理；

②要解决这些小船是否合法来香港的问题。对于持有船舶登记簿的船舶，如中国大陆认定其来港合法，香港方面则予以接受；

③这些小船是否合法载货。

1988年2月1—4日，船检局广州分局与香港海事处就有关检验业务中存在的问题进行商谈，双方着重讨论了两广地区建造出口香港船舶的审图、检验及发证问题，并形成了《中国船检局广州分局与香港海事处关于船舶建造合作检验会议纪要》。经双方多次交换信件作了适当修改后，于1988年5月25日确认生效。

该纪要主要内容如下：

（1）由中国船级社广州分社按香港海事处的规定对在两广地区建造出口香港的船舶进行建造检验及非机动驳船审图工作；

（2）确保新建出口香港的船舶符合香港海事处的有关法规，在与香港海事处法规不相抵触的前提下，可按中国船级社规范执行；

（3）新建之非机动驳船（泥驳除外）的设计图纸、计算资料可由中国船级社广州分社按香港海事处的规定进行审批。但船东应先向香港海事处提出申请，并附总布置图1张，香港海事处将尽可能在10天内复函，经船东或其代表通告中国船级社广州分社代为审图。图纸审批章应有“按照香港海事处规定经中国船级社批准”的字样；

（4）新建造的其他香港港内用船舶设计图纸资料，仍由香港海事处负责审批。经审批的图纸资料连同审批意见书副本1份于船舶建造开工前由船东或其代表提供给中国船级社广州分社，作为检验依据；

（5）经审批的图纸资料仅适用于该次申请建造的指定船舶（以4艘为限）。凡转厂建造或审批后申请建造的同型船舶，必须重新审批图纸资料；

（6）在两广地区建造用于香港水域作业的船舶（含机动船、货驳、泥驳等）经中国船级社广州分社验船师按照香港海事处规定进行检验合格后，将签发中国船级社的证书报告，但限期单航次前往香港。当船舶抵达香港后，香港海事处按香港政府的法例进行最后有关检查，将签发相应的证书及牌照；

（7）使用在中国内地制造的船用材料或设备，应持有中国船检部门验船师签发的证件。进口的船用材料或设备，应持有香港海事处认可的船级社签发的证书，方准装船使用。船用救生、消防、航行和信号设备必须为香港海事处认可的类型，该船才能在香港水域航行。

1988年12月1—6日，广东省航政局代表团在香港与香港有关官员就广东小型船舶航经香港内港等问题进行了会谈。1989年7月13—15日，香港海事处代表团应邀回访广东省航政局，双方对以下问题达成了一致意见：

（1）双方同意农业船只在正常情况下由博寮西水道、马湾航经香港；

(2)自 1989 年 4 月 1 日起,广东省对来往香港、澳门地区船舶签发出口许可证,规定 300 总吨及以上吨位的运输船舶须配备 VHF 无线电话;规定航抵香港的运输船舶在香港须有代理机构,港方对此表示满意。同意港方对驶离香港的船舶签发《驶离香港水域许可证》;

(3)广东省航政局所属广东省船舶检验处为沿海运输船舶签发《船舶检验证书簿》和《出口许可证》等,获香港海事处接受,作为船舶进出口证件;

(4)港方应把未持正当证件进入香港的船舶情况及船舶在港口发生违章、海事意外事故情况记录在案,并提交粤方;

(5)粤方希望香港海事处就事故的基本事实,如船舶航速、进港时间、碰撞痕迹等,协助进行了解,并告知调查结果;

(6)广东省船舶检验处根据香港海事处认可的图纸和要求,对在广东建造而出口给香港船东的船舶进行检验,合格后签发适航证书、报告;

(7)对粤方提出经珠江内河往来粤港两地的内河船舶和经沿海抵达粤港两地的未满 200 总吨的沿海航行船舶的船员四项基本技能训练合格证书不作为必备证件,港方表示理解,认为原则上无大问题,将尽快就此事作出正式答复;

(8)双方还就在广东建造出口给香港船东的船舶检验证书和报告签发的技术要求、各自到达对方港口水域运输船舶证书的有效期、危险货物运输船舶的证书、危险货物运输的监管等问题交换了意见。

交通部在 1990 年 9 月 24 日颁布《中国籍小型船舶航行香港、澳门地区安全监督管理办法》,对航行港澳地区的大陆小型船舶做出规定,要求其船舶技术条件必须满足中华人民共和国船舶检验局的有关规范,且应持有符合中华人民共和国船舶检验局规定的有效船舶证书。同年 11 月 29 日香港海事处正式授权中国船级社对在香港注册的具有中国船级社船级的船舶执行法定检验。

为了保证内地与香港间的船舶航行安全,船舶检验局于 1997 年 3 月在厦门召开“船舶检验局、香港海事处船舶技术标准研讨会”,会后按照会议意向将内地船舶检验发证情况通报香港海事处。

1997 年 7 月 1 日我国恢复对香港行使主权。中国船级社宣布自 1997 年 7 月 1 日起,中国船级社在对香港旗船舶执行法定检验时,须在签发的各种法定证书上注明:“按照中华人民共和国香港特别行政区的授权”;在签署各种检验报告时,在验船师签名下须注明:“代表中华人民共和国香港特别行政区”,以此明确中国船级社对香港籍船舶的受权代理检验。

第七章　新时期船检事业的探索与发展（1999—2010年）

第一节　船检体制改革与新时期事业发展

一、交通系统船检体制改革

随着我国经济体制改革不断深化，对外开放力度持续加大，社会经济取得了飞速发展，政府机构职能设置与社会经济发展间的一些矛盾显现出来。为了切实转变政府职能、理顺关系、精兵简政、提高效率，中国共产党第十四次代表大会提出要下决心进行行政管理体制和机构改革。自此，我国新一轮政府机构改革进入实质性阶段。交通部按照国务院机构改革的总体要求，本着精简、统一、高效的原则，整合资源，积极推动其下设机构的改革。

1986年，考虑当时我国对外开放与远洋运输发展的需要，经国务院批准，交通部设立中国船级社，采取与船舶检验局"两块牌子，一套人马"的方式运作，在船舶检验与检验管理模式上进行了调整。船舶检验局是船舶检验工作的主管机关，但也具体从事部分国内航行船舶的法定检验工作。中国船级社是从事具体检验工作的社会团体，经船舶检验局授权代行法定检验。船舶检验局与中国船级社局社合一的格局于初期体现出一定的优势。这种自成体系的船检运行与管理模式有利于资源的集中调配与使用。交通部直属船检系统在基础设施、规范科研、队伍建设等方面取得了快速发展，其检验能力及检验业务量有了长足进步。中国船级社迈上了专业化的道路，建立起全球化的服务网络，加入国际船级社协会，跻身于世界上有影响力的十大船级社之列。

随着我国从计划经济转向社会主义市场经济，航运造船业发展迅速，以及国际、国内对水上交通安全重视程度不断提高，局社合一这种格局的一些负面影响开始显现出来。主要表现在：①国际海事组织不断推动船旗国政府加强对认可组织的监督管理，以保证船舶检验质量，而我国船舶检验的主管机关（船舶检验局）对其认可组织（中国船级社）授权与监督实质上是自我授权与自我监督，不符合授权组织与执行组织的法律关系，也难以实现有效的监管；②船舶检验局担负着对地方船检机构的管理职责，但自身又直接参与具体检验业务并收取检验费，容易产生与地方船检机构争利等问题；③船舶检验局主要工作向国际航行船舶检验业务倾斜，工作重心难以放在对国内地方船检、渔检工作的指导与监督上，而一些地方也常常出现船舶检验质量隐患，这些问题制约了我国船检事业的整体发展；④由船舶检验局规范所负责制订的船检法规、规范侧重于国际航行船舶，国内航行船舶检验法规建设相对简单，一方面脱离国内经济发展现实，另一方面缺乏对有些船型的检验法规；⑤中国船级社具有鲜明的官方背景，这在一定程度上制约了其在国际化道路上的发展，削弱了国际竞争力，影响了其向船厂、船东提供更加优质的服务。

为了理顺和完善水上交通安全监督管理体制，保证水上交通安全监管和防止船舶造成水域污染、船舶及海上设施检验、航海保障等各项管理职能有效履行，进一步适应社会经济的发展需要，交通部将水监体制改革与船检体制改革都提上了日程，并统筹进行考虑。

对水监体制与船检体制改革的探索可以追溯到海南省"小政府、大社会"的行政体制改革。1988年海南建省,提出“机构的设置,要突破其他省、自治区现在的机构模式,也要比现在经济特区的机构要精干、有效一些”。海南建省时成立了地方船检和地方港监队伍。为了精简机构,经过海南省政府与交通部双方磋商,1993年,海南省地方船检成建制划归由船舶检验局直接领导的海南船检局,海南省地方港监成建制划归交通部海南海上安全监督局,从而实现了海南只有一家船检机构和一家海监机构的局面,这种一水一监、一水一检的模式为后续的水监体制改革和船检体制改革提供了一些思路。

1993年交通部开始筹划水运体制改革,经过反复论证,形成了深化水运管理体制改革方案,其中包括了水监体制改革、船检体制改革、港口体制改革和长江航运体制改革。船检体制改革的总体目标是局社分开,船检局行使政府行政管理职能和行业管理职能,对全国船检机构进行宏观调控和管理。船级社按照企业化管理的要求,成为自主经营、自负盈亏、自我发展的经济实体,走市场经济发展道路,在竞争中加速发展并与国际接轨。但是在两者如何分、何时分上还存在不同的意见,初期形成了“小局大社”和“大局大社”两种方案,其主要区别在于“大局大社”方案中,船检局保留一支一定规模的验船师队伍从事非入级船舶法定检验,并设有规范科研所、审图中心和培训中心。

1996年,国务院组织召开了水运体制改革座谈会,交通部根据会议结果,形成了水监体制改革、船检体制改革和长航体制改革的基本方案和具体原则。

1998年3月,第九届全国人民代表大会第一次会议通过了《关于国务院机构改革方案的说明》,确定了机构改革的原则包括:“按照精简、统一、效能的原则,调整政府组织结构……加强执法监管部门,发展社会中介组织……调整政府部门的职责权限,明确划分部门之间的职能分工,相同或相近的职能交由同一个部门承担……及时改革政府机构的设置原则和职能运作方式,明确界定政府、企业和社会中介组织的责任,实现社会主义市场经济的法制化、规范化。”最终,国务院对交通部改革三定方案的批复中,将船检体制改革纳入水监体制改革方案中统一实施。

1998年6月,根据国务院机构改革方案和机构设置的要求,国务院办公厅颁发了关于交通部职能配置、内设机构和人员编制规定的通知。根据该文件:交通部负责水上交通安全监督、船舶及海上设施检验和防止船舶污染、航海保障、救助打捞、通信导航等工作;中华人民共和国船舶检验局(交通部船舶检验局)与中国船级社实行“局社、政事分开”,同中华人民共和国港务监督局(交通部安全监督局)合并组建中华人民共和国海事局(交通部海事局);海事局为交通部直属机构,局长由交通部主管副部长兼任,实行垂直管理体制,主要负责行使国家水上交通安全监督管理和防止船舶污染、船舶及海上设施检验、航海保障的管理职权;中国船级社作为社团组织(事业法人),承担船舶及海上设施的具体检验业务。

1998年10月,中央机构编制委员会办公室批准了中华人民共和国海事局(以下简称中国海事局)主要职责和人员编制,明确了其在船舶检验方面的职责与权限。中国海事局承担的涉及船舶和海上设施检验职责包括:①拟定和组织实施国家水上安全监督管理和船舶及海上设施检验的方针、政策、法规和技术规范、标准;②负责船舶、海上设施检验行业管理以及船舶适航和船舶技术管理,管理船舶及海上设施法定检验、发证工作,审定船舶检验机构和验船师资质、审批外国验船组织在华设立代表机构并进行监督管理;③负责有关海事业务国际组织事务和有关国际合作、交流事宜。

1998年10月27日,中国海事局正式成立,11月18日揭牌运行。自此,中国海事局承接了船舶检验局在船舶检验管理方面的职能,成为实施船舶检验工作的主管机关。中国海事局内设法规规范处和船舶检验处来具体实施船舶检验相关监督管理工作,其中法规规范处负责制订并组织实施船舶和海上设施法定检验技术规范、规则,船舶检验处负责管理船舶检验和船舶技术监督等其他相关工作。

1999年10月,国务院批准了交通部、中央机构编制委员会办公室拟定的交通部直属海事机构设置方案。根据该方案,交通部在沿海的省、自治区、直辖市和主要跨省内河(长江、珠江、黑龙江)干线及重要港口城市共设置20个直属海事局。其中上海、天津、辽宁、广东和长江等5个直属海事局按照授权承担船舶检验管理方面的职责。截至1999年年底,各水上安监机构的划转和合并基本完成。

中国海事局成立后,不仅船检管理模式发生了改变,随着原广东、福建地方船检交由广东、福建海事局管理,原船检局黑龙江分局交由黑龙江海事局管理,船检机构也出现了一支新队伍,即中国海事局直属船检队伍。这支队伍属于事业单位性质,但是在财政上实现了全额拨款,人、财、物实现了直属海事局内自上而下的垂直管理。

1999年8月,交通部发文明确了中国船级社的主要职责、机构设置和人员编制等事宜。中国船级社作为国家的船舶技术检验机构,是中国唯一从事船舶入级检验业务的专业机构,主要承担国内外船舶、海上设施、集装箱及相关工业产品的入级检验、鉴证检验、公证检验和经中国政府、外国(地区)政府主管机关授权执行法定检验等具体检验业务以及经有关主管机关核准的其他业务。中国船级社为交通部直属事业单位(正局级),实行企业化管理。因对外开展业务的需要,中国船级社在国外可以以社团名义开展工作。

中国船级社的主要职责包括:①按照国家有关法律、法规及规定和有关国际公约、规则,为船舶、海上设施、集装箱及相关工业产品提供合理和安全可靠的技术规范和标准;通过检验、认证和技术服务,保障船舶、海上设施、集装箱具备安全航行、安全作业的技术条件;保障人民生命财产的安全和防止水域环境污染,为交通运输、海上开发及相关的制造业和保险业提供服务。②经中国政府主管机关授权、委托,承担中国籍船舶、海上设施、集装箱及相关工业产品的技术鉴定(审图)、法定检验和发证,安全管理体系要求的船舶审核和发证,进出口船舶及相关工业产品的技术状况勘验、鉴定、检验及发证,重大水上安全事故的调查和技术鉴定。③经外国政府和地区政府主管机关授权,承担相关检验、发证以及安全管理体系审核认证和发证。④办理国内外船舶、海上设施、集装箱及相关工业产品的入级检验、鉴证检验、公证检验和发证。⑤接受外国检验机构委托,承担代理检验和发证。⑥承担有关国际、国家标准管理体系认证和其他工业设施、产品的检验和发证。⑦开展水上安全、环境保护检验技术的科学研究;制订颁布船舶、海上设施、集装箱及相关工业产品的入级检验、鉴证检验等规范、规则和标准;受政府主管机关委托,承担有关法定检验技术规范、规则和标准的编制。⑧提供保障安全生产和防止环境污染方面的技术咨询和技术服务。⑨代表中国验船机构参加国际船级社协会(IACS)等有关的非政府间国际组织;在政府主管机关组织下,参加国际海事组织(IMO)有关会议和技术活动。⑩承担验船人员培训工作。⑪负责中国船级社检验计费规定的编制和实施管理工作,参与法定检验计费标准的编制工作。⑫统一领导和管理国内外所属单位的基本建设、财务、教育、科技、人事、劳动工资、机构编制、精神文明建设和行风建设等工作。⑬承办交通部交办的其他工作。

本次水监体制改革整合了原港监系统的资源,形成了新的水上交通安全监管新体制,但在船检体制改革方面仍然存在以下问题:①本次改革只是中央层面的改革,没有触及各地方船检机构体制改革问题;②相对其职责,中国海事局资源不足,难以承担中编办授予的拟定和实施船舶检验法规、技术规范和标准的职责,以及对地方船检机构技术支持和技术培训等事宜。

地方船检机构承担着相当数量的国内航行船舶法定检验业务,检验登记船舶艘数远远超过交通部直属船检机构的检验数量,但船舶整体技术状况、平均吨位无法同入级船舶相比,且在队伍规模、人员素质、业务能力、收入水平等诸多方面与直属船检机构也都存在一定的差距。由于受地方政府的直接领导与管理,各地方船检机构的管理模式不尽相同,地区差异明显,除广西船检实现省内垂直管理外,大部分省级船检机构对各市、县级船检分支机构只是业务指导的关系,缺乏对其人、财、物的管控,从而导致各层级监管缺失;各地区发展不平衡,不同船检机构执行规范与标准的尺度不统一,检验质量和水平参差不齐;经费问题也是困扰许多地方船检机构的难题,部门利益影响了检验的独立性和公正性。

地方船检体制问题直接影响到我国船检事业的整体发展,交通部为此开展了一些前期研究,但由于各地特点不同,情况非常复杂,一时难以制定统一的标准。因此本次船检体制改革没有涉及地方船检体制问题,而是明确将进一步研究地方船检机构的体制改革问题,以待后续解决。

二、航运与造船业发展对船舶检验的影响

改革开放为中国经济激发出巨大的活力与潜能,激增的国际、国内贸易量推动了航运市场、造船市场的飞速发展。船舶检验部门面临的既是新的挑战又是难得的发展机遇。

造船行业属于劳动、资金、技术密集型产业。我国造船业从20世纪80年代开始融入世界经济格局之中,外向型特征明显,对外开放程度和产业成熟度高,受国际经济形势直接影响。进入20世纪90年代,我国积极地推进国有造船厂的技术改造与设备升级,不断提高生产效率,一批国有大型船厂迅速发展起来,并在国际造船市场上占据了一席之地。1995年,我国造船量首超德国,成为世界第三造船大国,自那时开始,我国造船业就一直稳居在世界造船第一集团。1998年世界经济增长速度因亚洲金融危机的爆发而明显放缓,这直接影响到与国际贸易息息相关的航运、造船市场,世界造船产量结束了自1990—1997年的七年高速增长。

2001年12月,中国加入世界贸易组织(WTO),成为第143个成员国。这对我国的制造业和服务业都产生了深远影响,对我国造船上下游的产业链也产生积极影响,船舶市场进入新一轮发展时期。

随着2002年全球经济趋稳,航运造船市场走出低谷。2003年开始,世界经济及国际贸易需求的增加,特别是海上进出口贸易量的激增,直接推动了航运市场的旺盛需求。2003年新增运力与新增需求相比,运力缺口达80%以上,呈现出严重的供不应求局面。造船业掀起了投资扩能热潮,世界新船完工量、新船成交量和手持订单量这三大造船指标不断刷新历史新高。

国际航运市场需求旺盛,使得一些原本跑沿海航线的船舶去了利润更高的国际航线,国内航运市场出现了货多船少、运价暴涨而一船难求的局面,进而刺激了国内造船业的发展。航运公司纷纷签约造船,从而推高了船价,导致有的船一经交付,马上就被转手套现获利。国内各大船厂生产计划基本都已排至3—4年以后。一些船东开始非理性的造船,集资造船行为涌现,造船与买卖船舶成为一种投机行为,许多中小船厂快速建成投产。据统计,2003年两大国有造船集团之外的造船企业新接订单量占全国总量32%,到2007年这一指标已升至62%。船舶市场的火爆为滩涂造船、拼装船、改建船提供了市场空间。这使得大型造船厂的装备和高质量生产与民营小型船厂的简陋设备和低质量生产形成了明显的两极分化。与此同时,一些不法人员将目光瞄到二手船市场,采用套牌船、改船龄等方法牟取高额利润,给船舶安全造成隐患,也给船舶检验带来了一系列难题。

2008年下半年全球性金融危机爆发后,世界船舶产业迅速结束了6年的繁荣期,船舶订单率等指标逐渐下滑。反映航运市场景气度的波罗的海干散货运价指数(BDI)暴跌,由2008年5月20日的最高11793点,到12月2日的684点,跌幅高达94%。国际贸易的急速降温导致海运行业萧条,从而导致新船订单减少,交船风险增大,造船业进入了持续的低迷期。之前国内中小船厂无序扩张和低水平重复建设,使国内造船市场产能过剩的隐忧在这次金融危机中充分体现出来,多地出现新造弃船现象。

为了促进船舶工业持续、稳定的发展,2009年,国务院印发了《船舶工业调整与振兴规划》。针对当时的形势,《规划》提出扩大国内市场需求、加快淘汰老旧船舶和单壳油轮、鼓励购买新造弃船等具体措施。

由于政府扶持以及一些船厂多年地积累,特别是一些国有大中型船厂的稳健发展,2008年之后我

国造船业整体形势表现依然不错。2008 年我国造船完工量超过日本，2009 年我国船厂新接订单量达 2600 万载重吨，在新接订单和手持订单方面双双超过韩国跃居世界第一，2010 年我国造船完工量再超韩国位居世界第一。我国造船产量在"十一五"期间年均增长率达到 37%，已经迈向世界第一造船大国。

这一时期国内外环境变化，社会经济发展，航运造船市场波动，对船舶检验行业影响深远，主要表现在以下几个方面：

一是世界造船中心东移，我国造船业迅猛发展，船队规模不断扩大，以及我国政府对安全生产日益重视，从而为我国船舶检验事业的发展带来机遇。各船检机构的业务量都有了大幅提升，特别是中国船级社和以江、浙、皖为代表的水网地区地方船检机构借此机会快速发展和壮大。中国船级社船队规模由 1998 年的国际航行入级船舶 1852 艘、1516 万总吨，增加到 2010 年的国际航行入级船舶 2485 艘、4272.8 万总吨，国内航行入级船舶 1427 艘、776 万总吨；在超大型船舶、高附加值船舶、海洋工程检验方面都取得突破；验船师队伍得到锻炼与壮大，由 1999 年的 1802 人，增加到 2010 年的 2230 人。地方船检机构以浙江省为例，1998 年浙江省船检局建造检验船舶 508 艘、平均吨位 110 总吨，营运检验船舶 43014 艘、平均吨位 47 总吨。而到了 2010 年，建造检验船舶 1975 艘、平均吨位 777 总吨，营运检验船舶 24876 艘、平均吨位 457 总吨，船队规模明显提升。与此同时，我国的船舶检验事业随着航运、造船事业的发展也取得了长足进步，在维护水上交通安全、推动航运与造船事业健康发展等方面发挥了重要的作用。

二是船市火爆促使大量资金进入造船领域，大批民营船厂、滩涂船厂短时间建成投产，此类船厂生产条件简陋，建造船舶质量无法得到保证，增加了船检工作的难度。随着 2004 年《中华人民共和国行政许可法》实施，船检机构对船厂的认可因被认为缺少上位法支持而逐步停止，削弱了船检机构对船厂的管控。一些船检机构检验登记船舶数量激增，验船师工作量大幅增加。而受到体制和编制制约，验船师数量得不到相应增补，验船师待遇得不到相应提高，使得长期存在的验船人员缺乏的问题更加突出。各地方船检机构由于缺乏完整有效的培训体系，在验船师能力培养方面存在明显欠缺。在这种情况下，船舶检验对船舶质量地控制难以达到预期的效果。

三是中国加入世界贸易组织，世界贸易组织服务贸易原则也涉及船舶检验行业管理。在《服务贸易总协定》的大框架下，中国海事局着手探索对船舶检验行业进行有效管理的手段和方法，加强对驻华外国检验机构的管理，增强处理相关国际事务的能力，为应对船舶检验行业与国际进一步接轨打下基础。

三、中国海事局落实和理顺船检管理职能

中国海事局成立伊始，即着手调研包括外国驻华检验机构在内的各类船检机构业务及管理工作开展情况，逐步理顺关系，开展工作，履行中编办赋予的船舶检验监督管理各项职能，并在不断摸索中总结经验，探索合理的管理思路和方向。

（一）清理与制定法规、管理文件

中国海事局成立后，清理了原船舶检验局颁布的船舶和海上设施检验法规以及指导性文件，并将最新版本的技术法规和指导性文件汇编在《海事法规汇编（1949—1999）》上，提供给船舶检验机构、海事管理机构等有关单位。原船舶检验局多数文件仍属有效文件，部分文件停止使用，如原 1993 年颁布的《川江客船春运临时乘客定额核定暂行办法》，是针对当时四川大批农民外出务工春运期间水路运力不足的特殊情况下，出台的一项临时性应急政策。鉴于后来交通运输快速发展，船舶运力逐年增长，为了确保船舶和旅客安全，1999 年中国海事局废止了该暂行办法，要求对川江客船乘客定额核定按照现行有效的规范严格执行。

1999 年,中国海事局与外经贸部机电进出口司进行协商,重新确定了旧船舶进口检验有关问题的处理程序并制定了相关文件。明确凡申请进口旧船舶的使用单位,在签署购买合同前,须向中国海事局申请船舶进口勘验,中国海事局根据申请,委托有资质的机构实施旧船进口检验,并根据检验报告,对符合国家安全和环境保护强制性标准及有关法规要求的船舶,签发《旧船进口技术评定书》,之后拟进口旧船的使用单位持相关文件到外经贸部机电进出口司办理其他手续。

《非国际航行海船法定检验技术规则(1999)》对沿海航行船舶吨位丈量的规定与《海船法定检验技术规则(1992)》有较大不同,其中净吨位计算的调整直接影响到国家的税收。为了保证国家正常税费管理,2000 年,交通部发文废止《非国际航行海船法定检验技术规则(1999)》中吨位丈量的规定,对沿海航行船舶吨位丈量仍按照《海船法定检验技术规则(1992)》第十篇吨位丈量有关国内航行船舶的规定执行,对已按照 1999 年版《规则》进行吨位丈量并签发船舶吨位证书的沿海船舶,于 2001 年 6 月底前按照 1992 年版《规则》的要求重新丈量并换发船舶吨位证书。

2001 年交通部 8 号令《内河运输船舶标准化管理规定》中明确任何组织和个人不得新建、改建水泥质船舶从事内河运输。为贯彻实施 8 号令,2002 年交通部发文明确 1984 年制定的《内河小型钢丝网水泥船建造规程》停止使用。规定自 2002 年 7 月 30 日起,不能再使用《内河小型钢丝网水泥船建造规范》执行建造检验,并停止对新造钢丝网水泥船的建造检验和发证。

2002 年,中国海事局制定了《船舶和海上设施检验法规清单》和《船舶法定检验有效文件清单》。对各种管理性文件,中国海事局定期汇总,以《海事法规汇编》和《船舶检验管理文件汇编》的形式出版,并下发到各个船舶检验机构。

船检体制政事分开以后,船舶检验管理规范性文件体系建设也被提上了日程。2000 年 11 月,交通部根据 1993 年颁布的《中华人民共和国船舶和海上设施检验条例》《国务院办公厅关于印发交通部职能配置内设机构和人员编制规定的通知》和《关于中华人民共和国海事局主要职责和人员编制的批复》等文件,制定并出台了《船舶检验工作管理暂行办法》。该办法明确中国海事局是实施各项船舶检验管理工作的主管机关,负责制订并组织实施船舶法定检验技术规范、规则,监督管理船舶检验发证工作,审定船舶检验机构及验船人员资质并实施监督管理,负责法定检验授权,审批外国验船组织在我国设立代表机构并实施监督管理。

《船舶检验工作管理暂行办法》是对《中华人民共和国船舶和海上设施检验条例》的解释与细化,为中国海事局后续开展船检质量监督、法定检验机构资质管理、验船人员考试发证、检验辅助机构管理、船检法规建设、外国验船公司管理等各项工作提供了依据。根据《船舶检验工作管理暂行办法》,交通部及中国海事局先后制定了一系列涉及船舶检验机构管理、验船人员管理、船检质量监督及过错追究等方面的规范性文件。

2000 年,考虑到海上拖航检验涉及面广、技术要求高,为了加强海上设施拖航检验及管理,控制大型海上设施拖航风险,中国海事局做出规定,要求所有在中国沿海水域内的移动式平台、浮船坞和其他大型设施进行拖带航行,起拖前必须向当地直属海事局申请拖航检验,并由当地直属海事局委托中国船级社下设分社执行具体检验,检验合格后由被委托单位颁发《海上适拖证书》和拖航检验报告,并将适拖证书副本报当地海事局备案,直属海事局对海上拖带作业加强监督管理。

2003 年,中国海事局制定并印发了《船舶检验技术档案管理暂行办法》,对船检档案的整理、登记、归档、立卷、统计、保管、利用、转移等方面都做了明确的规定,对长期存在的各检验机构档案不统一的情况做出了规定。为了进一步规范并加强船检机构内部管理,2007 年中国海事局下发文件,要求各船检机构在检验工作管理中建立基础台账,规定了工作台账的目录及其包含的主要内容,明确了基础台账的建立及记录情况作为船检机构质量管理体系审核和资质认可审核的重要内容,提高了各检验机构对档案管理工作的重视程度。

低质量船舶专项治理过后,为了加强检验管理,建立长效机制,2006年中国海事局一次性出台了《船检机构执业道德准则》《国内航行船舶船体建造检验管理暂行规定》《国内航行船舶图纸审核管理规定》和《国内航行船舶变更船舶检验机构管理规定》4个规定。这4个规定对船舶图纸审查、建造检验、变更船检机构的程序做出了更加明确、具体的规定,要求加强重要节点监控,强调审图人员的资质要求,并且充分考虑人的因素,提出了船检机构的执业道德标准。标准要求从人员思想入手,开展文化建设,树立正确的执业道德准则,正确处理各种关系。

中国海事局作为主管机关,承担了对船舶等效、免除审批职责。为了保证各船舶检验机构执行标准的一致,同时促进新技术的研究、推广和应用,2007年中国海事局制定并公布了《中国籍船舶等效、免除管理暂行规定》,规范了等效、免除的程序。按照该规定,省级船检机构或中国船级社总部在接到申请材料及预审查意见后,应组织专家进行论证,通过专家论证后报主管机关,由主管机关做出是否批准的决定。

《船舶检验工作管理暂行办法》等一系列管理性文件的出台形成了中国海事局对船检机构以及验船人员管理比较完善的规范性文件体系。

(二)建立检验发证体系

中国海事局成立后,出台了一系列规定,以加强对船舶检验过程的管控,通过信息化的手段采集船舶检验数据,保证了船舶信息的唯一性,规范了检验流程,控制了证书发放,为有效避免假证书以及套牌船、套号船的出现提供了技术支持。

1999年9月,中国海事局颁布了《船检登记号授予办法》,对原船舶检验局颁布的《地方船检登记号授予办法》《直属系统船舶登记号授予办法》进行了修改。新的船检登记号由中国海事局授予,作为船舶在全国范围内始终不变的法定代码标识之一。船检登记号的授予工作是船舶检验计算机自动化管理和船舶信息交换、建立全国船舶数据库的重要环节。中国海事局指定各船检机构在对拟悬挂中国旗的船舶进行初次检验时,授予全国统一的船检登记号,并定期向中国海事局上报船检登记号授予情况。自2000年1月1日起,船检部门完成检验后所出具的各种技术证书上的船检登记号均为新的登记号,现有船舶授予新登记号的工作于2001年底前全部完成。

为了有效实现对检验发证全过程的控制,中国海事局组织开发了《船舶检验发证管理系统》(VIMS)。VIMS系统是在Windows 95、98平台上开发的全新船舶检验管理系统,能够采集、管理船舶检验重要数据,发放管理船舶检验证书,管理船检登记号授予工作。每一张证书都印有可查询的防伪码,对于证书防伪起到了较好的作用。VIMS系统经过多次升级后,实现了船检机构从业务受理、分派工作、检验项目、检验记录、检验报告、证书生成、证书审批、证书打印等全过程的网上操作,规范了船检机构的检验发证流程,也提高了船检机构的工作效率;实现了船检技术档案的管理功能,使得船舶检验工作流程真正形成了一个闭环管理,促进各船检机构的档案管理规范化;各船检机构产生的检验数据定期向全国数据库报送,主管机关能够随时掌握各检验机构的检验情况,加强了主管机关对各检验机构的监督。

1999年12月,中国海事局下发了《关于启用1999版国内航行船舶检验证书的通知》,规定自2000年1月1日开始启用VIMS系统,出具新版国内航行船舶检验证书,并同时启用新版证书专用纸,老版船检证书使用截止至2000年12月31日。VIMS系统启用后经过多次升级,至2010年已升级至5.02版本,增加或补充了新证书格式、检验记录、检验项目表、船舶字典、防伪标志等多项内容。

2000年8月,中国海事局公布了《1999版国内航行船舶检验证书填写说明》,其中包括了海船和河船两部分,统一了检验证书的填写标准,规范了填写要求,附件中提供了所涉及的全部法定证书的样本,如《海上货船适航证书(格式HHC)》《海上客船适航证书(格式HKC)》《沿海小船检验证书(格式XHZS)》《内河船舶适航证书(格式ZSH)》等等。之后生效证书如《海上船舶防止空气污染证书(格式HKQ)》等由中国海事局发布后,通过VIMS系统升级实现证书直接打印。2001年,各船检管理处按照中国海事局的要求在各自辖区组织开展了国内航行船舶检验证书检查,对2001年4月1日以后签发的老版证书,或4月1日以后老版证书签注展期的,均视为违规发证,要求在该航次结束后立即换发新证书。

对于国际航行船舶证书格式,中国海事局委托中国船级社根据国际公约、规则推荐的格式制订,由中国海事局批准后使用。

新版证书纸带有防伪水印,由中国海事局专门指定厂家印制,版权归中国海事局所有。各船检机构依据统一要求制订证书纸发放、管理工作程序,并由专人负责证书纸的保存、发放、报废管理和造册登记等工作。中国海事局结合船检机构资质,对证书纸的使用及管理情况进行检查,保证了每张证书纸的可追溯性,杜绝了证书纸的流出滥用。

船检登记号的统一授予、VIMS系统以及新版船检证书的启用,标志着中国海事局对船舶检验实现了实质性地管理,通过规范船舶检验发证的流程,加强对检验全过程地控制,从而提高检验发证的质量。

(三)理顺与中国船级社的关系

中国海事局成立后改变了船舶检验局与中国船级社局社合一的格局,但是中国船级社作为交通部直属的正局级事业单位,如何与之建立和谐顺畅的工作关系,成为新成立的中国海事局面对的现时问题。

按照交通部的总体部署,中国海事局不断理顺与中国船级社的关系,逐步建立和谐的船检管理局面。在交通部的统一领导下,中国船级社发挥骨干作用,使全国船检成为一个相互协调、互助互补的有机整体,携手为船舶航行提供安全保障。

中国港务监督与船舶检验局一直有着紧密的合作关系。1998年开始,由交通部海上安全监督局牵头,会同船舶检验局,对航经欧洲、美国、澳大利亚、韩国航线,属于老龄、超龄的散货船、杂货船、油船、集装箱船和在国外港口国监督检查中被滞留过的船舶开展开航前检查。通过开航前检查大幅降低了中国籍船舶在上述国家的滞留率,为中国籍船舶脱离黑名单做出了突出的贡献,维护了我国航运大国的整体形象。

中国海事局成立后,与中国船级社延续了这种合作。为保证各项工作的不断不乱、顺利开展,中国海事局与中国船级社建立了定期工作交流机制,每季度召开一次工作交流会,双方主管领导及业务处室负责人针对船检业务和管理方面的问题进行了充分的沟通交流,通过协商自上而下地解决了很多工作中的现实问题。

1999年9月,交通部印发了《中华人民共和国船舶检验局与中国船级社实行政事分开的实施意见》,认可1997年5月签署的《中华人民共和国船舶检验局授权中国船级社代行法定检验的协议》依然有效。同年,中国海事局根据中编办、国办以及交通部的文件,下发了《关于中国船级社承担中国籍船舶、海上设施和船运货物集装箱法定检验和发证的有关事宜的通知》,对入级船舶和非入级船舶的检验都做了相应的规定。

2004年4月30日,中国海事局向中国船级社颁发A类《中华人民共和国船舶检验机构资质认可证书》,并签署了《关于中国籍船舶法定检验、审核的协议》,就双方关系、权利、义务、责任等进行了详细的界定。协议中主要明确了双方的关系是委托关系,中国海事局代表中国政府委托中国船级社开展法定检验及相关的工作；委托的范围包括对中国籍船舶、海上设施、集装箱及相关材料和设备进行法定检验与发证；对在中国登记的船舶进行SMS、ISPS审核并签发相关证书；还包括经特别委托进行水上交通事故调查的技术鉴定；承担中国海事局布置的有关法定检验技术规范、规则和标准的具体编制工作。要求中国船级社必须持续符合IMO A.739(18)决议、A.789(19)决议要求以及中国政府其他要求。还明确了对船舶法定检验适用文件的解释以及等效、免除或替代处理是中国海事局的权力。协议的附件中按照公约法规及证书列明了授权的范围，并明确了协议签署之后对于新生效的公约采用单一文件授权的形式。

2006年8月和2007年2月，《73/78防污公约》附则Ⅵ和附则Ⅳ分别对我国生效，根据中国船级社的申请，中国海事局授权中国船级社自2006年8月23日起代行《73/78防污公约》附则VI规定的检验并代表中国政府签发《国际防止空气污染证书》，自2007年2月2日起代行《73/78防污公约》附则Ⅳ规定的检验并代表中国政府签发《国际防止生活污水污染证书》。

为了尽快培养中国船舶涂层检查员队伍，配合IMO实施强制性规定《船舶专用海水压载舱和散货船双舷侧处所保护层性能标准》，根据中国船级社的申请，2007年5月，中国海事局授权中国船级社建立中国涂层检查员资格审查、培训和考试机构，并要求中国船级社建立健全涂层检查员资格认证标准、开展相应大纲编写、师资队伍组建和资格认定工作。中国船级社根据要求开展了对我国涂层检查员的培训发证工作。

2007年7月，交通部下发通知明确了实施船舶应急响应服务系统，并做出了分航区、分船种、分步骤实施船舶应急响应服务系统的具体安排。2007年8月，中国海事局指定中国船级社为中国船舶应急响应服务系统岸上服务机构。根据要求，中国船级社建立了包括破损稳性与浮态分析、剩余总纵强度分析、破损溢油量评估等多种功能在内的24小时技术支持机制。

中国海事局与中国船级社2004年签署授权协议，标志着中国海事局对中国船级社的管理进一步得到规范，但是该授权协议与IMO推荐使用的模板不尽一致，内容上也有所欠缺，在应对2009年IMO对我国主管机关开展的自愿审核时发现了一些问题。

为了加强海上安全和海洋环境保护，IMO自2006年起在全球范围内推行成员国自愿审核机制，以促进《1974年国际海上人命安全公约》等6个国际海事公约及其修正案有效、统一地执行。IMO自愿审核，是对各公约缔约国从船旗国、沿岸国和港口国3个不同的层面，审核其在立法、实施、执行方面的工作是否到位、能否有效履行IMO强制性文件。对船旗国的履约要求是自愿审核机制的主要内容和核心部分，其中对被认可组织的授权与监督是船旗国的重要职责之一。

2009年11月，IMO派出以斯里兰卡海事局莱斯利(Leslie)先生为组长的审核组，对中国海事局开展了IMO履约自愿审核机制框架下的全方位审核。中国海事局包括船检处在内的各职能处室以及部分直属海事局接受了审核。审核组最终提出了3个不符合项和4个观察项，并列出了7项需要进一步改进的问题，其中多项涉及主管机关在船舶检验管理方面的缺失。包括：①对MARPOL公约中涉及浮动式生产、储油装置(FPSO)的要求缺少相关国内立法，而实际上中国船级社已经在签发相关的证书；②未按强制性文件要求向IMO提交相关报告，包括主管机关对等效和免除的批准；③无法随时获取数据或记录，无法从现有的数据库中获得中国船级社代表中国政府签发的法定证书相关信息，无法提供与中国船级社签订协议前对其进行评估的记录，无法从中国船级社的数据库中随时获得悬挂其船旗船舶的检验记录；④与中国船级社签订的授权协议与IMO示范协议模版不完全一致，协议附件中国海事局委托中国船级社代行法定检验的范围没有完全涵盖所有的法定证书；⑤缺少对中国旗船舶开展附件中检验的标准，以确保中国旗船舶遵守IMO强制性文件要求，并监控中国船级社的工作；⑥“令主管机关满意”的解释不应大量授权给认可组织；⑦应建立已签发的等效、免除的管理系统，以便随时识别和获取相关文件。

IMO 的外部审核是对主管机关船检管理工作开展情况的检验,揭示了中国海事局对中国船级社的监督不完全到位的事实。对于审核的结果,从交通运输部到海事局的各级领导都非常重视,时任交通运输部副部长兼海事局局长徐祖远批示:“经过四年的努力,我海事系统首次接受 IMO 自愿审核机制审核并取得如此结果已实属不易……望在审核报告规定的时限内,纠正不符合项,争取进入第一层面的履约国,树立我国海事新形象。”

IMO 自愿审核结束后,中国海事局就审核中的问题进行了总结与分析,并多次召开会议研讨制订整改措施,确定与中国船级社重新修订并签署授权协议,为此成立了授权协议修订工作组。经过中国海事局与中国船级社双方协商,双方最终同意以 IMO 海安会通函《代表主管机关行使认可组织授权协议模本》为基础,重新起草并签署授权协议。2010 年 12 月,中国海事局与中国船级社重新签署了中国籍航行船舶法定检验与发证授权协议。相较旧协议,新协议内容更加充实,授权范围更加清晰、完整。新的授权协议未覆盖国内航行船舶法定检验授权,对于国内航行船舶法定检验授权,双方拟通过后续文件来规范。根据授权协议,中国海事局随后组织开展了针对中国船级社检验质量的附加检验,通过对船级社检验质量的监督检查,切实履行主管机关职责。

(四)扶持地方船检机构

2006 年,交通部副部长徐祖远提出了“全国海事一家人、水上监管一盘棋”的海事发展理念。中国海事局通过多种途径,从资金、装备、技术、培训等多方面,加大对地方船检机构,特别是非水网地区船检机构的扶持。

1.协调解决实际困难

针对地方船检机构特别是非水网地区船检机构验船人员培训不足、自身培养能力薄弱的问题,中国海事局开展了多种培训。培训的内容分为不同层次,既有针对新进人员的基础培训,也有针对资深验船师的知识更新培训,既有法规、文件的宣贯讲解,也有具体的实船检验。考虑到地方船检机构在资金、经费方面的困难,对地方验船人员的培养通常免收培训费和食宿费,通过有针对性、实用性的培训,提高了非水网地区验船人员业务水平,为打造“质量船检”提供人才保障。

2000 年,辽宁省船检局大连检验处首次对 60 客位浮式水下观光游览船进行审图及建造检验,考虑到该船型具有一定新颖性,并且在我国尚无此类船舶建造规范,辽宁省船检局向中国海事局寻求指导。中国海事局经研究,对该船客舱观光窗、船体底部以及紧急撤离通道的安全性提出了进一步的要求,并协调中国船级社上海规范研究所对该船安全性做进一步研究。

青海湖虽属于内陆湖泊,但是由于其水文气象条件比 A 级航区更加恶劣,因此新建船舶的稳性、船体结构和干舷按照沿海遮蔽航区海船要求执行。2004 年,青海湖豪华游船在山东乳山造船厂完成船台构件基础性工作后,需移至青海湖完成船舶最后组装以及交船。考虑到青海地方船检检验能力上的不足,中国海事局进行了多方协调,最终确定由中国船级社青岛分社承担该船建造检验任务,并在检验和发证完成后,将有关建造资料等技术档案转交给青海省地方海事局。该船投入营运后,其第一个检验周期内的各类检验由青海省地方海事局结对子单位——江苏省船检局派出有经验的专家组给予技术支持,由两局共同完成检验,并由青海省地方海事局签发相应的船舶检验证书和检验报告。

2.开展“结对子”活动

1995 年,交通部安委会即要求水网与非水网地区港务监督、船舶检验机构,本着自愿的原则开展“结对子”活动。中国海事局成立后,考虑到各地业务发展不平衡,本着东部帮扶西部的原则,2003 年重新确定了 13 对结对子单位,其中 11 对是直属海事局与内陆非水网地区的地方海事局结对子,利用直属海事局在资金、技术、管理上的优势来带动、提升地方海事局的业务能力与管理水平。

2009年,为了使结对子工作走向深入,实现互帮互助、取长补短,达到共同提高的目的,考虑到各海事机构与船舶检验机构的地域特点与发展水平,中国海事局重新部署了海事结对子与船检结对子单位。海事结对子主要采取直属海事局与地方海事局结对子的模式,船检结对子主要采取水网地区船检机构与非水网地区船检机构结对子的模式。船检结对子单位包括:陕西船检与广东船检,云南船检与浙江船检,河南船检与安徽船检,青海船检与湖北船检,甘肃船检与山东船检,西藏船检与四川船检,山西船检与江西船检,北京船检与重庆船检,贵州船检与江苏船检,新疆船检与上海船检,宁夏船检与广西船检,吉林船检与黑龙江船检,内蒙古船检与辽宁船检。

2010年,为了推动水网和非水网地区船舶检验工作均衡发展,实现全国船舶检验与技术管理工作整体水平的提高,中国海事局对水网与非水网地区船检结对子工作下发了指导意见,并将船检结对子活动扩展到地市级船检机构,且明确了结对子的内容,包括:开展船检技术培训;开展人员挂职交流,选派非水网地区骨干验船师到水网地区进行不少于3个月的有针对性的实船检验进修,为非水网地区重点培养和储备一批业务带头人;交流管理规章制度和技术规范标准;参与技术和科研合作。意见下发后,各船检机构积极响应:广西船检局为宁夏船检局配备了相关的检验检测设备;江西船检局为山西船检局开展了内容丰富的船检技术培训,为提高两省验船人员的审图能力,江西船检与中国船级社武汉规范研究所签订了软件使用许可;安徽、河南两局签订了《皖豫两省互派船检人员随岗交流学习协议书》,确立了互派人员随岗交流学习的制度;甘肃省兰州市、白银市、陇南市、临夏州地方海事局和山东省济南、济宁、枣庄、威海船检局结成船检结对子活动单位,将结对子活动进一步深化并引向基层;湖北船检局与青海船检局签署了船检结对子工作框架协议,并向青海捐赠10万元帮扶资金;云南船检处、浙江船检局重点建立船检业务交流合作机制,共同推进船检质量管理体系的建设与持续改进;吉林省地方海事局选派骨干验船师前往黑龙江海事局挂职锻炼,双方定期举办业务交流活动;广东船检局与陕西船检局建立了联席会议制度,并向陕西船检局捐赠了检验设备。

通过结对子这种形式,各船检机构巩固彼此友谊、拓展交流渠道、充实共建内涵,形成互帮互学、双向交流、共同发展的良好局面,为推进全国船检机构共同发展与提高作出了努力和探索。

3.统一机构称谓和对外形象

2002年,交通部下发了《关于全国海事系统统一以海事局(处)名义履行海事行政执法的通知》,要求地方海事系统统一以"××省(自治区、直辖市)地方海事局""××省(自治区、直辖市)××市(地、州、盟)地方海事局""××省(自治区、直辖市)××县(市、区、旗)地方海事处"的名义,履行我国法律法规授予的法定职责。各省份按照交通部的统一规定并考虑了地方特点,整合地方水上安全监管部门;绝大多数省份自上而下成立了地方海事机构,船检部门成为地方海事机构的内设部门。部分省份在成立地方海事局的同时撤销了船舶检验局,直接以地方海事局的名义对外开展检验发证。但大部分省份仍采用一门几牌的管理模式,船检机构作为地方港航、海事机构的内设部门,对外以船检局/处的名义开展检验发证工作。地方海事机构的验船人员与直属海事系统海事执法人员一样,统一制式服装。中国海事局将各省级船检机构及其下设分支机构的名称,以《各省、自治区、直辖市船舶检验机构名称一览表》的形式对外公布,并在资质认可确定了各级船检机构具体的检验业务范围、印章格式后,将上述信息通过多种形式对外公布,规范并提升了地方船检机构的形象。

(五)建立技术支持与交流平台

2001年,中国海事局开始筹划成立中国航海学会船舶检验专业委员会。2003年3月,中国航海学会船舶检验专业委员会在京杭大运河的发源地——北京通州宋庄镇宣告成立。来自中央和省、区、市地方船检机构以及渔船检验机关等三大系统共 62 名代表参加了成立大会。中国航海学会理事长林祖乙，中国海事局常务副局长刘功臣、副局长刘德洪，农业部渔船检验局局长包盛清，中国船级社社长李科浚等参加了成立大会。会上选举了委员会的主任委员、副主任委员、秘书长等，通过了委员会工作条例和近期工作计划，还举办了专业委员会首次学术交流会，听取中国船级社海船和河船两个规范体系的介绍。

中国航海学会船舶检验专业委员会的宗旨是维护船舶检验科技工作者和行业的合法权益，宣传和贯彻“科学技术是第一生产力”和“科教兴国”的方针，致力于加强全国各船舶检验部门之间横向联系，沟通船舶检验信息和畅通先进技术交流渠道，促进船舶检验技术资源共享和船舶检验管理水平的提高。委员会工作计划包括定期举办验船师经验交流会及科技普及工作，定期举办验船师国内外相关学术研讨及交流会，定期举办规范、法规应用经验交流会，定期举办相关国际公约修正案、新条款、新要求的宣传工作，开展中国内河标准化船型的研究，考察国外先进的船检管理模式及相关技术，以及与国外海事管理机构、船旗国政府、港口国监督机构沟通等。

2007 年，中国海事局吸纳高校、船厂、设计院、检验机构中，船舶制造、设计、检验领域的专家，组织成立了中国海事专家委员会船舶检验技术分委会。该分委会研究范围包括：研究相关国际组织和我国有关法律、法规、技术标准，进行技术交流。2009 年中国海事局开始组织开展船检技术分委会换届筹备工作，计划于 2011 年在广东、黑龙江海事局设立分委会秘书处，分别侧重于海船、河船法规研究，以分委会秘书处为平台向各级船舶检验机构提供相关技术支持。

为从验船师角度评估船检管理和机构管理工作的效果，加强验船师队伍的技术交流，促进验船师队伍能力的共同提高，中国海事局委托广东海事局开展验船师论坛建设工作。2009 年 7 月，设在中国海事局外网船检管理栏目中的“验船师论坛”正式开通。验船师论坛的建立，为验船师提供了技术交流平台，使广大验船师尤其是在一线工作的基层验船师可以通过开放的平台充分发挥对船检工作的意见和建议，也使得船检政策地制定具备了更广泛和更切合实际的基础，同时也为广大验船师提供了对船检管理工作进行监督的窗口。

(六)召开全国船检工作会议

作为全国船舶检验行业管理的主管机关，中国海事局制订了不同阶段的工作重点、工作目标，并通过召开全国工作会议的形式，总结经验，查找不足，共同研究、探索全系统的发展之路。

2001 年 7 月，中国海事局在经过初期摸索总结后，在哈尔滨组织召开了全国船检管理工作会议，强调了船检工作在保障航行安全、发展航运事业中所发挥的重要作用。会议回顾了各级船检部门做的大量工作，总结了中国海事局成立以来船检管理方面所做的各项工作以及存在的不足，肯定了广大船检工作者的辛勤付出。同时，也认识到新体制下船检管理模式还没有完全建立起来，虽然已制定了《船舶检验管理暂行办法》等相关文件，但是由于配套性文件尚未出台，很多具体工作还有待进一步开展，现行规范还不能覆盖我国不同地区、不同种类的船舶，中国海事局同中国船级社和地方船检的工作关系还需要进一步磨合。在这次会议上，各级船检机构对中国海事局的工作给予了充分的支持。通过集中研讨，各方认清了问题、理顺了思路，为体制改革后船检事业的发展奠定了基础。

经过 3 年的探索与实践，2004 年 11 月，中国海事局在重庆又一次召开全国船检工作会议。会议总结了 2002 年以来全国船检工作情况，充分肯定了船检工作取得的成绩，表彰了 103 名优秀验船师、优秀船检工作者和优秀船检科研人员，深入分析了船检工作存在的问题及原因，从保障水上交通安全的角度和服务国家经济发展要求的高度，对船舶检验工作提出了更高的要求。

会议指出,通过水监体制改革建立了新的船检管理体系,造就了一支相对稳定的验船师队伍,在维护水上交通安全、推动造船和航运事业发展方面发挥了重要作用,但是船检自身的问题还存在,如:①对滩涂造船缺乏有效管理手段,一些机构没有把好检验质量关;②局部地区"四客一危"船舶安全隐患多。会上分析了船检质量不高、低质量船舶进入航运市场的原因,主要包括:船检管理体制不顺;船检队伍建设滞后;船检工作管理手段落后;船检人员质量意识和法律意识不强等。

会议要求各方要严格履行职责,中国海事局要站在国家高度,依法监督、严格监管,对检验中违法违规行为要严肃处理;各省、自治区、直辖市交通行政主管部门要加强对本省船检工作的领导,加强内部管理改革,加大投入,加快验船师队伍建设;中国船级社在国际上要不断缩小与世界一流船级社之间的差距,树立良好国际形象,在国内要与其他检验机构携手共进,为船舶航行提供安全保障。

2009 年 5 月,中国海事局在山东烟台再次组织召开了全国船检工作会议,总结近年的船检工作,规划并布置下一阶段的工作重心。2004—2008 年间,航运和造船经历了一个高速发展的黄金阶段,船检行业也迎来了发展的黄金时期,但是伴随着 2008 年金融危机爆发后全球经济走向调整,航运造船产业也面临着下行压力。在这样一个船检发展的关键时期,中国海事局引导的全国船检工作要不断适应和服务航运造船业的发展需要,努力加强自身建设,积极探索、研究、应对各种挑战,并制订了今后十年的发展规划与目标。

烟台会议不仅研究水监体制改革十年来久而未决的问题,还考虑了时代发展与变迁所带来的新问题,分析研究新形势下船检工作面临的机遇和挑战。

通过多种渠道多种手段的管控,多年困扰航行安全的低质量船舶问题得到了明显的遏制,但是船舶检验总体服务能力与社会经济发展的需求还不相适应,主要表现:一是船舶检验发展方向和目标还不够明确;二是地方船检基础还比较薄弱;三是一些船舶检验机构自身技术能力无法适应船舶技术飞速发展的需要;四是验船人员社会认同感有下降的趋势;五是船舶检验管理体制和机制与安全发展的需求还不相适应等。

针对这些问题,烟台会议提出,船检事业的科学发展,要服从和服务于我国航运业、造船业和我国外贸经济发展的需求,满足水上安全和环境保护要求,要在船舶工业结构调整、增强自主开发能力、产业升级的过程中发挥安全技术保障作用,要在船舶工业企业加大科技投入、加强技术改造、开拓国际市场方面发挥积极作用,要配合国家节能减排战略地落实,推动绿色造船的发展,为建设资源节约型和环境友好型社会做出自己的贡献。要深刻认识交通运输发展的客观规律,严把船舶检验质量源头关,保证我国船舶安全技术状况稳步提升,促进我国航运业和造船业健康安全发展。船舶工业作为国家颁布的十大产业调整和振兴规划之一,船检要主动作为,在我国船舶工业的结构调整、产业升级过程中,及时提供技术支持和培训服务,积极帮助我国船舶工业战胜危机做大做强。同时,船检工作要把握机遇、开拓创新、提升能力、规范管理、以人为本、创新机制、提高船检服务能力水平,促进船检事业新发展。

随着工作的不断深入,中国海事局在船检管理上有了更加深入地认识和理解,从注重监管向科学引导转型,在全系统范围内倡导安全文化,以"质量船检、科技船检、和谐船检"为目标,引领各级船检机构科学谋划,与时俱进,促进全国船检事业科学发展。

(七)推广与发扬船检文化

新中国成立后,我国船检工作在长期实践中逐步形成具有鲜明行业特点和时代特征的价值理念,培养出独立、公证、自律、诚信的船检作风。1998 年船检体制的深刻变革为船检文化发展带来了新的契机,安全意识、质量意识、服务意识、责任意识、环保意识和公正意识逐步成为中国船检文化的核心内容,引领船检事业科学、可持续的发展。

作为船舶检验的主管机关,中国海事局制定了《船检机构执业道德准则》等管理规定,规范船检机构及船检从业人员的职业道德。在船检管理工作中,中国海事局始终坚持交通运输部提出的交通发展“服务国民经济和社会发展、服务社会主义新农村建设、服务人民群众安全便捷出行”的“三个服务”理念,引领船检行业积极构筑预防船舶安全生产事故的重要防线,并在船检行业安全质量管理实践基础上形成了以“质量船检、科技船检、和谐船检”为内涵的船检发展理念,打造以安全质量为中心、以服务为导向的船检文化。

各船检机构开展不同活动在本系统内营造安全文化氛围,编制出台各种安全质量方面的制度文件,积极采取各种有效措施,共同构筑水上安全屏障。中国船级社高度重视安全质量问题,提出“海上安全链”理念以及“安全质量是船级社永恒的主题”“海上安全文化”等观点,并加强以安全质量为核心的企业文化建设。江苏南京船检在检验实践中努力构建以“质量试金、服务炼金、行业点金”为主题价值观的“金质船检”文化理念。安徽船检通过引导文化内生力,推动以“质量船检”为内涵的工作思路,并提出建设以“团结、奋进、责任、安全”为核心价值的“江淮船检文化”。山东船检按照“四化”建设标准,以运行“山东省船舶法定检验质量管理体系”为中心,以确保船检质量为工作目标,努力打造“山东检”品牌,以期提高船舶检验质量和管理水平。河南船检将“愚公移山”、坚强毅力和勇于拼搏精神融入到河南船检的文化建设中,树立“持之以恒,拼搏进取”的精神追求。

为了鼓励先进、弘扬正气,实现以点带面、整体提高,2004年,中国海事局在全国船检行业中开展优秀验船师、优秀船检科研工作者、优秀船检工作者评选活动。经过在全国范围内的推荐和评审,当年10月,中国海事局印发决定,授予52名全国优秀验船师荣誉称号,表彰6名全国优秀船检工作者、5名全国优秀船检科研工作者。中国海事局通过这种形式激发广大船检工作者的工作热情,传承精神,树立榜样,打造以质量、服务为着眼点的船检文化品牌。

随着对文化建设重视程度的不断提高,我国船检文化建设出现了更加健康协调的发展新局面,主要表现在:在思想认识上,各船检机构建立起了安全质量主导意识,对检验业务不良竞争有了清醒地认识;认识到安全质量是为船检系统永恒的主题,保障安全质量是船检系统服务于国家经济建设、服务于人民群众安全出行的最崇高责任;在服务理念上,坚持公正、诚信的基本准则;在检验技术水平上,不断学习吸收国际先进技术,提高中国船检科研技术能力,为提高中国造船工业水平作贡献;在系统内协调合作方面,保持分工有序、互为促进、共同发展的局面。

四、中国船级社的转型与发展

(一)发展目标与模式的确立

船舶检验局与中国船级社政事分开后,中国船级社根据形势和环境的变化,改变旧的管理机制与管理模式,调整工作思路,积极进行研究、探索,激发内在活力,专注于技术和业务的发展,确立了“技术立社、诚信为本、与众不同、国际一流”的建社方针,为新时期的发展注入新动力,推动中国船级社向着创建国际一流船级社的奋斗目标不断前进。

2001年2月,中国船级社在年度工作会议上,确定了以风险管理为共同属性的检验、认可、审核、认证、监理等形式为业务核心,以入级船舶检验、国内船舶检验和工业服务为业务主线,以规范科研和信息技术为支持保障系统的工作格局,以技术权威性、服务公正性、业务国际性理念,推进国际一流船级社建设。同年,中国船级社制定了创建国际一流船级社的2001—2015年发展战略:从“风险管理”的业务属性出发,完成“三主两支持”(三条业务主线,两个支持保障系统)的组织结构调整,完善工业服务的管理体制建设,推进用人、分配、激励和约束4项机制改革,营造尊重人才、鼓励创新的内部环境,扩大与社会保障体系的接轨范围和程度,加大干部培养教育力度,为中国船级社向国际一流船级社迈进夯实基础。

同年,为探索保障水上安全和防止海洋污染的新思路,带动整个航运业的安全质量管理迈上新台阶,中国船级社提出建立海上安全链的理念。这一理念使船级社在安全质量管理领域发挥出更为广泛的作用。2001年8月,中国船级社与中海集团签署了“共铸海上安全链”活动协议。到2010年年底,各分社都与所在地的修造船厂、航运公司、产品厂等客户建立了共建关系。

2006年,中国船级社确定了“技术立社,诚信为本,与众不同,国际一流”的建社方针;推出了“绿色船舶计划”,针对我国“节能减排技术”整体实力较薄弱的现状,制定了新造船和现有船的节能减排技术和管理方面的措施。

2007年,中国船级社提出“走以科研技术为先导的道路,服务于国家相关行业的发展大局,建设创新型国际一流船级社”。

2009年10月,欧盟结束对IACS反垄断调查,中国船级社按照IACS对欧盟承诺书中的相关要求,全面部署本社准备工作。

2010年,中国船级社提出:本年年底完成1270万总吨新造船入级检验任务;完成承诺书中规定的符合声明所有文件。

(二)打造建立一个“陆上船级社”

1999年8月4日,中国船级社遵从国家政事分开的结构调整原则,实施中国船级社与中华人民共和国船舶检验局机构分开,并面向市场重组各项业务。重组后的中国船级社在巩固传统的船舶入级与检验业务的同时,以发展工业技术服务为目标重组工业技术服务体系,除质量体系认证之外,集中发展海上和陆上工业服务,即:发展船舶、海上设施的公正检验、开展工业产品检验和设备工程监理和工程设备的检测及安全、寿命评估及海损理赔等业务,推进市场和科学发展,创立CCS技术品牌。随即,CCS在质量体系认证及质量管理咨询、桥梁监理、工程设备监理、保险公估等方面取得明显的进展。2000年的机构改革中,中国船级社对原有工业服务体系进行重组,决定以“认证、认可、监理、公证、理赔”第三方公证为业务核心,统一工业服务管理,并确定在10年左右时间里再造一个“陆上船级社”。

2001年,中国船级社组建工业事业部,以中国船级社认证公司和中国船级社实业公司两大公司为主体,形成由中国船级社统一领导管理的工业服务体系,统一管理海洋工程检验、集装箱检验、工业产品检验以及质量体系认证、风力发电设备认证、工业技术监理和保险评估等陆上服务业务,更加明确了再造一个“陆上船级社”的方向。

2002年,中国船级社加快“一三二”的组织机构的调整,即“一个业务核心、三条业务主线、两个支持保障系统”的组织结构的战略调整,推进了质量管理体系认证、集装箱检验、工业产品认可、海洋工程检验、工程监理和保险公估等领域各项业务的发展。在质量认证认可优势业务稳步发展的基础上,经过几年的整顿建设,监理和无损检测、救生和消防设备检测、公正检验、技术评估咨询等工业服务领域,取得显著成绩,“陆上船级社”格局已经初步形成。

2010年,对照“十一五”计划,中国船级社工业服务总收入突破4亿元(不包括海洋工程的第三方认证),比“十五”末的1.5亿元增长了2.5亿元。

(三)质量管理体系的改进

1999年10月4—20日,中国船级社通过了IACS的第二次质量体系换证审核。IACS的审核员在总部、大连分社、上海规范所、上海审图中心、上海培训中心以及新加坡办事处和宁波办事处等 7 个单位,就改革后的中国船级社最高管理层承诺、内部质量管理、IACS 程序要求、规范制定与科研、审图管理及船舶审图、船级与法定服务和检验、培训与资源、船用产品检验、海洋工程检验、ISM 认证等 10 余项质量活动进行了审核。同年 10 月 28 日,IACS 理事会主席 Dr.Payer 向中国船级社签发了新的质量体系合格证书。

2003 年,为适应 ISO 新颁布的 ISO 9001:2000《质量管理体系要求》以及 IACS 推出第五版《IACS 质量体系认证计划》QSCS 的要求,中国船级社编制了新版 CCS 质量管理体系文件,并于 2003 年 4 月 1 日在全系统贯彻执行。8 月 18—22 日,IACS 审核组在上海规范所、上海培训中心、青岛分社、江阴办事处对执行 IACS 第五版《IACS 质量体系认证计划》QSCS 和 CCS 新版质量管理体系文件的实施情况进行审核。10 月 15—21 日,欧盟审核组根据欧洲委员会法令 94/57/EC 和 2001/105/EC 的规定,派出由欧盟负责船级社事务的官员和来自英国、荷兰、比利时、西班牙的专家组成审核组,对 CCS 总部及上海分社的组织机构,验船师和 ISM 审核员的资质控制、培训,各项检验工作的有效控制等方面进行了审核。这是欧盟新法令生效后对 IACS 成员进行的第一次审核,也是对 IACS 成员第一次进行垂直合同审核(VCA)。审核组认为 CCS 已按新版质量管理体系文件有效运行;CCS 的质量控制完全符合欧盟法令的规定。

2005 年,中国船级社接受了 IACS、欧盟、希腊主管机关、中国海事局及国家安全生产监督局(对海洋工程部分)的审核。从 2005 年 2 月 IACS 的审核开始,到 2005 年 12 月中国海事局的审核结束,历时 11 个月,是中国船级社接受审核最多、受审核面最大、VCA 频次最高和审核延续时间最长的一年。与前两年相比,审核发现的不合格项和观察项呈持续下降趋势。

2008 年,中国船级社启动可持续发展管理体系建设。为应对 IACS 的 QSCS 的变化和欧盟新提出的 QACE 的要求,中国船级社对现有的质量管理体系进行综合分析并提出 CCS 可持续发展的规划,确定了分阶段的目标,与国际知名的认证机构——瑞士通用公证行(SGS)签订了 ISO 9001 第三方质量管理体系认证协议,为全面建设可持续发展管理体系打好了基础。

2010 年,中国船级社按照 ISO 9001 标准和 IACS QSCS 的要求,申请瑞士通用公证行先后完成了对中国船级社总部和下属单位的第三方认证审核,颁发了 ISO 9001:2000 证书,并于年底签订了符合 IACS 规定的质量管理体系认证总协议。同年,中国船级社平稳度过了 IACS 自行组织审核向独立第三方审核机构(ACB)移交的转换,全系统接受了 6 个审核机构组织的外部审核,审核结果在 IACS 成员中处于先进行列。从获得的顾客反馈信息统计情况来看,2010 年顾客总体满意率为 98.5%,达到了质量目标设定的 2010 年度顾客满意率不低于 95%的预期目标。

多年来,在各界的共同努力下,中国船级社始终走在安全质量管理工作的前列,CCS 级船舶港口国滞留率成为 IACS 正式成员中安全质量记录最好的船级社之一,安全质量形势持续稳定,中国船级社的品牌和形象在国际、国内相关领域得到进一步认可。

五、地方船检机构的探索与发展

作为船舶技术监督部门,各级地方船检机构从成立伊始就承担了大量辛勤而繁重的工作。在不同时期、不同环境下,船检机构、验船人员也都会面临不同的问题与挑战。我国船检队伍比较复杂,既有“国家队”——中国船级社,又有“地方队”——地方船检机构。船舶检验局与中国船级社“政事分开”后,中国船级社顺应国内航运造船的发展,采用企业化管理模式,激发员工潜能,提高工作效率,更直接地面向国内外造船市场,形成了良好发展的态势。中国船级社在政策、资金、人才上的优势,顺畅的垂直管理体系,与国际接轨的特点,使其能合理调配资源,解决各类问题,不断规范自身行为。

地方船检机构承担着大多数国内航行船舶的检验工作,随着航运造船的发展以及国家对航行安全、水体保护重视程度的提高，各级地方船检机构都得到了相应的发展，但是整体水平还难以与经济发展、社会责任及航运造船市场发展的需求相协调一致。存在的主要问题包括：①很多地方船检机构为自收自支性质的事业单位，容易出现重收费、轻检验的现象，其公正性、技术性、权威性逐渐退化；②多数地方船检机构隶属于地方交通、港航部门，或作为地方海事部门内设机构，受管理的层级多，验船人员工作独立性容易受到干扰；③受编制限制，验船人员配备普遍不足，一些造船量大地区验船人员短缺格外严重，检验质量无法保证，而造船市场周期性的变化也使得船检机构难以配备适量的验船人员；④地区间条件差异较大，一些非水网地区，特别是基层部门条件艰苦，验船师往往身兼数职，验船师队伍不稳定且业务水平难以提升；⑤地方船检机构登记船舶往往吨位小，船况差，还要承担各类乡镇船舶、渡口渡船的技术兜底工作，安全责任压力大，工作难度大；⑥地方船检机构往往缺乏完整的培训体系，检验能力不到位，存在重检验发证、轻检验过程，检验程序、检验记录流于形式等问题。

许多船检机构已经发现并认识到这些问题，思考船舶法定检验定位以及自身发展道路。船检部门履行的是对船舶质量监督的法定职责，通过船舶建造检验和营运检验过程控制，做好航行安全的源头管理，保证船舶符合安全航行的法定技术条件要求，这是这支队伍存在的根本价值所在。同时，船检部门还肩负着服务地方经济的社会责任，传承着“一检二帮三把关”的优良传统，要为航运企业、船舶制造企业提供优质的服务，便利群众的安全出行。

作为船舶检验的主管机关，中国海事局也在不断探索对船检机构的管理思路，一方面加大监督检查力度，另一方面把帮助船检机构提升自身能力作为工作中的重点。主要采取以下措施：一是通过船检机构资质审核，提高机构软硬件配备，同时督促各地方船检机构上级部门加强对船检工作的重视，推动各省地方船检垂直化管理；二是加大检查力度，坚持普遍要求与重点督查相结合，日常监管与专项治理相结合；三是加强对检验过程的控制，推动法定检验质量体系建设，明确岗位职责，规范检验行为；四是加大培训力度，提升验船人员业务能力以及工作责任心。

随着我国对事业单位改革的不断深入，部分船检机构由自收自支的事业单位变成收支两条线、财政全额拨款的事业单位，也有一些省份将地方船检机构划作参照公务员管理单位，使得此类单位有了基本的经费保障，验船师不需要再去考虑检验收费问题，而只专注于检验业务。但事业单位特别是参公管理单位验船人员与企业化管理的中国船级社验船人员相比收入差距明显，这也影响到地方船检机构验船人员日常工作的积极性。关于船检机构的改革也有另外一种声音，结合我国事业单位改革，实现事企分开，船舶检验机构作为企业参与市场竞争，通过市场来调配资源，优胜劣汰。这两种截然不同的思路，代表了未来地方船检机构改革的两种方向。

部分省份，特别是造船发达省份的船检机构积极开展一些探索来破解船舶检验工作中的难点问题。2008 年，浙江、江苏、上海 3 地检验机构在莫干山签署《船舶法定检验质量互认协议》，倡导“江浙沪船检一把尺”，率先在江浙沪地区统一船检各项要求的执行尺度，实现同质化管理。协议内容包括审图质量互认，转港时检验质量互认，以及质量问题处置等一系列事项的具体程序与要求。该协议是开放性的协议，安徽船检也已申请加入该协议，通过加入协议，可以加强船检机构间技术交流与合作，减轻相对人负担，实现区域共同提高，共同进步，共同发展。

台州是浙江省主要造船基地，造船量长期位居浙江省首位，而当地验船人员数量远远不能适应当地造船业发展，验船师长期处于满负荷工作状态，验船质量也得不到应有的保障。为解决这个突出矛盾，台州检验处外聘具有相当技术水平的验船人员，并引进了江苏、山东等 7 家外地船检与其进行外协合作检验，缓解了自身验船师不足所带来的压力。江苏省造船产业发展迅速，船舶拥有量大，建造量大，验船人员不足的问题更加突出。为了解决这一难题，江苏省船检各分支机构从船厂招录辅助人员，经省局培训确认身份,形成相对固定的队伍,从事部分检验辅助性工作,减轻验船师的工作压力。湖南省地方船检已经参照公务员管理,在造船发达的益阳地区,存在着验船人员不足,且相关专业人才引进困难等问题。2010年,益阳市设立了船舶检验中心,在益阳市地方船检机构的管理和指导下,开展船舶检验工作,通过从检验费中列支,引入验船人员,解决验船人员不足的难题。

六、渔船检验系统改革与发展

(一)渔业、渔船的发展

我国渔业经过快速发展,在20世纪90年代解决了大中城市的"吃鱼难"问题,全国城乡市场水产品供应充足,大批渔民、农民通过发展渔业走上了致富之路。但在20世纪90年代末,海洋渔业的发展条件和环境发生了较大变化,捕捞业受到较大影响,原因有:近海渔业资源衰退、环境恶化状况严重;《联合国海洋法公约》对我国生效后,我国渔船赴他国专属经济区海域作业受到种种制约。

以1997年国务院批转农业部《关于进一步加快渔业发展意见的通知》为标志,渔业发展进入了结构调整时期:

一是仍然坚持"以养为主"的发展方针,加大发展养殖渔业的力度,养殖水产品产量继续快速增长,养捕比在2010年达到71:29。

二是渔业资源和环境保护工作得到重视,海洋捕捞产量在"十五"(2001—2005)初期连续3年实现"负增长"。四大海域伏季休渔和内陆重点水域的渔业资源保护制度全面实施;捕捞渔船"双控"制度进一步完善,从对捕捞渔船实行控制渔船数量以及控制主机功率两方面,遏制了捕捞渔船盲目增长势头;2002年起实施渔业船舶报废制度和沿海捕捞渔民转产转业政策,拆解报废大量近海渔船,培训转产大批转业渔民。

三是远洋渔业产量继续增长并实现结构优化。利用公海渔业资源能力显著增强,改变了过洋性渔业为主的生产模式,呈现出大洋、过洋性渔业齐发展的局面;成功启动实施了南极海洋生物资源开发项目,2010年首次探捕南极磷虾主要渔场。

四是自2006年起我国实行了渔业成品油价格补贴政策。为应对近海渔业资源逐渐匮乏,柴油价格不断攀升,渔业生产成本大幅提高这一局面,国家对从事近海、内陆捕捞和水产养殖并使用机动渔船的渔民和渔业企业进行补助。

五是休闲渔业蓬勃发展,成为渔业结构调整过程中产生的新兴产业。

在资源环境、社会经济以及国家政策的综合作用下,渔业发展方式也发生了深刻转变。1999年我国已有渔船99万艘,是世界第一渔船大国。为了保护渔业资源,国家对渔船总量的控制政策减缓了船数增加,到2010年已有106.6万艘渔船。远洋渔船队发展较快,到2010年获批准作业的渔船有1989艘,作业海域分布于35个国家的专属经济区和太平洋、大西洋、印度洋公海及南极海域。

渔船建造技术在我国船舶工业整体进步的带动下也有了较大发展,实现了手工绘图、放样到计算机绘图、放样的跨越,实现了大型远洋渔船的自主建造。渔船整体装备水平也有所提升,主要体现在远洋渔船上。远洋渔船总体规模增长较快,实现了作业方式从单一的拖网作业方式到拖、钓、围多种作业方式结合地转变,实现了从过洋性渔船为主,到大洋、过洋性渔船船队共同发展壮大的转变。

2000年农业部开展了海洋捕捞渔船普查工作,普查数据显示,我国海洋捕捞渔船为244336艘、1221.8万千瓦。木质渔船仍为我国海洋捕捞渔船主体,有210142艘、757.4万千瓦,分别占海洋捕捞渔船总量的86%和62%;其次有钢质渔船21821艘、442万千瓦,分别占总量的8.9%与36.2%;玻璃钢渔船有一定的发展，已有6219艘、13.6万千瓦，分别占总量的2.6%与1.1%。此外，2000年农业部禁止了新建钢丝网水泥渔船，该材质渔船逐步退出历史舞台。从技术状况上来看，我国海洋渔船总体安全技术状况仍显现出诸多问题，形势也不容乐观。

（二）渔船检验局的独立

自20世纪70年代末期水产总局成立船检部门，接管渔船检验工作以后，逐渐明确了与交通系统船检部门之间的职能分工。1999年3月22日，中央机构编制委员会办公室在《关于农业部部分事业单位更名的批复》中明确，“农业部渔业船舶检验局的对外名称中华人民共和国船舶检验局渔业船舶检验分局更名为中华人民共和国渔业船舶检验局”。同年5月12日，国务院办公厅同意颁发“中华人民共和国渔业船舶检验局”印章。

1999年9月1日中华人民共和国渔业船舶检验局发出《关于启用中华人民共和国渔业船舶检验局局徽及英文名称的通知》。局徽由“五角星、锚、锤子、麦穗、ZY”五部分组成，英文名称为：Register of Fishing Vessel of the People's Republic of China，英文缩写为：CFR。

自此，农业部渔船检验局完全独立，同时拥有“农业部渔业船舶检验局”和“中华人民共和国渔业船舶检验局”两块牌子，履行对渔船检验系统的管理。

1999年11月24日“大舜”号特大海难事故发生后，党中央、国务院对该事故十分重视，国务院下发了《关于加强安全生产有关问题的紧急通知》。为此，农业部渔船检验局于1999年12月在北京紧急组织召开了全国渔船检验安全工作会议，来自全国渔船检验局（处）、渔业公司和渔船修造企业的52位领导和代表参加了会议，就如何加强全国渔业船舶检验工作，保证渔业船舶具备安全作业的技术条件，防止渔业船舶污染水域环境，保障渔民生命财产安全，遏制渔船重大特大事故发生等问题进行了交流研究。

2000年1月，农业部渔船检验局就1999年12月紧急召开的全国渔船检验安全工作会议及其议题一事，向农业部党组呈上《关于加强渔船检验工作有关问题的报告》，引起了部领导对渔船检验工作的高度重视，并于当月下发《关于加强渔业船舶监督检验的紧急通知》。

“大舜”号事件对渔船检验工作的影响是巨大的。在各方重视下，渔船检验工作总体上得到了加强，各项规范化管理措施得到迅速推行和落实。渔船检验的行政执法地位得到明确；北太平洋鱿鱼钓船检验和境外渔船检验工作走上了规范化道路；老旧渔船检验得以加强；渔船船用产品实行检验监管制度；渔船检验信息化程度提高，升级了中国渔业船舶监督检验管理系统；各级检验机构统一认可管理制度和验船师资格考核制度得以实施。

（三）推动渔检系统人员身份转变

自《渔业法》颁布之后，渔船检验部门的公共事务管理职能有了法律授权，渔船检验部门成为具有执法权的监管部门。20世纪90年代末期，河北省等个别省级渔船检验机构开始实施公务员管理制度。农业部渔船检验局于1999年向农业部上报了关于将渔船检验纳入行政序列的请示，自此渔船检验系统开始长期致力于纳入公务员制度管理。

2001年6月，中华人民共和国人事部复函农业部，同意农业部渔船检验局列入依照国家公务员制度管理范围。2006年，由于《中华人民共和国公务员法》实施，国家对原依照公务员制度管理的事业单位进行重新审核，当年8月人事部批准农业部渔船检验局参照公务员法管理。

在地方各级机构不断努力下，到2009年末，全国806个已核定认可的渔船检验机构中：公务员管理的机构97个，占总数的12.04%；参照公务员管理的机构286个，占总数的35.48%；事业单位管理的423

个,占总数的 52.48%。针对个别省级机构还未解决纳入或参照《公务员法》管理的问题,农业部渔船检验局进一步下发了《关于加快推进全国渔业船舶检验机构纳入或参照公务员法管理的通知》,不断推动体系中公务员制度管理比例的提高。

第二节　船检管理部门的组建和船检职能的调整

一、中国海事局船检管理部门的组建与船检队伍的接收

(一)船检管理部门的组建及船检管理模式的调整

1.内设船检管理部门的组建

1998 年 11 月,根据国务院、中央机构编制委员会办公室的批复,交通部下发了《关于中华人民共和国海事局(交通部海事局)主要职责、内设机构和人员编制的通知》。根据国家赋予的船舶检验方面的职责,中国海事局机关内设了“船舶检验处”和“法规规范处”共同承担此方面的职能。法规规范处编制 7 人,全面承担海事、船检两方面法规建设工作,其中 1 名副处长和 2 名工作人员专职从事船检法规建设的相关工作,具体包括:组织拟定船舶技术政策和综合性海事法规;制订并组织实施船舶和海上设施法定检验技术规范/规则等职能。船舶检验处编制 7 人,承担“管理船舶检验和船舶技术监督工作;监督管理中国籍船舶、海上设施及在我国沿海作业的外国海上设施的法定检验发证工作;审定船检机构及验船师资质并实施监督管理;承办法定检验授权事宜;审批外国验船组织在我国设立代表机构并实施监督管理”等职能。成立初期,中国海事局分管船舶检验的副局长、法规规范处负责船检法规以及船舶检验处的工作人员,主要来自于原船舶检验局。

2.派出船检管理处的组建

中国海事局内设船检管理部门人力资源有限,难以实现对全国各层级船舶检验机构的有效管理。为此,中国海事局在部分直属海事局内设立船舶检验管理处,作为中国海事局的派出机构,以片区管理的方式负责本辖区内船舶检验机构的监督管理。

2000 年 7 月,中国海事局下发了《关于筹建船舶检验管理处的通知》,决定在辽宁、天津、上海、广东、长江海事局设立船舶检验管理处,各船舶检验管理处均为正处级,人员编制 6 名。为加快各船检管理处筹建工作的进展,中国海事局在上述通知中提出如下几点要求:①各有关海事局应立即着手组建船检管理处,条件暂不成熟的可先成立筹备组,并以筹备组暂时代行船检管理处的职责;②考虑到船舶检验工作的技术性、专业性很强,船检管理处人员原则上由各海事局内部调配人员和对外招聘人员两部分组成;③各有关海事局在确定船检管理处或筹备组负责人后,应立即制订船检管理处岗位职责和工作程序,并于 10 月 31 日前报中国海事局批准实施。至 2000 年底,大连、天津、上海、广州和武汉 5 个片区船检管理处筹建工作基本完成,见表 7-1。

2001 年 1 月 1 日,5 个片区船检管理处正式开展工作。在管理模式上,片区船舶检验管理处业务工作由中国海事局直接管理,行政工作分别由辽宁、天津、上海、广东、长江海事局负责,作为中国海事局的派出机构,对外分别以“中华人民共和国海事局大连(天津、上海、广州、武汉)船舶检验管理处”的名称开展工作。各船检管理处被赋予以下职责:①贯彻执行国家有关船舶检验方面的方针、政策、法规和规范;②对辖区内船舶检验业务实施监督管理;③负责辖区内船舶、海上设施及相关船用产品法定检验、审图、发证工作的管理;④负责辖区内船舶、海上设施及相关船用产品审图、检验、发证工作的管理;⑤受中国海

事局委托,对辖区内的船舶检验机构资质进行认可和管理;⑥受中国海事局委托,对辖区内船舶检验机构的验船人员组织考试和协助发证工作;⑦受中国海事局委托,代行对辖区内外国验船组织驻华机构的监督和管理;⑧收集并反馈对验船师执行法规、规范的意见和建议;⑨受理对验船工作的投诉;⑩参与重大海损事故调查;⑪协调各方面船舶检验机构的关系;⑫承办中国海事局交办的其他工作。

2001 年 5 个船舶检验管理处管辖区域划分一览表 表 7-1

机构名称	管辖区域
大连船舶检验管理处	辽宁、吉林、黑龙江
天津船舶检验管理处	天津、河北、山西、内蒙古、山东、河南、陕西、甘肃、宁夏、青海、新疆
上海船舶检验管理处	上海、江苏、浙江
广州船舶检验管理处	广东、广西、福建、海南
武汉船舶检验管理处	湖北、湖南、安徽、江西、四川、重庆、云南、贵州

注:2002 年,北京市船检机构组建后,划归天津船舶检验管理处管辖区域。

2001 年 3 月,中国海事局进一步对各船检管理处的职责及定岗定责有关问题进行明确,要求各船检管理机构除履行上述职责外,还要根据辖区的具体情况做好以下工作:①跟踪国际公约,收集国际、国内有关资料,研究船舶检验工作发展情况;②收集本辖区船舶检验信息和进出港船舶在船舶检验方面存在的问题,对违规检验进行调查处理和上报;③对本辖区内认可或授权的船舶检验机构(包括外国验船机构常设驻华代表机构)和验船师、修造船厂、船用产品及船用产品制造厂、集装箱制造厂进行登记、建档和监督管理;④向社会宣传有关国家船舶检验的方针、政策、法规和规范,并提供咨询服务;⑤制定船舶检验监督管理工作程序;⑥负责辖区内船舶检验机构向中国海事局的请示文件的上报和转呈以及中国海事局文件在本辖区的转发工作;⑦受中国海事局委托,对《船舶检验工作管理暂行办法》中指定的从事特殊工作的机构进行审批发证;⑧组织对特种工作技术人员的培训和发证。

2001 年 2 月,5 个片区船检管理处正式行使职责并启用对外印章,中国海事局对印章的使用范围和对象、行文格式和文件号的编排等问题进行了明确。各船舶检验管理处可以在自己业务管理范围内对外行文,纳入所在直属海事局的公文管理并按有关规定办理。

各片区船检管理处成立并运行后,形成了一支 30 多人的专职船检管理队伍。通过片区管理,各船检管理处被赋予了相对独立管辖权,便于各处高效开展工作。为了加强与派出机构间的沟通联络,及时协调解决各类问题,中国海事局船舶检验处与 5 个船检管理处确立了处长季度例会制度,定期就船检管理领域的工作计划、工作方案、重点工作、重大问题等进行协商与研讨。

3.船检管理模式的调整

中国海事局船检管理工作的总体思路也在探索实践中不断总结调整。中国海事局船舶检验处主要承担全国船检管理的整体统筹安排,各片区船检管理处作为派出机构,为总部提供支持并承担具体业务工作。随着中国海事局对船舶检验质量监督力度不断加大,为了充分调动、有效发挥海事系统现有资源,加强船舶检验管理,中国海事局对船检管理模式进行了两次调整。

(1)船检质量现场监督职权下放

5 个片区船检管理处日常工作较为繁忙,船检质量监督力量不足,无论是队伍规模还是人员结构都难以应对全国数十万条船舶检验质量的监督检查。为加强船舶检验质量的监督管理,促进船舶检验质量的提高,2008 年 4 月,中国海事局对原船舶检验管理模式进行调整,14 个直属海事局被赋予 6 项船检管理职责。具体包括:①对本单位登记船舶的检验质量实施技术监督,按照有关规定处理现场监督检查中或事故调查中发现的船舶检验质量问题,以及调查处理由中国海事局指派管辖的船舶检验质量案件;②

对抵达本辖区港口的非本单位登记船舶的检验质量实施监督检查;③对本单位辖区内新建或改建船舶的检验实施监督检查;④收集并反馈验船师执行法规的意见和建议;⑤受理对验船工作的投诉;⑥承办中国海事局交办的其他工作。

同时,根据职责调整要求,大连、天津、上海、广州、武汉船舶检验管理处不再承担对各直属海事局登记船舶的检验质量的技术监督职责,其他职责以及现行工作和管理模式不变。

自此,各直属海事局的船舶安全检查队伍被赋予了船检质量现场监督检查的职责,增强了中国海事局控制船舶检验质量的力量。对于未设置船检管理处的直属海事局,船舶监督部门承担起对船检质量现场监督的管理工作,对于设有船检管理处的直属海事局,则由直属局自行确定承担船检质量现场监督的管理部门,各船检管理处片区管理的职责没有变化。

为了将船检质量现场检查落到实处,中国海事局编制并发布了《船舶检验质量监督管理工作程序》《国内航行海船检验证书核查指南》等文件来指导此项工作的开展。其中《船舶检验质量监督管理工作程序》按照问题的来源,对直属局和船检管理处的分工做出了明确的界定,具体包括:船检管理处抽查发现的船舶检验质量问题,由该管理处负责;举报反映的船舶检验质量问题,由中国海事局决定直接负责或按管理分工批转由有管辖权的船检管理处或直属海事局负责;海事管理机构在办理船舶登记、实施船舶安全检查及其他现场监督管理活动,或事故调查中发现船舶存在检验问题的,由所在直属海事局或事故调查单位抄送船籍港所在地直属海事局或船检管理处(由地方海事局登记的船舶)视情开展调查处理。

由于各船检管理处管辖区域情况不同,造成工作量不均衡。2008 年,综合考虑了各辖区船检机构数量、检验业务量、检验管理工作难度以及帮扶结对子情况,中国海事局对船检管理处的管辖区域进行了相应调整。将内蒙古划归大连船检管理处辖区,河南划归武汉船检管理处辖区,云南、西藏划归广州船检管理处辖区。同时,考虑到武汉船检管理处和广州船检管理处实际工作量增加,建议长江海事局为武汉船检管理处增加编制 2 名,广东海事局为广州船检管理处增加编制 1 名。

(2)船检管理职权全面下放

2010 年 3 月,为了更多地利用直属海事局资源与力量,强化对船检质量的监督力度,促进船检工作规范有序地开展,以适应我国航运和造船业快速发展的需要,中国海事局对直属海事系统船舶检验管理职责做了进一步调整。

根据中国海事局的授权,河北、山东、江苏、浙江、福建、广西、海南、黑龙江、深圳海事局并上海、天津、辽宁、广东、长江海事局履行以下船舶检验管理职责:①组织在本辖区实施船舶及水上设施检验及检验管理等方面的有关政策、法规和规章;②协助中国海事局对辖区内船舶检验机构的资质认可工作,并实施监督管理;③协助中国海事局对辖区内外国驻华验船公司或代表机构实施监督管理;④协助中国海事局组织本辖区验船师资格考试工作;⑤负责对在本辖区船籍港登记的中国籍船舶、海上设施以及在我国沿海作业的外国海上设施的法定检验发证的技术监督工作;⑥负责对抵达本辖区港口的非本单位登记船舶的检验质量实施监督检查;⑦负责对在本辖区内新建或改建船舶的检验质量实施监督检查;⑧收集并反馈验船人员执行法规的意见和建议;⑨受理对验船工作的投诉;⑩参与船舶检验质量有关的重大事故的调查;⑪参与本辖区船舶修造企业和设计单位技术条件的资质认可工作;⑫承办中国海事局交办的其他工作。长江海事局下设的重庆、岳阳、武汉、九江、芜湖海事局履行上述第⑤至⑪项船舶检验管理职责。

新增船检管理职责海事局的辖区范围为本省(区、市)行政区域和相关水域;原 5 个船检管理处各自辖区则去除了新增船检管理职能直属局所管辖的区域,其承担的中国海事局交办的专项职责不变。

本次调整明确了新增船检管理职能的直属海事局职责,职责的履行由船舶监督部门负责。上海、天津、辽宁、广东、长江海事局船舶监督部门负责上述⑤、⑥、⑦项管理职责,其他管理职责仍由上海、天津、大连、广州、武汉船检管理处负责。

各直属海事局在履行船检管理职责工作中，参照5个船检管理处的管理模式实施管理。长江海事局所属分支机构在履行船检管理职责工作中，业务上隶属武汉船检管理处管理，协助武汉船检管理处工作。本次职责调整后，原来未设置船检管理处的直属海事局虽然仍没有设置专门的机构，但经过中国海事局的授权，在本局辖区内拥有了与5个船检管理处相同的职权。

作为中国海事局派出机构的5个船检管理处性质没有发生变化，虽然辖区有所调整，但基本保留了跨省的管辖区域以及独立印章及发文的权力，有利于对内陆、非水网地区船检机构进行帮扶及管理。本次调整通过授予长江海事局下设分支局船检管理的职权，增加了长江海事局船检管理队伍规模，加强了对长江沿线省份船检机构的管理。

（二）海事局直属船检队伍的组建与调整

1998年水监体制改革并没有涉及地方船检机构的改革，但是根据国务院批准的《水上安全监督管理体制改革实施方案》，水监体制改革由交通部和有关省、自治区、直辖市人民政府分别协商并签署协议。绝大多数省份按照“一水一监”“一港一监”的要求将地方港监队伍划转到交通部组建直属海事局，而保留了地方船检队伍。但也有部分省份仿照当年海南建省时的做法，将地方港监与船检队伍都划转交通部管理。针对此种情况，交通部在组建部分直属海事局时，使其承接了地方船检队伍和船舶检验的职能。

1.广东海事局

1999年8月，交通部与广东省人民政府经协商就广东省实施水上安全监督管理体制改革事宜达成协议。根据协议，由广东省负责管理的广东省港务监督局（广东省船舶检验局）和下属全部地市港务监督局（地市船舶检验分局）成建制划转交通部，由交通部实行垂直管理，广东省港监（船检）系统共计1883人划转到交通部管理。协议中还明确船检机构的设置，将根据船检管理体制改革的要求，由交通部和广东省人民政府另行商定。

1999年10月，国务院批准了直属海事机构设置方案，原交通部广州海上安全监督局和原广东省港务监督（船舶检验）局合并组建中华人民共和国广东海事局（正厅级）。同年12月广东海事局正式挂牌成立，内设船舶检验处（正处级），编制9人，对外仍使用“广东省船舶检验局”的名称开展工作。

广东省船舶检验局下设21个分局（分别是广州、湛江、珠海、汕头、佛山、惠州、汕尾、东莞、中山、江门、阳江、茂名、肇庆、云浮、清远、潮州、揭阳、韶关、河源、梅州以及深圳分局），对外以“广东省船舶检验局××船舶检验分局”的名义开展检验工作，部分分局下设船检所。除深圳船舶检验分局外，其他20个船舶检验分局分别对应广东海事局下设的20个分支海事局的内设船舶检验科，而分局下设的船检所对应分支海事局的派出机构。

2001年，广东海事局重新划定了船舶检验业务的范围，规定“省局根据中国海事局授权进行法定检验，分支局根据省局的授权开展船检业务，具备资质条件的派出机构经分局同意并报请省局批准可进行相应授权范围内的船检业务，办事处不设船检业务，特殊情况且具备资质条件可参照派出机构的申报程序办理。”同时，鉴于云浮局和阳江局当时的资质条件和业务水平，决定由肇庆局代管云浮局、江门局代管阳江局船检业务，代管期间船检业务工作由代管局负责，省局不再直接管理云浮、阳江两局。

深圳分局与其他分局性质不同，不是广东海事局所属机构，广东海事局船检处对其是业务指导的关系。1998年水监体制改革，交通部在广东成立了广东海事局和深圳海事局两个直属局，深圳船检分局没有划拨直属海事局，而是继续挂靠深圳市港务管理局进行管理。2001年深圳市港务管理局与深圳市运输局合并为深圳市交通局，2002年，经深圳市交通局与广东海事局双方协商，同意深圳船检分局日常行政管理和现有人员由深圳市交通局代管,业务工作由广东省船舶检验局管理,对外使用印章仍旧为“广东省船舶检验局深圳分局”。2009 年,随着深圳市交通管理委员会的建立,深圳船检分局也随之转由深圳交委代管。

2002 年 12 月,广东海事局船舶检验处加挂“广东省船舶检验局审图中心”的牌子,实行“两块牌子,一套人马”的模式,负责权限范围内全省重点船舶图纸审图、船舶检验技术支持、审图人力资源调配等工作,船舶检验处人员编制数增加至 15 人。截至 2010 年,全省共有船检人员 256 人(包括深圳分局),其中取得注册验船师证书 232 人。

2.福建海事局

1999 年 8 月,按照交通部、福建省人民政府关于在福建实施水上安全监督管理体制改革协议,福建省船舶检验局随福州海上安全监督局,厦门船舶检验局随厦门海上安全监督局成建制划归交通部直属的福建海事局。1999 年 12 月 28 日,福建海事局正式成立,原福建省船舶检验局承担的全省船检业务的协调工作以及福州辖区国内航行船舶检验业务由福州海事局验船中心承担,对外挂福建省船舶检验局的牌子,原厦门船舶检验局负责的厦门地区国内航行船舶检验业务由厦门海事局验船中心承担,原船检局在闽东、莆田、泉州设置的船检所职责、分工暂时不变。2000 年 8 月,福建海事局批复福建省船舶检验局代福建海事局行使船检登记号的授予工作。同年 10 月,厦门海事局将由厦门船检检验的 84 艘泉州籍船舶的船舶技术档案(其中港澳航线船舶 30 艘)移交泉州船检,理顺了与泉州地区的船检管理关系。

2003 年 11 月,中国海事局指派广州船检管理处组成审核组对福建海事局所属船检机构进行资质认可,认定福建海事局船检部门达到了 B 类船检机构资质。

福建省沿海船舶检验业务移交福建海事局后,福建海事局船检机构的设置一直未确定。2004 年,福建海事局先后 5 次召开专题调研会,就船检机构设置、层级关系、职能定位等听取了各方意见,最终形成《福建海事局船舶检验机构编制设置方案》并上报中国海事局。同年 11 月,中国海事局函复福建海事局,在福建省沿海船舶检验机构体制改革尚未完成前,仍可使用“福建省船舶检验局”的名称开展船舶检验工作。12 月 13 日,福建海事局正式下发《福建海事局船舶检验机构编制设置方案》,根据该方案,福建海事局机关增设船舶检验处,增加机关中层领导职数正处级 1 名、副处级 1 名,指导和管理各分支局的船舶检验业务工作。在福州、厦门海事局机关设置船舶检验处,泉州、宁德、莆田、漳州海事局机关设置船舶检验科,对内是各分支机构机关处(科)室,对外是福建海事局(福建省船舶检验局)派出的船检机构。

在管理方式上,福建海事局建立条条为主、条块结合的管理机制。条条为主实行六个统一,即统一管理、统一机构、统一技术标准、统一工作程序、统一技术把关、统一收费标准。船检人员行政管理、党团管理、工资关系、后勤保障等以所在地分支局管理为主。福建海事局船检处使用“福建省船舶检验局”的印章,其他分支机构船舶检验处(科)统一使用“福建省船舶检验局(××)”的印章,“××”分别为分支局的城市名称。

根据机构编制设置方案,2005 年 6 月,福建海事局对船检机构的分工授权、业务管理、层级关系、业务印章等进行规定,理顺福建海事局和分支局两级船检机构的管理和业务关系,规范船检业务印章的使用。自 2005 年 7 月 1 日起,福建海事局船舶检验处行使福建省船舶检验局职能,各分支局船检处(科)行使福建省船舶检验局所属船检处(科)职能,福建省船舶检验局审图中心开始受理福建省具有相应资质的船舶设计单位对建(改)造船舶设计图纸和技术文件的审查申请。2006 年,福建海事局船舶检验机构设立后,中国海事局批复福建海事局增加船检人员编制数 45 人。

2007 年 3 月,根据交通部的总体安排,中国海事局与中国船级社在北京签订协议,将福建海事局船舶检验业务工作移交中国船级社,同时明确了具体的移交原则、移交内容、移交时间等问题。福建海事局将承担的所有船检业务工作(包括审图、船舶法定检验、产品检验、焊工考试、发证等)一次性整体移交给船级社,同时按现状移交所有检验档案材料,福建省船舶检验局的印章上交中国海事局封存。2007 年 4 月,福建海事局与中国船级社在福州就船舶检验业务移交工作签署业务、人员和资产协议,福建海事局 24 名船舶检验人员划转中国船级社福州分社。同年 5 月,福建海事局船检业务整体移交给中国船级社福州分社,自此不再承担船舶检验业务工作。

3.黑龙江海事局

2000 年,黑龙江航运管理局改制,黑龙江港航监督局与黑龙江船检分局合并组建副厅级的黑龙江海事局。黑龙江海事局人、财、物由黑龙江省交通厅临时代管,业务工作由中国海事局指导。黑龙江海事局内设的船舶检验处承担了原黑龙江船检分局的职能,开展具体的船舶检验业务。省局船舶检验处为正处级部门,内设建造检验室、技术监督室、营运检验室。黑龙江海事局在省内的哈尔滨、齐齐哈尔、牡丹江、佳木斯、黑河设置了 5 个船检分支机构,均为独立法人单位,业务由省局船舶检验处指导,对外挂中华人民共和国黑龙江海事局哈尔滨(齐齐哈尔、牡丹江、佳木斯、黑河)船舶检验处牌,行政级别为副处级。哈尔滨与佳木斯船检处内设办公室、建造检验室、营运检验室。齐齐哈尔、牡丹江、黑河船检处无内设科室。

2005 年 1 月,黑龙江省政府与交通部经协商确定,黑龙江海事局隶属关系由黑龙江省交通厅划归中国海事局直接领导,省级机构与分支机构对外挂牌不变,船舶检验业务不变。

2009 年,黑龙江海事局船检工作开始谋求由内河走向沿海的发展道路。经过全局上下一致努力,黑龙江海事局在软硬件建设上取得了很大的提升,建立起船舶法定检验质量体系,取得了国内航行海船营运检验资质,并于 2010 年取得国内航行海船建造检验包括图纸审查的资质。截至 2010 年底,黑龙江海事局共有验船人员 52 人,取得注册验船师证书共 45 人。

2008 年,福建海事局对辖区在建海船摸底,发现有 57 艘在建船舶存在异地检验问题,特别是宁德地区的“造、检”矛盾突出。为了解决该问题,支持海西发展,中国海事局经过多方调研,于 2010 年 4 月,批复黑龙江海事局在福建地区设立黑龙江驻闽船舶检验办事处(下设审图组)开展海船检验业务。2010 年 6 月 6 日,黑龙江海事局驻闽船舶检验办事处进驻福建宁德地区,办事处设现场检验组(驻点检验)和审图组(在哈尔滨审图中心)。6 月 26 日,中国海事局组织审核组对黑龙江海事局驻闽船舶检验办事处进行现场审核。7 月 28 日,中国海事局驻闽船检工作协调组、黑龙江海事局驻闽船检办事处在福安市白马船舶工业园区正式揭牌。至 2010 年底,黑龙江海事局驻闽办共检验船舶 13 艘次。

二、中国船级社的组织机构调整

体制改革后,中国船级社将原管理结构由“决策层、职能部门、业务部门”调整为“决策层、职能层、支持保障系统、执行层”,形成了由职能部门、保障系统组成的总部机构框架和在系统内由二级单位对三级单位执行管理的垂直管理模式。这种新的运作模式突出了职能层和执行层的职责分工,强化了船检业务主线,加强了总部的管理职能,更直接地面向和适应国内外的船舶检验业务。

(一)中国船级社总部机构

中国船级社根据国办发〔1998〕67 号和中编办字〔1999〕80 号文件精神,于 1999 年 7 月 12 日,对船级社总部机构进行调整。调整后的总部机构为:党委工作部、纪检监察室、总裁事务部、财务部、人力资源部、企划与质量管理部、审计部、国际合作部、市场部、发展研究部/法律事务部、规范与技术管理部、入级船舶部、国内船舶部、海洋工程部、船用产品部、船舶安全管理认证部、技术研究开发中心、信息开发咨询中心。

2000 年 6 月信息开发咨询中心改称信息咨询中心。同年 9 月 18 日,交通部以交人劳发〔2000〕491 号文件批准设置中国船级社国内船舶检验中心。

2002 年 12 月 5 日,中国船级社以社人事字〔2002〕705 号文件对总部机构、职能进行调整,调整后的总部机构设置为:总裁事务办公室,下设综合处、外事处、总务处、档案室;党委办公室;纪检监察处;财务处;人事处;质量管理处;法律政研处;审计处;技术管理处兼总工程师办公室;船舶事业部,下设建造船舶检验管理处、入级船舶检验管理处、国内船舶检验管理处、船舶安全管理认证处;技术研究开发中心,下辖北京技术开发研究所、上海规范研究所和武汉规范研究所;信息开发咨询中心,创办《中国船检》编辑部和"数码易智"信息开发公司;工业事业部,包括海洋工程处(原海洋工程部)、工业产品处(原船用产品部)。

2004 年 3 月 29 日,中国船级社以社人事字〔2004〕206 号文件对总部机构再次调整。调整后的机构设置为:总裁事务办公室,下设综合处、外事处/港澳台事务办公室、总务处、档案处;人力资源处;财务处;法律政策研究处;审计处;党委办公室;纪检监察室;安全质量管理处;技术管理处兼总工程师办公室;国际海事处;技术研究开发中心,下设北京技术开发研究所、上海规范研究所和武汉规范研究所;信息开发服务中心;入级船舶事业部,下设建造入级检验处、营运入级检验处、认证管理处、数据信息管理处;国内船舶检验中心,下设国内建造管理处、国内营运管理处;产品检验管理处。同年 12 月 11 日,中国船级社以社人事字〔2004〕754 号文件调整信息中心职能和管理体制,重新明确定位。信息中心由信息技术处、数据信息处(从入级船舶事业部划出)、信息服务处等 3 个处室组成。

2006 年法律政策研究处改为法律事务处。同年 2 月人力资源处改称人事处。技术管理处兼总工程师办公室/科研中心秘书处。2006 年 9 月总裁事务办公室增设秘书处。

2007 年设置机关工会办公室(由党委办公室划出)。同年 1 月 21 日调整工业事业部重设海工事业部。2007 年 6 月总务处改称资产管理处划出总裁事务办公室,营运入级检验处改称营运检验管理处,建造入级检验处改称建造检验管理处。

2008 年 5 月国际海事处改称国际合作处,市场处改称经营管理处,重组技术管理处,国内船舶检验中心的国内建造管理处改称建造检验管理处,国内营运管理处改称营运检验管理处,海工事业部内设营运检验管理处和建造检验管理处。

2009 年 6 月海工事业部增设海洋工程技术中心。

2010 年 5 月人事处改称人力资源处,档案处改称档案室。国际合作处从总裁事务办公室划出。撤销总裁事务办公室内设综合处、秘书处。

经过上述调整,到 2010 年底中国船级社机构设置为:总裁事务办公室,下设档案室;人力资源处;财务处;资产管理处;法律事务处;国际合作处;审计处;党委办公室;纪检监察室;机关工会办公室;安全质量管理处;经营管理处;技术管理处;入级船舶事业部,下设建造检验管理处、营运检验管理处、认证管理处;国内船舶检验中心,下设建造检验管理处、营运检验管理处;海工事业部下设建造检验管理处、营运检验管理处、海洋工程技术中心;技术研究开发中心,下设北京技术开发研究所、上海规范研究所、武汉规范研究所;信息开发服务中心下设信息技术处、数据信息处、信息服务处。

(二)中国船级社国内分支机构

1999 年 8 月 4 日—2010 年 12 月,中国船级社按照实施政事分开的部署以及面对人员资质问题和新造船峰值年的挑战,从"风险管理"的业务属性出发,完成了"一个业务核心、三条业务主线、两个支持保障系统"的组织结构调整,完善了工业服务的垂直管理体系建设,进一步充实了管理层,推进用人、分配、激励、约束4项机制改革。国内分支机构均结合自身实际,对机构内部设置进行了不少于5次的调整和补充。体制改革后中国船级社下属分支机构及其管辖办事处的调整和2010年各分社处室设置情况如下。

1.中国船级社大连分社

大连分社管辖的营口办事处、丹东办事处,自2003年5月28日起,作为分社内部机构直接管理。大连分社设立9个处室。

2.中国船级社秦皇岛分社

秦皇岛分社管辖的锦州办事处在2003年7月25日关闭,于2010年恢复设置;唐山办事处在1999年8月4日关闭,于2008年5月恢复设置。秦皇岛分社设立5个处室。

3.中国船级社天津分社

天津分社管辖的西安办事处在2003年5月28日关闭,于2008年5月恢复后改称西安检验处。天津分社设立6个处室。

4.中国船级社青岛分社

青岛分社管辖日照办事处、烟台办事处,在2010年6月4日增设威海检验处。青岛分社设立8个处室。

5.中国船级社上海分社

上海分社管辖连云港办事处、宁波办事处、温州办事处、舟山办事处,在2010年5月增设台州检验处。上海分社设立10个处室。

6.中国船级社福州分社

福州分社管辖厦门分社,在2008年5月增设泉州办事处、宁德办事处。福州分社设立6个处室。

7.中国船级社广州分社

广州分社管辖湛江分社、深圳分社、汕头办事处、北海办事处、防城办事处、珠海检验处,其中2002年4月17日北海办事处、防城办事处合并为北海防城办事处,2004年3月26日汕头办事处并入深圳分社管理,又于2006年9月恢复由广州分社管辖。2010年5月增设南沙检验(海工)处。广州分社设立9个处室。

8.中国船级社海南分社

海南分社在2003年6月5日划归广州分社管辖,于2006年改为总部直属单位,海南分社管辖的洋浦办事处、三亚办事处、清澜办事处于2002年撤销。海南分社设立3个处室。

9.中国船级社重庆分社

重庆分社管辖涪陵办事处、万州办事处,在2002年3月22日增设的成都检验站于2003年5月22日关闭,2010年5月恢复后改称成都检验处。重庆分社设立6个处室。

10.中国船级社武汉分社

武汉分社管辖宜昌分社、九江办事处、黄石办事处、长沙办事处、洛阳检验处,其中2006年2月长沙办事处关闭,2008年5月增设洛阳检验处,2010年7月28日恢复长沙检验处。武汉分社设立9个处室。

11.中国船级社南京分社

南京分社管辖芜湖分社、南通办事处、镇江办事处、江阴办事处、泰州办事处、安庆检验处,其中2003年7月28日安庆检验处改为安庆检验站。南京分社设立7个处室。

(三)中国船级社海外分支机构

1.东南亚区域中心

中国船级社于2003年10月在香港设立南亚区域中心,于2004年12月30日更名为东南亚区域中心,管辖香港分社、新加坡办事处、澳大利亚办事处,2010 年增设悉尼检验站。

东南亚区域中心另设有大阪分社,管辖釜山办事处、东京检验站。

2.欧洲区域中心

中国船级社于 2001 年 9 月 30 日在汉堡设立欧洲区域中心,2009 年迁移至伦敦,管辖伦敦海事中心、伦敦办事处、汉堡分社、鹿特丹办事处、哥德堡办事处、斯图加特检验站,于 2005 年增设杜塞尔多夫检验站,2010 年 5 月增设赫尔辛基检验站。欧洲区域中心同时管辖雅典分社、塞得港办事处、巴塞罗那办事处,并于 2004 年 3 月 30 日增设迪拜办事处,于 2008 年 2 月 19 日增设米兰办事处。

3.美洲区域中心

中国船级社于 2002 年 7 月 8 日在纽约设立美洲区域中心,管辖纽约办事处、新奥尔良检验站、洛杉矶检验站,随后,于 2006 年 9 月增设加拉加斯办事处,于 2007 年 11 月 28 日增设温哥华办事处,在 2008 年 5 月关闭加拉加斯办事处,于 2009 年 12 月 15 日增设巴拿马办事处,于 2009 年 12 月 17 日增设圣保罗办事处,于 2010 年增设休斯敦检验站。

(四)中国船级社的科研审图及培训机构

1.规范科研机构

体制改革后,中国船级社在北京总部设立技术研究开发中心,下设北京技术开发研究所、上海规范研究所、武汉规范研究所,其中上海规范研究所、武汉规范研究所转为总部直接管理的机构。上海规范研究所内设办公室、规范研究部、法规与环境标准研究部、特殊项目部、信息编译部;武汉规范研究所内设办公室、规范法规部、工业技术部。

2.审图机构

2001 年 5 月 1 日,中国船级社调整原有的审图机构,上海审图中心改由中国船级社总部直接管理。2007 年 1 月 21 日上海审图中心从上海规范研究所划出,改组为中国船级社审图中心,作为中国船级社总部直属机构,负责全社审图业务管理,并承担国外审图业务。中国船级社审图中心内设办公室、船体审图部、机电审图部、综合业务部。

大连审图中心、广州审图中心、香港审图中心分别为中国船级社大连、广州、香港分社机构。香港审图中心于 2006 年 2 月被撤销。武汉审图中心为武汉规范研究所机构。2001 年 8 月 8 日,设立中国船级社海工审图中心,为天津分社机构,2006 年 2 月转入中国船级社技术研究开发中心。2008 年 5 月设立南京审图中心,为南京分社机构。2010 年 5 月南京审图中心改称中国船级社产品审图中心。上述审图中心均接受中国船级社审图中心业务管理。

2009 年 7 月 2 日,中国船级社在北京正式成立中国船级社研修学院,为中国船级社内设的培训机构,下设上海培训中心、武汉培训中心。其中上海培训中心由原中国船级社上海培训中心改称中国船级社研修学院上海培训中心,武汉培训中心由原中国船级社武汉培训中心改称中国船级社研修学院武汉培训中心。

(五)中国船级社的试验检测机构

体制改革后,中国船级社为增强其试验检测能力适应市场需要,调整原有试验检测机构,合组并新增了有关试验检测机构。

1.上海远东防火试验中心

设在上海的原交通部上海防火试验中心于 1999 年 3 月 11 日与上海规范研究所的试验测试部合并

为实验室,2002 年 2 月恢复为防火试验中心,2006 年 5 月定为中国船级社上海科研试验中心投入使用。2006 年 9 月上海科研试验中心改称防火中心,2008 年 5 月改称上海远东防火试验中心,继续营业。

2.武汉船舶救生设备质量检验测试中心

设在武汉的船舶救生设备试验检测中心于 1999 年更名为武汉船舶救生设备质量检验测试中心,继续营业。

3.广州远东润滑油检测中心

1998 年 4 月 24 日,广州分社设立滑油检测部。1999 年 8 月 4 日广州分社滑油检测部改称滑油检测中心,2007 年 6 月改称广州远东润滑油检测中心,继续作为中国船级社的检测机构开展相关业务。

4.救生衣产品检测审查部

2003 年 8 月 6 日,国家质量技术监督局以国质检监函〔2003〕623 号发布《关于换(发)救生衣产品生产许可证工作有关问题的通知》,强调国家继续对救生衣产品实行生产许可证制度,并设立全国工业产品生产许可证办公室救生衣产品审查部(简称救生衣产品审查部)。救生衣产品审查部设在中国船级社,对救生衣产品进行检测审查。

5.中挪海事技术有限公司涂层试验室

2007 年 10 月 29 日,中国船级社与挪威船级社合作,建立中挪海事技术有限公司涂层试验室。经过双方的共同努力,已实现联合实验室建设的第一步并已投入试验。该实验室最大的特点是可将试验过程(模拟船在海洋里)完全设置在一个虚拟情境里,且保证外部环境恒温恒湿。这项技术符合 IMO 有关《船舶压载舱保护涂层性能标准》的规定,在国际上处于领先水平,有效地解决了我国造船工业在实施 IMO 涂层新标准中的瓶颈。

6.中国船级社无损检测实验室

2007 年 11 月 9 日,中国船级社与麦瑞克斯技术(北京)有限公司在北京签署了合资成立无损检测实验室的合同,携手建设具有实验研发能力和技术服务功能的中心实验室。该实验室设在中国船级社总部,于 2010 年 5 月改为中国船级社无损检测实验室。

(六)中国船级社的委员会附属组织

1.中国船级社理事会

中国船级社理事会由政府部门、中国船级社以及航运业、造船业、海上开发、相关工业产品制造业、保险业、银行业等其他有关业界代表组成。主要职责是制定和修改中国船级社章程;审议中国船级社工作报告;决定其他重大事项。

1999—2010 年,中国船级社理事会理事长由中国船级社社长李科浚出任。其名誉理事长在 1999—2000 年,由交通部副部长刘松金出任;2001—2003 年,由交通部副部长洪善祥出任;2004—2010 年,由交通部(交通运输部)副部长徐祖远出任。理事会其他成员,2001—2003 年副理事长 6 人,理事 11 人;2004—2010 年副理事长 4 人,理事 20 人。

2.中国船级社技术委员会

中国船级社技术委员会由政府部门、中国船级社、航运业、造船业、海上开发及设计业、大专院校、科研机构、相关工业产品制造业的分管技术领导组成。主要职责:对中国船级社技术政策和规范科研发展规划提出意见和建议;审定中国船级社制订的船舶及海上设施技术规范;组织对中国船级社入级船舶和海上设施发生的重大事故进行技术分析研究;根据使用经验、市场需求和科学技术发展,提出规范编制、修订方面的建议;对拟纳入中国船级社船舶和海上设施规范的重大科研成果进行审议,并提出纳入规范的建议。

2001—2010 年,中国船级社技术委员会的主任委员由中国船级社社长李科浚出任,其他成员 2001—2003 年,副主任 6 人,委员 18 人;2007—2009 年副主任委员 13 人,委员 6 人;2010 年副主任委员 11 人,委员 27 人。

自 2001 年起,中国船级社开始聘请工程院院士吴有生、张炳炎、沈闻孙、曾恒一等 4 人为中国船级社技术委员会顾问,参与技术委员会的工作。到 2010 年,顾问增加为 7 人。中国船级社技术委员会的下设分委会:2002 年新增海洋工程分委会;2008 年 12 月 18 日在新设立内河分委会的同时,将其他分委会整合为结构与材料分委会、机电分委会和法定要求分委会。

3.中国船级社船级委员会

中国船级社船级委员会由政府有关部门、中国船级社、船东、石油公司、保险业、银行业和法律及其他有关业界代表组成。主要职责:审议通过该委员会的工作程序及中国船级社船级管理程序;审议中国船级社船舶和海上设施入级的有关规定,并结合最新科学技术的发展,对其提出修改和补充建议;接受并确认中国船级社提交的船舶及海上设施的入级符号及其附加标志的授予、暂停、取消或恢复的情况报告;对船舶及海上设施证书及各种检验技术文件提出意见。

2000 年 4 月 16—17 日,中国船级社船级委员会在苏州市吴县召开会议,讨论修订《中国船级社船级委员会章则》,同时组成新一届中国船级社船级委员会,其中,中国船级社内部委员 6 人,吸收国内船东、银行、保险、船东互保协会和特约代表委员 25 人,合计委员 31 人。中国船级社船级委员会构成:2001 年主任委员 1 人,委员 32 人;2002 年主任委员 1 人,委员 33 人;2003—2008 年主任委员 1 人,委员 37 人;2009 年主任委员 1 人,执行委员 17 人,委员 25 人;2010 年主任委员 1 人,执行委员 21 人,委员 22 人。

2005 年 11 月 26 日,中国船级社船级委员会增设了国内分委员会。

4.中国船级社技术咨询与评议委员会

2008 年 7 月 21 日,中国船级社技术咨询与评议委员会在北京召开首次会议并宣布成立,聘请中国工程院院士吴有生担任委员会主席,中国船级社顾问陈映秋任常务副主席。会议一致通过了《中国船级社技术咨询与评议委员会章程》,确立了以保障船舶及海上设施安全,防止水域环境污染,繁荣中国航运、造船、能源与海洋资源开发、保险事业为宗旨,以增强中国船级社核心技术竞争力、建设国际一流船级社、服务于相关行业科学发展的大局为目标。会议明确了委员会的职责、组成及工作方式,并就有关国际海事热点(主要集中于二氧化碳排放)、船级社技术政策面临的转变和本委员会 2008 年任务与活动进行了广泛而又深入地讨论,同时提出中国的船舶设计单位向船型、推进效率方面进行深层次研究的建议。

2009 年 4 月 13 日,中国船级社技术咨询与评议委员会第二次会议在京举行。会议着重就国内外环保形势对航运、造船业的影响以及绿色船舶技术开发等问题进行了讨论并确定了向国家有关部委、协会、学会积极推介绿色船舶技术的进一步工作路线。

5.中国船级社培训与资质管理委员会

中国船级社培训与资质管理委员会由中国船级社相关业务主管部门、培训中心、规范所、部分二级分社和三级单位的领导组成。该委员会聘请资深专家作为顾问,前瞻性地对中国船级社培训与资质管理工作的体系、标准、制度提出意见和建议,同时对中国船级社资质体系进行了完善、优化,使培训和资质管理结果具有足够的权威性和合理性。该委员会主要负责:研究审议中国船级社培训与人员资质管理工作的相关标准、政策与制度;研究审议培训与人员资质管理工作的重大问题,并给予指导和提出意见或建议;审议中国船级社实施中国政府《注册验船师制度暂行规定》有关制度和办法;审议本年度工作计划和上一年度工作报告;审议兼职培训教师和指导人员;审议其他相关重要事项。委员会秘书处设在人力资源处。

2005年6月中国船级社召开培训工作研讨会,决定重新组建培训与资质管理委员会和召开培训工作会议。2006年,中国船级社改组培训与人员资质管理委员会,增设政府主管部门、航运、造船、科研设计等单位代表;设立教材评审组、教师资质评审组、考试与题库编审组和验船师/审核员资质管理评审组;审议有关培训评估报告和拟定人员资质体系、考试大纲、考试题库、考试命题和提出合格标准的建议。

6.中国船级社地区委员会

中国船级社地区委员会的宗旨是:研究有关国际组织、主管机关和我国政府旨在改进和提高船舶安全技术状态及防止海洋环境污染的政策、措施,听取对中国船级社改进技术规范和服务的建议,研讨促进航运安全和相关业界的发展议题,共同促进海上航行安全和海洋环境保护。

1997年5月16日中国船级社东北地区委员会成立,该委员会2004年12月11日改组为中国船级社环渤海地区委员会;1999年9月23日中国船级社上海地区委员会成立;2002年5月28日中国船级社地中海地区委员会成立;2002年11月2日中国船级社长江地区委员会成立;2002年12月2日香港地区委员会改组为中国船级社港澳地区委员会,2007年12月17日扩展为中国船级社东南亚地区委员会;2010年12月1日中国船级社苏皖地区委员会成立。

(七)工业服务机构

2000年,中国船级社本着“有所为、有所不为”的原则,对总部和下属工业服务公司进行整顿,建立起以认证、认可、监理、公证、理赔为业务核心,统一管理的工业服务体系,争取再造一个陆上船级社,推进中国船级社的工业服务发展。随后,中国船级社总部设立工业事业部,并在对全系统的公司整顿中调整中国船级社实业公司、质量认证公司的分支机构,进而建立中国船级社工业服务的垂直管理体系,扩大工业服务的服务范围。

1.工业事业部

2002年12月5日,海洋工程部改称海洋工程处,船用产品部改为工业产品处。质量认证公司、海洋工程处、工业产品处等部门组成工业事业部。2004年3月29日,工业总公司划归工业事业部。2006年工业总公司脱离工业事业部,改称中国船级社实业公司。2007年1月21日海洋工程处脱离工业事业部,重设海工事业部。2008年4月质量认证公司与工业产品处合并重组中国船级社质量认证公司。

2.中国船级社实业公司

2002年12月5日设立中国船级社工业总公司,2004年3月29日,工业总公司划归工业事业部。2006年工业总公司脱离工业事业部,改称中国船级社实业公司,管辖上海、大连、广州、天津、青岛、重庆、武汉、南京等地十几个分公司。

3.中国船级社质量认证公司

质量认证公司于2002年12月5日划归工业事业部,2008年4月工业事业部与工业产品处合并重组中国船级社质量认证公司,管辖上海、南京、广州、青岛、武汉、大连、重庆、秦皇岛、天津等地分公司。

三、地方船检机构的调整与组建

1.辽宁省

2001年,辽宁省编办批复同意辽宁省港航监督局更名为辽宁省地方海事局,与省航运局、省船舶检验局实行“一门三牌”,人员编制由25名增至30名。2002年1月1日,辽宁省船舶检验局技术委员会成立。2003年1月1日,省船舶检验局审图中心成立,负责管理全省船检图纸及技术文件审查工作。辽宁省船舶检验局采用二级机构管理模式,即省船检局下设大连、丹东、锦州、营口4个检验处,划分为五大块责任辖区。省船检局负责沈阳、抚顺、铁岭3市;大连检验处负责大连本市;丹东检验处负责丹东、本溪2市;锦州检验处负责锦州、朝阳、阜新、葫芦岛4市;营口检验处负责营口、盘锦、鞍山、辽阳4市。截至2010年底,全省共有验船人员23人。

2.河北省

2001年3月,经省编办批准,河北省港航监督处更名为河北省地方海事局。河北省船舶检验处与河北省地方海事局实行"一门两牌",隶属于省交通厅,对省内其他船检机构进行业务指导。2003年中国海事局对河北省船检处进行检验机构资质认可,向河北省船舶检验处(包括12个分支机构:河北省黄骅船检处、河北省唐山船检处,以及河北省船舶检验处唐山、秦皇岛、沧州、保定、石家庄、邢台、张家口、邯郸、承德、衡水检验所)颁发了资质认可证书。河北省船检处分支机构中的河北省唐山船检处、河北省黄骅船检处两支船检队伍隶属于河北省交通厅,其中河北省黄骅船检处在与河北省黄骅海上安全监督局分开后未获得省编办的核准;其他市级船检队伍分属于所在市交通系统。2003年9月,河北省船舶检验处更名为河北省船舶检验局。2004年8月,河北省黄骅船检处的职能、人员、资产划归沧州市地方海事局管理,不再由省交通厅直接管理。至2005年,全省有水上交通安全管理任务的10个市、52个县全都成立了地方海事管理机构,全省海事、船检队伍得到了大幅度的扩充。2008年,按照中国海事局要求,并经河北省交通运输厅港航管理局批准,在省船舶检验局内设置了河北省船舶检验局审图中心,与船舶检验处合署办公。截至2010年底,全省共有船舶检验机构13个,其中2个(河北省船舶检验局、河北省唐山船舶检验处)归省交通运输厅港航管理局直接领导,其他11个船舶检验处归属于各市交通(海事)部门管理。全省共有船检人员45人,取得验船师证书共33人。

3.天津市

2001年7月,天津市船舶检验处加强船检队伍建设,专职验船师增至6人,该6人均为船舶相关院校本科毕业,且调入前均从事船舶相关专业工作。2003年8月,天津市船舶检验处、天津市航运管理处、天津市地方海事局实行"一门三牌",隶属于天津市交通局,船检处下设政务中心、财务室、检验科、审图中心和档案室,2004年底隶属于天津市交通委员会,2008年4月,隶属于天津市交通运输和港口管理局。2010年10月,天津市船检处正式设置审图中心,并启用"天津市船舶检验处审图中心"业务印章。截至2010年底,天津市船检处有现场验船师7人,其中高级验船师2人,取得注册验船师证书共6人,全部具备海上或船厂工作的资历。

4.山东省

1999年,根据《交通部、山东省实施水上安全监督管理体制改革协议》,山东港航监督局不再负责沿海7市的水上安全监管工作。2000年山东省交通厅航运管理局更名为山东省交通厅港航局,同时挂"山东省地方海事局""山东省交通厅船舶检验局"牌子,实行"一门三牌",为事业编制的处级单位。内设办公室、财务基建处、港航处、船检(海事)处等4个处室,人员编制45人。其中,船检(海事)处人员6人,承担全省海事、船检业务日常管理工作。省交通厅船检局下设青岛、岚山、烟台、蓬莱、龙口、莱州、威海、石岛、东营、潍坊、黄河小清河等11个直属船检处和济宁、枣庄、济南、菏泽、泰安等5个由省局业务指导的船检处(所)。2002年,根据山东省编办《关于调整组建青岛等四个船检机构的通知》,省交通厅在原有船检机构的基础上,合并、调整组建青岛、烟台、威海、济南等4个船检局。

2010年,全省共设有青岛、烟台、威海、济南、济宁、枣庄船检局等6个区域船检局。其中青岛、烟台、威海、济南船检局下设7个分局,包括:青岛船检局日照分局,烟台船检局蓬莱、龙口、莱州分局,威海船检局石岛分局,济南船检局潍坊、东营分局。济南船检局东营分局暂与潍坊分局合署,以潍坊分局名义开展工作；烟台船检局莱州分局暂与龙口分局合署，以龙口分局名义开展工作。在行政隶属关系上，青岛、烟台、威海、济南4个区域性船检局隶属于省交通运输厅；济宁、枣庄船检局隶属于当地政府航运主管部门。在业务上6个船检局均受省船检局领导。截至2010年底，全省共有船检人员81人，取得注册验船师证书共70人。

5.江苏省

2001年4月，江苏省编委、省交通厅下发《关于调整全省地方海事机构设置、人员编制的通知》，全省三级船检机构与港监机构同时调整名称，省船检机构名称为"江苏省船舶检验局"、市改称为"××市船舶检验局"、县改称为"××县（市）船舶检验处"，全省共设有船检机构64个。省地方海事（船检）局内设人员编制40名。2002年12月，经省交通厅批准，成立江苏省船舶检验局审图室，对外称"江苏省船舶检验局审图中心"。2003年7月在南京、镇江、无锡、苏州、南通、淮阴（现淮安）成立审图分中心。

2003年7月，中国海事局批准江苏省各级船检机构通过船检资质认可，并公布江苏省船检局和13个市检验局（常州、盐城、连云港、徐州、宿迁、淮安、扬州、泰州、南京、南通、镇江、无锡、苏州船检局）及50个市县检验处（溧水县、六合县、高淳县、丹阳市、江都市、高邮市、宝应县、仪征市、吴江市、昆山市、太仓市、常熟市、张家港市、江阴市、宜兴市、武进市、金坛市、溧阳市、睢宁县、邳州市、新沂市、沛县、丰县、涟水县、洪泽县、金湖县、盱眙县、响水县、滨海县、阜宁县、射阳县、建湖县、盐都县、大丰县、东台市、灌南县、灌云县、海安县、如皋市、如东县、通州市、海门市、启东市、兴化市、姜堰市、泰兴市、靖江市、沭阳县、泗阳县、泗洪县船检处）从事船舶检验业务。截至2010年底，全省共有验船人员426人，取得注册验船师证书共357人。

6.上海市

2003年1月，上海市港口管埋局成立，上海市航务管理处（上海市船舶检验处）划归该局管理。2005年9月，上海市航务管理处船舶检验科改称船舶检验中心，对外以上海市船舶检验处的名义开展工作。2008年，上海市交通运输管理局和上海市港口管理局合并成立上海交通运输和港口管理局，上海市航务管理处（上海市船舶检验处）随之划归该局管理。2004年4月1日，年上海市地方海事局成立，上海市船舶检验处和上海市航务管理处、上海市地方海事局为"一门三牌"的正处级事业单位。2010年3月，船检中心设综合管理办公室、建造检验室、营运检验室。截至2010年底，上海市船舶检验处下设浦东船舶检验署，并青浦、宝山、嘉定、松江、金山、奉贤、闵行、南汇和崇明船检所10个分支机构；各区（县）船检所（署）和区（县）航务所（署）、区（县）地方海事处为"一门三牌"事业单位，行政均隶属于各区（县）交通主管部门。截至2010年，全市共有验船人员72人，取得注册验船师证书42人。

7.浙江省

2001年浙江省实施水监体制改革，浙江省船舶检验局与省港航管理局、省地方海事局、省航道管理局实行"一门四牌"，合署办公，行政上隶属于浙江省交通厅。全省共设13个检验处（沿海6个、内河7个，分别为：杭州、嘉兴、湖州、绍兴、宁波、舟山、台州、温州、衢州、丽水、金华、海门和温州港）、56个检验所（沿海28个，内河28个），处、所的业务分工按三级分工的原则实行一揽子划分。处、所机构对外用章名称分别为"浙江省船舶检验局××检验处""浙江省船舶检验局××检验所"。2003年7月，台州检验处和海门检验处合并为浙江省船检局台州检验处。2004年1月，温州检验处和温州港检验处合并为浙江省船检局温州检验处。2004年，浙江省船检局由正处级升格为副厅级。浙江省船检局对各分支机构实行业务管理，各检验处的业务范围由省局规定。2006年，浙江省船检局成立审图中心。2007年1月1日，浙江省船检局对全省船检机构的检验发证权限做出调整，取消了检验所的发证权，对外统一以检验处的名义开展工作，同时将原有56个检验所整合成38个签证机构。2008年2月，增设奉化签证机构，使签证机构数量增至39个。2009年,撤销奉化签证机构,将其检验业务划归宁波检验处鄞州签证机构,全省的签证机构仍为38个。截至2010年底,全省共有验船人员360人,取得注册验船师证书共254人。

8.福建省

1999年,福建海事局成立,与福州海上安全监督局合署办公的福建省船舶检验局划归福建海事局,福建海事局以"福建省船舶检验局"牌子对福建沿海船舶进行检验。原隶属于福州海上安全监督局的闽江航政处机关的人、财、物全部由福建海事局接收,而闽江航政处所属的福州、湾边、水口及南平4个监督站及职能分别直接下放到福州、南平两市交通局。2000年8月3日,省编委批准成立福建省内河港航监督局,内设船舶检验管理处,负责全省内河船检工作的指导及相关业务管理。2003年4月15日,省委编办发布《中共福建省委机构编制委员会办公室关于省市运输管理机构加挂船舶检验牌子的通知》,批准省运输管理局加挂"福建省船舶检验处"牌子,负责全省内河船舶的检验业务,并在各市(除厦门市外)运输管理机构加挂"福建省××市船舶检验所"牌子,分别在福州、莆田、泉州、漳州、龙岩、三明、南平、宁德设检验所,负责辖区内内河船舶的检验业务。自此,福建省内河船舶检验系统形成完整的体系。2004年2月,福建省船舶检验处获得B类船检机构的资质。2006年3月,为整合水上交通管理资源,经省委编办批准,福建省船舶检验处、福建省地方海事局与福建省港航管理局合署办公,其机构和职能从福建省运输管理局划转到福建省港航管理局(福建省航道管理局)。2009年5月15日,省船舶检验处成立审图中心,承担全省内河船舶图纸审核工作。截至2010年底,全省共有验船人员101人,取得注册验船师共67人。

9.广西壮族自治区

2000年,广西壮族自治区实施水监体制改革。自治区港航监督局水上安全监督管理职能划转广西海事局,自治区船舶检验处更名为自治区船舶检验局,与自治区航务管理局合署办公,实行"一门两牌",内设船舶检验科。2000年3月,自治区船舶检验局在保持原有垂直管理模式的基础上,针对原组织机构设置点多、人员分散、不利于集中垂直控制管理的弊端,将下属机构设置由原来的9个船检所、29个船检站,精简为6个船检处、10个船检所,机构编制224人,形成了以地区城市为中心的管理网络,实行辐射式管理。2007年12月,经自治区机构编制委员会批准,原广西船舶检验局下设的南宁、梧州、贵港、柳州、桂林、北海等6个船检处更名为船检局,其下属船检所更名为分局,负责广西内河、沿海的授权范围内的船舶法定检验及船用产品检验、船舶及船用产品图纸审查工作。截至2010年底,全区共有验船人员156人,取得注册验船师证书共109人。

10.安徽省

2001年11月20日,经安徽省交通厅批准,安徽省航运管理局(安徽省港航监督船舶检验局)和安徽省航道管理局合署办公。2002年8月,安徽省航运管理局(安徽省港航监督船舶检验局)与安徽省航道管理局合并,更名为安徽省地方海事局,同时挂"安徽省港航管理局""安徽省船舶检验局"牌子,实行"一门三牌",列入自收自支事业单位管理序列。同时,安徽省皖江港航监督船舶检验处、安徽省淮河港航监督船舶检验处分别更名为安徽省皖江船舶检验处、安徽省淮河船舶检验处。2003年10月,批准成立安徽省江淮船舶检验处。其中,淮河船舶检验处管辖蚌埠、淮南、阜阳、亳州、宿县、淮北6个市;江淮船舶检验处管辖合肥、巢湖、六安、滁州、安庆5个市;皖江船舶检验处管辖芜湖、马鞍山、铜陵、宣城、池州、黄山6个市。2004年5月,3个检验处升格为检验局,为副处级事业单位。其中,淮河局编制100名,皖江局编制70名。2004年安徽省地方海事局设立省船舶、船用产品审图技术委员会,负责大、中、新型和特种船舶的图纸审查工作,指导分支机构船舶、船用产品审图技术委员会(或审图中心)的工作。淮河、江淮、皖江3个船舶检验局同时设立船舶、船用产品审图技术分委员会(或审图中心),从事具体船舶审图工作。

2009 年，完成全省 17 个市船检办事处的挂牌工作，全省船检管理体制按三级条条管理模式设置，即省船检局→船检分支机构（淮河、江淮、皖江船舶检验局）→各市办事处（统一名称为“××船检局××办事处”）。截至 2010 年底，全省共有验船人员 301 人，取得注册验船师证书共 221 人。

11.江西省

2003 年之前，江西省船检对外业务用章为“江西省船舶检验处”，分局对外业务用章为“江西省××市船舶检验所”，港航监理站对外业务用章为相应的“船舶检验站”。2003 年 1 月 24 日，根据江西省编办文件，江西省交通厅航务管理局（江西省地方海事局）增挂“江西省船舶检验局”牌子；省交通厅航务管理局××航务分局（江西省××市地方海事局）增挂“江西省××市船舶检验局”牌子；江西省××县（市）地方海事处增挂“江西省××县（市）船舶检验处”牌子。2003 年 2 月，省船舶检验局、11 个设区市船舶检验局及所属船舶检验处的冠名与挂牌工作相继完成。2003 年 11 月，为充分发挥垂直管理体制优势，科学高效地调配使用全省船检技术人力资源，江西省船舶检验专业技术委员会成立。2010 年 5 月，省航务管理局更名为省港航管理局，各市航务分局相应改为港航分局，地方海事局（处）、船舶检验局（处）名称保持不变。截至 2010 年底，全省有验船人员 208 人，其中取得注册验船师资格 174 人。

12.湖北省

2000 年 9 月，湖北省机构编制委员会印发《关于省交通厅航务管理局更名的函》，批准省交通厅航务管理局更名为省交通厅港航管理局（简称省港航局）。省港航局对全省地方的航运、航政、航道、港口实行统一管理，与省港航监督局合署办公，机构级别、性质、人员编制不变。2002 年 9 月，湖北省机构编制委员会办公室和省交通厅印发《关于全省港航系统统一以海事局（处）名义履行海事行政执法的通知》，明确省港航监督局更名为省地方海事局，各市、州、县相继更名为地方海事局（处）。更名后的各级地方海事机构与同级港航管埋机构实行两块牌子，一套班子，合署办公，机构性质、规格、人员编制维持不变。2003 年，省编办印发《湖北省机构编制委员会关于省交通厅所属事业单位调整的批复》，明确湖北省交通厅港航管理局（挂湖北省地方海事局、湖北省船舶检验处）为正处级单位，领导班子实行高配。

至 2010 年底，湖北省船舶检验处下设宜昌、黄石船舶检验处和武汉、荆州、黄石、黄冈、鄂州、咸宁、十堰、襄阳、荆门、孝感、天门、潜江、仙桃、随州船舶检验所 16 个市级分支机构，并在 35 个县（市）设有船舶检验站。市、县级船检、港航、海事机构均为“一门三牌”事业单位，行政隶属于对应级别的交通主管部门，业务上受省局指导。全省水路交通实行“条块结合、以块为主”的行业管理体制。该体制 2002 年确立后，直至 2010 年，均无变化。截至 2010 年，全省共有验船人员 246 人，取得注册验船师证书共 181 人。

13.湖南省

2003 年，省船检局对全省船检分支机构进行了调整，明确了各分支机构的业务范围。全省 68 个所级船检机构调整为 38 个。2004 年 7 月，经省政府同意组建成立湖南省地方海事局，加挂“湖南省航务管理局”“湖南省船舶检验局”牌子，为省交通运输厅管理的副厅级事业单位，局机关设船舶检验处、财务审计处、人事处、办公室等 16 个处室，核定机关事业编制 116 名。11 月，各市（州）在现有的港航监督、船舶检验机构的基础上组建市（州）地方海事机构，为事业单位性质。市（州）地方海事机构名称为湖南省××市（州）地方海事局，加挂“湖南省××市（州）船舶检验局”牌子，明确为副处级机构，县（市）地方海事机构名称为湖南省××县（市）海事处，具有船舶检验资质的加挂“湖南省××县（市）船舶检验处”牌子。截至 2010 年底，全省共有验船人员 228 人，取得注册验船师证书共 185 人。

14.重庆市

2000 年 8 月，原重庆市航运管理处、港航监督处、船舶检验处和港口局的港政处、码头管理处的职能合并，组建成立重庆市港航管理局，为重庆市交通委员会直属副厅级事业单位，负责全市水上交通运输行业行政管理工作。重庆市港航管理局同时挂“重庆市地方海事局”“重庆市船舶检验局”牌子,实行三块牌子,一套班子,统一定编,合署办公。重庆市船舶检验局对内称“船舶检验处”,属于港航局的内设机构,对外使用“重庆市船舶检验局”的印章。2003 年重庆市船舶检验局公布船检机构名称,重庆市船舶检验局下设 2 个船检局(万州、涪陵)、25 个检验处(巴南区、合川市、永川市、綦江县、长寿区、潼南县、铜梁县、北碚区、渝北区、荣昌县、江津市、北部新区、开县、忠县、云阳县、奉节县、巫山县、巫溪县、丰都县、武隆县、黔江开发区、石柱县、彭水县、酉阳县和秀山县),以及 5 个船检所(大足县、璧山县、双桥区、梁平县和垫江县),共 32 个分支机构。重庆市船舶检验局对分支机构实行行业管理。截至 2010 年,重庆市共有验船人员 91 人,取得注册验船师证书共 78 人。

15.四川省

1998 年 4 月,四川省编委下发《关于印发四川省交通厅航务管理局机构编制方案的通知》,明确了四川省交通厅航务管理局(挂“四川省交通厅港航监督局”和“四川省船舶检验局”牌子,实行“一门三牌”)是四川省交通厅领导的事业单位,由财政定额补助,负责全省水路交通的行业管理,内设船舶检验处、港航监督处、航道港口处等 10 个处室,事业编制 112 名。2002 年 7 月,四川省编委印发《关于规范省交通厅水上交通安全监督管理机构名称的批复》,将交通厅港航监督局更名为四川省地方海事局。2002 年 10 月 1 日,各市、州、县(市、区)港航监督处、所统一改为海事局(处)名称,履行海事行政执法职责,为市、州、县(市、区)交通局下设的履行水上交通安全监督管理的机构,仍与市、州、县(市、区)航务管理机构实行一套机构,其机构规格、编制、职责、经费渠道等不变。

四川省船检局与各市(州)船舶检验机构的关系是业务指导。全省 20 个市(州)、95 个县设有船检部门。市(州)船舶检验机构由当地交通主管部门管理,属于事业单位性质,经费来源定额、差额补助及自收自支均有。对外名称各地不统一,有沿用过去工作名称如:四川省船舶检验处某某检验所,县级为某某检验站;也有在全省海事机构改革时,按省级机构形式一并将船舶检验机构进行了改革,形成“一门三牌”模式,工作名称为某某市(州)船舶检验处。县级船舶检验部门一般由市(州)船舶检验(航务)部门管理,也有由县级交通主管部门管理的情况,经费来源和市(州)一致,原则上是财政补助,业务范围由市(州)船舶检验部门进行具体划定。截至 2010 年底,全省共有验船人员 240 人,取得注册验船师证书共 176 人。

16.云南省

1999 年,曲靖船舶检验所成立。至 2002 年,全省船检工作机构为 1 处(云南省船舶检验处)、17 所(昆明、水富、玉溪、楚雄、大理、丽江、中甸、个旧、潞西、文山、曲靖、思茅、澜沧江思茅、景洪、澜沧江景洪、临沧以及保山检验所)、7 站(巧家、绥江、永善、鹤庆、景东、凤庆以及云县检验站),验船人员 90 名。2005 年,云南航务管理局实行参照公务员管理,云南省船舶检验处人员配备 9 人。全省实行省、地(州、市)、县三级船检机构体制,省级为云南省船舶检验处,地(州、市)为××船舶检验所,县为××船舶检验站,分别在同级交通主管部门的领导下开展工作,船检业务由上级船检机构管理和领导。由于交通部已委托云南省负责澜沧江—湄公河国际航行船舶的管理,所以涉及澜沧江—湄公河国际航行船舶的检验工作亦由云南省船舶检验机构负责检验发证。截至 2010 年,全省共有验船人员 103 人,取得注册验船师证书共 48 人。

17.贵州省

2002 年 7 月,贵州省水上交通安全管理体制进行改革,省港航监督局与省船舶检验局合并成立省地方海事局,与省航务管理局实行两块牌子,一套人员;各市(州、地)港航监督处、船舶检验处合并更名为市(州、地)地方海事局,为所在市(州、地)交通局所属副县级事业单位;县级港航监督所、船舶检验所合并更名为县(市、区、特区)地方海事处,为正科级事业单位,业务隶属市(州、地)地方海事局领导;县(市、区、特区）海事处根据工作需要可下设海事所，为所属县（市、区、特区）地方海事处的派出机构，副科级。全省船检机构在管理上实行“条块结合、以块为主”的管理方式。2004 年，针对船检人员数量和专业结构与船检机构资质认可相关要求存在差异的情况，贵州省地方海事局最终确定在全省 10 局（包括省地方海事局以及贵阳市、遵义市、安顺市、黔南州、黔东南州、铜仁市、毕节市、六盘水市、黔西南州地方海事局）、16 个处（包括清镇市、花溪区、开阳县、修文县、遵义县、湄潭县、习水县、赤水市、罗甸县、剑河县、天柱县、从江县、碧江区、德江县、沿河县、思南县地方海事处）设置船检机构，取消 39 个地方海事处的船检职能。截至 2010 年，全省共有验船人员 84 人，取得注册验船师证书共 44 人。

18.河南省

2000 年 6 月，根据河南省编委《关于成立河南省交通厅道路运输局和河南省交通厅航务局的批复》，河南省交通厅航务局（河南省地方海事局）成立，主要负责全省水路交通基础设施建设、水路运输及水上交通安全的管理工作，对外以河南省船舶检验处名义开展船舶检验工作。航务局（地方海事局）内设安全监督处，负责全省船舶检验管理工作，共有人员 6 人。2000 年底，全省 18 个省辖市中有 16 个地市设有船检分支机构，船舶检验人员共 83 人。2003 年 9 月，全省船检分支机构由 16 个合并为 9 个（南阳、信阳、周口、驻马店、郑州、洛阳、开封、濮阳、漯河船舶检验所），实行片区管理，各分支机构在省船检处的业务领导下开展船舶检验工作。2009 年 4 月，河南省交通运输厅批复同意在省地方海事局增设船舶检验处，负责全省船舶检验管理、验船师注册管理以及船舶检验机构资质管理等工作。2010 年 4 月，河南省地方海事局船舶设计图纸审图中心成立，下设船体、轮机、电气专业工作组，负责全省船舶设计图纸的审批和审批管理工作。同时成立的还有河南省船舶检验专业技术委员会。截至 2010 年底，全省共有验船人员 116 人，取得注册验船师证书共 83 人。

19.山西省

山西省地方海事局成立于 2001 年（前身是 1995 年 3 月成立的水运港监船检处，属于省交通运输厅的内设机构），是省交通运输厅直属专业局之一。全省有 11 个市（太原、大同、朔州、忻州、晋中、阳泉、吕梁、长治、晋城、临汾、运城），60 个县（市、区）均成立了地方海事机构，省地方海事局内设船舶检验处。截至 2010 年底，全省验船人员 49 人，取得注册验船师证书共 43 人。

20.陕西省

2001 年之前，陕西省船检为省、市、县三级机构。其中，陕西省船舶检验处为省级机构，安康、汉中、商洛、渭南、延安、榆林、西安、宝鸡、咸阳 9 市船舶检验所（站）为市级船检机构，旬阳、紫阳、汉滨、白河、岚皋、商南、丹凤、合阳、延川、神木、府谷等 23 县船舶检验站（所）为县级船检机构。2002 年 10 月陕西省编办下发《关于给陕西省交通厅航运管理局加挂陕西省地方海事局牌子的批复》，同意省交通厅航运局加挂陕西省地方海事局牌子，同时注销省港航监督处、省船舶检验处。之后省内各市相继成立地方海事机构，原各级船验机构相继注销。全省船舶检验职责统一由省、市、县（市、区）地方海事局（处）履行。根据 2004 年 4 月于青海召开的片区会议的精神，陕西省船检机构进行调整，由省、市、县三级改为省、市两级机构，县一级不再设立独立船舶检验机构。2007 年 3 月，陕西省地方海事局及其下设的 9 个船检分支机构（西安、渭南、延安、汉中、安康、商洛、榆林、咸阳、宝鸡等市地方海事局）取得中国海事局颁发的船检机构资质认可证书。考虑到铜川市和杨凌示范区尚无具备资质的船检机构，省地方海事局决定铜川市船检业务暂由西安市地方海事局代管，杨凌高新农业产业示范区船检业务暂由咸阳市地方海事局代管。截至 2010 年底，全省取得注册验船师证书 72 人，另有船检辅助人员 30 余人。

21.宁夏回族自治区

2003 年 5 月，宁夏回族自治区地方海事局成立，为自治区交通运输厅所属正处级事业单位，共核定全额预算事业编制6名，同时挂“宁夏回族自治区船舶检验所”牌子。自治区船舶检验所无分支机构，无内设科室。2010年，根据宁夏回族自治区编办《关于自治区交通运输厅部分所属事业单位机构编制有关事项的通知》精神，宁夏回族自治区船舶检验所更名为宁夏回族自治区船舶检验局，自治区地方海事局（船舶检验局）增加编制2名。截至2010年，全区共有船检人员18人，取得注册验船师证书共14人。

22. 甘肃省

1999年，甘肃省交通厅水运处更名为甘肃省水运管理局，同时挂“甘肃省船舶检验处”“甘肃省港航监督处”牌子，为省交通厅下属二级局，事业单位。甘肃省船检工作实行省处、分处两级管理。2000年，甘肃省撤销甘肃省船舶检验处西区分处和甘肃省船舶检验处东区分处。2001年3月，甘肃省地方海事局成立，与甘肃省水运管理局、甘肃省船舶检验处实行“一门三牌”的管理体制。甘肃省地方海事局内设船舶检验科（2007年2月更名为船舶检验处），负责全省设计图纸及技术文件的审查和批准工作以及船长20米及以上船舶检验和证书签发工作。2003年，甘肃省成立陇南市地方海事局和临夏州地方海事局；2008年，成立白银市地方海事局。各分支机构负责辖区内20米以下船舶的建造检验（特种船舶除外）和检验证书签发工作。2007年10月，甘肃省地方海事局成立船舶检验处审图中心，属局内设机构。截至2010年，甘肃省船检持有适任验船师证书共29人，持有注册验船师证书共22人。

23. 青海省

1995到1999年，青海省船检在原“结对子”单位上海市船检处的支持下，逐步开展船检工作。2001年7月，青海省地方海事局成立，与青海省公路运输管理局合署办公，编制8人。省地方海事局内设港航船舶管理处和水运航务管理处2个职能处室，船舶检验相关工作由港航船舶管理处负责。随着水运事业的发展，在省交通厅的积极协调和推动下，各州（地、市、县）相继成立水运海事管理机构。截至2010年，省内有6州1地1市3县以及青海湖水域成立了水运海事管理机构。截至2010年，全省共有船检人员18人，取得注册验船师证书共14人。

24. 吉林省

2004年底，吉林省撤销吉林省港监船检局设立吉林省地方海事局，列事业单位编制27名（使用吉林省港监船检局事业编制21名，从省运输管理局划转6名）。2005年初，按属地管理原则，撤销全省港监船检机构，9个地市州相继组建成立地方海事局，35个县市组建成立地方海事处，全省海事机构人员编制总数235名。省交通厅发文进一步明确划分了三级机构业务范围，海事处没有船舶检验事权。2009年，吉林省制定了统一的船检制度体系并得以运行，调整了分支机构业务范围，只在长春、吉林、通化、白城和松原设立了5个分支机构开展船舶检验业务。截至2010年底，吉林省共有船检人员56人，取得注册验船师证书共39人。

25. 内蒙古自治区

1996年，内蒙古自治区在原港航监督所的基础上成立了“内蒙古自治区港航监督局”，为内蒙古交通厅全额拨款的正处级事业单位。2000年成立港航监督处，为内蒙古交通厅内设处室，编制3人。2002年，更名为内蒙古自治区交通厅地方海事处。2004年经过中国海事局资质认可，内蒙古交通厅地方海事处取得B类船检机构资质，同年7月成立了内蒙古交通厅地方海事处审图小组，负责全区30米以上船舶图纸的审查工作。

2010年6月，内蒙古撤销自治区交通厅地方海事处，成立内蒙古自治区地方海事局，内设2个科，编制10人，主要负责船舶检验的业务指导，不承担具体的检验业务。同年，内蒙古自治区12个盟市地方海事管理机构均归属地管理，为盟市交通局的二级单位，与自治区地方海事局为业务指导关系。其中呼伦贝尔市地方海事局为正处级，呼和浩特市地方海事局为副处级，其他均为正科级，全部是“一门多牌”（海事、船检、水运、航道)。全区有37个旗县区设立了地方海事处,乌兰察布市、乌海市、阿拉善盟无下设机构。各盟市地方海事局(处)具体负责辖区内船舶的建造检验、营运检验及小型船舶的图纸审查工作。截至2010年,全区共有船检人员38人。

26.北京市

2001年4月,北京市水上交通安全管理及船舶检验职能划归到交通部门。由于不具备检验能力,北京市先后委托中国船级社和河北省船舶检验处承担北京市的船舶法定检验工作。2001年11月,北京市组建了自己的船检队伍,并逐步开始独立承担起此项职能。2004年7月,北京市船舶检验所正式成立,属正处级全额拨款事业单位,隶属于北京市交通委员会运输管理局,北京市编委批复人员编制12名,其中处级领导职数1正1副,经费形式为自收自支。2005年11月,变更为人员编制6名,处级领导职数1正,经费形式为全额拨款。北京市船舶检验所不设分支机构。

2004年2月,经中国海事局审核,北京市船检所取得船舶法定检验机构B类资质。2010年7月,根据修订后的船检机构资质认可规则,北京市船检所认定为D类船舶检验机构,可以开展北京市籍且在北京市行政辖区内航行船舶及辖区内建造的长度20米以下的沿海小型船艇的建造和营运检验。截至2010年底,全市共有验船人员3人。

27.新疆维吾尔自治区

2003年,新疆维吾尔自治区编办下发文件,将新疆维吾尔自治区港航监督处和新疆维吾尔自治区船舶检验处合并成立新疆维吾尔自治区地方海事局,与新疆维吾尔自治区交通规费征收稽查局合署办公。自治区下设8个地州(市)地方海事局,人员编制96人,自治区和地州(市)地方海事局均设海事业务科,负责办理海事船检业务。2010年,经自治区编委批准,自治区地方海事局完成机构改革和人员划转,与自治区路政管理局合并,实行"一门两牌",加挂"新疆维吾尔自治区船舶检验局"牌子。自治区地方海事局隶属于自治区交通运输厅,为正处级单位,内设海事业务处,负责船舶检验相关工作。自治区共下设15个地州(市)地方海事局和13个县(市)地方海事局,实行三级垂直管理,海事人员编制150人。截至2010年底,全区共有验船人员14人,取得注册验船师证书共13人。

28.西藏自治区

2005年6月23日,西藏自治区地方海事局正式挂牌成立,与西藏自治区交通运输管理局合署办公,在原运管局编制基础上增加6个编制,其中1人为分管领导,实行"两块牌子、一套人马"。自治区地方海事局属参公事业单位,运管(海事)工作实行垂直管理。局机关在原有科室的基础上增设水上运输管理科,全面负责区内水上运输及船舶检验工作的管理与指导。自治区地方海事局下设7个地市地方海事局(拉萨市地方海事局、日喀则地方海事局、山南地方海事局、林芝地方海事局、昌都地方海事局、那曲地方海事局、阿里地方海事局),均与各地市运管分局合署办公。截至2010年底,全区共有验船人员7人。

四、渔业船舶检验机构的调整

(一)农业部渔业船舶检验局的职能调整

农业部渔业船舶检验局于1999年3月18日经农业部人事劳动司批复同意,撤销服务中心,设立质量监督处,负责实施渔船修造企业工厂认可及相关的监督工作,意在加强渔船建造质量监督和管理。2002年2月9日,农业部印发《农业部渔业船舶检验局职能配置、内设机构和人员编制规定》,正式明确渔业船舶检验局具有以下7项职能:①贯彻执行国家有关渔业船舶检验的法律法规和我国政府加入的有关国际公约。②受农业部委托,起草渔业船舶检验的法律法规、渔业船舶及船用产品检验计费标准;拟订渔业船舶法定检验规则(由农业部发布);制定渔业船舶检验规范、规程、证书格式及指导性文件,并监督实施。③负责渔业船舶和船用产品法定检验及监督管理;负责渔业船舶安全认证的实施工作;处理渔业船舶检验工作中的重大技术问题及业务纠纷;受理外籍和港、澳、台地区渔业船舶检验业务;受理公正检验业务。④负责渔业船舶检验机构的认可及检验业务授权;负责验船人员任职资格培训、考核、发证及管理工作;监督检查渔业船舶检验机构贯彻执行有关法律法规;监督验船人员依法检验与文明执法。⑤负责渔业船舶的设计单位、修造企业及重要船用产品制造、维修企业、检测机构的认可和监督;负责渔业船舶船用锅炉压力容器的安全监察管理;负责渔业船舶修造企业特殊工种人员的培训、考核与发证。⑥监督渔业船舶和船用产品生产企业修造质量;编辑《渔业船舶录》和《船用产品录》;受农业部委托,承办渔业船舶船型编号管理工作,参与起草渔业船舶制造、修理标准,承办新型渔业船舶和船用产品的成果鉴定和定型审查工作。⑦承办农业部交办的其他事项。

农业部渔业船舶检验局内设机构有办公室、财务处、法规技术监督处、船舶检验处、质量监督处、产品检验处。该局是依照国家公务员制度管理的农业部直属事业单位,机构级别为正局级,人员编制 30 名。2002 年 12 月,中编办又在《关于农业部所属事业单位机构编制调整的批复》中,调整农业部渔业船舶检验局编制为 35 名。

2004 年农业部与交通部就国际鲜销水产品冷藏运输船管理职能进行移交。之前农业部将鲜销船作为渔业辅助船舶实施船舶检验、船舶登记管理,并配备渔船船员。由于港口国监督的不断深入,日本、韩国等国家分别启动了对挂靠其港口的鲜销船按国际惯例作为运输船舶实施港口国监督检查,这使此类船舶存在着被滞留的风险。一旦发生船舶被滞留的情况,不仅给渔民、企业带来巨大经济损失,也给国家形象造成不良影响。因此,有必要将鲜销船移交交通部门进行管理。2004 年 12 月 21 日,交通部海事局、农业部渔业局、农业部渔业船舶检验局签署《关于理顺从事国际鲜销水产品冷藏运输船管理关系的意见》,同意“自 2005 年 7 月 1 日起,农业部渔业局、渔业船舶检验局停止签发鲜销船的渔业船舶登记证书、检验证书,各级渔政渔港监督、渔业船舶检验机构停止受理鲜销船的登记检验申请”;“自 2005 年 2 月 1 日起,中国船级社、海事局、海事系统各相关船舶登记机关开始受理鲜销船的船舶检验、船舶登记申请,并按规定实施检验并核发相应证书”;“渔政渔港监督、渔业船舶检验机构对鲜销船的日常监督管理至 2005 年 6 月 30 日止”。按照《意见》,2005 年 1 月 26 日,农业部渔业船舶检验局向交通部海事局移交第一批 149 艘鲜销船名单,3 月 9 日移交第二批 8 艘鲜销船名单。

2006 年 5 月 9 日,农业部办公厅印发《关于农业部渔业船舶检验局主要职责内设机构和人员编制的批复》,对农业部渔业船舶检验局主要职责、内设机构和人员编制进行调整,主要职责为:①贯彻执行国家有关渔业船舶检验的法律法规,履行有关国际公约的有关义务。②起草渔业船舶检验的法律法规、渔业船舶及船舶产品检验计费标准;起草渔业船舶法定检验规则,经农业部批准后组织实施;制定渔业船舶检验规范、规程、证书格式及指导性文件并监督实施。③负责渔业船舶和船用产品法定检验及监督管理;处理渔业船舶检验中的重大技术问题、业务纠纷;组织协调有关国家和地区委托的渔业船舶检验业务;组织、协调、指导渔船公证检验业务。④负责渔业船舶检验机构检验业务核定;承担渔业船舶注册验船师制度实施的相关工作;监督渔业船舶检验机构业务执行情况;监督验船人员依法检验与文明执法。⑤负责渔业船舶的设计单位、修造企业及重要船用产品制造、维修企业、检测机构的认定和监督管理;承担渔业船舶船用锅炉压力容器的安全监察管理;指导渔业船舶修造企业特殊工种人员的培训、考试工作。⑥拟定渔业船舶必须检验的重要设备、部件和材料目录,经农业部批准后组织实施;承担全国渔船标准的制、修订工作。⑦承担全国渔船渔机渔具行业的指导工作。⑧承办农业部交办的其他事项。

根据职责,农业部渔业船舶检验局的内设机构调整为办公室、财务处、法规处、体系建设处、资质管理处、船舶检验处、产品检验处等7个职能处室。

(二)各级渔业船舶检验机构的建设与发展

根据国际海事组织(IMO)A.789(19)决议,代表主管机关执行法定检验的机构须经主管机关认可和授权,农业部于2000年下发的《关于加强渔业船舶监督检验的紧急通知》要求启动对各级渔船检验机构的认可管理制度。为此,渔业船舶检验局于2000年1月20日发布《中华人民共和国渔业船舶检验机构认可与管理规定》,决定对全国渔业船舶检验机构实行认可管理制度,加强规范化建设。

1999年,机构认可管理制度全面实施前夕,地方各级政府有19个省(区、市)设有69个渔船检验局、处,近300个县设有渔船检验分局、站。这些机构全部须按照《规定》的要求,遵照分级管理、各负其责和统一法律法规、统一规章制度、统一对外名称、统一证书证件、统一业务印章的"五个统一"原则,重新核定业务范围,取得资质认可。到"十一五"末(2010年)全国经业务核定的检验机构发展到893个,其中有29个省级代表机构。

机构认可工作开展后,原有的全部11个沿海省(区、市)及江西、湖北、安徽、吉林、黑龙江、湖南、四川、内蒙古8个内陆省份陆续统一了名称,获得了代表机构的资质认可。此外,又核定了新增10个省(区、市)的内河代表机构。

1.重庆市

2001年8月,重庆市机构编制委员会同意撤销重庆市渔政监督管理处,设立重庆市渔政渔港监督管理处,并挂重庆市渔业船舶检验处牌子。重庆市渔政渔港监督管理处(挂重庆市渔业船舶检验处牌子)为处级事业单位,核定事业编制27名,经费渠道为财政全额拨款,依照公务员法管理,其宗旨是:为渔业可持续发展提供渔政监管保障,为渔业生产安全提供渔港监督保障,为渔船安全提供检验保障。其主要职责任务是:渔业资源、水生野生动植物资源保护与管理,渔业环境保护;渔事纠纷处理,渔业行政案件查处;渔船、渔港监督管理,渔业海事处理,渔港行政处理处罚;渔业船舶及其船用产品法定检验;渔民专业技能培训。

2003年8月20日,中华人民共和国渔业船舶检验局批准了重庆市的渔业船舶检验代表机构,同月28日,中华人民共和国重庆渔业船舶检验局正式挂牌成立。随后,重庆渔业船舶检验局设立在各区县(自治县)的36个渔业船舶检验执行机构分别于2004年、2006年和2010年通过资质认可和业务授权。

2.云南省

2004年2月26日,中华人民共和国渔业船舶检验局给予云南省渔船检验机构资质认可,批准使用"中华人民共和国云南渔业船舶检验局"对外名称。

3.贵州省

2004年12月15日,中华人民共和国渔业船舶检验局给予贵州省渔船检验机构资质认可,批准使用"中华人民共和国贵州渔业船舶检验局"对外名称。

4.北京市

2005年5月,北京市机构编制委员会印发的《关于进一步明确本市水上交通安全监管(管理)职责分工有关问题的通知》指出:"市农业局负责本市渔业船舶的检验、登记管理,并承担相应的监管责任","市农业局要加强对渔业船舶的安全监管,并配合市运输局(市海事局)坚决打击未经批准擅自使用渔船从事客货运输的行为"。

2005年10月,北京市农业局印发的《关于由北京市渔政监督管理站承担渔业船舶检验及管理工作的通知》指出:"决定将上述有关渔业船舶检验及有关管理的具体工作职责明确由你站负责承担。"

2005 年 12 月 29 日,中华人民共和国渔业船舶检验局给予北京市渔业船舶检验机构资质认可,批准使用“中华人民共和国北京渔业船舶检验局”对外名称。

5.陕西省

2001 年,根据中编办关于水上船舶管理职能的划分,陕西渔业船舶正式由交通海事划归渔业行政主管部门(陕西省水利厅)管理,内设陕西省渔业船舶管理处,其主要职能是:负责全省渔业船舶检验机构设置的规划与审定;行使省内主管机关授权或委托的渔业船舶检验及机构的管理工作和全省渔业船舶检验机构检验工作业务范围的划分、协调、指导与监督管理。

2004 年 12 月 29 日,根据陕西省机构编制委员会《关于省农业发展项目办公室水利水产处更名为省渔船检验管理局的批复》规定:同意陕西省农业发展项目办公室水利水产处更名为陕西省渔船检验管理局,为省水利厅下属处级事业单位,原定 13 名编制及全额拨款经费维持不变;其主要职责是继续承担水利水产项目立项、审核、报批、实施、监督、验收工作;承担渔业船舶登记、检验、鉴定及船员培训考试工作;提供渔业船舶方面的技术咨询服务。

2005 年 12 月 30 日,陕西渔船检验管理局经中华人民共和国渔业船舶检验局机构认可和业务核定,加挂中华人民共和国陕西渔业船舶检验局牌子,正式开展渔业船舶及渔船船用产品检验工作。

2007 年 8 月 31 日,经陕西省人民政府批准,陕西省渔业船舶检验管理局为参照公务员法管理单位。截至 2010 年,陕西省只有一家省级渔业船舶检验代表机构,无下设执行机构。

6.山西省

2006 年山西省机构编制委员会办公室批准成立山西省渔船渔港监督检验局,与省水利厅渔业局、山西省渔政监督管理局“三块牌子,一套人马”,合署办公,行政编制 3 人(为渔业局编制)。同年 12 月,中华人民共和国渔业船舶检验局对山西省渔船渔港监督检验局进行了资质认可及业务核定。

7.河南省

2005 年 9 月 28 日,河南省编委批准成立了河南省渔政渔船检验监督管理局,与河南省农业厅水产局合署办公,增加 5 名行政编制。其职能包括:管理渔港和渔港航标设置;处理渔业船舶安全生产事故;依法检验渔业船舶及船用产品,实施渔船登记、发证和船员培训;代表省政府行使渔政、渔港和渔船检验监督管理权。

2006 年 12 月 14 日,中华人民共和国渔业船舶检验局对河南省渔政渔船检验监督管理局给予资质认可,并授权河南省渔业船舶检验局开展包括渔船及船用产品检验在内的各项渔业船舶检验业务。此后几年,河南省郑州市、洛阳市、商丘市、信阳市、三门峡市、安阳市、南阳市、济源市、驻马店市九市渔船检验处和固始、嵩县、淅川、罗山、商城、新县、孟津、汝南 8 个渔船检验站均通过中华人民共和国渔业船舶检验局机构认可。

8.新疆维吾尔自治区

2007 年 12 月 3 日,中华人民共和国渔业船舶检验局给予新疆维吾尔自治区渔船检验机构资质认可,批准使用“中华人民共和国新疆渔业船舶检验局”对外名称。

9.青海省

2007 年 12 月 3 日,中华人民共和国渔业船舶检验局给予青海省渔船检验机构资质认可,批准使用“中华人民共和国青海渔业船舶检验局”对外名称。

10.甘肃省

2007 年省农牧厅以甘肃省渔政管理总站申报成立甘肃省渔业船舶检验机构。2008 年 1 月 17 日,中华人民共和国渔业船舶检验局给予甘肃省渔船检验机构资质认可，批准使用“中华人民共和国甘肃渔业船舶检验局”对外名称，但尚未能在省编办备案。

(三)渔船检验技术委员会

2000年6月28日，第二届中华人民共和国渔业船舶检验局技术委员会成立。包盛清任技术委员会主任委员；杨鹤松、王宝棻、黄钢全、薛锦源任副主任委员。经技术委员会讨论，会议通过了《中华人民共和国渔业船舶检验局技术委员会章程》。2006年11月27日第三届中国渔业船舶检验技术委员会第一次会议在杭州召开。会议修改了技术委员会章程，选举产生了第三届技术委员会组成人员，选举周彤任主任委员，唐金龙、毛文忠、李新华任副主任委员。

渔船检验技术委员会是由农业部渔业船舶检验局成立的，定位于渔业船舶检验的专家技术咨询、技术论证的学术组织。其目标及任务是，长期为农业部渔业船舶检验局审查法定检验规则、渔船建造规范及渔业船舶检验规程等技术法规；为重大海损事故开展鉴定；为船舶的技术法规等效免除提供论证；参与渔船检验专题管理、技术研究，逐渐发展成为渔业船舶检验系统最为权威的学术组织。

第三节　船检队伍建设与人员培训

一、中国海事局队伍建设与人员培训

(一)船检管理队伍建设与人员培训

中国海事局承担起全国船检行业管理职能后，首先面对的是专业人员不足的问题。因此，加强队伍建设与人员培训，建立一支符合要求的船检管理队伍是新成立的中国海事局的首要任务。

1.船检管理人员的任职条件

2000年，在组建片区船检管理处时，中国海事局对船检管理队伍的建设提出了较高的要求：一是年龄在40岁以下的人员必须具有相关专业大学本科及以上的学历，年龄在40岁及以上、具有副高级及以上技术职称的人员学历可有所放宽；二是具有在船舶检验、船舶安全监管部门，或与船舶检验相关的造船、航运、海洋工程等部门工作3年以上的经历；三是能运用本专业的理论和专业技术知识，独立解决工作中的问题；四是具有较强的组织能力、管理能力和分析能力，能独立地完成对船舶检验的监督、协调、组织调研等项工作；五是具有较强的语言及文字表达能力；六是英语水平达到4级以上，每个管理处内应有1—2人达到6级；七是处内应配备船舶设计与制造、船舶轮机、船舶电气及无线电专业的人员，其中，船舶轮机专业可兼任船舶电气及无线电专业工作。各船检管理处拟录用人员，须由中国海事局审核并批准后方能正式录用。

2001年，中国海事局船舶检验管理工作计划中，要求辽宁、天津、上海、广东、长江海事局继续做好船舶检验管理处的基础建设工作，进一步完善组织机构，明确岗位职责和工作程序，完成装备和设备的基本配置。中国海事局对人员建设的具体要求为：①在“宁缺毋滥”的基本前提下于年内配齐人员，船舶检验管理处人员的专业比例应当是，船体：轮机：船电＝3：2：1。在人员录用上，应当严格按照中国海事局发布的程序进行。②对各船检管理处制定的工作程序和人员岗位职责，应根据工作开展的具体情况及时修订和完善。

2.船检管理业务培训

(1)船检管理处岗前培训

2000 年,中国海事局将船检管理人员岗前培训作为 2001 年的一项重要工作安排,要求各船检管理处组织学习船舶检验的基础知识和有关的法律、法规和规范,尽快掌握开展船舶检验管理工作的基本技能,并制定出详细的年度培训计划。船检管理人员通过参加中国海事局组织的集中培训以及各管理处组织的培训、现场实习等多种形式,尽快适应船检管理工作的需要。

2001 年 3—4 月,中国海事局于上海对船检管理人员开展了系统而全面的岗位知识培训,5 个船检管理处共计 20 人参加了培训。培训邀请中国船级社上海分社和上海、武汉规范所及培训中心的资深验船师讲授船舶检验相关知识。2002 年 5—8 月,中国海事局组织部分人员参加为期 3 个月的船检管理人员现场检验实习班。该培训由广东海事局承办,在广州市和江门市举办,5 个船检管理处分别派 1—2 名工作人员参加,培训内容包括参与审图和现场建造检验、营运检验过程,熟悉相关船舶检验规范。

对于各船检管理处后续引进的人员,各管理处自行组织岗前培训。各管理处根据辖区特点,通常将人员派驻到中国船级社或外国船检机构在当地的机构,跟随现场验船师从事建造检验和营运检验的现场实习与培训。

(2)船舶法定检验机构资质审核员培训

为了提高船检管理人员对船舶法定检验机构资质管理的认识,中国海事局于 2006 年 12 月在北京举办了为期 3 天“船检质量体系审核、船检监督管理系统使用培训班”。中国海事局船检处和 5 个船检管理处全体人员参加了培训。大连船检管理处体系审核专家做了“船舶法定检验质量管理体系审核工作指导”的讲座,对体系审核基础知识、基本概念进行了介绍,并对审核原则、审核活动的操作、审核要点及现场审核的控制方法进行了讲解。广州船检管理处负责对船检监督管理系统进行了演示说明及讲解。船舶法定检验质量管理体系的建立与船检监督管理系统的使用,对于提高船检质量、规范检验行为、建立科学管理体系、提升船检管理水平,起到了积极的推进作用。

考虑到《中华人民共和国船舶检验机构资质认可与管理规则》的修订,2008 年 11 月,中国海事局在上海举办为期 3 天的“船舶法定检验机构资质审核员培训”。培训内容包括:船舶检验管理的基本思路、要点及船检管理工作在我国海事管理的地位和作用;修订后的《中华人民共和国船舶检验机构资质认可与管理规则》指导思想、资质审核时应把握的原则;船舶法定检验机构资质管理的要求;掌握船舶法定检验机构资质认可审核的要素、程序、方法等以及执行“四个规定”的检查要点。中国海事局船检处和 5 个船检管理处的全体人员参加了此次培训,培训结束后中国海事局为相关人员颁发了船检机构资质审核员培训证书。

(3)职责调整后的集中培训

2010 年 5 月,为贯彻落实《关于进一步调整直属海事系统船舶检验管理职责的通知》要求,使各直属海事局尽快掌握船舶检验管理主要工作内容和相关要求,中国海事局在江苏镇江举办了为期 1 周的直属海事系统船检管理人员培训班。14 个直属海事局船舶处的主要领导及业务主管,5 个片区船检管理处的工作人员以及广东与黑龙江海事局船检处相关人员共计 56 人参加了培训。培训课程包括:船舶检验基础及管理规定、验船师管理、验船机构管理、船检质量技术监督及工作过错追究、船舶检验信息化管理等相关内容,涉及船检管理的各个方面,为直属海事局顺利开展船检管理工作打下了基础。

(二)对各级船检机构的业务培训

中国海事局成立后,不断加大对各级船检机构验船人员的培训力度,将培训工作常态化、制度化、规范化,通过多种形式的培训,促进验船师队伍业务水平以及整体素质的提高。中国海事局定期通过各船检管理处,收集全国船检机构的培训需求,根据实际需求组织培训,并向非水网地区倾斜。在培训模式上主要采取3种方式:一是中国海事局统一组织全国性培训;二是各船检管理处根据辖区特点组织片区培训并协调开展区域间技术交流活动;三是各船检机构建立健全培训规章,根据机构、人员特点,自行组织开展各类培训。

1.中国海事局组织举办的培训

(1)全国小型散化船检验培训

为提高现场检验人员的业务素质,做好小型散化船的检验工作,中国海事局于1999年8月在安徽合肥举办为期1周的小型散化船检验培训班,来自各省(自治区、直辖市)的78名验船人员参加了培训。培训班主要宣讲现行小型散化船规范,介绍此类船舶的检验及证书、报告的填写要求,并将中国海事局对国内航行散化船的调查情况进行分析与讲解。培训结束后,向参培人员颁发散化船检验培训证书。

(2)船舶法定检验质量管理体系内审员培训

为了推动船检机构法定检验质量体系建设,2003年9月,中国海事局在上海举办为期1周的"船舶检验机构资质认可暨船舶法定检验质量管理体系审核员培训班"。参加培训人员需要具备以下资质:具有造船或相近专业大专及以上学历;具有从事船检、船检管理或船舶设计、制造、管理等相关工作3年以上经历;具有中级以上技术职称;具有ISO 9000、ISM、STCW审核员资格者予以优先安排。培训内容包括:ISO 9000标准知识;船舶检验机构资质认可和船舶法定检验质量管理体系介绍;船舶检验机构资质认可和船舶法定检验质量管理体系审核方法及审核要点。共有来自各船检机构、船检管理处等26个单位的42名人员参加培训并通过考试取得审核员证书。

(3)船检机构领导层培训

为了打造一支业务过硬的船舶检验机构领导团队,2005年11月,受中国海事局委托,天津船检管理处在青岛承办了为期1周的首届全国船检局长培训班。来自全国28个省(自治区、直辖市)船检机构负责人、中国船级社代表以及5个船舶检验管理处处长共40余人参加了培训。此次培训班的举办是落实交通部"全国海事一家人、水上监管一盘棋"海事发展新理念的具体体现,无论是培训形式还是培训内容,都非常符合当时船检机构和船检队伍的管理需要,针对性、实用性强。

2007年9月,中国海事局在广东培训中心丹霞基地举办两期,各为期1周的水网地区地市级船检局长培训班。培训主要内容包括:船舶检验与管理;船舶检验管理与海事监管、船检业务技术管理;程序控制与船舶质量;船舶安全与船检法规体系;船舶法定检验质量管理体系;领导艺术。培训对象为湖南、广东、广西、江苏、浙江、天津、河北、黑龙江等省(市)地市级船检机构领导或主管船检工作的地方海事局领导。按照培训计划,培训结束后进行了测验,主办方为考核合格的学员颁发了培训结业证书。此次培训进一步拓展了船检机构领导干部的业务能力与管理水平。

(4)非水网地区验船人员培训

为了提高全国非水网地区船舶检验工作质量,把住水上安全的源头关,1999年10月,中国海事局于兰州组织来自非水网地区的88名验船人员就船舶基础理论、船舶检验实践、船舶检验规范和船舶检验质量管理等内容进行了系统培训。

2007年,中国海事局指派天津船检管理处承办了两期,各为期1周的非水网地区验船人员培训班。首期培训班于6月在兰州开班,第2期培训于10月在青岛举办,来自北京、云南、内蒙古、新疆、甘肃等12个省、自治区、直辖市的100余名验船师参加了培训。培训班上,来自江苏、湖北、山东的船检专家系统地讲解了船舶检验基础、船舶营运检验、材料焊接及无损检验、玻璃钢船舶船体检验等课程,全体参加培训人员均通过了闭卷考核。

2008年9月中国海事局指派天津船检管理处举办1期非水网地区验船人员检验业务培训班。该培训班为期8天,在青岛培训中心举办,共有来自全国非水网地区50余名内河船舶检验人员参加培训。培训内容包括船舶检验概述、内河小船法定检验技术规则、内河船舶法定检验技术规则、船舶强度、船舶稳性、船舶图纸审查及实船检验等。

2009年,为进一步提升非水网地区验船人员的技术水平,中国海事局委托天津船检管理处举办了两期,各为期7天的非水网地区验船人员培训班。第1期培训班于5月在青岛举行,第2期培训班于8月在青海举办。非水网地区船检机构受师资和资金限制,难以独立组织开展各种专业培训。全国非水网地区验船人员系列培训班的举办,为他们解决了这一难题,受到非水网地区船检机构和验船人员的欢迎。培训班授课结束后的评估结果显示,学员们对此次类培训的组织、授课方式等都给予了高度评价。

(5)沿海航行船舶检验培训

2008年11月,中国海事局委托大连船检管理处于大连组织开展了为期1周的海船审图及审图过程控制培训班。大连船检管理处邀请中国船级社大连分社的船体、轮机、电气、质量控制等各方面的专家就船舶图纸审查中的重点与要点进行了详细的讲解。来自广西、广东、浙江、江苏、上海、山东、河北、天津、辽宁、湖北、安徽、黑龙江等地的48位验船师参加了培训,并通过了结业考试。

2009年10月,中国海事局委托广东海事局于广东培训中心沙田培训基地举办了为期1周的“2009沿海航行船舶检验(广东)培训班”。培训内容包括:海船审图(船体、轮机、电气审图检验的重点、要点、注意事项和审图检验案例);海船检验(船体、轮机、电气检验的特点、重点、要点、注意事项和检验案例)。来自广东、广西、青海、河北、安徽等5省、自治区船检机构的技术骨干共38人参加了培训并都通过了现场测验,取得中国海事局广东培训中心颁发的结业证书。

2009年,中国海事局委托武汉船检管理处举办了“全国主任验船师培训班”和“全国沿海航行船舶检验培训班”,共计115名验船人员参加了培训。武汉船检管理处在培训前征求了有关检验机构的意见,精心设计培训内容和课时安排,采取课堂教学和现场培训相结合的方式,邀请资深验船师进行授课。学员反映良好,认为培训针对性强,课程安排合理,进一步增强了验船师责任意识,拓宽了知识面。此次培训取得了预期的效果。

2010年10—12月,中国海事局委托广东海事局举办了4期“全国地方海事船舶检验人员培训班”(其中1期水网地区船体专业培训班、1期水网地区机电专业培训班、2期非水网地区船检业务培训班),培训对象为各省(自治区、直辖市)地方海事局、船检局(处),新疆生产建设兵团海事局,广东海事局,黑龙江海事局等检验机构中从事船舶检验工作的业务骨干,共计246人。此次培训为加强地方船检机构队伍建设、提高验船人员的业务知识和专业技术水平起到了积极的作用。

本着“全国海事一家人、水上监管一盘棋、行政执法一面旗”的理念,中国海事局举办的各类培训都充分考虑了地方船检机构的实际困难,对于地方船检的学员通常免收培训费和食宿费,得到地方船检机构的普遍赞誉。

2.片区管理处举办的培训

除中国海事局举办的培训外,大连、天津、上海、广州、武汉船检管理处也针对辖区验船人员的实际情况和需求,因地制宜地举办了相应的培训。

2002年,大连船检管理处组织辖区辽宁、吉林、黑龙江船检机构相关人员到大连造船厂参观考察,了解大型船厂船舶建造工艺、检验流程及船厂适检条件认可等情况。

2004年4月和5月,按照中国海事局在水网地区船检机构逐步建立船舶法定检验质量管理体系的总体安排,天津船检管理处分别在河南、山东举办了2期船舶法定检验质量管理体系内审员培训班。为了拓展船检机构各级人员的管理思路,辖区内非水网地区特别是尚未通过资质认可的机构也派员参加了培训,来自水网和非水网地区的103位验船师参加了培训。5月末,天津船检管理处还组织山东、河北、河南、天津四省(市)船检人员赴广西就建立船舶法定检验质量管理体系进行考察学习。

2005年9月,根据中国海事局工作要求,结合辖区特点及年度工作计划安排,并考虑了辽宁海事局结对子单位内蒙古自治区地方海事局对验船师的培训需求,大连船检管理处在吉林长春举办了为期1周的"东北片区内河验船人员培训班"。培训聘请了中国船级社武汉分社及武汉规范所相关专家授课,黑龙江、吉林及内蒙古3地共75名内河船检人员参加了培训。

2006年12月,大连船检管理处于丹东组织开展了为期1周的"东北及内蒙古地区宣贯四个规定及审图交流研讨培训班",来自东北及内蒙古的50余位验船人员参加了培训。作为内蒙古地方海事局的结对子单位,辽宁海事局承担了来自内蒙古的验船师的全部培训费用。本次培训主要宣贯2007年3月1日生效的《船检机构执业道德准则》等四个规定,并邀请了中国船级社大连分社的资深验船师对审图方面的疑难问题进行了重点的讲解。通过本次培训,各级验船人员对《船检机构执业道德准则》等四个规定加深了理解、统一了认识,为"四个规定"的贯彻执行提供了保证。

2007年,武汉船检管理处组织辖区船检机构召开《船检机构执业道德准则》等四个规定的宣贯会,并承办了全国《内河船舶法定检验技术规则(2007修改通报)》和《内河小型船舶法定检验技术规则(2007)》颁布实施宣贯会。2008年,武汉船检管理处指导贵州、江西和重庆等地船检机构举办了4期在职船检人员培训班并派员授课,共培训156人次。培训进一步促进了辖区验船人员责任意识的增强和检验水平的提高。

2007年,上海船检管理处组织辖区地市级船检局长培训班和船检处(科)长培训班,强化对《船检机构执业道德准则》等四个规定的学习和贯彻工作。培训班根据当时船舶检验管理的形势和要求,着重对船舶法定检验的使命与能力,船舶法定检验管理法规等内容进行宣讲,共计96名人员参加培训。

2010年,为改变西藏当地没有持证验船人员的现状,促使西藏船检工作走上正轨,广州船检管理处组织开展了对西藏地方海事局验船人员的培训。西藏地方海事局选派3名海事人员到广州海事局、珠海海事局,跟随当地验船师进行6个月的脱产培训,学习船舶法定检验知识和技能。经过培训,3名西藏海事人员在船舶检验专业技能方面有较快提升,并参加了2010年全国注册验船师资格考试。自此,西藏自治区首次有了自己的验船师,实现了质的突破。

(三)海事局直属船检专业技术队伍建设与人员培训

中国海事局直属各支船检队伍,除了参加中国海事局组织的面向全国船检机构的统一培训外,还根据各自业务特点,有针对性地开展各项培训。

1.广东海事局

1999年,广东省港监(船检)局在全省港监船检系统开展以学历教育和专业证书培训为主要内容的基础素质教育培训,包括华南理工大学"船舶技术与应用"大专班(学员35人)、广州航海高级专科学校的"航政管理"大专班(学员5人),学制3年。

2001年12月,广东海事局举办"船长小于20米内河B、C级航区船舶稳性简易计算的暂行办法及其应用软件培训班",各分支局船检业务人员共22人参加培训。2003年广东海事局举办5期培训班,对分支局船检业务人员分别开展了"船舶焊接工艺及其缺陷分析""船舶检验业务数据统计及汇总系统""闭杯闪点小于60℃油船审图与检验""船舶静力学计算与稳性衡准校核""船舶检验发证管理系统网络版"培训,培训人数197人次。

2005—2007年,广东海事局结合现场检验实际,组织举办了"船舶射线检测技术""船舶扭振计算"

“油船、散化船检验业务知识”等14个检验业务知识培训班,共600余人次参加培训。培训邀请中国船级社规范所专家以及本局资深验船师编写有关的培训教材并授课,培训收到良好效果。这些培训也面向未持证人员,缓解了验船人员短缺的压力。

2008年,广东海事局分别举办“船检业务知识培训班”,培训对象是船检业务负责人和船检业务骨干,共43人;“机电专业人员跨专业培训班”,培训对象是各分局在职轮机和电气专业验船师,共43人;“船体专业人员跨专业培训班”,培训对象为各分局在职船体专业现场验船师,共34人。

2010年9月,广东海事局举办“机电专业人员跨专业培训班”,培训对象为各分局在职轮机和电气专业验船师,共31人;12月,举办“船体专业人员跨专业培训班”,培训对象为各分局在职船体专业现场验船师,共40人。

2.福建海事局

2000年,随着福建沿海船舶检验业务划转至福建海事局,如何稳定验船师队伍,保证福建船检“队伍不乱、工作不断”,是福建海事局船检工作的首要任务。2000—2003年,福建海事局船检机构设置、人员编制都尚未完全明确,福建海事局通过强化政治学习、加强职业道德培训等方式确保了验船师队伍的稳定和船检工作的顺利开展。其做法:一是强化精神文明建设和廉政教育工作,与全体验船师签订《廉政责任状》,不断提高全体验船师遵纪守法、廉洁奉公的自觉性,树立高效务实的工作作风;二是建立《福建省船检局办事制度和服务承诺制度》,严格执行《船检职业道德准则》,不断强化船检工作的公开性和透明度,严格按章办事,提高内部流转效率,做到既严格检验又热情服务,打造了一支高效廉洁的验船师队伍,树立了福建船检的良好形象。

除了参加中国海事局和广州船检管理处组织的各项培训,2003年7月福建省船检局在福州举办中国海事局第3期未持证现职验船人员初级培训班(福建),共培训学员66人。

为加强对内部验船人员的监督管理,督促船舶检验机构及验船人员正确履行法定检验职责,落实检验责任制,提高船检工作质量,2006年11月,福建海事局印发了《船舶检验工作过错责任追究暂行办法》和《船检质量监督检查和考核工作程序》。上述两项制度的实施,有力地促进了福建船检的工作质量。

3.黑龙江海事局

自2000年开始,黑龙江海事局一大批验船人员逐渐退休,全局验船师队伍从近60人锐减至30多人。但这一时期船检业务量却不断增加,人员不足的矛盾日益突出。为满足船检工作需要,提高队伍素质,确保检验质量,从2003年开始,黑龙江海事局从造船厂、设计院、船务公司、院校等单位调入专业人员12人,使得人员不足的问题基本得到了解决。2007年,黑龙江海事局开始面向全国招录验船人员,截至2010年,共招录22人。

1999—2004年,全局验船人员参加了在广州、武汉、青岛等地举办的全国性船检培训,累计参加培训30余人次。2005年5月,黑龙江海事局参加在吉林举办的船检法规培训班,全省共21人参加培训;7月,派6名验船师,前往广州学习船舶建造检验知识。2006年6月和8月,黑龙江海事局分别派出13名验船师至丹东、兰州参加船舶检验知识和非水网地区船舶检验培训班。2007年4月,选派3名验船师赴CCS武汉规范所学习船舶检验知识;2007年8月和2008年8月,选派9名验船师前往青岛参加非水网地区船舶检验培训班。2008年10月,黑龙江海事局组织全省新进人员到黑龙江水运规划设计院实习,学习船舶设计、船舶检验知识。2009年,分别派员17人次赴大连、武汉、青岛等地参加船舶图纸审查、船舶检验、主任验船师和非水网地区船舶检验培训。2010年,分别派员8人次赴武汉、南京参加河船计算软件、水网地区船舶检验培训。

2010年,黑龙江海事局船检具备了检验国内航行海船的资质,并随着黑龙江海事局驻闽船舶检验办事处的成立实质性地开展海船检验业务。为了锻炼和提升全局验船师队伍的能力与水平,省局船检处集中全省优秀验船人员到驻闽办事处轮岗工作,每半年轮岗一次,最多达11人。省验船人员通过轮岗方式的学习与实践,积累了海船检验的经验,提高了业务水平。

二、中国船级社专业队伍建设与人员培训

(一)创建一专多能新型人才队伍

国际上各家船级社为保持其在海事领域内的技术权威地位,都十分重视培养、吸收优秀人才。中国船级社面对市场竞争,突出"以人为本"的管理思想,实施人才的国际化战略,按照3条业务主线的发展方向,加强一专多能新型人才队伍建设,以适应中国船级社的发展和促进科研技术水平的提高。

1.建立竞争上岗用人机制

中国船级社全面贯彻落实2000年8月20日中央《深化干部人事制度改革纲要》,有计划地推进"公开选拔领导干部、竞争上岗、任前公示制、任期制、试用期制、推荐责任制、用人失察追究责任制、离任审计制"改革;以"廉政、勤政、优政"为目标抓好干部队伍建设,积极创造条件加大培养教育力度;提高干部队伍素质,并明确目标责任制,按照干部管理权限,坚持管好各级领导班子,管好后备干部队伍,努力改变重使用、轻管理的现象,意在建立一支高素质干部队伍。

2003年,在总结和完善2002年上海分社改革试点的基础上,中国船级社在全系统推行以聘用制为核心、以岗位管理为重点,双向选择、竞聘上岗、按岗定薪、按绩定奖的"用人、分配、激励、约束"4项机制改革。实行定岗定编、竞聘上岗的人事聘用制度,解决"能上能下,能进能出"的硬约束问题,通过一系列的评价、考核、警示、处理、处分制度规定,形成事前教育警示、事后照章处理的机制。

经过近三年的努力,中国船级社职工队伍的观念发生了深刻地变化,队伍的精神面貌焕然一新,干部员工铁饭碗的概念打破了,官本位的思想渐渐淡化,关注安全、质量、环境、市场、改善服务已经成为职工的自觉行为。一个"能者上、平者让、庸者下"的竞争机制逐步形成,使中国船级社的服务质量和服务能力有了较大提升,自主技术开发与创新能力有了长足进步,为中国船级社全力推进跨越式发展奠定了基础。

2009年,中国船级社在岗位绩效和市场拓展贡献奖的基础上,研究设立安全质量和科技进步贡献奖,完善一个基本制度三个贡献奖励的薪酬体系。完善并发布岗位说明书,加强培训与资质管理体系建设,不断完善培训体系并创新改进培训模式。按照核定国际、国内、产品、海工等检验资质进行分类发证。同时,中国船级社组织做好总部、各单位和各岗位3个层级的培训计划,确保年度重点培训计划有效实施,并对照承诺书的要求,进行机构和人员的符合性评估分析统计工作。

2.持证上岗的人员适任管理

中国船级社研究采用财务与目标考核相结合的方法,加强人员调配工作,满足重点项目的人员配置需求。

中国船级社于2002年5月11日,依照交通部颁布的《中华人民共和国验船人员适任考试、发证规则》(交海发〔2001〕99号)和由交通部海事局制定的《〈中华人民共和国验船人员适任考试、发证规则〉实施办法》(海船检〔2001〕611号),组织819名验船师参加国家首次验船人员法定检验适任考试并获得中国海事局认定的上岗资质。2002年10月,中国船级社验船师已开始依据国家规定持证上岗,对验船师发生检验质量事故的依据交通部印发的《船舶检验机构及验船人员工作过错追究办法》(交海发〔2002〕145号)严格追究其责任。2008年,中国船级社根据人力资源和社会保障部、交通运输部联合颁印的《关

于印发〈注册验船师(船舶和海上设施类)资格考试认定办法〉的通知》(人社部发〔2008〕56 号)要求,在中国海事局组织的国家注册验船师考试中有 1006 名验船师获得国家首次颁发的注册验船师资质。截至 2010 年,中国船级社已有 1043 名验船师在国家注册验船师考试中获得上岗资质,其中 A 级 995 人、B 级 42 人、C 级 1 人、D 级 5 人。

3.适应市场需求推动人才队伍建设

(1)多渠道多专业优秀人才的引进

在人力资源开发和人才队伍建设上,中国船级社于 2004 年加大人员交流力度,坚持人才培养和引进并重的原则,根据技术服务市场发展的需要,不断调整人才队伍的年龄、专业知识结构。

其中,人才引进的 3 种渠道是:有选择性地接收学士、硕士、博士,改进队伍的学历结构;从企业、航运、造船、设计部门招聘技术骨干、轮机长以及有经验的设计师和研究员;适应国际化需要,在硬件、软件方面为招聘外籍专业及管理人员创造条件。在国内招聘的人员按岗定薪,在国际上招聘的人员适用国际报酬体制。

适应欧盟承诺书(欧盟向联合国递交温室气体减排承诺书,同时号召美国、中国等国家跟随)和 IACS QSCS 体系调整的要求,中国船级社建立以资质管理为核心的岗位管理考核机制,完善目标型人力资源管理体系。

(2)适应市场需求推动人才队伍配置结构转化

中国船级社针对入级船队结构特点,加强专业化的船型管理队伍建设,提升船舶检验管理能力。在加大对大型液货船、散货船、集装箱船等三大主力船型营运检验培训力度的同时,发挥指导验船师作用,提升专业化检验能力和对全系统的技术支持及管理能力。中国船级社先后与英国石油公司(BP)、道达尔(TOTAL)等国际石油公司合作,组建一支满足建造、运营检验资质要求的专业化船型管理队伍,优化了入级船舶事业部现有管理模式,不断推进对大型液货船、散货船、集装箱船等检验管理水平的提高。

2005 年,中国船级社强化对现场验船师、审图人员和规范研究人员等一线业务骨干的培训力度,提高全员"一线人员服务于行业,综合部门服务于一线"的思想认识;完善培训实施的流程和相关制度;完善人才的引进、培养、选拔、使用、交流、考核和监督制度。

为顺应国际化和市场的需要,2006 年中国船级社加强了对总部综合管理部门的组织建设,在流程优化的基础上对质量体系进行了全面修订,建立并大力实施目标型培训体系(GBTS),强化了对计划的制定、执行、检查和落实。

4.人才队伍结构的调整与发展

1999 年,中国船级社共有 1802 名员工,专业技术人员为 1311 人,占职工总数的 72.7%。在专业技术人员中,高级专业技术人员 568 人,博士以上的专家 6 人。

2006 年,中国船级社加大各类人才引进力度,全年共新聘 118 人。到 2006 年底,全系统(含公司在编在岗人员)共 2159 名员工,其中:验船师 567 人、审图工程师 119 人、规范研究人员 83 人、其他技术管理人员 239 人、信息技术开发人员 80 人;硕士 241 人,博士 21 人;具备高、中级技术岗位职务职称的人员 1347 人;国家级专家、享受政府特贴 9 人。

中国船级社 2008 年新引进、聘用各类技术人员共 244 人,其中博士 10 人、硕士 98 人、本科 134 人、专科 2 人。截至 2008 年底,全系统具有高级职称 860 人,中级职称 351 人;具有研究生及以上学历 405 人、大学本科 1157 人;享受政府特贴 54 人。

2009 年,中国船级社新引进各类技术人员 130 人,其中博士 10 人、硕士 71 人。全系统人员(含公司在编在岗人员)共 3111 人,其中博士 47 人、硕士 523 人,具备高级技术岗位职务职称的人员 1314 人。

在 2006—2010 年国家第十一个五年规划期间,中国船级社的人力资源配置如表 7-2 所示。

中国船级社人力资源配置表(2006—2010 年)　　表 7-2

年度	新 进 人 数	中国船级社人员总数		
		船级社系统	下 属 公 司	合　　计
2006	118	1615	544	2159
2007	156	1751	723	2474
2008	244	1981	939	2920
2009	130	2097	1014	3111
2010	146	2230	1083	3313

注:船级社系统包括船级社总部、下属分社、办事处以及规范、审图和培训等附设机构。

(二)培育市场需要的适任人才

1.中国船级社的培训机构职责分工

随着国内外造船、航运及其安全形势的发展,中国船级社为了适应市场需要,适时有效地提高验船技术,整合所设的研修学院及其上海培训中心和武汉培训中心,以及岗位培训基地,并依据各自优势规定其培训职责和业务分工,提高培训效率。

(1)中国船级社研修学院

该学院作为中国船级社人力资源开发与业务支持保障体系的重要组成部分,主要职能是:承担中国船级社的规范、审图、检验、检测、认证以及管理等方面的培训,使从业人员符合相应的岗位资质要求并予以保持;开展新知识与新技术的应用培训,不断提高员工的业务能力和专业技术水平,为中国船级社业务发展提供保障,同时服务国家相关行业。其培训内容包括中国船级社管理者层面的培训和中、高层综合技术人员的培训、法律培训、财务培训和国际交流等方面的培训。

(2)上海培训中心

该中心依据其多年积累的海船检验培训经验优势,主要承担集中进行的理论培训项目。负责海船技术规范培训、海船法定要求培训(包括公约、法规、船旗国、PSC 和区域规定等)、海船工程计算软件培训、海船检验业务各专题培训以及对新进人员的船检业务知识培训等。还承担培训视听教材的拍摄、编辑、制作和发放。

(3)武汉培训中心

该中心依据其多年积累的河船检验培训经验优势,主要承担集中进行的理论培训项目。负责内河船技术规范培训、内河船法定要求培训(包括法规、区域规定等)、内河船工程计算软件培训、内河船检验业务各专题培训、国内船舶有关工艺技术培训、无损检测培训以及对新进人员的船检业务知识培训等。还承担培训视听教材的拍摄、编辑、制作和发放。

(4)岗位培训基地

设在大连、广州、武汉、天津的岗位培训基地主要承担对验船师的现场实习培训和专项船舶检验的现场培训。现场实习培训的内容根据培训大纲的要求制定。专项培训根据业务需要进行,如:VCBP 现场检验技能培训、CAS 船舶状况评估计划、CAP 船舶状况评估专项培训等。

其中,大连培训基地负责油船等船型的建造、营运检验的现场培训;上海培训基地负责集装箱船等船型的建造、营运检验的现场培训、产品检验现场培训;广州培训基地负责工程船等船型的建造、营运检验的现场培训、集装箱检验现场培训;武汉培训基地负责内河船建造、营运检验的现场培训、产品检验现场培训;天津培训基地负责海洋工程建造、营运检验的现场培训。

2.中国船级社的培训大纲和教材

中国船级社配备适任人员,根据形势和任务的要求,依照年度培训计划的执行情况和质量体系审核意见,按程序提出修改培训大纲或教材的说明,报培训主管部门,经培训与资质管理委员会研究审议后予以修改。

(1)培训大纲的修订

中国船级社开展全员培训,不断完善培训流程和相关制度,在培训教材、模式、理念等方面持续改进。现已试用、试行的培训大纲有:中国船级社检验人员培训大纲(试用)、中国船级社国内船舶审图人员培训大纲(试用)、中国船级社国际船舶审图人员培训大纲(2010版)、中国船级社审核员培训大纲(试行)、中国船级社管理人员培训大纲(试行)。各培训大纲对培训的目的、培训对象、培训前资质要求、培训实施均作了详细的规定。

(2)培训教材的编审

培训教材的编审,除中国船级社编制出版的规范,法规、规则,国际公约、规则,IACS要求,船旗国政府有关要求,中国船级社指南、须知、通函外,专项培训自编教材,一般委托授课教师或其他专业人员按教学大纲要求进行编写,并报中国船级社培训与资质管理委员会审定。

现有教材种类:公约、规范、法规、规则、指南、须知、通函教材,船检概论、船舶结构、材料与焊接、船舶起货设备、船舶电气装置、动力装置及船舶管系、船舶机舱自动化、船舶稳性、船舶载重线、吨位丈量、船舶消防、船舶救生设备及信号设备、船舶防污染、无线电通信设备、航行安全设备等专项培训自编教材,大型油船营运检验培训教材、老龄油船营运检验培训教材,CAS、CAP检验培训教材,油船管理技术讲座,LNG船培训教材,项目管理基础知识讲座,中国船级社2006钢规,材料与焊接规范宣贯培训视听教材,VCBP营运检验和共同规范培训教材,质量管理体系审核知识、国际安全管理规则、国内安全管理规则、国际船舶和港口设施保安规则、审核员培训教材,国际船舶和港口设施保安培训教材、检验案例培训教材、新造船检验案例分析、检验案例汇编、年度优秀检验案例汇编,国际培训教材应用IMO的示范课程、IACS的FSA综合安全评估培训教材等。

中国船级社上海、武汉培训中心注重培训产品开发,加强培训技术积累,努力提高培训效果和质量,实现一年自主研究编制一本实用教材,逐步形成系列化培训产品。

3.目标型培训体系(GBTS)建设与实施

目标型培训体系(GBTS)是中国船级社2006年自主设计、建立、实施的一套培训方案,它的基本目标是为满足"标准研发、图纸鉴定、建造检验、入级发证、船级维护、信息服务"6支人力资源队伍的资质要求,而强化对现场验船师、审图人员、规范研究人员等一线业务骨干的培训力度。2007年,围绕"走以科研技术为先导的道路,服务于国家相关行业发展大局,努力创建新型国际一流船级社"的工作目标,加快人才队伍建设的战略部署,全面实施目标型培训体系。

(1)指导思想和工作方针

目标型培训体系的指导思想:以科学发展观统领中国船级社工作全局,紧紧围绕综合竞争能力的提高和人才发展战略,以保持和提升人力资源为目标,以"贴近市场、面向岗位、学以致用、立竿见影、培养人才"为原则,充分发挥船级社总部和分社的积极性,深化改革,逐步完善与科学发展相适应的培训新机制和新体系,培养与中国船级社业务发展相适应的合格人才。

目标型培训体系的工作方针:根据中国船级社总体发展规划和市场需求,以及IMO、IACS、授权政府对人员培训和资质的最新要求,建立健全中国船级社目标型培训体系,通过对人员的培训和资质管理,使中国船级社从事影响产品质量工作的各类员工，具有工作所需的知识、技能、经验和资质，“满足需求，适度超前”，为中国船级社的快速发展提供人力资源保障。

(2)实施各类培训的目标

总体目标：按照中国船级社国际化发展进程和国际船级社的要求，培养和保持一批在专业技术、业务能力、外语水平、社会交往等方面一流的国际化验船师队伍；按照更好发挥国内船舶检验主力军作用的要求，不断保持和提升从事国内船舶检验能力的验船师队伍；按照中国船级社不断改革发展要求，培养造就一批具有管理理念先进、思维创新、掌握现代管理方法、求真务实的各级管理者；按照技术立社、提高核心竞争力的要求，不断培养、提升和保持一批在国际上能够积极参与国际标准的制定，在国内具有较高知名度和权威性的从事规范科研工作的专家队伍。

基本目标：根据国际公约、船旗国政府要求以及中国船级社规范等，为从事船舶及海上设施检验、代表主管机关履行法定检验、船用产品检验及认证服务的人员提供培训，并通过培训使所有影响服务质量的人员具备和保持胜任服务提供所应有的能力和正确的质量意识。

(3)目标型培训体系管理部门

中国船级社人力资源处是培训工作的归口管理部门，其任务是根据中国船级社总体发展规划和市场需求以及有关业务人员资质短缺等培训需求情况，制定及修订年度培训计划，下达培训任务并督促检查年度培训计划的实施，组织编写和提供培训教材，定期组织对中国船级社人员适任适岗能力的评估，并进行相应的考试或考核。

中国船级社各分社及驻外机构负责本单位及下属机构人员的培训和人员资质管理，书面向总部人力资源处反馈有关的培训需求、培训建议和急需解决的问题等。

各分社人事部门负责按照中国船级社培训和人员资质管理有关规定对本单位人员实施培训和资质管理工作。

(4)目标型培训体系的实施

在2006—2010年国家第十一个五年规划期间，中国船级社加强培训与资质管理体系建设，不断完善目标型培训体系，创新改进培训模式，确保重点培训计划有效实施。中国船级社有计划有针对性地开展了焊接、无损检测、船舶建造工艺、散货船专业化技能、油船专业化技能、化学品船专业化技能、大型柴油机检验、大型铸锻件检验、5类15种目标产品认可与检验等专门检验技能培训，情况如表7-3所示。

中国船级社目标型培训的实施(2006—2010年) 表7-3

年份	培训项/次	培训人次	说　明
2006	245	9920	业务技术人员离岗培训8.5天，达到离岗培训5天的工作目标。内部培训234项，9285人次。客户培训11项，635人次
2007	328	12887	业务技术人员离岗培训8.7天，达到离岗培训5天的工作目标
2008	338	11850	业务技术人员离岗培训8天，达到离岗培训5天的工作目标
2009	276	17071	业务技术人员离岗培训8天，达到离岗培训5天的工作目标
2010	307	12290	完成重点培训项目64项，培训7776人次

4.按照发展需求开展有关业务专项培训

中国船级社持续扩大目标型培训体系的覆盖范围，合理有效地利用各种培训方式及培训资源，提高培训的专业性，注重培训的有效性，使培训与资源管理工作真正成为提升核心竞争力和实施人才战略的有力保障。

(1)针对内部需要进行的专项业务培训

2000年3月13—16日,中国船级社聘请有关专家在上海培训中心举行船舶和货物保险、专业子公司运作程序、质量要求和质量控制等有关公证检验业务的首期培训班。2000年12月8日,中国船级社在江苏省南通市举办5250 TEU集装箱船建造检验培训班。该船由南通中远川崎船舶公司采用日本先进的造船工艺和管理模式建造,入ABS级。中国船级社要求参加培训的验船师深入现场,把先进的工艺技术、科学严格的管理、安全第一和用户至上的服务观念学到手,所有参训人员都参加了上岗培训,此举为VCBP计划的实施进行了人力资源储备。2001年3月19—21日,中国船级社在广州举办液化气体船舶现场检验培训班,总部及各分社共23人参加培训,除由上海规范研究所、蛇口华南液化气船务有限公司就法规、规范、检验要求、安全管理进行授课外,还到船厂对正在修理的液化气体船进行了现场检验的培训。

2003年1月24日,根据《钢质海船入级与建造规范》(2001)2002年修改通报,IMO/IACS新技术要求的宣贯计划,上海培训中心和上海规范研究所在上海地区举办了首次宣贯培训会。上海规范研究所、中船工业集团708所、沪东中华造船集团等单位的80人出席。中国船级社总部宣讲了《IACS散货船技术的未来发展》《国际船舶和港口设施保安规则》。上海规范研究所就IMO第73—76届海安会通过的有关决议、《MARPOL 73/78公约》最新内容及动态、《钢规》2002年修改通报的内容作了介绍。

2004年8月4日,中国船级社上海分社举办8100标准集装箱(TEU)船现场监造专题讲座。由2004年初担任中海8100 TEU船韩国监造组成员的验船师主讲。他们以在韩国三星集团GEOJE船厂监造8100 TEU船(总长334米,航速25.9节)现场检验工作经历,讲解该船的数据参数、建造工艺、质量检验、控制等内容。10月18日,上海规范研究所、南京分社和上海振华港机集团公司在上海联合举办了振华系列桥吊运输船研讨会。上海振华港机集团公司建造的振华系列大型桥吊运输船能够进行大型港口机械和重大件整机运输,受到国内外广泛关注。这次会议对其建造和检验的经验进行了总结,对适用的公约、规范和有关政策进行了探讨。通过船东、设计单位、规范所、检验单位和管理部门的交流增进了相互之间的理解和沟通。同年11月23—26日,由中国船级社建造处、技术处、人事处联合主办,上海培训中心承办的VCBP项目大型集装箱船、大型散货船及半潜船检验培训班在上海举行。来自各分社及上海规范研究所的45名现场验船师和技术人员采用集中授课、分组研讨、互动式教学方式,参加了5668TEU集装箱船、8100 TEU集装箱船检验;17.5万吨散装货船建造检验;18000吨半潜船检验等培训,取得良好效果。当年举办的培训为今后更大集装箱船加入CCS船队做了技术准备。

2005年12月21日,中国船级社上海培训中心在上海举办载重线公约修正案培训班,来自中国船级社总部、各分社和上海、武汉规范研究所共22名从事船舶载重线计算、校核的人员参加。上海规范研究所就载重线公约修正对船检工作带来的影响和对策作了讲解,参加培训的人员对该修正案实施过程中遇到的问题进行了深入研讨。2005年12月23日,中国船级社在北京举办了现代船舶结构理论技术讲座,讲授“船舶强度标准与进展”和“船舶结构强度应用技术”两个专题。CCS总部各业务处室约40人参加了此次讲座。

2006年3月,中国船级社在武汉培训中心举办了“SSMIS 2005”系统管理员、验船师培训班和中国船级社专网培训班,共培训学员159人次。

2007年4月24日,武汉培训中心举办了《内河船舶法定检验技术规则修改通报(2007)》和《内河小型船舶法定检验技术规则(2007)》培训班,对武汉分社、武汉规范研究所和武汉审图中心40人进行了培训,取得了预期的效果。

2008年,武汉培训中心全面实施GBTS的要求,全年举办各类培训班16期,培训学员共计654人次,其中包括为实业公司举办 AWS 焊接检验师培训班 2 期,培训学员 51 人。

同年,中国船级社调整完善国际、国内网点设置和内部组织机构,全面加强培训组织工作,强化内部质量管理,积极实施人才战略,在组织、机制、人力资源配置等方面扎实推进国际化。全年共完成各类业务、管理培训 276 项,培训 17071 人次,验船师、审图人员和技术支持人员每人离岗培训达到 8 天,超过离岗培训 5 天的年度质量目标。

2009 年,武汉培训中心全年举办验船师无损检测培训、验船师船舶工艺建造培训等各类培训班 26 期,培训学员共计 2260 余人次。

2010 年 4 月 26—28 日,中国船级社和国际船级社协会 EG/FSA 联合在北京举办了综合安全评估(FSA)培训班, IACS 三位专家进行授课,来自中国船级社及下属公司的 31 名领导及技术骨干参加培训,为中国船级社系统内部培训储备人才。2010 年中国船级社共举办培训班 17 期,培训学员 560 人。

针对 IMO、IACS、港口国政府、船级社等新的动向、新的要求,中国船级社以及各分社每年都举办多次宣贯或培训,这成为船级社市场工作的一部分。特别是验船师对新的通函、须知等的学习方式是以在网上自我学习、自我通过考核/考试进行。这种网络自学方式的培训也是帮助验船师克服检验工作忙,学习时间少的一种创新,深受验船师的喜爱。

(2)面向社会需求开展的对外培训服务

1999 年 7 月 12—16 日,中国船级社香港分社在珠海为菲律宾国家电信局(NTC)验船师举办全球海上遇险和安全系统研讨会。2000 年 7 月,中国船级社广州分社与澳门有关工业界合作,为澳门地区进行焊工专业技术培训。2001 年 1 月,武汉分社为长江海事局、黑龙江海事局船检业务人员进行 20 天的业务培训和现场实习。2001 年 7 月 9—14 日,联合国亚太经社会澜沧江—湄公河安全航行交通区域培训班在中国云南景洪举办,受交通部指派,中国船级社武汉规范研究所张怀建参加了培训班的授课工作,向来自中、老、缅、泰的 20 名政府官员介绍了我国内河船舶法规体系演变过程、背景及主要技术要求。这次授课加强了与老、缅、泰等国家航运职能部门的横向联系。2002 年 1—3 月,中国船级社广州分社为广州远洋运输公司的船长、轮机长、机关职能部门管理人员先后举办 4 期国际安全管理规则高级培训班,提高了广州远洋运输公司机关各职能部门对船舶实施 SMS 的监督、检查、指导能力,使执行国际安全管理规则与港口国控制紧密联系起来,有利于该公司船舶 PSC 检查零滞留率的达成。2002 年 10 月 11—23 日,应农业部渔船检验局和香港海事处请求,中国船级社武汉培训中心为其验船师举办了无损检测培训班。为在短时间内达到培训要求,武汉培训中心从国家技术监督局、武汉大学、中南无损检测考委会、武昌船厂等单位聘请了 11 位专家、教授和资深验船师等授课,并增加了无损检测实际操作课时。32 名学员全都通过了考试,达到预期目的。2002 年 11 月 4—28 日,中国船级社无损检测资格认证委员会第一次举办无损检测三级人员培训班,由中国船级社上海培训中心主办、中船总 611 所协办。上海培训中心从上海交大、沪东中华造船集团、中船总 611 所聘请无损检测专业知名教授、专家编写教材并授课,来自国内各大、中型船厂、检测机构的 30 名从事无损检测的人员参加了培训。

2003 年 6 月 26—27 日,中国船级社天津、秦皇岛、香港分社相继举办培训班,为其管辖地区的中海、中外运、中远散货、中海油、明华、华润石化、华闽、中燃等 18 家船公司的领导、机务主管、人事部门、船长、轮机长等 150 多人进行了实施《国际船舶与港口设施保安规则》的培训,讲解了《SOLAS 74 公约》的新规定、保安规则、保安评估、保安计划的编制等基本知识以及中国船级社的保安认证指南等。2004 年 10 月 27—28 日,中国船级社国内验船中心在宜昌召开了川江及三峡库区标准化船型介绍暨中小船厂质量控制培训会,武汉、重庆、宜昌、湖南等地的船厂、航运公司、船舶设计院、武汉理工大学等 70 多家单位的 100 多人参加了会议。武汉规范研究所介绍了川江及三峡库区标准化船型的规范、法规,川江、三峡库区标准化船型的研发过程和政府主管部门的相关政策。长江船舶设计院介绍了川江滚装船、集装箱船、区间客船等标准船型的技术方案。武汉理工大学刘家新、董元胜分别介绍了干散货船、化学品船系列标准船型的技术方案。武汉、重庆两分社就规范、法规和在船舶建造、修理过程中的审图、试验、检验程序、方法和质量控制等做了介绍。

2007 年,中国船级社和交通部驻洛阳扶贫联络组、洛阳市政府及栾川县政府合作开展“扶贫焊工计划”,计划用两年时间,由中国船级社投资 200 万元,分 3 批为洛阳地区免费培训 200 名贫困农村青年。第一、第二批共计 100 名学员,多数取得了中国船级社焊工Ⅰ类和Ⅱ类证书,并被安排到长航金陵船厂、江苏新扬子造船公司等大型船厂就业。2008 年 10 月 29 日,第三批学员结业典礼在江苏省无锡市举行。第三批共 100 名学员,除两人因个人原因返回洛阳未参加焊工考试外,其余 98 名学员全部通过中国船级社焊工考试,取得了焊工Ⅰ类和Ⅱ类证书,同时全部被推荐到长航金陵船厂、浙江舟山中远船务工程有限公司和江苏新世纪造船厂就业。

2007 年 4 月 7—12 日武汉培训中心组织船体、轮机和电气 3 个专业的验船师为山东省内河验船人员培训班提供技术支持,培训学员 75 人。同年 6 月 27—29 日,武汉培训中心组织专业技术人员对上海船舶检验处的验船师进行了《内河船舶法定检验技术规则》修改通报、《钢质内河船舶入级与建造规范》培训授课。2008 年,武汉培训中心为社会举办无损检测考证培训班 4 期,培训学员 250 人。

通过实践,中国船级社全面实施、完善目标型培训体系,不断扩大目标型培训体系的覆盖范围,研究并建立起国内船舶培训和资质管理体系,增加了产品检验实践培训模块,完善了审图培训模块、海工检验及审图模块、国内船舶审图模块等。

(三)扩展从业人员资质队伍

2004—2008 年,中国船级社对新录用人员的资质和能力情况进行了全面摸底和评估。首先将获得资质的 100 余名新验船师充实到检验一线;其次通过分析和评估,在新录用的 600 余名人员中进行筛选,对具备发展潜力(具有较高资质和技能)的优秀人员有针对性地重点培养,提升素质。

1.从业人员资质队伍的建设与发展

为了扩大服务业务范围,中国船级社加强人员从业资质队伍建设,陆续派出专业技术人员参加有关专业资质培训与考试,获得多项从业资质。其中,1999 年,经过英国磁力探伤(UK-TM)、中国人保(PICC)等专业单位的培训考试,中国船级社实业公司的技术人员获得了监理监造工程师资质;2000 年,经过中国国家环境管理体系认证机构认可委员会(CACEB)的培训考试,中国船级社质量认证公司的技术人员获得了 ISO 14000 审核员资质;同年,经交通部全国水运工程监理工程师资质评审,中国船级社实业公司的技术人员获得了交通工程监理工程师资质;2001 年,经美国能源部国家可再生能源实验室培训考核,中国船级社质量认证公司技术人员获得了风电产品认证审核员资质等等。与此同时,2001 年 2 月 8—9 日,交通部召开第十一次全国水运工程监理工程师资质评审会议,对全国 54 个单位申报相关资质的人员进行资质评审,中国船级社有 10 名技术人员被授予工程监理工程师,6 名技术人员被授予专业监理工程师。2 月 9 日,中国船级社全系统通过严格的保险公估人资格考试,取得相应资格证书的人员达到 51 人。2001 年,64 人被授予 OHSAS 18000 审核员资质。中国船级社组织相关人员通过国内和英国专业机构培训合格后,部分人员获得主任防火试验员、主任试验员、设备维修员上岗资质。

此外,2002 年,中国船级社的技术人员经过无损检测人员资格认可委员会的培训考试,获得了设备监理工程师资质;经过中国保险监督管理委员会、PICC 等的培训考试,获得了保险公估人资质;2002 年,经过中国国家环境管理体系认证机构认可委员会(CACEB)的培训考核,获得了船舶检验技术人员 ISO

14000 审核员资质；其后，中国船级社在 2003 年有 110 人被授予 ISPS、NSM 审核员资质，15 人被授予安全评价员资质；在 2004 年有 22 人被授予设备监理工程师资质，15 人获得工业产品生产许可证审查员资质；除此之外，中国船级社在 2007 年，组织质量认证公司、实业公司相关人员进行培训，考核后授予相关人员验船师、审核员、评审员资质。

2.人力资源结构配置

截至 2009 年，中国船级社从事国际航行入级船舶检验的人员为 496 人、国内船舶检验 174 人、海工检验 68 人、产品检验 189 人、规范科研 134 人、入级审图 154 人、国内审图 54 人、实习人员 135 人、认证审核(兼)187 人、技术管理 266 人、行政管理 223 人、综合人员 201，其中全系统现场验船师共计 927 人，国际航行入级船舶验船师占全部人员的 53.5%，国内船舶验船师占 18.8%，产品验船师占 20.4%，海工验船师占 7.3%。中国船级社有关现场检验的人力资源配置详见表 7-4。

中国船级社现场检验人力资源配置表(2009 年)　　表 7-4

单　位	总人数	国际航行入级船舶(人数)		国内船舶(人数)		产品(人数)	海工(人数)	专业配备(人数)			
		建造	营运	建造	营运			船体	轮机	电气	其他
大连分社	73	30	13	—	5	17.5	7.5	1	3	—	—
秦皇岛分社	44	21.5	10	0.5	2.5	8	1.5	3	9	—	—
天津分社	65	6	12	4	7	14	22	0	0	—	—
青岛分社	80	20.5	15	5	5.3	14.2	20	3	0	3	—
上海分社	190	121	21	6	13	28	1	1	6	3	—
福州分社	56	12	8.5	7.2	24	4.3	—	1	8	—	—
广州分社	125	43	32	10	9	16	15	3	0	2	—
海南分社	16	1	3	2	9	1	—	9	5	—	—
南京分社	113	46	10	15	7	35	—	5	8	7	—
武汉分社	69	18	1	11	21	18	0	7	5	3	—
重庆分社	31	8	1	8	3	10	1	1	2	—	—
海外机构	65	42	—	—	—	23	—	—	—	—	—
总计	927	369	126.5	68.7	105.8	189	68	94	36	19	3

三、地方船检机构专业技术队伍建设与人员培训

除了参加中国海事局统一组织的各类培训，各地方船检机构有针对性的自行开展了包括岗前培训、知识更新培训、学历教育培训等多种类型的培训、学习活动，以提高现场、审图人员的基本素质与业务能力。

(一)岗前培训和知识更新培训

为确保验船人员能够胜任岗位工作，具备船检业务的基本技能，各级船检机构对本单位新进人员开展岗前培训，并定期对验船师开展知识更新培训，以保持验船人员的适任能力。

1999 年 12 月—2000 年 1 月，江西省船检局举办了 1 期为期 1 个月的船检人员岗位培训班。来自所属单位的 66 名学员按照教学计划与教学大纲要求，系统地学习了《船检概论》《船检行政法规》《船检人员职业道德》以及船体、轮机、电气检验等必修课，并通过考核。2000 年 3 月，河北省船检局在秦皇岛举

办海船检验人员执法岗位培训班,秦皇岛、唐山、沧州市的船检人员参加了培训,课程内容涵盖了船检概论、船舶稳性、船舶结构、船舶救生设备、船舶消防、船舶载重线、船舶吨位丈量、防止船舶造成环境污染、船舶无线电通信和安全航行设备、船舶信号设备、船舶动力装置检验、船舶管系和油船管系、船舶锅炉与压力容器、船舶电气等诸多方面。2002 年,云南省船检局在昆明举办云南省首期验船人员岗前业务培训班。

2003 年,四川省船舶检验局派员参加了全国船舶检验质量管理体系审核员培训班,并对全省 100 多名船检人员进行业务培训。8 月,湖南船检局举办为期 1 个月的全省未持证验船人员培训考试学习班,学习结束后全体学员参加了武汉船检管理处组织的验船师适任考试。2004 年,江西省船检局组织全省现职验船人员参加全国适任考试及新招聘船检岗位大学生上岗适任培训与考试。2005 年,四川省开展了 4 期验船人员培训班,130 名验船人员参加了集装箱船、油船、危险品船、乡镇客渡船检验、稳性电子计算等专业知识的培训。为提升基层海事人员的工作能力,湖北船检处于 2004 年举办了 1 期专门针对山区海事人员的船检知识培训,全省 26 个未设置船检机构的山区县(市)的 30 名海事人员参加了培训。

2005 年 11 月,河南省海事执法人员培训班在武警郑州指挥学院举行,培训为期 10 天,全省包括部分地市海事局长、书记、副局长在内的 146 名海事执法人员参加了培训。这次培训的主要任务是:以行风整顿为依托,强化船舶检验、船员管理、现场执法等海事执法人员的政治素质和法制观念,努力提高执法水平,紧抓船检、船员两项水上交通安全的源头环节,确保水上交通安全。

2006 年 4 月,吉林省地方海事局在松原举办低质量船舶专项治理及船检业务培训班,各市、州地方海事局分管船检业务的领导及船检负责人、各船舶制造企业主管技术和质检人员共计 50 人参加了此次培训。2007 年 3 月,吉林省地方海事局举办验船人员暨船厂技术人员业务培训班,对《国内航行船舶变更船舶检验机构管理规定》等四个规定等内容进行了培训,全省 51 名验船人员及 11 名船厂质检人员参加培训并通过了考试。

2007 年 10 月,湖北省船检处举办 1 期未持证验船人员船检业务培训班,全省 55 名未持证验船人员参加。2007 年 11 月,根据中国海事局《关于采取临时性措施缓解验船人员短缺压力的通知》,四川省船检局对全省未持证验船人员进行了为期 1 个月的业务培训,共有 18 个市州及西藏自治区的 95 人参加了培训, 94 人取得跨不同专业的结业证书,其中船舶工程 94 人,轮机工程 77 人,船舶电气 85 人。

2008 年 1 月,吉林省地方海事局在长春举办未持证验船人员培训班,此次培训主要讲解船检基础知识、船舶法定检验质量管理体系文件,对有效实施船舶法定检验质量管理体系,缓解吉林省目前持证验船人员短缺的压力方面起到了积极作用。

2009 年 4 月,甘肃省船检局举办全省验船师业务培训班,共培训省局及分支局船检业务人员 35 人。12 月,根据武汉船检管理处的有关要求,河南省地方海事局在信阳举办了 1 期以审图、建造检验、船舶吨位丈量及船检质量控制为主要内容的验船人员培训班。省局领导及相关处室人员和全省各船检分支机构分管局领导、船检科长,全省在职验船人员 76 人参加了培训。

2010 年 6 月,四川省船检局在泸州举办了全省在岗验船人员建造检验专项培训班,为期 4 天,95 人参加。2010 年 11 月,云南省船检局在曲靖市罗平县举办云南省船舶检验业务实操培训班,共计 95 名验船人员参加了培训,培训安排学员到云南省标准化船型首批试点建造厂——万丰湖库区西双版纳澜沧江船业有限公司船舶修造厂进行现场学习实践。

(二)新法规、规范的宣贯

为使验船人员充分掌握不断生效的新法规、规范,各省船检机构开展了有针对性的学习和培训。

1999年10月，浙江省船检局举办岗位培训班，培训对象为从事海船检验人员，培训内容包括《海船法定检验技术规则（1999）》《钢制海船入级与建造规范（1996）》。2004年，湖北省船检处针对中国海事局当年出台的新规范、新规定和修改通报，组织了船检百题知识答卷活动。

2007年3月，江苏省船检局针对2006版《国内航行海船建造规范》在杭州举办1期法规宣贯及培训班；5月，安徽省船检局对全省近50名验船人员开展了《内河船舶法定检验技术规则（2004）》的《2007年修改通报》和《内河小型船舶法定检验技术规则（2007）》等新生效法规的宣贯培训。2009年5月，安徽省船检局组织了1期《钢质内河船舶建造规范（2009）》宣贯会，宣贯会采取以会代训的形式，邀请了武汉规范研究所主持规范起草的专家对新规范进行讲解，省局和皖江、江淮、淮河船舶检验局的验船人员以及全省主要船舶设计单位、船厂的代表共计180余人参加了宣贯会；同年，福建、江苏、河北、河南等省分别举办钢质内河船舶建造规范培训班，宣贯新规范，并对验船人员开展培训。

（三）检验发证系统培训

2000年5月，湖北省船检处举办针对1999版船检证书换发的培训班，重点讲解了1999版内河船舶检验证书的填写要求和船舶检验发证管理系统（VIMS）使用操作要点，全省53名验船人员参加了培训。

2007年，河北省船检局为完成VIMS 4.0到VIMS 5.0的转换并全部启用新的检验发证管理系统，组织各市局进行培训，并邀请VIMS 5.0项目开发组的专家进行授课，并与其他省市船检机构相互交流经验，使全省验船人员的业务素质得到了提高。同年6月，江西省船检局在井冈山海事培训中心举办船检发证管理系统宣贯暨应用培训班，全省各级船检机构负责人、验船师参加了培训。

2007年5月10—16日，贵州省地方海事局在贵阳市举办了两期船舶检验发证管理系统（VIMS 5.0）培训班，对来自全省26个船检分支机构的VIMS 5.0系统管理员、验船师、分管领导、内务管理人员共计100余人，进行了系统安装和使用的培训。5月21—26日，湖北省船检处在武汉举办船检发证管理系统VIMS 5.0师资培训班，来自省局和16个市、州船检分支机构的45位学员参加了培训。2008年1月，吉林省地方海事局通过组织开展VIMS 5.0系统操作培训，实现了省内发证系统由4.0版向5.0版地顺利过渡。

（四）“走出去、请进来”交流学习

各级船检机构除了自行组织各类培训外，还采取“走出去、请进来”的方式，学习其他地区的经验与优势，加强了区域间的交流合作，提高了各地验船师专业技术能力，促进了检验质量整体水平的提升。

2005年甘肃省船检局组织船检人员到山东海事局、珠海海事局，江苏、贵州等省船检局学习；邀请天津海事局、山东海事局专家到甘肃授课；组织船检人员参加了山东海事局下属济南海事局举办的内河小型船舶安全管理培训班，交流经验，增长知识，提高了验船能力。2007年，山东省船检局聘请中国船级社的资深验船师担任授课教师，在济南连续举办了两期验船人员业务培训，128人参加培训并考试合格。

2009年7—8月，为进一步提高提高江、浙、沪地区地方船检机构自身的管理能力和水平，上海船检管理处分3批组织辖区验船人员分别到中国船级社重庆分社、重庆市船检局、湖南省船检局、广西壮族自治区船检局、辽宁省船检局、广东海事局和吉林省地方海事局等船检机构开展交流学习，着重研讨如何推进省级船检机构的船检管理体制改革，如何有效开展“大船小证”治理工作，如何有效加强对船厂、设计单位的管理等内容。

2010年4月，山西省验船骨干10名赴河南安阳船厂进行船舶建造检验的培训。6月，湖北省船检处邀请中国船级社河船规范研究所专家先后举办了集装箱船和自卸砂船检验技术培训班，80多人参加培

训。10月,云南省船检局结合全国注册验船师资格考试,在昆明举办全省船检人员检验业务培训班,共有89人参加培训,本次培训由中国船级社重庆分社组织教材,派出9名资深验船师系统讲授船检理论,发扬"传帮带"的工作传统。

(五)委托大专院校代培

2002年10月,河南省地方海事局和大连海事大学联合举办的"河南省海事执法人员集训(船检)班"开学,河南省28名基层海事人员用1年的时间在海事大学进行脱产学习,主要学习了造船原理、力学、结构学、检验基础以及海事执法方面的课程。2003年,江苏省地方海事局又选送26名船检业务骨干到华东船舶工业学院进行学习深造,攻读工程硕士学位。

2005年,山东省船检局与大连海事大学联合举办专业学位培训班,15位验船人员取得硕士学位。同年,四川省船检局组织省内15名船检人员就读武汉理工大学船舶与海洋工程专业大专班,江西省船检局与华中科技大学管理学院签订"船检质管体系咨询合同"。2006年,山东省船检局针对济宁船检局验船任务重、船检人员少的实际情况,选派26名具有大专以上学历的人员到武汉交通科技大学参加船检业务培训。2007年9月,云南省19名船检人员到上海海事大学参加为期10天的业务培训,进行船舶概论、船舶结构、船舶动力装置、船舶检验实物、船舶档案管理等13门课程的学习,为云南省船舶检验技术的提高打下良好的基础。

2009年,山西省和湖南省船检局分别选派22名、33名验船人员赴广西航校进行了1年的船检知识培训。2010年,安徽省船检局与江苏科技大学联合办学,江苏科技大学将安徽省航校作为其函授点,开展船体大专班和专升本班的培训,其中大专班86人、专升本班84人,进一步提高了全省船检在职人员业务能力。

四、渔船检验专业技术队伍建设与人员培训

(一)验船师队伍管理

1.验船师任职资格考评

1998年12月,农业部印发了《中华人民共和国渔业船舶验船师资格考评管理规定》,我国从此开启了渔业船舶验船师持证上岗的新管理模式。这项制度在2000年1月农业部发出《关于加强渔业船舶监督检验的紧急通知》后,得到了重视并全面落实。

2000年1月26日,中华人民共和国渔业船舶检验局印发《中华人民共和国渔业船舶验船师资格考评管理规定实施办法(暂行)》,对申报验船师资格人员考核评审的领导机构、评审机构、组织领导与分工、考核与培训、证书管理,以及对已具有专业技术职称人员的套改办法等作了规定。1月31日,农业部渔业船舶检验局验船师资格考评委员会成立,领导全国的考评工作。2月1日,经农业部渔业船舶检验局验船师资格考评委员会批准,成立华北、华中、华南、东北、山东、福建、上海、浙江、江苏9个地区和省验船师资格考评委员会,负责本地区的验船师资格考评。

2002年1月30日,中华人民共和国渔业船舶检验局印发《渔业船舶验船师管理规定》,规定了验船师的职责与权利、录用与考核程序、验船师资格的监督与管理、奖励、违规扣分规定、培训等内容。该文附有《验船师违规扣分记录卡》《验船师年度考核表》及《验船师资格审验章印模》。

2006年8月10日,中华人民共和国渔业船舶检验局印发《验船师资格考试管理办法》,针对以考试形式取得验船师资格的程序进行规范,包括考试职责分工、参加验船师资格考试的条件、考试内容、考试

教材、考试发证程序等内容。

2000 年启动验船师资格证考核制度时，全国共有高级验船师 258 人，中级验船师 400 多人，初级验船师 1491 人。经过多年大力度的培训，通过考评、考试等各种形式扩大了持证验船师队伍规模，到 2006 年底，全国验船师持证人数共 5631 人，其中高级验船师 270 人、中级验船师 873 人、助理验船师和验船员 4488 人。此后验船师持证人数基本稳定，“十一五”末验船师持证人数为 5244 人。

除了实施基本的验船师资格考评制度之外，农业部渔业船舶检验局针对具有一定特殊性的船检岗位，如远洋渔船检验、船用产品检验、图纸审查等工作还施行了相应资格制度。

对于远洋渔船检验，早在 1990 年就施行了主任验船师负责制度。2001 年 1 月 10 日，中华人民共和国渔业船舶检验局颁布《远洋渔业船舶验船师任职管理规定》，将主任验船师负责制细化，明确了验船师、副主任验船师、主任验船师的任职条件、职责范围等项内容，其中主任验船师具有签发远洋渔船检验完工报告及相关技术文件的权力，副主任验船师可受主任验船师委托行使主任验船师职权并承担相应责任。4 月 29 日，中华人民共和国渔业船舶检验局公布全国远洋渔业船舶主任、副主任验船师，远洋渔业船舶验船师任职资格人员名单，其中主任验船师 25 名、副主任验船师 20 名、验船师 151 名。

对于产品检验和图纸审查，2007 年 9 月 17 日农业部渔业船舶检验局发布的《“十一五”期间渔业船舶验船师队伍建设规划》中提出了开展船舶图纸审查、船用产品检验以及各类型、各层次验船师的业务培训和上岗考试工作。2008 年 8 月 14 日，中华人民共和国渔业船舶检验局按照实施验船师审图上岗资格制度的要求，公布经考试审核，具备海洋渔业船舶图纸审查资格的 219 人名单，其中船体专业 95 人、轮机专业 77 人、电气专业 47 人。2009 年 11 月举办了首期渔业船舶船用产品检验资格培训班，全国共 54 名验船师参加了培训，其中 44 人通过考试取得资格证书。

2.建立注册验船师制度

2004 年初，交通部向人事部行文，申请在全国建立注册验船师制度。人事部根据国务院部门职责分工，要求交通部与农业部共同出台这项制度。为此，交通部海事局与农业部渔业船舶检验局进行了沟通，达成了共同草拟注册验船师制度规定的一致意见。2006 年 1 月 26 日，人事部、交通部、农业部联合印发《注册验船师制度暂行规定》，决定“国家对从事船舶检验工作的专业技术人员，实行职业准入制度，纳入全国专业技术人员执业资格证书制度统一规划”，自 2006 年 3 月 1 日起实施。2007 年 7 月 6 日，人事部、交通部、农业部联合印发《注册验船师资格考试实施办法》，针对注册验船师资格考试问题，规定了成立资格考试办公室、考试专家委员会、报考验船师的条件、考试科目等项要求。

注册验船师资格分为船舶与海上设施检验、渔业船舶检验两个类别。渔业船舶检验的注册验船师制度是农业行业的第一个职业资格制度，它的建立和顺利实施，为农业行业实行职业资格制度打下了基础，具有里程碑意义，得到了农业部门的高度重视。2006 年 1 月 6 日，农业部副部长牛盾在对此项工作的批示中指出：“建立渔船注册验船师制度对于加强检验人员管理，提高队伍的业务素质，规范船检行为十分重要，是关系到我船检事业长远发展的基础性工作。”2006 年 6 月 14 日，《中国渔业报》刊登农业部副部长尹成杰《实施注册验船师制度　加快农业专业技术人才队伍建设》的署名文章。

实施注册验船师制度后，2009 年 11 月 30 日，人力资源和社会保障部、农业部联合印发了《注册验船师（渔业船舶类）资格考试认定办法》，拟对于原在经批准设立的渔业船舶检验机构工作的在编在岗人员，从事船舶检验工作经历满足一定条件，通过考试和认定等程序颁发《中华人民共和国注册验船师（渔业船舶类）资格证书》。

2010 年农业部渔业船舶检验局组织编写了《注册验船师资格考试大纲》，提出了注册验船师 A、B、C、D 级人员考试内容，为下一步资格考试奠定基础。

3.规范验船人员的配备标准

2001 年 8 月 1 日,中华人民共和国渔业船舶检验局印发《关于渔业船舶检验机构人员配备标准的意见》。该配备标准是机构资格认可的依据,主要内容有:

船长大于 24 米的渔业船舶,每 10000—15000 总吨配 1 名船体检验人员,每 11000—16000 千瓦配 1 名机电检验人员;

船长大于或等于 15 米并小于 24 米的渔业船舶,每 100—150 艘船配 1 名船检人员;

船长小于 15 米的渔业船舶,每 200—250 艘船配 1 名船检人员。

按照农业部"渔业船舶检验机构认可"的要求,一个船检机构至少要配备 3—4 名船检人员。

4.统一验船人员的执法服装和标志

2002 年 1 月 30 日,农业部、财政部以农渔发〔2002〕2 号文联合印发《关于统一渔业执法制服标志的通知》。通知指出:"为规范执法行为,推进渔业统一综合执法,经国务院批准,决定统一渔政、渔港监督和渔船检验人员的渔业执法制服标志。"

统一执法制服标志包括统一帽徽、肩章、肩徽、领花。帽徽仍为国徽图案;肩章仍为蓝底色,上附三条银色波浪;肩徽由舵轮和橄榄叶组成,舵轮代表中国渔政对渔业的行政执法管理,橄榄叶象征文明执法;领花为橄榄叶托着中国渔政的英文字母缩写"CFLE";纽扣的主图案为舵轮和由鱼变形而来的波浪组成;大沿帽由原来的三顶改为一蓝一白两顶,着春秋装、冬装时佩戴蓝色帽,着夏装时佩戴白色帽,帽墙均用月蓝色,佩银灰色帽丝带。新标志统一从 2002 年 5 月 1 日起使用。

2008 年农业部发出《关于加强渔业执法人员着装管理的通知》和《关于规范渔政制服式样有关事项的通知》,农业部渔业船舶检验局发出《关于规范渔业船舶检验系统执法服饰标识的通知》,对渔业船舶检验人员制服标志的胸号、胸标、臂章进行了规范,制定了具体规定。

5.全国验船师队伍表彰制度

为了提高验船师队伍思想建设水平,2000 年开展了渔业船舶检验机构文明单位和十佳验船师评选活动。4 月 12 日,中华人民共和国渔业船舶检验局公布 20 个全国渔业船舶检验机构文明单位、23 名优秀工作者、10 名十佳验船师。2003 年 3 月 7 日,中华人民共和国渔业船舶检验局印发《全国渔业船舶检验机构文明单位十佳验船师评选办法(暂行)》。

2007 年 7 月,国家渔业船舶检验局又开展了全国渔业船舶检验机构"检验标兵单位"和"优秀验船师"评选。2008 年 3 月 25 日,中华人民共和国渔业船舶检验局对在 2003—2007 年渔业船舶检验工作中做出突出成绩的单位和个人进行表彰,授予了 31 个单位全国渔业船舶检验系统"检验标兵单位"称号,授予了 38 位验船师全国渔业船舶检验系统"优秀验船师"称号。

(二)检验人员培训

验船师资格考评制度实施后,对于检验人员的培训力度有所加大,常见的培训形式有验船师资格培训、法规宣贯培训、专项检验业务培训、管理能力培训、委托专业院校代培、基层锻炼和出国(境)培训等各种培训形式。

1.验船师资格培训

验船师资格培训由农业部渔业船舶检验局组织或指导各省渔业船舶检验机构举办,培训人员经培训后,参加农业部渔业船舶检验局组织的统一考试,合格后再颁发相应的验船员或助理验船师资格证书。除设有上岗资格培训外,对于中级验船师资格、远洋渔船检验、船用产品检验、图纸审查船检业务还设有专门的资格培训,培训后同样组织相应业务考试,合格后颁发中级验船师的资格证书或任职通知。2005

年12月13—23日，农业部渔业船舶检验局在上海水产大学举办第一期中级验船师资格培训考试和远洋渔船验船师资格培训考试。2007年11月6—12日，农业部渔业船舶检验局在上海水产大学举办第一次验船师船舶图纸审查资格培训。培训对象主要为从事或将要从事船长大于24米海洋渔船图纸及技术文件审查的验船师。2008年12月16—20日，农业部渔业船舶检验局又在河南省郑州市举办第一期内河渔业船舶检验验船师船舶图纸审查资格培训班。2009年11月10—13日，全国第一期验船师渔业船舶船用产品检验资格培训班在重庆举办。上岗资格培训在1999年以后成为补充全国渔业船舶检验队伍新人员及壮大队伍的基本途径。

2.法规宣贯培训

法规宣贯培训班的目的是保障新出台法规迅速被贯彻落实。在重要行政法规规章如《渔业船舶检验条例》《渔船修造厂认可办法》等，技术法规如《渔业船舶法定检验规则》《玻璃纤维增强塑料渔业船舶建造规范》等颁布后，国家、部分地方渔业船舶检验机构都组织了宣贯培训。

3.专项检验业务培训

1999年10月20—30日，为贯彻农业部《关于做好〈中华人民共和国农业部行政执法证〉申领和发放工作的通知》精神，做好渔业船舶检验人员执法培训和持证上岗工作，农业部渔业船舶检验局在中国政法大学举办了全国渔业船舶检验执法人员培训班，组织相关人员学习法律基础知识、农业行政执法基本知识、水上安全监督行政执法基本知识、渔船检验法律、法规等法律知识。参加人员为未取得行政执法证件的各渔业船舶检验局（处）科以上干部、各渔业船舶检验分局局（处、站）长。

2000年11月15—28日，中华人民共和国渔业船舶检验局与国家质量技术监督局锅炉压力容器安全监察局在北京联合举办了渔船用锅炉压力容器验船师培训班，来自全国12个省的26名验船师参加了学习，并全部通过了全国锅炉压力容器考试委员会的考试，取得了国家质量技术监督局锅炉压力容器安全监察局的结业证书。

2001年3月20—21日，中华人民共和国渔业船舶检验局在山东省烟台市举办第一期渔船修造厂工厂认可审核员培训班。培训内容为工厂认可现场考核审查要求；ISO 9000审核知识在工厂认可现场考核中的运用等。来自黑龙江、吉林、辽宁、河北、天津、山东、江苏渔业船舶检验机构的53名验船师参加了培训。

此外，还在2001年委托大连海事大学举办全球海上遇险与安全系统（GMDSS）培训班，在《渔业船舶检验监督管理系统》各部分功能投入使用时举办了相应培训班。

4.管理能力培训

2001年，中华人民共和国渔业船舶检验局在山东烟台举办了第一期领导干部业务培训班，抽调了全国渔业船舶检验系统的部分领导干部参加了培训，培训内容为渔业船舶法定检验规则、渔业船舶检验发证程序以及船舶检验基础知识的讲解等，人员培训结束经考试合格，取得相应的验船师资格证书。

2002年11月5—8日，中华人民共和国渔业船舶检验局在云南省昆明市举办全国远洋渔业船舶检验管理培训班，宣讲远洋渔船检验的基本要求、安全设备配备和技术要求、检验发证与办证程序等。沿海省、自治区、直辖市渔业船舶检验局，有关远洋渔业公司主管领导130人参加了培训。

2003年2月26日—3月2日，在山东省烟台市举办全国渔业船舶检验机构主管或分管检验工作领导培训班，进行渔业船舶检验知识的学习。

5.委托专业院校代培

委托院校开展渔业船舶检验学历教育的培训形式自1987年开始。《渔业船舶验船师资格考评管理规定》发布后，对申请验船师资格人员的学历作出规定，但全国渔业船舶检验队伍中有部分人员没有学历、学历不够或学历非本专业。为此,农业部渔业船舶检验局在《验船师资格考评管理规定实施办法(暂行)》中提出不具备规定学历的人员,需参加大专“专业证书”班的学习并取得毕业证书,有非本专业学历但无专业技术职称的人员,需参加认可的专业培训。

2000 年 8 月 22 日,农业部渔业船舶检验局分别委托烟台大学水产学院、大连水产学院各举办 1 期全国渔业船舶检验专业大专“专业证书”班,招收全国渔业船舶检验机构中从事渔业船舶检验工作的在职人员,开设 14 门课程,960 学时,学制为全脱产 10 个月。13 个省(区、市)的 77 名验船人员参加了培训。此后“专业证书”班的培训形式一直延续到 2006 年,在烟台大学水产学院、大连水产学院及上海水产大学共举办了 6 期,培训了 286 人。

除了大专班外,为培养一批具有渔业船舶检验理论基础和专业知识以及管理水平的综合性高级管理、技术人才,2004 年 4 月 23 日,首届渔业船舶检验研究生课程进修班正式开班,来自全国 6 个省及农业部渔业船舶检验局的 24 名中、高级验船师参加学习。该班由上海水产大学举办,上海市教委批准,开设 13 门课程、22 学分,修满 22 学分后可参加全国硕士学位课程学习。2006 年 3 月 2 日,该班顺利结业。2007 年,又在上海水产大学开设了第二期渔业船舶检验研究生课程班,来自江苏、上海、海南、辽宁、广西渔业船舶检验局的 24 名验船师参加学习。

6.出国(境)培训、考察

从 2005 年开始,农业部渔业船舶检验局在全国渔业船舶系统选派管理、技术人员出境培训、考察,截至 2010 年,共派出 6 个培训团,1 个考察团。

2005 年 11 月 26 日—12 月 16 日,由农业部渔业船舶检验局副局长王朝华带队的农业部渔船检验安全技术管理培训团一行 15 人,赴澳大利亚进行培训。本次培训以了解澳大利亚渔船检验与安全管理为主要内容,着重了解渔船安全与渔业发展政策的相互关系。在澳期间,培训团先后与澳大利亚国家海事安全委员会、联邦交通安全管理局、联邦海事安全管理局等政府管理机构进行了交流,听取了相关院校、船舶设计公司的专家对相关船舶安全及渔业资源政策研究的讲座。

2006 年 3 月 4—15 日,以农业部渔业船舶检验局李小芬巡视员为团长的“赴英国、挪威渔业船舶检验及其监督管理考察团”一行 7 人,对英国、挪威以及联合国国际海事组织进行了考察。考察团拜访了国际海事组织,访问了英国海事与海岸防卫总署,考察了有关船用产品企业 Mcmurdo 公司,听取了英国皇家全国救生艇协会的情况介绍;访问了挪威船级社,听取了挪威工业联合会的情况介绍等。考察团此行了解了英国和挪威关于渔船检验方面的先进经验和做法,以及国际海事组织的基本情况。

同年 10 月 27 日—11 月 16 日,以农业部渔业船舶检验局沈建荣副局长为团长的“赴美国渔业船舶检验管理和立法培训团”一行 19 人,在美国进行培训学习。培训团先后听取了美国港口和船舶安全管理体系及新技术讲座;美国国家海洋保护和管理系统讲解及立法情况介绍;美国对渔船的安全检查与监督管理方法及法规适用的说明等。通过培训,赴美人员对美国的渔业船舶检验制度和渔船管理等有了比较系统地了解。

2007 年 9 月 23 日—10 月 13 日,由农业部渔业船舶检验局副局长沈建荣带队的农业部渔船质量安全监督管理培训团一行 18 人,赴挪威进行培训。培训团在挪威期间,听取了挪威海事局、挪威船级社关于挪威渔业船舶质量安全监督管理情况的介绍,并与挪威行政管理和技术人员进行了座谈、交流。

2009 年,农业部渔业船舶检验局组织了赴法国的渔业船舶节能减排技术管理培训团。学习培训的内容主要包括法国渔业船舶的节能减排政策、措施、方法及其渔业船舶修造的新工艺、新技术,渔港防污染排放管理,同时了解法国渔业船舶安全检验管理体系、运作机制与海上执法管理,法国的渔业捕捞配额管理制度,海洋渔业资源的开发、海洋环境监测保护、海洋污染防治等。

2009 年 10 月 28 日—11 月 16 日，农业部渔业船舶检验局组织的渔业船舶检验验船师职业资格培训团一行 14 人，赴德国进行了为期 21 天的培训和学习。在德国期间，德国船舶管理部门莱法州美因茨内河水运局、汉堡海洋事务管理协会、罗斯托克船舶安全与技术管理学院、德国劳埃德船级社、吉森大学、布莱梅大学、柏林工业大学的官员、验船师、专家和教授就德国有关职业资格制度建立、验船师执业、继续教育及上岗培训管理模式等方面做了专题讲座和培训，并与培训团就相关问题进行了广泛的交流和深入探讨。

2010 年 10 月 30 日—11 月 19 日，农业部渔业船舶检验局组织渔业船舶防污染技术管理培训团一行 11 人，赴瑞典培训。本次培训主要内容是了解瑞典公共管理部门运作机制，瑞典农业、渔业基本情况和政策，船舶检验工作情况，有关防污染方面的法律法规等。在瑞典期间，培训团全体成员依次参加了瑞典农业部、财政管理署、公务员协会、卡尔斯塔德大学、渔业局、阿格斯科研船、船东协会、歌德堡大学、查尔斯工学院、海洋技术论坛、农业大学、渔业局淡水实验室、淡水研究中心、欧盟委员会驻瑞典代表、斯德哥尔摩港口、海事局、渔业协会、渔业协会杂志社、DNV 船级社、国家环境保护局等单位的 20 个培训。

除了由农业部渔业船舶检验局组织的出国（境）培训考察外，地方机构也组织了一些出国（境）团，如 1997 年，辽宁渔业船舶检验局带队全省 6 市渔船检验站主要负责人赴美国考察学习。2002 年，该局又派出 2 名验船师赴日本东和电机制作所和北海道工业研究中心研修。

第四节 船检技术法规规范的制订与完善

一、船检技术法规的编制与修订

（一）船检技术法规编制与修订工作模式的形成

1993 年国务院颁布的《中华人民共和国船舶和海上设施检验条例》，明确了船舶、海上设施（不包括海上石油天然气生产设施）、集装箱的检验制度和检验规范，由船检局制定，经国务院交通主管部门批准后公布实施。1998 年，船检体制改革后，中国海事局承接了原船舶检验局的职责。

1998 年 10 月，中编办在对中国海事局职责的批复中明确了中国海事局主要职责涵盖“拟定和组织实施国家水上安全监督管理和防止船舶污染、船舶及海上设施检验、航海保障以及交通行业安全生产的方针、政策、法规和技术规范、标准”。根据中编办的批复，交通部对船检技术法规编制的组织与实施工作进行了明确。1999 年 8 月，交通部明确中国船级社一项主要职责为“受政府主管机关委托，承担有关法定检验技术规范、规则和标准的编制”。同年 9 月，交通部印发的《中华人民共和国船舶检验局与中国船级社实行局社政事分开的实施意见》中，进一步明确船检技术法规由中国海事局委托中国船级社代行编制，并按中国海事局的有关法规编制规定执行。2000 年 11 月，交通部下发的《船舶检验工作管理暂行办法》中明确“船舶法定检验的技术规范、规则和标准由中国海事局统一制定，经交通部批准后颁布实施，并由中国海事局负责解释”。

至此，船检技术法规的编制与修订的新模式确立，也实现了海事管理立法权的统一。2001 年 12 月 8—10 日，中国海事局组织中国船级社、各省市船检机构、中国海事局各船检管理处等单位在厦门召开了第一次海事船检技术法规工作会议，在前期广泛调研基础上提出了海事船检技术法规与管理法规体系建设的理念，并通过集体讨论确定了 2001 年至 2005 年船检技术法规 5 年立法规划。

2001—2004 年间，中国海事局通过 5 年立法规划分解出年度计划，逐年委托中国船级社制定各类船检技术法规。这些法规基本涵盖国际航行船舶、国内沿海航行船舶、内河航行船舶,履行了国家职责。在船检技术法规的编制与实际应用过程中,区域性内河小型船舶法定检验技术法规的缺失与船检工作实际需求之间的矛盾日益凸显。为解决这一问题,中国海事局在委托中国船级社编制大中型船舶检验技术法规的同时,开始探索利用地方船检机构的立法资源,编制适应各地实际情况的区域性内河小船检验技术法规。2002年9月,交通部决定在广西壮族自治区开展乡镇船舶检验试点工作,探索建立委托地方船检机构起草区域性船检技术法规、由地方交通主管部门批准颁布的新模式。此次试点工作取得了较好的社会效应,解决了当地人民群众出行难与船舶无证航行的矛盾。

经过几年的摸索与经验积累,新的船检技术法规立法模式初步形成。为将此种模式在全国范围内进一步推广,中国海事局组织起草了关于船检技术法规制定的相关管理规定。2003年11月18—19日,中国海事局在海口召开第二次全国船检技术法规工作会议,会上就《中华人民共和国海事局船检技术法规制定管理规定(草案)》进行了讨论,广泛听取了各船检机构和海事管理机构的建议,并就地方区域性法规的立法程序做了第一次修改。

2003年12月29日,交通部印发《关于制订乡镇渡口渡船检验规范若干事项的通知》,明确各省(自治区、直辖市)交通厅(局、委)经向交通部(海事局)履行船检规范立项备案后,可结合当地实际,制定本行政区范围内近距离航行且载客12人以下或者船长10米以下的小型乡镇渡船的检验规范,所制定的检验规范需报经省级人民政府批准颁布,并报交通部备案,也可报交通部批准颁布。

2004年,中国海事局对《船检技术法规制定管理规定(草案)》做出进一步修改,重点针对“船检技术法规的含义”和“区域性地方船检技术法规的适用范围”两个问题进行了明确,同时将该规定更名为《船检技术法规制定程序管理规定(草案)》,突出规范船检技术法规制定程序,并于2005年1月向全国交通系统发文征求修改意见,并针对反馈意见第三次对该规定进行了局部修改。

2006年4月19日,中国海事局正式颁布《船检技术法规制定程序规定》。《规定》共分总则、船检技术法规的立法计划、船检技术法规的立法程序、船检技术法规的起草要求、船检技术法规的审核与报批、船检技术法规的颁布与实施、附则,7章共43条。该规定明确交通部负责船检技术法规的批准工作,中国海事局负责船检技术法规的立项、计划、制定、修改、颁布及组织实施等管理工作,中国船级社受中国海事局委托,负责全国性船检技术法规的调研、起草、函审、评审、报批等具体工作。中国船级社和各省级船舶检验机构经中国海事局委托,负责区域性或地方性船检技术法规的调研、起草、函审、评审、报批等具体工作,各省级交通主管部门经交通部委托负责地方船检技术法规的批准和组织实施工作。《船舶检验技术法规制定程序》的颁布,结束了船检技术法规制定无具体程序可依的历史,拓宽了船检技术法规制定的主体范围,为船检技术法规体系框架地建立奠定了基础。

至此,中国海事局组织拟定编制需求,委托中国船级社等社会力量代拟规范稿,交通运输部批准,海事局颁布实施的船检技术规范的编制与修订工作模式基本形成。

(二)船检技术法规的编制与修订

早期船舶检验局颁布的船舶检验技术标准主要分为规范、规程、规则等,涉及船舶法定检验与入级检验标准的技术文件通常都称为规范。

1992年,船舶检验局颁布了《海船法定检验技术规则(1992)》,编入了船体、轮机、电气方面的法定要求,适用于国际航行与国内沿海航行船舶。之后,法定要求与入级要求区别开来,前者称为“法规”,后者称为“规范”。《海船法定检验技术规则(1992)》对开展船舶法定检验工作起到良好的作用,但经过几年的实际使用,发现存在一些问题。为此,船舶检验局于1995年着手研究如何编写中国的船舶法规体系,确定了以下原则：

(1)涉及法定检验的规则统称为《船舶与海上设施法定检验规则》；

(2)在《法规》总题目下，分成各自独立的国际航行、非国际航行、内河航行、海上设施、起重设备、海上拖航、集装箱等法定检验技术规则；

(3)根据1996年IMO新增SOLAS公约第Ⅱ—1/3-1关于"船舶设计、制造与维护，还应符合某一船级社所制定的规范对结构和机电设备的要求"的规定，不再编入船体、轮机、电气等具体内容；

(4)参照IMO的A.746(18)决议《检验与发证协调系统(HSSC)检验导则》的要求，增加各种检验及其检验项目的要求；

(5)国际航行船舶可直接采用国际的有关规定；

(6)非国际航行船舶可按中国沿海情况进行编制；

(7)按所发的每一个独立证书的检验与技术要求来配套编制；

(8)每一个规则中均包括总则、检验与发证、技术要求等内容。

从1996年起，按上述原则编成《船舶与海上设施法定检验规则》6个规则，该规则经全国船舶设计、制造、检验、使用、科研等单位专家的评议和评审，于1997年初完成报批稿。虽然此时中国海事局即将成立，但是考虑到工作的延续性，《船舶与海上设施法定检验规则(1999)》仍以船舶检验局名义于1999年颁布实施。

这6个规则是《国际航行海船法定检验技术规则(1999)》《非国际航行海船法定检验技术规则(1999)》《内河船舶法定检验技术规则(1999)》《起重设备法定检验技术规则(1999)》《海上拖航法定检验技术规则(1999)》《集装箱法定检验技术规则(1998)》。

中国海事局成立后，针对船舶航运安全问题，在原有船检技术法规的基础上，按照健全船检技术法规，提高船检技术法规水平的工作目标，组织开展船检技术法规的规划、研究、制定、修订、审查、颁布工作，形成了以《船舶与海上设施法定检验规则》为主体，覆盖各类船舶，完整的船舶法定检验技术法规体系。其中按船舶航行区域分为国际航行海船、国内航行海船、内河船舶等；按照船长分为5米到20米船舶，20米及以上的船舶；特殊类型船舶和特定区域船舶的法定检验技术规则一般以暂行规则、补充规定、暂行规定的形式颁布；法定检验技术规则以修改通报或阶段性颁布综合文本的方式进行修订。对于船检技术法规中没有涉及的船舶的强度、船舶结构、布置、材料、结构尺寸、主辅机械、锅炉和压力容器、电气设备等方面内容，中国海事局接受船级社的规范或等效标准作为衡准。

1999年7月，中国海事局确定了《船舶与海上设施法定检验规则》封面和扉页样式。1999年，中国海事局颁布《琼州海峡火车渡船检验暂行规定(1999)》《珠江水域至香港特别行政区高速船检验规定(1999)》。

2000年11月，中国海事局第一次委托中国船级社编制海船、河船检验技术规程、技术规则等13项法规，并在此后10年间，多次委托中国船级社编制船检技术法规，详见表7-5。

2000—2010年中国海事局委托中国船级社编制船检技术法规一览表 表7-5

时　间	委托项目内容	数量(项)
2000年11月	包括海船、河船法定检验有关技术规程、技术规则、修改通报、暂行规定等	13
2001年5月	航母型水上设施法定检验有关技术规则	1
2002年6月	包括海船、河船法定检验有关技术规则、观光旅游载客潜水器、内河餐饮娱乐趸船法定检验暂行规定等	8

续上表

时　　间	委托项目内容	数量(项)
2003 年 9 月	包括海船、河船法定检验有关技术规则修改通报,内河滚装船、三峡库区和大运河标准船型船舶法定检验补充规定,沿海小型船舶法定检验技术规则,敞口集装箱船法定检验补充规定等。	11
2004 年 8 月	包括海船、河船法定检验有关技术规则修改通报,重新编制国际海船法定检验技术规则,澜沧江—湄公河国际航行内河船舶、游艇法定检验暂行规定,内河散装液化气、危险化学品船舶法定检验技术规则等	9
2006 年 3 月	包括内河航区等级标准划分规定,海船、河船法定检验有关技术规则修改通报,江海通海船舶法定检验技术规则,海船、河船法定检验技术规程综合统稿等	7
2007 年 7 月	包括国际海船法定检验有关技术规则修改通报,国内海船、河船法定检验技术规则换版,沿海陆岛渡船、地效翼船法定检验暂行规定,内河高速船法定检验技术规则等	7
2008 年	—	—
2009 年	—	—
2010 年	包括国际海船法定检验有关技术规则 2011 年修改通报,大型非营业性游艇法规,拖航检验法规改版,起重设备检验法规改版,两岸直航船安全技术要求研究,天生桥水库、百色水库和龙滩水库、西藏和新疆重点水域的航区划分研究,新型消防灭火系统在船上应用的研究,帆艇补充规定等	8

1.国际航行海船法定检验技术规则

为贯彻我国政府有关法律以及我国政府批准、接受、加入的有关国际公约、规则、决议等,保障船舶和海上人命、财产安全,防止水域环境污染以及保障起重设备安全作业,主管机关制定并颁布了国际航行海船法定检验技术规则。国际航行海船法定检验技术规则的编制与修订,是中国政府已批准、接受、加入的有关国际公约、议定书、规则、决议及相关修正案转化为国内法的过程。

1999 年 4 月 2 日,船舶检验局颁布《国际航行海船法定检验技术规则(1999)》。该规则适用于国际海上航行的中国籍民用船舶以及特定的到达中国港口或在中国水域作业的外国籍船舶,自 1999 年 9 月 1 日起实施。

1999 年 11 月 9 日,中国海事局颁布《关于〈国际航行海船法定检验技术规则(1999)〉补充规定生效的通告》,针对当时小吨位国际航行货船要完全满足全球海上遇险与安全系统的配备要求存在困难的情况,对此类船舶的无线电通信设备配备作出补充规定。

2003 年 5 月 13 日,中国海事局颁布《国际航行海船法定检验技术规则(1999)》的《2003 年修改通报》,该修改通报自 2003 年 7 月 15 日起实施。2004 年 5 月 8 日,中国海事局颁布《国际航行海船法定检验技术规则(1999)》的《2004 年修改通报》,该修改通报自 2004 年 7 月 1 日起实施。

2005 年 6 月 28 日,中国海事局颁布《国际航行海船法定检验技术规则(1999)》的《2005 年修改通报》,该修改通报自 2005 年 9 月 1 日起实施。

2006 年中国海事局颁布新版《国际航行海船法定检验技术规则(2006)》。

2007 年 11 月 29 日,中国海事局颁布新版《国际航行海船法定检验技术规则(2008)》。该规则将《国际航行海船法定检验技术规则(1999)》及其以后的修改通报汇总,并纳入国际海事组织新通过并生效的有关公约和规则修正案,形成 2008 版本,共 6 个分册,自 2008 年 3 月 1 日起实施。

2009 年,中国海事局颁布《国际航行海船法定检验技术规则(2008)》的《2009 年修改通报》,该修改通报自 2009 年 3 月 1 日起实施。2010 年,中国海事局颁布《国际航行海船法定检验技术规则(2008)》的《2010 年修改通报》,该修改通报自 2010 年 5 月 1 日起实施。

2.国内航行海船法定检验技术规则

为贯彻我国政府的有关法律、法令、条例,保障海上船舶及人命财产的安全,防止水域环境污染以及保障起重设备安全作业等,主管机关制定并颁布了国内航行海船法定检验技术规则。

1999 年 4 月 2 日,《非国际航行海船法定检验技术规则(1999)》以船舶检验局的名义颁布,《非国际航行海船法定检验技术规则(1999)》适用于船长为 20 米及以上非国际海上航行的中国籍船舶,该规则自 1999 年 9 月 1 日起实施。

1999 年 11 月 9 日,中国海事局颁布实施《关于〈非国际航行海船法定检验技术规则(1999)〉修改通报生效的通告》,规定 400 总吨以下的新船和现有船舶满足规定条件时,可免除有关安装滤油设备的要求。

2000 年 7 月 3 日,中国海事局颁布实施《关于〈非国际航行海船法定检验技术规则(1999)〉修改通报生效的通知》,规定 150 总吨及以上的新油船满足规定条件时,可免除安装油污水排放监控系统和油水界面探测器。

2001 年 11 月,中国船级社完成对《非国际航行海船法定检验技术规则(1999)》的修改初稿。2002 年 1 月 8—10 日,中国海事局在上海召开评审会对该修改稿进行了评审。中国船级社根据评审意见对初稿进行了修改并于 2003 年 4 月报送审批稿。中国海事局对其审查后,决定将新修改内容纳入《非国际航行海船法定检验技术规则(1999)》,改作《国内航行海船法定检验技术规则(2004)》版,并于 2003 年 9 月 10 日在北京召开船检技术法规换版评审会,经评审会审核同意后报交通部批准。2003 年 11 月 27 日,中国海事局颁布了《国内航行海船法定检验技术规则(2004)》。该规则自 2004 年 3 月 1 日起实施,并替代《非国际航行海船法定检验技术规则(1999)》。新版规则还明确了中国海事局与各船检机构在管理与检验方面的职责关系。

2006 年中国海事局颁布《国内航行海船法定检验技术规则(2004)》的《2006 年修改通报》。

2008 年中国海事局颁布《国内航行海船法定检验技术规则(2004)》的《2008 年修改通报》,该修改通报自 2008 年 9 月 1 日起实施。

鉴于国内 20 米以下沿海小型船舶检验技术法规不完善的情况,2003 年 9 月 12 日,中国海事局委托中国船级社编制《沿海小型船舶法定检验技术规则》。《沿海小型船舶法定检验技术规则(2007)》于 2006 年 10 月 23 日由中国海事局颁布,自 2007 年 3 月 1 日起实施。规则明确了船长 20 米及以下的常规钢质船舶检验技术要求,同时纳入了对玻璃钢船、铝合金船、高速船的检验技术要求。

2006 年,埃及客轮“萨拉姆 98 号”在红海海域沉没,事故遇难人数超过 1000 人。事故发生后,交通运输部针对我国当时所执行的国内航行海船法定检验技术规则在某些方面低于国际公约的现状,要求提高客船防火安全标准。中国海事局根据交通运输部的要求于 2006 年 1 月 4 日颁布《国内航行海船法定检验技术规则(2004)》的《2006 年修改通报》。该修改通报在船舶稳性、消防和救生等方面进行修改和完善,基本与国际公约的要求保持一致,部分条款要求高于国际公约,与发达国家技术标准相一致。该修改通报自 2006 年 3 月 1 日起实施。5 月 9 日,中国海事局和中国船级社在大连联合召开修改通报培训宣贯会。8 月 9 日,中国海事局对《国内航行海船法定检验技术规则(2004 年)》中有关“干货船破损控制”条款进行修改。

3.内河船舶法定检验技术规则

内河船舶法定检验技术规则适用于中国籍内河(包括江、河、湖泊和水库)民用船舶。1998 年 11 月

20 日,中华人民共和国船舶检验局颁布《内河船舶法定检验技术规则(1999)》,该规则自 1999 年 5 月 1 日起实施。

2001 年 12 月,中国船级社完成对《内河船舶法定检验技术规则(1999)》的修改初稿。2002 年 3 月 19 日,中国海事局在武汉召开评审会对该修改初稿进行评审,中国船级社根据评审意见进一步修改后于 2002 年 5 月报送审批稿。中国海事局审查后,决定将新修改内容纳入《内河船舶法定检验技术规则(1999)》,并改为《内河船舶法定检验技术规则(2004)》。2003 年 9 月 10 日,中国海事局在北京召开船舶检验技术法规换版评审会,经评审会审核同意后报交通部批准。中国海事局于 2003 年 11 月 27 日颁布了《内河船舶法定检验技术规则(2004)》,自 2004 年 3 月 1 日起实施。新版规则增加了有关防止船舶污染水域和载运危险货物船舶特殊要求以及三峡库区航行船舶安装雷达装置要求等规定。新版规则还明确了中国海事局与各船舶检验机构在管理检验方面的职责关系。

2003 年,中国海事局颁布新版的《内河船舶法定检验技术规则(2004)》,之后多次进行修订,并针对内河散装运输危险化学品船和散装运输液化气体船另行制定了技术规则。由于我国江河湖泊众多,不同水域航道、水文、气象条件各不相同,各地区经济发达程度也不相同,一部规则无法解决各类问题。1999—2010 年,中国海事局先后针对川江客滚船、京杭运河标准船型船舶、川江和三峡库区船舶、天生桥库区船舶,颁布相应的《内河船舶法定检验技术规则(2004)》补充规定,并且针对小型船舶,组织制定了《内河小型船舶法定检验技术规则》。

2005 年 10 月 18 日,中国海事局在武汉召开评审会,对中国船级社报送的《内河船舶法定检验技术规则(2004)》修改通报,进行评审。经审核批准,2006 年,中国海事局颁布了《内河船舶法定检验技术规则(2004)》的《2007 年修改通报》,该修改通报自 2007 年 3 月 1 日起实施。该修改通报主要对船舶结构形式和机构防火、结构防污染的要求进行了完善,首次提出内河船舶破舱稳性的具体要求。

2007 年 12 月 10 日,中国海事局颁布《内河船舶法定检验技术规则(2004)》的《2008 年修改通报》,该修改通报自 2008 年 3 月 1 日起实施,主要对内河船舶的分类、法定检验和证书、长江水系航区分级、船体结构及机械电气消防设备、载运乘客条件定额等要求进行了完善,新增防止空气污染、防止噪声污染、载运危险货物等有关规定。

针对川江出现用半舱驳改装成滚装船并投入滚装运输的情况,为规范新建或改建滚装船技术检验标准,2001 年 2 月,中国海事局委托中国船级社起草了《川江滚装船检验补充规定》,并于 3 月 22—24 日在湖北宜昌召开了《川江滚装船检验补充规定(初稿)》评审会。经审核批准,中国海事局于 2001 年 4 月 11 日颁布《川江滚装船检验补充规定(2001)》,该规定自 2001 年 5 月 1 日起实施。2002 年 6 月 4 日,中国海事局对《川江滚装船检验补充规定(2001)》进行了修改,对载运特殊人员(指司机及随车工作人员)超过 30 人或船长在 80 米以上的现有滚装船的救生设备作补充规定。

为保障交通部实施京杭运河船型标准化示范工程顺利推进,2003 年 7 月 16 日,中国海事局委托中国船级社编制相应的船舶法定检验技术规则。9 月 27—28 日,中国海事局在武汉召开评审会,对中国船级社报送的《京杭运河型船舶检验补充规定》(讨论稿)进行评审。中国船级社根据评审组意见对讨论稿进一步修改后于 11 月 25 日报送报批稿。经审核和交通部批准,中国海事局于 2004 年 3 月 1 日颁布实施《京杭运河型船舶检验补充规定(2004)》。该补充规定符合已经渠化的京杭运河的特点,其船舶防污染技术要求能对京杭运河南水北调工程水质起到保护作用。

2004 年 8 月 18 日,中国海事局颁布实施《川江及三峡库区航行船舶检验补充规定》,在《内河船舶法定检验技术规则(2004)》基础上,对川江及三峡库区水域航行船舶检验作出补充规定。川江及三峡库区水域系指长江干流自重庆九江坡港区至葛洲坝之间的水域,其中三峡库区系指长江干流丰都长石尾至葛洲坝之间的水域。

2002年6月25日,中国海事局委托中国船级社编制《内河小型船舶法定检验技术规则》。为使编制的《内河小型船舶法定检验技术规则》适应不同地区小型船舶发展需求,2005年9月,中国海事局决定成立"内河小型船舶检验规范"课题研究小组,秘书处设在天津船舶检验管理处。课题小组通过对29个省(自治区、直辖市)897份调查问卷分析以及对12个省(自治区)237艘内河小型船舶进行抽样调查,形成了详尽的资料汇总分析,为修订《内河小型船舶法定检验技术规则》提供了重要依据。2005年10月18日,中国海事局在武汉召开评审会,对中国船级社报送的《内河小型船舶法定检验技术规则》进行评审。经审核批准,2006年11月,中国海事局颁布《内河小型船舶法定检验技术规则(2007)》,该规则提供了5—20米内河小型船舶合理可行的法定检验技术要求,该规则自2007年3月1日起实施。

为解决广西、贵州、云南三省交界的天生桥库区内小型船舶检验发证问题,中国海事局委托广西壮族自治区船舶检验局起草了《天生桥库区小型客/货渡船检验规定(试行)》。起草工作完成后,中国船级社武汉规范所对稳性部分提出了建设性修改意见,后经审定和交通部批准,该规定于2006年3月14日由中国海事局颁布,自2006年4月1日起实施。该规定适用于船长5—20米且主机功率不大于22千瓦、在天生桥库区内各乡镇之间、为解决当地生产、生活交通所用的已有客/渡船(包括经营渡船和自用渡船)的检验。

2009年,中国海事局颁布《内河散装运输危险化学品船舶法定检验技术规则(2009)》。该技术规则自2010年3月1日起实施,适用于我国内河水域散装运输液体危险化学品货物的船舶,但不包括运载石油或类似的易燃货品的船舶。

2009年,中国海事局颁布《内河散装运输液化气体船舶法定检验技术规则(2009)》。该技术规则自2010年3月1日起实施,适用于从事散装运输时,温度为37.8摄氏度时其蒸汽压力超过0.28兆帕(绝对压力)的液化气体和其他货品的内河液化气体运输船以及顶推液化气驳的推船。

4.法定检验技术规程与其他规定

为了有效实施船舶法定检验技术规则,确保船舶符合我国政府有关要求,满足主管机关规定和标准,促进船舶具备安全航行、防止船舶造成环境污染的技术条件,主管机关制定并颁布了船舶检验技术规程。2000年11月中国海事局委托中国船级社编制《海船法定建造检验规程》《海船法定营运检验规程》《河船法定建造检验规程》《河船法定营运检验规程》等4部规程,2003年完成初稿的评审工作。2007年8月,中国海事局委托中国船级社根据已颁布的船检技术法规和国家标准,对《海船法定建造检验规程》等4部规程的初稿进行修改、复审。2010年,中国船级社完成了4部规程的修订工作,中国海事局按照船检法规制定程序进行报批,当时计划于2011年颁布并实施。

1999年,中国海事局组织有关专家对三峡工程明渠汛期通航情况进行调研,修订了1998年2月颁布的《三峡工程明渠汛期通航船舶及其辅助船舶检验规定》,在保证通航安全的基础上进一步增大明渠汛期通航能力,简化了船舶检验程序。该规定于1999年6月7日由交通部印发,按照此规定检验合格的船舶由海事局授权的检验机构发明渠试航证书,有效期与适航证书相同。

原船舶检验局组织编写了《海南内河小型船舶检验暂行规定》草案,1999年7月,中国海事局委托中国船级社负责该暂行规定的出版和发行工作。经中国海事局审核并报经交通部批准后,《海南内河小型船舶检验暂行规定(2000)》于1999年12月7日颁布,自2000年3月1日起实施。

2000年11月,中国海事局委托中国船级社开展《船载航行数据记录仪技术条件和检验程序》编制工作。2001年4月2日,《船载航行数据记录仪技术条件和检验程序》(国内船舶试行)对外颁布。该检验程序明确中国籍国际航行船舶和进入中国水域的外国籍船舶,其船载航行数据记录仪应符合国际海事组织有关标准。

2001年前后,国内陆续出现购买航空母舰并改建为民用水上浮动游览设施的情况,中国海事局开始着手规范此类航母型水上设施技术检验要求,并委托中国船级社编制相应的检验规定。2002年8月27日,编制完成并经交通部批准的《航母型水上设施检验暂行规定》正式由中国海事局颁布,自2002年10月1日起实施。

2001年,厦门海事局向中国海事局上报了《关于厦门海域乡镇运输船舶移交中涉及船检工作若干问题的请示》。考虑到乡镇船舶大部分小于20米,中国海事局同意厦门海事局召集船舶管理、设计、使用等部门,参照相关检验规范及要求,制定暂行检验办法。2003年初,福建海事局制定了《福建省20米以下沿海现有营运木制运输船舶检验暂行办法》并于4月23日上报中国海事局审定。根据中国海事局批复,福建海事局于2003年6月23日颁布《福建省20米以下沿海现有营运木质运输船舶检验暂行办法》。

2004年1月15日,中国海事局颁布《敞口集装箱船检验暂行规则(2004)》。该规则适用于专门从事海上运输集装箱的敞口(无舱口盖)自航船舶,非敞口集装箱船可参照该规则执行。之后,在总结实践经验的基础上,中国船级社对该规则进行了修改。2007年12月10日,中国海事局颁布《敞口集装箱船法定检验技术暂行规则(2008)》。该规则自2008年3月1日起实施。该规则适用国际和国内航行专门从事海上运输集装箱的敞口(无舱口盖)自航船舶和非自航船舶。

2005年7月18日,中国海事局颁布《国际航行现有水产品运输船法定检验暂行规定(2005)》。该规定自2005年9月1日起实施,适用于亚洲地区海上国际航行的、小于500总吨且船长大于24米的中国籍水产品运输船,包括冷藏船和活鱼运输船。

根据交通部《关于制定乡镇渡口渡船检验规范若干事项的通知》要求,海南省交通厅和海南海事局制定了《海南省地方小型船舶检验规定》,于2005年6月20日上报中国海事局审定。9月29日,交通部批复原则同意该规定,并提出部分修改意见。经海南省人民政府批准,海南省交通厅和海南海事局于2006年5月22日联合颁布实施《海南省地方小型船舶检验规定(2006)》。

2005年,中国船级社根据游艇市场发展需要编写了《游艇检验技术要求》,拟作为《国内航行海船法定检验技术规则(2004)》的新增加章节。随着游艇经济高速发展,游艇进口和生产数量不断增加,海事管理机构对游艇的安全性能和安全管理要求进一步提高。因此,2006年中国海事局决定委托中国船级社在2005年编写的《游艇检验技术要求》的基础上,将游艇的检验技术要求单独列为一个法定技术规则。2006年9月26—28日,中国海事局法规处在上海主持召开了中华人民共和国海事局《游艇法定检验暂行规定》评审会议。会议就《游艇法定检验暂行规定》向地方船舶检验机构、国内游艇生产厂家以及游艇俱乐部的专家和代表征求了意见。此后,上海规范所编写组对《游艇法定检验暂行规定》进行修改,完稿后呈报至中国海事局审核。2008年,中国海事局以海法规〔2008〕423号文件颁布实施《游艇法定检验暂行规定(2009)》。该规则自2009年1月1日起实施。该暂行规定适用于在中国水域,包括海上和内河航行的艇长20米以下的机动游艇。1999—2010年海事局颁布的相关重要法规见表7-6。

1999—2010年中国海事局颁布的《船舶与海上设施法定检验规则》等一览　　表7-6

名　称	颁布日期	实施日期
《国际航行海船法定检验技术规则(1999)》补充规定	1999年11月9日	1999年11月9日
《非国际航行海船法定检验技术规则(1999)》修改通报	1999年11月9日	1999年11月9日
《海南内河小型船舶检验暂行规定》	1999年12月7日	2000年3月1日
《非国际航行海船法定检验技术规则(1999)》修改通报	2000年7月3日	2000年7月3日
《船载航行数据记录仪技术条件和检验程序(国内船舶试行)》	2001年4月2日	2001年4月20日

续上表

名　　称	颁布日期	实施日期
《川江滚装船检验补充规定(2001)》	2001年4月2日	2001年5月1日
修改《川江滚装船检验补充规定》(2001)的通知	2002年6月4日	2002年6月15日
《航母型水上设施检验暂行规定》	2002年8月27日	2002年10月1日
《国际航行海船法定检验技术规则(1999)》的《2003年修改通报》	2003年5月13日	2003年7月15日
《国内航行海船法定检验技术规则(2004)》	2003年11月27日	2003年11月27日
《内河船舶法定检验技术规则(2004)》	2003年11月27日	2003年11月27日
《敞口集装箱船检验暂行规则(2004)》	2004年1月15日	2004年3月1日
《京杭运河型船舶检验补充规定(2004)》	2004年3月1日	2004年3月1日
《国际航行海船法定检验技术规则(1999)》的《2004年修改通报》	2004年5月8日	2004年7月1日
《川江及三峡库区航行船舶检验补充规定》	2004年8月18日	2004年9月1日
《国际航行海船法定检验技术规则(1999)》的《2005年修改通报》	2005年6月28日	2005年9月1日
《国际航行现有水产品运输船法定检验暂行规定(2005)》	2005年7月18日	2005年9月1日
国内航行海船法定检验技术规则(2004)《2006年修改通报》	2006年1月4日	2006年3月1日
修订《国内航行海船法定检验技术规则》(2004年)有关条款通知	2006年8月9日	2006年8月9日
《天生桥库区小型客/货渡船检验规定(试行)》	2006年3月14日	2006年4月1日
《沿海小型船舶法定检验技术规则(2007)》	2006年10月23日	2007年3月1日
《内河船舶法定检验技术规则(2004)》的《2007年修改通报》	2006年10月23日	2007年3月1日
《内河小型船舶法定检验技术规则(2007)》	2006年11月8日	2007年3月1日
《国际航行海船法定检验技术规则(2008)》	2007年11月29日	2008年3月1日
《敞口集装箱船法定检验技术暂行规则(2008)》	2007年12月10日	2008年3月1日
《内河船舶法定检验技术规则(2004)》的《2008年修改通报》	2007年12月10日	2008年3月1日
《国内航行海船法定检验技术规则(2004)》的《2008年修改通报》	2008年6月16日	2008年9月1日
《国际航行海船法定检验技术规则(2008)》的《2009年修改通报》	2008年12月22日	2009年3月1日
《内河散装运输危险化学品船舶法定检验技术规则(2009)》	2009年11月2日	2010年3月1日
《内河散装运输液化气体船舶法定检验技术规则(2009)》	2009年12月2日	2010年3月1日
《国际航行海船法定检验技术规则(2008)》的《2010年修改通报》	2010年3月30日	2010年5月1日

二、中国船级社编制的技术规范与指导性文件

在1999年国家船检管理体制“政事分开”的改革中，1999年8月4日交通部以交人劳发〔1999〕400号文发出《交通部关于中国船级社主要职责、机构设置和人员编制的通知》，规定中国船级社“按照国家有关法律、法规及规定和有关国际公约、规则，为船舶、海上设施、集装箱及相关工业产品提供合理和安全可靠的技术规范和标准，通过检验、认证和技术服务，保障船舶、海上设施、集装箱具备安全航行、安全作业的技术条件，保障人民生命财产的安全和防止水域环境污染，为交通运输、海上开发及相关的制造业和保险业服务”。

据此，中国船级社承担起保障船舶、海上设施、集装箱安全的技术规范和标准编制与修订，持续推进我国船舶、海上设施、集装箱及其工业产品技术规范与标准的发展；同时为了准确、有效的执行规范、规则和协议，不断完善现场检验指导性文件。

(一)国际航行海船规范的修订与发展

国际航行海船规范主要依据我国接受或参加的国际海事公约,并跟踪国际海事公约的发展及结合我国科技近况,利用中国船级社的科研成果编制而成。修订、完善我国的海船规范,是为船舶检验提供合理和安全可靠的技术规范和检验标准。

1.钢质海船入级与建造规范

由于已单独颁布出版《材料与焊接规范(1998)》,中国船级社把材料与焊接部分内容从《钢质海船入级与建造规范(1989)》中分离出来,同时整合对大型船舶的研究成果,修订完成《钢质海船入级与建造规范》及其修改通报。2001版换版编辑纳入了IMO、IACS的最新要求,以及中国船级社VCBP研究成果和用户反馈的使用经验。中国船级社于2001年12月1日颁布实施了第一部具有超大型船舶高新技术含量的《钢质海船入级与建造规范(2001)》。

该规范总计5个分册,8篇61章,5个附录。主要增加了轮机(包括电气设备)入级符号★CSM。该符号表示船舶在建造时其推进机械和重要的辅助机械的制造、安装和试验,是由中国船级社按照其规范进行检验。

其后,中国船级社于2002年、2003年、2004年、2005年陆续颁布了该规范的修改通报。

《钢质海船入级与建造规范(2001)》的《2004年修改通报》于2004年12月30日实施,通报取消了船体入级符号中5/5等数字,对船舶类型的附加标志也做了修订。

《钢质海船入级与建造规范(2001)》的《2005年修改通报》于2005年8月1日实施,此次修订增加了IACS生效的统一要求、加强检验计划有关的技术评估指南及船东检查报告、航行中修理检验的指南、对船体结构测厚公司的认证程序等。另外还对第2篇、第3篇、第4篇、第6篇、第7篇、第8篇的部分内容进行了修订。

2.钢质海船入级规范

(1)《钢质海船入级规范(2006)》(中英文)

中国船级社于2006年4月1日颁布实施了中英文版《钢质海船入级规范(2006)》,该规范的编写,是按现代船级社的理念,并参照国际有关船级社规范,将《钢质海船入级与建造规范》改名并重新编制。《钢质海船入级规范(2006)》,明确“入级过程”——规范研究编制、审图、建造中检验、建造后检验、证书签署和信息服务;各有关方的责任、规范的作用、规范的范围、规范要求与法定要求的关系;首次纳入产品检验要求及其产品持证清单等;首次全部纳入IACS的共同结构规范(CSR)。该规范增加了中国船级社理事会与委员会的相关内容,明确了理事会、技术委员会、船级委员会的主要职责;将产品检验扩展为1章,增加了设计认可、型式认可、工厂认可和产品持证与检验要求一览表;在有关章节增加了国内外的科研成果和使用经验。该规范较之以前的规范,内容更为丰富、合理和适用,成为这种新版本规范的首版规范。

其后,中国船级社依据最新调整的规定和新科研成果,又陆续颁布了《钢质海船入级规范(2006)》的《2007年修改通报》和《2008年修改通报》。

(2)《钢质海船入级规范(2009)》(中英文)

2009年,中国船级社纳入IMO公约、IACS统一要求和共同规范的最新规定,修订《钢质海船入级规范(2006)》及其修改通报,并于2009年7月1日换版颁布实施了中英文版《钢质海船入级规范(2009)》。该规范与《钢质海船入级规范(2006)》结构类同,总计7个分册,共10篇。

其后,中国船级社于2010年7月1日颁布了《钢质海船入级规范(2009)》的《2010年修改通报》,修订增加了反映船舶类型和船舶特征等的附加标志；修改了与这些附加标志相关的技术要求；纳入了截至2010年7月生效和经修订的IACS统一要求；按照芬兰瑞典冰级规则修订了冰区加强的要求细则；对动力定位控制系统的布置及转换提出了具体的操作要求；对DP-3操纵室的布置及设备的备用作出规定等。

3.散装运输液化气体船舶构造与设备规范

(1)《散装运输液化气体船舶构造与设备规范(2005)》(中英文)

2005年,中国船级社修订《散装运输液化气体船舶构造与设备规范(1996)》,于2005年12月30日颁布实施中英文版《散装运输液化气体船舶构造与设备规范(2005)》。

该规范符合IMO以MSC.32(63)、MSC.59(67)和MSC.103.(73)决议通过的《国际散装运输液化气体船舶构造与设备规则》(IGC规则)修正案,纳入了IACS统一要求及部分统一解释的相关要求,在编排上做了较大改动,总计3个部分。其中,第1部分为总则是中国船级社所有独立规范具有的特定章节；第2部分为入级检验与船体结构补充规定；第3部分为IGC规则。同时,在相应条款下增加特别标明的中国船级社条款作为补充和解释。

(2)《散装运输液化气体船舶构造与设备规范(2006)》(中英文)

2006年,中国船级社修订《散装运输液化气体船舶构造与设备规范(2005)》,于2006年7月1日颁布实施中英文版《散装运输液化气体船舶构造与设备规范(2006)》。

该规范依据IMO MSC.177(79)决议通过的《IGC规则》修正案,进行相应修订,主要修订了规范第3部分《IGC规则》的条款内容,其中涉及有关对电气装置及液货舱充装极限等的要求。

其后,中国船级社公布了《散装运输液化气体船舶构造与设备规范(2006)》的《2006年修改通报》《2008年修改通报》。

4.散装运输危险化学品船舶构造与设备规范

(1)《散装运输危险化学品船舶构造与设备规范(2005)》(中英文)

2005年,中国船级社修订《散装运输危险化学品船舶构造与设备规范(1996)》,于2005年12月16日颁布中英文版《散装运输危险化学品船舶构造与设备规范(2005)》,自2005年12月30日实施。

该规范补充了IMO《国际散装运输危险化学品船舶构造与设备规则》生效的全部修正案。它在编排上做了较大改动,主要包含总则、入级检验与船体结构补充规定和IGC规则3个部分,同时在相应条款下增加特别标明的中国船级社条款作为补充和解释。

(2)《散装运输危险化学品船舶构造与设备规范(2006)》(中英文)

2006年,中国船级社修订《散装运输危险化学品船舶构造与设备规范(2005)》,于2007年1月1日颁布实施中英文版《散装运输危险化学品船舶构造与设备规范(2006)》。

该规范分为总则、入级检验与船体结构的补充规定、IGC规则等3部分。该规范在《散装运输危险化学品船舶构造与设备规范》(2005)的基础上,根据《IGC规则》2004年修正案做了相应内容的更新,主要是对规范第3部分关于《IGC规则》条款内容的修订,涉及货品表的重新分类和载运条件的改变；防火要求直接引用《SOLAS 74公约》Ⅱ-2章相关条款；材料及电气装置的修订等。

(3)《散装运输危险化学品船舶构造与设备规范(2009)》(中英文)

2008年,中国船级社为纳入IMO以MSC.219(82)以及MEPC166(56)决议通过的《国际散装运输危险化学品船舶构造与设备规则》的修正案,修订了《散装运输危险化学品船舶构造与设备规范(2006)》,于2009年1月1日颁布实施中英文版《散装运输危险化学品船舶构造与设备规范(2009)》。

该规范分为总则、入级检验与船体结构的补充规定、国际散装运输危险化学品船舶构造与设备规则3部分,总计25章。其中主要修改了防火和灭火方面的要求,并完全替换了第17章、18章、19章中有关货物清单及索引的内容。

5.海上高速船入级与建造规范

《海上高速船入级与建造规范(2005)》是在《海上高速船入级与建造规范(1996)》及其修改通报的基础上,参照 IMO《2000 年国际高速船安全规则》,并结合近年来国内各船舶设计单位、高速船航运公司、建造厂和验船机构的经验和意见编制的。中国船级社于 2005 年 11 月 1 日颁布了中英文《海上高速船入级与建造规范(2005)》。

其后,中国船级社又颁布了《海上高速船入级与建造规范(2005》)的《2010 年修改通报》。

6.船舶安全管理体系认证规范

(1)《船舶安全管理体系认证规范(2000)》(中英文)

2000 年,中国船级社修订《船舶安全管理体系认证规范(1998》),于 2000 年 8 月 1 日颁布实施中英文版《船舶安全管理体系认证规范(2000)》。该规范相比 1998 年版规范,删除了第 1 节关于于 SMS 名录、第 2 节关于船级附加标志 SMS 的条文;增加了第 2.7 条港口国控制;第 3 节的第 3.4 条内增加了在公司或船舶审核时,如发现严重不合格,则按相关程序处理,必要时,用《ISM 证书失效通知书》书面通知主管机关;附录 3,将原来的第 4.3 版 IACS PR9《ISM 规则认证程序要求》,改成了第 5.0 版的新要求。

(2)《船舶安全管理体系认证规范(2002)》(中英文)

2002 年,中国船级社修订《船舶安全管理体系认证规范(2000)》,于 2002 年 7 月 1 日颁布实施中英文版《船舶安全管理体系认证规范(2002)》。

该版规范总计 7 章。其中,第 1 章中增加了第 1.3 条"等效"条款,也就是如果公司的 SMS 由主管机关或主管机关认可的机构审核发证,就说明其效果满足本规范要求,CCS 认为该公司的 SMS 等效符合本规范要求;增加了第 1.7.4 条"审核组长的职责";增加了第 1.8.2 条,若取证公司或取证船舶对本社审核执行机构的审核结论有任何异议时,可书面连同详细背景材料向本社总部申诉,总部将根据情况做出最终裁决。第 2 章中增加了第 2.8 条"检验控制"条款。第 3 章中增加了第 3.5"发现"和第 3.6 条"观察项"两条规定。新增第 7 章有关移动式钻井平台公司、移动式钻井平台和浮式处理及储油装置(FPSO)的审核。

(3)《船舶安全管理体系认证规范(2006)》(中英文)

2006 年,中国船级社修订《船舶安全管理体系认证规范(2002》),于 2006 年 4 月 1 日颁布实施中英文版《船舶安全管理体系认证规范(2006)》。

该规范系在《船舶安全管理体系认证规范(2002)》基础上,依据最新版本的 IACS PR9 编制而成。在内容上增加了影响 DOC 和 SMC 有效性的各种变更的审核要求。

(4)《船舶安全管理体系认证规范(2010)》(中英文)

2010 年,中国船级社修订《船舶安全管理体系认证规范(2006)》,于 2010 年 7 月 1 日颁布实施中英文版《船舶安全管理体系认证规范(2010)》。

该规范总计 3 章 8 个附录。主要修订:严格证书撤销和失效条件;增加因 PSC 滞留导致的附加审核要求;增加认证合同前评估,有利于促进公司 SMS 运行的有效性。

7.船舶保安体系认证规范

2004 年,由于船舶保安体系认证的需要,中国船级社编制并于 2004 年 12 月 1 日颁布实施了中英文首版《船舶保安体系认证规范(2004)》。

该规范总计 4 章 2 个附录。它以《船舶保安认证指南(2003)》为基本框架,以经过一年多实践的《国际船舶和港口设施保安规则》(ISPS 规则)为基础制定的,其中采纳了 IACS 最新颁布的 ISPS 规则认证程序要求,并着重在船舶保安体系认证中的船舶保安要求、船舶保安设备、船舶保安计划审批资料提供、认证审核过程控制等方面进行了修改和补充。

(二)国内航行海船规范规则发展

1.国内航行海船入级及建造规范

(1)《国内航行海船入级规则(2005)》

由于国内海船入级检验需要,中国船级社在2005年编制并于当年3月1日颁布实施了首版《国内航行海船入级规则(2005)》,规定国内航行入级船舶的入级符号为★CSAD(船体)、★CSMD(轮机)。

该规则总计3章,依次为通则、入级范围与条件、建造后检验规则。7个附录为:营运船舶船体结构腐蚀磨耗控制值、舵轴承磨耗间隙、柴油机运动部件磨耗间隙、螺旋桨轴或尾管轴轴承磨耗间隙、电气设备和电路的最低热态绝缘电阻、载重线标志的勘划、搁置船舶检验。

(2)《国内航行海船入级规则(2006)》

2006年,中国船级社依据《国内航行海船入级规则(2005)》实施中的反馈意见修订该规则,于2006年12月1日颁布实施了《国内航行海船入级规则(2006)》。

其后,于2010年颁布该规则的《2010年修改通报》,按照交通运输部2009年第14号令,修订了老旧油船、散货船和化学品船的检验要求;修订了船舶的入级范围与条件、相关附加标志、船舶搁置检验、螺旋桨轴与尾管轴检验、锅炉检验、船舶重大改建、修理和改装的检验,船体结构腐蚀磨耗控制值以及"浮油回收船""动力定位系统"等附加标志和检验内容。该规则总计6章,依次为通则、入级范围与条件、产品检验、建造中检验、建造后检验、附加标准检验,以及6个附录。

(3)《国内航行海船建造规范(2006)》

2006年,中国船级社编制《国内航行海船建造规范》,于2006年10月28日颁布了《国内航行海船建造规范(2006)》,自2006年12月1日起实施。它适用于国内航行钢质海船(包括入级船舶),对船体、轮机和电气的技术要求作出规定。

该规范总计4篇,依次为总则、船体、轮机、电气装置。其后,为执行交通运输部2009年第14号令,中国船级社编制《国内航行海船建造规范(2006)》的《2010年修改通报》,该《修改通报》在总结现场检验经验和处理用户反馈意见的基础上,对第2篇、第3篇、第4篇的内容作了修订。

(4)《浮船坞入级规范(2009)》(中英文)

2009年,中国船级社修订《浮船坞入级与建造规范(1993)》,于2009年7月1日颁布实施中英文版《浮船坞入级规范(2009)》。

该规范对浮船坞大型化的适用性做出重大修改,对某些关键技术要求做出明确规定,如横向强度的规范校核及有限元分析方法等。总计6章,依次为通则;坞体结构;稳性、干弦与作业,最大沉深吃水标志;轮机;电气装置;消防等。

2.国内沿海航行小型船舶检验规范

(1)《沿海小船检验规范(2001)》

2001年,由于沿海小型船舶检验需要,中国船级社于2001年7月1日颁布实施了《沿海小船检验规范(2001)》。

该规范总计3篇,依次为纤维增强塑料艇、钢制小船、液化石油气(LPG)动力小船的附加要求等。

(2)《沿海小船入级与建造规范(2005)》(中英文)

2005年,中国船级社修订《沿海小船检验规范(2001)》,于2005年6月9日颁布中英文版《沿海小船入级与建造规范(2005)》,自2005年7月1日实施。

该规范是在《沿海小船检验规范(2001)》基础上,参照ISO小艇国际标准适用要求,综合分析国外标准与规范,结合国内情况制定的,并纳入多年来的使用反馈信息。主要修改内容为:①增加非机动船的要求;②增加高速钢质船及铝合金船的船体结构、轮机、电气设备等要求,并增加对玻璃钢船的非推荐铺层设计层板船体构件尺寸的修正规定以及双体船结构要求的规定;③增加层压玻璃的强度计算内容;④增加玻璃与壳板粘结要求,以适应窗玻璃新连接形式的发展;⑤对舷外挂机及尾推机的尾封板厚度要求分别作了规定;⑥对机器设计与安装、环境条件、控制与仪表等内容在原基础上进行补充完善;⑦将原规范的法定检验内容删除。该规范除将高速小水线面双体船与低速小水线面双体船合并,另行编写规范/指南之外,基本包括了当前所有类型的高速船,诸如单体船、双体船、气垫船、侧壁式气垫船、穿浪船等(并包括高速客滚船)。其适用的船舶尺度也调整为20米以上,最大船长可达90—100米。该规范总计6章,依次为通则、船体结构、舾装、轮机、电气装置、液化石油气LPG动力小船的附加要求等。

(3)《游艇建造规范(2008)》(中英文)

随着我国游艇的发展,2008年8月1日中国船级社颁布实施中英文版《游艇建造规范(2008)》。

该规范适用于艇长20米以下的钢质、玻璃钢和铝合金材质的新建游艇。规范中所规定的游艇系指从事非营业性游览观光、休闲娱乐等活动的船舶。总计6章,依次为通则、艇体结构、轮机、电气装置、舾装、液化石油气LPG动力游艇的附加要求等。

3.国内沿海航行船舶检验规定

《琼州海峡火车渡船检验暂行规定(1999)》(中英文)

在琼州海峡开辟火车轮渡运输后,为了保障琼州海峡火车渡船具有安全航行的技术条件,中国船级社编制并于1999年5月1日颁布了中英文版《琼州海峡火车渡船检验暂行规定(1999)》。

(三)内河船舶检验技术规范的发展

国家船检管理"政事分开"改革后,中国船级社按其承担的职责,跟踪我国江、河、湖船舶的安全形势,依据我国的实际情况和水上安全保障需要,编制与修订内河船舶规范。

1.内河船舶入级和建造规范的编制修订

(1)《内河高速船入级与建造规范(2002)》

2002年,中国船级社修订《内河高速船建造与检验规定(1997)》,于2002年9月1日颁布实施了《内河高速船入级与建造规范(2002)》。

该规范从我国内河高速船安全出发,参考国际海事组织的《2000年国际高速船安全规则》,结合国内对新型高速船的开发需求而编制。

(2)《钢质内河船舶入级与建造规范(2002)》

2002年,中国船级社修订《钢质内河船舶入级与建造规范(1996)》及其修改通报,于2002年9月1日颁布实施中文版《钢质内河船舶入级与建造规范(2002)》。

(3)《内河小型船舶建造规范(2006)》

中国船级社在2006年3月1日颁布实施《内河小型船舶建造规范(2006)》。

(4)《内河船舶入级规则(2005)》

由于内河船舶入级的需要,中国船级社在2005年3月1日颁布实施《内河船舶入级规则(2005)》。

(5)《内河船舶入级规则(2008)》

中国船级社总结内河船舶入级经验,修订《内河船舶入级规则(2005)》,于2008年6月1日颁布实施

《内河船舶入级规则(2008)》。

(6)《钢质内河船舶建造规范(2009)》(中英文)

2008年,中国船级社修订《钢质内河船舶入级与建造规范(2002)》,于2009年1月1日颁布实施中英文版《钢质内河船舶建造规范(2009)》。

该规范依据内河航道水域的变化,船舶大型化发展趋势,新技术、新材料在船上应用,以及国家关于环境保护的新要求等实际情况制订。它适用于船长20米及以上但不超过140米的国内内河航行钢质船舶(包括国内内河航行入级船舶),对其船体、轮机和电气的技术要求作出规定。

2.特定航区船型河船检验规定规范的编制修订

(1)《液化石油气动力游艇检验暂行规定(2000)》

1986年,船舶检验局颁布实施《内河船舶使用液化石油气设备检验规定》。10多年后,为向盛极一时的液化石油气动力游艇检验提供检验标准,中国船级社总结该规定的使用经验编制液化石油气动力游艇检验规定,于2000年11月15日颁布实施了《液化石油气动力游艇检验暂行规定(2000)》。

(2)《京杭运河标准型船舶规范(2003)》

2003年,在贯彻我国政府对内河运输船舶标准化管理中,中国船级社参与交通部组织的有关内河标准船型的调查研究,于当年就京杭运河标准型颁布实施《京杭运河标准型船舶规范(2003)》。

该规范适用于航行京杭运河水系新建或改建的钢制标准型船舶的普通货船、单舷长大舱口船、双壳船、推拖船。

(3)《川江及三峡库区标准型载货汽车滚装船建造规范(2004)》

2004年,中国船级社研究总结《川江标准载货汽车滚装船技术规范(2003)》的实施经验,将其使用水域扩大到三峡库区,于2004年9月1日颁布实施了《川江及三峡库区标准型载货汽车滚装船建造规范(2004)》。

3.运输危险品内河船舶规范的编制修订

(1)《内河散装运输危险化学品船舶构造与设备规范(2001)》

2001年,中国船级社总结《内河散装运输危险化学品船舶构造与设备规范(1998)》的实施经验,结合我国情况并纳入《IGC规则》的最新规定,对其进行修订补充,换版编辑《内河散装运输危险化学品船舶构造与设备规范》,于2001年4月1日颁布实施《内河散装运输危险化学品船舶构造与设备规范(2001)》。其中列出了"本《规范》不适用的化学品名单"。

(2)《内河散装运输危险化学品船舶构造与设备规范(2008)》

2008年,中国船级社总结《内河散装运输危险化学品船舶构造与设备规范(2001)》的实施经验,结合我国情况纳入《IGC规则》"2004年修正案"相关技术要求, 对其进行修订补充,换版编辑《内河散装运输危险化学品船舶构造与设备规范》,于2008年9月1日颁布实施《内河散装运输危险化学品船舶构造与设备规范(2008)》。

该规范相对于《内河散装运输危险化学品船舶构造与设备规范(2001)》增加了总则4章,总计为22章。

(3)《内河散装运输液化气体船舶构造与设备规范(2008)》

2008年,中国船级社总结《内河散装运输液化气体船舶构造与设备规范(1998)》的实施经验,结合我国情况纳入《IGC规则》最新规定,对其进行修订、补充,换版编辑《内河散装运输液化气体船舶构造与设备规范》,于2008年6月1日颁布实施《内河散装运输液化气体船舶构造与设备规范(2008)》。

该规范由总则、入级检验和船体结构补充规定、内河散装运输液化气体船舶法定检验技术规则等3

部组成,总计23章2个附录。

(四)海洋工程检验技术规范编制修订

中国船级社跟踪国内外海洋工程检验发展和有关国际公约修订文件,依据我国海洋工程检验需要,编制与修订我国海上设施检验规范。

1.《海上浮式装置入级与建造规范(2003)》

2003年,中国船级社出于海上浮式装置检验需要编制《海上浮式装置入级与建造规范》,于2003年3月1日颁布实施《海上浮式装置入级与建造规范(2003)》。

其后,2009年中国船级社对该规范的第2篇第6章第2节关于系泊设备的相关内容进行修订,以通函的形式于当年9月1日颁布实施。

2.《浅海固定平台建造与检验规范(2004)》

2004年,中国船级社出于浅海固定平台检验需要编制《浅海固定平台规范》,于2004年7月1日颁布实施《浅海固定平台建造与检验规范(2004)》。

该规范是我国第一部有关浅海固定平台建造与检验的规范,其内容涵盖了浅海固定平台设计、建造、检验和发证等各个阶段的技术要求,纳入了中国政府以及有关国际公约的全部要求,同时增加了储油装置、人员健康与保护等方面的新规定。该规范在环境条件重现期的选取、疲劳分析、救生设备、电气设备与自动化、通用机械设备与管系、防火防爆等诸多方面都体现了浅海固定平台的特点。总计6章,依次为通则、签发平台合格证书的检验、签发防止油污证书的标准、签发防止生活污水污染证书的检验、防止垃圾污染的检验、签发起重设备证书的检验等。

3.《海上移动平台入级与建造规范(2005)》

2005年,中国船级社依据IMO的海上移动平台规则的修订,结合规范实施中反馈的意见修订、补充《海上移动平台入级与建造规范(1992)》,于2005年7月1日换版颁布实施《海上移动平台入级与建造规范(2005)》。

内容上,该规范对每一附加标志提出明确的要求,特别增加不同用途平台专门要求;明确了适用的环境条件由业主提供,并作为入级的依据;增加结构焊缝设计、结构防腐等内容;增加了直升机甲板附加标志和船用塑料管的规定;全面修改了电气设备和控制设备以及防火防爆安全、应急关断装置等要求。

(五)集装箱、材料与焊接和船舶与海上设施起重设备规范及发展

中国船级社跟踪国际有关海事公约发展和我国工业技术水平的提高,从保障我国工业产品和生产工艺的安全质量出发,继续修订与编制我国的集装箱检验规范、材料与焊接规范、船舶与海上设施用起重设备规范等。

1.集装箱检验规范

(1)《集装箱检验规范(1999)》(中英文)

1999年,中国船级社依据集装箱规范实施中的反馈意见和《1972年国际集装箱安全公约》的最新修正,修订《集装箱检验规范(1997)》,于1999年4月1日换版颁布实施中英文版《集装箱检验规范(1999)》。

(2)《集装箱检验规范(2003)》(中英文)

2003年,中国船级社依据集装箱规范实施中的反馈意见和《1972年国际集装箱安全公约》的最新修正,修订《集装箱检验规范(1999)》,于2003年4月1日换版颁布实施中英文版《集装箱检验规范

(2003)》。

该版规范相对于1999年版《规范》增加了有关罐式集装箱装运危险货物、第二类冷凝或非冷凝液化气体等的规定。

(3)《集装箱检验规范(2008)》(中英文)

2008年,中国船级社依据《1972年国际集装箱安全公约》的最新修正,修订《集装箱检验规范(2003)》,于2008年4月1日换版颁布实施中英文版《集装箱检验规范(2008)》。

该版规范相对于《集装箱检验规范(2003)》,新增了有关集装箱检验发证的技术要求;纳入了CSC、CCC/TIR、UIC、IMDG/UN相关公约要求、主管机关要求、IACS统一要求、ISO/GB标准和CCS检验经验等;满足了国际相关规则的更新要求。总计9章4个附录,依次为通则、检验、材料、集装箱、集装箱试验方法和要求、专用集装箱、保温集装箱、罐式集装箱、代码、识别和标记,以及附录:集装箱的海关要求;相关牌照与标记;冷藏箱ATO认证注意事项;罐式集装箱有限元计算指南。

2.材料与焊接规范

(1)《材料与焊接规范(1998)》

1998年,随着我国大型船舶检验对材料与焊接质量要求的提高,入级规模扩大,材料与焊接部分已包括海上设施、高速船等,同时,为适应承担法定检验的需要,中国船级社重新启动单行本《材料与焊接规范》编制与修订,决定把这部分内容从《钢质海船入级与建造规范(1989)》分离出来,除包括第1篇金属材料、第2篇非金属材料、第3篇焊接外,增加第0篇入级规则,整本出版《材料与焊接规范(1998)》,1999年1月1日颁布实施了《材料与焊接规范(1998)》。

其后,依据规范实施中的反馈意见和材料与焊接技术的发展,相继颁布该规范《2001年修改通报》、《2003年修改通报》和中英文版《2004年修改通报》。

《2001年修改通报》于2001年7月1日生效。它对第一篇第6章第5节的螺旋桨铸钢件、第8章第2节的铝合金板材和型材、第9章第1节的铜质螺旋桨、第10章的锚,进行了整章节的修改;对于第2篇,在第2章中增加了第8节铝合金焊接材料,在第8章中增加了第4节螺旋桨无损检测与焊补。

《2004年修改通报》于2004年12月30日生效。其主要内容是:修订了不锈钢的材料和焊接规定;增加了奥氏体/铁素体双相不锈钢的牌号;增加了对塑料管制造和检验的要求;增加了对铝镁合金的耐腐蚀试验的要求。

(2)《材料与焊接规范(2006)》

2006年,中国船级社修订《材料与焊接规范(1998)》及其修改通报,于2006年4月1日换版颁布实施《材料与焊接规范(2006)》。

该规范纳入IACS的统一要求,参考了我国国家标准和其他船级社规范的内容,修订涉及入级规则和有关产品检验制度的内容、有关复合钢板和铸锻件的内容、有关塑料制品和纤维增强塑料等非金属材料以及有关焊接材料的内容。

其后,陆续修订,发布了《材料与焊接规范(2006)》的《2007年修改通报》和《2008年修改通报》。

(3)《材料与焊接规范(2009)》

2009年,中国船级社修订《材料与焊接规范(2006)》及其修改通报,于2009年7月1日换版颁布实施《材料与焊接规范(2009)》。其后相继颁布了该规范的《2010年修改通报》。

该规范主要修订内容是:根据实验室试样制备的经验,修订了CTOD试验焊缝试样制备的载荷范围公式;根据新颁布的不锈钢材料的国家标准,对现行规范中不锈钢板、管的钢号表述方法和化学成分范围等作了相应调整;为满足海工发展的需要,增加海工专用系泊纤维绳的要求;针对焊工考试要求多年未修订难以满足当时需求的状况,对焊工考试章节作较大修改。

《2010年修改通报》于2010年7月1日起正式实施,修订主要内容是:为适应双相不锈钢发展的需要,在材料性能试验中专门增加1节用于评定双相不锈钢耐点腐蚀性的试验方法;新增1节“钢–铝过渡接头”,主要规定了钢–铝过渡接头的制造要求和出厂检验项目,以满足高速船使用的要求;考虑由于环保的要求,水润滑轴承在造船中的应用逐渐增多的情况,对水润滑高分子轴承的试验项目及衡准进行了规定;根据当时玻璃钢船建造中使用结构胶黏剂取代手糊成型的情况,增加了对结构胶黏剂的强度规定;对水下焊工考试的评定方法与适用范围做了较大的改动,以协调水下焊工考试和陆地上焊工考试的差异,并满足海工发展的需求。

3.船舶及海上设施起重设备规范

(1)《船舶及海上设施起重设备规范(2001)》(中英文)

《船舶及海上设施起重设备规范》是为满足“国际劳工组织”有关船舶起重设备公约要求编制的设备产品规范。中国船级社从船舶检验的实际需要出发,依据《起重设备法定检验技术规则》(1999)和“国际劳工组织”有关公约要求编制《船舶及海上设施起重设备规范》,于2001年7月1日颁布实施了中英文版《船舶及海上设施起重设备规范(2001)》。

(2)《船舶及海上设施起重设备规范(2007)》(中英文)

2007年,中国船级社依据“国际劳工组织”有关公约的新要求,修订《船舶及海上设施起重设备规范(2001)》,于2008年4月1日换版颁布实施中英文版《船舶及海上设施起重设备规范(2007)》。

该规范增加和修订了大量内容,主要涉及:修订了年度检验的时间间隔规定,增加船用起重机船舶倾斜角度的规定,明确船舶放置状态的计算要求,增加了潜水器吊放系统的试验要求,修订了船用起重设备材料与焊接的要求,增加了重型起重机的定义及适用要求,增加了起重设备机座支撑结构强度的要求。

(六)船检业务中的从业资质认证规范

1.《水下工程服务机构和海上设施检验机构认可导则(1999)》

中国船级社于1999年9月10日颁布实施。

2.《水下工程服务机构和海上设施检验机构认可规定(2004)》

为加强和完善中国船级社对水下服务机构和海上设施检验机构的管理,确保水下服务机构和海上设施检验机构所提供的服务满足中国船级社质量体系和IACS UR Z17统一要求对服务提供方的规定,中国船级社于2004年10月9日颁布实施了《水下工程服务机构和海上设施检验机构认可规定(2004)》。

规定凡为船东或海上设施拥有者提供水下服务和海上设施检测服务,且检验结果影响到中国船级社服务质量的机构,均应由中国船级社承认的机构按本规定进行认可。该规定总计6部分,依次为总则、目的、初次认可及发证、认可要求、证书有效性的保持和审核、批准、生效与解释等。

3.《无损检测人员资格认证规范(2000)》(中英文)

2000年,中国船级社修订《无损检测人员资格认可规则(1995)》,于2000年8月1日颁布实施中英文版《无损检测人员资格认证规范》(2000)。同时为满足无损检测人员资质培训和配套需要,中国船级社组织了造船、科研等部门专家编写了《超声检测技术》《射线检测技术》《磁粉检测技术》《渗透检测技术》作为无损检测人员资格培训的教材。

4.《无损检测人员资格鉴定与认证规范(2008)》(中英文)

2008年,中国船级社修订《无损检测人员资格认证规范(2000)》,于2008年6月1日换版颁布实施中英文版《无损检测人员资格鉴定与认证规范(2008)》。

该规范主要在组织职责、检测方法、申请条件、资格鉴定考试、高级人员认证方式等方面进行了修改，对资格认证委员会、考试中心、雇主和法人单位的职责重新进行了界定，明确各自职责；检测方法中增加涡流检测；申请条件中对学历要求、培训学时、实践经历、视力要求的内容进行改动；资格鉴定考试中明确Ⅰ、Ⅱ、Ⅲ级考试项目、考试方法与基本要求以及考试评分标准；高级人员认证中引进信用体系认证方法。

(七)船舶检验指南制订及发展

IMO的决议案或通告及IACS的某些统一要求，大多是原则性条款。为了便于执行IMO的决议案或通告以及IACS的统一要求，船级社在必要时往往出版指导性文件，包括描述详尽的技术要求、统一操作程序、规定操作方式等，这种指导性文件统称“指南”。

中国船级社在1999—2010年，总共颁布了100多份检验指南。指南在使用一段时间后，有的会进行补充、完善，有的则因适用部分纳入相关规范而被替代。

1.船舶检验技术指南

(1)特殊船舶与项目检验指南

《地效翼船检验指南》《石油沥青船检验指南》《小水线面双体船指南》《海上航行敞口集装箱船检验指南》《薄膜型液化天然气运输船检验指南》《特定航线江海通航船舶检验指南》《气体燃料动力船检验指南》《非公约尺度船检验指南》《钢夹层板材料船舶结构建造指南》《船舶重大改装实施指南》《海船船级附加标志应用指南》《船舶搁置指南》《内河工程船舶工作锚质量计算指南》《内河包装运输危险货物积载和系固手册编制指南》《内河集装箱系固手册编制指南》《装载手册编写指南》《船用柴油机氮氧化物排放试验及检验指南》《船舶废气清洗系统试验及检验指南》。

(2)船体结构强度检验指南

《船体结构疲劳强度指南》《船体结构强度直接计算指南》《钢质内河船舶船体结构直接计算指南》《散货船船体结构强度直接计算分析指南》《双舷侧散货船结构强度直接计算指南》《双舷侧散装货船船体结构指南》《油船船体结构强度直接计算分析指南》《集装箱船结构强度直接计算指南》《车辆运输船船体结构指南》《船舶结构防腐检验指南》《船体结构建造监控指南》《船上振动控制指南》《船体侧厚指南》。

(3)法规实施指南

《法定检验实施指南(国际航行船舶)》《国际船舶和港口设施保安规则实施指南》《国内船舶保安规则实施指南》《分舱与破损稳性要求实施指南》《海事劳工条件检查实施指南》《〈2006年海事劳工公约〉港口国官员检查指南》《〈2006年海事劳工公约〉船旗国检查指南》《船舶消防指南》。

(4)船舶状态评估及认证指南

《综合安全评估(FSA)应用指南》《现有油船状态评估程序(CAP)指南》《现有油船状况评估计划(CAS)检验指南》《船舶保安评估实施指南》《船舶保安体系认证指南》《国内船舶安全管理体系审核指南》《普通干货船船体检验、评估和修理指南》《船舶状况勘验指南》。

2.船用产品检验指南

《产品检验指南》适用于中国船级社规范规定需要认可的船用产品，包括了金属材料、焊接材料、非金属材料、轮机设备、液压设备、甲板机械、管系设备及附件、锅炉和压力容器、船舶舾装设备、电气设备、集装箱系固设备、耐火结构和设备、消防设备、救生设备、防污设备、无线电通信设备、起重设备、船用航行设备、船用信号设备等19大类船用产品。如金属材料大类包括《船用轧制钢材检验指南》《轧制不锈钢钢板检验指南》《铝合金板材检验指南》《铝合金型材检验指南》《锻钢件检验指南》《铸钢件检验指南》

《锚设备检验指南》《船用锚链钢检验指南》《锚链及其附件检验指南》《铜合金螺旋桨检验指南》《海上设施系泊定位用锚链及其附件检验指南》《钢丝绳检验指南》《钢管检验指南》《钢丝绳铝合金压接索具检验指南》《钢质管件检验指南》《牺牲阳极检验指南》等 16 个产品检验指南。《船用轧制钢材检验指南》包括轧制钢材(钢板、钢带、型材等)及轧制钢材用坯料(方坯、矩形坯、板坯、钢锭)的工厂认可和产品检验,锅炉用钢、压力容器用钢等钢种可参考该指南要求,并经 CCS 批准增加相关性能试验并进行工厂认可和产品检验。《船用轧制钢材检验指南》由适用范围、认可和检验依据、图纸资料、型式试验、单件/单批检验等 5 部分构成。再如,电气设备大类包括《船用电线电缆检验指南》《断路器检验指南》《电动机检验指南》《发电机检验指南》《发电机组检验指南》《蓄电池检验指南》《变压器检验指南》《照明灯具检验指南》《防爆灯具检验指南》等 9 个产品检验指南。《断路器检验指南》适用于交流 50 赫兹(或 60 赫兹),额定电压在 1000 伏及以下的船用低压空气断路器,包括框架式断路器和塑壳式断路器,直流断路器可参照执行。《断路器检验指南》由适用范围、使用类别、认可和检验依据、定义、图纸资料、典型样品的选取、设计和技术要求、型式试验、单件/单批检验等 9 部分构成。制定《产品检验指南》的主要依据是中国船级社规范;国际海事组织、国际船级社协会等通过的有关公约、规则、决议、统一要求等适用部分;国际、国家和行业标准等适用部分。《产品检验指南》主要规定了各产品的图纸和技术文件送审范围;重要零部件持证要求;重要工艺评定要求;主要设计和技术要求;型式试验项目及其试验方法和技术指标;签发船用产品证书的检验要求。

该指南是 CCS 规范的组成部分,规定船舶入级产品、受权法定产品检验适用技术要求、检验和试验要求。中国船级社于 2008 年 9 月 1 日颁布实施 68 个产品检验指南,2010 年 12 月颁布 13 个产品检验指南,并陆续制订和完善船舶入级和法定要求的船用产品检验指南,为中国船级社船用产品检验提供技术依据。

3.海洋工程检验指南

《海上固定设施高压电力系统检验指南》于 1999 年 3 月 1 日颁布实施。《海上平台状态评定指南》于 2005 年颁布实施。《钻井装置发证指南》于 2006 年颁布实施。

(八)检验须知制订及发展

1.船舶检验验船师须知

1991 年,中国船级社开始组织编制新的验船师须知,即:9207 版《验船师须知》。依据 IACS 统一要求、国际公约(修正案,特别是 MARPOL 73/78 附则一生效)及协调检验发证系统(HSSC)即将实施的情况,中国船级社在上一版《须知》的基础上形成了 9304 版《验船师须知》。鉴于部分内容需要增补和修改,中国船级社于其后曾出版了 9408 版《验船师须知》、9603 版《验船师须知》及 9910 版《验船师须知》。

随着 IMO 的决议案和 IACS 的统一要求不断更新,《验船师须知》修订频次也越来越快,内容越来越详实完善,指导性更强,尤其由文字版改为电子版后文件更新、传递、查阅及存档更加便捷。

(1)1999 10 版《验船师须知》。本版《验船师须知》为 5 册:第 1 册建造船舶入级检验;第 2 册营运中船舶入级检验;第 3 册船舶法定检验;第 4 册船舶入级检验证书/记录/报告的填写;第 5 册船舶法定检验证书/记录/报告的编写。

(2)2003 12 版《验船师须知》于 2004 年 1 月 1 日颁布实施。自 1999 10 版《验船师须知》颁布后,随着 IACS 修改了许多统一要求和解释、IMO 新生效的诸多修正案、《钢质海船入级与建造规范》(2001)及其修改通报的实施,很多内容均需进行修改、补充 。2003 12 版《验船师须知》的框架,是将原须知 5 个分册合成四大部分:第 1 部分通则,第 2 部分船级检验,第 3 部分法定检验,第 4 部分有效证书报告样本。

1999 10 版《验船师须知》第 4 和第 5 分册有关证书报告填写说明的必要内容纳入到各个相关部分中，更方便验船师查阅。其中与规范、公约、程序文件重复部分则予以删减，以保持须知的相对独立和稳定。

对 2003 12 版《验船师须知》的修改，则参照 IACS 内部工作组的工作模式，成立了《验船师须知》工作组（IS W/P），以电子邮件互相传递信息。以入级船舶事业部设专人专岗负责和各须知“维护组”积极参与的方式对须知进行维护和编写，从而找到了一种对须知进行及时有效维护的科学模式。

另外，《须知》的发放模式从该版起采用光盘下发方式，不再下发印刷版。每次升级后，采用电子邮件下发给各单位的方式，每年制作一次合订版光盘下发给各单位。

（3）2004 10 版《验船师须知》进行了局部修订，保留 2003 12 版《验船师须知》分为 4 部分的框架。

（4）2006 02 版《验船师须知》于 2006 年 2 月 17 日颁布实施。内容上，将新生效的规范修改通报，IACS 修改的统一要求和解释，IMO 新生效的修正案，中国船级社颁布的技术通函、通知和船东通告等相关内容纳入 2006 02 版《验船师须知》中。新增 II-B9 重大改建部分、II-C3-15 客滚船检验等章节。本版须知的发放模式采用在 CCS 网站颁布，电子邮件通知各单位下载的方式，不再下发光盘版和印刷版，以后每次升级均用电子邮件通知各单位下载。

（5）2006 04 版《验船师须知》于 2006 年 4 月 27 日颁布实施。该版须知主要针对中国船级社 2006 年 1—4 月在欧盟审核和内审中发现的问题，对上版须知的Ⅱ-A2，Ⅲ-C2-5，Ⅲ-C6-6 及Ⅲ-C7-1 章节进行了修订。

（6）2006 08 版《验船师须知》于 2006 年 8 月 1 日颁布实施。内容上，根据《2006 年钢质海船入级规范》、IMO 新生效公约修正案、IACS 统一要求和统一解释，及为适应中国船级社 SSMIS 2005 发证系统的实施、入级证书及签署系统的变更等方面的要求，进行了修订和编制。

（7）2007 08 版《验船师须知》，依据规范修改通报、IMO 新生效的国际公约及其修正案、IACS 统一要求和统一解释，对相关的证书和检验报告进行了修订，新增章节Ⅲ-M 欧盟的法令。

（8）2008 01 版《验船师须知》于 2008 年 1 月 10 日颁布实施，主要修改了 URZ[①] 3，Z 7，Z[②] 7.1，Z 10.1，Z 10.2，Z 10.4，Z 10.5，Z 16，Z 21，PR 20，PR[③] 35 及 URZ 23 等相关内容；新增 PSPC[④] 1 和 CSR 内容及一些特殊船型的结构特点介绍；另外授权政府特殊要求及中国船级社颁布的相关技术通函、通知和船东通告。该版须知共 4 个分册，CCS 证书、报告和记录样本的更新部分均体现在第 4 分册中。

（9）2009 03 版《验船师须知》于 2009 年 5 月 15 日颁布实施。该版对第 4 分册部分证书、报告和记录样本进行更新。

（10）2009 07 版《验船师须知》于 2009 年 10 月 31 日颁布实施。该版须知为 3 册。第 1 分册为通则，第 2 分册为船级部分，第 3 分册为法定检验。3 个分册均纳入新的 IACS、IMO 和授权船旗国政府的相关要求。删除第 4 分册，其证书、报告和记录的格式版本、内容的更新和维护在 SSMIS 系统中得以实现。

（11）2010 06 版《验船师须知》于 2010 年 6 月 28 日颁布实施。该版须知分 3 册，纳入了新生效的 IMO 公约和规则修正案、IACS 统一要求等相关内容，授权船旗国的相关新要求。

（12）2010 10 版《验船师须知》于 2010 年 12 月 28 日颁布实施。该版须知纳入了新生效的 IMO 公约、规则和修正案，IACS 的统一要求，船旗国的新要求，增加对船员及乘客升降机检验和发证要求。

还有《地效翼船检验须知》《游艇检验验船师须知》等特种船舶检验须知。

---

①URZ—表示 IACS 制定的检验统一要求。

②Z—表示检验发证要求。

③PR—表示 IACS 制定的程序统一要求。

④PSPC—表示涂层保护性能标准。

2.船用产品检验须知

中国船级社编制了与《产品检验指南》相对应的19大类船用产品的《产品检验须知》。2008年完成70个《产品检验须知》的编写工作。检验须知的编写结构与检验指南基本相似,如《15ppm舱底水报警装置检验须知》由适用范围、认可和检验依据、术语和定义、制造厂必要基础条件、图纸和技术文件审查、型式试验、产品检验、证书签发、报告填写、检验标记等10部分构成。

3.海洋工程检验须知

《海上固定平台生产期检验须知》《海上设施检验须知》《移动平台检验须知》分别于2009年3月和9月实施。《自升式海上移动平台升降系统检验发证须知》《海上设施生产设备检验及发证须知 》于2009年10月28日颁布实施。

指南主要是对船用产品认可和检验的具体技术要求,须知则为在认可和检验中如何确认这些技术要求是否得到满足提供方法。指南注重原则,须知注重操作细节。

三、地方性船检法规的出台

中国海事局在1999—2010年批准、颁布的一系列船检技术法规基本覆盖了我国主要水域、主要船型的技术要求。但我国水系众多,各地情况不同,航行于不同水域、从事特种用途,特别是航行于某些省内封闭水域的船舶,由于其特性化的设计而具有某些特征,难以制定全国统一规范。因此,中国海事局鼓励各省级机构对于船检法规未覆盖或不适用的船舶,根据其水域、船舶等实际情况,制定相应的地方性船舶检验技术规范。

1.辽宁省

2005年,辽宁省船舶检验局根据省内气胀式漂流船舶日益增长的实际,制定出台了《辽宁省气胀式漂流船舶检验标准》,该标准的出台填补了省内气胀式漂流船舶检验无标准可依的空白。

2006年8月,辽宁省船舶检验局结合辽宁省渡口渡船实际,制定出台了《辽宁省钢质乡镇渡船检验暂行规定》。该规定明确了钢质乡镇渡船的范围,即船长不大于10米,主机功率不大于10千瓦,航速不大于8千米/小时,在辽宁省乡镇行政区域内或乡镇之间营运、非夜间航行的钢质单体船、货机船、非机动的运输船舶。该暂行规定明确了建造检验、初次检验、年度检验和临时检验的要求,还对船体结构、稳性与干舷、船舶设备、轮机及电器设备、吨位丈量及检验管理做了详细的规定。该规定的颁布实施,有利于从源头上确保乡镇渡船的安全。

2.浙江省

1998年,为明确内河小型简易客船的技术监督检验要求,浙江省出台了《内河小型简易客船检验指南》,指南共包括总则、检验种类和项目、结构与强度、稳性与载重线、轮机、消防救生设备、航行与信号设备、乘客定额、吨位丈量、证书及证书失效等10章内容。

3.广东省

针对既有法规、规范对自卸砂船与自吸自卸砂船的审图和检验未作出明确要求、检验依据不足的问题,广东海事局船舶检验处于2003年组织专门力量制定了《广东省船舶检验局内河自卸砂船检验补充规定》,同时指导并协助东莞船舶检验分局结合既有船舶实际情况,就船舶结构、稳性、机电设备配备等内容制定了《自吸自卸砂船的检验暂行办法》,并将有关内容纳入《广东省船舶检验局内河自卸砂船检验补充规定》。

2007年1月2日,广东海事局获香港海事处授权,成为对香港籍本地船舶实施定期检验的“获承认当局”。为充分履行此项职责,广东海事局在与香港海事处进行多次专业技术会谈和实船检验交流基础上制定了《香港籍本地船舶检验指南》和《广东省船舶检验局香港籍船舶检验工作规定(暂行)》,明确了检验技术标准,规范了检验工作程序。

4.广西壮族自治区

1998年,针对辖区沿海木骨架泡沫塑料游览船检验无据可依的情况,广西壮族自治区船舶检验处制定了《木骨架泡沫塑料船检验暂行办法》,使该类船舶纳入正常检验及安全管理。

2001年,广西壮族自治区船舶检验局完成了《漓江旅游客船检验技术规范》课题研究工作,并运用课题研究成果编制了《漓江旅游客船法定检验技术规范》。

2002年,针对辖区内乡镇船舶检验中存在的技术问题,广西壮族自治区船舶检验局制定了《广西壮族自治区钢质乡镇小型运输船舶检验暂行规定》。该规定的实施促使大部分乡镇船舶通过整改满足了检验发证要求,有效提高了乡镇船舶的安全性。

2006年,为解决天生桥库区小型客货渡船的船舶检验问题,广西壮族自治区船舶检验局组织编制了《天生桥库区小型客/货渡船检验规定》并通过了中国海事局的批准,该规定自2006年4月1日起实施。

随着漓江旅游客船的新变化,原有《漓江游览船检验暂行规定(1992)》已无法适应该类船舶检验的新需求。对此,广西壮族自治区船舶检验局于2007年向中国海事局上报了《关于报请制定〈漓江旅游客船检验技术规定〉的请示》,建议对《漓江游览船检验暂行规定(1992)》进行修订。2008年5月16日,中国海事局对请示予以批复,委托广西壮族自治区船舶检验局制订《漓江旅游客船法定检验暂行规定》,并请中国船检社予以协助。2010年9月13日,《漓江旅游客船法定检验规定》由中国海事局正式颁布实施,2011年3月1日起生效执行。《漓江旅游客船法定检验规定》的制定,对建立地方区域性船检技术法规提供了经验。

2008年,为配合“沿海砂石运输船舶施工船安全管理专项整治”活动,广西船检局组织力量编写了《广西沿海作业的内河砂石运输和施工船舶临时性简化检验规定》,该规定于2008年4月14日正式实施。

为了解决内河砂石采/运船舶的无证无照问题,使其具备安全航行的技术条件,2009年,广西壮族自治区船舶检验局根据交通运输部授权制定了《广西钢质内河挖砂/运砂船舶检验暂行规定》,该规定于同年9月通过了自治区交通厅验收并于10月份正式对外公布实施。

5.湖北省

为了确保船舶检验质量,使湖北省船检部门对10米以下小船的检验有法可依、有章可循,湖北省经过实船调查试验,结合国家颁布的一系列有关检验规定、规范,在1991年《湖北省十米及其以下小型船舶检验规范》的基础上,于1999年重新制定出台《湖北省十米及其以下小型船舶检验规范》。该规范共有9章,适用于航行于湖北省B、C级航区的船长不超过10米、主机功率小于29千瓦、船舶仅设有干舷甲板和顶棚甲板且顶棚甲板上未设建筑物的小型船舶的检验。该规范对此类小型船舶的检验种类和检验项目、船体结构、轮机及机电设备、船舶设备、干舷和稳性、吨位丈量、乘客定额和舱室设备、航行试验等方面都予以明确的规定。

随着水上旅游事业的发展,2000年左右,湖北省内水上漂流活动逐步兴起。为了加强漂流船安全管理,改变漂流浮具检验无法可依的局面,湖北省根据国家有关规定,并结合省内实际,于2000年11月制定出台《湖北省漂流浮具检验规定》。《湖北省漂流浮具检验规定》共有4章,适用于湖北省境内用于旅游漂流船长小于8米非机动充气式浮具检验。该规定对漂流浮具的设备、强度、储备浮力及稳性、乘客定额等方面的检验事项进行了规定。

为加强对秭归县九畹溪机动橡皮观光艇检验管理,保障游客安全,湖北省于2003年制定出台了《秭归县九畹溪机动观光艇检验暂行规定》。该规定对观光艇的外观、艇体附件、载重线与干舷、乘客定额、稳性等方面的检验事项进行了规定。

6.湖南省

2001 年 4 月,湖南省船舶检验局颁发了《湖南省气胀式漂流船检验暂行规定》。该暂行规定明确了对这类漂流船舶的检验程序、检验内容、检验间隔周期,并对结构强度、稳性、适航性及设备配备提出了明确、具体的技术要求。此项规定的颁布结束了湖南省内漂流船因无检验技术依据而处于失检失管状态的历史。2008 年,根据湖南省人民政府要求,《湖南省气胀式漂流船检验暂行规定》更名为《湖南省气胀式漂流船检验规定》并重新发布,该规定为漂流船的管理提供了操作性极强的规范指导。

2005 年,湖南省船检局组织人员对省内乡镇小型客船开展了调查研究工作,在对全省 6192 艘小型船舶的技术数据进行了分析、比较和计算基础上,研究人员筛选出 20 艘典型船舶,绘制了总布置图、基本结构图、线型图等,进行了倾斜试验和实船稳性计算,提出了一舷压载法等简易计算法,并对消防、救生、信号、锚泊等设备方面的要求进行了调整,最终在此基础上编制了《湖南省小型客船检验暂行办法》。2006 年,《湖南省小型客船检验暂行办法》正式公布,自 2006 年 8 月 15 日正式施行。该暂行办法有效解决了小型客船特别是乡镇小型客船的检验发证问题,为确保小型客船具备安全航行的技术条件提供了法规支持。

7.云南省

2000 年 11 月 28 日,根据船舶检验局制定的《船长 5~10 米内河钢船检验规定》《内河柴油挂桨(机)船检验规则》以及《内河木质船检验办法》,结合本省实际,云南省交通厅公布了《云南省小型船舶检验补充规定》。该补充规定适用于云南省境内 B、C 级航区船长不大于 15 米的敞口船或仅有干舷甲板和顶篷(不承受负荷)的木质或钢制乡镇农业自用船/运输船(不包括客船、快艇)。该补充规定自公布之日起执行至 2002 年 10 月 30 日。

四、渔业船舶检验法规体系的建立

(一)对《渔业法》中有关渔船检验内容的修订

2000 年 10 月 30 日,第九届全国人民代表大会常务委员会第十八次会议通过《关于修改〈中华人民共和国渔业法〉的决定》。在渔业船舶检验系统的积极努力下,《渔业法》中关于渔业船舶检验内容有两方面修订:一是修订后的第二十四条"具备下列条件的,方可发给捕捞许可证:(一)有渔业船舶检验证书;……"。这一规定将渔业船舶检验证书作为捕捞许可证的前置条件,有利于加强与渔政部门的协作,提高渔船受检率。二是修订后的第二十六条"制造、更新改造、购置、进口的从事捕捞作业的船舶必须经渔业船舶检验部门检验合格后,方可下水作业。具体管理办法由国务院规定"。《渔业法》的修订为将原农业部颁布的《中华人民共和国渔业船舶监督检验管理规定》修改后上升为国务院行政法规提供了法律依据。

(二)《渔业船舶检验条例》的颁布

《中华人民共和国渔业船舶检验条例》是 1978 年中国渔业船舶检验事业步入正轨之后的一座里程碑,是渔业船舶检验走向法治的标志。

根据 2000 年新修订《渔业法》第二十六条的规定,农业部于 2000 年 12 月 6 日成立了《中华人民共和国渔业船舶检验条例》起草工作组。起草工作组在 1996 年农业部规章《中华人民共和国渔业船舶监督检验管理规定》的基础上，历经两年多的时间，组织起草了《中华人民共和国渔业船舶检验条例（征求意见稿）》。起草过程中，在农业部渔业船舶检验局多次采用各种方式征求全国渔业系统内部意见后，农业部又先后两次把征求意见稿下发各省（自治区、直辖市）及计划单列市渔业主管部门、各海区渔政局和有关渔业企业、船舶企业、科研单位征求意见，并于2001年9月和2002年6月、7月3发送国务院有关部（委、局），包括中央机构编制委员会办公室、国家质量监督检验检疫总局、国家认证认可监督管理委员会、交通部、公安部、国家经济贸易委员会、国家工商行政管理总局等征求意见，在此基础上形成了《中华人民共和国渔业船舶检验条例（送审稿）》。2002年9月16日，农业部向国务院报送了《关于提请审议〈中华人民共和国渔业船舶检验条例（送审稿）〉》的请示》。条例送审稿报国务院后，国务院法制办公室两次征求了国务院有关部委和各省法制部门的意见，农业部配合国务院法制办到浙江、山东等地进行了调研，并组织到欧洲和非洲的有关国家对我国的远洋渔业船队进行了考察，之后又多次与有关部门协调，反复研究修改后报国务院常务会议审议。2003年6月11日，国务院第11次常务会议审议并原则通过了《中华人民共和国渔业船舶检验条例（草案）》，6月27日温家宝总理签署国务院第383号令，公布《中华人民共和国渔业船舶检验条例》，于2003年8月1日起施行。

渔业船舶检验条例包括：总则、初次检验、营运检验、临时检验、监督管理、法律责任、附则等7章40条。

2003年7月9日，农业部发出《关于宣传贯彻〈中华人民共和国渔业船舶检验条例〉的通知》，要求各地提高认识，深入开展条例学习、宣传活动；加强领导，全面推进渔业船舶检验和监督管理工作；强化管理，加强渔业船舶检验队伍建设。7月30日，农业部、国务院法制办公室在北京会议中心联合召开《中华人民共和国渔业船舶检验条例》新闻发布会。全国人大农业与农村委员会、国家发展和改革委员会、国家安全生产监督管理局、国家海洋局、国家质量监督检验检疫总局、商务部机电产品进出口司、国家无线电办公室、交通部海事局、国家工商行政管理总局、交通部国际合作司、公安部边防管理局、中国船级社等单位领导出席了发布会。会议由农业部新闻发言人马有祥（办公厅主任）主持，农业部范小建副部长、国务院法制办张穹副主任做了重要讲话。农业部渔业船舶检验局包盛清局长在新闻发布会上对出台《中华人民共和渔业船舶检验条例》的立法依据、立法过程以及条例对渔业船舶安全管理的重大意义进行简要介绍，并回答了记者提问。人民日报、中央电视台、新华社等18家媒体记者出席发布会。

（三）地方渔船检验立法

《渔业法》修订和《中华人民共和渔业船舶检验条例》出台之后，地方性渔船检验法规制度建设步伐加快，各省都相继制定了本省的渔业船舶检验管理相关条例，地方法规的相继出台为推动渔业船舶检验条例的实施起到了积极作用。截至2010年出台的地方渔船检验法规有：

（1）《天津市渔业管理条例》；

（2）《河北省渔业船舶管理条例》；

（3）《辽宁省渔业船舶监督检验条例》；

（4）《吉林省渔业管理条例》；

（5）《江苏省渔业管理条例》；

（6）《浙江省渔港渔业船舶管理条例》；

（7）《安徽省实施〈中华人民共和国渔业法〉办法》；

（8）《福建省渔港和渔业船舶管理条例》；

（9）《江西省实施《中华人民共和国渔业法》办法》；

(10)《山东省渔业港口和渔业船舶管理条例》;
(11)《湖北省渔港渔船管理条例》;
(12)《湖南省渔业条例》;
(13)《广东省渔业管理条例》;
(14)《广西壮族自治区渔港渔业船舶管理条例》;
(15)《四川省〈中华人民共和国渔业法〉实施办法》;
(16)《重庆市水上交通安全管理条例》;
(17)《陕西省实施〈中华人民共和国渔业法〉办法》。

(四)探索渔业船舶检验特色技术法规体系

我国渔业船舶检验技术法规的制定工作走过了一条从模仿到逐步独立开展的道路。渔业船舶检验从交通船检系统独立出来后,技术法规体系沿用了原有交通船检的法规体系,先后制定了 1985 年《钢质海洋渔船建造规范》、1987 年《木质海洋渔船建造及检验规定》、1995 年《玻璃纤维增强塑料海洋渔船建造规范》和 1993 年《海洋渔船安全规则》。

随着我国渔船在 20 世纪 80 年代与 90 年代的大发展,原有渔船检验规则、规范已不适应新形势的要求。自 20 世纪 90 年代末开始,新的渔船检验技术法规体系迅速替代了旧的体系。渔船分局 1986 年开始委托上海渔船检验局修订 1985 年《钢质海洋渔船建造规范》,1998 年完成修订工作,颁布了《钢质海洋渔船建造规范(1998)》。2000 年,农业部渔业船舶检验局又组织制定了《渔业船舶法定检验规则(2000)》,替代了 1993 年《海洋渔船安全规则》。

1998 年《钢质海洋渔船建造规范》和 2000 年《渔业船舶法定检验规则》发布后,渔业船舶检验系统开始探索一条符合渔船特色的法规体系。渔业船舶检验系统有意见认为,交通船检系统的规则、规范分开编写,主要是考虑法定检验与入级检验的区别,规则是船检局(海事局)出台的,主要内容为安全设备配备,属于法定检验方面的强制要求;而规范则是船级社的技术要求,属于入级检验。因此,这些意见认为,既然渔业船舶只进行法定检验,规则、规范就应该合并到一起,没有必要分开。基于这种指导思想,2002 年诞生了《渔业船舶法定检验规则(内河、玻璃钢、海洋木质及小型钢质渔业船舶法定检验技术规则)》。这部规则包含了原 1987 年《木质海洋渔船建造及检验规定》、1995 年《玻璃纤维增强塑料海洋渔船建造规范》的内容,并对 2000 年规则未详细阐述的内河渔业船舶、12 米以下沿海钢质小型渔业船舶作出了规定。

但在此后的几年里,各级渔业船舶检验系统根据应用的经验,出现许多对规则、规范合并编写的不同意见,认为还是分开编写好。原因主要有 3 点:一是从内容与法律效力上看,规则主要讲的是安全设备配备方面的要求,是强制性的规定,是最低要求;而规范主要讲的船舶入级技术要求,是示范性的指导、标准。如果合并编写,将技术规范要求上升为强制性法定要求,不便于实际工作中的灵活处理。二是从国际惯例上看,国际海事组织制定的国际公约、议定书等是强制性规定,也是规则编写的依据,但并未将船检组织的技术规范纳入强制规定中。三是随着经济、科技的发展与进步,船检组织的技术要求、规范将及时调整与升级,如果将规范作为法定要求将制约其改进和提高。

2007 年 6 月,农业部渔业船舶检验局印发《渔业船舶检验立法规划》,同年还启动了小型渔船检验制度改革。至此,渔业船舶检验的技术法规发展基本有了明确的思路。《立法规划》将技术法规体系划分为法定检验规则、建造规范、法定检验规程、指导性文件 4 个类别,再根据作业区域(海洋、内河)、船长、材质等因素对每类技术法规设有分册。

1.法定检验规则与建造规范

2000 年 4 月 5 日,中华人民共和国渔业船舶检验局颁布《渔业船舶法定检验规则(2000)》,自 2000

年6月1日起生效，原《海洋渔船安全规则》同时废止。该规则是渔业船舶检验自成体系20年来最为全面的强制性技术法规，将《国际渔船安全公约1993年议定书》、1993年《海洋渔船安全规则》、1997年《渔船船用产品检验规则》等多部法规的内容修改合并，涵盖了检验与发证、国际渔船安全、非国际渔船和渔业辅助船安全、吨位丈量、载重线、防污染结构与设备等方面的要求。

2002年9月2日，中华人民共和国渔业船舶检验局颁布《渔业船舶法定检验规则（内河、玻璃钢、海洋木质及小型钢质渔业船舶法定检验技术规则）》，自2002年12月1日起生效。该规则适用于船长小于30米的内河渔业船舶、船长小于35米的玻璃钢船、船长小于30米的木质船、船长小于12米的钢质海洋船。

2003年4月14日，中华人民共和国渔业船舶检验局颁布《渔业船舶法定检验规则（柴油机燃油管路防火、防止船舶生活污水污染及柴油机氮氧化物排放试验法定检验技术规则）》，自2003年7月1日起生效。该规则是根据《国际海上人命安全公约（SOLAS公约）》2000年修正案中关于船用柴油机燃油管路的防火要求、《73/78国际防止船舶造成污染公约》附则Ⅳ《防止船舶生活污水污染规则》及附则Ⅵ《防止船舶造成空气污染规则》的第13条及其附件《船用柴油机氮氧化物排放控制技术规则》的要求制定的。

2005年10月25日，因原《渔业船舶法定检验规则（2000）》第四篇第4.2.1条、《渔业船舶法定检验规则（2002）》第七篇第5.4.2条关于最小初重稳矩的计算公式有误，中华人民共和国渔业船舶检验局发布《〈渔业船舶法定检验规则（2000）〉修改通报第3号》《〈渔业船舶法定检验规则（2002）〉修改通报第2号》，对公式进行修改。

2008年7月29日，中华人民共和国渔业船舶检验局颁布《玻璃纤维增强塑料渔业船舶建造规范（2008）》，自2008年10月1日起生效。该规范完善和修订了2002年《渔业船舶法定检验规则（内河、玻璃钢、海洋木质及小型钢质渔业船舶法定检验技术规则）》中关于玻璃钢渔船的一些要求，主要有：一是中碱玻璃丝布的限制使用，仅允许15米以下的小船上的甲板和上层建筑上可以使用中碱玻璃纤维。因当时生产的经增强型浸润剂处理的中碱玻璃纤维的价格与无碱玻璃纤维的价格相差无几，无碱玻璃纤维市场占有率也很高，产品质量相差很大，国内建造的渔船已基本上均采用无碱玻璃纤维，很少使用中碱玻璃纤维。二是规定成型工艺应当采用毡、布交替工艺。玻璃纤维短切毡和玻璃纤维布交替铺设的施工工艺问题，涉及玻璃钢船的质量。三是增加对原材料的规定。增加了“原材料”一节，同时对渔业船舶使用的树脂、纤维等非金属材料或其制品（包括热固性树脂、纤维增强材料及与之相关的材料）的制造、试验和检验等进行了规定和要求。四是规定不允许外板对接、节点应当采用肘板等等。

2008年，中华人民共和国渔业船舶检验局颁发《渔业船舶法定检验规则（2008年修改通报）》，对《渔业船舶法定检验规则（2000）》的部分内容进行修改和补充。

2008年12月2日，中华人民共和国渔业船舶检验局颁布《渔业船舶法定检验规则（船长大于或等于5米但小于12米内河渔业船舶法定检验技术规则）》，自2009年3月1日起施行。

2009年2月6日，中华人民共和国渔业船舶检验局颁布《渔业船舶法定检验规则（船长大于或等于7米但小于12米沿海渔业船舶法定检验技术规则）》，自2009年4月1日起施行。

2.法定检验规程和指导性文件

2002年8月16日，中华人民共和国渔业船舶检验局发布《渔业船舶检验与发证程序和证书填写规定》，自2002年12月1日起实施。规定包含：初次检验、换证检验、年度、定期和期间检验，临时检验，公证检验，展期和管理的程序；国内渔业船舶的甲种、乙种、丙种证书及技术文件的填写规定；国际渔业船舶证书及技术文件的填写规定。该规定是我国船舶行业第一部检验发证程序方面的法规。

2002年12月30日，中华人民共和国渔业船舶检验局颁布《渔业船舶船用产品检验规程（试用）

(2003)》,规定了检验各种船用产品时适用的标准、检验试验项目等,于 2003 年 2 月 1 日起试行。

2003 年 3 月 10 日,中华人民共和国渔业船舶检验局颁布《渔业船舶设计图样及技术文件审查规定》,自 2003 年 6 月 1 日起实施。规定包括:总则、审图分工、审图申请、审图与退审、图纸失效、审图周期及计费等内容。该规定同时公布《渔业船舶设计图样及技术文件审查申请表》《送审图纸目录》《图纸审查意见书》《渔业船舶设计图纸批准函》式样。

2003 年 4 月 8 日,中华人民共和国渔业船舶检验局发布《海洋渔业船舶法定检验规程》,自 2003 年 6 月 1 日起施行,原《钢质海洋渔船建造检验规程(1992)》《营运钢质海洋渔船检验规程(1987)》同时废止。该规程是将 1992 年建造规程和 1987 年营运规程合二为一,根据 2000 年以后新的法定检验规则体系编写而成,内容涵盖了新造船检验和营运船检验,适用于钢质、木质、玻璃钢、钢丝网水泥材质的渔船。

3.渔船船用产品检验管理规定

1999 年 9 月 6 日,中华人民共和国渔业船舶检验局发布《渔业气胀救生筏检修站管理办法》。管理办法共 25 条,对渔业气胀救生筏检修站的筹建、认可、日常检验等工作作出规定。

2001 年 5 月 11 日,中华人民共和国渔业船舶检验局发布《全球海上遇险和安全系统(GMDSS)岸上维修单位认可规定》,规定了为渔业船舶安装、维修 GMDSS 系统及相关设备的单位取得认可的条件。

2001 年 12 月 30 日,中华人民共和国渔业船舶检验局发布《渔业气胀救生筏检修站认可条件》,规定了渔业气胀救生筏检修站,在机构和人员、检修场地、辅助用房、检修设备和工具、筏站管理等方面必须具备的条件。同时规定了《气胀救生筏检修证明》格式。

2006 年 9 月 7 日,中华人民共和国渔业船舶检验局颁布《渔船用柴油机型谱检验管理规定》,规范渔船用柴油机型谱的核定工作。规定包括:型谱的确定原则、型谱的申报要求、监督管理等内容。

2009 年 2 月 9 日,中华人民共和国渔业船舶检验局发布《渔船用柴油机型谱审核须知》。

(五)改革小型渔船检验制度

2006 年农业部渔业船舶检验局启动了小型渔船管理制度研究。5 月 25 日,发出《关于开展小型渔船检验管理制度专题调研的通知》,部署了专题研究实施方案和调研提纲,决定成立以王朝华副局长为组长的 9 人“小型渔船检验制度研究课题组”。各地渔业船舶检验局按照调研提纲的要求,分别对本地小型渔船情况进行了调查,并形成各地的《小型渔船检验管理情况报告》。同时,课题组又分期分批赴黑龙江、山东等 11 省市进行调研。2007 年 3 月,第三届中国渔业船舶检验技术委员会在武汉市召开专题工作会,对课题组提交的《小型渔业船舶检验管理专题研究报告(修改稿)》提出了修改建议,将海洋小型渔业船舶界定为船长小于 12 米,内河小型渔业船舶界定为总长小于 12 米。

7 月,《小型渔船检验管理专题研究报告》编写完成。研究报告指出:我国小型渔业船舶总数为 854787 艘,占全国渔业船舶总数的 89.19%。小型渔船检验管理突出的问题是小型渔业船舶受检率偏低,仅为 26.41%,存在严重的安全隐患。全国大多数小型渔业船舶处于失控状态。同时,小型渔业船舶检验管理还存在着检验管理体制和运行机制不顺、基础设施和执法装备落后、检验人员和专业人才匮乏、检验制度可操作性不强、技术法规与实际情况不相适应、检验技术支撑薄弱等诸多困难和问题。

11 月 20 日,农业部渔业船舶检验局根据研究报告印发《关于加强小型渔业船舶检验管理的意见》,确定小型渔船管理按照统一领导、分类管理、分级负责的原则,提出两方面改革意见:

一是改革小型渔船登船检验制度,确立了检验声明制度。明确了在营运检验中,验船机构可以根据管理的具体情况确定是否需要登船,调整了过去必须登船的规定。船舶所有人在申报检验时,应当提交船舶安全技术状况声明书,声明船舶的安全技术状况。检验声明制度在此后几年发布的《渔业船舶法定检验规则(船长大于或等于5米但小于12米内河渔业船舶法定检验技术规则)》《渔业船舶法定检验规则(船长大于或等于7米但小于12米沿海渔业船舶法定检验技术规则)》及各地方小船检验规定里都有体现。

二是调整了小型渔船检验立法权限。海洋船长7—12米、内陆船长5—12米有上层建筑或甲板室结构的小型机动渔业船舶检验技术法规,由农业部渔业船舶检验局统一制定,各省、自治区、直辖市渔业船舶检验机构制定配套的具体检验管理办法,报农业部渔业船舶检验局批准后发布施行。小型非机动渔业船舶、无上层建筑或甲板室结构小型机动渔业船舶、船长7米以下的海洋小型机动渔业船舶、船长5米以下的内陆小型机动渔业船舶的检验技术法规,由各省、自治区、直辖市渔业船舶检验机构制定,报农业部渔业船舶检验局备案。

此后,各地渔业船舶检验机构按照《关于加强小型渔业船舶检验管理的意见》的改革要求,各自开展了辖区内小型渔业船舶检验办法的制定工作。

2007年12月1日,《江苏省内河小型渔船检验办法》率先经中华人民共和国渔业船舶检验局批准后发布,定于2008年1月1日起实施。

2008年2月18日,浙江渔业船舶检验局发布《浙江省内河渔业船舶检验管理暂行规定》,自2008年3月15日起试行。

2008年6月21日,《福建省小型渔业船舶管理办法》发布,自2008年8月1日起施行。

2008年10月,广西渔业船舶检验局出台了《广西壮族自治区内河小型渔业船舶检验办法(试行)》,自2009年1月1日起施行。2009年,修订了《广西壮族自治区小型海洋渔业船舶监督检验暂行规定》,改名为《广西壮族自治区沿海小型渔业船舶检验办法》,2009年12月3日通过审定,2010年5月1日起实施。

2008年天津市水产局出台《天津市内陆小型机动渔船登记、检验工作实施细则》,2009年又出台《天津市内河渔业船舶管理规定》。

2009年9月10日,经中华人民共和国渔业船舶检验局批准,由山东省、辽宁省、河北省、天津市黄渤海区三省一市渔业船舶检验机构共同起草制定的《黄渤海区小型渔业船舶检验办法》出台,2009年12月1日起施行。该办法是我国首个区域性渔业船舶检验办法。

除以上完成发布的地方小型渔船技术法规外,2010年间还有其他许多省份在积极研究编写本地的小型渔业船舶检验办法。

(六)休闲渔业船舶检验规定

进入21世纪以来,休闲渔业发展迅速,国家对休闲渔船的检验管理仍在不断探索中。在技术法规中,《渔业船舶法定检验规则(2000)》及其2008年修改通报对休闲渔船技术条件有所要求,安排了专门章节对休闲渔船的法定检验作出特别规定,要求休闲渔船除应持有渔业船舶相应各种证书外,还应持有《休闲渔船安全证书》。

天津市水产部门于2005年出台了《天津市休闲渔业船舶管理规定》。

山东省海洋与渔业厅于2007年出台了《山东省休闲渔业船舶管理办法》,另外还制定了《山东省休闲渔业船舶检验规定》。

浙江省海洋与渔业局于2003年7月9日发布实施了《浙江省休闲渔业船舶检验管理规定(试行)》,7月15日又会同省旅游局、省公安厅、省交通厅、浙江海事局联合出台了《浙江省休闲渔业船舶管理办法》。2007年9月17日修订《浙江省休闲渔业船舶检验管理规定(试行)》为《浙江省休闲渔业船舶检验管理规定》。

此外,河北省渔业船舶检验机构也制定了休闲渔业船舶检验的技术要求。

(七)更新渔船检验、渔船船用产品检验应签发的证书及技术文件

2000年4月1日,2000年版国际渔业船舶检验证书和技术文件开始启用,95版证书及技术文件自2001年12月31日起自行废止。

2001年5月1日,2001年版国内渔业船舶检验证书和技术文件开始启用。96版证书和技术文件自2003年1月1日起自行废止。

2002年12月25日,中华人民共和国渔业船舶检验局发出《关于启用2001年版产品证书的通知》,决定于2003年1月1日起启用2001年版产品检验证书,同时印发2001年版产品检验证书及技术文件样本和《关于签发2001年版产品证书及技术文件的有关规定》。全套2001年版产品证书包括:技术文件7种、认可证书6种、产品证书40种(其中3种防污设备证书系根据国际海事组织规定的格式编制)。

(八)渔船及其船用产品检验档案管理规定

2002年11月6日,中华人民共和国渔业船舶检验局印发《渔业船舶检验档案管理暂行规定》。渔业船舶检验档案分为文书档案和船舶检验业务档案。船舶检验业务档案包括:机构队伍建设、检验业务统计与信息管理、船舶检验、产品检验、船舶设计图纸审查和资质管理档案。

渔业船舶检验档案的保管期限定为永久、定期两种,定期分为40年、30年、20年、10年。

(九)设计修造单位认可制度

1993年和1994年,农业部分别颁布了《农业部渔业船舶设计单位资格认可管理暂行办法》和《农业部渔船修造厂认可办法》。2003年《行政许可法》颁布后,《农业部渔业船舶设计单位资格认可管理暂行办法》由于缺乏上位法依据而被废止,《农业部渔船修造厂认可办法》则需要修订。根据2003年《中华人民共和国渔业船舶检验条例》第八条关于"设计、制造、改造渔业船舶的单位应该符合国家规定的条件"的规定,农业部依照《行政许可法》和行政审批制度改革的有关规定,经报请国务院批准,在2003年国务院颁布《国务院对确需保留的行政审批项目设定行政许可的决定》(国务院令第412号)中,将"渔业船舶设计、修造单位资格认定"作为保留的行政审批项目,由农业部组织实施。

根据《中华人民共和国渔业船舶检验条例》的有关规定,2003年7月23日,中华人民共和国渔业船舶检验局印发了《渔业船舶设计制造维修管理规定(试行)》。规定内容包括:总则、渔业船舶设计、渔业船舶船型管理、渔业船舶制造、维修、申请、审核与发证、监督管理、附则等7章45条,其中"渔业船舶船型管理"暂不实施。

此外,1994年颁布的《渔船修造厂认可办法》还分别在2007年11月8日农业部令第6号、2010年11月26日农业部令第11号中被修订。

第五节　信息化装备建设与科研发展

一、中国海事局信息化建设与科研发展

(一)中国海事局信息化建设工作

1.《船舶检验发证管理系统》建设

为配合1999版国内航行船舶检验证书的使用,1999年9月,中国海事局委托软件公司开发《船舶检

验发证管理系统(VIMS 4.0)(单机版)》。2000 年 1 月 1 日,VIMS4.0(单机版)系统正式启用,实现了船舶检验重要数据采集、船舶证书印制、船检登记号授予等功能。VIMS 4.0(单机版)启用后,各级船舶检验机构对本机构检验登记船舶的静态数据(船舶基本数据)、动态数据(船检及其证书信息)实现了计算机管理。在此基础上,2000 年 12 月中国海事局启动了《船舶检验发证管理系统(VIMS 4.0)(网络版)》软件开发工作。

为充分利用《船舶检验发证管理系统》中的数据信息,中国海事局自 2003 年 2 月开展船检计算机数据汇总,着手建立各级船检数据库。至 2003 年底,国家、省、市、县四级船检数据库基本建成,国家船检数据库设在广东海事局。至 2004 年 11 月,全国 26 个省(自治区、直辖市)级船舶检验机构及中国船级社已将 10 万余艘检验登记船舶的技术数据录入船检数据库。

2004 年 3 月,中国海事局与软件公司签署了《船舶检验发证管理系统(VIMS 5.0)》开发协议,并将其列为水上安全监督信息系统二期工程建设项目。2005 年,VIMS 5.0 系统的开发工作初步完成,并于 2006 年起在广东、贵州、河北、四川、重庆、福建、浙江、安徽 8 个省级船检机构试运行。2006 年 12 月 1 日,VIMS 5.0 系统正式启用,并分批在全国船检机构中推广,以建立全国法定检验船舶技术数据库。该系统的使用实现了检验数据上传、船检工作计算机辅助管理以及国内航行船舶检验证书、记录、报告制作等多种功能。

2007 年 4 月,按照中国海事局的指令,5 个船舶检验管理处分别开展全国船检数据库和区域船检数据库的建设以及数据接收的准备工作,为全国各船检机构提供数据交换邮箱服务。至 2007 年 10 月,VIMS 5.0 系统软硬件建设任务完成,内外网邮箱建立并运行。全国法定检验船舶技术数据库接收广东、黑龙江、辽宁、河北、天津、山东、江苏、上海、福建、广西等 10 个船舶检验机构报送的共计 175648 艘船舶 379028 次检验数据。至 2008 年,包括 1 个全国库、5 个区域库、30 个省级库的法定检验船舶技术数据库基本建成。2010 年 6 月,VIMS 5.0 系统升级到 5.03 版本,中国海事局于当年 12 月在全国对系统进行了升级与推广。

《船舶检验发证管理系统》对船舶图纸审查、建造检验、营运检验、船舶转籍、检验计费和船检档案等船检主要业务进行管理,实现了船检质量管理体系的工作流程管理及质量记录管理,成为全国国内航行船舶检验技术数据库的基础数据源,为全国船检机构提供了船检业务统一处理平台,规范了检验流程,统一了船检证书和档案管理,促进了船检质量整体水平的提高。

2.《气胀式救生筏检修站监督管理系统》建设

2001 年,中国海事局组织开发了《气胀式救生筏检修站认可及气胀式救生筏检修管理系统》,并在全国气胀式救生筏检修站推广使用。经中国海事局认可的国内筏站通过该系统录入救生筏检修记录并通过系统打印证书,中国海事局及各船检管理处可通过系统查询各筏站认可情况、检修数据及发证情况,并可以根据日常检查情况对筏站检修发证进行控制。由于管理需求和信息技术的发展,中国海事局分别于 2008 年和 2010 年组织对该系统进行了两次升级,使系统由原有的单一客户端升级为客户端和网页相结合,使用更加便利。

3.《船舶检验监督管理系统》建设

为提高船舶检验监督管理工作效率,中国海事局结合实际工作需求开展了《船舶检验监督管理系统》建设工作。2005 年 5 月,通过招投标确定了《船舶检验监督管理系统》开发单位。通过近一年时间的开发与测试,系统软件于 2006 年 3—5 月在实际环境中安装,中国海事局船检处和 5 个船检管理处的工作人员对系统进行了两个阶段的实际测试。经过测试和调整,该系统基本满足了用户的需求。2006 年 7 月,《船舶检验监督管理系统》通过项目验收并投入使用。2009 年,中国海事局根据工作模式、工作程序调整等实际需求,组织开展了系统升级工作。

《船舶检验监督管理系统》是一个综合性的管理与办公平台,其中包括了机构管理、验船人员、技术监督、投诉管理等多个模块,每个模块下又细分为多个子模块。如机构管理模块下细分为船舶检验管理机构、船舶检验机构(包括国内船舶检验机构和国外驻华验船机构)、其他机构(包括船厂、设计单位、检验辅助机构)等子模块;技术监督模块下细分为进口旧船评定、船检等效免除、重要日期确认、船检质量监督检查、调查处理等子模块。该系统连接全国船检信息库与全国筏站信息库。中国海事局及各船检管理处的工作人员可以通过该系统开展船检机构审核、筏站审核等业务工作,一线的海事执法人员可通过该系统查询管理性文件以及船舶检验、救生筏检修等具体信息。

(二)中国海事局管理性课题研究

1.《船舶检验管理及其运行机制》研究

2000 年初,中国海事局提出了开展船舶检验管理运行机制研究的计划,广东海事局向交通部申请了《船舶检验管理机制的研究》项目。该项目获得交通部批准,并被列入交通部科技进步“通达计划”2000 年度执行计划。11 月,交通部科技教育司在北京召开了交通科学研究项目——《船舶检验管理机制的研究》课题立项审查会议。与会专家对课题立项的必要性、及时性给予一致肯定,根据专家意见,课题更名为“我国船舶检验管理及其运行机制的研究”。

2001 年 4 月,中国海事局在北京召开了由原港监、船检老专家参加的座谈会,征求对我国现行船舶检验体制和现状的意见及对课题研究工作的建议。4 月 17 日,课题组走访了中国船级社总部并与有关人员进行了座谈,听取对我国现行船检体制的看法以及对课题研究工作的意见。5—8 月,课题组分 4 个小组对全国 14 个省(自治区、直辖市)开展了实地调研。

2002 年 2—3 月,课题组欧洲调研小组访问了英国海事局(MCA)、挪威海事局(NMD)以及英国劳氏船级社(LR)、德国劳氏船级社(GL)、挪威船级社(DNV),对欧洲 3 国的船舶检验体制情况进行了考察。4 月,课题组召开《我国船舶检验管理及其运行机制的研究》课题全体成员会议,会议就前期工作及调研情况进行了详尽总结,同时对接下来的研究工作的内容和责任进行了安排。5—12 月,课题组对前期书面调研和实地调研所获取的资料进行了深入的整理、汇总、分析。

2003 年 7—8 月,课题组赴加拿大和美国,就船舶检验管理机制进行考察,先后同加拿大运输部太平洋海事局、美国船级社总部、美国海岸警备队有关人员进行了座谈,实地考察了航道、船舶和港口情况。11 月,《我国船舶检验管理及其运行机制的研究》课题报告研讨会在北京召开。与会领导与专家对课题研究过程中存在的问题提出了不同的意见与建议。之后,课题组根据调研、研究成果和业内专家意见形成了最终研究报告。报告对国内外船舶检验机构及船舶检验管理情况进行了详尽阐述,并结合相关数据对我国船舶检验及管理情况进行了综合分析,在此基础上对我国船舶检验体制改革提出了参考意见和建议。

为进一步深化水监体制改革,研究新形势下新热点,解决制约船检发展和服务社会能力提高的深层次问题,建立适应综合交通运输体系发展的船检体制,2010 年,交通运输部决定在《我国船舶检验管理及其运行机制的研究》成果基础上开展“船检体制改革暨发展战略课题研究”工作。同年,交通运输部科技司在《关于做好 2010 年度部交通软科学项目启动工作的通知》中明确了《我国船检体制改革暨发展战略研究》课题研究任务、项目主办单位(中国海事局)、承担单位(广东海事局)。交通运输部政法司、人劳司、中国海事局、中国船级社、浙江和安徽省船舶检验局、广东海事局、甘肃省地方海事局、武汉理工大学、大连海事大学等 10 家成员单位共同参与项目研究。

2.《中华人民共和国船舶与海上设施检验条例》修订研究

随着我国造船和航运事业的迅速发展,有部分意见认为1993年由国务院颁布实施的《中华人民共和国船舶与海上设施检验条例》中的部分条款已经不能完全适应发展需要,中国海事局成立后拟对该条例进行修订,并将条例修订工作列入了《海事法规体系框架》立法项目。

2002年7月,为保证条例修订工作的顺利开展,中国海事局成立了专门工作组及秘书处,由天津船舶检验管理处负责条例修订工作。经过两年的努力,在广泛调研和反复征求意见的基础上形成了《中华人民共和国船舶与海上设施检验条例(修订稿)》,天津船检管理处拟定了《关于报送〈中华人民具体共和国船舶和海上设施检验条例〉修订工作总结暨起草说明的报告》上报中国海事局,形成了阶段性的成果。

3.《船舶法定检验质量管理体系》研究

船检体制改革后,面对国内造船业、航运业不断发展变化的现状,船检行业原有的按照经验管理的传统模式亟待向科学型管理模式转轨。2001年,中国海事局立项开展了《船舶法定检验质量管理体系研究及制定》课题研究工作。课题组通过现场资料采集、船检工作特点分析,全面掌握了船舶检验工作中易产生的质量问题的关键环节,依据ISO9001:2000质量管理体系原则编制了《中华人民共和国船舶法定检验质量管理规则》,编写了《船舶法定检验质量管理体系的建立与运行》一书,并由人民交通出版社出版发行。

《船舶法定检验质量管理体系研究及制定》课题研究过程中,船舶法定检验质量管理体系在广西船检局试点运行,通过船检质量管理体系的建立和有效运行,船检机构的管理水平和检验质量都有明显提高,这对课题的研究及运用打下了夯实的基础,也为全面实施船舶检验机构资质管理积累了经验。2002年9月,广西船检局质量管理体系通过了中国海事局船舶法定检验质量管理体系审核组的审核,取得了全国第一张船舶法定检验质量管理体系认可证书。

4.《验船人员适任考试试题题库》研制

2003年,为做好验船人员适任考试工作,中国海事局委托上海海事局开展《验船人员适任考试试题库》研制子课题1:《验船师适任考试试题及试题库管理系统研制》工作,委托辽宁海事局开展《验船人员适任考试试题库》研制子课题2:《初级验船师适任考试试题库研制》工作。后鉴于国家即将实行注册验船师制度,《验船师适任考试试题及试题库管理系统研制》项目未完成。

2003年8月,辽宁海事局完成了不同类别专业两套《助理验船师适任考试试题卷》的组卷工作。12月,按照进度要求完成《助理验船师适任考试大纲》《助理验船师适任考试试题编制、征题规范》《助理验船师适任考试命题、组卷规范》等文件的起草,并就《助理验船师适任考试大纲》向相关方征求意见。

2004年1月,辽宁海事局根据各方意见对《助理验船师适任考试大纲》进行了修改,并于2004年2月通过专家评审会。3月4日,中国海事局颁布实施《中华人民共和国助理验船师适任考试大纲》并印刷成手册免费向全国发放。同时,辽宁海事局针对助理验船师统考管理的4个规范即《助理验船师适任考试试题编制、征题规范》《助理验船师适任考试命题组卷规范》《助理验船师适任考试与发证工作实施规程》《助理验船师适任考试试题库管理工作规范》进行征求意见,并于3月30日在大连召开专家评审会,形成的审定稿在当年的命题、组卷、考试和考务管理工作中得到应用。同年4月,《助理验船师适任考试试题库》编制完成,并在当年的全国统考中使用。

试题库编制工作结束后,辽宁海事局即着手开展计算机管理系统开发的前期研究,并编制了《助理验船师适任考试管理的计算机系统开发需求报告》,经与软件开发单位(大连海事大学)多次讨论和评定,于5月底签署了委托开发协议,分计算机命题、计算机随机考试两个阶段进行软件开发工作。2005年,《计算机组卷考试系统》研制工作完成并通过客户测试及专家评审。至此,《验船人员适任考试试题库研制》之《初级验船师适任考试试题库研制》子课题研制工作全部完成。

5.《验船业务量与验船人员配备量对应关系》研究

为了研究船舶法定检验业务量与验船人员配备的关系,解决船舶检验机构合理配置验船人员依据问题,2007年,中国海事局启动了《验船业务量与验船人员配备量对应关系》研究,并将该项工作交由天津船舶检验管理处承担。

2007年11月,《验船业务量与验船人员配备量对应关系》研究课题小组在苏州召开第一次工作会议,中国海事局、江苏省船舶检验局及研究小组的全体成员出席了会议。会议确定了课题研究的总体目标、实施计划及相应工作机制。2008年至3月,课题研究小组在南京召开了课题工作大纲专家评审会,并且根据专家意见最终确定工作大纲。此后至2009年,课题组通过问卷调查与分析、实地调研等途径开展了一系列研究工作。2009年12月,《验船业务量与验船人员配备量对应关系》研究课题组在天津召开研讨会,会议确定要对课题研究报告中船舶检验机构验船人员配备量计算方法编制应用程序(VB)。会后,课题组按照会议要求编制应用程序,并在部分船检机构进行试算。2010年3月,中国海事局向部分船舶检验机构发放计算程序及反馈表格,对验船人员配备量计算公式征求意见,课题组根据反馈意见对程序进行了完善。

通过对《验船业务量与验船人员配备量对应关系》研究,掌握了我国各船舶检验机构人员配备的情况,提出了适合中国国情的船舶检验业务量与验船人员配备量的对应关系,对船舶检验机构合理配备验船人员起到了指导作用。

6.《船舶检验审图中心标准》研究

2010年5月,中国海事局委托大连船检管理处开展了《船舶检验审图中心标准》课题研究工作,考虑不同类别船舶法定检验机构审图中心资质建设要求,编制审图中心标准并推荐计算机辅助软件。

大连船检管理处邀请黑龙江海事局船检处人员共同组成了课题组,制定了研究计划和调研提纲,开展了包括函调和实地调研的广泛走访,基本覆盖了B类船检机构和绝大多数的C、D类船检机构,掌握了较为详实的资料。

根据实际调研情况,课题组分别起草了国内海船法定检验机构和内河船舶法定检验机构的相关研究报告和资质建设标准草案,并于2010年9月和11月开展了中期评审和专家咨询。在听取了专家意见和建议后,课题组最终完成《国内航行海船法定检验机构审图工作研究报告》《国内航行河船法定检验机构审图工作研究报告》《审图软件实用研究与推荐报告》《中华人民共和国国内航行海船法定机构审图工作资质建设标准》等相关文件。为了增强课题研究成果的可操作性,课题组还撰写了《实施"法定检验机构审图中心建设标准"可行性研究报告》,探讨了一些应用这一成果时需要考虑和注意的问题。

该课题主体工作于2010年完成,2011年完成评审验收。该课题是中国海事局首次对审图机构建设标准进行研究,对加强审图工作管理、提升船检机构资质建设水平起到推动作用。

(三)海事局直属船检机构科研发展

海事局直属船检系统信息化建设及科研项目主要通过中国海事局统筹安排,广东、黑龙江海事局船检根据本地区特点独立开展了一些船检课题项目的研究。

2001年,广东海事局船舶检验处与广东省交通厅等单位合作完成《"九五"广东省内河运输船简统选优》课题。该项科研成果获得2001年度广东省科学技术奖三等奖。

2001年,广东海事局船舶检验处组织力量编制《内河船舶营运检验项目表》(DOS版)和《内河船舶吨位丈量计算》(Windows版)软件,使船舶检验做到不少检、漏检,统一和完善了辖区内船舶的营运检验和吨位丈量工作。2003 年,广东海事局船舶检验处将《船长小于 20 米的船舶稳性简易衡准暂行办法》软件从 DOS 版升级为 Windows 版。

2003 年,广东海事局船舶检验处开展广东省交通厅委托的《珠江水系(广东)运输货船船型系列研究》课题研究工作,并于同年与珠江航务管理局等单位合作开展了《珠江干线船舶主尺度系列研究》工作。

2007 年,广东海事局船舶检验处完成了《内河自卸砂船稳性衡准补充要求研究》工作,拟定了《广东省内河自卸砂船稳性衡准补充要求》,并通过了专家评审。课题研究的部分结论被武汉规范所纳入《内河法规 2008 年修改通报》,完善了内河自卸砂船货物装载技术要求,促进了自卸砂船航行安全。

2008—2009 年,广东海事局为解决广东省沿海遮蔽航区营运限制水域岛屿居住百姓出行难问题,联合广东省交通运输厅开展了《沿海特殊水域新材质(玻璃钢)乡镇客渡船的课题研究》和成果推广应用工作。经过充分调研与专家论证,广东海事局依据有关规定减免了这些船舶的部分设备,最大限度地减轻当地村民的负担,得到了当地主管部门和村民的肯定。

浮箱固冰通道是一种应用在冰区新颖而特殊的结构,2007 年黑龙江省政府为"中国俄罗斯年"招商引进、架设的"同江中俄浮箱固冰通道"开启了浮箱固冰通道在黑龙江冬季运输的先河。之后,在黑龙江水系内浮箱固冰通道蓬勃发展,随着中俄两国贸易和交往的深度发展以及客货运输对便利快捷的要求,在冬季浮箱固冰通道正逐步代替气垫船和汽车冰道,成为中俄两国共同认可的水上主要的安全交通设施。佳木斯船检处辖区内同江、饶河、萝北等地区设有浮箱固冰通道,黑河辖区内黑河、嘉荫等地区设有浮箱固冰通道。黑龙江海事局对固冰通道按照国内现行法规开展检验并开展了《黑龙江水系浮箱固冰通道检验暂行规定》课题研究,为固冰通道的设计、制造、搭建、拆卸、检验、管理、维护等方面探寻理论依据。

二、中国船级社信息化建设与科研发展

(一)中国船级社的信息化建设与管理

1.计算机硬件设施的更新和改造

1999 年,中国船级社依照机构改革和业务发展的需要,对全系统的计算机配置和应用环境实行了统一要求,更新了有关部门和机构的计算机设备。2001 年,又相继完成总部计算机局域网的布设,更新升级计算机硬件设备,更新改造总部计算机房功能,建成了集运维、监控、培训等功能为一体的现代化机房。2002 年加速网络及硬件建设,完成了中国船级社总部邮件服务器和防火墙的更新改造,完善了网络与信息安全管理制度。

2.网络建设

(1)构筑"信息高速公路"专网

2004 年,中国船级社围绕信息化"库、网,站、点"的建设思路,启动了中国船级社专网和视频会议系统建设项目。该项目的目标是利用先进的计算机技术和网络通信技术将中国船级社全系统连接起来,建立中国船级社"信息交流和传输高速公路",实现数据、语音、视频三网合一,部署中国船级社应急响应、视频会议系统,确保中国船级社总部与分社、办事处实现"库、网、站、点"的实时在线数据传输及时准确,最大限度实现信息资源共享,并与船东的船舶资料数据库连接,开展实时在线服务,为客户提供准确及时的技术支持和信息服务。当年完成了整个网络的方案设计,经过专家评审和招标工作,工程在全国各个分支机构有序地展开。

2005 年,专网一期工程顺利竣工,信息交流和传输专线已初具规模,实现了数据、语音、视频三网合

一,提高了工作效率,增强了中国船级社应急响应、协调办公能力。全系统验船师、管理人员均有了统一域名的电子邮箱账号,电子邮箱普及率达 100%。

专网建成以后,中国船级社采用现场巡回培训的方式,深入到国内 11 个分社,并在部分分社采用了视频直播方式,对全系统各单位的员工进行了中国船级社专网基础知识和应用技术培训,参加现场培训和考试的员工达千余人。

2009 年,中国船级社利用当代先进的 MPLS VPN 技术,建成了伦敦海事中心专网,首次实现了海外数据、语音、视频三网合一。

(2)中国船级社网站

中国船级社网站(www.ccs.org.cn)通过发布中国船级社动态和船舶检验、规范科研及业内各类信息,为客户提供优质、快捷的在线服务。该网站具有时效性强、信息量大、使用方便等特点,通过在线服务,可方便地使用在线申请,查询证书,下载通函、须知或各类申请表等功能。《中国船级社规范与 IMO 公约全文检索系统》可帮客户迅速检索出所需内容。中国船级社网站首页上还建有信息服务快速通道和海事站点链接,方便了国内外船东、船厂、航运界客户在线办公和查询,基本上满足了面向市场的发展需要。

2004 年,改版后的中国船级社网站,总体风格上采用简洁直观的模块结构,内容上对业务类别进行重新整合,划分为 8 个栏目:中国船级社简介、新闻频道、入级船舶、国内船舶、工业服务、规范科研、信息服务、出版物。同时加强了客户信息服务功能,充实信息服务内容,并提供了个性化定制功能。注册用户登录后,可根据自己的需要和浏览习惯,自定义组合网站所提供的各种功能模块,方便用户使用网站提供的各种信息。

(3)网络安全管理

2007 年,中国船级社实施了“网康”项目,在境内所有分社、办事处、香港分社,大阪分社、新加坡办事处、釜山办事处等 42 个单位加设“网康互联网控制网管”,建立了网络行为安全监督和防止网络资源被非法占用的网络管理系统。

2008 年,中国船级社进一步加强对全系统计算机、网络、信息安全工作的宏观管理力度,对信息安全防护提出更高要求,加强了计算机病毒防范、网络监控与安全审计,不定期地发布病毒预警通告,使信息安全管理做到“保障应用,提高效率,规避风险,责任到人”。

2009 年,中国船级社总部成功引进 CITIX 系统,在保证内外部用户访问通畅的同时,保障了信息安全。

3.软件开发和数据库建设

1999 年,中国船级社开发和更新的管理软件有:《船舶检验报告及证书管理系统(CARCV)》《海上移动平台检验管理系统(MOUMS)》。计算及设计方面的软件有:《船舶性能计算》软件、《船舶结构和强度计算》软件、《船舶轴系强度与振动计算》软件、《船舶电力系统短路计算软件》以及《海虹之彩》船体结构安全解决方案等。同年,中国船级社信息开发咨询中心引进了国家标准、部颁标准、国际标准、国外先进标准的光盘库,实现了以上标准的计算机检索和有关法规、标准信息的及时发布。

2001 年,中国船级社在软件开发方面完成了《国内航行船舶管理系统(DSMISS)》软件的开发、测试及其推广应用;成功地为香港海事处完成了《香港注册船舶信息管理系统》的第二期工程;完成了《船舶检验收费系统》编制、《海上移动平台检验管理系统》升级开发、《新闻出版署期刊查询系统》编制、《SSMIS 和 CARCV 数据交换系统》建设、《世标认证中心管理信息系统》建设等。其中,CARCV 系统与 SSMIS 系统的兼容性开发,提高了数据库的录入能力以及加载的准确性和快速性,为中国船级社检验文件的电子化发展打下了良好基础;SSMIS 数据库的全面升级,适应了客户的更新需求;《海上移动平台检验管理系统》的升级开发，扩大了系统功能，增加了中文版计算机发证及网上授权用户查询功能。

2002 年，中国船级社信息中心组织社内外的技术力量，在已有的信息管理系统基础上，积极开发新的软件系统，推进新的信息技术应用。其中，新开发的《财务收费管理系统（FMIS）》正式投入运行；新引进开发的《中国船级社数字化档案管理系统》在总部范围内开始试运行；已开发应用的《非入级船舶检验管理信息系统（DSMIS）》进一步得以完善，以确保数据的准确性和安全性，实现检验流程全过程的分工管理。此外，还完成了对《国际安全管理信息系统（ISMIS）》的升级改造，对《港口国控制管理信息系统（PSCMIS）》的完善维护工作；完成了人员经历、培训记录管理系统的重新开发等工作。

至 2002 年，中国船级社已建立的信息资源数据库多种多样，其中包括《中国船用产品指南数据库》《中国船级社船用产品名录数据库》《中国船东名录数据库》《中国船级社入级船舶名录数据库》《船级社规范规则光盘资源库》《船级社出版服务客户数据库》。

2003 年，中国船级社以实现船舶生命周期和综合业务的智能化管理为目标，引进高新技术，对现有管理信息系统和工程计算软件进行升级整合，其中包括：在实施 SSMIS 系统升级改造和管理信息系统整合项目中完成对系统内部与外部客户的需求调研；在实施《工业产品管理信息系统（PSMIS）》开发中完成程序设计和测试；在实现办公自动化的程序开发中完成对“向海事局报送船舶检验计算机汇总数据”程序的修改与开发和“利用 CARCV 传送检验报告系统”的开发，使中国船级社的管理信息系统覆盖到各个领域，为信息应用管理及办公自动化水平的提高创造了条件。同年，对 SSMIS 数据库按船逐项进行数据清查、修订和补充，完成了《总部数据库服务器和数据库系统升级方案》的调研和编写，完成了《中国船级社审图管理系统》的开发，并在各个审图中心试运行。为确保信息与网络安全，完成了总部网络版杀病毒软件的全面升级。在计算与服务软件开发方面，加强了船舶计算系统（COMPASS）品牌建设，2003 年 7 月在该软件系统的二期研发工程中，解决了有关大型散货船、油船、集装箱船的船体结构计算和安全评估问题。同时，启动内河 COMPASS 工程计算子系统开发，在《船舶静力学计算及稳性衡准程序》《甲板大开口船舶弯扭组合分析程序系统（SCLOS）》的基础上，经过多年的技术研发与整合，截至 2010 年，基本形成了一套完整的内河规范计算软件体系，主要包括 4 个部分：内河船舶稳性计算衡准、内河船舶总纵强度校核、内河船舶吨位计算和内河小船规范计算，涵盖 20 米以上及 20 米以下各型内河船舶的性能与强度计算。在向现场验船师和广大客户提供技术支持方面，完成了《规范与公约信息服务系统》《中国船级社规范与公约全文检索系统》《规范专家智能查询系统》的开发。

2005 年，中国船级社全力整合《船舶检验管理信息系统（SSMIS）》。经过近一年的努力，一套覆盖全系统的《入级船舶服务管理信息系统（SSMIS 2005）》基本开发完成。在船级社总部建立了中央数据库，逐步解决“信息孤岛”问题，实现信息资源的开发利用，实现智能船舶信息管理，实现检验证书及时准确发放。2006 年 7 月 1 日，SSMIS 2005 正式运行，从现场检验、图纸审核、总部审核到最后正式入级证书的签发，全部在统一的网络平台和数据库平台进行，基本实现船舶检验、审图全过程的计算机管理，完成了现有船舶数据初始化工作，数据范围进一步增大，实现船舶主要结构、设备数据和法定要求的在线查询。

2007 年，中国船级社研究制定了船舶数据标准化建设方案，并通过了外部专家的评审。在调研国内造船厂、船舶设计公司、大专院校等单位的基础上，完成了《中国船级社船舶结构编码目录》（初稿）编制；与中远集团合作，完成了《中国船级社船舶机电设备编码目录》；还承接了交通部下达的《船舶检验数据元标准》课题，完成了数据元范围确定和分类目录的编制工作。

2008 年，中国船级社进一步加强信息系统建设，确定了研发和引进两条腿走路的思路，引进了《韩国船级社海事公约信息管理系统（KRCON）》等；完成《收费管理信息系统（FMIS）》与《船舶检验管理信息系统（SSMIS）》的数据接口开发；进一步优化了 SSMIS 系统功能，传输效率、运行效率有所提高；完成了《移动平台检验管理信息系统(MOUMS)》与 SSMIS 的整合工作,海上移动平台的检验管理、证书发放、信息发布等工作全部纳入 SSMIS 中。

2010 年,中国船级社攻克了《国家船舶结构数据库》项目多项技术难题,开发出了完全自主知识产权的三维建模系统。对 PSMIS 管理功能进行了调整,更新了文件模版,增加了数据监控功能、证书失效管理功能、工厂定期审核预警功能,完善了产品目录、产品证书查询系统。

4.中国船级社开发与更新的主要软件

船检管理体制改革后,中国船级社依据自身发展、市场需求和技术更新的需要,不断开发与更新软件系统,1999—2010 年间开发与更新的主要软件如下:

(1)管理信息系统软件

《港口国控制管理信息系统》,1992 年开发启用,1999 年更新,2007 年 5 月并入《SSMIS 2005 系统》。

《船舶安全审核管理系统/安全认证管理信息系统》,1999 年 1 月 28 日开发启用,2004 年更新。

《产品检验出证系统》,2000 年 9 月 29 日开发启用,2005 年 2 月并入《中国船级社产品检验管理信息系统(PSMIS)》。《中国船级社产品检验管理信息系统》,2006 年更新。

《中国船级社档案管理(信息)系统》,2002 年 10 月 8 日开发启用,2009 年更新。

《船舶审图管理信息系统》,2004 年 6 月 16 日开发启用,2007 年 5 月并入《SSMIS 2005 系统》。

《国内航行船舶管理信息系统》,2004 年 6 月 15 日开发启用,2009 年更新。

《IACS 议题信息系统》,2007 年 6 月开发启用。

《入级船舶服务管理信息系统》,2009 年 3 月开发启用。

《焊工资格证书管理系统》,2010 年引进,2010 年 11 月启用。

《中国船级社 Help Desk 系统》,2010 年 12 月开发启用。

(2)工程计算及服务软件

《货物系固系统》,1999 年 1 月 28 日登记启用, 2002 年更新,2010 年 7 月再次更新。

《解析法轴系扭振计算》,1999 年 1 月 28 日登记启用, 2002 年更新,2010 年 7 月再次更新。

《(船舶)干舷计算程序》,1999 年 1 月 28 日登记启用,于 2002 年、2004 年、2010 年进行 3 次更新。

《69 国际吨位及巴拿马运河吨位计算》,1999 年 1 月 28 日登记启用,2002 年 2 月 4 日更新为《69 国际吨位、巴拿马运河吨位及国内航行船舶吨位计算》软件。该软件于 2010 年 8 月 1 日更新。

《船体振动和上层建筑振动计算》, 1999 年登记启用。

《海虹之彩》一期开发软件,1999 年 7 月 1 日启用, 2003 年 6 月 17 日终止,2005 年 6 月 17 日注销。

《岸上供电交流电力系统短路电流计算》,1999 年 7 月 16 日启用,2002 年更新,2010 年 7 月更新为《电网电源对水上设施供电电路的短路电流计算程序》。

《齿轮结构计算》,2000 年登记启用,2006 年更新,2007 年 8 月 23 日并入《齿轮强度计算》。

《舱容及液体倾侧矩计算》,2001 年 8 月登记启用,2002 年更新,2010 年 7 月再次更新。

《船用柴油机 NO_x 排放计算》,2001 年 3 月登记启用。

《测深表计算》,2002 年 2 月 24 日登记启用, 2010 年 7 月更新。

《货船概率法破损稳性计算》,2002 年登记启用,2006 年更新,2010 年 7 月再次更新。

《营运散货船总纵强度评估软件》,2002 年 8 月 6 日登记启用, 2010 年 7 月更新。

《海虹之彩——系统船体结构疲劳计算程序》《海虹之彩——系统船体结构设计与校核程序》《海虹之彩——系统船体结构有限元快速建模程序》等 3 软件于 2003 年 8 月登记启用。

《IACS URS 31 强度计算程序》,2004 年 4 月登记启用。

《CAESAR II 4.5 单机版管道应力分析软件》,2004 年 8 月登记启用。

《MSC.PATRAN/NASTRAN/DYTRAN/MRAC 大型结构强度分析软件》,2005 年 7 月登记启用。

《ERS——船舶应急响应服务系统》,2005 年 7 月登记启用。

散货船及油船的《IACS 共同规范——结构规范计算》及《IACS 共同规范——直接计算》4 个软件,2006 年启用。2009 年 7 月 14 日换版为(散货船)《IACS 共同结构规范软件——规范计算》、(油船)《IACS 共同结构规范软件——直接计算》。

《齿轮强度计算》,2006 年登记启用,2007 年更新。

《散化船适装货品核查软件》,2006 年 5 月 18 日启用。

《极限重心高度曲线计算》,2006 年 7 月 3 日启用,2010 年更新。

《装载与稳性计算》,2006 年 7 月 3 日启用,2010 年 7 月更新。

《MARPOL 1/23 概率泄油计算程序》,2006 年 11 月 15 日登记启用,2010 年更新为《概率法泄油量计算》。

《曲轴强度计算》,2007 年 8 月更新。

《内河船舶总纵弯曲强度计算程序》《内河及江海通航船舶弯扭组合强度计算系统》《内河船舶结构规范校核系统/内河船舶结构校核程序》,2008 年 5 月 4 日登记启用。

《FLUENT 计算流体力学软件》,2008 年 6 月登记启用。

《COMPASS 船用产品计算系统》,2009 年 6 月登记启用。

《内河小船计算软件系统》,2010 年 2 月登记启用。

《大开口集装箱船总强度计算》,2010 年 7 月登记启用。

《平面板架计算程序》,2010 年 7 月登记启用。

《船体几何形体输入、邦氏曲线计算》,2010 年 7 月更新。

《船舶静水力计算》,2010 年 7 月更新。

《稳性横交曲线计算》,2010 年 7 月更新。

《散装谷物稳性计算》,2010 年 7 月更新。

《客船破舱稳性等效规则计算》,2010 年 7 月更新。

《概率法泄油量计算》,2010 年 7 月更新。

《规范结构计算》,2010 年 7 月更新。

《船舶轴系扭振计算》,2010 年 7 月更新。

《轴系纵向振动计算》,2010 年 7 月更新。

《轴系回旋振动计算》,2010 年 7 月更新。

《轴系校中计算》,2010 年 7 月更新。

《轴系和螺旋桨强度计算》,2010 年 7 月更新。

《破舱稳性许用重心高度计算》,2010 年 7 月更新。

5.推进信息传输和业务管理信息化

中国船级社的信息化建设在“面向检验业务第一线,面向规范科研,面向海事市场”发展的思想指导下,在由“服务保障型”向“支持保障型”转化中取得了进展。借助网络和各种管理软件,技术业务工作逐步走向电子化和网络化。

2000 年,中国船级社电子书店已成功进行网上交易。传统的印刷出版正在向电子出版加速转化,以《中国船检》杂志为龙头的出版物通过网络和电子邮件方式,及时将中国船级社掌握的信息动态及分析成果编辑成电子版《中国船级社简讯》《中国船级社技术简讯》等与国内海事界共享。2004 年 2 月,中国船级社正式开通网上规范服务,首批推出现行规范、指南、公约 17 种。中国船级社积极推进电子图书馆建设,于 2007 年完成了海船规范,河船规范,IMO、IACS 公约、部分通函、须知等 1800 余本/份技术文件的电子化和智能化检索工作。2008 年,电子图书馆建设得到了完善,馆藏规范、标准、通函、指南、IMO 公约、IACS 技术决议等电子图书资料 14000 册。

2002 年 1 月 1 日,北京数码易知科技发展公司开发的《船舶检验报告及证书管理系统(CARCV)3.0 版》开始启用,现场验船师通过对 CARCV 系统操作将现场检验数据直接自动传输到总部,加载到 SSMIS 系统数据库,并且经过授权可在全系统内实现全部数据的信息和资源共享,同时系统增加了对特别检验项目、循环检验项目的管理等功能。

根据 IACS 关于检验信息电子化的要求,中国船级社优先立项解决了船检基本信息电子化项目,使现有油船至少在一个特检期内的基本检验信息、数据、图像等数据被及时录入整理,新造船实现了从建造开始的数据电子化。

中国船级社为提高信息化服务效能,坚持不断开发和完善业务管理信息系统。随着船舶检验报告及证书管理系统和船舶检验管理信息系统的不断完善,中国船级社审核检验报告、证书的效率得到提高,签发证书的速度也得以加快,为广大船东提供了更高效的服务。《产品检验管理信息系统(PSMIS)》于 2005 年初在全系统上线,使中国船级社实现了产品检验(包括集装箱检验)、工厂认可和型式认可及审图工作从申请、评审、任务指派到检验、发证的一体化业务处理,从总体上提高了中国船级社产品检验业务的工作效率和工作质量。

2010 年,在 3D 新技术平台推出的船舶营运检验业务网上申请服务,为中国船级社进一步推进《信息化船级社》(E-Class)建设奠定了坚实的基础。

(二)中国船级社的科研发展

中国船级社在全面实施规范科研体制改革中,确立了"技术立社,诚信为本"的建社方针,确定走以科研技术为先导的发展道路,通过改革把分散的规范科研工作纳入统一管理、统一规划、协调发展的轨道。建设了"一个中心、三个所"的规范科研管理机制,加大科研投入,引进并推行学科带头人、研究员制度,集中系统内外的优秀人才资源,建立了填平补齐,适度超前的基础规范体系。并通过体制、机制创新,释放规范科研工作的能量,整合现有的消防、救生、油料、涂层检测等实验室,加强了无损检测(NDT)和材料科学实验室的建设,推进了规范科研的发展。从 1999—2010 年间的规范科研工作,其主要特征是在以往"安全环保研究"基础上加大、加深"环境保护和节能减排研究",开展的科研项目达 100 余个。2009 年中国船级社开展并完成了绿色船舶规范体系前期研究,2010 年确定了加快绿色规范研发,尽快推出绿色服务产品的重点工作任务,制定绿色船舶技术要求及相应的附加标志体系,为开展绿色船舶入级服务提供技术先行,以满足交通运输部提出的绿色航运发展的要求。

1."VCBP"研究计划

1999 年 12 月 23 日,中国船级社启动"VCBP"研究计划,以适应船舶市场主力船型大型化、高技术化发展需要。2000 年 11 月,为配合"VCBP"计划的实施,中国船级社聘请 LR 专家举办大型船舶建造检验讲座。2001 年,中国船级社先后开展了"VCBP"项目研究,并联合国内有关知名大学、研究所等,开展了与国际船级社协会同步进行的"三维非线性波浪载荷开发与研究",与亚洲船级社协会合作的"腐蚀余量数据库及标准"和"综合安全评估方法实际应用"等。同时,在新船型、新技术领域进行了"LNG 大型液化气船研究""穿浪船检验技术研究""小水线面船检验技术研究"。

2003 年,围绕“VCBP”项目实施,组织开展了“9000 箱集装箱船技术标准研究”“超大型散货船技术及规范研究”“超大型油船技术及规范研究”“新型工程船特殊技术研究”“多体船技术及规范研究”等 11 项规范技术课题研究。

2.《海虹之彩》大型工程计算软件研发

《海虹之彩》大型工程计算软件是中国船级社为适应造船、航运业高速发展开发的拥有自主知识产权的船舶专用结构设计和强度分析校核软件系统。1999 年,《海虹之彩》(船体结构分析与安全解决方案)大型软件系统向客户推出,收到很好的使用效果。该项目的第二阶段开发重点为油船和散货船,并实现与 CAD 的设计接口、改善有限元技术的分析能力、对于个人机和工作站适应性等功能;关于结构可靠性技术主要进行船舶总纵强度第二阶段的应用研究;对综合安全评估技术的应用,主要集中于散货船安全评估和客船防火评估方面的研究;关于三维波浪软件的开发研究,通过大型船模拟试验进行了规则波中的线性压力场测量,规则波中的非线性压力、砰击压力、甲板压力测量和波浪中的绕射压力测量;关于散货船货舱壁的后屈曲理论研究等。

2000 年,中国船级社联合国内相关知名大学在有关船舶结构强度、船舶外力载荷、船舶稳性衡准等方面组织了大量研究。主要完成项目:“船体三维线性波浪载荷计算”“船体结构强度评估中计算工况的确定——动态载荷组合法的进一步研究及其应用”“船体非线性波浪压力场计算及其二维波浪载荷程序包开发”“大型集装箱船体结构有限元分析”等。

《海虹之彩》大型工程计算软件具有船体结构规范设计、有限元分析、结构分析、强度评估(包括疲劳评估)、船舶数据库等功能以及高度集成、高度智能化、高度数据共享和易学易用等特点,为船东、船厂和船舶设计院提供全套的散货船、双壳油船、单壳油船、集装箱船等的船体结构设计和强度分析解决方案,并使中国船级社在船舶设计审图、检验及营运船舶状态评估方面提供更快捷、方便、可靠的服务。该系统的“船体结构规范设计程序”按照中国船级社最新版《钢质海船入级与建造规范》编制而成,并能为船体有限元建模及结构强度分析提供数据支持。“船体结构快速建模分析”模块是基于中国船级社《船体结构强度直接计算指南》,利用当时国际上最先进工具、平台和语言开发的船舶快速建模系统。“船舶数据库”是开发船体结构安全解决方案系统的基础,能实现各模块数据集成与共享,可避免数据重复录入,并具有对大量数据进行快速分析、汇总的能力和方便的数据查询功能。运行与检测结果证明,该系统已达到了国外同类产品的先进水平。

《海虹之彩》大型工程计算软件的研发主要完成了大型散货船、油船、集装箱船的外载荷确定方法强度与疲劳计算、强度标准、规范设计与计算以及系统数据库建设;编写了中国第一版自主知识产权的《油船船体结构强度直接计算分析指南》《散货船船体结构强度直接计算分析指南》《集装箱船船体结构强度直接计算分析指南》《船体结构疲劳强度指南》。同时,形成了配套的《海虹之彩》软件系统,为中国大型船舶结构设计和强度分析校核提供理论、方法和手段。

3.客货船概率破损稳性要求研究与程序开发

该项研究从国际公约有关破损稳性要求最新标准出发,开发相关计算软件,为执行《SOLAS 74 公约》新要求的审图、检验提供手段与工具。主要研究成果包括:针对开敞甲板积水与中间浸水阶段的瞬时状态稳性两个关键问题,提出程序算法,解决了破损稳性计算中长期存在的难题;按《SOLAS 74 公约》II-1 新规则草案,根据实船概率破损稳性计算,分析新规则标准对现有客滚船和集装箱船破损残剩能力的影响,对新标准的合理性、有效性做出评估;对《SOLAS 74 公约》II-1 章有关客货船概率破损稳性要求的新标准提出了修改建议,部分建议被 IMO SLF 46 次会议采纳。

4.IACS 共同规范(CSR)软件的研发

中国船级社作为 IACS“油船和散货船共同结构规范”(CSR)的发起人之一,积极参与规范的制定,并实质性地推进了共同规范的实施,为共同结构规范的最终通过发挥了重要作用。

2005 年 6 月 13 日,在法国巴黎举行的 IACS 成员首席执行官会议上,包括中国船级社在内的 10 个船级社就油船和散货船共同规范地实施达成一致,并签署历史性协议。2006 年 4 月 1 日 CSR 正式生效,全世界迎来统一的造船标准。中国船级社开发的散货船规范校核软件 JBP(Joint Bulker Project)分为规范条文和结构设计程序(SDP)模块两部分。在 2005 年 8 月和 2006 年元月,亚洲 3 家船级社(CCS、KR、NK)对 JBP 软件的计算结果进行了详细的对比,取得了较为一致的结论,表明中国船级社在 JBP 规范理解和软件精度方面已与国际水平一致,JBP 软件已用于 5 万吨散货船的审图。中国船级社在 2006 年 3 月底基本开发完成油轮规范校核软件 JTP(Joint Tanker Project)——JTP 规范的条文计算程序和 JTP 的直接计算模块,并用于 5 万吨成品油/原油油船的审图。2007 年,中国船级社率先推出了自主研发的 CSR 软件,组织召开了共同结构规范软件及关键技术实施发布会,召开了散货船核心技术研讨会,对 18 万吨散货船结构进行了全面评估工作。

中国船级社参与 IACS 共同规范的研发,并享有世界首套共同规范知识产权。这一研究提高了中国船级社核心竞争力,对船舶设计、审图、建造和检验提供了必要的技术支持——这是中国船级社发展历程中具有里程碑意义的科研开发。

5.绿色船舶规范体系前期研究

自 20 世纪 60 年代以来,IMO 和 IACS 等国际组织不断地推进标准的提高和升级,主要集中在目标型新船建造标准(GBS)、船舶温室气体减排、船舶压载水公约、船舶循环再利用公约、海事劳工公约等标准上。这些新标准的出台和生效对船舶行业产生了一系列重大而深远地影响。打造绿色船舶和实现绿色航运是航运界和造船界的目标,也是提升竞争力抢占市场的必由之路。

绿色船舶是指采用相对先进技术(绿色技术)在其生命周期内能经济地满足其预定功能和性能,同时实现提高能源使用效率、减少或消除环境污染,并对操作和使用人员具有良好保护的船舶。

为适应国际和国内绿色航运的发展趋势,中国船级社在“十一五”(2006—2010 年)期间启动“绿色船舶计划”(G-VCBP),向绿色船舶领域挺进的步伐不断加快:2009 年开展并完成了绿色船舶规范体系前期研究;2010 年完成“绿色船舶规范制定”的立项工作,并确定了 8 大类节能技术和 22 个具体研究方向,在一些技术上取得了初步的研究成果,加快了绿色船舶规范研发。

6.IMO 载重线最小船首高度与储备浮力研究

该研究项目是根据国际海事组织“关于修订国际载重线公约”技术条款议题而设立的。研究目标是为国际载重线公约制定新的船舶“最小船首高度”衡准和“首部储备浮力”衡准。研究成果被完整地纳入《1966 年国际载重线公约 1988 年议定书》修正案第 39 条,反映了国际船舶耐波性理论、模型试验、海洋气象学的最新科学技术,做到船舶安全性与经济性的高度统一,成为国际海事界改进散货船安全的重要措施。

7.优选型散货船(OBC)项目研究

OBC 项目组织方式的创新使得船型开发工作由以往船舶设计建造单位单独开发的形式变成造船、船东、船检三方共同参与的形式。参加项目开发的单位有中国船舶工业行业协会、中国造船工程学会、中国船舶工业集团公司、中国船舶重工集团公司、中国远洋运输集团公司、中国船级社、万邦集团公司等 7 个单位。这种联合开发的方式有利于综合船东需求、船检要求和船舶设计等各方面信息,使得船型开发针对性强、目标明确,缩短了时间,提高了效率。中国船级社主导推进行业联合研发的优选型散货船的船型开发取得良好的效果。中国船级社参与的与亚洲船级社协会合作研究的三维非线性波浪载荷和船体结构腐蚀与磨耗的两个项目,为其制定强度标准和腐蚀控制标准奠定技术基础。已完成的优选船型

Capesize(17.4万吨)、T - max(9万吨)、Panamax(7.5万吨)与Handysize 4类船型的认可和21万吨双船舷侧散货船的设计优化及船型认可,为中国船级社进一步进行系列船型的船型认可,促进我国船舶建造的批量化、系列化和技术工艺标准定型化奠定了技术基础。

研究结果编制了双舷侧散货船规范和双舷侧散货船结构设计指导性文件,并对4种新型散货船进行了分析计算。

8.国家科研项目

2006年,中国船级社完成国家船舶结构数据库项目的组织体系建设和总体策划,完成框架设计;承担船舶性能数据库的建立研究开发工作;承担国防科工委新型多功能火车渡轮设计建造关键技术研究项目中"渤海湾海域海洋环境的研究"专题工作;完成国防科工委规划及立项的四型大型矿砂船(23万吨、30万吨、36万吨、50万吨)的规范技术标准立项,并完成审图原则框架制定;积极参与国防科工委的船型开发项目,免费为工业界提供中国船级社自主开发的共同结构规范软件系统,并为参与船型开发的设计单位/部门提供软件培训和技术支持,直接参与12型船舶的船型开发工作。

2007年,中国船级社制订完成矿砂船的船体结构强度直接计算的原则文件及指导性文件草稿;初步完成23万吨和50万吨矿砂船的舱段有限元分析计算;完成了矿砂船撤离分析计算的数学模型,并建立和完善了相应的计算程序;完成了23万吨矿砂船撤离路径的初步计算,并完成相应的技术报告; 初步完成VLCC(30万吨级)、苏伊士型(SUEZMAX,16万吨级)、阿芙拉型(AFRAMAX,原油)、阿芙拉型(AFRAMAX,成品油)、巴拿马型(PANAMAX,7万吨级)、轻便极限型(HANDYMAX,4万—5万吨级)等6种船型的计算和分析工作。

在大型油船液舱晃荡计算方法的理论与实验研究方面,完成晃荡理论研究的前期综述研究报告;完成对现有晃荡运动的数值计算方法推导和分析,提出了改进晃荡载荷计算流程;完成晃荡载荷计算初步的数值计算程序;完成几个案例的晃荡载荷数值计算;完成LNG船中晃荡载荷直接计算的相关内容。

9.内河船舶标准化技术研究

中国船级社于2000年开始着手开展内河船舶标准化研究。作为中国政府2001—2010年水路运输发展规划有关内河船舶标准化研究的重点项目,中国船级社先后主持或参与完成了《内河船舶标准化前期研究》《川江及三峡库区运输船舶标准船型主尺度系列》《京杭运河运输船舶标准船型主尺度系列》《长江船型标准化发展纲要》《全国内河船型标准化发展纲要》《标准船型竞争力比较研究》《川江及三峡库区载货汽车滚装船折叠跳板实船试验研究》《川江及三峡库区散货船标准船型最大尺度标准研究》、西部交通科技项目《川江及三峡库区运输船舶船型研究》专题11——《川江及三峡库区航区和船舶技术规范研究》等项目。并受交通部委托,中国船级社组织对研究、开发的船型技术方案进行评审,并在技术上予以支持、指导,最终上报部公布列入标准船型。包括:京杭运河4个系列25型标准船型的技术设计;川江及三峡库区8个系列41型标准船型的技术方案。

结合内河船型标准化、大型化、专业化的发展,在研究成果的基础上,中国船级社颁布了《京杭运河标准型船舶规范》(2003)、《京杭运河型船舶检验补充规定》(2004)、《川江及三峡库区航行船舶检验补充规定》(2004)、《川江及三峡库区标准型载货汽车滚装船建造规范》(2004)、《川江及三峡库区现有油船、化学品船防碰撞能力评估及新建船舶防碰撞设计指导性文件》等规范技术标准。

10.内河船舶规范技术研究

1999—2000年,中国船级社组织完成《三峡工程渠汛期通航船安全技术条件研究》《内河船舶操纵性研究》《钢质高速船结构极限强度研究》。

2001年,完成《内河高速船密加筋板格结构强度》研究,通过对密加筋板(双向加筋板)结构型式的

50余艘实船调研,综合研究分析提出立体框架双向加筋板的新型结构型式,对解决重量与结构强度、刚度、稳定性及振动特性之间的矛盾具有很大的综合优势,在国内外现行高速船规范中是一个创新。该项成果已纳入中国船级社《内河高速船入级与建造规范》(2002)。

2004年,完成《三峡库区船舶安全技术标准》的研究和编制工作,为三峡水利工程成库后库区的船舶安全航行提供了技术保障。

2005年,完成《内河船舶救生系统效用研究》《钢质内河双体船结构强度直接计算研究》《川江及三峡库区载货汽车滚装船液压折叠跳板研究》项目及《液压折叠跳板技术要求》编制。

2006年,完成《20米以上内河LPG动力船安全技术要求研究》,为新型能源在船舶上的应用做了有益的探索。

2007年,完成《三峡库区156米蓄水航区划分研究》,在此基础上继续跟踪研究三峡库区175米蓄水的航区划分及相关安全技术要求。

2008年,完成《钢质内河船舶建造规范波浪载荷及计算方法研究》《浮船坞规范适用性研究》《内河绿色环保船舶的技术指标及应用指南研究》。

2009年,完成《内河船舶应急响应服务系统》《内河小型船舶计算软件研究》《钢质内河船舶建造规范的强度水平研究》《内河危险货物运输现状及技术标准体系的评估分析》《内河节能及防污技术和设备的研究》《江海通航船舶局部强度适用性研究》等项目。并完成了《江海通航船舶建造规范》的初稿编写工作。

2010年,完成《客滚船车辆甲板疲劳强度研究》《新型消防系统和灭火介质在内河船舶上应用的研究》《内河散装水泥船稳性衡准研究》。

11.内河应急响应技术支持系统

2007年,为提高应对突发事件的能力,满足政府主管部门安全监管的要求,中国船级社积极开展内河船舶安全应急响应系统的研究。针对内河水域和内河船舶的特点,借鉴海船ERS系统模式,从遇险船舶的需求性、环境的实效性等方面考虑,在深入调研的基础上,中国船级社编制了内河船舶应急响应服务总体框架。根据内河船舶现状及事故特点,开展了船舶破损后稳性、总纵强度等关键技术专题研究,编写了《内河船舶应急手册编制指南》,研制完成内河船舶应急响应服务软件。同年9月,结合交通部与重庆市政府联合举办、交通部长江航务管理局与重庆市万州区政府共同承办的"长江三峡库区水上联合搜救演习",针对该模拟演习中事故船舶"串通8号""万港腾飞3号"及"万港腾飞8号",建立了应急响应服务数据库,应用新研发的应急响应快速分析评估软件模拟了应急响应实施过程,有效缩短了应急响应的反应时间。这次演习,为完善内河应急响应技术支持系统的研究积累了有益经验。

12.海洋工程焊接及桩腿结构安全技术研究

1999年,中国船级社主持完成的海洋平台用高强度钢焊接接头多次补焊及TIG的工艺研究和海洋石油平台桩腿受损结构有限元分析技术研究,在"南海一号""勘探二号"自升式钻井平台桩腿裂纹的修复和现役海上平台结构的安全评估方面取得了显著效果,为中国船级社对海上平台及船舶的应急服务奠定了分析评估基础。在大型船舶的强度评估软件《海虹之彩》第一期中,对海洋工程的研究主要体现在关于损伤有限元技术在海洋工程结构中的应用研究。这一技术解决了自升式平台的裂纹、凹坑、变形损伤及其耦合作用下的强度评估问题。中国船级社用4年时间对海洋平台桩腿裂纹的TIG技术应用进行了反复研究,并将其用于海洋平台桩腿、桩靴裂纹的修理。

13.海上平台冰荷载研究

2000年,中国船级社组织进行了海上平台冰荷载计算中各系数的确定研究,研究中确定了单层冰与窄垂直单体结构、宽体结构以及多桩结构相互作用的冰力计算公式及其影响系数，并根据实验论证了低值冰荷载的理论，解决了原型动冰力测量技术、测量数据的分析与载荷识别的理论与方法等关键问题。在确定冰载荷这一国际性难题中。该课题在总结过去几十年国际上冰载荷研究成果的基础上，利用渤海现役抗冰平台进行的原型试验研究，对直立结构静冰力与动冰力研究取得了一些进展，得到了适合我国冰情的冰荷载计算公式，并进一步确定了计算公式中各系数的取值。这对我国寒区的海洋石油开发具有重要意义。

14.船舶与海上设施安全评估技术研究

船舶与海上设施的安全评估技术是通过海上设施的水下、水上和上部结构的外观检测，依靠检测/录像、海生物测量、测厚、关键部位无损探伤、阳极块测量、阴极保护电位测量、海床调查等检测手段，结合结构分析、水动力作用计算等专用软件工具，为海上设施的安全使用及修理改造提供科学、合理的依据的技术。同时，基于安全评估建立的模型，中国船级社可在整个海上设施运营期内为业主提供技术支持服务并通过跟踪海上设施的使用和定期检测结果，及时更新计算模型以反映海上设施的实际现状。在海上设施需要进行修理、改造或发生海损后，中国船级社可在短时内为业主提供科学的决策依据。

中国船级社拥有通用结构计算软件：ANSYS，ABAQUS，NASTRAN ；海上设施结构计算软件：SACS，STRUCAD ；环境载荷及稳性计算软件：AQWA，STABCAD，NEPTUNE ；海底管道、锚泊系统计算软件：PIPELINE，ZENMOOR，FLEXRISER，AQWA 。可对下述项目进行评估：

(1)固定平台各种工况下的整体强度、局部强度、管结点冲剪、桩基承载力、裂纹风险和剩余寿命评估，包括简易平台、导管架平台、张力腿平台、牵索塔式平台和单点。

(2)移动平台各种工况下的整体强度、局部强度、水动力性能、裂纹风险和剩余寿命评估及平台完整、破损、抗倾覆、抗滑移和沉浮稳性的计算校核，包括自升式平台、坐底式平台、柱稳式平台和水面式平台。

(3)FPSO 各种工况的整体强度、局部强度、水动力性能、裂纹风险和剩余寿命评估及完整、破损和载重线的计算核定。

(4)海底管道的整体强度、局部强度和疲劳强度评估。

(5)锚泊系统完整及破损状态下的索张力、索长度、疲劳、锚抓力计算。

(6)其他海洋结构物的整体强度、局部强度和疲劳破坏评估，如水下机器人、深潜器等。

15.其他科研项目

2010 年，中国船级社还完成了《EEDI 设计指数研究、提案及相关技术解释》《世界石油公司要求的液货船构造与设备指南》和《特定航线大吨位、浅吃水江海通航船舶结构强度研究》等项目的研究。《5000 车辆运输船船体结构规范》《超大型集装箱船结构评估与规范研究》和《大型 LNG 船关键技术研究及指南换版》等项目将上报研究成果。

16.荣获省(部)级科技成果奖的项目

《海船系泊及航行试验通则》荣获 1999 年国家质量技术监督局科技进步三等奖。

《海上高速船入级与建造规范》(1996)荣获 1999 年交通部科技进步三等奖。

《内河高速船密加筋板结构强度研究》荣获 2001 年湖北省科技进步三等奖。

《钢质海船入级与建造规范》(2001)荣获 2002 年中国航海学会科技进步二等奖。

《IMO 载重线最小船首高度和储备浮力研究》荣获 2003 年中国航海学会科技进步一等奖。

《3000 吨驳船装运重装军备改造》荣获 2004 年军队科技进步二等奖。

《船舶结构分析与安全性研究》荣获 2004 年中国航海学会科技进步二等奖。

《ZDCL-Ⅲ轴系振动测量分析仪》荣获2004年中国航海学会科技进步三等奖。

《钢质高速船极限强度研究》荣获2005年中国航海学会科技进步三等奖。

《京杭运河船型标准化示范工程系统研究》荣获2005年中国航海学会科技进步二等奖。

《航运企业风险管理体系的建立与实施研究》荣获2005年中国航海学会科技进步三等奖。

《武器装备海上运输主要船型装载标准》荣获2006年中国人民解放军总后勤部科技进步三等奖。

《动力定位系统检验指南》荣获2006年中国航海学会科技进步三等奖。

《浅海固定平台检验指南》荣获2007年中国航海学会科技进步二等奖。

《船舶应急响应服务(ERS)系统技术研究与开发 》荣获2008年中国航海学会科技进步二等奖。

《超声相控阵和衍射时差技术在船舶结构焊接检测中的开发应用》荣获2010年中国航海学会科技进步二等奖。

《川江及三峡库区船舶安全关键技术研究》荣获2010年中国航海学会科技进步三等奖。

《船舶温室气体减排研究》荣获2010年中国航海学会科技进步二等奖。

三、地方船检信息化装备建设与科研发展

(一)地方船检信息化装备建设

1999—2010年,我国船舶检验业务进入快速发展阶段,原有的"一把皮尺、一只铁锤"的简单检验设备已远远不能满足船舶检验工作的需求。在此情况下,各省、自治区、直辖市船舶检验机构相继投入资金购置检验设施设备、加快系统升级改造、推动船检信息化发展。为了保证船舶检验发证管理系统(VIMS系统)的正常安装、运行、使用、升级,按照中国海事局总体要求,各地方船检机构投入大量资金用于购买电脑、服务器并建设网络。为了加强自身能力建设,浙江、山东、湖北、河南等多地船检机构根据实际需求,向中国船级社规范研究所购置COMPASS船舶计算软件的相应模块以增强审图能力。但是,水网与非水网地区船舶检验机构信息化发展水平仍存在较大差异。

1.河北省

2006年,按照中国海事局关于船舶检验质量管理体系的要求,河北省交通厅、河北省船舶检验局共同投资开发了《河北省船舶检验质量管理系统》。该项目于2007—2010年完成系统软件、网络和相关硬件的建设并投入应用。该系统的应用实现了全省船舶检验管理系统的全省联网以及数据库集中管理和数据共享。

2.山东省

2009年,山东省船舶检验局研究开发的《山东省船舶检验质量管理体系信息网络系统》通过山东省交通运输厅验收并在全省范围内推广使用。该系统的应用实现了船舶检验流程及检验信息的网络化、规范化管理。

3.江苏省

江苏省船舶检验局于1999—2000年开发了《江苏省船检业务与管理系统》并完成系统网络及硬件设备配置。该系统于2001年1月起开始运行,新版船检证书开始发放。2002年11月,江苏省船舶检验局成立新版开发课题组,开始新版系统开发工作,至2004年7月,全省启用新版船检业务与管理系统。2005年5月,江苏省交通厅召开科技成果鉴定会,《江苏省船舶检验业务与管理系统》通过科技成果鉴定。2007年9月,《江苏省船检业务与管理系统》通过VIMS系统接口实现向中国海事局上传业务数据功能。2008年,系统与财务征收系统实现对接。同年,为适应船用产品检验管理的需求,江苏省地方海事

局开发船用产品检验与管理系统,并逐步和已有的船检业务与管理系统整合。2009 年,《船检业务与管理系统》所有检验证书中增加证书防伪码,增加型式检验功能,提高系统智能化程度。2009 年 11 月,系统更新版本根据全国船舶吨位丈量工作需要,添加主尺度纠正功能,并根据最新统计报表格式实现业务报表自动生成。《江苏省船舶检验业务与管理系统》的开发应用有利于统一检验程序,实现了船舶法定检验的管理、检验、统计、计费等功能一体化。

4.浙江省

为了适应船检工作实际需求,提高工作效率,浙江省船舶检验局在不同时期根据实际情况对船检机构进行了大量投入与建设。1999 年,浙江省船舶检验局启用《船舶检验发证管理系统(VIMS)》。2000 年 1 月,全省各检验处、所统一使用《船舶检验计费系统(V1.0)》。2006 年 10 月,全省船检系统全面运行《浙江省船舶检验管理信息系统》(一期)。2008 年 5 月,《浙江省船舶检验管理信息系统》(第二版)全面运行,全省新受理的船舶检验、船检登记号的授予、图纸审查等业务必须通过该系统执行。2008 年 7 月,《船舶设计图纸审查网上查询系统》接入浙江交通网站,向公众开放。通过该系统,船舶设计单位与社会公众可以方便地查询船舶图纸审核的受理和审查情况,实现了船舶图纸审查的透明化。

5.广西壮族自治区

2001 年,广西船检局在率先引进 ISO9001:2000 质量管理体系开展船舶检验管理的同时,展开了广西船检信息网络系统的自行开发工作。经历了研发、推广、磨合、修正和完善的种种困难,广西船检局成功设计研发了《广西船检信息网络系统》,成功地将船检计算机网络系统运用与质量管理体系的推行有机地融合在一起。该系统包括船舶检验、图纸审查、焊工管理、专业计算、船舶档案管理、系统管理、综合查询等 8 大功能。广西壮族自治区船舶检验局开展的《广西船检信息网络系统》课题研究项目顺利通过自治区科技厅的技术鉴定。《广西船检信息网络系统》为验船人员提供行为规范、运转协调、公开透明、便捷高效的工作平台,在实现质量管理体系的网络化、信息化,促进广西船检科学化、规范化、制度化管理方面发挥了重要作用。

6.江西省

1998 年,江西省《船舶管理信息系统》建设工作基本完成并在全省范围内推广应用。《船舶管理信息系统》的推广应用提高了全省船检的整体管理、技术水平与船舶设计、审图效率和质量。2006 年,江西省船舶检验局进一步加快信息技术在船检业务领域的应用,引进了《船舶检验发证管理系统》并投入使用。2009 年,江西省船检机构组织开发了与法定检验质量管理体系配套的《江西省船舶检验质量管理系统 VIMS 5.0 JX》,并于 11 月通过江西省交通运输厅组织的科研课题验收并试运行。此系统涵盖管理台账、跨省转籍管理等内容。管理系统的全面启动进一步提高了江西船检管理的服务水平和工作效率。

7.重庆市

2006 年,重庆市船舶检验局根据中国海事局《关于启用船舶检验发证管理系统 VIMS 5.0 的通知》要求,在对广西、江苏等省船舶检验局开发的船舶检验管理信息系统进行调研的基础上,结合重庆地方船检机构的实际情况和管理模式,投入 200 万元组织开发了《重庆市船舶检验管理信息系统》。该系统的开发及应用在规范船检行为、提高工作效率、确保水上安全方面发挥了积极作用。

(二)地方船检科研发展

1.浙江省

2003 年 4 月—2005 年 12 月,浙江省船舶检验局与华中科技大学合作,联合完成了浙江省船检机构法定检验质量管理体系的课题研究。该课题主要包含质量管理体系相关文件的撰写、质量管理体系在实际工作的应用及质量管理推行的人员培训等3个方面。课题组从体系的导入到质量手册、程序文件、作业文件及记录文件的撰写,再到相关培训均作了较为细致的研究。船舶法定检验质量管理体系的运行,提高了浙江省船舶法定检验质量和船舶检验管理水平,对全省港航事业的发展、船舶修造业及船用产品制造业的规范具有积极的作用。

2005年,浙江省船舶检验局考虑到浙江沿海船舶设计、建造人员数量和素质与造船业快速发展不相适应的状况,为提高船舶设计质量,把好船舶质量源头关,省船检局组织开展沿海推荐船型工作:沿海推荐船型绩效课题研究在5000DWT散货船中进行试点,选出了7型推荐船型;2006年以后又组织申报和评选了沿海油船、散化船和集装箱船等共37型推荐船型。实践表明,此项工作有效提高了船舶设计、建造与检验质量,缩短了设计、建造与检验周期。

2006年,浙江省船舶检验局开展20000吨级国内沿海船舶建造检验专项技术课题研究,对大吨位货船建造检验现状和存在问题进行研究。该课题的研究指出省内民营造船厂在设施、设备上还存在的不足及改进措施,提出了2万吨级船舶检验重点、检验方法和技术要点,编制的《2万吨级国内沿海船舶建造检验指南》为现场验船师提供了20000吨级货船及其舱口盖检验的技术支持,使现场验船师能够尽快掌握相关检验要领,为实现全省船检一把尺提供技术保障。

2009年1月—2010年12月,浙江省船舶检验局与浙江工业大学船舶与海洋工程研究所、浙江港航科技开发中心合作,共同开展《国内航行海船结构直接计算与审核方法》课题研究。该课题调研了国内航行船舶结构直接计算与审核现状,研究分析了中国船级社有关直接计算的指南及其最新技术要求,应用国际先进的结构分析系统MCS NASTRAN软件对50余艘船长大于150米的国内航行散货船的舱段的屈服强度、屈曲强度、疲劳强度进行直接计算,研究了结构直接计算的主要数学模型和适用范围;根据船舶结构性能和特点,结合地方船检的人员与设备情况,提出了直接计算审核方法,并编制了相应的审核指南。该课题为地方船检机构开展150米以上船舶结构直接计算审核、适应国家对大型船舶越来越高的技术要求奠定了技术基础。

2010年6月,浙江省船舶检验局与浙江工业大学船舶与海洋工程研究所合作,联合对国内航行海船结构疲劳设计与审核方法进行了研究。研究通过对国内外海船结构疲劳强度审核现状的调研,比较各船级社疲劳强度规范的差异,分析各船级社疲劳强度规范的特点;通过研究散货船主要结构、支撑结构的名义应力简化算法,以及焊接接头的几何应力集中系数,获得物理意义明确、简洁适用的国内航行海船结构疲劳审核的名义应力法和热点应力法。课题组针对国内航行海船结构的特点,提出了船舶疲劳计算审核的简化条件,提供简便易行的审核工具,并编制相应的指南,提高船舶设计师的抗疲劳设计能力。

2.广西壮族自治区

1998年,广西壮族自治区船舶检验处完成《广西内河钢质干货船审核设计系统》课题研究,并将科研成果转化为《广西内河钢质干货船审核设计系统》的实际应用,有效提高了审图的效率和质量。

2001年,为解决百色天生桥库区特殊船型船舶检验技术问题,自治区船舶检验局对天生桥库区特殊船型进行了课题研究并通过交通厅验收。

2003年,为适应区内航道等级提升以及水运市场发展需要,自治区船检局开展了《广西1000吨以下船型标准化系列设计研究》工作,并于2005年完成课题研究工作,通过研究筛选出各吨级的优选船型尺度并纳入到《珠江干线货运船舶船型主尺度系列》标准中。

2006年,为了科学合理地寻求解决钢质砂船检验的办法,最终实现对砂船规范化管理,广西船检局成立了《广西钢质砂船检验技术研究》项目组对砂船开展专项课题研究,该项课题于2006年12月通过自治区交通厅的验收。

2007年,广西船检局开展了西江航运干线2000吨和3000吨多用途集装箱船标准船型系列研究工作。

3.江西省

2004年,根据交通部关于编制《全国内河船型标准化发展纲要》的通知精神,江西省交通厅委托江西省航运管理局、江西省航务管理局(江西省地方海事局、江西省船舶检验局)共同组成课题组编制《江西省内河船型标准化发展纲要》。课题组在大量调查研究基础上结合本省航道、港口、船舶实际完成了《江西省内河船型标准化发展纲要》编制工作。《纲要》确定了5个原则,明确了江西省内河船型标准化发展目标和各项保障措施,为江西省内河船型标准化发展提出了方向。2004年12月21日,《江西省内河船型标准化发展纲要》通过由交通部水运司、交通部水运科学研究所、江西省发改委、江西省经贸委等单位组成的专家委员会评审。

4.湖南省

1998年,湖南省船舶检验局启动了《沅水上游桃源以上航段定级的研究》项目并通过调查、勘测、研讨掌握了大量资料。1999年5月,课题项目组成立。课题组经过2年多的努力于2001年底形成了《关于湖南省沅水(桃源至大江口铁路桥)航区重新核定为C级的报告》。2002年4月19日,武汉规范研究所将上述结论纳入《内河船舶法定检验技术规则》修改通报中,为该航段的规范管理提供了法规依据。

2005年,湖南省船舶检验局成立课题组着手开展《凤凰沱江漂流安全治理技术开发研究》工作。课题组在实地考察并向当地政府、船舶公司、交通局、省航海学会等多方征求意见的基础上,拟定了《凤凰沱江河夜航安全技术要求》。该文件从组织机构、人员措施、安全救生设备、夜航船舶等4个方面作了具体要求。研究成果很快在凤凰沱江漂流船设计中得到了应用,新设计的旅游船于当年12月底投入试运行,产生了良好的社会和经济效益。

5.重庆市

2010年,为降低船舶营运成本,提高航运企业经济效益,重庆市港航管理局(重庆市地方海事局、重庆市船舶检验局)组织相关单位开展了《30#燃料油实船应用和燃料油供应链研究》工作,通过对小缸径船舶柴油机燃用30#燃料油的发动机技术参数、维修特性的探索研究以及实船改造,验证了以小缸径柴油机为主机的内河船舶燃用30#燃料油不会对发动机的技术性能与大气环境污染带来大的影响。此项课题研究成果为内河船舶由0#柴油改燃30#燃料油提供了科学支持。

6.四川省

为提高四川省内河运输船舶的技术性能和经济效益,2000年和2005年,四川省船舶检验局两次开展了“四川省乡镇客渡船简统船型设计图纸”电子版的研究设计工作。所设计的“四川省乡镇客渡船简统船型设计图纸”在四川航运网上发布,向船主免费提供图纸。此举有效改善了四川省乡镇客渡船的船舶质量和安全性能。

2000年,四川省泸州市船舶检验局组织开展了《川江小型沙石自卸货船技术研究》。所研制的川江沙石自卸货船缩短了卸货时间,提高了工效和船体使用率,降低了安全风险。该项目获2000年度四川省科技进步三等奖。

2002年,自贡市航务局和交通部水运科学研究所参照链条式挖泥船的原理,成功开发出集清漂、挖泥、除淤、自卸为一体的BJC01清漂除淤保洁船。该项目为解决自贡市区水面严重污染状况起到了积极作用,获得2002年四川省科技进步三等奖。

2002 年,四川省泸州市船舶检验局和华中理工大学联合开展了《(600/750 吨、34/42 标准箱)内河浅吃水集散两用船技术研究》工作。项目所设计的船舶能载运散货 750T,集装箱 42 个 TEU,更具有快速、经济、安全、操控方便等特点,是四川省内第一艘大吨位浅吃水集散两用货船。该项目获 2002 年四川省科技进步三等奖。

2004 年,为保证岷江大件航道通畅,四川省交通厅航务管理局(四川省船舶检验局)和武汉理工大学联合开展了《典型航道船型开发研制》工作。该项目所研制的"超浅吃水肥大型背载式具有变吃水装载能力的非常规重大件专用货船"为钢质单甲板、三机、三桨、三舵、三尾,研究成果中的"集中载荷作用下的船体结构强度计算"和"集中载荷作用下的相似畸变模型试验分析方法研究"属国内、国际领先水平。该船研制成功后安全地完成了国产 70 万千瓦单件 440 吨三峡机组(直径 10.07 米,高 5.43 米)转轮的运输任务。这为开通岷江至长江下游以及出口任务的大件运输高等级航道畅通打下良好基础。该项目获 2004 年四川省科技进步三等奖。

7.贵州省

2003 年底,贵州省船舶检验局在省交通厅的支持下立项开展了《小型船舶检验技术规定研究》工作。课题组在对已有船舶规范体系、船舶稳性、干舷、结构、设备等船舶检验技术规定(标准)的调研和分析、论证、计算基础上,于 2004 年编写完成了《贵州省小型船舶检验补充规定》。

8.吉林省

2007 年 4 月 19 日,吉林省船舶检验局向吉林省交通厅申报了《吉林省漂流筏检验规范》和《吉林省乡镇船舶检验规范》两个科研项目并获得立项。此后,吉林省船舶检验局成立了课题组并开展了前期调研工作,在此基础上完成了两个检验规范的初稿起草工作。2009 年 5 月 19 日,课题组到吉林 524 第二研究所和吉林技师学院就两个项目开展了材料试验和相关工艺对比性试验。2009 年 6 月 16—18 日,吉林省船舶检验局组织课题小组及船检人员在榆树市召开《吉林省漂流筏检验规范》和《吉林省乡镇船舶检验规范》研讨会议,针对《吉林省漂流筏检验规范》和《吉林省乡镇船舶检验规范》两个规范进行了集中研讨。2010 年 9 月 27 日,吉林省船舶检验局组织召开了《吉林省漂流筏检验规范》和《吉林省乡镇船舶检验规范》专家评审会,两个规范均通过了专家评审。

四、渔业船舶检验事业软硬件建设与科研发展

(一)船检业务的信息化发展

农业部渔船检验局从 1995 年开始研究全国性渔业船舶检验计算机管理系统,委托江苏渔船检验处组织有关科技人员开发了《渔船检验信息系统》(简称"FVRIS 系统")计算机软件,1998 年《渔船综合信息系统([FVRIS]DL3.0 版)》正式启用。全国的远洋渔船检验数据通过渔船综合信息系统传输至农业部渔船检验局,国内航行渔业船舶检验数据通过渔船检验动态信息系统传输至农业部渔船检验局。

2000 年开始,农业部渔业船舶检验局组织人员对《渔船综合信息系统》进行了全面的升级完善,2002 年 3 月 1 日,《中华人民共和国渔业船舶检验监督管理系统》正式启用,原《渔船综合信息系统》(FVRIS)停止使用。新系统第一期开发的功能包括:远洋渔业船舶检验监督管理、进口船舶检验管理、检验机构管理、验船师管理、统计报表、远洋检验 WWW 查询、国内渔业船舶检验监督管理、国内检验 WWW 查询。此后,远洋渔业船舶检验证书的打印都通过该系统进行。2003 年又加入了产品检验管理子系统的功能。

2005 年再次升级加入了检验计费子系统功能。经过几次改版与升级计算机管理系统,渔业船舶检验实现了渔业船舶和船用产品从申请到发证的全程计算机管理。

(二)开发渔船检验专业计算软件

2007 年起,农业部渔业船舶检验局委托中船重工船舶设计研究中心有限公司开发渔船计算机辅助检验系统。2010 年《渔船计算机辅助检验系统(FVCAR Ver. 1.0)》开发完成。该软件是专门针对渔业船舶开发的一套计算软件,主要用于辅助各级渔业船舶检验机构对渔业船舶设计图纸进行审核。软件系统计算程序包含船体、轮机、电气 3 个专业。该版本系统包括 16 个模块:船体几何形体输入和邦戎曲线计算、静水力曲线计算、形状稳性力臂曲线计算、进水角曲线计算、浮态及稳性计算、肋骨型线插值、舱容曲线计算、极限重心高度曲线计算、最小干舷计算、螺旋桨强度校核、吨位计算、结构规范计算、轴系强度计算、轴系扭振计算、电力负荷估算、短路电流计算。

(三)船检技术研究与推广应用

第三届中国渔业船舶检验技术委员会组织开展了一些船检技术研究课题,其中《渔业船舶无线电通信系统》研究委托浙江渔业船舶检验局开展,在深入研究渔业船舶船位监控系统、陆用无线电通信系统、船用无线电通信系统的技术性能和特点的基础上,从保证渔业船舶安全和遇险救助的角度,提出了渔业船舶船位监控和陆用无线电通信设备是否可以替代渔业船舶用无线电通信设备的研究报告,提出了渔业无线电配备标准的建议。

《木质海洋渔业船舶载重线勘划》研究项目,委托辽宁渔业船舶检验局进行专题研究。课题内容就目前木质海洋渔业船舶在缺乏图纸和技术资料状况下,给出核定干舷的方法;考虑木船材质特性,给出木质海洋渔业船舶科学、合理、可行的载重线勘划具体方法。

2009 年在第三届中国渔业船舶检验技术委员会第二次全体大会上,继续下达了《渔业船舶检验质量控制体系项目和船机桨匹配项目研究》《海洋渔船灯杆高度研究》《渔业船舶 AIS 研究》《渔船(海洋拖网渔船)节能评价体系研究》4 个研究课题。

2009 年,为加强渔船身份管理,提高管理对象的可辨识度,防范和治理渔业船舶船证不符、机证不符等现象,江苏、河北启动了渔业船舶检验标识粘贴工作。江苏的检验标识采用二维防伪条形码,船舶经检验合格后粘贴于主机和船板之上,一经撕毁即刻无效。北京采取为渔船加挂永久船名号牌的方法,将具有反光膜技术的船名牌免费发放给渔民。渔业船舶检验标识粘贴工作的实施对于加强渔船基础管理,强化渔船身份识别,特别是对严厉打击私自更新改造、防止渔船套牌起到了作用。

第六节　中国海事局船检管理工作的开展

1999 年 2 月,在第一次交通部直属海事工作会议上,交通部副部长兼海事局局长洪善祥指出:要通过规范法定检验,加强行业管理,把好安全第一关;对验船师的管理,要建立资格认证制度,杜绝检验行业的不正之风;对“三无”船舶、“一船多证”“大船小证”“异地发证”等问题,要逐步解决,只有常抓不懈,安全工作才能真正得以加强。经过摸索,中国海事局确定了以船检机构管理为主线,以人员资质管理为重点,加大监督检查力度,促进行业发展的工作思路。

一、深化对船检机构的管理

(一)法定检验机构资质管理

1.确立资质认可模式

1993 年 2 月,《中华人民共和国船舶和海上设施检验条例》颁布实施。根据该条例第三条,经国务院交通主管部门和省级人民政府批准,省、自治区、直辖市人民政府交通主管部门可在所辖港口设置地方船舶检验机构,但在实际操作中,地方船检机构设立通常只是由当地政府批准。

为了完善交通部对地方船检机构设立的审批环节,2000 年交通部颁布的《船舶检验工作管理暂行办法》规定,凡从事船舶图纸审查、船舶及产品检验并签署审查意见或签发相应检验证书的船舶检验机构,应具有相应的资质条件,并向中国海事局申请资质认可。

2001 年 10 月,交通部颁布《中华人民共和国船舶检验机构资质认可与管理规则》,明确中国海事局是对船舶检验机构及船舶检验分支机构实施资质认可和管理的主管机关,船检机构及其分支机构须通过资质认可,取得资质认可证书,方可从事船舶法定检验及签发船舶法定检验证书。《规则》将船检机构资质分为 A、B 两类,具有 A 类资质的船检机构可以从事包括国际航行船舶在内的船舶、海上设施、集装箱和相关产品的图纸审查、法定检验及签发相应证书,具有 B 类资质的船检机构可以从事除国际航行船舶以外的船舶及其相关产品的图纸审查、法定检验及签发相应证书。同时,《规则》还对资质认可条件、认可程序、监督管理及认可证书等内容进行了详细的规定。

2.初次认可的实施

2001 年 10 月,中国海事局在北京召开《中华人民共和国船舶检验机构资质认可与管理规则》宣贯会,来自中国海事局、中国船级社、地方船检机构共计 31 人参加了宣贯会。会议确定:①各船舶检验机构要做好船舶检验机构资质认可申请的准备工作,原则上自 2002 年 8 月 1 日起 3 个月内申请资质认可;②中国海事局及其下设的船舶检验管理处应成立"船舶检验机构资质认可委员会",统一组织和协调船舶检验机构资质认可工作。

为便于各船舶检验机构做好资质认可申请的准备工作,2002 年 5 月,中国海事局整理并下发了《船舶和海上设施检验法规清单》《船舶法定检验有效文件清单》,要求各船舶检验机构对照两个清单,结合各自检验业务实际情况,配备齐全船舶检验法规及有效文件。一些非水网检验机构由于存在困难无法配齐相关的法规及文件,中国海事局统一给予考虑,帮助解决了一部分法规文件的配备。随后,各船舶检验管理处对辖区内船舶检验机构配备的法规及有效文件情况进行抽查,并于第四季度,分别以辽宁、宁夏、江苏、广西和安徽等省(自治区)船舶检验局(处)为试点单位,开始进行船舶检验机构资质认可工作,并于年底前完成资质认可的资料审查工作。2003 年 1—3 月,大连、上海、广州和武汉船舶检验管理处先后组成审核组,分别对辽宁、江苏、广西和安徽 4 省(自治区)船舶检验机构进行现场审核。7 月 28 日,中国海事局根据审核结果,向 4 个试点单位签发首批船舶检验机构资质认可证书,并明确其业务范围。

通过总结前期试点工作经验,中国海事局于 5 月 20 日发布《中华人民共和国船舶检验机构资质认可与管理实施指南》。该指南明确船舶检验机构资质认可分为初次认可、不定期检查和资质复核。对 A 类船舶检验机构的资质认可由中国海事局实施,对 B 类船舶检验机构的资质认可由中国海事局的派出机构实施。该指南对资质认可的具体实施程序和要求、审核员资格和职责、审核组组成、资质认可工作的监督作出规定。随后,船舶检验机构资质认可工作全面推开,至 2003 年年底,中国海事局完成了对中国船级社及 20 个省级船舶检验机构(广西、广东、福建、浙江、江苏、上海、安徽、辽宁、黑龙江、山东、河北、北京、河南、天津、湖南、湖北、重庆、江西、吉林、宁夏）的初次认可工作。

2004 年 3 月，针对非水网地区船舶检验机构资质认可工作中遇到的实际问题，中国海事局在西宁召开专题研讨会，推动非水网地区船检机构资质认可实施步伐，并于当年完成对山西、内蒙古、陕西、甘肃、青海、四川、贵州、云南等 8 个省级船舶检验机构的资质认可工作。2005 年，新疆维吾尔自治区船舶检验机构资质认可工作完成，自此中国海事局完成对全国船舶检验机构资质认可初次审核工作。

之后，中国海事局及其下设的各船检管理处按照《中华人民共和国船舶检验机构资质认可与管理规则》《中华人民共和国船舶检验机构资质认可与管理实施指南》等相关文件的要求，逐年对各船检机构资质保持情况开展不定期检查。

3.修订管理规则与开展资质复核

2007 年 3 月，中国海事局根据实际审核中发现的问题和积累的经验，提出应通过修订《船舶检验机构资质认可与管理规则》《船舶检验机构资质认可与管理实施指南》等文件，来细化机构分类标准、将《船检机构执业道德准则》等新规定纳入机构资质审核条件中，完善机构资质认可的程序标准，并将此项工作交由上海船检管理处负责。

2008 年 4 月，中国海事局制定了《中华人民共和国船舶检验机构资质认可与管理规则（2008 年修订）》，并以交通部文件形式颁布。同年 10 月，中国海事局发布修订后的《中华人民共和国船舶检验机构资质认可与管理实施指南》。

《中华人民共和国船舶检验机构资质认可与管理规则（2008 年修订）》将船舶检验机构资质分为 A、B、C、D 四类，使船检机构的分类更加合理，解决了原规则分类过粗的问题。具有 A 类资质的船舶检验机构可以从事包括国际航行船舶在内的船舶、海上设施、集装箱和相关船用产品的法定检验；具有 B 类资质的船舶检验机构可以从事国内航行船舶的法定检验和相关船用产品的法定检验；具有 C 类资质的船舶检验机构，可以从事内河船舶的法定检验；具有 D 类资质的船舶检验机构，可以从事内河小型船舶，以及封闭水域内船长不超过 30 米、主机功率不超过 50 千瓦的货船和船长不超过 30 米、主机功率不超过 50 千瓦《内河船舶法定检验技术规则》定义的第五类客船的法定检验。

申请 A 类资质的船舶检验机构，由中国海事局负责受理与审核；申请 B、C、D 类资质的船舶检验机构，由中国海事局设置的相关船舶检验管理处负责受理与审核，经审核合格后，报中国海事局核准。

2008 年 12 月，中国海事局下发《关于开展船舶检验机构资质认可的通知》，自 2009 年开始，按照新修订的管理规则及实施指南对全国船舶检验机构统一开展资质认可审核工作，对资质已到期的船舶检验机构开展资质复核。资质复核时间由片区船检管理处提交计划，中国海事局统一安排，截至 2010 年底，国内水网地区船检机构资质复核工作基本完成。

4.质量体系建设

为了规范船舶法定检验工作，2001 年，中国海事局立项开展《船舶法定检验质量管理体系标准》课题研究，并在广西船检局进行法定检验质量管理体系建立和实施试点工作，目标是按照 2000 版 ISO 9000 族标准的要求对船舶法定检验的各个过程进行有效的控制，保证并不断提高船舶法定检验质量。

2003 年 1 月，中国海事局下发了《中华人民共和国船舶法定检验质量管理办法》。该办法要求从事船舶法定检验的船检机构应建立和实施船舶法定检验质量管理体系，并提供了船舶法定检验质量管理标准，但对质量管理体系的结构和文件形式不作统一规定。中国船级社按照国际船社级协会的要求建立质量管理体系，中国海事局予以认可，但应接受中国海事局的验证性审核或抽查；对于其未涵盖的国内航行船舶检验的质量管理体系应符合该办法的要求，并应接受中国海事局验证性审核。省级地方船检机构可根据实际情况，分步实施该办法。

2007年6月和12月,中国海事局经过审核分别对广西船检局和中国船级社颁发了首批《中华人民共和国船舶法定检验质量管理体系合格证书》。至2010年,中国船级社及大多数水网地区船检机构已建立并实施了船舶法定检验质量管理体系。

(二)外国验船机构的管理

我国改革开放进一步深化,市场经济主体地位逐步确立,使得国内造船业飞速发展,外国验船机构在华业务量也逐年增加。自1992年交通部颁布《外国船舶检验机构在中国设立常驻代表机构管理办法》以来,已经有日本海事协会、挪威船级社、美国船级社等多个世界知名船级社在中国设立常驻代表机构。随着外国驻华船检机构数量的不断增加,营造一个公平、有序的船舶检验秩序成为我国船舶检验主管机关的一项重要工作。

1.中国海事局早期开展的工作

1999年初,中国海事局走访了部分外国船检机构驻华代表机构,向他们介绍中国海事局的主要职责,与原船舶检验局、港务监督局的关系,以及《外国船舶检验机构在中国设立常驻代表机构管理办法》的执行问题。1999年3月1日,中国海事局向外国船检机构驻华代表机构下发通知,明确中国海事局行使对外国船检机构驻华代表机构的管理职能,各外国船检机构在中国设立常驻代表机构、延长驻在期、变更常驻代表或变更代表机构名称、业务范围等,应向海事局提交申请,并由交通部批准;各外国船检机构驻华代表机构应于每年1月31日前向中国海事局报送年度业务工作报告。同年9月,中国海事局对外国船检机构驻华代表机构进行了检查,对未经交通部批准成立的代表机构进行了处理,理顺了主管机关与外国船检机构驻华机构的关系。11月18日,中国海事局在北京召开第一次外国船检机构驻华代表机构座谈会,美国船级社、法国船级社、挪威船级社、德国劳氏船级社、韩国船级社、英国劳氏船级社、日本海事协会、意大利船级社等8家船级社的驻华代表参加会议。会上,中国海事局介绍了我国船检体制改革情况,以及外国船检机构在华设立代表机构的有关规定。

1999年3月,由中国海事局审核并经交通部批准,英国劳氏船级社、法国国际验船协会分别在中国大连、青岛设立常驻代表机构;9月,英国劳氏船级社在中国广州、青岛设立常驻代表机构。之后,根据外国船舶检验机构的申请,中国海事局每年代交通部办理了多批次外国船舶检验机构在中国设立常驻代表机构、延长驻在期限、变更常驻代表和业务范围等事项。

2000年,交通部颁布的《船舶检验工作管理暂行办法》明确中国海事局是实施各项船舶检验管理工作的主管机关,负责审批外国船检机构在我国设立代表机构并实施监督管理。外国验船机构在中国设立常驻代表机构按交通部《外国船舶检验机构在中国设立常驻代表机构管理办法》进行管理。

截至2001年12月底,8个外国船检机构的20个代表处获得批准在中国境内开展检验业务,从事各自船级的船舶、船用产品、海上设施的检验。2002年11月,中国海事局在上海举办首次外国船检机构驻华机构论坛,各方代表畅所欲言,加强了主管机关与外国船检机构的沟通与联络,增强了互信与合作,论坛取得了良好的效果。之后,每年定期开展外国船检机构驻华机构论坛。

2.对外国船检机构在中国设立验船公司的管理工作

为规范外国船舶检验机构在中国境内设立验船公司及其船舶检验活动,根据《中华人民共和国行政许可法》《国务院对确需保留的行政审批项目设定行政许可的决定》等文件,2007年12月,中国海事局颁布《外国船舶检验机构在中国设立验船公司管理办法》,自2008年3月1日起实施。《办法》明确中国海事局是外国船舶检验机构在中国境内设立验船公司及对其管理的主管机关,主管机关设置的区域船舶检验管理处负责辖区内验船公司及其分支机构的监督检查;外国船舶检验机构在中国境内设立的验船公司应当按照主管机关许可的业务范围从事船舶检验活动；同一外国船舶检验机构仅可在中国设立一家验船公司，外国船舶检验机构常驻代表机构不得在中国境内从事船舶检验活动；中国海事局向通过审核的验船公司颁发有效期不超过5年的许可批文；以及外国船舶检验机构在中国境内设立验船公司的条件、审批程序以及对其监督管理等事项。

中国海事局按照《外国船舶检验机构在中国设立验船公司管理办法》对外国船检机构提交的资料进行审核。截至2010年底，中国海事局批准了15家外国船检机构在中国设立的验船公司，见表7-7。

中国海事局批准设立的外国验船公司一览 表7-7

批准设立的验船公司	公司所在地	分　公　司
劳氏船级社（中国）有限公司	上海	大连、青岛、武汉、广州、宁波、江阴
必维船级社（中国）有限公司	上海	武汉、青岛、广州、宁波、南京、大连
挪威船级社（中国）有限公司	上海	北京、大连、武汉、青岛、广州、南京、宁波、南通、天津
德国劳氏船级社（中国）有限公司	上海	—
日本海事协会（中国）有限公司	上海	大连、天津、青岛、南通、舟山、广州
韩国船级社（中国）有限公司	上海	青岛、大连、南京、宁波、天津、广州
意大利船级社（中国）有限公司	上海	—
大连杰克船舶检验有限公司	大连	—
易氏船舶检验（大连）有限公司	大连	—
巴海船舶检验服务（北京）有限公司	北京	—
阿艾司（天津）船舶入级服务有限公司	天津	—
青岛艾阿斯船舶服务有限公司	青岛	—
美国船级社上海代表处	上海	—
联合船舶检验（大连）有限公司	大连	—
环宇（烟台）船舶检验有限公司	烟台	—

3.加强外国船检机构在华业务监督

2009年3月，为加强对外国船舶检验机构在中国境内检验行为的监督管理，查处和纠正违规检验活动，中国海事局下发了《关于加强对外国船舶检验机构在中国境内检验行为监督管理的通知》，在全国范围内部署开展监督检查活动。此次监督检查要求：①超出批准的业务范围签发的证书以及未经批准的外国船舶检验机构在中国境内签发的证书、报告等文书均视为无效；②未经中国海事局批准在华设立验船公司的外国船舶检验机构，不得在中国境内开展船舶检验活动，如此类机构在中国境内遇有外籍船舶申请检验的，按"一船一报"的原则，经中国海事局同意后方可从事该船的检验业务。根据中国海事局统一部署，各直属海事局全面开展监督检查活动。活动中发现并查处了多起违规检验行为，新建造和重大改建的低质量船舶以方便旗形式进入航运市场的现象得到了遏制。

2010年4月，在取得阶段性成果的基础上，中国海事局再次发文，进一步加强对未经批准在中国境内开展检验活动的外国船检机构的监督管理，明确规定除已获得批准的15家外国船检机构验船公司外，其他未经批准在华设立验船公司的外国船舶检验机构在中国境内不得从事新建、重大改建和营运船舶初次检验工作，从事年度检验和换证检验的，必须按"一船一报"的原则，经中国海事局批准后方可进行。

二、不断探索验船师管理制度

(一)验船人员适任考试

1.验船人员适任考试相关规定

中国海事局成立后,开始对验船人员实行考任制,并着手建立验船人员考任制度。

2000年12月,中国海事局就《中华人民共和国验船人员适任考试、发证规则》(草案),在南京召开各方代表参加的研讨会。会议认为:验船人员应具有专业知识背景及检验经历,并得到相应的培训和必要的技术支持,以适应船舶检验工作的需要;统一的适任考试是把好验船人员准入关的重要途径;验船人员考试发证工作的实施将对提高验船人员能力水平、规范检验行为起到促进作用。

2001年4月,交通部颁布《中华人民共和国验船人员适任考试、发证规则》,自2001年10月1日起实施。规则中明确中国海事局是全国验船人员适任考试、评估、发证、培训的主管机关,验船人员应取得相应类别、专业和等级的适任证书后,方可从事相应范围内的船舶检验工作,并承担相应的技术责任。该规则将验船人员考试(评估)分为3个等级、7个类别和6个专业(见表7-8),并就申报条件、考试培训、适任证书的签发及监督管理等工作作出规定。验船人员申请助理验船师、验船师适任证书须通过中国海事局组织的适任考试;申请高级验船师适任证书,须通过中国海事局组织的适任评估。规则还授权中国海事局可制定和颁布相应的验船人员考试大纲及其他实施文件。

验船人员等级、类别和专业划分一览　　表7-8

等　级	类　别	专　业
助理验船师 验船师 高级验船师	国际航行海船	分船体、轮机、电气3个专业
	沿海航行海船	
	内河船舶	
	海上设施	
	沿海小型船舶	不分专业
	内河小型船舶	分材料、船舶机械与设备、电气3个专业
	船用产品、设备、集装箱	

2001年10月,中国海事局颁布《〈中华人民共和国验船人员适任考试、发证规则〉实施办法》,明确验船人员适任考试实行全国统一组织、统一管理、统一命题、分区考试,各船舶检验管理处依照职责范围负责具体实施。凡从事中国籍船舶、船用产品、船运货物集装箱和海上设施法定检验的人员应向区域船检管理处申请相应等级、类别和专业的验船人员适任证书。该实施办法就考试评估组织、适任考试、评估申请、证书的签发和签注、现职验船人员的考试与发证等作出规定,并明确成立全国验船人员考试评估专家委员会,以指导验船人员考试评估工作,评估高级验船人员任职资格;全国验船人员考试设东北、华北、华东、华南、华中5个考区,分别由大连、天津、上海、广州、武汉船舶检验管理处具体组织实施;现职验船人员,应按该实施办法规定的程序申请并参加相应类别、专业、等级的验船人员过渡考试。同时,中国海事局还颁布了《验船人员过渡考试大纲》。10月27日,中国海事局在北京召开《中华人民共和国验船人员适任考试、发证规则》及其实施办法的宣贯会,对验船人员考试、发证的实施工作做出具体安排,要求各省(自治区、直辖市)船检机构及船舶检验管理处做好验船人员过渡考试准备工作。

2.现职验船人员过渡考试

根据《〈中华人民共和国验船人员适任考试、发证规则〉实施办法》,2002年,中国海事局启动现职验船人员过渡考试工作。中国海事局成立了验船人员考试委员会,秘书处设在上海船检管理处,并制定了验船人员适任考试、发证的工作细则。在考试委员会的统一部署下,各船检管理处结合辖区实际情况制订了详细的工作计划和实施方案。各船检机构积极配合船检管理处的工作,组织本单位验船人员填报申请表,初步审核报考人员的资格,并组织人员参加考试。

各船检机构共有3721人申请过渡考试,符合报考条件的有3437人,最终通过考试3407人(中国船级社1053人,地方船检机构2354人),其中高级验船师1008人(中国船级社670人,地方船检机构338人),验船师1283人(中国船级社347人,地方船检机构936人),助理验船师1116人(中国船级社36人,地方船检机构1080人)。2002年10月,中国海事局在北京举行中华人民共和国验船人员适任证书发证仪式,向中国船级社和部分地方船舶检验机构的验船师代表颁发适任证书。

根据《〈中华人民共和国验船人员适任考试、发证规则〉实施办法》中的要求,不具有初级以上专业技术职务资格和本专业大专以上学历的现职验船人员应参加中国海事局组织的船舶检验培训班并取得培训合格证书。2003年1月,中国海事局印发《关于未持证验船人员初级培训、考试等有关事宜的通知》,决定举办现职验船人员初级培训班,对达不到助理验船师任职资格申报条件的现有验船人员实行定点、定时段的集中培训,经培训考试合格者可获得经中国海事局认可的《现职人员初级培训合格证书》,凭此证书可申请助理验船师适任证书考试。《通知》还规定了培训的主要内容和工作要求。此次培训工作由中国海事局武汉培训中心和中国船级社武汉培训中心具体承担。2003年4—9月,共完成来自25个省(自治区、直辖市)近900名现职验船人员的初级培训工作,中国海事局武汉培训中心举办培训班11期,中国船级社武汉培训中心举办培训班1期;860余人取得《现职人员初级培训合格证书》,其中753人通过验船人员适任资格考试,获得了有限制职责范围的助理验船师适任证书。

通过过渡考试,绝大多数现职验船人员取得了验船师适任证书,为验船人员持证上岗打下了基础。2003年11月,中国海事局印发通知,决定自2004年1月1日开始实行全国船舶检验机构的验船人员持证上岗制度。验船人员必须依照适任证书上载明的相应等级、类别、专业,从事相应职责范围内的船舶检验工作并承担相应的技术责任。

3.验船人员适任考试

过渡考试的顺利实施为适任考试打下了基础。2004年,中国海事局正式组织开展验船人员适任考试。2—4月间,中国海事局先后印发《中华人民共和国验船师适任考试大纲》《中华人民共和国助理验船师适任考试大纲》《关于2004年全国验船人员适任考试、评估事项的通知》《全国验船人员考试评估专家委员会及其专业评估组评估工作规程》等文件,对验船人员适任考试、评估组织,申请条件,报名,考试等具体事项予以明确;对高级验船师适任评估工作的内容、程序、纪律以及考试评估专家委员会及其专业评估组的组成作出规定。7月,中国海事局印发《关于2004年验船人员适任考试、评估工作补充通知》,对2004年高级验船师的评估工作,助理验船师和验船师考试的试题审题、组卷、考试、考务工作,以及考试、评估的保密工作作出规定,并公布了验船人员适任考试的准考证格式以及《中国验船人员适任考试考场规则》。8月,中国海事局在北京召开2004年全国验船人员统考工作协调会,确定了考务工作、报考类别的覆盖、考生资质审查、收费和考前培训等事项,明确了不同类别船舶的专业科目考试向下覆盖替代的类别。9月16日,中国海事局公布2004年度全国验船人员适任统考的考试日程和考试科目;9月22日,印发通知,成立由27个委员组成的首届中国海事局验船人员考试评估专家委员会,其秘书处设在上海船舶检验管理处,同时公布了此次统考的命题组卷组(兼阅卷组)人员名单和组卷、审卷工作计划;9月24日,发文要求各直属海事局协助做好本辖区内考点验船人员适任统考的组织和保障工作。10月18—22日,2004年度验船人员适任考试全国统考在全国5个考区10个考点39个考场举行,计945人参加考试,及格率为81.72%。2005年,针对考试未通过人员中国海事局开展了一次补考。

鉴于即将建设实施国家注册验船师制度,2005年7月,中国海事局明确验船人员适任证书有效期延长。截至2006年底,中国海事局共为全国4783名从事船舶检验的人员(助理验船师1955名、验船师1706名、高级验船师1122名)颁发验船人员适任证书。

(二)注册验船师考试

1.确立注册验船师制度

职业资格制度是对某些社会责任重大、关系公共利益的专业技术岗位实行准入控制,确保人民生命财产安全的制度。随着我国对外开放、加入世界贸易组织以及经济全球化的进程不断加快的现状,职业资格制度作为国际通行的行业准入管理制度在我国应运而生并不断发展。

随着国内民营船厂崛起,我国的验船师队伍已经不能满足检验业务量不断发展的需求,验船师短缺问题越来越突出。在某些地区,一个验船师的年业务量达到了近300艘。验船师短缺这一问题,已经成为中国造船和航运业发展的障碍。注册验船师制度的建立与发展,正是适应职业资格制度建设的需要,以此吸引相关行业优秀人员加入,为验船师队伍补充新鲜血液的做法。交通部确定了以注册验船师为先导的职业资格制度建设规划,将推进注册验船师制度作为一项重要工作,并积极与职业资格制度的主管部门人事部,以及渔船检验的主管部门农业部进行沟通。

经过各方共同努力,2006年1月,人事部、交通部、农业部联合颁布《注册验船师制度暂行规定》,自2006年3月1日起施行,验船人员适任考试同时停止。该规定明确,国家对从事船舶检验工作的专业技术人员实行职业准入制度,纳入全国专业技术人员职业资格证书制度统一规划;凡从事船舶检验工作的专业技术人员必须通过全国统一考试取得人事部统一印制的《中华人民共和国注册验船师资格证书》,并依法注册后方可从事规定范围内的船舶检验工作;注册验船师资格实行全国统一大纲、统一命题的考试制度,原则上每年举行一次,设船舶和海上设施、渔业船舶两个类别,每个类别分A、B、C、D 4个级别(船舶和海上设施类的A级为国际航行船舶、国际航行的渔业辅助船舶,B级为国内海上船舶,C级为内河船舶,D级为内河小船);交通部、农业部分别为相应类别注册验船师资格的注册审批机构,负责核发《中华人民共和国注册验船师注册证》(该注册证是注册验船师的执业凭证,每次注册有效期3年);交通部直属的具有船舶检验管理职能的海事局是注册验船师(船舶和海上设施类)资格的注册审查机构。该规定还明确了注册验船师的权利和义务以及考试、注册的有关事项,明确在该规定下发之前的现职验船人员可通过资格考试认定办法取得相应类别级别注册验船师资格证书。

2007年6月,人事部、交通部、农业部联合印发《注册验船师资格考试实施办法》。该办法明确人事部与交通部、农业部成立注册验船师资格考试办公室,分别设在交通部和农业部,负责相应类别注册验船师资格考试政策研究及管理工作;船舶和海上设施类的注册验船师资格考试具体考务工作委托中国海事服务中心负责;交通部、农业部分别成立相应类别注册验船师资格考试专家委员会,负责编写本类别的考试大纲、组织命题、建立考试题库、提出考试合格标准建议。该办法同时规定各级别、各类别注册验船师资格考试的报名条件、考试内容和报考工作,以及对2006年12月31日前的现职验船人员免试科目和条件作出具体规定。

2.落实注册验船师制度的前期准备与部署

2007年,交通部部长李盛霖提出应当将对职业资格制度建设的认识提高到交通部适应计划经济向市场经济转变、部门管理向社会管理转变的高度,提出了加速职业资格制度建设的要求。

针对验船师短缺问题,2007年7月,中国海事局下发《关于采取临时性措施缓解验船人员短缺压力的通知》,通知规定:各船舶检验机构对2006年1月26日之后未持有适任证书的在岗及新聘用的验船人员进行船检法律法规与船检业务培训,参加培训的人员经考试合格可从事具体检验工作(不含特种船舶的检验),并签发相应的检验报告。同时规定,经船舶检验机构培训考试合格,验船人员开始从事具体船舶检验之日起至申请参加相应类别注册验船师资格考试之日止的时间,可计入检验工作年限。

2007年11月,交通部印发通知,成立船舶和海上设施类注册验船师资格考试专家委员会。该委员会由来自中国船级社和黑龙江、辽宁、甘肃、河北、山东、浙江、江苏、安徽、重庆、广东、广西等省(自治区、直辖市)的船舶检验机构,以及中国海事局和5个船舶检验管理处的专家组成。专委会下设秘书处,在专委会的领导下开展工作,使用"中华人民共和国海事局注册验船师资格考试专家委员会秘书处"印章,专委会秘书处设在中国海事局上海船舶检验管理处。

为贯彻落实注册验船师制度,考核注册验船师应具备的知识结构、素质和应用能力,检验注册验船师运用法律、法规和技术规则分析解决船舶建造、营运中实际检验问题的能力,指导注册验船师资格考试,2008年9月12日,经人力资源社会保障部、交通运输部审定,交通运输部印发《全国注册验船师(船舶和海上设施类)资格考试大纲(2008版)》,自印发之日起实施。该考试大纲是全国注册验船师资格考试的国家标准和命题依据,也是指导验船人员提高船舶检验业务能力的依据。考试大纲将A、B、C、D 4个级别的验船师考试统一为4个科目:《船舶检验专业法律法规》《船舶检验专业实务》《船舶检验专业综合能力》和《船舶检验专业案例分析》。

除考试大纲外,中国海事局还发布了《资格认定考试办法》《考务工作推进计划》《考场规则》《考试应急处置措施》和《加强考试组织工作的通知》等文件,为有序组织实施全国统一考试提供了组织保障。考试专委会秘书处按照规定,制定了相关考试方案和计划,建立了试题库,并完成了命题组卷工作。

3.注册验船师认定考试

2008年10月,首次注册验船师认定考试分东北、华北、华东、华中和华南5个考区统一实施。本次考试共设考点32个、考场161个,遍布全国各省(自治区、直辖市)。本次考试共审查考生申报材料5009份,通过审查并成功打印"准考证"的考生共4792人。考试于10月18日和25日分二批举行,实际参加考试4642人,最终考试合格率达到93%。

2009年4月,中国海事局组织中国船级社驻外机构的验船师参加了认定考试。至此,全国现有验船人员的注册验船师过渡考试工作全部完成。注册验船师制度的实施和推进,进一步规范和加强了船舶检验专业技术人员管理工作,使验船师作为社会行业由部门管理上升到社会管理和国家管理的层次。

4.2010年注册验船师考试

2010年3月,国家发改委、财政部批准注册验船考试立项和收费标准。6月,人社部同意交通运输部于2010年10月23—24日组织实施注册验船师资格考试。8月,中国海事局在全国20个城市42个考点安装考试终端管理系统并对相关考务人员进行了培训。9月,根据浙江、江苏、长江海事局要求,中国海事局新增6个城市6个考点安装考试终端管理系统。9月7日,中国海事局组织中国海事服务中心在北京对14个直属海事局28名考试主管和考试机房管理人员进行了系统培训,并形成了教务培训教材及影视培训材料分发给14个直属海事局。2010年,注册验船师考试共3510人报名考试,经审查准予考试2838人,一次性通过考试286人。

截至2010年,注册验船师开展了4次认定考试、1次注册考试,总计通过考试人员4450人,其中A级1485人、B级1023人、C级1778人、D级164人。

三、加强检验服务机构管理

《船舶检验工作管理暂行办法》中规定了从事船舶救生筏检修、船体测厚、船舶消防设备维修检测以及从事船舶其他检测工作机构的管理要求,以上的各类检修、检测机构被统称为检验辅助机构。检验辅助机构的出现是因为对一些检验相关专业工作的社会化分工,船上一些设备的检修需要经过厂家授权的专业组织完成,船检机构采取"本组织外包或采购"的概念来获得此类服务。

中国海事局成立之前,船舶检验局已对救生筏检修、船体测厚、无线电检测、无损检测、测氧测爆、消防系统和设备检测维修等机构或人员开展认可管理,其下设在各主要港口的三产公司也较早开始从事上述的检修检测工作,参与市场竞争。

中国海事局成立后,按照法定要求主管机关负责管理的理念,规划对检验辅助机构的整体管理。首先完成了气胀式救生筏检修站监督管理的职能由船舶检验局移交到中国海事局的工作。对于其他一些检修、检测机构的管理,中国海事局开展了一些研究和试点工作。2008年完成船舶法定检验机构资质认可管理规定的修订后,中国海事局组织完成了《检验辅助机构管理规定》研讨稿和《研究与分析报告》,但后续没有出台。

(一)气胀式救生筏检修站管理

气胀式救生筏是船上的重要救生设备。根据国际海事组织近年的统计,气胀式救生筏救助人命数量已经超过救生艇,成为船舶发生重大事故后保障人命安全的重要器具,因而得到越来越多的关注。1993年11月,国际海事组织通过A.761(18)号大会决议——气胀式救生筏检修站认可条件的建议案,要求各国政府开展气胀式救生筏检修站检查。船舶检验局据此开展对气胀式救生筏检修站的管理,中国海事局成立后承接了原船舶检验局的此项职能。

中国海事局接收了国内各筏站的资料后,即组织5个船检管理处的主管人员对全国筏站的运营情况进行调研,通过调研对国内53家筏站的情况有了了解,也发现筏站管理上存在的一些问题,主要表现在以下几方面:①全国救生筏检修站所持有的筏站认可证书不统一,既有以船舶检验局名义签发的证书,还有以中国船级社名义签发的证书;②各救生筏检修站所出具的检修证明、记录格式不统一,导致不同筏站的检修要求不尽相同,船东、验船师、海事执法人员难以理解和检查救生筏检修的具体项目,从而使筏站得不到有效的监督;③由于检修证明、记录的不统一,也出现了仿冒、伪造救生筏检修证明、记录的情况;④救生筏检修站的筹建、审批无统一的管理规定,缺少规范化的程序;⑤部分救生筏检修站管理手段落后,档案管理不齐,检修记录不实。

针对上述问题,中国海事局在短期内出台了一系列规定来加强对气胀式救生筏检修站的管理。

2001年1月,中国海事局发布了《关于气胀式救生筏检修站认可问题的通知》,对需要筹建或再次认可筏站的申请和审批条件作出了具体规定,明确了中国海事局接受筏站申请后,委托中国船级社开展技术认可并由中国海事局签发认可证书的工作程序。

2001年4月,中国海事局发布了《关于进一步明确气胀式救生筏检修站认可工作的通知》,明确原持有中国船级社或船舶检验局颁发的《气胀式救生筏检修站认可证书》的筏站应向中国海事局申请换发新的《气胀式救生筏检修站认可证书》。在各相关方的共同努力下,此项工作在2001年下半年顺利完成。中国海事局对符合要求的52家筏站颁发了认可证书,其中大连管理处辖区5家,上海管理处辖区16家,广州管理处辖区16家,天津管理处辖区15家。另有13家机构提交了筏站筹建申请。

2001年8月,中国海事局在天津组织召开了全国筏站检修工作研讨会,全国50多家筏站、20多个救生筏或救生筏备品生产厂家参加了会议。各方代表在会上交流经验,讨论并修改了《救生筏检修站监督管理暂行规定(征求意见稿)》。

2001年12月,在充分征求了社会各方意见的基础上,中国海事局颁布了《救生筏检修站监督管理暂行规定》。根据该规定,中国海事局是筏站监督管理的主管机关,其设在各地的船舶检验管理处负责具体实施对筏站的日常监督。受中国海事局委托,天津船检管理处负责全国筏站监督管理的日常工作,具体承担对全国筏站认可的复审及对认可单位的委托,认可证书的制作、发放等工作。

2001 年 8 月,中国海事局组织开发了筏站管理系统计算机软件,于 2002 年 3 月在全国筏站使用,同时启用“筏站用证书防伪专用纸”。该纸与新版船舶检验证书用纸相似,具有中国海事局专属的防伪标识,救生筏检修证书及静水压力释放器证书正本必须使用防伪专用纸。此后,所有救生筏的检修证明、记录均为中国海事局统一制式,检修证书由专用防伪纸打印,有效遏制了假冒救生筏检修证书的出现。筏站管理系统也在不断升级完善,2010 年已经升级至筏站系统 2.0 版本,实现了对救生筏检修过程的记录和跟踪。

2003 年 1—3 月,中国海事局在全国范围内组织开展气胀式救生筏检修站专项检查活动。本次检查活动由大连、天津、上海、广州 4 个管理处跨辖区分组、分阶段,以抽查的方式进行。本次专项检查共检查全国筏站 44 家,受检筏站占筏站总数的 69.8%,其中上海辖区 13 个,广州辖区 13,天津辖区 14 个,大连辖区 4 个。检查组共抽检各筏站内待检筏 32 只,已检筏 23 只,最终满足检修要求的救生筏 49 只(占检查总数的 89.1%),存在缺陷的救生筏 6 只(占检查总数的 10.9%)。通过检查有效提高了救生筏检修质量。特别是在全国范围内统一使用筏站管理系统软件及防伪证书专用纸以后,有效地保证了每一只救生筏能在中国海事局认可的筏站内得到检修,同时也有效地杜绝了假冒伪造救生筏检修证明、记录的行为。检查组对检查中发现的问题进行归类、分析,并提出了整改要求。

2003 年筏站大检查效果明显,中国海事局将此种形式常态化,并将范围扩大到认可的全部筏站,大致每三年采取交叉检查的方式,从各船检管理处抽调人员,组成检查组,对全国筏站开展分片检查,对一些不符合要求的筏站给予限期整改,停业整顿,直至吊销认可证书的处理。对行业存在的一些问题起到了整肃作用,打击了一些不良筏站,有效地提高了全国筏站的检修质量与水平。

为了做好筏站检修人员培训,提高从业人员素质与技能,中国海事局指派上海船检管理处承担筏站检修人员初始的通用理论培训、通用实际操作培训和特殊培训,各船检管理处负责辖区筏站检修人员知识更新培训。2003 年,上海船检管理处组织救生筏设计、生产专家,以及救生筏检修方面的专家编写了《气胀救生筏检修通用培训教材》。该教材系统阐述了救生筏的发展历程,产品的设计、生产及主要结构形式,国内外主要品牌救生筏的特点和检修要点,主管机关法定检修要求以及管理要求。这是我国救生筏检修工作开展以来的首本培训教材,广泛应用到救生筏检修人员的培训中。

上海船检管理处从 2003 年开始,每年都在上海组织举办了筏站检修人员通用培训。培训内容包括 32 课时的检修通用理论培训、64 课时的检修实际操作培训以及由救生筏制造厂开展的特殊培训。至 2010 年,通用培训人次达 500 余人次,覆盖到了全国所有筏站。资格证书有效期 4 年,在换发证书时,要进行不少于 16 课时的知识更新培训。2007 年首批持证人员证书到期,上海管理处开始定期组织检修人员知识更新培训,其他各船检管理处根据辖区特点、换证人员数量,适时组织开展救生筏检修人员知识更新培训。

各船检管理处根据职责对辖区内的筏站进行年度审核和不定期抽查。检查的内容包括:按照筏站检修程序对该筏站检修过程中的每个环节进行现场检查;抽取筏站检修的救生筏进行抛投试验;采用口头提问或书面答卷等形式,对持证检修人员进行业务测试。对于在现场监督检查中发现的问题以及群众举报的有关筏站,各船检管理处按照职权进行处罚,其中通报批评筏站 2 家,暂停业务限期整改筏站 7 家,现场取缔筏站擅自设立的检修分站 3 个,取缔未获得认可证书、非法设立的筏站 1 家,同时取消了有关检修从业人员的资格证书。通过现场监督和处罚,促使各筏站进一步树立了救生筏检修的安全质量意识,确保了筏站检修过程的规范性,在不断提高筏站检修质量的同时也加强了主管机关监督管理的严肃性和权威性。

随着我国航运业的发展,部分国外品牌救生筏产品安装到中国籍船舶上。一些国外救生筏制造厂商开始在我国的大型港口布点,为其生产的救生筏进行检修服务。在中国海事局颁发的筏站认可证书中,通常限定了检修能力是中国制造的 25 人以下气胀救生筏,因此如何管理外国制造企业成了中国海事局面临的新问题。丹麦的 VIKING 救生设备制造公司是较早进入中国的救生设备制造企业,其救生筏、海上撤离系统等产品广泛的配备到中国籍船舶上。2005 年,VIKING 公司认可并授权国内大连与上海两家筏站对其生产的救生设备开展检修。2006 年,中国海事局接受其申请,并委托中国船级社开展认可,在大连救生筏检验有限公司筏站认可证书的检修能力中增加 VIKING 救生筏检修一项,解决了中国籍船舶使用 VIKING 产品的检修问题。

救生艇筏大型化、多样化是救生设备发展的趋势。随着技术的发展,产品质量的提高,先后出现了 50 人乃至 100 人的气胀式救生筏,在船上配备充气式救生衣、气胀式撤离滑梯的现象也越来越多。按照 SOLAS 公约要求,此类产品均有不超过 12 个月的检修间隔期。早期中国海事局对救生筏站限定的检修 25 人以下救生筏检修范围已经与现实情况远远不符。为了顺应新形势的发展,同时保证救生筏的检修质量,保障使用人员的安全,中国海事局组织专门人员进行研究,编写相关指南,对筏站进行分级管理,对大型筏检修提出了更严格的要求和标准,以保证技术难度较高的大型救生筏的检修质量。

(二)其他检验辅助机构管理

检验辅助机构包括了救生筏检修、救生艇及艇架的检修、船体测厚、船舶消防设备检修、船舶测氧测爆以及从事船舶其他检测工作的机构。其中对气胀式救生筏检修站的管理较为成熟,对其他检验辅助机构的管理中国海事局还在研究和探索之中。

中国海事局成立后,将气胀式救生筏检修站的管理权力委托给天津船检管理处,将其他检验辅助机构管理的试点工作交由大连船检管理处负责。2002 年,为了掌握检测、检修机构的状况,保持对这些机构的监督,大连船检管理处对片区现有机构进行了一次统计摸底,最终确认东北地区共有船体测厚机构 2 家,船舶舱室可燃气体检测机构 1 家,船用消防器材检测机构 8 家,船上泡沫和干粉效用鉴定机构 1 家。根据摸底统计的结果,大连船检管理处对辖区船用消防器材生产、维修检测或供应单位进行了走访和实地调研,以摸清其具体生产、维修、检测或供应范围,检测程序及方法,机构及人员资质等情况,并参考了陆地公安消防部门对消防检测机构的监督管理规定,最终起草了《船用消防器材销售及维修机构管理规定》,以及《无损检测机构管理规定》的初稿。后经过广泛收集资料、调研座谈、反复修改,形成了《船用消防设备检测管理规定》定稿,并以中国海事局海办〔2013〕13 号文件发出征求意见。按照原船舶检验局《船舶清除可燃气体检验规程》《船舶清除可燃气体检测机构及检测人员认可暂行办法》,大连船检管理处批准了大连经济技术开发区海上安全技术服务公司开展船舶气体检测的申请,并按照船舶检验局《船舶清除可燃气体检验规则》对此类机构实施管理。为了保证人员资质符合要求,2006 年,大连船检管理处委托大连市产品质量监督检验所举办了船舶消防及可燃气体检测培训班,60 余名行业内人员参加培训并取得了证书。由于中国海事局管理思路的调整,检验辅助机构认可管理试点工作没有铺开。

2004 年 5 月,IMO 第 78 届海安会通过了对 SOLAS 公约的修正案,明确了救生设备的维修、保养、试验和检查按照 MSC.1/Circ.1093 号通函执行。2006 年 5 月,MSC.1/Circ.1093 号通函被 MSC.1/Circ.1206 号通函替代。依据 1206 号通函,救生艇、降落设备和承载释放装置的定期检修和维护由制造商代表或其培训和发证的人员执行,如果制造商不能提供服务,主管机关可以授权令其满意的机构行使制造商的职能。2008 年,IMO 第 84 届海安会通过了 MSC.1/Circ.1277 号通函——关于救生艇、降落设备和承载释放装置服务商认可条件建议案。该通函确立了主管机关对救生艇、降落设备和承载释放装置检修服务商的管理责任。对于此类设备的检修,中国海事局跟踪相关通函的生效、实施过程,并组织开展专题研究,以掌握 IMO 的最新要求。

四、低质量船舶治理与船检质量监督

(一)低质量船舶专项治理活动

低质量船舶与滩涂造船密不可分。1997 年,交通部在总结水上安全事故时就指出,一批质量差、隐患多的船舶投入营运是水上交通事故与险情不断产生的主要原因之一,要采取针对性措施,避免老旧船、滩涂造船事故。

1999 年,中国海事局成立伊始,就认识到滩涂造船问题的严重性,组织对滩涂造船情况进行了调研,要求各检验机构对辖区滩涂造船检验情况进行摸底调查,但是由于缺乏对船厂的监管职责与手段,单凭海事部门难以彻底解决滩涂造船的问题。滩涂造船随着 2002 年开始的航运造船形势快速发展而愈演愈烈,大量民营资本"掘金"造船业,滩涂造船企业如雨后春笋般异军突起,昔日的荒滩变成了一座座造船基地。

滩涂造船企业主要集中在几个沿海沿江省份。据不完全统计,仅江苏、浙江、安徽、河南 4 省,自 2002 年 1 月—2004 年 6 月期间,建起合伙民营或个体滩涂船厂约 1280 家,两年半内建造船舶共 22140 艘,年均建造船舶 8856 艘。据《温州日报》报道,在乐清市七里港镇至黄华镇一带不长的海岸线滩涂上,就有 150 艘以上的大小船舶同时在建,其规模全国罕见。

随着气囊式下水方法的改进,滩涂船厂船舶建造能力大幅提升,由原本的千吨级建造能力,很快达到万吨级建造能力。原本属于劳动力密集、资本密集、技术密集的造船业变成了门槛很低的产业。

滩涂船厂往往存在几个共性的问题:一是质量管理和技术人员数量缺乏,大量以外包形式组织生产,有的船厂只提供场地,由船东包工包料,人员的组织松散,流动性较大,施工工人的技术水平普遍较低;二是地理位置分散、企业规模小、投入低,船厂占地面积小、岸线长度不足,船台、船坞及其他基础设施设备简单粗陋,不能满足造船质量的基本需要;三是所建造的船舶技术含量低,设备简陋,绝大多数是建造质量低下的小型散货船、干货船、集装箱船、挖砂船、驳船。

由于先天不足,滩涂船厂建造的船舶往往存在以下问题:①船舶建造没有按经审批的图纸施工或不完全按图纸施工;②建造工艺简陋,重要船体构件结构不连续,受力不合理,船体钢结构焊接质量差;③没有规范的报验制度,生产施工质量无有效控制;④采用非船用材料、非船用产品装船。在缺少应有的造船条件和设备、缺乏必需的人力技术资源、没有良好的管理体系和质量保证体系的情况下,此类船舶的建造质量无法得到保证,事故时有发生。

2005 年 1 月,多用途集装箱船"金富星 18"在其第 6 个航次装货离港不久船体发生开裂,自两舷舱口围板垂直向下断裂,沿甲板、船体外板产生裂缝直达水线处。2005 年 2 月,干货船"兴龙舟 118"首航期间发现船舶舱口围板局部焊缝开裂,右舷中部主甲板及舷侧外板等部位多处断裂。2005 年 2 月,干货船"恒信 6"在其第 2 个航次发现船体中部货舱舱口围板和舱口围板的 T 型扶强材面板、顶部面板的焊缝开裂。

经过海事部门的事故调查,上述事故的发生与船舶的建造质量有着密不可分的关系,而滩涂船厂建造的渔船同样具有质量问题,给渔业生产带来安全隐患。此类事故的发生使各行业主管机关深刻认识到低质量造船的严峻形势与危害,为保护人民生命财产安全,构建和谐安全的水上环境,2005年4月,交通部牵头,与国防科工委、农业部和安全监管总局等四部委联合下发了《全国低质量船舶专项治理活动方案》,在全国范围内开展了为期两年的低质量船舶专项治理活动。

低质量船舶专项治理活动针对水上交通安全和渔业安全生产存在的主要隐患,全面治理低质量船舶,坚决打击非法违规造船,遏制不合格船舶进入航运市场和从事渔业生产,促进水运、渔业经济和造船工业的健康发展。治理对象包括非法违规造船厂(点)、低质量船舶和未持有有效检验证书作业的渔船。

为保证专项治理活动统一、有序开展,成立了全国低质量船舶专项治理领导小组,领导小组组长包括交通部副部长徐祖远、国防科工委副主任张广钦、农业部副部长牛盾、安全监管总局副局长梁嘉琨,下设办公室负责日常工作,办公室设在交通部海事局。

各地海事、船检、船舶工业、渔业、安全监管部门在领导小组的领导下,按照"统一部署、统一行动"的要求,在地方政府的支持下,相互配合,联合开展治理活动。

本次专项整治中,船检部门的任务是对营运中重点治理船舶进行附加检验,主要对船体结构强度进行校核和对安全设备进行检查。渔检部门对未经检验的捕捞作业渔船进行专项治理附加检验,重点解决"三无渔船"问题。

2005年5月30日,为配合四部委《全国低质量船舶专项治理活动方案》的实施,交通部海事局下发了《关于做好低质量船舶专项治理附加检验的通知》,进一步明确了重点,要求将重点治理船舶根据船舶类型和图纸资料反映出问题的严重程度,梳理排序,把"四客一危"船舶、大型船舶、大开口船舶、无图纸船舶、严重船图不符的船舶、严重建造质量缺陷的船舶作为首选目标,进行附加检验。并要求各地检验机关在制定详细附加检验计划的基础上,主要做好以下内容:①船舶审图情况的核实;②船图一致性的核实;③船舶结构的检查;④船舶焊接质量的检查;⑤船上图纸资料的检查;⑥船舶安全设备的检查;同时还说明了附加检验船舶的处理要求,为各地统一了标准。

渔业船舶检验机构制定了详细的低质量渔业船舶专项治理附加检验计划,将未申请渔船修造资格和违规造船、无有效检验证书和不符合安全航行作业条件的渔船作为治理重点,在各省范围内进行摸底排查,基本摸清了各地区存在问题的船厂和船舶情况。渔政、渔港监督、渔业船舶检验机构协作,在伏季休渔期间,对未经检验和不符合安全航行条件的渔业船舶进行了一次彻底的检查。据第一阶段的清查统计,辽宁、河北、山东、江苏、浙江、福建、广东、广西、海南、安徽、湖北、重庆共查出存在违法、违规造船问题的船厂127家,未经检验和存在较大安全隐患的渔业船舶9163艘。

2005年6月29日,根据专项治理活动开展的实际情况,交通部海事局下发了《关于进一步做好低质量船舶专项治理工作的通知》,进一步明确本次专项治理活动的重点治理船舶为:2002年1月1日以后建造完工的船长大于60米的海船、船长大于50米河船;要求各海事部门重点对未经附加检验的重点治理船舶进行安全检查,安检间隔期不得超过2个月,督促这些船舶尽快向船检部门申请附加检验。海事和船检部门的相互配合和支持,不仅在此次专项治理活动中发挥重要作用,同时为探索船舶安全管理长效机制的建立进行了有益的实践。

2009年7月6日,交通部海事局为了指导治理工作,下发了《全国低质量船舶专项治理阶段工作指导意见的通知》,明确了对船厂、低质量运输船舶以及非持有有效证书的渔船的重点检查内容和处理方式。

各省级船检机构也在不断探索好的做法。中国船级社在总部成立了由总裁助理任组长的低质量船舶专项治理专家评审组,及时研究处理重大技术问题,加强对船舶建造检验的控制,并统一和强化了全面治理阶段专项治理附加检验的工作程序。中国船级社各分社按照统一要求成立了相应的评审小组,负责各分社低质量船舶专项治理活动全面治理阶段的所有附加检验评审。

专项治理活动期间，江西省共投入船检、海事、渔检、安监专业人员500余名，资金约600万元；召开专题会议近50次，组织督查30余次；省专项治理领导小组组织了5次联合督查，12家造船企业纳入了清理整顿对象；船检部门完成了234艘专项治理船舶的附加检验。全省形成高度重视船舶建造质量，非法违规造船现象得到有效遏制，船厂的生产技术条件和船舶修造质量进一步提高的良好局面。

福建省交通厅牵头组织省经贸委、省安监局、省海洋与渔业局、福建海事局、中国船级社福州分社共同参加福建省低质量船舶专项治理。低质量船舶专项治理办公室设在福建省船舶检验处。全省共排查854艘重点治理船舶，218家造船厂，其中建造船长50米以上河船或60米以上海船的造船厂共75家。

安徽省船检局在低质量船舶专项治理活动中，共完成重点治理名录船舶附加检验886艘，重点治理名录中的船舶100%完成附加检验。共对139家造船厂点进行了治理，68家船厂通过核查验收，71家船厂被关闭或整合。

上海市船舶检验处在专项治理活动中，既狠抓附加检验和现场的安全检查工作，又积极探索，从建立ISO 9001：2000质量管理体系入手，抓规范、重长效，在检验的流程上把关，以保证船舶检验质量得到全进程控制，通过不断完善纠正船检质量管理体系运行中遇到的问题，充分发挥体系对于确保验船质量的长效保证作用。

湖北省在专项治理活动中，由省交通厅牵头，会同长江海事局、省国防科工办、省农业厅、省安监局等5厅（局），成立湖北省低质量船舶专项治理领导小组，下设专项治理办公室（挂靠湖北省船舶检验处）。全省共排查349艘重点治理船舶，141家造船厂。

吉林船检切实参与低质量船舶专项治理活动，排查范围扩展到省内所有登记在籍的船舶，排查出298艘低质量船舶，拆解25艘，补绘完善图纸资料232艘，加装水密防撞舱壁37艘。协同国防科工办对列入治理名单的9家船厂，从生产场地及设备状况、技术人员配备、检测手段、规章制度建设等进行了考察，对其中基本具备生产条件的8家船厂提出了完善和整改要求，对另一家无力整改的船厂予以了取缔。

甘肃陇南市地方海事局积极开展专项治理活动，对14艘不具备水上航行和作业条件、存在重大安全隐患的船舶予以强制报废，对外省在本省文县境内违规设立的4家不具备资质的修造船厂（点）予以取缔，对相关手续不全的公司进行停业整改。

河南省按照国家专项治理活动领导小组的安排部署，积极开展低质量船舶专项治理活动，对全省22家船厂（点）进行了治理，通过验收的有11家，验收未达标2家，正在进行整改，取缔和关停9家（后来又陆续增加取缔和关停船厂数量，至2010年全省有19家船厂取缔或关停）；共进行重点治理船舶附加检验879艘，通过附加检验835艘，未通过附加检验的44艘船舶责令整改（经过整改有40艘合格，有4艘被收回船检证书）；适当扩大检验范围，对省内12客位以上277艘客船进行附加检验，通过检验257艘，未通过检验20艘，对不具备检验条件的船舶收回检验证书。

截至2005年9月，全国共对723家造船厂（点）进行了治理；对13462艘专项治理船舶开展了附加检验，其中重点治理船舶1081艘，渔船12381艘，共有705艘专项治理船舶未能通过附加检验，其中重点治理船舶286艘，渔船419艘。从四部委督察情况反馈和各地上报的材料可以得出，各地能认真开展对专项治理对象的全面治理工作，但部分地区对重点治理船舶的附加检验进展较为缓慢。

鉴于专项治理过程中存在的一些问题，如相当一部分造船企业的生产条件、造船质量仍然较差；还有相当数量的船舶仍未进行附加检验；各地开展专项治理的进度和力度以及治理过程中把握的尺度差异较大，需进一步加强和统一；对完成专项治理工作的对象，需作认真复查；对专项治理过程中的经验和问题，需不断总结与分析。2005年11月，四部委下发了《关于进一步深化全国低质量船舶专项治理活动的通知》,将全国低质量船舶专项治理活动延续至 2006 年 12 月 31 日。延续期间工作是全国低质量船舶专项治理活动的组成部分,其治理对象、治理目标和工作原则、组织领导均保持不变。2005 年 12 月 1 日—2006 年 5 月 31 日为强化治理阶段,2006 年 6 月 1 日—11 月 20 日为验收回顾阶段,2006 年 11 月 21 日—12 月 31 日为全面总结阶段。

2006 年 2 月,结合前一阶段治理工作中出现的问题,交通部海事局下发了《关于处理专项治理附加检验主要问题的指导意见》,明确了附加检验的工作要求、主要问题的处理原则以及进行附加检验时应注意的事项。

截至 2006 年年底,低质量船舶专项治理活动告一段落,四部委组织了对各省的验收。本次专项治理活动共对 1050 家船厂(点)进行了治理,约占全国造船企业总数的 1/3,其中关停并转 457 家,完成整改并通过验收 511 家,仍在整改 82 家;全国检验机构对 9150 艘治理船舶进行了附加检验,8695 艘船舶通过检验,对未通过检验的 455 艘船舶予以撤销证书或拆解取缔;全国渔船检验系统共排查渔业船舶修造厂点 500 多家,重点检查渔业船舶近 15 万艘,提出重点治理企业 120 多家,列入治理范围的渔船超过 3 万艘,已完成治理约 1. 3 万艘,清理并实行临时检验的渔船近万艘,有 1000 多艘渔业船舶实施了报废处理或收回证书处理;海事机构对重点治理船舶进行安全检查 6823 艘次,责成船舶进行附加检验 3612 艘次,滞留 391 艘次。

四部委联合开展的历时近两年的低质量船舶专项整治,遏制了非法违规造船行为,规范了中小型船舶造船市场,提高了船舶生产质量总体水平,在航船舶质量问题得到了整改和补救,改善了低质量船舶安全技术条件,将不合格船舶清除出航运或停止其渔业生产,堵住了低质量船舶生产源头。在本次专项治理中,交通部所属的船舶检验队伍和农业部所属的渔船检验队伍承担了主力军的作用,不仅对大量船舶进行了附加检验,查找问题,跟踪整改,还发挥技术优势,积极参与国防科工办对船厂的治理与认可工作。

低质量船舶专项整治活动结束了,应抛开船舶质量的表象,分析深层次的问题。低质量船舶产生原因是多方面的,部分船检机构检验不到位的问题是难以回避的。水上交通安全链由多个环节构成,多部委携手联合进行治理,在一定时间内能取得良好的效果,但联合专项治理方法不是终极手段,而是一种应急措施,只有建立长效管理机制,才能使我国造船产业走上健康、规范发展之路。

(二)船舶检验质量监督检查

船舶检验质量监督检查是船检管理部门监督船检机构履行其职责,规范其行为的有效手段。1998 年我国船检体制改革后,中国海事局作为实施各项船舶检验管理工作的主管机关,即开始行使船检质量监督检查与举报调查处理等管理职能。

1.危险品船检验管理与质量监督

1999 年 1 月,中国海事局针对国内航行散装运输化学品船、液化气船检验工作中存在的实际问题在杭州召开研讨会。会议就散装运输化学品船、液化气船检验中存在的擅自进行规范免除、检验人员未经专门培训等问题提出了解决措施。会后,中国海事局在对国内航行散装化学品船状况进行调查的基础上在全国范围内开展了内河小型散装化学品船执行船检规范大检查活动,检查中共抽查内河小型散装化学品船 100 余艘,查出共性问题 10 余项。

1999 年 11 月,中国海事局在全国范围内开展了老旧液化气体船安全技术状况检查工作,工作开展过程中,中国海事局会同中国船级社采取召开座谈会、现场检查、核查船舶图纸及有关资料等方式对当时我国老旧液化气体船进行了全面检查。通过此次检查,基本掌握了我国老旧液化气体船舶的技术状况,为加强老旧液化气体船舶检验管理提供了依据。

2000年,国内一些装运闪点F.P.≤60℃油类的小型油船出现爆炸和火灾事故,中国船级社通过分析、总结事故原因出台了处理该类小型油船艏楼覆盖油舱问题的规定。鉴于此规定的科学性和普遍适用性,7月12日,中国海事局转发该规定并要求各船舶检验机构对有关小型油船进行检验时执行该规定,从而减少了小型油船事故隐患。

2000年11月,中国海事局针对当时我国非国际航行散装液化气体船舶存在的稳性计算不准确、船舶及设备老化等问题,要求加强现有非国际航行散装液化气体船检验工作。中国船级社对当时我国47艘非国际航行散装液化气体船的稳性进行了复核,要求其中10艘破舱稳性不满足有关技术规则规定的船舶进行整改。2002年2月,中国海事局对此类船舶破舱稳性不满足有关技术规则要求应进行整改的事项作出规定。

2001年4月,国际海事组织(IMO)第46届环保会通过了《73/78防污公约》附则Ⅰ13G修正案[MEPC.95(46)]。对此,中国海事局于2002年1月25日印发《关于执行MEPC.95(46)单壳油轮"状态评估计划"的通知》,就执行修正案中单壳油轮"状态评估计划"检验(仅适用于国际航行船舶)的具体实施步骤予以明确。并规定"状态评估计划"检验由中国船级社具体执行,中国海事局对通过检验的船舶签发《符合证明》。

2009年,为了加快船舶工业结构调整,增强自主开发能力,推动产业升级,促进我国船舶工业持续、健康、稳定发展,国务院制定了船舶工业调整与振兴规划,将"加快报废更新老旧船舶和淘汰单壳油轮"列为产业调整和振兴的主要任务。据此,交通运输部决定提前淘汰国内航行单壳油轮,并于同年12月发布了《关于发布提前淘汰国内航行单壳油轮实施方案的公告》,明确了国内航行单壳油轮淘汰时间。2010年3月,中国海事局发布了《关于执行提前淘汰国内航行单壳油轮实施方案的有关事项的通知》,对船舶检验机构执行《公告》过程中的检验和发证工作提出了明确要求。

2.海上客滚船检验管理与质量监督

1999年11月24日,"大舜"号客滚船特大火灾导致船舶沉没事故后,为吸取事故教训,解决客滚船在安全技术方面存在的问题,2000年1月5—6日,中国海事局组织有关方面专家在北京召开渤海湾客滚船安全技术状况评估会,对渤海海域的客滚船安全技术状况进行了全面分析和评估,明确了对国外进口二手滚装船检验的原则,并对普遍存在的影响航行安全的主要问题提出了解决的办法。针对海上客滚船检验的现实情况,2000年1月11日,交通部印发《关于加强海上客滚船检验工作的通知》,要求所有跨省、区航行的海上客船、客滚船和客渡船一律由中国船级社检验。10月12—13日,中国海事局在上海召开客滚船压力水雾系统灭火性能鉴定会,对客滚船压力水雾系统检验、试验、依据提出建议。10月26日,中国海事局发布了《关于印发现有客滚船压力水雾系统灭火性能鉴定会会议纪要的通知》,明确检验现有客滚船压力水雾系统,应以中国船级社规范与技术管理部通函第013号总第021号《关于现有客滚船滚装装货处所压力水雾灭火系统的技术要求试验与验收方法的暂行规定》和会议纪要的有关要求作为补充依据。同时要求凡压力水雾灭火系统使用非水雾型喷嘴,或喷雾状况达不到规定标准又确系喷嘴所致的现有客滚船,一律应在客滚船运输安全评估的整改中或结合最近一次检验,更换经船舶检验机构认可的压力水雾喷嘴并经效用试验达到规定要求。

经过2000年对客滚船的整顿和安全运输评估,全国客滚船的技术和营运状况有了不同程度的改善,但琼州海峡客船、客滚船和车客渡船的船舶状况仍然较差,存在一些不容忽视的问题。2001年6月4日,交通部发布了《关于加强琼州海峡客滚船船检工作的通知》,明确琼州海峡客滚船检验适用技术规则和检验要求,以及开航条件限制的抗风等级,停止执行船舶检验局1997年发布的有关对琼州海峡客滚船的一些免除和放宽措施;规定琼州海峡开敞式客滚船自2002年1月1日起除每辆车可允许两名工作人员

(含司机)随船外,不得载运普通旅客,其开航风力限制条件一律不超过6级。考虑到执行中的实际情况,中国海事局于2002年2月决定琼州海峡开敞式客滚船除允许每辆货车搭乘两名司机外,还可增加一名货物押运员随车上船。

为从源头上提高渤海湾客滚船的安全保障,中国船级社于2003年开始起草《渤海湾客滚船审图原则》和《渤海湾高速客滚船审图原则》并于2004年初报中国海事局。2004年4月,中国海事局批复同意公布实施《渤海湾客滚船审图原则2004》和《渤海湾高速客滚船审图原则》。

3.长江航行船舶检验管理与质量监督

2000年11月,交通部就长江滚装船适用法定检验标准等问题予以明确,规定新建、改建内河滚装船适用《船舶与海上设施检验条例》《内河船舶法定检验技术规则(1999)》《内河钢质船舶入级与建造规范(1996)》及《内河钢质船舶入级与建造规范修改通报》对新建船的要求。

2002年3月,交通部针对川江滚装船船体断裂时有发生的情况决定委托中国船级社在2002年8月31日前对川江滚装船的结构强度、完整稳性、破舱稳性进行复核,并要求8月31日后未经复核和复核不合格的船不得作为滚装船使用。10月,交通部提出了针对长江干线汽车渡船乘客定额、安全通道、水密舱壁、船体甲板、危险品适装条件、通信设备、救生设备等方面的检验要求,并强调长江干线汽车渡船在航行中应严格遵守有关安全管理规定。

2003年3月,中国海事局要求中国船级社督促有关船公司对部分川江汽车滚装船船体总纵强度不符合规定的情况进行整改,2003年8月1日达不到要求的不得签发船检证书。5月,中国海事局要求中国船级社对部分在2001年5月1日以后建造或改建的不符合规范要求的川江滚装船进行清查和整改。为确保三峡库区船舶航行安全,交通部要求自2004年1月1日起,所有在三峡库区长江干线航行的四类及以上客船和500总吨及以上的机动货船、368千瓦及以上的推(拖)船,必须配备一台雷达,未配雷达的其他客船应限制载客人数和夜航。鉴于川江汽车滚装船车辆跳板形式不合理,对在川江航行的其他船舶特别是客船的安全构成了潜在威胁,2003年12月,中国海事局要求应在2004年3月31日前对川江汽车滚装船车辆跳板形式完成改造。

为配合川江及三峡库区船型标准化推进工作,2004年10月,交通部公布实施《川江及三峡库区航行船舶检验管理暂行规定》。该暂行规定明确在川江及三峡库区航行的现有船舶应按照交通部公布的标准船型新建船舶的检验适用技术规范和检验要求进行检验,新船检验合格后签发《川江及三峡库区船舶航行证书》和其他法定检验证书。

2005年2月,中国海事局在武汉召开会议,宜昌、重庆两地的滚装船运输公司代表及有关专家参会。会议研究落实有关法规对川江及三峡库区滚装船车辆跳板形式要求。会议明确前伸叉式吊臂跳板不符合规范要求的应限时整改;折叠式跳板符合规范的原则要求,其检验具体技术应要求由中国船级社制定。根据《川江及三峡库区航行船舶检验管理暂行规定》及有关船检规范的要求,4月,交通部印发《关于川江滚装船跳板改造要求的补充通知》,要求在川江及三峡库区航行的具有吊臂式跳板的Ⅱ型客滚船于2005年6月30日前提出跳板改造计划,并规定了不同情况下完成改造的期限和限制条件。为落实《关于川江滚装船跳板改造要求的补充通知》中对30车位及以下的川江滚装船跳板改造要求,2005年12月,中国海事局印发了《关于30车位以下川江滚装船跳板改造问题的通知》,明确30车位及以下车位的滚装船适航证书有效期可延至2006年7月31日,同时《通知》要求在延长期间,应加强该型船的安全检查与技术服务工作。

针对三峡大坝与葛洲坝间航行的滚装船跳板改造达不到规范有关盲区的要求,2006年8月,交通部要求非标准滚装船跳板改造采取等效替代办法,办法由各船公司提出,中国船级社批准。10月,15家川江汽车滚装船公司联名提出吊臂直立式跳板加装红外夜视摄像机的盲区等效方案，经中国船级社组织专家评估、研究、完善和现场跟踪检查，12 月，中国海事局批复同意川江非标准滚装船跳板改造盲区等效方案。

2007 年 6 月，中国海事局印发由中国船级社编制、交通部水运司批复同意的《非标准川江汽车滚装船改造技术指南》，并规定现有非标准川江载货汽车滚装船按该指南改造并检验合格后，允许继续在库区使用至 2010 年 12 月 31 日。为规范川江及三峡库区船舶检验行为，2007 年 10 月，中国海事局印发《关于开展川江及三峡库区船舶检验情况自查的通知》，决定开展川江及三峡库区船舶检验情况自查工作，要求中国船级社和四川、重庆、湖南、湖北、江西、安徽等省（市）船舶检验机构对自 2004 年交通部推行川江及三峡库区运输船舶标准化以来检验的川江及三峡库区船舶进行清理，对不符合交通部公布的标准船型主尺度系列的船舶，立即收回《川江及三峡库区船舶航行证书》。

4.建造船舶检验管理与质量监督

如前所述，1999 年前后，安徽、江苏、浙江、江西、湖南、湖北、四川等地出现了“滩涂造船”热。由于滩涂造船手段不规范，致使所造船舶质量难以保证，给船舶安全带来隐患，特别是有的地方还建造技术要求很高的危险品船和其他特种船，其安全性更是难以保证。为加强船舶安全管理，1999 年 6 月，中国海事局印发了《关于对“滩涂造船”检验情况调研的通知》，要求各单位对“滩涂造船”的检验情况组织一次摸底调查，并针对实际检验中存在的问题提出整改措施和建议。

2002 年 1 月，交通部针对一些地方船舶建造检验出现失控的现象，印发《关于加强建造船舶检验和管理的通知》，强调船舶建造必须严格实施建造检验（包括审图和试航），不得随意免除规范标准和减免检验程序，严禁异地检验，各船舶检验管理处要加强对船舶建造检验的监督管理。2 月，中国海事局在北京召开新建船舶建造检验管理专题会议，研究落实交通部门关于加强建造船舶检验管理的措施，决定自本次会议纪要印发之日起，新建船舶不得使用旧设备和旧材料进行拼装。3 月，《新建船舶建造检验管理专题会议纪要》印发。

2003 年 6 月，中国海事局要求各船舶检验机构依靠当地政府主管部门，制止使用废旧设备和材料拼装船舶的行为，并拒绝为此类船舶检验发证。7 月 16 日、9 月 23 日，中国海事局两次发布公告，分别禁止对江苏淮滨船厂使用旧材料设备建造的 9 艘船舶（包括已私自逃逸的 6 艘）以及对安徽宣城市造船厂使用旧材料设备拼装的 3 艘货船检验发证。为进一步解决建造船舶检验质量问题，2003 年 8—9 月，中国海事局在全国范围内组织开展建造船舶检验质量检查活动，检查重点是建造检验程序、使用旧材料或旧设备拼装、异地检验、实船检验质量、焊工和无损检测人员持证等情况，检查活动涉及黑龙江、吉林、辽宁、河北、天津、山东、河南、重庆、湖北、江西、江苏、浙江、福建、广东、广西、海南 16 个省（自治区、直辖市）的 33 家船舶检验机构，对 40 家船厂的 92 艘在建船舶和 124 艘在港船舶进行了检查，摸清了船舶建造检验质量状况，查处了违规检验的有关机构和个人，暂停了 4 家船舶检验机构的船舶检验资格。2004 年 1 月，中国海事局印发通报，指出检验中发现的诸多问题，要求各船舶检验机构进一步规范船检工作，提高船舶建造检验质量。

2005 年 3 月 14 日，针对连续几艘新建船舶投入运行后不久即发生断裂事故的情况，中国海事局印发紧急通知，要求各船舶检验机构严格执行船检法规规范，做好新建船舶审图工作，确保船舶强度设计满足规范要求；船舶建造中要进行全过程检验和控制，注意检查钢材材质和焊接质量；签发船舶载重线证书前确认船舶已配备正规的《装载手册》，对尚未签发船检证书的在建船舶进行复查，对不符合质量要求的船舶不予签发检验证书。

2005 年 4 月—2006 年 12 月底，由交通部、国防科工委、农业部、国家安监总局等四部委联合进行的全国低质量船舶专项活动,对在建新造船和现有营运船进行了全面的整治,重点是治理和提高新造船的建造质量和检验质量。通过专项治理活动,对中小型民营造船企业的建造质量和各检验机构的检验能力和质量起到了明显的促进和提高作用。

2007 年 6 月,中国海事局印发《关于加强新建船舶法定检验与检查的通知》,明确 2007 年 9 月 1 日及以后安放龙骨或开工的、《船舶和海上设施检验条例》明确规定要求入级检验的新建船舶,必须向中国船级社申请入级检验,其他船舶检验机构不得受理;2007 年 9 月 1 日以前建造的现有船舶,仍由已受理检验申请的船舶检验机构负责检验,入级检验问题待处理。

2007 年 12 月,中国海事局印发《关于制止违规进行异地建造检验的通知》,要求天津、上海船舶检验管理处对违规进行异地建造检验的河北省船舶检验局、上海市船舶检验处及相关责任人员进行工作过错追究。同时要求各省(自治区、直辖市)船舶检验局(处)开展为期两个月的异地建造(改建)检验行为的自查自纠活动,各海事机构加强对新建或改建船舶的现场监督。为贯彻落实通知要求,福建海事局组织开展了为期 5 个月的“在建船舶安全监管专项治理行动”并取得了良好效果。2008 年 2 月,中国海事局转发了福建海事局《关于开展“在建船舶安全监管专项治理行动”的通知》,要求各直属海事局结合福建海事做法和本辖区的具体情况,加强对新建或改建船舶的安全监管。2008 年 9 月,中国海事局印发了《福建地区在建船舶异地检验有关问题的处理方案》,明确了福建地区 2007 年 12 月 31 日前开工建造或改建的海船的检验发证程序。2009 年 6 月,中国海事局印发《关于〈福建地区在建船舶异地检验有关问题处理方案〉有关事宜的通知》,要求停止受理福建地区异地检验的申请和审批,已获审批的船舶主动向执行检验的船检机构所在地船检管理处申请复核。

2008 年,国际金融危机的爆发,对航运业和船舶制造业产生了严重影响,国内开始出现部分现有船舶暂停营运、在建新船舶退单或推迟接船等情况。为切实保障船舶检验严格按照法律法规和有关国际公约执行,12 月中国海事局印发了《关于进一步加强在建船舶检验和管理的通知》,要求各船舶检验机构切实履行船旗国主管机关授权的法定检验职责,加强对在建船舶图纸审核、在建船舶使用船用产品检验、在建船舶实船与经船检机构批准图纸的一致性检查工作。

为配合我国《船舶工业调整振兴规划》实施,巩固全国低质量船舶专项治理成果,建立健全船舶安全质量监管长效机制,2009 年 4 月,中国海事局印发了《关于开展船舶建造质量监督管理机制试点工作的通知》,决定由江苏海事局牵头,联合江苏省船舶检验局、中国船级社南京分社于 2009 年 7 月 1 日—2010 年 6 月 30 日间在江苏省开展船舶建造质量监督管理机制试点工作:探索建立促使造船企业落实《产品质量法》关于“生产者应当对其生产的产品质量负责”的形式和方法;建立船厂适检条件评估制度和船舶建造开工前检查制度并制定必要的技术标准与工作程序;研究建立规范船舶建造检验行为和船舶建造检验质量监督检查相关制度和工作程序,制定相应的现场监督检查标准或指南;探索建立船舶建造质量监督管理与有关部门合作的机制;研究解决船舶建造质量监督管理难点问题的途径和方法;研究解决提供船舶建造质量监督管理技术支持及提高监管人员素质的途径和方法;研究对非法、违规造船加大打击力度的方式、方法。

为规范船舶建造和重大改建行为,避免“船龄造假”行为发生,2010 年 9 月,中国海事局印发了《船舶建造重要日期记录管理规定》。规定要求主管机关自 2011 年 1 月 1 日起对 500 总吨及以上在中国登记和拟在中国登记的海船在“新建船舶安放龙骨或处于相似建造阶段的日期、实施重大改建船舶的开工日期”及“船舶建造或重大改建的完工日期”两个阶段的重要日期进行确认。

5.老旧运输船舶检验管理与质量监督

2000 年前后,我国运输船舶严重老化、老旧船舶数量多、船舶技术状况差、安全隐患多等问题日益凸显，这对航运业健康发展产生了负面影响。为优化运力结构，推动航运业结构调整，提高运输服务质量和竞争力，促进航运业健康有序发展，2001 年 3 月 29 日，经国务院同意，交通部、国家经贸委、财政部联合印发了《关于发布〈关于实施运输船舶强制报废制度的意见〉的通知》。《意见》要求对老旧运输船舶进行严格管理，明确各类运输船舶的强制报废船龄，禁止达到报废船龄标准的运输船舶从事水路运输活动，对已达到强制报废船龄的船舶实施强制报废制度，强制退出水路运输市场。4 月 9 日，交通部印发了《老旧运输船舶管理规定》，按照船舶类型和船龄对老旧运输船舶进行了分类，并对老旧运输船舶的购置、光租、改建管理、营运管理、监督和处罚等内容作出了明确规定。5 月 9 日和 30 日，中国海事局印发了《关于执行〈老旧运输船舶管理规定〉有关事项的通知》，进一步明确了《老旧运输船舶管理规定》的执行措施。

2001 年 8 月 6 日，交通部印发《关于对老旧运输船舶执行特别定期检验的通知》，对老旧运输船舶执行特别定期检验作出安排，要求凡 2001 年 4 月 9 日已达到或超过《老旧运输船舶管理规定》明确的特别定期检验船龄，但未达到强制报废船龄的运输船舶，应于 2001 年 8 月 31 日前向船籍港所在地海事机构认可的船舶检验机构申请特别定期检验，海事机构对在 8 月 31 日后仍未申请特别定期检验的相关船舶不予办理签证或出港手续。

（三）船舶检验质量专项检查

1999 年 8 月，中国海事局在全国范围内开展小型船舶安全管理联合检查行动，查处了一大批“三无”船舶和技术条件不符合规范要求的船舶。针对此次检查发现的问题，2000 年 5 月，中国海事局发出通知，要求各船检部门对本部门验船质量进行全面自查。随后，中国海事局牵头，组成由中国船级社和有关省、自治区、直辖市船检局（处）人员参加的检查组，对华东和华南地区的直属和地方船检部门的验船工作质量进行检查。同年 9 月 15 日—10 月 31 日，中国海事局组织力量在上海、大连、天津、广州、武汉等地定点开展船舶检验质量检查，先后检查了 292 艘船舶的检验情况，共查出验船质量方面的缺陷 1907 项。

1999 年 11 月 24 日，“大舜号”客滚船在烟台港驶出后沉没，造成人员与财产的重大损失，事故直接推动了海事管理手段和相关技术标准的提高。2000 年，交通部组织开展了为期三年的“水上运输安全管理年”活动，活动以整治客船以及液化汽船、油船等危险品船舶的安全为重点，严把现场监督、检验关。中国海事局按照交通部的统一要求，以“四客一危”船舶，“四区一线”水域为重点，开展船检质量检查、安全技术评估工作，并将渤海湾航行的客滚船作为检查的重中之重。

2000 年，中国海事局于 5 月要求各船舶检验机构对执行船检法规、制度情况以及落实“水上运输安全管理年”活动情况进行自查；并于 6 月 19—25 日组织检查组对中国船级社上海、南京、广东、海南分社和江苏、浙江、湖南、广东、广西船检局（处）落实船检法规和制度、现场检验是否到位等情况进行检查；9 月 15 日—10 月 31 日，中国海事局在上海、大连、天津、广州、武汉等地定点开展船检质量检查工作，共检查船舶 292 艘，查处船检质量方面的缺陷 1907 项。

2000 年中国海事局通过对船用设备、船用钢板检验情况进行检查，发现一些地方采用旧设备、旧钢板造船的现象。2001 年，中国海事局于 4 月 20 日—6 月底组织各船舶检验管理处和船舶检验机构分三阶段开展了船用产品质量检查工作，重点检查已装船的救生、消防、通信、防污染等产品的质量和检验情况；5—6 月，中国海事局以航行于重点水域的“四客一危”船舶为重点，组织各船舶检验管理处开展船舶检验质量检查活动，共检查各类船舶 564 艘次，涉及船舶检验机构 99 家，查出验船质量缺陷 4392 项。8 月 2 日，中国海事局针对油船特别是改装油船存在不满足技术规范要求的问题印发通知，要求各船舶检验机构开展改装油船技术状况复核工作，共检查复核改装油船 477 艘；8 月 23 日，中国海事局印发检查情况通报，指出船舶检验质量和检验证书签发中的突出问题，公布船舶检验质量问题典型案例。

2002 年 9 月,中国海事局以国内沿海、内河航行的油船、化学品船、货船改建油船的检验质量为重点,开展了船舶检验质量检查活动。检查采取检验机构自查自纠与各检验管理处定点抽查相结合的方式,各船舶检验管理处在大连、天津、南京、武汉、福州、广州等地结合船舶安全检查,对到港船舶的验船质量进行现场检查。此次共检查船舶 132 艘,涉及各级船舶检验机构 48 家,查出缺陷 2140 项,其中小型船舶检验质量问题较多。11 月 4 日,中国海事局印发船检质量检查情况通报,并于 11 月 21 日在武汉召开的全国船检业务工作会议上组织各地对船检质量检查结果进行讨论。

2002 年,为解决船舶检验规定与执行相脱节的问题,中国海事局印发了船检管理有效文件清单并要求各船检机构对管理文件配备情况进行清理。此后,各船检管理处牵头对重要文件规定执行情况开展专项检查,对查出问题的有关船检部门限期整改。此项工作的开展较好地维护了文件规定的严肃性。

2004 年 5—6 月,中国海事局组织开展了“四区一线”(渤海湾水域、舟山群岛海域、琼州海峡水域和西南山区的内河水域以及长江干线水域)水域船舶检验质量督察活动,活动期间共检查船舶检验机构 48 家(其中含中国船级社及其分社共 10 家),船舶 329 艘,船舶档案 197 份,查出缺陷 699 项,并在专家检查过程中对“华源顺 18”“赤壁 3”等轮的检验质量问题进行了责任追究。

2006 年,武汉船检管理处组织开展了有关船舶吨位丈量的专项检查,在所有被检查的 120 艘船舶中存在“大船小证”(即船舶证书上标注的吨位小于船舶的实际吨位)问题的船舶占 44%,涉及 7 个省(市)的船检机构。“大船小证”现象的存在,除涉嫌规避国家行政规费外,给水上交通安全环境带来重大隐患,严重干扰了航运业和造船业的发展。

为切实加强和规范船舶吨位丈量工作,提高船舶检验质量,消除水上交通安全隐患,2009 年 6 月,交通运输部印发了《关于印发运输船舶吨位丈量专项检查活动方案的通知》,决定在全国范围内分三个阶段开展运输船舶吨位丈量专项检查活动。7 月,中国海事局印发了《关于做好船舶吨位丈量专项检查工作的通知》,提出了专项检查工作的具体要求。9 月,为加强专项活动各项要求的落实,中国海事局印发《关于开展运输船舶吨位丈量专项检查活动督查工作的通知》,分 4 个督察组对全国吨位丈量专项检查活动开展情况进行督察。至 2009 年 11 月,各船检机构完成了自查自纠阶段、各海事机构完成了监督检查阶段的工作。本次活动范围内各船检机构应检查船舶 103775 艘,完成计算复核 31791 艘,占应检查船舶艘数的 30.63%;实船复核 17058 艘,实船复核占应检查船舶艘数的 16.44%,超过专项活动方案 15%的要求。通过检查发现实船与证书总吨位不相符船舶共 6205 艘,其中差额较小在 5%以内的 1504 艘,差额较大超过 10%的 3377 艘。从检查情况来看,“大船小证”问题在一些地区所属船舶上较为突出。

为根除“大船小证”顽疾,促进船舶质量的提高,中国海事局于 2010 年 1 月召开了由中国船级社、部分直属海事机构、地方海事、地方船检机构代表参加的“大船小证”综合治理工作部署会,制定了综合治理工作部署任务表,并于 2010 年 2 月 3 日印发了《关于开展“大船小证”综合治理工作的通知》,将开展“大船小证”综合治理工作,作为 2010 年重点工作进行专项部署与实施。

(四)船舶检验质量责任追究

2001 年 4 月,中国海事局印发《关于“源达油 33”油轮船检证书情况的通报》,对中国船级社黄石办事处有关人员在不满足规范要求的情况下,未履行有关检验程序,擅自为“源达油 33”签发了运载闭杯闪点小于 60℃油品的适航证书一事予以通报批评。

2001 年 7 月,中国海事局领导收到一位长期在航运单位从事船舶机务工作的技术人员的署名来信,反映航运市场中存在的船舶技术状况差,船舶修理不规范,船用产品质量低劣,老龄船维修投入不足,检验走过场、港监及船检人员的业务素质偏差等 7 个方面的问题。8 月 30 日,中国海事局印发《关于转发群众来信关于船检工作有关问题的通知》，要求各船舶检验部门对信中反映的问题认真进行对照检查，并在执行检验过程中核实船舶的建造年份，加强对修理和改建船舶以及老旧船舶的检验与船用产品的监督检查；同时要求各直属海事局和船舶检验管理处将通知要求作为对辖区各船舶检验部门检验工作质量监督的重点内容。

2003 年 5 月，中国海事局批复武汉船舶检验管理处，同意对湖北省随州船检站在没有图纸情况下违规开展改建船舶检验并导致干舷和吨位有误的处理意见，对负主要责任的验船人员记 10 分，并暂停其检验资格 3 个月。

2004 年 9 月，中国海事局就"辽旅渡 7"轮（2003 年 2 月 22 日在渤海湾发生沉没事故）在签发检验证书和固定压载检验方面存在的问题发出通报，要求中国船级社对违规单位进行整顿和处理。

2004 年 9 月，中国海事局就"华源顺 18"轮（2003 年 10 月 12 日在渤海湾发生沉没事故）存在异地进行建造检验、稳性检验和舵机检验违反技术规范、漏检等问题进行通报批评，决定暂停安徽省船舶检验局皖江船检处沿海航行船舶建造检验和初次检验发证权 6 个月并要求其进行整顿，吊销 2 名当事验船人员的验船师资格证书，对船检证书签发人计 10 分处理。2005 年 10 月 14—15 日，中国海事局对皖江船检处的整顿情况进行验收，12 月 13 日决定恢复该处海船检验业务。

2004 年 11 月，交通部就"赤壁 3"轮（2004 年 7 月 26 日在上海芦潮港码头附近发生翻沉事故）违规异地检验、检验发证不满足技术规范要求等问题进行通报，决定取消湖北省船舶检验处咸宁市船检所开展海船检验业务资格，同时暂停其内河船舶检验业务 3 个月并进行内部整顿，吊销 1 名责任验船师的船检资格证书。2005 年 10 月 12—13 日，中国海事局对咸宁市船检所的整顿情况进行验收，11 月 18 日决定恢复其对乡镇渡船的检验业务，其他船舶的检验业务由湖北省船舶检验处负责。

2005 年 8 月，中国海事局针对浙江省温州市船检处违反技术规程和规范检验在建船舶，致使 3 艘船舶存在严重检验质量问题（船体断裂），下发《船舶检验工作过错处理决定书》，决定暂停温州市船检处的检验发证权并要求进行整顿，吊销 3 名验船师的适任证书，暂停 4 名验船师的检验资格 3 个月，通报批评 1 名验船证书签发人。8 月 10 日，交通部就 3 艘船舶检验问题发出通报，并责成浙江省船舶检验局对船长大于 65 米的大开口海船审图业务进行全面整改。11 月 8—10 日，中国海事局对温州市船检处的整顿情况进行验收，11 月 18 日，决定恢复该处的船检业务。2006 年 1 月 25 日，同意恢复该处 4 名验船师的检验资格。2007 年 10 月 30 日，中国海事局组织专家组对浙江省船舶检验局 65 米以上大开口海船审图业务整改情况进行验收，12 月 10 日，决定恢复浙江省船舶检验局该项检验业务。

2005 年 10 月，针对河南省驻马店市船舶检验所在 7 艘船舶的检验发证过程中违规降低船舶证书吨位数、改变船舶干舷和扩大航区，出现重大过错问题，中国海事局决定取消驻马店市船检所船舶法定检验及发证权，吊销 2 名验船人员的适任证书，暂停 1 名验船人员检验资格 3 个月，并决定将驻马店市船检所船舶法定检验及发证权交由信阳市船舶检验所行使。10 月 24 日，交通部就驻马店市船检所违规发证事件处理情况发出通报，其中补充对河南省船舶检验处进行通报批评的处理意见。

2006 年 12 月，中国海事局针对徐州市船舶检验局所属邳州市船舶检验处未经实船检验，编造数据，弄虚作假，违规签发 33 艘船舶检验证书及转岗证明等问题，下发《船舶检验工作过错处理决定书》，决定对徐州市船舶检验局长期疏于监管出现的严重工作过错给予通报批评，撤销邳州市船舶检验处的法定检验发证资格，吊销 2 名责任验船师的适任证书。同日，针对淮北市船舶检验所未经实船检验对 27 艘转籍的船舶换发证书及 2005 年其他船舶检验重大工作过错等问题，下发《船舶检验工作过错处理决定书》，决定撤销安徽省淮北市船舶检验所的法定检验发证资格，吊销 1 名责任验船师的适任证书。

2007 年 6 月,广州船检管理处收到关于“正和 3”轮改建检验存在质量问题的匿名举报信,广州船检管理处根据匿名信的反映情况开展了初步调查并形成《关于“正和 3”轮的船舶核查情况》的报告报送中国海事局。6 月 19 日,中国海事局将《关于“正和 3”轮的船舶核查情况》并关于“正和 3”轮改建检验存在质量问题的匿名举报信转至天津船检管理处。天津船检管理处组织专项调查组分别于 7 月 12—13 日,7 月 17—20 日赴河北省船舶检验局及福州海宏船舶设计咨询服务有限公司、福建省平潭雄鹰船厂并登轮就“正和 3”(更名:华锦湖)船舶图纸审批、改建检验等情况进行了认真仔细的调查,完成《关于对“华锦湖”轮(原“正和 3”)船舶改建检验情况的调查报告报中国海事局。并向河北省船检局发出了《关于“华锦湖”轮(原“正和 3”)船舶改建检验调查处理情况的通报 》,责令河北省船舶检验局停止对该轮的检验并做出书面检查。

2007 年 10 月 28 日,上海籍货船“申海 1”轮在大连旅顺小龙山岛附近沉没,在海事调查过程中发现该轮存在异地检验嫌疑。中国海事局随即责成上海船检管理处对“申海 1”轮异地检验行为进行调查。2007 年 12 月,中国海事局印发《关于制止违法进行异地建造检验的通知》,通报了河北省船舶检验局、上海市船舶检验处“华锦湖”轮(原名“正和 3”)、“申海 1”轮实施异地检验行为的调查结果。要求天津、上海船舶检验管理处对上述船舶检验机构及相关责任人员进行工作过错追究。

2007 年 6 月,针对湖北省船舶检验处仙桃市船舶检验所在对 5 艘船舶的检验过程中存在随意更改船舶建造时间、吨位、尺寸、干舷及增加航区等重大工作过错,中国海事局印发《船舶检验工作过错处理决定书》,决定暂停该所检验发证资格,吊销 1 名验船人员适任证书。7 月 6 日,中国海事局印发《关于追究湖北船舶检验处仙桃市船检所船检工作过错责任的通知》,责成湖北省船舶检验处收回仙桃市船舶检验所违规签发的 91 艘船舶的检验证书,并对该批船舶按照技术法规重新检验发证。

2007 年 8 月,中国海事局印发《关于船舶检验违规违纪案件责任追究情况的通报》,对 2005—2007 年处理的 5 起船检违规违纪案件责任追究情况向全国船舶检验系统发出通报。

针对连续发现的湖南省几起验船质量问题,2008 年 2 月,中国海事局印发《关于暂停湖南省部分船检机构海船检验发证权的通知》,决定暂停湖南省地、市级及以下的船舶检验机构的海船检验发证权,责成湖南省船检局在全省范围内开展整顿。2008 年 2 月,中国海事局印发了《关于中国船级社违规签发免除证书的通报》,对中国船级社未经主管机关批准和在未提交任何申请的情况下,先后两次擅自为“广福泉”轮签发 4 份免除证书行为进行了通报。

2008 年 4 月,中国海事局组成调查组赴武汉、黄石两地对湖北省船舶检验处黄石检验处违规、违纪检验海船问题进行了调查,调查发现黄石检验处存在违反船舶检验规定进行检验发证、收受贿赂、内部管理松懈等问题。针对以上问题,中国海事局对黄石船检处进行了记分及限制海船检验发证权处理,同时注销相关验船师的证书。

2008 年,中国海事局受理和查处各类船检举报案件 20 起,查处船检机构 5 家、处理验船人员 15 名,其中暂停内河船检机构资质 2 家,暂停海船船检机构资质 6 家,印发全国性通报 3 次。

2009 年 9 月,中国海事局对黄石检验处违规违纪进行船舶检验问题进行了通报。

第七节　船舶检验业务的发展

2002 年,世界经济开始复苏,国际国内贸易规模和航运物流量大幅增长,航运市场呈现出一派的繁荣景象,船舶市场乃至新船需求量激增,中国造船业得以迅速发展。

20 世纪 80 年代初期,中国造船年完工量不足百万吨,占世界造船份额的 0.8%。2000 年,中国造船完工量224万吨，占世界造船份额的5%—6%。到2010年，中国造船业再创辉煌，当年造船完工量达到6560万吨，新接订单7523万吨，手持订单达19590万吨，3项指标首次全面超过韩国，居世界首位。其中，中船工业集团和中船重工集团两大国有造船企业继续领军行业发展；国有大型航运企业也开始进军造船业；同时，地方造船尤其是江苏、浙江、山东地区的民营造船企业迅速崛起，形成中国造船工业的三大主力板块。中国造船业通过十多年的不懈努力，规模总量大幅跃升，产品结构优化升级，造船效率明显提高，发展速度让业界瞩目。在这个时期，我国船舶检验业务取得了跨越式发展。

一、中国船级社业务的发展

在21世纪的最初十几年中，中国迅猛发展的经济形势呈现出巨大活力，成为拉动全球经济的引擎，航运业和造船业也因此迎来了空前的发展机遇。此时，刚刚进行的船检体制改革给中国船级社的发展与进步提供了客观条件，全体员工奋发努力，全面提升技术与科研能力，始终不渝地坚持其于1993年建立起的质量体系的持续改进和有效运行，使船舶检验质量和客户服务水平不断提高，检验船舶类型和品质逐步向大型化、高技术、高附加值扩展，入级船队规模得到大幅增长，服务网点快速建设，港口国检查（PSC）记录逐年改善，树立了新时期CCS船级的质量品牌和市场价值。

中国船级社在开拓市场过程中大力加强客户服务，特别是从2007年开始，实行了大客户战略，进一步加强了与造船、航运、物流、保险、金融、钢铁、能源等重点服务领域大客户的战略合作。

中国船级社与中远集团、中海集团、中外运长航集团、河北远洋等传统船东大客户建立和保持战略合作关系，同时积极拓展新的船东客户资源，争取到了广东蓝粤、大唐航运、大新华物流、天津中通、福建东方远洋控股、深圳光汇石油等新的船东类客户，并且争取到这些客户订购的一大批有影响的新造船入CCS船级。特别是与河北远洋签订了16艘我国自主设计的18万吨散货船造船检验合同，共288万吨，总金额达11亿美元，标志着中国船级社在散货船领域的技术和市场领先地位初步确立。

中国船级社继续加强和巩固与南北两大造船集团及所属船厂、中远船务、中海工业、中外运长航集团所属船厂，尤其是具有一定发展潜力的地方骨干船厂的沟通与交流，还争取到了大洋船厂、扬帆船厂、武家嘴船厂、科进船厂、大连STX船厂、浙江正和等新的船厂类客户，并先后与中船重工集团、中船工业集团、中交建集团、振华港机集团、中远船务、大新华物流、金海湾船业、中国船舶产业投资基金签署了战略合作协议。

中国船级社与中国进出口银行、中国银行、中国工商银行、国家开发银行等国家主要金融机构进行战略合作，共同为航运业、船舶制造业及相关配套行业发展搭建了船舶融资平台。如：中国工商银行为华能集团出资，在中船工业集团澄西船厂建造12艘散货船，项目总金额53亿元，其中8艘为5.3万吨散货船，“工银1”是这8艘散货船中的第一艘，入CCS船级。“工银1”的诞生，是中国工商银行、中船集团、华能集团、中国船级社4家合作的成果，标志着国内金融机构以创新方式全力支持我国航运业和造船业的发展，拉开了金融、造船、船检、能源运输业合作的序幕。

中国船级社继续推进产业链上下游资源的协作，2010年5月7日，与鞍山钢铁集团签署了战略合作协议。同年9月20日，中国船级社与重庆钢铁集团签署战略合作协议，根据协议，中国船级社与重庆钢铁集团将在材料、产品、认证等多方面开展合作，不断扩大合作领域，实行成果共享。

1999年，中国船级社入级船舶的总艘数仅为1746艘、1445万总吨，平均船龄14年。1999年增加建造入级船舶40艘、36.3万总吨。增加初次入级船舶71艘、61.7万总吨。与此同时，退出CCS船级船舶合计217艘、169万总吨。1999年度中国船级社入级船舶总吨位比1998年减少了71

万总吨。此次下降的主要原因有:1998年发生了亚洲金融危机,海上运输陷入前所未有的低潮期,航运的不景气导致船东将大量的入级船舶转为国内航行船舶,或卖掉拆船;中远集团和中海集团进行结构上的重大调整,在船队结构整合过程中将老旧船舶卖出,造成中国船级社入级船舶总吨位下降;中国船级社针对CCS级船舶港口国滞留率仍居高不下的现象,采取切实有效的措施,将达不到中国船级社技术要求或拒绝按中国船级社要求进行修理的船舶进行彻底清理;另外,改革开放后,外国船级社纷纷涌入中国这个庞大的船舶检验市场,想尽一切办法争取更多的份额,这也是中国船级社入级船舶总吨位下滑的一个重要原因。

从中国船级社入级船舶的船型结构来看,散货船是入级船舶的主力船型。1999年建造的入级船舶中,杂货船占32.4%,散货船占29.5%,集装箱船占11%,油船占8.9%。建造入级船舶量较大的仍然是杂货船,其次是散货船,集装箱船已跃升至第三位。

2000年,中国船级社开始对入级船队中的低于标准的船舶进行大规模的清理行动,并首次下发了内部低于标准船黑名单。各检验单位在这场清理工作中,把163艘、91.5万总吨低于标准的船舶清理出中国船级社入级船队。从表面上看中国船级社的入级船队在不断减小,取消船级的船舶艘数多于建造入级和初次入级的总艘数,但实际上这项工作清理的多是一些小型船舶公司或单船公司的小船。在进行清理的同时,中国船级社也在争取质量好、船龄小的新船转入CCS船级,所以中国船级社入级船舶的总吨位整体呈现上升势头。如:2000年3艘中远集团1997年建造的散货船由ABS船级转入CCS船级,接着中远集团又将一艘1999年建造的ABS船级散货船转入CCS船级。中远集团将一艘2000年建造的BV船级17万吨散货船及一艘1997年建造的LR船级2.7万吨散货船转入CCS船级。如此多的高质量新船转入CCS船级,使得中国船级社更有决心将低于标准船及具有重大潜在隐患的船舶从中国船级社入级船队中清理出去,促使港口国滞留率得以好转。

2000年底,CCS船级船舶为1654艘、1437万总吨,比上年减少92艘,但总吨位持平,船队平均船龄降至14.13年,其中普通货船占入级船队艘数26%,总吨位的18.2%;散货船占船队艘数的13.7%,总吨位的41.8%;集装箱船占船队艘数的11.5%、总吨位的15.7%;油船占船队艘数的9.9%,总吨位的12.7%;客船占船队艘数的4.5%,总吨位的0.7%;工程船占船队艘数的5.6%,总吨位的2.2%;拖船及驳船占船队艘数的12.5%,总吨位的2%;其他船舶占船队艘数的16.3%,总吨位的6.7%。

2001年底,CCS级船舶为1650艘、1502万总吨,平均船龄14.5年,总吨位比2000年增加了4.5%。其中,占CCS级船队总艘数31.7%、总吨位26.5%的21年以上船龄的船舶,随着国际航运的变化和环境保护要求的提高,逐渐退出国际航线,CCS级船队的船龄更加年轻化。船队的船型、船龄、吨位的构成皆发生了一些变化,非中国旗CCS级船舶的比例呈上升趋势。

2002年,CCS级船舶总量保持1660艘、1601万总吨的规模,平均船龄14.5年。CCS级船队闯过了徘徊7年的1500万总吨大关,达1601万总吨,非中国旗船舶的比例达到了CCS级船舶总艘数的25%、总吨位的34%,明显地加快了CCS级船队的国际化进程。

中国船级社为了确保CCS级船舶的安全质量,加强了船级和检验管理,严格依据中国船级社规范执行新建船舶的建造入级检验,并严格按照IACS的转级协议对转级船舶进行初次入级检验。在营运船舶检验中相继取消140艘船舶的船级,达104万总吨。全年完成建造入级船舶62艘、计82万总吨;初次入级船舶89艘、127.6万总吨。随着VCBP计划的深入实施,开始有一批特种、新型、高附加值的新建船舶陆续加入CCS船级,逐步改变着CCS船队的船型构成和技术含量,其中包括17.5万吨散货船、29.9万吨超大型油船、1.8万吨半潜式运输船等诸多新型船舶,大大提高了CCS船队的现代船型构成。

2003年,中国船级社新增入级船舶140艘、195.5万总吨。入级船舶艘数和吨位稳步增长,截至2003

年底总量达到了1706艘,1718万总吨。与2002年相比,船舶艘数增长了2.8%,吨位增长了7.3%,大型船舶增加明显,平均船龄逐年下降。从船型构成来看,油船、散货船、集装箱船三大主力船型占入级船舶艘数的36.9%,总吨位的76.5%。

2004年,中国船级社国际航行入级船舶艘数和吨位大幅增长,新增入级船舶195艘、236万总吨,船舶总量达到1801艘、1919万总吨,大型船舶增加明显,低船龄船舶比率不断增长,船型结构发生了新的变化。油船、散货船、集装箱船三大主力船型占入级船舶艘数的39.5%,总吨位的78%。与上一年相比:油船艘数增加了37.3%,总吨位增加了28.2%;集装箱船艘数增加了2.1%,总吨位增加了13.5%。通过这些数字,可以明显看出在CCS级船队中,油船和集装箱船的大型化发展趋势。从船旗国构成来看,非中国旗船舶达到430艘、652万总吨,显示出CCS入级船队进一步向国际化发展。另有国内航行入级船舶194艘、49万总吨。

2005年,中国船级社国际航行入级船舶总量达到1870艘、2206万总吨。与上一年相比:船舶艘数增长了3.8%,总吨位增长了15%,平均船龄下降。仅用3年时间,CCS级船队又突破2000万总吨大关。油船、集装箱船和散货船三大主力船型占船舶总艘数的40.9%,总吨位的79.3%,与上一年相比,油船艘数增长了9%,总吨位增长了22.5%;散货船艘数增长了8%,总吨位增长了14.2%;集装箱船艘数增长了4.2%,总吨位增长了17.8%。中国船级社入级船队的结构继续得到改善。另有国内航行入级船舶171艘、76万总吨。

2006年,中国船级社国际航行入级船舶达到1892艘、2393万总吨,比上一年增加187万总吨。油船、散货船、集装箱船三大主力船型占入级船舶艘数的41.1%,总吨位的78.7%,非中国旗船舶的吨位占总吨位的37%。另有国内航行入级船舶625艘、240万总吨。

2007年,中国船级社国际航行入级船舶增加171万总吨,入级船队总量达1973艘、2564万总吨,平均船龄14.6年,非中国旗船舶的吨位占总吨位的35.4%。新增造船订单1413万总吨,手持订单达到2135万总吨,占中国船级社现有入级船舶总吨位的83.3%。订单总量占国内市场份额为22.4%,创历史新高。新造船订单趋向大型化,一大批高技术、高附加值的主流船舶加入CCS船级,包括8艘30万吨级和6艘23万吨级超大型矿砂船、12艘30万吨级超大型油船、13艘超大型集装箱船,共459艘船舶将加入CCS船级。另有国内航行入级船舶881艘、329万总吨。

2008年,中国船级社入级船舶保持快速增长势头,国际航行入级船舶总艘数达2077艘、2907万总吨,比上年增加343万总吨,平均船龄14年,其中非中国旗船舶达1139.5万总吨,首次突破1000万总吨。另有国内航行入级船舶1006艘、417万总吨。

2009年,中国船级社国际航行入级船舶2282艘、3445万总吨,平均船龄为12.7年,比2008年下降1.3年,其中非中国旗船舶为1343.8万总吨,比上年增加204.3万总吨。由中国船级社检验的国内自主创新设计的满足共同规范及最新环保要求的18万吨散货船成功交付,同时获得同型船舶10艘建造检验订单;30万吨级超大型油船、29万吨级超大型矿砂船、14.7万立方米液化气船和8530 TEU集装箱船等系列船舶成功交付,这些均提升了中国船级社在油船、散货船、集装箱船三大主流船型检验领域的实力,实现了中国船级社从以检验营运船舶为主的船级社,向以检验建造船舶为主的船级社成功转变。国内航行入级船舶突破1000艘及500万总吨。

2010年,中国船级社国际航行入级船舶达到2485艘、4273万总吨,平均船龄11.5年,其中非中国旗船舶占总吨位的40.6%,国际航行入级船舶突破4000万总吨大关。

十年来,尽管船舶检验市场风云变幻,但中国船级社发展势头始终不减,走过了建社以来成长最快的时期,国际航行入级船舶比2000年增加了近两倍,入级船舶总量为5000万总吨,检验船舶总量达6000

万总吨,具体检验统计见表 7-9。

中国船级社船舶检验统计表(1999—2010 年)　　表 7-9

年　份	入　级		船　舶		国内航行船舶	
	国际航行		国内航行			
	艘数	总吨	艘数	总吨	艘数	总吨
1999	1746	1445	—	—	—	—
2000	1654	1437	—	—	13901	955
2001	1650	1502	—	—	8489	915
2002	1660	1601	—	—	7672	904
2003	1706	1718	—	—	8154	962
2004	1801	1919	194	49	8119	978
2005	1870	2206	171	76	8067	1000
2006	1892	2393	625	240	7757	934
2007	1973	2564	881	329	8352	964
2008	2077	2907	1006	417	8312	976
2009	2282	3445	1180	578	8249	995
2010	2485	4273 万	1427	776 万	7722	961 万

(一)新建船舶入级检验业务实现历史性增长

进入 21 世纪,我国造船工业迎来迅猛发展的大好形势,为中国船级社提供了难得的发展机遇。这期间,一大批超大型、高技术、高附加值船舶入 CCS 船级,新造船入级吨位逐年增加。到 2010 年,创造了当年完成建造入级检验 1000 万总吨的历史性纪录。我国航运船队大量更新和造船规模的扩大为中国船级社的新建船舶入级业务发展奠定了良好的增长基础。

1.全面改革船舶审图业务管理模式

(1)大力开发审图计算软件,提升科技含量

1999 年,中国船级社开发的《海虹之彩》系统(船体结构安全解决方案大型软件系统)向客户推出使用,收到很好的效果。船舶强度直接计算方法研究、综合安全评估应用研究和疲劳强度评估研究已形成指导性文件公布。

2003 年,在《海虹之彩》二期研究中,中国船级社主要完成了大型散货船、油船、集装箱船的外载荷确定方法、强度与疲劳计算、强度标准、规范设计与计算以及系统数据库建设;编写了中国第一版自主知识产权的《油船船体结构强度直接计算分析指南》《散货船船体结构强度直接计算分析指南》和《船体结构疲劳强度指南》。同时,形成了配套的《海虹之彩》软件系统,为中国大型船舶结构设计和强度分析校核提供理论、方法和手段。

2004 年,审图计算和规范科研工作在“满足需求、适当超前”的目标指引下,通过重点项目 VCBP 计划的实施,中国船级社不断提升运用自己规范和计算软件解决大型船舶中一些重大技术问题的能力。中国船级社开发的拥有自主知识产权的船舶计算系统 COMPASS-海船规范计算系统(RULES),包括船舶结构计算子系统、船舶性能计算子系统、船舶轴系计算子系统和船舶电气计算子系统。该系统在船舶审图、规范研究、辅助设计、航运安全评估等技术工作中得到了广泛应用,先后成功用于大型油船、集装箱船、散货船等上千艘船舶的分析计算和安全评估工作,解决了大量的船舶设计和船舶营运中产生的技术问题。

2006年,开发完成的中国船级社自主知识产权的CSR软件,得到了船舶设计单位和船厂的好评。采用CSR设计的入CCS船级的54500吨散货船开工建造,标志着"新"散货船时代的来临,展示了中国船级社在散货船规范标准、审图和新造船检验上的实力。

2008年,由我国自行设计、采用中国船级社自主研发COMPASS-CSR软件制造的18万吨散货船项目获得成功,在50艘18万吨散货船订单中,有40艘船舶入CCS船级,成为我国造船、航运、船检、金融等行业精诚合作、实现共赢、共同推进民族工业发展的典范。中国船级社通过对6个油船和6个散货船重点船型以及关键共性技术的开发,形成了共同规范船型的核心设计技术。2008年,中国船级社审图中心船舶审图吨位与收入达到了历史新高,先后承担了"河北远洋"系列、"秦发"系列、"大庆"系列、"天盛"系列、"好"字系列等40多个重大审图项目,顺利通过IACS对中国船级社实船审图垂直合同审核的验证,扩大了船舶审图、方案评估方面的技术优势,获得中国船级社的"船舶与海上设施设计单位评估证明";通过采取多种形式与其他船级社进行船型、审图技术及管理模式的交流和研讨,为中国船级社审图流程的优化设计提供了新思路;以船型评估认可为核心,卓有成效地开展了合同前、合同中和建造后服务,对市场的争取与拓展起到推进作用,提升了中国船级社的服务水平和形象。

2010年,中国船级社按照"以规范科研为核心,以审图计算、现场检验和试验检测为重点,面向市场、面向生产一线"的规范科研方针,对照国际先进安全衡准要求,开展超大型船舶结构安全与强度技术标准的应用理论研究。通过实船计算、试验和营运船舶反馈验证方式,中国船级社在散货船和油船等船型上建立起与国际接轨、并充分结合GBS和HCSR要求的规范自主研发体系,为我国船舶结构设计研究、船型开发、船舶审图等提供了强有力的技术支持。

(2)建立并强化船舶审图机构资质管理机制

2010年,中国船级社为加强对各审图机构的规范管理,由技术处对全系统审图机构进行了资质评定,分类如下:①中国船级社审图中心、武汉审图中心、大连审图中心和广州审图中心为A类资质,可从事包括国际航行船舶在内的所有审图业务;②上海、天津、江苏、福州、广州、重庆、武汉分社共计7个审图部为C类资质,可从事国内航行船舶(100客及以上的"四客一危"船舶除外)的审图业务;③青岛分社审图部为D类资质,可从事包括船长小于90米国内航行船舶(100客及以上的"四客一危"船舶除外)的审图业务。

国内审图部对超过各自审图业务范围项目的承接,需上报中国船级社技术处,待其同意后方可开展审图业务。

(3)改革与优化审图管理模式

中国船级社审图中心重组后,为适应新造船业务的快速增长,大力推进审图项目特别是重大项目审图管理模式的改革,推行国际航行船舶审图项目的"三位一体"管理模式。"三位一体"管理模式是指审图中心、审图部门和审图人员3个层面明确分工、各司其职,做到每个项目有预约、有计划、有重点、有措施、有跟踪监督。审图中心层面,制定"首制船审图进度控制表",实现全中心"一盘棋";部门层面,各部门为每个项目制定详细的"审图项目进度控制表",按专业模块以"派工单"的形式指派审图人员;审图人员层面,各审图人员根据"派工单"指派,确定在审图纸项目的退图时间节点表,并根据调度会的要求调整项目和进度,接受审图中心考核。

中国船级社审图中心在创建"三位一体"管理模式中,做了大量的基础性工作:①制定国际航行船舶各船型审图标准工时,为实施精细化管理、审图计划合理安排、量化考核、审图收费标准的调整等打下了基础。②结合船舶审图标准工时,将各专业图纸进行模块化分类,制定了与船舶建造节点相匹配的图纸送退审节点控制表,有效控制了船舶设计和审图质量风险。③制定《船舶审图项目经理制管理规定》,通过实施审图项目经理制,加强与客户沟通,增强审图和检验现场之间的协调,实现与设计单位、船厂、船东、检验现场的无缝连接。④完善评审制度,强化审图评审,从源头上把好审图质量关。⑤建立生产调度例会制度,按计划督办各项任务的进度,检查各项工作落实情况,加强过程监控和协调,做到审图项目有计划、有布置、有协调,加强各部门间的联动与配合,强化各部门的执行力。

(4)推行船舶审图专业模块化、手段电子化

审图作为船舶检验的第一关,对审图验船师的专业知识和业务技能要求较高,将审图工作进行适当的专业划分,有利于审图验船师更深入、系统地掌握本专业的规范、法规要求,提高审图效率。通常一个船舶审图项目划分为船体、轮机、电气专业,每个专业可根据船型或船舶大小等需要再细化为若干模块,如船体专业的结构规范、直接计算、性能计算、舾装、法定要求等模块,轮机专业通常将图纸审核和轴系计算分开,电气专业一般不做细分。中国船级社审图中心的专业模块划分最为具体,除常规的结构、稳性、法定要求和直接计算模块根据需要独立指派外,还对船上起重机部分进行独立指派。

实现电脑审图是中国船级社审图模式的重大转变。21 世纪初,随着网络电子技术的迅速发展,逐步开始出现电脑审图。中国船级社电脑审图是通过电脑审图系统(ePAS 系统)实现审图管理从申请、评审、图纸提交、登记、工作指派、审图、盖章、退审、意见落实、归档等过程的全流程电子化,同时也实现了审图项目退审进度的计划、监控、协调的电子化管理。中国船级社审图中心率先试点,从 2010 年 6 月起实行了电脑审图。电脑审图在减少图纸和信息传递时间、实现图纸送审和退审信息同步对称、缩短审图周期等方面优势明显。随后,中国船级社在全系统审图机构中推广和应用电脑审图,从而提高审图效率和服务水平。

(5)建立船舶设计公司资质认可机制和评价体系

自 21 世纪初以来,在世界造船业迅猛发展的形势下,中国民营船厂异军突起,民营船舶设计公司也在短短几年内如雨后春笋般涌现,其数量之多、速度之快,令造船界惊叹。民营船舶设计公司成为中国造船领域不能忽视的新生设计力量。这些快速出现的船舶设计公司,初始阶段因人力物力和相关基础资源薄弱等诸多原因,难免鱼龙混杂,设计质量参差不齐,而伴随造船市场的需求量激增,船舶设计业竞争迅速白热化,对船舶设计质量产生了极大地冲击。

面对造船市场需求激增,中国船级社的审图工作量大幅增加。送审图纸的质量低下,加大了潜在的风险,延长了审图周期,给审图人员带来了巨大的压力。如何突破这个瓶颈,以适应中国造船业蓬勃发展的形势,保证船舶安全与质量,成为当时各审图中心面临的一个重大挑战。

2007 年,为了更好地改进审图服务,提高审图工作效率,促进船舶和海上设施设计单位提高送审设计项目的设计质量,基于为行业服务的原则,中国船级社审图中心推出了被誉为船舶设计“红绿灯”通道的“船舶设计单位评价体系”,为船舶设计单位能力地提升提供全方位的解决方案。所谓绿灯,即为行业内优秀者提供更便利的审图通过方案,在时间和费用上给予优惠待遇;而所谓红灯,是高度关注这个企业的设计质量,并为其提供改进方案,促其改进与提高,使其进入良性发展轨道。对设计单位的评估由基本条件评估、送审设计项目评估、送审图纸设计质量监控等 3 部分组成。

2008 年,上海佳豪船舶设计公司率先获得中国船级社“船舶设计单位评价体系”评估。该公司是一家民营船舶设计公司,在该公司登记的技术转让和技术开发合同,遥遥领先于其他民营船舶设计公司。该公司成为第一个获得中国船级社评估的企业,这为更多的设计公司加入绿色通道起到了示范作用。

2.大力拓展新船建造入级业务

中国船级社进入国际市场与西方船级社同台竞技,与有着 200 多年厚重积淀的西方老牌船级社相比,属于国际船级社协会中的新军,规范科研能力和检验能力与国际先进水平差距显著,这对于年轻的中

国船级社而言,可谓压力巨大。因此,不借助超常发展路径难以实现跨越式发展。对此,中国船级社在1999年提出了VCBP计划,VCBP计划的实施缩小了与国际先进船级社间的差距,提升了中国船级社的整体水平。

VCBP计划为中国船级社打开了通向高技术、高附加值船舶检验的大门,一大批高技术、高附加值船舶的成功建造增强了中国船级社品牌影响力。这其中包括我国自主研发生产的第一艘2000车位汽车滚装船“长吉隆”,国内第一艘拥有自主知识产权的超大型油船“长江之珠”,我国自主设计建造的8530 TEU集装箱船“新非洲”,我国第一艘2万吨半潜式运输船等一大批高技术、高附加值船舶入CCS船级。其中,8530 TEU集装箱船“新非洲”光荣地担负了海峡两岸直航的海上首航任务。此外,我国建造的首艘液化气船“大鹏昊”和首艘10000 TEU集装箱船“中远大洋洲”交付使用,成为中国船级社入级船队的又一亮点。

与此同时,中国船级社还加强了与业界的联合攻关。从2001年中国造船工程学会在北京召开第一次“船型优化座谈会”开始,到2002年8月召开了“优选型散货船座谈会”为止,经过两年的酝酿和努力,中国船级社于2003年1月正式启动了OBC项目。

OBC项目的技术研究,体现了开发的船型应满足5个方面“优选”要求:即船舶的完整性、使用性、维护性、环保性要求和船员逃生与健康性要求,这比当时有些“绿色”概念船舶的要求更严格、技术内涵更广泛;在科研项目成果方面,这一技术研究使我国在国际同类产品的开发中走向世界前列。该项目研究开发了安全、环保、经济的新一代双舷侧结构大型散货船系列船型,包括5万吨灵便型、7.5万吨巴拿马型、9万吨巴拿马型和17.4万吨好望角型等4型大型散货船。这些船型拥有原创性的自主知识产权,满足IMO在2008年以前生效的最新要求,并为我国后续的船舶开发奠定了技术基础。2003年8月28日,具有原创性自主知识产权、符合最新国际技术标准的优选型双舷侧结构大型散货船船型设计正式推出,为日后进入造船高峰时中国造船企业争取更多订单起到了至关重要的作用。OBC项目的成功运作,表明我国在散货船研发中把握住了国际船东需求和船舶设计理念的发展趋势,提出了一些新的设计理念和标准,所设计、建造的船舶得到了国际航运界的认可与好评,同时也表明我国的船舶设计和建造水平达到了一个新的高度。在这个项目中,中国船级社全面参与,并且在技术上起了主导作用。

在1999年之前,中国船级社建造入级检验的最大油船仅为6.5万吨级。为适应船舶市场主力船型大型化、高技术化发展需要,中国船级社在1999年12月23日开始启动VCBP研究计划。2002年开始中国船级社对我国建造的17.5万吨级绿色环保好望角型大型散货船、30万吨级双重船级超大型油船、5668TEU大型集装箱船、1.8万吨级半潜式运输船、大型海峡渡船进行建造入级检验;2003年再度实施VCBP二期研究,推进中国船级社有关大型船舶、超大型船舶建造入级检验技术发展,开始对57300吨灵便型散货船、15.9万吨级原油船、1600米长车道豪华高速滚装船“威斯比”(Visby)进行建造入级检验;2004年开始对改装的23万吨级超大型矿砂船进行初次入级检验,对11万吨级成品油/原油船、16万吨级苏伊士型原油船进行建造入级检验;2005年开始对600 TEU多用途集装箱船、3200立方米LPG船、147210立方米大型LNG船、1026客位大型客滚船、13500立方米自航耙吸式挖泥船、4000吨全回转起重船进行建造入级检验;2006年开始对第一艘按共同规范设计建造的54500吨散货船进行建造入级检验;2007年开始对按共同规范设计建造的18万吨级好望角型散货船进行建造入级检验;2010年开始对3000米深水铺管起重船进行建造入级检验。

1999年,中国船级社检验的典型建造入级船舶有大连造船新厂建造的79480总吨散货船“天丽海”、江南造船集团和湘江船厂联合建造的2000立方米液化气船“海芝”、广州文冲船厂建造的22296吨普通货船“乐荣”和“乐山”、渤海造船厂建造的3.7万吨油船“大庆439”、武昌造船厂建造的2000立方米液化气船“天恩 1001”。

2000 年,中国船级社检验的建造入级船舶有普通货船 8 艘、散货船 2 艘、多用途货船 3 艘、集装箱船 7 艘、油船 5 艘、化学品船 2 艘、液化气船 4 艘、其他类型船舶 15 艘。典型的建造入级船舶有 66094 吨油船“吉利湖”、68404 吨油船“班公湖”,29161 吨普通货船“乐宜”“乐里”、22278 吨普通货船“乐同”、74825 吨散货船“永欢”、1700 TEU 集装箱船“飞云河”、1894 吨挖泥船“珠电浚 1”等。

2001 年,随着 VCBP 计划的实施,外部市场环境也发生积极地变化。我国原油进口大量增加,单壳油船随着《MARPOL 73/78 公约》附则 I 第 13G 条的实施逐步淘汰,油船的新造船订单开始上升。鉴于我国南方地区能源需求的上升,主管当局从船舶安全考虑提出了 LPG 船入级的强制要求,CCS 船级 LPG 船及 LNG 船开始有所增加。同时由于“四区一线”(渤海水域、舟山水域、琼州海峡、三峡库区以及长江沿线)客滚船安全整顿,老龄客滚船逐步退役。这些因素使得 CCS 船级新造船订单开始上升,建造入级船舶开始向大型化发展。2 月 16 日,中国船级社大连分社与中海集团、大连新船重工签订了建造检验服务协议。中海集团在大连新船重工建造 4 艘 5668TEU 集装箱船,入 CCS 船级,建造入级检验由大连分社执行。这是当时我国船厂建造的最大的集装箱船。

2001 年,新入级以及在建和合同中的新造船 238 艘、256.3 万吨中,出现了 30 万吨级油船、5668TEU 集装箱船、15.9 万吨级油船、17.5 万吨级散货船、1.2 万立方米挖泥船等一大批当时比较先进的高附加值船舶,这一情况大大改善了 CCS 级船队的结构和技术状况。当年完成建造入级检验的典型船舶有广州广船国际建造的 29161 吨多用途货船“乐和”及 40643 吨油船“华海 5”、沪东中华造船集团建造的 74500 吨散货船“德惠海”、上海船厂建造的 50457 吨散货船“大鹏海”、大连造船厂建造的 46000 吨成品油船“大庆 452”、南京金陵船厂建造的 2308 总吨的近海供应船“滨海 255”、广州文冲船厂建造的 1973 总吨耙吸式挖泥船“航浚 18”、烟台莱佛士船业有限公司建造的 34384 总吨大型起重铺管船“蓝疆”(总长 157.5 米,型宽 48 米,起重能力为 3800 吨,可在 150 米水深进行起重和铺管作业)。

2002 年,中国船级社在提升规范技术、提高服务质量中吸引了大批船舶选择 CCS 船级。随着 VCBP 计划的不断深化,开始有一批特种、新型、高附加值的船舶加入 CCS 船级,如 6500 HP 多功能守护船、7 万吨级散货船、3450 吨起重能力的起重铺管船和 5689 吨粤海火车渡船等。这一局面极大地改善了船型结构和技术含量。

2002 年 3 月,中国自行设计由渤海船舶重工为中远集团建造的 3 艘 15.9 万吨油船,由中国船级社上海审图中心负责审图工作。为保证该船建造、检验工作能顺利进行,上海审图中心派出 6 位专家在渤海船舶重工进行技术交底,详细介绍了该船的审图情况,提出了现场施工、检验等方面应注意的事项。这是中国船级社为客户提供合同前和合同中服务的一次有益尝试,船厂、船东、现场验船师对上海审图中心主动走进用户进行技术指导、提供优质服务的新做法给予充分肯定。

2002 年 6 月 27 日,中海集团在国内建造的两艘 11 万吨级成品油/原油船建造合同在大连新船重工签字。该型船舶第一次入 CCS 船级。中国船级社、上海审图中心及大连分社等单位为合同签署做了大量的前期开拓、合同前服务和合同中的准备工作。

2002 年 12 月,我国自行设计、建造的第一艘 17860 吨半潜式运输船“泰安口”由广州广船国际建造完工。该船船东是中远集团,由中国船级社广州分社检验发证。“泰安口”总长 156 米,有 32×126 米装货平台,可下潜 19 米,通过下潜装上大型货物,享有“海上叉车”美称。该船也可作为码头使用,适用于不能进港的大型船舶靠泊装卸货物。

12 月 5 日,我国第一艘跨海火车渡船“粤海铁 1 号”交船,由 708 所设计,江南造船集团建造,中国船级社上海分社检验发证。渡船上有 4 组铁轨,一次可载节长 14 米的货车 40 节或节长 26.5 米的客车 18

节，并能同时装载汽车50辆、旅客1360人。渡船能在8级大风中安全航行，配有垂直撤离装置和斜滑道，当出现危险时旅客能以最快速度撤离。

12月20日，国轮国造的第一艘30万吨级超大型油船“远大湖”在南通交船，船东为中远集团大连远洋运输公司。该船按照CCS和DNV两个船级社规范设计、制造，入CCS及DNV船级。该船总长333米，型宽60米，型深29.3米，设计吃水18.68米，服务航速15.9节。

2002年完成典型的建造入级船舶还有渤海船舶重工建造的45773吨油船“大庆453”、江南造船集团建造的73937吨散货船“莲花峰”、上海造船厂建造的50465吨“大亚海”、荷兰IHC挖泥船公司建造的14091总吨耙吸式挖泥船“新海龙”。

2003年，中国船级社检验建造入级船舶78艘，合计362.8万总吨，油船、散货船和集装箱船成了建造入级船型的主角，3种船型合计占建造入级艘数的35.8%、吨位的86.7%，其中集装箱船的吨位占到了42.5%，非中国旗船舶的吨位占21%。新建船舶的加盟，明显改变了中国船级社入级船队的结构。这一年，加快了大型集装箱船和超大型油船的入级增长速度，其中包括5668TEU集装箱船、4100 TEU集装箱船、17.5万吨级绿色环保好望角型散货船、30万吨级油船、15.9万吨级原油船、11万吨级原油/成品油船等。同时，另有16000吨客滚船、5000立方米自航耙吸式挖泥船等新型船舶陆续加入中国船级社入级船队。

2003年1月20日，中海集团客轮有限公司和江南造船集团在上海签订建造合同，建造2艘16000吨客滚船，用于渤海水域老旧客滚船的更新换代。船舶总长137米，型宽23.40米，设计航速19节，载客1500人，入CCS船级，由中国船级社上海分社检验发证。该船投入营运标志着渤海水域客滚运输船队，从主要使用进口二手船时代跨入使用自主设计建造的新式大型客滚船时代。

2003年2月19日，中国船级社上海分社完成了沪东中华造船集团为中海集团建造的CCS船级5668TEU大型集装箱船“新浦东”的建造入级检验。2月23日，中国船级社大连分社完成了大连新船重工为中海集团建造的5668TEU大型集装箱船“新大连”的建造入级检验。“新大连”总长279.9米，型宽40.3米，型深24.1米，主机功率54840千瓦，满载航速26节。“新浦东”、“新大连”是当时国内集装箱船中装箱量最大、航速最快、技术性能最先进的集装箱船，标志着我国已具备设计建造第六代超巴拿马型集装箱船这一高附加值船型的能力和水平。2月24日和6月18日，大连新船重工为中海集团建造的“新大连”的姊妹船“新天津”和第3艘5668TEU大型集装箱船“新连云港”分别在大连命名下水。

2003年7月，由长航集团自行研制、建造的5000吨级货船“长通海”是国内最大的江海直达货船。该船由中国船级社武汉分社检验发证。

同年10月9日，上海船舶研究设计院自主研发设计的6500 HP油田守护船顺利交船。该船船东为中海油船舶有限公司，芜湖造船厂建造，由中国船级社南京分社检验发证。该船设有艏艉侧推装置和先进的二级动力定位系统等，总体性能达到国际同类型船的先进水平。同月，上海外高桥造船为中远集团散货运输有限公司制造的绿色环保好望角型17.5万吨级散货船“新旺海”由中国船级社上海分社检验发证。该船总长289米，型宽45米，型深24.55米，航速15节。同年12月，南通中远川崎船厂为大连海昌集团建造30万吨级超大型油船“SEA FORTUNE”，入CCS及DNV双重船级，由中国船级社大连及南京分社完成检验发证。

12月12日，大连新船重工为中海集团集装箱运输有限公司建造9艘4250 TEU集装箱船合同也一锤定音。9艘船均入CCS船级，这是中国船级社与国内造船业和航运业密切合作的新成果。

2003年完成典型的建造入级检验船舶还有16万吨级原油船“大明湖”、4.2万吨级油船“盛池”、4100 TEU集装箱船“新重庆”、17860吨半潜式运输船“康盛口”、跨海火车渡船“粤海铁2号”、2338总吨近海拖供消防三用船“胜利291”、耙吸式挖泥船“航浚21”等。

2004年,中国船级社入级船队增加新建船舶109艘、127万总吨,油船、散货船、集装箱船合计占建造入级艘数的55%、吨位的86.6%,其中集装箱船的吨位占33.1%。

2004年6月,我国首艘3000吨级巡逻船“海巡31”顺利下水。这是广州广船国际为中国海事局建造的当时吨位最大、装备最先进的海上巡逻船,配有舰载直升机,可形成海、空立体海上巡逻。该船总长112.6米,最大航速22节,续航力为6000海里,由中国船级社广州分社检验发证。6月6日,大连新船重工为中海集团建造的11万吨级成品/原油船首制船“柳林湾”顺利交船。该船总长233米,型宽42米,型深22.2米,由中国船级社大连分社检验发证。

2004年7月22日,30万吨级超大型油船“新金洋”在大连出坞。该船是大连新船重工为中海集团发展股份有限公司油轮公司建造的超大型油船,中国船级社大连分社参加检验,入CCS及DNV双重船级。12月,国内最先进的5800立方米自航耙吸式挖泥船“神华浚1”顺利交船。该船总长113.8米,最大挖泥深度为26米。该船有复合驱动动力装置、疏浚设备和疏浚控制与监测系统,由沪东中华造船集团总承包,708所、德国VOSTA-LMG公司三家联合按BV规范设计,为中国神华集团黄骅港港口建设有限公司建造,由中国船级社上海分社审图、检验、发证。

当年完成建造入级检验的典型船舶还有30万吨级原油船“新金洋”、16万吨级原油船“大源湖”、11万吨级原油船“榆林湾”、5668TEU集装箱船“新天津”、17万吨级散货船“新发海”、6万吨级散货船“嘉信山”、1331总吨辅助船“胜海8”、导管架下水驳船“海洋石油221”等。

2004年,中国船级社开展了单壳油船改造为专用矿砂船的检验业务。国际海事组织2003年通过了有关加速淘汰单壳油船的修正案,营运中的单壳油船面临被拆解的命运。当时,大型矿砂船市场异常坚挺,且我国对铁矿砂的需求增幅尤为迅猛。河北远洋公司向中国船级社提出,采用大型单壳油船改造为专用矿砂船的大胆设想,而当时在国际航运造船界尚无此先例。为此,中国船级社做了全面的调研和技术评估,并于2004年初专门召开了单壳VLCC改造为专用矿砂船技术研讨会,会议对该项目给予充分肯定。河北远洋公司于同年5月购买了大型单壳油船“GALAXY”,由山海关船厂进行改造。“GALAXY”是1986年建造的25万吨级单壳VLCC,本次由上海船舶设计院进行改造设计,2004年6月进山海关船厂进行改建施工。中国船级社从下属分社抽调骨干力量,组成专门项目组和现场检验组。在中国船级社、河北远洋公司和山海关船厂三方密切配合与协作下,克服许多技术难题和困难,于同年12月2日完成了该舶的重大改建工程,并命名为“河北创新”,由秦皇岛分社发证,入CCS船级。

“河北创新”的改建成功,不仅为河北远洋公司带来了良好的经济效益,也使山海关船厂由此获得更多的大型船舶改建项目。例如,来自希腊的“艾斯特里拉”、香港海宏公司的“凯业”等船,都选择了在山海关船厂进行改装。据统计,在2004年以后的几年间,在山海关船厂获得重生的单壳油船达20余艘。从2004年开始,我国船厂的船舶改造业务量猛增,许多单壳油船被改造为散货船、双壳油船、海洋工程船等。此类改造的船舶在其后发生的全球金融危机过程中,相对于投资建造新船体现出巨大的成本优势,无疑为我国航运界做出了突出贡献。在中国船级社的强力助推下,中国开创了大型单壳油船改建的先河,开拓性地为我国乃至世界单壳油船找到了重生之路。

2005年,中国船级社检验建造入级船舶达122艘、194万总吨,总吨位比2004年增长了54%,创造了年度建造入级船舶检验的历史最好水平,建造入级船舶检验及改装船舶初次入级检验总和,首次突破200万总吨大关,实现了历史性的跨越。同时,通过VCBP-Ⅱ期项目的实施,获得了一批大型、高技术、高附加值船舶的订单,包括8530 TEU集装箱船、LNG船舶、3500立方米LPG船舶、4000吨级全回转起重船、2000米铺管船等,在建船舶达186艘、184万总吨。2005年4月8日,河北远洋的散货船“河北和平”

成为中国船级社国际航行入级船队的第 2000 万总吨幸运船舶。

2005 年 2 月 28 日，大连新船重工建造的海洋工程综合检测船“海洋石油 709”交付使用。该船总长 79.89 米、型宽 18 米、最大载重量 2627 吨、最大工作水深 500 米。该船从事海底管线修复及海洋工程环境调查，并具有海上电力供应及守护值班功能。“海洋石油 709”主甲板设有海底管线修复作业区、海洋工程环境调查作业区、潜水作业区、钻孔作业区、ROV（无人遥控潜水器）作业区。“海洋石油 709”入 CCS 船级，由中国船级社大连分社检验、发证。

2005 年 3 月，山东省黄海造船有限公司与德国国际船舶航运公司（Intership Navigation Co.Ltd.）在山东省荣成市石岛签署 9 艘 600 TEU 多用途集装箱船的建造合同。德国船东首次将 9 艘船舶全部入 CCS 船级，由中国船级社青岛分社检验、发证。同年 10 月，国内功率最大、航速最快、功能最全的远洋专用救助船舶“北海救 111”正式交付交通部北海救助局使用。该船总长 98 米，满载排水量 4891 吨，主机功率 8000 千瓦，最大航速 20 节，海上不间断航行 12000 海里，抗风等级为 12 级，配有直升机起降平台等先进而齐全的专业救助设备，可救助遇险人员 100 名，为 6 艘姊妹船的第一艘，由中国船级社广州分社完成建造入级检验。

2005 年 10 月 13 日，上海振华港口机械集团股份有限公司为广州打捞局建造当时亚洲起重能力最大的 4000 吨全回转起重船“华天龙”开工建造。该船总长 174.85 米、型宽 48 米、吊臂臂架长 109 米，设有直升机起降平台，起重能力为 4000 吨，起重机可带载变幅、升降、回转，可在近海作业，无限航区调遣。中国船级社上海分社组成检验项目组进行审图、检验、发证，入 CCS 船级。2007 年 11 月 21 日建造完工，交付广州打捞局使用。

10 月 27 日，中国船级社和德国劳氏船级社就中海集团在沪东中华造船集团建造 8530 TEU 集装箱船项目签署了双船级检验合作协议，双方将共同为沪东中华造船集团即将建造的当时国内建造的最大集装箱船提供检验服务。

12 月 18 日，山东省黄海造船有限公司建造 1026 客位的大型客滚船“生生 1”，由中国船级社青岛分社执行建造入级检验。该船于 2006 年 6 月完工交付，船总长 120 米，船宽 20.4 米，设计吃水 5 米，航速 16 节，设 7 层甲板，主甲板为集装箱拖车甲板，甲板有 615 米车道，可装载集装箱拖车及 40 吨的货车 40 余辆，上甲板以上为客舱及船员居住区，拥有 1026 个客位。该船用于渤海水域客滚船的更新换代。

2005 年 12 月 28 日，沪东中华造船集团建造的第一艘大型液化气船“大鹏昊”出坞下水。“大鹏昊”的成功出坞为我国开发新的节能型绿色燃料，为国家能源战略的顺利实施创造了有利条件，也标志着中国船级社参与建造检验高质量大型 LNG 船首获成功。该船为薄膜型结构，可装载 147210 立方米液化天然气，总长 292 米，航速 19.5 节，2004 年 12 月 15 日开工建造，是中国船级社与美国船级社以双重船级合作方式进行联合建造检验的大型液化天然气船，是国际上公认的“三高”（高技术、高难度、高附加值）船舶。此前，世界上只有日本、韩国等少数国家掌握该船的制造技术。因此，能够自主建造此类液化天然气船，表明我国造船技术已经上升到了一个新的高度。为做好 LNG 船的建造检验，中国船级社全力协调政府、船厂、船东、合作船级社之间的关系，认真抓好人员培训，攻坚克难，积累了经验。

当年完成建造入级检验的典型船舶还有 297439 吨油船“新宁洋”、75493 吨油船“金牛座”、74090 吨油船“永兴洲”、4250 TEU 集装箱船“新长沙”、74272 吨散货船“远智海”、30 万吨级浮船坞“远洋三号”。

2006 年，中国船级社检验建造入级船舶 136 艘、134.3 万总吨，其中包括重大改建船舶 9 艘、20.8 万总吨。

2006 年 1 月，我国自主研制、自行设计的新一代航天远洋测量船“远望 6”在江南造船集团正式开工建造。新一代航天远洋测量船是具有国际先进水平、多功能、生活舒适的新型航天测量船。该船抗风等级为 12 级,可在南北纬 60 度之间的海域航行。该船由通用船舶平台和试验特装两大部分组成,分为船舶、测控、通信、气象 4 个系统。甲板上同时安装 S 波段统一测控系统、C 波段统一测控系统和 C 波段脉冲雷达 3 套大型测控设备,这将大大提高测量船完成海上科研试验任务的能力。它将作为中国航天远洋测量船队的新成员,为我国航天事业的进一步发展提供海上测控支持服务。中国船级社上海分社对其进行建造入级检验和发证。

2006 年 2 月 28 日,南京扬洋公司在川东造船厂建造的两艘 3000 吨级不锈钢散装化学品船的首制船"宁化 417"正式交船投入营运。该船是首次采用国产不锈钢、中国船级社首次独立审图、重庆分社涪陵办事处进行建造入级检验的国际航行不锈钢化学品船。涪陵办事处人员没有这方面的经验,经过培训和验船师的艰苦努力最终完成此船的检验任务。川东造船厂在中国船级社的帮助下转型建造化学品船舶。"宁化 417"投入营运不久,接受了欧洲化学品分类协会(CDI)的检查。CDI 检查官按检查标准(约 1200 条),对"宁化 417"进行了长达 10 余小时的严格检查。"宁化 417"CDI 检查 3 项指标均获得高分,其中法规性要求(SAT)98 分、选择性要求(DEN)97 分、建议性要求(REC)95 分。因此,该船获得了进入化学品船高端市场的准行证。同时,"宁化 417"高品质的船舶状况和高质量的船舶管理赢得了国际石油公司的信任,德国巴斯夫公司、陶氏化学品公司、英国 BP 和 Shell 公司等跨国公司已接受使用该船。

2006 年 3 月 16 日,中国船级社广州分社完成了我国自行设计、建造南海救助局 8000 千瓦远洋救助船"南海救 111"的建造入级检验和发证。"南海救 111"船隶属交通部南海救助局,续航力为 12000 海里,可以抵达世界上任何一个海港。

7 月 6 日,渤海船舶重工为南京油运公司建造的 46000 吨油船首制船"长航探索"顺利交船,另有 2 艘 3500 立方米 LPG 船开工,由中国船级社秦皇岛分社进行建造入级检验。渤海船舶重工对中国船级社的技术支持、现场检验质量和服务意识给予充分肯定。渤海船舶重工与南京油运公司、南京水运公司已签订建造合同的船舶有 20 艘,其中 46000 吨油船 10 艘、49000 吨油船 4 艘、3500 立方米 LPG 船 2 艘、297000 吨油船 4 艘。除 297000 吨油船是双重船级外,其他船舶均为中国船级社单一船级。随着渤海船舶重工 30 万吨船坞即将启用和对新船型的开发将为中国船级社进一步拓展船舶建造检验市场带来良机。

9 月 26 日,山东省黄海造船有限公司建造的客滚船"渤海金珠"正式投入营运,交通部为此发来电贺。"渤海金珠"总长 161.2 米、型宽 24.8 米,满载排水量 14000 吨,可装载汽车 200 余辆、旅客 1128 人。"渤海金珠"是由山东渤海轮渡有限公司投资,武昌造船厂按照中国船级社规范设计,青岛分社执行现场检验入级的新一代大型艉机型客滚船。为适应渤海水域客滚运输的特点,"渤海金珠"设有双侧防摇装置,可保证船舶在 8—9 级大风、浪高 4 米的海况条件下航行。每层车辆舱都能够独立封闭,并设置了固定二氧化碳灭火系统。船内车辆甲板采用了主动排水系统。船上配备了 4 艘救生艇、20 只救生筏,可保证所有乘客在紧急情况下 30 分钟内安全撤离。山东渤海轮渡有限公司还投资建造"渤海银珠""渤海珍珠""渤海玉珠"等客滚船,是 2006 年淘汰 4 艘老旧客滚船后为确保渤海水域客滚运输安全的重要举措。

浙江省海运集团在舟山五洲船舶修造有限公司建造的大型散货船于 2006 年 11 月 18 日开工。此次开工的船舶为"2+8"系列 54500 吨散货船的首制船,是全球首艘采用 CSR 的散货船。中国船级社高度重视,也引起了其他各船级社的密切关注。开工前中国船级社上海分社及舟山办事处对船厂进行了全面而细致的评估,在第一艘船的检验前工作基本完成后,由项目组经理签发了建造入级船舶开工前检查单。

2006 年完成的典型建造入级船舶还有 11 万吨级油船"凤凰洲"、71962 吨油船"连运湖"、42053 吨油船"跃池"、3452 吨化学品船/油船"玉兰"、4250 TEU 集装箱船"新营口"、7800 吨多用途集装箱船"FCC WISDOM"、174232 吨散货船"CHS WOSMOS"、3412 总吨救助船"南海救 112"、7218 吨火车轮渡"中铁渤海1号”等。

2007年，中国船级社新造船检验业务实现了历史性突破，全年检验建造入级船舶188艘、209万总吨，首次突破200万总吨大关，吨位比2006年增加55.6%。

2007年1月，大连辽南船厂为东方地球物理勘探公司建造的“东方勘探一号”和“东方勘探二号”顺利交船。中国船级社大连分社对上述当时最大的油田勘探船进行建造入级检验。

4月25日，由中交上航局投资、国内自主设计建造的13500立方米自航耙吸挖泥船“新海虎”试航成功。该船由中国船级社上海分社检验发证。“新海虎”是中交上航局实现国轮国造、振兴民族疏浚产业的一大举措，打破了国外对大型疏浚船舶建造技术的垄断和封锁，促进民族造船工业综合能力的提升，也为中交上航局打造国际一流疏浚公司提供强有力的设备保证。

2007年5月25日，中国船级社承接中船重工集团为河北远洋建造的16艘18万吨好望角型散货船的建造入级检验业务，均按共同规范建造，且全部为CCS单一船级。中国船级社从参与设计、分析计算到成立大连、青岛分社检验项目组等采取一系列措施，确保了这批船的建造质量。

10月27日，中船工业集团龙穴造船与中海集团发展股份有限公司在广州签署了4艘23万吨矿砂船的建造合同，均入CCS单一船级。中国船级社广州分社执行建造入级检验。

2007年完成建造入级检验的典型船舶还有30万吨级油船“河北伟岸”、29.7万吨级油船“新安洋”、10.4万吨级油船“北海威望”、4.6万吨级油船“长航勇士”、8530 TEU集装箱船“新亚洲”、7.6万吨级散货船“时代1”、3560吨不锈钢化学品船“宁化419”、2740载重吨液化气体船“秦始皇”、11000载重吨油船“白鹭洲”、大型客滚船“渤海银珠”和3790总吨液化气船“蓝天”等。

2008年，中国船级社入级船舶继续保持快速增长势头。新增造船检验订单1048万总吨，手持订单达到2610万总吨，相当于中国船级社现有入级船舶总吨位的87%。当年，成功检验了世界首艘按照CSR设计建造的散货船“浙海521”。

2008年9月19日，超大型油船“河北英雄”，历时8个多月改装为超大型矿砂船。“河北英雄”是友联船厂首次承担超大型船舶改装工程，中国船级社广州分社和深圳分社为确保工程进度和质量，指定专人负责该项工程检验，较好地完成了改装检验任务。

10月21日，中石油辽河装备制造厂建造的第一艘12600吨成品油船“辽油129”顺利下水。中国船级社大连分社执行建造入级检验。该船是中石油自行建造的第一艘万吨级成品油船，标志着中石油向海洋石油装备发展迈出重要一步，也标志着中国船级社和中石油的友好合作进入了一个崭新阶段。

12月12日，拥有完全自主知识产权的8530 TEU超大型集装箱船“新非洲”在上海交船。该船总长335米，型宽42.8米，型深24.8米；船舶电站有4部发电机组，能确保船舶运行和冷藏集装箱的需要。该船是超巴拿马型大型集装箱船，是当时国际上主流集装箱船型之一。中国船级社上海分社执行建造入级检验。

我国第一艘自行研发、设计、建造的2万吨级半潜式运输船“希望之路”于12月22日在天津滨海新区下水。该船属中交一航局，由上海船舶设计院设计，天津中交博迈科海洋船舶重工有限公司承建，由中国船级社广州审图中心审图，天津分社负责建造检验。该船总长156米，型宽36米，型深10米，最大潜深19米，最大载重吨20000吨。该船采用电力推进、动力定位并借助空气压缩机压载。

2008年，一批大型、新型、高附加值新造船的入级增强了CCS品牌影响力。入级船舶有我国首批制造的14.7万立方米液化气船“大鹏昊”及“大鹏月”、拥有自主知识产权的297395吨“长江之珠”等。其中，8530 TEU超大型集装箱船“新非洲”担负了海峡两岸直航后的海上首航任务。同时，中国船级社还完成了“河北成功”等27艘船舶的重大改建检验任务。

尤其是由我国自行设计、采用中国船级社自主研发COMPASS-CSR软件设计的18万吨散货船项目获得检验成功,在当时50艘18万吨散货船订单中,有40艘船舶将入CCS船级,成为我国造船、航运、船检、金融等行业精诚合作、共同推进船舶工业发展的典范。河北远洋、中外运、香港明华、昌运东富、台塑海运、浙江远洋等船东选择了该船型,使得影响日益扩大,也标志着中国船级社在散货船领域的技术处于市场领先地位。

18万吨散货船是共同规范(CSR)在国内设计建造的系列大型散货船上的初次应用。为了降低风险,中国船级社将18万吨项目列为中国船级社重大项目,组成船级社项目组,统一调动各方力量投入工作,特别成立了18万吨新造船重大项目办公室,制订了从规范、计算到检验以及质量监控和垂直合同审核(VCA)等内容的质量策划任务书,明确管理架构和各个部门职责、主要工作内容、流程和计划、质量控制要求,定期进行技术总结及改进,以指导项目的有效实施。中国船级社以此为契机,进行了建造检验以项目管理制为核心的业务模式调整,全面梳理建造检验流程,在审图计算、检验体系、信息数据、技术文件等入级业务的重要环节坚决贯彻这一业务模式;还制订首制船检验(审图、现场检验控制与验收)要求,加大首制船及重大改建船舶的管理及检验监控,保证首制船及重大改建船舶的质量。

2008年完成建造入级检验的典型船舶还有104324吨油船“北海展望”、178023吨散货船“百安海”、95808吨散货船“鸿洋”、67431吨散货船“德新海”、281539吨矿砂船“河北宏图”、1108客位客滚船“万荣海”、排水量24966吨科考船“远望6”、177878载重吨散货船“年丰海”等。

2009年,金融危机继续在全球蔓延,航运、造船市场持续低迷。面对外部严峻挑战,中国船级社逆势而上,新增造船检验订单527万总吨,手持订单达到2600万总吨,全年检验建造入级船舶达549万总吨,首次突破500万总吨大关,其中有按照CSR设计建造的18万吨级散货船,还有30万吨级超大型油船、29.8万吨级矿砂船、14.7万立方米液化气船、8530 TEU集装箱船等系列船舶。这些入级船舶进一步提升了中国船级社在油船、散货船、集装箱三大主流船型检验领域的实力。

2009年2月11日,渤海船舶重工为长航油运公司建造的30万吨级油船“长江之光”交付使用。“长江之光”是渤海船舶重工建造完工的最大吨位的船舶,入CCS及DNV船级。该系列船舶的技术含量较高、建造难度较大,中国船级社秦皇岛分社集中分社的精干检验力量组成了现场检验项目组,在确保检验质量的前提下,加强与DNV的协调,积极配合船厂的生产,保证了该船的顺利交船。

3月12日,长航集团金陵船厂为长航深圳滚装物流股份有限公司建造的2000车位车辆运输船“长吉隆”正式交船。“长吉隆”是我国自主研发生产的第一艘2000车位车辆运输船,也是中国船级社第一次进行图纸审批和建造入级检验的车辆运输船,由南京分社执行检验发证。

4月15日,渤海船舶重工为中国科学院建造的新型综合科考船“实验1”顺利交船。该船是我国自主设计制造的第一艘小水线面双体科考船,也是入中国船级社船级的第一艘小水线面科考船,同比国际上同类型船舶达到了国际先进水平。“实验1”按照中国船级社规范审图建造,具有良好的耐波性能和动力性能,总长60.9米,型宽26米,型深10.5米,采用了ABB公司提供的具有变频电力推进技术的推进系统、电站管理系统,配备了满足科学考察特殊需要的动力定位系统,并采取了抗振减噪措施。该船能够在近海、远洋进行水声、海洋物理、地质生物、海洋和大气环境等多学科和交叉学科的综合科学考察任务。“实验1”技术含量高,中国船级社秦皇岛分社在建造过程中为船东、船厂提供了良好的服务,保证了该船的顺利交船。

7月6日,大连船舶重工为华月航运公司建造的18万吨级散货船“AMITY”顺利交船。“AMITY”是大连船舶重工承接建造的18万吨级散货船的首制船,也是当时我国建造的满足CSR的最大散货船,入CCS船级。18万吨级CSR散货船项目是中国船级社重大项目之一,由中国船级社统一管理,大连分社负责现场建造检验，选派骨干验船师组成现场检验项目组，认真研究把握CSR技术要点，严把质量关，积极配合船东、船厂做好现场检验工作。该船的顺利交付标志着18万吨级CSR散货船项目取得了良好的开端。

2009年完成的建造入级检验典型船舶还有30万吨级油船“伟大中国”、15.9万吨级油船“SHEN LONG SPIRIT”、11万吨级油船“洋宁湖”、75567吨油船“麒麟座”、5089TEU集装箱船“天宝河”、18万吨级散货船“伟大河北”、7.6万吨级散货船“Hong Yuan”、总吨位为26847的客滚船“中远之星”、297572载重吨VLCC“长江之韵”、296068载重吨VLCC“长江之辉”和载重2000车的“长兴隆”汽车运输船等。

2010年，在国际航运、造船市场走向低迷的大环境下，中国船级社积极应对以“市场、技术、服务、质量”为特征的行业需求变化，通过提升服务质量和合同前服务的技术含量，加强新客户开发和已有客户维护工作，国际航行入级船舶突破4000万总吨，实现了“十一五”（2006—2010年）期间各项工作的目标。

2010年5月17日，CCS船级5.3万吨散货船“银平”在中船工业集团澄西船厂顺利交付，标志着中国造船企业打开了满足《船舶专用海水压载舱和散货船双舷侧处所保护涂层性能标准》（PSPC）的建造之门。PSPC于2006年12月8日在IMO第82届海安会上通过，并列入《SOLAS 74公约》附则第II-1章中，于2008年7月1日正式生效。2012年7月1日及以后交船的船舶将全部满足《船舶专用海水压载舱和散货船双舷侧处所保护涂层性能标准》。对于国内大多数船厂来说，能否制造出满足PSPC要求的船舶是一道难题，而“银平”的顺利交付无疑给中国船舶工业应对PSPC提供了很好的范例。PSPC的实施，不单纯是涂层技术的一次革新，更是对整个造船流程和生产能力的全面考验。中国船级社为PSPC的实施，与该公司进行多次沟通、协调和交流，使其尽快地掌握了PSPC的具体要求。

2010年7月，中船工业集团708所自主设计、广州文冲船厂建造的18374立方米超大型耙吸式挖泥船“通程”建造完工。“通程”总长162.3米，最大挖深为85米。该船入CCS船级，由中国船级社广州分社检验、发证。

2010年完成的建造入级检验典型船舶还有3700立方米液化石油气船“长能5”、30.8万吨级油船“新甬洋”、30万吨级油船“凯胜”、297376吨油船“雄伟中国”、228990吨油船“中海兴旺”、49966吨油船“长航玛瑙”、18万吨级散货船“河北神采”、57000吨散货船“粤电55”、30 000吨散货船“海翔星”、15053吨水泥运输船“UBC CANADA”、27300吨多用途船“凤凰松”、2200车位大型汽车运输船“长旺隆”、48231吨半潜式运输船“祥云口”、供应守护拖船“德涓”、远洋拖船“德远”等。

纵观近十年的造船发展，可谓形势大好。在此过程中，为保证加入CCS级新建船舶的建造质量，中国船级社对建造入级检验模式进行了创新改造，实行了项目管理制度，同一船型的建造入级检验按一个独立项目进行管理，统由一个项目组负责。制订检验过程项目表、实行产品专用质量体系、将产品检验有机地融入到整个建造检验流程中；设立交船前核查、新船营运一年内缺陷跟踪等，中国船级社建立了重大项目管理体系。

（二）营运中入级船舶检验管理的改进与强化

1.加强营运中入级船舶检验的控制

从2001—2010年的十年间，中国船级社的入级船队数量增长迅速。营运中船舶检验质量虽然总体令人满意，但是也出现了一些新的情况，影响了检验质量。

由于航运市场的持续繁荣，大批船舶推迟退役，致使CCS船级的老龄船比例增加。受船厂、码头布局调整和检验业务量陡增的影响，验船师有效登船时间缩短。部分验船师不能胜任其所承担的检验工作，检验不到位和迁就船方承诺等问题又重新出现。部分检验单位不能妥善处理好检验质量与市场、服务及客户维护的辩证关系。船舶入级与ISM审核机构不一致的问题比较突出。小型船公司大量涌现，且

公司人力资源短缺,管理不善等问题普遍存在。针对这些问题,中国船级社采取了针对性的措施,加强营运中船舶检验管理:

(1)针对大型和老龄油轮制定相关检验管理规定及措施。如:状况评估检验(Condition Assessment Survey ,CAS)、VCA 检验,特别是制定的《油轮营运检验专业化管理规定》,对从事油轮检验的各环节进行管理和控制;编写并出版了《散货船附加要求指导手册》,实施船型管理模式,与中散联合推出共同提高散货船营运安全的合作项目,对船舶强度进行评估并协助船公司制订船体结构检验/保养计划。

(2)加强入口端控制。将进口勘验、入级勘验和初次入级结合起来,检验开始前与船东、对方船级社和船旗国进行信息交换。根据最新检验信息、实船情况等内容明确检验范围和要求,按照相关规定和程序进行检验,以提高初次入级船舶的检验质量。

(3)优化营运中入级船舶检验管理流程,升级程序文件,强化修船过程控制。按照中国船级社统一部署,对本系统内船级检验管理状况进行全面调研,形成了营运中入级船舶检验管理的优化方案,细化了营运入级船舶检验评审的要求,进一步厘清了检验处长的职责,确保在工作的开始阶段即做好检验工作的安排和控制。通过对老龄船舶质量问题的研究,对程序文件内容再细化,提出加强修船检验过程控制的管理措施,推进现场监控和复检,将老龄船舶的进厂维修作为营运中入级船舶检验控制的重中之重,确保船舶修理质量。

2.对老龄船、目标船以及重点监控船的检验采取监控措施

(1)强化对老龄船舶特别是老龄散货船和油船的检验管理。在对老龄船舶检验年度评估的基础上,跟踪监控 USS 和 PSC 相关规定的执行与落实情况,对目标船的检验采取进一步强化措施。例如,2009 年初标识的 43 艘目标船,到 2010 年底已有 18 艘转出 CCS 船级或拆船。

(2)建立 CCS 目标船评估体系,对入级船队进行评估,并在 SSMIS 中对目标船进行标识。通过制订现场检验监控办法,对目标船、重点监控船和重点检验船舶进行抽样并安排资深验船人员前往现场对船舶检验进行监控,有效地保证了这类船舶的检验质量。

(3)进一步加强验船师培训,逐步形成了专业化的油船检验队伍。培训中同时注重传授油船的安全管理知识以及对分包方的管理措施及其从业人员的培训内容。加强垂直合同审核(VCA),注重检验经验积累,实施案例汇总。

(4)解决 CCS 级个别船舶 ISM 审核非由中国船级社进行的问题。2009 年 4 月的统计数字表明,中国船级社有 45 艘船舶的 SMC 证书是由非 IACS 成员船级社签发。2010 年 1 月,经清理和整顿,有 30 艘船将 ISM 审核转入 CCS 或被取消了 CCS 的船级,促使了入 CCS 级船舶的品质的提高和其安全管理水平的改进。

3.建立船舶应急响应服务机制(ERS)

海上运输面临着自然风险以及人为疏忽和过失引发的事故或灾难。大量事实说明,在船舶遭遇碰撞、触礁、搁浅、火灾、爆炸、结构破坏等紧急状况下,如果能及时得到岸基方面的支持,获取应急所需要的船舶稳性、剩余强度资料以及对溢油风险的评估,可最大限度地降低或可避免灾难性后果。于是,国际上部分先进船级社建立了船舶应急响应服务系统。

中国船级社从 2002 年开始探索开展此项应急服务。在建立 ERS 系统前,中国船级社考察了英国劳氏船级社,借助 LR 的应急服务系统进行船舶应急响应服务研究,取得经验后组织力量建立了油船船型数据库。上海规范研究所对船舶应急响应服务系统技术进行了再研发。中国船级社组织开发的船舶应急响应服务系统建立后,由验船师、工程师和船长等组成专家组,可提供 24 小时应急服务,为遇险船舶提

供强有力的技术支持。

2005 年,中国船级社的船舶应急响应服务得到迅速发展,已与中集、中远航运、青远、大远、中海货运、中海油运等 22 家船公司签署了应急响应服务协议,共计 187 艘船舶。在此之前,中国船级社就已经先后对天津轮船货运公司所属“金盈”、重庆市海运责任有限公司所属“金满江”及新加坡远洋公司“JU RONG SEA”提供了应急响应支持。结合在船舶应急遇险计算方面所积累的经验,中国船级社推出可满足进入美国水域所有油船和 400 总吨及以上非油船岸基支持要求的计算破舱稳性和剩余强度计算机的程序,同时为所有遇险船舶提供强有力的技术支持,更好地为船东服务。

2006 年,以船舶应急响应服务体系为基础的中国船级社首个船舶应急响应预案建立,与之相适应的 365 天每天 24 小时业务值班制度开始运行。中国船级社与 29 家船公司共 238 艘船舶签订了由 CCS 提供船舶应急响应服务的协议,ERS 中心根据船东的紧急要求共进行了 3 次 ERS 实战服务,均成功帮助船舶安全脱离险境。

2007 年, ERS 船舶规模稳步扩大,截至 12 月底,中国船级社与 44 家船公司共 368 艘船舶签订了 ERS 协议,为 1807 艘共计 227 万总吨“四客一危”船舶建立了应急响应数据库,完成了 164 艘国际航行船舶 ERS 数据库的建模和应急手册编制任务。同年,中国船级社成功为世界最大耙吸式挖泥船“奋威”的救捞提供了应急响应服务。

2008 年,中国船级社积极推行船舶应急响应服务,提高处理应急事件的能力,参与 ERS 联合演习 4 次,与 91 家船公司共 677 艘船舶签订了 ERS 协议,为 1586 艘共计 202 万总吨“四客一危”船舶建立了应急响应数据库,完成了 224 艘国际航行船舶 ERS 数据库的建模和应急手册编制任务,ERS 业务已覆盖 CCS 级船舶 490 艘、非 CCS 级船舶 229 艘,并建立了 ERS 管理信息系统。截至 2009 年底,中国船级社已与近 160 家船公司签订 ERS 协议,为 984 艘船舶提供应急响应服务。从服务的船级分布来看:CCS 级船舶 809 艘,约占总艘数的 82%;非 CCS 级船舶 175 艘,约占总艘数的 18%。从船型分布来看:散货船 444 艘,液货船 305 艘,集装箱船 121 艘,普通干货船 58 艘,其他船型 56 艘。

2010 年,对已建立稳性与结构强度有关的应急响应数据库的船舶,一旦遭遇海上碰撞、搁浅、溢油等紧急状况,应由船东、船舶管理公司提出申请,之后中国船级社常设的岸基应急响应机构迅速集结,启动船舶应急响应数据库,并按船东、船舶管理公司提出的要求提供包括破损稳性、剩余强度、溢油等的计算分析,为协助船舶脱离危险提供全天候技术支持,为船长、船东、船舶管理公司最终决策提供参考意见。

4.采取果断措施,促进港口国检查记录完好率逐年提升

中国船级社入级船舶在 1997—1998 年港口国检查滞留率不断升高,高滞留率使 CCS 级船舶在港口国检查方面受到歧视性待遇。面对居高不下的 PSC 检查船舶滞留率以及越来越深入、细致、严厉的 PSC 检查,中国船级社采取果断措施,积极配合政府主管机关进行船舶开航前检查及 PSC 检查,大力清理 CCS 级船舶,对管理不善、船况极差、频繁滞留的船舶亮起“红灯”,将滞留原因缺陷报告船旗国政府主管机关,修订 ISM 审核规范和程序文件,改进认证操作模式,将 ISM 审核落到实处,并对船公司的航务、机务、船员管理、PSC 检查记录、机海损事故等要素结合实船进行垂直审核,对多次滞留船舶的公司,审核检查扩大到公司所有船舶;加强与各 PSC 组织的合作、沟通,建立定期会晤、交换信息和意见的机制。同时,加强培训,帮助航运公司提高管理水平及应对 PSC 检查的能力。几经努力,2000 年 CCS 级船舶跳出黑名单。

2001 年,中国船级社加强对 PSC 检查滞留船舶监控系统的协调,对 155 艘、88.3 万总吨的高龄、低于标准船取消了 CCS 船级,降低了船舶的 PSC 检查滞留率;同时改进 ISM 认证的方式、内容,提高 ISM 审核员的业务水平,协调船东搞好安全管理;跟踪国际安全标准,促成 CCS 级船舶的安全质量始终保持在较

好水平。CCS级船舶在以检查严格著称的美国海岸警卫队检查中实现零滞留率,在巴黎备忘录、东京备忘录PSC检查也都保持了较好水平,维护了CCS级船队的国际形象,为祖国争得了荣誉。

2002年,中国船级社通过"共铸海上安全链"、质量管理体系优化以及以科技进步与信息化建设为支持的严格的安全管理和强化对客户的服务,创造出了一种良好的安全质量保障环境,提高了中国船级社的安全服务质量,稳定了安全质量形势。通过各界共同努力,CCS级船舶在港口国检查中的船舶滞留率创造了良好的记录,结束了长期在黑名单中徘徊的历史,一跃成为IACS正式成员中安全质量记录最好的船级社之一。当年,CCS级船舶在巴黎备忘录PSC检查中船舶滞留率大幅下降,在IACS滞留率名次由低到高的排名中,2001年为第九位, 2002年一跃成为最低的第一位。在澳大利亚海事安全局的检查中,滞留CCS级船舶仅1艘;在美国海岸警卫队的检查中,继续保持零滞留率。

2003年,中国船级社继续加强与巴黎备忘录、东京备忘录、印度洋备忘录、美国海岸警备队、澳大利亚海事安全局等港口国检查组织的合作,采取积极有效的措施提高船舶检查和审核质量,努力做到"管理到位""检验到位"和"监控到位",有效保障CCS级船舶的安全质量。中国船级社加强与船公司的信息沟通,加强开航前事故隐患检查和返航后安全质量回访,保持船公司及其船舶ISM安全管理体系的持续有效运行,加强对重点船公司的安全管理培训和对重点船舶的安全技术评估,定期进行PSC专项分析,不遗余力地清除CCS级船队中的低于标准的船舶,努力降低CCS级船舶的PSC检查滞留率。通过与船旗国和船东的通力合作,CCS级船舶的港口国检查记录取得根本性好转,并保持在一个较好的水准。

2004年CCS级船舶的PSC检查记录继续得到改善,滞留船舶艘次由2003年的51艘次下降到46艘次;滞留原因与中国船级社相关的船舶,由2003年的16艘次减少到6艘次;在巴黎备忘录PSC检查中,中国船级社责任滞留率为零;在东京备忘录港口国检查中,CCS级船舶继续保持较低的滞留率,在IACS成员中排名靠前;在美国海岸警卫队检查中,责任滞留率为零,且有25艘CCS级船舶获得"21世纪质量船证书"。

2005年CCS级船舶在PSC检查中继续保持优良记录:滞留船舶从2004年的46艘次下降到27艘次,在IACS成员中排名前列。在美国海岸警卫队的检查中,中国船级社责任滞留率连续6年为零,另有41艘CCS级船舶获得"21世纪质量船证书"。

2006年,交通部颁布《老旧运输船舶管理规定》,有力阻止老旧运输船舶流入中国航运市场。为落实和确保该文件的执行,交通部指定中国船级社为对拟进口船舶进行技术状况勘验的执行部门,设置了防止低于标准船购入的一道关口,这对后续提高船舶港口国检查的完好率发挥了积极作用。

2006年世界各国加强了PSC检查力度。CCS级船舶的PSC检查安全记录在IACS内继续保持领先,全年被检查船舶2095艘次,责任滞留率为3.19%,低于IACS成员2005年的平均滞留率3.36%,达到年初设定的质量目标,"安吉江"等28艘CCS级船舶获得了美国海岸警卫队的"21世纪质量船证书"。

2007年接受巴黎备忘录、东京备忘录、美国海岸警卫队检查的CCS级船舶共计2508艘次,被滞留船舶49艘次,滞留率为1.95%,责任滞留2艘次,责任滞留率为0.80‰,分别低于2%和4.2‰年度指标,其中:东京备忘录的滞留率低于IACS各成员社排名第一;在巴黎备忘录中排名第五。

2008年,中国船级社继续强化目标船管理,推行不定期检验制度,并对280余家管理公司建立了品质管理评定数据库,努力改善CCS级船舶PSC表现。全年三大备忘录组织共检查CCS级船舶2253艘次,滞留46艘次,滞留率为2.04%,略高于2%的指标;责任滞留5艘次,责任滞留率为2.22‰,低于4.2‰的指标;有15艘CCS级船舶获得"21世纪质量船证书"。

2009年,CCS级船队在PSC检查中表现良好。据统计,CCS级船舶共接受三大备忘录组织检查约2208艘次。滞留船舶35艘次,滞留率为1.58%,其中因中国船级社责任滞留1艘次,责任滞留率为

0.45‰。在东京备忘录和巴黎备忘录PSC检查中，中国船级社责任滞留率与2008年相比大幅度下降。在美国海岸警卫队检查中已连续3年没有出现因中国船级社责任而滞留的船舶。

2010年，在应对PSC检查方面，中国船级社除了严格质量监控，还积极与船旗国主管当局、相关组织机构进行沟通，通过组织大型安全质量培训、召开国际研讨会和专业技术论坛，帮助船东、船厂加强管理，促使船舶管理从对港口国检查的"被动应对"到"主动预防"的转变。中国船级社国际航行船舶全年接受东京备忘录、巴黎备忘录和美国海岸警卫队PSC检查2766艘次，滞留38艘次，滞留率为1.37%，其中责任滞留为2艘次，责任滞留率为0.72‰，低于IACS成员社的平均滞留率，满足IACS承诺书的指标要求，创历史最好水平。

（三）国内航行船舶安全质量整顿和检验业务发展

1.1999年客滚船海难事故的警示

1999年11月24日，山东省烟大轮渡公司的客滚船"大舜"，从烟台港开往大连港途中，车辆处所的载货汽车因故发生大火，最后导致船舶沉没，船上304人中有282人死亡和失踪。这起事故举国震惊。

1999年12月11日，RINA船级的34000吨油船"ERIKA"，从法国敦刻尔克港起航，驶往意大利的雷格亨港途中，在进入比斯开湾时遭遇8—9级强风，海浪高达4—6米，船体中部发生断裂，沉没在120米深的海水中，所载31000吨燃油泄漏，导致长达400多公里的法国旅游风景海岸线严重污染，在世界上引起强烈反响。

这些震惊世界的特大海难事故，引起中国政府、海事主管机关、船舶检验行业的高度警觉，拉响了船舶安全质量的警报。在"大舜"特大海难事故后，从2000年开始，交通部为强化客滚船的安全管理，以交海发〔2000〕26号《关于加强海上客滚船检验工作的通知》，规定所有跨省、自治区航行的海上客船、客滚船、客渡船一律由中国船级社检验。中国船级社按交通部要求及时安排了对客滚船的检验接收工作。客滚船的检验发证工作移交给中国船级社，凸显出中国船级社在国内船舶检验与管理方面的作用，肩负的责任和压力也随之加大，这也引起中国船级社对包括客滚船在内的所有国内航行船舶检验质量的高度重视。

2."四客一危"船舶专项安全治理

1999年"11·24"特大海难事故发生后，交通部连续3年开展"水上运输安全管理年"活动，中国船级社积极参加交通部安全大检查及管理年活动，对渤海水域客船、客滚船进行清理整顿。

2000年8月16日，中国船级社承接跨省、自治区航行的海上客船、客滚船、客渡船的检验业务。2001年，中国船级社在工作会议上部署2001年"水上运输安全管理年"活动，制订开展这一活动的实施方案，参加交通部的安全大检查、对客滚船进行的特别检查和整改工作。通过"四客一危"（客船、客滚船、客渡船、高速客船和危险品运输船）、"四区一线"（渤海水域、琼州海峡、舟山和西南山区的内河水域、长江干线）船舶的检验、审核和发证，使这项活动在中国船级社全系统得以扎实有效开展。

中国船级社主要承担了川江汽车滚装船、长江涉外旅游船和琼州海峡客滚船整顿工作。从2001年初开始，中国船级社先后在上海、宜昌、海口等地区召开多次专门会议，提出整顿工作的指导思想，同时明确了"四区一线"地区实行分区牵头管理负责制，牵头单位一把手是安全质量第一责任人。2001年4月20日，中国船级社在海口召开客滚船、客渡船检验工作会议，提出"一检二帮保安全"工作方针，明确对"四区一线"实行分区牵头管理责任制，统一审图、统一技术标准解释、统一检验要求，责成渤海水域由大连分社牵头、舟山水域由上海分社牵头、琼州海峡由广州分社牵头、长江水系由武汉分社牵头。牵头单位切实负起责任，其他单位通力协作。广州片区实行了整顿工作周报制度，将每一周整改中查出的问题及时通报有关单位,还组织琼州海峡11家船东到大连、烟台参观学习;川江汽车滚装船的整顿工作问题多、难度大,武汉、重庆分社等单位克服重重困难,按期完成了对105艘营运中川江滚装船复核检验或初次检验,并对其中图纸资料比较齐全、整改比较好的56艘滚装船签发了全期证书。截至2001年9月底,中国船级社共审查了2303艘“四区一线”“四客一危”船舶的案卷,登船检查982艘,实现了交通部提出的要在年底取得规范和整顿市场秩序阶段性成果的要求。

2002年,中国船级社针对国家对“四客一危”重点船舶和“四区一线”重点航线的整顿要求,制订了相应的安全技术标准,为整顿船舶航行安全提供了技术依据。

2003年,中国船级社按照中国政府要求,配合交通主管部门对“四区一线”水域及“四客一危”船舶进行了专项整顿,对营运中老龄船舶和重点船舶加强安全质量跟踪监控,对船公司及其船舶严格监控,加强国内船舶安全管理体系(NSM)建设。全面落实这些专项整治措施,对推进中国水域的船舶运输安全和水域环境清洁,稳定内陆水域和国内沿海的航运安全形势起到了积极的作用。同年,中国船级社开展了《中国水域滚装运输船舶技术标准与检验发证》和《加强检验发证制度》等课题的研究,提出了《川江汽车滚装船整改方案》;同时,为提高渤海水域客滚船的安全,制定了《渤海水域客滚船审图原则》。

为提高中国水域客运船舶的安全技术标准,中国船级社对普通客船和高速客船开展船舶安全评估。

2004年,中国船级社积极开展对重点水域、重点船舶技术标准研究,并且依据渤海水域客滚船技术标准、川江及三峡库区标准化船型技术规范和法规、川江及三峡库区标准化船型主尺度系列、京杭运河标准船型主尺度系列等,促进渤海水域和琼州海峡客船和客滚船的运力更新,促进内河船型标准化发展,促进川江和三峡库区标准船型的发展。当时,一批高质量、高技术装备的新型船舶开始陆续上线运营,逐渐成为“四客一危”船舶的主力军。

2005年,开展了国内航行船舶规范、法规、指南等标准修订工作,完成了京杭运河、川江、三峡库区标准船型的评审;为进一步提高渤海水域现有客滚船消防安全水平,进行了客滚船开式滚装处所封闭可行性论证研究。

2006年,中国船级社坚决贯彻落实国务院总理“3·15”批示精神以及交通部党组关于吸取“萨拉姆98”轮事故教训的批示,明确提出安全质量不仅是中国船级社的生命线,更是中国船级社的社会责任。中国船级社采取切实措施,按照“守岗、尽责、通畅、高效”的要求,坚持24小时值班制度,确保安全质量工作有条不紊地进行。

在配合我国交通主管部门的安全质量(全国低质量船舶)专项整治中,中国船级社发挥支持和保障作用,配合开展危险品运输安全整治、渡口渡船安全整治、海上客船及长江客船安全整治、川江汽车滚装船安全整治等一系列专项工作,为250多家中小船厂、船公司、海事检查人员进行技术培训和政策宣讲;加强渤海水域、琼州海峡、川江及三峡库区、舟山等水域客船和客滚船的审图、检验和审核工作,有力保障了国内船舶的航行安全;配合交通部对“四客一危”船舶进行调查分析,制定推行《国内目标船检验管理办法》,将高风险船舶的检验发证纳入规范化管理,实施针对性控制,降低安全隐患;重点抓住“四区一线”“四客一危”重点水域和重点船舶这个主要矛盾,配合交通部对载客船舶进行全面清理,对国内危险品船舶进行普查治理,完成408艘船舶的附加检验;同时研发制定《国内船舶应急响应计划》(ERS),建立“四客一危”船舶应急响应系统,为1257艘“四客一危”船舶建立了应急响应数据库并进行模拟演练,为“泰华海”“平江”“桃花山”“大庆91”“新福州”和“桐城”等船舶及时有效地提供了ERS服务。

2007年,中国船级社完成“四客一危”船舶标准的升级工作,对破损稳性、救生设备、消防安全以及空气污染等安全和防污染技术要求进行全面修订。在国内安全事务中突出抓好“四区一线”“四客一危”重点船舶的安全质量;推行保障安全的新举措,突出应急响应服务,提高处理应急事件的能力。

(1)针对川江和三峡库区航运发展及生态保护形势,积极推进川江船舶标准化,向交通部提出将三峡水域设定为特殊敏感水域的建议;参与制定了《长江干线船舶船型标准化行动方案》,开展了提高三峡库区"四客一危"船舶标准的专项研究工作。

(2)继续扩大船舶应急响应的服务范围。中国船级社与44家船公司共368艘船舶签订了ERS服务协议,为1807艘共计277万总吨"四客一危"船舶建立了应急响应数据库,成立应急响应专家组,建立应急响应系统。成功为世界最大耙吸式挖泥船"奋威"的救捞提供了应急响应服务,全年共完成应急演习服务4次和应急事故处理6次。

(3)重点开展了危险品船、川江汽车滚装船和长江涉外旅游船的消防安全整改工作;开展了"两防"专项整治活动;全面完成了海南省乡镇船舶与渡口渡船检验工作。中国船级社通过对低质量船舶、老旧船舶采取了加强安全管理的一系列措施,促进了一批低质量船舶淘汰,"四客一危"船舶的安全质量有了明显改善。

川江及三峡库区船舶安全技术标准提高后,中国船级社于2009年开展对现有船舶可追溯性的研究,首次将综合安全评估(FSA)方法应用于内河船舶安全技术标准研究;对渤海水域客滚船、川江汽车滚装船、长江涉外旅游船及液货船4种船型实施了针对性的加强检验制度,在所有敏感时段对所有敏感水域、敏感船舶的安全检查形成了常态化的检查机制。在国内船舶安全、环保方面,对重点水域、重点船舶的监控已见成效;针对船舶消防救生安全,部署了两次专项检查,发现的问题全部得到纠正;吨位丈量核查工作已经完成60%。安全形势总体保持稳定,为实现质量航运做出了积极贡献。

2010年,中国船级社在国内航运安全工作中积极参与政府主导的安全专项整治,突出抓好"四区一线""四客一危"重点船舶和国内入级船舶的检验达标到位,确保安全。向船公司提供24小时应急响应服务。截至2010年,中国船级社检验国内航行船舶没有发生重大安全责任事故,起到船舶检验主力军应有的作用。

3.对低质量船专项整治和海南乡镇船舶检验试点

为配合交通部、国防科工委、农业部、国家安监总局等4部委开展的低质量船舶专项整治活动,中国船级社积极参与采取有力措施,细化了附加检验的相关要求,确定全面治理阶段的专项治理附加检验工作程序,并制定了责任制,切实保证专项整治活动取得预期效果。截至2005年底,中国船级社已对407艘重点船舶中的403艘进行了专项治理附加检验。

中国船级社从2005年9月开始进行海南省小型船舶检验发证试点工作。在各有关单位的支持和共同努力下,海南乡镇船舶的检验试点工作取得可喜进展,制定了《海南省地方小型船舶检验规定》《海南乡镇船舶检验试点工作方案》;建立了海南乡镇船舶检验与安全管理的工作机制;组织举办了海南小船检验规定的宣贯和培训,研究开发了海南乡镇渡船基本安全性能的工程计算软件,建成了海南乡镇船舶检验管理操作平台,完成了30个渡口船舶的实船检验,为102艘合格的乡镇船舶签发了检验证书,使部分船舶的安全隐患得到有效控制和整改。

4.国内航行船舶检验业务量的发展

2005年前,我国国内航行船舶没有入级,统称为持证船。

2000年,中国船级社完成了水利部"百船工程"一期53艘挖泥船图纸审批以及其中相当部分船舶的检验工作。当年,中国船级社持证船舶(非入级船队)13901艘,共计955万总吨。

2003年,中国船级社持证船舶(非入级船队)总量为8154艘、962万总吨,其中海船占总吨位的62%,河船占总吨位的38%。当年新建的船舶占总吨位的3.05%,典型的新建船舶有140 TEU内河集装箱船"民联"、4174总吨汽车运输船"民苏"、4255总吨旅游船"世纪之星1号"。一批比较先进、环保的新型高性能船舶正在加入CCS船队。当年经初次检验转入的船舶占中国船级社检验国内航行船舶总吨位的4.25%。

2004年,中国船级社监督检验的国内航行船舶共计8119艘、978万总吨,其中海船2427艘、543万总吨,占总吨位的55%;河船5692艘、435万总吨,占总吨位的45%。当年新建船舶442艘、33万总吨,典型的新建船舶有278总吨客船"华欧"、6494总吨客滚船"信海"、200 TEU集装箱船"长航渝集11"、576总吨旅游客船"船长2号"、3054总吨打桩船"三航桩16"、顶推船"长江21018"、拖船"东方九号"、驳船"胜建驳1"等。经初次检验转入的船舶194艘,49万总吨,占总吨位的5.03%。

2005年,中国船级社检验的国内航行船舶8238艘,其中海船2692艘、652万总吨,占总吨位的60.59%;河船5546艘、424万总吨,占总吨位的39.41%。当年新建船舶425艘、57万总吨,占总吨位的5.3%,完成检验的典型新建船舶有客船"祁连山"、旅游船"世纪天子"、客渡船"民德"、集装箱船"悦江2005"、集装箱船"长航渝集16"、拖船"振华拖8"等。从6月1日起,中国船级社全面实施和推广国内航行船舶入级业务。2005年7月29日,中国船级社在上海举行了国内航行船舶入级证书颁发仪式,向上海港复兴船务公司的"海港21"、上海安盛汽车船务公司的滚装船"安吉1"、上海时代航运有限公司的散货船"银华"、上海长江轮船公司的旅游客船"船长2号"等颁发了国内航行船舶临时入级证书。当年11月26日成立的中国船级社船级委员会国内分委员会,对127艘已经签发了临时入级证书的国内航行船舶进行了船级确认。截至2005年年底,国内入级船舶达到171艘,76万总吨;非入级船舶8067艘,1000万总吨。国内船舶入级对进一步提高中国国内航行船舶的整体安全技术水平起到重要作用。

2006年,中国船级社国内船舶入级检验业务成倍增长,全年国内入级船舶240万总吨,比上一年增长164万总吨,增长率达到116%,总艘数625艘,平均吨位3840总吨,平均船龄6.2年。中国船级社检验的国内持证船舶7757艘、934万总吨,平均船龄18.6年。国内航行船舶共8382艘,约占全国国内船舶总艘数的4%;总吨位达到1174万总吨,约占全国国内船舶总吨位的20%。这体现了中国船级社在内河、沿海航运市场,发挥了国内船舶检验主力军的作用。全年完成检验的典型新建船舶有8884总吨旅游船"世纪辉煌"、7144总吨旅游船"凯娜"、3719总吨集装箱船"中远03"、500车位滚装船"民宪"、5412吨多用途船"太湖52"等。

2007年,中国船级社检验的国内船舶共9233艘、1293万总吨,平均船龄16.73年,其中国内入级船舶共881艘,329万总吨,入级船队平均吨位3734总吨,平均船龄6年。当年,福建省移交船舶2175艘、194万总吨,在接收福建海事局船检机构划转工作中,实现了"顺利交接、平稳过渡、立足长远"的总体目标。

国内新建完工船舶330艘,共688279总吨,典型的船舶有3781吨不锈钢化学品/油船"杜鹃"、256客位高速客船"仙洲7"、119客位高速客船"恒星"、6555总吨客滚船"信海16"、60车位滚装船"联盟66"、1295总吨拖船"中油海251"等。

这一年,中国船级社通过对低质量船舶、老旧船舶采取了加强检验管理的一系列措施,促使了一批低质量船舶淘汰,客船、客滚船、危险品船等"四客一危"船舶的安全质量有了明显改善,国内船队结构呈现良好的变化趋势。

2008年,中国船级社检验的国内船舶共9318艘、1393万总吨,平均船龄16.58年,其中国内入级船舶1006艘、417万总吨。国内新建完工船舶440艘、94.3万总吨。完成144艘奥帆赛工作艇的审图和检验任务。典型新建船舶有124客位旅游船"长江探索"、264客位旅游船"世纪钻石"、7800吨多用途货船"青华"、1900吨航标工作船"宁道标001"、120总吨巡逻船"海巡31521"。

2009年,中国船级社借助国家"促内需、调结构"时机,国内船舶检验业务创年度新高,检验的国内船舶共 9429 艘,1573 万总吨,平均船龄 15.67 年,其中国内航行入级船舶 1180 艘,578 万总吨。国内新建完工船舶 434 艘、172 万总吨。当年检验的典型新建船舶有 2098 吨化学品船“重轮 H2002”、57300 吨散货船“新世纪 128”、4017 吨杂货船“和畅 116”、260 客位高速客船“飞舟 12”、400 客位旅游船“凯珍”、挖泥船“鸿霖浚 19”、巡逻船“中国海监 36”等。

2010 年,中国船级社检验的国内航行船舶总共 9149 艘 ,1736.9 万总吨,平均船龄 15.21 年,其中国内航行入级船舶达到 1427 艘,776.5 万总吨。国内航行新造船完工 575 艘、223 万总吨。当年检验的典型新建船舶有 7617 吨客滚船“渤海宝珠”“渤海翡珠”、650 客位客船“嵊鹰 3”、264 客位客船“世纪宝石”、346 总吨高速客船“碧海 2”、4413 吨敞口集装箱船“民立”、45000 吨散货船“长航和海”、57000 吨散货船“广州发展 3”、8114 总吨浮船坞“华星”、367 总吨救助船“海巡 31926”等。

(四)深入开展船舶认证领域服务

1.开展船舶安全管理认证业务

(1)国际航行船舶安全管理认证

1999 年是《国际船舶安全管理规则》生效的第二年,中国船级社依据中国政府和部分外国政府(地区)的授权,全面开展了对 ISM 规则规定的第二批应取证船公司及其船舶的审核认证,同时完成了已取得“符合证明”的(9 个国家或地区的 48 家船公司签发了“符合证明”,700 艘船舶签发了《安全管理证书》)船公司年度审核和船舶的中间审核,在船公司满足有关 ISO 9002 与 ISM 规则要求的双证审核方面又取得了新的进展。中国船级社为推进 ISM 规则审核认证的发展,组建了 ISM 规则技术委员会,举办有关《STCW 78/95 公约》的高级审核员培训班,提高了审核员的业务水平。

2000 年,中国船级社已接受包括我国政府在内的 22 个国家或地区政府的授权,对其所属船舶及其船公司执行授权范围内的 ISM 规则认证工作。截至 2000 年底,中国船级社已签发“船舶安全管理证书”953 份、船公司“符合证明”65 份,特别强化了对客船、油船、化学品船、液化气船、移动平台及载运危险货物船舶的审核以及审核员对特殊船型审核技能的提高。

2001 年举办有关油船和液化气船审核的高级审核员培训班,进一步提高中国船级社的认证水平;并按 ISM 规则要求扩大了认证范围,确保对已认证船舶和船公司的审核质量;又从船公司要求出发,开始实施 ISO 9000 与 ISM 规则的双标审核。截至 2001 年底,中国船级社为 42 家船公司签发了 72 份“符合证明”,为 1112 艘船舶签发了“船舶安全管理证书”。

2003 年中国船级社为 63 家船公司颁发了“符合证明”,为 936 艘船舶颁发了“船舶安全管理证书”。到 2004 年,中国船级社已签发“船舶安全管理证书”1390 余份, 船公司“符合证明”98 份。

2005 年,中国船级社 ISM 认证更加重视内部安全质量管理以及审核的有效性,优化 ISM 认证的流程,对认证信息管理系统进行完善,跟踪落实 IMO 和 IACS 以及船旗国的要求,修改完善了 ISM 认证技术指导性文件,加强 ISM 认证与船舶检验的结合力度,组织完成对全社验船师 ISM 知识培训,保证了验船师在检验时能发现 ISM 缺陷并上报 ISM 认证部门。根据船舶检验、PSC 检查、ISM 审核信息确定重点船舶及重点船公司,加强与这些船公司的沟通及对相关船舶的检验管理。中国船级社还加强了 ISM 审核监控力度,完成对每个审核员活动监控,完成对每个分社垂直合同审核,提高了 ISM 审核的质量。全年共完成 67 家船公司 DOC 认证、1000 艘船舶 SMC 认证,并以安全管理体系认证为契机,与客户建立了良好的合作关系,加强了对客户的服务。

2006 年,中国船级社签发了 86 家船公司“符合证明”,1495 份“船舶安全管理证书”,编写《2006 年船舶安全管理体系认证规范》,并对使用多年的《船舶安全管理体系现场审核检查表》进行改版,初步建立起规范、程序文件、须知、检查表、通函、数据库之间结构合理、内容相辅相成的技术指导体系。当年的认证重点是加强审核与检验结合的力度,提高审核的有效性,重点关注 PSC 检查高发滞留项目,对存在的问题进行跟踪处理以及附加审核,加强对审核员的现场审核监控。此外,还举办了审核员提高班,对审核员进行知识更新和审核技能培训。2007 年,签发"符合证明"89 份、"船舶安全管理证书"1367 份。

2008 年,中国船级社建立了船公司品质管理评定数据库,制定了《对评定为重点船舶管理公司管理办法》并付诸实施,还推出中国船级社第一部内容详尽的《审核员须知》。2008 年签发了 107 份"符合证明"及 1802 份"船舶安全管理证书"。2009 年签发了 116 份"符合证明"及 1894 份"船舶安全管理证书"。2010 年签发了 151 份"符合证明"及 1930 份"船舶安全管理证书"。

(2)国内航行船舶安全管理认证

中国政府颁布的《中华人民共和国船舶安全营运和防污染管理规则》于 2003 年 1 月 1 日生效,要求国内航行船舶及其船公司执行《国内船舶安全管理规则》(NSM),建立安全管理体系。2003 年 3 月中国船级社获得中国海事局对 NSM 审核认证的资质认可,开始对国内航行船舶进行安全管理认证,并代表政府主管机关颁发相应的认证证书。同时,中国船级社从国内船公司的实际管理水平出发,针对国内船公司实施《国内船舶安全管理规则》的具体问题,制订并实施了切实有效的 NSM 认证计划,以长江涉外旅游船为重点,帮助船公司提高安全管理水平,确保审核质量。截至 2003 年底,中国船级社对 180 余艘国内航行船舶进行了 NSM 审核。

2004 年,中国船级社积极推进 NSM 认证工作,完善安全管理责任制,对 278 艘国内航行船舶进行了 NSM 审核,提高了这些船公司及其船舶的安全管理水平。为提高审核质量,中国船级社编写了《国内船舶安全管理体系审核指南》,召集长江沿线船公司就实施国内船舶安全管理体系进行研讨,分析 2005 年长江流域发生几起船舶安全事故的原因,探讨 NSM 规则与内河航运的可持续发展,解决船公司在实施国内船舶安全管理体系过程中出现的实际问题。为更有助于提高审核质量,对国内船舶审核进行现场监控和有效的垂直合同审核,2005 年,中国船级社在国内船舶安全管理体系审核工作中,要求注重船舶审核的质量,特别是对"四区一线"和"四客一危"船舶加大了审核力度,确保这些船舶,尤其是客船、客滚船在春运期间和旅游黄金周期间的水上运输安全。截至 2005 年底,全年共完成 214 艘国内航行船舶审核工作。

2006 年,为了更好将国内船舶检验与国内船舶安全管理审核有效结合,将 IACS 规定程序(IACS PR 17)对国际航行船舶的要求成功运用到对国内船舶的检验中,中国船级社通过安全管理体系把船公司、船长、船员、船舶 4 个环节紧密连接在一起。截至 2006 年底,全年共完成船舶安全管理审核 363 艘。2007 年签发"国内船舶安全管理证书"826 份,进行国内船舶安全管理审核 544 艘。2008 年签发"国内船舶安全管理证书"913 份。2009 年签发"国内船舶安全管理证书" 1051 份。2010 年签发"国内船舶安全管理证书"1236 份。中国船级社不断提升认证审核服务及安全管理的能力和水平,促成船公司和船舶达到安全质量管理良好的目标。

2.开展船舶和港口设施保安规则认证业务

(1)《国际船舶和港口设施保安规则》认证

2002 年 12 月,国际海事组织在伦敦总部召开了海上保安外交大会,讨论并通过了《SOLAS 74 公约》2002 年修正案,将《国际船舶和港口设施保安规则》(ISPS 规则)纳入公约附则 XI-2 章中,规定国际航行所有客船及 500 总吨以上货船,于 2004 年 7 月 1 日起开始配备船舶保安报警系统(SSAS)。交通部于 2004 年 6 月 16 日发布《船舶保安规则》,其后于 2007 年 3 月 26 日公布《中华人民共和国国际船舶保安规则》,自 2007 年 7 月 1 日起施行。但是,500 总吨及以上的特种用途船自 2008 年 7 月 1 日起适用该规则。

2004年发布的《船舶保安规则》自2007年7月1日起作废。根据ISPS规则，主管机关或其认可的组织应为每艘国际航行船舶签发“国际船舶保安证书”（ISSC），每艘船舶应具有经主管机关批准的《船舶保安计划》（SSP），以验证船舶符合《SOLAS 74公约》第Ⅺ-2章和《国际船舶和港口设施保安规则》的海上保安规定。

中国船级社积极与国家主管机关沟通，共同研究ISPS规则在中国的实施方案，同时保持与国际船级社协会各成员社的联系，以在实施ISPS规则的进程上取得一致。2003年，中国船级社积极策划和实施ISPS规则认证的整体工作方案。2003年3月27日—4月1日，中国船级社在中国民航学院举办了共49人参加的第一期国际船舶和港口设施保安规则审核员培训班。培训班邀请交通部国际合作司、公安局、国家反劫机领导小组及民航学院的有关领导和专家，分别就ISPS规则的理解、各国政府在海上保安方面的作用、航空保安流程等内容进行了讲解。通过培训，使审核员能力达到IACS PR 25中的对审核员能力的要求。之后中国船级社又培训了96名可以进行ISPS和ISM审核工作的审核员。2003年3月，中国船级社编写了《船舶保安认证指南》，为相关各界着手ISPS各项工作提供了标准和指导，并在之后编写了《船舶保安计划批准工作程序》《船舶保安证书审核发证程序》《ISPS审核员资格要求和培训程序》等文件，为我国实施ISPS规则做好了准备工作。

2003年6月，中国海事局批准中国船级社为认可的海上保安组织。中国船级社按照ISPS规则及有关国际公约以及交通部和中国海事局的有关海上保安的规定，从事以下涉及船舶保安的事项：审核船舶保安计划；船舶保安的评估、审核；签发“国际船舶保安证书”；制订审批、编写船舶保安计划及船舶保安的评估、审核以及签发证书的工作程序，经中国海事局审核、认可后，由中国船级社发布实施；按照国际公约规定的格式，拟定“国际船舶保安证书”的样式，经中国海事局认可后，由中国船级社印制；中国船级社从事船舶保安计划审批以及船舶保安评估、审核和发证人员，应经中国海事局认可的相应培训、考试合格后，报中国海事局备案，其中负责签发“国际船舶保安证书”的人员，由中国海事局认可并公布。

据此，中国船级社上海、广州、大连、天津、青岛、南京分社成立了ISPS示范船工作组，并分别选择油船、液化气船、散装化学品船、集装箱船、散货船、杂货船等6种示范船型、12艘示范船舶进行ISPS认证试点，并对其中满足ISPS规则要求的船舶颁发了ISSC证书，为准确履行ISPS规则积累经验。

2003年12月2日，中国船级社与香港海事处签署了《香港海事处与中国船级社关于香港船舶ISPS规则认证授权协议》。中国船级社与各国政府主管当局联系，已获得11个国家的授权，从事ISPS认证审核，接受执行ISPS认证授权。另外，还与船公司合作，为船公司培训必要的内部审核员。截至2003年12月底，中国船级社完成了190艘船的保安计划审批和30艘船的初次审核。2004年7月1日全面实施ISPS规则之前，中国船级社约有1300艘CCS级船舶和200艘非CCS级船舶需要通过ISPS初审。

2004年7月1日《SOLAS 74公约》第Ⅺ-2章和《国际船舶和港口设施保安规则》全面生效。中国船级社把实施ISPS规则作为工作的重点，圆满完成了船舶保安计划审批1399份，船舶ISPS各类审核1557次，签发ISSC证书952份，并顺利通过了港口国ISPS专项大检查。

中国船级社还加强与国内外的资深保安机构合作，聘请国外资深保安机构培训具有ISPS审核资质的中国船级社审核员。在有关部门的支持下，中国船级社邀请英国资深保安机构（IMS）为其培训了40名ISPS审核员，并与新加坡ISPS培训机构联合培训20多名中国船级社驻海外人员，使中国船级社的ISPS认证、审核工作更具国际性。

为加速推进ISPS整体工作进度，中国船级社与中远集团、中海集团、中外运共同策划，进行ISPS示范船试点工作，召开示范船工作总结会，编写ISPS规则实施技术导则，把示范船工作经验和成果推广给相关各界，携手各界共同为顺利实施ISPS规则做出了贡献。

2005年ISPS认证业务进入了相对平稳的运行阶段,中国船级社完成ISPS审核2549次,签发“国际船舶保安证书”1367份,审批保安计划2141份,并于10月份顺利地通过了IACS的首次审核。这一年中国船级社根据IMO及IACS最新要求,修改完善了ISPS审核指导性文件,及时编写了ISPS程序文件,修改了“保安计划审批检查表”,对IMO及ISPS认证证书进行全部改版,及时完善审核发证的计算机管理系统,保证了审核业务管理及时到位,密切跟踪IMO和IACS的政策,做好相关文件的研究和转化工作,保持审核工作的标准化、国际化,从而提高了审核工作质量。

2006年中国船级社完成审批保安计划433份,签发及签署“国际船舶保安证书”1204份。根据IMO及IACS最新要求,中国船级社对《船舶保安计划审批检查表使用须知》《船舶保安计划批准工作程序》《船舶保安证书审核发证程序》《船舶保安现场审核检查表使用须知》等4个程序文件进行升级改版。新的程序文件增加了对审核有效性的监控,增加PKI控制,巩固审核发证流程的各个环节,进一步完善了审核发证系统。这一年,通过ISPS认证审核并签发证书的船舶,没有发生过船舶保安方面的过失和与ISPS保安审核工作有责任的PSC滞留。2007年签发“国际船舶保安证书”826份,所进行的ISSC和SSP审核分别为931次和544次。2008年签发的“国际船舶保安证书”和审批“船舶保安计划”分别达到1681份和1541份。2009年ISPS审核所签发的“国际船舶保安证书”和审批“船舶保安计划”分别为1673份和691份。2010年,中国船级社的ISPS审核所签发的“国际船舶保安证书”和审批“船舶保安计划”分别达到1733份和1560份。

(2)《国内船舶保安规则》认证

2008年8月20日,交通运输部颁布了《中华人民共和国国内船舶保安规则》(NSPS),从9月1日起对渤海水域、琼州海峡航行载客定额100人及以上的客船(包括客滚船、客渡船、高速客船)、长江干线航经三峡船闸和葛洲坝船闸载客定额100人及以上的客船(包括客滚船、客渡船、高速客船)生效,自2009年12月31日起,海事主管部门将对其进行保安监督检查,要求每艘船舶应具有经审核的“船舶保安计划”及中国海事局签发的“国内船舶保安计划符合证明”。2008年12月,中国海事局委托中国船级社,根据《中华人民共和国国内船舶保安规则》的有关规定,对规则适用的国内船舶的“船舶保安计划”进行审核。为贯彻落实交通运输部关于全国船舶和港口保安工作的要求,推进《中华人民共和国国内船舶保安规则》的有效实施,进一步改进我国国内船舶保安工作,统一国内船舶保安体系的审核标准,中国海事局和中国船级社组织海事领域的专家,在广泛征求各方意见的基础上,于2009年3月编制了《国内船舶保安规则实施指南》,以利海事领域开展船舶保安工作。

航行于渤海水域的中海客轮有限公司客滚船“长兴岛”及航行于琼州海峡的海南海峡公司客滚船“信海16号”于2009年率先取得中国海事局签发的“国内船舶保安计划符合证明”。海南16艘客滚船相继取得“国内船舶保安计划符合证明”,从此国内船舶保安计划编制及实施工作全面铺开。中国船级社受中国海事局的委托,对持有“安全管理证书”的船舶,审核“国内船舶保安计划”及签发“国内船舶保安计划符合证明”。2010年中国船级社签发了“国内船舶保安计划符合证明”84份。

中国船级社不断提升认证服务和安全管理的能力和水平,不仅确保了《国际船舶安全营运和防止污染管理规则》《中华人民共和国船舶安全营运和防污染管理规则》《国际船舶和港口设施保安规则》《中华人民共和国国际船舶保安规则》和《中华人民共和国国内船舶保安规则》审核认证服务的及时周到,而且促成了船公司和船舶达到安全质量管理优良表现的目标。

二、地方船检机构业务的开展

1.辽宁省

1999—2010年间,辽宁省船检局船舶检验工作取得了长足发展。2001年,为确保旅游运输船舶航行安全,辽宁省船检局对全省旅游船舶实施开航前检验制度,此项制度的实施对降低全省旅游船舶事故发生率起到了积极作用;2002 年,首次对双体客船"水运 1 号"实施了建造检验;2003 年,首次对货滚船"越兴 1"实施建造检验;2003 年,2 艘价值 2400 万元的大型豪华仿古游船"大福龙""大福凤"从青岛抵达大连,大连检验处对"大福龙""大福凤"进行法定检验。2004 年,豪华观光游轮"奥丽安娜"号的扶正及拖航过程中,大连检验处组织验船师认真勘验受损情况并提出修复意见;同时,对救生、消防、信号、通信、紧急排水及拖带设施等方面提出详尽的整改方案,最终出具稳性评估报告书,签发适拖证书。2009 年,辽宁船检局首次对绞吸式挖泥船"嘉一号"实施建造检验;2010 年,首次对耙吸式挖泥船"仁一号"和抓斗式挖泥船"嘉和号"实施建造检验;首次对运泥船"营浚驳 05"实施建造检验。

在检验的船舶类型不断取得突破的同时,辽宁船检在船舶图纸审查工作方面也不断取得进展。2003 年,辽宁省船舶检验局审图中心审图量只有 3 套。2005 年,丹东检验处会同船舶设计部门和修造船厂对丹东航道工程局从国外引进的 2 艘进口旧船舶的图纸进行重新绘制,圆满完成检验工作。至 2010 年,省船检局审图中心完成图纸审批已达到 51 套。

2.河北省

白洋淀位于河北省保定市的雄县、安新、高阳及沧州市的任丘等市县交界处,水域内小型船舶修造场所较多。2002 年 6 月,针对白洋淀水域的许多船舶修造场所违规从事船舶修造且屡禁不止的情况,河北省船检局对白洋淀水域的船舶修造场所进行了整顿,将从事船舶修造的企业纳入认可管理。2002 年衡水市衡水湖被列为国家级湿地保护区。省船检局与衡水市人民政府共同对衡水湖燃油机动船在湖中运营进行调查,建议当地政府作出相应的规定,确定允许在衡水湖内航行船舶的种类和类型,以便海事、船舶检验机构依法履行职责。通过共同界定保护区航行船舶类型,对保护国家湿地起到了积极作用。2002 年,秦皇岛山海关欢乐海洋公园股份有限公司与大连理工大学联合设计了封闭水域导轨约束半潜观光艇。建成后,作为海洋欢乐公园的旅游项目,该艇既不是潜水器,也不属于沿海小型船舶,在当时国内尚无适合该产品检验的规范。为解决这一难题,2003 年 3 月 21 日,河北省检验局邀请了有关单位和专家在天津组织召开了山海关欢乐海洋公园封闭水域半潜观光艇适用标准专家论证会,共有 25 名代表参加会议。会议听取了省船检局、大连理工大学以及中国船级社上海规范研究所就该艇的报审过程、设计方案及适用标准的介绍,对部分内容进行修改,通过了《山海关欢乐海洋公园封闭水域半潜观光艇适用标准》,为该类船舶的建造检验提供了依据。

3.天津市

2003 年 3 月,天津市政府拟对海河市区段进行清淤改造,天津市检验处对清淤所需的运泥驳船从图纸设计到现场检验工作全程开通绿色通道,调集骨干力量,从造船质量和工作进度上综合把控,为重点工程及时开工和顺利完成提供了保证,新建的 100 多条泥驳也保质保量地完成了工作,未出现任何质量问题。2006 年 8 月,天津船检接受"畅明海"轮登记检验申请,并开展检验。该轮总吨为 36120 吨,载重吨为 68300 吨。至此,天津市船检处登记检验最大船舶达到巴拿马最大型级别。

2007 年 12 月,天津市船检处着手研究制定营运检验工作程序。根据中国海事局组织研发的《船舶检验管理发证系统(VIMS 5.0)》的过程设定和自身具体情况,几经修改,制定出了符合工作需要的科学化工作程序,使得天津船检处营运检验工作管理水平有了大幅提高。同时创造性地制定出了检验工作计划制度,把下一年度需要检验的船舶提前排出工作计划,并按照验船师"合理分配、轮次检验"的原则提前与计划中的船舶相对应,使得验船师提前对即将到期检验的船舶做准备,并合理调配工作时间。同时,配合工作程序,天津船检处制定了营运检验工作流程台账,对每项营运检验工作的进度情况进行登记,使得工作过程清晰可查,促进了检验管理水平的提高。

2009 年 4 月,天津船检处对登记检验的内河乡镇渡船进行全面梳理,按船舶技术状况分类统计,积极会同相关部门研究天津市内河渡船的改造问题,并形成研究材料报送至各个渡船所在区县当地政府。

4.山东省

山东省拥有 3000 多公里的海岸线,沿海有青岛、烟台、日照、威海、东营、潍坊、滨州七大港口;全省内河通航里程 1150 公里,主要通航航道为京杭运河济宁以南主航道及其支流航道,通航里程 457 公里,其中Ⅲ级以上航道 272 公里。除京杭运河水系外,辖区湖区、水库、公园等封闭水域众多,有船水域共 48 处,水运形式主要为旅游、渡运、浮桥运输等。船检业务范围涵盖沿海和内河船舶检验,检验的内河船舶主要航行于京杭运河水系,其中京杭运河船舶标准化工程是山东船检近年来完成的一项重要工作。

20 世纪 80 年代以来,船舶技术装备水平低、运力结构不合理、船型杂乱等,是京杭运河山东段航运存在的主要问题。进入 90 年代,钢质船舶基本取代了水泥船,并开始向船舶大型化、标准化、现代化方向发展。2003 年 10 月,交通部在济宁市召开京杭运河船型标准化推进工作领导小组第三次会议,初步确定水泥质船和钢质挂浆机船退出京杭运河水运市场。12 月 5 日,交通部会同山东、江苏、浙江、安徽、河南、上海 5 省 1 市发布《京杭运河船型标准化示范工程行动方案》。2004 年 8 月 9 日,山东省交通厅发布《京杭运河船型标准化发展纲要》,规定新建船舶全部采用交通部公布船型,使用无偿提供的标准图纸建造。自 2004 年,山东省全面开展京杭运河船型标准化工作。至 2005 年底,全省共拆解改造钢质挂浆机船 375 艘,山东率先在京杭运河沿线完成拆解改造任务。京杭运河航段内运输船舶技术装备水平大幅提升,自动化操作程度提高,部分船舶配备有雷达探测、高频通讯、卫星导航等设备,新造船舶全部安装油污、垃圾接收装置。

5.江苏省

1999—2010 年,江苏省船检局在船舶法定检验和乡镇船厂管理方面开展了一些卓有成效的工作。

1998 年 12 月,为促进全省船检业务发展,江苏省船检局调整了省、市船检局和县船检所业务分工,其中:除特定船型外,船长≤28 米或主机功率≤29.4 千瓦的县属船舶由县船检所检验;除新型、特种船舶外,图纸审查和建造检验由市船检处具体组织实施。1998 年底,全省完成船检计算机网络及程序架构设计,并用于图纸审批、建造检验、焊工管理工作。1999 年 9 月,省船检局在南京召开会议,研讨了改建餐饮囤船检验问题;12 月,省船检局对营运的所有客滚船、客(渡)船开展特别检验并确定抗风等级,要求未确定抗风等级的上述船舶一律不准投入营运。2000 年 6 月,省船检局明确规定船舶初次和入籍检验的条件,对违反规定搞“异地检验”“船证不符”的验船机构进行罚款;严重的停止当事人验船资格。8 月,省船检局技术委员会研究制定《内河水上餐船检验暂行办法》,研讨超出有关规定使用汽油挂机船检验问题。12 月,省交通厅颁布实施《江苏省内河餐饮娱乐(囤)船检验暂行办法》,明确了所有餐娱船应按规定向船检机构申请检验,必须经过检验取得相应证书后方可以从事营业。

2002 年 7 月 25 日—2003 年 3 月 31 日,省船检局对江苏省籍油船开展安全技术条件专项整顿,至 2002 年 12 月,进船厂整改或已整改结束的油船 165 艘。到 2003 年 4 月 30 日,全省 405 艘闪点小于或等于 60℃油船都按规定整改完毕或降低等级使用。2003 年 7 月,省船检局在南京、镇江、无锡、苏州、南通、淮安市船检局设立 6 个审图分中心,专门从事省船检局委托的船舶技术图纸审查工作,并实行省船检局统一调度制度,基本实现船长大于 60 米或主机总功率大于 441 千瓦船舶图纸审查机构与建造检验执行机构的分离。

2008 年 1 月,省船检局分析大量船长在 50 米、500 总吨左右的沿海简易货船可能转移至江苏省建造的现状，要求对这类船舶加强建造前的开工审查；加强对船体结构布置、焊接质量等检查，严禁废旧材料和设备装船使用；严格按法规要求进行船舶吨位丈量，不得弄虚作假。7 月，省船检局组织以南通市船检局为主，南京、无锡、镇江市船检局参加的 10 名验船师完成对船长大于 150 米以上、3000 吨沿海散货船的图纸审查工作。

自 1998 年开始，南京市船检处制定《南京市船舶修造业技术认可标准》，并据此标准取缔非法造船场所 34 个；徐州市船检处制定《加强船厂管理工作意见》，规范乡镇船厂管理工作；常州市船检处针对生产高速玻璃钢艇厂家多的特点，采取措施，加强行业管理。2000 年，全省共对 115 家乡镇船厂生产技术条件进行认可或复审。2001 年 9 月，全省各级船检机构全面开展乡镇船厂生产技术条件认可工作。对技术力量薄弱、设备少的厂家，限制其修理范围；对长期不年审、生产技术条件不合格的厂家责令其停业，限期整改。使超范围修造船舶的现象得到了遏制，把住了乡镇船厂修造船舶的准入关。2001 年，全省共认可乡镇船厂 215 家。2002 年 4—5 月，省船检局对全省乡镇船厂进行实地调查，加强对一、二级船厂的审查，严格控制油船及特种船舶修造厂的资质条件。2002 年，全省共认可乡镇船厂 431 家。2002 年 6 月，省船检局对全省玻璃钢船舶修造企业开展审核，要求企业在获得认可并取得省船检局颁发的《船舶修造厂生产技术条件认可证书》后，方可从事相应等级范围的船舶修造业务。2005 年起，全省停止对乡镇船厂的生产技术条件认可工作。

6.上海市

上海市船舶检验处立足于行业特点，积极服务地方经济社会发展，开展很多有特色的业务。

(1)世博游览船的建造检验。2008 年 8 月，市世博协调局下达了建造一批世博船的任务，以加强和改善水上旅游及交通设施。为确保世博交通船的按时交付使用，上海船检处全力工作，世博会开幕前，共完成了 12 艘世博游览船、22 艘新型客渡船、30 艘世博水门的设计审图及建造检验任务。

(2)环卫集装箱运输船检验。为了适应上海城市垃圾集装箱运输的需要，上海市船舶检验处安排技术专家积极与船东、设计单位、船厂沟通，不断优化该船型设计，2009 年 10 月 16 日，“沪环运货 5002”轮垃圾集装箱船的顺利试航，对上海城市垃圾运输具有里程碑式的重大意义，同时这也标志着上海内河集装箱运输发展的重大突破。在该船型的设计和生产过程中，上海市船舶检验处和浦东船厂以及奉贤的东团公司共同开发研制了内河集装箱船的导轨架，实现了一个集装箱从空箱到重箱的装卸只用时 3.25 分钟，大大提高环卫集装箱的装船效率。截至 2010 年，完成了 15 艘 500 吨级和 3 艘 600 吨级垃圾集装箱船的新建工程，8 艘 360 吨级垃圾集装箱船的改建工程。上海城市生活垃圾全部实现内河集装箱化运输。

(3)“四客一危”船舶检验。上海市船舶检验处一方面加强对“四客一危”船舶的安全知识宣贯，另一方面要求验船师除对年度检验必需的常规项目进行检查外，尤其对直接关系人命、财产安全的设备以及这些设备的使用规范程度进行了细致地检查。通过开展此项工作，上海市船检处发现了上海客轮公司、崇明客轮公司玻璃游览客船玻璃钢材料老化的问题，累计停止 7 艘玻璃钢客船的船检证书。同时，对上海市的 138 艘旅游客船开展了专项附加检验，共发现各类缺陷累计 143 项。

7.浙江省

浙江省海岸线长度居全国第 1 位，内河通航里程数居全国第 5 位，海船数量和吨位数居全国首位。从 1996 年开始，随着运力发展的需求以及沿海、内河港口配套设施的更新改造，浙江省建造船舶的总吨位开始逐年增加，至 2009 年增幅达到顶峰。之后受全球经济危机的影响，海船建造数量减少，而内河船舶受本省以及附近省份的一些大工程项目的影响，建造数量反而上升。

由于市场需求量快速上升，民间资本大量涌入造船业，但新兴船厂造船质量跟不上，对造船市场的健康发展造成了强烈冲击。2002 年，浙江省船舶检验局针对民营造船厂大量使用旧材料、旧设备的突出问题,在有关部门的支持和配合下,结合船厂生产技术条件开展专项治理,取得了明显成效。2003年,在进一步强化禁止旧材料、旧设备造船的同时,加强对船舶设计单位的管理,在沿海船厂推行钢材预处理和数控切割,改进造船工艺。2004年,继续加强对船厂等的管理,在停止实施船厂生产技术条件认可的情况下,研究提出了国内第一个船舶法定检验受理条件,打击违法违规造船,妥善处理了温州七里港违规新建25艘船舶事件。2005年,以新建船舶质量事故为鉴,开展了以结构强度、焊接质量为主要目标的大规模新建船舶复检工作。按照交通部、国防科工委、农业部、安全监管总局的统一部署,浙江省船检局开展低质量船舶专项治理活动,重点对2002年以后建造的60米以上海船进行一次附加检验,消除隐患。但由于船舶建造投资大、环节多、周期长,管理措施起效较慢,而船检机构在主动执法方面尚缺乏法规依据,因此虽经连续整治,但新建船舶质量管理方面仍然存在许多问题。

引进船检力量,缓解工作压力。作为航运和造船大省的浙江,船舶检验需求旺盛,在2004—2009年的高峰期,验船师年人均建造检验船舶10艘、7300总吨,营运检验船舶25艘、1.1万总吨,分别为全国平均检验工作的5—7倍和3—4倍,仅凭验船师加班工作已不能满足正常检验需要。为保证船东、船厂、船舶设计单位等企业不因船检人力资源不足而遭受经济损失,浙江省船舶检验局采取了一系列创新举措,努力化解矛盾,全力为行业服务。一是整合内部资源,充分挖掘潜力。2004年台州造船业大发展时期,调整台州部分建造检验业务交由业务量相对较少的温州港检验处承担;2007年1月1日起,改革原省市县三级管理机制为省市两级管理机制,取消了各检验所的发证权限,将原56个检验所合并成38个签证机构,实现了检验处对各签证机构船检人员的统一管理和调配。二是引进外援,加强服务。省局通过省航海学会聘用了退休老同志承担船舶设计图纸审核工作,纳入省局船检处统一管理,极大地缓解了省局的审图压力;台州检验处通过考察与协商,与外省船检机构签署合作检验协议,在台州检验处统一管理下由他们派遣验船师进驻台州开展建造检验,促进了台州地区造船业的健康发展;与中国船级社上海分社合作,开展船舶焊工培训和考试工作,切实解决船厂持证焊工紧缺问题;与相关大专院校合作举办船厂技术人员专业证书班,切实解决船厂技术与质检人员不足问题。三是创新工作模式,节约船检资源。2007年与江苏省船舶检验局、上海市船舶检验处共同签署了全国首份船舶检验机构法定检验质量互认协议,后称为"船检莫干山协议",实现了跨省转籍船舶检验和图纸审核的质量互认,节约了大量船检资源;开展内河船舶营运检验集中检验,探索年度检验与船舶安全检查相结合的工作模式,有效节约船检人力资源;大力推进内河船型标准化,并借鉴相关做法开展海船推荐船型工作,有效减少了审图业务量。

8.福建省

2002年9月,福建省地方海事局组织开展对全省内河"四客一危"船舶检验质量自查和抽查工作,重点自查了各辖区内的油船。在自查中,全省共梳理6艘油船,12艘客船,34艘货船,146艘客渡船的档案;其中现场抽查了6艘油船,2艘客船,2艘客渡船,抽查中,共发现缺陷7大项,13小项。

福州市北港航段为城区航段,民众对船舶噪声污染反映强烈。2004年,福建省船检处开展船舶噪声污染治理工作。根据国家《内河船舶噪声声级规定》(GB 5980—2000)和《福州市环境噪声污染防治若干规定》,福建省船检处对船舶消音器配备严格把关,促使航行于福州市95%的内河船舶安装消音器,为创建宜居城市作出应有贡献。

2007年6月开始,福建省船检处对船长50米以上新建船舶推行船舶监理制,加强对船厂的技术指导和船舶建造质量监督。

2010年,福建省船检处启动全省163艘客渡船更新改造工作。客渡船事关广大群众出行安全,福建省船检处高度重视,积极组织船舶相关专家对技术方案进行论证,抽调全省船检技术骨干参与检验,加强现场管理,强化与船厂沟通联系,及时督促整改,确保建造质量,推进全省渡船改造项目顺利完成。

9.广西壮族自治区

广西水网发达,河流众多,水运资源丰富。随着国家西部大开发战略的实施,西南水运出海通道的建设步伐进一步加快,广西水运迎来了前所未有的发展机遇。至 2010 年,广西内河通航里程达到 5581 公里,主要通航河流有西江、左江、右江、红水河、柳江、黔江、融江、桂江、贺江等,1595 公里的海岸线上形成防城、钦州、北海三大港口与众多的中小港口共同发展的良好局面。广西水路运输中货运以普通干货船、集装箱船、砂石船运输为主,客运包括漓江观光游览客船、竹排、快艇以及其他新兴水上旅游观光形式。伴随航运的发展,广西造船、船检事业也迅猛发展。1998 年广西船检完成建造检验船舶 50 余艘,2008 年高峰时达到 500 多艘,船队平均吨位由 1998 年的 100 余总吨,增至 2010 年的 400 余总吨。

根据自治区编办的批复,广西船检局负责实施全区船舶、船用产品、海上设施、船运货物集装箱法定检验的监督管理工作,下设分支机构承担授权范围内船舶、船用产品检验及图纸审查,并对区域内地方船舶修造厂的焊工进行考试发证等工作。考虑到部分地区造船发达而验船师配备不足的问题,2008 年 3 月,广西船检对贵港船检局管辖范围内的桂平建造检验业务进行调整,由贵港、南宁、柳州、梧州船检局共同承担其检验业务,缓解了桂平地区,乃至贵港辖区的检验工作压力,从源头上保证了该地区船舶建造检验质量的稳步提高。

广西船检局建立了覆盖全区船检各级机构的办公业务网,全面推行质量管理体系,结合广西船舶航行环境、船型特点,努力解决船舶检验技术问题,全力促进航运造船事业的发展。2001 年,广西船检局着手打造船检质量管理体系和船检信息网络系统,成立了“广西船检系统 ISO 9001：2000 质量管理体系工作小组”,并完成体系文件初稿;2002 年全面实施 ISO 9001：2000 质量管理体系,并于当年 9 月成为第一家获得中国海事局颁发的船舶法定检验质量管理体系认可证书的船检机构,实现由经验型管理向科学管理的转轨。2003 年 1 月,《中华人民共和国船舶法定检验质量管理办法》生效,广西船检结合体系运行中不适用处进行修改,9 月广西船检质量管理体系由 A.1 版升级到 B.0 版并投入运行,2007 年 5 月升级到 B.1 版。

2009 年广东、广西西江航运干线海事船检管理业务协作协调机制建立,广西船检局与广东、广西海事局在南宁共同签订了《广东广西西江航运干线海事管理业务协作协议》,实现区域监管一体化、服务一体化、发展一体化和西江航运大通道海事管理的良好衔接,切实做到“有效监管、优质服务”,全方位为打造“西江亿吨黄金水道”建设服好务和保驾护航,共同维护西江航运干线水上交通安全。

天生桥水库是南盘江大坝建成后形成的封闭水域,水库湖面 483 平方公里,全程 220 公里,库区横跨桂、滇、黔三省区。进入 21 世纪初,库区船舶开始钢质化,但由于造船管理不到位,导致库区出现大量的“三无”钢质船舶。天生桥库区广西籍船舶由广西船舶检验局直属的南宁船舶检验局百色分局进行检验发证。1999 年百色分局签发了 54 本船舶检验证书,是三省(区)第一个签发木质“柳叶状”船舶载客证书的检验机构,成为天生桥库区水上交通安全管理良好开端。

2000 年 9 月南宁船舶检验处开展了《天生桥库区船舶稳性衡准研究》课题。该课题于 2001 年 8 月通过广西交通厅组织验收。2001 年 10 月自治区交通厅批复了南宁船舶检验处《关于申请应用天生桥库区船舶稳性研究成果的请示》后,南宁船舶检验处百色船舶检验所,立即会同隆林县、西林县交通主管部门深入库区码头、村屯上门开展船舶检验、整顿工作。2001 年 11 月—2004 年 12 月,开展了 11 次天生桥库区船舶检验活动,初次检验船舶 304 艘,复检船舶 251 艘次,检验合格发证 129 艘,签发检验意见通知书 583 份。

2004 年,为贯彻交通部交通安全委员会《关于加强天生桥库区水上交通安全管理的通知》精神,对天生桥库区船长 20 米以下客/货渡船进行有效的检验管理,广西船舶检验局组成研究攻关小组,在《天生桥库区船舶稳性衡准研究》课题研究成果基础上,会同云南、贵州船检机构和广西海事局共同研究编制《天生桥库区20米以下客/货渡船检验暂行规定》。2006年,国家海事局出台《天生桥库区小型客/货渡船检验规定》,为三省(区)船检机构以统一的标准开展库区船舶检验工作提供了重要依据,并对规范三省(区)天生桥库区船舶检验工作,提高库区船舶安全航行技术条件发挥积极作用。

为了完成交通部下达的天生桥库区船舶检验工作任务,百色船舶检验所于2006年3月19日—9月18日,分两个阶段,共4次深入到库区,对船长大于5米但不大于20米且主机功率不大于22千瓦的客、货渡船(包括经营性渡船和自用船舶)开展检验工作,深入两县5个乡镇、57个村屯开展检验工作,共检验船舶396艘,检验合格67艘。其中初次检验船舶307艘、营运检验船舶89艘,签发检验意见通知书644份,顺利完成了交通部下达的库区船舶检验工作任务。检验不合格的船舶,其缺陷主要集中在结构强度或稳性方面存在先天不足,无法满足中国海事局颁布的《天生桥库区小型客/货渡船检验规定(2006)》的相关要求。这些船舶大部分是当地农民的自用船,船检所责其逐步淘汰退出渡运市场。

10.安徽省

安徽省地方海事局成立后,安徽省船舶检验也随着造船水平的不断提高而从20世纪90年代简单的船舶检丈,发展到涵盖国内航行海河船的各类检验。

(1)稳步推进法定检验工作。建造检验方面,安徽省船检局制定了船舶建造检验工作程序和船厂报检等相关规定,明确船舶建造检验图纸申报、审核、驻厂建造检验、船用产品确认、船舶检验证书核发等关键节点控制流程。营运检验方面,安徽省各级检验机构结合船舶种类、船舶动态采取分批驻点集中营运检验和单独登船检验的方法,取得很好的经验和效果。2010年,安徽船检局制定了《安徽省集中驻点营运检验实施方案》和实施细则,在上海、湖州、泰州、张家港、马鞍山等地启动船舶驻点检验工作,安徽籍船舶可按就近原则到各驻点办事处或船籍港所在市船检办事处申请营运检验,极大地方便了安徽籍船舶营运检验工作。船舶图纸审查方面,安徽省地方海事局成立后,安徽省各级审图机构开始加强新建和改建船舶设计图纸的审查工作,做到凡是新建和改建的船舶,没有经过船体、机电专业技术人员的审核和审图机构的确认、批准,不得开工建造或改建。

(2)除日常船舶检验业务外,安徽省船检局还开展了一系列船舶检验质量的专项整治活动。2009年全国船检工作会议结束后,安徽省船检局代省交通厅下发了贯彻落实全国船检工作会议精神的通知,提出了开展船检质量整顿的要求。交通运输部《关于印发运输船舶吨位丈量专项检查活动方案的通知》下发后,安徽省船检局结合吨位丈量专项活动要求印发了《安徽省2009—2010年船检质量整顿工作方案》。2009年9月15日,省船检局抽调淮河、江淮、皖江船检局验船师开始进驻马鞍山检查站开展集中整治试点工作,至10月底马鞍山检查站共检查整改船舶101艘。此后,船检质量整顿专项活动在全省范围内展开。截至2010年8月31日,安徽省圆满完成船检质量整顿暨运输船舶吨位丈量专项检查工作,全省共整顿船舶24780艘,其中实船总吨位与证书记载总吨位差额大于10%的船舶数量为15326艘,占实际整顿船舶数量的61.85%。

11.江西省

1999—2010年期间,江西省船舶检验机构虽经历了两次调整,但船舶检验机构始终坚持“质量第一,服务为本”为宗旨,坚持“一检二帮三把关”的指导思想,全面开展船舶检验工作,全省船舶检验工作取得了新的发展。

(1)开展“滩涂造船”整治工作。1998年前后,在“运力需求”与“经济利益”双重驱使下,江西省内“滩涂造船”开始兴起。1998年,江西航务管理局船检部门对不符合条件的11家船厂进行了整顿。1999年,船检部门将全省400余艘无证无照或证照不齐的乡镇短途客、货运输船舶纳入管理。2000年,江西省船检部门对省内船舶修造厂和船舶设计单位开展了资格认可与审验工作,全省有30余家船舶修造厂和船舶设计单位办理了认可和审验手续。2000年前后疯狂的河砂开采活动再次引发了“滩涂造船”的快速发展,为遏制非法滩涂造船日益严重的势头,2001—2003年间,江西省船检部门开展了非法滩涂造船场(点)整治工作,对非法滩涂场点较为集中的宜春、南昌、上饶、九江及其下属的重点县(市、区)非法滩涂造船场(点)进行取缔。2007年,南昌市针对滩涂造船在南昌县境内的赣江边上蔓延这一情况,开展了滩涂造船整治工作,依法取缔非法船舶建造厂(点)8家,拆除不符合规范要求的船台8座。2008年,江西省船检等相关部门在南昌、九江、宜春、上饶市开展了规范采运砂船舶建造秩序、严厉打击非法滩涂造船厂行为的专项治理活动,并落实了地方政府对非法滩涂造船和采砂负有管理责任的行政首长负责制。2009年,江西省船舶检验部门积极配合海事部门继续开展“三无”船舶专项治理活动,全年共有250艘“三无”采运沙船纳入检验管理范畴。2010年,南昌市交通运输局在滩涂造船整治工作中查处了11处非法滩涂造船点,非法滩涂造船现象得到有效遏制。

(2)开展渡船更新改造工作。江西省内水系比较发达,渡运成为省内群众出行的一种不可或缺的方式,但是由于省内渡船多为未经图纸审核及检验的自建船舶,且部分船舶由于长期使用而严重老化,为群众安全便捷出行带来了安全隐患。因此,自2003—2007年,江西省交通厅相继投入4000万元,用于全省渡船更新改造民心工程。江西省船检局按照江西省交通运输厅部署,分别设计出20客、30客、50客、80客、100客和150客共6套定型民间渡船技术图纸。2004年,江西省船检局于8月份在南昌市召开渡船图纸修改专题会议,按新法规规定对设计审批的民间渡船技术设计图纸进行了修改,在广泛征求各方意见基础上确定了渡船船型的具体技术要求。2005年,江西省船检局开展了更新改造渡船的建造检验和船舶检验的建档工作。2006年,江西省船检局在做好推荐船型建造检验的基础上,对非推荐船型渡船进行图纸审批和新建渡船的建造检验。2007年,江西省船舶检验部门完成了为期3年“民间渡船更新改造工程”的图纸审批及新建渡船的建造检验工作,通过该工程,江西全省渡口渡船专项治理验收合格率达到97%。2009年,江西省交通厅两次安排72艘渡船更新改造扫尾项目计划,为做好这项民心工程,江西省船舶检验部门对72艘渡船逐船进行检验,确保更新的每一艘渡船技术状况都符合规范要求。

(3)开展运输船舶吨位丈量专项检查工作。2009年,根据交通运输部的统一部署,江西省船舶检验部门开展了运输船舶吨位丈量专项检查活动,自9月1日—10月底的阶段性活动中,完成图纸计算复核船舶998艘;实船检查404艘,其中,吨位差额小于5%的226艘,大于5%、小于10%的38艘,大于10%的66艘,达到预期目标。2010年,江西省船舶检验局制定了《江西省运输船舶吨位丈量专项检查活动方案》并组织在全省范围内开展运输船舶吨位丈量专项检查活动,全省丈量复核检查船舶1933艘,吨位丈量计算复核1785艘,实船检查1604艘,并对新建船舶图纸审查进行静水力和总吨位复算,基本上达到了吨位丈量复核工作的要求。

除了上述专项工作,江西船检其他工作也取得了长足发展。1999年,江西省交通厅航务管理局推动颁发了《江西省旅游竹筏制造及检验暂行规定》,并于2000年对全省范围内具备安全航行或安全作业条件的旅游船、高速快艇、娱乐性趸船等按有关规范、规定予以检验发证,推动了省内水上旅游项目的发展。2001年,江西水上液化气运输有限公司280立方米的内河散装运输液化气体船建造完工,这是江西省船舶检验处在省内首次针对内河散装运输液化气体船舶开展审图及建造检验工作。2001年,针对大量采运砂石船舶进入鄱阳湖和赣江中、下游水域作业的现象,江西省船检部门加强了对新建、改建的此类船舶技术指导和检验工作,南昌、鹰潭两地将56艘自卸式运砂船纳入了检验管理,并对稳性不合格的自卸式运砂船按规范进行整改。2002年,根据中国海事局下发的《关于开展验船质量检查活动的通知》,江西省航务局成立验船质量检查活动领导小组,并于8—9月间对本单位检验登记的沿海和内河航行的化学品船、客渡船、油船的检验质量开展自查工作。自查中,景德镇、吉安、赣州、南昌航务分局船检人员分别自查内河船和海船各 4 艘、28 艘、14 艘、4 艘、81 艘,对不符合规范要求的船舶进行整改。2003 年 5 月,南昌市船舶检验局完成省内首艘新型游船"滕皇星"的建造检验工作。"滕皇星"号系双体豪华游船,载客 400 人,是当时江西设计最新颖的豪华游船。同年 10 月,经江西省船检局审核,具备四级造船资质的横板造船厂正式成立,结束了江西赣西的萍乡市无正规船厂的历史。2008 年,按照武汉船检管理处《关于开展危化品船舶验船质量检查活动的通知》要求,江西省船检各分支机构从 3 月初全面对辖区进行了实船检查,共检查危化船 244 艘,合格及整改后合格船舶 224 艘。2010 年,江西省制定了《江西省内河船型标准化老旧运输船舶拆解工作方案》,确定了江西造船有限责任公司等 7 家修造船厂为本省首批老旧船舶的拆解定点船厂,确定了船型标准化补贴资金的补贴对象,并召开了江西省内河船型标准化老旧船舶拆解工作宣传贯彻会。

12.湖北省

2000 年,湖北船检对全省船厂进行了复查换证,最终认可各等级船厂 157 家,其中一级船厂 9 家、二级船厂 37 家、三级船厂 53 家、四级船厂 44 家、维修站(点)25 家。2005 年,第 3 次船厂复查换证,全省完成 40 家船厂复查换证。同年,根据中编办《关于进一步明确水上安全监管职责分工有关问题的通知》精神,全省船舶工业和船舶修造企业行业管理职权划归省国防科工委。经过相互协商,湖北省船检部门顺利完成行业管理职能转移。2006 年,为进一步加强全省地方船厂船舶焊工管理,湖北省船检局在原《湖北省焊工管理办法(1993)》的基础上编写并印发了《湖北省地方船厂船舶焊工培训、考试与管理办法》。截至 2010 年,湖北船检共计培训、考试焊工近万人次。

2003 年 11 月,湖北船检通过了中国海事局船检机构资质认可审核,取得了 B 类机构资质证书,可从事国内航行船舶法定检验工作。2004 年,为推进船型标准化,严把新建船舶图纸审查质量关,湖北船检做出规定,凡新建川江及三峡库区船舶,均由省局负责复审和批准,相关市船检部门进行图纸初审。2008 年,根据湖北省水运事业和船检工作形势变化,结合各地船检工作实际情况,湖北省船检局对各市、县船检机构的检验业务分工进行了调整:一是只允许宜昌等 6 家机构进行 120 米以下常规海船的建造检验和营运检验;二是将内河船舶分档,根据各市(州)船检部门人力资源状况,将该部门内河船舶检验业务范围划入其中一档;三是县(市)船检站主要承担内河船长小于 30 米、主机总功率不足 110 千瓦的一般干货船和非机动船建造、营运检验。2009 年,为适应川江及三峡库区新建船舶数量猛增的形式,缩短审图时间,湖北省船检局对原有审图方式进行了改革,即授权宜昌、荆州、武汉船检所(处)作为全省航行川江及三峡库区船舶审图机构,省局负责前置性审核。

13.湖南省

20 世纪 90 年代后期,随着湖南省对外贸易以及城市建设的发展,集装箱船舶和砂石船舶需求不断增大,而随着旅游业的转型,客运船舶也向快速、豪华方向发展。由于相关管理规定不健全,省内无证造船、滩涂造船比较普遍。为了推动造船市场规范发展,把好水上安全源头关,湖南省开展了一系列有针对性的治理活动。1999 年湖南船检在全省范围内开展油船等装运危险品船舶的专项检查,检查中发现油船船龄老化、设备配备不齐、损坏严重等问题,省船检局要求及时整改。2001 年,湖南省全面开展了对老旧船舶的清查工作。经清查、统计,省内达到老旧船舶年限的各类船舶有 2034 艘,达到特别定期检验年限的船舶有 180 艘,达到报废年限的有 228 艘,各级船检机构对老旧船舶建立专门台账,严格按照要求执行相应的检验。

按照省政府授予的职责,湖南船检在 2005 年以前承担了省内船厂、设计单位的管理。1999 年经摸底调查,查明全省共有无证修造船厂(点)243 家,湖南船检在各级政府和有关部门的共同努力下开展了为期3年的整治行动。通过整治、整改、取缔，至2002年底全省54家船厂通过认可，规范了全省造船市场。1993年3月省船检处会同省航运局工业技术科制定了《湖南省船舶设计单位资格认可办法（试行）》，至2004年，共有15家单位通过资格审查，获得《湖南省船舶设计单位资质认可证》。船舶焊接是影响船舶建造质量的重要环节，为加强对船舶焊工培训、考试、发证的管理，省船检局先成立了长沙、湘潭、益阳、常德船舶焊工考委会，后又成立了衡阳考委会，分片对船舶焊工进行管理，平时则加强对焊工持证上岗的检查，对持证焊工流动实施监管。

2003年湖南船检开展了船舶法定检验质量管理体系的建立工作，经过多方调研后，提出了湖南船舶检验的质量方针，明确了质量目标，编制了包括质量手册、程序文件和作业文件在内的整套体系文件，于2003年9月1日开始在全省船检机构范围内试运行。2005年7月，中国海事局对湖南省船舶法定检验质量管理体系进行了审核，认为体系文件系统规范、实施有效。至此，湖南省成为全国第二个、华中西南片区第一个通过中国海事局质量体系审核的省份。

2006年以后湖南航运进入快速发展阶段，省境航道、港口全面提质升档，货运量大幅增加，新船型180标箱、271标箱集装箱船相继投产，运输实力大增，集装箱开始了五定班轮运输（定港口、定线路、定班轮、定时间、定运价），矿建材料、煤炭及石油制品、钢材、矿石等大宗货物快速增长，新建船舶大幅增加，年均达700艘、40万总吨，船舶向大型化、现代化方向发展。湖南船检工作也进入了快速发展时期，通过了中国海事局的资质认可，机构内部分工明确，人员素质提高，船检业务全部纳入“质量管理体系”管理。各级船检机构不断加强新造船舶源头的图纸审查和现场检验，推动船舶更新换代，引导船型标准化发展，为湖南水运发展贡献力量。

14.重庆市

重庆船检的业务范围既包括了三峡库区，也包括了众多通航河流。近年来重庆船检积极推动运力水平提升与船型标准化改造，“量减质增”趋势明显。重庆市运输船舶从1999年4985艘，91万载重吨发展到2010年4368艘，434万载重吨，船型标准化率达到70%。2003年以来，全市累计淘汰各类非标准船舶3300余艘，大型化、专业化、标准化船舶占主导地位，干散货、集装箱等船舶均以5000吨级为主力船型。

重庆船检积极参与新型船舶的研发，先后参与三峡船型、江海直达船型和高强度钢船型研发；同时积极推动专业化运输方式的发展，全市集装箱运力、化危品运力稳步增长、豪华邮轮快速发展，分别达到6.7万标箱、48万载重吨和8107客位，高附加值船舶比重大幅提升，重庆市首艘LNG动力船“长讯3号”国内首艘全电力推进邮轮“世纪神话”等节能、环保型船舶成功投入使用。

重庆客渡船标准化改造前全市有通航河流63条，通航里程3567千米，渡口800余道，客渡船1000多艘。大部分客渡船为公益性义渡船，受经济和自然条件限制，船舶技术水平及安全储备低，船舶老化，能耗高、污染重，船型杂乱，且安全事故频发。三峡成库后，客渡船已不满足国家有关运输准入条件的要求，也不适应安全管理的需要。为了从根本上解决客渡船所面临的安全等问题，为沿岸群众生产、生活和物资交流提供安全舒适的水上通道，2004年，重庆船检积极配合港航部门主办的全市客渡船标准化改造工程，为改造工程提供技术支持并把好船舶质量检验。截至2010年底，客渡船标准化改造工作取得了圆满成功，达到预期效果，全市累计投入客渡船标准化改造资金约1.8亿，新建、改建标准化客渡船1075艘，淘汰和拆解老旧客渡船1000余艘，大大提高了客渡船的安全技术指标。

15.四川省

20世纪90年代以来，四川省迎来了水运发展的良好时机，全省检验登记船舶由1998年的28万总吨、16万千瓦，增加到2010年的100万总吨，49万千瓦。四川船检抓住机遇，立足岗位，在船舶质量把关、新船型推广等方面做了大量的工作。

1998年,四川船检检验三峡明渠大型客船57艘,按四川省交通厅要求,对省内客渡船在渡口警戒水位线以上时减载30%进行检验并在证书上进行了签注。1999年,按照交通部《三峡工程明渠汛期通航船舶及辅助船舶检验暂行规定》的要求,对全省航行三峡明渠的船舶受理检验。1999年,四川船检开展了船检登记号的授予工作,重新颁发新的船舶检验证书,对四川省轮船公司5艘大型客船重新进行稳性校核,并开展了大件运输船、太阳能船、二滩库区滚装船的研究工作。2003年,各市、州船检机构重点加强"两客一危"(客船、客渡船、危险品货物运输船)等重点船舶的检验和管理,在危险品运输船舶检验中,对非专用船每个航次都进行附加检验。

在四川省航务管理局的统一领导下,四川船检积极配合做好标准船型和节能环保新船型的推广工作。1999年,推广"乡镇简统船型"10种船型,在九寨沟湖区推广使用"液化气作为动力的挂桨机船"14艘,泸州市推广"川江小型沙石自卸船"10艘。2000年,全省推广"川江小型沙石自卸货船""乡镇简统船型""小型采石船"等较先进的船型。2001年6月,第一艘太阳能旅游客船正式投入营运。2001年推广使用液化气汽油挂机船30艘,自贡市推广应用"船用柴油机燃用天然气"船舶,大幅度降低了尾气烟度,减少燃料成本30%。2002年四川省大力推广乡镇船舶简统船型,资阳市雁江区58艘客渡船按照乡镇简统船型全部进行技术改造。船检部门积极为船东服务,解决船舶技改过程中的困难,免费提供乡镇简统船型图纸、推荐建造船厂,严把船舶建造质量关,并协助船东办理技改有关手续和证书。通过这些措施,大大加快了乡镇客渡船的技改速度,有效地保证了乡镇客渡船的航行安全。2004年,联合科研院校开发出了20客位、40客位、60客位、90客位和120客位系列客渡船,长江450吨特大件运输船、500吨危险品运输船、1500吨和2500吨干散货船及80 TEU集装箱船,其中500吨危险品运输船、1500吨和80 TEU集装箱船通过交通部审查,被公布为国家长江标准船型,全省共推广标准船型9种。

16.云南省

云南高山峡谷相间,河流湖泊众多,水运优势明显,但是由于地区发展相对滞后,沿河带交通不便,产业不发达,水上运输以库区客货运输、内河短途货运、短途旅游客船运输为主。进入21世纪,云南省充分发挥连同东南亚、南亚的区位优势,打造与其他交通方式无缝连接、协调发展的水路交通运输体系,开发澜沧江—湄公河黄金水道、中越红河界河航道以及中缅瑞丽江航道,大力发展水路旅游业,船舶规模不断扩大,检验业务量不断提升。截至2010年,最大的旅游客船达到1000客位,最大的内河货船达到4000载重吨。2004年全省建造检验数目还只有9艘,2009年即达到120艘。

云南船检起步较晚,受地理条件、经济环境限制,检验点多面广,基层条件艰苦,为加强对基层检验机构的指导与扶持,保证船舶检验质量,云南省船检处组织编写了20多万字的质量体系文件,并于2009年起在全省船检机构运行。针对各检验所(站)技术力量不足和检验工作难点,云南船检处定期组织业务骨干前往检验一线检查指导工作,帮助解决现场问题。

云南船检结合本地区特点开展了一系列有特色的工作,包括:

(1)开展库区船舶专项整治。为规范库区船舶管理,2008年开始云南船检处开展了封闭库区低质量船舶专项治理工作,并提出三步走的治理方案:新建造一批,改造一批,淘汰一批。对基本能满足要求的船舶进行改造,对不满足规范要求,且改造也难以满足的船舶进行淘汰,建造新船替代。2009年,完成毛家村库区全部35艘船舶改造并通过检验发证,天生桥库区建造12新船。2010年,就瑞丽江库区现有船舶改造检验进行了新的探索,拟定了检验暂行规定初稿;开展大朝山库区未持证运输船舶治理工作;开展天生桥库区低质量船舶改造检验指导;完成小湾库区车渡船船舶审图和建造检验指导。云南省重点库区(满湾、大朝山库区、小湾库区、百色枢纽富宁港库区)的运输船舶检验发证率均已达到100%。

(2)保障船舶标准化船型推广。2010年,云南省船检处积极配合省港航局做好渡口渡船标准化改造,全力把好标准化船型的图纸审查和建造检验关,极大改善了库区船舶技术状况。截至2010年底,17个客渡船、2个车渡船的库湖区标准化船型设计图纸已全部通过审查。已相继有20客位(B级航区)、25客位(C级航区J1J2级般段)、50客位(B级航区)、1×8吨、2×8吨车渡船等100余艘船开工建造。

(3)推进绿色环保船舶发展。2007年开始,昆明市政府全面禁止营运性燃油机动船在滇池水域航行和作业,滇池水域出现了多种环保船型,有石油液化气船、电力推进船、电瓶船等,这些船舶较传统的燃油机动船在船舶防污染方面都有了较大改进。为了配合做好环保船型的推广,云南船检处严格把关,做好此类船舶检验工作,推动了绿色环保船舶在云南省内其他地区的推广。目前云南省内液化石油气船舶总数达到70多艘,电力推进船最大达到200客位,运行状态良好。2010年1月,滇池200客位电力推进环保船通过交通运输部验收,为探索节能环保船型领域迈出了新的一步。

(4)规范造船市场。云南省船检处在船舶设计、建造等环节实行源头管理,开展了云南省船舶设计、修造船生产技术条件认可证制度,使船舶设计、建造到检验形成规范体系。在2010年组织的全省船舶设计、修造企业生产技术条件认可集中评审中,20家企业进行了评审,最终13家企业到期换证、3家企业升级、1家企业发放临时生产技术条件认可证,另有3家企业被要求限期整改。

(5)促进澜沧江—湄公河国际货运。2001年,云南船检处参加中国、老挝、缅甸、泰国关于实施四国政府《澜沧江—湄公河商船通航协定》的技术组,参与编写《澜沧江—湄公河商船检验技术规则》,根据四方协议,云南省船检处授权思茅、版纳海事局船检部门按照我国法规开展船舶检验。随着澜沧江—湄公河航道的疏浚,通航能力也不断增加,由最初天然航道、季节性通航几十吨,增加至420吨。澜沧江的船舶按国内航行船舶法定检验的要求发证,证书签发到澜沧江243号界碑,出界后按《澜沧江—湄公河商船通航协议》执行。

17.贵州省

贵州省位于我国的西南边陲,地处喀斯特地貌的高原区,湖泊、水库及各类天然河流分布较广,随着水运市场的放开,农村社会经济的发展,贵州省水上运输和各类水上旅游事业也相继发展起来。然而从事水上运输的船舶中,乡镇运输船舶占全省运输船舶70%以上,水上交通安全管理面临着前所未有的挑战。贵州省各级船检机构抓住事故源头,整治薄弱环节,依靠当地政府支持,与运政、航道等管理部门密切配合,把住船舶设计、船舶建造、船舶检验和发证关,加快推进船舶更新改造步伐。针对不同河流特点,因地制宜,因势利导,督促“单改双”“货改客”“木改钢”的船舶改造工程推进。

1998—1999年8月,在完成赤水片区船舶设计资格初评后,贵州省船舶检验局对初评的2个单位和15位个人颁发船舶设计资格证书,1999年3月,又有2个单位和8位个人获得船舶设计资格证书。获得船舶设计资质证书的单位和个人按照《贵州省船舶设计管理办法》的有关规定要求进行船舶设计,这一做法规范了船舶设计行业的发展。1998年贵州省船舶修造业的技术认可工作,由省航运局技术管理科调整到船舶检验处。为适应新形势下船舶修造业务的需要,1999年开始,船检部门修订、编制了《船舶修造企业开业技术条件》《贵州省船舶修造分级技术标准》《贵州省船厂生产技术资质认证办法》等多部文件,为规范船舶生产企业资质管理提供了依据。1999年,省船检局开展对船厂生产技术条件的清理整顿工作,换发船厂资质证书14家,取缔无证船厂7家。2001年,结合换发船厂生产技术条件认可证书,对船厂生产技术条件进行考察与评审,并帮助船厂解决技术难题,扶持有资质的船厂,维护造船市场秩序,最终新发证1家、换发船厂资质证书8家、要求整顿4家、取消资质3家。

1998年以来,贵州船检部门把促进船舶安全和防止水污染作为船检行业管理的主线,坚持“一检、二帮、三把关”原则,重点加强对客船、旅游船、渡船、散化船、液化气体船、危险品船以及老旧船舶的检验,坚持统一标准,明确职责分工,加强检验管理,规范人员行为。根据中国海事局的要求并结合当地特点,贵州船检组织开展了多次专项检查活动,如对“大船小证”“一船多证”和“船证不符”船舶核查,对无图造船进行打击,对重点客渡船稳性复查,对船舶建造质量检查等,通过严格船舶检验质量,严把转籍关等多种手段提升了省内船舶整体质量。2007年9月贵州省通过了《贵州省水路交通管理条例》,明确了10米以上农业自用船舶、小型游乐船舶和漂流艇筏的检验要求。船检部门制订了相关规定,并加强了对此类船舶的检验,从而保证了水上安全形势的持续好转。

18.河南省

20世纪90年代,河南检验处加大对修造船厂和船厂技术工人的管理力度,按照《河南省地方船舶修造厂生产技术条件认可实施细则》的要求,对全省的船舶修造厂生产技术条件进行全面管理。至2000年底,全省经省船检处审验合格并予以认可的船舶修造厂10家。同时,按照《焊工考试规则》的要求,每年举办修造船舶焊工考试,并按要求换发焊工证书。

2000年,河南全省拥有3075艘钢质机动货船,平均每年建造300多艘,而且船舶吨位逐渐增大。淮滨县逐步形成区域性内河造船基地,为适应地区造船业的发展以及国家对船舶建造的要求,河南船检采取了多种措施,确保船舶检验质量。一是禁止废旧钢材及非船用产品上船,信阳船检所在省船检处在当地政府支持下,加大打击非船用产品和部分旧钢板拼装造船现象,到2004年年底,非船用产品和部分旧钢板上船现象基本被肃清。二是持续开展低质量船舶专项治理活动,结合2005年“低质量船舶专项治理活动”,加强低质量船舶附加检验,禁止无图纸进行船舶建造,逐步规范船厂生产经营活动。三是图纸审批后方可开工建造船舶,落实责任到人,谁检验谁负责,谁签字谁负责,同时进一步规范船厂建造船舶行为,要求船厂新建船舶必须提前申请并及时报审设计图纸,图纸审批后方可开工建造,建造过程中严格按图施工,重要项目船厂报检前必须提交自检报告。四是坚持驻厂验船师制度。2005—2010年期间,通过国家和省主管部门开展一系列专项治理活动及整顿,淮滨辖区船厂无序的造船态势得到了整治改进。

2004年,对河南籍省际专业运输船舶实施统一管理,建立了“一体化”管理平台和“一站式”服务平台,将省局驻外办事机构总部设在武汉,南京、张家港设办事机构。在船舶检验方面,驻外办事处仅对河南省信阳、驻马店、周口、南阳、郑州籍5市船舶进行营运检验以及转籍船舶按船籍港地市船检部门通知办理初次检验,无权办理建造检验以及上述5市以外船舶的检验。2006年,又出台了《关于加强省际专业运输船舶管理的意见》,对驻外办事机构管理职能、办公场所、人员组成、业务职责范围等方面进行了规范与调整。

19.山西省

山西省船舶检验局内设审图中心、船舶检验处、安全技术分中心,负责全省船舶审图、船舶建造检验、500总吨以上或147千瓦以上船舶检验、20米以上船舶吨位复核工作。山西省船舶检验局不进行船用产品的检验。

2010年山西省3637艘船舶中,长度在5米以下的达到3158艘,占总数的86.8%,12客位以下机动客船239艘,占机动船舶总数的70.7%。12客位以下机动客船是管理的重点和难点,存在管理无法可依的现实问题。

20.陕西省

1999—2010年间,随着河流通航里程不断增加以及水运市场扩大开放,陕西省内船舶实现了数量与质量的“双提升”,船舶检验工作也随着船舶数量与质量地提升逐步走向正规化、专业化。特别是2002年陕西省地方海事局成立以及中国海事局对船舶检验机构实施资质认可工作后,全省船舶检验体制逐步完善,船检工作取得了较大发展。

陕西省内的客船向着大型化、娱乐化方向发展,推动了客船检验工作的进步。1998年,陕西省船检局就对当时最大的旅游客船“南湖986号”进行了检验，该船乘客定额为200客位。2009年，陕西省船检局对乘客定额为120人的“明珠号”普通客船进行了检验，该船是截至2010年陕西省船舶检验局检验的最大的普通客船。此外，陕西省船检局还对“天汉1号”“天汉2号”“浐灞雄风”等集住宿、餐饮、会议、娱乐等服务功能为一体的豪华旅游船以及节能环保型豪华游船、水上飞机进行检验，拓宽了检验船舶类型范围。至2010年，陕西省船检局共对全省2155艘旅游船舶、576艘漂流艇、478个漂流筏具、791艘内河客船以及77艘客货船开展了检验。

2000年以后，随着国家实施西部大开发战略，陕西省水路货运需求增加，省内货船、工程船也向着钢质化、大型化方向发展。2008年，陕西省船检局对“和顺号”货船进行检验，该船净载重量约300吨，是当时省内载重量最大的货船，此后检验的“汉中西乡货01号”载重量达338吨。至2010年，陕西省船检局检验的最大货船载货量已达500吨，年均检验各类货船335艘。除普通货船外，陕西省船检局每年还要对约5艘拖船、118艘驳船以及挖沙船、采金船等各类工程船开展检验。

渡船检验及改造关系到人民生命财产安全而成为陕西省船检局的一项重点工作。1998年，为推进木质渡船向钢质渡船方向发展，提高渡船安全系数，陕西省船检局制定了内河渡口渡船船型标准。其中，黄河水系建造钢质机动渡船，船长13米，船体结构满足《内河钢船建造规范》要求；汉江渡口渡船，船长8—10米，船体结构满足《内河5~10米钢船建造规定》。至2010年底，陕西省完成木质渡船更新改造计划，建造钢质机动渡船384艘，全省渡口渡船实现钢质机动化。

为了紧跟省内水路运输发展趋势、满足船舶检验市场发展需求，陕西省船舶检验局在船舶检验管理上也做出了诸多尝试，并取得了良好成效。2000年前后，根据省内船舶分布点多、面广、线长等特点，船检机构将由船主申请到指定地点的随机检验方式改为每年两次定期巡回检验方式，此种检验方式既提高了船舶检验工作效率，也方便了船主。2001年，陕西省地方海事局就封闭水域游览船舶以及水上飞机的检验职权、检验依据问题致函请示中国海事局并得到明确答复，船舶检验机构据此对公园游览船舶、水上飞机进行检验，这类船舶管理和检验取得进展。2003年，陕西省地方海事局结合全省船舶检验工作实际，对船舶检验分工、类别、程序、工艺试验、干舷勘验、倾斜、系泊、航行试验、编写技术文件和证书、填写质量问题汇报表和船舶项目表等进行细化，促进船检工作质量提高，船检工作走向规范化、标准化和科学化。2008年，陕西省船舶检验局推动地方立法工作，将湖泊、水库以及公园、风景区水域的游览船舶检验问题列入《陕西省水路交通管理条例》，使封闭水域游览船舶检验问题有了地方法规依据，船舶检验与安全监管体制得以理顺。

21.宁夏回族自治区

受西部大开发战略以及自治区政府发展沿黄河经济战略的影响，“十五”及“十一五”期间，宁夏回族自治区水运事业取得良好发展。至2010年，自治区依法登记检验的营运船舶已达711艘、总吨8036吨，拥有船舶客位3986个，与1987年相比管理船舶数量增长50倍、船舶总吨增长9倍、船舶客位增长11倍。全区已逐步建立起以水上旅游为主、以渡运为辅的水上交通新格局。受此影响，宁夏回族自治区船舶检验业务也形成了以水上旅游船舶为主，以渡运船舶为辅的格局，从船舶检验登记数量来看，船舶建造检验及营运检验数量由2003年的185艘逐年递增至2009年的420余艘。2003—2010年间，自治区船舶检验部门累计检验船舶3836艘次。

22.甘肃省

1998—2010年间，甘肃省抓住西部大开发战略历史时机，加大水运基础设施建设，“十五”及“十一五”期间，全省水运基础设施共完成投资5004.64万元，相继完成一批航道、码头建设，以及渡口改造和安全设施建设等项目，极大地推动了省内水运事业的快速发展。至2010年前后，全省通航总里程达到近

1300公里,全省拥有各类营运船舶1000余艘。甘肃省船舶检验部门充分发挥船检职能作用,每年检验船舶800余艘,检验船舶类型从原来的单一化向客船、滚装船、渡船、高速快艇、公务船的多样化发展,检验船舶吨位从原来的小型化向大型化方向发展。

2006年前后,西北造船厂为甘肃省地方海事局建造了甘肃首艘26米双体海巡艇"甘海巡100",甘肃省船舶检验处在该艇建造过程中多次提供技术指导并对该艇进行了检验。2007年9月,国务院副总理曾培炎乘"甘海巡100"监督艇视察时,对黄河兰州段水上安全监管工作及船舶检验工作给予了肯定。

2008年开始,为配合社会主义新农村建设,由中央财政补贴740万元、甘肃省水运局筹资740万元,对全省农村渡口、渡船进行改造,甘肃省船舶检验部门共完成改造62艘老旧船舶建造检验,对全省新建、改建、转籍船舶的图纸进行审查和批准,确保了改造工作的顺利完成。渡船改造过程中,甘肃省船舶检验部门结合实际,引导并参与了"黄河汽车索渡船"这一特殊船舶的设计建造工作,此种船舶为非机动船舶,依靠横跨黄河的钢索牵引船舶,利用水流作用推动船舶横向航行。2010年,黄河汽车索渡船建成并投入使用,甘肃省船舶检验处对船舶进行了检验与发证,该船的投入使用有效解决了群众"过河难、行路难"的问题。

23.青海省

青海省船舶检验机构自1991年成立后长期设在青海省交通厅机关内部,由于缺乏船舶检验专职人员和技术指导,船检工作发展十分缓慢,直至1995年以后,青海省才逐步开展船舶检验工作。2001年,青海省地方海事局正式成立,负责省内的船舶检验工作,船舶检验工作得到了重视,船舶检验经费以及船检人员培训、船检设备仪器得到了保障,同时在结对子单位上海市船舶检验处、湖北省船舶检验局的帮助下,青海省船舶检验工作水平得到了显著提高。

1998—2010年间,青海省船舶检验部门年均完成各类船舶的法定检验90余艘次,主要是玻璃钢小艇和小型旅游客船的营运检验。在工作开展过程中,青海省船舶检验部门还以"船舶检验机构制度建设年""船检机构资质年审"等工作为载体逐步探索制定了《青海省船舶检验工作组管理规定》《青海省地方海事局规章制度、工作程序、台账格式汇编》《青海省船舶检验工作流程单》等工作制度与工作程序,规范了船检档案、证书管理工作,促进了船舶检验质量的稳步提升。期间,青海省船舶检验部门还针对高海拔地区太阳光紫外线强,对船舶救生设备损害较大的特点,强化了对船舶救生设备的检验,对于使用年限超过4年的个人救生设备要求予以更换,提高了船舶航行的安全性。

24.吉林省

吉林省属于有冰封期水系,检验有其特点,实施两次检验制度,即冰封期开展船体结构的检查,开江后针对船舶设备及效用试验开展二次检查。

吉林省内水上运输主要有3种形式,货运以松花江甲板货驳以及松原和吉林段的砂船运输为主,客运以松花湖、二龙湖、满天星水库的旅游船为主,休闲旅游以长白山区激流段漂流和查干湖休闲漂流为主要形式。

随着水上旅游的发展以及老旧船舶的淘汰,吉林省检验登记船舶数量呈逐年稳步上升趋势,由1998年的1351艘,增至2010年的1592艘,整体船况有所提升,船舶呈现多样化、大型化的趋势,最大的甲板驳船达到600吨,最大的旅游客船达到600客位。1999—2010年,吉林船检共完成新建、改建审图201套,建造检验216艘,营运检验9064艘次,并先后举办了6届船舶焊工考试培训班,共培训持证焊工91名。

除了日常检验工作外,吉林船检积极参与、做好各类专项活动。2007—2010年,吉林省对32处渡口全部进行渡船质量普查,吉林船检积极参与标准船型的选定,最终确定5种标准渡船船型,完成11艘渡船的更新改造。2009年,吉林船检对106艘大于100总吨的船舶进行吨位丈量复核专项检查,对33艘船舶开展实船丈量,对23艘实船与证书差额大于5%的船舶核发了新的船舶吨位证书。

25.内蒙古自治区

内蒙古自治区属于非水网地区,区内通航水域主要包括界河额尔古纳河、黄河内蒙古段以及部分重点湖泊水库,船舶保有量低且普遍偏小,类型以旅游客船和黄河上的浮桥为主。随着水运市场的逐渐发展壮大,船舶种类及船舶数量逐年增多,近年出现了一些游艇和漂流筏,鄂尔多斯地区的伊金霍洛旗出现了40米以上的旅游客船。

2007年以前,内蒙古辖区基本没有建造检验,主要实施转籍船舶的初次检验,船型以快艇为主。2008年以后,建造检验船舶数量发展很快,2009年达到49艘,2010年达到45艘,检验船舶主要以无动力驳船为主(分布在黄河沿岸地区)。

对于在鄂尔多斯地区完成建造的较大的旅游客船,经中国海事局同意,由船厂所在地的山东省船舶检验局负责建造检验,检验完成后转交至鄂尔多斯市地方海事局,由鄂尔多斯市地方海事局进行营运检验。

26.北京市

北京市船舶检验所2004年成立并开展船舶法定检验工作, 2010年7月经中国海事局资质复核,核定北京市船检所为D类船检机构,可以开展相关内河船舶的法定检验。由于北京市有4家玻璃钢游艇制造企业,可建造沿海航行的小型玻璃钢游艇,因此中国海事局特批北京市船检所可开展辖区内建造的20米以下沿海小船的建造和营运检验。

北京市船检所年检验船舶约500余艘,其中建造检验主要以玻璃钢快艇为主,约100余艘,总载客量800余客位;营运检验主要是北京市园林水库中的旅游客船,约400余艘,船舶类型97%以上为20米以下小船,总载客量8500余客位。旅游客船营运时效性强,每年营运检验工作须在3月底至5月底内完成,由于船舶分散、所属公司多、验船人员数量有限,船检工作较为繁重。

虽然成立时间不长,北京市船检所从规范化管理入手,努力解决船舶检验专业化管理落后、机构不健全、技术力量匮乏等问题,检验工作平稳开展,逐步实现与全国内河船检管理的接轨。

27.新疆维吾尔自治区

新疆维吾尔自治区内船舶数量少,分布广,主要类型为小型旅游船舶。多年来自治区船舶检验局在没有配备专门人员的情况下,承担起了船检职能作用,组织全区开展检验工作,杜绝了不检验发证等违纪违规行为,全区未发生因船舶检验不合格而造成的水上交通事故。

28.西藏自治区

2005年西藏自治区地方海事局成立后,在中国海事局的指导以及相关船检机构的帮助下,地方海事局积极选派人员参加船检培训,逐步摸索开展以小型旅游船为主的船舶检验工作,使船舶检验工作由散、乱、差逐步向规范、有序、安全方向转变。

2007年,在深圳海事局两名援藏干部的帮助下,西藏自治区地方海事局邀请四川省船检局有关专家对林芝、山南、日喀则3个地区的23艘船舶开展了实船检验工作。由于西藏地区船检基础薄弱,不具备船舶法定检验机构资质等原因,未对上述船舶核发船舶检验证书。

2010年前后,广东船检局专家组帮助西藏自治区地方海事局对西藏地区的船舶进行了现场检验,经过整改,符合发证条件的船舶共计16艘。

三、海事局直属船检机构业务的开展

(一)广东海事局

为确保船舶检验质量,不断提高各船检分支机构业务水平,2001年,广东海事局组织实施了帮扶工程,即东莞帮河源、广州帮韶关、珠海帮湛江、潮州帮梅州、中山帮茂名、汕头帮揭阳。东莞局受省局指派到河源帮助河源局解决了 12 艘 LPG 发动机玻璃钢游船的检验、检验报告的填写和证书签发等工作,随后省局派人专程到河源就 2 艘 LPG 发动机玻璃钢游船的上浪问题解决后是否签发船检证书提出了处理意见,严把了船舶检验质量关。

2001 年,广东海事局辖区内船舶检验工作的重点是港澳航线船舶、“四客一危”船舶。为确保上述船舶的检验质量,广东海事局提出一系列要求并对检验过程实施督查。针对个别单位存在的未按规定程序签发船检证书、船舶图纸审查后漏盖批准章、个别新建的运砂船安装了部分旧设备、未经检验处同意擅自更改船舶载货量、未按规定填写船检证书等,广东海事局船检处对有关单位进行严肃的批评和教育,并责成相关单位对上述问题进行了及时纠正和整改。同年,为配合广东海事局从源头上打击无船名船号、无船舶证书、无船籍港的“三无船舶”、清查辖区非法修造船厂活动,船检处对辖区内的非法修造船厂(点)清查摸底 238 家,清理整顿 43 家非法修造船厂(点)。

2003 年,“银虹”轮(湛江分局检验)事件发生后,广东海事局船检处组织进行沿海货船货舱口风雨密关闭设施是否符合法规、规范有关要求的调查,调查结果有 52 艘集装箱船、17 艘干货船共计 69 艘船舶不符合风雨密要求。为杜绝安全隐患,保障船舶安全航行,船检处明确了整改的措施和 69 艘船舶的船名及所属公司以便监管,并及时答复潮汕地区近十家船公司关于要求免除沿海货船货舱舱口盖等问题。

2003 年,针对自卸砂船、自吸自卸砂船这一新船型,广东海事局船检处组织专门力量制定《内河自卸砂船检验补充规定》,并在试用的基础上修改后提交局技术委员会专题研讨;同时指导并协助东莞分局在现有实船的基础上,就船舶结构、稳性、机电设备配备等制定了《自吸自卸砂船的检验暂行办法》,经广东海事局技术委员会研讨后将有关内容并入《广东省船舶检验局内河自卸砂船检验补充规定》,以解决检验发证依据问题。2006 年,为保障内河自卸砂船航行安全,船检处组织对新建(改建)和营运中载货量大于等于 500 吨的自卸砂船进行稳性复核,对全省 600 多艘符合要求的自卸砂船进行了稳性复核和补充货物装载手册。

2004 年,随着内河集装箱船运输业务的发展,内河集装箱船在载运集装箱时堆装层数已普遍超出 3 层,而现行内河船舶检验规范对集装箱船的技术要求仅适用于集装箱的堆装层数为 3 层,且未对集装箱的堆装提出新的技术要求。为解决这一问题,广东海事局组织人员进行调研讨论后,制定了广东海事局辖区内《内河集装箱船堆装层数及有关技术条件处理的指导意见》,确保船舶的安全航行。

2005 年,针对广宁竹海大观的竹筏旅游项目,在国家没有竹筏检验的法规、规范的情况下,广东海事局船检处根据广宁旅游区的实际情况,从加强和规范检验管理、提供技术支持等方面,协助肇庆分局制定了切实可行的竹筏检验和管理办法,把广宁旅游竹筏纳入了规范管理,支持了山区旅游经济的发展。

2010 年,针对亚运巡游船舶的特殊性,广东海事局船检处制定了专门的检验项目表,集中船检力量开展现场检验大会战。从 7 月中旬到 10 月底,安排验船师进行驻厂检验,确保改装质量,共完成 45 艘船舶 2500 多个项目的检验。为确保亚运巡游船舶万无一失, 10 月 7—9 日,安排 12 名验船师对 45 艘亚运巡游船舶进行阶段性全面复查,发现并解决了 12 个共性问题和 17 个个性问题。10 月 15 日和 18 日,安排 15 名验船师对 45 艘亚运巡游船舶进行了航行试验,全面检验主机、舵机、锚机、消防水、CCTV、声力电话、VHF 和电子海图等船舶设备性能,并对船舶等效免除后的性能进行验证。在亚运巡游船舶演练期间,安排验船师改进船舶技术状况和适航性能。

(二)福建海事局

福建海事局多措并举,严把船检质量关,使福建船检严把船检质量取得了实效。一是在 2003 年,建立并完善了以“谁检验、谁签字、谁负责”为核心内容的船舶检验责任制；二是不断加强技术业务培训，使验船师掌握各项检验技术标准；三是健全船舶业务基本台账，规范档案管理；四是规范船舶检验工作程序，严格把握检验的到位率和准确率，提高检验质量。

福建船检把消除检验遗留项目作为“严把船检质量关”重要举措，落实到验船师岗位责任制中，同时发挥直属船检的优势，协助消除检验遗留项目。经过几年的努力，福建船检签发的证书质量明显提高，在全国船检质量检查中本船籍港检验发证的船舶未发现重大检验质量问题。

（三）黑龙江海事局

2000 年 8 月，中华人民共和国黑龙江海事局成立，黑龙江省内船检工作纳入其职责范畴，开启了黑龙江船检新的发展阶段。至 2010 年，黑龙江水域船舶种类逐渐发展为涵盖推拖船、驳船、客船、油船、集装箱船、铝合金船、水翼艇、气垫船、水上钻探船、挖泥船、航测航标艇、大型浮吊、高速巡逻艇、边防船、渡车桥驳、固冰通道等多种类型，船舶检验工作也体现出新的特色和活力。在交通运输部海事局的统筹部署下，2010 年 6 月黑龙江海事局驻闽船舶检验办事处进驻福建宁德地区，当年即检验国内航行海船 6 艘，实现黑龙江船检从内河走向沿海船的检验跨越，同时也本着“一检二帮三把关”的原则，以帮助为主、检验为本、管理为辅的“帮、检、管”相结合，为福建地区船舶工业的发展、推进海峡西岸经济建设作出努力。

1.建立中俄界河船舶检验合作机制

黑龙江、乌苏里江、兴凯湖是黑龙江辖区重要的国际界河、界湖，是黑龙江对俄贸易、航运业、旅游业发展的桥梁与纽带。随着沿界河地区经济的发展及中俄贸易、水运量较大幅度增长，中俄间船舶修造、船舶进出口贸易往来也变得越来越频繁。黑龙江船检以中俄贸易发展为契机，以规范航运造船业为目标，以维护界江水上交通安全和促进地方经济发展为宗旨，与俄方船检部门开展多方面、深层次的合作与交流。

2009 年黑龙江海事局与俄罗斯船舶登记局阿穆尔分局首次签订合作备忘录，建立了长效便捷、沟通顺畅的合作机制。该机制建立后，中俄双方及时互换各自有效的船检法规和规范，定期开展船舶检验业务与法规的交流和研讨，在此基础上相互委托对方代理开展船舶检验工作，为确保中俄界江船舶的航行安全及推进双方进一步合作奠定了坚实的基础。黑龙江海事局为俄方在哈尔滨北方船舶修造厂建造的 6 艘 200 客位客船、600 马力推船进行了检验发证。

2.开展乡镇渡船检验，服务新农村建设

黑龙江省内乡镇船舶种类繁杂、数量庞大、分布广，检验和管理难度大，为加强辖区水域内乡镇船舶的检验管理力度，黑龙江海事局通过开展专项整治活动对辖区内的乡镇船舶进行逐条检验，保证农民乘上平安渡、坐上放心船。黑龙江辖区目前有乡镇渡口 194 处、船舶 1960 艘，农用自用船舶达 5000 多艘。每年为开展船舶检验工作要投入达 650 多人次，行车近 8 万多公里。为服务于新农村建设，黑龙江海事局此项工作不收取任何费用，切实为农民办实事、做好事。

截至 2010 年底，黑龙江辖区在册船舶共 3173 艘（其中海船 12 艘）、486921 总吨，黑龙江海事局检验人员每年检验内河船舶 2000 余艘、海船 10 余艘、审查图纸 60 余套、建造检验船舶 60 余艘、农用乡镇船舶百余艘。

四、渔业船舶检验业务深入发展

进入 21 世纪后，受 1999 年“11 · 24”特大海难事故的影响，各方对船检工作高度重视，渔业船舶检验监督体制机制进一步完善。同时，渔业管理制度也不断健全，对渔船检验工作起到促进作用，特别是在

2006 年国家实施渔业成品油价格补贴政策的促进下,渔民群众提高了守法意识,长期存在的渔船受检率低的问题有很大改观。渔船管理由过去强制检验转变为渔民主动申报检验。在各方面因素的综合推动下,渔船检验工作量大大增加,检验渔船数由 1999 年 26.26 万艘次增长到 2010 年 58 万艘次,应检船的受检率达到 80%。

(一)开展渔船相关专项治理行动

1.“三无”和“三证不齐”渔船整治

20 世纪末,由于个体渔船的盲目发展,“三无”和“三证不齐”渔船大量出现。“三无”渔船特指用于渔业捕捞作业,但没有有效的渔业船舶检验证书、渔业船舶登记证书和渔业捕捞许可证书的船、艇、筏、排等专用捕捞工具。“三证不齐”渔船是指从事渔业捕捞作业,但只持有有效的渔业捕捞许可证书、渔业船舶登记证书和渔业船舶检验证书三种证书中的一种或两种证书的船、艇、筏、排等专用捕捞工具。这些船舶对我国海洋渔业资源的保护和合理利用造成了极大威胁,严重影响我国海洋渔业可持续发展。1999 年 1 月 29 日,农业部发出《关于切实加强海洋渔船管理的紧急通知》,要求各地渔政、渔港监督、渔船检验机构密切配合,会同工商、公安等有关部门对“三无”“三证不齐”渔船和“沙滩船厂”进行集中清理,并强调各地要严格执行渔船审批制度,严格按程序审批海洋捕捞渔船;造船企业或用船单位须持渔船批准文件等依次向渔船检验、渔港监督、渔政机关申请办理交易、登记和捕捞许可证;有关渔政、渔港监督、渔船检验机构必须各司其职,严格把关。

为了摸清海洋渔船基本情况并研究“三无”渔船整治工作,从 2000 年 6 月开始,农业部对全国 11 个沿海省、自治区、直辖市进行了中华人民共和国成立以来第一次大规模的海洋渔船普查。结果显示,当时全国共有海洋捕捞渔船 24.43 万艘、主机功率 1222 万千瓦。在这些渔船中,“三无”渔船有 6.72 万艘,占总数的 27.5%,“三证不齐”渔船有 5.09 万艘,占总数的 20.8%。

2001 年 1 月 21 日,农业部发出《关于清理整顿“三无”和“三证”不齐渔船的通知》。在这次清理整顿中,凡 2000 年全国海洋渔船普查登记在册的从事海洋捕捞作业“三无”和“三证不齐”渔船,经检验合格并登记后一律纳入管理。凡 2000 年未登记在册,以及虽登记在册,但经检验不合格的一律不得再从事海洋捕捞作业,各级主管机关不得发给渔业船舶检验、登记证书和渔业捕捞许可证。

在整治行动中,对一些沿海和内陆水域个体渔民自行利用竹木扎制的竹排和利用泡沫塑料制造的塑料浮筏暂不纳入该次清理“三无”渔船的渔业船舶检验范畴。

2.低质量渔业船舶专项治理

2005 年,交通部、国防科工委、农业部、安全监管总局四部委联合开展了全国低质量船舶专项治理活动。4 月 13 日,联合印发了《全国低质量船舶专项治理活动方案》,对于非法违规造船厂(治理范围为滩涂造船厂)、低质量船舶(治理范围为滩涂造船厂于 2002 年 1 月 1 日以后建造完工的低质量船舶)以及未持有有效检验证书作业的渔船。

方案实行后,农业部渔业船舶检验局具体承担了低质量渔业船舶的专项治理工作,2005 年 7 月 18 日—8 月 24 日,农业部渔业船舶检验局组织并参加了由四部委联合进行的专项治理督查活动。督查活动共分四组进行,分别对浙江、福建、江苏、安徽、广东、广西、湖北、重庆、河南开展的低质量船舶专项治理情况进行督查。

各地对这项工作普遍比较重视,相继成立了由交通、渔业、安全、国防科工办及海事部门联合组成的专项治理领导小组。各省渔业行政主管部门负责渔船安全工作的主管领导作为低质量船舶专项治理领导小组的副组长,各省渔业船舶检验机构的领导,作为本省专项治理领导小组办公室的成员。

各地分别进行了广泛的动员和宣传发动工作,渔业船舶检验机构制定了详细的低质量渔业船舶专项治理附加检验计划,将未申请渔船修造资格和违规造船、无有效检验证书和不符合安全航行作业条件的渔船作为治理重点,在全省范围内进行摸底排查,基本摸清了本地区存在问题的船厂和船舶情况。渔政、渔港监督、渔业船舶检验机构协作,在伏季休渔期间,对未经检验和不符合安全航行条件的渔业船舶进行了一次彻底地检查。据第一阶段的清查统计,辽宁、河北、山东、江苏、浙江、福建、广东、广西、海南、安徽、湖北、重庆共查出存在违法、违规造船问题的船厂 127 家,未经检验和存在较大安全隐患的渔业船舶 9163 艘。

在第一阶段清查了违法、违规船厂和低质量船舶的基础上,交通部、国防科学技术工业委员会、农业部、国家安全生产监督管理总局又联合印发了《关于进一步深化全国低质量船舶专项治理活动的通知》,部署了违法、违规船厂的整改、关停,低质量船舶的专项治理附加检验等延续性工作。到 2006 年底,全国渔船检验系统在专项治理工作中,共排查渔业船舶修造厂点 500 多家,重点检查渔业船舶近 15 万艘,提出重点治理企业 120 多家,列入治理范围的渔船超过 3 万艘,已完成治理 13000 多艘,清理并实行临时检验的渔船近万艘,有 1000 多艘渔业船舶实施了报废处理或收回证书处理。

3.渔船安全专项检查

2009 年,各级渔业船舶检验机构有针对性地开展了 3 次全面的专项检查活动,分别以“海洋渔船检验工作专项检查”“渔船安全技术状况隐患排查治理和督促检查”“进一步开展渔船安全技术状况大检查、巩固渔船安全隐患排查治理工作成效”为主题,在伏季休渔前、休渔渔船集中检验时、休渔结束渔船开航前 3 个时间节点上开展集中专项检查。专项检查结合渔船检验工作实际情况,促进了渔船安全技术状况的改善。河北、山东重点排查并消除安全隐患 500 余起;辽宁、山东、上海对信号灯损坏、救生筏捆扎不符合规定的渔船下达整改通知书 300 份;山东现场配备救生、消防、信号设备 680 余台(件);江西、安徽、云南共排查出渔船安全技术一般隐患 400 余处,重大隐患 56 处,发出禁航通知 66 份;贵州渔船检验机构会同渔政机构共现场拆除或烧毁存在严重安全隐患的小木船 10 艘,没收“三无”渔船 2 艘。各地还开展了形式多样、丰富多彩的宣传活动,如针对渔船救生、消防等安全设备存放与使用问题,广东渔业船舶检验局组织编印并发放了 7000 多份简明图示画册及安全手册,并邀请多家新闻媒体对该省几起渔船生产作业遇险时渔民利用船上配备的救生设备成功脱险的案例进行宣传。

部分渔业船舶检验机构承担了“安全设备送上船”活动,包括设备选型、检验和技术指导等工作,如:广东渔业船舶检验局承担了为渔船配备 56000 件救生衣、13000 只救生圈、29000 个灭火器及 30000 盏信号灯等工作;浙江渔业船舶检验局承担了舟山地区更换各类信号灯 8500 余盏、救生圈 8300 只、救生衣 21200 件、灭火器 9120 只,安装 AIS 防碰撞终端 2358 件、安全救助系统终端 888 件,新配中/高频无线电装置 185 台等工作。

专项检查中发现,现有渔船老龄化趋势较为严峻,海洋渔船中船龄超过 10 年的占到 50%以上,内陆渔船船龄超过 10 年的也占到相当比例。这些老旧渔船以木质渔船为主,整体安全技术状况较差,安全隐患较大;船舶所有人普遍存在对安全生产第一责任人的职责履行不到位的问题,具体体现在船舶修理不到位、船舶日常维护保养和管理不到位、对船舶技术状况不重视、不了解等;渔船安全设备配备及安装存在较多问题;重要船用产品质量亟待提高;此外还存在诸如小型渔船及渔用竹木排筏管理上的难点等等。

4.重点渔业船舶检验监督

重点渔业船舶是指在技术条件上存在隐患、安全风险较大的渔业船舶。对这样的渔业船舶,各级渔业船舶检验机构给予了重点关注。农业部渔业船舶检验局出台了跟踪检验制度,2003 年 12 月 5 日印发《渔业船舶重点跟踪检验监督管理规定》,决定对未经检验、证书失效、发生重大事故未及时修复仍继续航行作业以及其他严重违规的船舶,将予以对外公布,并实施重点跟踪。各级渔业船舶检验机构按照业务权限实施重点跟踪制度。2004 年 8 月 18 日,农业部渔业船舶检验局通报了第一批 38 条远洋渔船作为重点跟踪渔业船舶。

各级渔业船舶检验机构陆续又将老旧船舶、休闲渔船、笼捕渔船、超量装载汽油出海生产渔船、养殖船及连家船等几类高风险性渔船列为“重点跟踪船舶”,重点加强了渔船安全隐患治理工作。

一是重点加强老旧渔船维修、改造及检验管理。针对北太鱿钓渔船船龄普遍较大且原有电气设备陈旧,给船舶安全生产带来一定隐患的问题,浙江开展了 25 年以上老旧北太鱿钓渔船电气设备专项整治活动,重点改造更换了陆用主配电板、陆用鱿钓灯配电板、鱿钓灯控制箱等;山东、江苏等地对老旧渔业船舶、水产运销船、油船和养殖渔船船员人数在 30 人以上的渔业船舶制定了相应的检验管理规定,并将上述船舶作为“重点跟踪船舶”,实施严格的检验监督管理,在每年年底有针对性地进行专项检查。

二是开展笼捕渔船和鱿钓渔船整顿工作。因笼捕渔船的网笼在甲板装载过高影响船舶稳性,鱿钓渔船作业区域具有特殊性,浙江、广东等地开展了笼捕渔船和鱿钓渔船整顿工作,杜绝了私自改装、改变作业方式的现象,并鼓励鱿钓渔船船主安装带有避碰预警功能的雷达,避免鱿钓渔船航经繁忙航道水域时遭受碰撞危险。

三是加强连家船安全设备有效配备工作。针对南海区及内陆地区普遍存在的连家船,广西、湖南、安徽、重庆等地各级渔业船舶检验机构加强渔船救生、消防、信号设备有效配备,重点检查、排查在建、在修渔船的安全技术隐患,对未按规定配备救生消防、信号等安全设备的船舶予以限期整改。

(二)远洋渔船检验管理的变革

在国家政策扶持下,我国远洋渔业规模持续增长,1999 年共有远洋渔船 1262 艘、804774 千瓦,2010 年发展到 1496 艘、858307 千瓦。1999 年以后,全国远洋渔船检验管理大致经历了“纳入管理”到“规范管理”两个阶段。“纳入管理”始于 20 世纪 90 年代末,针对大量远洋渔船不依法、依规申报检验的问题,采取了一系列措施,不断提高受检率。到 2010 年,经远洋项目批准的远洋渔船基本全部纳入了检验管理。“规范管理”则在远洋渔船基本纳入管理之后,为了使检验管理更科学,维护远洋渔业企业的利益,中华人民共和国渔业船舶检验局陆续出台了一些检验管理制度,解决了境外检验不及时等方面存在的难题。

规范管理后远洋渔船受检船数保持基本稳定。2006 年完成法定检验 1098 艘;2007 完成远洋渔船法定检验 1038 艘;2008 年完成远洋渔船检验 1195 艘;2009 年完成远洋渔船检验 1178 艘;2010 年因入渔国政局原因,塞内加尔检验点等境外检验团组未能成行,实际完成 1068 艘远洋渔船检验。2006 年后远洋渔船受检率基本保持 90%以上。

境外检验出现远洋渔船检验问题的较多,也是予以规范的重点。到 2010 年远洋渔船检验服务已延伸到 30 多个国家和地区。即使是尚未建交的国家,我国也派出验船师赴境外检验,为企业节省渔船开回国内所需的经济成本。除派遣团组执行境外检验外,还在加蓬、斐济、塞内加尔建立了 3 个境外检验点,解决渔船集中海域的检验问题。

1.远洋渔船检验实行统一管理

1998 年农业部出台了《远洋渔船检验管理办法》,改革了远洋渔船检验管理模式,由原各省分别管理,调整为农业部渔业船舶检验局统一管理。各省受理远洋渔船初次、换证检验的申请后,须上报农业部渔业船舶检验局,经审核通过,取得《远洋渔船检验委托通知书》,方可实施检验。检验完工后,各省将检验数据通过计算机网络传输给农业部渔业船舶检验局,由农业部渔业船舶检验局审核及发证。实行统一管理,为远洋渔船纳入管理及规范管理打下了基础,保障了各项管理措施、制度的落实,直接促使远洋渔船的初次检验与境内的营运检验工作迅速步入正轨。

此外，农业部还建立了远洋渔业船舶检验工作与远洋渔业项目管理紧密挂钩机制，为此专门下发文件，要求所有远洋渔业船舶必须接受渔业船舶检验局的检验，否则将不予确认远洋项目，从而使一些长期在境外作业、但证书已失效多年的远洋渔业船舶重新纳入正常的检验和管理的轨道。

2.北太平洋鱿鱼钓船整顿

2000年前，我国有近500艘赴北太平洋作业的大洋性鱿鱼钓船，其中有300多艘为浙江省检验的渔船。这些船舶长期由有关市渔船检验处作为国内船进行检验管理，约有半数没有按远洋渔船的标准进行检验发证，并且这些船舶中有相当部分的老旧渔船，安全技术状况堪忧。1999年"11·24"（"大舜"号）特大海难事件发生后，农业部发出了《关于加强渔业船舶监督检验工作的紧急通知》，要求加强远洋渔船检验。农业部渔业船舶检验局紧接着于2000年1月20日印发《关于进一步加强赴北太平洋作业的鱿鱼钓船检验的紧急通知》，由此开始对北太平洋鱿鱼钓船检验工作进行专项整治。由于大部分北太平洋鱿鱼钓船属于浙江省检验范围，浙江渔业船舶检验局成为专项整治工作的主力军。

此次整治的重点是对购买老旧船舶改造成大洋作业的渔业船舶进行了严格控制，同时要求部分存在安全设备方面问题的渔业船舶逐项整改并严格按标准配备。但考虑到部分渔船在通信导航等安全设备配备方面与远洋渔船的标准存在差距，要求一次性配齐难度很大。这些渔船又具有编队航行、作业的特点，具有一定安全保障能力，则允许实行编队航行的渔船暂缓配备部分安全设备。

经过一年多的整治，全国从事北太平洋鱿鱼钓作业的500多艘渔业船舶的监督检验工作全部纳入了规范化管理轨道。2003年10月28日，农业部印发《关于将北太平洋鱿鱼钓船纳入远洋渔业管理有关问题的通知》，决定自2004年1月1日起将北太平洋鱿鱼钓船纳入远洋渔业管理。从此，北太平洋鱿鱼钓船的检验按照远洋渔船的要求管理，但对于编队作业的北太平洋鱿钓船及过洋性渔船，仍可免除部分安全设备配备要求。

3.建立境外检验点

我国远洋渔船中有相当部分渔船长期在外作业不回国，针对这部分渔船的检验，一直以来是通过派遣临时境外检验团组的形式来执行的。但是，境外作业的远洋渔船越来越多，这种短期团组的形式难以满足全部远洋渔船的检验需求，每年都有部分渔船得不到及时的检验。因此，农业部渔业船舶检验局开始研究设置固定的境外检验点，在每年的捕捞淡季派出验船师。通过相对延长验船师在境外执行任务的时间，解决了境外渔船检验不及时的问题，也减少每次派出团组的人数。截至2010年，共建设了加蓬、斐济、塞内加尔3个境外检验点，远洋渔船检验形成了境外检验点与临时检验团组相结合的境外检验模式。3个检验点每年检验船数约占境外检验总检验船数的30%以上。

2002年6月10日，中华人民共和国渔业船舶检验局致函我国驻加蓬大使馆商务参赞处，商请在加蓬设立远洋渔船检验办事处，负责我国西非远洋渔船检验工作。8月，受中华人民共和国渔业船舶检验局委托，辽宁渔业船舶检验局与加蓬工业渔业公司合作，开始筹建"中华人民共和国渔业船舶检验局加蓬检验办事处"。9月21日，孙继光、李顺宝两位验船师启程前往加蓬工作。10月3日，加蓬检验办事处在加蓬利伯维尔市正式设立，辽宁渔业船舶检验局李顺宝验船师担任加蓬检验办事处主任，对非洲西部近10个国家中在大西洋作业的我国100余艘渔船进行检验发证工作。同年，加蓬工业渔业公司与辽宁渔业船舶检验局合作建立"中加船舶救生筏检修有限公司"，承担境外渔船救生筏检修业务。

2003年9月25日，中华人民共和国渔业船舶检验局印发《中华人民共和国渔业船舶检验局驻加蓬办事处管理办法》，公布了验船师调配、工作管理、财务管理等27条规定。境外检验点制度初步建立。

在加蓬检验点积累了经验后，又由上海渔业船舶检验局承担筹建并管理驻斐济短期检验工作点。

2007 年 1 月 11 日,斐济检验工作点正式启动工作。检验点设在斐济首都苏瓦,计划验船师在境外的工作时间为每年 12 月份至次年 3 月份。检验点具体承担在斐济及南太平洋海域作业的中国籍远洋渔船法定检验、在斐济及南太平洋地区的进口渔业船舶检验工作。上海渔业船舶检验局于 2004 年在该地区认可了一个气胀式救生筏检修站,对救生筏站的管理工作也由斐济短期检验工作点负责。

2006 年 12 月,驻塞内加尔短期驻外检验工作点正式启动,主要服务于中国水产总公司在西非海域作业的船只,该检验点试行了远洋渔船"协检员"制度。2003 年,西非海域长期分布有中水远洋渔业有限责任公司的渔船,这些渔船生产周期长、靠港时间不确定、检验时间难以与国内验船师出境的日程衔接。农业部副部长的齐景发了解到该情况后,专门批示要求在检验中考虑远洋渔船作业的实际因素。2004 年 6 月 2 日,中华人民共和国渔业船舶检验局批复同意试行中水公司提出的"协检员"制度,即由中水公司选派船舶专业技术人员,受中华人民共和国渔业船舶检验局的委托,长期驻外协助中华人民共和国渔业船舶检验局开展检验工作,协检员要对检验结果及检验质量负责。2006 年驻塞内加尔短期驻外检验工作点建立,先期有 8 名中水公司的技术人员在该点担任了协检员。

4.远洋渔船检验计划管理制度

2007 年初,渔业船舶检验局开始在远洋渔船检验工作中实行计划管理,在充分考虑了各远洋渔业企业的检验需求和各船检验机构检验能力后,制定了《2007 年度远洋渔业船舶检验工作计划》,包括"境内检验计划""境外检验及人员派遣计划""未报计划但检验有效的船舶"和"重点跟踪船舶"4 个部分。计划管理改变了因无法及时办理出境手续而检验不及时的状况,改变了省级检验机构临时派遣人员打乱国内正常检验工作秩序的状况。越来越多的企业选择在境外接受检验,越来越多的远洋渔船得到及时高效的境外检验服务。2007 年企业计划申报境外检验船数 556 艘,到 2010 年计划数达到 721 艘,增长了近 30%。尚未实行计划管理的 2006 年渔业船舶检验局完成境外检验 245 艘,实施计划管理后 2007 年完成 428 艘,2009 年后境外检验数量都在 600 艘以上。

5.分类管理制度

2007 年,渔业船舶检验局开始试点将舟山籍当年往返北太平洋鱿钓渔船的检验发证工作委托给浙江省。2010 年又将辽宁省、河北省和浙江省等所属的此类渔船的检验发证工作正式核定给其所在省的渔船检验机构。

同年,针对辽宁省和山东省每年都有大批国内渔船在伏季休渔期间赴朝鲜东海岸作业,中华人民共和国渔业船舶检验局将以往把该类渔船完全作为远洋渔船进行检验的做法进行调整,确定为不属远洋渔船性质,仅为其签发赴朝鲜以东海域为期 3 个月生产作业的临时航行证书。当年辽宁省和山东省渔业船舶检验局分别对 137 艘和 159 艘渔船签发了赴朝鲜以东海域为期 3 个月生产作业的临时航行证书。

分类管理有效缓解上述两类船舶每年集中修理、检验、出航给检验发证工作带来的巨大压力,简化了程序,提高了工作效率,方便了渔民。

(三)强化老、旧渔船的检验及管理

1.控制进口旧渔船和进口旧机电产品上船使用

2000 年,进口旧渔业船舶管理的归口问题得以解决。早在 1985 年,农牧渔业部就发文要求进口旧渔业船舶应向渔船检验机构申请初次检验。但多年来进口旧渔业船舶存在重复检验问题,交通船检部门对其也进行了检验。1997 年国家经济贸易委员会、对外贸易经济合作部、海关总署、国家进出口商品检验局联合发布了《关于加强旧机电产品进口管理的通知》后,农业部渔业船舶检验局多次与交通部海事局、对外贸易经济合作部机电产品进出口司协商,对进口渔业船舶检验问题达成一致意见,并与对外贸易经

济合作部机电产品进出口司于2000年2月15日联合下发了《关于旧渔业船舶进口检验有关规定的通知》,明确规定凡是进口旧渔业船舶的船舶所有人,须向农业部渔业船舶检验局申请旧渔业船舶进口检验。同时,还将20年以上的渔船、捕捞加工船,18年以上的水产运销船、冷藏加工船、科研调查船、渔业指导船、教学实习船,15年以上的油船列入限制进口的旧渔业船舶,不予批准进口及检验。

据此,农业部渔业船舶检验局陆续派出验船师赴境外执行具体检验任务。2000年共受理了40多艘渔业船舶的进口检验业务。

2000年4月13日,中华人民共和国渔业船舶检验局发出《关于对渔船使用进口旧机电产品加强检验管理的通知》,要求各地渔业船舶检验局严格把关,凡列入“目录”的旧机电产品,一律不准装船使用;凡未持有合法手续的旧船用产品,不得受理检验;所有旧船用产品不准用于建造新船。

2.强化对报废渔船的检验规定

为加强渔业船舶安全管理,保障渔业船舶航行作业安全,控制捕捞强度,促进渔业可持续发展,农业部和国家安全生产监督管理局于2002年4月20日联合颁布了《渔业船舶报废暂行规定》,于2002年5月20日开始施行。规定要求对我国渔业船舶实行强制报废制度,要求各级渔业行政主管部门及其所属的渔政渔港监督管理机构和渔业船舶检验机构负责渔业船舶报废制度的实施和监督管理。对于不同材质用途大小的渔船规定了从13年到30年不等的报废年限,达到强制报废船龄但安全技术状况良好的渔业船舶,渔业船舶所有人可以申请延期报废但延长期限最多不得超过5年;对于虽未达到报废船龄,但安全技术状况较差,经维修改装仍达不到安全标准的,经渔业船舶检验机构根据有关规定检验,认定应予提前报废的渔业船舶,应强制提前报废。

为进一步贯彻落实报废暂行规定,确保渔业生产安全和渔区社会稳定。农业部于2003年6月13日下发了《关于实施〈渔业船舶报废暂行规定〉有关问题的通知》,就渔业船舶报废的执行程序,延期报废的审批程序,过渡期的设定和条件,报废渔业船舶的买卖、更新和处理等问题进行了规定。2003年6月20日,中华人民共和国渔业船舶检验局印发了《渔业船舶延期报废检验管理办法》,规定了渔业船舶延期报废的申请、检验、专家评审、证书换发的程序,加强了对报废延长期和过渡期渔业船舶的检验。

同时,国家还实施了沿海捕捞渔民转产转业政策,给予报废渔船一定补助,使得渔业船舶的报废制度实施得比较顺利,全国每年都有几千条渔船报废。

3.对老旧渔船实行分类管理

随着2007年《物权法》出台,渔业船舶报废制度的合法性遇到挑战。2007年4月30日,农业部印发《关于加强老旧渔业船舶管理的通知》,实施了近5年的《渔业船舶报废暂行规定》不再执行。老旧渔业船舶的管理方式从“强制报废”到“引导船东加快更新、淘汰落后、增大投入和限制使用”转变。对老旧渔船实行分类管理,按其老旧程度,分为一般老旧渔业船舶和限制使用老旧渔业船舶。一般老旧渔业船舶检验合格后,签发的船舶检验证书的有效期不得超过12个月。达到限制使用船龄且未按时检验或经换证检验认定不能满足安全技术要求、未取得渔业船舶检验证书的老旧渔业船舶,禁止其继续从事渔业生产活动。

9月29日,中华人民共和国渔业船舶检验局发出《关于加强老旧渔业船舶检验管理的通知》。对在渔业船舶检验工作中如何贯彻执行农业部《关于加强老旧渔业船舶管理的通知》提出具体要求和措施;同时,公布老旧渔业船舶检验所需的《渔业船舶技术状况检查项目书(钢质渔业船舶)》《渔业船舶技术状况检查项目书(玻璃钢渔业船舶)》《渔业船舶检验不合格通知单》《渔业船舶检验不再受理通知书》等技术文件格式。

2008年1月11日,“烟远一号”向农业部渔业船舶检验局申请检验,这是国内首条按“限制使用老旧渔业船舶”执行检验的渔船。

(四)检验先进、大型船舶

1999—2001 年,辽宁渔业船舶检验局审查了“8356 型远洋鱿鱼钓船”图纸,并承担其建造检验任务。该船是大连渔轮公司设计建造的具有当时国际先进水平的大型鱿鱼钓船,主尺度为 72.78/10.8/(6.7/4.15),航速 12 节,满载排水量 1830 吨,续航力 10000 海里,钢质双甲板、长甲板室,前倾首柱带球首,巡洋舰式圆尾,尾机舱,配 MAU-5 型固定螺距螺旋桨,设双层底和流线型舵,冻结装置采用风吹搁架式冻结机,设中央空调和固定式 CO_2 灭火系统,全船设 2 千瓦诱渔灯 180 盏、水下灯 4 盏,设全自动鱿鱼钓机 56 台,左右两舷侧设网托架 82 只和玻璃钢流鱼槽,鱿鱼流经鱼槽靠水动力进入加工间,进行加工处理,实现了自动钓鱼及处理鱼的功能。

1999 年国家投资建造了 14 艘大中型渔政船,属于国家基础设施项目,其中 4 艘 1000 吨级渔政船属各海区渔政局、10 艘 500 吨级渔政船属沿海省(自治区)。海区 4 艘 1000 吨级渔政船由农业部渔业船舶检验局组织检验,为此成立了驻武昌造船厂检验组,检验组由来自辽宁、天津、山东、江苏、浙江、福建、湖北渔业船舶检验局及农业部渔船检验局的验船师组成。农业部渔业船舶检验局总工程师亲任总验船师。省级 10 艘 500 吨级渔政船的图纸审查工作由农业部渔业船舶检验局统一组织,法定检验工作由船舶建造厂所在省渔业船舶检验局负责。为实施审图,抽调了辽宁、山东、浙江、福建、广东、广西渔业船舶检验局的 6 位验船师参加。

2007 年,经国家发改委批准,农业部立项了 2500 吨载机渔政船建造项目。该船由中国船舶重工第 701 研究所设计,在湛江海滨船厂建造,后定名为“中国渔政 310”,隶属农业部南海区渔政局,是当时我国自行设计的吨位最大、航速最快、总体性能最先进的渔政船。农业部渔业船舶检验局多次组织来自全国渔业船舶检验系统的骨干验船师对该船的设计图纸进行审查,8 月 22 日,2500 吨级载机渔政船图纸获得批准。该渔政船的建造检验由广东渔业船舶检验局承担,共接受了该船 133 次检验申请,派出验船师 306 人次进行检验。2010 年 11 月,该船历时 3 年建造完工。利用这次检验先进船舶的机会,2008 年 10 月 28—30 日,广东渔业船舶检验局在造船现场举办了检验交流会,沿海 8 个省(自治区、直辖市)渔业船舶检验机构的 24 名验船师参加了交流学习。

2008 年,农业部立项了“南锋”号渔业资源与环境科学调查船建造项目,这是我国第一艘自行设计、自行建造并拥有自主知识产权的综合性海洋渔业资源与环境科学调查船,也是当时亚洲吨位最大具备国际先进水平的渔业资源调查船。该船船长 66.66 米,船宽 12.4 米,总吨位 1478 吨,主机功率 1920 千瓦,续航力 8000 海里,具有渔业资源声学评估、海洋生化理化、卫星遥感等高科技研究能力,具备底拖网和变水层拖网、金枪鱼延绳钓、灯光鱿鱼钓等多种渔具渔法科研功能。该船对船舶性能要求较高,采取了多种优化措施和手段,还使用了对称式可控被动式减摇水舱、可调螺距导管螺旋桨、首侧推装置等优化性能的设备和方法。该船在科研功能和船舶技术方面的特性对渔业船舶检验工作提出了较高的要求,因此,农业部渔业船舶检验局安排局领导亲自担任现场检验组组长,组织专家先后 3 次对该船图纸集中审查,2008 年 6 月 23 日,图纸获得批准。山东省渔业船舶检验局承担了建造检验任务,7 名验船师驻厂实施检验。历时 16 个月,该船建造完工,交付中国水产科学院南海水产研究所。

2008 年 6 月,国家科技部启动了列入“863 计划”的“远洋渔业捕捞装备”项目。大连渔轮有限公司承担了其子课题《节能型大型远洋金枪鱼围网渔船船型开发》的主要研发任务,并负责实船建造,2009 年 3 月 30 日与上海水产(集团)总公司上海开创远洋渔业有限公司签订了两艘 75 米远洋围网渔船船舶设计与建造合同,合同金额共计 2.2 亿元人民币。这次大型远洋金枪鱼围网渔船项目填补了我国在该类型渔船设计、建造领域的空白。2009 年 9 月 2—6 日,农业部渔业船舶检验局抽调部分审图专家与辽宁渔业船舶检验局有关验船师组成审图工作组,在大连对大连渔轮公司设计的大型远洋金枪鱼围网渔船设计图纸进行了审查。

(五)渔业船舶技术鉴定和事故责任裁定

2002 年 2 月 28 日,农业部渔业船舶检验局在北京召开了 500 总吨渔政船 DL-26 柴油机曲轴曲臂差问题专家组审查会。2002 年 3 月 11 日,根据专家组审查意见作出裁定。该型柴油机曲轴曲臂差超差的原因,主要是该机与轴系传动装置的配置不当所致,即该机曲轴的结构刚度不能适应现有轴系传动装置的型式。

2002 年 10 月 16 日,农业部渔业船舶检验局就浙江省象山地区渔民反映 6200Z 型柴油机曲轴断裂问题,在宁波市组织专家分析会。来自中国船级社、中船总公司七一一研究所、中国水产淄博柴油机厂、舟山盈海远洋渔业公司、农业部渔业船舶检验局、山东渔业船舶检验局、浙江渔业船舶检验局的 7 位专家,对曲轴断裂事故的发生提出专家组意见。11 月 13 日,农业部渔业船舶检验局对该柴油机曲轴断裂问题作出裁定:潍坊柴油机厂生产的 6200Z 型柴油机曲轴断裂事故与柴油机本身质量无关;造成该机曲轴断裂的主要原因是由于曲轴长期承受过大的交变弯曲应力造成疲劳破坏所致,造成该机曲轴长期承受过大交变弯曲应力的原因是安装使用不当。

2004 年 9 月 3 日,农业部渔业船舶检验局在北京召开“沪渔 917”渔船事故成因专家论证会。农业部渔业船舶检验局、中国船级社上海规范所、同济大学新材料研究所、珠海琛龙船厂、广东渔业船舶检验局、上海玻璃钢研究所等单位派出 7 位正式代表。此前“沪渔 917”玻璃钢金枪鱼钓船在斐济渔场发生船首部折断事故,7 月 29 日—8 月 9 日专家组赴斐济对“沪渔 917”玻璃钢金枪鱼延绳钓渔船事故成因及“沪渔 916”渔船存在问题进行了调查和勘验。这次事故影响很大,使得政府主管部门及船东对发展玻璃钢渔船的科学性产生怀疑,玻璃钢渔船的推广因此受到阻碍。

2005 年 3 月 10—16 日,受中华人民共和国渔政渔港监督管理局委托,农业部渔业船舶检验局组织事故渔船技术鉴定工作组分别赴浙江温岭和辽宁大连,对“2·23”渔事纠纷事故渔船进行了技术勘验。工作组专家分别勘验了“浙岭渔 22502”“辽大甘渔 8337”“辽大甘渔 8338”3 艘船舶的受损情况,并形成技术报告,为主管机关处理该海上事故提供技术支持。

2008 年,农业部渔业船舶检验局成立专家组,对“荣远渔 806”号渔船稳性进行鉴定。“荣远渔 806”于 2005 年 11 月 28 日在韩国济州岛正面进行拖网作业时,突遇大浪,被风浪打翻沉没,渔船上 20 名渔民全部落水,其中 5 人获救、1 人死亡、14 人失踪。青岛海事法院受理该案后,委托青岛荣达保险公估有限公司鉴定稳性及沉没原因,后判该船稳性不满足有关要求。该船建造方黄海造船有限公司向山东省高院上诉,并申请渔业船舶检验机构对该船稳性进行复核。农业部渔业船舶检验局组织专家组鉴定后认为,“荣远渔 806”船翻船事故的 3 点原因均不成立,结论错误。荣达公司之所以得出错误的结论,是因其不具备渔业船舶设计、建造、修理、检验方面的相关资质,对各类型倾覆机理以及渔船拖网作业方式不了解所致。

(六)与港澳地区的检验业务合作

2004 年 9 月 22—24 日,在农业部与国际海事组织(IMO)在北京共同举办的促进国际渔船安全公约 1993 年议定书实施讲习班上,香港特别行政区海事处、澳门特别行政区港务局、农业部渔业局、农业部渔业船舶检验局在北京亮马河大厦就渔船管理中渔船检验、船员培训、海难救助及建立统一的区域性标准等问题进行了交流和讨论,并签署会议纪要。代表们一致同意建立定期会议制度,每年一次;同意建立应急处理、联络机制;同意轮流举办渔船安全管理工作会议。

1.与香港渔船检验部门合作

内地与香港在渔船检验方面的合作交流包括建立并完善香港渔船委托检验工作制度、强化技术法规和检验工作程序交流、就共同关心的国际公约进行讨论、不定期交换技术文件并互相支援技术法规建设、建立联络员制度等。2006 年 8 月,中华人民共和国渔业船舶检验局与香港特区政府海事处在北京召开内地与香港渔船检验第一次定期会议,启动了定期会议机制。定期会议每年在内地或香港召开,到 2010 年共举办了 5 次。

2007 年 1 月 2 日,香港《商船(本地船只)(安全及检验)规例》生效,1 月 19 日,中华人民共和国渔业船舶检验局接受香港海事处委托受理内地建造的香港流动渔船钢质渔船的所有定期检验,检验根据香港《商船(本地船只)(安全及检验)规例》及有关工作守则的要求进行,具体检验工作由广东渔业船舶检验局承担,承担检验任务的验船师须由中华人民共和国渔业船舶检验局按照香港海事处处长签署的《就执行本地船只检验对政府当局的承认》要求提名方可从事委托检验。2007 年 6 月,广东受理了 2 艘持有香港牌照的钢质渔船的定期检验工作。

2008 年 1 月 2 日,香港方面将内地建造或首次在香港领牌及改装的香港钢质渔船正式委托国家渔业船舶检验局检验。2008 年 3 月 28 日,广东渔业船舶检验局的验船师签署了 43 米香港钢质渔船"CHEUNG KAM WING"的委聘通知书,并在汕尾市红海湾万冲船舶修造有限公司开始对该船实施建造检验,全部检验项目检验合格后,于 2009 年 1 月 8 日签署了该船的"检验声明书",完成了广东受理检验的第一艘新建造香港钢质渔船的检验工作。

2009 年 1 月,香港流动渔船木质渔船纳入委托检验范围。

2010 年,3 年委托期满后,双方委托检验合作继续,委托期限由原来的 3 年增加到 5 年。委托检验地区已由广东省扩大到浙江、福建两省。

2010—2011 年上半年,内地共检验香港籍渔船 300 艘,其中浙江省检验建造渔船 4 艘,福建省检验建造渔船 1 艘,广东省检验 295 艘(新建钢船 25 艘,年度检验钢船 81 艘、木船 189 艘;2010 年 103 艘次,2011 年上半年 192 艘次),同比 2007—2009 年 3 年验船总量增长 91.1%。广东派出获提名验船师 960 多人次,开展检验的地点分布在惠州、汕尾、珠海、阳江、广州等市的船厂或码头,检验结果都得到了香港海事处的认可及签证。

2010 年,中华人民共和国渔业船舶检验局共提名验船师 55 名,其中浙江省 19 名、福建省 21 名、广东省 15 名。算上 2007 年提名的广东省 28 名验船师,共有提名验船师 83 名。

2.与澳门渔船检验部门合作

澳门渔船数量较少,澳门回归以后,澳门渔民有来内地建造渔船并向广东渔船检验机构申请公证检验的习惯。从 1996—2006 年,仅澳门兆龙有限公司就在广东建造了 20 多艘钢质拖网渔船,并向内地渔检申请公证检验。2006—2009 年,由于受渔业生产环境的影响,澳门无新船到内地建造。2010 年以后,有 6 艘澳门渔船在内地申请建造检验。

广东、澳门两地渔船检验部门长期保持着渔船检验业务上的沟通和联系,双方一直采取公证检验的合作模式。2010 年 1 月 20 日,应澳门特别行政特区港务局的要求,中华人民共和国渔业船舶检验局与澳门港务局在广州市举行了渔船检验业务交流会。会上,双方就新建造渔业船舶的检验项目、检验标准、检验文件的签发以及渔船管理等基本情况进行交流,并根据目前澳门渔民船东在内地建造钢质渔船的实际情况,确立澳门渔船委托检验采取"一事一议"合作模式,具体检验工作由广东省渔业船舶检验局承担,同时明确制定澳门渔船委托检验工作预案和程序，建立联络员制度。因澳门无自己的检验规则，检验依据为内地检验规则。

（七）渔船设计、修造单位资质认可工作

1993年起实施渔船船舶设计单位资质认可制度，1994年实施渔船修造工厂认可制度后，经过几年的审查认可，设计、修造单位的资质认可工作步入正常轨道。1999—2010年间，全国取得设计资格认可证书和取得修造厂认可证书的单位数都较为稳定。据2004年6月的统计，农业部认可的渔业船舶设计单位有98家、修造船厂1178家、其中建造企业686家（钢质类269家、木质类384家、玻璃钢类33家）、修理企业492家（钢质类309家、木质类183家）。2010年，取得认可的渔船设计单位有114家，渔船建造企业735家，渔船修理企业达到417家。

在传统木质渔船生产地区，通过政策引导和提高技术准入门槛，减少了木质渔船建造企业的数量，扶持和促进钢质、玻璃钢渔船建造企业的发展。

1.渔业船舶重新纳入工业产品生产许可证目录

1993年国家撤销了渔业船舶的生产许可管理后，虽然1994年农业部实施了渔船修造厂认可制度，但这一种制度缺少相应的法律处罚措施。1999年，农业部渔业船舶检验局向农业部上报了《关于要求恢复渔船生产许可证制度的请示》。2001年，国防科学技术工业委员会、农业部、交通部联合向国家质量监督检验检疫总局行文《关于将民用船舶列入工业产品生产许可证目录的函》（科工函〔2001〕171号）。国家质量监督检验检疫总局以《关于同意将民用船舶产品列入工业产品生产许可证管理目录的函》（国质检监函〔2002〕244号）批复同意。作为民用船舶的重要组成部分，渔业船舶实施工业产品生产许可证管理后由农业部负责，农业部为此成立了民用船舶生产许可证审查二分部，农业部渔业船舶检验局包盛清局长任组长，办公室设在农业部渔业船舶检验局质量监督处。渔业船舶建造企业生产许可证管理工作由农业部渔业船舶检验局组织实施。制度实施至2007年，国务院发布《关于第四批取消和调整行政审批项目的决定》（国发〔2007〕33号），取消了民用船舶生产许可行政审批项目。

2.修造工厂认可管理规范化

2001年，渔业船舶修造工厂认可工作规范化程度得到提升。一方面是统一了工厂认可工作程序及审查要求，2001年8月1日农业部渔业船舶检验局颁布《渔业船舶修造工厂认可工作程序规定》，并公布钢质渔业船舶建造（含大修）工厂、钢质渔业船舶中、小修理工厂、木质渔业船舶建造（含大修）工厂、木质渔业船舶修理工厂、玻璃钢渔业船舶修造工厂现场考核审查要求，对不同类型工厂提出不同的要求，改变了过去“小而全”的管理思路，顺应了市场经济多样化发展形势。另一方面是加强了对工厂认可审核人员的管理，规定今后参加工厂认可的人员必须具备审核员资格。分三期对渔业船舶检验系统132名工厂认可审核员进行了培训考核和发证，2001年7月17日公布了第一批具有工厂认可审核员资格人员名单。

3.渔业船舶泡沫塑料绝热层喷涂施工点单位纳入认可管理范围

2001年5月3日，停泊在中国水产（集团）总公司（简称中水公司）大连渔轮公司西码头正在进行建造的“辽渔一号”发生重大事故，造成10人死亡，直接经济损失100多万元。事故的原因：在后冻结机舱内进行聚氨酯泡沫塑料喷涂作业的同时，在制冷机舱内气割连通后冻结机舱的排水管作业，致使火焰通过排水管点燃聚氨酯泡沫塑料，造成舱内可燃气体轰燃。事故引起了国务院以及各界的重视，农业部也为此专门发布《关于进一步加强渔业安全生产工作的紧急通知》，提出“对渔船建造审批、检验发证、登记、进出港签证等与渔船安全紧密相关的环节严格把关，……加强对渔船安全救生、消防和通信等设施的检查”等项要求。

2001 年 8 月 7 日,中华人民共和国渔业船舶检验局发布《渔业船舶泡沫塑料绝热层施工单位认可管理办法》,决定对从事泡沫塑料现场喷涂(灌注)的单位实行认可制度。2004 年 10 月 26 日,此项认可工作正式纳入"渔业船舶设计、修造单位资格认定"管理范围。

(八)渔船标准化与检验工作的结合

1.全国渔船标准化技术委员会

全国渔船标准化技术委员会于 1990 年正式成立,2000 年以后秘书处受外部环境以及依托机构调整的影响,办事机构解体、队伍严重减员、工作处于严重困难的状态。农业部渔业船舶检验局主动申请对其恢复承建。2006 年 11 月召开第三届全国渔船标准化技术委员会成立大会,标委会秘书处设在农业部渔业船舶检验局资质管理处,有专职人员 3 人,还有来自全国各地的 27 位委员,标委会形成相对稳定的工作机构、管理队伍和技术队伍。

渔船标委会挂靠农业部渔业船舶检验局管理前,由于多年工作停滞,制修标计划未得到实施,大量标准过时。2006 年全体委员大会上秘书处组织了专项讨论,会上拿出新的标准体系建设草案,提出遗留计划项目的解决方案。经过近两年的努力,对渔船现行 141 项标准进行了清理修订,废止一些过时标准,修订一些技术落后标准。秘书处对遗留的标准计划项目继续监督实施。2007 年渔船标委会向国标委申请专题科研项目计划,组织了由中国水产科学研究院、中国海洋大学、上海海洋大学、大连海洋大学、威海竹内玻璃纤维增强塑料船舶制造有限公司、中国温州渔业机械公司、宁波捷胜海洋开发公司、浙江海洋学院、山东渔业船舶检验局、上海渔业船舶检验局、浙江渔业船舶检验局、辽宁渔业船舶检验局等 15 个单位、40 多位专家参加了国家公益性标准科研项目《渔船标准体系建设研究》,经过 2 年的努力,完成了新渔业船舶标准体系研究项目。

渔船标委会 2006 年度发布行业标准 2 项,2007 年度发布行业标准 1 项,2009 年度发布行业标准 6 项,2010 年度发布国家标准 1 项(《渔业船舶系泊、航行、捕捞试验通则》)、行业标准 3 项。

2.渔船船型标准化

2005 年,浙江渔业船舶检验局启动渔船船型标准化设计,成为首个开展专项渔船船型标准化工作的省级渔船检验部门。浙江渔业船舶检验局联合设计单位,通过广泛调研、不断优化,陆续开展了 23 个海洋船型和 13 个内河船型的研究与设计工作,其中 4 个系列 12 个标准船型刻录了光盘,汇编了《浙江省渔业船舶船型优化设计图集》,向行业各方免费发放。

上海市于 2008 年由政府立项启动了《上海市标准化渔船》项目,成立"推进办",联合行业重点科研院所和企业开展节能减排关键技术攻关,研发了近海桁拖网和定制张网两种标准化船型,无偿提供给渔民使用。其中 SH821 型标准化渔船经示范应用,可节能 20%以上,抗风浪能力达 8 级以上。以渔业合作社为平台,渔民为主体,政府资金扶持等政策为引导,大力推广标准化船型应用。

2008 年 12 月,农业部渔业船舶检验局顺利完成了《渔船船型研究与设计》节能项目。该项目是农业部 2008 年节能减排项目中唯一一个具体研究和设计船型的项目,旨在通过项目的开展,了解渔民对船型的需求,分析节能渔船船型的设计规律。经过反复研究与方案分析,最终设计出两种适合我国辽宁地区群众渔业推广使用的节能型玻璃钢渔船船型。

河北省于 2009 年起也积极尝试推动玻璃钢渔船标准化工作,研发了 8 米、10 米和 12 米 3 型玻璃钢标准船型,但受制于海洋资源枯竭、资金扶持力度不足、传统渔民改造积极性不足等因素,未能大面积推广。

此外,山东、广东两地渔业船舶检验局组织了对休闲渔船标准船型的审定工作,引导开发出安全、节能、环保的玻璃钢新船型。

内陆省市方面，重庆市于2007年启动渔船船型标准化工作，是内陆水域最早启动渔船船型标准化工作的省份。重庆市共组织设计了16种标准船型，适用于三峡库区等不同水域。

第八节　船用产品和集装箱检验业务的拓展

一、中国船级社船用产品检验的开展

中国船级社于1999年8月29—31日在北京召开了中国船级社船用产品检验政策及管理方式改革专题研讨会，会议决定对产品检验技术支持体系、产品检验业务管理、产品检验培训体系、产品认可和检验模式等方面进行改革，对集装箱检验业务开拓做必要的战略调整。经过几年的努力，中国船级社船用产品检验工作得到全方位提升。

（一）中国船级社船用产品检验工作全方位提升

船用产品检验是中国船级社质量安全链中的一个重要环节，是保障船舶检验质量的基础。跨入21世纪，中国船级社船用产品检验工作得到全方位提升，由船舶规范、产品检验指南、产品检验须知构成的船用产品技术文件体系正式形成，《船用产品检验管理信息系统(PSMIS)》于2005年1月1日正式启用，船用产品认可系列补充完善，船用产品审图工作充实加强，监督、核查制度进一步完善。十多年间，中国船级社强化内部管理，创新管理模式，船用产品检验工作从粗放管理转变为精细化和专业化管理，建立和完善技术支持体系，以适应行业发展的需要。

1.正式形成船用产品技术文件体系

2005年8月1日生效的《钢质海船入级与建造规范》(2001)修改通报，将船用产品检验作为一节开始列入规范。中国船级社《钢质海船入级规范》(2006)专设船用产品检验一章，将船用产品检验正式纳入中国船级社的船舶规范体系。

《产品检验指南》设总则、金属材料、焊接材料、非金属材料、轮机设备、液压设备、甲板机械、管系设备及附件、锅炉及压力容器、船舶舾装设备、电气设备、系固设备、耐火结构和设备、消防设备、救生设备、防污设备、无线电通信设备、起重设备、船用航行设备、船用信号设备等20篇。2008年3月《产品检验指南》(一期)出版，共71章。2010年12月(二期)出版补充了13章。2008年4月《产品检验须知》(一期)出版，共20篇65章。《产品检验须知》(二期)补充了47章。《产品检验指南》及《产品检验须知》基本配齐，正式形成了由规范、指南、须知三个层次构成的船用产品技术文件体系，完善船用产品检验技术依据，其中：规范和指南为公开对外文件；须知则为内部文件仅供验船师使用。规范、指南、须知适时地进行修订和补充，以使其满足国际海事公约的最新要求及国家法规的最新规定。

2.《船用产品管理系统(PSMIS)》投入运行

进入21世纪后，船用产品检验管理工作仍处于半手工状态，这在一定程度上阻碍了船用产品检验业务的发展和对客户的服务。2002年编制开发船用产品检验和认可信息管理系统的可行性报告，随后开发了PSMIS软件，并于2004年10月1日起试运行。2005年1月1日起在中国船级社全系统内正式启用PSMIS系统，所有船用产品检验管理工作全部转入PSMIS系统中进行。按照中国船级社质量体系程序文件规定，2006年10月11日完成了对PSMIS的软件登记工作，登记号为CCS103BJ-2006。

PSMIS系统功能主要模块有：工作处理模块主要是工厂认可、年度复查、型式认可、产品检验、样箱认

可、审图及集装箱制造检验等项工作的登记、处理;产品管理模块主要是产品基本信息的维护;个人工作模块主要是动态地对每个人工作进行编辑和维护以及方便用户查看工作与工作状态;领导工作模块主要是查询、显示工作列表与人员列表,可查看每个工作人员名下的工作及工作状态、工作流程并进行工作评价。还有客户管理模块、用户管理模块、查询添加模块、辅助系统模块等。

产品检验综合查询分为按分社名称统计检验工作量、按产品名称统计检验工作量、按验船师统计检验工作量、按产品名称查询检验证书、按工厂名称查询检验证书、按证书上的 HULL No 查询检验证书、分社或办事处数据同步统计、分社或办事处工作查询、按产品证书编号查询证书、在建船舶情况统计等 10 种。

PSMIS 系统覆盖了工厂认可、年度复查、型式认可、产品检验、集装箱检验、委托检验、代理检验、审图、样箱认可等项业务流程控制,即对某一工作从开始到最终完成的各个环节实现控制和管理,使之符合程序文件的规定。如工厂认可功能模块包括申请、登记、评审、分社指派验船师、总部和分社标识申请、外来资料、工作计划编写与审查、分社和总部部门认可报批文件的处理、证书发放及收费等项工作。

PSMIS 系统提供了一个高效管理、监督和检查平台,实现检验信息电子化、检验工作规范化和标准化, 并开通网上查询功能,提高了中国船级社船用产品检验整体的技术水平和外部形象。

3.补充完善船用产品认可系列

船用产品认可增加了设计认可,适用于设备和系统类产品的设计评估。设计认可由技术文件核查和型式试验组成。技术文件及有关的型式试验报告经审查符合要求时对该产品签发设计认可证书。

考虑到船用产品厂开发市场的需求及其技术能力的差异, 将船用产品型式认可分为型式认可 A 和型式认可 B 两种模式。型式认可 B 是指通过对产品图纸、技术文件的审查和进行有关的工艺验证、认可实验、现场核查确认产品及工厂的生产测试设备、基本质量控制体系符合中国船级社规范的规定后,对产品的定型设计及产品的适用性满足相关规范和标准等的适用要求所给予的认可。型式认可 A 以型式认可 B 为基础,加上完善的工厂质保体系及可靠的产品质量。型式认可 A 是对高品质制造厂给予的一种高级别的认可模式。获得型式认可 A 的制造商,中国船级社可接受认定的企业质检人员所出具的质量证明,可部分或全部代替验船师的现场检验。2010 年中国船级社对国内厂家共签发 12 份型式认可 A 证书,对德国生产回声测深仪的 L-3Communications ELAC Nautik GmbH、英国生产搜救雷达应答器的 Mc-Murdo Ltd.及日本厂家共签发 12 份型式认可 A 证书。国内外大部分厂家获得型式认可 B 证书。型式认可 A 证书、型式认可 B 证书、工厂认可证书的有效期均为 4 年。

4.加强船用产品审图工作

2001 年,中国船级社进一步完善了船用产品审图管理体系,规范审图行为,重新调整了审图职责,明确船用产品审图由船舶区域审图中心、具有入级船审图资格的二级分社、接受二级分社委托的具有资格的办事处以及总部产品处执行,还特别强调涉及船舶系统的产品图纸由船舶区域审图中心审核。2005 年,对审图职责做适度调整并重新建立和完善质量体系文件。

2007 年,中国船级社决定成立审图中心,解决长期以来在审图管理上存在的体制问题,解决产品审图过于分散、船舶和产品审图接口不协调问题,明确了:中国船级社审图中心负责审图工作的技术指导和业务管理,组织编写产品审图须知、指南等审图指导文件,承担本辖区船用产品系统的图纸审核,承担全社新型重要船用产品的图纸审核,组织对全社范围内重点船用产品审图项目的集中评审,组织处理全社审图以及现场检验反馈的审图技术问题和涉及重大技术问题对规范、公约要求等效或免除处理等。大连、武汉、广州 3 个区域审图中心负责各自辖区内船用产品审图业务的具体组织、实施、管理和协调工作。南京审图中心承担中国船级社重要、新颖船用产品的审图工作,承担辖区内产品审图工作,根据中国船级社审图中心的统一部署，负责跟踪掌握 IMO、IACS 及国内标准对船用产品技术要求的发展动态，编制相关的产品审图技术指导文件，开展船用产品的型式试验、性能检测等数据资料分析研究，负责船用产品设计软件的跟踪和评估等。2010 年，南京审图中心更名为中国船级社产品审图中心，成为中国船级社历史上第一个专职的产品审图中心。

5.进一步完善船用产品监督及核查制度

(1)船用产品检验实施垂直合同审核制度

中国船级社为确保船用产品检验的各项质量活动满足质量体系要求，于 2005 年对船用产品检验及认可工作引入垂直合同审核，并正式公布了《产品检验垂直合同审核实施办法》。垂直合同审核是指中国船级社总部或分社对下属单位已经完成或正在进行的认可、审图、检验工作进行审核。审核可采取案卷审核和结合认可/检验审核方式。审核中发现的问题及时纠正。《产品检验垂直合同审核实施办法》公布后，中国船级社立即组织审核组对天津、大连、青岛及重庆分社检验的材料类产品认可/检验活动进行垂直合同审核。垂直合同审核能及时发现问题、解决问题，确保船用产品质量。

(2)对重点船用产品开展飞行检查

2007 年，中国船级社为加强船用产品检验控制，提高船用产品检验质量，及时掌握船用产品检验中存在的问题，完善船用产品检验技术文件支持体系，决定成立船用产品检验“飞行检查组”，抽调有经验的验船师组成材料、轮机、救生消防及电气通导 4 个组。飞行检查的流程包括：检查策划、现场实施、总结、宣贯和复核 5 个步骤。“飞行检查组”对重点船用产品及其生产厂甚至于检验单位进行检查，飞行检查不受中国船级社辖区限制、不预先通知。“飞行检查组”受命中国船级社总部的指令，参与船用产品质量异议调查，对特定产品检验过程进行分析和总结，编写检验技术指导文件等。

首批确定水泵（消防泵、柴油机配套泵）、不锈钢阀门、海底阀、火灾报警探头、传感器（感温、感烟）、救生艇降放装置、救生筏、静水压力释放器、滤油设备、舵机控制系统、主机遥控系统、空气管头、继电器、磁罗经、锚、锚链、认可范围 6 吨以下的锻钢件、认可范围 5 吨以下铸钢件为飞行检查重点船用产品。

飞行检查重点船用产品不是固定不变的，经过改进的重点产品则可恢复为接受正常检验的产品。重点船用产品是根据 PSC 检查、船东、船厂、建造现场反馈的信息重新确定，如救生艇被补充列为重点船用产品。

飞行检查第一批重点船用产品共涉及 133 家产品制造厂。轮机组于 2008 年 11 月 5—7 日对重庆跃进机械厂等 4 家船用泵生产企业进行了飞行检查。对上述工厂的原材料/零部件、生产过程控制、出厂试验等进行了认真检查。材料组于 2008 年 12 月 10—22 日对湖北、江苏和安徽地区的锚、锚链产品进行了飞行检查。轮机组于 2008 年 12 月 10—19 日对锚机、绞车制造厂进行了飞行检查。飞行检查对产品厂严格执行规范和质量体系要求、重视产品质量起到推动作用，对中国船级社内部严格执行规范标准、检验到位起到督促作用。

6.启用防伪证书及防伪标贴

1999 年以来，市面上多次出现伪造的船用产品证书，严重影响中国船级社的声誉，威胁到船舶安全营运。如厦门鑫业电子公司为“新宁”配的 VHF/DSC 无线电通信设备，伪造中国船级社证书被现场验船师发现，中国船级社及时通报交通部海事局和农业部渔船检验局，在中国船舶报、中国交通报上就该公司伪造证书事件发表声明，并暂停接受该公司检验申请。中国船级社为杜绝伪造证书行为发生，陆续采取了一系列措施，自 2000 年 5 月 1 日起使用首版防伪证书。防伪证书纸张由制钞厂制造，纸张表面有连续波纹，具有中国船级社水印，纸张左下角设计有荧光隐形防伪连续编码。中国船级社制定了防伪纸张的保管办法，实行统一保管发放，并记录发放至各分社防伪纸张的编码和回收报废的防伪纸张。其后，还对防伪纸张的防伪标识进行了改进,遏制了伪造证书的发生,维护了中国船级社的声誉。

2005 年 PSMIS 系统投入使用,船用产品证书、报告全部在 PSMIS 系统中自动生成。同时,在设定位置生成中国船级社特有的条形码,客户如对证书报告的真实性产生怀疑,均可在 PSMIS 系统查询,辨别真伪。

防伪标贴是防止假冒伪劣产品的一个重要手段。中国船级社自 2001 年起,对不适合使用钢印的产品使用激光防伪标贴。为了提高船用产品等效证明文件的防伪性能,中国船级社制作了新的防伪标贴,同时发布了《船用产品等效证明文件防伪标贴使用规定》,于 2008 年 2 月 18 日起施行。2010 年中国船级社又重新制作了产品证书、证件和等效证明文件等的防伪标贴,进一步提高防伪性能,同时公布了《船用产品证书/证件防伪标贴使用规定》,规定了防伪标贴的样式及防伪鉴别方法、适用范围、防伪标贴的使用及管理,自 2010 年 1 月 1 日起施行。

(二)中国船级社船用产品检验业务拓展

1999—2010 年间,国际海事组织积极推行技术进步,推出一系列新的要求,重点在于提高船舶和人命财产安全程度,提高船舶营运效能、减少污染。《SOLAS 74 公约》1988 修正案(GMDSS)及 2000 年修正案等相继生效。《MARPOL 73/78 公约》1994 修正案(附则 I、II、III、V)以及其附则 IV、附则 VI 等先后生效,增加多种无线电通信导航设备、防污染设备及无石棉检测等船用产品检验新项目,进一步拓展船用产品检验业务。中国船级社认真研究 IMO 公约的新规定及政府的新法规要求,全力推动新公约在我国相关产业中的实施,促进航运、造船及配套工业的发展。

在此期间,我国的船舶配套产业技术改造力度明显增强、技术装备水平明显提高,生产企业不断加快配套设备制造技术的引进,这些变化促进了配套企业向专业化、高水平方向发展,形成一批具有较强国际竞争力的船用配套设备专业化生产企业,提高了船用配套设备本土化水平。2010 年,中国船级社共签发 INMARSAT 船舶地面站产品证书 663 份,全部是国外厂家的产品;签发船载航行数据记录仪产品证书 307 份,其中国内产品占总量的 76%;签发船载自动识别系统产品证书 1564 份,全是国内厂家的产品。国内提供的高科技产品比例不断攀升,船用产品检验业务量持续增加。

1.船用无线电通信导航设备检验

《SOLAS 74 公约》1988 年修正案即以 GMDSS 系统替代原有莫尔斯电报系统。GMDSS 系统于 1999 年 2 月 1 日起全面生效,由航行警告接收机、中/高频无线电通信设备、船舶地面站、卫星应急无线电示位标、雷达应答器等设备组成。2002 年 7 月 1 日起开始配备船载航行数据记录仪(VDR)、船载自动识别系统(AIS)、电子海图显示与信息系统(ECDIS)、艏向控制系统(THDS)等航行安全设备,其后又增加船舶保安报警系统(SSAS)、船舶远程识别和跟踪系统(LRIT)等设备。

(1)船载航行数据记录仪(VDR)检验

根据《SOLAS 74 公约》2000 年修正案规定,从 2002 年 7 月 1 日起,船舶应分期分批安装船载航行数据记录仪。中国海事局要求所有油船、液化石油气运输船、液化天然气运输船以及 100 吨及以上的化学品运输船都必须在 2001 年 3 月 31 日前配备 VDR,即所谓船舶的“黑匣子”。航行于琼州海峡、渤海水域及其他航次单程超过 50 海里的国内航行客滚船,须于 2001 年 9 月 30 日前完成 VDR 的安装工作。载客 50 人或以上的沿海渡船必须在 2001 年 12 月 31 日之前安装 VDR。如果河船进入沿海水域将被视为沿海船舶,按上述规定办理。中国海事局从 2001 年 4 月 1 日开始登船检查 VDR。

依据中国海事局 2000 年公布的《船载航行数据记录仪管理规定(试行)》,授权中国船级社从事我国 VDR 产品设备的型式认可和检验发证工作。中国船级社在对 VDR 产品进行型式认可并发证后,将证书副本送中国海事局报备。中国船级社除定期(每年12月31日前)向中国海事局报告业经认可的VDR系统设备制造厂家及其产品型号、检验发证数量等情况外,还应根据中国海事局的要求提供有关资料。VDR系统设备的安装检验工作由中国船级社负责实施,装船检验合格后,出具安装检验合格证明。VDR系统设备装船工作完成后,由安装作业所在地的直属海事局进行安装验收并签发船舶VDR证书。

中国船级社检验船载航行数据记录仪始于2001年,对北京中海安数码科技有限公司生产的AKR-6118型产品及北京海兰信数据记录科技股份有限公司生产的HLD-B型产品进行型式认可检验,产品满足《SOLAS 74公约》附则第V章第18条、IEC61996d.1.0、IEC60945ed.3.0的要求。中国船级社于2002年2月20日给两家的产品签发型式认可证书,上述产品在国内航行船舶安装试行。2002年8月16日英国Broadgate Ltd.生产的适用于国际航行船舶的VER3000型船载航行数据记录仪取得中国船级社签发的型式认可证书。

2003年中国船级社对北京海兰信数据记录科技股份有限公司生产的HLD-A型及大连锦达数据技术有限公司的MV-2000C型适用于国际航行船舶的船载航行数据记录仪进行型式认可检验。之后,相继对韩国Samsung Heavy Industries Co., Ltd.的SVDR型、英国Kelvin Hughes Ltd.的NDR2002型、挪威Kongsberg Maritime Ship Systems AS的Maritime Black Box MBB型、美国Northrop Grumman Aystems Corporation的Sperry Marine Voyage Master型、日本古野电气株式会社的VR-5000型的船载航行数据记录仪进行检验并签发型式认可证书。

中国船级社2010年对青岛海德威船舶科技有限公司、北京海兰信数据科技股份有限公司、天津市斯莱顿电子有限公司、日本古野电气株式会社、Kelvin Hughes Ltd.、Transas Scandinavia AB、Jason Electronics Pte Ltd.、Northrop Grumman Sperry Marine B.V.、SAM Electronics GmbH等16家生产的船载航行数据记录仪进行了检验,共签发船用产品证书307份,其中国内厂家234份,日本、德国、瑞典、丹麦、英国、新加坡等国的厂家73份。此外,还有中国、韩国、德国、挪威等国的6家公司持有中国船级社签发的有效的型式认可证书。

(2)船载自动识别系统(AIS)检验

2002年7月1日生效的《SOLAS 74公约》修正案要求所有300及300总吨以上从事国际航行的船舶和500及500总吨以上非国际航行的货船以及不限尺度的客船强制配备船载自动识别系统。中国船级社对日本无线电株式会社生产的JHS-180型船载自动识别系统进行型式认可检验,于2003年2月19日签发首张AIS型式认可证书。当年,相继对日本古野电气株式会社生产的FA-100型、瑞典SAAB Transponder Tech AB生产的R3AIS ClassA及R4AIS ClassA型、德国STN Atlas Marine Electronics GmbH生产的MX-531及UAIS DEBEG3400型、奥地利NAUTICAST Schiffsnavigationssysteme AG生产的X-Pack DS型船载自动识别系统进行型式认可检并签发AIS型式认可证书。

2010年中国船级社检验签发AIS Class-B产品证书共1564份,均为天津七一二通信广播有限公司及成都天奥信息科技有限公司两家的产品。此外,还有上海埃威航空电子有限公司、英国Mcmurdo Ltd.、韩国SARACOM CO., LTD.、日本ICOM Incorperated等10家公司持有中国船级社签发的有效的型式认可B证书。

(3)船舶保安报警系统(SSAS)检验

国际海事组织于2002年12月12日通过了《SOLAS 74公约》2002年修正案,将《国际船舶和港口设施保安规则》(ISPS)纳入公约附则XI-2章中,规定国际航行所有客船及500总吨以上货船,于2004年7月1日起开始配备船舶保安报警系统(SSAS)。《中华人民共和国国际船舶保安规则》也正式公布施行。中国船级社积极支持制造厂研发船舶保安报警系统。2003年6月青岛远洋通信导航有限公司生产出两台样机,在上海工业自动化仪表研究所进行了 21 项环境、电气、电磁兼容等性能实验,检测结果全部合格。随后,中国船级社派出专家对 CSSA MK-1 型船舶保安报警系统进行了现场审核,审核合格后进行了认可,并于当年 10 月颁发了 CSSA MK-1 型船舶保安报警系统认可证书。CSSA MK-1 型船舶保安报警系统由主控制单元、报警发送按钮、卫星收发单元 3 部分组成。这标志着中国远洋船舶将有自己的船舶保安报警系统产品。这是中国船级社为船舶保安报警系统产品颁发的第一份型式认可证书。

中国船级社 2003 年底检验了英国 Pole Star Space Applications Ltd.生产的 Purple Finder DSAS 型船舶保安报警系统并签发型式认可证书。2004 年检验丹麦 EuroCom Industries A/S 生产的 SKANTI Scansat Mini-C SSA 型及 SAILOR H3000M SSA Mini-C 型船舶保安报警系统以及 Thrane & Thrane A/S 生产的 TT-3000SSA 型船舶保安报警系统并签发型式认可证书,同年还检验了法国 Collecte Localisation Satellites 生产的 ShipLoc IV 型、德国 Satamatics Ltd.生产的 Ocean alert 型、美国 Globe Wireless 生产的 Globe Alert System 型船舶保安报警系统并签发型式认可证书。

2010 年中国船级社检验了日本古野电气株式会社、日本无线电株式会社、SAM Electronics GmbH 3 家公司生产的 Inmarsat 船舶地面站/船舶保安报警系统/LRIT 产品 381 台。

(4)船载远程识别和跟踪系统(LRIT)检验

国际海事组织海上安全委员会于 2006 年 5 月通过了 MSC.202(81)决议关于《SOLAS 74 公约》第 V 章的修正案,新增第 19-1 条船载远程识别和跟踪系统并于 2008 年 1 月 1 日生效。MSC.210(81)决议推出 LRIT 性能标准和功能要求。2007 年通过 MSC.254(83)决议,对 MSC.210(81)决议进行修正。MSC.211(81)决议要求主管机关建立 LRIT 相关系统并于 2008 年 10 月 1 日前完成设置工作,以便船舶在 2008 年 12 月 31 日之后进行安装测试。MSC.242(83)决议强调 LRIT 设备不仅是作为船舶海上保安的特别措施,其应用还扩展到海上安全、海上环保和搜救领域。《SOLAS 74 公约》修正案规定从事国际航行的客船(含高速客船)、300 总吨及以上的货船(含高速船)、海上移动式钻井平台从 2008 年 12 月 31 日起开始配备船载远程识别和跟踪系统,对仅航行于 A1 海区且已配备了 AIS 系统的船舶,不需另配 LRIT。

中国船级社于 2008 年发布通函,向业界通报了增设船载远程识别和跟踪系统的有关事宜,此后又依据 IMO 对《SOLAS 74 公约》的修订,于 2009 年重新发布通函,详细介绍了 LRIT 的配备要求、LRIT 的性能要求、LRIT 符合性试验要求、2008 年 12 月 31 日前或后建造的船舶如何配备 LRIT 等情况。中国船级社积极配合政府主管部门实施新的公约要求并开展对 LRIT 的认可检验。

2010 年中国船级社检验了 Thrane &amp Thrane A/S、中外运长航集团金陵船厂等两家公司生产的 LRIT 产品 7 台,检验了日本古野电气株式会社、日本无线电株式会社、SAM Electronics GmbH 3 家公司生产 Inmarsat 船舶地面站/LRIT 产品 120 台。

2.船用柴油机检验

船用柴油机排放废气对环境造成的污染,已引起国际社会广泛关注。国际海事组织大会于 1997 年 10 月 28 日通过《MARPOL 73/78 公约》1997 年议定书,新增了《MARPOL 73/78 公约》附则 VI《防止船舶造成空气污染规则》,还通过了《船用柴油机氮氧化物排放控制技术规则》,对船舶排放氮氧化物(NOx)、硫氧化物(SOx)、消耗臭氧物质等提出控制要求。《防止船舶造成空气污染规则》适用于 400 总吨及以上的船舶以及所有固定和移动钻井平台和其他平台,并签发《国际防止空气污染证书》。中国船级社为贯彻实施《MARPOL 73/78 公约》附则 VI,编写了《船用柴油机氮氧化物排放实验及检验指南》和《船用柴油机氮氧化物(NOx)排放台架试验》等,还开展了船用柴油机废气排放检测机构认可工作。2000 年认可了上海沪江柴油机排放检测科技有限公司。2001 年认可了大连海事大学排放检测中心、大连理工大学船用柴油机测试中心、武汉理工大学发动机排放检测中心。其后,陆续认可了国内外一些检测机构。中国船级社按《MARPOL 73/78 公约》附则 VI 的规定，对芬兰 Wartsila NSD 和日本 Daihatsu Diesel MFG.及 Yanmar Diesel Engine Co., Ltd.生产的 10 个船用柴油机组/族的母型机和成员机进行了验证，首次签发柴油机国际防止空气污染符合证明。

2010 年底，持有中国船级社签发的有效的柴油机认可证书的厂家为 141 家共 302 份证书，其中国内有济南柴油机厂股份有限公司、上海柴油机厂股份有限公司、南通柴油机厂股份有限公司、广州柴油机厂股份有限公司、沃尔沃遍达(上海)发动机有限公司、一汽解放汽车有限公司无锡柴油机厂、天津雷沃动力股份有限公司、陕西柴油机重工有限公司等 68 家，共持有 172 份型式认可 B 证书。取得型式认可 A 证书的厂家有重庆康明斯发动机有限公司、广西玉柴机器股份有限公司等 4 家，共持有 10 份证书。STX(大连)精工有限公司、河南中原吉凯恩气缸套有限公司、江苏锡华铸造有限公司等 19 家共取得 22 份工厂认可证书。国外有挪威 Rolls-Royce Marine AS Dept. Engines-Bergen、意大利 Wartsila Italia S.p.A.、瑞士 Wartsila Switzerland Ltd.、英国 Cummins Limited、德国 MAN Diesel SE、芬兰 Wartsila Finland Oy 等 11 国 36 家厂商生产的船用柴油机共取得 71 份型式认可 B 证书，取得型式认可 A 证书的有美国 Caterpillar Inc., Lafayette、Caterpillar Inc., Marine Center of Excellence、Cummins Inc., Cummins Industrial Center 及日本 Yanmar Diesel Engine Co.,Ltd. Amagasaki Plant 以及印度 Cummins India Limited 等 8 家工厂共取得 10 份证书。还有两家国外工厂取得 3 份工厂认可证书。

2006—2010 年间，中国船级社对丹麦 MAN Diesel A/S 的 S70MC、S90MC-C、L80MC、K98MC-C、ME-8CS-SW 等 21 种型号柴油机进行了设计认可，对瑞士 Wartsila Switzerland Ltd.的 RTA82C、RT-flex60CO-B 等多种型号柴油机进行了设计认可。

2010 年，中国船级社检验了南通柴油机股份有限公司、无锡开普动力有限公司、上海嘉定内燃机厂有限公司、上海纽荷兰农业机械有限公司、青岛淄柴博洋柴油机股份有限公司、杭州中高柴油机重工有限公司等 21 家生产的船用柴油机产品，还检验了德国、美国、韩国、芬兰、意大利、瑞典等国的 MAN Diesel &amp Turbo SE、KOREA PRECISION Co., Ltd.、KS Kolbenschmidt、DOOSAN ENGINE CO., LTD.、Wartsila Finland Oy、Wartsila Italia S.p.A.、AB Volvo Penta 、MTU Friedrichshafen GmbH、Societe International des Moteurs Baudouin 等 23 家厂商生产的船用柴油机产品。2010 年，中国船级社全年共签发 2644 份柴油机产品证书。

3.船用防污染设备检验

(1)15ppm 滤油设备及舱底水报警装置检验

20 世纪 90 年代初，船上安装的 15ppm 滤油设备及舱底水报警装置符合政府间海事协商组织 A.393(10)决议《关于油水分离设备和油分计国际性能和试验技术条件的建议》。A.444(11)决议进一步明确了船用滤油设备及报警装置要符合《MARPOL 73/78 公约》的要求。IMO 环保会于 1992 年 10 月 30 日通过的 MEPC.60(33)决议，于 1994 年 4 月 30 日生效。MEPC.60(33)决议替代 A.393(10)决议并限定按原决议生产的设备只能用到 2004 年 12 月 31 日。20 世纪 90 年代中期，生产厂家对防污设备的技术条件及设计图纸按 MEPC.60(33)决议的要求进行修改，并进行重新认可检验。20 世纪 90 年代末，中国船级社先后对南京绿洲机器厂、大连市金州船用防污设备厂、卫辉市车船机电有限公司、武汉兴大船舶设备有限公司等厂家生产的 CYSC 系列滤油设备进行了型式认可检验，相继对镇江环保设备厂生产的 CYF 系列及 ZYF 系列、常州东南机械电器有限公司的 CYF0.05A 型、上海船舶仪器设备厂生产的 ZYF 系列、江苏南极机械有限责任公司的 ZYF(NJ)系列、常州耀创电子设备有限公司的 YSCZ 系列的滤油设备进行了型式认可检验，并签发了证书。还对日本 Taiko Kikai Industries Co., Ltd.生产的 USC 系列、美国 World Water System Inc.的 Heli Sep.系列、德国 RWO Abwassertechnic GmbH 的 SKIT 系列、瑞典 JOWA AB 的 JOWA OIL-A-

TRIOSEP 系列的滤油设备进行了型式认可检验,并签发了证书。

中国船级社对厦门分析仪器厂生产的 GQS-177 型及 GQS-186 型、日本 Fellow Kogyo Co.,Ltd.生产的 FOCAS-1500C 型、美国 H.F. Scientific Inc.生产的 20075 型、英国 Rivertrace Engineering Ltd.生产的 OCD CM 型 15ppm 舱底水报警装置进行了型式认可检验,均符合 MEPC.60(33)决议要求,并签发了型式认可证书。

2005 年中国船级社按照 MEPC.107(49)决议的要求,对重庆大晃康达环保技术有限公司生产的滤油设备进行了型式认可检验。2006 年对南京中船绿洲环保设备工程有限责任公司及大连航生船舶技术创新有限公司生产的滤油设备进行了型式认可检验。2007 年对中船重工集团 704 所、江苏南极机械有限责任公司等 6 家公司的滤油设备进行了型式认可检验。其后,对国内及英国、瑞典、德国、日本等国 20 余家公司生产的滤油设备进行了型式认可检验。截至 2010 年底,持有中国船级社签发的有效的滤油设备型式认可证书的国内外厂家近 30 家。

中国船级社 2006 年对上海利智船舶自动化技术设备有限公司生产的 15ppm 舱底水报警装置进行了型式认可检验。2007 年对中船工业集团九江仪表有限责任公司及海门市航海电器设备厂生产的 15ppm 舱底水报警装置进行了型式认可检验。其后,对德国的 DECKMA Hamburg GmbH、日本的 Fellow Kogyo Co.,Ltd.等 9 家公司及国内多家公司生产的 15ppm 舱底水报警装置进行了型式认可检验。上述厂家的产品均符合 MEPC.107(49)决议的要求,取得了型式认可证书。截至 2010 年底,国内外厂家持有中国船级社签发的有效的 15ppm 舱底水报警装置型式认可证书有 20 余家。

(2)油船排油监控装置检验

2000 年,中国船级社检验了荷兰 VAF Instruments B.V.生产的 Oilcon Mark 5 型及法国 SERES 生产的 ODME S 663MK III 型油船排油监控装置,符合 IMO A.586(14)决议《经修正的油船排油监控装置指南和技术条件》,签发了型式认可证书。

MEPC.108(49)决议《修订的油船排油监控装置指南和技术条件》于 2003 年 7 月 18 日通过,自 2005 年 1 月 1 日起对新油船施行该决议。2007 年中国船级社对英国 Rivertrace Engineering Ltd.生产的 SMART-ODME 型油船排油监控装置进行了型式认可检验,符合 MEPC.108(49)决议要求,签发了型式认可 A 证书。

2008 年,中国船级社对上海融德机电工程设备有限公司生产的油船排油监控装置进行了型式认可检验, 符合 MEPC.108(49)决议要求,签发了型式认可证书。其后,检验了荷兰 VAF Instruments B.V.生产的 Oilcon Mark 6M 型、德国 RWO Abwassertechnic GmbH 的 Data Chief C20 型及韩国 SELL-SERES Co., Ltd.的油船排油监控装置,签发了型式认可证书。

1999 年,中国船级社检验了江西九江仪表厂生产的 OCD1 型油分计及瑞典 JOWA AB 的 JOWAM-93 型油分计,符合 A.586(14)决议要求,签发了用于监测油船货舱区油污水排放的油分计型式认可证书。2007 年检验了新加坡 Viking Engineering Pte Ltd.生产的油分计。2010 年检验了韩国 SELL-SERES Co., Ltd.的油分计。上述两种产品满足 MEPC.108(49)决议要求,中国船级社对其签发了型式认可证书。

(3)船用生活污水处理装置检验

1999 年,中国船级社对日本 Taiko Kikai Industries Co., Ltd.生产的 SBT 系列生活污水处理装置,按照 MEPC.18/W.3 决议附则 2《生活污水处理装置型式试验和认可准则》及 MEPC.2(6)决议通过的《生活污水处理装置排出物标准和性能试验导则》进行了检验,签发了型式认可证书。2000 年检验了南京绿洲机器厂生产的 ST 系列生活污水处理装置。2001 年检验了美国 Scienco/Fast Division of Smith & Loveless Inc. 生产的 FAST D3 型及东台市达瑞船用设备有限公司生产的 SWCB 系列生活污水处理装置。CCS 对上述产品签发了型式认可证书。

2006年,中国船级社检验了重庆洁峡科技有限责任公司、美国 Severn Trent De Nora 等7家公司生产的船用生活污水处理装置,试验结果符合 MEPC.159(55)决议要求,签发了型式认可证书。2007年检验了上海势久船舶设备有限公司、日本 Taiko Kikai Indastries Co., Ltd.等8家公司生产的船用生活污水处理装置,试验结果符合 MEPC.159(55)决议要求,签发了型式认可证书。2008年检验了江苏扬子江环保设备工程有限公司、北京金轮坤天特种机械有限公司、上海汉盛船舶技术有限公司等10家公司生产的船用生活污水处理装置,签发了型式认可证书。2009年检验了汉姆沃斯船用设备(苏州)有限公司、韩国 IL SEUNG CO.,LTD.等6家公司生产的船用生活污水处理装置,签发了型式认可证书。

2010年,中国船级社检验了日本古野电气株式会社、重庆九龙坡区红岭环保有限公司等3家公司生产的船用生活污水处理装置,签发了型式认可证书。国内制造船用生活污水处理装置的厂家主要分布在上海、南京、武汉、重庆4市。2010年底,持有中国船级社签发的有效的船用生活污水处理装置型式认可证书的国内外厂家达20余家。

(4)船用焚烧炉检验

2006年,中国船级社对中船重工集团704所及优比特机械(上海)有限公司等3家公司生产的船用焚烧炉进行型式认可检验。2007年对华佩机械(上海)有限公司及上海卓创热能设备有限公司生产的船用焚烧炉进行型式认可检验。其后,陆续对多家船用焚烧炉制造厂进行型式认可检验,并签发型式认可证书。

2010年,中国船级社对南京中船绿洲环保有限公司、汉盛(上海)海洋装备技术股份有限公司、宁波爱德斯焚化设备有限公司、日本 MIURA CO., LTD.、挪威 Teamtec AS 等9家生产的船用焚烧炉进行产品检验,共签发船用产品证书229份。2010年底,国内外厂家持有中国船级社签发的有效的船用焚烧炉型式认可证书有10余家。

(5)船用防污染设备证书的签发

中华人民共和国船舶检验局检验印章于2001年9月1日正式停止使用,原中华人民共和国船舶检验局签发的IMO格式防污染设备型式认可证书需换发为中国船级社签发的IMO格式防污染设备型式认可证书。2002年1月17日中国船级社公布了IMO格式的舱底水报警油分计型式认可证(格式CP165)、滤油设备型式认可证书(格式CP166)、生活污水处理装置型式试验证书(格式CP173)、船用焚烧炉型式认可证书(格式CP174)、排油监控系统型式认可证书(格式CP175)等防污染设备型式认可证书。2005年1月1日中国船级社启用新版证书,如IMO格式滤油设备型式认可证书改为格式CP178、船用焚烧炉型式认可证书改为格式CP180等。

中国船级社各分社每季度将其船用防污染设备检验情况汇总上报,汇总内容包括:认可和检验的船用防污染设备的种类、型号、数量、产品编号、生产厂家、型式认可证书号、IMO格式型式认可证书号等。中国船级社每年向IMO报告认可和检验的船用防污染设备情况。

4.船用救生设备检验

美国海岸警卫队于2001年在网上对中国船级社检验发证的气胀式救生筏的HR-R型静水压力释放器质量问题及佛罗伦对集装箱检验投诉事项进行了公告,引起中国船级社对船用产品检验工作的高度重视。中国船级社再次强调法定检验的船用产品应在其取得认可证书后,方可进行产品检验。中国船级社决定对1998年以来的工厂认可、型式认可案卷100%核查,对2000年以来所检验的产品,每个工厂、每种产品抽查一个案卷。建立企业事故档案,对于出现产品质量事故的企业,增加产品试验项目及加大抽样数量,对反复出现质量事故的企业不再接受检验申请或停止认可。

2003年,中国船级社对国内所有业经工厂认可、型式认可的工厂/产品进行认真、全面、深入地复核。复核工作结合年度复查或产品检验进行,必要时,参照型式试验项目对认可产品进行试验。对保持认可条件的重新换发相应证书,对没有保持认可条件的则取消相应证书。

2008年,中国船级社对“十大隐患产品”的制造厂进行检查和整顿,其中对救生设备连续进行了几次飞行检查。“救生艇制造厂飞行检查小组”,检查了江阴挪赛夫玻璃钢有限公司、青岛北海船舶重工有限责任公司游艇分厂等19家制造厂,对11家制造厂给予6个月观察期的处理,对逾期未达到要求的厂家撤销型式认可证书。暂停型式认可证书的有江阴耐波特船用设备有限公司、浙江黄岩玻璃钢造船厂、广州市番禺化龙威华海上救生设备厂等5家,这些厂家需在3个月内完成了整改,转入6个月的观察期。

“救生筏及静水压力释放器制造厂飞行检查小组”,于2008年11月12日—12月5日期间,对国内的9家救生筏制造厂和4家静水压力释放器制造厂进行了飞行检查,发现救生筏胶布的控制、救生筏存放筒、静水压力释放器的不锈钢材质及绳索等方面存在一些问题,要求厂家进行整改。此次检查中救生筏制造厂2家较好、7家合格;静水压力释放器制造厂1家较好、3家合格。

“救生艇/筏降放和回收装置制造厂飞行检查小组”于2008年12月10—23日对国内18家救生艇/筏降放和回收装置制造厂进行了检查,发现大部分厂家没有按MSC.216(82)、MSC.218(82)、MSC 226(82)要求修改设计图纸及技术文件、外购件管理混乱等问题,对9家制造厂给予6个月观察期,温州振东船舶制造有限公司等4家暂停型式认可证书。

2010年,中国船级社检验了上海游龙橡胶制品有限公司、烟台华洋救生装备制造有限公司、Viking Life-Saving Equipment(Thailand) Ltd.、ZODIAC SOLAS、宁波振华救生设备有限公司、PAMARINE PTE LTD.、广州市丰帆船舶设备有限公司等14家公司生产的气胀式救生筏,共签发9099份气胀式救生筏产品证书。2010年底,持有中国船级社签发的有效的气胀式救生筏及救生浮具型式认可证书的生产厂15家、救生艇生产厂18家、救助艇及快速救助艇生产厂14家、救生衣及救生圈生产厂19家、救生艇降落及登乘设备生产厂41家、救生设备部件及备品生产厂31家。

5.产品公证检验

中国船级社充分发挥自身优势,培养了一批起重、电力、材料专业技术人才,开展起重设备、风电设备及材料等产品公证检验业务。

(1)起重设备检验

1999年,中国船级社对上海外高桥港口二期工程使用的6台50/50吨超巴拿马型岸边式集装箱起重机进行了检验。中国船级社于2000年检验了15台40/50吨超巴拿马型岸边式集装箱起重机及14台40吨龙门式集装箱轮胎吊,2001年检验大连造船重工的600吨龙门式起重机,2005年完成渤海船舶重工2台600吨龙门式起重机检验,2008年检验中海工业江苏区域4台900吨、中船工业集团龙穴造船及沪东中华造船集团等11台600吨起重机,还检验了渤海船舶重工1台1000吨超大型龙门起重机。中国船级社检验了大型龙门式起重机共100余台,其中400吨—1000吨的特大型龙门式起重机近20台,在特大型起重设备检验领域保持领先地位。

(2)风电设备检验

中国风力发电兴起于20世纪末,中国船级社从中国风力发电开发起步时就组织专门工作组进入该领域。中国船级社加大投入,培养了一批风电专业技术人才。2000年,中国船级社应用MSC软件对中国航空工业第二集团公司保定螺旋桨厂开发的FD43-600千瓦风力发电机组及其风能叶片的结构设计进行了仿真评估。该项技术被《FD43-600千瓦风力发电机组及其风能叶片研制》项目国家鉴定委员会认定为FD43-600千瓦风力发电机组及其风能叶片研制工作中的主要创新点之一。2001年,中国船级社在国家高科技研究发展计划(863 计划)中的能源领域申报的“风电系统检测技术规范研究”通过评审,进一步推动我国风电工业发展。

中国船级社承担了风能叶片、塔架钢结构、风电齿轮箱、发电机、偏航装置等主要风电设备的检验工作。2003 年对近 50 台风电齿轮箱签发证书。2005 年对 176 台风电齿轮箱进行了检验并签发了证书。2006 年对风电齿轮箱和兆瓦级风能叶片进行了检验,全年完成风电齿轮箱检验发证 77 台。

(3)输油输气管材及配件检验

中国船级社在 2001 年获得输油、输气钢管检验方面的突破,中石化胜利油田选择了中国船级社作为其业主代表,对其订购的输油、输气钢管进行制造检验。其后,中国船级社对华油钢管有限公司出口印尼 SSAW 管以及攀钢北海集团的 ERW 管进行制造检验。2006 年检验海上输油用管材 10787 吨。

2008 年,中国船级社受中国石油技术开发公司(CPTDC)委托,对天津钢管集团有限公司生产的 40 万米管线管执行制造检验及防腐监督。对出口土库曼油田 560 吨特殊扣套管及出口苏丹油田 5 种规格的 2000 吨无缝套管输油管线进行检验。受江苏玉龙钢管公司委托,对出口伊朗、巴基斯坦等国的由胜利油田孚瑞特石油装备有限公司淄博热采装备分公司生产的 3 万米套管执行检验。中国船级社为西气东输工程编制了管道运输材料与设备、球阀等制造检验方案。

2009 年,中石化胜利油田分公司物资供应处委托中国船级社,对其采购的胜利油田龙玺石油钢管有限公司生产的 506 吨直缝埋弧焊钢管实施制造检验。应中海油金洲管道有限公司请求,对中海油(中国)有限公司天津分公司订购的海底管线管实施制造检验。对中海油(中国)有限公司旅大 27-2 及 32-2 油田开发工程项目部订购的中海油金洲管道有限公司海底输油管线用 ERW 管实施制造检验,对番禺珠江钢管有限公司生产的 1608 吨直缝埋弧焊钢管进行制造检验,对 13 家制管厂质量控制情况进行检查,还对管网非标设备:旋风分离器、收发球筒、绝缘接头、残液罐等实施制造检验。

2010 年,中国船级社对中海油金洲管道有限公司蓬莱及曹妃甸天然气利用项目的 ERW 管进行制造检验。同时,还检验了球阀 2517 台、平板闸阀 291 台、输油泵机组 25 套及油气管道用消气器等产品。

(三)中国船级社对验证试验及检测机构的认可

船舶检验局为确保船用产品质量符合法定规范、国际公约要求,制定《船用产品验证试验机构认可办法》,授权被认可的国内外权威检测机构对船用产品进行验证试验及检测。1997 年国际船级社协会制订质量体系 URZ17 文件,自 2000 年 12 月 10 日起,将消防设备、气胀式救生筏、救生衣、静水压力释放器、气胀式救助艇等检修机构,无线电通信设备检测和试验机构,纳入船级社质量体系进行管理。

中国船级社按照船舶检验局的《船用产品验证试验机构认可办法》及国际船级社协会的 URZ17 文件,对船用产品验证试验机构、气胀式救生筏检修站、GMDSS 岸基维修机构、无线电专业检测机构、船用柴油机氮氧化物排放检测机构、船用灭火系统和设备检测机构、滑油监测机构进行了认可。

1.船用产品验证试验机构认可

1999 年,中国船级社认可远东防火试验中心承担船用耐火分隔及不燃性材料试验,国家建材局安全玻璃质量监督检测中心承担船用钢化玻璃、船用电加温玻璃、船用防火玻璃试验。2000 年认可国家防爆电器产品质量监督检验测试中心承担船用防爆电器、船用环境条件试验。2001 年认可上海工业自动化仪表研究所仪器仪表及自控系统检验检测所承担船用仪表、船用环境条件、仪表防爆试验,国家起重冶金电机质量监督检验中心承担船用电机、船用防爆电机、船用环境条件试验,广州市机电工业理化计量中心承担金属材料试验,上海市照明灯具研究所国家灯具质量监督检验中心承担船用电气号灯、船用照明灯、船用防爆灯、船用环境条件试验。2002 年认可船舶材料验证试验中心承担船用金属材料、船用非金属材料试验,钢铁研究总院承担水银法测定焊缝扩散氢含量。其后,还对辽宁远东船用产品质量检验中心、武汉机电产品环境与可靠性试验检测中心、国家电线电缆质量监督检验中心、国家消防电子产品质量监督检验中心、国家有色金属质量监督检验中心等近 70 个验证试验机构进行了认可,其中包括日本、韩国、瑞典、荷兰、英国、意大利、法国、加拿大、新西兰等国近 20 家。

2.气胀式救生筏检修站认可

中国船级社于 1999 年 9 月 29 日公布《气胀式救生筏检修站认可规定》。该规定适用于所检修的气胀式救生筏使用于悬挂中华人民共和国国旗的船舶上或拟获得中国船级社认可的气胀式救生筏检修站。

中国船级社为加强气胀式救生筏检修站管理,保证海上人命安全,1999 年底对部分气胀式救生筏检修站进行了突击检查。2000 年 3 月 22 日—4 月 10 日,对认可的气胀式救生筏检修站进行一次全面检查,共计检查 49 家。检查中发现对进口气胀式救生筏存在错误检修、盲目检修现象,部分检修站未按规定期限更换钢瓶等情况,其中:舟山海洋渔业公司救生筏检修站检修质量极差,认可证书被撤销;烟台、宁波、舟山、台州、温州、深圳等地的 6 家检修站,予以暂停认可的处理,限期 3 个月内完成整改,如在限期内没有完成整改将撤销认可证书。

2000 年内,取得中国船级社认可证书的气胀式救生筏检修站有辽宁远洋渔业股份有限公司救生筏检修站、天津救生设备检验站、烟台海洋渔业公司救生筏检修站、上海远洋运输公司救生筏检修站、上海游龙橡胶制品公司救生筏检修站、宁波海运(集团)总公司救生筏检修站、福建省轮船总公司救生筏检修站、厦门救生筏检修站、广州海运集团气胀式救生筏检修站、江阴救生筏检修站、南京救生筏检修站等 32 家。2000 年底,持有中国船级社签发的有效证书的气胀式救生筏检修站计 57 家。

中国海事局自 2001 年 3 月 21 日起决定收回气胀式救生筏检修站认可授权,在该日之前,中国船级社已收到的气胀式救生筏检修站认可申请,可由中国船级社继续完成认可工作,由中国海事局签发"气胀救生筏检修站认可证书"。对已持有中国船级社认可证书的气胀式救生筏检修站,应在 2001 年 7 月 1 日前申请换发中国海事局"气胀救生筏检修站认可证书"。

3.GMDSS 岸上维修机构认可

《SOLAS 74 公约》1988 年修正案于 1992 年 2 月 1 日起生效,自 1999 年 2 月 1 日起国际航行船舶必须配备 GMDSS 设备。实施 GMDSS 是船舶通信制式一次重大变革,传统的发报方式被淘汰,报务员从船上消失,但船舶通信却更加便捷可靠。《SOLAS 74 公约》对 GMDSS 设备的维护要求更加严格,我国政府主管机关规定,凡维修悬挂中国国旗或入 CCS 级船舶的 GMDSS 设备厂,应为 CCS 认可的 GMDSS 岸上维修机构。获得中国船级社的 GMDSS 岸上维修机构认可的第一家是广州海运(集团)有限公司无线电修理厂。其后上海船舶通信导航修理厂、南海西部石油特力电信技术公司、广州远洋通信导航有限公司、福建省轮船总公司通信导航技术服务分公司,于 2000 年也相继获得认可证书。2001 年青岛远洋通信导航有限公司获得岸上维修机构认可证书。2002 年宁波三丰集团宁波海曙区华英电子电器有限公司、天远海上电子有限公司、大连远洋通大电子有限公司获得岸上维修机构认可证书。截至 2010 年底,中国船级社认可的国内外 GMDSS 岸上维修机构 40 余家。

4.无线电专业检测机构认可

为确保无线电检测质量,中国船级社根据《SOLAS 74 公约》、IMO A.746(18)及 A.789(19)决议、IACS Z17 的要求,于 2002 年 9 月制定《无线电专业检测公司资格认可规定》(暂行),规定无线电检测证书有效期为 5 年。2002 年 12 月 4 日公布首批按该规定进行资格认可的无线电专业检测公司名单:青岛远洋通信导航有限公司、广州远洋通信导航有限公司、广州船舶通信导航公司、上海船舶通信导航修理厂、大连远洋通大电子有限公司、上海远洋通信导航分公司电子公司等 9 家。2003 年 5 月 22 日公布第二批资格认可名单:南京长江油运公司通信导航分公司、新加坡日升电子有限公司、烟台海上救助打捞局通信工程部、RADIO HOLLAND MARINE B.V.、日本无线电株式会社等9家。2004年6月22日公布认可了22家公司。截至2010年底,持有中国船级社签发的有效的认可证书的公司达50余家,包括日本、韩国、新加坡、德国、意大利、荷兰、希腊、美国、加拿大、奥地利等国及中国香港特别行政区的厂家。

5.救生衣生产许可证发放

实行工业产品生产许可证制度是为了保证直接关系公共安全、人身安全的重要工业产品的质量。国务院工业产品生产许可证主管部门对实行生产许可证制度管理产品的企业进行实地核查和产品检验,确认其具备持续稳定生产合格产品的能力,并颁发生产许可证证书。任何企业未取得生产许可证,不得生产实行生产许可证制度管理的产品。中国船级社受工业产品生产许可证办公室委托,自1997年底开始按《救生衣生产许可证实施细则》办理签发救生衣产品生产许可证有关工作。国家质量监督检验检疫总局于2002年4月颁布新的《工业产品生产许可证管理办法》和2002年12月27日颁布的《实施工业产品生产许可证管理办法有关规定》,对生产许可证的管理作了重大调整,管理模式由原依靠各部委生产许可证办公室进行生产许可证的管理改由各类产品的生产许可证审查部门管理。

国家质量监督检验检疫总局于2003年8月6日发出《关于换(发)救生衣产品生产许可证工作有关问题的通知》,通知各省、自治区、直辖市质量技术监督局,国家继续对救生衣产品实行生产许可证制度,在中国船级社设立"全国工业产品生产许可证办公室救生衣产品审查部",受全国工业产品生产许可证办公室的委托,承担换(发)救生衣产品生产许可证工作的有关事宜。通知要求各省、自治区、直辖市质量技术监督局受理企业申请后,将企业的申请取证材料转交中国船级社救生衣产品审查部。中国船级社起草《救生衣产品生产许可证换(发)实施细则》,全国工业产品生产许可证办公室于2004年9月23日批准并颁布实施了该细则。中国船级社开始受理救生衣生产许可证申请,对申请取证企业的生产条件进行审查,将符合发证条件企业的有关资料报全国工业产品生产许可证办公室。

2006年国务院正式颁布了《中华人民共和国关于产品生产许可证管理条例》,国家质量监督检验检疫总局也相继颁布了《中华人民共和国关于产品生产许可证管理条例实施办法》。救生衣产品审查部按照上述规定对《救生衣产品生产许可证换(发)实施细则》进行修订,经全国工业产品生产许可证办公室批准于2006年10月20日重新公布实施。救生衣产品审查部制定了《救生衣产品生产许可证换(发)证审查程序》〔WPIP705〕,于2005年1月1日起正式生效。该部还制定了《救生衣产品审查许可证工作人员守则》《救生衣审查许可证审查程序》,规范审查人员的行为。

实施工业产品生产许可证制度,改善救生衣市场秩序,提高全行业技术水平。1994年全行业抽样检查合格率为61%,1999年上升到90%。2005年以来,救生衣产品审查部共计报送合格资料73批次,涉及142家企业、197个产品单元,报送不合格报告11份。

二、地方船用产品检验业务发展

1999年以后,各省级船检机构在船用产品检验方面取得了一定发展,检验单件产品数量有较大的提升,但整体水平仍然不高,检验产品类型以简单、低端产品为主。各地船检产品检验开展情况也各不相同,有机构不开展船用产品检验,有机构仅对少量简单产品进行检验,江苏等少数省份船用产品检验则相对较为发达。

1.辽宁省

1999—2010年十余年间,辽宁省船用产品检验所做的工作有:大连检验处从20世纪90年代开展对船用小型配电盘、水泵进行检验,后来逐步发展到对螺旋桨、船用配电箱、舵机、雷达应答器、卫星导航仪

(GPS)、无线电应急示位标、导航雷达等船用产品进行检验。至2010年,全省完成产品检验128批次。

2.江苏省

1999年8月,江苏省船检局对常州东南机械电气设备有限公司生产的0.05m^3/h排量的油水分离器进行船用产品的型式认可。此后,又分别于1999年12月和2000年2月分两个批次公布了经形式认可的8家工厂及10个产品的油水分离器。2000年1月,江苏省船检局对船用舵机等3个船用产品进行了型式认可。2002年,江苏省船检局针对省内船用产品检验不够规范的情况,加强了对省内液压舵机生产厂的形式认可工作,全年共有6家液压舵机生产厂通过型式认可,对未通过型式认可的厂家生产的产品不予检验,并加强了产品的装船检验,有效遏制劣质液压舵机进入造船市场。2003年4月,江苏省船检局公布了10家获得《船用产品型式认可证书》的液压舵机制造厂名录。2004年3月,江苏省船检局公布自2002年8月—2004年3月28日之间,经省船检局认可并颁发《船用产品型式认可证书》的船用材料、电机设备、防污染及救生设备共26种船用产品及其相应的26家船用产品制造厂。同年12月,江苏省地方海事局成立"江苏省船检局船用产品认可委员会",委员会由29名验船师组成,从事对全省船用产品的认可工作。2006年,江苏省船检局和泰州市船检局对泰州市船用液压舵机的生产质量进行专项整顿,6家企业予以通过审核,进行换证,2家不符合要求企业,停止进行检验,收回证书。2007年初,江苏省船检局提出专职验船师负责船用产品检验工作的制度,加强了对舵机、锚机、空压机等重要产品的检验,规范船用产品生产行为。

江苏省船用产品的检验数量随着造船形势的变化而有所波动,2001年,江苏省船检局船用产品检验34859台/件,2004年高峰时达到80969台/件,之后有所回落,2009年船用产品检验数量达到45425台/件。

3.广东省

随着修造船业的不断发展,广东省船用产品的需求越来越多。为了适应发展需要,广东海事局船检处自2001年开始稳步推进船用产品的检验工作,先后拟定出几种电气产品的检验技术要求和检验认可发证程序,并逐步开展了船用产品检验工作。截至2005年已对53件无线电设备、126件配电控制电器的出厂检验和发证,对1家电气设备厂有关设备进行了型式认可。

2007年,广东海事局船检处组织人员制定了《广东省船舶检验局船用产品检验工作规定(暂行)》及船用产品检验管理程序、证书签发办法、证书格式及填写规定,进一步规范了船用产品检验要求和程序,强化对船用产品装船使用的监督。在此基础上,对柴油机、舵机、螺旋桨、扩音机等60台(个)装船设备进行产品检验或型式认可。2008年,广东海事局船检处将船用产品检验纳入广东海事局服务质量体系管理,拟定了船用产品检验工作的相关程序;同年,广东海事局船用产品检验工作取得新突破,开拓了船舶油漆涂料厂的工厂认可和电气设备厂型式认可工作。2009年,广东海事局船检处制定了船用产品检验工作指南,并对申请材料、检验流程、检验要求等进行政务公开,收集和下发有关产品的检验技术标准,开展了油漆、无线电设备、船用主电板、操控台、船舶通导系统、蓄电池、螺旋桨、油水分离器、生活污水处理装置、舵机和锚机等船用产品的认可检验工作,共完成船用产品检验96批2500多件次。

4.广西壮族自治区

1999年以来,广西船用产品检验实现了从无到有的转变,检验的产品包括船用柴油主机、舵机、锚机、油水分离器、船用配电箱等多种船用设备。2010年,完成船用产品型式认可及换证认可148种,船用产品出厂检验9701件。

5.安徽省

自1995年安徽省皖江船检局率先开始船用产品检验工作后,全省各级船检机构陆续开展此项工作。

为保证船用产品检验符合船检规范和有关技术标准的规定，安徽省制定了船用产品检验工作程序，要求生产船用产品的制造厂成立质量管理部门，规范管理，并根据产品结构、用途和生产方式的不同，对船用产品进行制造检验和出厂检验。

6.湖南省

2002年，湖南省船舶检验局在执行建造检验过程中加强了对有关水上交通安全和防止水域环境污染的重要设备、部件和材料等船用产品情况的监督。2010年，湖南省船舶检验局颁布了《关于进一步加强船用产品监督检验的通知》，明确要求装船产品必须具备有效的船用产品证书。并在湖南造船的主要集中地——益阳市开展了在建船舶船用产品装船情况的专项检查，检查中拆换非船用配电系统130多套、无船用产品合格证书的锚机90多台、消防水泵180多台、发电机组50多套。2010年船用产品出厂检验数量比2009年增长270%，船用产品厂家增加了3家。2000年发出单件产品证书300余件，至2010年达到1100多件。

7.四川省

2000年，四川省船舶检验局发出通知，要求各地船检部门坚持经船检认可的船用产品才能装船使用的原则，规定了开展船用产品检验的各级部门的分工、申报和检验程序。2001—2010年间，四川省船检局检验的船用产品种类、规模不断扩大，已涵盖包括救生衣、救生圈、船用树脂、摩托艇、玻璃钢快艇、游艇、汽油挂机、玻纤布、配电板、船用高性能数字式中压变频器等多种船用产品的检验。

8.吉林省

自2006年，吉林省船舶检验局开始制订船用产品检验标准，并开展了救生衣和干粉灭火器的产品检验工作，截至2010年，为4种产品颁发了型式认可证书。

三、渔船船用产品检验工作的拓展

2000年后，渔船船用产品检验业务呈不断拓展的趋势。一是检验范围在单纯的设备检验基础上增加了原材料检验，并形成了包括船用材料、轮机设备、舾装设备、电气设备、通信导航设备、救生设备、消防设备、信号设备和防污染设备在内的9大船用产品检验系列；二是检验业务量不断加大，1999年全国渔业船舶检验机构共检验船用产品17.5万台件，2010年全年共检验55万台件。1995—2000年间，全国取得工厂认可或型式认可资格的船用产品企业共有140家。2006—2010年间，全国共完成了177家船用产品企业工厂认可，284家船用产品企业产品型式认可。另外还对85家气胀式救生筏检修站（包括2家境外检修站）、12家船用产品检测机构和11家GMDSS岸上维修机构实施了认可。全国产品检验认可率是指申请检验的产品中已取得工厂认可或型式认可资格的比率，这一数值从2006年的不足30%，提高到了2010年的55%。

（一）国外产品检验

2001年6月4日，农业部渔业船舶检验局发布《关于渔业船舶用进口产品检验的暂行规定》，对渔船用进口设备检验的组织、检验方式等作出规定。规定发布后，渔业船舶检验局陆续组织全国渔业船舶检验机构的验船师赴境外进行工厂认可和型式认可。到2005年，累计认可了50多家企业的产品，每年在境内受理进口产品检验3000余件。2010年认可资格处于有效期内企业共有25家，分布于日本、韩国、英国、法国、新加坡、美国和德国7个国家。

（二）船用产品质量监督检查

2001年对渔业气胀救生筏检修站进行了一次全面检查。当时，取得渔业船舶检验部门认可的筏站已有39家。检查中发现山东省日照市船用安全设备厂救生筏检修站、浙江省岱山县仙洲气胀救生筏检修站、浙江省舟山兴业有限公司船厂气胀救生筏检修站3家不符合认可条件,农业部渔业船舶检验局责令其停业整顿。

2001—2002年,开展了渔业船舶船用产品、渔机"打假"专项整治活动。首年开展的是船用产品"打假",检查了渔业船舶配备的救生衣、救生圈、救生筏、灭火器等重要安全设备,拆除假冒伪劣和没有检验证书的产品;检查了渔业船舶修造企业的库存产品。第二年进一步开展渔机"打假",检查范围是渔机生产企业、船用产品和渔机设备。

2007—2009年连续3年开展了对渔用气胀式救生筏的质量专项检查,救生筏产品抽查平均合格率为50%。

2010年对渔用对讲机开展了质量专项检查,抽查合格率为75%。

(三)渔船用柴油机型谱管理

为控制捕捞强度,养护和合理利用海洋生物资源,我国自1987年开始实施海洋捕捞渔船数量和功率总量控制制度。但渔船控制制度在具体实施中还存在一些问题,较突出的问题是,渔船实际功率与铭牌标注功率或证书载明功率不符的情况比较普遍,实际功率大而铭牌标注功率或证书载明功率小(即"大机小标")现象在一些地方比较突出。2006年,国家实施了渔业成品油价格补贴政策,将渔船主机功率作为一个重要指标,又出现"小机大标"的现象。渔船主机功率标定的乱象影响了渔船控制制度的实施效果,扰乱了渔船管理秩序。

2005年3月,农业部渔业船舶检验局在江苏省苏州市召开了海洋捕捞渔船柴油机主机功率检验管理研讨会,与会专家讨论了《渔船柴油机产品型号核定技术方案》。会议认为:按照《渔业船舶法定检验规则》的规定,主机单机功率大于441千瓦时,还应设置独立动力驱动的滑油泵。而441千瓦恰恰是划分捕捞许可证发放管理权限的一个控制点,也是最有可能发生"大机小标"问题的敏感点。

2006年9月7日,农业部渔业船舶检验局颁布《渔船用柴油机型谱检验管理规定》,开始规范渔船用柴油机型谱的核定工作。2007年,在山东省淄博市召开了渔船用柴油机型谱审核试点会议,会议对有关柴油机生产企业申报的170系列柴油机型谱进行了审核。在试点成功的基础上,2009年,农业部渔业船舶检验局部署各省按柴油机制造企业申报的柴油机型谱进行初审。2010年,专家组首批完成了对江苏省3家柴油机企业和上海市2家柴油机企业的渔船用柴油机型谱复核。

(四)尝试推动船用产品纳入农机具购置补贴

2004年,国家实施了农机具购置补贴政策,2008年国家发布的农机具购置补贴目录中首次列入了增氧机、投饵机、清淤机3种渔业机械产品,2010年又将织网机和养殖网箱列入补贴目录。因此,渔业船舶检验部门开始尝试将渔船船用产品纳入农机具补贴范围。

2010年,农业部渔业船舶检验局向农业部渔业局建议,争取将渔船用柴油机、渔船安全、通信导航、防污染和捕捞设备纳入农机具补贴范围。

四、中国船级社集装箱检验业务的推进

(一)集装箱检验业务发展

我国是集装箱产销大国,自1995年起,在集装箱生产能力、规格品种、产销量方面,至2010年已连续

保持16年世界第一的记录。中国船级社是中国最早的集装箱检验机构,拥有由近百名验箱师组成的专职检验队伍,也是我国政府唯一授权对集装箱进行检验的专业机构。经中国船级社检验的集装箱已经超过500万标准箱,服务覆盖集装箱产业链相关领域的全部业务,在规范标准、科研设计、检验监造和贸易租赁等方面,全力支持我国集装箱制造业和运输业的发展。

按照国外机构和国内相关部委的授权,中国船级社在集装箱制造、改装、维修、租赁和运输等各领域开展工厂认可、定型设计批准、制造检验和营运检验等业务。检验的箱种有干货集装箱、散货集装箱、罐式集装箱、冷藏集装箱、台架式集装箱等,还外延至集装箱式货车车厢、危险品包装、活动房屋集装箱等。可移动罐柜覆盖了UN导则T-1至T-23、T-50、T-75所有导则规定的类型以及金属、木质、刚性塑料、复合材料等中型散装容器种类。

中国船级社紧跟国际公约和国际标准的变化,响应集装箱行业市场需求,1999年出版了《集装箱检验规范》,并于2003年及2008年修订再版。同时,加大科技创新力度,开发了《罐式集装箱强度校核软件》,编写《中型散装容器检验指南》及《集装箱定期检验指南》。2010年协助齐齐哈尔北车铁路车辆技术开发有限责任公司产品试验研究室通过了试验机构能力评审,成为国内首家获认可的动态纵向撞击试验实验室,使集装箱的检验技术更趋完善,为我国集装箱行业的国际化、标准化提供了技术层面的依据。

凭借中国船级社集装箱检验的良好信誉,客户群逐步扩大,检验箱种不断增加。2000年获得了国内铁路部门的认可,开始对铁路运输集装箱进行安全质量检验,并在有限元强度校核的基础上,完成了中国铁路首批用于油类运输的罐式集装箱检验。同年,获得了荷兰农业技术研究院(ATO-DLO)的授权,取得了对用于运输花卉等冷藏保鲜集装箱进行ATO认证检验的资质。中国船级社又于2001年开始代理客户办理美国农业部冷藏箱USDA认证业务。2003年中国船级社协助企业圆满完成了集装箱改装和新型罐式集装箱试制,并开展了原木折叠集装箱、液化天然气罐式集装箱等新型集装箱的检验业务。2004年中国海关总署授权中国船级社办理集装箱海关批准牌照,对从事集装箱及集装箱式货车车厢制造、改装和维修的工厂进行工厂认可以及对海关监管车箱检验的业务。2005年铁道部又授权中国船级社开展对铁路集装箱维修工厂的认可工作。2009年获得铁路开顶干散货集装箱、润滑油集装箱、水泥集装箱的检验业务以及著名箱东佛罗仑100%的订单。在政府相关部门支持下,取得中型散装容器和边贸运输的集装箱及包装箱检验业务。

2002年中国船级社成立集装箱市场拓展工作组,进一步加强与专业组织的联系,密切与箱东、箱厂的合作关系。中国船级社先后与中远集团、中铁集团、铁龙集团、中海集团、佛罗仑等主要箱东召开信息交流会,在稳定国内主要箱东的基础上,争取国外集装箱航运公司和租箱公司在中国的造箱业务,并扩展到俄罗斯、德国、以色列等海外客户。积极开展集装箱检验国际合作,与SGS建立了工作联系,联合举办了罐式集装箱检验培训和技术交流,并签订了检验技术合作协议。2009年协助铁道部制定6种特种集装箱营运检修管理办法,开展了危险品集装箱制造厂的业务培训工作。

中国船级社作为IMO公布和中国政府指定的集装箱检验发证机构,在检验中通过实施严格的技术政策和现场检验,确保完全满足所有相关国际公约的规定,从而使这些集装箱能够以安全可靠的质量和完备的手续、标志,安全周转于世界各地主要集装箱港口,受到箱主信赖。

(二)通用货物集装箱检验

中国船级社集装箱检验以干货集装箱为主,占检验总量95%以上。中国船级社的集装箱检验有着良好的信誉,检验业务量逐年攀升,数量和种类大幅度增长。1999年为37411标准箱,2007年为515000标准箱,8年增长12.76倍。由于受国际航运市场的影响,2009年降至最低点53344标准箱,仅为1999年的

1.42倍,2010年又回升至290506标准箱。

中国船级社于1999年对天津中集北洋集装箱有限公司、常州新华昌国际集装箱有限公司、南京化学工业集团有限公司化工机械厂3家工厂制造的干货集装箱进行型式认可,2002年对广州广船国际集装箱厂、扬州通运集装箱有限公司、上海中集远东集装箱有限公司、青岛中集集装箱有限公司、大连中集集装箱有限公司等14家工厂制造的干货集装箱进行型式认可,2002年底持有中国船级社签发的有效型式认可证书的干货集装箱制造厂为17家。2010年中国船级社对广州进道集装箱有限公司、东莞马士基集装箱工业有限公司、上海新华昌运输设备有限公司、宁波太平货柜有限公司等17家工厂制造的干货集装箱进行工厂认可。2010年底,持有中国船级社签发的工厂认可证书干货集装箱制造厂达56家之多。

1.新型集装箱检验

中国船级社于1999年对常州新华昌国际集装箱有限公司制造的侧开门集装箱进行型式认可;2001年对江西制氧机厂九江福阳集装箱有限公司及南通中集特种运输设备有限公司制造的散货集装箱进行型式认可;2002年对胜狮货柜工业有限公司制造的折叠式木材集装箱进行型式认可,该型集装箱用于铁路原木运输;2003年对江苏万隆特种货柜有限公司制造的散货集装箱进行型式认可;2004年对江苏新华昌集团公司制造的装运焦炭/散货集装箱及装运塑料粒子集装箱进行型式认可,并对上述产品签发型式认可证书。

2008年,中国船级社对苏州常胜钢结构工程有限公司制造的装运厚板的平架式集装箱进行工厂认可;2009年对济南铁路装卸建筑机械开发公司制造的集装箱式铁路通信信号机房及佛山市长殷活动房屋有限公司制造的集装箱式活动房屋进行工厂认可;并对上述厂家签发了工厂认可证书。

2.冷藏集装箱检验

20世纪90年代,中国船级社开始接触冷藏集装箱检验业务。中国船级社于2003年正式开展冷藏集装箱认可检验,当年对扬州通利冷藏集装箱有限公司制造的20英尺冷藏集装箱进行认可检验;2004年对上海中集冷藏箱有限公司、上海胜狮冷冻货柜有限公司、青岛中集冷藏箱制造有限公司制造的20英尺冷藏集装箱进行认可检验;2006年及2007年分别对青岛中集特种冷藏设备有限公司及青岛马士基集装箱工业有限公司制造的20英尺冷藏集装箱进行工厂认可检验。截至2010年底,有9家冷藏集装箱制造厂持有中国船级社签发的工厂认可证书。

此外,中国船级社于2000年9月27日获得荷兰农业技术研究院的ATO认证授权证书。ATO认证标准已获得国际范围内的公认,它是针对拟用于花卉运输,对箱内温度及湿度有严格要求的冷藏保鲜集装箱进行的认证检验。中国船级社根据ATO授权,对冷藏保鲜集装箱出厂时测试进行现场监督,ATO接受中国船级社测试数据报告,并签发认证证书。

中国船级社又于2001年开始代理客户办理美国农业部冷藏集装箱USDA认证业务。美国农业部为确保本国水果类产品免受其他国家病虫害影响,对于运输到美国的水果类产品以联邦法规的形式提出了免疫处理要求,USDA认证是证明冷藏集装箱等运输工具具备了免疫处理的能力。USDA认证对于冷藏集装箱并不是强制性的认证要求。

3.集装箱维修工厂认可

随着铁路集装箱专列的增多及高速公路网的形成,集装箱流转范围逐步扩大,从南到北、从东到西,各地均建立起集装箱维修厂。中国船级社于2000年对维修干货集装箱的天津胜狮货柜有限公司和厦门裕发集装箱维修工程有限公司,对维修干货集装箱及清洗罐式集装箱的津日集装箱服务有限公司,对维修干货集装箱及冷藏集装箱的连云港中海集装箱码头有限公司等,进行工厂认可并签发工厂认可证书。

2004年,中国船级社将集装箱修理厂的工厂认可证书有效期由4年改为1年,当年对大连中远国际货运有限公司、天津天盛集装箱服务有限公司、青岛新东方集装箱储运有限公司、张家港市星海货柜服务公司、厦门裕丰冷冻工程有限公司、广州裕远集装箱服务有限公司、深圳南方中集集装箱制造有限公司等近30家集装箱维修厂进行工厂认可，其中有3家兼修开顶式集装箱，数家兼修冷藏集装箱。2004年时，集装箱维修厂集中在沿海地区，其后，逐步向西部发展。

2010年，中国船级社对呼和浩特吉安铁信集装箱有限责任公司、包头西北铁龙集装箱有限公司、西安铁路局装卸机械厂、成都铁路起重运输机械厂、甘肃金轮装卸搬运有限公司、新疆宏铁博运物流有限公司、南宁铁路装卸机械服务公司等33家集装箱维修厂进行工厂认可。

4.集装箱配件厂认可

中国船级社为保证集装箱安全质量，不仅对箱体材料制造厂进行工厂认可，对制造集装箱配件的工厂也进行工厂认可。集装箱的绑扎件、紧固件的产品质量直接威胁到船舶航行安全。中国船级社于1999年5月14日发文通知各分支机构要严格执行“先认可、后检验”的原则，确保绑扎件、紧固件的质量。2005年对制造集装箱角件的江门新会亿利集装箱配件有限公司及广东省韶铸集团有限公司进行工厂认可，2006年对宜兴市太平洋集装箱配件有限公司、宜兴市亚东集装箱配件有限公司进行工厂认可，2007年，制造集装箱角件的扬州通盈机械制造有限公司也取得中国船级社签发的工厂认可证书。生产集装箱箱锁的上海世龙运输设备部件有限公司及南京新欣远洋实业公司，于2005年及2009年先后取得中国船级社签发的工厂认可证书。2007年，中国船级社对制造集装箱绑扎件的南阳市起重机械厂及重庆重型铸造厂进行工厂认可，2008年重庆长征重工有限责任公司也取得中国船级社签发的工厂认可证书。

（三）罐式集装箱检验

我国研制罐式集装箱起步较晚。中国船级社的罐式集装箱工厂认可检验始于1999年，当年对制造罐式集装箱的中国西安车辆厂、苏州华福低温容器公司、江西制氧厂九江福阳集装箱有限公司、常州新华昌国际集装箱有限公司、南京化工工业集团有限公司化工机械厂5家进行了工厂认可检验，并签发工厂认可证书。1999年，中国船级社检验罐式集装箱139标准箱，罐装介质包括液态氩、液态氮、液态氨、液态氯、浓硝酸、环戊烷、氯乙烯、酒精、黄磷、变压器油、天然气等化学品及沥青、水泥等建筑材料以及干散货物。其中有些罐装介质属于危险品，按国际海事组织的《国际海运危险货物规则》规定，装运危险品的罐式集装箱属于可移动罐柜，它不仅要符合《集装箱安全公约》及《集装箱检验规范》要求，还要符合《国际海运危险货物规则》要求。集装箱连续检验计划（ACEP）不适用于装运危险货物的罐式集装箱，按《国际海运危险货物规则》规定应执行定期检验。定期检验周期为5年，从完工之日起算，至第一次定期检验之间的5年内或其在连续两次5年定期检验的中间时期内应进行中间检验。IMO可移动罐柜分为IMO-1、IMO-2、IMO-5和IMO-7型。2003年1月1日之后设计和制造的改称为“UN可移动罐柜”，分为导则T-1至T-23、T-50、T-75。2000年，中国船级社对北京市金属结构厂、沧州化工机械集团有限公司、广东石油化工专用设备公司开平机械厂、武汉江岸车辆厂、北京天海工业有限公司5家进行了工厂认可，并检验罐式集装箱416标准箱。当年还取得国内铁路部门认可，完成中国铁路首批用于油类运输的罐式集装箱检验。

2001年，南通中集特种运输设备有限公司取得了中国船级社签发的工厂认可证书。当年，检验的罐式集装箱突破2000标准箱。2002年，中国船级社对张家港圣达因化工机械有限公司、新奥集团石家庄化工机械股份有限公司进行工厂认可。至此，我国已有13家罐式集装箱制造厂获得中国船级社的工厂认可证书。

2003年,中国船级社协助企业圆满完成了新型罐式集装箱试制,并开展了液化天然气罐式集装箱等新型罐式集装箱的检验工作,全年检验罐式集装箱超过600标准箱。中国船级社对常州华鑫特种货柜厂、江苏万隆特种货柜有限公司、吉化集团机械有限责任公司等6厂家进行工厂认可。鉴于江西制氧厂九江福阳集装箱有限公司等5家的工厂认可证书4年有效期满,中国船级社对其进行了重新认可检验。

取得中国船级社工厂认可的制造罐式集装箱厂家逐年增多,客户群逐步扩大,检验箱种不断增加。2009年获得铁路润滑油集装箱、水泥集装箱的检验业务。2010年,中国船级社对天津新华昌运输设备有限公司、新疆宏铁博运物流有限公司、南通中集罐式储运设备制造有限公司等8家进行了工厂认可检验,并签发工厂认可证书。截至2010年底,持有中国船级社签发的工厂认可证书的罐式集装箱制造厂达21家。

中国船级社罐式集装箱检验业务进一步扩展,自2003年开始对盛装危险货物中型散装容器进行认可和检验。按国际海事组织的《国际海运危险货物规则》规定,包装类Ⅰ为高度危险型、Ⅱ为中度危险型、Ⅲ为低度危险型。用于盛装包装类Ⅱ和Ⅲ的固体和液体的中型散装容器及装运包装类I的固体的金属材料中型散装容器的容积,不应大于3立方米。当年对深圳巨涛机械设备有限公司制造的容积为1.8立方米及青岛太平洋海洋工程(深圳)有限公司制造的容积为1.987立方米的盛装液体的金属材料中型散装容器进行工厂认可检验,并签发工厂认可证书。2007年对宜兴宇宁容器制造有限公司制造的容积为1立方米的盛装液体的复合材料中型散装容器进行型式认可检验,并签发型式认可证书。

2008年复合材料中型散装容器制造业走上快车道,制造厂集中在长三角地区,仅上海一地中国船级社认可了制造盛装液体的上海帆顺毛瑟包装有限公司、上海福将塑胶工业有限公司、上海山海包装容器有限公司、舒驰容器(上海)有限公司4家公司,还有淄博洁林塑料制箱有限公司、开平雅琪塑胶机械模具厂也取得认可证书。2009年对上海新腾包装容器有限公司制造的盛装固体的木质中型散装容器及山东恒信基塑业股份有限公司的复合材料中型散装容器进行了认可检验,并签发认可证书。2010年中国船级社对制造装运包装类II、III类液体的金属材料中型散装容器的大连中集物流装备有限公司及上海鹏国化工成套设备有限公司进行了认可,制造复合材料中型散装容器的常州洁林塑料科技有限公司及上海华多塑料五金有限公司也取得型式认可证书。

(四)集装箱式货车车厢厂的认可及检验

随着改革开放的深入发展,各地保税区、自贸区的增多,对装载海关监管货物运输车辆的需求急剧增加。2004年3月1日,中华人民共和国海关总署发布第110号令《中华人民共和国海关对车厢的制造厂、改装或维修厂工厂认可规定》,授权中国船级社对集装箱式货车车厢制造、改装和维修工厂进行工厂认可和检验,并签发工厂认可证书。认可工作完成后10个工作日内,将认可的有关信息及工厂认可证书的复印件书面报送工厂所在地海关,并要求工厂及时向所在地海关递交《集装箱和集装箱式货车车厢制造、维修工厂海关核准证书申请书》,以便取得《中华人民共和国海关集装箱和集装箱式货车车厢制造、维修工厂海关核准证书》。集装箱式货车车厢厂家集中在长三角地区,2004年中国船级社检验认可了上海新华汽车厂、上海沪光客车厂、上海浦东一汽青岛专用车厂、上海蓝天繁荣汽车专用厢体有限公司、上海明光汽车厢体有限公司、上海通利厢车有限公司、上海浦藤厢车有限公司、上海博深专用汽车技术开发有限公司、扬州中集通华专用车有限公司、常熟华东汽车有限公司等13家厂家,仅上海一地就有8家之多。

中国船级社于2006年对已认可的集装箱式货车车厢制造、改装、维修工厂进行一次全面检查,凡未办理海关核准手续的工厂,不受理改装车厢的检验工作,并督促其尽快到当地海关申请办理。为了更好地贯彻落实海关总署第110号令,方便客户了解海关对集装箱式货车车厢的监管工作,中国船级社将执行该令的情况，如工厂认可信息、工作流程、相关业务联系等，在网站上设立专栏公布。CCS 决定每年第一季度将上年度集装箱式货车车厢检验等情况汇总，形成年度报告，报送海关总署。2006 年中国船级社检验集装箱式货车车厢 1515 个，认可集装箱式货车车厢改装厂 6 家。

2007 年，中国船级社对制造集装箱式货车车厢的沈阳航天新星机电有限责任公司、沈阳铭辰汽车有限公司、新疆天山汽车制造有限公司进行工厂认可，检验集装箱式货车车厢 1173 个；2008 年对 2004 年认可的集装箱式货车车厢制造厂进行重新认可，当年检验集装箱式货物车厢达 8000 个。

2009 年，中国船级社对制造集装箱式货车车厢的北京北铃专用车有限公司、宁波公运汽车修造有限公司、上海中集专用车有限公司等 6 家公司进行工厂认可。

随着装载海关监管货物的集装箱式货车车厢的增多，维修、改造集装箱式货车车厢的工厂积极跟进，2010 年中国船级社对承担维修、改造集装箱式货车车厢业务的无锡交通汽车股份有限公司、深圳市盐港集装箱冷藏箱技术开发有限公司、武汉集联鑫三利集装箱技术工程有限公司、广州远大鑫三利集装箱工程有限公司进行工厂认可，并签发有效期为一年的工厂认可证书；对制造集装箱式货车车厢的上海航空特种车辆有限责任公司、南京依维柯汽车有限公司第一车身厂进行工厂认可。截至 2010 年底，持有中国船级社签发的有效的工厂认可证书的集装箱式货车车厢制造厂达 19 家，2010 年检验集装箱式货车车厢 2142 个。

中国船级社还与中铁铁龙集装箱物流股份有限公司就集装箱运输、制造、检验、管理等方面签署了合作总协议，全面推行“箱东代表检验模式”，积极配合中国海关总署开展监管车厢业务。

第九节　海洋工程检验业务的发展

随着我国海洋石油开发规模的不断扩大，中国船级社海洋工程检验业务不断发展，检验业务范围涵盖了海上移动平台、海上固定平台、海底管线、陆上终端、浮式处理装置、海洋工程辅助船舶、人工岛、海工专用产品等各种类型设施和设备，海工科研、规范编制、审图、结构计算能力得到了很大的提高和进一步加强，海工检验队伍得到壮大。经过船检体制改革后的中国船级社更直接地面向和适应国内外的海洋工程检验市场，以全新的管理和经营理念、更好的检验服务质量，投入海洋工程检验竞争，服务于国家海洋油气开发战略。

一、21 世纪初我国海洋油气开发的形势和背景

进入 21 世纪以来，我国海洋石油进入大规模开发阶段。2005 年海洋石油产量突破 3600 万吨，较 1995 年的 927.5 万吨增长了 2 倍多，占原油总产量的比重也由 1995 年的 6.2%提高到 16.5%。中国海洋石油总公司（简称中海油）在“十一五”（2006—2010 年）期间加快了海洋油气勘探开发的步伐。中国石油天然气集团公司（简称中石油）、中国石油化工集团公司（简称中石化）也提出要积极开展海上特别是深海油气的开发利用。

然而，到 2010 年为止，我国油气勘探开发都集中在浅海、近海区域，主要是在渤海、东海和南海北部靠近我国大陆的近海海域，深海、远海开发技术能力与国际水平差距较大，我国还没有一座能在南海深水区域作业的钻井平台。

在世界范围内，深海油气勘探的发展非常迅速。世界海洋石油资源量占全球石油资源总量的 34%，BP、埃克森美孚、壳牌、巴西国家石油公司等 10 个大公司拥有 73%的深水储量。在我国的深水水域中，南海具有较好的油气远景。据国土资源部初步统计，整个南海的石油地质储量大致在 230 亿至 300 亿吨

之间,约占中国资源总量的 1/3。南海油气资源可开发价值超过 20 万亿元人民币,被称作“第二个波斯湾”。

与渤海湾油气资源开发的情况相比,除了在南海北部靠近我国大陆的近海开发了油田外,我国在南沙海域的开发基本是一片空白。而南海海域周边国家已在南沙群岛海域钻井 1000 多口,发现含油气构造 200 多个和油气田 180 多个,投入生产的 500 余口油气井中,100 多口位于我国南海断续线内,参与采油的国际石油公司超过 200 家,其中包括世界上最大的石油公司美国埃克森美孚公司和英国 BP 公司,年采石油量超过 5000 万吨。越南年产石油 3000 万吨,其中 800 万吨来自中越有争议的海域,开采量占其石油产量的 27%。

在此背景下,我国海洋油气开发必须突破近海的局限。2004 年,国家允许中石油、中石化两大集团下海,中石油获得了国土资源部授予的勘探及开采南海石油天然气的许可证。我国三大石油公司同时进军深海,不仅具有经济意义,更具有战略意义。

同时,国家“十一五”发展计划,将海洋石油设施作为我国重点发展方向,大型海运和海洋石油工程装备成为国家大力发展的 16 项重大技术装备之一。国务院先后通过的《船舶工业中长期发展规划》以及《船舶工业调整和振兴规划》均把发展海洋工程装备作为我国装备制造业的振兴重点。为此,国家设立了很多深海研究项目,如科技部投资近 3 亿元的“863”计划“深水油气田开发工程共用技术平台的研究”、国防科工委投资 3.6 亿元的“3000 米水深半潜式钻井装置研制”项目等。

截至 2009 年, 我国共有各种钻井平台 80 余座,其中 40 余座为国内自行研制,多为近海开采设备。为满足深海油气开发的需要,服务国家能源战略,急需在海洋工程装备制造方面奋起直追,缩小与先进国家的差距。可喜的是,我国已有越来越多的船舶企业进入这些领域,在海洋工程装备制造方面已有了一定基础,形成了一定的技术储备和建造能力。

二、抓住机遇,开拓海上固定设施第三方检验市场

海上固定设施实行第三方发证检验服务(包括固定平台、海底管线等),业主一般以招标的方式决定由哪家船级社来承担项目的第三方发证检验,特殊情况下也采取直接委托的方式。具体检验内容、要求和双方的职责和义务一般由业主/操作方和中标船级社以合同的形式明确。

由于多方面的原因,在 20 世纪 80 年代开始的我国海洋石油开发第一次高潮中,中国船级社在中海油的海上固定设施第三方发证检验工作中未有大的突破。在这一时期,中国船级社的海工检验业务虽然也伴随着中国海洋石油开发的步伐向前发展,在规范制订、检验实践方面也积累了许多成功的经验,取得了一些进展,但是由于诸多原因,在海上固定设施第三方发证检验这一领域却主要由外国船级社占据,中国船级社一直未能成为业主的主要选择,海上固定设施第三方发证检验业务发展缓慢。

1996 年以后,我国海洋石油开发持续发展,21 世纪的前 10 年又进入一个高潮。在此期间建造了大批海上油气勘探和开发设施,这些设施的技术难度和复杂程度也有很大提升,为中国船级社的海工检验发展提供了宝贵的机遇。

中国船级社认真总结以往的经验教训,对内坚持“系统上下一盘棋”,进一步加强海工检验方面的技术力量,2002 年 1 月 1 日在天津成立中国船级社海工审图中心,引进国际上先进的大型结构计算软件,重点解决缺少专家型人才、现行海工规范缺乏跟踪与修改、计算软件落后等问题,培养和壮大一支有技术权威性的队伍;对外加大与业主的沟通力度,建立高层互动机制,分别与中海油渤海、湛江、深圳、上海分公司等举行了技术研讨会及高层协调会。

中国船级社在 1998 年中标美国阿帕奇石油公司与中石油联合开发的赵东项目固定平台第三方发证

检验业务,2001 年又中标美国能源公司(EDC)与中石化联合开发的埕岛西项目固定平台第三方发证检验业务。这两个项目从审图、建造检验到海上拖航安装检验以及产品检验全部由中国船级社独立进行。这两个项目投标的成功和顺利完成,是中国船级社在海上固定设施第三方发证检验这一领域的重要突破。

2002 年,由于人力资源和价格方面的原因,美国船级社提出与中国船级社在第三方发证检验项目中进行合作,而中国船级社此时正需要同外国船级社合作以积累项目经验,双方合作中标中海油"渤南项目"。在这个项目中,中国船级社尽管是分包方,但在项目执行中表现出了良好的技术能力和服务水平,得到中海油项目组的认可。中国船级社天津分社为此获得了中海油项目组颁发的集体和个人奖牌。

随着从 2002 年开始的与美国船级社合作项目的开展,中海油对中国船级社有了充分的了解和信任,使中国船级社得以逐步介入到中海油的第三方发证检验项目。在 2003 年,通过投标,独立获得了中海油"南堡 35-2"井口平台项目的第三方发证检验合同。

通过前期项目的业绩积累和技术能力的不断提升,中国船级社海上固定设施第三方发证检验业务得到快速的发展,随后几年在中海油渤海油气开发中,连续独立获得了"锦州 21-1""渤中 34-1""渤中 34-3/5""锦州 9-3 东""渤中 28-2 南""锦州 25-1 南""旅大 23-2/27-2"等项目,并在 2007 年获得澳大利亚洛克(ROC)石油公司的赵东二期项目,2008 年获得美国能源公司(EDC)的埕岛西二期项目。加上多年来,中国船级社青岛分社在胜利油田积极开拓市场,胜利油田浅海区域所有的海上固定设施均由中国船级社检验发证。至此,渤海区域的项目全部被中国船级社包揽,确立了中国船级社在国内浅海海上固定设施项目市场的优势地位。

随着中海油 5000 万吨产能建设的推进和中石油、中石化海上油田的开发建设,出现了众多海上项目同时在建的局面,由此中国船级社海工检验业务在 2008 年呈现了爆发式增长。面对在项目实施过程中出现的一系列难题,中国船级社采取了很多积极地措施。经过两年多的艰辛努力,截至 2009 年底,由中国船级社实施第三方发证检验的新建项目中有 30 多个项目陆续竣工投产或部分投产。

在中海油 5000 万吨油气的海洋工程开发建设中,中国船级社承担了绝大多数项目的第三方发证检验工作,凭着出色的检验服务,被中海石油(中国)有限公司授予"2009 年 5000 万吨工程建设突出贡献最佳承包商奖",并名列 5 家"最佳承包商"榜首。

中国船级社紧跟国家海上能源开发战略,通过承担 3000 米深水半潜式钻井平台、深水铺管船、深水勘察船等深水系列海工装备建造项目的入级检验和 1500 米"荔湾 3-1"南海深水天然气开发项目的第三方发证检验,使中国船级社海洋工程服务进入了"由浅入深"的发展阶段。2010 年 7 月 26 日,中海石油(中国)有限公司、中国船级社、美国船级社三方在北京中国船级社总部举行了"南海深水天然气开发项目"发证检验合同签字仪式。这一项目的实施标志着中国海洋石油开发由浅水到深水的发展,中国船级社的海工检验业务也正式迈向深海。

三、海上移动平台检验业务的发展

(一)移动平台的修理、改装检验和营运检验

1998 年 11 月—1999 年 5 月,ABS 级"渤海 4 号"自升式钻井平台进大连造船新厂改装、修理,中国船级社大连分社进行了修理检验和法定检验。本次改装包括加装悬臂梁、增加升降装置、更换生活楼和主要作业设备,是在国内第一次进行移动平台的悬臂梁改造。

1998 年 11 月—1999 年 9 月,中国船级社大连分社对"勘探二号""胜利九号""胜利七号"自升式钻

井平台进行了修理检验、水下检验和法定检验。2000 年 3 月—4 月,对“胜利五号”自升式钻井平台进行了修理检验、船级特别检验和法定定期检验。

2000 年 5 月—9 月,ABS 级的“南海四号”自升式钻井平台进大连造船新厂(2000 年 8 月改为大连新船重工)修理改装,本次改装包括加装悬臂梁、增加升降装置、更换生活楼和主要作业设备、主体加大、桩腿接长、桩腿和桩靴加强等内容。中国船级社大连分社进行了修理检验、水下检验及法定检验。

同年 7 月—12 月,CCS 级“南海一号”自升式钻井平台由大连造船新厂加装悬臂梁、增加升降装置、更换生活楼和主要作业设备等。中国船级社大连分社进行了相应的修理检验、船级检验、水下检验及法定检验。

2000 年 8 月—2001 年 3 月,中国船级社大连分社对“渤海 7 号”自升式钻井平台和“胜利三号”坐底式钻井平台进行了修理检验、船级检验和法定检验。2001 年 4 月—6 月,对“渤海自立”自升式钻井平台进行了修理检验、CCS 船级初次检验和法定初次检验；11 月—12 月,对“渤海 9 号”自升式钻井平台进行了船级特别检验和法定定期检验;12 月,对“渤海 5 号”自升式钻井平台新制作的 4 个桩靴进行了安装检验。

1988 年建成的“胜利二号”极浅海步行坐底式钻井平台于 2005 年 11 月在大连船舶重工集团进行改造,拆除了其步行设备,将内外体相连接,重新设计安装了钻井设备。“南海一号”“渤海 10 号”自升式钻井平台分别于 2006 年 5 月和 6 月进行了坞内检验,然后进行了拖航检验。中国船级社大连分社派验船师担当了以上检验工作。

“南海二号”系中海油服钻井事业部湛江基地的一艘半潜式钻井平台,自 2005 年 11 月 24 日—2007 年 3 月 24 日,一直在缅甸、印尼作业。在这期间,该平台法定证书定期检验已到期,平台业主申请中国船级社湛江分社前往印尼执行检验工作。湛江分社派出两名验船师于 2006 年 12 月 4 日—8 日在印尼巴淡岛对“南海二号”进行了法定定期检验,确保了业主的海外钻探业务顺利进行。

2008 年,由中国船级社深圳分社执行的、首个使用 SSMIS-U 移动平台检验发证系统的项目“海洋石油 931”转级和重大改造工程项目圆满结束,标志着中国船级社迄今技术难度最高的海上设施改造项目顺利完成。

1998—2009 年,中国船级社青岛分社对业务分工地区的移动平台开展了 163 艘次营运检验,包括入级和法定的各种定期检验、临时检验及修理检验等。验船师在检验中多次发现隐患,并及时排除。2009 年,在“胜利五号”平台坞检过程中发现该平台存在严重超重问题,可能对平台桩腿及齿条造成较大的损害,从而导致严重的安全隐患。为此,青岛分社主动联系平台业主,在不影响平台安全作业的前提下给平台减载,最终解决了平台超重问题,提高了平台的安全作业系数。

(二)移动平台的建造检验

“胜利作业三号”平台由青岛北海船厂为胜利油田建造,设计方是胜利油田钻井工艺研究院。这是我国自行设计、自行建造的第一座三腿液压齿轮齿条自升式移动平台,拟用于胜利油田 20 米水深内的修井作业。2002 年 4 月中国船级社青岛分社完成了该平台建造入级检验和法定初次检验。该平台制造精度高,使用新型材料较多,如高强度钢材,焊接和尺寸控制难度大,齿条和桩腿焊接工艺复杂,焊前预热和层间温度以及焊后的保温都有严格的规定,桩腿直线度测量要求高。验船师坚守在建造现场,进行严格细致地检验,解决了诸多技术和工艺难题,顺利完成了“胜利作业三号”的建造检验工作。

2004 年 3 月—2005 年 3 月,中国船级社大连分社对大连中远船务工程有限公司联合辽河油田油建一公司为辽河油田浅海公司分工建造的坐底式采油平台“辽河试采二号”进行了建造入级和法定初次检验。

2004年9月开始,中国船级社大连分社对自升式钻井平台“海洋石油941”进行了建造入级和法定初次检验。该平台由大连新船重工为中海油田服务股份有限公司建造,是当时国内作业水深最大(400英尺)、技术最先进的自升式钻井平台,入CCS和ABS双船级。该平台于2006年5月竣工,6月26日拖航离开大连,到达南海北部湾涠洲油田作业区。“海洋石油941”是我国首座作业水深达到122米、钻井深度达到9144米、作业范围内可一次性定位50口井的自升悬臂式钻井平台,其钻井作业完全实现了自动化、智能化,让钻井工人彻底告别了手扶刹把等繁重操作。2006年10月,同型平台“海洋石油942”开工建造,入CCS和ABS船级,中国船级社大连分社承担相应的检验任务。

2006年,中国船级社秦皇岛分社在山海关船厂完成“胜利作业四号”自升式修井平台建造入级检验。

2006—2009年,中国船级社青岛分社在青岛北船重工公司完成“中油海63”和“中油海62”试采平台“中油海5”“中油海6”“中油海7”“中油海8”“中油海33”钻井平台建造入级和法定初次检验,上述7座平台都是为中石油集团海洋工程有限公司建造的。2008年,青岛分社在胜利油田完成中石化胜利油田“胜利作业八号”坐底式修井平台的建造检验。

2009年,中国船级社深圳分社承担了“海洋石油281”和“海洋石油282”自升式海上油田多功能支持平台的建造检验。这两座平台是招商局重工(深圳)有限公司为中海油能源发展股份有限公司建造的,均入CCS级。“海洋石油281”是华南地区建造的第一艘海上平台,配置有200人生活居住模块及配套设施,具有工程辅助支持和钻井两种功能。“海洋石油282”具有海上钻井、海上工程支持和生活支持多种功能,作业水深为5—40米,主要用于国内近海石油勘探开发。

2009年6月9日,大连船舶重工海洋工程有限公司为胜利石油管理局胜利海洋钻井公司建造的“胜利十号”钻井平台开工建造。“胜利十号”由胜利石油管理局钻井工艺研究院海洋工程装备研究所设计,全部图纸、资料通过了中国船级社审图中心的审核,入CCS级,由中国船级社大连分社进行建造入级检验和法定初次检验,这也是中国船级社首次开展钻井装置系统的入级检验。该平台是一座三桩腿的悬臂梁自升式钻井平台,升降装置采用电动齿轮齿条升降系统。平台设计作业水深50米,最大钻井深度7000米,平台在同一地点钻井最多可达30口,具备钻井、固井和辅助试油等能力。

同年7月1日,大连船舶重工海洋工程有限公司为中石油海洋工程有限公司承建的“中油海10”300英尺自升式钻井平台交付。“中油海10”是由中国船级社大连分社进行建造检验的L780系列平台的第二条,最大钻井深度可达7000米,最大作业水深91.4米。

2009年12月20日,大连船舶重工海洋工程有限公司为中海油田服务股份有限公司建造的350英尺作业水深的自升式钻井平台“海洋石油937”在大连交付。该平台型长65.25米,型宽62米,最大作业水深106米,最大钻井深度9144米,入CCS和ABS双船级,是当时世界上首座最先进的CJ46型自升式钻井平台。10天之后,招商局重工(深圳)有限公司为中海油田服务股份有限公司建造的350英尺自升式钻井平台“海洋石油936”在深圳交付。“海洋石油936”与“海洋石油937”是同型平台,入CCS和ABS双船级。

我国首座第六代深水半潜式钻井平台“海洋石油981”于2008年4月28日在上海外高桥造船有限公司开工建造,2010年2月26日出坞,2011年5月23日在上海命名交付。

这座世界级深水半潜式钻井平台的所有者是中国海洋石油总公司,由美国F&G公司进行基本设计,中国船舶工业集团公司第708研究所进行详细设计,上海外高桥造船有限公司进行生产设计及建造。该项目是国家863项目的依托工程,是中国实施深水海洋石油开发战略的重点配套项目之一,并作为拥有自主知识产权的重大装备项目纳入国家重大科技专项,也是中国继1984年成功自主开发建造“勘探三号”半潜式钻井平台后,时隔20余年再次斥巨资设计建造的新一代超深水半潜式钻井平台。

“海洋石油981”平台按照南海恶劣海况设计,能抵御200年一遇的台风,可以在每小时45海里的风速下正常作业,在每小时109海里的风速下生存。平台总长114米、宽90米、高112米,最大可变载荷9000吨,最大钻井深度10000米,最大作业水深3000米,配有DPS3全动力定位系统及锚泊定位系统,平台自重超过3万吨,设计寿命30年。

该平台入CCS和ABS双船级,并由中国船级社负责法定检验和发证工作。为集中力量做好首个深海项目“海洋石油981”的检验和发证工作,由中国船级社领导挂帅成立项目领导小组,海工检验管理处、海工技术中心、大连分社、上海分社、广州分社、湛江分社等总部处室和分社抽调技术骨干组成检验项目组,全程参与关键技术研究与攻关、图纸的设计审查、建造检验、技术攻关等工作。在设计审查中,共提出了1257条有效意见,并对平台设计进行了第三方独立校核计算。在项目建造过程中,验船师多次发现并及时处理了重要结构存在的质量问题,如及时发现并处理了井架裂纹问题、水平横撑结构用错的问题、大型设备基座(推进器基座、导向轮基座、发电机基座等)结构错位问题、超高强度钢的焊接质量问题、月池的修改及钻台与平台结构碰撞等重大结构问题等。

“海洋石油981”拥有多项自主创新设计,先后荣获国家科技进步特等奖等多个奖项。该平台的建造完成并投入使用,填补了我国大型深水钻井平台的空白,对加快我国深水油气资源勘探开发、提升我国在海洋争议区内的话语权产生了重大影响。

2010年初,中国船级社青岛分社在东营胜利油田海工基地完成了“海洋石油161” 和“胜利作业五号”平台的建造检验。“胜利作业五号”是一座三腿齿轮齿条升降式修井平台。“海洋石油161”是一座插销式液压升降的四桩腿自升式采油平台,钢质非自航,适用于渤海湾5—30米水深范围内的海域进行原油的生产、处理、储存和外输,业主为中海油能源发展股份有限公司。

2010年10月30日,中国船级社青岛分社完成“海洋石油921”“海洋石油922”两座自升式平台建造检验。这是4座“海洋石油200英尺”系列自升式钻井平台中的前两座,由海洋石油工程股份有限公司(青岛场地)为中海油田服务股份有限公司建造,其后还有“海洋石油923”“海洋石油924”两座。4座平台均为三角形结构,3条三角桁架式桩腿,桩腿升降高度为200英尺,桩腿长94米,最大作业水深60.9米,最大钻井深度6000米。平台入ABS和CCS双船级。

(三)海上移动平台的技术增值服务

自2008年起,中国船级社开始为国内石油公司提供海上设施安全性评估等高附加值的增值服务,并开发了海上移动平台结构完整性管理系统(MSER),可为海上移动平台提供全生命周期的结构技术状况评价。MSER系统中建立的平台模型包括自升式、半潜式及坐底式平台和FPSO等。到2010年,完成20多座在渤海、东海、南海作业和运营的平台结构安全、井位安全评价12次,应急响应支持6次。MSER系统已经成功应用于中海油服、中石油海洋工程有限公司、中海油能源发展监督监理、中石化胜利油田等业主单位。

四、海上固定设施检验业务的发展

(一)海上固定设施建造发证检验

截至1999年底,经由中国船级社法定四项和第三方发证检验的海上固定平台96座、海底管线65条、海底电缆21条、单点系泊装置4座、人工岛2座。

2002年6月,中国船级社和美国船级社联合投标于中国海洋石油总公司运作的春晓平台群项目第三方检验发证并中标。春晓平台群项目有如下的设施:4 座作业海区水深 90—110 米的导管架井口平台 WHPA;1 座中心平台 CEP;4 条平台间的总长 124 公里的海底管线;1 条从中心平台至岸上终端的海底天然气外输管线约 350 公里;平台间 3 条 60 公里动力及通信电缆;一座位于宁波的岸上处理厂;用于钻井及完井作业的两台可移动标准钻机。

2002 年 12 月 10 日,美国能源公司(EDC)埕岛西项目海上固定平台完工,中国船级社完成了该项目的全部第三方检验和发证工作。该项目是中石化胜利油田管理局和美国能源公司(EDC)共同投资开发的海上产能合资项目,主要包括一座集采油、油气处理、外输、发电、生活等为一体的综合性平台,一条将原油输送到岸上的海底输油道。该平台为导管架式平台,高度为 14.19 米,总重为 3200 余吨,一层为生产平台,二层为钻井平台。2001 年初,中国船级社审图人员到美国休斯敦 Paragon 公司进行审图工作。2001 年 5 月开始现场建造检验工作。该项目采用美国规范、标准,其设计规格书详细、严格。项目组在施工过程中严格细致检查,包括对设备的制造进行检验。上部平台最后用浮装法安装成功。

中国船级社大连分社在 2002—2005 年检验了部分海上固定设施项目。2002 年 7—8 月,对"赵东平台"XY 底座进行了制造中的第三方发证检验;自 2002 年起,对辽河油田和冀东油田共计 20 余根井口保护桩进行了制造中的第三方发证检验;自 2002—2005 年,先后对"番禺 4-2/5-1""惠州 19-2/19-3" 和"旅大 4-2"生活模块进行了制造中的第三方发证检验;自 2004 年 10 月起,对辽河油田"海南八块"海底管线进行了建造中的第三方发证检验;自 2005 年 4 月起,对冀东油田"南堡 1""南堡 1-2""南堡 1-5""老堡南 1"等 5 个导管架平台进行了制造中的第三方发证检验。此外,大连分社检验的海上固定设施还有"蓬莱 19-3"平台和月东人工岛。

2003 年,中国船级社完成了 7 座中海油新建海上油田项目的法定四项检验、胜利油田的 12 座浅海固定平台的建造检验,与美国船级社合作承担了新建"惠州 19-3/2/1"及"渤南项目"的第三方发证检验。在 DEVON 能源(中国)有限公司和中国海洋石油总公司负责建造的番禺项目中,中国船级社作为业主代表参与了整个项目(含一艘 FPSO,两座导管架平台,两座生活模块及两座钻井模块)的建造监督检验。

"渤南项目"位于南渤海湾水深 22 米的海域,其主要生产设施包括 1 座单点系泊,一艘浮式处理装置,还有两座井口平台和一座陆上终端、海底管线。该项目由美国船级社中标,委托中国船级社承担全部现场检验,以天津分社为主,青岛、湛江分社参加,联合组成渤南项目组,代表 ABS 承担了全部现场检验工作,从 2003 年 6 月开始进场,2004 年 9 月完成检验。2004 年 11 月 12 日"渤南项目"顺利投产。通过与 ABS 合作的"渤南项目"的现场检验,中国船级社赢得了中海油的信任与肯定。

中国船级社在 2003 年独立中标获得了中海油"南堡 35-2"项目的第三方发证检验合同。"南堡 35-2" 项目由法国船级社负责基本设计审图,中国船级社在详细设计阶段中介入,负责整个平台的发证检验工作。在项目运作过程中,遇到了一个技术难题——平台桩基施工中的拒锤问题。当时,中国船级社对此类应急事故的处理没有经验,于是,启动了内部应急机制,动用了内外部专家资源,查阅了海内外相关的工程案例资料,认真分析比对项目场址钻孔资料和桩基载力原始设计文件和现场测桩资料,提出了技术建议,解决了这个技术难题。"南堡 35-2"油田投产后,该项目获得了中海油二等奖、国家建设部银奖。

2004 年 6 月 17 日,中国船级社与美国船级社合作中标,获得中国海洋石油总公司"陆丰 13-2"项目的第三方检验发证,填补了中国船级社在南海东部海域无第三方建造检验项目的空白。"陆丰 13-2"项目地处南海东部海域,新建造一座导管架平台,新建一条海底管道,与原有的"陆丰 13-1"平台连接,并对原有的"陆丰 13-1"平台进行改造,设计水深 132 米。该项目由中国船级社广州分社执行现场检验,于 2005 年完成。

2004—2005 年,中国船级社青岛分社完成"杭州湾海底管道穿越""舟山至镇海海底管道项目"共计

197 公里的审图、制造、海上铺设检验工作。“杭州湾海底管道穿越项目”由 3 条不同直径并排穿越杭州湾的管线组成,分别为管径 762 毫米(30 英寸)、711 毫米(28 英寸)的进口原油管线和 273.1 毫米(10.75 英寸)的石脑油管线,是中国石化集团“甬—沪—宁进口原油管道”工程建设的重要组成部分。工程北起平湖市白沙湾,南至慈溪半掘埔闸,每条管道长 53.5 公里。“舟山至镇海海底管道项目”是一条管径 711 毫米(28 英寸)的进口原油管线,起点舟山册子岛,终点宁波镇海,总长约 36.5 公里。中国船级社在工程完工后分别对 4 条海底管道颁发了合格证书、安全证书。

2005 年 12 月 1 日,中国船级社独自中标获得中海油深圳分公司“西江 23-1”及中海油湛江分公司“新文昌”5 座平台项目的第三方发证检验合同。此后,中国船级社逐渐成为中海油湛江分公司新建项目第三方检验发证的主力,市场占有率达 80%。

2006 年 4 月 1 日,中国船级社天津分社与中海油天津分公司正式签订了“锦州 21-1”和“渤中 34-3/5”两个边际油田新建开发项目的第三方检验合同。这两个油田均位于渤海湾。“渤中 34-3/5”项目包括 2 座井口保护装置、两段海底管线和海缆,设计寿命 6 年,预计总产量 40 万吨;“锦州 21-1”是个气田,包括两个导管架及其上部组块和 17 公里海底管线,设计寿命 20 年,预计天然气总产量为 10.5 亿立方米。

2007 年中国船级社中标取得“锦州 25-1 南”项目。该项目的总投资超过 130 亿元,是当时中海油历史上自营油田投资额最大的项目,包括“锦州 25-1 南”“锦州 25-1”“金县 1-1”3 个区块的开发。“锦州 25-1 南”项目由天津分社承担第三方发证检验,一期工程于 2008 年 4 月现场开工,2010 年 10 月发证。

中海油“渤中 28-2 南”油田开发项目包括“渤中 28-2 南”“渤中 34-1 北”“渤中 29-4”“渤中 28-2 南/北”4 个区块。油田工程开发自 2007 年 2 月启动基本设计工作,至 2010 年 4 月 23 日整个油田顺利投产,中国船级社作为独立的发证检验第三方全程参与并为工程甲方提供了包括业主技术支持、设计审查、材料及设备检验、场地建造、海上安装及调试阶段的现场检验等全方位的检验服务工作。至检验合同签订,该项目是中国船级社承担的建设规模最大、最完整的油田开发项目。

该油田整体开发工程设施包括:新建五座平台,改造浮式储油装置“渤海长青”,改造单点系泊一座,铺设 4 条海底油气输送管线、5 条海底天然气输送管线、5 条海底注水输送管线以及 4 条海底电缆。

在“渤中 28-2 南”项目中,由于工程器具资源缺乏,中心生产平台的导管架和上部模块海上安装方案几经变更。中国船级社组织技术专家和审图部门及时介入,配合中海油工程项目组、设计单位和工程建设方对各种工程方案进行了充分论证和分析;同时进行“背靠背”的工程分析,保证了项目顺利进行。在项目建设的 3 年多时间里,中国船级社天津分社检验项目组密切配合项目工作并严格把关,验船师在现场检验中注意关键问题的处理,如现场阶段分别遇到了超厚板材内部缺陷、关键节点焊缝开裂、无注水单层海管漂移等问题。现场检验人员与业主工程师进行深入地技术交流,使问题得到了很好的解决。

洛克赵东二期开发项目是中国船级社 2007 年中标的海上设施第三方检验大型项目之一。该项目由澳大利亚的洛克石油公司(ROC)与中石油合作开发,由 WORLEYPARSONS 负责设计。2008 年工程范围最终确定为:一期开发的 2 座平台 ODA/OPA 的改造检验,4 座平台 ODB/OPB/CP2/PTl 的建造检验,2 条海底管线的铺设检验。ROC 公司作为项目开发建设的操作方,与中国船级社签订的合同包括改造、建造、安装、调试第三方检验和法定四项检验。

该项目在美国某厂家生产的中低压配电盘,ROC 业主已经通知制造厂申请中国船级社进行第三方检验,虽然配电盘的图纸已按规定送审,但是在没有经过检验的情况下,这些配电盘就直接运到了龙口场地,按规定这些配电盘是要被业主项目组和中国船级社拒绝验收的。但如果拒绝这批配电盘,将给工程造成难以估量的工期损失,最终在中国船级社海工建造处、ROC 公司、设计公司、生产厂家的多方协调下,同意在平台上补做相关试验,使问题得到最终解决。

埕岛西 SDP-DPB 平台是美国能源公司(EDC)与中国石化的合作开发项目,属于埕岛西的二期工程,于 2010 年 3 月开工建造。该项目业主为中石化胜利油田分公司,平台审图由中国船级社海工审图中心负责,第三方发证检验由中国船级社青岛分社执行。

埕岛西 SDP-DPB 平台标准是业主指定的美国标准,设计标准是 API(美国石油协会)2A,焊接标准是 AWS(美国焊接学会)、ASME(美国机械工程师学会)及其他标准。在平台建造中验船师按照设计及技术标准的要求开展工作,发现并解决了现场许多技术问题。如对重要结构的焊接,由于 AWS 中没有要求特殊结构的探伤时间滞后 72 小时,但是中国船级社须知中有这样的建议,因此在检验时虽不能要求焊接后探伤时间滞后,但是却给予了特别关注。验船师在上部组块生产甲板环板焊接探伤后几天多次近观检查,发现有表面裂纹产生,立即要求重做磁粉检测,结果 4 块环板的下焊缝都检出大量裂纹,经打磨测量,最深裂纹达 6mm,延伸到立柱里,后经焊接返修,消除了重大隐患。在检查救生筏存放位置时,发现生产甲板救生筏安放位置不适当,其下面是靠船排,靠船排的外沿超出救生筏的外沿 600mm,影响救生筏降落,要求重新调整布置。该项目 DPB 平台要与已建的 DPA 平台对接,对接后要将 DPA 平台上的修井模块轨道延伸到 DPB 平台上,因此对对接精度要求非常高,一旦达不到精度要求,将无法实现后期修井模块轨道的延伸铺设,也就无法对新建平台的井口进行修井作业。该项目建造方没有类似的工程经验,验船师在项目的开始阶段即提醒其给予关注,并指导其制定了详细的技术方案及控制节点,并在整个建造过程中严格控制有关节点和技术参数,使该项目海上就位及安装顺利达到设计要求。

2010 年 7 月,中国船级社与美国船级社作为第三方检验联合体,成功中标南海深水天然气开发“荔湾 3-1”项目。该项目的深水气田距珠海约 300 公里,水深约 1500 米,是中海油首次进入深海领域的油气田开发项目。中国船级社承担了该项目全部 20 余万吨海管板材和结构用钢板的检验工作。2010 年 11 月,中国船级社大连、天津、上海、武汉、广州、深圳分社开始进行“荔湾 3-1”海管和海管用钢板的检验。

2010 年,中国船级社完成了“渤中 28-2 南”“锦州 25-1 南”“旅大 32-2”冀东油田“南堡 1”陆上终端等一系列大型新建海工项目的第三方发证检验、入级检验与法定检验。

(二)海上固定设施的在役检验与延寿评估

1.在役检验

固定设施的在役检验主要包括固定平台和海底管道的年度检验、定期检验。中国船级社青岛分社受胜利油田海洋采油厂委托,自 2002 年开始进行在役固定平台的年度检验、定期检验,当年,对胜利油田 30 座固定平台进行了定期检验。

胜利油田固定平台包括单井平台、井组平台、中心平台以及采修一体化平台等,其在役检验依据各平台的具体情况分为年度检验、5 年度定期检验以及超过设计寿命期平台的全面检验、检测及延寿评估等。由于需检验的固定平台数量较多,每年的检验工作都集中在埕岛海区气象、海况条件较好的 6—9 月份进行,在 2—3 个月的时间内不间断出海对 100 多座固定平台及海底管线进行集中检查。青岛分社从保证安全质量的角度,认真安排计划,确定检验项目,明确检验范围,严格检验要求,避免安全隐患。

针对海上防污染的新形势,在役检验中对平台的防污染设备、设施进行重点检验,确保平台不出现污染事故。主要针对平台集油槽挡板开放水孔、围油挡板不连续等重点问题,及时通报海洋采油厂限期整改,并建议业主在安装平台计量分离器的安全阀时注意安全阀喷口不朝向大海,避免一旦安全阀开启油喷向海洋。

在役检验中发现不少平台配备安装的吊机运行 4 年后,不能按期进行吊重试验,根据平台的具体情况要求业主于 2008 年对各平台的吊机进行了全面的检验和吊重试验。验船师现场进行检验和监督,根据各个吊机的吊重试验的具体情况进行处理。对安全起重负荷不能达到额定负荷的吊机进行降负荷处理,根据试验情况降低其安全起重负荷并进行标识,从而消除隐患,杜绝事故的发生。

2008 年,中国船级社天津分社完成中海油天津分公司 51 座平台和 56 条海底管线的年度检验、中海油秦皇岛 32-6 合资公司 12 座固定平台的年度检验、科麦奇石油公司 6 座固定平台的年度检验、康菲石油公司 2 座固定平台的定期检验、洛克石油公司 2 座固定平台的定期检验。

2010 年,青岛分社对胜利油田 23 座固定平台进行了定期检验,对 80 座固定平台和 4 条海底管道进行了年度检验。

2.延寿评估

中国船级社在海工发展之初就着眼于高技术,先后引进了一批海工分析软件,并利用这些软件提高了海工检验的技术水平、审图水平和分析能力,先后应用这些软件对平湖油气田、"涠洲 12-1"油田、"渤中 28-1"油田、"惠州 21-1/26-1/32-2"油田等开展了强度分析、设施延寿评估等工作,为海洋石油业主解决了海上生产设施的安全分析、再评价、延寿可行性、改造建议等技术问题。

从 2008 年起,胜利油田海上固定平台陆续达到平台的设计使用寿命,业主希望一些平台能够继续服役维持采油。考虑到平台的现状和油田生产的实际需要,中国船级社青岛分社开始对寿命到期的平台进行结构延寿检验,要求对平台延寿前的水下及水面以上的结构检测机构要具有中国船级社认可的水下检测资质,人员持有相应的资质证书,检测计划及内容按照中国船级社规范进行编写并经青岛分社认可及现场监督,评估单位也要具有安监总局相应的资质证书。延寿评估报告经安监总局石化分部组成的专家组评审通过,并经中国船级社认可后,结合定期检验的情况,结果满意后签发海上固定平台的证书,并督促业主按延寿报告的建议对平台进行维护,确保平台安全。

五、浮式处理装置(FPSO)的检验

浮式处理装置,全称为"浮式生产储存卸货装置"(FPSO)。它集生产处理、储存、外输及生活、动力供应于一体,俨然一座"海上油气加工厂",把来自油井的油气水等混合液经过加工处理成合格的原油或天然气,其中成品原油储存在货油舱,到一定储量时经过外输系统输送到穿梭油船。与其他形式石油生产平台相比,FPSO 具有抗风能力强、适应水深范围广、储/卸油能力大以及可转移、重复使用的优点,适合于远离海岸的深海、浅海海域及边际油田的开发,已成为海上油气田开发的重要生产方式。

进入 21 世纪以后,FPSO 市场十分兴旺,世界各大船厂相继加入到 FPSO 建造大军中。我国科研院所、造船厂也纷纷开展 FPSO 业务,并取得了显著成果,主要设计、研究单位有中国船舶工业第 708 研究所、上海交通大学等单位,主要建造厂有大连新船重工、上海外高桥造船公司等。中国船级社分别以法定四项检验、入级检验、拖航检验和业主代表的方式介入 FPSO 的建造过程,实施监造和管理工作。

2000 年 6 月—2001 年 8 月,浮式处理装置"渤海世纪"在大连造船新厂(2000 年 8 月改称大连新船重工有限责任公司)建造,这是国内首次建造的新式浮式处理装置。该 FPSO 载重量为 15 万吨,年处理能力为 450 万吨,服务于我国渤海海域"秦皇岛 32-6"油田。中国船级社大连分社对"渤海世纪"进行了法定四项检验、拖航检验和现场业主代表工作。

2000 年 8 月—2001 年 11 月,浮式处理装置"南海奋进"在大连新船重工有限责任公司建造。15 万吨级的"南海奋进"总长 262.2 米, 型宽 46 米, 型深 24.6 米,设计吃水 16.5 米,结构吃水 17.5 米。"南海奋进"服务于我国南海海域"文昌 13-1/13-2"油田,作为油田的控制中心,采用了当时世界上最先进的船舶深海停泊技术,永久系泊在油田上作业。它不仅可以在浪高 20 米、风速 50 米/ 秒强台风环境中保持岿然不动,同时还配有公共系统、安全控制系统、两套三级处理的原油生产加工系统等数十个系统以及可

供90人生活的基地。中国船级社大连分社对“南海奋进”进行了审图、法定四项检验、拖航检验和现场业主代表工作。2003年“南海奋进”获得辽宁省科技进步一等奖。

2002年1月—2003年11月,15万吨级的浮式处理装置“海洋石油111”在上海外高桥造船有限公司建造,中国船级社进行了法定四项检验、拖航检验和现场业主代表工作。“海洋石油111”服务于我国南海海域“番禺2-4”油田。

2004年5月15日,15万吨级的浮式处理装置“海洋石油112”在大连新船重工有限责任公司命名、交付。“海洋石油112”入CCS和DNV船级,用于中国海洋石油总公司与KMG石油公司联合开发的渤海“曹妃甸11-1/11-2”油田。中国船级社大连分社先后派出5名验船师承担该FPSO的建造入级检验、法定四项检验和拖航检验,并且承担了业主代表工作。这是中国船级社首次对FPSO进行建造入级检验。

2004年6月8日,15万吨级的浮式处理装置“海洋石油113”在上海外高桥造船有限公司命名、交付,用于中国海洋石油总公司与雪弗龙德士古合作开发的渤海浅海水域“渤中25-1”油田。“海洋石油113”以双船级方式加入CCS级,中国船级社上海分社负责检验、发证。大连分社、湛江分社派验船师加入“海洋石油113”项目组,参与法定四项检验、拖航检验、初次入级检验和现场业主代表工作。

2006年3月28日,由青岛北海船舶重工有限责任公司承建的10万吨级海上浮式处理装置“海洋石油115”在青岛海西湾造修船基地开工建造。该FPSO入CCS和BV船级。CCS项目组由中国船级社大连分社(任项目经理)和青岛分社海工检验人员组成,全体人员参加建造组任业主代表,并对“海洋石油115”进行法定检验和入级检验。

“海洋石油116”是大连船舶重工集团有限公司为中海石油基地集团有限责任公司建造的一艘11万吨级的浮式处理装置,2006年4月18日开工,2007年9月12日命名、交付,服务于南海“文昌19-1/15-1/14-3”油田,船体总长232米,型宽46米,型深24米,设计吃水16米,服务寿命25年。该FPSO采用艏艉分段在船台建造,最后在船坞内合龙的方法,有效缩短了船体的建造周期,并大大提高了建造效率和工程质量。“海洋石油116”拥有当时国际上最先进的内转塔式单点系泊系统,可以连续25年固定在120多米深的海域中进行油水处理、储油及卸油作业,能够承受20多米高的海浪和风速达60米/秒的台风。“海洋石油116”入CCS和BV船级。在建造中,中国船级社大连分社验船师积极配合船东、船厂,克服了十大上部生产工艺模块异地预制、海上吊装以及主船体艏艉半部船台建造、船坞整船合龙等技术和施工难题,使“海洋石油116”提前50天交付使用。

“海洋石油117”是我国第一艘完全自主设计的30万吨级浮式处理装置,其船体部分于2007年4月30日由上海外高桥造船有限公司建造完毕,然后拖航至新加坡继续进行上部模块的安装及相关调试工作,2008年年底建成投产。该FPSO长超过323米,宽超过63米,储油能力可达200万桶原油,原油日处理能力可达19万桶(年处理能力1000万立方米)。“海洋石油117”用于中国海洋石油有限公司与美国康菲石油中国有限公司合作的“蓬莱19-3”油田二期。2008年4—5月中国船级社派天津分社和大连分社验船师赴新加坡对“海洋石油117”进行了法定检验。

中国船级社除对新建造的浮式处理装置进行相关检验外,还对建造年代较早、服役时间较长的浮式处理装置的修理改造,进行有关的检验工作。浮式处理装置“渤海长青”,1990年3月由上海沪东船厂建造完工后,一直在渤中“34-2/4”油田服役作业。根据“渤中34-1”油田总体开发方案,“渤海长青”于2007年12月—2008年12月底在上海中海长兴船坞进行了修理改造,并改名为“海洋石油102”,2009年3月初回拖至作业海域并与单点连接。改造后的“海洋石油102”用于储存和外输经CEP平台处理后的合格原油,同时“渤海长青”上部原有处理功能保留并维修作为预留处理能力。中国船级社天津分社项目组承担了修理改造的检验工作。

中国船级社对在役使用中的浮式处理装置进行营运检验,2010年完成浮式处理装置营运检验16艘次。

六、海洋工程辅助船舶的检验

海洋工程辅助船是为海洋油气开发装备提供配套服务的工程船舶的总称,包括起抛锚拖船、三用工作船、常规供应船、平台供应船、交通船、工作船、救助拖船、物理勘探船、大型起重船、导管架下水驳、大型半潜运载船、铺管船、潜水作业船、守护船、救护船等。

各类海洋工程辅助船的平均单船吨位不大,基本上都属于小型船舶,但是由于海洋工程辅助船对船体耐波性、操纵性、安全性有特殊要求,船上一般装有动力定位装置、柴油电力推进系统、首尾侧推器等。此外,大型吊臂、水下机器人和居住舱等设备的增加使得海洋工程辅助船功能日趋复杂,成为一类高技术船,开发设计和建造复杂程度远高于一般船舶。

我国从20世纪70年代即涉足海洋工程辅助船建造领域,但发展一直较为缓慢。21世纪初,我国在三用工作船、供应船等海洋工程辅助船建造方面的能力迅速加强,接单量不断增加,中国船级社的海洋工程辅助船检验业务量也迅速增长,成为海洋工程检验业务的一个组成部分。

2000年2月14日,集起重、铺管作业性能于一体的“蓝疆”轮开始铺设龙骨投入建造,同年11月25日下水。该轮系由海洋石油工程股份有限公司订造的一艘大型海洋工程船,当时其起重能力及铺管能力居亚洲首位,处于世界领先水平,由烟台莱佛士船业有限公司建造。船舶总长157.5米,型宽48米,起重能力为3800吨,最大铺管能力48英寸,可在150米水深进行起重和铺管作业。

该船船型特殊,采用了大量高强度钢并配有复杂的起重及压载系统、铺管及锚泊系统、动力系统、高低压配电系统、推进系统、通讯控制系统、定位系统等,检验难度非常大。

船舶基本设计图纸的入级部分由ABS London审批后,送交中国船级社(CCS)上海审图中心复查审批;法定部分由CCS上海审图中心审批。详细设计图纸分别由ABS上海代表处及CCS上海审图中心审批。该船按ABS规范建造,入CCS和ABS双重船级,入级检验由ABS和CCS联合进行,法定检验由中国政府授权CCS负责。现场建造检验工作由中国船级社烟台办事处完成。2001年7月10日交船并投入到中海油文昌项目的施工中。

“蓝疆”轮建成之前,中国南海的深水安装工程项目都是由国外的公司承揽。“蓝疆”轮建成以后,结束了我国海上大型结构安装施工租船的历史。

2003年2月—2005年3月,中国船级社大连分社对大连新船重工为海洋石油工程股份有限公司建造的8000吨导管架下水驳船“海洋石油221”、为中海油田服务股份有限公司建造的综合检测船“海洋石油709”进行了建造入级检验。

2006年12月15日,中海油田服务股份有限公司向广州中船黄埔造船有限公司、广西桂江船厂、天津新河船舶重工有限责任公司、大连辽南船厂、山东蓬莱市渤海造船有限公司、青岛船厂6家船厂订造了18艘油田工作船。其中广州中船黄埔造船有限公司、广西桂江船厂分别获得了5艘6500HP及3艘4000HP油田工作船的建造合同。此前中海油田服务股份有限公司已在广州中船黄埔造船有限公司建造了具有DP定位的油田工作船“海洋石油623”,2艘8000HP多用途工作船及2艘6500HP多用途工作船。这些船舶,全部入CCS船级,由中国船级社进行建造入级检验。

2010年7月19日,5万吨半潜式自航工程船“海洋石油278”在深圳孖洲岛修造船基地开工建造。“海洋石油278”是招商局重工(深圳)为海洋石油工程股份有限公司建造的一艘具有DP2动力定位系统、电力推进和直升机平台的自动化自航半潜船,用于远洋装运钻井平台以及其他大型钢结构,也可兼做深水工程支持船,服务于无限航区。该船建造检验由中国船级社深圳分社进行,入 CCS 船级,于 2012 年 3 月 15 日交付。

为配合深海油气开发,中海油除订造了半潜式钻井平台“海洋石油 981”外,在 2010 年前后还订造了一批为其配套的 3000 米深水工程船,其中有深水铺管起重船“海洋石油 201”、三维地震物探船“海洋石油 720”、深水工程勘察船“海洋石油 708”、深水多用途工作船“海洋石油 681”和“海洋石油 682”。

“海洋石油 201”号铺管起重船 2008 年 9 月由江苏熔盛重工开工建造,2010 年 5 月 28 日出坞,2011 年 5 月 24 日命名交付。“海洋石油 201”是中国第一艘自行设计建造的 DP3 动力定位的深水铺管起重船,是深水钻井平台“海洋石油 981”的配套船舶,同时也是世界上第一艘同时具备 3000 米级深水“S”型深水铺管能力(DP2 模式下)、4000 吨重型海洋工程起重机(DP3 模式下)的特殊用途船。“海洋石油 201”由中国船级社(CCS)与美国船级社(ABS)进行双船级联合审图、检验,入 CCS 和 ABS 双船级,船舶法定证书由 CCS 签发。

“海洋石油 720”号三维地震物探船是中国国内自主建造、满足 PSPC 标准(压载舱涂层保护标准)、由柴电推进系统驱动、可航行于全球 1 类无限航区的 12 缆双震源大型物探船。该船于 2011 年 4 月 22 日在上海船厂完工交付,入 CCS 船级。

“海洋石油 708”号工程勘察船由广州中船黄埔造船有限公司为中海油田服务股份有限公司建造,入 CCS 和 DNV 双重船级,由中国船级社广州分社南沙检验处负责检验,于 2011 年 12 月 16 日完工交船。

“海洋石油 681”号深水多用途工作船,是我国新一代集深海抛锚、拖拽、定位及平台供应功能于一体的最高端船舶,可为海上平台提供拖带、深海起抛锚、淡水供应、燃油供应、散料供应和平台守护等服务,具有对外进行消防、浮油回收功能及 ROV 水下机器人功能。该船由英国的 Rolls-Royce 公司设计,武昌船舶重工有限责任公司为中海油田服务股份有限公司建造,中国船级社负责审图和现场检验,入 CCS 船级。该船 2011 年 5 月 23 日在武汉下水,2012 年 3 月 20 日在江苏启东交付。同型船“海洋石油 682”试航时船舱进水,修复后于 2014 年交付。

七、海上设施专用产品的检验

海上设施专用产品主要是为满足海洋资源在勘探、开采、储存运输和服务等环节的需求,在各类装备上安装的设备,其种类繁多,千差万别,其中许多关键设备的技术掌握在国外公司手中。由于多种因素,2002 年前中国船级社检验发证的海上设施专用产品主要为常规、技术含量不高的产品。随着我国海上油气资源大开发,中国船级社承担的海上设施专用产品检验发证越来越多,并且还根据产品特点和应用情况建立起一套检验发证体系。

(一)海上设施产品的分类与持证要求

中国船级社检验的海上设施产品包括拟用于海上移动平台(入级检验、法定检验)、海上固定设施(发证检验、法定四项检验)、海上浮式装置(入级检验、法定检验、发证检验、法定四项检验)的产品。

海上移动设施产品检验包括产品的认可及单件单批产品检验。其中,产品认可模式包括设计认可、型式认可、工厂认可,单件单批产品检验一般包括图纸审查及产品制造检验环节。海上固定设施的产品检验包括 A、B、C 三类。产品在交付安装海上设施前应提供所要求的产品证书,供检验海上设施的验船师根据所确定的持证要求进行核查。

1.海上移动设施的产品持证要求

海上移动设施用产品分为两大类:通用产品和专用产品。

通用产品是指与船舶用产品重叠的部分,包括材料、泵和管系、压力容器,机械、电气、救生、信号、通导、防污染、防火、灭火、起重设备等,分为入级产品和法定产品。

专用产品是指海上移动设施特有的产品,包括升降系统、锁紧系统、悬臂梁/钻台移动装置、桩腿齿条、高压泥浆/固井/试油系统、泥浆泵、钻井架等。

针对具体的海上移动设施,中国船级社负责确定其采购产品的持证要求,并将持证要求及时传递给船东或建造厂订货方,由船东或建造厂订货方将此持证要求随订货协议传递给供货商,供货商(一般是制造商)向其所在地的中国船级社分支机构申请产品取证,以逐项落实产品持证要求。产品交付安装海上移动设施前供货商应提供所要求的产品证书,供检验海上移动设施的验船师根据所确定的持证要求进行核查。

2.海上固定设施的产品持证要求

海上固定设施用产品分为两大类:发证检验产品和法定四项检验产品。发证检验产品是按国家经贸委《海上固定平台安全规则》分为A、B、C三类。按能源部4号令精神,法定四项检验产品由中国船级社唯一检验发证。

针对具体的海上固定设施,中国船级社负责确定其采购产品的持证要求,并将持证要求及时传递给业主项目组或总包商,由业主项目组和总包商将此持证要求随订货合同传递给供货商,供货商(一般是制造商)向其所在地的中国船级社分支机构申请产品取证。产品交付安装海上固定设施前供货商应提供所要求的产品证书,供检验海上固定设施的验船师根据所确定的持证要求进行核查,以逐项落实产品持证要求。

(二)中国船级社加强海工专用产品检验发证的措施

随着海洋工程检验业务的发展,中国船级社承担的海上油田生产工艺系统及设备检验发证的业务量逐渐增多,做好海上设施专用产品(以下称海工专用产品)的检验成为保障海上设施发证检验安全质量的重要环节。为此,2007年11月19日召开的中国船级社海工业务专题研讨会决定,海工通用产品(如:柴油机等)按照目前的产品管理模式执行;海工专用产品的检验由海工事业部负责。

海工专用产品检验发证工作,涉及分社比较多,且石油生产设备的检验和发证要求与传统的船用产品区别很大。由于中国船级社以前没有针对此类设备的检验规定,导致各检验单位在审图及检验范围和要求方面存在不完全一致的情况。同时,第三方海工专用产品的发证检验与海上固定设施第三方发证检验一样,存在着与外国船级社激烈的市场竞争,中国船级社采取以下措施加强海工专用产品检验:

一是编制海工专用产品检验发证管理程序文件,明确检验发证程序,建立海工平台检验项目组与产品验船师的沟通渠道。二是组织编写《海上设施石油生产设备检验与发证须知》和《自升式移动平台升降系统检验与发证须知》。明确各种典型撬装设备的发证检验适用标准、审图和检验细目及要求、检验证书格式等。三是研究第三方海工专用产品发证检验的市场策略,统一报价行为,加强与业主项目组沟通,采用各种形式进一步扩大市场份额。

同时,中国船级社通过培训和宣贯会的方式,在系统内培训人员,统一做法。2009年12月8—9日,中国船级社在南京分社召开海工专用产品检验发证培训及宣贯会,来自总部相关部门、各分社的海工审图和检验人员共30余人参加了会议。会议重点介绍了海工产业作为新兴产业在江苏地区的发展状况及前景以及南京分社拓展江苏地区的海工市场业务的情况。会议就自升式海上移动平台升降系统检验,油气生产系统中心的压力容器(低、中、高压)检验,热交换器、天然气压缩机、火炬燃烧器及点火控制系统检验,海底管线工厂检验和钻井装置检验进行了培训,还就产品检验案例进行了交流。

(三)中国船级社海工专用产品检验情况

对于关键海工专用产品,中国船级社集中人力、物力参与审图和检验,对关键技术进行研究,消化先进技术,掌握了许多关键设备的技术,保证了海工专用产品质量。

升降装置是自升式平台的关键设备,一般分为插销式升降装置和齿轮齿条式升降装置,主要技术一直由外国公司如美国 Friede & Goldman、荷兰 GUSTO 以及法国 BLM 等公司所掌握。2005 年中国船级社首次为 BLM 公司生产的全套升降装置发证,通过审图、现场检验试验,掌握了升降装置的关键技术。

钻井装置关键设备主要包括井架、底座、泥浆泵、天车、游车、转盘、绞车、顶驱、节流压井管汇等,这些设备一直由国外船级社检验发证。2004 年,中国船级社首次对旅大项目修井机进行了检验发证,通过良好的服务和积累的经验,后续又承担"南堡 35-2"、文昌项目、西江项目、"锦州 9-3"项目的钻井设备检验发证,2006 年对北京石油机械厂生产的地面防喷器控制装置(FKDQ 640-7/FKQ 640-6M)进行型式认可,其产品国内市场份额达到了 80%以上。

油气处理系统关键设备主要包括压力容器、塔、泵和天然气压缩机等,随着我国石油行业的发展,油气处理专用设备总体实现了国产化,有些设备技术水平已经接近或达到世界先进水平,但在天然气处理和压缩方面的专用设备还和国外有一定差距。中国船级社借助国内专业厂家,对关键技术进行吸收、消化,2008 年对 L-14/0-5-5-5 型天然气压缩机进行了检验,并形成了检验发证技术要求。

2008 年,中国船级社海工审图中心和深圳分社为在友联船厂转级和重大改造的"海洋石油 931"平台加装锁紧装置进行了图纸审查和检验发证,这是国内首套完全国产化的锁紧装置的设计审查和制造检验,成功打破了国外的垄断。

此后,中国船级社还对自升式钻井平台升降、锁紧装置、悬臂梁移动装置等自升式钻井平台关键配套设备进行了审图和检验发证。

第十节　国际交流逐步拓展

一、海事主管机关国际交流与合作

(一)加强国际交流合作

1998 年 10 月,中央机构编制委员会办公室将负责有关海事业务国际组织事务和有关国际合作、交流事宜的职责交给了中国海事局。中国海事局成立后,不断加大国际交流力度,与各国海事主管机关、国外船级社建立联系;在船舶检验领域,努力学习国际上先进的船舶检验管理经验和模式,引导国内船检机构的发展;组建专业技术委员会,开展船舶检验履约研究;参加 IMO 船舶检验相关技术分委会,并协调、调动各方资源,站在国家立场,引导国内工业界、高校与科研院所、中国船级社等机构共同参与 IMO 议题研究,并指导工业界研究最新的标准,提升国内产品品质。

1999 年 7 月,中国海事局副局长刘德洪率海事代表团赴莫斯科访问俄罗斯内河船舶登记局,就 1992 年船舶检验局与俄罗斯内河船舶登记局签署的合作协议执行情况以及中国海事局成立后双方进一步合作问题举行了会谈。2000 年 6 月,俄罗斯内河船舶登记局局长尼科来·叶符列莫夫一行访问中国海事局总部,就双方签署双边合作协议进行了协商。2001 年 7 月,交通部海事局党委书记黄先耀率中国海事局代表团访问俄罗斯内河船舶登记局,双方在莫斯科重新签署了《中华人民共和国海事局与俄罗斯内河船舶登记局关于合作和相互代理的协议》,确定继续开展互为对方在己国修理、建造的船舶及船用设备实施代理技术检验合作,并明确在船舶检验规范的应用、技术文件的审批、证书的颁发和认可、信息交换与联系等方面的合作事项。合作协议签订后,中国海事局和俄罗斯内河船舶登记局保持密切合作,定期开展高层互访,并就一些具体的技术问题开展研讨,如高速船设计、审图、建造、营运检验,内河小型船舶检验管理等问题。2009 年,中国海事局下设的黑龙江海事局与俄罗斯内河船舶登记局阿穆尔分局签订合作备忘录,中俄双方及时互换各自有效的船检法规和规范,定期开展船舶检验业务与法规的交流和研讨,在此基础上相互委托对方代理船舶检验工作。

1999 年,中国海事局与韩国海洋水产部安全管理局建立中韩海上安全事务磋商机制,主要就海上巡逻、海难救助、船舶安全管理、履行国际海事组织公约等问题进行定期会谈。2000 年 5 月 9—10 日,第二次中韩海上安全事务协商会议在北京举行,双方就港口国监督检查合作、非公约船管理和检验标准协调等问题交换了意见。

2002 年,为了学习和研究国外先进的管理模式与管理经营,中国海事局组织的“船舶检验管理与运行机制研究课题组”对英国海事海岸警备局、挪威海事局、加拿大运输部海事局、美国海岸警备队、英国劳氏船级社、德国劳氏船级社、挪威船级社、美国船级社进行了走访,既了解了各国对本国船舶执行法定检验的模式、对船级社的管理思路和授权方式,也了解了世界领先船级社的运行情况、对验船师的培训与管理计划以及对检验质量的控制程序等内容。通过走访,中国海事局与各国主管机关及国外船级社建立了联系渠道,学习了国际先进管理经验,为国内船检机构的管理提供了思路。

中国海事局成立后,IACS 协会的各成员以及一些非 IACS 成员的船级社领导层,纷纷到中国海事局及其下设的各直属海事局拜会,与中国海事局及其直属机构建立了沟通联络机制。

考虑到各地方船检机构与国外联系较少,而国外特别是欧洲内河水运发达,对我国内河运输管理具有指导借鉴意义,2004 年,中国海事局组织两期地方船检机构业务骨干赴欧洲学习培训,了解国外内河航运、船舶检验及管理情况,并重点考察了多瑙河水上运输体系。代表团访问了德国交通、海事、水警、船检、环保等等多个部门,学习发达地区经验,为地方船检及检验管理人员搭建了良好的学习、交流平台。

(二)加强开展 IMO 事务相关技术委员会工作

1996 年,交通部海上安全监督局成立了非常设机构——国际海事研究委员会,委员会下设 10 个专业委员会,来跟踪国际海事发展动态及有关国际公约。中国海事局成立后,对国际海事研究委员会组成人员进行了调整,2000 年 6 月,中国海事局印发了《中国海事局国际海事研究委员会工作导则》,明确该委员会是进行水上安全监督、防止船舶污染、船舶检验、保证通航秩序和航海保障等国际海事研究的专业性组织,下设港口国管理、综合履约、船舶检验等 11 个委员会。2005 年 3 月,中国海事局将船舶检验委员会挂靠辽宁海事局,辽宁海事局据此开始牵头展开船检履约研究。2008 年,考虑到广东海事局有一支船舶检验队伍,中国海事局将国际海事研究会船检分委会挂靠到广东海事局,以便更好地开展相关研究。

中国海事局成立后,原由船舶检验局组团参加的 3 个 IMO 技术分委会——稳性、载重线、渔船分委会(SLF),消防分委会(FP),船舶设计与设备分委会(DE),由海事局作为团长单位组团参加,中国船级社、船舶设计方面的科研院所等单位作为参会单位为海事局提供技术支持。为了做好技术分委会的牵头工作,一方面,中国海事局从各直属海事局选拔合适的专业人员,从无到有组建了海事系统履约团队,并不断加强人员培养,组织开展公约、外语培训,保持队伍稳定性,保证会议跟踪连续性,形成了结构合理的 IMO 船检履约跟踪人才梯队。另一方面,发挥海事主管机关的优势与主导地位,站在维护我国整体战略利益、维护我国相关行业发展的高度,积极联络工业和信息化部、船检机构、相关高校与研究院所以及航运、造船企业,协调各方关系,统筹内部分工,发挥团队优势,提高协作水平,共同参与 IMO 相关文件、预案及提案的讨论与研究,并在会后第一时间进行宣贯,指导我国航运界、工业界积极应对 IMO 的新标准与新要求。

二、中国船级社国际化之路

中国船级社凭借自身的发展,不断强化在国际海事事务中的参与权和话语权,不再只是局限于国内和地区以及单纯的国际规则顺应者,而已成为国际上有一定影响的船舶检验组织和制订国际规则的积极参与者,国际地位不断提升,加速推进了国际化进程。

(一)参加国际海事组织会议,表达中国声音

中国船级社积极参加国际海事组织(IMO)的相关会议和有关技术活动,自 1999—2010 年,作为中国政府代表团成员参加了第 21 届至第 26 届 IMO 缔约国大会会议,参加了 IMO 国际高速船安全规则和消防工作组会议、常设工作组和消防分委员会会议、常设工作组和经济损失会议、常设工作组和人的因素会议、特设工作组和综合安全评估会议、常设工作组和船体工作组会议;参加了第 71 届和第 75 届至第 88 届 IMO 海上安全委员会会议,第 43 届和第 47 届至第 61 届 IMO 海洋环境保护委员会会议;另外还参加了多届消防分委会会议,稳性、载重线和渔船安全分委会会议,船舶设计与设备分委会会议,船旗国履约分委会会议,危险品、固体货物及集装箱分委会会议,无线电通信和搜救分委会会议,散装液体和气体分委会会议,航行安全分委会会议。

中国船级社作为政府的技术顾问出席国际海事组织的相关会议,参与 IMO 的有关技术交流与合作,结合我国实情积极参与会议提案工作,提案数量与质量逐年提升。其中,2002 年的提案 7 个,到 2006 年提案增加为 16 个,2007 年为 14 个,2008 年和 2009 年均保持了 9 个提案。到 2010 年,中国船级社当年的提案总量高达 23 个,其中在第 53 届船舶设计与设备分委会会议上的提案达 7 个之多。这些提案所涉及的范围,随着中国船级社规范研究的发展逐年扩大,到 2010 年中国船级社已进入了国际海事组织的“海上安全委员会”(MSC)、“海洋环境保护委员会”(MEPC),以及“分舱稳性、载重线和渔船安全分委会”(SLF)、“消防分委会”(FP)、“船舶设计与设备分委会”(DE)、“散装液体和气体分委会”(BLG)、“无线电通信和搜救分委会”(COMSAR)、“船旗国履约分委会”(FSI)、“航行安全分委会”(NAV)等委员会、分委会以及有关工作组的有关研究。

长期以来,中国船级社通过对 IMO 公约、修正案、决议的研究,努力维护我国航运、造船及配套等产业的发展权益。在参与 IMO 工作组的过程中,中国船级社充分利用技术专长给予我国政府有关部门有力支持,自 2000—2010 年期间,为我国代表团主笔起草 IMO 提案 78 份。在船舶压载舱强制涂层标准(PSPC)、《MARPOL 73/78 公约》低硫排放等公约关键指标的设定上,结合我国相关产业发展特点尽全力维护国家利益。中国船级社还积极支持国家相关部委参与国际海运船舶温室气体的减排工作,在 IMO 相关公约的制定进程中据理力争,为我国相关行业争取宝贵的空间和时间。

在面对欧、美、日等地区推行新标准日益激进的情况下,中国船级社加强对 IMO 技术提案的前期研究,为我国在 IMO 话语权的提升提供技术支持。

2000 年,国际海事组织通过了大量海事公约修正案和新的法定规则。中国船级社密切跟踪国际海事公约变化,组织相关技术研究,及时翻译出版了规则公约修正案及有关决议和通函;同时依据我国船舶技术的最新发展和船舶检验的需要,在 2000 年发布了 16 种船舶规范、规则和指导性文件,修订发布了 6 种船用产品认可指南和检验须知,进一步完善了中国船级社规范体系。

在 2002 年召开的 IMO 第 47 届分舱稳性、载重线和渔船安全分委会会议上,我国关于“船舶最小船艏高度公式”的提案被分委会接受,在经过海上安全委员会(MSC)审议批准后纳入《1966 年国际载重线公约》修正案。

2006 年,在第 82 届海上安全委员会会议上,中国船级社作为中国代表团成员参加非正式小组、ISO 标准核定小组和起草组工作,提出的修改意见全部被采纳。特别是针对涉及我国造船、航运业重大利益的涂层标准问题,在国际海事界强制涂层标准已成定局之时,做了大量的国际协调工作,先后向 IMO 提交 6 份有关涂层方面的提案,充分代表了中国造船、海事界等相关领域的声音;向第 49 届、50 届船舶设计与设备分委会会议提交了关于标准应用范围、预清洗、钢表面可溶性盐限制、表面灰尘和合龙后表面处理等问题的中国提案;向第 81 届海上安全委员会会议提交了关于标准强制实施日期、涂层维护和有关技术问题的 4 份提案,最大限度地维护了中国造船业的利益。

2007 年,中国船级社派出 25 人次参加了 10 个中国政府组团参加的 IMO 会议,涵盖了所有的涉及技术和检验发证的会议,共完成书面提案建议 20 份,提出 14 份书面提案。中国船级社专家在 2007 年第 51 届消防分委会会议上出任起草组主席,我国有关《船上多处所手提式灭火器数量和布置的统一解释(指南)》《对 SOLAS 第 II-2 章 9.2.2、4.2.2 和 9.6.3 不一致的修改建议》《有关气溶胶灭火系统 A 类火灭火试验方法的意见》3 个提案被分委会接受,在经海上安全委员会审议批准后,作为该委员会的新工作项目保留,实现了 NOx(氮氧化物)提案零的突破。

2010 年是 IMO 在推行船舶能效设计指数(EEDI)问题上最为关键的一年,IMO 急于批准强制性 EEDI 要求文本草案,并期望在第 62 届海洋环境保护委员会会议上正式通过,而我国在船舶节能技术方面还不成熟。为做好此项工作,中国船级社按照交通运输部、外交部及工信部的指示,分别从 EEDI 计算公式、基线计算公式、EEDI 折减率设定等几个关键问题上通过大量计算评估和分析,提出符合我国工业界利益和政策利益的技术提案,不仅为工业界成功争取了 2 年的过渡期,还促使未来 EEDI 标准的设定从最初建议的 15%、25%和 35%折减率最终减为 0、10%、20%和 30%折减率,为我国工业界研发相应的节能技术争取了更多时间。

(二)参加国际船级社协会各项活动

1.第二次担任国际船级社协会理事会轮值主席

2006 年在国际船级社协会(IACS)第 53 次理事会上,中国船级社社长李科浚当选为 2006—2007 年度 IACS 理事会轮值主席。在中国船级社第二次担任 IACS 理事会主席的任期(2006 年 7 月 1 日—2007 年 6 月 30 日)中,参与主导了 IACS 的重大决策,推行了 IACS 的一些重大改革,解决了一系列敏感而棘手的问题,展示了船检体制改革后中国船级社的进步和发展。

在接受英国《劳氏日报》的专访时,首次提出了“海事技术银行”(MTB)的理念,生动、贴切地诠释了海事界长久以来“讲不清,理还乱”的船级社的作用和角色,将船级社的角色、地位、作用更加清晰地展现在世界面前。

将“和谐”理念引入国际海事界,维护了 IACS 的统一和团结。提出了 IACS 发展与改革的若干重大思路并得到了各成员社的支持。妥善处理了德国船级社投诉法国船级社违反 IACS 道德准则、印度船级社副会员资格、俄罗斯船级社投诉 IACS 质量秘书等纠纷。

成功组织协调了 10 家成员船级社在 IACS 理事会,战略委员会,国际航运、造船和船级社三方会议,亚洲船级社会议等各层面 36 次国际会谈、会议,进行 523 项议题的讨论。向 IACS 第 54 次理事会提交了关于加强和提升船级社在国际海事界的地位和作用,确定 IACS 在世界海事界的技术领导地位,特别是强化 IACS 与 IMO 和 EU(欧盟)的关系及 IACS 内部建设等 14 项建议案。

改革了 IACS 理事会会议制度,使理事会成为 IACS 战略和政策中心,恢复 IACS 副会员地位,恢复综合政策小组(GPG)的技术决策能力,启动制定被认可组织规则的工作等。针对环境问题,成立了 IACS 专门的高层委员会,负责环境领域问题的研究与协调。

加强了 IACS 与 IMO 及 EU 的关系,就拆船、海事劳工公约、欧盟第三套海事法令、船用设备检验互认等问题,与 IMO、EU 等国际组织进行了广泛深入地协调,同时对涂层标准、共同表现指数(CPI)、欧盟认可等其他专题进行了讨论,提升了 IACS 在 IMO、EU 等国际组织中的地位。

注重高层互访和沟通,广泛听取国际利益相关方的意见和建议,拜访了国际海事组织秘书长、欧盟官员、巴拿马副总统、塞浦路斯代总统、澳大利亚交通部长、希腊航运部秘书长等政府领导人和重要官员并进行会谈;接待了澳大利亚海事局、韩国船级社、英国劳氏船级社、俄罗斯船级社、波罗的海航运交易所、意大利船东协会等组织高层来访;与欧盟以及工业界、四大国际航运组织、美国海岸警卫队等组织高层保持良好的沟通和合作,构建更为广泛和长效的交流平台,履行了国际船级社协会的社会责任。

2.在 IACS 活动中发挥重要作用

中国船级社积极参与国际船级社协会技术、政策、发展、管理科学方面的研究,推进国际上船东、船厂和船级社的三方交流合作,在 IACS 中发挥着越来越重要的作用。

2002 年,中国船级社受 IACS 委托,代表 IACS 出席了在上海举行的 WTO 航运峰会。同年 8 月,中国船级社在北京主持召开船厂、船东、船级社三方会议,共同参与优选型散货船项目研究。

2003 年,中国船级社派出专家出席 IACS 的各种会议,研究 IACS 船体强度工作组的一系列统一要求草案的技术文件和各成员社的意见,起草 9 月举行会议的 7 项议题预案;起草综合政策小组第 55 次会议的部分预案草案;根据 IMO 第 76 届海上安全委员会会议提出的将散货船首部货舱口盖载荷提高的要求,进行 2 艘实船计算,比较海上安全委员会载荷要求与 IACS 工作要求对舱口盖结构强度设计的影响,为 IMO 第 46 届船舶设计与设备分委会会议预案做准备。

中国船级社担任主席期间,2006 年 10 月 24—26 日,国际船级社协会综合政策小组第 61 次会议在北京中国船级社总部召开。会议对当前国际海事界关心的热点问题,如 IACS 共同结构规范对 IMO 压载舱涂层标准(IMO PSPC)的强制执行的影响、为海上人命安全和防止海洋污染而制定的 IACS 早期预报系统的改进和完善以及与 IMO、ISO 等国际性政府、非政府组织的合作与交流等问题进行了充分的讨论和研究。11 月 15 日,IACS 理事会主席李科浚在伦敦主持召开国际船级社协会战略委员会会议。会议对 IACS 长远发展战略及 IACS 当前面临的各种挑战进行了研讨。本次战略委员会会议被 IACS 内部广泛认为是自战略委员会成立以来最有开拓精神、最具突破性的一次会议,充分体现了中国船级社对国际海事界深刻认知和理解及对 IACS 认真负责的精神。

2008 年 6 月 17—19 日,IACS 第 57 次理事会会议在奥斯陆挪威船级社总部召开。中国船级社围绕欧盟相关热点议题,会前与有关船级社碰面协调相关立场,围绕会议的热点工作与韩国船级社进行了 2 次交流,达成了多方面共识。DNV 前副总裁 Tom Virik 接受中国船级社邀请,答应在适当的时候就关于油船经济方面话题,包括波罗的海、地中海的油船经济发展的布局、政策和相关产业的发展,给中国有关行业和政府做一次报告。美国船级社主动表示愿意在环境问题上,特别是与中国船厂在新造船二氧化碳排放指标方面进行合作。此次会议还确定 2008 年 11 月 8—9 日在中国船级社召开国际“造、检、航”三方会议,配合 IACS 共同应对国际海事新情况。这些事实说明中国船级社在 IACS 成员间已处在一个不可或缺的位置上。

中国船级社一直积极参与 IACS 法定组、船体组、轮机组及检验组工作。2009 年参加 IACS 工作组的数量从 2007 年的 4 个增加到 33 个,在一些重大技术工作中承担重要角色,完成 IACS 决议转化任务 91 项,及时编制技术通函 32 份,纳入 IACS 统一要求以及重大技术要求,推动了共同规范——油船和散货船结构规范制定和实施,缩短了我国在设计制造方面与先进造船国家的差距。

2010 年,中国船级社当选任期 3 年的 IACS 质量政策小组主席,成功主办了该协会质量周活动,并圆满完成了 IACS 法定委员会主席的工作。

3.应对国际海事格局变化,妥善处理欧盟反垄断调查

2008 年,国际海事格局纷繁复杂。1 月 29 日,欧盟委员会竞争司派出大批调查员,对 IACS 常设秘书处以及英、法、挪、意、德 5 家欧洲船级社进行了突袭式反垄断检查,现场调取了大量文件和电脑资料。欧盟在其所送达的欧委会决定中称,IACS 及其成员涉嫌存在限制性竞争协议、决定或者其他协同行为以及涉嫌滥用优势地位。这是继欧盟取消国际班轮公会反垄断豁免政策后,国际海事界的又一重要行动。对此,IACS 及其成员采取了一系列的应对行动。中国船级社在交通运输部和商务部有关领导和司局的指导下,积极参与 IACS 总体策略和各项文件的讨论制定,维护中国船级社利益。同时,制定了应急预案;开展了反垄断法的培训;聘用英国知名律师事务所担任外部法律顾问;参加了第五次中欧海运会谈,同欧盟运输与能源总司、竞争总司的官员进行了对话,阐述我国政府对此次欧盟反垄断调查的立场。此外,欧盟分别于 2008 年 7 月、10 月和 12 月,向中国船级社欧洲区域中心发放了 3 个调查问卷,中国船级社均进行了认真准备和答复,妥善处理了这一事件。

2009 年 10 月 14 日,欧盟宣布结束对 IACS 的反垄断调查,正式发布了欧盟委员会的决定:“鉴于 IACS 承诺书所提供的内容,认为没有进一步采取行动的理由,本案的调查程序应予以终止。”并说明:“根据欧盟理事会条例(EC)第 1/2003 号第 9 条,承诺不应被理解为 IACS 承认触犯了竞争法。”承诺书经 IACS 理事会和 IACS 有限公司董事会决议通过,欧盟将在未来 5 年内强制 IACS 及各成员实施承诺书的各项承诺并予以监督。在此项工作中,中国船级社完成和提交欧盟调查问卷 3 次,参加了 17 次交织着政策法律、技术业务和外交博弈的高难度国际会议,积极参与了 IACS 应对欧盟反垄断调查和承诺书及相关 6 个附件的拟定工作。

(三)扩大与外国船级社的交流与合作

1.接待来访与出访,签订双边合作协议

1999 年,世界各大船级社相继访问中国船级社。一年间,美国船级社、法国船级社、挪威船级社、德国劳氏船级社、日本海事协会、韩国船级社、意大利船级社和印度船级社都相继派出高级代表团访问中国船级社。同时,中国船级社的高级代表团也分别访问了日本海事协会、韩国船级社、法国船级社、德国劳氏船级社、意大利船级社和希腊船级社。同年 3 月 15 日,BV 副主席兼首席执行官 F. Piedelievre 先生一行 5 人访问中国船级社,双方签署了 CCS/BV 海洋工程检验合作协议。10 月 22—25 日,国际船级社协会常任秘书 Robin Bradley 先生应中国船级社李科浚社长邀请来华访问。在中国船级社安排下,Robin Bradley 先生在北京、大连、上海 3 地分别会见了中国海事局、中远集团、人保船舶保险部、海军装备部、大连海事大学、大连造船厂、大连远洋公司的领导和上海地区的航运、船厂等海事界专家。在上海参观了上海规范所、远东防火试验中心和沪东造船厂。同年 11 月 1 日,日本海事协会主席间野盅访问中国船级社,李科浚社长会见了间野盅主席及其随行人员并亲书贺信祝贺 NK 成立 100 周年。自 1999 年,中国船级社与外国船级社签订的技术合作协议见表 7-10。

2002 年,中国船级社接待了美国船级社、法国船级社、挪威船级社、德国劳氏船级社、韩国船级社、英国劳氏船级社、日本海事协会、俄罗斯船级社、俄罗斯内河船舶登记局、印度尼西亚船级社和越南船舶登

记局的来访,进一步加深和扩大中国船级社与国外验船机构的交流与合作。

2003年,中国船级社继续推进国际交流,努力营造积极稳健的外部环境,实现向国际一流船级社跨越式迈进。相继与美国船级社合作发展风险评估、LNG船舶检验和海洋工程检验业务,与挪威船级社合作发展VLCC船舶技术,与日本海事协会和韩国船级社合作进行船舶结构强度研究等。

2008年,中国船级社接待了英国劳氏船级社首席执行官、挪威船级社主席和首席执行官、乌克兰船舶登记局、朝鲜船级社、韩国船级社、日本海事协会等的访问并商谈合作事宜。

2009年,中国船级社先后与越南船舶登记局、朝鲜船级社签署了合作协议,完成中国船级社与美国船级社、英国劳氏船级社两个合资公司的重组。

2010年,中国船级社与美国船级社签订了新的双边合作协议,确定在中国共同举办海洋工程技术研讨会。

中国船级社与外国船级社签订的技术合作协议(1999—2010年) 表7-10

签约年份	合作项目	签约日期	生效日期
1999	《中国船级社与法国船级社关于海洋工程检验合作协议》	1999年3月15日在北京签署	1999年4月15日生效
2002	《中国船级社与挪威船级社关于战略合作协议》	2002年1月21日在北京签署	2002年1月21日生效
2005	《中国船级社与法国船级社关于船舶技术检验合作协议》	2005年7月5日在北京签署	2005年7月5日生效
	《中国船级社与日本海事协会合作协议备忘录》	2005年4月8日签署	2005年4月8日生效
	《中国船级社与德国劳氏船级社关于中海/沪东8530 TEU集装箱船检验合作协议》	2005年10月27日在上海签署	2005年10月27日生效
2007	《中国船级社和挪威船级社关于双方合资建立技术研究所合作协议》	2007年1月22日在奥斯陆签署	2007年1月22日生效
	《中国船级社和俄罗斯船级社关于船舶技术检验合作协议》	2007年12月5日在北京签署	2007年12月5日生效
2008	《中国船级社和韩国船级社关于船舶技术检验合作协议》	2008年3月26日签署	2008年3月26日生效
	《中国船级社与英国劳氏船级社合作协议》	2008年2月28日在北京签署	2008年2月28日生效
	《中国船级社与乌克兰船舶登记局合作协议》	2008年2月26日在北京签署	2008年2月26日生效
2009	《中国船级社和越南船舶登记局关于船舶技术检验合作协议》	2009年3月2日在北京签署	2009年3月2日生效
	《中国船级社与朝鲜船级社合作协议》	2009年4月22日签署	2009年4月22日生效
2010	《中国船级社与美国船级社合作协议》	2010年11月24日在华盛顿签署	2010年11月24日生效

2.发展与亚洲船级社的合作关系,成立亚洲船级社协会

2002年11月7日,在上海召开了第10次亚洲船级社非正式会议,CCS、NK、KR、IRS出席并邀请越南船舶登记局、印尼船级社参加会议,中国船级社社长李科浚担任主席并主持会议。会议通过了联合开发工作组JRT/FSA制定的《综合安全评估(FSA)应用指南》,并在中、日、韩、印度4国内发行。该指南为

造船界、航运界、船级社以及主管当局制定有关的安全政策、技术规定和投融资等内容提供了技术实现的有效途径,填补了国际海事界实施 IMO 在 FSA 应用技术方面的空白。同年,中国船级社在北京召开亚洲 IACS 成员船级社(CCS、KR、NK)会议,决定合作开发散货船和油船规范技术。

2006 年 11 月 6—7 日,中国船级社在桂林组织召开第 14 次亚洲船级社非正式会议暨第 5 次亚洲船级社扩大会议。2008 年,在四川成都组织召开了第 16 次亚洲船级社非正式会议。中国船级社积极倡导亚洲国家船级社在技术领域的团结合作,推动亚洲造船规范标准的统一。

2009 年,为筹备成立亚洲船级社协会(ACS),中国船级社与日、韩、印等亚洲主要海事大国多次沟通协调,为促进船级社之间的交流和亚洲海事的发展发挥了重要作用。

2010 年 2 月 1 日,亚洲船级社协会在印度尼西亚成立,中国船级社理事长兼社长李科浚当选为首任主席。自 1993 年以来,亚洲几家 IACS 成员船级社每年举行一次非正式会议,后来邀请越南船舶登记局和印度尼西亚船级社参加,改为亚洲船级社会议。此次在印尼峇里岛举行的会议上,与会成员一致同意,以通过《亚洲船级社协会章程》的形式对外宣布亚洲船级社协会正式成立。亚洲船级社协会完成了组织、章程、程序和对外关系的基础建设工作,成立了 ACS 技术管理委员会,加强了成员之间的技术交流与合作,提升了亚洲船级社在世界范围内的作用和影响。

亚洲船级社协会的成员包括中国船级社、印尼船级社、印度船级社、韩国船级社、日本海事协会和越南船舶登记局,其主席由成员社轮流担任,任期为 1 年。各成员社一致同意,有必要通过加强成员间合作达到亚洲船级社协会的目标,即致力为海事界提供最高水平的技术服务,加强技术援助,为监管机构提供咨询意见,促进全球特别是亚洲地区的海洋安全和环境保护事业的发展。

(四)发展与国际组织和海事界的交流与合作

1.广泛开展国际交流合作,推进国际化进程

1999 年,中国船级社先后接待了国际干货船船东协会主席、澳大利亚海上安全局代表及有关船东和保险组织的代表来访,相继出访了东京备忘录组织、日本运输省海上技术安全局、日本国际贸易促进协会、韩国海事安全局、巴黎备忘录组织、欧盟运输委员会、荷兰海事局和船检局以及欧亚有关造船厂。这些交往扩大了国际影响,奠定了中国船级社全面进入市场发展的基础。

同年,中国船级社就全球海上遇险和安全系统(GMDSS)技术问题与菲律宾国家电信局的验船师进行了技术交流,就船舶检验技术问题,与国际海事界进行了技术交流。

中国船级社 2000 年参加了由国际干货船船东协会组织的访美代表团,着重向美国参、众两院有关议员、港口国当局介绍中国在港口国检查工作中的做法及取得的成效;拜访了东京备忘录秘书处、日本运输省海上技术安全局、韩国釜山海上安全局,就如何更好地改进中国旗船舶在日、韩的 PSC 滞留率进行了沟通与交流;接待了国际航运委员会调查组、国际干货船船东协会、波罗的海海事论坛等国际组织的来访;参加了在国际海事界享有盛誉的希腊波塞冬尼亚(Posidonia)海事展,扩大了中国船级社在国际海事界,特别是地中海地区的影响,取得了很好的效果,得到了外交部的充分肯定。

同年,中国船级社还拜访了 IMO 秘书长及其海安司司长、日本国际贸易促进协会、国际保险商联合会、船东保赔协会、壳牌公司、英国托马斯米勒公司等,出席了国际标准化组织集装箱技术委员会(ISO/TC104)2000 年年会等国际会议,接待了韩国海洋水产部安全管理局等代表团,进一步加强了双边合作。

2001 年,中国船级社出席国际标准化组织、国际船舶与海洋工程结构大会等专业技术会议,在波罗的海国际航运公会、世界船舶结构设计大会上发表演讲,扩大了中国船级社在国际海事事务及有关规则制订过程中的影响与作用。中国船级社与希腊海事界进行了广泛接触,增进了中国船级社与希腊船东和

海事界间的相互了解。

2002年,中国船级社与希腊海事和海事产业界合作,成立了“中国船级社地中海地区委员会”,举办了中希海事技术研讨会,在当地海事界产生重大影响。希腊船东把地中海地区委员会当作了解中国、了解中国造船业、修船业和中国海事业的桥梁。中国船级社地中海地区委员会的成立,使中希两个文明古国在海运业发展中进一步增进合作,在国际海事事务中相互支持并发挥重要作用。

2002年5月29日,在中国和希腊建交30周年之际,中国船级社与中国驻希腊大使馆、希腊船东俱乐部、TSAFOS航运集团在希腊雅典联合举办中希海事技术研讨会。中国海事代表团和香港海事处等40人出席了会议。希腊当地船东、造船界、贸易界的200多人参加会议。该会由中国船级社社长李科浚和希腊船东俱乐部总裁Dalacouras主持。李科浚社长作了“与希腊航运共同发展的中国船级社”的演讲,北京科研所徐立博士介绍了大型船舶工程计算软件《海虹之彩》,上海规范所毛欣维副所长介绍了中国船级社的规范体系。

2004年,中国船级社加强了与国际干货船船东协会、国际独立油轮船东协会、波罗的海国际海运理事会、国际航运公会等国际航运组织之间的密切联系和交流,扩大了中国船级社的国际影响力。随着我国大型油船船队的快速发展,为引进管理,交流技术、信息,中国船级社完成了加入国际独立油轮船东协会的国内批准手续。

2005年,中国船级社以造船行业协会副会长名义参与组织了在中国首次举办的日、欧、中、韩、美造船企业高峰会议(JECKU),出席了波罗的海国际海运理事会百年大会并发表演讲,出席了中国与丹麦海事论坛、国际干货船船东协会年会及25周年庆典,接待了希腊海运部长等的来访。

2007年,中国船级社拜访了IMO秘书长、欧盟官员、巴拿马副总统、塞浦路斯总统、澳大利亚交通部长等领导人和重要官员并进行会谈,接待了澳大利亚海上安全局、波罗的海航运交易所、意大利船东协会等组织高层来访。

2008年,中国船级社接待了塞浦路斯总统、韩国议员、塞浦路斯总统特使、图瓦卢工商部长、前苏伊士运河通过部部长、澳大利亚海上安全局、美国海岸警卫队、中国船级社地中海地区委员会的来访;拜访了苏伊士运河主管当局、欧盟海事安全局、澳大利亚海上安全局、新加坡港口与海事当局,与美国质量学会共同主持了首届“认证与经济发展中美企业家高峰论坛”,为进一步发挥认证认可在国民经济和社会发展中的作用、提高企业质量管理水平和提升中国产品的竞争力产生了积极影响。同年,中国船级社接受苏丹推进该国内河规范标准的委托,开展前期调研。

2008年,中国船级社加入“油船结构合作论坛”(TSCF),由此建立起更为广泛的国际交流与合作平台。

2009年,中国船级社在继续提升欧洲地区影响力的基础上,加大在东南亚、南美、非洲和中东地区的合作与交流。通过外国驻华大使馆,把中国船级社业务拓展与大使外交服务紧密结合,加入中美、中欧政府代表团,以行业外交支持国家外交的工作。访问了澳大利亚海事局,出席了澳大利亚2009年航运大会。访问了新加坡港口与海事局以及星展银行,紧密联系万邦航运和太平船务等中国船级社在新加坡地区的重要客户。拜访了巴拿马总统、巴拿马海事局局长,接待了日韩国会议员、马耳他交通部部长、苏丹共和国驻华大使、塞浦路斯驻华大使、希腊驻华大使的来访,建立了中国船级社对外交往的高层合作关系。

2010年,中国船级社加强与国际海事界的沟通互访,如:与欧盟海事安全局、国际港口国主管机关、希腊海运部、美国石油学会等机构进行了互访交流,加强了友谊与互信,为中国船级社和相关行业发展创造了良好的外部环境,极大地支持了中国船级社各项业务的开展,增强了中国船级社的对外影响。

2.接受欧盟和希腊政府审核

2003 年 10 月 15—21 日,欧盟审核组根据欧洲委员会法令 94/57/EC 和 2001/105/EC 的规定,派出由欧盟负责船级社事务的官员和来自英国、荷兰、比利时、西班牙的专家组成的审核组,对中国船级社总部及上海分社的组织机构、验船师和 ISM 审核员的资质控制、培训、各项检验工作的有效控制等方面进行了审核,抽查了营运船舶和 ISM 审核档案,进行了垂直合同审核。上海规范所和上海审图中心也接受了欧盟的审核。审核组审核了审图人员的资历、审图质量控制、系统监控和活动监控的记录等,抽查了 11 万吨油船、5.5 万吨散货船、4100 TEU 集装箱船的图纸以及《海上敞口集装箱船检验指南》和《小水线面船检验指南》编制案卷。这是欧盟新法令生效后对 IACS 成员社进行的第一次审核,也是对 IACS 成员社第一次进行垂直合同审核。审核组认为中国船级社完全符合欧盟法令的规定,这次审核确立了中国船级社的地位。

2005 年 11 月 3—4 日,希腊海运部审核组一行 3 人对中国船级社汉堡分社进行了为期两天的法定检验授权初次审核。在首次会议上,审核组长菲尔罗西斯海军准将介绍了这次审核的目的和要求,希望通过对中国船级社海外区域中心的审核,使他们能够深入了解中国船级社整体质量体系的运行情况和法定检验执行效果,以便通过这次审核,使希腊政府尽早授权中国船级社对希腊旗船舶进行相关的法定检验。审核组就中国船级社对 IMO、EU 和 IACS 执行标准的转换、检验评审和控制、验船师的聘用、资质和培训、船旗国授权协议的履行、质量监控、内审、质量目标及其测量、季度质量分析、顾客投诉处理等方面展开了详尽细致地审核。在末次会议上,菲尔罗西斯海军准将对中国船级社整体质量体系运行情况以及法定检验的执行情况给予了充分肯定,对近年来所取得的长足发展和成就表达了由衷的钦佩和祝贺。

3.积极参与国际船东、造船、船级社三方会议

2002 年,船东、船厂、船级社在新加坡举行第一次三方会议。年底在上海举行第二次扩大会议。参加三方会议的有欧洲船东组织、国际干货船船东协会、国际独立油轮船东协会、国际航运公会、波罗的海国际航运公会、中国船级社、中国船舶工业行业协会等组织,会议就国际海事业的重大问题进行交流,探讨共识。会议决定轮流在中日韩每年举行一次对话会议,三方会议机制正式浮出水面。

最初几次三方会议,作为启动方的欧洲船东组织一直在其中扮演主角。由于欧洲船东声音过强,船级社代表过多,造船界代表偏少,以至亚洲造船界一度失去参与热情。2005 年召开第五次三方会议时,日韩造船界表示不再参加,中国造船界参会者寥寥无几,三方会议陷入低谷。

2008 年,第八次三方会议由中国船级社承办。来自近 20 个国家和地区性航运相关组织,除国际四大航运组织外,国际造船特别问题专家委员会、国际船级社协会、油船公司国际海事论坛、国际船东互保协会以及来自中国、日本、韩国造船协会的 80 余名代表参会。讨论的专题涉及国际规则、安全、环保、安全操作和运营、海事劳工、海事经济等 22 项内容。中船工业集团 708 所就运用 IACS 的共同规范做了经验介绍,611 所就 PSPC 标准做了实质性探讨,一直颇感寂寞的中国造船界首次高调登台。

三方会议一直围绕着海事规范的发展及相关的热点焦点问题进行交流与探讨,其初衷就是减少船东、船厂之间的相互责难,杜绝低质量船舶进入市场;促进船东、船厂和船级社三方结成“责任链”,以监督船舶质量。同时,为确保造出坚固适用、安全可靠、环境良好的优质船舶,船东希望飞速发展的亚洲造船界更多地参与到标准规范的制订过程中来。

三方会议是一个窗口、一个平台,更是一个信息集散地。自 2008 年以来,三方会议已从单纯的技术论坛演变为极具行动力的民间对话机制。举行三方会议有利于加快促进中国造船界积极参与国际海事规范与标准制订的进程。三方会议对中国造船业的意义不仅仅是一个技术交流会议,更是促使中国造船业高调登上国际舞台的重要契机。

2010年6月3—4日，来自中国造船界、船东、设计院，日本造船和船东协会，欧洲造船协会，四大国际船东组织和国际船级社协会的60名代表聚首北京，参加三方会议特别专题会。会上中国海事界充分发表了在温室气体(GHG)减排方面的技术观点和立场。会议决定将工业界试行的船舶能效设计指数(EEDI)实施经验在充分论证的基础上，向MEPC61会议提交提案。

造船界对三方会议的热情与寄予的期望正在上升，特别是中日韩三国造船界也更加积极地参与到国际海事以及相关国际组织关于规则的制订与讨论中，三方会议提升到三方合作的条件已渐成熟。船东、造船、船级社三方共同面对着新规则、新标准、新技术的严峻挑战，船级社所担负的作用和使命再次被赋予了新的意义和内涵。

4.构建全球检验服务网络

1999年，中国船级社根据战略发展的需要调整检验服务网点布局，雅典办事处正式开业，开通了地中海地区的便捷服务。2001年，中国船级社在与发达船级社发展友好关系的同时，加强了与发展中船级社的合作。为拓展地中海船舶检验市场，完成了地中海地区委员会的筹建。2001年9月，在汉堡设立欧洲区域中心。2002年，中国船级社进一步巩固了同各国政府和海事主管当局的合作，于7月在纽约设立美洲区域中心，海外检验服务网点达17个，服务网点遍布世界五大洲主要港口。

中国船级社在建立起遍布亚洲、欧洲、美洲检验服务网络基础上，于2003年10月设立南亚区域中心，完成了对驻外机构的分区管理建设。为此，中国船级社以地中海、港澳台和东南亚地区为中心，加强技术交流、发展和合作。2004年3月30日，中国船级社迪拜办事处在阿联酋迪拜举行开业典礼，首次在中东设立了服务站点。2005年，雅典办事处升格为雅典分社。至2008年3月，中国船级社在海外完成了巴西、加拿大、意大利的设点工作。2009年，中国船级社着重调整了几个主要国家和地区的战略重点，将欧洲中心移至伦敦，成立了伦敦海事中心，增设圣保罗办事处、巴拿马办事处。2010年，中国船级社在海外又增设了悉尼检验站、仁川检验站，恢复了东京检验站，海外服务网络得到进一步拓展完善。

至此，中国船级社在海外17个国家和地区设有30个分社、检验处(站)，形成了以北京为中心，以国内沿海、沿江主要港口为依托，以欧洲、美洲、大洋洲以及东北亚、东南亚和北非地区为主线，并与依据合作协议接受委托法定检验授权的28个国家和地区一起，构成了中国船级社覆盖全球的检验服务网络。

(五)扩大外国政府法定检验授权，发展国际业务

至1998年，中国船级社与外国政府(地区)海事当局已签订“船舶法定检验”授权协议17个，签订“ISM认证”的授权协议15个。1999—2010年，中国船级社继续争取外国政府法定检验授权，与一些原已授权法定检验和ISM认证审核的政府，追加签订了“ISPS规则认证”授权(其中柬埔寨政府的法定检验授权至2003年结束)，而一些初次授权的国家，则将授权范围包含了法定检验、ISM认证和ISPS认证。至2010年底，中国船级社接受外国政府船舶法定检验、ISM认证、ISPS认证授权分别为27个、26个、17个，详见表7-11。

外国政府法定检验授权一览表 表7-11

国家(地区)	协议名称	签订时间
玻利维亚	《玻利维亚共和国关于玻利维亚籍船舶法定检验、审核授权的函》	1999年4月6日
塞舌尔	《塞舌尔共和国与中国船级社关于塞舌尔籍船舶法定检验、审核授权协议》	1999年10月1日
缅甸	《缅甸联邦关于缅甸籍船舶法定检验、审核授权的函》	2000年3月13日
阿联酋	《阿拉伯联合酋长国关于阿联酋籍船舶法定检验、审核授权的函》	2000年8月2日

续上表

国家(地区)	协议名称	签订时间
牙买加	《牙买加政府与中国船级社关于牙买加籍船舶法定检验、审核授权协议》	2001年9月4日
科摩罗	《科摩罗联盟与中国船级社关于科摩罗籍船舶法定检验、审核授权协议》	2003年3月
马耳他	《马耳他共和国关于马耳他籍船舶ISPS规则认证授权的函》	2003年4月4日
伯利兹	《伯利兹政府关于伯利兹籍船舶ISPS规则认证授权的函》	2003年4月9日
巴拿马	《巴拿马共和国关于巴拿马籍船舶ISPS规则认证授权的函》	2003年11月21日
瓦努阿图	《瓦努阿图共和国与中国船级社关于瓦努阿图籍船舶ISPS规则认证授权协议》	2003年7月18日
塞浦路斯	《塞浦路斯政府关于塞浦路斯籍船舶ISPS规则认证授权的函》	2003年12月5日
新加坡	《新加坡共和国关于新加坡籍船舶ISPS规则认证授权的函》	2003年9月24日
巴巴多斯	《巴巴多斯政府关于巴巴多斯国籍船舶ISPS规则认证授权的函》	2003年7月21日
塞舌尔	《塞舌尔政府关于塞舌尔籍船舶ISPS规则认证授权的函》	2003年5月12日
利比里亚	《利比里亚共和国与中国船级社关于利比里亚籍船舶ISPS规则认证授权协议》	2004年2月4日
圣文森特和格林纳丁斯	《圣文森特和格林纳丁斯政府关于圣文森特和格林纳丁斯籍船舶ISPS规则认证授权的函》	2004年2月13日
希腊	《希腊共和国与中国船级社关于希腊籍船舶法定检验授权中国船级社执行协议》《希腊共和国与中国船级社关于本国籍船舶ISM、ISPS规则认证授权协议》	2006年5月24日
马来西亚	《马来西亚与中国船级社关于马来西亚籍船舶法定检验、审核授权的函》	2006年10月16日
基里巴斯	《基里巴斯共和国与中国船级社关于基里巴斯籍船舶法定检验、审核授权协议》	2007年8月8日
马绍尔	《马绍尔共和国与中国船级社关于马绍尔籍船舶ISPS规则认证授权协议》	2007年2月14日
巴哈马	《巴哈马国与中国船级社关于巴哈马籍船舶法定检验、审核授权协议》	2008年1月1日
卡塔尔	《卡塔尔国与中国船级社关于卡塔尔籍船舶法定检验、审核授权协议》	2008年6月23日
澳大利亚	《澳大利亚联邦与中国船级社关于澳大利亚籍船舶法定检验、审核授权协议》	2008年6月23日

三、渔业船舶检验的国际交流

(一)参加国际组织的活动

1.参加修订《渔船和渔民安全规则》和《小型渔船设计、建造和设备自愿性指南》

《渔民渔船安全规则》和《小型渔船设计、建造和设备自愿性指南》是国际劳工组织(ILO)联合了国际海事组织(IMO)、国际粮农组织(FAO)研究拟订的关于渔船和渔民安全方面的使用规则,分别于1975年、1979年出台。1998年IMO、ILO和FAO再次合作,开始对规则和指南进行修订,我国从1999年开始派员参加修订工作。

1999 年 2 月 8—12 日，国际海事组织（IMO）稳性、载重线和渔船安全分委会第 42 次会议（SLF 42）在伦敦召开。农业部渔业船舶检验局 2 人参加了会议。会议决定成立“通信组”，以继续完成修订《渔民渔船安全规则》B 部分和《小型渔船设计、建造和设备自愿性指南》，我国加入了该“通信组”并具体承担了机电部分这一章的修改工作，后于 1999 年 9 月向通信组提交了修改稿。

2000 年 9 月 11—15 日，国际海事组织（IMO）稳性、载重线和渔船安全分委会第 43 次会议（SLF 43）在伦敦召开。农业部渔业船舶检验局 2 人参加了会议。会议成立了“工作组”和“通信组”继续讨论修订《渔民渔船安全规则》B 部分和《小型渔船设计、建造和设备自愿性指南》。

2001 年 9 月 17—21 日，SLF44 会议召开。农业部渔业船舶检验局 2 人参加了会议。会议成立“《渔民渔船安全规则》和《小型渔船设计、建造和设备的自愿性指南》修订通信组”，我国继续参加通信组。

2002 年 7 月 22—26 日，SLF 45 会议召开。农业部渔业船舶检验局 3 人参加会议。会议批准成立《渔船渔民安全规则》修订非正式起草组，起草组工作与会议同步进行。我国参加《渔船渔民安全规则》修订起草组的工作。

2003 年 9 月 8—16 日，SLF 46 会议召开。农业部渔业船舶检验局 2 人参加会议。我国作为“《渔船和渔民安全规则》和《小型渔船设计、建造和设备的自愿性指南》的修订”特别工作小组成员，承担了渔船安全的机电部分的修订工作，并对渔船安全的船体等其他技术方面的要求做了细致的审核工作。

2004 年 9 月 13—17 日，SLF 47 会议召开。农业部渔业船舶检验局 2 人参加了会议。我国参加《渔船和渔民安全规则》和《小型渔船设计、建造和设备自愿性指南》工作组，并就浸水保温服的配备问题在大会发言。

2.参与《小型渔船安全建议》的起草

《小型渔船安全建议》是 IMO 起草的又一项渔船安全标准，该标准起草后，IMO 关于渔船安全的标准已覆盖了所有尺度的渔船。2005 年 9 月 12—16 日，SLF 48 会议召开，农业部渔业船舶检验局派 2 人参加。根据 FAO 的提议，会议成立了小型渔船安全标准起草组，我国参加了起草组。在会议上起草组初步审议了小型渔船安全标准的内容，并将各篇章的编写任务分配给了闭会期间的小型渔船安全通信组的各国成员。我国未承担具体篇章的编写任务，但参加了通信组，可以随时沟通反映意见。

小型渔船安全通信组先后于 2006 年 3 月、4 月召开了两次会议，但我国未派代表参加。2006 年 7 月 19—21 日、24—28 日，小型渔船安全通信组第 3 次会议和 SLF 49 会议分别召开。第 3 次通信组会议对通信组起草的小型渔船安全标准进行了详细审议并做了较多修改，针对争论较多的能否用手机代替无线电设备这一问题，我国代表介绍了我国技术法规中的要求，说明了我国渔船必须配备无线电设备。随后，SLF 49 会议上建立工作组，审议了通信组提交的小型渔船安全标准，决定继续建立通信组，完成标准起草。农业部渔业船舶检验局派 2 人参加了通信组和大会工作组的会议。

2007 年 4 月 25—27 日、4 月 30 日—5 月 4 日，小型渔船安全通信组会议和 SLF 50 会议分别召开。小型渔船安全通信组完成了《小型渔船安全建议（草案）》，通信组会议对草案进行了讨论，做了 130 余处内容和文字修改，我国代表团提出的近 20 处修改建议得到会议采纳。随后，SLF 50 会议上建立工作组，审议了《小型渔船安全建议（草案）》，决定继续建立信讯组以完善《建议》。农业部渔业船舶检验局派 2 人参加了通信组和会间工作组的会议。

2008 年 7 月 7—11 日、7 月 14—18 日，小型渔船安全通信组会议和 SLF 51 会议分别召开。通信组会议和 SLF 的工作组会议继续讨论修改和审议了《船长小于 12 米甲板渔船和非甲板渔船安全建议（草案）》（即原《小型渔船安全建议（草案）》）。并决定启动编写《实施〈渔船和渔民安全规则（B 部分）〉〈小型渔船设计、建造和设备自愿性指南〉和〈安全建议〉的指南》。农业部渔业船舶检验局派 2 人参加了通讯组和会间工作组的会议。

2009 年 3 月 16—20 日,国际海事组织(IMO)船舶设计与设备分委会(DE)第 52 次会议在伦敦召开,会议成立了工作组,审议了《安全建议》中关于设计、设备方面的内容。农业部渔业船舶检验局派员参加了工作组。

2010 年 1 月 25—29 日,SLF 52 次会议上,会议再次成立工作组审议了《船长小于 12 米甲板渔船和非甲板渔船安全建议》,并讨论修改了《实施〈渔船和渔民安全规则(B 部分)〉〈小型渔船设计、建造和设备自愿性指南〉和〈安全建议〉的指南》。农业部渔业船舶检验局派员参加了工作组。

3.积极准备应对《国际渔船安全公约 1993 年议定书》生效

我国 24 米以上的渔船数目巨大,2004 年向 IMO 报送了渔船数目,令 IMO 感到吃惊,并认为议定书能否生效关键在于我国。2005 年 1 月 13 日,IMO 秘书长 E.E.Mitropoulos 先生致函我驻英大使馆海事处,希望我国考虑尽早加入《国际渔船安全公约 1993 年议定书》,以推动该议定书早日生效。此外,在多次国际海事组织会议间,IMO 不断提出希望我国尽早加入议定书。

为做好我国加入《国际渔船安全公约 1993 年议定书》的准备,农业部渔业船舶检验局不但在《渔业船舶法定检验规则》中引入议定书的要求,还组织了一些专题研究和讨论。2005 年 9 月,在辽宁省丹东市召开了《1993 年托雷莫利诺斯议定书》专题座谈会;2010 年 9 月 1—3 日,在北京举办《国际渔船安全公约 1993 年议定书》中日韩研讨会,3 个国家的渔船检验部门的代表立足于中日韩渔船的现状和特点,对议定书的修订进行深入研究和讨论。

我国渔船在一些方面与议定书的要求存在一定差距,在 2008 年的 SLF 51 会议小型渔船安全工作组会议上,我国代表建议:把议定书的适用范围,即适用于船长大于或等于 24 米的所有海洋渔船,修改为仅适用于船长大于或等于 24 米的非国内作业的海洋渔船。针对这一建议,会间工作组在将要发往各国的调查表上加入了这样一条询问:“如果议定书的适用范围修改为仅适用于公海或其他国家海域作业的渔船是否能加快你们国家批准议定书的议程?”以征询各成员国意见。

4.配合打击非法、不报告和不管制(IUU)捕捞行动

2000 年 10 月 9—11 日,农业部渔业船舶检验局派员参加了由联合国粮农组织(FAO) 和国际海事组织(IMO)在罗马联合召开的“关于非法、不报告和不管制(IUU)捕捞及相关事项第 1 次联合工作组会议(JWG)”。

2001 年,我国已经签发检验证书的远洋渔船有 1200 多艘,作业渔船遍布世界各地,长期在境外作业的中国籍渔船有 300 多艘。为了配合国际打击非法、不报告和不管制(IUU)行动实施,避免我国渔船被他国滞留,我国首次将远洋渔业船舶检验证书样本通过国家外交照会形式通报国际海事组织和 60 多个国家和地区。

2007 年 7 月 16—18 日,农业部渔业船舶检验局派员参加了由联合国粮农组织(FAO)和国际海事组织(IMO)在罗马联合召开的“关于非法、不报告和不管制(IUU)捕捞及相关事项第 2 次联合工作组会议(JWG)”。

(二)举办“促进国际渔船安全公约 1993 年议定书实施”讲习班

2004 年 9 月 21—24 日,由我国农业部和国际海事组织(IMO)共同举办的“促进国际渔船安全公约 1993 年议定书实施讲习班”在北京召开,这是我国首次承办大型渔船检验国际性活动。举办讲习班旨在确定各国在考虑实施《国际渔船安全公约 1993 年议定书》时所遇到的任何困难,尽力寻找解决困难的办

法，以便促进《国际渔船安全公约1993年议定书》的实施和最终生效。

来自中国、马来西亚、韩国、日本、泰国、缅甸、印度尼西亚、菲律宾、越南、中国香港、中国澳门以及俄罗斯等12个国家和地区负责渔船安全的代表共30人参加了讲习班。我国农业部渔业局、交通部海事局及农业部渔业船舶检验局的代表参加了讲习班。此外，农业部渔政指挥中心、有关院校及我国部分省、市渔业船舶检验机构和远洋渔业企业的代表近30人列席旁听。在讲习班的开幕式上，IMO代表感谢中国政府承办了此次讲习班，并强调了《国际渔船安全公约1993年议定书》对保障渔船、船员安全的重要性，呼吁各国政府积极推动《国际渔船安全公约1993年议定书》的生效进程。讲习班期间，IMO专家和FAO专家做了专题讲座，讲授的内容主要包括海上渔业状况、渔业行业的重要性、渔船与商船的比较、渔业管理和渔船、渔民安全的关系及《国际渔船安全公约1993年议定书》的生效对渔业的好处、《国际渔船安全公约1993年议定书》发展历史等。讲习班成立了技术工作组和法律工作组，就有关《国际渔船安全公约1993年议定书》的技术和法律问题进行讨论。

此次讲习班的成功举办，首先，使IMO能够充分了解到东亚地区各方特别是我国对加入《国际渔船安全公约1993年议定书》的实际困难和态度，同时也使我国了解到与会各方对加入《国际渔船安全公约1993年议定书》的态度以及IMO对《国际渔船安全公约1993年议定书》的操作情况；其次，使我国国内相关职能部门以及渔业企业能够充分了解到《国际渔船安全公约1993年议定书》的重要性以及我国渔船安全状态面临的严峻形势；再者，对我国积极参与国际渔船事务、促进我国渔船安全工作及密切我国与IMO及东亚渔船检验机构的关系都大有好处。

（三）国际间渔船检验技术交流

2002年7月22—8月1日，应农业部邀请，斐济国家海洋安全局副局长Simione Seci Waqa先生、官员Viliame Kauwale先生以及斐济汉通渔业公司经理Ning Xin Hu先生来我国进行访问，访问期间代表团到天津、辽宁、山东参观，了解我国渔业船舶检验工作情况。

2002年9月，由农业部渔业船舶检验局包盛清局长为团长，山东海洋与渔业厅、辽宁渔业船舶检验局、浙江渔业船舶检验局、福建渔业船舶检验局及农业部渔业船舶检验局人员组成的考察团，一行6人对南非等地的远洋渔船检验、船舶维修及管理等进行了实地考察。考察团先后考察了南非船舶修理企业、了解了远洋渔船实船的技术状况，并与南非海事局局长、船务代理公司等进行了业务交流。

在2005年SLF48次会议间，韩国代表与我国、日本代表交谈时提议，中日韩都是渔船大国、船型相近，可以建立某种形式的定期会晤机制，后中华人民共和国渔业船舶检验局与韩国船舶安全技术局成功建立了定期渔船安全技术交流会机制。2006年7月5日，应中华人民共和国渔业船舶检验局邀请，韩国船舶安全技术局理事长金性奎率团来访，双方召开了第1次中韩渔船安全技术交流会议，签署了《技术合作意向书》。此后，2007年11月26—30日在韩国，2009年10月26—30日在中国，2010年4月26—30日在韩国，双方又举办了3次定期安全技术交流会。在历次的交流会晤中，双方互相考察了对方国家的渔船检验机构、船舶修造企业、科研机构、渔港等地，开展了渔船检验技术及渔船安全管理方面的交流。

大 事 记

古代(1840年前)

前1600年—前1046年(商代)

商代甲骨卜辞中关于渡河、用舟之辞不胜枚举,《怀特氏等藏甲骨文集》1456号有"省舟"二字,专家释义为"省察用舟",或为船舶检验最早的文字记载。

前1046—前1042年(周武王年间)

周武王设立了管理全国舟楫的职官"舟牧",每当出行,先"命舟牧覆舟,五覆五反,乃告舟备,具于天子焉,天子始乘舟"。"五覆五反",即是对舟船的适航性能以及船体情况进行反复检查。

前475年—前221年(战国)

1957年出土于安徽省寿县的"鄂君启节",其"舟节"反映了战国时期楚国的水运管理以及船舶检验。

前119年(汉武帝元狩四年)

汉武帝采纳御史大夫张汤和侍中桑弘羊的建议,颁布了向商人征税的"算缗告缗令"。根据这项法令,车、船都需要按照一定的标准缴税,叫做"算缗",其中规定"船五丈以上一算",为我国最早的有明文记载的量船征税办法。

222—280年(吴国)

三国时期,吴国专门建造海船的工场称为"船屯",设置了管理造船的官员"典船校尉",其职责之一便是对造船工艺质量的过程控制,即船舶建造检验。

651—653年 (唐永徽二至四年)

唐代极为重要的法典《唐律疏议》完成并颁行全国。其《杂律》规定,"诸船人行船,茹船、写漏、安标宿止不如法者,若船栰应回避而不回避者,笞五十"。"茹船"即茹塞船缝,"写漏"即泻除漏水,均为船舶检验的核心内容。

703年(唐长安三年)

崔融进谏:"今若江津河口,置铺纳税,纳税则检覆,检覆则迟留……船有大小,载有少多,量物而税,触途淹久。"可见,到武则天时期,在江津河口设置收税机构非常普遍,这些税收机关主要的业务就是量船收税。

714年(唐开元二年)

广州始设市舶使,掌管从事进出口贸易的船舶和货物,征收"船脚"是其基本职能之一,即收取船舶税,以载货船舶体量为征收标准,需要对船舶进行丈量。

764年(唐广德二年)

刘晏主持漕政,在扬子一地就设置了10个造船工场,均派专官督造,逐渐形成了船舶监造制度。

971年 (宋开宝四年)

宋太祖承袭五代旧制,于广州置市舶司,掌管岭南地区对外航海贸易;后又于杭州置司,管理两浙路航海贸易。市舶司具有船舶检验和量船收税职能。

978年(宋太平兴国二年)

于各路设转运司,俗称"漕司",主要负责"经度"各路财赋以及漕运事宜。转运司必须征集、监造足数漕船,定期检验修整,以供纲运使用。

993年(宋淳化四年)

正式设立发运司,其衙门设于真州。其后又屡罢而复置,宋仁宗皇祐年间才基本定型。江淮荆浙发运司的最主要职责是,将东南各路转运司运抵真、扬、楚、泗以及淮甸转般仓的漕粮和财赋,统一经汴河运往京师。因此发运司必须组织好汴河纲船,定期检验修整,以保证运力。

1080年(宋元丰三年)

制订了《市舶条法》,市舶司开始成为一个常设的专门机构。设官吏进行进出口业务管理,其中"孔目"的职责是对海商的船、货进行审验,然后发给公凭,为具体的船检业务。

1155年(宋绍兴二十四年)

知临安府曹泳奏请禁止钱塘江私渡,由临安府派官专管,其渡船由转运司负责修整,每月差官一员检验,确定是否满足"济渡"需要。绍兴府萧山渡也按此办法办理。

1172年(宋乾道八年)

二月六日,孝宗下诏,鄂州、荆南、江州差荆南守臣姜诜,池州以下差枢密都承旨叶衡,统计、检验各军战船,数字上报,需要修理的战船尽快修理。

1174年(宋淳熙元年)

五月二十九日,孝宗诏令,布置有战船的地方,每年一次派官员检验并修理。

1179年(宋淳熙六年)

九月二十二日,因湖广总领刘邦翰、周嗣武,鄂州江陵府驻扎郭钧,在检验和修理战船时草率行事,孝宗下诏给予处分。

1191年(宋绍熙二年)

三月十三日,各处战船专派官员检验,有损坏者进行修理。

1192年(宋绍熙三年)

十月二十五日,三省枢密院申请,欲造双桅多桨海船二百只,光宗批复,先造100只,必须要坚固,竣工日进行检验。

1203年(宋嘉泰三年)

七月五日,殿前副都指挥使郭倪奏议造船,并"乞差官检视大印",宁宗准奏。

1277年(元至元十四年)

元朝首先于泉州设市舶司,继设庆元(今宁波)、上海、澉浦三地市舶司,后又增设广州、温州与杭州三处市舶司。元代市舶司机构与称谓变化不一,但其掌管航海贸易的基本职能始终未变。

1283年(元至元二十年)

置"海道运粮万户府",掌管漕粮海运。"海道运粮万户府"往往预支给船户"脚价"(即"租船费")作为造修船和添办辅具的费用,并且随时检验,监督修造,务必使船身坚固,以适应海运需要。

1293年(元至元三十年)

元政府颁布"市舶则法二十三条"。根据该法,商船出海前要请公验,公验中需载明"船只力胜若干,樯高若干,船面阔若干,船身长若干",具有船舶检验证书的性质。

1300年(元大德四年)

户部规定,"诸纲运盐船只,每岁往运之后,督责船主趁时修船,整办浮动,不许擅自离纲"。

1314年(元延祐元年)

有官员反映,会通河容纳能力有限,如大船驶入则会阻塞航道,并造成安全隐患,因此应对大船限行。

解决办法是，在隘闸入口处立石牌，写明船舶标准尺寸，船入闸前必须验量，不超标准才准许入闸，违者治罪。闸内原有的超标船只，限定日期清理。

1317 年（元延祐四年）

中书省规定，扬子江渡口收取的“船资”，“内一半修理船只物件，须要如法，牢壮完备，无致损坏”。

1368 年（明洪武元年）

明代立国之初，为“防海御倭”，明太祖朱元璋规定“片板不许入海”。

1409 年（明永乐七年）

于淮安、临清肇建清江、卫河二厂，督造漕船。

1415 年（明永乐十三年）

命工部差都水司官一员，督理清江船厂。此后，或差主事、郎中不定，到景泰后，差主事一员才成为定例，三年一任。永乐十三年工部差官督理清江船厂时，还设置了工部厂和工部分司。

1457 年（明正统元年）

置提举司管理造船厂，次年主事胡臻请设提举司官二员。

1530 年（明嘉靖九年）

邵经济任清江厂主事，复建清江造船总厂和卫河造船总厂，设把总官五员，清江厂四员，卫河厂一员，管理厂务。各总厂官四十员，其中清江厂官三十六员，卫河厂四员。清江造船厂、卫河造船厂行政上隶属漕运衙门，提举司及其主事则隶属工部。主事和提举司官负责漕船的监造和检验，把总、厂官具体执行。

1567 年（明隆庆元年）

在福建巡抚都御使涂泽民等建言下，穆宗皇帝正式下令开海，明初以来的“海禁”政策至此告一段落。商船欲出海贸易，必须申请“引票”，并将船舶梁头尺寸在“引票”上注明，作为抽取“水饷”（即“船税”）的依据。

1655 年（清顺治十二年）

为打击郑成功，清政府仿效明初颁布禁令：“寸板不得下海”。次年，更详细的政策出台：“海船除给有执照许令出洋外，若官民人等擅造两桅以上大船，将违禁货物出洋贩卖番国，并潜通海贼，同谋结聚，及为响导，劫掠良民；或造成大船，图利卖与番国，或将大船赁与出洋之人，分取番人货物者，皆交刑部分别治罪。”

1684 年（清康熙二十三年）

九月，康熙正式谕令“开禁”，但“双桅五百石以上违式船只”仍在严禁之列。

1685 年（清康熙二十四年）

清廷于云台山、宁波、厦门、黄埔四地置江、浙、闽、粤四海关。经雍正至乾隆朝，又增设山海关与津海关。六大海关管理航海贸易的一切事务，包括船舶检验。

1720 年（清康熙五十九年）

清政府对出洋船只的管理和检验出台详细规定，形成了“申报审核—完工检验—烙号刊名—填发船照—开航复检—完填船照”等一套严密程序，标志着清代船舶检验制度的完善。

1818 年（清嘉庆二十三年）

对船式的限制正式解除，“嗣后商民置造船只，梁头丈尺，照前听民自便，免立禁限”。

近代（1840—1949 年）

1843 年（清道光二十三年）

10 月 8 日　中英《五口通商章程・海关税则》签订。第三款规定：“英国商船一经到口停泊，其船主限一日之内,赴英国管事官署中,将船牌、舱口单、报单各件交与管事官查阅收贮;如有不遵,罚银二百元。若投递假单,罚银五百元”。“船牌”即船舶证书,按照这一规定,英国商船船舶证书的查验由英国驻华领事代为执行。

1851 年(清咸丰元年)

9 月 24 日　上海道台吴健彰任命美国船长尼古拉斯·贝利斯(Nicholas Bavlies)担任上海港务长(Harbour Master)职务。贝利斯随即公布了一套管理船舶和船员的章程。

1856 年(清咸丰六年)

本年　旗昌洋行船长贝利斯(Baylies)雇佣中国人,用木材建造了“先锋”号(The Pioneer)蒸汽机船,12 马力,40 总吨,是为外国人在中国造的第一艘轮船。

1862 年(清同治元年)

本年　清政府订立海关理船厅章程,各海关设立理船厅,负责指定泊位,建筑码头和驳岸,稽查出入船只,考验船员证书,勘量轮船吨位,检查浮标,指示航路,选用领港等事项。

1867 年(清同治六年)

10 月 3 日　总理衙门颁布《华商置用火轮夹板等项船只章程》。

1868 年(清同治七年)

本年　总理各国事务衙门批准将船钞 7/10 用于办理各种航行标志;总税务司下设海务处监理航政事务。

1869 年(清同治八年)

本年　劳氏船级社在上海设立办事处。

1871 年(清同治十年)

11 月 23 日　总税务司署撤销海务处,增设税务营造处,委派总营造司一人,驻江海关理事,监管检验船舶事宜。

1875 年(清光绪元年)

11 月 1 日　英国将上海作为船籍登记港。

1885 年(清光绪十一年)

6 月 22 日　海关总税务司署发布了第 306 号通令,颁布了经总理衙门批准的《通商口岸华商小火轮船暂行章程》。共七条:第一条规定勘量船只吨数由海关理船厅派人负责,发放牌照由中国海关监督负责。

1895 年(清光绪二十一年)

本年　甲午战后郑观应将《盛世危言》由五卷本增订为十四卷本。在“商船上”中详细介绍了英国的船舶检验工作。

1898 年(清光绪二十四年)

3 月 1 日　江海关颁布《查验官商各小火轮章程》、《查验官商小轮续订之验船师规条》、《查验官商小轮续订之管轮人诫程》和《查验小轮船办法》,四个规定详尽明确了对小轮船的检验。

1901 年(清光绪二十七年)

年末　为减少船舶事故,广州粤海关外国人税务司呈文两广总督陶模(字正芳),由其下令设立巡检司检验小轮船,并委托外国人阿布庇主管此船舶检验业务。

1904 年(清光绪三十年)

6 月 24 日　镇江海关税务司雷乐石(Louis Rocher)制定了《酌定小轮暨拖船载客额数免险试办章程》。

1906 年(清光绪三十二年)

3 月 26 日　清政府颁布《商船公会章程》,其职责之一"检查船只之良窳"。

11 月 6 日　清政府颁布官制改革方案,谕令设立邮传部:"轮船铁路电线邮政应设专司,著名为邮传部,原拟各部院衙门职掌事宜及员司各缺仍著各该堂官自行核议,悉心妥筹,会同军机大臣奏明办理"。

1907 年(清光绪三十三年)

8 月 1 日　清政府批准了军机处和邮传部一起上奏的《军机处邮传部会奏拟议邮传部官制折》,奏折中说明邮传部下设 5 个司,分别是船政司、路政司、电政司、邮政司和庶务司。其中船政司"掌全国船政,凡轮船应行考覈(同"核")调查及筹划扩充,并审议船律各项事件"。船政司设筹度、核计两科。筹度科职掌航务的调查,航道的开通,航业的推广及保护,章程的审核,船会的管理,船舶的失险检查,灯旗信号、码头、军运、漕运,船员及各轮船公司的立案等事项。核计科职掌各公司的轮船表册、账簿、注册给照、购买、估复、减费、救难和航务裁判等事项。

11 月 29 日　东北关东都督府公布《关东州船舶检查规则》。

1909 年(清宣统元年)

9 月　1909 年 9 月,邮传部获准咨请税务大臣将邮政和理船厅代管的船(航)政事务移交邮传部接管,因总税务司反对而受阻。

1910 年(清宣统二年)

本年　邮传部制定了《各省大小轮船注册给照暂行章程》,规定所有华商大小轮船一律须向该部注册,并取得执照;否则,海关不得发给"船牌""国家牌照"或海关执照。

1912 年(民国元年)

6 月 20 日　北京政府交通部接管清政府邮传部,后将清政府邮传部的《各省大小轮船公司注册给照章程》作文字修改,通知各省继续执行。

8 月 21 日　北京政府正式公布交通部官制,设路政司、邮政司、电政司和航政司四个司,其中航政司下设总务、航务、航业和港务四科。其中港务科掌管"关于检查船舶事项"。

1913 年(民国二年)

12 月 22 日　北京政府以"教令第四十二号"公布修改后的《交通部官制》,取消航政司,设立邮传局。

1914 年(民国三年)

5 月 12 日　北京政府交通部部令第四十二号修正公布《轮船注册给照暂行章程》,取代《各省大小轮船公司注册给照章程》。

7 月 11 日　北京政府以"教令第九十七号"公布修改后的《交通部官制》,交通部下设总务厅、路政司、路工司、邮传司、综核司、铁路会计司、邮传会计司 7 个厅司。

11 月 13 日　北京政府交通部饬第一千九百一十号公布了新制定的《交通部厅司分科章程》,第二十条规定航务科主管"关于船舶制造检查及登记事项"。

1916 年(民国五年)

8 月 9 日　北京政府交通部提出恢复民国元年的官制(即 1912 年 8 月 21 日公布的《交通部官制》),获国务院批准。

8 月 12 日　北京政府交通部以部令第五十八号公布恢复民国元年官制,定于 8 月 15 日施行。

9 月 19 日　北京政府交通部以部令第一七〇号公布《交通部厅司分科章程》,其中航政司下设总务科、管理科、航业科和工程科四科,工程科掌管"关于造船及检查船舶事项"。

1917 年(民国六年)

12 月 9 日　长江上游巡江司颁布《长江上游大小轮船订造法》,这是我国首次公布的川江船舶规范。

1919 年(民国八年)

3 月 28 日　北京政府交通部制订了《航律委员会章程》,4 月 9 日,交通部成立航律委员会,聘请江海关巡工司英国人戴理尔(William Ferdinand Tyler)为航政顾问,任命交通部参事陆梦熊为会长,王世澂、张恩寿、张铸和戴理尔为会员,并请海军部加派马熉钰、博顺为会员,1919 年 5 月 28 日,获得大总统批准。

1920 年(民国九年)

1 月 21 日　北京政府以教令第一号令公布施行《官用轮船检查条例》。其中第三条规定"官用轮船由海军部按期检查",明确了主管检查机构为海军部,为中国收回船检权的先声。

1927 年(民国十六年)

11 月 11 日　国民政府公布《交通部组织法》,交通部设秘书处、路政司、电政司、邮政司和航政司,其职责有"关于船舶发照注册事项"和"关于管理及监督造船船舶船员并其他一切航政事项"。

1928 年(民国十七年)

11 月 7 日　南京国民政府公布了第三次修订的《交通部组织法》,其中第五条规定:"交通部得置邮政总局航政总局于必要时并得置各委员会其组织另定之"。

1929 年(民国十八年)

8 月 24 日　国民政府行政院第 2798 号训令,公布了《航政根本方针》,提出要迅速编订各种航政法规,解决收回航权的立法问题。12 月 30 日,《海商法》公布。

12 月 20 日　国民政府交通部以部令第四三二号公布了《交通部航政局组织通则》,交通部得以在各港口设立航政局,各航政局分三个科,第二科掌管"关于轮船民船之检验丈量事项"和"关于轮船民船之登记及发给牌照事项"。

1930 年(民国十九年)

11 月 29 日　国民政府立法院第 119 次会议通过了交通部制订的《航政局组织法》,1931 年 1 月 5 日由行政院公布施行,根据该法案,航政局直属于交通部,下设第一、第二两科,其中第二科执掌"船舶检验及丈量事宜"。

12 月 4 日　国民政府第六六六号训令公布《船舶法》,1931 年 7 月 1 日施行。

12 月 5 日　国民政府第六六八号训令公布《船舶登记法公布》,1931 年 7 月 1 日施行。

12 月 15 日　国民政府以第六八六号训令公布了《交通部航政局组织法》,规定各地航政局下设两科,第二科掌管:(1)关于船舶之检验及丈量事项。(2)关于载线标识事项。(3)关于船舶之登记及发给牌照事项。(4)关于船员及引水人之考核监督事项。(5)关于造船事项。(6)关于航路之疏濬事项。(7)关于航路标识之监督事项。(8)关于船舶出入查验证之核发事项。

1931 年(民国二十年)

1 月 23 日　国民政府交通部以呈字第 13 号文呈请行政院"拟就上海、汉口、广州、天津、哈尔滨五重要港埠现行分设五局,各就地域范围分定管辖区域,即以上海局兼辖江浙皖各埠,汉口局兼辖湘鄂赣川各埠,广州局兼辖闽粤桂各埠;天津局兼辖直鲁辽东沿海各埠,哈尔滨局兼辖松黑两江各埠",获批。

6 月 5 日　国民政府交通部制定公布《船舶国籍证书章程》《船舶检查章程》和《船舶丈量章程》。财政部发布关务署令政字第 5605 号,"自本年七月一日起,凡海关对于中外船舶检验丈量等事项即行分别移归各该航政局办理"。至此,中国收回了船舶检验权。

10 月 28 日　国民政府交通部部令第二一〇号公布《造船技师呈报开业规则》,规定造船技师在资格认定和开业登记后才能从事造船工作。

12 月 5 日　国民政府第五四五号训令公布《船舶载重线法》,但未明确实施日期。

1932 年(民国二十一年)

1 月 20 日　国民政府交通部部令第二一号公布《小轮船丈量检查及注册给照章程》,解决了未满 20 总吨小轮船的丈量检查问题,规定全国未满 20 总吨的所有小轮船(包括渔船),由交通部委托当地航政官署或地方官署或专员办理船检事宜,小轮船经过检验合格后才能办理注册和颁发执照。

10 月 29 日　国民政府立法院第 208 次会议,通过《国际海上人命安全公约》,2 月 14 日正式递交申请加入,定于 1933 年 5 月 14 日施行。

1933 年(民国二十二年)

6 月 5 日　国民政府交通部部令第二〇五号公布《拖驳船管理章程》。

6 月　国民政府交通部公布《全国各船籍港名称疆界表》,规定在全国范围内设 46 个船籍港。

1934 年(民国二十三年)

3 月 20 日　国民政府交通部召开第一次全国航政会议,就航政机关组织改革、法令编制执行、人才培训保障、水运整理、载重线法、航政工作等 28 个议题进行讨论。

5 月 28 日　国民政府交通部公布《机器划船取缔规则》。

1935 年(民国二十四年)

4 月 5 日　国民政府交通部训令第一七六三号公布《检丈船舶改用新制补充办法》。

6 月　国民政府交通部制定公布了《船舶漆绘吃水深度办法》。

8 月 19 日　我国正式加入《国际船舶载重线公约》。

1936 年(民国二十五年)

3 月 28 日　国民政府交通部公布《请领国际航海安全证书临时办法》,规定各轮船公司请领国际航海安全证书时都应向上海航政局申请,而国际航海安全证书内的 1—3 项,由上海航政局委托"Slord"办理,4—5 项,由上海航政局派员办理。

1937 年(民国二十六年)

1 月 16 日　国民政府交通部训令下属航政局,明确国际航行船舶的载重线可委托外国船级社代为检验和勘划。

2 月 27 日　国民政府交通部部令第三七号公布《船舶设计纲目》和《船图种类》。

7 月 1 日　国民政府交通部公布《船舶检查技术规程》和《船舶丈量技术规程》。

8 月　国民政府交通部拟订了《非常时期轮船转移外籍办法》,由交通部呈奉行政院公布。此后经交通部批准转籍之船舶,共计 130 艘,14 万 5 千总吨。

1938 年(民国二十七年)

7 月 30 日　国民政府交通部公布《船舶隐匿标志取缔办法》。

9 月 20 日　国民政府交通部公布《川江木船运输管理暂行办法》,规定凡行驶宜渝间之木船应在汉口航政局宜昌或重庆办事处依法办理船舶丈量检查及登记,否则不允许航行。

11 月 18 日　国民政府交通部公布《修正办理船舶转籍及限制办法》。

1939 年(民国二十八年)

1 月 23 日　国民政府交通部制定公布《交通部制造木船贷款章程》《交通部监造木船章程》及《交通部监理木船运输章程》。为了保证建造木船的质量,同日交通部还公布了《交通部航政局派驻各地管理员章程》,向指定造船地点计 10 处派驻管理员,进行新造木船的贷款、监造、检验、登记、发证等事宜。

2 月 16 日　国民政府交通部公布《核发外国轮船通行证书办法》,规定外国轮船声请核定通行证书时应先依船舶法第十七条及第二十二条之规定呈请检查证书吨位证书或施行检查丈量。

7月28日　国民政府交通部公布《四川木船丈量检查登记暂行办法》。

11月28日　国民政府交通部公布《交通部西江造船处组织规程》。

1940年(民国二十九年)

4月22日　国民政府交通部公布《川江轮船乘客定额及安全设备暂行规程》。

1941年(民国三十年)

2月28日　国民政府交通部公布《交通部航政机关核发小轮船临时注册证暂行办法》。

6月9日　国民政府交通部公布《交通部部辖航政事项委托代办暂行规程》,规定"国民政府交通部在未设航政官署之地方得将部辖航政事项委托该地之省市政府或指定其他地方机关代为办理"。

8月1日　国民政府交通部指令汉口航政局改组为长江区航政局,统一管辖苏、皖、赣、鄂、湘、川六省航政。

9月20日　国民政府交通部公布《长江区航政局组织规程》。

10月6日　长江区航政局颁发《川江木船检查丈量登记及核发证书办法》。

1942年(民国三十一年)

9月3日　国民政府交通部以航船渝一五二一七号部令公布《未满二百总担帆船丈量检查注册给照办法》。

12月12日　国民政府交通部公布《交通部造船处组织规程》《交通部造船处工厂组织通则》《交通部造船处木船工厂组织通则》。

12月30日　国民政府交通部公布《川江木船载重吃水线勘划办法》。

1943年(民国三十二年)

1月1日　广州航政局改为珠江区航政局,管辖广东广西航政工作。

3月13日　国民政府交通部令航船渝字第七六一六号公布《拆售运输轮船锅炉机件处罚办法》。

12月30日　国民政府交通部公布《川江木船载重吃水线勘划办法》。

1944年(民国三十三年)

2月10日　国民政府交通部公布《綦江船舶登记规则》。

9月21日　国民政府交通部公布《修正办理船舶转籍及限制办法》。

12月30日　国民政府交通部公布《交通部核发国外华籍船舶国籍证书办法》。

1945年(民国三十四年)

3月31日　国民政府交通部部令航船渝字第四八七〇号公布《战时轮船载客逾额处罚办法》。

5月28日　国民政府交通部部令航字第八〇三六号公布《交通部造船督导委员会组织规程》。

8月31日　国民政府交通部公布了《交通部各收复区特派员办公处组织规程》。

9月12日　国民政府交通部以航字第13315号指令发布了《接管敌伪船只办法》。

1946年(民国三十五年)

(国统区)

1月8日　国民政府交通部公布《外国人所有小轮船行驶内河规则》,规定外国人所有之小轮船在内河行驶,声请核发通行证书时,应由船长向主管航政官署呈验检查证书吨位证书,如所呈证书,业已失效,应由该官署施行检查丈量。

6月7日　国民政府公布了新修订的《交通部组织法》,仍旧设立路政司、邮电司、航政司、材料司、财务司和总务司六个司。

6月14日　国民政府交通部重申1937年1月16日训令,国际载重线可委托国际公认的测量船舶载重线公司代办。

(解放区)

4月1日　东北大连市政府财政局设立船舶管理处,负责大连地区的船舶检丈工作。这是我国解放区最早成立的船舶检验机构。

4月28日　东北民主联军进驻哈尔滨,5月成立了松花江航务局,同年9月,松花江省政府将松花江航务局,改称为松江航务局。负责沉船打捞、航务监督和船舶检验。

1947年(民国三十六年)

(国统区)

7月7日　国民政府交通部在南京召开全国航政会议,出席者有全国航业界代表及航政局、港务局各首长等60余人,讨论问题分航务、船舶、海事、港务及航业政策等五组。

7月26日　上海航政局为航行东南亚的"海陇"轮签发临时国际航行船舶安全证书,有效期截止当年12月12日。这是战后我国首次签发的国际航行船舶安全证书。

10月　国民政府交通部成立船舶技术规范设计委员会,通过了《船舶技术规范设计委员会组织章程》。

(解放区)

4月4日　大连地区最高行政机关关东公署成立,大连海口管理处随之改为关东海口管理处负责有关航政业务。

5月11日　设在哈尔滨的松江航务局改组为东北航务局,统管东北解放区的内河航政,并按东北行政委员会命令接收日伪水上财产。

11月28日　关东公署公布《船舶管理暂行规则》,将船舶检查分为四年一次的定期检查、年修检查、修船检查、制造检查和出港检查五种。

1948年(民国三十七年)

(国统区)

7月20日　中国验船协会成立大会在上海召开。大会通过了《中国验船协会章程》,并选出理监事人士,在随后举行的第一届理监事联席会议上,通过了《中国验船协会技术委员会章程》。

(解放区)

3月　设在哈尔滨的东北航务局改称东北航政局。

4月　东北行政委员会在安东成立辽东航务总局。

11月　东北行政委员会在营口接管国民政府东北航政局;同月,东北行政委员会将设在安东的辽东航务总局迁至沈阳,扩大建制,成立东北航政总局,下设哈尔滨、安东、营口三个航政局,掌管东北海河航区航政,原设在哈尔滨的东北航政局改为哈尔滨航政局。

现代(1949—2010年)

1949年

3月11日　天津市军事管制委员会接管国民政府天津航政局,内设验船股负责船舶检验与丈量。

5月17日　武汉市军事管制委员会接管国民政府长江区航政局汉口办事处;同年9月1日成立华中航政管理局,负责管理湖北、湖南、江西三省航政事宜;内设船舶科负责船舶检验与丈量。

5月28日　上海市军事管制委员会接管国民政府上海航政局,同年10月6日以上海航政局为基础成立华东区航务管理局,内设航政处技术室负责船舶检验与丈量。

10月23日　广州市军事管制委员会接管国民政府广州航政局，翌年5月改为广州区航务管理局，内设船舶科负责船舶检验与丈量。

10月　华东区航务管理局的船检部门参照苏联内河船舶技术标准，对我国首批设计建造的T1型“建”字号和T2型“新”字号内河拖船进行设计图纸审查和建造检验。

11月19日　中央人民政府交通部在北京召开首届航务、公路会议，国家领导人朱德和陈云莅会讲话，确定了交通运输的发展方向、任务，以及全国交通管理机构和领导关系，会议于12月28日结束。

本年　随着人民解放军南下，各省地方政府相继组建航政机构负责本省船舶检验。其中：8月，长沙市军事管制委员会成立湖南省航务局内设航政科技术股，福建省军事管制委员会组建福建省航务局内设技术股，杭州市军事管制委员会组建浙江省交通管理局内设航政科，负责船检工作；11月，湖北省人民政府设立航政局轮船管理科和帆船管理科，江西省人民政府设立航务管理局航政科，负责船检工作；12月，安徽省人民政府设立皖北行署交通处（后改为淮河航务管理局）航政科，重庆市军事管制委员会接管由武汉迁往重庆的国民政府长江区航政局及其所属重庆办事处，负责船检工作。

1950年

1月　哈尔滨航政局与松江轮船公司合并成立东北内河航务局，内设机务处负责东北地区内河船舶检验。（1951年8月改为东北人民政府内河航运局，1953年4月改为中央人民政府交通部东北内河航运管理局。）

4月1日　华中航政管理局改组为长江区航务局，当年10月更名为交通部长江航务管理局，内设航政处船舶科（1956年6月改为港务监督船舶检验科）负责船舶检验工作，统一长江航务管理 。

7月26日　中央人民政府政务院财政经济委员会发布《关于统一航务管理的指示》，决定成立大连、青岛、天津、上海、广州五个区港务局，隶属交通部，统一港务管理，当地船舶检验部门随之归属各区港务局领导。

9月　交通部在天津成立天津区港务局，内设航政处船舶科（1953年12月改为船舶检验科），负责天津、塘沽、秦皇岛的船舶检验工作；在广州成立广州区港务局，内设检查室船舶科（1957年7月改为港务监督船舶检验科），负责广州港的海、河船舶检验工作。

10月6日　交通部在上海成立上海区港务局，内设航政处船舶科（1951年8月改为港务监督船舶检验科），负责上海地区船舶检验工作。

本年　华东、中南、西南等地区军政委员会交通部相继颁布实施《木帆船检查丈量办法》。湖北、河南、安徽等省政府航运（政）局组织人力对省辖木帆船进行检验丈量。

1951年

1月　交通部在青岛成立青岛区港务局，4月该局航政处下设船舶登记科（10月改为港务监督船舶登记科），负责青岛地区的船舶检验工作。

2月28日　经中南军政委员会交通部批准，长江航务管理局公布试行九种规章制度：《长江区船舶申请检验丈量暂行办法》《船舶申请检验须知》《长江区船舶检验技术暂行规定》《长江区船舶丈量技术暂行规定（草案）》《长江区码头船舶检丈注册给照办法》《长江区船舶乘客定额核定办法（草案）》《填发船舶证书簿须知》《马力计算法》《航行时间核定办法（草案）》。

2月　根据交通部海河水运分管的原则，广州区港务局将其内河航运管理移交广东省交通厅，成立广东省内河航运管理局，设航政管理科负责本省内河船舶检验工作。

4月　交通部召开第二届全国航务工作会议，拟订全国水运统一管理方案，决定筹建船舶登记局 。

7月　交通部成立船舶登记局筹备组（1953年改为筹备处），挂靠海运管理总局，由局长于眉直接领导开始进行船舶登记局的管理体制、机构设置、人员编制设计、规章制度编制和有关文件准备，同时筹划验船骨干技术人员培训，开展相关业务工作。

1952 年

1 月　交通部在大连成立大连区港务局，该局 3 月组建船舶登记科（1957 年 11 月改为船舶检验科），负责大连地区船舶检验工作。

3 月　长江航务管理局机构改革，在机务处内设技术检查科（后改称船舶检验科），对长江干线各主要港口的船检工作实行统一管理。

8 月　安徽省人民政府合并皖南、皖北行署交通处，组建省交通厅，成立省内河航运管理局，开展本省船舶检验。

9 月 29 日　中央人民政府政务院财政经济委员会主任陈云签批交通部筹备成立船舶登记局。

10 月　山东省交通厅将航务管理局改为航运管理局，成立运河航务管理办事处负责运河船舶检验与丈量，开展本省船舶检验工作。

1953 年

10 月 3 日　交通部颁布《船舶检验丈量费率标准》，统一全国船检收费标准。

11 月　中国造船工程学会将《中国造船》杂志 1950—1951 年连载的由杨俊生、辛一心、朱天秉、龚应曾编译的《中国钢船规范》的船体部分印发单行本，成为我国民间版本的船舶建造规范。

1954 年

6 月　在广东、广西两省内河航运管理局基础上成立交通部珠江航运管理局，内设机务科负责珠江水系船舶检验工作。

7 月 16 日　上海港务监督船舶检验科完成对长江大型客货船"民众"（江南船厂建造，载客 936 人，载货 500 吨）的检验，开始了我国对长江大型客货船的新船建造检验业务。

7 月　政务院财经委员会批复交通部，同意派"验船实习队"赴苏联船舶登记局驻华验船处接受培训，其后船舶登记局筹备处先后分三期组织 63 人参加培训。

8 月 1 日　上海港务监督船舶检验科完成川江大型货船"人民一号"的建造检验。该船载重量 1000 吨，由沪东造船厂建造。

8 月　交通部海运总局公布《船舶蒸汽锅炉和主蒸汽管技术监督规程》等 4 种船用产品检验技术规定。

9 月 29 日　上海港务监督船舶检验科完成对我国首次建造的 3700 吨级内河大型油驳船的建造检验，中华造船公司建造。

本年　交通部公布《关于长江区船舶申请检验暂行规则》《船舶监督检查暂行办法》《船舶装运汽油暂行规则》《沿海货运营业事故调查处理暂行办法》《海上轮船乘客定额试行规则》《船舶装运危险品暂行规定》等规章。

1955 年

1 月 29 日　交通部长江航务管理局颁布《长江区船舶散席乘客定额丈量临时办法》和《长江区轮船乘客定额暂行规则》。

3 月　东北内河航运管理局改为黑龙江航运管理局，下设港航监督科，船检业务由港航监督科负责。

4 月 17 日　交通部海运总局颁布船用救生衣、救生圈规定，取代了 1953 年暂行标准及 1954 年救生衣修订标准，作为当时船检部门对救生衣、救生圈检验的技术依据。

5 月　船舶登记局筹备处派出第一期第一批技术人员赴苏联船舶登记局大连验船处实习培训。

6月22日　船舶登记局筹备处公布《船舶登记局施行船舶检验的种类与范围概要》，为船舶检验规范了检验对象、检验种类和检验范围，统一全国船舶检验工作。

12月　上海港务监督船舶检验科完成我国自行设计建造的第一艘沿海客货船"民主十号"的建造检验与发证，开始了我国对沿海客货船的新船建造检验业务。该船载客525人，载货500吨，江南造船厂建造。

1956年

1月23日　经国务院批准，交通部通令全国，自1956年3月1日起全国航海机动船舶内部使用《1948年国际海上避碰规则》。

3月　天津区港务局港务监督船舶检验科派验船师驻新港船厂执行船舶建造检验，开始了我国验船师驻厂检验的工作制度。

7月　大连区港务管理局船舶登记科派验船师到大连造船公司和抚顺机电厂对其生产的船用锅炉进行监督检验。

8月1日　交通部党组鉴于船舶登记局筹备工作业已完成，决定船舶登记局正式成立，以对全国船舶检验工作实施统一管理。张致远为首任局长。

10月23日　船舶登记局经报请交通部部长章伯钧批准，开始启用"中华人民共和国船舶登记局"(Register of Shipping of the People's Republic of China)中英文名称及其局徽和载重线标志。

本年　广州区港务局船舶科对广州协同和机器厂(后改为广州柴油机厂)制造的200马力船用柴油机主要部件进行图纸审核、材料试验和水压试验，检验合格后安装在南海水产公司的渔船上。

1957年

6月　交通部发出《关于建立船舶检验机构加强船舶技术监督工作的指示》，指明船舶登记局和各地船检部门是国家对船舶执行技术监督和检验的机构，其中船舶登记局作为交通部职能局负责处理有关船舶技术监督的日常事务，办理船舶入级业务，负责对申请入级的船舶执行建造、修理和营运中的技术监督和检验，对非入级的运输船、铁驳船、专用船和属于中央管辖的港口船舶的监督与检验；各省、自治区、直辖市船检部门负责海河木帆船、地方运输木质驳船和地方管辖的港口船舶的监督与检验，使船舶登记局与地方船检部门的业务有了明确分工。

7月10日　中华人民共和国水产部转发交通部《关于山东、河北两省渔船技术监督和检验丈量暂移交省水产部门接管的通知》，随后两省水产部门相继接管本地渔船检丈、登记等安全技术监督工作。

9月10日　交通部颁布《船舶技术及施工图纸送审暂行规定》，明确了船检部门是船舶设计图纸资料的技术审查和批准部门。

10月23日　全国人民代表大会常务委员会第82次会议，根据国务院周恩来总理提出的议案，审议了《1930年国际船舶载重线公约》，决定予以承认该公约。

11月　在水产部的统一部署下，青岛市水产管理局接管了青岛港务管理局主管的有关水产系统船舶的技术监督和登记检丈工作，在水产系统内首先开展对专业渔船的检验业务，12月，该局编制了水产系统第一部《渔业船舶检验证书簿》。

12月23日　全国人民代表大会常务委员会第88次会议决定，有保留地接受《1948年国际海上避碰规则》。

1958年

3月28日　经交通部批准船舶登记局颁布《验船部门在执行船舶建造技术监督中应检验的重要零件与工序试行项目表》，明确了船舶建造检验的重要项目和内容。

8月30日　大连区港务管理局船舶登记科完成对大连造船厂建造的我国第一艘5000吨沿海杂货船

“和平 25 号”的建造检验与发证。该船后在上海改装为“和平”号远洋杂货船。

8 月　中华人民共和国船舶登记局改名为中华人民共和国船舶检验局,被认定为国家事业体制编制,实行经济上的独立核算。

8 月　上海港务监督船舶检验科完成对江南造船厂建造的我国第一代川江客船“江蓉”号的建造检验与发证。

10 月 16 日　交通部在上海召开第一次全国验船工作会议,船舶检验局局长谢中峰主持会议,交通部副部长孙大光做报告,明确了验船机构性质、作用、任务,讨论了验船机构的体制、分工和检验工作范围,决定健全船检规章制度和规范,培训船检技术干部。会议于 10 月 21 日结束。

本年　上海港务监督船舶检验科派员参加对沪东船厂设计制造的我国第一台船用柴油机—6ESDZ43/82 型 1470 千瓦直流扫气增压低速柴油机的制造检验。

本年　应中国外轮代理公司广州区公司请求,广州港务局船检部门开始承担起广州地区我国租用外轮的起、退租公证检验,开始船舶检验局的起、退租检验业务。

1959 年

1 月 1 日　船舶检验局颁布实施首版《钢质海船建造规范》《船舶材料试验规范》《船舶焊接规范》《海船消防设备规范》《海船航行设备规范》《海船电力设备规范》《海船无线电设备规范》《船舶吨位丈量规范》《海船信号设备规范》《海船载重线规范》《海船救生设备规范》及《海船入级章程》12 种规范、规章,其中在《海船入级章程》中将入级船舶的最高船级符号定为★ZC1。

1 月 27 日　交通部通知上海、大连、天津、青岛港务局和广东省航运厅,明确其所属船检机构在体制上为各该局(厅)的一个部门,在船舶检验业务上受船舶检验局领导,对外称“中华人民共和国船舶检验局××办事处”。

1 月　船舶检验局公布实施《使用〈航经苏伊士运河船舶专用吨位丈量〉的办法》。

2 月 28 日　船舶检验局颁布首版《长江区船舶检验规则》,对长江船舶检验的种类、范围、方法和应遵守的制度做出规定,同年 5 月开始实施。

5 月 13 日　针对新中国尚未承认《1948 年国际海上人命安全公约》的实际情况,交通部向国务院提出船舶检验局代表政府签发船舶安全证书的具体实施意见,建议对航行到与我国建交的友好国家的船舶签发我国的船舶安全证书,同时委托苏联代发国际公约规定的船舶安全证书,实行一船双套证书制,并通过外交部同与我国建交国家换文互相承认船舶证书。

6 月 1 日　船舶检验局公布《船舶证书及技术文件规定》,开始在船检系统内试行统一格式的船舶检验证件。

11 月 12 日　船舶检验局公布第一部验船师须知《海船技术检验须知(营运中船舶)》,当年 12 月 1 日起试行。

12 月 27 日　船舶检验局大连办事处完成对大连造船厂首次制造的 6ESD60/106 型 2208 千瓦低速船用柴油机的制造检验。

1960 年

4 月 10 日　船舶检验局广州办事处接受越南政府委托对越南籍船舶“和平”“友谊”轮,代行法定检验。这是船舶检验局首次代表外国政府对船舶进行法定检验。

4 月 20 日　船舶检验局大连办事处完成对我国首次自行设计、建造的 4500 吨级油船“建设九号”的建造检验与发证。

7 月　根据交通部决定,长江航务管理局船检机构对外正式名称为中华人民共和国船舶检验局长江区办事处，船检业务受船舶检验局领导。

8 月 22 日　船舶检验局、交通部海河总局、一机部九局联合决定在上海成立船用产品检验工作组，对上海柴油机厂、上海电机厂等 8 个船用产品制造厂生产的 10 余种船用产品进行产品制造检验工作试点，取得经验后在全国推行，1961 年 12 月 21 日试点结束。

9 月 13 日　船舶检验局公布首版《海船稳性规范》。

12 月　船舶检验局广州办事处完成对中国远洋运输公司广州分公司的“光华”号远洋客船的初次入级检验，开始了我国船检的初次入级检验与发证业务，该轮 1961 年 4 月首航印度尼西亚。

1961 年

10 月 24 日　船舶检验局提出《船用产品制造检验分区负责及检验范围》，强调在全国几个重点地区对锅炉、受压容器、机电设备、救生设备、铸锻件、电焊条等产品进行检验，并对船舶检验局大连、天津、青岛、上海、广州、长江区办事处分管地区进行划分。

11 月　船舶检验局主任验船师朱天秉参加国家鉴定委员会对上海柴油机厂制造的 4135G 型柴油机进行技术鉴定。

本年　船舶检验局上海办事处完成对 5000 吨沿海货船“和平 25 号”和“和平 58 号”改装为“和平”和“友谊”号远洋货船的改装初次入级检验，签发船级证书和国际航行船舶安全证书，同时从当时国际形势出发又委托苏联船舶登记局上海验船处代发国际公约要求的国际航行船舶安全证书。

1962 年

4 月 1 日　船舶检验局颁布实施我国第一部钢质内河船舶建造规范《长江钢船建造规范》。

4 月 13 日　国家计划委员会发出通知，要求船舶建造和船用器材设备生产执行船舶规范。

4 月 16 日　船舶检验局首次公布使用船用产品认可证书和中英文版船用产品检验证明书。

4 月　船舶检验局在对 1959 年首批海船建造规范修订基础上，公布实施《1962 年钢质海船建造规范》。

5 月 7 日　船舶检验局局长谢中峰，与苏联船舶登记局局长雷卡乔夫在北京签订《关于相互代理船舶技术检验的协议》，这是船舶检验局签订的第一个对外技术合作协议；同时他们又分别代表中国交通部、苏联海运部签署了《关于苏联船舶登记局驻华验船处业务移交中国船舶检验局的协议书》。

6 月 30 日　船舶检验局大连办事处接管苏联船舶登记局大连验船处的业务工作，签订《苏联船舶登记局大连验船处的业务移交证明书》，承接对大连造船厂按苏联图纸建造的我国第一艘万吨级远洋汽轮机货船“跃进”号的建造检验业务。

7 月 8 日　船舶检验局上海办事处接管苏联船舶登记局上海验船处的业务工作。

11 月 26 日　船舶检验局接待英国劳氏船级社主席的私人代表、英国众议员柯特尼和该社首席代表马松来访，交换了相互合作意见，这是船舶检验局首次与西方国家船级社接触。

1963 年

4 月 20 日　在由船检专业人员参加的国家验收委员会和技术鉴定组对“跃进”号远洋货船鉴定验收后，船舶检验局大连办事处代表船舶检验局为“跃进”号签发了我国的国际航行船舶全套证书，同时根据协议代理苏联船舶登记局颁发苏联的国际航行船舶全套证书。

5 月 1 日　中国远洋运输公司的万吨级远洋货船“跃进”号首航日本门司港，途经韩国济州岛西南公海水域触苏岩暗礁不幸沉没，这是新中国成立以来最大的一次海损事故。

5 月 20 日　船舶检验局通令全系统接受“跃进”号教训，加强船检工作，要求各办事处认真贯彻安全质量第一方针，严格遵守船舶检验规章制度，严格执行船舶检验技术规范，建立验船师责任制，健全船舶技术档案管理,协助船公司解决有关船舶安全技术问题。

6月25日　船舶检验局与波兰船舶登记局签订相互代理船舶技术检验和入级业务的协议。

10月7日　国务院批准颁布《中华人民共和国船舶检验局章程》,确定了船舶检验局对我国船舶执行安全技术监督的法律地位。

11月4日　船舶检验局发出《关于办理营运中海船入级的暂行规定》,要求各地办事处做好对从国外购进船舶的初次入级检验工作。

1964年

4月28日　船舶检验局颁布《关于船用产品监督检验范围暂行规定》,进一步明确了船用产品在制造过程中的监督检验项目和范围。

5月30日　船舶检验局大连办事处完成大连船厂建造的5000吨远洋货船"团结"号的入级建造检验,独立签发了船级证书和国际航行船舶安全证书。

9月29日　以船舶检验局局长谢中峰为首的中国船检考察团赴波兰,首次出国考察船检业务管理。

10月29日　船舶检验局大连办事处应中国远洋运输公司广州分公司申请对其购买营运船舶进行买前勘验,开始了船舶检验局有关船舶交易中的船舶检验服务。

1965年

1月21日　船舶检验局向国家科委船舶组交通运输及特种工程船舶分组报送的《船舶科学技术十年发展规划》中,列入了有关钢质海船建造规范、海船抗沉性规范、海船救生设备规范、海船载重线规范、船舶材料试验规范等55项科研课题计划任务书,由船舶检验局副总工程师蔡梓松为课题总负责人。

5月　船舶检验局上海办事处派员参加沪东船厂制造的7ESDZ75/160型6484千瓦船用柴油机制造检验。

6月13日　根据《中华人民共和国船舶检验局章程》,交通部部长办公会议审议通过《船舶检验局技术委员会组织规则》。

8月1日　船舶检验局在全面修订《船舶检验规则》基础上,颁布实施《船舶检验工作条例》,规定对主要船用产品分四种类型进行监督检验。

8月13日　船舶检验局在上海科学会堂召开会议,宣布成立船舶检验局技术委员会。委员会由来自全国有关船厂、航运公司、船用产品制造厂、科研单位、大专院校和船检部门等单位的67名委员组成,船舶检验局局长谢中峰任主任委员。

12月14日　船舶检验局上海办事处完成江南造船厂按我国规范设计建造的万吨级远洋杂货船"东风"的建造检验,独自签发了我国的船舶入级证书和国际航行船舶安全证书。

本年　船舶检验局编制使用船舶检验证书簿(C-10/AG),统一地方船检证书格式。

本年　船舶检验局委任中阿轮船公司工程师冯赞统为船舶检验局驻阿尔巴尼亚代理,履行有关的船舶检验业务。

1966年

6月　在"文革"冲击下,全国船检部门开始下放人员,裁并机构,各地船检业务逐步处于失控状态。

上半年　船舶检验局大连办事处首次对大连灯具厂制造的船用防爆灯进行产品制造认可检验,为其颁发船用产品认可证,同期对大连柴油机厂制造的49台20马力出口外销的船用柴油机检验后签发了船用产品认可证。

10月　船舶检验局天津办事处完成对新河船厂建造"津航浚204"号绞吸式挖泥船(400立方米/小时)的建造检验与发证。

1967 年

6 月 2 日　交通部成立军事管制委员会,在生产指挥部下设运输组,负责水运、公路管理,承担船检与港航监督工作。

本年　船舶检验局依据 1965 年按照“科技工作革命化”要求合并《1959 年船舶材料试验规范》和《1959 年船舶焊接规范》修订成的钢质海船建造规范,手刻腊版油印编发《1967 年钢质海船建造规范》,成为船舶检验局唯一一部油印规范版本。

1968 年

1 月　船舶检验局应阿尔巴尼亚政府邀请,开始派验船师常驻国外执行船舶检验业务,同时培训阿方验船人员。

1969 年

9 月　江苏省成立省交通局,在地方船检系统首先恢复航政管理。

1970 年

1 月 13 日　铁道部、交通部和邮政总局合署办公,重组交通部,军事管制委员会设立生产指挥部,内设水运组航政小组负责船检和港航监督工作。

1 月　船舶检验局大连办事处完成我国自行设计建造的第一艘 15000 吨油船“大庆 27”的建造检验工作。

4 月　船舶检验局长江区办事处完成对长航青山船厂建成的长江第一艘双体客货船“东方红 117”的检验发证。

6 月 15 日　交通部革委会通知长江航运公司革委会,恢复长江航政管理局的各级机构,随后,武汉、南京、芜湖、宜昌、重庆等地逐步恢复船检工作。

12 月 11 日　中共中央发出《关于加强安全生产的通知》,强调了安全生产的重要性,要求各单位必须坚持行之有效的安全制度和质量检查制度,全国船舶检验工作随之逐步恢复。

12 月　船舶检验局大连办事处完成对大连红旗造船厂建造的第一台 9ESDZ58/100 型 5953 千瓦船用柴油机检验发证。

12 月　船舶检验局上海办事处完成对沪东造船厂建造的第一台 9ESDZ43/82B 型船用柴油机检验发证。

1971 年

5 月　船舶检验局上海办事处完成对上海船厂建造的 4500 立方米耙吸式挖泥船“劲松”和“险峰”的建造检验与发证。

7 月　交通部水运组在北京召开全国航政、船检工作座谈会,并转发了《关于船舶检验工作中几个具体问题的意见》,推进全国船检工作的恢复。

11 月 17 日　中朝政府代表团在朝鲜平壤签订《中华人民共和国政府和朝鲜民主主义人民共和国政府关于在船舶技术检验及船级规定工作中相互合作的协定》,翌年 8 月 22 日在北京,双方签订关于执行相互合作协定的议定书。

11 月 23 日　船舶检验局公布《1972 年船舶检验工作条例》。

本年　船舶检验局大连办事处完成大连红旗造船厂为支援坦赞铁路建设而设计建造的 13000 吨“大冶”号机车和车厢专用运输船的建造入级检验与发证。

1972 年

2 月　天津新港船厂首制万吨级散货船“天津”号交付使用。

4 月 14 日　船舶检验局组织全国技术力量在上海对《1967 年钢质海船建造规范》全面修订后，召开规范审查会，对修订后的《钢质海船建造规范》进行技术审查，会议于 6 月初结束。后于 1973 年 12 月 1 日公布实施《1973 年钢质海船建造规范》。

5 月 23 日　根据联合国大会第 26 届会议通过的《恢复中华人民共和国在联合国的合法权利》的决议案，政府间海事协商组织召开第 28 届理事会，通过了“承认中华人民共和国政府是有权在政府间海事协商组织中代表中国的唯一政府”的决议案。

12 月 1 日　交通部机构调整，成立船检港监局负责船舶检验、港务监督和救助打捞工作，有关船检业务的对外联系仍使用中华人民共和国船舶检验局名称，李清任船检港监局局长。

12 月　船舶检验局根据交通部、六机部、四机部联合通知的要求，在上海组成由工人、技术人员、干部参加的三结合海船规范修改工作组，开始对 1959 年和 1960 年先后颁布的《海船信号设备规范》《海船稳性规范》《海船抗沉性规范》《海船救生设备规范》《船舶起货设备规范》《海船无线电设备规范》《海船航行设备规范》《海船载重线规范》8 种法定检验技术规范进行全面修订，相继于 1974 年 12 月 1 日和 1975 年 1 月 15 日颁布实施。

1973 年

3 月 1 日　我国政府正式接受《1948 年政府间海事协商组织公约》，恢复在政府间海事协商组织（IMCO）的合法席位，开始全面开展国际间船检工作交流与合作。

5 月 22 日　船舶检验局与罗马尼亚船舶登记局在北京签订《中华人民共和国船舶检验局和罗马尼亚船舶登记局关于船舶技术检验合作的协议》。

5 月 30 日　经国务院批准，船舶检验局派代表以观察员身份赴伦敦列席政府间海事协商组织第 30 届理事会。

7 月 5 日　船舶检验局大连办事处完成对我国自行设计建造的第一座自升式钻井平台“滨海”（后改为“渤海 1 号”）的建造检验与发证。

9 月 27 日　船舶检验局与南斯拉夫船舶登记局在北京签订《中华人民共和国船舶检验局和南斯拉夫船舶登记局关于船舶技术检验合作的协议》。

10 月 5 日　我国政府批准接受《1960 年国际海上人命安全公约》和《1966 年国际船舶载重线公约》，同时对载重线公约中有关中国沿海区域划分提出保留。这两个公约 1974 年 1 月 5 日起对我国生效，我国政府授权船舶检验局执行有关船舶检验，签发公约规定的有关证书。

10 月　船舶检验局在天津召开外轮检验工作会议。会后，交通部直属港航单位的船舶检验机构相继恢复，下放人员陆续调回，技术人员逐渐充实，对船舶检验规章制度和技术规范进行大规模修订、补充。

10 月　船舶检验局上海办事处完成沪东造船厂将两艘 3000 吨货轮改建为自航浮动式钻井船“勘探一号”的改装检验，为其签发了“船舶检验证书簿”。

11 月 13 日　以交通部副部长于眉为团长，以李清、丁奇中、刘耕源为副代表的中国政府代表团，出席在伦敦召开的政府间海事协商组织第八届大会。

12 月 1 日　船舶检验局颁布实施《长江水系小型船建造规范》和《长江水系营运小船检验规程》。

1974 年

3 月　经船检港监局局长李清等人提议，从交通部所属港航单位抽调大学毕业生 100 人，委托武汉水运工程学院在武汉为船舶检验局直属系统举办为期一年的船检专业培训班，为船检工作培养人才。

4 月　交通部在上海港“7・21”工人大学举办涉外人员英语培训班，先后对船舶检验局 180 多名验船师进行了英语培训，为船舶检验局开展国际业务培养骨干力量。

10月21日　中国政府代表团出席政府间海事协商组织在伦敦召开的国际海上人命安全会议。会议11月1日结束,通过了《1974年国际海上人命安全公约》。会议讨论中采纳中国代表团的意见,修改了公约中的生效条件等内容,又在公约已有英、法、俄、西班牙文本的基础上增加了具有同等效力的中文文本。

11月21日　丁奇中代表船舶检验局在巴黎签订《中华人民共和国船舶检验局和法国巴黎国际船级社关于船舶技术检验合作的协议》,这是船舶检验局首次与西方国家验船机构签订合作协议。

本年　船舶检验局上海办事处完成对安徽芜湖船厂首次建造的千吨级海洋水文、气象调查船"向阳红07"的建造检验与发证。

本年　经交通部批准,船舶检验局上海办事处和广州办事处设立船舶安全技术试验站。

1975年

1月　第四届全国人大第一次会议决定交通部和铁道部恢复原建制,交通部设船检港监局负责船舶检验工作。

8月27日　船舶检验局决定在天津办事处设立船用产品检验组,开设国内第一家船用气胀式救生筏检修站。

9月　船舶检验局在武汉为江西、安徽、江苏、浙江、四川、云南、山东、河北、辽宁、黑龙江、广西等11个省、自治区的地方船检人员进行专业技术培训。

11月13日　我国派代表团出席政府间海事协商组织(IMCO)第九届大会,会议首次选举我国为B类理事国,并通过中文为该组织的官方语言。

1976年

6月29日　船舶检验局广州办事处装配国产C型计算机,建立交通系统第一个计算机站,在船检系统内开始引进计算机管理技术。

9月23日　船舶检验局大连办事处对大连造船厂建造的我国20世纪70年代最大的5万吨级油船"西湖"进行建造检验,该船于1979年1月20日交付使用。

9月　船舶检验局修订《1959年海船入级章程》,公布实施了第一本中英文版《海船入级规则》,将最高船级符号定为★ZCA 、★ZCM,自1977年1月1日起实施。

1977年

3月24日　船舶检验局与挪威船级社(DNV)在北京签署《关于相互代理船舶检验技术合作的协议》。

4月20日　船舶检验局与德国劳埃德船级社(GL)在汉堡签署《关于船舶技术检验合作的协议》。

4月　船舶检验局广州办事处派验船师赴新加坡参加由救捞局组织的对"勘探二号"的海上拖航检验,开始了我国对大型构造物的海上拖航安全检验业务。

8月10日　船舶检验局上海办事处完成中华造船厂按ZC规范为马来西亚建造的3000吨级远洋货船"红花"的建造检验与发证,首次对国外船东船舶开展建造检验业务。

9月　船舶检验局颁布实施《1977年海船入级规则》,将入级船舶的最高船级符号更改为★ZC,同时增加有关航区、用途、冰区加强以及抗沉性和稳性的简单的船级附加标志。

11月15日　船舶检验局与英国劳氏船级社(LR)在英国伦敦签署《关于船舶技术检验合作的协议》。

1978年

1月5日　船舶检验局在香港设立的远东船舶检验社有限公司正式开业,承办船舶检验局在香港的船舶检验业务,使我国船检业务开始在境外发展。

3 月 1 日　船舶检验局天津办事处组织有关单位,开始编写我国第一部《集装箱检验规范》,于 1979 年颁布试行。

4 月　交通部撤销船检港监局,恢复船舶检验局建制。

7 月 15 日　船舶检验局在天津市召开了第一次船用产品检验工作会议。

8 月　长江航政局南京分局船检部门对江阴船厂制造的 20 英尺国际船运集装箱进行检验,开始了船舶检验局的集装箱检验业务。

9 月 18 日　国务院批准船舶检验局开展国外产品检验业务。

10 月 2 日　船舶检验局与意大利船级社在热那亚签署《关于船舶技术检验合作的协议》。

12 月 31 日　船舶检验局公布实施第一部《钢质挖泥船建造规范》和第一部英文版《钢质海船建造规范》。

本年　船舶检验局上海办事处的"自动探火和灭火系统"获 1978 年全国科技大会奖。船舶检验局上海办事处的《船用柴油机轴系扭转振动》、船舶检验局大连办事处研制的"船用耐火舱壁"、船舶检验局广州办事处的《船用救生抛绳器的研究》获 1978 年全国交通科技大会奖。

1979 年

2 月　国务院批准外国船级社来我国对中国出口的船用产品进行检验。

6 月 6 日　交通部、国家水产总局联合发出通知,要求在国内从事渔业生产和为渔业生产服务的各种船舶,由国家水产总局及其下属各级检验机构负责执行监督检验,国家水产总局的船检机构对外使用"中华人民共和国船舶检验局渔船分局"名称(简称渔船分局),8 月 1 日正式启用印章。

6 月 21 日　船舶检验局派验船师到联邦德国,对曼恩(MAN)公司首制的 KSZ52/105B/BL 型船用柴油机进行产品型式认可,签发了船舶检验局第一份船用产品型式认可证书。

8 月 1 日　船舶检验局选派专业人员赴挪威船级社学习,开始了中国验船技术人员赴发达国家船级社培训学习的方式。

10 月　船舶检验局与英国劳氏船级社合作,联合完成对天津电焊条厂的工厂认可,开始了我国与国外验船机构合作对船用产品企业进行工厂认可的业务。

11 月　船舶检验局青岛办事处完成对烟台船厂建造的我国第一座坐底式钻井平台"胜利一号"的建造检验与发证。

12 月　船舶检验局上海办事处开始对在上海船厂建造的我国第一艘半潜式钻井平台"勘探三号"执行设计图纸审查及建造检验,后与美国船级社合作检验,签发 ZC 和 ABS 双重船级证书。该钻井平台获国家科技进步一等奖。

1980 年

1 月 7 日　中国政府批准接受《1974 年国际海上人命安全公约》和《1972 年国际海上避碰规则公约》。

1 月 30 日　船舶检验局上海办事处对上海港口机械厂为马耳他建造的 1 座 150 吨和 2 座 30 吨船坞用门式起重机签发第一份陆用起重设备的检验证书,开始船舶检验局对陆用设备的检验。

3 月 1 日　船舶检验局大连办事处承接对金州重型机器厂采用联邦德国技术和材料制造的高压和低温化工设备的检验发证,开始船舶检验局对化工设备的检验。

4 月 8 日　中国政府批准接受《1969 年国际船舶吨位丈量公约》。

4 月　船舶检验局上海办事处接受上海第一钢铁厂的工厂认可申请,成立专门小组进驻该厂,开始对船用钢厂进行工厂认可与发证。

7月19日　船舶检验局公布试行《移动式近海钻井平台法定检验和入级检验暂行办法》，同时要求对海上平台及其辅助船舶进行入级检验。

8月22日　船舶检验局与日本海事协会（NK）在东京签署《船舶技术检验合作协议》。

9月1日　船舶检验局公布"循环检验办法"，开始分期分批组织实施入级船舶的循环检验。

9月23日　中国政府批准接受《1972年国际集装箱安全公约》。

10月　船舶检验局就广东大旺集装箱厂的生产技术监督检验工作与美国船级社达成协议，开始了我国对远洋船运集装箱检验的国际合作业务。

11月10日　船舶检验局渔船分局公布试行第一部技术规定《渔业船舶监督检验细则》。

12月5日　北京重型机器厂对其制造船用铸锻件申请工厂认可，船舶检验局组织天津、大连、上海办事处验船师对该厂进行工厂认可，并签发工厂认可证书。

12月8日　船舶检验局渔船分局派代表参加政府间海事协商组织稳性、载重线和渔船安全分委会第二十三次会议，开始参与有关渔船安全的国际交流活动。

本年　船舶检验局天津办事处在渤海湾东部海域对外国船级社船级钻井平台"渤海6号"和"渤海10号"首次执行法定检验，签发了国际船舶载重线证书、移动式近海钻井船安全证书和吨位证书。

1981年

2月20日　船舶检验局在北京、美国船级社于3月12日在纽约分别签署双方《关于船舶技术检验的合作的协议》。

3月13日　为执行政府间海事协商组织五届海大333号决议，船舶检验局发出关于办理气胀式救生筏检修站认可的通知，决定组织广州、上海、天津办事处专业人员成立气胀筏检修站认可工作小组，从当年4月下旬开始对申请认可的筏站进行检查认可。

5月10日　船舶检验局为上海橡胶制品四厂气胀式救生筏检修站签发了我国第一份救生筏检修站认可证书。

6月　船舶检验局公布实施依据《1972年国际集装箱安全公约》修订的《1981年集装箱检验规范》。

7月17日　依据天津电焊条厂申请，船舶检验局首次组织6国船级社对天津电焊条厂的7种型号电焊条进行联合型式认可检验。

8月　船舶检验局编辑出版首版《船用产品录》。

11月24日　船舶检验局大连办事处完成对大连造船厂建造的我国第一艘25000吨单点系泊储油船"滨海621"的建造检验与发证。

12月23日　船舶检验局发出船用产品验证试验机构授权的通知，首次开展对验证试验机构的认可授权业务。

1982年

1月1日　交通部直属船检系统实行由船舶检验局直接领导的管理体制，船舶检验局由职能局变为全能局，属部属一级事业单位，直接领导大连、天津、青岛、上海、广州、长江区、南京、芜湖、宜昌、重庆办事处，以及各港验船组（科），开始了船舶检验局自成体系的发展。

1月　船舶检验局大连办事处与英国劳氏船级社合作，完成大连造船厂为香港船东按英国劳氏船级社规范设计建造的27000吨级远洋散货船"长城"号的联合建造检验。

4月　船舶检验局天津办事处与美国船级社合作，对我国渤海埕北油田B区导管架进行初次法定检验，开始了我国对海上固定设施的检验业务。

6月1日　船舶检验局公布《船舶和船用产品监督检验条例》。

8月　船舶检验局渔船分局大连办事处引进美国TRS-80微型计算机，在渔船检验系统内首先开展了计算机应用。

12月13日　交通部在北京召开第一次全国地方船检工作会议，决定在不改变隶属关系的前提下，使用统一的机构名称，统一的印章和证书，建立起省、市、自治区设船舶检验处，地（市）设船舶检验所，县设船舶检验站，由省、市、自治区进行业务管理的三级管理机构。会议于12月19日结束。

12月20日　船舶检验局公布实施首版《海上移动式钻井船入级与建造规范》。该规范1987年获交通部科技进步三等奖。

1983年

1月15日　船舶检验局颁布实施《钢质海船入级与建造规范（1983）》，开始将海船入级规则和建造规范合并出版，并将入级船舶的最高船级符号更改为★ZCA（船体），同时增加轮机入级符号★ZCM和冷藏装置入级符号★ZCR，以及有关船舶类型、特种任务、航区限制、冰区加强、特定航线、腐蚀控制和船舶自动化等船级附加标志。

1月19日　交通部发出《关于加强地方船检工作的通知》，要求船舶检验局和各省、自治区、直辖市交通厅（局）加强对船检工作的领导，健全地方船检机构，充实培训地方船检人员，加强技术管理，健全规章制度，在一地设一个地方船检机构的原则指导下，建立统一领导的管理体制，实施处、所、站三级管理。

4月　船舶检验局与中国船舶工业总公司联合成立中国船舶无损检测人员资格认可委员会，对全国从事无损检测的人员进行培训、考试和资格认可。

5月1日　船舶检验局公布实施《船用产品检验规则》，对船用产品的技术要求、受检品种、受检范围和检验程序做出了新的规定。

6月　船舶检验局编辑出版首版《船舶录》（1982—1983）。

7月1日　中国政府批准接受经1978年议定书修正的《1973年国际防止船舶造成污染公约》。

8月10日　船舶检验局在上海办事处规范科研组的基础上成立海船规范科学研究所。

本年　上海、江苏、江西、湖北、湖南、广东、广西、山东、河北、辽宁、吉林、黑龙江12个省、自治区、直辖市的验船机构，按照交通部有关地方船检实施处、所、站三级管理的规定，对外先后启用“××省（自治区、市）船舶检验处”“××地区（市）船检所”“××县（市）船检站”的名称和业务印章。

1984年

1月1日　船舶检验局颁布实施《海上固定平台入级与建造规范（1984）》。

2月1日　船舶检验局颁布《海上平台安全规则》。

2月21日　船舶检验局在北京召开1984年直属系统船检工作会议，提出“加强基础，健全体系，适应发展，面向全国，走向世界”的发展战略，为我国船检事业各项工作发展指明了方向。

3月1日　船舶检验局颁布《海上营运船舶检验规程》。

3月　江苏省船舶检验处苏州船检所配置PC—1500型计算机，在地方船检系统内率先开发计算机辅助船检管理。

4月10日　中华人民共和国船舶检验局渔船分局授予王传典等五十六名同志验船师工作职称。这是渔船检验部门评出的第一批验船师。

4月15日　船舶检验局颁布《船舶建造检验规程》。

4月16日　船舶检验局在昆明召开会议成立“全国内河验船情报网”。

7月21日　船舶检验局与巴拿马验船协会签订《关于对悬挂巴拿马旗的船舶在中国港口进行法定检验的协议》。这是船舶检验局与外国检验机构签订的第一个授权代理法定检验的协议。

9月10日　船舶检验局颁布实施《关于船用产品验证试验机构的暂行规定》。

9月　船舶检验局长江区办事处对武昌船厂建成的长江首制双尾型客船"江汉57"进行检验发证 。

10月　船舶检验局在上海办事处设立计算机室，装配HP9836计算机开发应用COMPASS船舶结构计算系统。

11月12日　船舶检验局大连办事处完成对大连造船厂按船检局规范建造的首艘集装箱船"商城"的建造检验与发证。

本年　浙江、四川、贵州、重庆4个省、市的验船机构，按照交通部有关地方船检实施处、所、站三级管理规定，对外先后启用"××省（市）船舶检验处""××地区（市）船检所""××县（市）船检站"的名称和业务印章。

1985年

1月1日　船舶检验局制定颁布的我国第一部渔船建造规范《钢质海洋渔船建造规范（1985）》开始实施，该规范同年荣获农牧渔业部颁发的科学技术进步二等奖。

1月9日　交通部〔85〕交船检字73号文决定，船舶检验局大连、秦皇岛、天津、青岛、上海、广州、湛江、蛇口、南京、芜湖、武汉、宜昌、重庆办事处更名为"中华人民共和国船舶检验局××分局"，其下属的检验站更名为"中华人民共和国船舶检验局××检验处"，自3月1日起，以新名称对外工作。

3月1日　船舶检验局在上海成立海船检验人员培训中心，在武汉成立河船检验人员培训中心。

3月10日　我国第一支由12艘生产渔轮和1艘冷藏运输船组成的远洋渔业船队，前往西非海域开展合作捕鱼，标志着我国远洋渔业的开端。

7月1日　船舶检验局在武汉成立河船规范科学研究所。

8月12日　国务院批准船舶检验局设立中国船级社，并同意船舶检验局以中国船级社名义在日本、联邦德国、埃及设置验船机构，派驻验船师，开始了我国在国外设置检验服务机构的工作。

8月　船舶检验局渔船分局编辑出版首版《渔船船用产品录》。

9月　船舶检验局天津分局首次完成对渤海埕北油田海底管道的制造和安装检验。

12月4日　交通部向船舶检验局发出《关于成立中国船级社的通知》，并原则上同意了《中国船级社章程》。

本年　安徽、福建、陕西、山西、甘肃5个省的船检机构，按照交通部关于地方船检实施处、所、站三级管理规定，对外先后启用"××省船舶检验处""××地区（市）船检所""××县（市）船检站"的名称和业务印章。

1986年

1月1日　依据交通部决定，中国船级社正式成立。

3月15日　埃及苏伊士运河管理局（SCA）照会中国大使馆，决定中华人民共和国船舶检验局是该局承认的验船机构，载入《苏伊士运河航行规则》。

4月　船舶检验局上海分局在沪东船厂完成对我国第一艘南极考察船"极地"的改装检验与发证，1986年10月该船首航南极成功。

8月1日　中国船级社印章正式启用，延用"ZC"简称和龙锚图案社徽标志，开始独立开展各项检验业务。

11月15日　在交通部于安徽召开的第二次全国地方船检工作会议上，通过了《关于设置地方船检机构的暂行规定》《关于配备地方船检人员的暂行规定》和《船检人员守则》。

11月29日　第一次全国内河渔船安全管理工作座谈会在湖南省岳阳市召开，这标志着内河渔船检验工作开始起步。

1987 年

4 月 船舶检验局参加“全国采用国际标准展览会”展出，首次举办对外展览。

5 月 巴拿马运河委员会丈量部首次来华访问中国船级社。

7 月 1 日 黑龙江航运管理局所属船舶检验机构与港航监督机构分开，正式成立中华人民共和国船舶检验局黑龙江分局，下设哈尔滨、齐齐哈尔、牡丹江、佳木斯和黑河五个检验处。

7 月 9 日 交通部批准成立中国船级社董事会，首届董事会由航运、造船、保险、船检等相关机构推荐的 18 人组成。

7 月 10 日 船舶检验局颁布《海上设施法定检验暂行办法》。

9 月 29 日 中国船级社与国际起货设备局(ICGB)在北京签订《中国船级社代理国际起货设备局对船上起货设备进行检验签证的协议》，确定中国船级社可以签发国际劳工局认可的国际标准格式船舶起货设备证书。

9 月 中国船级社与德意志民主共和国船舶登记局(DSRK)签订《船舶技术检验合作协议》。

10 月 2 日 交通部公布实施我国第一部有关乡镇船舶及其修造厂监督检验的技术规定——《交通部关于乡镇运输船舶设计、修造和检验的暂行规定》。

10 月 31 日 渔船分局公布《木质海洋渔船建造及检验规定》。

11 月 1 日 船舶检验局颁布《内河小型船舶建造检验规程》。

11 月 12 日 船舶检验局对海上固定平台导管架水下检验成功，从而结束了我国海上石油勘探开发长期不能对导管架水下部分进行检验的局面。

11 月 12 日 渔船分局公布《营运钢质海洋渔船检验规程(1987)》。

1988 年

1 月 16 日 中国船级社专用格式的船舶证书和检验报告正式启用。

1 月 船舶检验局在河船规范科学研究所组建交通部船舶救生设备质量监督检验测试中心。

5 月 30 日 中国船级社社长冯锡洲出席国际船级社协会(IACS)第 21 届理事会，中国船级社被该协会接纳为正式会员。

9 月 7 日 船舶检验局成立培训委员会，审议通过了《海船直属系统全员培训规划及实施细则》《长江直属系统全员培训规划》《船检系统全员培训教学大纲及实施细则》。

11 月 15 日 中国船级社首次赴境外参加 1988 年香港远东航务展览，全面介绍了中国船级社业务，受到香港各界关注。

本年 宁夏、新疆等自治区验船机构根据交通部关于地方船检实施处、所、站三级管理规定，对外相继启用“××自治区船舶检验处”“××地区(市)船检所”“××县(市)船检站”的名称和业务印章。

1989 年

1 月 14 日 中国船级社广州分社按照 IMO《特种用途船舶安全规则》，对广州文冲船舶修造厂为大连海运学院建造的第一艘实习船“育龙”，进行建造入级检验与发证。

3 月 22 日 国务院口岸领导小组发文，将船舶检验部门纳入口岸检查的检验机构。

6 月 船舶检验局在海船规范科学研究所设立耐火材料及结构试验室，对外称远东防火试验中心。

8 月 7 日 农业部、交通部联合发出关于水上交通安全管理分工问题的通知，分清交通部、农业部船舶检验机构的职能。

12 月 30 日 船舶检验局与北京计算中心合作开发的船舶检验信息管理系统(SSMIS)，通过交通部技术鉴定,开始正式运行。该系统1991年获交通部科技进步二等奖。

12月31日 船舶检验局颁布《船用产品验证试验机构认可办法》。

1990年

3月24日 埃及苏伊士运河管理局同意在其出版的《苏伊士运河航行规则》中,将中华人民共和国船舶检验局(ZC)改为中国船级社(ZC)。

6月 农业部设立渔业船舶检验局,对外沿用“中华人民共和国船舶检验局渔船分局”的名称。

7月10日 中国船级社与利比里亚共和国政府签订有关船舶法定检验的全面授权协议,开始了由外国政府向中国船级社全面授权船舶法定检验的业务。

7月 中国船级社与朝鲜民主主义人民共和国海事局签订《关于船舶技术检验合作协议》。

9月24日 交通部颁布实施《中国籍小型船舶航行香港、澳门地区安全监督管理办法》,规定船舶技术条件必须满足船舶检验局有关规范要求,持有船舶检验局的有效船舶证书。

11月 中国船级社与香港海事处签订《香港籍船舶法定检验授权协议》。

本年 中国船级社在美国设立纽约办事处。

本年 船舶检验局广州分局批准中国远洋运输集团广州远洋运输公司的集装箱连续检验计划,首次签发了集装箱连续检验计划的批准证明书。

1991年

1月29日 中国船级社上海分社完成对江南造船厂首次设计建造的3000立方米液化石油气运输船“鲲鹏”号 的建造检验与发证。

8月14日 船舶检验局/船级社进行船舶检验局/船级社的质量体系建设。

9月15日 中国船级社在上海首次举行有国际船级社协会9个成员船级社的专家参加的船舶及海上设施结构力学学术讨论会。

9月16日 中国船级社首次派专家出席第十一届国际船舶结构力学会议(ISSC),同时被吸收为该会议设计准则专业委员会和防火防爆结构设计专业委员会的成员,会议于9月20日结束。

9月 青海省根据交通部关于地方船检实施处、所、站三级管理规定,设立船检机构,对外称“青海省船舶检验处”,辖属地区(市)、县验船机构对外称“××地区(市)船检所”“××县(市)船检站”。

10月12日 中国船级社与意大利船级社(RINA)签署相互代理船舶入级检验的合作协议。

10月 中国船级社与瓦努阿图政府签订《瓦努阿图籍船舶法定检验授权协议》,接受瓦努阿图政府的船舶法定检验授权。

11月11日 中国船级社与印度尼西亚船级社(BKI)签署船舶检验合作协议。

11月 中国船级社与塞浦路斯政府签署《塞浦路斯籍船舶法定检验授权协议》,接受塞浦路斯政府的船舶法定检验授权。

12月1日 船舶检验局公布实施我国第一部覆盖全国主要内河的《内河钢船建造规范》。

12月 中国船级社与马绍尔政府签订《马绍尔籍船舶法定检验授权协议》,接受马绍尔政府的船舶法定检验授权。

1992年

3月28日 交通部公布《外国船舶检验机构在中国设立常驻代表机构管理办法》。

5月27日 交通部批准日本海事协会(NK)和挪威船级社(DNV)在上海设立常驻代表机构,这是我国批准的第一批外国驻华验船机构。

6月22日 中国船级社代表访问韩国船级社(KR)总部,签订《相互代理船舶技术检验合作协议》。

9 月 4 日　交通部批准船舶检验局的 14 个分局和 11 个检验处更名为“中华人民共和国××船舶检验局”。

10 月 1 日　中国船级社质量体系开始正式运行。

10 月 1 日　船舶检验局公布实施首版《海船法定检验技术规则(1992)》。

10 月 30 日　中国船级社组建质量认证公司(CSQA),在国内首家开展 ISO9000 质量认证与发证业务。

10 月　中国船级社公布实施《海上固定平台入级与建造规范》。

11 月 2 日　交通部发布《中华人民共和国验船师考试考核任职规则》。

12 月 1 日　中国船级社在国家民政部注册登记为社团法人。中国船级社董事会已于 6 月 22 日根据注册登记规定更名为中国船级社理事会。

1993 年

2 月 14 日　国务院颁布《中华人民共和国船舶与海上设施检验条例》。

2 月 16 日　农业部渔船检验局公布《钢质海洋渔船建造检验规程》。

2 月　中国船级社成立船级委员会。

3 月 10 日　中国船级社将简称“ZC”改为“CCS”,并对社徽图案、入级船舶载重线标志和船舶入级符号做相应修改。于 5 月 31 日启用去掉 ZC 字样的社徽新图案,9 月 1 日起逐步启用修订后的载重线标志和入级符号。

3 月　中国船级社与英国劳氏船级社(LR)签订双边合作协议,以取代 1977 年船舶检验局与 LR 签订的合作协议。

4 月　中国船级社与挪威船级社(DNV)签订新的双边合作协议,以取代 1977 年船舶检验局与 DNV 签订的合作协议。

5 月 1 日　中国船级社公布实施我国第一部高性能船入级和技术规范——《海上高速船入级与建造规范》。

6 月 8 日　中国船级社加入中国 CHINA PAC 分组交换网,实现国内 E-mail 远程电子数据信息传输。

6 月 19 日　农业部颁布《海洋渔船安全规则》。

6 月 30 日　交通部批准成立中国船级社实业公司(CCSI),发展陆上工程技术服务。

6 月　中国船级社与美国船级社(ABS)签订新的双边合作协议,以取代 1981 年船舶检验局与 ABS 签订的合作协议。

7 月 16 日　中国船级社成立香港分社,负责港澳和东南亚地区的检验业务。

8 月 18 日　农业部发出《关于渔船设计单位实行渔船设计资格认可证书制度的通知》。

10 月 16 日　天津船舶检验局完成“中华第一人工岛”的检验与发证,在我国海洋工程检验中开始了对人工岛海上固定设施的检验业务。

10 月　中国船级社与法国船级社(BV)签订双边合作新协议,以取代 1974 年船舶检验局与法国船级社签订的合作协议。

12 月 12 日　交通部批准船舶检验局负责对外国船级社在华机构进行管理。

1994 年

2 月 9 日　中国船级社被国际海事组织认可为执行《国际集装箱公约》的检验发证机构。

3 月 9 日　国际船级社协会理事会主席为中国船级社签发为期三年的质量体系合格证书,标志着中国船级社的质量体系已达到国际水平。

3 月　中国船级社与克罗地亚船舶登记局签订船舶技术检验合作协议。

6月14日　中国船级社最高船级符号被纳入伦敦保险商协会(ILU)船级条款,CCS级船舶在国际航运保险中开始享受与世界著名船级社同等的保险费率优惠待遇。

6月29日　船舶检验局在北京召开首届船检科技工作会议,制订1994—2010年船检科技发展规划,确定了三阶段实现船检科技发展的长远目标。

7月1日　中国船级社发布《钢质海船入级与建造规范(1989)》的1994年修改通报,宣布中国船级社的最高船级符号由★ZCA改为★CSA5/5(船体),轮机入级符号由★ZCM 改为★CSM,冷藏装置入级符号由★ZCR改为★CSR。

7月13日　交通部召开1994年度第二次安全生产办公会,要求加强对涉外旅游船和高速客船的检验。会后,船舶检验局对长江三峡涉外旅游船进行清理整顿。

10月　中国船级社成立第一个地区委员会——中国船级社香港地区委员会。

11月3日　船舶检验局在武汉召开第三次全国船检工作会议,贯彻国务院发布的《中华人民共和国船舶和海上设施检验条例》,把船检工作纳入法制建设轨道。

11月28日　农业部颁布《中华人民共和国农业部渔船修造厂认可办法》,决定对修造渔船的工厂实行工厂认可制度。

11月　中国船级社与印度船级社签订船舶技术检验合作协议。

12月5日　中国船级社与希腊船级社签订船舶技术检验合作协议。

本年　中国船级社被美国海岸警卫队(USCG)认定为首批认可的船级社。

本年　海南省船舶检验纳入船舶检验局直接领导管理,统一全省船舶检验。

1995年

1月6日　中国船级社设立船舶安全管理认证部,同年3月22日交通部授权中国船级社执行《国际船舶安全管理规则》(ISM Code)认证与发证。

3月22日　农业部渔业船舶检验局颁布《玻璃纤维增强塑料渔船建造规范》。

10月25日　交通部确认中国船级社符合国际海事组织A·739(18)决议规定,重申中国政府授权中国船级社对悬挂中国旗的船舶执行检验和签发公约证书。

10月29日　船舶检验局在秦皇岛召开第一次全国非水网地区船舶检验工作会议,重点帮助这些地区制订有关木质船、索道船、羊皮筏的检验技术规定,以使其检验有章可循。

10月　中国船级社加入国际互联网(INTERNET),全面实现与国际海事界之间的电子信息交流。

11月　中国船级社在瑞典设立哥德堡办事处。

11月21日　农业部渔业船舶检验局对外改用"中华人民共和国农业部渔船检验局"。

1996年

1月12日　农业部颁布《中华人民共和国渔业船舶监督检验管理规定》。

3月25日　中国船级社在新加坡参加国际海事展,首次在国外举办展览。

3月　中国船级社在西班牙设立巴塞罗那办事处。

7月1日　中国船级社依首次担任国际船级社协会轮值主席,任期一年。

8月1日　船舶检验局在北京举行成立40周年纪念活动,交通部和国内海事界参加,国内外海事界发电或发函致贺。

9月1日　中国船级社公布实施首版《船舶安全管理体系认证规范(1996)》。

10月1日　中国船级社公布实施我国第一部内河船舶入级规范《钢质内河船舶入级与建造规范(1996)》。

10月22日　中国船级社在北京主持召开国际船级社协会综合政策小组第41次会议(GPG-41)。

11月　中国船级社被欧盟(EU)正式列为首批认可的船级社之一,从而使入中国船级社船级的船舶在进出欧盟国家水域接受港口国检查时,享受与各大船级社船级的船舶同等待遇。

12月10日　中国船级社在伦敦主持召开国际船级社协会第34次理事会会议。

12月27日　中国船级社华南地区委员会在广东成立。

1997年

3月　中国船级社在北京主持召开国际船级社协会综合政策小组第42次会议(GPG-42)。

5月16日　中国船级社东北地区委员会成立。

7月1日　船舶检验局颁布《海上固定设施安全技术规则》。

9月1日　中国船级社公布实施《1997年内河高速船建造与检验规定》。

12月31日　赤道几内亚政府授权中国船级社执行ISM认证。

本年　中国船级社开始出版英文电子版《钢质海船入级和建造规范》《钢质内河船舶入级和建造规范》。

1998年

2月27日　中国船级社在韩国设立釜山办事处。

4月14日　农业部渔船检验局颁布《钢质海洋渔船建造规范(1998)》。

6月18日　国务院办公厅印发《交通部职能配置、内设机构和人员编制规定》,明确中华人民共和国船舶检验局与中国船级社实行"局社、政事分开",同中华人民共和国港务监督局(交通部海上安全监督局)合并组建中华人民共和国海事局(交通部海事局)。

6月25日　国务院办公厅印发《农业部职能配置、内设机构和人员编制规定》,明确农业部渔业局(中华人民共和国渔政渔港监督管理局)代表国家行使渔船检验和渔政、渔港监督管理权,农业部渔业船舶检验局代表国家行使渔船检验和监督管理职能。

9月1日　中国船级社颁布实施符合IMO和IACS最新规定的《船舶安全管理体系认证规范(1998)》和《船舶安全管理审核操作指南》。

9月21日　中国船级社接受欧盟(EU)评审组按照欧盟EC94/57法令对总部为期4天的资质评估,获得通过。

10月1日　船舶检验局颁布《集装箱法定检验技术规则(1998)》。

10月19日　中编办印发《关于中华人民共和国海事局(交通部海事局)主要职责和人员编制的批复》,明确中华人民共和国海事局在船舶检验方面的职责与权限。

10月27日　中华人民共和国海事局正式成立。11月18日举行揭牌仪式,交通部副部长兼交通部海事局局长洪善祥为"中华人民共和国海事局"标牌揭幕。

10月　中国船级社完成具有自主知识产权的"海虹之彩"(散货船)船体结构分析与安全解决方案软件系统(CCSS)的开发。

10月　中国船级社推出大型网络版与单机版的船舶证书、检验报告管理系统(CARCV)。

11月2日　农业部印发《远洋渔船检验管理办法》。

11月11日　交通部印发《关于中华人民共和国海事局(交通部海事局)主要职责、内设机构和人员编制的通知》。

11月20日　船舶检验局发布《内河船舶法定检验技术规则(1999)》。

12月16日　农业部印发《中华人民共和国渔业船舶验船师资格考评管理规定》。

本年　以中国船级社实业公司(CCSI)、上海双希海事发展公司(DH)、香港远东船舶检验社公司(FE)为骨干,组成中国船级社工业部。

本年　中国船级社接受巴基斯坦、洪都拉斯、坦桑尼亚政府授权,对这些国家的船舶执行法定检验。

本年　中国船级社接受塞浦路斯、巴基斯坦、洪都拉斯、坦桑尼亚政府和香港海事处授权,对这些国家和地区的船舶执行ISM认证。

1999年

3月15日　中国船级社与法国船级社(BV)签订《海洋工程检验合作协议》。

4月2日　船舶检验局发布《国际航行海船法定检验技术规则(1999)》《非国际航行海船法定检验技术规则(1999)》。

4月14日　农业部渔船检验局的对外名称由中华人民共和国船舶检验局渔业船舶检验分局更名为中华人民共和国渔业船舶检验局。

5月1日　船舶检验局颁布《内河船舶法定检验技术规则(1999)》。

5月　交通部、天津市先后签署《交通部、天津市关于在天津实施水上安全监督管理体制改革的协议》。这是第一份部、省(自治区、直辖市)际水上安全监督管理体制改革协议。至2001年4月,洪善祥代表交通部,先后与上海、河北、广东、福建、辽宁、江苏、山东、广西、湖南、浙江、安徽、重庆、湖北、江西等省(自治区、直辖市)的有关领导签署实施水上安全监督管理体制改革的协议。

6月7日　交通部发布《三峡工程明渠汛期通航船舶及其辅助船舶检验规定》。

7月8日　中编办《关于中国船级社机构的批复》同意中国船级社按交通部所属事业单位(对外可以社团名义开展工作)管理,原交通部船舶检验局所属的船舶检验机构及其他机构均为中国船级社的所属机构。

8月4日　交通部印发《关于中国船级社主要职责、机构设置和人员编制的通知》,明确中国船级社作为国家的船舶技术检验机构,是中国唯一从事船舶入级检验业务的专业机构。

8月　交通部与广东省人民政府达成协议,广东省港务监督局(广东省船舶检验局)和现有下属全部地市港务监督局(地市船舶检验分局)成建制划转交通部,实行垂直管理体制。

8月　交通部与福建省人民政府达成协议,根据协议,福建省船舶检验局随福州海上安全监督局、厦门船舶检验局随厦门海上安全监督局成建制划归交通部。12月28日,福建海事局正式挂牌成立,福建省船检局牌子挂福建海事局,相应的沿海船舶检验业务由福建海事局负责。

9月1日　船舶检验局颁布《起重设备法定检验技术规则(1999)》《海上拖航法定检验技术规则(1999)》。

9月1日　渔业船舶检验局启用中华人民共和国渔业船舶检验局局徽及英文名称。

9月　交通部印发《关于中华人民共和国船舶检验局与中国船级社实行局社政事分开的实施意见》。

9月8日　中国船级社在希腊设立雅典办事处。

9月23日　中国海事局颁布《船检登记号授予办法》,对原中国船检局颁布的《地方船检登记号授予办法》《直属系统船舶登记号授予办法》进行了修改。

9月23日　中国船级社上海地区委员会成立。

9月28日　中国海事局组织开发的船舶检验发证管理系统(VIMS4.0)(单机版)工作完成并通过验收。

10月1日　上海市完成水上安全监督管理体制改革中机构人员资产划转交接工作。至2004年10月,广东、福建、天津、河北、辽宁、山东、广西、湖南、重庆、浙江、江苏等省(自治区、直辖市)相继完成水上安全监管管理体制改革中机构人员资产划转交接工作。

10月27日 国务院办公厅印发《交通部直属海事机构设置方案》,决定在中央管辖水域设置20个交通部直属海事机构(其中正厅(局)级12个、副厅(局)级8个),下设分支机构、派出机构,明确海事机构是国家执法监督机构。

11月11日 中国海事局发布《中华人民共和国海事局局徽使用管理办法》《中华人民共和国海事局局旗使用管理办法》。

11月18日 中国海事局在北京召开第一次外国船级社驻华机构座谈会,美国船级社(ABS)、法国船级社(BV)、挪威船级社(DNV)、德国劳氏船级社(GL)、韩国船级社(KR)、英国劳氏船级社(LR)、日本海事协会(NK)、意大利船级社(RINA)等八家船级社的驻华代表参加。

12月14日 交通部印发《关于规范地方水上安全监督机构名称的通知》。

12月21日 中国海事局规定自2000年1月1日开始启用VIMS系统,旧版船检证书使用截至2000年12月31日。

2000年

1月1日 中华人民共和国海事局局徽、局旗正式启用。

1月11日 交通部印发《关于加强客滚船检验工作的通知》,规定所有跨省、区航行的海上客船、客滚船一律由中国船级社检验。

1月14日 中国船级社首次获得我国铁路运输集装箱的检验发证业务。

1月20日 渔船检验局发布《中华人民共和国渔业船舶检验机构认可与管理规定》,决定对全国渔业船舶检验机构实行认可管理制度,加强规范化建设。

1月26日 渔业船舶检验局印发《中华人民共和国渔业船舶验船师资格考评管理规定实施办法(暂行)》。

2月28日 中国船级社召开特别工作会议,针对RINA级的ERIKA轮折断沉没事件及我国PSC形势,拉响安全质量警报。对低于标准船舶进行全面整顿。

3月24日 交通部与黑龙江人民政府签署协议,委托黑龙江省负责管理界河及内河干流中央管辖水域的水上安全监督工作。

4月5日 渔业船舶检验局颁布《中华人民共和国渔业船舶法定检验规则(2000)》。

7月17日 中国海事局决定在辽宁、天津、上海、广东、长江海事局设立船舶检验管理处,作为中国海事局的派出机构,分片管理全国船舶检验业务工作。

8月3日 中国海事局委托黑龙江省交通厅组建和管理中华人民共和国黑龙江海事局。黑龙江海事局内设的船舶检验处承担了原黑龙江船检分局的职能,开展具体的船舶检验业务。

8月16日 中国船级社湛江分社全面接收琼州海峡客船/客滚船的检验发证工作。

9月18日 中国船级社依据交通部批准成立国内船舶检验中心,开始取代船舶检验局对国内航行非入级船舶执行法定检验发证。

11月9日 交通部印发《船舶检验工作管理暂行办法》。

2001年

1月1日 中国海事局大连、天津、上海、广州、武汉船舶检验管理处正式开展工作。

3月12—15日 中、老、缅、泰四国实施澜沧江——湄公河商船通航协定技术工作组第三次会议暨四国高官会议在北京召开。会议讨论通过包括船舶检验的六个规则,形成并签署了谅解备忘录。

4月23日 交通部印发《中华人民共和国验船人员适任考试、发证规则》。

6月4日 交通部印发《关于加强琼州海峡客流船舶检验工作的通知》。

6月8日 人事部同意农业部渔业船舶检验局依照公务员制度管理。

7月 中国海事局在哈尔滨召开体制改革后的第一次全国船检管理工作会议。

8月6日 交通部规定达到规定的老旧运输船舶船龄的运输船舶,应申请特别定期检验。

9月4日 中国实验室国家认可委员会批准中国船级社上海远东防火试验中心具有按IMO要求进行船用产品防火试验、按国家GB标准和英国BS标准进行陆用产品防火试验的资质。

9月30日 中国船级社设立欧洲区域中心,开始对海外常驻机构进行分区管理。

10月11日 交通部令2001年第8号发布《内河运输船舶标准化管理规定》。为贯彻实施该规定,2002年6月11日,原部船舶检验局于1984年制定实施的《内河小型网丝网水泥船建造规范》停止使用。

10月15日 中国海事局印发《〈中华人民共和国验船人员适任考试、发证规则〉实施办法》。同日,颁布《验船人员过渡考试大纲》。

10月16日 交通部印发《中华人民共和国船舶检验机构资质认可与管理规则》。

12月18日 中国海事局印发《救生筏检修站监督管理暂行规定》。

本年 广东海事局船舶检验处与广东省交通厅等单位合作完成"'九五'广东省内河运输船简统选优"课题。该项科研成果获得2001年度广东省科学技术奖三等奖。

2002年

1月1日 中国船级社在天津设立海洋工程审图中心,负责海工送审图纸审批,承揽海洋工程审图。

1月21日 交通部印发《关于加强建造船舶检验和管理的通知》。

1月30日 农业部统一渔政、渔港监督和渔船检验人员的渔业执法制服标志。

1月30日 渔业船舶检验局印发《渔业船舶验船师管理规定》。

2月9日 农业部印发《农业部渔业船舶检验局职能配置、内设机构和人员编制规定》,明确渔业船舶检验局是依照国家公务员制度管理的农业部直属正厅级事业单位。

4月9日 交通部公布《船舶检验机构及验船人员工作过错追究办法》。

5月20日 农业部、国家安全生产监督管理局联合印发《渔业船舶报废暂行规定》。

5月28日 中国船级社第一个海外地区委员会"地中海地区委员会"在希腊雅典成立。

7月15日 中国海事局发布《船龄复核指南》。

7月 中国船级社在纽约设立美洲区域中心。

8月12日 渔业船舶检验局批复辽宁局《关于派农业部渔业船舶检验局验船师赴加蓬西非办事处开展渔船检验工作的请示》,10月3日,办事处正式开业。这是渔船检验部门设立的第一个境外检验机构。

9月2日 渔业船舶检验局颁布《中华人民共和国渔业船舶法定检验规则(内河、玻璃钢、海洋木质及小型钢制渔业船舶法定检验技术规则)》。

10月21日 中国海事局公布各省、自治区、直辖市船舶检验机构名称,开始对其进行资质审查。

11月2日 中国船级社长江地区委员会成立。

11月21日 中国海事局在武汉召开2002年全国船检业务工作会议。

12月20日 中国船级社与挪威船级社(DNV)合作完成对我国建造的第一艘30万吨级双重船级超大型油船"远大湖"的建造入级检验。

12月 由我国自行设计、建造的第一艘18000吨半潜船"泰安口"在广州交船,由中国船级社广州分社检验发证,入CCS级。

12月 中国船级社上海分社完成对我国第一艘大型跨海火车渡船"粤海铁1号"的建造入级检验。

本年　我国全面实施现有验船人员的考试、发证工作。

2003 年

1 月 9 日　中国海事局部署汇总船舶检验计算机数据，建立船舶检验数据库。

1 月 30 日　中国海事局印发《中华人民共和国船舶法定检验质量管理办法》。

2 月 9 日　中国海事局印发《中华人民共和国船舶法定检验质量管理体系审核、发证管理规定》。

3 月 28 日　中国海事局和中国航海学会将船舶检验局的海船检验情报网和河船验船情报网合并，在北京设立中国航海学会船舶检验专业委员会，委员会秘书处设在中国船级社。

3 月　中国船级社获得中国海事局对 NSM 审核认证的资质认可。

4 月 8 日　渔业船舶检验局发布《海洋渔业船舶法定检验规程》。

4 月 14 日　渔业船舶检验局颁布《中华人民共和国渔业船舶法定检验规则（柴油机燃油管路防火、防止船舶生活污水污染及柴油机氮氧化物排放试验法定检验技术规则》。

5 月 20 日　中国海事局发布《中华人民共和国船舶检验机构资质认可与管理实施指南》。

6 月 16 日　中国海事局印发《船舶检验技术档案管理暂行办法》。

6 月 27 日　国务院颁布《中华人民共和国渔业船舶检验条例》。

6 月　中国海事局授权中国船级社对中国籍船舶执行 ISPS 规则审核、审批船舶保安计划，签发国际船舶保安证书。

7 月 21 日　中国海事局决定自 2003 年 8 月 15 日至 9 月 30 日开展建造船舶检验质量检查活动，并印发《建造船舶检验检查活动实施方案》。

7 月 28 日　中国海事局决定向 4 家试点单位（辽宁、江苏、广西和安徽四省区船舶检验机构）签发首批船舶检验机构资质认可证书。

9 月　中国海事局在上海举办首期船舶检验机构资质认可暨船舶法定检验质量管理体系审核员培训班。

10 月　中国船级社设立 CCS 东南亚区域中心。

10 月　中国船级社开始依据 ISPS 规则进行船舶和港口设施保安认证，签发第一批“国际船舶保安证书”。

10 月　中国船级社设立 CCS 东南亚区域中心。

10 月 15—21 日　中国船级社接受欧盟审核，完全符合欧盟法令规定，被定为欧盟认可单位。

11 月 6 日　中国海事局决定自 2004 年 1 月 1 日开始实行全国船舶检验机构验船人员持证上岗制度。

11 月 27 日　中国海事局公布《国内航行海船法定检验技术规则（2004）》《内河船舶法定检验技术规则（2004）》。

11 月 30 日　完成全国 4000 余名现职验船人员适任考试、证书签发工作。

12 月 29 日　交通部印发《关于制定乡镇渡口渡船检验规范若干事项的通知》，明确各省（自治区、直辖市）交通主管部门制定乡镇渡口渡船检验规范的有关事项。

本年　中国海事局完成了对中国船级社及全国水网地区、非水网地区 20 个省级船舶检验机构（广西、广东、福建、浙江、江苏、上海、安徽、辽宁、黑龙江、山东、河北、北京、河南、天津、湖南、湖北、重庆、江西、吉林、宁夏）的资质认可工作。

2004 年

1 月 15 日　中国海事局公布实施《敞口集装箱船检验暂行规则（2004）》。

1月　中国船级社上海规范研究所完成的“IMO载重线最小船艏高度和储备浮力研究”获得中国航海学会科技进步一等奖。

2月23日　交通部颁布《京杭运河航行船舶检验管理暂行规定》。

2月　中国船级社正式开通网上规范服务，首批推出钢规、材料规范、高速船规范、指南、公约等17种现行规范、指南、公约。

3月30日　中国船级社在阿联酋设立迪拜办事处。

4月23日　中国海事局发布《全国验船人员考试评估专家委员会及其专业评估组评估工作规程》。

4月30日　中国海事局与中国船级社在北京签署了《关于中国籍船舶法定检验、审核的协议》。

4月30日　中国海事局向中国船级社颁发A类《中华人民共和国船舶检验机构资质认可证书》。

6月6日　中国船级社广州分社完成我国第一艘载有舰载直升机、装备最先进的海上巡视船“海巡31”的建造入级检验。

7月28日　中国海事局颁布《中国验船人员适任考试考场规则》。

9月22日　首届中华人民共和国验船人员考试评估专家委员会成立。

9月21—24日　由我国农业部和国际海事组织（IMO）共同举办的“促进国际渔船安全公约1993年议定书实施讲习班”在北京举办。

10月15日　中国海事局印发决定，授予52名全国优秀验船师荣誉称号，表彰46名全国优秀船检工作者、5名全国优秀船检科研工作者。

10月18—22日　《中华人民共和国验船人员适任考试、发证规则》实施以来首次验船人员适任统考在全国5个地区10个考点39个考场进行。

10月30日　交通部颁布《川江及三峡库区航行船舶检验管理暂行规定》。

11月　中国海事局在重庆召开全国船检工作会议。

12月2日　中国船级社秦皇岛分社完成河北远洋改装的23万吨CCS级超大型矿砂船“河北创新”的初次入级检验。

12月21日　交通部海事局、农业部渔业局、农业部渔业船舶检验局签署《关于理顺从事国际鲜销水产品冷藏运输船管理关系的意见》。

本年　中国海事局完成对山西、内蒙古、陕西、甘肃、青海、四川、贵州、云南8个省级船舶检验机构的资质认可工作。除新疆维吾尔自治区和西藏自治区外，中国海事局对全国船舶检验机构资质认可工作基本完成。

本年　中国海事局对中国船级社和27个省的85个检验发证机构进行了抽查审核和认可，并且按照资质认可规则的要求，对试点机构完成了资质认可后的第一次年度审核。

2005年

1月1日　中国船级社正式实施国内船舶分级管理，开始对符合条件的国内航行船舶签发入级证书。

1月1日　中华人民共和国黑龙江海事局管理体制调整，由交通部海事局直接管理。

3月30日　中国海事局明确对通过验船人员全国统考的人员，一律签发新的适任证书。

3月　中国船级社颁布首版《国内海船入级规则》和《内河船舶入级规则》。

4月13日　中国船级社正式加入国际独立油轮船东协会（INTERTANKO），成为该协会的副会员。

4月13日　交通部、国防科学技术工业委员会、农业部和国家安全生产监督管理总局（简称四部委）联合发布《全国低质量船舶专项治理活动方案》，决定自2005年4月21日至11月30日在全国范围内开展低质量船舶专项治理活动。11 月 22 日,四部委联合下发《关于进一步深化全国低质量船舶专项治理活动的通知》,将全国低质量船舶专项治理活动延续至 2006 年 12 月 31 日。

7 月 18 日　中国海事局公布实施《国际航行现有水产品运输船法定检验暂行规定》。

7 月 29 日　中国船级社在上海举行了国内航行船舶入级证书颁发仪式。

11 月 1—4 日　中国海事局在青岛举办全国船检局长培训班,来自全国 28 个省(自治区、直辖市)船检机构负责人、中国船级社代表以及五个船舶检验管理处处长共 40 余人参加了培训。

11 月 26 日　中国船级社船级委员会设立国内分委会。

12 月 14 日　中国船级社接受国家安全生产监督管理总局、国家海洋石油安全作业办公室审核,获得"海洋石油天然气生产设施发证检验机构"资质。

12 月 21 日　农业部发布《农业部行政审批综合办公室办事指南》(第五批)将渔业船舶修造单位资格认定、远洋渔业船舶检验、渔业船舶船用产品检验等 10 项列为行政审批项目。

12 月 28 日　中国船级社与美国船级社(ABS)合作完成沪东造船集团建造的第一艘 147,210m^3 大型 LNG 船"大鹏昊"的双重船级建造检验。

2006 年

1 月 26 日　人事部、交通部、农业部联合颁布《注册验船师制度暂行规定》,验船人员适任考试同时停止。

2 月 5 日　渔业船舶检验局完成全国沿海省、自治区、直辖市渔业船舶检验机构资质认可。

4 月 1 日　中国船级社公布了纳入首版 IACS 共同规范内容的新版 CCS《钢质海船入级规则》。

4 月 19 日　中国海事局颁布《船检技术法规制定程序规定》。

5 月 9 日　农业部办公厅印发《关于农业部渔业船舶检验局主要职责内设机构和人员编制的批复》,对农业部渔业船舶检验局主要职责内设机构和人员编制进行调整。

5 月 23 日　全国人大常委会委员长吴邦国在希腊出席希腊政府授权中国船级社执行船舶法定检验协议的签字仪式。

7 月 1 日　中国船级社第二次担任国际船级社协会理事会轮值主席。

7 月 5 日　渔业船舶检验局与韩国船舶检查技术协会签署《中华人民共和国渔业船舶检验局和大韩民国船舶检查技术协会之间的渔船安全技术合作意向书》。

7 月 7 日　中国船级社上海分社首次完成对出口阿尔及利亚的海军训练舰"ATAKOR"的建造检验。

7 月 17 日　中国海事局印发《船舶检验机构道德准则》《国内航行船舶船体建造检验管理暂行规定》《国内航行船舶图纸审核管理规定》和《国内航行船舶变更船舶检验机构管理规定》。

7 月 28 日　中国船级社在北京举行成立 50 周年纪念活动,交通部和国内外海事界诸多知名人士和专家出席。

8 月 10 日　渔业船舶检验局印发《验船师资格考试管理办法》。

8 月 29 日　人事部批准农业部渔业船舶检验局参照公务员管理。

10 月 23 日　中国海事局公布《沿海小型船舶法定检验技术规则》。

10 月 27 日　中国海事局暂停高级验船师适任资格评估工作。

11 月 8 日　中国海事局公布《内河小型船舶法定检验技术规则》。

11 月 24 日　中国海事局决定自同年 12 月 1 日起正式启用"船舶检验发证管理系统(VIMS5.0)"。

12 月 13 日　中国海事局发布《小型船舶船名标志管理暂行办法》。

2007 年

1 月 21 日　中国船级社组建工业产品认可中心、集装箱检验中心、研发中心、海工事业部,重组 CCS

全国统一管理的审图中心并开展工作。

2月1日　中国海事局授权中国船级社代行防污公约附则 IV 规定的检验并签发有关证书。

3月15日　中国船级社与中国海洋石油总公司签署深水半潜式钻井平台检验合同,承担起我国首座3000米深水半潜式钻井平台检验项目。

3月20日　中国海事局与中国船级社签订协议,将福建海事局船舶检验业务移交中国船级社。

4月30日　农业部发出《关于加强老旧渔业船舶管理的通知》,原《渔业船舶报废暂行规定》停止执行。

5月14日　中国海事局授权中国船级社为我国涂层检查员资格认定机构。

5月14日　中国海事局下发《关于海上航行客船和500总吨以上货船安装船载自动识别系统 AIS 的通知》。

6月　中国海事局为广西船检局颁发了首批船舶法定检验质量管理体系合格证书。

6月12日　中国海事局印发《非标准川江汽车滚装船改造技术指南》。

6月21日　国际船级社协会(IACS)第55次理事会会议在中国船级社总部结束,中国船级社圆满完成 IACS 轮值主席工作。

6月22日　人事部、交通部、农业部印发《注册验船师资格考试实施办法》。

7月4日　中国海事局印发《中国籍船舶等效、免除管理暂行规定》。

8月27日　中国海事局对2005年至2007年处理的5起船检违规违纪案件责任追究情况向全国船舶检验系统发出通报。

8月27日　中国海事局同意中国船级社为我国船舶应急响应服务系统 ERS 岸上服务机构。

9月　中国船级社与卡塔尔政府签署船舶法定检验授权协议。

9月　中国海事局在广东培训中心丹霞基地举办两期水网地区地市级船检局长培训班。

11月26日　交通部成立船舶和海上设施类注册验船师资格考试专家委员会。

11月26—30日　中国渔船检验代表团赴韩进行交流访问,双方签署了《渔船技术交流合作协定书》。

11月29日　中国海事局公布《国际航行海船法定检验技术规则(2008)》。

11月　中国海事专家委员会船舶检验技术分委会成立。

12月10日　中国海事局公布《敞口集装箱船检验暂行规则(2008)》。

12月29日　中国海事局发布《外国船舶检验机构在中国设立验船公司管理办法》。

12月　中国海事局对中国船级社颁发了首批船舶法定检验管理质量体系合格证书。

2008年

4月9日　中国海事局对原船舶检验管理模式进行调整,十四个直属海事局被赋予六项船检管理职责。

4月14日　中国海事局印发《船舶检验质量监督管理工作程序》。

4月24日　交通运输部公布《中华人民共和国船舶检验机构资质认可与管理规则(2008年修订)》。

6月20日　中国海事局发布《特定航线船舶安全管理暂行规定》。

7月2日　人力资源和社会保障部、交通运输部联合印发《注册验船师(船舶和海上设施类)资格考试认定办法》。

7月29日　渔业船舶检验局颁布《玻璃纤维增强塑料渔业船舶建造规范(2008)》。

9月12日　交通运输部颁布《船舶检验机构及验船人员工作过错追究办法(2008年修订)》。

9 月 12 日　交通运输部印发《全国注册验船师(船舶和海上设施类)资格考试大纲(2008)》。

9 月 19 日　中国海事局发布《游艇法定检验暂行规定》。

10 月 23 日　中国海事局对 5 个船检管理处管辖区域和人员编制作出调整。

10 月　首次注册验船师考试东北、华北、华东、华中和华南五个考区统一实施,实际参考 4642 人。

11 月 8—9 日　第八次国际造船、检验、航运三方会议在中国船级社总部召开。

12 月 2 日　渔业船舶检验局颁布《渔业船舶法定检验规则(船长大于或等于 5m 但小于 12m 内河渔业船舶法定检验技术规则)》。

本年　中国船级社在深圳组织召开“中国—东盟船舶技术联合研讨会”。

本年　塞浦路斯总统访问中国船级社。

2009 年

2 月 6 日　渔业船舶检验局颁布《渔业船舶法定检验规则(船长大于或等于 7m 但小于 12m 沿海渔业船舶法定检验技术规则)》。

3 月 2 日　中国海事局部署开展对外国船舶检验机构在中国境内检验行为的监督检查行动。

3 月 6 日　中国海事局下设的国际海事研究委员会船检分委会成立。

3 月 25 日　中国海事局印发《两岸直航船舶技术条件复核实施办法》。

4 月 15 日　我国自主设计建造的第一艘小水线面双体科考船“实验 1”交付使用,由中国船级社秦皇岛分社执行建造检验。

4 月　中国海事局组织中国船级社驻外验船师过渡考试,至此,全国现有验船人员的注册验船师过渡考试工作全部完成。

5 月　中国海事局在山东烟台组织召开 2009 年全国船检工作会议。

6 月 10 日　交通运输部印发《运输船舶吨位丈量专项检查活动方案》,于 2009 年 7 月 15 日至 11 月 30 日在全国范围内开展运输船舶吨位丈量专项检查活动。

7 月 1 日　中国船级社《2009 年钢质海船入级规范》公布实施,纳入了 IACS、IMO 最新要求和共同规范最新规定。

9 月 7 日　中国海事局开展运输船舶吨丈量专项检查活动,重点整治“大船小证”问题。

9 月 10 日　渔业船舶检验局批准发布《黄渤海区小型渔业船舶检验办法》。

9 月 28 日　交通运输部发布《关于国内航运企业购买弃船投入国内营运准入管理的公告》(2009 年第 41 号)。

11 月 2 日　中国海事局公布《内河散装运输危险化学品船舶法定检验技术规则(2009)》。

11 月 30 日　人力资源和社会保障部、农业部联合印发了《注册验船师(渔业船舶类)资格考试认定办法》。

11 月　IMO 派出审核组对中国海事局开展了履约审核。

12 月 2 日　中国海事局公布《内河散装运输液化气体船舶法定检验技术规则(2009)》。

2010 年

2 月 1 日　亚洲船级社协会在印度尼西亚成立,中国船级社理事长兼社长李科浚当选为首任主席。

2 月 26 日　中国船级社执行建造检验的第六代半潜式钻井平台“海洋石油 981”出坞,该平台最大作业水深 3000 米,钻井深度可达 10000 米。

3 月 2 日　中国海事局全面授权各直属海事局开始履行船舶检验管理职责。

5 月 9 日　中国海事局在全国开展 2010 年“大船小证”综合治理。

5月28日　中国船级社执行建造检验的3000米深水铺管起重船“海洋石油201”出坞。

7月30日　交通运输部印发《注册验船师(船舶与海上设施类)资格考试组织实施暂行规程》。

10月2日　温家宝总理与希腊总理帕潘德里欧共同出席中国船级社与希腊卡迪夫航运公司新造船入级检验服务协议签字仪式。

10月23—24日　中国海事局举办本年度注册验船师资格考试。共报名考试3510人,经审查准予考试2838人,一次性通过考试286人。

11月　我国自行设计的2500吨载机渔政船“中国渔政310”建造完工。该船由广东渔业船舶检验局承担建造检验。

12月　中国船级社国际航行入级船舶超过4000万总吨,达到2485艘、4273万总吨,其中本年度新建入级船舶超过1000万总吨。

附录一　中华人民共和国船舶检验局/海事局历届领导

1956—1957 年

船舶登记局

局　　　长:张致远

1958—1972 年

船舶检验局

局　　　长:谢中峰

副　局　长:马　骏(1958 年任命,1966 年调离)

副总工程师:蔡梓松(1962 年任命)

1973—1977 年

船舶检验局

局　　　长:李　清

局 负 责 人:丁奇中(1973 年任职)

　　　　　　唐桂玉(1973 年任职,1978 年调离)

副总工程师:蔡梓松

1978—1979 年

船舶检验局

局 负 责 人:丁奇中(主持工作)

副总工程师:蔡梓松

1980—1982 年

船舶检验局

副　局　长:袁亚东(主持工作)

副　局　长:丁奇中(1980 年任命)

　　　　　　冯锡洲(1980 年任命)

副总工程师:蔡梓松

1983—1986 年

船舶检验局

局　　　长:丁奇中

党委书记:丁奇中(兼)(1984 年任命)
副局长:冯锡洲
王惠临(1985 年任命)
副书记:苏玉璞(1986 年任命)
副总工程师:蔡梓松

1987—1992 年

船舶检验局
局长:冯锡洲
党委书记:丁奇中(1988 年免职)
陈福珊(1988 年任命)
副局长:王惠临
张治湘(1990 年任命)
李科浚(1988 年任命)
副书记:苏玉璞(1987 年病故)
副总工程师:蔡梓松(1987 年退休)
黄劲(1987 年任命)
董博义(1991 年任命)
于天涌(1991 年任命)

1992—1998 年 10 月

船舶检验局
局长:董玖丰(1997 年免职)
谢金海(1997 年任命)
党委书记:陈福珊(1995 年免职)
姚凤仕(1995 年任命)
副局长:王惠临(1993 年免职)
张治湘(1996 年免职)
李科浚(1994 年免职)
谢金海(1996 年任命)
何晋尧(1992 年任命)
刘德洪(1995 年任命)
刘福生(1995 年任命)
副书记:董玖丰(1993 年任命,1997 年免职)
谢金海(1997 年任命)
总工程师:于天涌(1994 年任命,1997 年退休)
高照杰(1998 年任命)
副总工程师:黄劲(1994 年退休)
董博义(1996 年退休)

杨　鸥(1993 年任命,1995 年退休)
张　壮(1996 年任命)

1998 年 10 月—2003 年

交通部海事局

局　　长:洪善祥(兼)

常务副局长:刘功臣

党委书记兼副局长:黄先耀(2001 年 10 月免职)
何建中(2001 年 11 月任命)

党委副书记兼纪委书记:孙　继

主管副局长:刘德洪(2003 年 6 月退休)
李青平(2003 年 6 月任命)

副　局　长:宋家慧(2000 年 9 月免职)
王金付(2003 年 2 月免职)
刘　实(2000 年 9 月任命,2002 年 7 月免职)
郭　莘(2002 年 4 月任命)
郑和平(2002 年 4 月任命)
徐国毅(2003 年 6 月任命)

2004—2007 年

交通部海事局

局　　长:徐祖远(兼)

常务副局长:刘功臣

党委书记兼副局长:何建中(2005 年 6 月免职)
梁晓安(2005 年 6 月任命)

党委副书记兼纪委书记:孙　继(2004 年 6 月免职)
范亚祥(2006 年 6 月任命,2007 年 4 月免职)
王国华(2007 年 4 月任命)

主管副局长:李青平

副　局　长:王金付(2005 年 12 月任命)
郭　莘(2006 年 12 月免职)
郑和平(2007 年 4 月免职)
徐国毅(2005 年 12 月免职)
杨省世(2006 年 12 月任命)
翟久刚(2007 年 4 月任命)

局长助理:叶红军(2006 年 11 月挂职)

2008—2010 年

交通部海事局

局长(兼):徐祖远

常务副局长:刘功臣

党委副书记兼纪委书记:王国华(2009 年 5 月免职)

许如清(2009 年 4 月任命)

主管副局长:李青平(2008 年 3 月免职)

刘福生(2008 年 3 月任命)

副局长:郑和平(2009 年 4 月任命)

附录二　船舶检验机构数量统计

年　份	船舶检验局/中国(1998 年后中国船级社)下设机构		地方船检机构		渔船检验机构		海事局直属船检机构	
	境内	境外	省级	市级	省级	市级	省级	市级
1956	6	—	19	85	—	—	—	—
1965	6	—	22	125	—	—	—	—
1975	7	—	22	137	—	—	—	—
1985	35	1	22	190	10	—	—	—
1995	38	14	24	243	17	—	—	—
2000	38	17	25	222	20	—	3	26
2005	37	22	28	230	24	150	3	29
2010	46	23	28	221	29	205	2	26

注:1.船舶检验局(中国船级社)境内机构数量包含规范所、培训中心、审图中心、检测中心等,境外机构数量包含区域中心。

2.船舶检验局(中国船级社)在境外成立的第一个检验机构是 1977 年登记注册、1978 年 1 月成立于香港的“远东船舶检验社有限公司”。

3.地方船检机构数量以具有船检职能的机构成立时间为标准。

附录三 验船人员数量统计

年份	船舶检验局(1998年后中国船级社)(人)	地方船检机构(人)	渔船检验机构(人)	海事局直属船检构(人)
1955	89	216	—	—
1965	304	348	100	—
1975	382	457	123	—
1985	1045	1139	430	—
1995	1943	2617	673	—
2000	1749	2189	1917	246
2005	2053	2960	3222	278
2010	2230	3418	5358	156

注:统计数字不含中国船级社下设公司在编人员。

附录四　船舶与海洋工程检验业务量统计

年份	船舶检验局(1998年后中国船级社)				地方船检机构		渔船检验机构		海事局直属船检机构	
	船舶		海洋工程		船舶		船舶		船舶	
	艘数（万艘）	吨位（万总吨）	移动式平台(座)	浮式处理装置(艘)	艘数（万艘）	吨位（万总吨）	艘数（万艘）	吨位（万总吨）	艘数（万艘）	吨位（万总吨）
1980	0.19	1060	7	—	40.0	900	1.0	70	—	—
1985	0.21	1156	18	—	66.0	1105	1.5	119	—	—
1990	0.26	1295	24	4	69.0	1339	11.3	254	—	—
1995	0.33	1789	26	7	73.0	1574	13.8	370	—	—
2000	1.56	2392	47	9	35.19	1992.2	30.1	534.8	3.05	356.5
2005	1.01	3282	56	14	32.97	3895.6	30.1	487.9	2.38	709.6
2010	1.16	6009.7	92	17	36.46	7132.6	58.8	810.4	2.05	664.0

注：1.表中船舶数据为当年登记在册的船舶量。

2.表中海洋工程数据为截至当年的累积量。

附录五　船用产品统计

年份	机　　构	工厂认可检验		型式认可检验		单项产品检验	
		工厂（家）	产品型号（种）	工厂（家）	产品型号（种）	工厂（家）	产品型号（种）
1960	船舶检验局	—	—	—	—	14	14
1970	船舶检验局	—	—	—	—	10	21
1980	船舶检验局	1	3	16	32	101	124
1985	船舶检验局	62	140	108	643	342	671
1990	船舶检验局	94	246	123	357	590	791
1995	船舶检验局	120	211	142	351	893	1064
年份	机构	签发证书(份)		签发证书(份)		签发证书(份)(地方船检、渔检为单件产品数)	
2000	中国船级社	146		407		61596	
	地方船检机构	10		63		—	
	渔船检验机构	—		—		15 万	
2005	中国船级社	388		669		124909	
	地方船检机构	21		88		—	
	渔船检验机构	66		57		—	
2010	中国船级社	515		1212		275845	
	地方船检机构	39		142		20 万	
	渔船检验机构	40		106		55 万	

注:1.表中数字 1995 年前为船舶检验局当年检验量,—表明当年未开展产品检验。

2.自 2000 年起为当年签发证书数量,—表示缺少当年数据记录。

后　记

新编《中国船舶检验史》，在各有关单位大力支持和帮助下，全体编审者精诚合作，辛勤耕耘，历经五载，终于呈献给广大读者。

在编写过程中，编者本着严谨求真、就实避虚、以叙为主、史论结合的原则，用笔秉直而不媚，悉心纪实而不哗，记载和反映出中国船检从远古时期开始萌发，直到当代中国造船和海运贸易蓬勃发展时期，在整个历史长河中所担当的重要角色和发挥的作用。

本书的编写是依水路交通发展与监管的历史演进以及伴随其中船舶检验相关史实而分章节目等编排，依时间脉络而循序展开，充分利用 1998 年出版的《中国船舶检验史》史料，进行了重新修纂与补充。同时，又增编了中国船检自 1997—2010 年这十多年间飞速发展的史实，使新版《中国船舶检验史》跨上一个新的高度。史书古近代部分由大连海事大学航海历史与文化研究中心执笔，渔业船舶检验部分由农业部渔船检验局执笔，各地方船检机构提供了各自领域中历史发展情况文稿素材。交通运输部海事局系统作为国家船舶检验主管机关以及中国船级社系统作为国家船舶检验主力队伍，提供了大量的文稿史料，并做了认真核实和文字整理，并且为书稿编写工作无偿提供了人力、物力等全方位支持。各参编单位编写人员为全书的成稿做了重要的基础性编写工作，在编写以及反复修改过程中，表现出非常认真负责的工作作风。

2016 年 5 月，交通运输部海事局邀请船检、海事、出版社等方面的专家组成审核组。审核组专家从不同专业角度，对《中国船舶检验史》文稿进行了认真的审校，指出了存在问题，提出了许多宝贵的修改意见和建议，体现出严谨的治学态度。

辽宁海事局担任本书编委会秘书处的日常工作，在整个编纂工作进程中组织了多次集中办公，做了大量文字整理，进行了数次清稿，付出了辛勤劳动，为工作顺利进行起到了保证作用。

人民交通出版社领导对此项工作也非常重视，其相关部门为多次研讨会议做了精心的安排和服务。

本书编写过程中得到了交通运输部各直属海事局，中国船级社有关分社，各省、自治区、直辖市地方船检机构，渔船检验局及其有关下属机构的大力支持和积极配合，也得到许多工作在船舶检验一线人员的热心帮助。同时，业界有关专家、前辈也从不同角度对本书的编写提出了诸多中肯的意见和建议，展现出他们对船检事业的一片热忱。

在此，谨代表编写组全体成员，向所有关心和支持我们工作的领导、专家及全体人员致以深深的谢意！

《中国船舶检验史》主编

2017 年春